NANNING YEARBOOK

2014

《南宁年鉴》编纂委员会　编

广西人民出版社

图书在版编目（CIP）数据

南宁年鉴·2014／南宁市地方志编纂委员会办公室编.—南宁：广西人民出版社，2014.9
ISBN 978-7-219-09063-3

Ⅰ.①南…Ⅱ.①南… Ⅲ.①南宁市－2014－年鉴
Ⅳ.①Z526.71

中国版本图书馆CIP数据核字(2014)第209931号

责任编辑：韦洁琳　兰　震
责任校对：李带舅

出版发行：广西人民出版社
社　　址：广西南宁市桂春路6号
邮　　编：530028
印　　刷：广西南宁华侨印务有限责任公司
开　　本：890mm×1240mm　1/16
印　　张：41.5
字　　数：1650千字
版　　次：2014年9月　第1次
印　　次：2014年9月　第1次印刷
书　　号：ISNB　978-7-219-09063-3/Z·375
定　　价：198.00元

编 辑 说 明

一、《南宁年鉴》是南宁市人民政府主办的综合性地方年鉴，是系统地记述南宁市自然、政治、经济、文化和社会等方面情况的年度资料性文献，是社会各界和海外人士认知南宁的窗口、成就事业的助手。

二、《南宁年鉴》于1996年创刊，每年出版一卷。本年鉴为2014年卷(总第19卷)，着重记载2013年度南宁市的基本情况。由《南宁年鉴》编纂委员会主持编纂，《南宁年鉴》编辑部(设在南宁市人民政府地方志编纂办公室)负责编纂出版。载录内容主要由南宁市各有关部门、县(区)、开发区及驻市有关单位供稿并审核。

三、本年鉴的基本内容，分为综合情况、动态信息、辅助资料三大部分。综合情况设特载、特辑、南宁概貌3个专栏。动态信息设中国—东盟博览会·峰会·民歌节、南宁与东盟、党政机关、人民团体、政法、军事、开发区·新区、城市建设与管理、环境保护·园林绿化、国有资产监管与运营、工业、农业、交通运输与邮政业、信息业、商业贸易、对外经济贸易、旅游业、会展业、个体私营经济、财政·税务、金融、经济管理与监督、教育、科学、文化、新闻出版、卫生、体育、社会生活、区县、人物31个类目。辅助资料设大事记、城市竞争力、专题调研与经济分析、图片专辑、附录5个类目；并在各类目中穿插相关小知识、小资料、图表及黑白照片；图片专辑以彩色照片集中反映全市物质文明、政治文明、精神文明建设成就。内容层次的设置，利于读者分类系统阅读和检索，并表示类目与条目之间的层次关系，不反映严格的科学分类体系，机构、企事业单位等排序和层次一般亦不表示其地位和规模。

四、本年鉴采用分类编辑法，按类目、分目、条目三个层次的体例编辑，以不同字体、字号及版式设计区分不同层次，条目标题均加【 】表示。

五、本年鉴所记述的“自治区”或“广西”指广西壮族自治区；“自治区党委”指中国共产党广西壮族自治区委员会；“市委”指中国共产党南宁市委员会；“市政府”指南宁市人民政府；“邕”指南宁市；“六县六城区”指南宁市辖武鸣、横县、宾阳、上林、隆安、马山6个县及兴宁、青秀、江南、西乡塘、邕宁、良庆6个城区；“两会一节一论坛”指第十届中国—东盟博览会、第十届中国—东盟商务与投资峰会、南宁国际民歌艺术节、中国—东盟自由贸易区论坛；相关单位名称在各类目首次出现时用全称，以后均用简称，如“南宁市安全生产监督管理局”简称为“市安监局”。

六、本年鉴涉及历史纪年，清及清以前使用朝代帝王纪年，括注公元纪年；民国纪年使用阿拉伯数字，括注公元纪年。数字、计量用法按国家法定规定书写，面积单位由于记述需要有的地方使用亩。

七、本年鉴主要数据以市统计局编印的《南宁市情统计手册》所公布的数据为准；其他数据以供稿部门提供的为准；少数数据由于部门之间统计口径不尽一致，数值也不尽相同。

八、本年鉴图片专辑、特辑、特载、附录所记述的内容不受年度限制；为保持内容的连贯性和完整性，个别条目记述时间适当上溯或下延。

九、本年鉴所载录的地图，由南宁市勘察测绘地理信息院绘制。

十、本年鉴配备双重检索系统：书前刊有中英文目录，书后备有索引。索引采用内容分析法，款目按汉语拼音字母顺序(同音字按声调)排列，索引范围详及条目、文献、图片、表格等。索引使用方法详见索引说明。

十一、本年鉴配有随书电子版(光盘)，采用先进的多媒体和全文检索技术；主要内容在南宁市政府门户网站——南宁政务信息网和南宁地情网推出。

十二、2014年卷《南宁年鉴》编纂出版得到社会各界的大力支持。在此，编委会表示衷心感谢。由于编辑水平有限，本年鉴的差错和疏漏之处，恳请读者批评指正，以利今后改正提高。

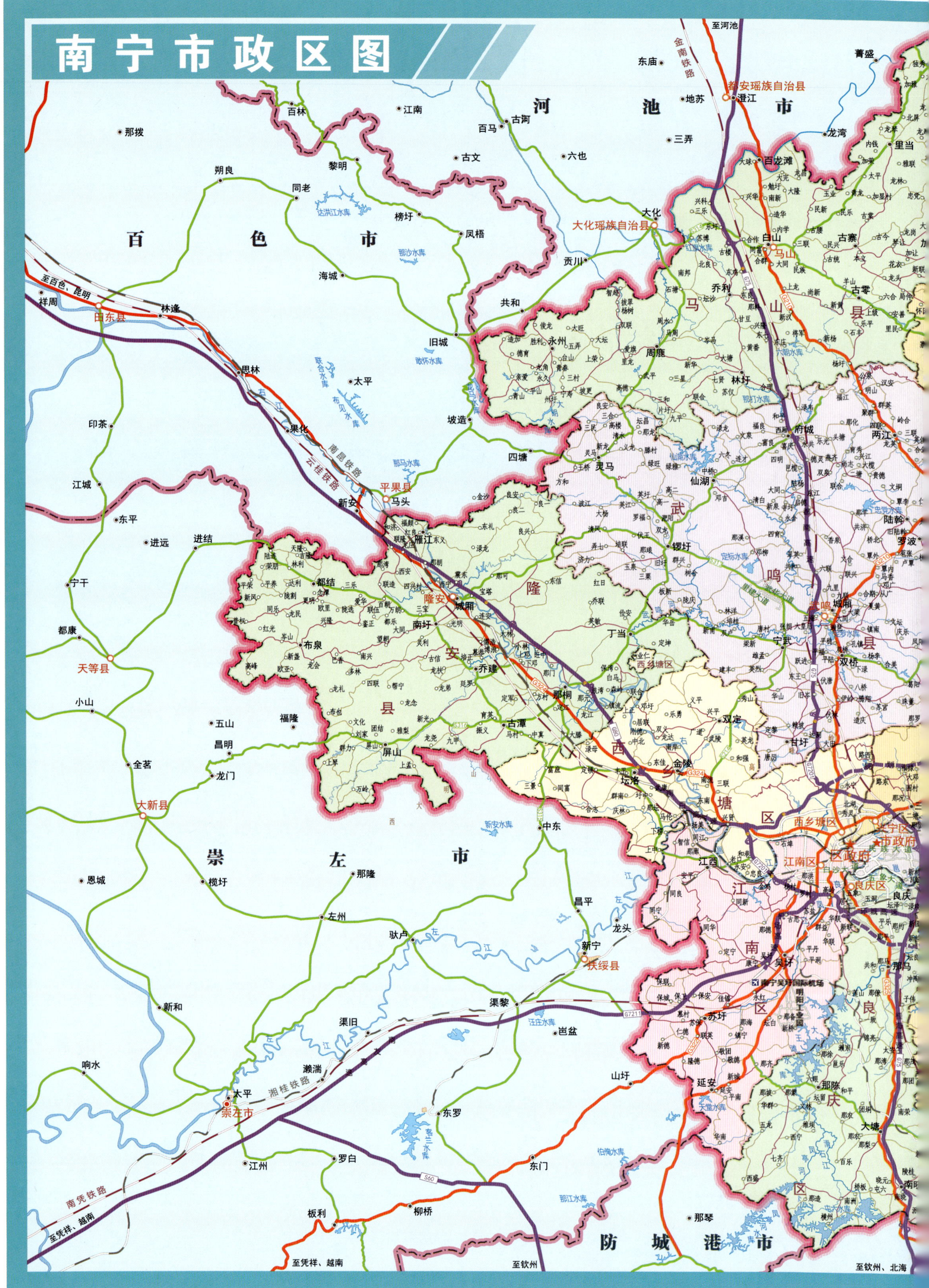

南宁市政区图
河池市
百色市
崇左市
防城港市
马山县
隆安县
武鸣县
西乡塘区
江南区
良庆区
邕宁区
市政府
都安瑶族自治县
大化瑶族自治县
平果县
田东县
天等县
大新县
扶绥县
崇左市
南宁吴圩国际机场
南昆铁路
云桂铁路
湘桂铁路
南凭铁路
金南铁路
至百色、昆明
至凭祥、越南
至钦州
至钦州、北海
至河池

至柳州、河池
思练
安东
七洞
至柳州
柳州市
穿山
马坪
寺村
红渡
遂意
新圩
凤凰
丰收水库
妙皇
大樟
果遂
良塘
柳南铁路
大湾
石龙
金鸡
古蓬
岭南
北泗
合山市
北更
高安
黄茆
河里
来宾市
侨巩
城厢
来宾市
正龙
高旺水库
平阳
良江
南泗
迁江
清潭水库
陈寺水库
蒙村
武宣县
武宣
东乡
三五
三里
禄新
马步
寺山
上林县
上林
大丰
澄泰
白圩
明亮
石陵
石牙
思灵
陶邓
桐岭
三利水库
小平阳
五山
邹圩
通挽
古樟
山北
东龙
达开水库
石龙
至梧州
新圩
洋桥
和吉
大虫水库
马头
中里
庆丰
厚禄
宾阳
宾州
新桥
黎塘
蒙公
白沙水库
贵港市
大圩
思陇
王灵
G324
南广铁路
黄练
覃塘
根竹
武陵
中华
宾阳县
贵港市
武乐
古辣
洛湛铁路
贵城街道办
东津
昆仑
三里
区
镇龙
陈平
露圩
甘棠
新塘
五塘
G322
九凌水库
石卡
宁
六景
石塘
云表
瓦塘
伶俐
大岭
长塘
青秀区
陶圩
校椅
马岭
至广州
山心
南阳
峦城
横县
木梓
刘圩
区
平朗
平马
莲塘
横州
那阳
百合
马山
葵阳
中和
西津水库
玉林市
邕宁区
那楼
新福
南乡
乐民
城隍
丰塘
寨圩
百济
沙坪
平南
平山
烟墩
太平
石陋水库
灵城
佛子
灵山县
新棠
旧州
新圩
钦州市
黎钦铁路
那隆
檀圩
三合
长滩
板城
三隆
青塘
陆屋
石壁水库
浦北县
南钦铁路
南防铁路
小董
北通
小江
至钦州
图例
自治区政府
高速路及出入口
自治区首府
规划高速路及出入口
地级市政府
铁路及车站
县、区政府
规划电气化铁路
乡、镇、街道办
国道及编号
行政村
省道及编号
机场
市区内道路
山峰
县乡道
水系
乡村路
桥
地市界
县区界
比例尺 1：700000
本图界线不作权属划界依据.
南宁市勘察测绘地理信息院
审图号：桂S(2014)49号
2014年8月

南宁市街道图
武鸣县
西乡塘区
江南区
南宁绕城高速
南百高速
水南高速
机场高速
云桂铁路
南防铁路
南凭铁路
至都安
至武鸣
至机场、凭祥
至吴圩
大学东路
大学西路
罗文大道
秀厢大道
民族大道
江南大道
白沙大道
五象大道
亭洪路
星光大道
沙井大道
壮锦大道
南站大道
安吉大道
高新大道
安武大道
快环路
南宁市动物园
江南公园
人民公园
五象岭森林公园
良凤江国家森林公园
区政府
区人大
区党委
区政协
西乡塘区政府
江南区政府
良庆区政府
西乡塘区行政中心（规划）
南宁经济技术开发区
安吉收费站
石埠收费站
沙井收费站
那洪收费站
玉洞收费站
高岭收费站

规划外环高速
至宾阳
五塘镇政府
兴宁区
昆仑大道
三塘镇政府
柳南铁路
南广铁路
邕宁区
青秀区
南宁绕城高速
柳南高速
湘桂铁路
六景大桥
民族大道
竹溪大道
仙葫大道
五象大道
玉洞大道
龙岗大道
那美大道
良庆区
良庆镇政府
蒲庙镇政府
邕宁区政府
青秀区政府
青秀山风景区
至横县
至钦州、北海
图例
区党委、人大、政府、政协
市党委、人大、政府、政协
城区政府
乡镇政府
学校
医院
酒店大厦
火车站
企事业单位
汽车站
河流
(规划)高速路
快速环路
现状路
铁路
城区界线
比例尺 1：80000
本图界线不作权属划界依据.
南宁市勘察测绘地理信息院
审图号：桂S(2014)49号
2014年8月

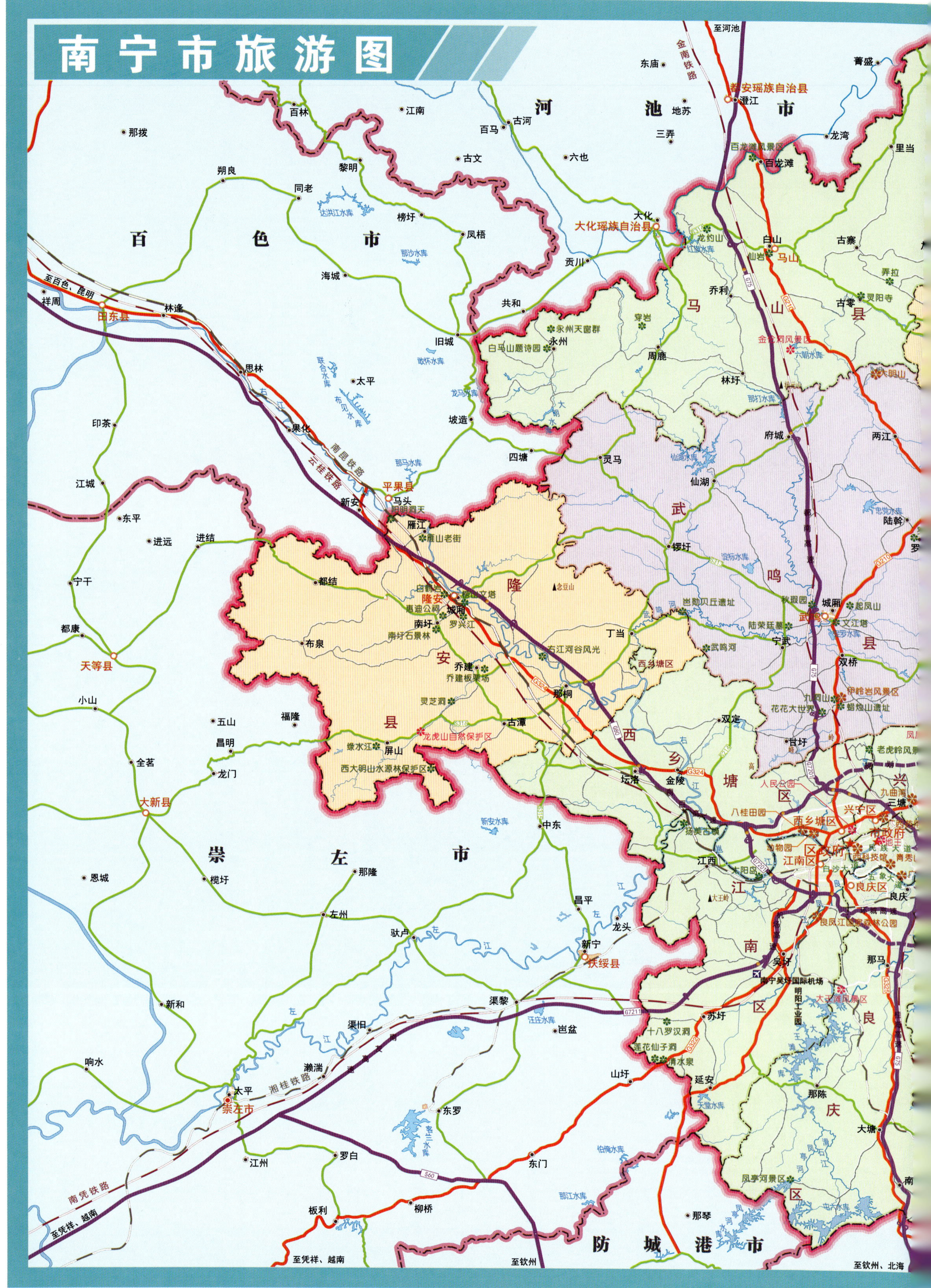
南宁市旅游图
至河池
金城江铁路
东庙
青盛
都安瑶族自治县
澄江
河
池
市
地苏
三弄
龙湾
里当
百林
江南
百马
古河
那拔
古文
六也
百龙滩风景区
百龙滩
朔良
黎明
同老
达洪江水库
百
色
市
榜圩
凤梧
那沙水库
大化
大化瑶族自治县
龙船山
红水河
白山
古寨
马山
仙岩
贡川
海城
弄拉
灵阳寺
乔利
马
山
县
古零
至百色、昆明
祥周
田东县
林逢
共和
永州天窗群
永州
穿岩
白马山题诗园
旧城
金伦洞风景区
思林
太平
联合水库
敢怀水库
周鹿
六朗水库
大明山
布见水库
龙马水库
林圩
印茶
坡造
那打水库
果化
府城
两江
南昆铁路
四塘
灵马
云桂铁路
那马水库
江城
平果县
马头
仙湖
新安
旧明洞天
东平
雁江
武
忠肃水库
陆斡
进远
进结
雁山老街
锣圩
泥标水库
G210
宁干
都结
隆
念豆山
鸣
隆安
白鹤芝
秋殿园
城厢
起凤山
都康
惠迪公祠
城厢
罗兴江
武鸣
文江塔
南圩
南圩石景林
岜勋贝丘遗址
陆荣廷墓
布泉
丁当
宁武
天等县
安
右江河谷风光
武鸣河
县
乔建
乔建板栗场
西乡塘区
双桥
伊岭岩风景区
小山
那桐
九凤山
灵芝洞
蟠龙山遗址
花花大世界
五山
福隆
县
古潭
西
双定
昌明
龙虎山自然保护区
甘圩
全茗
缘水江
屏山
乡
老虎岭风景
龙门
西大明山水源林保护区
坛洛
金陵
G324
塘
人民公园
兴
大新县
八桂田园
区
九曲湾
三塘
新安水库
西乡塘区
兴宁区
中东
扬美古镇
动物园
市政府
崇
左
市
江西
区政府
江南区
青秀山
那隆
恩城
榄圩
大阳岛
江
良庆区
大王滩
良庆
昌平
左州
龙头
驮卢
南
吴圩
那马
新宁
扶绥县
南宁吴圩国际机场
大王滩风景区
明阳工业园
新和
渠黎
苏圩
区
良
汪庄水库
渠旧
十八罗汉洞
岜盆
莲花仙子洞
清水泉
山圩
响水
延安
那陈
濑湍
太平
湘桂铁路
崇左市
庆
东罗
大塘
江州
罗白
东门
伯梅水库
南凭铁路
S60
凤亭河景区
南
那江水库
区
至凭祥、越南
板利
柳桥
那琴
防
城
港
市
至凭祥、越南
至钦州
至钦州、北海

柳州市
来宾市
贵港市
玉林市
钦州市
上林县
宾阳县
横县
青秀区
兴宁区
邕宁区
合山市
武宣县
灵山县
浦北县
至柳州、河池
至柳州
至梧州
至广州
至钦州
南广铁路
洛湛铁路
黎钦铁路
柳南铁路
南钦铁路
南防铁路
大龙洞风景区
昆仑关风景区
古辣蔡氏书香古宅
九龙瀑布群森林公园
西津湖风景区
宝华山风景区
横县茉莉花基地
相思潭风景区
马篮湖风景区
六景泥盆系标准地质剖面保护区
陈平漂流
图例
自治区政府
自治区首府
地级市政府
县、区政府
乡、镇、街道办
机场
山峰
水系
国家4A旅游景区
国家3A旅游景区
其他旅游景点
高速路及出入口
规划高速路及出入口
铁路及车站
规划电气化铁路
国道及编号
省道及编号
市区内道路
县乡道
地市界
县区界
比例尺 1∶700000
本图界线不作权属划界依据
南宁市勘察测绘地理信息院
审图号：桂S(2014)48号

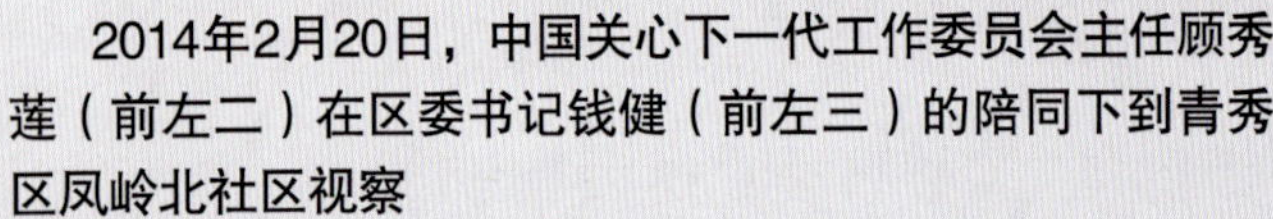
2014年2月20日，中国关心下一代工作委员会主任顾秀莲（前左二）在区委书记钱健（前左三）的陪同下到青秀区凤岭北社区视察

2014年3月5日，自治区党委常委、市委书记余远辉（前左一）在区委书记钱健（前左二）、区长张自英（前左三）的陪同下调研斐讯南宁电子产品加工综合服务园区项目选址用地

2013年，青秀区坚持以科学发展观为指导，以稳中求进为工作总基调，以提高经济增长质量和效益为重点，经济社会保持平稳较快发展。全年实现地区生产总值610.12亿元，比上年增长7.71%；全社会固定资产投资522.21亿元，增长22.07%；社会消费品零售总额305.30亿元，增长14.01%；全部工业总产值51.30亿元，增长12.03%；财政收入突破90亿元，达到93.96亿元，增长19.93%；城镇居民人均可支配收入31492元，增长10.20%；农民人均纯收入9004元，增长13.80%。

一、经济综合实力显著增强

（一）服务业竞争力增强。2013年全城区年销售额超亿元的商贸企业90家，辖区税收超千万元楼宇19栋，其中地王国际、航洋国际、金源CBD现代城3栋楼宇税收均超亿元。

（二）工业强区战略成效显著。城区财政出资5000万元注入广西金融投资集团作为融资基金，为辖区企业特别是中小企业提供金融服务支持；辖区亿元产值工业企业达到7家，其中广西国泰粮食集团有限公司产值超过20亿元；规模以上工业企业实现利润2.30亿元，增长25.60%。

（三）现代农业发展有新成效。农业综合生产能力明显提升，投入5605万元实施水利项目168个，示范种植面积扩大，城区超级稻种植面积8666公顷，增长11%。

二、发展基础进一步牢固

（一）项目支撑作用明显增强。全年引进万科城、招商雍景湾、澳门园等26个重大项目；实际到位内资78.20亿元，实际利用外资5400万美元，内外资利用总量创历史新高。自治区、市层面统筹推进的65个重大项目按计划实施，青秀万达广场、龙光世纪大厦、广西国泰粮油二期工程等重大产业项目加快推进。

（二）城乡一体化步伐明显加快。全社会累计投入“三农”资金6.95亿元，增长15%。城乡教育、科技、文化、卫生等公共服务均等化迈上新台阶，伶俐镇连续4年获“南宁市科学发展十佳乡镇”称号。

三、城乡面貌日新月异

（一）城市环境更加优美。新开工建设石园路、金苹果路等7条市政道路，完成悦宾路、金浦二支路等20条道路“白改黑”工程。全年拆除违法建筑79.78万平方米。

（二)农村环境更加优良。新建村屯垃圾池783个，新增垃圾运转设备2904套，新配村级保洁员1665名，为农村家庭免费提供垃圾桶5.70万个；长塘镇被评为南宁市“美丽南宁·清洁乡村”活动

2014年1月9日，区委书记钱健（左三）到长塘镇团岩坡检查为民办实事项目

2013年12月25日，青秀区长塘镇定西村团岩坡综合示范村项目开工。图为区委书记钱健(前)在开工仪式上讲话

“十佳乡镇”。

(三)生态环境更加优质。年度减排任务全面完成；辖区空气环境质量总体优良。城区被列为自治区农村环境连片综合整治示范县（区）。

四、社会事业协调发展

（一）教科事业优先发展。全年投入教育经费4.57亿元，增长22.04%。新（改）建柳沙小学、雄会幼儿园等40所学校和33间学校食堂,教师队伍综合素质明显提升，教育教学水平显著提高。科技引领作用不断增强，城区连续五次获“全国科技进步先进县（区）”称号。

（二）计卫事业稳步发展。在自治区人口和计划生育年度考核中，连续五年排名南宁市第一。医疗卫生服务水平加快提升，政府主导的社区卫生服务构架基本形成；城乡疾病预防控制体系和应急医疗救治体系日趋完善，乡村医药卫生一体化建设深入推进，城区被评为自治区食品药品安全示范区；食药监管体制改革走在自治区各县（区）前列。

（三）文体事业健康发展。承办中国（南宁·青秀）舞龙展演暨第十一届中国民间文艺山花奖·民间艺术表演奖评奖活动，城区参赛作品《平安芭蕉龙》《时尚芭蕉龙》分别获金奖、银奖。在全市各城区中率先成立文联组织。抓好群众文体工作、文体阵地建设、文化市场管理三方面工作，被评为全国群众体育工作先进单位。

五、群众幸福指数显著提高

（一）民生大为改善。全年新增就业16840人，完成年度计划119%；双拥优抚、老年人服务、孤儿保障等社会事务扎实推进，社会福利水平明显提高，全年完成69项为民办实事工程。

（二）平安建设持续推进。社会治安综合治理成效显著，在南宁市率先试点推进综治信息化建设。“严打”行动常抓不懈，社会治安保持稳定。安全生产责任制有效落实，年内未发生安全生产责任事故。

六、党的建设科学化水平不断提高

深化创建先锋示范城区，“三圈三带一区”先锋示范网络体系得到充实完善，城区创新推行的“五项服务进基层”被命名为南宁市先锋示范品牌。在民主评议政风行风活动中青秀区综合满意度94.17%。

2014年1月21日，区委书记钱健（左）慰问辖区部队

2013年10月20日，区委书记钱健（前左二）、代区长张自英（前左三）到中山街道检查“美丽青秀·清洁乡村”工作

2013年10月21日，代区长张自英（前左）在青秀区政府与广西金融投资集团有限公司合作签约仪式上签字，区委书记钱健（右一）出席

兴宁区 XINGNINGQU

美丽兴宁——2013年，兴宁区辖3个镇、2个街道、37个村委会、34个社区居委会。行政区域面积751平方千米。年末户籍总人口30.33万。兴宁区是一个古老的城区，景美，物美，人更美。古城墙，沉淀南宁古老的文明；作为“能帮就帮，敢做善成”的南宁城市精神发祥地，塑造兴宁人古朴善良的形象。

投资兴宁——兴宁区“一带两区三基地”，即昆仑大道经济带，朝阳商业中心区、金桥商贸物流新区，三塘总部经济基地、五塘工业基地、现代特色农业开放合作基地，犹如一个个聚宝盆，是投资发展的热土。2013年，实现地区生产总值288.48亿元，全社会固定资产投资179.29亿元，社会消费品零售总额328.54亿元，全部财政收入28.34亿元，分别比上年增长9.50%、24.68%、14.04%、18.66%。

购物兴宁——兴宁区有广西最繁华的朝阳商圈，聚集着上千家商场、商铺和酒店，南宁百货大楼-悦荟商业广场-和平商场-交易场形成的批发零售中心，物美价廉的商品吸引10万多人的日客流量，是经商、休闲、游玩和购物的天堂。

美食兴宁——兴宁区聚集南宁传统美食，走进高峰路、中华路、共和路、朝阳路、新华街和七岔路口中山路美食街，可以品尝到南宁的老友粉、卷筒粉、粉饺、粽子、瓦煲饭等特色小吃。

宜居兴宁——保利、盛天、瀚林几大地产企业的进驻，20多个新楼盘，优美的环境，优越的区位，低廉的房价，成为宜居的首选。兴宁区是南宁市唯一获得国家住建部颁发的中国人居环境范例奖和联合国“迪拜国际改善居住环境良好范例奖”的县（区）。

旅游兴宁——兴宁区历史人文景观有古炮台、古城墙、新会书院、邓颖超纪念馆和昆仑关战役旧址等；旅游休闲度假景区有嘉和城温泉谷、九曲湾温泉、凤凰谷风景区、人民公园、海底世界、乡村大世界、昆仑关风景区和广西药用植物园；节庆活动有购物节、花卉节、苦瓜节和美食节，市民在欣赏美景的同时，享受购物的乐趣。

2013年12月，兴宁区领导班子：区委书记谭玫瑰；兴宁区人大常委会主任霍镇兴；区委副书记、区长高虹；政协主席韦敏杰。

①②③④

①2013年5月31日，自治区党委副书记危朝安(前右三)在区委书记刘为民（右一）陪同下到兴宁区慰问儿童

②2013年10月9日，区委书记谭玫瑰（前右一）、区长高虹（前右二）到五塘镇和东沟岭片区调研

③2013年7月25日，兴宁区政协委员、工商联会员为“美丽兴宁·清洁乡村”活动捐款

④2013年7月27日，兴宁区举办“共建美丽兴宁 共创文明城市”文艺汇演暨第四届乡村社区和谐文艺大展演

⑤2013年7月30日，区委书记刘为民（后右四）、人大常委会主任霍镇兴（后右二）、区长高虹（讲话）参加金桥农产品批发市场项目二期竣工仪式

⑥2013年6月28日，兴宁区大常委会主任霍镇兴（右三）出席在大嘉汇举行的美丽兴宁“百家百店”夏季美食节活动

⑦2013年9月10日，在第三届广西园林园艺博览会上，兴宁区举办“秀美兴宁·城市中心”活动日

⑧2013年6月22日，兴宁区举行万名志愿者服务“美丽兴宁·整洁畅通有序大行动”誓师大会暨千名青年志愿者统一上岗仪式

宽阔的横州大道

第八届全国茉莉花茶交易博览会、2013年中国国际茉莉花文化节开幕式颁奖现场

2013年，横县以加快建设广西强县和打造北部湾经济区新兴城市为总目标，全力推进县域现代产业体系建设、城镇化建设、文化建设、生态文明建设、民生保障建设和党的建设，着力扩大投资规模、消费需求，加快改革开放，推动经济社会始终保持健康较快发展。完成地区生产总值249.74亿元，农林牧渔业总产值101亿元，规模以上工业总产值297亿元，社会消费品零售总额67.35亿元，财政收入15.40亿元，城镇居民人均可支配收入23538元，农民人均纯收入8024元。

一、坚持发展第一要务，加快建设广西强县和打造北部湾经济区新兴城市

（一）加快发展现代工业，工业经济快速发展。坚持工业强县战略，突出抓好工业平台建设和重大产业培育，工业经济呈现强劲发展态势。六景工业园区2012年成功跨入百亿园区行列，2013年完成规模以上工业总产值211.48亿元，比上年增长29.88%。重大项目建设加快推进，至2013年，全社会固定资产投资累计超过570亿元。实施“亿元工业企业”，重点培育超亿元产值企业和新的规模以上工业企业。有亿元产值企业52家，增加4家；亿元企业实现总产值201.51亿元，占全县规模以上工业总产值90.98%。

（二）加快发展现代农业，农村发展活力不断增强。坚持以工业化理念谋划农业产业化发展，着力打造“特色、绿色、品牌”农业，推动横县由农业大县向农业强县迈进。特色优势农业产业加快发展，优质稻、茉莉花、甜玉米、食用菌、桑蚕、糖料蔗、水产畜牧、林业等八大优势特色产业实现新发展，建成自治区最大的草菇房，是“中国双孢蘑菇之乡”；横县茉莉花茶获国家地理产品保护，探索并推广新型农村经济发展的“朝南模式”。农村土地流转面积1.06万公顷，培育扶持市级以上龙头企业22家，发展农民专业合作社394家。

（三）加快发展现代服务业，新的经济增长点有效培育。大力提升商贸物流业，新横州购物中心、商业步行街、西南茶城、横州国际商贸城等商业集聚区繁荣发展，横县茉莉花茶电子交易市场交易活跃，“万村千乡市场工程”配送中心项目和乡镇农贸市改建项目顺利完成，公路客货运中心、沿江港口码头等物流基础设施加快建设，全面推进西津国家湿地公园、宝华山风景区、中华茉莉园、平朗“南国北乡”生态旅游区等景区开发建设，以“茉莉之旅”为品牌的特色文化旅游初具规模。

（四）大力推进北部湾经济区新兴城市建设，城镇化进程不断加快。加强城乡规划，县城、乡镇及县域镇村规划方案不断完善，各功能区功能配套逐步完善，横州大道、长安大道、港口大道等城市主干道路全面建成通车，“西江新城”建设初具规模。六景镇、峦城镇

广西金鲤鱼水泥崭新厂房

2013年4月9日，六景至钦州港高速公路正式通车

与六景工业园区逐步走上“园镇”协调发展新路子。

（五）深化改革开放合作，县域发展环境进一步优化。推进户籍制度、医药卫生体制改革，进一步深化政府机构、事业单位、财税、投融资、集体林权等体制机制改革，完成扩权强县工作，举办全国茉莉花茶交易博览会和中国国际茉莉花文化节，对外合作交流不断加强，招商引资实际到位内资53.55亿元。

二、坚持以人为本的执政理念，着力构建美丽文明、平安和谐横县

（一）大力推进生态文明建设。“美丽横县”建设取得阶段性成果。以开展“美丽横县·清洁乡村”活动为抓手，全面推进生态文明建设，促进全县城乡环境明显改观。

（二）大力推进先进文化建设，县域发展软实力进一步提升。加快发展文化事业，深入实施“文化惠民工程”“千村万户文艺惠民工程”，宝华山应天寿佛寺、海棠亭等历史人文古迹、文化景点建设逐步完善，“云表歌圩”成功列入国家级非物质文化遗产项目传承基地，伏波庙列入第七批全国重点文物保护单位，“百鸟衣”已向文化部申报国家级非物质文化遗产名录。

（三）大力推进以民生为重点的社会建设，改革发展成果更多惠及全县人民。坚持实施为民办实事项目，大力发展人民满意教育，县职教中心被定为国家中等职业教育改革发展示范学校。统筹推进社会保障体系建设、新型农村养老保险实现全覆盖。医疗卫生条件逐步改善，县人民医院外科大楼、县妇幼保健院母婴保健大楼竣工投入使用。推进科技创新，连续第5次被评为“全国科技进步先进县”，人口与计生工作实现创“国优”目标。

2013年10月，六造屯群众打扫公共活动场所

云表新仲村

横县特色美食鱼生

宝华山应天寿佛寺

江滨公园

建设中的西津国家湿地公园

马山县 MASHANXIAN

①

②

马山县位于广西中部，南宁市北部。水任（河池）至南宁高速公路、国道210线过境，有马山—大化、马山—上林—宾阳二级公路和红水河过境。东邻上林县、忻城县，南连武鸣县，西与平果县、大化瑶族自治县相连，北与都安瑶族自治县隔红水河相望。面积2345.33平方千米。主要旅游景区（点）有金伦洞（国家3A级旅游景区）、弄拉生态旅游景区、马山红水河旅游景区、灵阳寺、永州永乐大地、金钗石林城堡、三潮水山庄、新景山庄、龙泉山庄、骆越风情园、小都白农庄等。主要矿产资源有煤、锰、铁、钨、铜、滑石、重晶石、方解石、叶腊石、石灰石、高岭土等23种，地方特产有黑山羊、金银花、旱藕粉、八角、黑豆等。是中国黑山羊之乡，中国民间艺术之乡，中国会鼓之乡、国家生态示范区。

2013年辖镇7个，乡4个（瑶族乡2个），村145个，社区6个；户籍总人口55.91万（农业人口51.55万），壮族人口41.25万，占总人口75%。耕地面积4.62万公顷，林地面积14.98万公顷，有林面积5.75万公顷。年内，围绕加快建设“两基两城一中心”、全面建成小康社会的奋斗目标，以科学发展为主题，以加快转变经济增长方式为主线，解放思想谋发展，敢做善成抓工作，全力以赴惠民生，团结奋进促和谐，全县经济社会各项事业保持平稳健康发展的良好势头。实现地区生产总值42.96亿元，其中第一产业增加值14.72亿元，第二产业增加值6.78亿元（其中工业增加值5.57亿元），第三产业增加值16.70亿元。人均地区生产总值10790元。财政收入3.26亿元，其中一般预算收入2.25亿元，财政一般预算支出17.91亿元。全社会固定资产投资完成44.94亿元。社会消费品零售总额16.50亿元。实际利用外资320万美元。城镇居民人均可支配收入19274元，人均消费性支出11015元；农民人均纯收入5497元，人均生活费支出5172元。城乡居民年末储蓄存款余额57.65亿元。获自治区民族团结进步模范集体、自治区新型农村和城镇居民社会养老保险工作先进单位、2011–2012年度建设平安广西活动先进县等称号。

③

①2013年7月22日，自治区党委常委、市委书记余远辉（前左一）到挂点联系贫困村——乔利乡三乐村开展党的群众路线教育实践活动。图为余远辉在百香果基地向果农了解情况

②2013年10月25日，马山县文化群雕落成揭幕在体育馆广场举行，市委政法委副书记黄威铭（左四）、县委书记李兵（右三）、县长杨敏（左二）、县人大常委会主任谢显术（右一）为文化群雕揭幕

③2013年8月6日，市清洁水源现场会在马山召开。图为与会人员在古零镇乔老河“清洁水源”示范点参观

④2013年5月15日，县委书记李兵（右一）、副书记覃元臻（右二）到白山镇参加“美丽马山·清洁乡村”活动

⑤2013年5月15日，县长杨敏（右一），县委常委、宣传部部长、副县长李汉奎(左二)参加“清洁水源”活动

⑥2013年12月22日，县长杨敏（右二）、县人大常委会主任谢显术（右一）、县政协主席林永立（左一）等领导为弄拉石漠化治理展厅揭牌

⑦2013年7月11日，马山县承办市第十届民运会筹备工作动员会召开

⑧2013年12月22日，马山县“环弄拉生态旅游区——美丽乡村欢乐游”启动

⑨2013年10月26日，马山县排演的《会鼓神舞》代表广西参加在四川省开江县宝塔坝村举行的第三届全国新农村文化艺术展演

⑩2013年8月13日，马山壮族三声部民歌和扁担舞展演队应邀参加2013年维也纳金色大厅夏季音乐会演出

西乡塘区 XIXIANGTANGQU

①

②

西乡塘区位于南宁市中西北部。辖3个镇、10个街道（其中心圩、安宁2个街道由南宁高新技术产业开发区托管）、77个行政村、82个社区。行政区域面积1298平方千米。2013年末人口1092619万人。

2013年西乡塘区全面完成各项经济指标任务：城区地区生产总值611.40亿元，比上年增长12%；全社会固定资产投资200.20亿元，增长24.84%；农林牧渔业总产值31.67亿元，增长6%；全部工业增加值2.94亿元，增长19.10%；规模以上工业增加值16.29亿元，增长1.60%；社会消费品零售总额279.12亿元，增长17.50%；财政收入33.32亿元，增长17.28%；城镇居民可支配收入22610元，增长12.04%；农民人均纯收入8170元，增长13.05%。

2013年西乡塘区获“全国科技进步先进城区”“国家级出口食品农产品质量安全示范区”“全国白内障无障碍县（区）”“全国价格监测工作先进单位”“自治区首批特色文化产业示范县（区）”“自治区五个民政建设年活动先进县（区）”“广西招商引资工作先进县（区）”等称号。

③

④

⑤

⑥

①2013年5月31日，自治区党委书记、自治区人大常委会主任彭清华（左二），自治区党委常委、市委书记余远辉（后左二）在西乡塘区委书记黄润斌（后左三）等陪同下，到南宁市明天学校开展“六一”国际儿童节慰问活动

②2013年5月13日，自治区党委常委、市委书记余远辉（前左一），市委常委、宣传部部长吕洁（后右二），市委常委、秘书长杨维超（后右一）在西乡塘区委书记黄润斌（后左一），区长廖伟福（后左二）等陪同下，到安吉物流园大商汇物流中心调研

③2013年12月16日，南宁安吉万达广场奠基仪式在西乡塘区安吉开发片区举行，自治区党委常委、市委书记余远辉（右二）、市长周红波（右四）等出席

④2013年5月7日，陈东村片区综合改造项目揭牌仪式在陈东村村委举行，区委书记黄润斌（右五）、区长廖伟福（右四）出席

⑤2013年10月11日，区委书记谭良良（左三）到城区重大项目之一安吉大商汇调研

⑥2014年1月27日，区委副书记罗安平（前左三）到五里亭市场调研

⑦2013年5月27日，广西军区“清洁乡村·建设美丽第二故乡”活动启动仪式在忠良村举行。图为区委书记黄润斌讲话

⑧2013年12月4日，西乡塘区忠良屯综合示范村建设启动仪式举行。图为区长廖伟福讲话

⑨2013年9月4日，南宁市西乡塘区重大项目签约仪式暨香蕉文化旅游节、第五届唐人文化节开幕式在友爱广场举行。区委书记黄润斌（左二）、区长廖伟福（右二）等出席

⑩2013年9月4日，2013·南宁市西乡塘区香蕉文化旅游节“石埠美丽南方”分会场开幕式仪式在石埠街道办永安村一队文化广场举行，副区长林拓（右四）出席

⑪ 2013年9月4日，西乡塘区香蕉文化旅游节永安景区主会场举行玉米棒脱粒竞赛活动

⑫2013年，西乡塘区水街片区旧城改造项目民生广场一瞥

2013年5月13日，自治区党委常委、市委书记余远辉（前左二）在区委书记马南萍（右一）、区长朱亚明（右二）陪同下到华电分布式能源项目调研

2013年12月12日，区委书记马南萍（前右一）、区长朱亚明（左一）陪同自治区、南宁市人大代表到苏圩镇佳棉村朝阳坡视察

江南区位于南宁市区西南部，邕江南岸。东邻良庆区,南连防城港市上思县,西接崇左市扶绥县,北与兴宁区、青秀区、西乡塘区隔邕江相望。辖江西、吴圩、苏圩、延安4个镇，福建园、江南、沙井、那洪、金凯5个街道，面积1154平方千米，2013年末户籍人口47.55万。其中，南宁经济技术开发区托管那洪街道、金凯街道、代管吴圩镇共504平方千米，户籍人口11.72万。

江南区地处南宁市南大门，区位交通优势明显，南宁吴圩国际机场、西南最大铁路货物编组站——南宁铁路南站位于辖区内。辖区原生态自然风光秀美，旅游资源丰富，有中国历史文化名村——扬美古镇、良凤江国家森林公园以及木村、智信村田园风光等。是南宁市重要的工业、商贸物流基地，南南铝业、南化股份、南糖股份、绿城水务、南宁供电局等工业企业，以及南宁华南城国际工业原料产品物流城、富士康南宁科技园、广西海吉星国际农产品交易中心等驻辖

2013年9月4日，第十届中国—东盟博览会轻工展开展仪式在南宁华南城举行

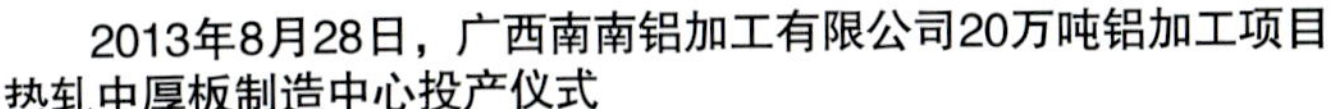
2013年8月28日，广西南南铝加工有限公司20万吨铝加工项目热轧中厚板制造中心投产仪式

江西镇根竹坡皇氏奶牛基地

区，拥有亭洪路“10+1”茶叶销售一条街、白沙—南站大道汽车销售一条街、五一路商业街等特色商业街。

2013年，江南区坚持以提高经济增长质量和效益为中心，突出抓好事关改革发展稳定及与民生息息相关的工作，城区经济态势平稳持续发展、社会大局和谐稳定。实现地区生产总值317.38亿元，首次突破300亿元，增长12.70%；规模以上工业增加值30.83亿元，增长14.90%;全社会固定资产投资128.24亿元，增长20.02%;社会消费品零售总额138.18亿元，增长14.05%;实际到位内资33亿元，增长4.76%；直接利用外资（广西全口径）2100万美元，增长16.67%；财政收入18.39亿元，增长16.71%。城镇居民人均可支配收入22987元，增长10.80%；农民人均纯收入8842元，增长13.70%。

2013年9月4日，“南宁·东南亚国际旅游美食节歌台”在南宁华南城举办。图为外国艺术家表演

五象湖一角

2013年7月9日，中共中央政治局常委、国务院总理李克强（前右一）到良庆区那马镇坛良村田间了解水稻种植情况

2013年11月21日，自治区党委常委、市委书记余远辉(前左三）在良庆区委书记陈竑（前右一）、区长谷明佳（前左二）陪同下到五象新区项目现场考察

良庆区位于南宁市区南部，面积1379平方千米。辖镇5个、街道2个，省级经济开发区1个。路网发达、交通便利，是南宁市通往北海市、钦州市、防城港市的门户。2013年末人口 25.69万。地区生产总值108.16亿元，财政收入10.20亿元。

良庆区辖地秦时属骆越地，历经变迁，1941年（民国3年）归邕宁县辖管，自然资源丰富，大王滩（凤凰湖）、凤亭湖水库、屯六水库（千岛湖）、那马竹泉岛、那兰白鹭村等风光美不胜收。

良庆区历史文化深厚，较有名的有：雷帽岭摩崖石刻、香火龙、采茶戏、师公舞、斑鸠舞、嘹啰山歌等，尤其是嘹啰山歌是驰名四方的壮族文化奇葩。2013年，良庆区获“中国嘹啰山歌之乡”称号。

良庆区种养殖业品种较多，主要地方土特产有南晓土鸡、大塘芝麻鸭、那马绿色蔬菜、南晓荔枝、那陈火龙果等。

近年来，良庆区形成以机械制造、制药、有色金属深加工、建材、农产品加工为重点的工业体系。

良庆区是自治区及南宁市“重点向南，建设五象新区，再造一个新南宁”主战场，是面向东盟建设“三基地三中心”的核心区域和广西北部湾经济区的重要组成部分。2013年良庆区党委、政府全力推进五象新区征地拆迁，完成征地面积933公顷，拆迁面积80.18万平方米，为新区建设创造良好条件。

2013年6月20日，“中国嘹啰山歌、八音文化、那文化之乡”命名授牌仪式在自治区党校举行，良庆区被中国民间文艺家协会授予“中国嘹啰山歌之乡”称号

炮龙之乡——宾阳

宾阳炮龙

县城新貌

2014年1月28日，县委书记张先进（中）在县城城东新区检查城市建设

2014年4月29日，县长朱亚明(前右二)在古辣镇水丽村检查新农村综合示范村建设

宾阳县位于南宁市东北部，面积2308平方千米，人口104.34万，县城驻宾州镇。湘桂、黎湛、黎钦铁路以及南广、南柳高速铁路在县境内交汇，桂海高速公路、国道322、324线贯通县境。是“全国质量兴市先进县”“全国科普示范县”“全国县市科技进步先进县”“广西科学发展十佳县”。2013年实现地区生产总值152.95亿元，农林牧渔业总产值66.25亿元，工业总产值146.03亿元，全社会固定资产投资完成额163.08亿元，社会消费品零售总额72.74亿元，财政收入14.06亿元，城镇居民人均可支配收入22333元，农民人均纯收入8136元。

近年来，宾阳紧紧围绕“打造民营经济强县、构建现代化商贸名城、建设宜居宜业中等城市”发展定位，抢抓机遇，乘势而上，加速崛起。抓好现代特色农业示范基地项目建设，打造休闲观光农业、粮油高产创建、超级稻推广、稻藕套种等特色农业项目建设，稻藕套种技术获“中国杂交水稻之父”袁隆平院士的盛赞。承接东部产业转移，加快县域工业化发展，有规模以上工业企业71家，亿元产值以上企业32家；广西A类工业园区黎塘工业园区入园企业有200家，投产企业178家，实现工业总产值81亿元。宾阳历史悠久，人杰地灵，文化底蕴深厚，拥有众多的人文和自然景观。昆仑关、宾州古城、古辣蔡氏古宅、武陵白鹤观等景点令人流连忘返；游彩架、丝弦戏等地方特色民俗文化也各具特色。农历正月十一举行的“宾阳炮龙节”有数百年传承，被喻为“东方狂欢节”，列入国家非物质文化遗产名录，美名远扬，每年吸引数十万海内外游客参与。

今日宾阳，政通人和。炮龙之乡，正在腾飞！

黎塘工业园区远眺

生产的乐园 生活的家园 生态的花园

南宁高新区360度全景

南宁高新技术产业开发区

NANNINGGAOXINJISHUCHANYEKAIFAQU

南宁高新技术产业开发区（以下简称“南宁高新区”）创建于1988年，1992年经国务院批准为国家级高新区。形成电子信息、生物工程与医药、汽车零配件生产等优势主导产业，成为广西产业聚集程度最高、配套最成熟、吸引外商投资最多、基础人才最密集的经济园区。

作为广西发展高新技术的重要基地和重点打造的“千亿元产业园”区，南宁高新区先后被确定为“国家火炬计划软件产业基地”“国家863亚热带生物产业基地”“国家电子商务示范基地”“国家广告产业园试点园区”“国家高技术生物产业基地”“国家知识产权试点园区”。南宁高新区正在着力建设“美丽高新区”，努力将园区打造成为“生产的乐园、生活的家园、生态的花园”。

南宁高新区位于南宁市西北部，地理位置优越，交通便利。整体规划面积148.50平方千米，由26平方千米的心圩片区、79.50平方千米的安宁片区和43平方千米的相思湖片区等三大片区组成:

——**心圩片区**。重点建设和打造集软件开发、服务外包、广告创意、电子商务等于一体的电子信息产业园区和集生物工程制药、生物环保产品、药用包装和医疗器械生产于一体的生物工程及健康产业园区。

——**安宁片区**。重点建设和发展以光通信接入设备、汽车零部件及先进制造技术等为主的光机电制造产业园区和以节能产业、环保装备产业、新材料技术及其装备制造业等为主的节能环保、新能源、新材料产业基地。

——**相思湖片区**。重点规划和建

南宁　东盟企业总部基地

设以通信设备制造业、软件产业及信息技术咨询、信息技术设计开发服务、数据处理服务、集成实施服务、培训服务和信息系统增值服务为一体的新一代信息技术产业基地和集工业研发中心、标准化厂房、企业定制厂房、生产性服务配套设施为一体的大型产业综合体项目。

2013年，南宁高新区正在全力建设创新型特色园区。至2015年，园区生物工程与健康、电子信息等产业细分领域将形成具有全球规模优势和技术影响力的创新集群；成为积聚创新要素、环境优美与产业发展相互协调、经济与社会和谐发展的现代化、生态型的知识城区；成为广西与东盟合作的重要载体。

南宁高新区一站式服务中心

相思湖公园风光

心圩江湿地公园风光

火炬大厦

南宁高新区（广告产业园）电子商务产业基地

2013年4月12日，自治区副主席陈章良（左一）到园区检查禽流感预防

2013年5月7日，自治区党委常委、市委书记余远辉（中）到园区南宁港六景港区调研

南宁六景工业园区

2013年12月10日，自治区、市、县人大代表到园区祁顺纸业视察

2013年，南宁六景工业园区作为北部湾经济区重点产业园区继续坚持走集约发展、协调发展、可持续发展道路，抢抓改革发展机遇，依托得天独厚优势，实现高速、高质、高效的跨越式发展。

7月，根据市委、市政府提升工业园区格局和管理水平的部署，那阳工业集中区整体并入六景工业园区。通过合并，园区实现多方资源的优化整合，经济结构得到进一步优化，初步形成以电力、化工、制浆造纸、茧丝绸、机械制造、港口物流、食药品（农产品）加工业、轻工产业、建材产业、沿江产业、新兴产业等为主要框架的产业园。合并后的六景工业园区格局、规模进一步提升，经济社会发展取得显著成效。

至年末，园区开发面积20.12平方千米；有企业116家，其中规模以上企业44家，亿元以上产值企业33家；园区规模以上工业总产值211.48亿元，比上年增长29.88%；固定资产投资62.07亿元；签约项目21个，实际到位资金38.20亿元；财政收入6.37亿元，增长40%。

园区加快建设发展步伐，在基础设施建设、招商引资、项目建设等方面取得新成绩。实施路网等基础设施项目和房地产等生活配套设施项目16个，完成投资9.66亿元。新引进世界最大白水泥生产商——阿尔博波特集团和中国500强企业——玉柴集团投资横县，促成东盟汽车集散基地项目、北部湾港务产业园、西江木业创新基地、长安精细化工、广西石化链、盟展科技产业园、万物楼综合物流中心项目、物豪矿业产业园等重大项目落地，包装策划中小企业产业园、钢材及装备制造产业园、茉莉花产业园等重大项目。加快推进南宁港六景港区、永凯码头建设，天利恒木业年产300万平方米复合地板、永凯年产20万吨高级文化纸、祈顺纸业二期年产9.80万吨桑枝浆等重大工业项目相继投（试）产。

在加快经济建设的同时，园区统筹推进干部队伍建设、人才队伍建设、基层党组织建设等工作。以开展党的群众路线教育实践活动和“美丽广西·清洁乡村”活动为契机，进一步提高组织工作效能，创新工作举措，全面提高党的建设科学文化水平。获“南宁市先锋示范单位”“2012年度南宁市开发区（工业园区）发展二等奖”“2013年度横县‘美丽横县·清洁乡村’活动先进后盾单位”等称号。

2013年8月25日，第八届茉莉花交易会上横县县长、园区管委会主任唐小若（前左一）代表园区与柳州延龙汽车公司签约

2013年7月29日，清华、北大研究生深入园区就企业发展课题进行交流座谈

2013年12月17日，南宁港六景港区覃寨村作业区永凯码头开工暨广西天利恒木业有限公司人造板项目（一期）竣工仪式举行

2013年11月20日，2013年度南宁市工商联直属商会会长、秘书长第三次工作会议暨南宁六景工业园区投资环境推介会在园区举办

2013年3月15日，“春蕾计划”助学金发放仪式举行

南宁市财政局

2013年10月15日，自治区党委常委、市委书记余远辉（左二）到市财政局调研

2013年1月5日，市财政局局长李宁（中）到隆安县布泉乡兴隆村开展“结一联五”活动

南宁市财政系统包括市财政局机关和武鸣县、横县、宾阳县、上林县、马山县、隆安县、兴宁区、江南区、青秀区、西乡塘区、邕宁区、良庆区、南宁高新技术产业开发区、南宁经济技术开发区、广西—东盟经济技术开发区、青秀山风景名胜旅游区16个县（区）、开发区财政局。2013年，全市财政部门在职干部1878人。其中：市财政局269人，各县（区）、开发区财政局1609人；大学专科以上1683人，占总人数89.62%；具有专业技术职称928人，占总人数49.41%；中共党员1103人，占总人数58.73%。

抓好财政收支 2013年，市财政局围绕稳中求进工作总基调和提升首府财政首位度目标，财政收支实现平稳良好运行。全市组织财政收入473.66亿元，比上年同期增收51.66亿元，增长12.24%。财政收入总量稳居自治区第1位，占自治区财政收入23.68%，财政首位度进一步提升。其中：公共财政预算收入256.25亿元，增收26.52亿元，增长11.54%；非税收入74.48亿元，增长3.87%，占公共财政预算收入29.07%，降低2.14个百分点，财政收入质量进一步优化。全市公共财政预算支出419亿元，增支42.54亿元，增长11.30%。

支持项目建设 筹措财政性城建资金295.78亿元，支持“中国水城”、五象新区、重大交通基础设施等重点项目建设，推进“绿、水、新、旧、通”五

2013年3月4日，南宁市财政工作电视电话会议召开

2013年6月28日，市财政局开展大接访活动，倾听群众呼声，解决民生问题

2013年2月24日，市财政局局长李宁（左二）带领干部职工参加植树活动

2013年5月，市财政局组织党员干部开展“美丽南宁·清洁乡村”活动

篇文章。与国家开发银行等金融机构对接，落实国家开发银行土地储备、轨道交通、棚户区改造项目、水利项目、保障性住房等项目贷款。推进“美丽南宁·清洁乡村”“美丽南宁·整洁畅通有序大行动”活动开展，筹措整合资金52.80亿元，为清洁乡村活动提供坚实的财力保障。

扶持产业发展 继续加大对推动产业转型升级的支持力度，夯实财源基础。安排工业发展资金3.80亿元、工业用地储备滚动使用资金7亿元、工业园区基础设施建设滚动使用资金3亿元，铝加工补助资金2.40亿元，大力支持铝加工、电子信息、轻工食品、现代装备制造等现代工业及工业园区的基础设施建设。安排4.10亿元支持总部经济、涉外贸易、会展、旅游、金融、物流业等现代服务业发展。

改善民生保障 与民生有关的教育、科学技术、文化体育与传媒、社会保障和就业、医疗卫生、农林水事务、节能环保、住房保障等支出292.74亿元，增支33.58亿元，增长12.96%，民生支出占全市公共财政预算支出的69.87%。全市筹措并拨付资金58.12亿元，确保自治区10大为民办实事工程及我市20件为民办实事项目的完成。投入9534万元支持贫困村基础设施和产业扶贫，是历年来市本级财政投入扶贫资金最多的一年。

2013年2月18日，市财政局举行反腐倡廉视频教育课

2013年7月12日，市财政局召开民主评议科长、科级非领导职务推荐会

策马扬鞭奔腾万里  乘风破浪勇攀高峰

广西现代运输集团有限公司

董事局主席、总裁、党委书记　王玉玺

现代集团董事局、监事局成员

广西现代运输集团有限公司坐落在联合国宜居城市——绿城南宁，是广西知名的大型运输企业之一，具有国家道路旅客运输一级、道路货物运输三级资质，是广西第一家全国交通运输安全生产标准化一级企业、全国交通运输行业重点联系物流园区重点联系单位，并通过ISO 9001：2008国际质量体系认证。

集团公司总资产超7亿元，职工1000多人，集经营道路客货运输、运输站场、现代物流、城市公交、旅游服务、商贸服务、酒店服务、广告信息服务、港口服务、驾驶员培训、车辆检测、标准紧固件生产等多元化经营为一体的综合性、现代化的非公有制企业，下辖分公司14个、子公司（全资、控股）18个。客运经营跨省、自治区内班线330条，线路覆盖粤、闽、陕、云、贵、川等省份，有营运车辆1300多辆。在集团公司董事局主席、总裁王玉玺的带领下，企业实现质的飞跃。2013年，完成营业收入2.60亿元，实现利税3583万元（利润超2000万元），员工年均工资4万多元，在同行业中名列前茅。是集团公司成立以来，效益最好的一

2013年8月26日，广西现代运输集团有限公司控股的广西现代桂顺泞机动车检测站开业，检测站是相思湖片区的第一家机动车检测站。图为开业仪式

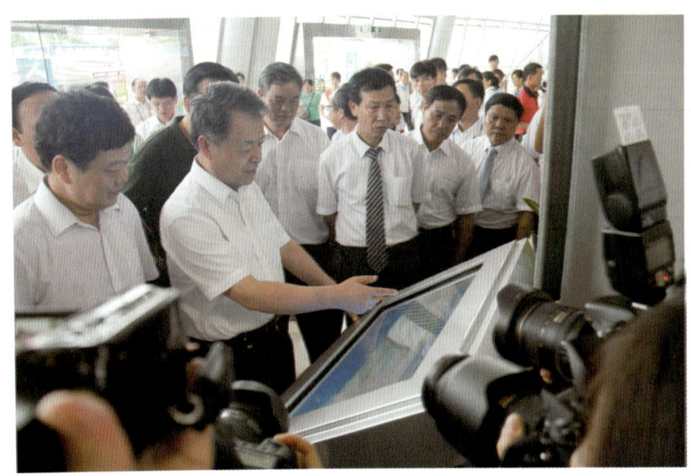

2013年9月3日，国家交通运输部部长杨传堂一行到广西占地面积最大的西乡塘客运站视察

2013年10月20日,集团公司总裁王玉玺（右一）、玉林军分区司令员王志强（左一）为桂鑫国际大酒店揭牌

年。营业收入连续三年超亿元，并以平均20%以上的速度连续增长，企业实现跨越式发展。

集团公司积极承担社会责任，多次向高校学子伸出援助之手，奉献一片爱心，携手南宁市总工会、共青团南宁市委向500名贫困学子赠送车票回家过年，受到各院校及学子的赞誉。多年以来在春节期间开展的“能帮就帮、敢做善成、温暖同行”帮扶活动中，捐赠上万张车票给务工青年返乡，车票总价值超过400万元，被各大媒体争相报道。

开展道路运输企业安全生产标准化建设工作，经国家交通部中国交通企业管理协会安全生产标准化评估专家考评，达到中国道路运输企业安全生产标准化一级企业达标要求，被国家交通部认定为中国道路运输企业安全标准化一级达标企业，成为自治区内首家道路旅客运输企业安全生产标准化一级达标的运输企业。

集团主业与新兴产业多业并举的战略成效卓著：

现代集团投资的广西现代桂顺泞机动车检测站落成，检测站占地面积约2公顷，一天可为100多辆机动车办理年度安全检测、综合检测和环保检测等有关车辆身份验证、安全行驶的10多项业务，检测站的建立不仅为南宁市的机动车辆服务行业发展提供新的平台和有力保障，也使集团的主业开始延伸出应有的配套经营项目，使集团的主业经营地位更加稳固。

现代集团旗下的南宁哈威尔紧固件有限公司有50年生产紧固件产品的历史，与德国喜利得跨国集团公司建立长期的伙伴式合作关系，产品销往150多个国家和地区。

计划总投资6.30亿元，广西百色港田阳港区七联作业区码头，规划建设4个泊位，用地66.67公顷，年吞吐量80万吨～100万吨，该项目成为自治区重点项目——“黄金水道”的一个重点工程。

2013年1月，西南第一现代化感知型公路客运枢纽——西乡塘客运站开业发车

2013年10月20日，广西现代桂鑫国际大酒店开业

南宁市工业和信息化委员会

Nanning Municipal Industry and Information Committee

2013年7月10日，自治区党委常委、市委书记余远辉（中）到南南铝调研

2013年10月11日，市长周红波（右二）到武鸣县、南宁市高新技术产业开发区企业调研

2013年8月16日，工信委领导班子到南宁高新技术产业开发区调研

2013年，南宁市工业和信息化委员会工作业绩突出、亮点纷呈，实现以下几个方面历史的新突破：

工业增速位居自治区前列。全部工业总产值增速、规模以上工业总产值增速、规模以上工业增加值增速分别为19.92%、20.63%、16.60%，增速均保持在全国省会城市前列，分别高于全国和自治区平均水平，工业对GDP增长的贡献率42.40%，为推动全市经济增长的首要支撑。

工业投资、技改投资总量分别位居自治区第一、第二位。突出重点产业招商，着力“招大引强”，狠抓重大项目建设，保持投资较快增长，重大项目建设取得新进展。富士康、南南铝加工等35个投资亿元以上重大项目陆续建成投产，中恒集团、研祥集团等一批投资10亿元以上重大项目落户并开工建设。

园区机制体制全面创新，园区发展活力不断激发。全市园区工业总产值同比增长20.97%，占全市工业总产值72.8%，其中三大国家级开发区产值占全市47.90%，园区对全市工业的贡献率不断提升。

产业结构调整稳步推进。生物医药、电子信息、铝深加工、机械制造、食品工业、清洁能源等6个重点产业得以快速发展，比重占全市工业总产值60%以上。

强优企业培育取得重大突破。扶持壮大强优企业，完善工业扶持政策，培育工业发展主力军，产值超亿元企业548家，其中富士康集团南宁公司产值完成157.20亿元，成为南宁市首家产值超百亿元企业。

工业节能降耗再创佳绩。抓好节能降耗淘汰落后产能工作，发展循环经济，全市规模以上万元工业增加值能耗0.7927吨标准煤，同比下降4.61%，为自治区和南宁市节能减排做出贡献。

技术创新建设步伐加快，两化融合取得新成绩。新增国家认可实验室2家，自治区级企业技术中心、研发中心17家；获自治区立项工业创新项目106个，居自治区首位；获“广西名牌”产品7个；获自治区新产品优秀成果奖6个；新增自治区级两化融合标杆企业3家；南宁入选首批国家信息消费试点市。

工业出口增速高于全国和自治区平均水平。全年规模以上工业出口交货值203.15亿元，占自治区28.94%，增速25.13%，高于全国5%、自治区12.08%。

工业税收贡献不断增强。南宁市工业利税首次与柳州市持平，全年规模以上工业企业实现利润146.21亿元，同比增长8.12%，利润总额超过柳州的122.13亿元；实现税金135.05亿元，占自治区15.95%，增长16.08%，比财政收入增速高3.84个百分点，对财政的贡献率不断上升。

服务企业活动取得新成效。开展市领导服务活动，实现走访服务重大工业项目和重点工业企业“全覆盖”；在自治区首次开展产业发展专家服务企业活动，助推企业管理升级。“两台一会”中小企业贷款平台累计直接解决中小企业流动资金贷款43.76亿元，其中助保金贷款5.16亿元，服务企业168家。

南南铝20万吨铝材生产线

《南宁年鉴》编纂委员会

梁　展　市园林管理局局长
王永超　市交通运输局局长
叶　盛　市水利局局长
唐波文　市农业局局长
梁培正　市商务局局长
于维钢　市文化新闻出版局党组副书记、副局长(版权局局长)
汤晓斌　市卫生局局长
谢宗务　市人口和计划生育委员会主任
李建华　市体育局局长
黄南方　市统计局局长
黄永久　市旅游局局长
傅隆政　市人民政府国有资产监督管理委员会主任
胡建华　市社会科学院院长
宋日正　武鸣县县长
唐小若　横县县长
朱亚明　宾阳县县长
蓝忠耿　上林县县长
杨　敏　马山县县长
甘　诚　隆安县县长
高　虹　兴宁区区长
黄海韬　江南区区长
张自英　青秀区区长
廖伟福　西乡塘区区长
邓娟娟　邕宁区区长
谷明佳　良庆区区长
韦继更　市人民政府地方志编纂办公室副主任
许杨群　市人民政府地方志编纂办公室副主任
陆玉金　市人民政府地方志编纂办公室副调研员
孙贵寿　市人民政府地方志编纂办公室副调研员

《南宁年鉴》编辑部

主　　编　王德宾

执行副主编　韦继更

副 主 编　韦继更　许杨群　陆玉金　孙贵寿

责任编辑　李志楠　周　红　陈洪毅　李敬江　梁　坤　方　明

覃庆梅　卢景林　陆　靖　谢萍萍　陈天皓　唐祯麟

校　　对　王德宾　韦继更　许杨群　陆玉金　孙贵寿　李志楠　周　红

陈洪毅　李敬江　梁　坤　方　明　覃庆梅　卢景林　陆　靖

谢萍萍　陈天皓　唐祯麟　黄善秋　郑嘉琳

图片策划　陈洪毅　覃庆梅

封面封底设计　王德宾

栏题设计　王德宾

封面题字　卢定山

印章篆刻　杨宇云

《南宁年鉴》编写人员(编写组)

（排名不分先后）

中共南宁市委办公厅
编写组
中共南宁市委组织部
编写组
中共南宁市委宣传部
编写组
中共南宁市委统一战线工作部
黎芷宏
中共南宁市直属机关工作委员会
蓝　迅
中共南宁市委政策研究室
周建华
中共南宁市委老干部局
李　娟　黄　飚
南宁市精神文明建设委员会办公室
温金华　吴苏焱
南宁市人民代表大会常务委员会办公厅
编写组
南宁市人民政府办公厅
编写组
中国人民政治协商会议南宁市委员会
樊容宾
中共南宁市纪委、南宁市监察局
欧后智
中国国民党革命委员会南宁市委员会
唐祯泽
中国民主同盟南宁市委员会
覃紫斌
中国民主建国会南宁市委员会
编写组
中国民主促进会南宁市委员会
刘瀚钟
中国农工民主党南宁市委员会
严用明
中国致公党南宁市委员会
文　涛

中共南宁市委党校
唐　英
九三学社南宁市委员会
编写组
南宁市工商业联合会
李增群
南宁市总工会
郑中国　张文苑　韦文宇
共青团南宁市委员会
蒋　娜
南宁市妇女联合会
黄家玉　黄宇翔
南宁市文学艺术界联合会
陆雅婷
南宁市归国华侨联合会
农　婧
南宁市科学技术协会
魏崇君
南宁市社会科学界联合会
李国燕
中国国际贸易促进委员会广西分会
李小丽
中国国际贸易促进委员会南宁市支会
刘　毅
南宁市残疾人联合会
张　捷
南宁市红十字会
郑　静
南宁市关心下一代工作委员会
雷　纪
南宁市民政局
肖国兴　何　文　李群峰　韦　琨
申广富　雷兰英　郑晓红　梁　敏
南宁市机构编制委员会办公室
黄振生　路　焕　叶　欢
南宁市政务服务中心管理办公室
编写组
南宁市外事侨务办公室
编写组

中共南宁市委、南宁市人民政府信访局
蓝白晓
南宁市“中国水城”建设及邕江综合整治和开发利用工作领导办公室
杨锦文
南宁市民族事务委员会
刘建安
中共南宁市委台湾工作办公室
朱泽锋
中共南宁市委政法委员会
傅荣华
南宁市法制办公室
黄　玲
南宁市中级人民法院
潘伟坚
南宁市人民检察院
蒙　旗
南宁市公安局
黄俊杰　欧阳秋电
南宁市司法局
周　芹
中国人民解放军广西南宁警备区
杨爱平
中国人民武装警察部队南宁市支队
谢君正
南宁市人民防空办公室
乐清林
南宁高新技术产业开发区管理委员会
蒋春敏
南宁经济技术开发区管理委员会
冯梅丽
南宁—东盟经济开发区管理委员会
张向新
广西良庆经济开发区管理委员会
曾　慧
南宁江南工业园区管理委员会
徐　昂
南宁仙葫经济开发区管理委员会
蔡光燊

广西南宁五象新区规划建设管理委员会办公室

罗　往　邢义波

南宁市城乡建设委员会

陈　琳

南宁市规划管理局

吴晓丽

南宁市勘测院

莫惠荃

南宁市住房保障和房产管理局

麦思克

南宁住房公积金管理中心

马　剑

南宁市国土资源局

谭世明

南宁市重点项目建设办公室

梁善锋

南宁市邕江防洪大堤修建管理处

吴明全

南宁市环境保护局

编写组

南宁市城市管理局

董　强

南宁市园林管理局

陆林翠

南宁市工业和信息化委员会

编写组

南宁市国有资产监督管理委员会

莫智兴

南宁振宁资产经营有限责任公司

黄正斌

南宁壮宁资产经营有限责任公司

唐逢志

南宁沛宁资产经营有限责任公司

杨　娟

南宁威宁资产经营有限责任公司

罗春玉　黄　俊　覃海兰

南宁市食品药品监督管理局

梅　倩

南宁供电局

苏维富

南宁市二轻集体工业联社

梁荃启

南宁市烟草专卖局

黄建超

广西中烟工业有限责任公司

周丽霞

南宁市大型活动协调办公室

何　涛

广西国际博览事务局

黄　革

南宁国际会议展览有限责任公司

吴　骁

南宁市农业局

韦晓毅　吕校成　田乙凤　廖　芹

陆爱洪　黄兰芳　兰张红　宋桂荣

梁克非　韦悦妮　黄永贵　徐盛刚

粟继军　周冠群　马秋莹　卢亭君

毕晓磊　何明菊　李亦菁

南宁市水产畜牧兽医局

李葆泓　许丽丹　黄剑锋　陆国现

李开鹏　邓积斌

南宁市农业综合开发办公室

李燕妮

南宁市扶贫开发领导小组办公室

谭春兰

南宁市林业局

罗海涛　梁惠萍

南宁市农业机械化管理局

陆凤婵

南宁市水利局

卢明发

南宁市农工商集团有限责任公司

陆锡健

南宁市水库移民工作管理局

覃　梦

南宁铁路局史志办公室

徐维春

南宁市交通运输局

宋正兴　黎　健

南宁吴圩国际机场

粟　妮

南宁市邮政局

毛　骏

南宁市城乡数字化建设办公室

冼就毅

中国电信股份有限公司南宁分公司

农荣生

中国移动通信集团广西有限公司南宁分公司

黄　英

中国联合网络通信有限公司南宁市分公司

曾建强

南宁市无线电管理处

覃　巍

南宁市商务局

杨户芬　吴少鹏　黄祥杰　梁　槟

兰　贞　黎　剑　刘秋勇　梁　勇

杨户芬　冯筱斐　石敏洁　廖翠彬

南宁市供销合作联社

王娅萍

南宁市粮食局

陆兆强

南宁盐业分公司(南宁盐务管理局)

编写组

中石化南宁石油分公司

陈启慧

南宁市旅游局

周思伶

青秀山风景名胜旅游区管理委员会

编写组

广西大明山风景旅游区管理委员会

邓金春

南宁昆仑关战役遗址保护管理委员会

徐晓芳

南宁市财政局

马利芳

南宁市国家税务局

蒋秋芬

南宁市地方税务局

孙炳清

中国人民银行南宁中心支行

陈恒丹

中国工商银行广西分行营业部

尹湘竹

中国农业银行股份有限公司广西分行营业部

曾　敬

中国银行南宁市邕州支行

肖秋梧

中国建设银行股份有限公司广西分行

彭瑞娟　孙继锋　牟保春

广西北部湾银行

唐群凤

中国保险监督管理委员会广西监管局

何腾华

中国证券监督管理委员会广西监管局

编写组

广西银监局

陈　鹤

南宁市发展和改革委员会

编写组

南宁市投资促进局

彭金红　黄为谦　李　兴　黄振卿

何伟洁　梁韵泓　杨　青　周乐蓉

蒋　雯　蔡　伟

南宁市物价局

严晔炜

南宁市审计局

吴丽霞

南宁市工商行政管理局

潘文启　廖成琇

南宁市人力资源和社会保障局

农　健

南宁市质量技术监督局

黄　琴　谢应辉

南宁市安全生产监督管理局

马　瑛

南宁市统计局

李鸿宽

南宁海关

黄伟文

南宁海事局

黄丽宁

广西出入境检验检疫局

温永毅

南宁市文化新闻出版局

黎　红　潘雨茜　韦思私　周梅清

吴朝霞　姚　彧　施　延　梅晓光

杨粒彬　周　明

南宁市新华书店有限责任公司

谭继来

南宁市档案局

刘中军

南宁日报社

邓家全

南宁市广播电影电视局

编写组

南宁市教育局

苏　净　黄之林

南宁学院

韦超才

南宁职业技术学院

苏华清　何　冰

南宁市科学技术局

刘万娴　谢倚宁　覃　燕　李玉兰

南宁市气象局

江　雪

南宁市地震局

蒙泳杉

南宁市水文水资源局

胡清凤

南宁市社会科学院

孙晋华

南宁市人民政府地方志编纂办公室

王德宾　韦继更　许杨群　陆玉金

孙贵寿　李志楠　周　红　陈洪毅

李敬江　梁　坤　方　明　覃庆梅

卢景林　陆　靖　谢萍萍　陈天皓

唐祯麟

中共南宁市委党史研究室

廖运山

南宁市卫生局

甘洪流

南宁市爱国卫生运动委员会办公室

黄莹莹

南宁市体育局

王一冰　黄永铁　覃毓芹　赖超宇

朱庆邦　姜碧英　韦仕康　黄佳思

南宁市人口和计划生育委员会

蓝全祥

国家统计局南宁调查队

方文焕　王雪梅　陆贵远

南宁市老龄工作委员会办公室

梁玉军　谭邕生

南宁市机关事务管理局

李雄杰

南宁市政府集中采购中心

农丕提　张祖安

南宁市政府宗教事务局

温　惠

兴宁区地方志办公室

庞庆玉　陆冬英

青秀区地方志办公室

蔡光燊

西乡塘区地方志办公室

张增清　陆寿成　黄　源

江南区政府办公室

韦艳玲　梁尚家

邕宁区政府地方志办公室

王鼎艾

良庆区地方志办公室

潘艳明

武鸣县史志办公室

黄孟乔

横县地方志会办公室

李清俏

宾阳县地方志办公室

卢洁芳

上林县地方志办公室

樊守辉

马山县地方志办公室

陆惠华

隆安县地方志办公室

黄东明

南宁市轨道交通有限责任公司

朱振华

《南宁年鉴》照片摄影及提供人员

（排名不分先后）

刘　宇　陈卓凡　陈　峰　周家志　黄　飚　农　健　梁　凯　陈　羽　冼就毅

徐维春　覃紫斌　邓　行　覃晓宁　邓家强　邓　玲　曾永超　梁善锋　杨锦文

董　强　谭祥友　吴晓丽　朱振华　梁玉军　卢玉山　沈　强　张　薇　何　胜

史贝贝　许辉坚　卢景林　宋正兴　黎　健　梁荃启　冯保翠　卢伊琳　欧后智

黄　祁　赵昌斗　梁尚家　孔德亮　黄伟铭　潘　浩　谭　毅　尹宗浩　何宏生

范丽萍　陆凤蝉

《南宁年鉴》照片提供单位

（排名不分先后）

横县残联办公室

宾阳县地方志办公室

上林县地方志办公室

马山县文广体局

马山县地方志办公室

兴宁区地方志办公室

广西—东盟经济技术开发区信息中心

南宁高新技术产业开发区管信息中心

南宁经济技术开发区信息中心

广西南宁五象新区规划建设管理委员会

南宁市北部湾经济区和东盟开放合作办公室

青秀山风景名胜旅游区管理委员会

中共南宁市委组织部

中共南宁市委统战部
南宁市宗教事务局
中共南宁市委政法委员会
中共南宁市委党校
南宁市人大常委会办公厅
南宁市政协办公厅
民革南宁市委员会
民进南宁市委员会
致公党南宁市委员会
南宁市工商业联合会
九三学社南宁市委员会
南宁市文化新闻出版局
南宁市人民检察院
南宁市商务局
南宁市图书馆
共青团南宁市委员会
南宁市妇女联合会
南宁市文学艺术界联合会
南宁市科学技术协会
广西银监局
中国银行南宁市邕州支行
南宁市信访局
南宁市国有资产监督管理委员会
南宁壮宁资产经营有限责任公司
南宁市农业局
南宁市水利局
南宁市卫生局
南宁威宁资产经营有限责任公司
南宁市社会科学院
南宁市投资促进局
南宁市安全生产监督管理局
南宁市外事侨务办公室
南宁孔庙管理所
南宁市科技局
南宁市教育局
南宁学院
南宁职业技术学院

封面:南宁地标剪影

Front Cover: Nanning Landmark Silhouette

封底:邕江

Back Cover: Yongjiang River

编辑说明

Editor's Note

《南宁年鉴》编纂委员会

"Nanning Yearbook" Compiles Committee

《南宁年鉴》编辑部

"Nanning Yearbook" Editorial Department

《南宁年鉴》编写人员(编写组)

"Nanning Yearbook" Compiles Personnel (Compilation Group)

《南宁年鉴》照片摄影及提供人员

"Nanning Yearbook" Photographers and Suppliers

《南宁年鉴》照片提供单位

"Nanning Yearbook" Photos Supplied Units

特　载

Special Publication

余远辉书记在南宁市委十一届十一次全体(扩大)会议第一次会议上的讲话(摘要) …… 57

Speech at 11th Plenary Session First All Meeting Of 11th CPC Nanning Municipal Committee by YU Yuan Hui, Secretaryof CPC Nanning Municipal Committee (Abstract)

谢寿堂主任在南宁市第十三届人民代表大会第五次会议上的工作报告(摘要) …… 61

Working Report At 5th Conference Of 13th Nanning Municipal People's Congress By Xie Shoutang, Director Of Nanning Municipal People's Congress (Abstract)

周红波市长在南宁市第十三届人民代表大会第五次会议上作的政府工作报告(摘要) …… 64

Report on Government Work at 5th Conference of 13th Nanning Municipal People's Congress by Zhou Hongbo, Mayor of Nanning (Abstract)

岑可成主席在政协第十届南宁市委员会第四次会议上作的工作报告(摘要) …… 72

Working Report At 4rd Conference Of 10th Nanning Municipal Committee Of Chinese People's Political Consultative Conference By Den Ke Cheng, Chairman Of Nanning Municipal Committee Of Chinese People's Political Consultative Conference (Abstract)

特　辑

Special Editing

五象新区建设发展回顾 …… 75

Reviewing Development of Five Elephants the New District

概　况 …… 75

开发建设历程 …… 75

管理机构 …… 75

重大项目 …… 76

大事记

Memorabilia

1月 …… 78

2月 …… 79

3月 …… 79

4月 …… 79

5月 …… 80

6月 …… 81

7月 …… 82

8月 …… 82

9月 …… 84

10月 …… 85

11月 …… 86

12月 …… 87

南宁年鉴

南宁概貌
Nanning Overview

基本情况 …… 88
Basic Information
地理位置 …… 88
建制沿革 …… 88
土地资源 …… 88
矿产资源 …… 88
植物资源 …… 89
动物资源 …… 89
水资源 …… 89
气　候 …… 89
水　文 …… 89
人　口 …… 90
行政区划 …… 90
民　族 …… 90
语言文字 …… 90
华　侨 …… 92
宗　教 …… 92
自然灾害 …… 92
2013年南宁市及市辖六县地类面积结构 …… 89
2013年南宁市汛期各江河主要控制站月最高水位 …… 90
2013年南宁市县(区)、乡镇(街道)情况 …… 91
经济与社会发展 …… 92
Economic and Social Development
·综　述 …… 92
General Situation
经济发展概况 …… 92
重点领域改革 …… 93
县域经济发展 …… 93
非公有制经济发展 …… 93
社会发展概况 …… 93
经济社会发展的困难与问题 …… 94
·固定资产投资 …… 94
Fixed Assets Investment
概　况 …… 94
重点领域项目实施 …… 94
投资结构 …… 94
投资来源 …… 95
非国有经济投资 …… 95
基本建设投资 …… 95
更新改造投资 …… 95
县(区)与开发区投资 …… 95
招商引资 …… 95
Investment Attraction
概　况 …… 95
国内招商引资 …… 95
境外招商引资 …… 96
投资服务 …… 97
总部经济服务 …… 97
区域经济合作 …… 98
Regional Economic Cooperation
概　况 …… 98
泛北部湾经济区区域经济合作 …… 98
泛珠三角区域经济合作 …… 98
西南、南贵昆及其他经济区域合作 …… 98
文明建设 …… 99
Civilization Constraction
·政治文明建设· …… 99
Political Civilization Constraction
民主法制建设 …… 99
政治协商 …… 99
民主党派与无党派人士参政议政 …… 99
政府职能转变 …… 99
厂务公开民主管理 …… 100
村民自治 …… 100
·群众性精神文明建设 …… 100
Mass Spirits Civilization Construction
概　况 …… 100
文明城市创建 …… 100
文明道德风尚倡导 …… 101
思想道德建设 …… 101
道德模范学习宣传 …… 101
未成年人思想道德建设 …… 101
文明和谐创建 …… 102
“我们的节日”主题活动 …… 102
文明县(区)村镇(社区)单位创建 …… 102
志愿者服务活动 …… 102
·生态文明建设 …… 103
Ecdogical Civilization Construction
环境宣传教育 …… 103
自然生态保护 …… 103
生态文明示范区建设 …… 103
节能减排 …… 103
石漠化治理 …… 103
2013年政治机构党派团体市直属事业单位及领导人 …… 104
2013 Units & Leaders of Political Organs, Party and Government Organizations & Institutes Under

中国—东盟博览会·峰会·民歌节
China-ASEAN Expo, Summit & Folk Song Festival

第十届中国—东盟博览会 …… 109
The 10th China-ASEAN Expo

概　况 …… 109
开幕大会 …… 109
专题展览 …… 110
经贸活动 …… 110
中国—东盟博览会高官会议 …… 110
第十届中国—东盟商务与投资峰会 …… 111
The 10h China-ASEAN Business & Investment Summit
概　况 …… 111
经贸合作对话会 …… 111
圆桌对话会 …… 111
港口城市合作网络论坛 …… 111
商会领域论坛 …… 112
南宁国际民歌艺术节 …… 112
Nanning International Folk Song & Arts Festival
概　况 …… 112
大地飞歌·2012 …… 112
戏剧周 …… 112
绿城歌台 …… 112
2013南宁·东南亚国际旅游美食节 …… 113
其他重要活动 …… 113
Other Important Activities
中国—东盟互联互通交通部长特别会议 …… 113
第五届中国—东盟金融合作与发展领袖论坛 …… 113
中国—东盟技术转移与创新合作大会 …… 113
北斗卫星导航产业国际合作与投资论坛 …… 114
中国—东盟环境合作论坛(2013) …… 114
2013中国—东盟传统医药高峰论坛 …… 114
第七届中国—东盟社会发展与减贫论坛 …… 114
第六届中国—东盟智库战略对话论坛 …… 115
2013中国—东盟电力合作与发展论坛 …… 115
中国—东盟自由贸易区投资合作法律问题研讨会 …… 115
中国—东盟私营部门投资合作研讨会 …… 115
2013中国—东盟文化论坛 …… 116
中国—东盟传统文化传承与传播论坛 …… 116
2013中国—东盟出版博览会 …… 116
2013中国—东盟职业教育联展暨论坛 …… 116
第二节中国—东盟药品安全高峰论坛 …… 116
第二届亚洲及大洋洲地区大众体育合作发展论坛 …… 117
服务保障 …… 117
Service Guarantee
概　况 …… 117
基础配套设施与市容环境改善 …… 117
会展中心与体育中心场馆服务保障 …… 117
安全保卫 …… 117
安全生产监督管理 …… 117
医疗卫生保障 …… 118
食品安全 …… 118
交通运输保障 …… 118
供电与供水保障 …… 118
气象服务 …… 118
通信保障服务 …… 118
志愿服务与精神文明创建 …… 118
宣传服务 …… 118

南宁与东盟
Nanning & ASEAN

经济交流 …… 119
Economic Intercourse
南宁产品出口东盟 …… 119
参加2013年广西(泰国)商品博览会 …… 119
参加2013年广西(柬埔寨)商品博览会 …… 119
南宁国资监管企业进入东盟 …… 119
南宁旅游推介进东盟 …… 119
南宁至缅甸仰光增加航班 …… 119
2013 年东盟各国企业在南宁投资主要情况 …… 119
文化交流 …… 120
Dencational Exchanges
首届中国—东盟(南宁)戏剧周 …… 120
泰王国驻南宁总领事馆举办泰菜培训班 …… 120
友城交流 …… 120
Friendly Intercourse
南宁与海防市 …… 120
南宁与怡保市 …… 120
南宁与孔敬市 …… 120
南宁与茂物县 …… 120

党政机关
Party & Government Organizations

中共南宁市委员会 …… 121
CPC Nanning Municipal Committee
·重要会议· …… 121
Important Meetings
中国共产党南宁市第十一届委员会第十次全体会议 …… 121
年中工作暨工业发展、旅游发展会议 …… 121
·重要决策· …… 121
Important Policies
学习贯彻党的十八大精神　在自治区率先全面建成小康社会 …… 121
推进城市区域化党建工作 …… 122
进一步激发干部干事创业活力 …… 122
推动旅游业跨越发展的若干意见 …… 122
加强新形势下村民委员会建设 …… 123
·重要活动· …… 123
Important Activities

南宁年鉴

“美丽南宁·清洁乡村”活动 …… 123
“美丽南宁·整洁畅通有序大行动” …… 123
·组 织· …… 124
Organization Work
概 况 …… 124
领导干部选拔任用 …… 124
干部教育培训 …… 124
人才工作 …… 124
基层组织建设 …… 124
组织部门自身建设 …… 125
·宣 传· …… 125
Publicity Work
概 况 …… 125
理论宣传 …… 126
信息调研 …… 126
舆论宣传 …… 126
社会宣传 …… 126
对外宣传 …… 126
网络宣传 …… 127
文化南宁建设 …… 127
思想政治工作与党员教育 …… 127
先进典型选树 …… 127
爱国主义与国防教育 …… 128
·统一战线· …… 128
United Front Work
经济统战 …… 128
文化统战 …… 128
港澳台及海外统战 …… 128
“同心”品牌建设 …… 129
党外代表人士队伍建设 …… 129
·市直机关党的建设· …… 129
Party Construction for Nanning Government Departments
概 况 …… 129
思想建设 …… 129
组织建设 …… 129
党风廉政建设 …… 130
精神文明建设 …… 130
群团工作 …… 130
第二十五届全国城市机关党建工作经验交流会 …… 130
·政策研究· …… 130
Policy Research
概 况 …… 130
课题研究与专题调研 …… 131
政策文件研究起草 …… 131
重要综合文稿起草 …… 131
·机构编制· …… 131
Sizing of Organizations
概 况 …… 131
五象新区管理机构组建 …… 131
龙象谷管理机构组建 …… 132
高新区与相思湖新区机构合并 …… 132
南宁—东盟经济开发区更名升级 …… 132
县(区)开发区(园区)管理整合优化 …… 132
城管监督评价机构调整 …… 132
城市管理综合执法机构调整 …… 132
统筹城乡发展机构成立 …… 132
公共资源交易管理体制改革 …… 132
食品药品监督管理体制调整与改革 …… 132
土地储备管理体制改革 …… 133
应急管理体制调整 …… 133
青秀山管理职能调整 …… 133
事业单位分类改革 …… 133
教育教学机构编制 …… 133
医疗卫生服务体系建设 …… 133
社会保障机构建设 …… 133
机构编制动态管理 …… 133
机构编制实名制建设 …… 133
公益中文域名注册 …… 133
事业单位登记管理 …… 133
机构编制监督检查 …… 133
机构编制专题调研 …… 134
·老干部事务· …… 134
Veteran Cadres Work
概 况 …… 134
老干部政治学习 …… 134
老干部文体活动 …… 134
老干部慰问 …… 134
老干部医疗保健 …… 134
专题调研 …… 135
为老干部办实事 …… 135
·党校教育· …… 135
Party School Work
概 况 …… 135
教育培训 …… 135
科学研究 …… 135
南宁市人民代表大会 …… 136
Nanning Municipal People's Congress
·重要会议· …… 136
Important Meeting
市第十三届人民代表大会第四次会议 …… 136
市第十三届人民代表大会常务委员会会议 …… 136
·重大活动· …… 137
Important Activities
地方性法规立法 …… 137
监督工作 …… 137
专题调研 …… 138
专题询问 …… 138
代表视察 …… 138
工作创新 …… 139
代表议案与建议办理 …… 139

人事任免 …… 139
2013年南宁市第十三届人民代表大会常务委员会任免人员情况 …… 140
南宁市人民政府 …… 143
Nanning People's Government
·重要会议· …… 143
Important Meetings
市十三届人民政府第三次全体(扩大)会议 …… 143
政府常务会议 …… 143
政府工作会议 …… 143
市长例会 …… 144
食品安全工作会议 …… 144
审计工作电视电话会议 …… 144
发展和改革工作会议 …… 144
农村工作暨春耕生产工作会议 …… 144
水利工作会议 …… 145
大气污染防治工作会议 …… 145
人口和计划生育工作会议 …… 145
防汛工作会议 …… 145
节能减排工作专题会议 …… 145
安全生产工作会议 …… 145
科学技术奖励大会 …… 146
"美丽南宁·清洁乡村"活动电视动员会 …… 146
"美丽南宁·整治畅通有序大行动"工作专题会 …… 146
·重大决定· …… 146
Important Decisions
"十二五"消防事业发展规划 …… 146
战略性新兴产业发展规划(2013—2020年) …… 147
主体功能区规划 …… 147
"十二五"后三年重大项目建设计划 …… 147
最严格水资源管理制度实施方案 …… 148
·重大活动· …… 148
Important Activities
七市区域经济一体化发展启动仪式 …… 148
第四十五届世界体操锦标赛组委会成立会议 …… 148
第三届广西园林园艺博览会南宁活动日启动仪式 …… 149
五象新区规划建设党工委和管委会挂牌仪式 …… 149
龙象谷国际旅游度假区党工委和管委会挂牌仪式 …… 149
20件为民办实事项目实施 …… 149
·人 事· …… 149
Personnel Work
公务员管理 …… 149
人事考试 …… 150
事业单位岗位设置管理 …… 150
人才工程 …… 150
职称工作 …… 150
事业单位绩效工资 …… 150
财政资金聘用外聘人员管理 …… 150
军转安置 …… 150
引进国外智力 …… 151
·民政工作· …… 151
Civil Administration Work
概 况 …… 151
地名管理 …… 151
救灾救济 …… 151
优抚工作 …… 151
安置工作 …… 151
城乡低保 …… 151
殡葬管理 …… 151
·民族事务· …… 152
Ethnic Affairs
概 况 …… 152
清真食品专供 …… 152
民族法规与民族团结宣传教育 …… 152
民族调研 …… 152
少数民族经费使用 …… 152
民族特色村寨建设 …… 152
民贸民品优惠政策落实 …… 152
壮语言文字使用 …… 152
壮语文水平考试 …… 152
壮汉双语教学实验 …… 153
民族教育 …… 153
群众性民族文化活动联系点 …… 153
民族节庆活动 …… 153
少数民族传统体育 …… 153
民族关系监测评价处置机制建设 …… 154
少数民族流动人口服务管理体系建设试点城市建设 …… 154
少数民族干部培养 …… 154
2013年南宁市壮汉双语学校基本情况 …… 154
·外 事· …… 155
Foreign Affairs
概 况 …… 155
国外友好城市交往 …… 155
"两会一节"外事接待 …… 157
国际交往 …… 157
上林籍采金人员撤离加纳 …… 157
国外友好城市情况 …… 156
2013年南宁市主要来访团组情况 …… 158
·信访工作· …… 159
Petition Work
概 况 …… 159
信访处理 …… 159
市长热线 …… 159
信访接待 …… 159
信访积案化解 …… 159
信访信息网络系统建设 …… 159
·政务服务· …… 159
Government Services
概 况 …… 159
政务公开 …… 159

南宁年鉴

·机关事务管理· …… 160
Office Affairs Management
概　况 …… 160
市四家班子后勤服务保障 …… 160
公共机构节能 …… 160
市四家班子宿舍危旧房改造 …… 160
·政府集中采购· …… 160
Government Centralized Procurement
概　况 …… 160
重点项目采购 …… 160
合同见证 …… 160
项目采购 …… 160
中国人民政治协商会议南宁市委员会 …… 161
Nanning Municipal Committee of Chinese People's Political Consultative Conference
·重要会议· …… 161
Important Meetings
政协第十届南宁市委员会第三次会议 …… 161
政协第十届南宁市委员会常务委员会会议 …… 161
·重大活动· …… 161
Important Activities
概　况 …… 161
民主监督 …… 162
调研与视察 …… 162
提案办理 …… 162
"同心育才"工程 …… 162
委员活动日活动 …… 162
理论研究会 …… 162
纪律检查与行政监察 …… 162
Disciplinary and Administrative Supervision
概　况 …… 162
监督检查 …… 162
作风建设 …… 163
廉政教育 …… 163
监督制约 …… 163
查办案件 …… 163
纠风治乱 …… 163
自身建设 …… 163
中共南宁市第十一届纪律检查委员会第三次全体会议 …… 163
民主党派与工商联 …… 164
Democratic Parties and Association of Industry and Commerce
·中国国民党革命委员会南宁市委员会· …… 164
Nanning Municipal Committee of Revolutionary Committee of China Guomintang
概　况 …… 164
参政议政 …… 164
社会服务 …… 164
对台工作 …… 164
民革南宁市委会成立六十周年纪念大会 …… 164
·中国民主同盟南宁市委员会· …… 165
Nanning Municipal Committee of China Democratic League
概　况 …… 165
参政议政 …… 165
社会服务 …… 165
·中国民主建国会南宁市委员会· …… 165
Nanning Municipal Committee of China Democratic National Construction Association
概　况 …… 165
参政议政 …… 166
社会服务 …… 166
·中国民主促进会南宁市委员会· …… 166
Nanning Municipal Committee of China Association for Promoting Democracy
概　况 …… 166
参政议政 …… 166
社会服务 …… 167
·中国农工民主党南宁市委员会· …… 167
Nanning Municipal Committee of Chinese Peasants and Workers' Democratic Party
概　况 …… 167
参政议政 …… 168
社会服务 …… 168
·中国致公党南宁市委员会· …… 168
Nanning Municipal Committee of Zhi Gong Party
概　况 …… 168
参政议政 …… 168
社会服务 …… 169
·九三学社南宁市委员会· …… 169
Nanning Municipal Committee of Jiu San Society
概　况 …… 169
参政议政 …… 169
社会服务 …… 169
·南宁市工商业联合会· …… 170
Nanning Association of Industry and Commerce
概　况 …… 170
参政议政 …… 170
招商引资 …… 170
服务会员 …… 170
光彩事业 …… 171
华侨与台湾事务 …… 171
Overseas Chinese and Affairs with Taiwan
·华侨事务· …… 171
Overseas Chinese Affairs
概　况 …… 171
华侨农林场改革与发展 …… 171
侨界民生 …… 171
·台湾事务· …… 171
Affairs with Taiwan

概　况 …… 171
邕台经贸合作 …… 172
台商合法权益维护 …… 172
邕台交流交往 …… 172
对台宣传与涉台教育 …… 172

人民团体
Mass Organizations

南宁市总工会 …… 173
Nanning Federation of Labor Unions
概　况 …… 173
组织建设 …… 173
技术创新 …… 173
评先活动 …… 173
就业服务 …… 173
职工帮扶 …… 173
民主管理 …… 174
职工权益保护 …… 174
安全生产 …… 174
劳动竞赛 …… 174
职业技能大赛 …… 174
职工书屋 …… 174
职工文化活动 …… 174
共青团南宁市委员会 …… 174
Nanning Municipal Committee of Communist Youth League of China
概　况 …… 174
基层组织建设 …… 174
农村青年培训 …… 175
青年就业创业服务 …… 175
“我的中国梦”主题活动 …… 175
青年志愿者行动 …… 175
公益活动 …… 175
共青团干部培养 …… 175
青少年服务台建设 …… 175
植树造林活动 …… 176
青年服务“美丽南宁建设” …… 176
南宁市妇女联合会 …… 176
Nanning Women's Federation
概　况 …… 176
妇女儿童权益维护 …… 176
妇女干部队伍建设 …… 176
“双学双比”竞赛 …… 176
“巾帼建功”活动 …… 177
妇女技能培训 …… 177
妇女小额信贷 …… 177
妇女创业就业服务 …… 177
农村妇女“两癌”救助 …… 177
南宁“十大阳光女孩”评选 …… 177
留守儿童关爱工程 …… 178
巾帼志愿服务 …… 178
妇女儿童活动中心建设 …… 178
南宁市文学艺术界联合会 …… 178
Nanning Federation of Literature and Arts Circles
概　况 …… 178
千村万户文艺惠民工程 …… 178
首个广西书法名城创建 …… 179
评奖办展 …… 179
文化惠民 …… 179
首府文艺群体品牌 …… 179
学术研讨 …… 179
南宁市归国华侨联合会 …… 179
Nanning Federation of Returned Overseas Chinese
概　况 …… 179
海内外联谊 …… 179
为侨服务 …… 179
依法护侨 …… 179
参政议政 …… 180
创业中华·海内外侨商南宁行 …… 180
南宁市科学技术协会 …… 180
Nanning Association of Science and Technology
概　况 …… 180
学术与工作交流 …… 180
科技培训与技术推广 …… 180
科普活动 …… 180
青少年科技活动 …… 181
科普阵地建设 …… 181
南宁市社会科学界联合会 …… 181
Nanning Association of Social Science Circles
概　况 …… 181
会员管理与服务 …… 182
社会科学普及活动 …… 182
学术研讨 …… 182
社科评奖 …… 182
中国国际贸易促进委员会南宁市支会 …… 182
China Council for the Promotion of International Trade Nanning Branch
概　况 …… 182
经贸活动 …… 182
对外交流与合作 …… 182
会员单位管理与服务 …… 182
南宁市残疾人联合会 …… 183
Nanning Federation of Handicapped People
概　况 …… 183
扶残惠民工程 …… 183
残疾人康复 …… 183
残疾人就业 …… 183

残疾人教育 …… 184
残疾人宣传与体育 …… 184
残疾人基层组织建设 …… 184
盲人按摩行业规范化管理 …… 184
残疾人综合服务设施 …… 184
南宁市红十字会 …… 184
Nanning Red Cross
概　况 …… 184
红十字基层组织建设 …… 184
红十字志愿服务 …… 184
红十字青少年工作 …… 184
世界红十字日活动 …… 184
社会募捐 …… 184
人道救助 …… 184
应急救护培训 …… 184
无偿献血与造血干细胞捐献 …… 185
遗体与人体器官捐献 …… 185
南宁市关心下一代工作委员会 …… 185
Working Committee of Nanning Caring Next-Generation
概　况 …… 185
未成年人思想道德建设 …… 185
家庭教育 …… 185
合众助学 …… 185
“江南水街杯”才艺大赛 …… 185

政　法
Politics and Law

综　述 …… 186
General Situation
概　况 …… 186
服务经济社会发展 …… 186
维护社会稳定 …… 186
打击违法犯罪 …… 186
社会管理创新 …… 186
基层基础建设 …… 187
地方立法 …… 187
Local Lawmaking
概　况 …… 187
法规颁布 …… 187
法规废止 …… 187
政府法制 …… 187
Governmental Legal System
概　况 …… 187
制度建设 …… 188
依法科学民主决策 …… 188
行政审批制度改革 …… 188
公正文明执法 …… 189
依法化解行政争议 …… 189
依法行政能力建设 …… 189
仲裁事务 …… 189
公　安 …… 189
Public Security
概　况 …… 189
接警指挥 …… 190
刑事案件侦查 …… 190
经济犯罪侦查 …… 190
经济文化保卫 …… 190
巡逻防范 …… 190
禁毒斗争 …… 190
出入境管理 …… 190
人口管理 …… 191
交通安全管理 …… 191
消防管理 …… 191
案例选介 …… 191
法　院 …… 191
Trail
概　况 …… 191
刑事审判 …… 192
民商事审判 …… 192
行政审判与国家赔偿 …… 192
审判监督 …… 192
案件执行 …… 192
信访、申诉复查与再审 …… 192
便民利民诉讼机制建设 …… 192
审判管理与司法改革 …… 193
队伍建设 …… 193
司法监督 …… 194
案件选介 …… 194
检　察 …… 194
Procurator Work
概　况 …… 194
刑事检察 …… 195
逮捕审查 …… 195
起诉审查 …… 195
贪污贿赂案件查办 …… 195
渎职案件查办 …… 196
职务犯罪预防 …… 196
监所检察 …… 196
控告申诉检察 …… 196
民事行政检察 …… 197
检察技术 …… 197
未成年人案件检察 …… 197
人民监督员制度 …… 197
兴宁区人民检察院获“全国先进基层检察院”称号 …… 198
公诉案件选介 …… 198
司法行政 …… 198
Judicial Administration

概　况 …… 198
法制宣传教育 …… 198
人民调解 …… 198
医疗纠纷人民调解委员会 …… 199
社区矫正 …… 199
刑释解教人员安置帮教 …… 199
公证事务 …… 199
律师事务 …… 199
基层法律服务 …… 199
法律援助 …… 199
国家司法考试 …… 200
司法鉴定 …… 200
业务用房建设 …… 200
无纸化普法考试平台 …… 200
南宁普法网 …… 200
领导干部任职前法律知识考试及学法用法制度 …… 200
中共南宁市律师协会委员会 …… 200
社区矫正信息指挥中心 …… 200

军　事
Military

中国人民解放军广西南宁警备区 …… 201
Guangxi Nanning Military Subarea of China PLA
概　况 …… 201
思想政治建设 …… 201
战备训练 …… 201
部队管理 …… 201
民兵预备役 …… 201
城市警备纠察 …… 201
综合保障 …… 201
拥政爱民 …… 201
警备区第二次党代表大会 …… 202
南宁警备区领导人 …… 202
中国人民武装警察部队南宁市支队 …… 202
Chinese People's Armed Police Forces Nanning Branch
概　况 …… 202
思想政治建设 …… 202
执勤与训练 …… 202
部队安全管理 …… 202
基层建设 …… 202
后勤保障 …… 202
武警南宁市支队领导人 …… 202
人民防空 …… 202
People's Air Defense
概　况 …… 202
战备训练建设 …… 203
防护工程建设 …… 203
法制建设和宣传教育 …… 203
准军事化建设 …… 203
平战结合 …… 203

开发区·新区
Development Zones & New Districts

综　述 …… 204
General Situation
概　况 …… 204
招商引资 …… 204
特色园区建设 …… 204
南宁高新技术产业开发区 …… 205
Nanning Hi-Tech Enterprises Development Zone
概　况 …… 205
投资环境建设 …… 205
项目建设 …… 205
招商引资 …… 206
产业孵化 …… 206
科技创新 …… 206
南宁软件园 …… 206
特色产业 …… 206
社会民生 …… 206
南宁相思湖新区与南宁高新区合并 …… 207
试行全员聘用制 …… 207
南宁经济技术开发区 …… 207
Nanning Economic and Technology Development Zone
概　况 …… 207
投资环境建设 …… 207
项目建设 …… 207
招商引资 …… 208
产业发展 …… 208
大型企业落户园区 …… 208
征地拆迁 …… 208
"美丽经开区"专项整治 …… 208
民生建设 …… 208
广西—东盟经济技术开发区 …… 208
Nanning-ASEAN Economic Development Zone
概　况 …… 208
投资环境建设 …… 209
安居工程 …… 209
项目建设 …… 209
招商引资 …… 210
产业发展 …… 211
南宁国家高技术生物产业基地生物制造核心区规划 …… 211
农业生产 …… 211
"十五年免费教育"实施 …… 211

人事制度改革 …… 211
农场综合改革房屋搬迁试点 …… 211
民生事业 …… 211
广西良庆经济开发区 …… 212
Guangxi Liangqing Economic Development Zone
概　况 …… 212
基础设施建设 …… 212
项目建设 …… 212
招商引资 …… 212
产业发展 …… 212
南宁六景工业园区 …… 212
Nanning Liujing Industrial Zone
概　况 …… 212
项目建设 …… 212
招商引资 …… 212
产业发展 …… 212
南宁江南工业园区 …… 213
Nanning Jiangnan Industrial Zone
概　况 …… 213
投资环境建设 …… 213
项目建设 …… 213
招商引资 …… 213
产业发展 …… 213
南宁仙葫经济开发区 …… 214
Nanning Xianhu Economic Development Zone
概　况 …… 214
投资环境建设 …… 214
项目建设 …… 214
招商引资 …… 214
平安仙葫建设 …… 214
广西南宁五象新区 …… 214
Nanning Wuxiang New District
概　况 …… 214
投资环境建设 …… 214
招商引资 …… 214
项目建设 …… 214

城市建设与管理
Urban Construction & Administration

重点工程建设 …… 216
The construction of key projects
概　况 …… 216
民主铁路立交桥 …… 216
白沙—星光立交桥 …… 216
白沙—壮锦立交桥 …… 216
凌铁大桥 …… 217
金湖路—民族大道地下交通工程 …… 217
白沙—友谊立交桥 …… 217
凤岭南路(青环路—开泰路) …… 217
长堽路改扩建工程 …… 217
“中国水城”建设 …… 217
“Chinese Water City” Construction
概　况 …… 217
邕江综合整治开发 …… 218
环湖水系建设 …… 218
工程建设 …… 218
轨道交通建设 …… 219
Rail Traffic Construction
概　况 …… 219
市轨道交通标志获商标注册 …… 219
2号线工程(玉洞—西津)初步设计获批复 …… 219
南车轨道交通装备基地项目签约 …… 219
火车东站片区场地整理与配套道路项目开工 …… 219
南宁制造首台盾构机 …… 219
市政基础设施建设 …… 219
Municipal Infrastructure Construction
概　况 …… 219
道路桥梁工程 …… 220
沙井—南站立交桥 …… 221
沙井—富乐立交桥 …… 221
城市综合体项目 …… 221
建筑管理 …… 221
Construction Management
建筑市场整顿与规范 …… 221
文明工地创建 …… 222
工程招投标 …… 222
建筑科研 …… 222
墙体材料改革 …… 222
建筑可再生能源应用 …… 222
工程造价管理 …… 223
建筑管理监察 …… 223
在建工程清欠 …… 223
村镇建设 …… 223
Villages and Towns Construction
城乡风貌改造 …… 223
农村危房改造 …… 223
拆迁安置小区建设 …… 223
城市规划 …… 223
Suburb Planning
概　况 …… 223
南宁火车站综合交通枢纽规划 …… 224
南宁东站周边地区控制性详细规划 …… 224
玉洞大道(银海大道—外东环)城市设计 …… 224
五象新区蟠龙组团西片区城市设计 …… 225
城建档案管理 …… 225
项目审批 …… 225

违法案件处理 …… 225
信息化建设 …… 225
信访与提案办理 …… 225
乡镇规划 …… 225
Urban Planning
概　况 …… 225
良庆区那马镇坛良村坛板坡“美丽乡村”建设规划 …… 226
良庆区大塘镇总体规划（2012—2030） …… 226
良庆区南晓镇总体规划（2012—2030） …… 226
青秀区伶俐镇总体规划（2012—2030） …… 226
勘　测 …… 227
Survey
概　况 …… 227
基础测绘 …… 227
地理信息数据生产 …… 227
工程地质勘查 …… 227
国土资源管理 …… 227
Management of State Land Resources
概　况 …… 227
建设项目用地 …… 227
土地市场交易 …… 227
征地拆迁 …… 227
耕地保护 …… 228
地籍管理 …… 228
土地开垦整理 …… 228
土地储备 …… 228
执法监察 …… 228
矿产资源管理 …… 228
地质灾害防治 …… 228
地质环境保护 …… 228
信息化管理 …… 229
依法行政 …… 229
房产管理 …… 229
Estate Management
房屋登记 …… 229
住房信息系统建设 …… 229
执法监察 …… 229
房屋安全鉴定 …… 229
白蚁防治 …… 229
物业专项维修资金管理 …… 229
房改资金监管 …… 229
房地产市场 …… 229
Real Estate Market
房地产市场调控 …… 229
房地产市场监管 …… 229
房地产开发投资 …… 230
物业企业资质管理 …… 230
物业招投标与信用管理 …… 230
旧城改造 …… 230
Old Districts Reform
概　况 …… 230
城中村改造规划 …… 230
旧片区改造 …… 230
“老南宁·三街两巷”改造 …… 230
住房保障 …… 231
Housing Security
保障房建设 …… 231
保障房分配 …… 231
危旧房改造 …… 231
集资建房管理 …… 231
危旧直管公房与保障房安全管理 …… 231
住房公积金管理 …… 231
Management of House Accumulation Fund
概　况 …… 231
住房公积金归集 …… 231
住房公积金提取 …… 231
住房公积金贷款 …… 231
住房公积金缴存额度设定 …… 231
12329服务热线开通 …… 231
住房公积金管理事项纳入南宁市征信系统 …… 231
城市防洪 …… 231
City Flood Prevention
概　况 …… 231
河道管理 …… 232
防洪工程建设 …… 232
防洪设施维修与保养 …… 232
防汛信息化建设 …… 232
防洪排涝 …… 232
公共事业 …… 232
Public Affairs
概　况 …… 232
供水管理 …… 232
燃气管理 …… 233
供水设施建设 …… 233
排污设施建设 …… 233
燃气设施建设 …… 233
中亚天然气工程 …… 233
长湖加压站建设 …… 234
景观提升工程 …… 234
一渠两湖工程 …… 234
南宁国际会展中心景观提升工程简介 …… 233
市政市容管理 …… 234
Management of Municipal Work and Appearance
概　况 …… 234
整洁畅通有序大行动 …… 235
清洁乡村 …… 235
市政公用基础设施维护 …… 235
环卫保洁 …… 235
户外广告管理 …… 235
建筑垃圾密闭化运输 …… 235

南宁年鉴

数字城管 …… 235
公共自行车租赁试运行 …… 235

环境保护·园林绿化
Environment Protection & Garden Forestation

环境保护 …… 236
Environment Protection
概　况 …… 236
大气环境质量 …… 236
水环境质量 …… 236
城市声环境质量 …… 237
辐射环境质量 …… 238
环保规划 …… 238
环保投资 …… 238
污染物排放处置 …… 238
主要污染物减排 …… 239
污染防治 …… 240
雾霾治理 …… 240
农村环境保护 …… 240
核与辐射安全监督管理 …… 240
环境监察 …… 241
环境信访 …… 241
排污申报登记收费 …… 241
环境污染事件 …… 241
环境应急管理 …… 241
环境法制建设 …… 242
环境影响评价 …… 242
环保科研 …… 242
环境监测 …… 243
环境信息建设 …… 243
南宁市主要湖泊、水库水质综合营养状态指数 …… 237
2013年南宁市城市区域环境噪声源构成 …… 237
南宁市城市功能区噪声监测结果 …… 238
南宁市工业固体废物产生与利用处置情况 …… 239
城市生活垃圾与污水处理厂污泥处置情况 …… 239
工业危险废物产生与处置情况 …… 239
园林绿化 …… 243
Garden Forestation
概　况 …… 243
“中国绿城”建设 …… 243
街道绿化建设与养护 …… 243
公园建设 …… 244
古树名木保护 …… 245
种植树木工程 …… 245
园林法制建设 …… 245
园林科研 …… 245
第三届广西园林园艺博览会 …… 245
参展第九届中国(北京)国际园林博览会 …… 245

国有资产监管与运营
Supervision and Engagement for State-Owned Assets

国有资产监督管理 …… 246
Supervision and Management for State-Owned Assets
概　况 …… 246
国资国企改革与发展 …… 246
国有企业改革 …… 247
国资法规建设 …… 247
国资监管 …… 247
国有企业党建 …… 247
国企人才建设 …… 248
党风廉政建设 …… 248
国企社会责任 …… 248
南宁振宁资产经营有限责任公司 …… 248
Nanning Zhenning Assets Management Co., LTD.
概　况 …… 248
公司改革 …… 248
经营管理 …… 248
南宁壮宁资产经营有限责任公司 …… 249
Nanning Zhuangning Assets Management Co., LTD.
概　况 …… 249
企业改革 …… 249
项目建设 …… 249
科技创新 …… 249
南宁沛宁资产经营有限责任公司 …… 249
Nanning Peining Assets Management Co., LTD.
概　况 …… 249
公司改革 …… 250
资产接收 …… 250
资产经营 …… 250
南宁威宁资产经营有限责任公司 …… 250
Nanning Weining Assets Management Co., LTD.
概　况 …… 250
公司改革 …… 250
行政事业性国有资产管理 …… 250
重大工程建设 …… 250
经营项目 …… 250
大型体育场馆运营管理 …… 251
融资平台建设 …… 251
下属单位经营管理 …… 251
履行社会责任 …… 251

工 业
Industry

工 业 …… 252
Industry
概 况 …… 252
工业主要经济指标 …… 253
工业节能降耗 …… 253
重点产业研究规划 …… 253
技术改造投资 …… 253
技术创新与新产品开发 …… 253
工业招商引资 …… 254
百项工业项目建设 …… 254
亿元工业企业建设 …… 254
中小企业扶持 …… 254
食品工业 …… 255
Foodstuff Industry
概 况 …… 255
技术改造 …… 255
技术创新与产品开发 …… 255
机械工业 …… 256
Machinery Industry
概 况 …… 256
技术改造 …… 256
技术创新与产品开发 …… 257
化学工业 …… 257
Chemical Industry
概 况 …… 257
技术改造 …… 257
技术创新与产品开发 …… 257
建材工业 …… 258
Building Material Industry
概 况 …… 258
技术改造 …… 258
技术创新 …… 258
散装水泥生产与应用 …… 258
铝加工业 …… 258
Aluminum Processing Industry
概 况 …… 258
技术改造 …… 258
技术创新与产品开发 …… 259
造纸工业 …… 259
Papermaking Industry
概 况 …… 259
技术改造 …… 259
电子信息产业 …… 259
Electronic Information Industry
概 况 …… 259
技术改造 …… 259
技术创新 …… 259
生物医药工业 …… 260
Biological and Pharmaceutical Industry
概 况 …… 260
技术改造 …… 260
技术创新与产品开发 …… 260
制糖工业 …… 260
Sugar Refinery Industry
概 况 …… 260
糖料蔗生产收购 …… 261
技术改造 …… 261
技术创新 …… 262
药用辅料糖生产 …… 262
糖料蔗种植保险试点 …… 262
2012/2013年榨季南宁市主要制糖企业情况 …… 261
纺织工业 …… 262
Textile Industry
概 况 …… 262
技术改造 …… 262
印刷工业 …… 262
Printing Industry
概 况 …… 262
技术改造 …… 262
卷烟工业 …… 263
Tobacco Industry
概 况 …… 263
卷烟生产经营 …… 263
技术改造 …… 263
原料保障 …… 263
科技创新 …… 263
多元化经营 …… 264
企业管理 …… 264
信息化建设 …… 264
人力资源管理 …… 264
广西中烟工业有限责任公司南宁卷烟厂 …… 264
供电业 …… 264
Electric Supply Industry
概 况 …… 264
电网规划 …… 265
电网建设 …… 265
供电保障与服务 …… 265
用电管理 …… 265
电费电价管理 …… 266
营销稽查 …… 266
安全生产 …… 266
科技创新 …… 266
二轻集体工业 …… 267
No.2 Collective Light Industry

概　况 …… 267
南宁市手表厂生产经营 …… 267
工艺美术行业管理 …… 267
饲料工业 …… 267
Feed Industry
概　况 …… 267
饲料安全监管 …… 267
民政工业 …… 267
Civil Administrative Industry
概　况 …… 267

农　业
Agriculture

综　述 …… 268
General Situation
概　况 …… 268
优势产业工程建设 …… 268
农产品开发 …… 268
农业抗灾 …… 269
“清洁田园”专项活动 …… 269
新农村建设 …… 269
农业综合执法 …… 269
农业对外合作 …… 270
农业招商引资 …… 270
农产品流通 …… 270
农产品质量安全 …… 270
南宁市种植业无公害农产品产地名录 …… 271
农业产业化 …… 272
Agricultural Industrialization
产业化项目建设 …… 272
龙头企业 …… 272
农民专业合作社 …… 272
产业联结机制 …… 272
农村土地承包经营权确权登记颁证 …… 272
农村集体“三资”清产核资 …… 272
农业科技 …… 272
Agricultural Science and Technology
农业科研 …… 272
农技推广体系建设 …… 273
农业科普宣传 …… 273
新技术新品种引进与推广 …… 273
蔬菜新产品研发与试验 …… 273
病虫害防控 …… 273
土壤肥力改造 …… 274
农业职业教育与技能培训 …… 274
农业科技队伍建设 …… 274
农业科技信息网络建设 …… 274
种植业 …… 274
Planting
·粮油作物· …… 274
Grain and oil crops
粮食安全工程 …… 274
稻谷生产 …… 275
玉米生产 …… 275
豆类生产 …… 275
薯类生产 …… 275
油料生产 …… 275
·经济作物· …… 275
Economic Crops
蔬菜基地建设 …… 275
蔬菜生产 …… 276
糖料蔗生产 …… 276
木薯生产 …… 276
茶叶生产 …… 276
茉莉花生产 …… 276
西(甜)瓜生产 …… 276
桑蚕生产 …… 276
优果工程 …… 276
渔　业 …… 277
Fisheries
概　况 …… 277
产业化生产 …… 277
水产品安全监测与管理 …… 277
技术培训与新品种推广 …… 277
休闲渔业 …… 277
渔业用油油价财政补贴资金 …… 277
珠江水系禁渔期 …… 277
畜牧业 …… 277
Animal Husbandry
概　况 …… 277
养殖业产业结构调整 …… 277
清洁养殖 …… 278
标准化生态示范场 …… 278
生猪养殖 …… 278
家禽养殖 …… 278
大牲畜养殖 …… 278
山羊养殖 …… 278
生鲜乳管理 …… 278
“菜篮子”惠民工程 …… 278
畜禽强制免疫 …… 278
动物疫病监测 …… 278
人畜共患病监测 …… 278
动物检疫 …… 279
动物防疫条件审查 …… 279

水产畜牧产品安全监测 …… 279
兽药安全监管 …… 279
新技术与新品种推广 …… 279
养殖加工企业 …… 279
水产畜牧产品质量安全监管示范市创建 …… 279
农业综合开发 …… 279
Agricultural Comprehensive Development
概　况 …… 279
中央立项农业综合开发项目 …… 279
自治区财政立项农业综合开发项目 …… 280
市级立项农业综合开发项目 …… 280
资金管理 …… 280
监理单位招标 …… 280
项目验收 …… 280
委托会计师事务所验收核查项目 …… 280
项目成果 …… 280
扶贫开发 …… 281
Helping Poor and Development
概　况 …… 281
扶贫建设项目 …… 281
产业化扶贫项目 …… 281
扶贫贴息贷款项目 …… 282
扶贫培训 …… 282
社会扶贫 …… 282
农业机械化 …… 282
Mechanization of Agriculture
概　况 …… 282
农机技术推广应用 …… 282
国家购机补贴 …… 284
农机安全管理 …… 284
技术培训 …… 284
农机服务 …… 284
产品质量监督管理 …… 285
农机专业合作社 …… 285
农工商企业 …… 285
Agricultural, Industrial And Commercial Enterprises
概　况 …… 285
生产经营 …… 285
招商引资与项目建设 …… 286
企业改制 …… 286
林　业 …… 286
Forestry
概　况 …… 286
植树造林 …… 286
林业产业 …… 286
林下经济 …… 286
林业招商引资 …… 286
森林资源与林地管理 …… 287
自然保护区 …… 287
森林资源保护 …… 287
国有林场 …… 287
山林纠纷调处 …… 288
森林防火 …… 288
森林病虫害防治 …… 288
森林旅游 …… 288
农村能源建设 …… 288
集体林权制度主体改革查缺补漏整改 …… 288
农民林业专业合作社 …… 288
政策性森林保险试点 …… 289
国家与自治区级现代林业企业名录 …… 287
2013年南宁市林业有害生物发生比例 …… 288
水　利 …… 289
Water conservancy
概　况 …… 289
水利项目建设 …… 289
抗洪救灾 …… 289
水土保持管理 …… 290
水资源管理 …… 290
全国水生态文明建设试点申报 …… 291
水行政执法 …… 291
第一次全国水利普查 …… 291
大王滩水库环境综合整治 …… 292
“美丽南宁·清洁乡村”水利行动与“美丽南宁·整洁畅通有序大行动” …… 292
水库移民 …… 292

交通运输与邮政业
Transport and Postal Industry

铁路运输 …… 293
Railway Transportation
概　况 …… 293
高铁动车组开行 …… 293
客货运输 …… 293
机车运用与检修 …… 293
客车运用与检修 …… 294
货车检修 …… 294
工务维修 …… 294
电务维修 …… 294
水电供应 …… 294
物资保障 …… 294
安全生产 …… 295
信息技术应用与开发 …… 295
铁路建设 …… 295
2013年南宁市境内国家铁路火车站运输任务完成情况 … 293

公路管理 …… 296
Highway Management
概　况 …… 296
农村公路建设 …… 296
农村公路养护 …… 296
路政管理 …… 296
公路安全生产与应急管理 …… 296
道路运输 …… 296
Highway Transportation
概　况 …… 296
道路运输市场监管 …… 297
运政投诉处理 …… 297
驾驶员培训 …… 297
春运旅客运输 …… 297
站场基础设施建设 …… 297
南宁市道路客运联网售票系统(一期)项目建设 …… 297
道路运输安全生产与应急管理 …… 297
交通行业节能减排 …… 297
城市公共交通 …… 297
City Public Transit
概　况 …… 297
公共汽车营运与管理 …… 297
出租汽车营运与管理 …… 298
城市公共交通安全生产与应急管理 …… 298
城市公共交通基础设施建设 …… 298
“美丽南宁·整洁畅通有序大行动”城市公共交通行业专项治理 …… 298
南宁市民卡工程 …… 298
2013年无车日和公交出行宣传周活动 …… 298
城市公共交通行业节能减排 …… 298
水路运输 …… 298
Water Transportation
概　况 …… 298
水运基础设施建设 …… 299
水路运输行业监管 …… 299
水路运输安全生产与应急管理 …… 299
水路运输行业节能减排 …… 299
民用航空 …… 299
Civil Aviation …… 299
概　况 …… 299
市场经营 …… 299
机场基本建设 …… 300
机场安全管理 …… 300
机场服务 …… 300
新航站区转场工作 …… 300
邮政业 …… 300
Postal Industry
概　况 …… 300
邮政金融 …… 301
函　件 …… 301
包　裹 …… 301
报　刊 …… 301
电子商务 …… 301
分销业务 …… 301
邮政速递 …… 301
邮政实物传递网 …… 301
客户服务 …… 301
南宁邮事 …… 301

信息业
Information Industry

信息化建设 …… 302
Information Construction
概　况 …… 302
城市信息化建设 …… 302
电子政务工程 …… 302
领域信息化建设 …… 303
信息化示范建设 …… 303
信息化人才培训 …… 304
农村信息化 …… 304
县(区)信息化 …… 304
社区信息化 …… 305
区域性信息交流中心 …… 305
信息安全 …… 305
“无线城市”应用门户 …… 305
2013年南宁市政民互动平台来信办理情况 …… 303
通信业 …… 305
Communication Industry
概　况 …… 305
中国电信股份有限公司南宁分公司 …… 305
中国移动通信集团广西有限公司南宁分公司 …… 306
中国联合网络通信集团有限公司南宁市分公司 …… 307
无线电监管 …… 307
Radio Management
概　况 …… 307
无线电监测 …… 308
无线电频谱资源管理 …… 308
重点工程与项目频率协调 …… 308
台站规范化管理 …… 308
业余无线电爱好者管理 …… 308
公众通信基站联席会议制度建立 …… 308
无线电安全保障 …… 308
基础与技术设施建设 …… 308

商业贸易
Commerce & Trade

综　述 …… 309
General Situation
概　况 …… 309
社会消费品零售 …… 309
农贸市场建设 …… 309
酒类市场经营管理 …… 309
成品油市场经营管理 …… 310
市场运行监控 …… 310
市场体系建设 …… 310
消费购物活动选介 …… 310
主要商业街区 …… 311
主要商贸项目 …… 311
2013年南宁市消费品市场主要特点 …… 309
社会服务业 …… 312
Social Service Trade
概　况 …… 312
信息传输、软件和信息技术服务业 …… 312
租赁和商务服务业 …… 312
居民服务、修理和其他服务业 …… 312
卫生和社会工作 …… 312
文化体育和娱乐业 …… 313
拍卖业 …… 313
典当业 …… 313
住宿与餐饮业 …… 313
Hotel & Catering Commerce
概　况 …… 313
桂菜经营 …… 313
桂菜“三名工程”评选 …… 313
旅游美食节 …… 313
传统食品 …… 313
茶　业 …… 316
Tea Commerce
概　况 …… 316
10+1茶叶批发市场 …… 316
横县西南茶城 …… 316
天鹰茶城 …… 316
肉食品商业 …… 317
Meat & Foodstuff Commerce
生猪屠宰管理 …… 317
生猪屠宰加工 …… 317
生猪定点屠宰资格审核清理 …… 318
猪肉项目建设 …… 318
食盐商业 …… 318
Salt Commerce
概　况 …… 318
盐品销售 …… 318
盐政执法 …… 318
烟草商业 …… 318
Cigarette Commerce
概　况 …… 318
营销网络建设 …… 318
卷烟专卖与市场管理 …… 319
企业管理 …… 319
石油商业 …… 319
Oil Industry
·中国石油化工股份有限公司广西南宁石油分公司· …… 319
·China Petroleum Chemical Co., LTD.Guangxi Nanning Branch·
概　况 …… 319
成品油市场供应 …… 319
非油品业务发展 …… 319
加油站网点建设 …… 319
中石化加油IC卡发行 …… 319
药品商业 …… 320
Medicine Commerce
概　况 …… 320
药品安全管理 …… 320
药品经营监管 …… 320
药品进口备案 …… 320
药品远程监控 …… 320
粮食流通 …… 320
Cereals Circulation
概　况 …… 320
粮食安全保障 …… 320
粮食库存检查 …… 321
粮食直接补贴政策实施 …… 321
“放心粮油”工程实施 …… 321
粮食产业化经营 …… 321
彩钢板组合粮仓使用 …… 321
粮油食品饲料加工 …… 321
粮食政策法规宣传 …… 322
粮食流通监督检查 …… 322
供销合作社 …… 322
Supply and Marketing Cooperative
概　况 …… 322
基层供销社土地出让 …… 322
农资商品供应 …… 322
农副产品购销 …… 322
再生资源回收 …… 322
“新网工程”项目建设 …… 322

南宁年鉴

农业产业化经营 …… 322
烟花爆竹经营管理 …… 323
资产管理 …… 323
物流业 …… 323
Logistics
概　况 …… 323
物流园区 …… 323
南宁保税物流中心 …… 324
现代物流企业 …… 324
城市共同配送试点 …… 325

对外经济贸易
Foreign Economic & Trade

对外贸易 …… 326
Foreign Trade
概　况 …… 326
出口贸易 …… 326
进口贸易 …… 326
来(进)料加工贸易 …… 326
机电产品进出口 …… 326
化工与相关工业产品出口 …… 326
轻工业品与工艺品出口 …… 326
纺织品与服装出口 …… 326
食品与土畜产品出口 …… 326
五金矿产品与建材出口 …… 326
参加广交会 …… 326
2013年南宁市进出口商品国家(地区)总值 …… 327
2013年南宁市主要出口企业情况 …… 327
对外经济合作 …… 328
Foreign Economic Cooperation
概　况 …… 328
南宁产品出口东盟 …… 328
利用外资 …… 328
Using Foreign Investment
概　况 …… 328
利用外资主要特点 …… 328
外商投资企业生产经营概况 …… 329
南宁市与东盟国家合作 …… 329
外资审批与管理 …… 330
外企管理与服务 …… 330

旅游业
Tourism

综　述 …… 331
General Situation
概　况 …… 331
招商引资 …… 331
旅游资源 …… 331
Tour Resources
概　况 …… 331
旅游景区开发建设 …… 332
Scenic Districts Developing & Construction
概　况 …… 332
青秀山风景名胜旅游区 …… 332
大明山风景旅游区 …… 333
昆仑关旅游风景区 …… 334
旅游市场开发 …… 335
Tour Market Development
市场交流合作 …… 335
旅游促销 …… 335
节庆活动 …… 336
第三届“南宁礼物”征集大赛 …… 336
旅游行业管理 …… 336
Management of Tour Enterprises
旅游饭店管理 …… 336
旅行社管理 …… 336
旅游安全管理 …… 336
旅游市场专项治理 …… 337
旅游教育培训 …… 337
旅游文明素质教育 …… 337
2013年南宁市主要旅游景区(点) …… 337

会展业
Meeting & Exhibition Industry

综　述 …… 338
General Situation
概　况 …… 338
南宁国际会议展览有限责任公司经营 …… 338
商业展览 …… 338
Commercial Exhibition
香港时尚购物展·南宁 …… 338
2013北部湾(南宁)第十届汽车展 …… 338
2013年广西(南宁)房地产博览会 …… 338
第十七届南宁国际学生用品交易会暨2013中国·东盟(南宁)国际教育展览会 …… 339
2013南宁名品推广周 …… 339
第六届中国—东盟(南宁)国际汽车展 …… 339
大型会议 …… 339
Large Scale Meeting
2013 中国—东盟矿业合作论坛 …… 339
第九届两岸经贸文化论坛 …… 339

公益展览 …… 339
Public Welfare Exhibition
第三届广西园林园艺博览会 …… 339
首届中国—东盟艺术双年展 …… 339

个体私营经济
Individual & Private Economy

个体经济 …… 340
Individual Economy
概 况 …… 340
个体工商户结构 …… 340
个体贸易 …… 340
个体社会服务 …… 340
2013年南宁市个体经济行业分布情况 …… 340
私营经济 …… 341
Private Economy
概 况 …… 341
私营企业结构 …… 341
2013 年南宁市私营企业行业分布情况 …… 341

财政·税务
Finance & Taxation

财 政 …… 342
Finance
概 况 …… 342
财政收入 …… 342
财政支出 …… 343
政府性基金 …… 344
财政改革 …… 344
财政监督 …… 345
经济发展拨款 …… 345
新农村建设拨款 …… 345
社会事业拨款 …… 345
城建项目拨款 …… 345
2006至2013年南宁市财政收入趋势 …… 342
2013年南宁市税收收入结构 …… 342
2013年南宁市非税收入结构 …… 343
2013年南宁市本级税收收入结构 …… 343
2013年南宁市本级非税收入结构 …… 344
2013年全市公共财政预算支出结构 …… 344
2013年市本级公共财政预算支出结构 …… 345
国家税务 …… 346
State Taxation
概 况 …… 346
国税收入 …… 346
税收征管 …… 346
税收征管改革 …… 347
依法治税 …… 348
税务稽查 …… 348
税收信息化建设 …… 348
纳税服务 …… 348
社会管理 …… 349
税收宣传 …… 351
2013年南宁市国税收入分项目情况 …… 349
地方税务 …… 351
Local Taxation
概 况 …… 351
地税收入 …… 351
税收管理 …… 352
信息管税 …… 352
依法治税 …… 352
税务稽查 …… 352
纳税服务 …… 352
税收宣传 …… 352

金 融
Banking

银 行 …… 385
Banks
概 况 …… 385
中国人民银行南宁中心支行 …… 385
中国银行南宁市邕州支行 …… 386
中国农业银行股份有限公司广西区分行营业部 …… 386
中国工商银行股份有限公司广西区分行营业部 …… 387
中国建设银行广西区分行 …… 387
广西北部湾银行 …… 388
2013年南宁金融机构本外币信贷收支情况 …… 385
证 券 …… 388
Bond
证券经营 …… 388
期货经营 …… 389
上市公司 …… 389
保 险 …… 389
Insurance
概 况 …… 389
保险监管 …… 389
保险市场管理 …… 389
拓展业务 …… 390
2013年驻南宁市保险公司名录 …… 390
2013年南宁市人身保险公司保险业务情况 …… 390

经济管理与监督
Economic Management & Supervision

宏观经济管理 …… 391
Macroeconomic Management
经济调节与监测预测 …… 391
年度计划编制 …… 391
专项规划编制 …… 391
国民经济和社会信息化发展规划 …… 391
国民经济和社会发展计划执行 …… 391
重点项目管理 …… 391
重点项目推进 …… 391
中央预算内投资项目建设管理 …… 392
财政性资金投资项目管理 …… 392
资金筹措 …… 392
开发合作 …… 392
统　计 …… 392
Statistics
概　况 …… 392
第三次全国经济普查 …… 392
专项统计调查 …… 392
统计服务 …… 392
统计法制化建设 …… 392
基层基础统计 …… 393
统计信息化建设 …… 393
审　计 …… 393
Audit
概　况 …… 393
县(区)审计 …… 393
预算执行审计 …… 393
政府投资工程审计 …… 393
行政事业审计 …… 393
农业与资源环保审计 …… 393
经济责任审计 …… 393
地方政府性债务审计 …… 393
社会保障资金审计 …… 393
审计整改 …… 393
审计质量建设 …… 393
物价管理 …… 393
Material Price Management
概　况 …… 393
价格调控 …… 393
价格管理 …… 395
收费管理 …… 396
价格监督检查 …… 397
价格服务 …… 397
2013年南宁市居民消费价格指数变化情况 …… 394
2013年南宁市居民消费价格指数 …… 395
工商行政管理 …… 397
Industrial and Commercial Administration
企业登记管理 …… 397
企业年检 …… 398
市场监管 …… 398
消费维权 …… 399
双培双促 …… 399
合同管理 …… 399
动产抵押登记 …… 400
拍卖活动监管 …… 400
“守合同重信用”企业公示 …… 400
商标管理 …… 400
广告监管 …… 400
南宁广告产业园建成 …… 400
公平交易执法 …… 400
劳动与社会保障 …… 400
Labor and Social Security
就业再就业 …… 400
人力资源市场管理 …… 401
三支一扶 …… 401
劳动关系管理 …… 401
劳动保障监察 …… 401
农民工权益保障 …… 401
劳动人事争议仲裁 …… 401
职业技能培训 …… 401
高技能人才队伍建设 …… 401
技工教育 …… 401
基本养老保险 …… 402
城镇基本医疗保险 …… 402
失业保险 …… 402
工伤保险 …… 402
生育保险 …… 402
社保基金监管 …… 402
社会保险经办服务 …… 402
失业动态监测 …… 402
质量技术监督 …… 402
Quality and Technology Supervision
概　况 …… 402
质量监督 …… 402
食品质量安全监管 …… 402
计量监督 …… 402
标准化监督 …… 403
特种设备安全监查 …… 403
认证认可监督 …… 403
质量专项整治 …… 404
打假治劣 …… 404
执法监督 …… 404

质监进千村(企) …… 404
食品药品监督管理 …… 404
Supervision and Management for Food & Medicine
概 况 …… 404
食品药品监管体制改革 …… 405
食品安全监管 …… 405
药品安全监管 …… 405
医疗器械监管 …… 405
保健食品与化妆品监管 …… 405
市场整顿 …… 405
安全生产监督管理 …… 405
Management and Supervision for Safe Production
概 况 …… 405
安全生产基础建设 …… 406
安全生产标准化建设 …… 406
安全生产大检查与专项整治 …… 406
重点隐患排查治理 …… 406
宣传教育与文化建设 …… 407
安全生产行政执法 …… 407
安全生产应急救援 …… 407
口岸管理 …… 407
Port Management
出入境 …… 407
出入境检验检疫 …… 407
海 关 …… 407
Customs
概 况 …… 407
通关监管 …… 407
税款征收 …… 408
打击走私 …… 408
服务地方经济 …… 408
2013 年南宁海关主要业务数据统计 …… 408
海事管理 …… 409
Maritime Affairs Management
概 况 …… 409
通航监督 …… 409
船舶监督 …… 409
船舶防污染及危险品管理 …… 409
船员管理 …… 409
水上应急搜救 …… 409
砂石船专项整治 …… 409

教 育
Education

综 述 …… 410
General Situation
概 况 …… 410
学校基础设施建设 …… 410
队伍建设 …… 410
教育督导 …… 411
语言文字工作 …… 411
教育科研 …… 411
课程改革 …… 411
学科竞赛 …… 412
体育、卫生、艺术教育 …… 412
教育国际交流合作 …… 412
校外教育活动 …… 412
教育信息化建设 …… 413
家庭经济困难学生资助 …… 413
学校安全稳定 …… 413
教育收费监督 …… 413
招生考试 …… 414
基础教育 …… 414
Basic Education
概 况 …… 414
学前教育 …… 414
义务教育 …… 414
农村义务教育学生营养改善计划 …… 414
普通高中 …… 414
中考招生 …… 415
进城务工子女就学 …… 415
特殊教育 …… 415
Special Education
概 况 …… 415
教育教学活动 …… 415
民办教育 …… 415
Private Education
概 况 …… 415
民办学校办学行为规范 …… 415
中等职业教育与成人教育 …… 415
Middle-Level Professional & Adult Education
概 况 …… 415
中等职业学校内涵建设 …… 415
实训基地建设 …… 415
职业教育专业集团 …… 415
校企合作 …… 415
技能比赛 …… 415
招生送生 …… 416
成人教育 …… 416
社区教育 …… 416
高等教育 …… 416
Higher Education
南宁学院 …… 416

南宁职业技术学院 …… 417

科 学
Science

科学技术 …… 419
Science & Technology
·综 述· …… 419
General Situation
概 况 …… 419
国家创新型试点城市建设 …… 419
“全国科技进步先进市”七连冠 …… 419
国家科技成果转化服务(南宁)示范基地建设 …… 419
创新计划实施 …… 419
战略性新兴产业 …… 420
工业科技创新 …… 420
农业科技创新 …… 420
民生科技创新 …… 420
科技节能与减排 …… 420
知识产权战略实施 …… 420
高新技术产业 …… 420
科技中介服务体系建设 …… 420
区域性科技创新体系建设 …… 420
科技示范试点建设 …… 421
科技交流与合作 …… 421
市校与校企合作 …… 421
自主创新环境建设 …… 421
“美丽南宁·清洁乡村”科技攻关 …… 423
2013年市校合作项目情况 …… 421
·研究与技术开发· …… 423
Research and Development
概 况 …… 423
科学研究与技术开发计划项目实施 …… 423
星火计划 …… 424
工业科技项目实施 …… 424
农业科技项目实施 …… 424
社会发展科技项目实施 …… 424
软科学研究项目实施 …… 424
产业重大科技专项实施 …… 424
科技型中小企业技术创新资金项目实施 …… 425
国家农业科技成果转化资金项目实施 …… 425
科学技术支出 …… 425
2013年南宁市新增高新技术企业名录 …… 423
2013年南宁市新增获自治区认定的农业良种培育中心名录 …… 423
2013年南宁市新增获自治区认定的农业标准化生产技术示范基地 …… 424
·科学技术普及· …… 425
Popularization and Publicity for Science and Technology
概 况 …… 425
“三下乡”活动 …… 425
科技培训 …… 425
科普示范基地 …… 425
·重要科技活动· …… 425
Main Scientific and Technical Activities
参加广西科技活动周 …… 425
参加全国科技活动周 …… 426
参加北京科博会 …… 426
参加广西发明创造成果展览交易会 …… 426
参加深圳高交会 …… 426
·科技成果及应用· …… 426
Science and Technology Results
科技成果登记 …… 426
科技成果鉴定 …… 426
科技表彰奖励 …… 426
科技成果获奖 …… 427
科技成果转化与示范推广 …… 427
2013年南宁市获自治区技术发明奖项目 …… 427
2013年南宁市获自治区科学技术进步奖项目 …… 427
2013年南宁市科学技术进步奖获奖项目 …… 428
2013年南宁市技术发明奖获奖项目 …… 429
·气象工作· …… 429
Meteorological Work
概 况 …… 429
决策气象服务 …… 429
人工增雨作业 …… 430
重大活动保障服务 …… 430
公众气象服务 …… 430
气象设施建设 …… 430
气象科普宣传 …… 430
·水文工作· …… 431
Hydrological Work
概 况 …… 431
水文测验 …… 431
水文资料整编 …… 431
水文情报预报服务 …… 431
水质监测调查 …… 432
水文基础建设 …… 432
2013年南宁市汛期江河主要控制站月最高水位 …… 431
·防震减灾· …… 432
Earth Quakeproof & Disaster Relief
概 况 …… 432
地震监测台站建设 …… 432
地震监测预报 …… 432
抗震设防 …… 432
防震救灾宣传教育 …… 432
应急救援 …… 432
社会科学 …… 433

Social Science
概 况 …… 433
课题研究 …… 433
编书办刊 …… 433
决策咨询 …… 433
理论宣传 …… 433
人才管理 …… 433
·地方志工作· …… 434
Local Chronicles Work
概 况 …… 434
《南宁市志(1991—2005)》编修 …… 434
《南宁年鉴(2013)》出版 …… 434
《南宁通史》《南宁简史》编纂 …… 434
《南宁新百年图录(2006—2010)》出版 …… 434
《南宁地情手册(2013)》出版 …… 434
《武缘县图经》(影印本)出版 …… 434
南宁地情网站建设 …… 435
地方志编纂业务培训 …… 435
南宁市地方志资料年报 …… 435
·党史资料征集出版与研究· …… 435
Party Historical Material Collection and Research
概 况 …… 435
党史资料征集 …… 435
学习培训 …… 435
县(区)党史编纂出版 …… 435

文 化
Culture

综 述 …… 436
General Situation
概 况 …… 436
文化惠民工程 …… 436
重大文化项目建设 …… 436
精品文化工程 …… 436
文化遗产保护 …… 436
文化市场监管 …… 437
文化产业 …… 437
对外文化交流 …… 437
群众文化 …… 437
Mass Culture
概 况 …… 437
"华联杯"艺术活动 …… 438
"外来务工者之歌"歌手大赛 …… 438
绿城歌台 …… 438
第六届"夕阳秀"展演 …… 438
第四届乡村社区和谐文艺大展演 …… 438
健康舞大赛 …… 438
专业艺术 …… 438
Professional Arts
概 况 …… 438
艺术成果 …… 438
演出活动 …… 439
中国—东盟(南宁)戏剧周 …… 439
歌王争霸赛暨壮族歌圩音乐节 …… 439
第二届中越青年大联欢演出 …… 439
电影放映 …… 439
Film Shows
概 况 …… 439
电影放映单位 …… 440
公共图书与图书经营 …… 440
Public Library and Library Management
概 况 …… 440
南宁市图书馆 …… 441
南宁市少年儿童图书馆 …… 441
南宁市新华书店有限责任公司 …… 442
文化市场管理 …… 442
Cultural Market
概 况 …… 442
文化市场专项整治 …… 442
大案要案查办 …… 442
文物·博物 …… 443
Historical Relic and Mineralogy
概 况 …… 443
文物调查 …… 443
文物维修与保护 …… 443
考古发掘 …… 443
文物征集与捐赠 …… 443
陈列展览 …… 443
博物馆建设 …… 443
第一次可移动文物普查试点 …… 444
南宁孔庙 …… 444
2013年南宁市文物保护单位名录 …… 444
档 案 …… 451
Files
概 况 …… 451
档案接收与利用 …… 451
档案安全管理 …… 451
机关档案 …… 451
企事业档案 …… 451
农业农村与社区档案 …… 451
重大项目档案 …… 451
档案信息化管理 …… 451
"国际档案日"宣传 …… 451

新闻出版
News & Publishing

报 纸 …… 452
Newspapers
概 况 …… 452
南宁日报社重要宣传与专题报道 …… 452
南宁日报社主题社会活动 …… 453
广播电视 …… 453
Broadcast and TV Station
概 况 …… 453
南宁电视台 …… 453
南宁人民广播电台 …… 453
南宁广播电视技术中心 …… 454
南宁广播电视报 …… 454
大型活动与直播报道 …… 454
驻市广播电视机构 …… 454
新闻出版管理 …… 454
News Publishing Management
印刷发行 …… 454
农家书屋建设与管理 …… 454
2013年中小学教辅教材发行监管 …… 455
"讲文明树新风"公益广告刊播 …… 455
自治区属报刊驻邕记者站日常监管 …… 455
内部资料性出版物监管 …… 455
2013年南宁市广播电视系统业务获奖情况 …… 455

卫 生
Health

综 述 …… 456
General Situation
概 况 …… 456
卫生基础项目建设 …… 456
社区卫生服务 …… 456
医疗服务 …… 457
医疗服务质量 …… 457
卫生应急工作 …… 457
巩固完善国家基本药物制度 …… 457
基层医疗卫生机构综合改革 …… 457
基本公共卫生服务项目实施 …… 457
卫生行政立法 …… 458
卫生信息化建设 …… 458
卫生专网建设 …… 458
医政管理 …… 458
Medical Municipal Management
县级公立医院综合改革 …… 458
医疗安全管理 …… 459
医疗纠纷处置与医疗事故鉴定 …… 459
医疗机构药事管理 …… 459
医院感染管理 …… 459
优质护理服务示范工程 …… 459
护理培训 …… 459
白内障患者复明工程 …… 459
药品集中采购 …… 459
疾病预防控制 …… 459
Diseases Prevention & Control
传染病疫情报告 …… 459
免疫规划 …… 460
结核病防治 …… 460
手足口病防控 …… 460
艾滋病防控 …… 460
碘缺乏病防治 …… 461
狂犬病防治 …… 461
血吸虫病防治 …… 461
重点疾病监测 …… 461
农村卫生 …… 461
Countryside Public Health
新型农村合作医疗制度建设 …… 461
基层医疗卫生机构标准化建设 …… 461
基层医疗卫生人员培训 …… 462
城市卫生对口支援农村卫生 …… 462
乡村卫生服务一体化管理 …… 462
妇幼保健 …… 462
Women and Children Health
妇幼保健机构建设 …… 462
孕产妇保健 …… 462
儿童保健 …… 462
贫困危重孕产妇救助 …… 462
降消农村住院分娩补助项目 …… 462
农村妇女增补叶酸项目 …… 462
农村妇女"两癌"普查试点 …… 463
婚前医学检查 …… 463
产前筛查与新生儿疾病筛查补助 …… 463
地中海贫血防控 …… 463
卫生监督 …… 464
Health Supervision
卫生行政许可 …… 464
卫生行政处罚 …… 464
食品安全检验监测 …… 464
医疗机构监督 …… 464
公共场所卫生监督 …… 464
生活饮用水卫生监督 …… 464
学校卫生监督 …… 464
职业卫生监督 …… 465
消毒产品卫生监督 …… 465
传染病防治卫生监督 …… 465

卫生监督应急保障 …… 465
卫生监督协管 …… 465
血液采供 …… 465
Blood Supply
血液采集 …… 465
临床供血 …… 465
血液检验 …… 465
血液制备 …… 465
无偿献血宣传 …… 466
献血服务 …… 466
血液质量管理 …… 466
医学科研与教育 …… 466
Medical Science Research & Education
医学科研 …… 466
医学继续教育 …… 466
输血医学科研 …… 466
卫生人才队伍建设 …… 466
中医·民族医 …… 467
Traditional Chinese Medicine
中医药基本情况 …… 467
中医药服务能力建设 …… 467
中医医院等级复审 …… 467
中医重点专科建设 …… 467
中医人才培养 …… 467
中医科研 …… 467
传统医药非物质文化保护 …… 467
朱琏针灸学术传承 …… 467
中医药文化科普 …… 468
中医药壮医药产业产值 …… 468
爱国卫生运动 …… 468
Patriotic Health Campaign
国家卫生城市巩固 …… 468
健康教育与健康促进 …… 468
爱国卫生月活动 …… 468
病媒生物防制 …… 468
农村改厕项目 …… 468
基层卫生创建 …… 468

体 育
Sports

竞技体育 …… 469
Athletic Sport
概 况 …… 469
参加国际体育比赛 …… 469
参加第十二届全国运动会 …… 469
参加全国体育比赛 …… 469
参加广西青少年锦标赛 …… 469
参加2013中国—东盟国际汽车拉力赛 …… 469
备战“两会” …… 469
群众体育 …… 470
Mass Sports
概 况 …… 470
传统体育活动 …… 470
学校体育 …… 470
少数民族体育 …… 470
农村体育 …… 470
老年人体育 …… 470
社团体育 …… 470
社区体育 …… 471
职工体育 …… 471
城乡体育设施建设 …… 471
承办体育赛事 …… 471
Undertaking Sport Competition
第九届“中国水城”南宁国际龙舟邀请赛 …… 471
第九届南宁国际围棋邀请赛 …… 471
第八届南宁桥牌国际邀请赛 …… 471
第五届南宁象棋国际邀请赛 …… 472
2013年南宁—东盟业余羽毛球邀请赛 …… 472
“皇龙居地产杯”第二届南宁—东盟国际业余足球邀请赛 …… 472
首届南宁—东盟气排球邀请赛 …… 472
第八届“万科杯”南宁国际半程马拉松比赛 …… 472
第四届南宁—东盟山地自行车越野公开赛 …… 472
对外体育交流 …… 472
Sport Exchanges
组团出访交流 …… 472
来访与业务交流 …… 472
体育产业 …… 472
Sport Industry
体育彩票业 …… 472
本体产业开发 …… 472
社会体育产业 …… 472

社会生活
Social &People’s Life

城市应急联动服务 …… 473
City Emergency Reaction Service
概 况 …… 473
城市公共安全管理系统 …… 473
应急管理 …… 473
应急知识普及 …… 473
婚姻·家庭 …… 473
Marriage and Family
婚姻登记 …… 473
收养登记 …… 473
家庭文明建设 …… 473

"母亲邮包"项目 …… 473
"母亲健康快车"项目 …… 473
"双合格"宣传活动 …… 473
人口与计划生育 …… 474
Population & Family Planning
概　况 …… 474
目标管理 …… 474
宣传教育 …… 474
诚信计生 …… 474
性别比综合治理 …… 474
流动人口服务管理 …… 474
人口计生优质服务 …… 475
层级动态管理 …… 475
人口计生定点帮扶 …… 475
人口计生行政执法 …… 475
信息化建设 …… 475
人口计生队伍建设 …… 475
生育援助"圆梦"幸福家庭 …… 476
城市居民生活 …… 476
Citizen Life
概　况 …… 476
收入构成 …… 476
实际支出与消费结构 …… 476
主要耐用消费品购买量与年末拥有量 …… 476
居住状况 …… 476
规模以下服务业企业 …… 476
时尚习俗 …… 476
Fashion & Custom
交友征婚 …… 476
城市雕塑 …… 477
健　身 …… 477
饮食习惯 …… 478
休闲娱乐 …… 479
旅　游 …… 480
美容美发 …… 480
拼车出行 …… 480
网上购物 …… 480
民政事业 …… 480
Civil Administrative Affairs
社会福利 …… 480
慈善事业 …… 481
医疗救助 …… 481
社区建设 …… 481
老龄事业 …… 481
宗　教 …… 482
Religion
概　况 …… 482
宗教活动 …… 482
宗教活动场所 …… 482
和谐寺观教堂创建活动 …… 482
宗教调研活动 …… 483
宗教政策法规学习月活动 …… 483
依法管理宗教事务 …… 483
宗教合法权益维护 …… 483
公益慈善活动 …… 483
宗教重点项目建设 …… 483
宗教队伍建设 …… 483

区　县
Districts & Counties

兴宁区 …… 484
Xingning District
概　况 …… 484
经济发展 …… 484
社会事业发展 …… 485
2013年兴宁区国民经济主要指标 …… 484
2013年兴宁区乡镇(街道)情况 …… 486
江南区 …… 486
Jiangnan District
概　况 …… 486
经济发展 …… 486
社会事业发展 …… 487
2013年江南区国民经济主要指标 …… 487
2013年江南区乡镇(街道)情况 …… 488
青秀区 …… 488
Qingxiu District
概　况 …… 488
经济发展 …… 489
社会事业发展 …… 490
2013年青秀区国民经济主要指标 …… 489
2013年青秀区镇(街道)、仙葫开发区情况 …… 491
西乡塘区 …… 491
Xixiangtang District
概　况 …… 491
经济发展 …… 491
社会事业发展 …… 492
2013年西乡塘区国民经济主要指标 …… 492
2013年西乡塘区乡镇(街道)、农场情况 …… 493
邕宁区 …… 494
Yongning District
概　况 …… 494
经济发展 …… 494
社会事业发展 …… 495
2013年邕宁区国民经济主要指标 …… 495
2013年邕宁区乡镇情况 …… 496
良庆区 …… 496
Liangqing District

概 况 …… 496
经济发展 …… 496
社会事业发展 …… 497
中共中央政治局常委、国务院总理李克强到那马镇考察 …… 498
2013年良庆区国民经济主要指标 …… 497
2013年良庆区镇(街道)情况 …… 498
武鸣县 …… 499
Wuming County
概 况 …… 499
经济发展 …… 499
社会事业发展 …… 500
中国壮乡·武鸣“三月三”歌圩暨骆越文化旅游节 …… 501
2013年武鸣县国民经济主要指标 …… 500
2013年武鸣县各镇情况 …… 502
横 县 …… 502
Hengxian County
概 况 …… 502
经济发展 …… 502
社会事业发展 …… 503
2013年横县国民经济主要指标 …… 503
2013年横县乡镇情况 …… 504
宾阳县 …… 505
Binyang County
概 况 …… 505
经济发展 …… 505
社会事业发展 …… 506
宾阳炮龙节 …… 507
2013年宾阳县国民经济主要指标 …… 506
2013年宾阳县乡镇情况 …… 508
上林县 …… 508
Shanglin County
概 况 …… 508
经济发展 …… 508
社会事业发展 …… 509
2013年“中国旅游日”南宁主会场活动暨南宁后花园·上林生态旅游养生节 …… 511
2013年上林县国民经济主要指标 …… 509
2013年上林县乡镇情况 …… 511
马山县 …… 511
Mashan County
概 况 …… 511
经济发展 …… 511
社会事业发展 …… 513
广西南宁·马山第七届文化旅游美食节 …… 514
2013年马山县国民经济主要指标 …… 513
2013年马山县乡镇情况 …… 514
隆安县 …… 515
Longan County
概 况 …… 515
经济发展 …… 515
社会事业发展 …… 516
隆安“那”文化旅游节 …… 517
隆安县那桐镇“四月八”农具节 …… 517
2013年隆安县国民经济主要指标 …… 515
2013年隆安县乡镇情况 …… 517

人 物
Figure

新闻人物 …… 518
News maker
·全国援外医疗工作先进个人· …… 518
Advanced Individual of National Foreign aid Medical Work
钟日胜 …… 518
·外事“110”——潘少锋· …… 518
Foreign affairs"110" –PanshaoFeng
潘少锋 …… 518
·传递正义正气正能量的“赤脚哥”· …… 519
The "barefoot Man"energy transfer of justice
苏洁静 …… 519
模范人物 …… 519
Model Figure
·国家科技进步二等奖获得者· …… 519
The Second Prize of National Science and Technology Progress Winner
黄连冬 …… 519
·“中国好人榜”敬业奉献好人· …… 519
“The List of China Good person”profession akiffer
杜丽群 …… 519
陈美杏 …… 519
·第四届全国见义勇为模范提名奖· …… 520
The 4th National Samaritan Acts Award Winners
刘小坚 …… 520
羊建明 …… 520
·全国五一劳动奖章· …… 520
National “Wuyi” Labor Medal
杜丽群 …… 520
舒志强 …… 520
·全国三八红旗手· …… 520
National Third Eighth Red Banner
谢华娟 …… 520
·全国巾帼建功标兵· …… 520
National Women work Model
李 宁 …… 520
·全国维护妇女儿童权益先进个人· …… 521
National Advanced Individual on Rights and Interests of Wemen and Children
陈 尧 …… 521

·全国农村科技致富女能手· 521
Nation Rural Women Richen Expert
李玉红 521
韦翠兰 521
谢娇春 521
·全国农业先进个人· 521
National Agricultural Advance Indiatidual
莫清贵 521
·全国粮食生产特殊贡献农业科技人员· 521
The National Grain Production of Special Contribution of Agricultural Science and Technology Personnel
曾永跃 521
·2012—2013年全国农机安全监理“为民服务创先争优”示范岗位标兵· 522
2012-2013,National Rural Safoty Supervision work Model
韦东志 522
莫恒威 522
·全国十佳公诉人· 522
National Top Ten Prosecutor
宋 萍 522
刘军辉 522
·全国优秀法官· 522
The national outstanding judge
蓝 彬 522
·全国法院办案标兵· 522
The national court case example
王 坚 522
·全国公安系统学雷锋先进个人· 522
National Security Study LeiFeng Advanced Individual
罗 萍 522
·第十届全国十大见义勇为英雄司机· 523
The 10th National Samaritan Acts Hero Driver
·全国人民调解能手· 523
National Medition Experts
·全国模范人民调解员· 523
National Medition Model
·全国工商行政管理系统优秀工商行政管理人员· 523
National Industry and Commerce Excellent Workers
·广西劳动模范· 523
Guangxi Working Model
·广西巾帼建功标兵· 523
Guangxi Women Work Model
·广西维护妇女儿童权益先进个人· 523
Guangxi Advanced Individual on Rights and Intenests of Women and Children
·广西农村科技致富女能手· 523
Guangxi Rural Women Rich Expert
·广西妇女小额担保财政贴息贷款工作先进个人· 523
Guangxi Aduanceel Individual on Micro Finance Loans
·广西农村妇女“两癌”免费检查工作先进个人· 523
Guangxi Advanced Individual on Two Cancen Free Inspection
·南宁市第八批专业技术拔尖人才· 524
Professional and Teehnical Top Personnel of 8th Nanning
·南宁市第七批优秀青年专业技术人才· 524
Professional Teehnical Yownger Personral of 7th Nanning
·第九届“南宁十大杰出青年”· 526
The 9th"Nanning Top Ten Excellent Young men"
·南宁市巾帼建功标兵· 526
Nanning Women Work Model
·南宁市城乡妇女岗位建功农村科技致富女能手· 526
Nanning Rurul Women Rcchen Experts
逝世人物 526
Death Figures
宋承铮 526
刘巨兴 526
郑万芳 526
百岁老人 527
Centenarians
李少春 527
梁碧荣 527
王福娇 527
王家睦 527
李青日 527
黄春桃 527
易桂兰 527
鲁 源 527
腾秀莲 527
杨寿坤 527
韦凤英 527
李群芬 527
李秀清 527
吴玉华 527
马彩莲 527
石梅英 527
胡日芳 527
陈带金 527
吴兰桂 527
施秀云 527
周文轩 527
章雅勤 527
曾秀芳 527
叶素青 527
李德全 527
段文斌 527
林志新 527
梁春秀 527
刘曾娇 527
吕迁喜 527
吴 贞 527
陈贤贵 527
周显阶 527
庞柏瑞 528
李月彩 528

周八妹 …… 528
韦秀珍 …… 528
黄惠明 …… 528
黄玉清 …… 528
奚月秀 …… 528
吴家珍 …… 528
陈贤贵 …… 528
覃巧云 …… 528
朱琼莲 …… 528
黄美玉 …… 528
赖洪叨 …… 528
周熹宏 …… 528
农月林 …… 528
李丽芳 …… 528
韦运筹 …… 528
吴月池 …… 528
梁汉箱 …… 528
韦汉英 …… 528
黄巨娥 …… 528
马振荣 …… 528
韦清秀 …… 528
苏　氏 …… 528
黄金香 …… 528
潘芹香 …… 528
黄振英 …… 528
杨　氏 …… 528
陆桥荣 …… 528
潘　氏 …… 528
韦乃元 …… 528
张修安 …… 528
黄凤阳 …… 528
覃日英 …… 528
姆　兴 …… 528
曾美莲 …… 528
尹玉明 …… 528
罗　氏 …… 528
周　氏 …… 528
苏桂花 …… 528
苏梅荣 …… 529
苏玉清 …… 529
陆锦绣 …… 529
林祥焕 …… 529
罗　氏 …… 529
黄锦方 …… 529
张桂芬 …… 529
农玉英 …… 529
韦家国 …… 529
班维中 …… 529
谢　桂 …… 529
韦少梅 …… 529
农桂香 …… 529
潘敢兰 …… 529
颜丽兴 …… 529
郭汝金 …… 529
谢锦芳 …… 529
肖炳燕 …… 529
何秀芬 …… 529
覃可艺 …… 529
周　清 …… 529
零爱侦 …… 529
邓爱群 …… 529
黄秀香 …… 529
李祖灿 …… 529
覃其才 …… 529
黄志桂 …… 529
雷秋桂 …… 529
雷时兴 …… 529
黎文广 …… 529
黄均先 …… 529
陈　英 …… 529
雷桂芬 …… 529
杨少琴 …… 529
甘进英 …… 529
张丽兴 …… 529
吕华均 …… 529
吴春方 …… 529
罗凤归 …… 529
曾宪华 …… 529
覃雪英 …… 529
彭秀珍 …… 530
韦芳兰 …… 530
韦芳先 …… 530
周武昌 …… 530
施启贞 …… 530
王绍兰 …… 530
林秀英 …… 530
李帝天 …… 530
何少英 …… 530
王怀珍 …… 530
覃桂清 …… 530
钟树清 …… 530
唐平芬 …… 530
余利才 …… 530
黄植连 …… 530
李凤仙 …… 530
李英杰 …… 530
陆秀梅 …… 530
丁英明 …… 530
王爱兰 …… 530
黄兰方 …… 530
韦登胜 …… 530
蓝秀英 …… 530
蓝洪昌 …… 530
何玉桂 …… 530

韦　彩 …… 530
黄锦贵 …… 530
蓝秀光 …… 530
陈建英 …… 530
梁学青 …… 530
周文金 …… 530
韦炳兰 …… 530
覃如秀 …… 530
刘龙兴 …… 530
张德海 …… 530
王家兴 …… 530
蓝日英 …… 530
杨月光 …… 530
韦兰花 …… 530
韦庆棉 …… 530
潘世光 …… 530
蓝美珍 …… 531
李美连 …… 531
石必昌 …… 531
张秀英 …… 531
覃妹齐 …… 531
黄艳英 …… 531
蓝景荣 …… 531
黄月芬 …… 531
黄兴民 …… 531
黄有辉 …… 531
徐美荣 …… 531
罗月明 …… 531
陆乃秀 …… 531
蓝素英 …… 531
唐美莲 …… 531
曾美光 …… 531
罗月芬 …… 531
谭秀吉 …… 531
韦三妹 …… 531
韦　氏 …… 531
潘翠英 …… 531
潘乃莲 …… 531
黄桂金 …… 531
潘振伟 …… 531
蓝乃文 …… 531
许世发 …… 531
何如良 …… 531
隆美清 …… 531
卢玉连 …… 531
韦月英 …… 531
陆锦秀 …… 531
方秋珍 …… 531
苏青秀 …… 531
马秀兴 …… 531
黄明新 …… 531
雷春花 …… 531
方梅花 …… 531
池彩莲 …… 531
马增华 …… 531
彭翠连 …… 531
韦月娥 …… 531

专题调研与经济分析
Special Research and Economic Analysis

2013年—2014年南宁市经济发展形势分析 …… 532
2013—2014,Nanning city economy development situation analysis
2013年—2014年南宁市社会发展形势分析 …… 536
2013—2014,Nanning city social development situation analysis
全面深化改革　奋力提升南宁首位度　加快建设中国面向东盟开放合作的区域性国际城市、宜居的壮乡首府和具有亚热带风情的生态园林城市 …… 542
Deepening the reform comprehensively To enhance the Nanning first degree Speed up the construction of China for regional international city, livable ASEAN cooperation and opening up of the capital and ecological garden city hasa subtropical customs

城市竞争力
City Competition

南宁市在全国部分城市可持续竞争力排位 …… 551
Ranking of Nanning's Sustainable Competitiveness in Partial Cities in China
·2013年度全国37个大中城市可持续竞争力· …… 551
Sustainable Competitiveness of China 37 Large & Medium-sized Cities in 2013
·2013年全国部分西部省会城市可持续竞争力· …… 552
Sustainable Competitiveness of China Western Provincial Capital Cities in 2013
·2013年广西部分城市竞争力指数· …… 552
Competitiveness Index of Partial Cities in Gxuangxi
南宁市在全国部分城市地区生产总值排位 …… 553
Nanning GDP Ranking among Partial Cities in China
·2013年全国27个省会城市地区生产总值排位· …… 553
GDP Ranking for China 27 Provincial Capital Cities in China

·2013年西部省会城市地区生产总值排位· …… 553
GDP Ranking for Western Provincial Capital Cities in 2013
2013年广西部分城市主要指标排位 …… 554
Guangxi Cities Main Index ranking in 2013
·土地面积与人口· …… 554
Acreage & Population
·地区生产总值· …… 554
Regional Gross Domestic Product
·财政收入· …… 554
Financial Income
社会经济主要指标 …… 555
Social Economic Main Index
·2013年南宁市社会经济主要指标· …… 555
Nanning Social Economic Main Index in 2013
·2013年南宁市区主要经济指标· …… 559
Urban District of Nanning Social Economic Main Index in 2013
·2013年南宁市与全国、广西主要社会经济指标对比情况· …… 561
Social Economic Index Comparison between Nanning & Nationwide & Guangxi

图片专辑 Special Photos Collection

南宁市政区图 …… 书前
Nanning Administrative Map
南宁市街道图 …… 书前
Nanning Street Map
南宁市旅游图 …… 书前
Nanning Tourist Map
青秀区 …… 书前
Qingxiu District
兴宁区 …… 书前
Xingning District
横县 …… 书前
Hengxian County
马山县 …… 书前
Mashan County
西乡塘区 …… 书前
Xixiangtang District
江南区 …… 书前
Jiangnan District
良庆区 …… 书前
Liangqing District
宾阳县 …… 书前
Binyang County District
南宁高新技术产业开发区 …… 书前
Nanning Hi Tech Enterprises Development Zone
南宁市六景工业园 …… 书前
Nanning liujing Industrial Park
南宁市财政局 …… 书前
Nanning´s Fiscal Bureau
广西现代运输集团有限公司 …… 书前
Guangxi Modern Transport Bloc Limited Company
南宁市工业和信息化委员会 …… 书前
Nanning Industry and Co.,Ltd
风采南宁 …… 1
Graceful Nanning
城市特征 …… 2
City Characteristics
城市数字 …… 3
City Digital
领导视察 …… 4
Inspection of Leaders
友好往来 …… 6
Friendship Intercourse
第十届中国—东盟博览会 …… 12
The 10th China-ASEAN Expo
第十届中国—东盟商务与投资峰会 …… 18
The 10h China-ASEAN Business & Investment Summit
南宁国际民歌艺术节 …… 20
Nanning International Folk Song & Arts Festival
筹备世界体操锦标赛 …… 24
Preparation World Gymnastics Championships
美丽南宁·清洁乡村 …… 26
Beautiful Nanning, clean village
美丽南宁·整洁畅通有序大行动 …… 28
Beautiful, neat smooth and orderly action Nanning
南宁市重点项目建设办公室 …… 30
Nanning city key projects office
南宁市国土资源局 …… 32
Nanning State Land Resources Bureau
南宁市大王滩水库管理处 …… 34
Nanning City King Beach Reservoir Management Office
南宁市总工会 …… 36
Nanning General Labor Union
南宁市公安局交警支队 …… 38
Nanning Municipal Public Security Bureau Traffic Police Detachment
南宁建宁水务投资集团有限责任公司 …… 40
Nanning Jianning Water Supply Group Co., Ltd.
南宁市城乡数字化建设办公室 …… 42
Nanning Urban and Rural Digital Construction Office
中共南宁市直属机关工作委员会 …… 44
Working Committee Under Authority of Nanning CPC
南宁市发展和改革委员会 …… 46
Nanning Development & Reform Committle

南宁市园林管理局 …… 47
Nanning Gardens Bureau
南宁市城市管理局 …… 48
Nanning City Management Bureau (Nanning City Management Law Enforcement Bureau)
南宁市规划管理局 …… 49
Nanning City planning authority
南宁市环境保护局 …… 50
Nanning Environmental Protection Bureau
南宁市地方税务局 …… 51
Nanning Municipal Local Taxation Bureau
南宁市交通运输局 …… 52
Nanning Transportation Bureau
南宁市商务局 …… 53
Nanning Merchant Bureau
南宁市文化新闻出版局 …… 54
Nanning City Press and Publication Bureau
南宁市人民政府国有资产监督管理委员会 …… 55
Nanning state-owned assets supervision and administration commission
南宁散装水泥办公室 …… 56
Nanning Bulk Cement Office
南宁市城市建设档案管理处(馆) …… 353
Nanning City Urban Construction Archives Management Office (Museum)
南宁市公安消防支队 …… 354
Nanning Public Security Fire Branch
中国人民武装警察部队南宁支队 …… 356
Chinese People's Armed Police Forces Nanning Branch
中国人民解放军广西南宁警备区 …… 358
Guangxi Nanning Military Subarea of China PLA
广西陆军预备役步近兵高射炮兵团 …… 360
Guangxi Army Reserve soldiers walking near flak Corps
南宁市食品药品监督管理局 …… 362
Nanning Municipal Food and Drug Administration Bureau
南宁市质量技术监督局 …… 363
Nanning administration of quality and technology supervision
南宁市法制办公室 …… 364
Nanning City Legal Office
南宁市政务服务中心 …… 365
Nanning City Administrative Service Center
南湖公园 …… 366
South Lake Park
南宁市住房公积金管理中心 …… 367
Nanning City Housing Fund Management Center
南宁市妇幼保健院 …… 368
Nanning Women and Child Care Courtyard
广西南宁水利电力设计院 …… 369
Nanning water conservancy and Electric Power Design Institute, Guangxi
南宁市卫生学校 …… 370
Nanning City Health School
南宁市卫生监督所 …… 371
Nanning City Health Authority
南宁市环境保护监测站 …… 372
Nanning City Environmental Protection Monitoring Station
南宁南机动力有限公司 …… 373
Nanning Nanjji Power Co., Ltd
中国电信股份有限公司南宁分公司 …… 374
China Telecom Stocks Co., LTD. Nanning Branch
中国联合网络通信集团有限公司南宁市分公司 …… 375
China United Network Communications Group Co., Ltd. Nanning Branch
广西中烟工业有限责任公司 …… 376
Guangxi China Tobacco Industry Co., Ltd.
南宁中燃城市燃气有限公司 …… 377
China Gas Nanning Gas Development Co., Ltd.
广西超大运输集团 …… 378
Guangxi Super Transportation Group
南宁糖业股份有限公司 …… 379
Nanning Sugar Refinery Share Co., Ltd.
南宁百货大楼股份有限公司 …… 380
Nanning Department Store Co., Ltd.
南宁富莱欣生物科技有限公司 …… 381
Nanning Fresh Biological Technology Co., Ltd.
五象新区建设投资有限责任公司 …… 382
Five Elephants District Construction Investment Co., Ltd.
江南区吴圩镇 …… 383
Jiangnan District Wuxu Town
江南区延安镇 …… 384
Jiangnan District Yanan Town

附　录
Appendix

《南宁政报》2013总目录 …… 562
"Nanning Gazette" 2013
南宁文物考古发掘研究项目名录 …… 569
List of Archaeological Excavation of Nanning
南宁壮族民歌名录 …… 569
Nanning Zhuang Folk Song List
南宁民间舞蹈名录 …… 570
Folk Dance of Nanning
南宁民间故事名录 …… 571
Nanning Folk Story List

索　引
Index

索　引 …… 572
Index

风采南宁

城市荣誉

- 国家节水型城市
- 第三届综治"长安杯"
- 全国科技进步市
- 2009 年—2012 年第五届全国社会管理综合治理优秀城市
- 2013 中国最佳休闲城市
- 2010 年—2012 年度全国法治城市创建工作先进单位
- 2012 年度中国外文版政府网站领先奖
- 2010 年—2011 年度全国无偿献血先进城市
- 2013 年全国十大见义勇为英雄司机评选活动城市奖

5 月 12 日，南宁市获"国家节水型城市"称号

城市角色：中国—东盟博览会举办地

广西北部湾经济区核心城市

中国面向东盟开放合作的区域性国际城市

宜居的壮乡首府和具有亚热带风情的生态园林城市

南宁精神：能帮就帮　敢做善成

城市名片：全国文明城市　联合国人居奖城市　中国绿城

中国—东盟博览会　南宁国际民歌艺术节

市树：扁桃树

市花：朱槿花

城市数字

土地面积：2.21 万平方千米

城市建成区面积：283 平方千米

年末户籍人口：724.43 万

地区生产总值：2803.54 亿元

第一产业增加值：349.93 亿元

第二产业增加值：1110.89 亿元

第三产业增加值：1342.73 亿元

三次产业比重：12.48∶39.62∶47.90

人均地区生产总值：3.90 万元

地方财政收入：473.66 亿元

地方财政支出：418.40 亿元

全社会固定资产投资：2475.01 亿元

社会消费品零售总额：1450.84 亿元

出口总额：23.53 亿美元

进口总额：20.68 亿美元

商品房施工面积：3812.35 万平方米

商品房竣工面积：325.58 万平方米

商品房销售面积：702.60 万平方米

货运总量：3.36 亿吨

客运总量：1.27 亿人次

国内旅游人数：5840.26 万人次

国内旅游收入：469.64 亿元

境外旅游人数：35.11 万人次

国际旅游收入：8.51 亿元

森林覆盖率：47.36%

新增绿地面积：406.07 公顷

建成区绿地率：36.56%

建成区绿化覆盖率：42.09%

人均公园绿地面积：13.74 平方米

市区全年空气质量优良天数：306 天

金融机构存款余额：6483.52 亿元

金融机构贷款余额：6115.88 亿元

金融机构个人储蓄存款余款：2156.69 亿元

城镇居民年人均可支配收入：24817 元

农民年人均纯收入：7685 元

居民消费价格总指数：102.1%

7月9日，中共中央政治局常委、国务院总理李克强（围坐前左五）在南宁调研。图为李克强在良庆区那马镇坛良村村头大榕树下与百姓交谈

9月3日，中共中央政治局常委、国务院总理李克强（左三）在南宁视察。图为李克强参观第十届中国—东盟博览会“魅力之城”展区

10月25日，中共中央政治局常委、全国政协主席俞正声（前左二）在南宁调研。图为俞正声考察广西民族博物馆

10月27日，中共中央政治局常委、全国政协主席俞正声（前右三）在南宁调研。图为俞正声在隆安县那桐镇雷步屯与当地参加土地流转的农民群众交谈

YOUHAO

5月18日，自治区党委常委、市委书记余远辉（前右）会见老挝万象市委书记兼市长苏甘·马哈腊（前左）一行

11月29日，自治区党委常委、市委书记余远辉（右）会见香港特别行政区行政长官梁振英（左）一行

WANGLAI

4月16日，市人大常委会主任谢寿堂(右)会见韩国果川市议长黄淳植(左)一行

6月19日，市长周红波(右)会见新西兰黑斯廷斯市市长劳伦斯·尤尔(左)一行

8月21日，市长周红波(左三)会见诺贝尔生理学、医学奖得主巴里·马歇尔教授(右三)

9月3日，市长周红波（右六）会见马维拉地方政府代表团一行

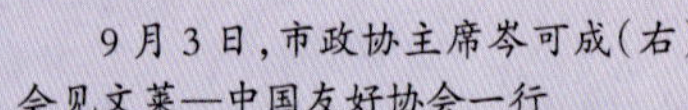

9月3日，市政协主席岑可成（右）会见文莱—中国友好协会一行

9月3日，市委常委、常务副市长吴炜（右五）会见马来西亚怡保市市长罗西迪·哈新（左四）一行

7月18日，市委常委、宣传部部长、副市长吕洁(右三)会见欧洲议会代表团一行

7月22日，市委常委、宣传部部长、副市长吕洁(右)会见日本秋田市副市长石井周悦(左)一行

3月18日，市委常委、副市长杨民(右)会见法国马恩河谷省议员多米尼克·罗布林(左)一行并互赠纪念品

3月18日，市委常委、副市长杨民（前右）会见法国驻广州总领事白屿淞（前左）

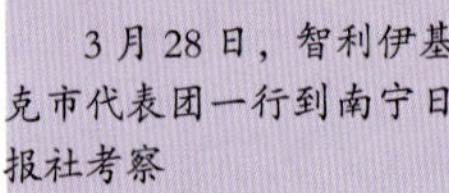

3月28日，智利伊基克市代表团一行到南宁日报社考察

5月22日，南宁市医疗代表团应邀赴波兰格鲁琼兹市开展医疗技术交流。图为代表团参观格鲁琼兹医院设备

6 月 29 日，南宁市代表团应邀参加马来西亚霹雳州怡保市成立 25 周年庆典暨国际侍应竞跑、国际烹饪展示、水果雕刻比赛等活动，广西沃顿国际大酒店热带水果雕刻《花开富贵》获冠军。图为霹雳州行政议员兼旅游委员会主席诺丽女士，怡宝市市长、拿督罗西迪先生，怡宝市副市长、拿督哈欣先生与南宁市代表团成员合影

12 月 7 日，2013"万科杯"南宁国际半程马拉松比赛暨第 31 届南宁解放日长跑活动举行

9月3日，中共中央政治局常委、国务院总理李克强出席开幕式并发表主旨演讲

2013年9月3日至6日，第十届中国—东盟博览会在南宁举行。3日，第十届中国—东盟博览会暨中国—东盟商务与投资峰会开幕大会（博览会和商务投资峰会举办10年来首次合并开幕）在南宁国际会展中心举行。中共中央政治局常委、中国国务院总理李克强，缅甸总统吴登盛，柬埔寨首相洪森，老挝总理通邢，泰国总理英拉，越南总理阮晋勇，新加坡副总理张志贤，泰国副总理兼处长素拉蓬·多威差猜恭，泰国副总理兼商务部部长尼瓦塔隆·汶顺派汕，老挝党中央书记处书记苏甘·马哈腊，中共中央书记处书记、国务委员兼国务院秘书长杨晶，中国全国政协副主席、科技部部长万钢，柬埔寨国务兼商业大臣占蒲拉西等13位中国和东盟国家领导人，280名部长级贵宾，以及金融机构负责人、商协会会长，国际组织负责人，全球著名企业家、区域经济研究专家，中国各省（自治区、市）代表团与参展参会客商代表，广西壮族自治区有关领导等1000多人参加开幕大会。大会由广西壮族自治区主席陈武主持。李克强总理发表题为《推动中国—东盟长期友好互利合作战略伙伴关系迈上新台阶》主旨演讲。博览会主题为“展示辉煌、创新发展”。菲律宾为主题国。“魅力之城”分别是：中国南宁市、文莱斯里巴加湾、柬埔寨磅同省、印度尼西亚日惹特别区、老挝万象、马来西亚怡保、缅甸皎漂、菲律宾伊莎贝拉省、新加坡的新加坡城、泰国呔叻府、越南平定省。总展位4600个，其中东盟国家和区域外国家使用展位1331个，印度尼西亚、老挝、马来西亚、缅甸、泰国、越南6个国家包馆。参展企业2361家，参展参会客商5.50万人。中外采购（投引资）团组近120个，境外团组人数增长9.96%，中国内地有37个省（自治区、市）组团参会。期间，商品贸易成交额19.10亿美元；签约国际合作项目投资额90.56亿美元，签约国内合作项目投资额900.79亿元。

9月3日，第十届中国—东盟博览会暨中国—东盟商务与投资峰会开幕大会在南宁国际会展中心举行

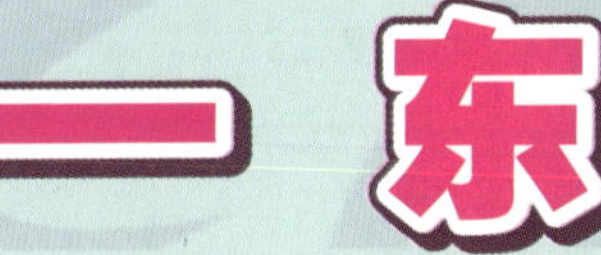

—东盟博览会

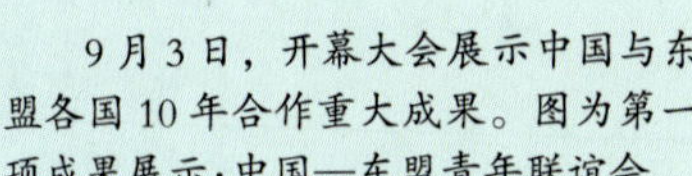

9月3日，开幕大会展示中国与东盟各国10年合作重大成果。图为第一项成果展示：中国—东盟青年联谊会

第二项成果展示：中国—东盟技术转移中心

第三项成果展示：中国—东盟港口城市合作网络

第四项成果展示：中国—东盟企业家联合会

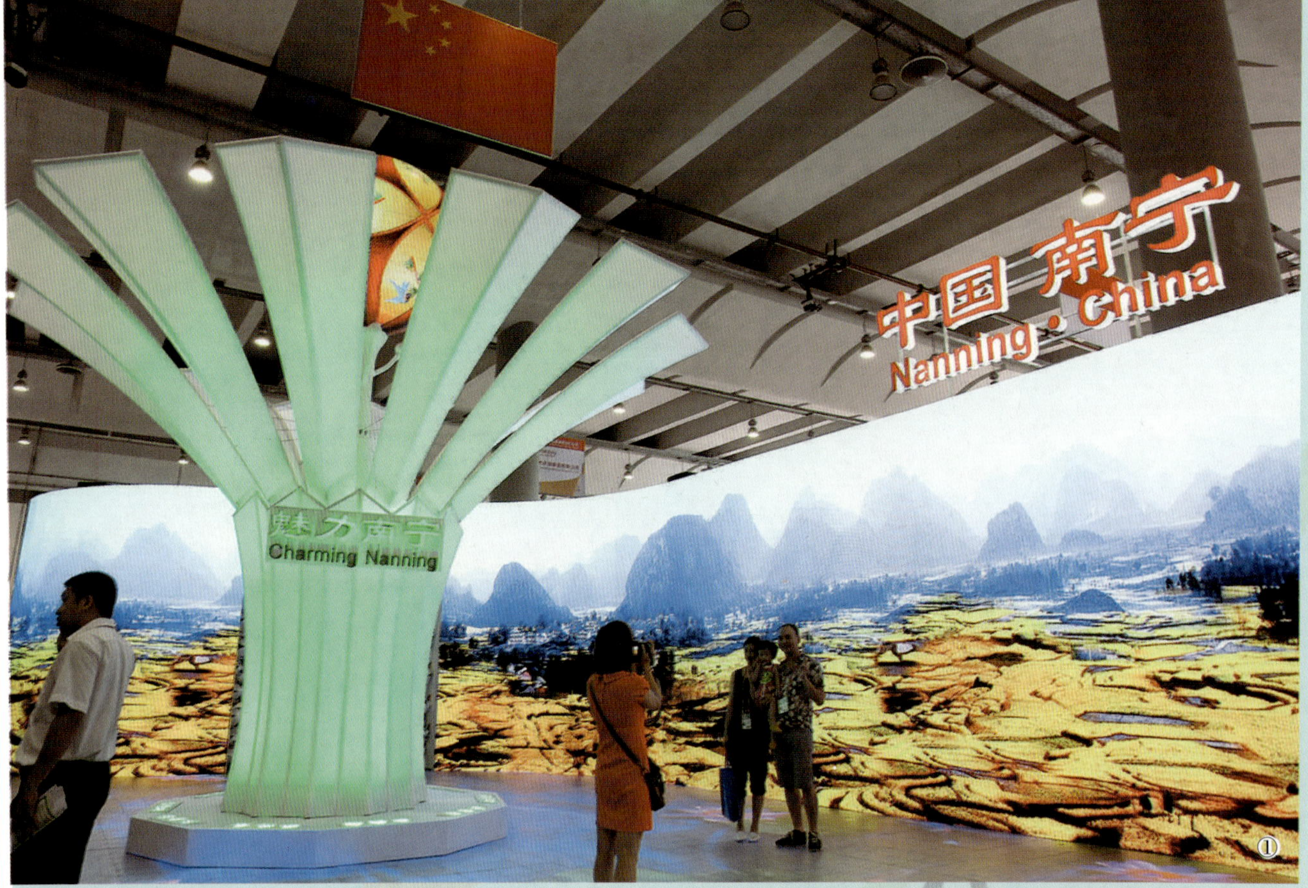
中国南宁
Nanning · China
魅力南宁
Charming Nanning
①

BRUNEI DARUSSALAM
②

CAMBODIA
③

trade with remarkable indonesia
ASEAN Brands Galleria
PT DUA KELINCI
HELMIGS
④

JAPAN
⑤

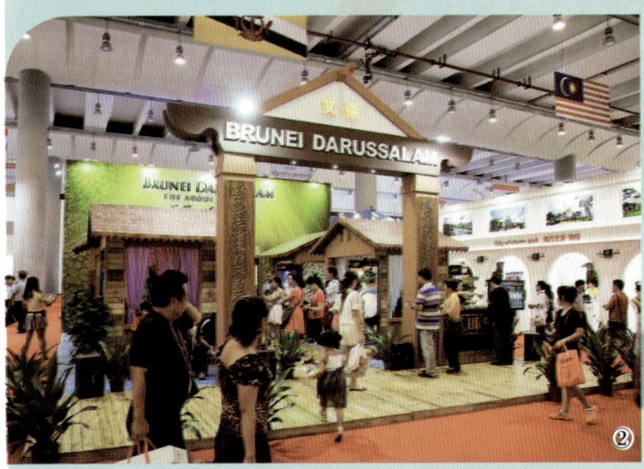

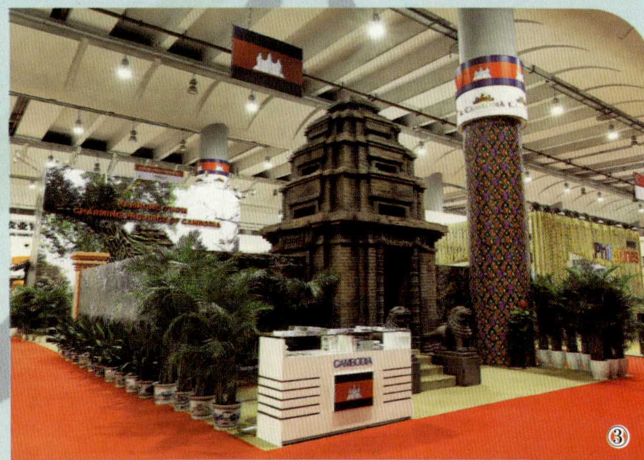

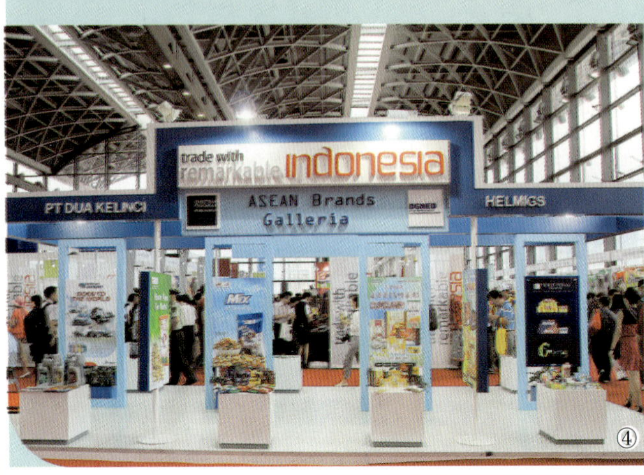

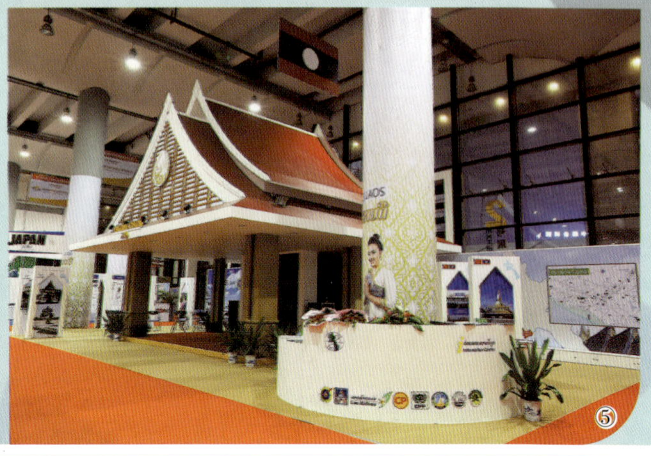

⑥

⑦

⑧

⑩

⑨

"魅力之城"专题展馆：

①中国南宁市
②文莱斯里巴加湾
③柬埔寨磅同省
④印度尼西亚日惹特别区
⑤老挝万象
⑥马来西亚怡保
⑦缅甸皎漂
⑧菲律宾伊莎贝拉省
⑨新加坡
⑩泰国呔叻府
⑪越南平定省

⑪

9月3日，第十届中国—东盟博览会农业展开展仪式在广西展览馆举行

9月4日，第10届中国—东盟博览会轻工展开展仪式在南宁华南城举行

9月4日，第十届中国—东盟博览会签约仪式在南宁鑫伟万豪酒店举行

8月15日，中国—东盟博览会特种邮票首发仪式举行

9月1日，中国—东盟博览会10周年熊猫加字金银纪念币发行仪式举行

9月4日，第十届中国—东盟博览会10周年回顾纪念活动在南宁电视台演播厅举行

CABIS

第十届中国—东盟

2013年9月 3 日至5日，第十届中国—东盟商务与投资峰会在南宁举行。主题为“推进互联互通深化行业合作”。3日，第十届中国—东盟商务与投资峰会、第十届中国—东盟博览会开幕大会在南宁国际会展中心朱槿花厅举行。峰会开幕前和举办期间，先后举办 2013(第四届)中国—东盟矿业合作论坛暨推介展示会、中国—东盟建立战略合作伙伴关系 10 周年经贸合作对话会、菲律宾共和国高层领导与中国企业 CEO 圆桌对话会、中国—菲律宾商务论坛、第二次中国—菲律宾商务理事会会议、项目对接会、中国—东盟港口城市合作网络论坛、商务早餐会、中国—东盟商会领袖论坛等重要活动。

9月3日，菲律宾共和国高层领导与中国企业 CEO 圆桌对话会在广西人民会堂举行

9月3日，中国—东盟技术转移与创新合作大会在广西沃顿国际大酒店举行

商务与投资峰会

9月3日，中国—东盟港口城市合作网络论坛在南宁明园新都酒店举行

9月4日，中国—东盟商会领袖论坛在广西沃顿国际大酒店举行

9月5日，北斗卫星导航产业国际合作与投资论坛在南宁国际会展中心举行

南宁国际

2013年9月3日晚，“大地飞歌·2013”第十五届南宁国际民歌艺术节暨第十届中国—东盟博览会开幕晚会在广西体育中心举行。晚会主题为“唱响中国梦、东盟十周年、飞歌十五载、魅力新南宁”，《大地飞歌壮乡情》《一江春水，连云贵湘粤》《半挂云帆，达港澳东盟》《中国民歌世界风》4个歌圩贯穿整场晚会，民歌比重占90%。9月4日至5日，举办“绿城歌台”广场文化活动。

李清影、韦誉、蒙鹂君、潘傲峰演唱《大地飞歌》

民歌艺术节

汪小敏演唱《在那遥远的地方》

壮族歌舞剧《百鸟衣》

艾菲演唱《青春舞曲》

外国歌谣《友谊之河》

Soler 组合演唱《歌声闪亮》

9月4日至5日，2013年南宁国际民歌艺术节“绿城歌台”广场文化活动在南宁市举办，市区和各县设置歌台8个，匈牙利、越南等10个国家的近100名艺术家到各歌台演出。图为市民族广场的中心歌台现场

平安演唱《每个人都有一个中国梦》

筹备世界体操锦标赛

2011 年 11 月，南宁市获第四十五届世界体操锦标赛承办权，赛事将于 2014 年 10 月 3 日至 12 日在广西体育中心体育馆举行。南宁市举全市之力筹备赛事，加强场馆建设、志愿者培训、赛事服务、食品药品与医疗卫生保障等工作。2012 年 2 月，成立南宁市第四十五届世界体操锦标赛筹备委员会。2013 年 2 月，第四十五届世界体操锦标赛赛事组委会。10 月 3 日，南宁市举办“第四十五届世界体操锦标赛倒计时一周年启动仪式”。2014 年 9 月，世锦赛筹备工作进入尾声，场馆建设基本完成，比赛场馆、训练场馆、检录室、办公区域、媒体工作区以及观众席等主要设施能够投入使用，实现城市建设大提速、城市管理大进步、城市环境大改善、城市形象大提升。南宁市将以一流的城市环境、一流的服务质量欢迎八方来宾。

2013 年 10 月 3 日，南宁市在南湖名树博览园广场举办“第四十五届世界体操锦标赛倒计时一周年启动仪式”

2014 年 3 月 6 日，国际体操联合会副秘书长尼古拉斯·布尔潘尼（Nicolas Buompane）（前右一）一行到南宁市考察比赛场地、媒体中心、运动员训练馆、接待宾馆等情况

中国著名男子体操运动员、体操奥运冠军、“体操王子”李宁（右一）担任第四十五届世界体操锦标赛形象大使

2014 年 5 月，全国体操锦标赛暨第四十五届世界体操锦标赛测试赛在南宁举行

2014 年 7 月，南宁市“冲刺 100 天服务世锦赛——文明提升我在行动”主题活动启动

2014 年 6 月，第四十五届世界体操世锦赛综合训练馆提前竣工。图为工人正在清洗综合训练馆外墙

美丽南宁·清洁乡村

5月2日，南宁市"美丽南宁·清洁乡村"第一个统一行动日活动在兴宁区三塘镇蒙村坡举行

5月21日，武鸣县举行"美丽武鸣·清洁乡村"活动派驻工作队启动仪式暨"美丽武鸣·千村万人大清洁"活动。图为派驻工作队队员接受授旗

7月，隆安县举行"万名干部回乡行"活动，掀起全民参与清洁乡村的热潮。图为干部职工在那桐镇下邓村清理渠道

南宁市开展“清洁家园、清洁水源、清洁田园”综合整治大行动，乡村面貌大为改观。图为吴圩镇新农村一瞥

南宁市“清洁水源”示范点——马山县古零镇乔老村乔老河

上林县西燕镇田园一瞥

美丽南宁·整洁畅通有序大行动

6月9日，南宁市城乡清洁基金捐赠仪式晚会举行

2013年，南宁市根据自治区党委、政府关于开展“美丽广西·清洁乡村”活动的决策部署，全力推进美丽南宁建设。5月6日，市委、市政府出台《“美丽南宁·清洁乡村”活动实施方案》。6月20日，市委、市政府出台《“美丽南宁·整洁畅通有序大行动”实施方案》，决定从2013年6月至2014年12月，在六个城区和高新区、经开区、青秀山风景旅游区开展“整洁畅通有序大行动”，实施市容环境整治工程、交通畅通工程、文明有序提升工程，实现“100天新变化”“200天新提升”“500天新形象”三个阶段性目标。

6月21日，南宁市教育系统开展“整洁畅通有序大行动”誓师大会暨“美丽南宁·清洁校园”主题活动日活动

8月15日，南宁市启动电动自行车上牌，推进电动自行车规范化管理。图为第一个领取电动自行车牌照的市民与交警合影

9月，南宁市完成重要活动场所周边及主要道路的8000个新型果皮箱置换安装

道路交通
更加畅通便捷

的士司机公开承诺自觉遵守规则
树立南宁的士良好形象

马路乱象专项整治

12月，公租自行车亮相市区主要街道

疏堵结合：人行道上自行车、两轮电动车和摩托车停放划线

南宁市重点项目建设办公室（南宁市铁路建设办公室）

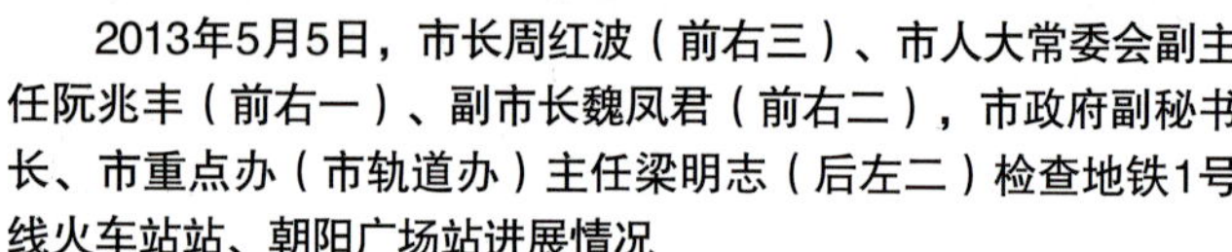

2013年5月5日，市长周红波（前右三）、市人大常委会副主任阮兆丰（前右一）、副市长魏凤君（前右二），市政府副秘书长、市重点办（市轨道办）主任梁明志（后左二）检查地铁1号线火车站站、朝阳广场站进展情况

2013年1月29日，市重点办领导班子成员研究部署年度工作

南宁市重点项目建设办公室是2012年8月撤销南宁市固定资产投资工作办公室后组建的机构，挂靠市政府办公厅,与市铁路建设办公室实行“一个机构,两块牌子”,主要负责全市铁路、轨道交通及市政基础设施等重点项目建设的协调推进工作。下设南宁市城市轨道交通建设服务中心。南宁市城市轨道交通建设指挥部办公室设在南宁市重点项目建设办公室(南宁市铁路建设办公室)。

2013年，市重点办围绕加快推进全市重点项目建设这个中心，以解决项目建设中的重点、难点和热点问题为着力点，解放思想，大胆创新，克难攻坚，真抓实干，为提升南宁在自治区经济社会发展中的首位度作出贡献。组织召开各类协调会390次，协调解决各类问题1710多个；开展联合督查24次，组织专项督查98次；组织起草《南宁市人民政府关于加强拆迁安置房建设管理工作的实施意见》等政策制度12项；牵头完成2013年铁路建设13.78亿元地方配套资金的筹措等工作。被评为2012年度南宁市机关绩效考评优秀单位、2012年度广西铁路建设“铁建杯”创先争优劳动竞赛先进集体。

推进“工作思路、协调机制、协调方法、管理手段、工作平台、督查方式”等六个创新，实现“六个突破”，即：

——城建项目建设取得历史性突破。城建计划建设项目完成投资

2013年1月20日晚，副市长、市重点办党组书记魏凤君（左七），市政府副秘书长、市重点办主任梁明志（左五）出席2012年重点项目巡礼暨“喜看南宁新变化”迎春晚会

2014年2月14日，副市长、市重点办党组书记魏凤君（左一），市政府副秘书长、市重点办主任梁明志（左二）检查南宁东站片区基础设施建设

2013年3月21日，市政府副秘书长、市重点办主任梁明志（左一）率队检查白沙—壮锦立交桥建设

2013年6月19日，市政府副秘书长、市重点办主任梁明志（前左三）主持召开民主路铁路框架桥改造工程问题现场协调会

220.90亿元，比上年增长16.44%，提高12.93个百分点，创历史新高。

——自治区、市级层面统筹推进重大项目投资取得新突破。自治区、市级层面统筹推进重大项目建设完成投资743.48亿元。其中59项自治区层面推进重大项目完成141.27亿元；市级层面统筹推进500项重大项目完成602.21亿元。

——高铁项目开通运营实现零的突破。开通运营方面，途径南宁市的柳南、南黎、南广、南钦4个高铁项目，开通里程306.27千米（南宁辖区内），其中柳南、南钦铁路开通运营177.23千米，实现南宁市高铁开通运营的零突破。项目投资方面，铁路项目完成投资104.89亿元。

——轨道交通项目完成投资取得新突破。列入城建计划的4项轨道交通及其配套项目完成投资37.94亿元，增长266.77%。12月31日，2号线工程开工建设。

——服务“两会一节”项目建设取得新突破。白沙大道3座立交桥8月底实现主线通车；青秀路扩建工程、佛子岭路改扩建工程、民主园湖铁道立交、金湖广场下穿隧道工程等建成通车；按期完成南宁市精品线路绿化美化彩化提升工程，完成城市道路“白改黑”工程224条。

——项目建设遗留问题解决取得新突破。经努力攻坚，历时9年备受关注的凌铁大桥、民主铁路立交桥建成通车；市民广泛关注、历时8年、全长4.30千米的长堽路年底建成通车；历时6年、2次停工的市二中凤岭校区体育馆复工建设并基本建成等。

2013年12月3日，南宁地铁1号线第一台盾构机在南湖站始发

高速列车驶过市里桥群

南宁市国土资源局

2013年7月8日，党组书记、局长谭玫瑰（右二）到隆安县调研

2013年10月23日，党组书记、局长赵志萍（左一）在项目规划图前向自治区国土资源厅厅长肖建刚（中）介绍项目推进情况

2013年10月28日，党组书记、局长赵志萍（左三）到南宁经济技术开发区调研

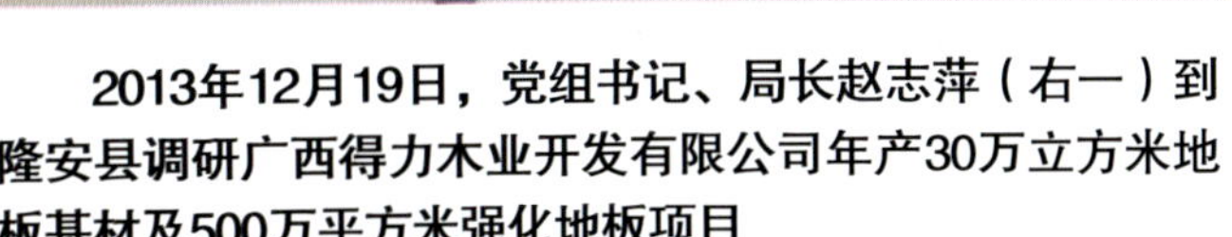

2013年12月19日，党组书记、局长赵志萍（右一）到隆安县调研广西得力木业开发有限公司年产30万立方米地板基材及500万平方米强化地板项目

2013年12月26日，党组书记、局长赵志萍（中）在市国土资源局公开大接访现场倾听信访人诉求

2013年，南宁市国土资源系统以党的十八大精神为指导，坚持科学发展观的发展理念，深入贯彻落实市委、市政府重大决策部署，围绕全市经济社会发展大局和自治区国土资源系统主要目标任务，深入实施“双保工程”，推进“四大建设”，做好“五篇文章”，实施“七个工程”，为全市经济社会发展提供有力的国土资源保障。

争取和落实新增建设用地指标2847.31公顷，完成市土地利用总体规划中期评估报告，启动一批重大项目土地利用规划修编工作，解决急需项目的用地需求。盘活存量土地2305.18公顷。用好用足“只征不转”“区位调整”等政策，节省用地指标64.77公顷。开展城乡建设用地增减挂钩试点工作，申请周转指标206.14公顷。推进青秀区低丘缓坡荒滩等未利用地综合开发利用、武鸣县小微企业创业基地标准厂房建设用地试点工作，分别新增建设用地指标28.28公顷、12.87公顷。审查上报218个批次（单独选址），项目建设用地5222.51公顷，获批105个批次（项目），项目建设用地3403.23公顷；完成征地面积3666.62公顷，拆迁面积488.40万平方米，比上年增长127.96%；完成筹措储备资金67.44亿元，增长102.89%。

完成自治区下达市的耕地保有量任务数和基本农田保护面积任务量，落实耕地占补平衡制度，调拨121个批次用地耕地占补指标1511.14公顷。完成23个土地整治项目工程的建设任务。在2012年度耕地保护责任目标履行情况考核中，南宁市耕地保护成效被评为“优秀”。收取矿产资源补偿费810.18万元。推行“审管分离”制度改革，行政审批效率整体提速58%，获自治区国土资源厅表扬和推广。委托开发区、国土分局行使部分行政审批权，做到能放尽放，实现重心下移，提高工作效率，方便办事群众。

2013年12月26日，市人大常委会主任谢寿堂（右二）在市国土资源局调研

2013年12月27日，党组书记、局长赵志萍（右九）与市纪委、市检察院领导在市国土资源局观看现代廉政警示话剧《金钱草》后，与演员合影

南宁市大王滩水库管理处

2013年5月18日，市长周红波（右二）检查大王滩水库防汛及综合整治

2013年12月17日，副市长肖志钢（前左四）现场指挥大王滩水库环境综合整治启动行动

大王滩水库位于广西首府南宁市南郊，距南宁市中心28千米，地处广西南宁市良庆区境内，属珠江流域西江水系八尺江中游，是以防洪、灌溉为主，兼发电、旅游、供水等多功能的大（Ⅱ）型水利枢纽工程。总库容6.38亿立方米,正常水位104.40米，蓄水面积38平方千米。

2013年，市大王滩水库管理处稳步推进水库整治开发建设。一是进一步巩固水库水面综合整治成果。在全面完成水库水面养鱼网箱、旅游竹排、灯光诱捕等7个整治项目的基础上，增加3艘执法船，增强水政监察力量，加强3个水资源保护管理站的网格化管理，参与《南宁市水库管理条例》研究制定。开展大王滩水库环境综合整治，将整治范围扩大到水库迎水面的库岸范围。管理处会同相关单位开展水面垃圾、库区船舶、库区违法违规捕鱼、岸上养殖、库叉拦坝、库区旅游休闲项目、入库污染源、农业种植面源污染、水源林改造恢复等9个整治改造项目。二是按照“绿满南宁”工作部署，开展大王滩湿地公园建设和国家湿地公园申报工作。投资约650万元，完成大王滩湿地公园一期工程项目，园区草木繁多、苗木茁壮，水库水面干净清澈。年内向国家林业局递交大王滩国家湿地公园申报材料，并通过国家林业局考察评估组的评审。三是水库平稳安全运行。制定实施防汛预案，落实防汛值班制度，举办防汛培训和演习，加强防汛检查，水库平稳度过汛期，工农业放水累计输出水量4225万立方米，完成大王滩主坝内坡及溢洪道下游护坡维修等一批水利建设项目的申报和实施工作。四是实施“美丽南宁·清洁乡村”大王滩行动。全面清理库岸大坝、办公区、生活区、旅游景区、水库水面等区域，环境卫生实行物业化管理，库区干净整洁靓丽。

2013年11月8日，国家林业局考察评估专家组考察大王滩湿地公园

2013年11月25日，大王滩水库管理处举办防汛演习

2013年5月20日，开展“美丽南宁·清洁乡村”大王滩行动

2013年5月16日，开展水面巡查监控

2013年12月17日，爆破拆除违规库叉拦坝

2013年12月17日，依法拆除违规岸上养殖项目

大王滩湿地公园一角

南宁市总工会 NANNINGSHI ZONGGONGHUI

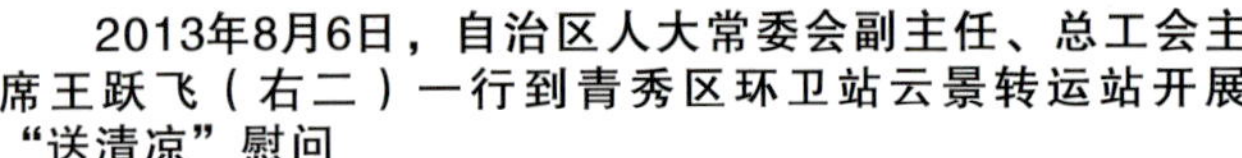

2013年8月6日，自治区人大常委会副主任、总工会主席王跃飞（右二）一行到青秀区环卫站云景转运站开展“送清凉”慰问

2013年10月28日，市总工会传达学习中国工会十六大精神会议在六楼会议室召开，全市各级工会、市总机关及直属事业单位干部职工近百人参加，市政协副主席、总工会主席梁峰林主持传达学习会

南宁市总工会辖县（区）、开发区总工会13个，工会工作委员会4个，驻会产业工会2个，乡镇、街道总工会33个，乡镇、街道工会工作委员会92个，基层工会涵盖法人单位2.20万个，工会会员120万人。2013年市总工会以开展“面对面、心贴心、实打实服务职工在基层”活动为主线，围绕中心，服务大局，扎实推进各项工作，在推动“两个普遍”，深入基层服务职工，维护职工合法权益，构建和谐劳动关系，开展劳动竞赛，弘扬劳模精神，推进职工帮扶服务中心体系建设，保持职工队伍稳定，实施创业就业技能培训，提升职工队伍整体素质，推进企业文化和职工文化建设，经费收缴和资产管理，加强工会自身建设等方面取得新的成效。全面超额完成市委和自治区总工会下达的各项工作任务，进一步推动工会工作创新发展，获2013年度自治区工会工作先进单位一等奖。

加强职工思想政治工作、创新职工文化服务。市总工会以推进社会主义核心价值体系为主线，开展“寻找最美劳动者”主题宣传活动，评选表彰宾阳县陈平镇陈平社区清洁工龚旭忠、市第四人民医院感染病科护士长杜丽群等10名“最美劳动者”。以“中国梦·劳动美”主题宣传活动为载体，开展文化进广场、进社区、进工地活动，为困难企业和农民工送演出、送电影862场次，送图书10万多册。组织基层工会职工观看电影《咱们的工会主席》，加深社会对工会工作的认识，宣传工会工作者的艰辛和奉献服务精神。承办

2013年4月27日，“中国梦·劳动创造伟大”庆祝“五一”国际劳动节文艺晚会在民歌湖广场举行。图为晚会集体合影

2013年4月10日，南宁市基层工会会计核算服务中心正式成立。图为自治区总工会副主席陈湘文（右三），市政协副主席、总工会主席梁峰林（右二）揭牌

2013年12月13日，2013年南宁市职工职业技能大赛表彰会召开。市人力资源和社会保障局局长梁平江(左三）讲话，市总工会党组书记、常务副主席伦建（右三）代表组委会作总结

2013年7月24日，市总工会在自治区总工会干部学校举办工会系统学习贯彻党的十八大精神理论培训班。图为开班典礼

2013年11月26日，市总工会分别在南宁职业技术学院、富士康科技集团南宁科技园沙井园区举办劳模事迹报告会，市总工会副主席李浓光到会指导

“文化盛宴惠职工周周演”活动，上演《刘三姐》《刘胡兰》《百鸟衣》《七子吟》《永远的雷锋》等10多台经典戏剧，观众超过2万人次。通过“道德讲堂”，宣传劳模事迹，深化职工社会公德、职业道德、家庭美德、个人品德教育，全市600多个基层工会开设“道德讲堂”，参加职工70万人次。市职工文体协会大力培育职工文体活动阵地，广泛开展区域性职工文化体育活动，会员单位发展至328个，会员超过10万名。推动企业文化建设，在南宁百货大楼股份有限公司等单位创建企业文化示范点，用企业文化推动企业发展、提高企业职工吸引力、凝聚力。

3月12日，市委副书记李泽出席市总工会第十七届委员会第六次全体（扩大）会议并作讲话，对市总工会的工作成绩给予高度评价和充分肯定。他指出，全市各级工会团结动员广大职工为南宁市经济持续健康发展建功立业，充分展示工人阶级的时代风采和精神风貌，为推动经济发展和社会和谐稳定作出突出贡献。他要求并号召全市各级工会组织和广大工会干部们要认真贯彻学习党的十八大精神，紧紧围绕市委、市政府工作大局，以更加昂扬的斗志、振奋的精神、务实的作风，开拓进取，阔步前进，不断开创工会工作新局面，团结动员全市广大职工为加快构建区域性国际城市和广西“首善之区”，在自治区率先全面建成小康社会而努力奋斗!

2013年8月20日，市总工会“金秋助学”“特困职工日常生活救助”活动仪式在帮扶中心服务大厅举行

2013年3月2日，市总工会组织开展学雷锋志愿服务活动。图为职工志愿者合影

南宁市公安局交警支队

自治区党委书记、自治区人大常委会主任彭清华（前左一）到市交警支队指挥中心视察指导

自治区主席陈武（前左一）给获奖民警颁发荣誉证书

自治区党委常委、市委书记余远辉（前右二）到交警支队慰问

自治区副主席、自治区公安厅厅长高雄（前）参加“全国交通安全日”主题宣传活动

2013年，南宁市公安局交警支队深入开展“美丽南宁·整洁畅通有序大行动”，强力推进实施城市交通“畅通工程”，抓好道路交通安全管理，营造良好的道路交通环境。年内，在市辖六城区和高新区、经开区启动电动自行车注册登记，完成第十届中国—东盟博览会、中国—东盟商务与投资峰会和2013年南宁国际民歌艺术节交通安保任务，打造路面见警率、管事率和秩序率“三位一体”的交通勤务机制，创新推出“966122南宁车管家”便民直通窗服务，公安交通管理各项工作取得新进步。至年末，全市机动车保有量156.33万辆,其中汽车77.55万辆，摩托车78.36万辆，持证机动车驾驶人145.53万人；发生立案道路交通事故725起，死亡373人，受伤814人，直接财产损失452万元。

深入推进执法规范化和队伍正规化建设，组织开展交通协管员大轮训和纪律作风整顿活动，开展首府“十大最美交警”评选，树立“航标哥”示范典型，塑造邕城交警“立警为公 执法为民”的良好形象。获自治区政府记集体一等功，连续六年被评为自治区公安交通管理目标考评第一名。

市长周红波（前左一）到交警支队视察指导

南宁市副市长、市公安局局长胡明朗（前左二）到交警支队视察指导

自治区公安厅交警总队政委李幸（右二）到南宁车管所视察指导

南宁市公安局党委副书记、交警支队长李小龙（右一）、政委李艳阳（左一）到路面一线检查督导

交警支队部署开展“美丽南宁·整洁畅通有序大行动”

第十届中国—东盟博览会交通安保现场

2013年11月5日，韦敏宏任党委书记、董事长。图为市委组织部常务副部长赵红明宣读市委任免决定

邕江综合整治和开发利用示范段工程雕塑喷泉广场

南宁建宁水务投资集团有限责任公司

2013年11月5日，市委任命韦敏宏为建宁水务集团党委书记、董事长，梁侠津担任该集团党委副书记、总经理。市国资委根据市委、市政府的统一部署，将南宁市房产业开发总公司划转到建宁水务集团。

2013年，建宁水务集团推进重点项目建设以及水务主业和水务相关产业的生产经营等工作，取得较好成效，获全国“安康杯”竞赛优胜单位、广西优秀企业等称号。至年末，企业资产总额124.47亿元，净资产32.68亿元。

水邕项目建设方面，自治区统筹推进重大项目江北引水干渠工程实现开工建设。市服务“两会一节”重点项目邕江综合整治和开发利用示范段工程、南湖-竹排江景观提升工程、竹排江桂春路蓄水闸-邕江出水口段工程、明月湖欧洲风情小镇工程按时间节点要求完成建设任务。市重点督查项目沙江河环境综合整治工程、竹排江茶花园桥-茅桥湖段工程、竹排江补水工程等加快建设。自治区统筹推进重大项目平里静脉产业园生活垃圾填埋场工程、垃圾转运站工程进行前期工作。

供水项目建设方面，河南水厂改扩建一期工程已开工建设。陈村水厂二期扩建工程源水管工程进行施工招标。长湖路加压站于6月底完工并投入试运行。五象供水加压站工程、平乐供水加压站等供水加压站工程、天雹-陈村应急水源管道工程进行前期工作。配合市区道路完成高新八路、科园东十三路等

三塘污水处理厂

明月湖欧洲风情小镇

6条供水管敷设工作。

污水项目建设方面，三塘污水处理厂一期工程基本完成主体施工。江北片高新片区污水管网工程重力流的6条污水管工程开工。罗赖污水提升泵站开工。江北片大学路明秀路污水干管工程完成关键线路大学西路等污水干管施工。江南流域亭江路污水干管（含五象污水泵站）完善工程金象大道污水管工程开工建设。五象新区道路配套污水管网工程与道路同步实施，具备工作面的道路污水管均开工建设。

商业物业建设方面，灵秀大厦进行护壁桩施工，埌东污水处理厂三期配套用房工程完成桩基、基础梁混凝土浇筑、基坑回填施工及白蚁防治。

西郊水厂新建的过滤池

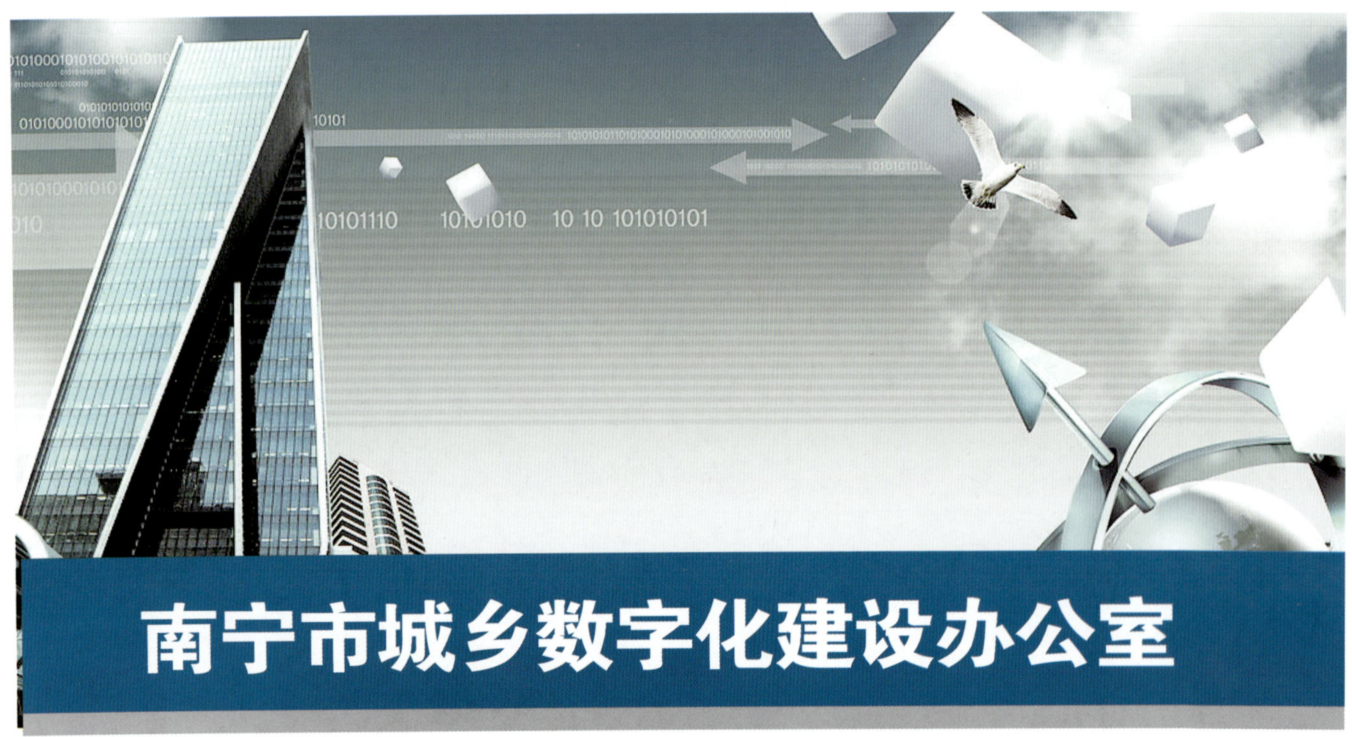

南宁市城乡数字化建设办公室

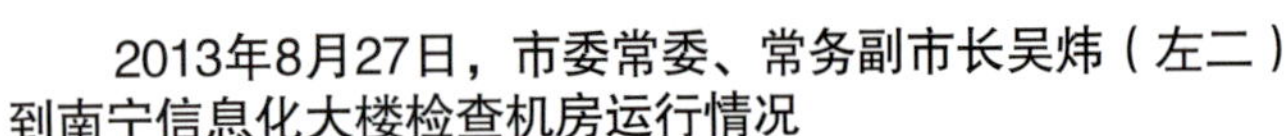

2013年8月27日，市委常委、常务副市长吴炜（左二）到南宁信息化大楼检查机房运行情况

2013年8月27日，市委常委、常务副市长吴炜（右一）到广西体育中心检查“两会一节”通信保障准备情况

2013年，南宁市城乡数字化建设办公室围绕开展“美丽南宁·整洁畅通有序大行动”“美丽南宁·清洁乡村”活动要求，建设“智慧南宁”，落实政府主要目标任务和“六个一”工作，打造面向东盟的区域性信息交流中心，实现南宁市信息化建设首位度大提升。市政府门户网站中文和英文版年度绩效分别获西部11个省、自治区、市省会（首府）第四名和第一名。

“智慧南宁”建设进入快车道。南宁市获国家第二批智慧城市试点称号，开展信息惠民试点、信息消费试点申报。完成智慧城市规划和《建设“智慧南宁”决定》等配套政策文件制定，住房信息系统、社区医疗、智能交通、肉类蔬菜追溯等智慧应用建设加快。

区域性信息交流中心工程持续推进。建成中国—东盟国际信息服务展示中心（一期），提升面向东盟信息服务能力。

信息化服务“美丽南宁”建设成效显著。乡村通信基础设施建设加快，乡村手机信号覆盖率99%，完成五象新区仿真移动基站试点建设，数字城管、政务地理信息平台在“美丽南宁”建设中发挥重要作用。

城市通信保障应急能力进一步提升。加快推进第45届世界体操锦标赛通信保障筹备工作，完成“两会一节”、广西园林园艺博览会、第二届中越青年大联欢等重大活动通信保障服务。

“智慧政务”促进政府职能转变。完成县（区）绩效综合管理信息平台试点、政府办公自动化升级、政府门户网站升级改版，启动政府视频会议系统建设，推动法治政府和服务型政府建设。

信息安全实现规范化管理。信息安全管理纳入政府绩效考核，完成政府门户网站三级等级保护一期建设，加强政府信息系统和政府网站安全建设和监管，确保全市网站、网络环境安全。

信息化服务社会主义民主建设。推进人大互动服务信息平台、办公自动化系统建设，加快南宁市政协数字化平台

2013年10月18日，《“智慧南宁”总体规划》评审会在南宁举行

2013年5月31日，南宁市网络与信息安全防护培训班举行

建设，提升人大、政协信息化水平。

信息惠民成为信息化发展持续动力。市民卡工程建设加快，实现首批市民卡发放；建成智慧南宁综合信息门户平台，拓展无线城市平台信息服务功能，国际通信出入口建设加快。

社区、农村信息化加强。“智慧社区”建设规划完成，启动“智慧社区”试点建设；农民工服务平台、农村基础数据库等涉农信息化建设加快，实现城乡信息化统筹发展。

信息化新技术进一步推广应用。电子商务示范城市建设加快，信息消费试点城市创建加快推进，推动电子商务、信息消费、信息服务业稳步发展。

2013年6月21日，市数字化办组织干部职工到青秀区澳华社区开展“美丽南宁”清洁活动

2013年12月20日，南宁市民卡首发

中共南宁市直属机关工委

ZHONGGONGNANNINGSHIZHISHUJIGUANGONGWEI

2013年10月28日，第二十五届全国城市机关党建工作经验交流会在市委市政府会议中心举行。图为自治区党委常委、市委书记余远辉致开幕辞

2013年3月25日，市委常委、秘书长、市直机关工委书记杨维超（左二）到市国税局机关党委调研

2013年，中共南宁市直属机关工委直接管辖机关党组织103个，间接管辖党组织847个，党员1.72万名。在市委的正确领导下，市直机关工委坚持以宣传学习党的十八大和十八届三中全会精神为统领，以加强党的执政能力、先进性和纯洁性建设为主线，以建设学习型、服务型、创新型机关党组织为目标，以创建先锋示范城工作为引领，扎实履行“服务中心、建设队伍”使命，大力加强机关党的各项建设，不断提高机关党建工作科学化水平，为南宁市在自治区率先全面建成小康社会、加快实现首府现代化建设新跨越提供坚强的思想和组织保证。

以学习宣传贯彻党的十八大和十八届三中全会精神为主线，着力统一思想、凝心聚力。举办“市直机关‘学习十八大精神培训班’”“市直机关‘学习党的十八届三中全会’精神培训班”，开展“党章集中学习月”活动，市直机关学习宣传十八大精神形成热潮。扎实推进机关理论学习，实施素质提升工程，开展大规模党员培训活动，精心组织领导干部时代前沿知识讲座，为各级领导搭建学习平台。

以加强基层组织建设为根本，着力抓好基层、打牢基础。建立机关党建分类指导工作机制，对市直机关基层党组织进行分析排查、分类定级，分类指导，实现机关党组织建设全面晋位升级。扎实推进创建先锋示范城工作，打造机关党建品牌，市直机关获市委命名表彰先锋示范岗260个、先锋示范点2个、先锋示范单位15个、先锋示范队伍5支、先锋示范品牌1个。围绕市委、市政府“四大建设”“新旧绿水通”五篇文章和“美丽南宁·整洁畅通有序大行动”等中心工作，设计党建活动主题，开展“十大先锋行”“四走四

2013年6月15日，市直机关“先锋绿城·美丽南宁”暨党员奉献日主题实践活动启动仪式在新竹社区举行

2013年10月28日，第二十五届全国城市机关党建工作经验交流会在市委、市政府会议中心举行

2013年7月11日，南宁市领导干部时代前沿知识讲座在市委、市政府会议中心举行，中央党校政法教研部法学教授傅思明作题为“加快建设社会主义法治国家”的专题报告

2013年6月21日，市直机关“学习型、服务型、创新型”党组织建设推进会在南宁日报社新闻发布厅举行

2013年9月23日，市直机关“千个支部大结对，万名党员大服务”工作部署会在南宁日报社新闻发布厅举行

促四满意”“千个支部大结对，万名党员大服务”“机关党员服务园博会”等活动，引导机关各党组织和广大党员“围绕中心，服务大局”。年内，市直机关参加重大工程项目建设和整洁畅通有序大行动党员5万多人次。

以保持党的先进性纯洁性为目标，着力抓好反腐倡廉工作。开展“学党章、守纪律、转作风”主题教育活动，建立机关廉政责任制和联席会议制度。认真贯彻落实中央、自治区党委、市委有关转变作风，密切联系群众八项规定，厉行节约，规范工作程序，改进文风会风，提高服务能力。

开展丰富多彩机关文体活动，举办“市直机关迎新春游园活动”、市直机关第十三届“寻爱之旅”单身职工联谊活动、市直机关“民族团结”健身运动会、巾帼风采文明礼仪大赛等活动，丰富机关干部职工业余文化生活，拓展机关党建内涵。

协助组织第二十五届全国城市机关党建工作经验交流会召开。中央直属机关工委、中央国家机关工委、北京、天津、上海等65个城市200多名机关工委领导、党务工作者参加会议。会议全面展示南宁市创建先锋示范城工作、南宁市直机关党建工作的成果，南宁市党建工作成就和组委会周密、高效、节俭、务实办会工作得到与会代表赞誉。

2013年6月19日，市直机关工委班子成员到五象湖公园工地调研，并慰问工地一线的党员

2013年9月23日，市直机关工会工委在武鸣县府城镇四明村华敏希望小学举行“金秋助学”活动

南宁市发展和改革委员会

NANNINGSHIFAZHANHEGAIGEWEIYUANHUI

2013年11月，党组书记、主任李耕（左二）带队到扶贫点召开征求群众意见会

2013年12月，党组书记、主任李耕（左二）带队到轨道交通1号线南湖站项目现场调研

主任李耕（右二）检查重大项目推进情况

南宁市发展和改革委员会是南宁市人民政府组成部门，是全市经济社会综合管理部门。2013年，发展改革部门围绕项目建设抓投资、稳增长、调结构、惠民生，谋划经济社会发展全局，开展经济形势分析和运行调节，制定实施规划计划，推动投资，促进产业转型升级，保障改善民生，推进改革，为全市经济社会平稳健康发展做出重要贡献。

谋划经济社会发展跃上新水平。组织开展重点课题研究18项，完成重点课题和规划8项，其中精品课题研究5项。完成“十二五”规划、落实《国务院关于进一步促进广西经济社会发展的若干意见》和《广西北部湾经济区发展规划》中期评估工作，完成《南宁市主体功能区规划》等重点规划3项，加快编制《南宁市空港经济区重点产业发展规划》等规划2项。科学制定全市年度国民经济和社会发展计划及各类专项计划，深入开展经济监测预测分析，做好目标分解、调整和落实工作，高质量、高效率完成综合经济、投资等分析报告，编印发展改革要报105期。

重大项目推进取得新成绩。2013年项目册收录项目4764个、年度计划投资2957亿元。组织重大项目联合审批活动10次，协调审批项目326个，其中现场办结109个。2013年自治区层面和市级层面统筹推进重大项目559项，年度计划投资758.51亿元。

投融资工作取得新突破。中央预算内投资9.80亿元，落实国家开发银行土地储备、轨道交通项目授信贷款额度211亿元，发行城投公司2013企业债券9亿元，获外国政府贷款额度1.28亿美元。编制印发《2013年鼓励和引导民间投资发展试点工作方案》，引入民间资本重点项目27个，总投资182.50亿元。

推动产业转型升级再上新台阶。广西建工整体搬迁技改、中恒药业、研祥机械制造基地等一批项目开工，富士康南宁科技园一期、南南铝加工年产20万吨大规格高性能铝合金板带型材等项目投产，皇冠公司制罐生产项目完成相关前期工作。南宁南车城市轨道装备基地项目开工，玉柴南宁投资项目、汉能集团光伏产业集群、广州传祺年产20万辆乘用车及配套产业等项目前期工作加快推进。南宁—东盟经开区升级为国家级开发区。大力推动大明山保护区、广西九州通现代医药物流中心公共信息平台等项目建设。建成种植养殖标准化生产基地109个，完成林下经济发展面积4666公顷。新增市级以上农业产业化龙头企业16家、农民专业合作社200家、土地承包经营权流转面积1.08万公顷。完成《南宁市战略性新兴产业发展规划（2013-2020）》。组织安排下达2000万元节能减排专项资金用于鼓励企事业单位实施节能减排工程。

重点领域改革取得新进展。在宾阳县、马山县、上林县、隆安县、横县开展县级公立医院综合改革试点，推进全市123个乡镇卫生院实行新的人事分配制度改革。下达第一批统筹城乡改革项目计划，牵头起草各类方案办法7个，协助相关部门起草配套政策11个。出台《南宁市投资项目审批制度改革的实施意见》《关于进一步深化投资项目审批制度改革工作实施方案》，着手开展《南宁市政府投资项目实行代建制管理暂行办法》修订。

改善民生工作获得新成效。牵头实施自治区政府为民办实事石漠化综合治理工程和易地扶贫搬迁项目。安排教育基建投资计划两期164个项目，完成投资10.50亿元。继续推进市第四人民医院艾滋病关怀中心、市第一人民医院综合楼扩建等续建项目建设，开展第二人民医院全科医生培养基地、埌东医院项目等前期工作。市博物馆、市民族艺术基地、广西文化艺术中心、广西体育中心等项目加快建设。全力以赴做好“美丽南宁·整洁畅通有序大行动”“美丽南宁·清洁乡村”各项工作。

南宁市园林管理局 NANNINGSHI YUANLINGUANLIJU

2013年2月4日，自治区党委常委、市委书记陈武（前右三）、市长周红波（前右二）到五象湖公园视察。图为市园林局局长梁展为市领导讲解建设情况

2013年3月29日，市园林局获南宁市“民族团结”健身运动会第二名

南宁市园林管理局坐落在南宁市葛村路3号，是主管南宁市城市园林绿化行政管理的政府职能部门，主要负责城市规划区范围内的园林绿化规划、建设、保护和管理工作，包括道路绿化管理、公园管理、古树名木保护、物种多样性保护、单位庭院和居住区绿化管理、园林绿化行政审批及监察，指导县区和城镇园林绿化等工作。设办公室、园林管理科、规划建设科、政策法规科、人事科、机关党委、纪检监察室等7个机构，管辖南宁市南湖公园、人民公园等14个市区公园及南宁市园林规划设计院、花花大世界园林有限公司、绿化工程管理处等3个园林绿化设计、施工和管护单位。

2013年，南宁市园林管理局围绕创建国家生态园林城市和承办第三届广西园林园艺博览会等中心工作，按照市委、市政府的统一部署，以建设“生态邕城、美丽南宁”为目标，以实施“绿化、美化、彩化”提升工程为载体，全面推进生态园林建设，完成第三届广西园林园艺博览会建园办展工作，扎实推进创建国家生态园林城市、生态南宁增绿工程、服务“两会一节”基础设施建设和花卉布置、美丽南宁整洁畅通有序大行动、重点公园绿地建设、“三优一满意”公园建设等城市园林绿化建设管理，城市园林绿化总体布局进一步优化，“中国绿城”“中国水城”内涵进一步丰富，规划建绿、依法治绿工作进一步加强，园林绿化建设和管理水平迈上新台阶。

2013年，南宁市园林管理局完成城市绿化及公园建设投资19.50亿元，新增绿地面积406.07公顷，建成区绿地率、绿化覆盖率、人均公园绿地面积分别为36.56%、42.09%、13.74平方米，比2012年分别提高0.22%、0.10%、0.70平方米。

2013年7月4日，会展边坡绿化建设工程如火如荼

第九届中国（北京）国际园林博览会南宁展园——邕字铭石

南宁市五象湖公园景观（银象湖远眺五象塔）

南宁市城市管理局

NANNINGSHICHENGSHIGUANLIJU

2013年，南宁市城市管理局紧扣"美丽南宁·整洁畅通有序大行动"和"美丽南宁·清洁乡村"活动部署，以构建和谐城市管理为目标，变被动管理为主动管理，把末端管理提升为前置管理，城市面貌显著改善，城市品位不断提升。以项目建设为龙头，静脉产业园项目顺利落地。以开展"美丽南宁·整洁畅通有序大行动"和"美丽南宁·清洁乡村"为契机，市容环境焕然一新。以打击"两违"为重点，控新拆旧工作卓有成效。以逐步提升行业管理标准化为目标，城市管理品质不断提升。以转变干部作风为抓手，勤政廉洁、高效便民的服务理念日渐形成。以不断创新工作为动力，市政道路"白改黑""马路拉链"、垃圾分类等城市管理难题逐步得到破解。以坚强的执行力为保障，确保各项工作落地生根。以坚持文明执法、依法行政为着眼点，城市管理综合执法队伍素质不断提升。以加强法规建设为支撑，城市管理法规、规章体系不断完善。以高强度的宣传工作力度为平台，宣传领域不断拓宽。以落实中央"八项规定"为切入点，严谨扎实的工作作风不断形成。全体城管人攻坚克难，勇于担当、主动作为，不断强化城市管理的社会服务功能，促进南宁市经济持续发展与社会和谐稳定，完成各项工作任务，为把南宁建设成区域性国际城市和广西"首善之区"作出贡献。

①2013年7月1日，自治区党委常委、市委书记余远辉（左一）、市长周红波（中）在大学路与现场保洁的环卫工人亲切交谈，了解环卫工人"美丽南宁·整洁畅通有序大行动"的工作情况

②2013年9月30日，自治区党委常委、市委书记余远辉（左一）、市长周红波（前右二）到市城管局调研

③开展"美丽南宁·整洁畅通有序大行动"以来，市城市管理局城市管理综合行政执法支队加强对户外广告的管理查处力度

④2013年6月19日，市城市管理局市政工程管理处启动排水井防坠安全网的安装

⑤市城市管理局采取强化管理严管重罚与硬件设施建设相结合的措施，强化对人行道车辆停放的管理。图为人行道自行车、两轮电动车和摩托车停放划线

⑥2013年，市城市管理局完成224条道路"白改黑"沥青罩面施工。图为锦春路"白改黑"沥青罩面

南宁东站鸟瞰效果图

南宁吴圩国际机场新航站楼鸟瞰效果图

求真务实　创新规划　奋力提升南宁首位度

南宁市规划管理局 NANNINGSHI GUIHUAGUANLIJU

建设中的青秀万达广场

2013年，南宁市规划管理局不断优化城市空间结构和管理格局，增强城市综合承载能力，加快提升南宁首位度。

市民出行“最后一公里”问题不断解决　完成《公交都市总体规划和建设规划》《公共自行车系统交通发展和城市绿道（慢行）系统规划》等相关规划编制工作，打造轨道、公交、慢行的一体化城市综合客运体系。

城市特色不断增强　编制完成《广西南宁五象新区建筑风貌和色彩控制技术导则》《广西南宁五象新区建筑风貌和色彩控制管理暂行规定》，打造五象新区独特的“外衣”。

规划行政审批效能不断提速　南宁市规划管理局驻市政务服务中心窗口连续6年获“流动红旗窗口”称号，为南宁市市直部门驻市政务服务中心窗口中唯一连续6年获“流动红旗窗口”称号的窗口。

规划信息化建设不断加快　11月，广西首个互联网规划报建平台——南宁市规划管理局“网上报建”平台投入使用。建设单位及业主通过上网，即可完成规划报建的预审。“南宁市规划管理局规划审批与动态监察图文一体化系统”获国家测绘地理信息局和中国测绘学会联合颁发的“2013年测绘科技进步奖”，是南宁市唯一获此殊荣的项目。该系统串联各个规划审批的节点。通过内部网络高速传输，规划审批数据在8个子系统之间实现实时交换，并在数据中心统一存储处理，提高规划审批效能。

白沙—友谊立交

建设中的五象大桥

南宁市环境保护局 NANNINGSHI HUANJINGBAOHUJU

2013年11月22日,副市长魏凤君（右二）到市环保局调研

2013年5月24日，市环保局局长李森（前左三）在上林县考察“清洁水源”

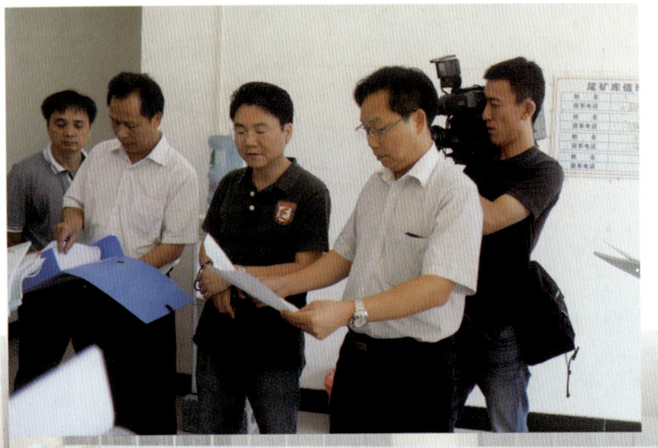

2013年8月28日，南宁市开展环境安全年3号行动。图为市环保局党组书记陈伟刚（前右一）现场检查企业环保台账

2013年，南宁市环境质量保持平稳。按照环境空气质量新标准《环境空气质量》（GB3095-2012）评价，南宁市空气优良率75%，达到市政府工作目标要求，在全国省会城市（包括直辖市）中排名第六；南宁市境内所监测的8个断面水质均能达到或优于Ⅲ类水质，地表水源水质达标率保持100%。

2013年是污染减排工作中期考核年，自治区下达南宁市污染减排指标和工作任务为化学需氧量、氨氮、二氧化硫、氮氧化物排放量分别控制在12.63万吨、1.31万吨、4.33万吨、7.32万吨以内，比上年分别增加1.40%、减少1.50%、增加10.20%、增加2.50%。至年末，安排的188个减排项目全面完成并投入运行，同时通过环保部组织的年度污染减排现场核查，南宁市污染减排得到扎实推进。根据国家、自治区的相关精神指示，市环保局以“美丽南宁·清洁乡村”活动为契机，切实加强农村环境保护，强力推进“美丽南宁·清洁水源”专项活动，稳步推进农村环境连片整治示范项目，推进生态南宁建设。

2013年6月3日，“同呼吸共担当齐行动”——2013年首府南宁纪念“6.5”世界环境日及环境宣传月启动仪式在南宁民族广场举行

南宁市地方税务局

2013年10月15日，自治区党委常委、市委书记余远辉（左二），市长周红波（右二）到市地税局视察

2013年9月17日，国家税务总局副局长解学智（左二）到兴宁区国税、地税局调研

自治区地税局局长关礼（右一）到市地税局开展接访活动

2013年，南宁市地税局全面贯彻党的十八大、十八届三中全会精神，围绕组织税收收入工作中心，在服务经济社会发展大局中着力抓好队伍建设、税收征管，纳税服务等重点工作，各项工作取得可喜成绩，实现执行能力、管理水平和队伍素质的全面提升，推动地税事业新发展。面对经济税源增长放缓、政策性减收因素的增加，以及任务压力重、税源不足的严峻形势，提出以任务为中心，以成败论英雄，以成绩比贡献的工作标准。2013年，组织各项收入186.72亿元，同比增收22.21亿元，增长13.50%；其中自治区地税局考核收入178.86亿元，收入总量突破170亿元大关，创历史新高，占自治区地税收入比重21.40%，收入总量在自治区排名第一，增收20.43亿元，增长12.90%；其中市政府考核收入177.52亿元，占全市财政收入37.48%，增收20.16亿元，增长12.81%；实现20多亿元的增收和两位数的增长，对南宁市财政收入贡献率37.50%，为自治区地税任务的完成和首府经济社会建设做出应有的贡献。

组织开展“美丽南宁·清洁乡村”统一行动日活动

向纳税人介绍“绿城地税”软件使用方法

南宁市交通运输局

NANNINGSHIFUYOUBAOJIANYUAN

2013年8月28日，全国政协副主席马飚带领珠江—西江经济带专题调研组到南宁调研

2013年9月6日，自治区党委常委、副主席林念修（左一），自治区党委常委、市委书记余远辉（左二）到西江黄金水道老口枢纽调研

2013年11月1日，市交通运输局局长王永超（左三）带领市交通运输局项目建设服务组到南宁港一期中心城港区牛湾作业区开展服务

执法人员开展路检路查

2013年，南宁市交通运输局推进重大交通基础设施建设，实施公交优先发展战略，推进统筹城乡交通网络建设，运输保障能力和服务水平得到提升，为促进南宁市经济发展，保障和改善民生作出贡献。

推进重大交通基础设施项目建设。48个项目已开工27个，完成投资202.88亿元，增长17.70%。其中南宁吴圩国际机场新航站区一期工程航站楼主体工程基本完成，沿海铁路扩能改造、南广铁路黎塘至南宁段、柳州至南宁客运专线工程竣工开通运营，南宁外环高速公路、南宁公路主枢纽货运南站基本建成。

实施公交优先发展战略。通过细化公交发展政策、完善公交发展规划、优化调整公交线网布局、加快公交场站建设、推动公交专用道试点工程等措施，提升公交服务水平，增强公交出行吸引力。

推进统筹城乡交通网络建设。推进自治区下达的公路水运交通27个项目建设，完成投资126.36亿元。推进农村公路项目建设，完成投资3.02亿元。推进农村公路养护体制改革，基本实现等级路“有路必养”的目标。推进城乡客运一体化，开展南宁至武鸣、南宁至明阳等班线的公司化和公交化改造，为农民群众提供方便、快捷、安全的出行服务。

推进西江黄金水道建设。7个项目已开工6个，完成投资27亿元,同比增长6.70%。其中南宁港一期工程3个项目、郁江老口航运枢纽工程发动机厂房和船闸主体工程已基本完成，西江航运干线南宁至贵港Ⅱ级航道工程已竣工，2000吨级船舶从南宁可直航广州。

完成为民办实事项目。新购空调公共汽车300辆、新建公交候车亭391座、改造旧公交候车亭41座及增加旧公交站点候车凳393张，完成农村公路危桥改造20座和行政村通畅项目26个，自治区千村公路通畅项目全部按要求超额完成。

严格落实南宁市邕江综合整治和开发利用工作部署。完成邕江两岸9所驾校14个训练点的关闭搬迁，组织完成6个待关闭码头的资产评估及人员安置补偿方案。

深入开展“美丽南宁”建设，树立交通运输行业新形象。以清洁公路、清洁水路、清洁道路运输、清洁城市公共交通为目标，以整治公交、出租汽车行业为重点，在全行业启动建设“美丽南宁”各项工作，实现公共交通“新”突破、联合执法效能“新”提升、道路运输行业环境“新”形象、水路运输行业“新”面貌、公路项目工地建设“新”规范，各项行业工作得到改观，实现交通运输系统“100天新变化”的目标，推出一批在行业内可信、可敬、可学的先进典型模范个人，各行业专题整治取得的成果，规范交通运输行业营运秩序和从业行为，树立首府交通运输“窗口行业500天新形象”。

2013年1月18日，西乡塘客运站开业

南宁市商务局 NANNINGSHI SHANGWUJU

2014年3月6日，副市长眭国华（左一）、市商务局局长梁培正（后右一）陪同自治区副主席张晓钦（前中）检查华润万家超市

2013年7月26日，南宁市肉类蔬菜流通追溯体系建设工作部署暨培训会流通企业代表向市商务局局长梁培正（左一）递交责任书

2014年3月12日，市商务局局长梁培正（中）陪同副市长眭国华（前右一）考察武鸣县贝格沃家电销售有限公司

2013年，南宁市商务系统应对全球经济复杂多变、有效需求严重不足带来的挑战，在攻坚克难中前进，在改革创新中突破，发展基础不断夯实，发展动力不断增强，发展潜能不断释放，实现“五个新突破”，连续两年获自治区商务管理工作一等奖。

扩大内需促进消费

实现社会消费品零售总额1450.84亿元，同比增长14.01%，高于全国增速0.91个百分点，高于自治区增速0.40个百分点，社会消费品零售总额首位度在过去连续6年提高的基础上再提高0.74个百分点，社会消费品零售总额首位度由2012年27.80%提高至28.54%。举办2013南宁消费购物节、2013南宁欢乐消费季等大型商品展销促销活动，新增限额以上企业154家。

扩大外经外贸规模

进出口额实现44.21亿美元，增长6.60%，外贸总额居自治区第二位，对东盟国家进出口金额12.07亿美元，增长54.10%；开展对外合作，全市境外投资企业18家，投资总额4.32亿美元，增长58%。

加快现代商贸流通业建设步伐

推进南宁玉洞交通物流中心（南宁－中国东盟国际物流园区）、广西海吉星农产品国际物流中心、东盟·川桂商贸物流园、南宁大商汇商贸物流中心、南宁华南城、南宁金桥农产品批发市场、青秀万达广场等重点商贸项目建设，带动周边商业不断发展。现代物流业、会展业健康发展，完成货物运输总量3.63亿吨，增长21.92%，举办专业会展105场。服务外包业、电子商务取得新进展。

积极开展商贸示范工程建设

2013年南宁市获批并实施的商务部试点项目有：全国流通领域现代物流示范城市、国家现代物流技术应用和共同配送综合试点城市、中小商贸流通企业公共服务平台建设试点、肉类蔬菜流通追溯体系建设试点、国家电子商务示范基地、再生资源回收体系建设试点、CEPA示范城市等，已实施的早餐示范工程完成建设，再生资源回收体系建设试点城市建设和家政服务体系建设进展顺利。

加大商贸惠民工作力度

完成南宁市中心城区农贸市场建设升级改造项目10个、肉类蔬菜流通追溯体系建设项目一期等为民办实事项目的建设。严厉打击生猪私屠滥宰违法行为，开展酒类、成品油执法，进一步规范市场流通秩序。2013年出动执法人员9979人次，打击生猪私宰窝点86个，查获待宰生猪187头、私宰肉和病害肉3.84万千克，强制拆除生猪私屠滥宰窝点10个，面积约2000平方米。

加强口岸通关管理服务

南宁空港口岸出入境人员52..68万人次，增长29.02%；出入境飞机4980架次，增长20.64%；南宁口岸外贸进出口货物23.09万吨，增长37.69%，南宁空港口岸获“全国口岸管理先进单位”称号。

2013年7月26日，南宁市肉类蔬菜流通追溯体系建设工作部署暨培训会举行

南宁市文化新闻出版局

2013年3月14日，市文化新闻出版局局长蒙文虎（左）为获南宁市文化产业示范基地称号的广西南宁健千年旅游开发有限责任公司授牌

2013年11月，南宁大地飞歌文化产业集团有限责任公司组建

2013年，市委、市政府高度重视文化产业的发展，在自治区率先出台《南宁市文化产业示范基地命名管理办法》《南宁市文化产业发展专项资金管理暂行办法》，每年安排文化产业发展专项资金5000万元，扶持和助推南宁市文化产业快速发展，实现文化产业增加值占全市GDP比重位居自治区首位，达到全国平均水平。2005年以来，南宁市获命名的各级文化产业示范基地37家，其中国家级1家，自治区级14家，市级22家，引领着南宁市八大重点文化产业蓬勃发展。南宁市通过国家认定的动漫企业有4家，自治区级、南宁市级动漫骨干企业、动漫人才培养基地、动漫试验园区28家，创作一批极具民族特色的动漫作品，部分优秀作品在电视台热播、结集出版并获奖。

为提升南宁市文化产业整体实力，11月，南宁市组建南宁大地飞歌文化产业集团有限公司，旗下有南宁大地飞歌文化传播有限责任公司、南宁会议展览有限责任公司、南宁民族营业文化娱乐有限责任公司、南宁市演出公司和南宁天恒电影有限责任公司等5家子公司，以5000万元的雄厚资本整合国有文化产业资源，打造南宁国际会展中心、南宁国际民歌艺术节、广西第一家五星级专业影城、广西首家5D动感影厅。

南宁市艺术剧院有限责任公司转制改企后重新焕发活力，打造多部精品剧目，不仅引进国外经典剧目《猫》进行商业运作，策划精品剧目《百鸟衣》登上第15届南宁国际民歌艺术节开幕晚会。

8月13日，广西首台大型多媒体风情歌舞秀《锦宴》在南宁国际会展中心正式公演，赢得现场观众的赞誉。

南宁市加强文化产业公共信息服务平台的建设，通过南宁文化产业信息网，为文化企业提供信息服务，推动南宁市文化产业实现跨越式发展。

2013年5月，南宁市艺术剧院有限责任公司出品的大型壮族歌舞剧《百鸟衣》首演

2013年8月13日，大型风情歌舞秀《锦宴》正式公演

南宁市人民政府国有资产监督管理委员会

南宁市人民政府国有资产监督管理委员会（简称“市国资委”）成立于2004年7月，为市政府直属特设机构，根据市政府授权，依照《中华人民共和国公司法》《中华人民共和国企业国有资产法》等法律、法规和市政府规章履行出资人职责，监管市属企业的国有资产，加强国有资产的管理。市政府先后授权市国资委对139户国有企业和经营开发类事业单位履行出资人职责。市国资委履行出资人职责，推进国有企业改革发展和国有资产监督管理，做大做强做优国有企业，确保国有资产保值增值。

2013年市国资委监管企业资产总额1365.96亿元、净资产463.13亿元、收入总额188.05亿元、利润总额22.39亿元，比2004年分别增长4.61倍、2.27倍、21.39倍，年均增幅超过20%。年度实现利税31.96亿元，国有资产保值增值率105.56%。

年内，市国资委将监管的国有及国有控股企业，按照向关系国计民生和基础性、关键性产业和领域集中，向优势企业集中的原则，整合重组为九大集团，集中力量发展城市基础设施建设、公共服务、交通运输、工业产业、文化产业及农业产业等六大板块，为根本解决南宁市国有经济总量不大、集中度不高、支撑力不强等问题打下基础。研究制定国有企业改革发展3–5年总体目标，推动市委、市政府出台《关于进一步推进国有企业改革发展的实施意见》，做好国有企业改革发展的顶层设计。推动市政府出台《南宁市推进国有企业改革发展的若干政策》，从盘活存量资产、注入资产资源、支持企业改革、鼓励兼并重组、扶持自主创新、剥离企业社会职能、建立长效激励机制等七大方面，给予国有企业改革发展22项政策支持，破解发展瓶颈。

强化监管措施，推动市委、市政府出台《市属国有企业领导班子和领导人员年度综合绩效考核办法（试行）》，首次将经营业绩考核与民主测评相结合，通过定量评价和定性评价，对国有企业领导班子和领导人员经营管理和班子建设等进行全面、客观、科学的评价。制定《南宁市市属国有企业监事会暂行办法》，明确向国有独资企业派出监事会，向国有控股公司派出监事，建立以财务监督为核心，以事前、事中、事后监督为手段的监督机制。督促、指导各集团公司制定贯彻落实“三重一大”决策制度的办法，规范企业重大问题决策、重要干部任免、重大项目投资决策和大额资金使用行为，实现企业决策的程序化、制度化。监管企业年内融资到位资金161.19亿元，为重大项目建设提供资金保障；承担城建项目近400个，累计完成投资额160多亿元；为“美丽南宁”活动捐款200多万元，投入建设资金2000多万元；继续在城市供水、公共交通上发挥主力军作用，累计供水、处理污水4.70亿立方米，完成公共交通行驶里程1.43亿千米，客运量4.70亿人次。

①2013年12月31日，自治区党委常委、市委书记余远辉（左三），市长周红波（左四）出席南宁轨道交通2号线开工仪式

②2013年11月1日，召开预防职务犯罪联席会，市检察院检察长黄建波（右三）、国资委主任傅隆政（右二）、轨道交通公司董事长苏拥军（右四）出席会议

③2013年3月26日，全市国有资产监督管理工作会议在市委市政府会议中心召开，市委常委、常务副市长吴炜出席会议

④2013年12月18日，南宁中铁广发轨道装备有限公司第一台盾构机下线

南宁市散装水泥办公室

2013年6月14日，南宁市散装水泥宣传周活动启动仪式暨农村推广散装水泥示范企业授牌仪式举行

2013年7月9日，2013年度散装水泥专项补助资金申报及管理培训会举行

2013年，南宁市散装水泥年供应量617万吨，增长15.50%，散装率62%；预拌混凝土供应950万立方米，增长6.70%。预拌砂浆取得零的突破，全年供应量1680吨。散装水泥专项资金年征收额2290.78万元，增长37.37%。

年内，南宁市向有关散装水泥企业投入推散发散设施设备及各类专项资金补助1193万余元，扶持一批具有一定行业示范作用或地方特色优势的企业或项目，推进南宁市散装水泥发展进程。同时，围绕推散发散中心工作，创新基层党建活动载体，发挥基层党组织的战斗堡垒作用和党员的先锋模范作用，深入社区、企业、农村等地开展“大宣传、大教育、大交流、大培训、大服务”等活动，推动南宁市散装水泥、预拌砂浆、预拌混凝土“三位一体”稳步向前发展。

2013年7月1日，市散装水泥办公室在职党员到朝阳社区济南路开展共筑共建暨散装水泥宣传周活动

2013年7月，开展“美丽南宁·整洁畅通有序大行动”的“千个支部大结对，万名党员大服务”活动

余远辉书记在南宁市委十一届十一次全体(扩大)会议第一次会议上的讲话(摘要)

(2014年1月11日)

一、2013年主要工作

2013年以来,面对复杂多变的形势,南宁市委在自治区党委、政府的正确领导下,紧紧围绕主题、主线,着力提高经济增长质量和效益,以更大的力度推进现代产业建设、现代生态文明城市建设、重大基础设施建设和民生保障建设等“四大建设”,做好“绿、水、新、旧、通”五篇文章,在保持工作的连续性中谋发展,在改革创新中求突破,在攻坚克难中争主动,保持经济社会平稳较快发展的良好势头。主要体现在以下七个方面:一是综合实力不断壮大。全市财政收入完成473.66亿元,增长12.24%;预计全年实现地区生产总值2780亿元,增长10.20%;全社会固定资产投资2470亿元,增长23.15%;规模以上工业增加值770亿元,增长17%;社会消费品零售总额1431亿元,增长14%;城镇居民人均可支配收入24817元,增长10%;农村居民人均纯收入7658元,增长13%。二是产业发展不断优化。预计全市开发区、工业园区规模以上工业总产值1900亿元,占全市的75%;富士康、南南铝等重点工业项目取得重大突破,引进研祥、海王、中恒、神冠、科创等一批行业龙头企业,工业对经济增长的贡献率达42%。大力推进青秀万达广场等大型城市综合体建设,加快大嘉汇国际商贸港、华南城等物流专业市场的扩张和升级,商业集聚功能进一步增强。三是城乡建设更加完善。五象新区建设全面提速,100个重大产业项目、51个重大基础设施项目全力推进,重点建设项目完成投资153亿元;不断完善城市路网,白沙大道3座立交桥、民主园湖铁道立交等交通基础设施建成使用,历时9年的凌铁大桥建成通车,历时8年的长堤路基本建成;启动“中国绿城”提升工程,全面提升城市绿化美化彩化水平;加快形成各具特色、竞相发展的城镇格局,明确各县(区)各重点打造1个综合示范村;深入开展“美丽南宁·整洁畅通有序大行动”和“美丽南宁·清洁乡村”活动,城乡环境得到较大改善。四是开放合作更加深化。加强与东盟以及港澳台、珠三角、长三角等区域的经济合作,中粮集团、绿地集团等一批世界500强企业以及国内外20多家金融、地产、电子、医药、酒店等行业的龙头企业落户南宁;圆满完成服务第十届中国—东盟博览会、商务与投资峰会以及第二届中越青年大联欢等重大活动任务。五是民生保障更加有力。全年用于民生方面支出超过275亿元,占全市公共财政支出的66%以上,城镇新增就业8.60万人,开工建设各类保障性住房1.99万套、基本建成1.79万套,为民办实事项目基本完成;养老、医疗、失业三大保险基本实现全覆盖。六是社会事业繁荣发展。科技、教育、文化、卫生、体育、扶贫、计划生育等各项社会事业加快推进,社会大局和谐稳定,节俭举办2013年南宁国际民歌艺术节,全国城市文明程度指数测评在省会/副省级城市排第8位,实现“全国科技进步先进市”七连冠。七是党的建设更上水平。全面加强党的思想、组织、作风、制度和反腐倡廉建设,进一步转变干部作风,出台《关于进一步激发干部干事创业活力的若干意见》及7个配套文件,成立重点工作重大项目监督检查问责问效领导小组,强化督查考核,大力营造干事创业的浓厚氛围。

二、认真学习贯彻中央和自治区有关会议精神,深化改革,加快发展,奋力提升南宁在自治区经济社会发展中的首位度

2013年11月以来,中央和自治区先后召开党的十八届三中全会、中央经济工作会议、中央城镇化工作会议、自治区党委十届四次全会和自治区经济暨城镇化工作会议,就全国、全自治区今后一个时期的发展进行安排部署。

第一,正确理解中央和自治区有关会议的主要精神

十八届三中全会勾勒出中国深化改革的任务书和路线图,对进一步深化中国经济、政治、文化、社会、生态文明和党的建设制度改革做出全面部署,明确指出坚持发展仍是解决中国所有问题的关键。中央经济工作会议提出坚持稳中求进、改革创新,以改革促发展、促转方式调结构、促民生改善,努力实现经济发展质量和效益得到提高又不会带来后遗症的发展速度。中央城镇化工作会议指明新形势下中国城镇化的发展方向,强调紧紧围绕提高城镇化发展质量,走中国特色、科学发展的新型

城镇化道路。自治区党委十届四次全会强调要以党的十八届三中全会精神为指引,紧密联系自治区实际,重点解决制约自治区赶超跨越的深层次矛盾和体制性障碍。全自治区经济暨城镇化工作会议强调着力抓改革、促调整、惠民生,保持一个有质量效益的合理发展速度,进一步释放改革红利,为加快实现“两个建成”目标做出新的更大贡献。

学习领会这一系列会议精神,要突出把握以下几个方面内容:第一,正确领会和把握中央和自治区有关会议精神的核心是科学发展,是实现更高质量、更高效益的发展。中央和自治区都突出强调要继续坚持把发展作为第一要务,全面认识和正确处理经济持续健康发展和生产总值增长的关系,不能把发展简单化为增加生产总值,要抓住机遇保持生产总值合理增长,努力实现经济发展质量和效益得到提高又不会带来后遗症的发展速度。第二,正确领会和把握正确的发展观、政绩观。中央和自治区都强调不能简单以 GDP 论英雄,明确要求建立正确的政绩考核评价体系。但是,不简单以 GDP 论英雄,并不是不要 GDP 了,也不是不考核发展了,而是要准确考核科学发展、全面发展的成效。各级领导干部要树立“功成不必在我”的思想理念,多做打基础利长远的事,努力做出经得起实践、人民、历史检验的政绩。第三,正确领会和把握加快发展是南宁市当前和今后一个时期的首要任务。南宁作为经济欠发达地区,只有努力保持一个高于全自治区、全国的发展速度,一个高质量、高效益、可持续的发展速度,才能不断缩小与先进城市的差距,才能完成全面深化改革各项目标任务,才能为全自治区“两个建成”目标的实现发挥更大的作用。

第二,正确认识当前的经济形势和难得的发展机遇

欲谋事者,必先察其势。综合分析当前国内外形势,南宁市正处于可以大有作为的重要战略机遇期。当前,中国与东盟战略伙伴关系从“黄金十年”迈向“钻石十年”,中国—东盟自由贸易区升级版正在加快打造。国家提出把广西建成中国西南中南地区开放发展新的战略支点,以及进一步扩大内陆沿边开放、加快建设 21 世纪海上丝绸之路、批准建设滇桂沿边金融综合改革试验区等,都为自治区加快发展带来新机遇、新动力。从南宁市自身看,去年底南宁至柳州、桂林、钦州、北海、防城港的高铁已经全面开通,南宁至北京可实现“朝发夕至”;南宁至广州的高铁也将于 2014 年底开通,南宁机场新航站区 2014 年 8 月将投入使用,这些重大交通基础设施的建成,将打通南宁与周边地区的大动脉,使南宁成为真正意义上连接西南、中南、华南的重要枢纽和中国通往东盟的重要通道。同时,2013 年以来,南宁市积极改善投资环境,成功引进一批大企业大项目,南宁已经成为众多战略投资者青睐的投资洼地。

可以说,南宁正面临着千载难逢的发展机遇,抓住和用好这些重大机遇,南宁就可以在新一轮的发展中抢占先机。一方面,南宁市要抢抓机遇,减少标兵、增加追兵。机遇稍纵即逝,发展时不我待。另一方面,我们要借助外力,共享机遇、实现共赢。决不允许出现设置障碍、拒商门外的行为,决不允许出现失信违诺、欺商坑商的行为,决不允许出现拖拉推诿、消极作为的行为,决不允许出现吃拿卡要、关门宰客的行为。

第三,以改革为突破口,奋力提升南宁在自治区经济社会发展中的首位度

作为首府城市,目前南宁市的综合实力还不够强,对全自治区发展的辐射带动作用还不够大。对此,自治区党委、政府明确要求,要全面提升南宁的首位度,大幅提高首府对自治区经济社会发展的影响力、贡献力和辐射力。这是南宁作为中国面向东盟开放合作重要桥头堡的现实需求,是广西打造中国西南中南地区开放发展新的战略支点的重要支撑,也是全市加快发展,实现走在广西前列、为自治区发展多做贡献的使命担当。

要实现南宁首位度的全面提升,必须以深化改革为突破口,在更大程度上解放思想,创新发展理念,寻求发展突破。这次全会将审议南宁市全面深化改革、提升南宁首位度的决定,明确南宁市全面深化改革的总体思路和目标任务,开启首府改革发展的新篇章。我们要进一步解放思想、解放和发展社会生产力、解放和增强社会活力,只要有利于科学发展的,有利于提高人民生活水平的,有利于建设美丽南宁的,都要大胆地干,大胆地试;反之,就要大胆地破除,大胆地改革。要突出改革的系统性、整体性、协同性,重点围绕现代产业发展、宜居城市建设、统筹城乡发展、推进开放合作、加强社会建设等重点领域和关键环节深化改革,力争通过 3 至 5 年的努力,使南宁成为区域经济发展的引擎,引领打造广西经济升级版;成为现代产业聚集的高地,牵引全自治区现代产业扩量提质;成为新型城镇化的龙头,带动区域城市群的腾飞;成为开放合作的前沿中心,支撑广西建成开放发展新支点;成为深化改革的先锋,勇当自治区创新发展的排头兵;成为生态宜居的典范,“绿城”“水城”“花城”享誉全国;成为文明有序的示范,文明城市品牌唱响神州;成为安定和谐的模范,全民共享幸福生活。

三、凝心聚力,真抓实干,全力做好 2014 年各项工作

根据中央和自治区有关会议精神,结合南宁市实际,2014 年南宁市经济社会发展要以“抓改革、促发展、惠民生”为主基调,奋力提升南宁在自治区经济社会发展中的首位度,加快建设中国面向东盟开放合作的区域性国际城市、宜居的壮乡首府和具有亚热带风情的生态园林城市。“抓改革”就是要全面深化改革,把改革创新贯穿于经济社会发展的各个领域各个环节,激发市场活力,增强发展后劲。“促发展”就是要把发展作为当前首要任务,以改革促发展、促转方式调结构,在确保高质量高效益的前提下,抢抓机遇加快发展,能快就不要慢,能发展多快就发展多快。“惠民生”就是要满足人民对美好生活的向往,加大民生投入力度,增加城乡居民收入,确保改革发展成果为人民共享。综合研判形势并结合中央和自治区确定的目标,市委、市政府考虑,2014 年南宁市经济社会发展的预期目标是:生产总值增长 10%,财政收入增长 10%,全社会固定资产投资增长 18%,规模以上工业增加值增长 16%,社会消费品零售总额增长 14%,城镇居民人均可支配收入增长 10%,农村居民人均纯收入增长 12%。

为实现今年各项目标任务,重点抓好以下几方面工作。

（一）围绕产业抓经济，全面提升综合经济实力

大力实施“工业强市、产业旺市”战略，加快发展现代工业、现代服务业和现代农业，迅速做大经济总量，全面提升综合经济实力。

一要坚定不移实施“工业强市”战略。工业是财政增长的不竭之源，是提升南宁首位度的核心支撑。各级各部门要倍加支持、呵护工业发展，集中精力、人力、物力、财力抓工业。2014年市本级财政要比2013年多安排一倍以上工业发展资金，新增用地指标中确保40%以上用于工业项目，各县（区）主要负责同志要做“工业书记”“工业县（区）长”，以大投入推动工业大发展。要做大做强现有企业，各级领导和有关部门要主动联系企业、真诚服务企业，着力培育扶持一批符合政策导向、税收贡献大、带动力强的企业，增强市场竞争力。全力招大引强，围绕现代装备制造、电子信息、生物医药、食品加工、清洁能源等特色产业，着力引进主业突出、核心竞争力强的大公司和企业集团，引进一批投资规模大、附加值高、效益好的项目。以园区作为工业发展的主要载体，大力推动建设一批标准厂房，搭好平台筑巢引凤，促进园区工业经济上规模、上水平，确保年内高新区规模以上工业总产值突破800亿元、经开区突破500亿元、东盟经开区和六景工业园区突破200亿元，不少于8个工业园区产值突破100亿元。二要狠抓以金融为核心的现代服务业发展。南宁是自治区5200多万人民的首府和区域中心城市，发展现代服务业的容量和空间巨大。我们要大力推进服务业高层次、高增值、强辐射发展，着力打造以金融为核心的现代服务业。要发挥现有金融机构的作用，做大做强现有金融平台，大力引进和推动国内外各类金融机构加快在南宁聚集发展，加快前海人寿等一批金融总部项目建设，全面激发金融业发展活力。加快建设吴圩空港经济区、牛湾港、六景港和六律现代物流园等物流项目，大力发展各类生产和生活性服务业，充分挖掘市场需求和增长潜力。大力发展旅游业，着力推动五象新区重大城市文化旅游项目建设，提升大明山、青秀山等重点景区的等级和水平，打造一批著名景区景点和旅游名县、名镇、名村，加快将南宁打造成为广西旅游集散中心和国际旅游目的地。三要狠抓现代农业发展。农业强则基础强。要坚持工业反哺农业、城市支持农村和多予少取放活方针，认真落实各项强农惠农富农政策。要加快农村土地确权，加速土地流转，形成现代规模和特色农业，促进农民增收致富。四要狠抓重大项目建设。项目是拉动经济增长最直接、最有力、最有效的途径。目前南宁的发展形势被普遍看好，社会资金涌入的积极性很高，我们要抓住这一有利机遇，继续发扬“蚂蟥精神”和“钉钉子精神”，积极主动引进一批重大项目，以产业大发展来促进经济大发展。要认真研究有关政策，积极主动争取一批重大项目，促进首府发展后劲的全面提升。要紧紧跟踪对接一批洽谈项目，进一步完善项目跟踪落实和信息通报机制，实现按周汇总情况、按周通报进展，市级层面的重大项目要定期向市委、市政府报告推进情况。认真落实市四家班子领导联系服务推进重大项目和重点企业工作机制，帮助解决影响工程进度的困难和问题，加快推进一批在建重大项目建设，推动一批未开工建设的项目尽快完成前期工作，倒排开工时间，及早实现实质性开工建设。五要狠抓招大商引强企。我们必须以更大的气魄、更宽的胸怀、更低的姿态，主动上门，舍得让利，着力引进主业突出、核心竞争力强的大公司和企业集团。要抓好招商引资软硬环境建设，对招商引资工作的先进典型给予表彰鼓励，对阻碍南宁市招商引资的“绊脚石”坚决搬走，切实优化招商引资环境。市“两重两问”领导小组要进一步加强对招商引资工作的监督，设立招商引资投诉专项信箱，制定投诉管理的相关机制和办法，凡涉及举报投诉的事项，一律查实查清并向投诉人反馈；对招商引资中出现的违规违纪现象及不称职行为，一律严肃追究相关责任人和单位领导的责任，并在全市通报。

（二）围绕打造生态宜居城市，大力提升城市建设管理水平

只有不断提升城市建设管理水平，才能不断提升城市的品质和形象。要坚持生态、特色、宜居的理念，按照环境优美、功能完善、交通便利、安全有序的要求，加强城市建设管理，推进城市规模扩张和功能品质提升，加快建设宜居的壮乡首府和具有亚热带风情的生态园林城市。一要高档次高品质推进五象新区建设。集中精力突破核心区域，确保年内总部基地和金融街项目全面开工，抓好五象湖周边及沿江、沿街189个重点投资项目建设，全年完成项目投资275亿元以上。抓好新区公共配套设施建设，切实加快回建安置房建设。着力打造一支开拓能力一流、责任心一流、创新机制和办法一流、办事效率一流、服务企业和项目一流的干部队伍，力争年内新区面貌大幅提升。二要大力推进重大基础设施建设。加快区域性交通枢纽建设，重点推进机场新航站区、火车东站、地铁、高等级公路、港口、老口航运枢纽、邕宁梯级水利枢纽等一批重大基础设施建设。进一步完善中心城区道路网络，使城市交通更加畅通、安全、高效。大力推进邕江两岸综合整治和开发利用，进一步提升五象湖、相思湖、明月湖等城市湖泊生态景观水平。继续抓好“老南宁·三街两巷”等一批旧城改造项目，进一步提升城市品质。三要着力提升城市管理水平。继续深入开展“美丽南宁·整洁畅通有序大行动”活动，围绕“500天新形象”目标，强化依法管理、严管重罚，建立健全城市管理长效机制，充分发挥市民参与城市管理的主动性和积极性，形成全民共同创建、共同管理、公共治理的城市管理格局。要着力提升城市绿化美化彩化水平，坚持生态自然化、森林化、多彩化、多样化、苗木本土化、管理低成本化原则，强化绿化养护，提升花量花品，全面实施好“中国绿城”提升工程，确保一年内取得明显成效、两年内水平全面提升，加快打造更富绿的层次、更多姿多彩的“绿城”“花城”，实现“城在林中、水在城中、花在眼中、家在园中”的目标。要加强城市户外广告规划管理，重点抓好高速公路、快速环道、城市主干道、五象新区等路段和区域的广告规划管理，因地制宜规划设计广告标识，坚持与周边环境相协调，促进城市景观和整体风貌大提升。

（三）加快统筹城乡发展，做大做强县域经济

南宁市各县（区）发展条件差异较大，城乡差距大、区域发展不平衡问题较为突出。要全面提升南宁首位度，必须统筹城乡发展，做大做强县域经济，夯实农村发展基础，提高城乡一体化水平。

一要做大做强县域特色产业。各县要立足自身资源优势和区位布局,进一步理清发展思路,融入首府同体发展,主动接受首府产业辐射,做大做强各具特色的县域产业。武鸣县要依托与南宁同城化发展的地缘、资源优势,围绕首府需要的工业、服务业、农业的配套和补充来赢得发展,加强与广西—东盟经开区的对接协作,促进共融发展;横县要抓住西江经济带、北部湾经济区加快开发建设等机遇,加快发展以港口为重点的现代工业、商贸物流业,做大做强现代特色农业;宾阳县要发挥民营经济发达和交通便利的优势,大力扶持培育优势产业,加快发展特色民营经济,打造一批知名民营经济品牌,走出一条特色资源开发带动经济发展的好路子;上林县要充分发挥生态优势,抓好旅游名县创建,打响"生态养生"旅游品牌,抓好生态特色种养业,建设一批特色产业带、优势农产品基地和标准化示范区;马山县要充分利用资源优势做大做强资源性产业,大力发展特色现代农业,高标准开发旅游资源,规划建设一批高档次的旅游项目,提升旅游业的层次;隆安县要充分发挥好作为首府县域腹地和拥有两个特色工业园区的优势,做大做强现代资源产业和园区工业,扩大特色现代农业发展规模,提升特色旅游业发展水平。二要统筹城乡规划建设。贯彻落实好中央和自治区关于城镇化工作的部署,按照促进生产空间集约高效、生活空间宜居适度、生态空间山清水秀的总体要求,大力推进南宁市新型城镇化建设。实施大县城战略,推进六县县城及中心城镇提质扩容,突出壮乡特色做好城镇规划,不断提高建设水平,强化产业功能、服务功能和集聚功能,推进以人为核心的新型城镇化,以县城的发展辐射带动县域加快发展。深入持久推进清洁乡村工作,探索市场化、社会化管理办法,全面建立农村环境卫生管护长效机制。大力推进农村风貌改造,推广落实《南宁市农村住宅建设管理及推荐户型奖励办法》,加快全市新农村建设,打造具有民族特色的宜居乡村。抓好12个综合示范村建设,落实县(区)长负责制,确保2014年底前完成各项建设任务。三要加大扶贫攻坚力度。目前,南宁市还有三个国家级扶贫开发重点县和一个自治区级扶贫开发重点城区,扶贫开发任务相当繁重。要结合国家新一轮扶贫开发战略的深入实施,以隆安、马山、上林、邕宁等县(区)连片特困地区和贫困村为主战场,重点抓好智力扶贫,办好义务教育和现代职业教育,着力提高贫困群众受教育水平,提高贫困群众从事种植业、养殖业、加工业和服务业的能力,帮助农民尽快发家致富。继续抓好产业扶贫,积极引进符合生态和环保要求的产业项目。抓好劳动力转移就业,开辟新的增收门路,不断减少贫困人口的数量。

(四)全面深化改革扩大开放,不断激发经济发展活力和动力

一是加快推进新一轮全面深化改革各项工作。2014年是全面深化改革的开局之年,群众对改革关注度高、期望值大。要顺应人民群众新期待新要求,抓紧推出一批群众看得见、摸得着、得实惠的改革举措,力求谋一件、干一件、成一件,让老百姓得到实实在在的好处。围绕行政体制、财税体制、投融资体制、国有企业、开放合作体制、农村综合体制、医药卫生体制、社会治理体制等方面深化改革,努力在重点领域和关键环节改革取得新突破。二是大力提高开放型经济水平。积极参与共建21世纪海上丝绸之路和打造中国—东盟自贸区升级版工作,全力服务好第十一届中国—东盟博览会、商务与投资峰会,深化以东盟和粤港澳地区为重点的开放合作,加强与西南中南地区的开放合作,进一步扩大"南宁渠道"影响力,吸引国内外更多的目光聚焦南宁。抢抓广西建设沿边金融综合改革试验区的机遇,着力引进一批金融机构,鼓励社会资金参与成立新型金融机构,增强融资和服务能力。以引进产业、项目、研发机构为核心来引进人才,以创新政策办法来聚集人才。三是进一步优化发展环境。进一步完善财政扶持重点产业加快发展的政策体系,支持和促进现代服务业、先进制造业、高新技术产业和战略性新兴产业加快发展。加强土地利用计划指标管理,对于重点产业和重点区域,在分配土地利用指标时要予以倾斜,着力解决重点企业发展和重大项目落地问题。进一步完善审批责任追究制度,对办事拖拉、"吃拿卡要"的反面典型,抓住了要问责和曝光,坚决刹住不正之风。

(五)继续保障和改善民生,切实维护社会和谐稳定

要把保障和改善民生作为一切工作的出发点和落脚点,全面提高群众的物质文化生活水平。正确处理改革发展稳定关系,牢牢掌握加快发展的主动权。

一要抓好各项社会事业发展。扩大社会保险覆盖面,进一步完善社会救助体系,做好优抚、老龄、儿童、残疾人等群体的社会保障工作。加大各类保障性住房建设力度,加快推进回建安置房建设,解决征拆瓶颈问题。以全力办好2014年世界体操锦标赛作为提升城市形象和知名度的重要平台,向世界展示南宁充满生机和活力的良好形象。创新举办好2014年南宁国际民歌艺术节。统筹城乡义务教育资源均衡配置,巩固学前教育三年行动计划成果。加快创建创新型城市,以科技推动现代产业发展和社会进步。继续抓好诚信计生工作,稳妥推进单独二孩政策。尽快筛选一批事关群众切身利益的问题,列为南宁市2014年为民办实事项目。二要加强和创新社会治理。坚持依法加强社会治理,完善党和政府主导的维护群众权益机制,健全社会舆情汇集和分析机制,健全重大决策社会稳定风险评估机制,有效加强社会矛盾源头治理。更加注重公众参与社会治理,引导各类社会组织加强自身建设、增强服务社会能力,支持人民团体参与社会治理和公共服务,发挥群众参与社会治理的基础作用。进一步加强和完善网络信息管理,特别是要加强网上舆论引导,主动出击应对网上舆情。深入开展法治宣传教育,使学法知法守法成为全市人民的自觉行为。三要切实维护社会和谐稳定。继续推进"平安南宁"建设,深入开展社会矛盾纠纷调处化解和社会治安重点地区排查整治工作,加强流动人口管理,依法有效防范和打击各类违法犯罪活动。加大力度打击"两违"现象,坚持严管重罚,切实遏制违法占地和违法建设。不断提高群众性和突发性事件的处置能力,进一步加强重大紧急信息上报工作,健全处置群体性突发性事件的指挥体系,确保对突发性事件、群体性事件做到发现得早、控制得住、解决得好。

四、加强党对经济工作的领导，以更加优良的作风推动加快发展

做好全市各项工作，关键在党的领导。必须进一步提高各级领导科学决策、驾驭全局的能力，进一步加强干部队伍建设，充分调动各方面的积极性，形成抓改革促发展的合力。

第一，进一步解放思想，增强加快发展的责任感和紧迫感。对南宁而言，发展的落后很大程度上是思想的落后、认识的落后、观念的落后。为此，必须进一步解放思想，绷紧加快发展、科学发展这根弦，始终把发展作为第一要务，转变发展理念，抢抓发展机遇，实现跨越发展。当前，特别要牢固树立抢抓机遇、敢于担当、改革创新的意识。抢抓机遇，就是要破除消极等待、裹足不前的思想，主动出击争取更多资金，引进更多重大项目，吸引更多优秀人才，推动南宁跨越发展。敢于担当，就是要切实改变不求有功、但求无过的"太平官"思想，在难题面前敢闯敢试、敢为人先，在矛盾面前敢抓敢管、敢于碰硬，在风险面前敢作敢为、敢担责任，切实破解改革发展稳定中的难题。改革创新，就是要破除因循守旧、墨守成规的思想，积极探索，大胆创新，先行先试，以"杀出一条血路"的勇气和决心，冲破利益固化的藩篱，找出解决问题的新路子、新办法，取得实实在在的成效。

第二，树立正确的用人导向，凝聚跨越发展的强大合力。要按照习近平总书记提出的信念坚定、为民服务、勤政务实、敢于担当、清正廉洁的好干部标准，加大选人用人力度，特别是对那些擅于改革攻坚、在中心工作和重点项目推进中表现突出、敢抓敢管的"狮子型"干部要委以重任。"知人之法，在于责实"，鉴别、培养干部，实绩才是最好的试金石。要把抓好落实、干出成效和推动科学发展作为检验干部的标准，坚持在推进重大工程、重点项目等一线工作中了解、发现、使用好干部。要在全市形成"比学赶帮超"的浓厚氛围，让全市各级干部都来比一比推进工作落实的力度，比一比解决重点难点问题的能力，比一比敢于担当的精神勇气，比一比立足岗位创新工作的实绩，形成相互学习、共同提高的良好氛围，形成你追我赶、齐头并进的生动局面，形成相互帮助、相互促进的良好风尚，形成解放思想、赶超跨越的强大正能量。

第三，进一步转变工作作风，营造实干苦干的良好氛围。抓作风就是抓发展。2014年，南宁市将全面启动第二批党的群众路线教育实践活动。全市各级党组织要高标准谋划、高质量准备、高起点开局，确保全市干部作风得到进一步转变、干群关系得到进一步密切、为民务实清廉形象得到进一步树立。要按照"行必责实、章必严循、事必明责"的要求，狠抓干部队伍作风建设，着力打造一支忠诚可靠、有激情、肯奉献的干部队伍，努力营造敢干、实干、苦干、干成、干好的氛围。要加强对干部的监督管理，要加大市直单位科长的交流力度，对于当前一些县（区）、乡镇干部存在的"走读"现象，要在着力改善乡镇生活条件的同时，出台相关政策规范，使广大基层干部转变工作作风，沉下身子，安心工作，脚踏实地，真正为群众解难事、办实事。

第四，加强督查考核工作，激发干部干事创业的热情活力。市"两重两问"领导小组要加强力量、加大力度发挥督查作用，坚持对重点工作重大项目事项做到百分之百监督检查、责任百分之百落实、失职百分之百问责，真正让想干事的有机会、能干事的有舞台，让不作为、干不成事的挪位置、摘帽子，进一步激发干部干事创业的活力。下一步要重点加强对落实中央八项规定、推进重点项目、服务重点企业、发展工业园区、落实重大招商项目、建设美丽南宁等工作的监督检查，确保全面落实各项工作措施，完成全年工作任务。要深入贯彻中央关于政绩考核的新要求、新理念，建立健全以科学发展为导向的领导班子和领导干部考核评价体系，引导各级领导班子和领导干部树立"功成不必在我"的发展观念，激励大家干出经得起实践、人民、历史检验的政绩。

谢寿堂主任在南宁市第十三届人民代表大会第五次会议上作的工作报告（摘要）

（2014年2月12日）

2013年主要工作

一、坚持抓特色、抓质量，立法工作实现新进展

常委会全年共颁布施行地方性法规2件，废止1件，审议8件，已表决通过4件，开展立法后评估1件，完成立法调研项目7个，对现行37件地方性法规配套规范性文件制定情况开展专项检查。

着眼美丽南宁建设开展立法。及时调整立法计划，增补南宁市道路交通管理条例、南宁市城乡容貌和环境卫生管理条例（修订）、南宁市养犬管理条例（修订）为年度立法项目，为深入实施"美丽南宁·整洁畅通有序大行动"提供法制支持。颁布施行南宁市历史街区保护管理条例，为保护城市历史传统街区风貌，打造国家历史文化名城提供法制支撑。审议通过南宁市城乡规划管理若干规定、南宁市违法建设查处条例、南宁市郁江流域水污染防治条例、关于修改南宁市饮用水水源保护条例的决定，为促进城乡规划建设管理提供法制依据。特别是针对"两违"查处难的问题，常委会加大立法工作力度，南宁市违法建设查处条例实现当年立项、当年审议、当年通过。同时，审议南宁市城市供水节水条例、南宁市城乡容貌和环境卫生管理条例（修订），开展公园（湿地公园）管理条例、道路交通管理条例立法调研，不断强化对美丽南宁建设的立法支持。

着眼社会事业发展开展立法。颁布施行南宁市燃气管理条例。审议南宁市房地产开发项目配套设施建设管理条例、南宁市消防条例，着力从法规制度上解决城市发展中配套设施建设滞后、功能不完善等问题。开展轨道交通管理条例、城乡居民养老保险条例、互联网安全保护条例、档案管理办法的立法调研，为从法规制度上保障社会事业健康发展进行有益探索。

着眼法规配套建设完善立法。首次对南宁市各级政府及市

级部门制定地方性法规配套规范性文件情况进行专项检查,不断完善南宁市地方性法规配套制度建设,促进地方性法规有效施行。开展南宁市出租汽车客运管理条例的立法后评估,对条例的实施绩效进行分析,为进一步完善条例和条例实施机制提供依据。

着眼提高立法质量创新立法方式。首次将代表的立法建议项目纳入常委会年度立法计划,调动代表在立法工作中的积极性;利用新闻媒体、网络信息平台,公开向社会征集违法建设查处条例、房地产开发项目配套设施建设管理条例的修改意见建议,引导鼓励公众有序参与立法;委托自治区统计局社情民意调查中心进行第三方评估,增强立法后评估工作的科学性;推进立法"精细化",坚持有几条立几条,在可执行、易操作、真管用上做文章,使法规体例结构跳出"大而全、小而全"的模式,推动科学立法、民主立法。

二、坚持抓重点、抓关键,监督工作实现新突破

常委会全年共听取和审议"一府两院"专项工作报告18个,开展专项工作评议1次,开展专题询问1次,开展专题视察和调研38项,跟踪督办常委会决议决定和审议意见22件,对6部法律法规的施行情况进行执法检查,对35件政府规章和其他规范性文件进行备案审查。

围绕工作大局,推进决策落实。常委会把"美丽南宁·整洁畅通有序大行动"实施情况作为监督重点,听取和审议市人民政府专项工作报告,组织人大代表200多人次开展视察调研,在常委会会议上开展专题询问,推动"大行动"的深入实施。对五象新区开发建设继续开展"大参与、大支持、大监督"活动,推动五象新区的加快发展。对邕江两岸综合整治工程实施情况开展专项工作评议,促进邕江两岸脏、乱、差现象的有效整治。

注重运行质量,推进经济发展。高度关注国民经济和社会发展,听取和审议2013年上半年国民经济和社会发展计划执行情况的报告、"十二五"规划纲要实施情况中期评估报告、2013年国民经济和社会发展计划主要经济发展预期目标调整报告;高度关注农业发展,听取和审议2013年农业生产安排和春耕生产情况的报告,对关于病险水库除险加固工作专项评议的决议、关于加强气象防灾减灾基础设施建设议案的决定进行跟踪督办,对防汛工作、粮食仓储设施工程建设开展专题调研;高度关注财政资金管理使用,听取和审议南宁市2013年上半年预算执行情况报告、2012年南宁市本级决算草案报告、关于2012年度南宁市本级预算执行和其他财政收支的审计工作报告、2013年市本级预算调整方案报告、2012年度市本级预算执行和其他财政收支审计查出问题整改情况的报告,审查和批准2012年市本级财政决算、2013年市本级财政预算调整方案。尤其是通过对审计查出问题整改落实情况进行跟踪检查,推动审计查出问题的有效整改,整改率达98.46%。建立预决算审查监督咨询专家库,发挥专家优势,提高审查监督质量。开展政府全口径预决算审查监督专题调研,推动政府全口径预决算工作向科学化、精细化、规范化方向发展。

承载百姓期盼,推进民生改善。听取农村医疗卫生服务三级网络建设情况的报告、学前教育三年行动计划执行情况的报告,开展家禽养殖业安全生产等专项调研,对2013年为民办实事项目进展情况以及关于加强乡村道路管护等代表议案、建议进行跟踪督办。通过对常委会决议决定的跟踪督办,促进市妇幼保健院顺利扩建、市红十字会救护培训备灾中心加快建设、市体育运动学校项目用地得到落实。先后两次组织市人大代表到长堽路调研视察,推动拖延八年的长堽路改造扩建工程取得突破性进展,并在去年底实现通车。加强人大信访工作,全年共受理人民群众来信来访592件次。

把握法治重点,推进依法行政。开展社会保险法、未成年人保护法、农产品质量安全法、环境保护法、归侨侨眷权益保护法、南宁市养犬管理条例等法律法规实施情况的检查,促进这些法律法规在南宁市的全面贯彻实施。市政府认真落实常委会的执法检查意见,加大社保专项投入力度,全市城镇居民基本医疗保险和新型农村合作医疗的财政补助标准从2012年的每人240元提高到每人280元;进一步完善农产品质量安全监督体系,已健全125个农产品质量安全监管服务机构,聘任1354名村级安全协管员,对农产品基地实现全面监管。此外,常委会还对市政府制定的规范性文件进行备案审查,对县(区)人大常委会备案审查工作进行检查指导,协助自治区人大常委会开展政府依法行政工作情况专题调研,推进依法行政,推动法治南宁建设。

重视司法为民,推进公正司法。听取和审议市中级人民法院关于立案工作情况的报告,对关于解决民事诉讼"立案难"问题的代表建议进行跟踪督办,使"立案难"问题得到缓解,立案工作整体水平得到提高。听取和审议市人民检察院关于派驻乡镇检察室建设工作情况的报告,并作出决定,推动派驻乡镇检察室工作开展,建成27个派驻乡镇检察室,并配备工作人员。

三、坚持抓大事、议大事,决定重大事项和人事任免工作实现新作为

围绕全市工作大局依法审议决定重大事项,针对带有全局性、根本性、长远性的问题作出决议决定。组织召开代表大会1次,召开常委会会议7次、主任会议28次。常委会会议依法对春耕生产、财政预决算、市本级预算调整、生态园林建设等事关全市政治、经济和社会发展的重大事项做出决议、决定28项。及时审议批准南宁市轨道交通1号、2号线建设资金使用计划360亿元,确保轨道交通建设工程按计划推进。及时审议批准南宁市2013年国民经济和社会发展计划主要经济发展预期目标调整方案,对地区生产总值、规模以上工业增加值、社会消费品零售总额三项指标的预期增长速度进行调整,促进经济运行质量的提高。

坚持党管干部原则和依法任免国家机关工作人员的有机统一,及时审议决定人事任免事项。制定《南宁市人民代表大会常务委员会任命国家机关工作人员法律知识考试办法》,扩大考试范围,通过任前法律知识考试,增强拟任人员的法律意识、人大意识和履职意识。全年任免国家机关工作人员120人次,其中任命62人,免职51人,接受辞职7人;组织补选市十三届人大代表6人。

四、坚持抓活动、抓服务，代表工作实现新发展

牢固树立为代表服务的思想，支持代表当家做主、依法履职，充分发挥代表主体作用。

拓展代表活动平台。成立自治区首个人大工作研究会和市人大代表活动中心书画院，为丰富代表活动提供新平台。将代表“三个一”活动拓展为“七个一”活动（本届内每位代表列席一次常委会会议、参加一次代表视察活动、参加一次代表调研活动、参加一次执法检查活动、参加一次原选举单位活动、向原选举单位作一次述职、提出一条有建设性质量高的议案或建议），进一步丰富代表活动的内容。全年代表列席市人大常委会会议132人次，参加调研活动220人次，参加视察活动195人次，参加执法检查81人次，参加原选举单位活动487人次，参加述职381人，提出议案、建议共269件。全面启动街道人大代表活动中心建设，进一步理顺完善街道代表工作机制，为代表履职提供新平台，填补城区街道无人大工作机构的空白，解决城区街道人大工作无专人抓、无专人管的问题。

认真办理代表议案建议。完善代表议案调查审议制度，对市十三届人大四次会议主席团交付审议的6件代表议案，及时组织各专委开展调查，及时召开常委会会议进行审议，对关于加快建设民族大道延长线经济带、加强气象防灾减灾基础设施、加强生态园林建设打造美丽南宁、加大对旅游景区（景点）基础设施建设力度、在凤岭片区建设一所公立医院等5件议案做出决定，将关于加大力度扶持上林县农村基础设施建设的议案转为建议办理。完善代表建议交办制度，对市十三届人大四次会议以来代表提出的264件建议，通过交办会等方式，及时交有关单位和组织办理。完善议案建议督办制度，听取和审议“一府两院”办理代表议案建议情况的报告，组织有关专委对代表议案建议的落实情况进行跟踪督办，并将办理情况在南宁人大网站上公开通报。市政府高度重视代表议案办理，制定民族大道延长线经济带开发建设工作方案，启动民族大道延长线经济带开发建设工作；积极加强协调，与自治区人民医院达成在凤岭片区建设一所综合性医院的协议。

切实加强代表学习培训。深入开展代表正规化培训，在市委党校举办2期人大代表培训班，在自治区党校举办1期人大代表小组长培训班，培训代表485人次。坚持为代表订阅《中国人大》《广西人大》等刊物，向代表寄送《南宁人大》、常委会2013年工作要点、监督工作计划、立法工作计划和代表工作计划，为代表加强学习提供帮助，保证代表知情知政，为代表依法履职夯实基础。

五、坚持抓学习、抓作风，自身建设实现新提升

强化理论武装。认真学习贯彻党的十八大、十八届二中、三中全会精神和习近平总书记一系列重要讲话精神，组织开展全市人大系统“学习贯彻党的十八大精神，不断开创人大工作新局面”专题研讨活动。坚持中心组学习制度、法制讲座制度和学习培训制度，全年开展中心组专题学习5次，举办常委会法制讲座6次；举办常委会组成人员、人大系统处级干部、机关科级干部和县（区）人大常委会办公室主任培训班，扎实推进学习型机关建设，提高依法履职能力。

强化作风建设。认真贯彻落实中央关于改进工作作风、密切联系群众的八项规定精神，切实改进文风、会风和工作作风。加强调查研究，积极开展立法调研、专项工作调研、议案办理调研，问计于民，通达民意；加强制度建设，对市人大及其常委会的工作法规和规章制度开展全面清理、修订，完成代表大会、常委会、主任会议“三会”议事规则修订和专门委员会工作规则制定工作；坚持廉洁从政，认真开展办公用房专项检查、公务用车专项治理、“三公经费”专项检查、清退会员卡等专项治理活动，全面落实党风廉政建设责任制，树立地方国家权力机关为民、务实、清廉的良好形象。

强化机关建设。注重队伍建设，通过挂职锻炼、轮岗交流、学习培训等多种形式，加强干部培养，不断激发干部队伍活力。加强机关党建，指导机关党委完成换届选举工作。深入开展“结一联五”、机关干部入乡住村、岗位党旗红、学习新党章、创建先锋示范城、“十大先锋行”和“四走四促四满意”等各项活动。加强机关文化建设，充分发挥市人大工作研究会和市人大代表活动中心书画院的作用，开展丰富多彩的活动。支持机关工会、妇委会开展健康有益的文体活动，丰富机关文化生活，增强凝聚力。

强化宣传交流。《南宁人大》办出特色，指导性、可读性进一步增强；南宁人大网站不断完善，已建成展示市、县（区）、乡镇三级人大工作动态的网络平台；加大对市人大及其常委会重大活动、重点工作、代表履职等方面的宣传力度，《中国人大》杂志、《人民代表报》分别刊发常委会开展专题询问的专稿，实现南宁市人大工作在国家级刊物上宣传的新突破；首次开展“南宁人大新闻奖”评选工作，推动人大新闻宣传工作水平的提升。重视对外联系交流，自觉接受上级人大常委会的指导和监督，加强与兄弟城市人大的联系，积极开展与外国地方议会的友好交往，推进相互交流与合作。加强基层人大工作指导，在深入推进乡镇人大规范化建设的同时，全面开展县（区）人大规范化建设工作，使县（区）人大常委会工作环境和履职面貌焕然一新，促进全市人大工作水平整体提高。

常委会工作还有不少需要加强和改进的地方：如立法质量还不够高，监督方式还不够灵活，监督实效还不够明显，代表服务保障机制还不够完善，等等。

2014年主要任务

常委会工作总体要求是：高举中国特色社会主义伟大旗帜，以邓小平理论、“三个代表”重要思想、科学发展观为指导，深入贯彻落实党的十八大和十八届三中全会精神，坚持党的领导、人民当家做主、依法治国有机统一，紧紧围绕全市工作大局，紧扣主题主线，注重保障和推动全面深化改革，注重保障和推动扩大开放，注重保障和推动改善民生，注重保障和推动社会和谐稳定，着力推动人民代表大会制度和人大工作与时俱进，为奋力提升首府南宁在广西经济社会发展中的首位度，加快建设中国面向东盟开放合作的区域性国际城市、宜居的壮乡首府和具有亚热带风情的生态园林城市做出新贡献。

一、进一步加强立法工作,发挥立法的引领和推动作用

加强统筹协调,把立法决策与改革决策结合起来,努力推动影响南宁市改革发展重大问题的解决。突出立法重点,紧紧围绕全面深化改革和市委重大决策部署开展立法,增强立法服务改革发展的针对性、实效性。创新立法方式,完善立法调研、立法听证、立法咨询、立法评估等制度,扩大公民有序参与立法途径,提高立法科学化、民主化水平。加强立法宣传,加大法规宣讲、解读力度,推动法规顺利施行。计划安排初次审议南宁市养犬管理条例(修改草案)、南宁市道路交通管理条例(草案)、南宁市信息网络安全保护管理条例(草案)、南宁市轨道交通管理条例(草案)等法规草案;继续审议南宁市城市供水节水条例(草案)、南宁市房地产开发项目配套设施建设管理条例(草案)、南宁市城乡容貌和环境卫生管理条例(修改草案)、南宁市消防条例(草案)等法规草案;组织开展南宁市殡葬管理条例(修订)、南宁市汽车租赁管理条例、南宁市城市地下空间开发管理条例、南宁市科学技术进步若干规定(修订)、南宁大明山风景旅游区管理条例、南宁市西津湿地公园保护条例、南宁市速生桉种植管理条例等项目的立法调研。

二、进一步加强监督工作,切实提高监督实效

按照全面深化改革的新要求,健全"一府两院"由人大产生、对人大负责、受人大监督的制度。创新监督方式,增强监督刚性,树立监督权威,提高监督实效。加强经济工作监督,抓好2013年决算的审查和批准,听取和审议市人民政府关于2014年计划、预算执行情况、审计工作的报告。加强专项工作监督,听取和审议市人民政府关于2014年南宁市农民人均纯收入倍增计划和春耕生产情况、筹备服务第45届世界体操锦标赛工作情况、农村危旧房改造项目实施情况、征地拆迁回建安置情况、城建重大项目实施情况、旅游业发展情况、公共文化基础设施建设情况的报告,听取和审议市中级人民法院关于刑事审判工作情况报告,听取和审议市人民检察院关于反贪污贿赂工作情况报告。加强执法检查,对农村土地承包经营法、税收征收管理法、大气污染防治法、档案法、南宁市献血条例等法律法规开展执法检查。加强跟踪督办,对市十三届人大五次会议议案办理情况进行跟踪督办,对市人大及其常委会做出的决议决定和审议意见进行跟踪督查。对南宁市学前教育三年行动计划完成情况开展专项评议,对"美丽南宁·清洁乡村"实施情况开展专题询问。扎实开展规范性文件审查,指导县(区)人大常委会开展备案审查工作。

三、进一步规范重大事项决定和人事任免工作,为经济社会发展提供坚实保障

健全决定重大事项制度,依法对南宁市经济建设、政治建设、文化建设、社会建设以及生态文明建设中的重大事项,适时作出决议决定。依法做好人事任免工作,为全市国家机关的正常运转提供组织保障。

四、进一步加强代表工作,充分发挥代表主体作用

完善常委会联系代表制度,支持和保障代表依法履职。健全代表联系群众制度,强化代表听取民情、反映民意的作用。深化代表"七个一"活动,丰富代表活动内容。改进代表调研视察工作方式,重视代表调研视察成果转化。建立健全代表议案建议办理制度,不断提高代表议案建议的办理质量。加强代表学习培训工作,丰富学习内容,创新学习方式,增强学习实效。

五、进一步加强自身建设,提高依法履职能力和水平

坚持和完善人民代表大会制度,推动人大工作与时俱进。聚焦作风建设,认真开展党的群众路线教育实践活动,不断提高做好新形势下群众工作的能力。强化理论武装,不断完善中心组学习制度、法制讲座制度、干部培训制度,组织开展专题研讨活动,营造浓厚的学习氛围,练就过硬的真实本领。狠抓队伍建设,努力造就一支理想坚定、政治可靠、业务精湛、作风优良、廉洁勤政的干部队伍。完善制度机制,积极探索、完善地方国家权力机关的科学决策机制、监督工作机制、民主选举机制和代表履职机制,推进地方人大工作制度化、规范化、程序化。丰富文化生活,充分发挥市人大机关工会、市人大工作研究会、市人大代表活动中心书画院的作用,开展丰富多彩的活动,凝聚机关力量,增强机关活力。加强宣传工作,巩固宣传阵地,拓宽宣传渠道,提高人大宣传工作水平。加强工作指导,重点抓好市人大各代表团的规范化建设,继续开展县(区)人大常委会、乡镇人大规范化建设,继续抓好街道人大代表活动中心建设,为不断开创人大工作新局面创造条件。

周红波市长在南宁市第十三届人民代表大会第五次会议上作的政府工作报告(摘要)

(2014年2月12日)

一、2013年工作回顾

2013年,面对严峻复杂的经济形势和持续下行的经济压力,在自治区党委、政府和市委的坚强领导下,全市各级政府和

各族人民坚持稳中求进的工作总基调，以提高经济增长质量和效益为中心，团结奋斗，攻坚克难，全力以赴稳增长、调结构、促发展、惠民生，实现经济社会平稳较快发展，主要经济指标增速均高于全国、自治区平均水平。全年地区生产总值2803.54亿元，增长10.30%；财政收入473.66亿元，增长12.24%；规模以上工业增加值777.52亿元，增长16.60%；全社会固定资产投资2475.01亿元，增长23.40%；社会消费品零售总额1450.84亿元，增长14.01%。实际到位自治区外境内资金729.23亿元，增长10.28%；直接利用外资（广西全口径）5.80亿美元，增长15.45%；外贸进出口总额44.20亿美元，增长6.60%。居民消费价格总指数上涨2.10%。被评为"国家节水型城市""2013中国最佳休闲城市"，实现社会管理综合治理"长安杯"三连冠、"全国科技进步先进市"七连冠，全国城市文明程度指数测评在省会/副省级城市排第8位，位次较2012年提升9位。

一年来，主要做了以下工作：

（一）调结构促转型，经济质量效益取得新提高

以创新驱动推动产业升级。全市科技财政投入6.21亿元，增长20.43%，高于当年全市经常性财政收入增幅15.58个百分点。专利申请量、专利授权量及发明专利拥有量连续四年位居自治区第一，每万人发明专利拥有量增长48.67%。高新技术企业163家，总产值突破860亿元。南宁市科技企业孵化基地被国家科技部认定为国家级科技企业孵化器；世界上直径最大的铝合金圆锭在南南铝试产成功；广发重工集团"中广轨道1号盾构机"正式下线，高端装备制造业实现零的突破。大力实施"工业强市"战略。二次产业比重比上年提高1.24个百分点，电子信息等六大重点产业完成规模以上工业总产值1553.01亿元，增长23.13%，占全市的60.79%。其中，电子信息、铝精深加工规模以上工业总产值增速分别达47.50%、35.40%。工业投资完成728.13亿元，增长19.22%，南南铝等35个投资亿元以上重大项目投产或部分投产，中恒、研祥等82个重大项目开工建设。新增10亿元企业9家、规模以上工业企业28家。全市亿元企业548家，增加55家，拉动规模以上工业总产值增长22.23个百分点，富士康南宁公司产值157.20亿元，实现百亿元工业企业零的突破。创新开发区管理体制机制，建立奖惩分明、与发展业绩考评挂钩的待遇分配机制，做大做强园区工业，广西—东盟经开区成功升格为国家级开发区，三大国家级开发区规模以上工业总产值占全市比重47.90%，工业产值超百亿园区6个。淘汰一批小淀粉、小酒精、小造纸等落后产能，万元地区生产总值能耗下降3.50%，降幅5.22个百分点。大力发展现代服务业。服务业增加值增长8.10%。新增限额以上企业154家，限额以上企业消费品零售总额664.30亿元，增长17.73%。金融业增加值241.11亿元，增长12.40%，占第三产业增加值的17.96%。实现旅游总收入478.15亿元，增长18.39%。举办香港时尚购物展、南宁名品推广周等各类专业会展105场。房地产开发投资416.37亿元，占自治区25.79%；商品房销售面积702.6万平方米，增长11.70%。大力支持非公经济发展。民间投资1486.87亿元，增长30.98%，对全市投资增长的贡献率75.56%。个体工商户24.84万户、私营企业9.23万家，非公企业上缴税收198.20亿元，增长14.43%。

（二）强保障促增收，"两个倍增"计划取得新成效

全市农业财政投入37.32亿元，增长15.44%，高于当年全市经常性财政收入增幅10.59个百分点。发放农资综合补贴4.50亿元、种粮农民直接补贴2760万元。农林牧渔业总产值578.15亿元，增长4.91%；粮食总产量223.44万吨，再创历史新高，香蕉、茉莉花、木薯、甜玉米产量保持全国第一；新增土地承包经营权流转面积1.08万公顷，总量超过6.67万公顷（100万亩），占自治区18.80%。新增市级以上农业龙头企业16家、农民专业合作社200家。建成30个标准化生态养殖基地，新增蔬菜基地468.67公顷、林下经济4666.67公顷。实施行政村通畅工程，建成通村路384.34千米。完成小（2）型病险水库除险加固138座、农村饮水安全工程495个，解决33万人农村饮水安全问题。完善"三位一体"扶贫大格局，各级财政投入资金2.63亿元，扶持发展特色农产品种植6666.67公顷（10万亩），修建屯级道路410条487.74千米、桥梁14座，解决29万名群众行路难问题。新增农村劳动力转移就业9.90万人。农村居民人均纯收入7685元，增长13.40%。企业退休人员基本养老金实现"九连涨"，人均每月1621.23元；最低工资标准提高至每月1200元，增幅20%。加强就业援助，累计发放小额担保贷款3.38亿元。城镇新增就业8.60万人，城镇登记失业率3.01%。城镇居民人均可支配收入24817元，增长10%。

（三）重招商优服务，以投资促增长取得新佳绩

紧盯世界500强企业、全国知名民营企业，市四家班子领导率团赴粤、港、澳、台等地区开展招商活动，抓住全国工商联执委会在邕举办的机遇，全力以赴招大商引强企，引进绿地集团等6家世界500强企业，宝能、万科、研祥、海王等国内20多家金融、地产、电子、医药等行业龙头企业落户南宁。加强投资软硬环境建设，南宁投资环境满意度排名自治区首位。建立市领导联系服务重大项目和重点企业新机制，完成基本建设投资1109.74亿元、增长29.16%，更新改造投资728.33亿元、增长23.08%；自治区、市层面统筹推进重大项目559项，完成投资743.48亿元；城建项目477项，完成投资220.90亿元，增长16.44%。

（四）抓改革促开放，发展动力取得新增强

积极推进统筹城乡改革。出台《南宁市农村住宅建设管理及推荐户型奖励办法》，重点推进坛板坡等12个综合示范村建设。首次将政府性基金、社保基金纳入全口径预算，首次将社保基金预算、国有资本经营预算纳入同级人大审议。将28家国有

独资及国有控股企业，按行业、资源整合重组为九大集团(公司)。深化行政审批制度改革，授予三大国家级开发区管委会105项行政许可项目、127项非行政许可审批项目；将8大类89项行政审批、行政处罚等管理事项委托或授权五象新区管委会，市政务服务中心进驻五象新区，实现五象新区项目审批“不过江”目标；强化行政审批职能、事项、人员“三集中”，全市279项行政审批事项再次提速，承诺提速率平均达50%以上。积极推进事业单位分类改革。全面启动六县县级公立医院综合改革；基层医疗卫生机构综合改革基本完成，88.44%的政府投资建设村卫生室纳入新农合定点医疗机构范围。成功服务第十届中国—东盟博览会和商务与投资峰会、中国—东南亚民间高端对话会议、第二届中越青年大联欢活动等。推进内地与香港、澳门更紧密经贸关系安排(CEPA)示范城市建设。鼓励企业“走出去”，申报境外投资企业18家，投资总额4.32亿美元，增长58%。

(五)抓建设优环境，城市宜居水平取得新提升

突出五象新区开发建设。新区管委会挂牌成立，统筹做好市政基础设施、公共与配套设施等专项规划，重点片区规划进一步完善。探索区域连片土地统征统储和集中安置方式，开工建设12个安置点，妥善解决1.30万人安置问题。落实新增建设用地指标、“招拍挂”出让土地面积、征地完成量分别占市本级的44%、40%、50%。实施项目130项，完成投资153.62亿元。广州恒大等30多家国际、国内知名企业落户五象新区，兴业银行、太平保险等9家金融、保险机构集聚金融街，总部基地95%以上的土地已落实项目，投资达500多亿元。加快重大交通基础设施建设。轨道交通1号线完成投资32.58亿元，2号线开工，轨道交通第二轮规划(含3、4、5号线)已报国家发改委审批。南桂、南柳及南宁至钦北防高铁相继开通，市辖区内高铁里程306.27千米，南宁迈入高铁时代。南宁吴圩国际机场新航站楼主体完工，火车东站及周边路网建设全面推进。城市道路“白改黑”工程完成224条。良庆大桥开工建设，白沙大道三座立交桥、金湖广场下穿隧道等工程如期建成通车，历经9年建设的民主铁路立交桥、凌铁大桥建成通车，历经8年建设的长堽路打通至快环。旧城改造完成投资约51.70亿元，水街片区旧城区改建、老南宁·三街两巷旧城改造项目顺利推进，完成新阳路292号等20个土地熟化项目。重拳整治“两违”，拆除违法建设面积381.40万平方米、清理违法占地面积506.50万平方米。“中国水城”建设完成投资50.05亿元，增长81.10%。邕江两岸综合整治示范段(3.40千米)、良庆河综合整治工程三期如期建成，邕宁水利枢纽、江北引水干渠开工建设，老口水利枢纽完成投资13.40亿元，民歌湖、相思湖、明月湖等环城水系进一步提升。提升“中国绿城”水平。完成投资19.50亿元，增长34.96%。完成新造林1.63万公顷，村屯绿化130个。成功举办第三届广西园林园艺博览会，五象湖公园成为新亮点。民族大道、五象大道、竹溪大道等城市精品线路的园林景观进一步提升，城市绿化、美化、彩化三年行动计划成效凸显。全市建成区绿地率、绿化覆盖率和人均公园绿地面积分别提高0.30、0.23个百分点和0.21平方米。环境空气质量(AQI指数)优良率75%，在省会城市(直辖市)中名列第六。

(六)办实事惠民生，社会事业发展取得新进步

全市财政涉及民生支出292.74亿元，比上年增支33.58亿元，占全市财政支出69.87%。全市社会保险参保608.28万总人次(不含新农合)。投入3.40亿元提高城乡最低生活保障标准和五保户、孤儿供养标准，覆盖城乡居民248.48万人次。安排社区惠民资金3520万元，解决一批社区居民最关心的民生问题。开工建设各类保障房1.99万套、基本建成1.76万套，新增发放廉租住房租赁补贴2568户、分配入住保障性住房6295套。教育支出70.32亿元，增长6.43%，高于当年全市经常性财政收入增幅1.58个百分点。农村义务教育学生营养改善计划安排2.33亿元，受益学生40万人，率先在自治区实现市辖县所有义务教育阶段学生全覆盖。完成幼儿园建设项目386个，创建自治区级示范幼儿园6所、市级示范幼儿园37所，超额完成学前教育三年行动计划。建成12所城市中小学校，接收进城务工人员随迁子女义务教育学生12.60万人，占全自治区33.18%。学前三年毛入园率、九年义务教育巩固率、高中阶段毛入学率分别提高4.31、0.56、0.62个百分点。新型农村合作医疗参合率99.38%；726万人次参合农民获医疗费用补偿，补偿基金19亿元，基金使用率111%。人均基本公共卫生服务经费标准提高5元。全力实施防治艾滋病攻坚工程、母婴健康“一免二补”幸福工程、地中海贫血防治计划、中医药民族医药重点工程和壮瑶医药振兴计划，全市社区卫生服务中心、乡镇卫生院实现中医科全覆盖。全市人口自然增长率8.37‰，出生人口性别比同比下降2.75个比值。市财政投入4500万元完成129个村级公共服务中心建设。成功打造“一声所爱·大地飞歌”2013新民歌音乐季，汪小敏等3位选手入选央视春晚。《天琴传说》获全国曲艺优秀节目展演优秀剧目奖，实现南宁曲艺全国夺奖零的突破。南宁电视台与6家境外媒体成功举办跨国春晚《春天的旋律》，节目信号覆盖泰国等东南亚十国及北美、欧洲、大洋洲等地区。安排5000万元专项扶持文化产业发展，中国—东盟创意乐园(锦园)项目落地，天天演项目《锦·宴》对外公演。村村通广播电视乡镇无线覆盖新增25万人。保护和弘扬壮族文化遗产，武鸣县获“中国歌圩文化之乡”称号。全市经常参加体育锻炼人口达49%。成功举办2013南宁国际半程马拉松比赛、南宁国际龙舟赛等5项国际体育赛事。高标准做好第四十五届世界体操锦标赛筹备工作。建立社会救助和保障标准与物价上涨联动挂钩机制，开通菜篮子工程平价直销车20辆、设立农副产品平价商店26家，实行“一元菜”供应。投入58.12亿元，自治区10项、南宁市20项为民办实事工程104个子项完成100项，4个子项正在收尾。

(七)抓规范严管理，社会和谐稳定取得新成效

推进“平安南宁”建设，新增3000个网络高清监控摄像头，严厉打击“两抢一盗”，案件发案数和刑事案件发案数分别下降15.98%、23.05%。年内，无重大以上安全生产事故，年度考核综合排名自治区第一。开展乳制品等重点食品、餐厨废弃物及废弃

油脂等十大专项整治行动，市、县(区)、乡镇(街道)食品药品监管体系改革工作走在自治区前列。"智慧南宁"建设成为国家试点。全国民族团结进步示范市试点、全国少数民族流动人口服务管理试点工作扎实推进。平里静脉产业园开工建设，餐厨废弃物资源化利用和无害化处理厂基本竣工，城市污水截污及管网建设实现新突破，市本级生活污水集中处理率、生活垃圾无害化处理率分别达85%和100%，邕江地表水集中式饮用水源水质达标率100%。推进"美丽南宁·清洁乡村"活动，打造示范点138个，乡村脏乱差现象得到明显改善。"美丽南宁·整洁畅通有序大行动"，实现"100天新变化、200天新提升"的工作目标。

(八)改作风提效能，政府自身建设取得新加强

加强政府立法，完善交通、食品安全、信用体系、违法建设查处等重点领域的制度建设。推进依法行政，严格按程序起草、审议、发布文件，提请市人大常委会审议地方性法规草案5件，出台政府规章4件、废止3件。主动公开政府信息11.70万多条，信息公开量继续保持自治区首位。推进"一服务两公开"向基层延伸，98.40%的乡镇(街道)和43.90%的行政村(社区)建成政务服务中心，超额完成自治区下达任务。贯彻落实中央"八项规定"精神，全市会议召开数量同比下降31.63%；处级干部因公出国(境)人数下降35.01%，科级干部因公出国(境)人数下降52%；公务接待费用下降24.95%，公务用车运行经费下降7.20%，节庆、论坛活动经费下降61.90%；腾退办公用房1380间、4.09万平方米，清理、停止楼堂馆所建设项目21个。接听"市长公开电话"来电4.03万个、受理"人民网市长信箱"留言618条，妥善处理群众来信3234件、来访2378批9030人次。强化对政府投资项目、重大政策执行等审计监督，廉政建设进一步加强。认真执行市人大及其常委会的决议、决定，依法接受市人大及其常委会监督，自觉接受人民政协的民主监督和社会舆论监督，办理自治区和市级人大代表议案建议261件、政协委员提案338件，办结率100%。认真听取各民主党派、工商联、无党派、人民团体和社会各界人士的意见。

一年来，南宁市外事、侨务、司法、统计、人防、保密、口岸、水库移民、地震、供销、农机、机关事务管理、地方志、档案、宗教、新闻出版、消防、海关、海事、检验检疫、税务、工商、质监、国家统计南宁调查队、通信、邮政、供电、测绘、气象、水文、参事、哲学和社会科学等工作取得新进展，妇女儿童等事业取得新进步。国防教育和后备力量建设深入开展，双拥共建工作取得新的成绩，少数民族聚居区繁荣发展。

同时，清醒地看到，南宁市构建现代产业体系，做大经济总量的任务十分繁重；科技带动能力较弱，创新驱动发展亟待加强；影响科学发展的体制机制瓶颈依然不少，改革攻坚面临重重挑战；城乡发展不平衡仍然突出，新型城镇化建设任重道远；社会和谐稳定压力依然存在，社会治理仍需进一步加强；政府自身建设、干部作风有待进一步加强和改进等。

二、2014年工作安排

2014年政府工作的总体要求是：全面贯彻落实党的十八大、十八届二中和三中全会、中央经济工作会议、中央城镇化工作会议、中央农村工作会议以及自治区党委十届四次全会、市委十一届十一次全会精神，以抓改革、促发展、惠民生为主基调，始终保持高于自治区平均水平的发展速度，突出全面深化改革、产业转型升级、新型城镇化建设、保障和改善民生，进一步扩大开放合作，举全市之力办好第四十五届世界体操锦标赛，奋力提升首府南宁在广西经济社会发展中的首位度，加快建设中国面向东盟开放合作的区域性国际城市、宜居的壮乡首府和具有亚热带风情的生态园林城市。

2014年经济社会发展的主要预期目标：地区生产总值增长10%；财政收入增长10%；全社会固定资产投资增长18%；规模以上工业增加值增长16%；社会消费品零售总额增长14%；外贸进出口总额增长8%；城镇居民人均可支配收入增长10%，农村居民人均纯收入增长12%；居民消费价格总指数涨幅控制在4%左右；万元生产总值能耗、化学需氧量排放量、二氧化硫排放量、氨氮排放量、氮氧化物排放量按自治区下达的目标完成；城镇化率59.20%；每万人有效发明专利拥有量2.50件；学前三年毛入园率91%，九年义务教育巩固率93%，高中阶段毛入学率92%；城镇新增就业人数7.50万人，城镇登记失业率控制在4.50%以内。

(一)以改革创新为统领，推动发展活力新增强

深化行政审批制度改革。做好行政审批事项"接、放、管"，市本级的行政审批事项，能减就减，能放就放，能取消就取消，坚决控制新增行政审批事项，对保留事项依法管好。创新和完善重大项目联合审批、预约审批、缺项审批、分段审批等审批方式，探索建立"一门受理、抄告相关、同步审批、限时完成"审批模式，推行"网上受理、网上流转、网上审批、政务中心出件"审批流程，解决部门和政务中心两头受理问题。加快建立网上政务服务大厅，实现所有审批项目的实时公示。深化政府机构改革，推进事业单位分类改革。打造公平、开放、便捷的发展环境。

深化财政体制改革。构建和完善覆盖政府所有收支的全口径预算体系。继续加强预算绩效管理，扩大绩效目标管理和绩效考核覆盖面。实施规范、公开、透明的预算制度，稳步推进财政预决算公开和"三公"经费公开。探索编制全市各级政府性债务收支计划，加强政府债务管理。完善市区事权和支出责任划分，创新市本级与城区财政利益共享机制。整合各类产业发展资金，建立健全财政促进产业发展机制。建立健全政府购买服务的长效机制。让预算更加透明，支出更加规范，公共财政更好地为民服务。

深化土地管理制度改革。完善城乡建设用地增减挂钩制度，试点推进农村集体经营性建设用地使用权流转、城市低效土地开发利用等改革。加快农村集体土地和宅基地确权登记发证工作，在符合土地利用总体规划和土地用途管制前提下，允许农村集体经营性建设用地通过出让、租赁、入股等方式依法进行流转，建立完善土地租赁、转让、抵押二级市场，逐步将农村集体经营性建设用地使用权、林地经营权和林木所有权、土地承包经营权等纳入城乡统一的土地交易市场。完善被征地农民合理、规范、多元的保障机制。确保土地利用更加集约高效，土地收益分配更加公平。

深化城镇化发展体制机制改革。改革户籍管理制度,有序推进农业转移人口市民化。创建多元可持续的城镇建设资金保障机制,争取发行市政建设债券,更多地吸引社会资本参与城市公用设施投资、建设、运营。健全城市基础设施服务合理收费机制。完善城市规划制定、实施、监督的地方性法规,强化规划指导和约束。制定出台促进房地产市场持续健康发展政策。破除城镇化发展体制机制障碍,让广大农民平等参与城镇化进程,共享现代化成果。

深化国有企业改革。完善以管资本为主的国有资产管理体制,重点加大九大集团(公司)改革力度,竞争类的国企加快推向市场,将国资重点集中在基础设施和民生保障等关键领域。深化国有企业公司制、股份制改革,大力发展混合所有制经济,支持和鼓励各种非公资本参与国企股权多元化改革。探索建立国有企业分类监管制度,健全国有企业领导人员管理体制。释放国有企业发展的活力、创造力和竞争力。

大力发展非公经济。坚决废除对非公经济各种形式的不合理规定,进一步清除市场准入障碍,消除各种隐性壁垒,出台非公企业进入特许经营领域具体办法。完善财税支持、产业扶持、政府服务等配套措施,市财政每年统筹安排不低于5000万元支持非公经济发展,重点培育100家以上非公强优企业。引导非公企业兴办文化、医疗、养老等社会事业。让南宁成为非公企业投资、创业的沃土。

(二)以"工业强市"战略为牵引,推动现代工业大发展

以科技创新引领工业发展。大力支持富士康南宁科技园研发检测认证中心建设和研祥、燎旺车灯等一批骨干企业创建国家级技术中心、实验室。扶持培育高新技术企业15家、创新型试点企业10家。重点培育20个广西名牌产品和广西著名商标,认定工业新产品100个以上。重点推进智能制造、网络制造、工业大数据集成为重点的"两化"融合项目建设,力争完成制糖、铝精深加工、机械装备、食品药品"两化"融合方案。投资10亿元,完成技术创新及"两化"融合项目300项。

以重点产业发展优化工业结构。新增建设用地指标40%以上用于工业项目及工业园区基础设施建设,专项安排16.50亿元现代工业发展资金,集中支持生物医药、铝精深加工、电子信息、机械装备制造、轻工食品、清洁能源六大重点产业发展,力争实现工业总产值1850亿元、税金115亿元以上。以生物医药产业园为平台,重点推进中恒、海王等项目建设。以南南铝为龙头,重点加强与中国南车等集团合作,全面发展铝精深加工。加快与知名汽车企业对接,努力在汽车整车制造项目上取得新突破。加快建设南宁电子信息产业园,力争富士康南宁公司实现产值200亿元。重点支持南宁双汇食品、百威啤酒年产30万吨啤酒生产线等项目建设,将广西—东盟经开区打造成为自治区重要的轻工食品生产基地。发展生物质能源,努力将武鸣县建设成为全国生物燃气重点县。

以做大园区聚合工业优势。在各工业园区实施"体制机制创新""企业培育""产业提升""零增地技术改造""科技创新""金融创新""人才引进""基础设施建设攻坚""项目引进建设攻坚"九大行动计划,重点推进150万平方米工业标准厂房建设,不断完善园区基础设施,提高承载大项目能力。将国家级开发区改革创新发展政策逐步延伸到县(区)工业园区(集中区)。高标准规划建设南宁吴圩空港经济区,加快新兴产业园、现代工业园规划建设及招商。继续支持三大国家级开发区管理体制机制创新和产业发展,确保规模以上工业总产值占全市的比重提高5个百分点以上。

以优质服务做强工业企业。继续实施领导联系服务重大项目和重点企业工作机制,协调解决企业在融资、用工、用地等方面的问题和困难。发挥"两台一会"作用,帮助中小企业实现融资30亿元以上。鼓励和支持企业股权融资,引导具备条件的企业进行股份制改造。积极争取自治区支持,成立北部湾经济区(南宁)产业发展基金,争取实现融资100亿元。继续实施"抓大壮小扶微"工程,加快推进广发重工重组及改造、凤凰纸业和华劲纸业异地搬迁等重大项目,支持中烟南宁卷烟厂产值突破100亿元,实现全市百亿元企业新增1家、10亿元以上企业新增3家、亿元以上企业新增50家、规模以上企业新增25家的目标。

(三)以金融业为核心,推动现代服务业发展

加快金融业发展。抓住滇桂沿边金融综合改革试验区建设机遇,积极发挥金融发展决策咨询委员会和金融工作联席会议制度作用,制定更加优惠的政策,营造更好的金融生态环境,利用好5000万元金融产业发展资金,吸引国内外各类金融机构及会计、审计、财务等金融中介机构进驻南宁,争取正在筹建的亚洲基础设施投资银行、中国—东盟股权交易中心和互联互通投融资平台落户南宁,推进五象新区金融街等项目建设,加快南宁区域性金融中心建设。完善扶持企业上市相关规定,推动南城百货等4家企业上市。力争金融业增加值增长15%以上。

推动旅游业发展。坚持政府主导,突出市场主体,打造"壮乡歌海、中国绿城、东盟风情、养生之都"四大品牌,把旅游产业培育成战略性支柱产业。加大旅游宣传和市场营销,加强旅游基础设施建设和旅游产品开发,打造旅游精品线路。大力推进上林县特色旅游名县创建和双桥镇、布泉乡等10个南宁特色旅游名镇(乡)建设;重点建设东盟国际旅游风情小镇等28个重大旅游项目。加快青秀山风景区植物专类园建设和大明山旅游景区建设。力争创建国家5A级旅游景区1家、4A级旅游景区3家,旅游总收入突破550亿元。

发展现代商贸物流业。加快完善商贸流通规划,合理布局城市商业综合体、特色商业街、专业市场、社区商业中心、乡镇商贸中心等商业流通设施及业态,改造朝阳商圈,完善琅东—凤岭商圈,规划建设五象商圈。重点推进万达、宝能等城市综合体建设,力争新增限额以上企业100家。优化物流园区布局,大力支持集智能仓储、现代物流、金融服务于一体的一站式第三方大宗商品供应链服务平台建设,大力发展综合物流中心、专业物流中心和配送中心,推进中国—东盟商品交易中心、中国—东盟国际物流基地等重大项目建设,加快建成南宁综合保税区。

发展楼宇经济。编制楼宇经济发展规划,研究出台扶持政策,创新政府服务模式,大力发展资金、技术、服务、税收密集的楼宇经济,重点培育一批特色街区楼宇、现代服务型楼宇、文化创意型楼宇、总部型楼宇等高附加值楼宇。

发展电子商务。以建设面向东盟区域性电商总部和集散中心为目标，推进国家电子商务示范城市建设。强化政策支持，鼓励美丽传说、蓝火翼网络科技等有条件的电子商务企业探索智能物流、跨境电子商务等新型业务，争取阿里巴巴等国内电商龙头企业落户南宁。加快高新区国家电子商务示范基地建设。

（四）以农业现代化为主导，推动“三农”持续发展

推进农业结构优化升级。贯彻落实中央一号文件精神，实施“粮安”工程，划定基本农田，确保粮食总产量220万吨，农产品质量安全监测总体合格率96%以上。强化农业科技支撑，加强标准化农田和规模养殖场建设，推进农业标准化生产，加快发展优势特色种植业，积极推广禽畜生态循环养殖，大力发展林下经济，提高农产品深加工能力。建设优势特色产业示范基地30个、“菜篮子”基地266.67公顷。

完善农业发展新机制。积极发展农村社区股份合作社、土地股份合作社，继续推广“朝南模式”“金穗模式”，帮助农民在“家门口”增产增收。重点扶持桂合丝业、百洋集团等龙头企业发展，新增10家市级以上农业产业化龙头企业。大力培育专业大户、家庭农场、联营农户等新型农业经营主体，扶持发展30个以上“一镇一业”“一村一品”特色产业，促进农民收入倍增计划实施。

推进农业社会化服务。支持新型农业经营组织围绕产前、产中、产后各环节为农户提供全程服务。加大农业政策性保险支持力度，完善基层农技推广体系，深化公益性服务能力建设，加快发展以农作物病虫害统防统治、农机社会化服务等为重点的农业经营性服务。加强农产品网络展销平台建设，扶持农超、农校、农企对接。

加强农村基础设施建设。继续抓好人饮工程，解决30万人饮水安全问题。继续实施小型病险水库除险加固120座，推进小型农田水利重点县建设，改善和新增灌溉面积5000公顷，着力解决农田灌溉“最后一公里”问题。新建200条非贫困村通屯道路。继续实施行政村通畅工程，实现97%以上的行政村通水泥路。加强防灾减灾体系建设，确保农业可持续发展。

（五）以五象新区建设为重点，推动投资消费平稳较快增长

全力推进投资和项目建设。创新模式，探索通过存量资产、土地使用权作价注资、项目资产、财政专项资金注入各投融资平台公司，不断增强融资能力。优化投资结构，鼓励引导资金投向先进制造业、战略性新兴产业、现代服务业、生态环保等领域。落实自治区、市级统筹推进重大项目556项、投资740亿元；推进城建计划360项、投资340亿元。高档次高品质推进五象新区建设。支持新区解放思想、大胆创新、先行先试。集中精力突破核心区域，确保年内总部基地的项目全面开工，抓好五象湖周边及沿江区域189个重点项目建设，力争完成投资275亿元以上。加快跨江桥梁及蟠龙、玉洞、龙岗、保税物流等重点片区基础设施建设。加大管廊规划和建设力度，完善给排水、电力、电讯、燃气、环卫等市政配套设施，全面启动新区学校、医院、邻里中心等城市配套建设。大力推进征地拆迁和安置房建设，全面破解被征地拆迁农民安置工作滞后问题。力争3年至5年，把五象新区建设成财富聚集、功能多元、生态宜居、辐射强劲的高品位魅力新城以及我市城市建设和产业发展先行先试的试验区。大力推进重大交通基础设施建设。实施项目47项、投资225亿元以上。建成南宁吴圩国际机场新航站楼及机场高速公路连接线、火车东站及周边路网。加快轨道交通1、2号线建设，力争3号线开工，完成投资50亿元以上。加速云桂、南广等高铁项目建设，加快外环高速、南北高速改扩建及来宾至马山、马山至平果等高速公路建设，推进新江至扶绥、大王滩一级路等高等级公路建设。加快推进南宁港一期工程建设，开工建设南宁港永凯码头、鹤笋作业区一期、横县国铭码头工程等。

着力扩大消费需求。继续开展“南宁欢乐消费季”等多种形式的促销活动，加快推进传统零售业转型升级，促进线上线下深度融合，扩大汽车、家电、通信器材等传统消费。以建设国家信息消费试点城市为契机，培育信息、文化、健康、养老等新型消费热点，推动消费结构升级。加快发展大众化、特色化餐饮消费，促进中低端消费成为餐饮消费增长的主动力。加快推进社区商业中心、乡镇商贸中心等仍具有较大潜力和发展空间的业态发展。

（六）以精细化管理为手段，推动生态宜居城市建设

提升“美丽南宁”建设水平。持续推进“美丽南宁·清洁乡村”活动，深入发动群众，继续实施“三清洁”综合整治等五大行动，启动“美丽南宁·生态乡村”活动，推进村屯绿化、饮水净化、道路硬化，改善农村人居环境。调整优化村庄布局，大力推广并落实农村住宅建设及推荐户型奖励办法，形成美丽村庄新格局。在12个县（区）各建成一个综合示范村，创建3个生态乡镇、100个生态村。深入开展“美丽南宁·整洁畅通有序大行动”，加快在城管、建设、国土、住房、环保和文化等部门推进相对集中行政处罚权改革，在市政养护、环卫作业、小广告清理和绿化养护等领域开展市场化社会化改革试点，加强城市户外广告规划管理；继续实施严管重罚，坚决查处城市“五乱”行为；实施“公交优先”战略，加快调度中心、公交场站、公交专用道等城市公交基础设施建设，提升公交管理科学化水平；大力推进“城市网格化管理决策服务平台”建设，实现网格化管理智能化及城市管理实时监测和快速反应，提高交通组织管理科学化水平，治理城市交通拥堵和停车难问题，实现“500天新形象”工作目标。

推进城市绿化美化彩化。按照生态自然化、森林化、多彩化、多样化、苗木本土化、管理低成本化原则，全面提升城市绿化美化彩化水平。提升“绿城”，重点推进城市精品线路园林景观提升、城市立交景观提升等八大工程；改造提升市政主干道、景观节点30条（处），重点推进五象大道、白沙大道等17条城市主干道绿化提升，加快实施白沙—星光立交桥等6座立交桥和13座人行天桥园林景观改造；建设和提升江南公园、花卉公园等公园。重点推进青秀山风景区绿道、快速环道绿道（竹溪立

交—壮锦大道段)及景观提升工程,新建绿道45千米,建成区新增绿地面积400公顷,改造提升绿地200公顷。建设“水城”,继续推进江北引水干渠主体工程;加快南湖等“五湖”环湖水系景观提升和相思湖、明月湖水系修复;续建老口水利枢纽和邕宁水利枢纽。加快推进污水管网建设三年行动计划,建设污水管网250千米。加快大王滩第二水源建设,继续推进天雹水库、龙潭水库等应急水源建设,支持宾阳县清平水库补水工程、马山县兴科供水工程建设,提升城镇安全供水保障能力。加快仙葫半岛堤、龟山堤、隆安县和横县县城防洪堤建设。推动全国水生态文明城市试点工作。打造“花城”,全面推行盆花下地培土种植,适度缩减草花栽植面积,选用多年生、花期长、花色艳、易维护的花卉,千方百计降低养护成本,精心营造四季花城的景观效果,确保一年显成效、两年大提升。

加快“三旧”改造。以创建“国家历史文化名城”为抓手,坚持“政府主导、城区主体、整体规划、连片开发”的原则,继续抓好水街片区旧城区改建、老南宁·三街两巷旧城改造项目。将城中村改造、危旧住宅片区项目纳入棚户区改造计划,确保陈东村、南糖片区、四塘煤矿片区等10个项目取得新突破。

(七)以新型城镇化为引擎,推动城乡一体化发展

加快新型城镇化建设。坚持“以人为本、优化提质、产城一体、统筹发展、改革创新”的原则,加快城乡一体化发展。突出大县城战略,把发展中小城市、小城镇作为主攻方向,编制南宁市空间发展战略规划,加快六县县城和重点乡镇规划修编,构建大中小城市和小城镇合理分布、功能互补、协同发展的城镇体系,努力将南宁建设成为北部湾城市群的核心城市。按照县级中等城市的要求,加快推进武鸣县、横县、宾阳县规划建设,力争到2015年,三县城镇化率40%以上。按照小城市的要求,加快上林县、马山县、隆安县规划建设,力争到2015年,三县城镇化率30%以上。加快双桥、六景、黎塘等20个经济强镇、特色城镇建设。坚持产城融合发展,把产业发展摆在新型城镇化建设的首位,以产业集聚带动人口集聚,以产业发展带动城镇转型升级。

加快发展县(区)域经济。落实《南宁市主体功能区规划》,引导县(区)结合各自发展潜力和优势,做强特色产业。力争横县、武鸣县、宾阳县规模以上工业总产值分别突破340亿元、240亿元、140亿元,六县地区生产总值和规模以上工业总产值对全市增长贡献率均达27%以上;兴宁区、青秀区、西乡塘区、江南区社会消费品零售总额分别突破370亿元、345亿元、300亿元、150亿元,六城区地区生产总值和社会消费品零售总额对全市增长的贡献率达71%和75%以上。

加大扶贫攻坚力度。重点抓好智力扶贫,着力提升贫困群众受教育水平,提高贫困群众从事种植业、养殖业、加工业和服务业的能力,帮助农民尽快发家致富。继续抓好产业扶贫,发动5万户以上参与扶贫产业开发,发展种植类扶贫产业6666.67公顷(10万亩)。修建贫困村屯级硬化路200千米以上。

(八)以中国—东盟合作新的“钻石十年”为依托,推动对外开放合作水平新提升

优化开放合作平台。积极谋划参与21世纪海上丝绸之路、泛北部湾合作和南新经济走廊建设。进一步发挥“南宁渠道”作用,创新服务面向中国和东盟合作通道建设。继续推进与国际友好城市的交流合作。密切与港澳台的开放合作。积极融入广西打造我国中南西南地区开放发展新的战略支点、珠江—西江经济带建设。主动参与南宁—崇左—凭祥对外开放经济带建设。加快实施南北钦防玉崇百区域一体化规划。

促进投资贸易便利化。落实出口奖励措施,扶持和组织企业参加境内外展会,鼓励企业开拓国际市场。以组织做好CEPA示范城市工作为契机,以东盟国家为主战场,鼓励企业“走出去”,参与资源开发和工程承包、劳务合作,带动商品、劳务、技术和装备出口。

注重招大商引强企。以港澳台、珠三角、长三角为重点,着力引进主业突出、核心竞争力强的大公司,重点落实全国工商联执委会议期间签约、洽谈的重大项目,加快对接修正药业等行业领军企业。优化招商引资环境,创新服务方式,为重大招商引资项目提供“绿色通道”。力争实际到位内资784亿元,增长8%;外商直接投资(广西全口径)6.27亿美元,增长8%。

继续服务好第十一届中国—东盟博览会和商务与投资峰会。完善南宁会展商务区规划,按照“扩大规模、拓展功能、丰富内容、高效便捷”的要求,加快南宁国际会展中心场馆设施和配套服务设施建设,使博览会和峰会成为建设中国—东盟自贸区升级版和21世纪海上丝绸之路的重要平台。

举全市之力办好第四十五届世界体操锦标赛。把办好体操世锦赛作为深化南宁对外交流与合作、扩大城市知名度、展现文明宜居城市形象的新载体。广泛动员,节俭高效、高标准、高水平做好体操世锦赛筹办和保障服务工作,并以此为契机,着力提升城市建设管理水平,提高市民文明素质,推动文化、体育、旅游、交通、环保等相关产业和城市建设有一个新的发展。

(九)以保障和改善民生为目的,推动社会事业全面发展

全面振兴教育。牢固树立“不建楼堂建学堂”的理念,进一步加大财政投入,新建小学7所、初中4所、普通高中1所、改扩建普通高中4所,新建乡镇中心幼儿园6所、县城(城区)幼儿园2所,保障进城务工人员随迁子女入学。充分利用教育信息化,不断扩大优质教育资源覆盖面,促进义务教育均衡发展。深入实施新时期职业教育攻坚五年计划,加强校企一体化合作办学,为产业发展提供高素质技能人才。健全学生资助体系,继续在六县全面实施农村义务教育营养改善计划,对全部中职学

生免学费。

推进就业创业工作。健全就业援助制度，深入开展"就业援助月""春风行动""高校毕业生就业服务月"和"创建充分就业县区"等系列活动。全面落实鼓励自主创业的扶持政策，推进创业孵化基地和创业服务专家队伍建设，促进自主创业。完善基层就业服务平台，扩大和完善失业监测预警，促进城镇居民收入倍增计划深入实施。

完善社会保障体系。扩大社会保障覆盖面，确保养老、失业、工伤、医疗、生育等保险完成自治区下达的任务，确保全市三项基本医疗保险参保(合)率稳定在97%以上。启动城乡居民大病保险工作，完善职工生育保险办法。合并新型农村社会养老保险和城镇居民社会养老保险，建立统一的城乡居民基本养老保险制度，全面实行医疗保险付费总额控制。提高企业退休人员基本养老金等社会保障待遇，做好被征地农民的社会保障工作。新开工各类保障性住房1.65万套，基本建成1.90万套，分配入住8760套，新增廉租住房租赁补贴1000户。整治改造20个无人管理的低收入群体较集中的老旧居住区。多渠道兴办养老机构，大力发展养老产业，满足不同层次的养老服务需求。加强城乡低保、五保供养、优抚安置、残疾康复、抗灾救灾等工作，完善社会救助体系。

着力推进文化建设。培育和践行社会主义核心价值观，努力形成良好社会风尚。加快公共文化服务体系建设，推进公共文化设施免费开放。加强非物质文化遗产保护工作。创新举办南宁国际民歌艺术节，多渠道搭建我市优秀剧(节)目对话世界的桥梁。组织开展丰富多彩的群众文化活动，扶持100支村屯社区文艺队。加快南宁市文化产业公共服务平台建设，实施动漫精品培育工程，发展南宁演艺市场产业。

提高人民群众健康水平。建立健全重大疾病医疗应急救助制度。巩固完善基本药物制度和基层运行新机制，行政村卫生室全部实施基本药物制度。深入推进县级公立医院综合改革。加强以社区、村卫生室和乡村医生为重点的队伍建设，完善基层医疗卫生计生服务体系，搬迁和新建江南区人民医院等4家医院。加强艾滋病等传染病防治，做好免疫规划工作。加强医院安全防范体系建设。加快中医药壮瑶医药发展。制定区域卫生规划和医疗机构设置规划，落实非公立医疗机构准入。推进市体育运动学校建设，增设一批便捷、实用公共健身设施，在人民公园等7个公园兴建7条健康步道，建设健康城市。

继续实施为民办实事工程。根据市人大代表、政协委员的建议，经市委常委会研究确定，将原市级20项为民办实事工程调减为10项为民办实事工程，实施32个子项，调整后的项目更突出群众关注度高、民生关联度大、受益面广的特点。实施好自治区10项共52个子项为民办实事项目，切实办好群众期待的一批实事好事。

三、努力建设法治政府、服务型政府

加快政府职能转变，创新行政管理方式，增强政府公信力和执行力，建设法治政府和服务型政府。

坚持依法行政。贯彻落实《国务院关于加强法治政府建设的意见》，坚持科学决策、民主决策、依法决策，强化重大决策跟踪反馈和责任追究，提高决策质量和执行能力。加强政府立法工作，研究建立科学的法治建设指标体系和考核标准。加强政务公开，推进政社分开、政事分开和行政权力透明运行。健全行政复议案件审理机制，纠正违法或不当行政行为。依法接受市人大及其常委会监督，自觉接受人民政协的民主监督，认真听取各民主党派、工商联、无党派人士、人民团体和社会各界人士意见。充分发挥监察、审计等专门监督作用，高度重视人民群众监督和新闻舆论监督。

加强社会治理。改进社会治理方式，加强社区管理服务创新，激发社会组织活力。建立和完善社会稳定风险评估机制、突发事件应急处置机制。继续推进"平安南宁"建设，建立健全高效联动的立体化防控网络，依法严密防范和打击各类违法犯罪活动。启动新一轮禁毒人民战争。认真开展矛盾纠纷排查调处工作，畅通群众信访渠道，实行网上受理信访制度，健全就地解决群众合理诉求机制。深入开展安全生产隐患大检查、大整治，坚决遏制各类重特大事故发生。继续依法严厉打击"两违"。依法开展村民(社区)委员会换届选举工作。完成各级食品药品监管机构改革，深入开展专项整治行动，全力保障人民群众食品用药安全。落实国家关于调整完善计划生育的法律法规，提升全市人口长期均衡发展水平和出生人口素质。加强政府诚信、商务诚信、社会诚信和司法公信建设，构筑诚实守信的经济社会环境。

加强环境保护。大力发展节能环保、新能源等新兴产业，重点推进工业、建筑、交通等领域节能减排。完善环境保护考核指标体系和生态补偿机制，改革对限制开发区域和生态脆弱的国家扶贫开发工作重点县的考核机制。完成大气污染防治规划编制，加强基层环保监测执法体系建设，开展油烟、噪声、雾霾治理等专项行动，抓好城市扬尘污染、机动车排气污染、工业大气污染联防联控，环境空气质量(AQI指数)优良率保持75%以上。开展水源地综合整治，邕江地表水集中式饮用水源地水质达标率100%。

促进作风转变。深入开展党的群众路线教育实践活动，力戒"四风"；严格落实中央"八项规定"精神，严格遵守"约法三章"；严格控制行政经费增长，降低"三公"经费支出；树立新的政绩观，完善考评奖惩机制和激励办法；加强政风行风建设，纠正损害群众利益的不正之风；深入推进惩治和预防腐败体系建设，严肃查处违纪违法案件，做到干部清正、政府清廉、政治清明。

全面推进全国民族团结进步示范市建设，巩固和发展平等团结互助和谐社会主义民族关系。加强国防动员和后备建设力量，支持国防和军队建设，广泛开展双拥共建活动，推动军民融合深度发展。依法保障公民特别是妇女、未成年人和残疾人的合法权益。充分发挥工会、共青团、妇联等群团组织的作用。继续做好外事、侨务、宗教、统计、人防、气象、地震、水文、供销、参事、档案等工作。

岑可成主席在政协第十届南宁市委员会第四次会议上作的工作报告（摘要）

（2014年2月11日）

一、2013年工作回顾

2013年，在市委的正确领导下，在市人大、市政府的大力支持下，市政协高举爱国主义、社会主义旗帜，牢牢把握团结和民主两大主题，围绕全市中心工作，认真履行政治协商、民主监督、参政议政职能，充分发挥协调关系、汇聚力量、建言献策、服务大局作用，全力助推服务现代产业建设、现代生态文明城市建设、重大基础设施建设和民生保障建设等“四大建设”和做好“绿、水、新、旧、通”五篇文章，为保持南宁市经济社会平稳较快发展做出贡献。

（一）深入学习贯彻中共十八大精神，巩固共同思想政治基础

市政协始终把深入学习贯彻中共十八大精神作为首要政治任务，也是贯穿各项工作的主线。通过政协党组学习中心组、主席会议、常委会议专题学习和委员培训、组织部分常委赴浙江大学集中学习等形式，并充分利用“政协委员书架”“同心书屋”和南宁市人民政协理论研究会等平台，组织政协委员和机关干部深入学习贯彻中共十八大和十八届二中、三中全会精神，学习领会习近平总书记一系列重要讲话精神，贯彻落实自治区党委、市委重大会议精神和对政协工作的新要求，进一步坚定中国特色社会主义的道路自信、理论自信、制度自信，进一步增强积极投身改革的政治责任感和自觉性，进一步增强做好新时期人民政协工作的信心和决心，巩固团结奋斗的共同思想政治基础，为推动南宁市改革发展汇集智慧、凝聚力量。

（二）围绕中心工作建言献策，助推服务经济社会发展

助推“四大建设”和做好“五篇文章”。组织各界人士就推动产业升级、实施“工业强市”战略、五象新区建设、扎实推进旧城改造等全局性工作进行议政建言，提出推进南宁保税物流中心转型升级、规范民营融资性担保公司运营、加强科技服务现代农业发展、做大做强优势产业、加大农村基础设施建设等内容的提案132件。市政协领导分别带队就“农村生态环境建设”“加快发展社会养老产业”等9个方面的重大课题赴区内外开展调研，提出很多好的意见和建议。市政协各专委会、各界别围绕推进五象新区建设、打造现代生物医药产业、历史文化街区修缮和“三旧”改造等召开对口协商会，为有关部门科学决策提供意见和建议。2013年上下半年组织两次常委及部分委员集中视察活动，就城市“三化”（绿化、美化、彩化）提升工作、公共文化设施、水利基础设施、城市建设、为民办实事项目、旅游文化产业、农民收入倍增计划等方面工作建言献策。

积极为“美丽南宁”建设献计出力。全市开展“美丽南宁·整洁畅通有序大行动”和“美丽南宁·清洁乡村”活动以后，市政协围绕这个主题开展工作，下发通知要求全市政协委员结合工作实际，努力做“美丽南宁”建设的参与者、实践者和推动者。在2013年上半年政协常委和部分委员集中视察活动中，围绕“美丽南宁”建设开展视察活动，形成视察报告报市委，得到充分肯定。年底，市政协又组成“美丽南宁”建设两个专题调研组，深入全市六县六城区和兄弟市开展调研，倾听基层群众的意见和建议，形成专题调研报告和若干委员发言材料。在此基础上，市政协常委会召开深入开展“美丽南宁”建设专题协商会，市委副书记、市长周红波和各县（区）分管领导、市直有关部门负责人到会听取意见和建议，与政协委员同堂议政，共同探讨解决问题的途径和办法。自治区党委常委、市委书记余远辉对市政协深入开展“美丽南宁”建设的建议案做出“选题好，针对性强，为下一步的‘美丽南宁’建设提出了很好的建议”的重要批示。一年来，委员们还围绕生态文明建设、交通畅通等涉及“美丽南宁”建设方面提出提案78件。

紧扣改革发展的热点难点问题积极作为。围绕产业发展、“三农”问题、扶贫攻坚、生态文明建设等经济社会发展的热点难点问题，组织力量参政议政，形成一批咨政建言成果，如加快电子信息产业、生物医药产业发展等方面的意见建议被吸纳到南宁市生物医药、电子信息等六大重点产业三年行动计划中。市政协领导班子成员分别深入所联系的重大项目、重点企业开展调研服务，了解项目建设和企业发展情况，研究解决项目建设和企业发展过程中存在的困难和问题，积极推进重大项目建设和重点企业发展。市政协有两位副主席还分别负责“中国绿城”提升工程和“三街两巷”建设办公室的日常领导工作，为提升我市绿化美化彩化亮化水平和旧城改造工作贡献力量。

（三）关注保障和改善民生，助推社会事业加快发展

全力服务保障和改善民生。始终把保障和改善民生作为政协履行职能的根本出发点和落脚点，重点围绕就业创业、实施农民收入倍增计划、社会养老、食品药品安全等群众最关心、最直接、最现实的民生问题，通过调研、视察、提案等形式，促进相关政策的落实和问题的解决，其中联合市政府发展研究中心开展的养老产业方面调研课题获国务院发展研究中心颁发的中国发展研究奖。委员围绕与广大人民群众生活相关的就业创业、文化教育、住房保障、卫生医疗、社会养老等方面提出提案102件，为推动南宁市教育公平，促进劳动就业，消除食品安全隐患，解决病有所医、老有所养等问题提供重要参考。在市政协委员兴办的企业设立刑释解教人员过渡性安置基地，为一部分刑释解教人员提供就业机会。切实反映社情民意，2013年共编发《社情民意》12期、《政协信息》42期，收集民意信息430多条，为市委、市政府及时掌握社会舆情、妥善解决矛盾提供服务。市委、市政府领导对《关于整治停车场乱收费现象的建议》等社情民意信息作批示，并转有关部门办理落实。推动对口扶贫联系

点上林县洋造村发展农业和旅游产业，完善村委、村小学相关硬件设施。继续深入实施“同心育才”工程，筹集资金2000多万元，免费资助上林县、马山县3个瑶族乡近300名少数民族学生分别就读示范性高中和职业技术学院，援建4个“同心书屋”，让少数民族乡群众深深感受到了党和政府的关爱。支持各民主党派和政协委员积极参加市委统战部组织的“同心”品牌建设，服务改善民生，促进社会和谐。

加强民主监督工作。与市纪委联合召开政协委员“民主监督绿色通道”联席会议，确保“绿色通道”作用的充分发挥。切实抓好特邀监察员、监督员队伍建设，积极参加南宁市特邀监察员“转作风，提效能，促发展”重点课题调研活动和南宁市2013年度依法行政考核等工作，按时完成监督、监察工作任务。先后推荐、协调100多名政协委员参加市中级人民法院庭审和“美丽南宁·整洁畅通有序大行动”的电视电话评议等活动，充分发挥市政协委员参与民主监督的作用。

助推文化事业发展。积极组织政协委员特别是文化领域的专家学者，围绕推进完善文化体制改革，构建公共文化服务体系，促使文化产业成为支柱性产业，推进文化与科技、教育、旅游深度融合，保护非物质文化遗产和自然遗产，建设农村文化阵地等方面出谋献策，许多意见建议被职能部门吸纳，为推进文化强市建设发挥积极作用。切实加大对南宁历史文化、民族文化的挖掘和保护力度，做好归侨侨眷文史资料《月是故乡明》以及其他文史资料的征集编纂工作。协助自治区政协做好《民歌之恋》文稿征集工作，回顾民歌艺术节15年发展历程。

（四）广泛开展团结联谊，扎实推进合作交流

发挥政协大团结大联合作用，加强与各民主党派、工商联和人民团体的联系与合作，组织他们开展专题调研和协商议政，提高民主党派提案办理的实效。一年来，各民主党派市委会、市工商联和人民团体共提交提案80多件、社情民意信息100多篇、大会发言和各种重要会议发言50多次，许多意见和建议得到市委、市政府重视和采纳。加强与港澳委员的联系，充分发挥他们的履职优势，港澳委员积极撰写提案建言献策。支持港澳委员参与和做好社团工作，充分发挥他们在促进香港、澳门经济社会发展中的积极作用。加强与港澳台侨的交流合作，邀请海内外友好人士来邕考察，为南宁市招商引资牵线搭桥，推进招商引资项目的落实。7月中旬，在深圳市举办市政协港澳委员活动日活动，向港澳委员通报南宁市上半年经济社会发展情况和市政协上半年主要工作情况，帮助港澳委员知情明政。加强与民族宗教侨务部门的联系，走访民族、宗教人士，增进了解和联络感情。加强与杭州市政协、北京西城区政协、深圳市政协等的联系交往，学习兄弟城市政协履职先进经验。

（五）大力推进工作创新，切实提高履职成效

探索协商民主机制。紧扣全市发展大局和重点民生事项，有序开展专题协商、对口协商、界别协商、提案办理协商，促进相关工作开展。促进协商民主向基层拓展，在横县、宾阳县探索街道、乡镇开展政协委员活动室试点工作。探索建立委员小组工作站，促进委员之间相互交流。探索开展“委员活动日”活动，组织委员开展协商民主活动。成立了南宁市人民政协理论研究会，举办第一次人民政协理论与实践研讨会，围绕“协商民主”和“提案协商”征集到论文将近100篇，促进协商民主理论研究和实践探索。

创新提案办理工作。以发挥提案作用为目标，以提高提案质量为基础，以增强办理实效为重点，深化提案办理协商，开展提案办理工作民主评议活动，进一步完善提案办理工作绩效考评机制和激励机制，提案工作有新进展。全年审查立案提案342件，按期答复率100%。遴选出《关于大力发展生态农业构建美丽南宁的建议》等13件重点提案分别报送市委、市政府，自治区党委常委、市委书记余远辉、市长周红波对报送的重点提案都作重要批示，有力推动政协提案办理。确定《关于加强南宁市餐饮服务业监管队伍建设的建议》等9件提案作为市政协2013年重点督办提案，由市政协领导班子成员牵头，各专门委员会组织督办。

（六）切实抓好自身建设，不断提升政协工作科学化水平

提高履职能力和水平，是人民政协强基固本、发挥作用的关键所在。切实加强常委会的思想、组织、作风、廉政和制度建设，建立市政协领导与常委会组成人员谈心制度，充分发挥常委会的整体作用和常委的带头作用。深入实施委员行动工程、委员素质提升工程、作风建设工程、政协“三化”（制度化、规范化、程序化）建设工程，扎实开展委员联系群众活动，广大委员深入基层“摸实情、讲实话、出实招、办实事、求实效”，有效激发委员主体作用。突出界别特色，完善市政协领导、专委会联系界别制度，推动委员联系本界别群众。密切政协办公厅、各专委会与党政部门、党派团体以及县（区）政协的协作配合，切实形成工作合力。认真贯彻落实中共中央、自治区党委和市委关于改进工作作风、密切联系群众的有关规定，坚决反对“四风”（形式主义、官僚主义、享乐主义和奢靡之风），压缩会议活动，精减文件简报，完善机关内部工作制度，推进市政协数字化平台项目建设。坚持对机关干部严格教育、严格管理、严格监督，做到“行必责实、章必严循、事必明责”，努力营造勇于作为、敢于担当、团结和谐的氛围，进一步激发机关干部干事创业的活力。

回顾一年来的工作，我们深刻地体会到：必须更加自觉接受中国共产党的领导，用中国特色社会主义增进共识、凝聚力量，不断增强道路自信、理论自信、制度自信，始终与市委思想上同心同德、目标上同心同向、行动上同心同行；必须坚持围绕中心、服务大局，为奋力提升南宁首位度献计出力；必须坚持以人为本、履职为民，深入群众了解真实情况，从群众中汲取智慧营养，不断提高议政建言的质量；必须坚决反对“四风”，说实话、建净言、重实效，推进政协工作健康发展；必须大力弘扬改革创新精神，勇于改革、勇于创新，争当改革的坚定拥护者和积极实践者；必须充分发挥委员主体作用，引导委员深入实际、走向基层、贴近群众、履职尽责。

工作中存在不足主要是：调研视察、建言献策质量还不够高；协商民主制度仍需进一步完善；委员主体作用发挥还不够充分；政协工作科学化水平有待进一步提高等。

二、2014年主要工作

（一）深入学习贯彻中共十八大和十八届三中全会精神，进一步凝聚深化改革共识

深入学习贯彻中共十八大、十八届三中全会精神，深入学习贯彻习近平总书记一系列重要讲话精神，深入学习贯彻市委十一届十一次会议精神，深刻领会精神实质和准确把握全面深化改革的重大意义，不断增强道路自信、理论自信、制度自信，始终把中国特色社会主义伟大旗帜作为政协履行职责的根本方向，把思想和认识统一到中央、自治区党委、市委的决策部署上来，把智慧和力量凝聚到理解、支持和参与改革上来，大力弘扬与时俱进、锐意进取、勤于探索、勇于实践的改革创新精神，争当改革的坚定拥护者和积极实践者，为奋力提升南宁首位度增加动力、减少阻力、形成合力，做到与市委思想上同心同德、目标上同心同向、行动上同心同行。

（二）围绕中心服务大局，为奋力提升南宁首位度献计出力

围绕大力实施“工业强市、产业旺市”战略，选择现代工业、现代服务业和现代农业发展、重大项目建设、社会建设和管理、生态宜居城市建设、城乡统筹发展、五象新区建设等重大课题组织协商议政，努力为推动经济更有效率、更可持续发展建诤言、谋善举。围绕行政体制、财税体制等重大改革事项开展调研视察，搞好咨询论证，助推重点领域和关键环节各项改革举措贯彻落实。要以市委、市政府所需、人民群众所盼、政协职能所及的事项为切入点，主动融入全市经济社会发展大局，积极建言献策。要围绕南宁市以举办好第45届世界体操锦标赛为契机，提升城市建设管理水平、现代产业发展水平、加快统筹城乡发展等中心工作深入调研视察，献计出力。要充分发挥政协优势，鼓励和引导政协委员在积极参加招商引资、招大引强、服务企业、参与公益事业中实现新作为、做出新贡献、树立新形象。继续抓好《邕城诗韵》（下册）和《月是故乡明》的资料收集和编纂工作，不断丰富南宁市文化底蕴。

（三）履职为民，助推增进民生福祉

围绕保障改善民生、教育公平、就业创业、收入分配、医疗卫生、公共服务、社会保障、社会养老等群众最关心、最直接、最现实的诉求和期盼，通过调研视察、提案、反映社情民意等形式，及时收集和反映事关群众切身利益的突出问题，引导群众合理表达利益诉求，维护社会公平正义。加强对民生政策落实情况的监督，助推各项利民、惠民政策落实到位。更加关注困难地区、困难群众，发动委员积极开展扶贫济困等公益活动，助推改革发展成果更多更公平地惠及广大群众。继续实施“同心育才”工程，加快发展少数民族地区的教育事业，加强人才培养、促进经济发展和民族团结进步。

（四）凝心聚力，促进社会和谐稳定

牢牢把握大团结大联合主题，协助市委、市政府寻求最大公约数，凝聚改革共识，汇聚改革正能量。加强各方团结联系，在调查研究、专题协商、履职为民、视察通报等政协活动中，为各党派团体和社会各界人士提供舞台，搭建平台。贯彻执行党和国家的民族、宗教政策，注重发挥民族、宗教界委员的独特作用，促进各宗教团体之间在政治上的团结合作和信仰上的相互尊重，促进民族团结、宗教和睦。扩大与港澳台有关人士和民间社团的联系交往，充分发挥港澳委员的作用，支持他们积极参与南宁经济社会建设。

（五）扎实推进协商民主，着力发挥重要渠道作用

要贯彻落实中共十八届三中全会“推进协商民主广泛多层制度化发展”的新要求，认真谋划改进政协工作的方式方法，更加有序地组织专题协商、对口协商、界别协商、提案办理协商，推动政协履行职能的制度化、规范化、程序化建设。要围绕深入开展“美丽南宁”建设、新型城镇化建设等中心工作召开常委会专题协商会议，增加协商密度，提高协商质量。要充分发挥南宁市人民政协理论研究会作用，提升南宁市政协工作科学化水平。

（六）深入开展党的群众路线教育实践活动，切实转变作风

要按照中共中央、自治区党委和市委的部署，深入开展党的群众路线教育实践活动。抓好学习教育、听取民意，查摆问题、开展批评，整改落实、建章立制三个关键环节，通过“照镜子、正衣冠、洗洗澡、治治病”，严格执行中央“八项规定”，坚决反对“四风”，根除“六病”，真正做到为民务实清廉。要进一步加强常委会的思想、组织、作风和制度建设，提高履职能力和水平。继续深入开展委员行动工程、委员素质提升工程、作风建设工程和政协“三化”建设工程，做到遵守章程、认真履责，坚持真理、勇于直言，拒绝冷漠和懈怠；遵纪守法、克己奉公，厉行节约、勤俭办事，拒绝奢靡和一切利用权力或影响谋取私利的行为，努力成为合作共事、发扬民主、求真务实、廉洁奉公和联系群众的模范。狠抓机关干部队伍作风建设，“行必责实、章必严循、事必明责”，努力营造敢干、实干、苦干、干成、干好的氛围；扎实推进市政协数字化平台建设，不断提高政协工作科学化水平。要加强对各县（区）政协工作的指导，深化工作联动，努力形成全市各级政协共谋科学发展、共促事业进步的强大合力。

责任编辑　周　红

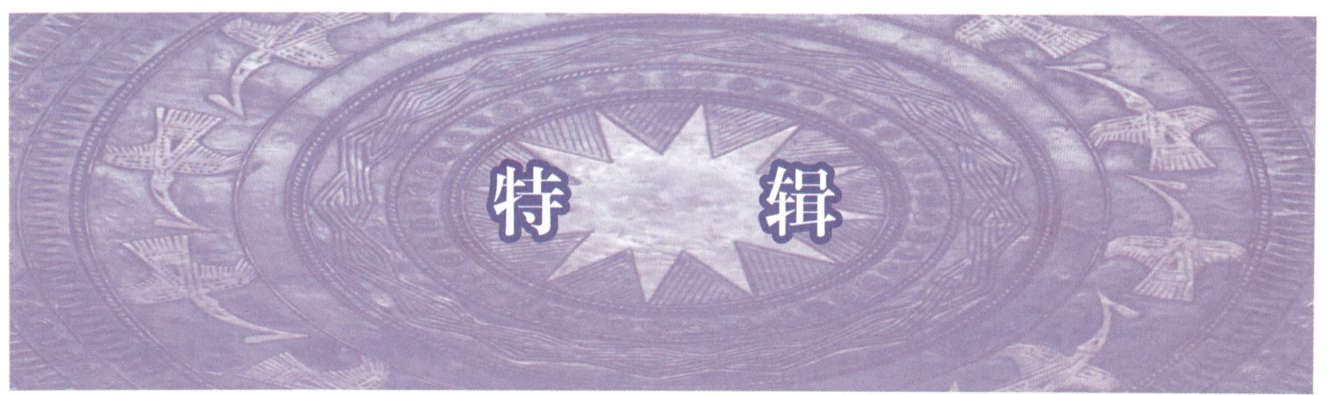

五象新区建设发展回顾

【概　况】　五象新区位于南宁市南部，东接八尺江、南临那马，西至水塘江、北起邕江，规划用地175平方千米，规划人口150万，其中核心区规划面积23平方千米，规划人口24万。2011年11月，广西龙象谷项目规划获批，五象新区新增新兴产业园、现代工业园、龙象谷项目。五象新区的功能定位是中国—东盟自由贸易区的区域性贸易中心；泛北部湾的总部基地；区域性的物流、高新产业和加工业基地；南宁市行政、信息、文体、商业商务中心。

【开发建设历程】　五象新区开发建设是自治区党委、政府从国家发展战略的高度，立足当前，着眼长远，做出加快广西北部湾经济区全面开放开发、加快南北钦防城镇群一体化进程的重大战略决策。2005年4月，时任自治区党委副书记刘奇葆视察南宁，提出南宁市应该重视加大向南发展的思路。11月28日，南宁市委九届第十二次全体会议通过《关于制定国民经济和社会发展第十一个五年规划的建议》，提出："十一五"期间（2006年至2010年）南宁城市建设"以邕江为轴线，西建东扩，完善江北，提升江南，重点向南"、"启动五象新区和龙岗新区建设，推动江南片区发展"的意见。2006年4月28日，五象大道工程开工，标志五象新区开发建设正式启动。8月3日，时任自治区党委书记刘奇葆提出："南宁市要实施重点向南战略，开发新区，集中力量搞好五象新区的建设，力争核心区今后五年初具规模，更长一个时期的目标是进一步拓展五象新区，在这个方向上再造一个新南宁"的目标。为切实贯彻落实自治区党委政府的决策部署，南宁市加快建设五象新区。2007年9月17日，市委、市政府下发《关于加快五象新区开发建设的决定》。10月31日，下发《关于南宁五象新区核心区推进社会主义新农村建设，统筹城乡发展的指导意见》，决定：2006年至2010年，举全市之力，实施和推进五象新区建设，使五象新区18平方千米核心区初具规模。2008年1月16日，国家批准实施《广西北部湾经济区发展规划》，标志着广西北部湾经济区的开放开发正式纳入国家战略。规划中明确指出南宁要建设成为面向中国与东盟合作的区域性国际城市，要"以邕江为轴线，西建东扩，完善江北，提升江南，重点向南，加快建设五象新区"。2011年10月31日，时任自治区党委书记、自治区人大常委会主任郭声琨，时任自治区主席马飚等领导深入五象新区，就加快五象新区规划建设进行专题研究部署，强调指出：要以更大力度、更大气魄、更实措施推进五象新区建设，努力把新区建设成为国内一流、世界先进、独具特色的现代化新城。2012年10月14日，时任自治区主席马飚到五象新区考察调研时强调指出，广西龙象谷项目是南宁五象新区开发建设的一项重要内容，也是自治区重大工程项目，必须加强协调配合，加快建设。

【管理机构】　2006年12月，南宁市成立五象新区开发建设领导小组，下设五象新区开发建设指挥部，作为具体组织实施新区开发建设的工作机构，指挥部指挥长由市长担任。指挥部下

2013年，五象新区总部基地·金融街周边地块建设如火如荼

五象新区管委会提供

2013年,建设中的五象新区蟠龙片区　　五象新区管委会提供

设工作处,人员从相关部门抽调。2009年2月,南宁市北部湾(广西)经济区规划建设管理委员会办公室成立,为市政府派出机构,正处级,加挂五象新区指挥部的牌子,履行统筹全市北部湾经济区和五象新区项目开发、建设、管理等职责。11月,加挂南宁保税物流中心管理委员会的牌子,三块牌子,一套人员,另设二层机构南宁保税物流中心综合服务中心。2011年10月,南宁市调整五象新区开发建设指挥部,由时任自治区党委常委、市委书记陈武,市长周红波担任指挥长,常务副市长吴炜担任常务副指挥长,市四家班子相关领导任副指挥长,指挥部下设办公室,办公室内设8个工作部,人员从相关部门抽调,全面保障新区开发建设。2013年2月,自治区党委、政府组建中共广西南宁五象新区规划建设工作委员会,为自治区党委的派出机构;组建广西南宁五象新区规划建设管理委员会,为自治区政府派出机构。中共广西南宁五象新区规划建设工作委员会和广西南宁五象新区规划建设管理委员会履行五象新区项目开发、建设、管理等职责。南宁市北部湾(广西)经济区规划建设管理委员会办公室不再加挂五象新区指挥部的牌子,内设机构及人员编制保留不变。2014年2月,南宁保税物流中心管理委员会与南宁市北部湾(广西)经济区规划建设管理委员会办公室合署办公,调整由南宁高新技术产业开发区管理委员会管理,并将南宁保税物流中心综合服务中心建制划由南宁高新技术产业开发区管理委员会管理。

【重大项目】 当前和今后一段时间,五象新区建设打造的是总部基地·金融街、中国—东盟国际物流基地、自治区重大公益性项目、新兴产业园、现代工业园、广西文化产业城、体育产业城、健康产业城、广西龙象谷项目9大板块。

总部基地 位于五象新区核心区,规划用地2.60平方千米,功能定位以集商务、办公、研发、产业为一体的企业总部集群为主导,同时兼顾商业金融、文化教育、居住及休闲娱乐等公共服务设施配套功能的城市综合新区。其中,金融街规划面积1.30平方千米、总投资36亿元。2011年11月,总部基地内13条道路全部建成通车;至年末,总部基地已入驻世界500强、国内500强、上市知名企业及重点单位的区域总部项目37家;已建成的项目有广西壮族自治区政协委员会馆、南宁海关报关中心等,已启动的项目有宝能前海人寿总部项目、青啤·海尔总部基地、中国移动信息枢纽中心、中新社广西外宣基地、南城百货总部大厦等。

中国—东盟国际物流基地与南宁保税物流中心 中国—东盟国际物流基地规划面积29.11平方千米,功能定位为服务于中国—东盟自由贸易区和大西南出海通道贸易往来的集出口加工、物流配送、保税物流、商贸、仓储、产品展示等功能于一体的综合保税区和国际现代综合物流区。2011年12月,物流基地内道路项目及配套基础设施建设基本完成。2009年2月11日,海关总署、财政部、国家税务总局和国家外汇管理局联合批准设立南宁保税物流中心。南宁保税物流中心位于南宁市南面,五象新区西南端,总部基地内,规划总面积53.55公顷,其中一期建设封关面积29.29公顷,总投资约10亿元,2009年5月28日动工建设,9月8日主楼正式封顶,2009年12月22日通过国务院联合验收组验收;二期规划封关面积24.26公顷,投资2.50亿元。南宁保税物流中心业务涵盖保税仓储、转口贸易与

建成后的南宁大桥成为五象新区连接主城区的主要交通要道　　五象新区管委会提供

建成广西体育中心主场馆内部　　五象新区管委会提供

国际中转、简单增值加工、物流信息平台、配套服务等5大功能，在中心开展的业务可享受保税、退税、免税等优惠政策。2013年，南宁保税物流中心办理报关单5987票，同比增长4.39%；其中办理保税业务报关单2373票，增长34.37%，出入园区货物总重8110.84吨，增长43%，总货值3.35亿美元，增长1%。

南宁大桥、五象大桥与主要路网项目　南宁大桥紧邻青秀山风景区，北起青山路，跨越邕江，南接五象新区平乐大道。南宁大桥属非对称肋拱桥，单孔跨度300米，桥梁总长734.502米，引道总长580.271米，是世界上首座大跨径斜吊拱曲线桥，桥面路线设计总长1314.773米，双向六车道，桥面及路基宽度35米，工程总投资9.90亿元。2004年11月开工建设，2009年9月21日建成通车。八尺江大桥投资2.40亿元，2008年12月启动旧桥爆破拆除，2010年6月建成。五象大桥起于玉象路(规划8号路)与五象大道交叉口，止于英华路，连接五象新区与柳沙片区，大桥的主桥长590米，引桥长297米，桥面路线设计总长1320米，双向6车道，双索面钢斜拉桥结构，总投资8.15亿元，2011年12月开工建设，预计2014年12月建成。“三纵三横”路网指贯通五象新区的10条主要道路，包括堤园路大道、五象大道、玉洞大道3条横向道路，银海大道、平乐大道、龙岗大道3条纵向道路及商业大道、核心区1、3、6号路等，其中，银海大道、堤园路大道为在建、扩建工程，五象大道、玉洞大道、平乐大道、龙岗大道、商业大道、核心区1、3、6号路为新建工程。五象大道2007年12月建成通车，平乐大道2012年6月建成通车，其余大部于2007年12月建成通车。

广西体育中心　广西体育中心位于南宁市五象新区五象大道南面，按照能够承办全国性运动会、区域性国际运动会和部分国际、国内重大单项赛事的标准规划设计，兼顾举办大型文艺演出、大型庆典和集会，占地76.20公顷，总投资约55亿元，项目内容包括一个可容纳6万名观众的体育场、一个容纳1万名观众的体育馆、一个3000座的游泳跳水馆、一个3000座的网球中心、新闻中心及运动员村、体育宾馆等配套设施，是集体育比赛、文艺演出、集会展览、健身娱乐等多功能为一体的标志性体育建筑综合体。广西体育中心2007年11月开工建设，2009年6月一期主体育场通过竣工验收，8月正式启用，相继举办中国—巴林国际足球赛、中越青年大联欢活动、第12届南宁国际民歌艺术节开幕式晚会等大型活动。

重大公益性项目　广西规划展示馆，2011年11月正式开馆，以广西规划馆建设带动金融街建设和发展；广西美术馆，2013年1月正式开馆，以广西美术馆建设带动发展文化街；五象湖公园，规划面积167公顷，总投资16.50亿元，2012年9月开工建设。其中，广西园博园规划面积1830亩，投资7亿元，2013年8月建成开园；邕江大学新校区，建筑面积约41.43万平方米，主体建筑33栋，2010年4月开工建设，2011年9月建成招生；广西书法馆、广西阳太阳艺术馆、广西壮锦馆、南宁博物馆、滨江公园、市青少年活动中心、市中心图书馆、南宁档案馆(含方志馆)等项目正在开展前期建设工作。

8月，五象湖公园建成后，成为市民休闲旅游新去处　　周家志　摄

(五象新区管委会)

责任编辑　陈洪毅

1月

1日 南宁市10座环保公厕正式投入使用，分别位于兴宁区新华街，江南区南糖、四子桥、菠萝中、菠萝东，青秀区新竹小区，西乡塘区衡阳西路南二巷，邕宁区蒲津路电影院，南宁—东盟经济开发区转盘、里建市场。

2日 15时许，南宁市市政工程总公司负责施工的民族大道市政污水管线迁改工程工地发生塌方，3名施工人员被困。市委、市政府启动应急救援预案，组织抢救被困人员。22时40分，被困人员全部被救出，1人轻微伤，2人经抢救无效死亡。

3日 国家住房和城乡建设部、文化部和财政部公布第一批中国传统村落名录，南宁市江南区江西镇扬美村入选，为南宁市唯一入选村落。

△ 经国家档案馆测评组考核，兴宁区档案馆由"国家二级"晋升为"国家一级"，获"国家一级档案馆"牌匾。兴宁区为自治区首个获国家一级档案馆的城区。

4日 西乡塘区家政服务行业协会正式成立，30余家家政公司成为首批会员，为南宁市首个县（区）家政服务行业协会。

5日 市第四人民医院艾滋病科护士长、副主任护师杜丽群获全国卫生系统模范个人最高行政奖励——白求恩奖章。4月16日，杜丽群入选"中国好人榜"候选人。11月15日，杜丽群先进事迹报告会首场报告在自治区党校举行。

7日 国家科技成果转化（南宁）服务示范基地揭牌仪式暨国家科技成果推介会在南宁市科技企业孵化基地举行。南宁市为继厦门市、济南市之后国家选址落户的第二批国家科技成果转化服务示范基地城市。

11日 南宁、北海、钦州、防城港、玉林、崇左、百色七市区域经济一体化发展启动仪式暨七市推动区域经济一体化发展建设工作领导小组第一次联席会议在南宁市召开。会议通过《南北钦防玉崇百区域经济一体化发展建设工作联席会议制度》，签署《南北钦防玉崇百推进区域经济一体化发展合作备忘录》。

11日至15日 香港贸易发展局、自治区商务厅和南宁市联合主办的"香港时尚购物展·南宁"活动在南宁国际会展中心举行。来自香港的149家企业携260多个品牌商品参展。

14日 南宁市举行2013年驻邕外国领事机构新春招待会。市委常委、副市长杨民，老挝驻南宁总领事潘坎·尹他波里，越南驻南宁总领事范星梅，泰王国驻南宁总领事吉达蓬，柬埔寨驻南宁总领事尹索飞，缅甸驻南宁总领事吴敏吞等驻邕外国领事机构官员出席。

△ 南宁市第二批县级公立医院综合改革工作启动会召开。在武鸣县2011年试点进行县级公立医院综合改革的基础上，其余五县15家医院全面推开公立医院改革，标志着南宁市县级公立医院改革步入深水区。

15日至18日 南宁市分别举行第一批、第二批、第三批、第四批2013年"开门红"重大项目开（竣）工活动。第一批项目为邕宁水利枢纽工程、广西建机生产基地搬迁技改项目；第二批项目为龙岗片区颜村渠项目、南宁合众健康社区项目、昊辉化纤针织一体化项目，总投资32.30亿元；第三批项目为"老南宁·三街两巷"历史文化街区改造项目、西乡塘区安吉片区建设项目；第四批项目为西乡塘客运站、南宁市餐厨废弃物资源化利用和无害化处理厂BOT项目。

16日 自治区党委常委、市委书记陈武，市长周红波到金湖路下穿民族大道隧道工程、会展中心广场边坡景观整治工程、地铁1号线会展中心站、白沙—友谊立交桥工程、五象大桥工程等施工现场，检查建设进展情况，并现场召开办公会。

17日 市委常委、副市长杨民会见

1月17日，邕宁水利枢纽配套工程开工。图为工人们观看效果图　　陈　羽　摄

英国驻广州总领事摩根。

18日　第三届广西园林园艺博览会园博园建设开工仪式在南宁市五象新区五象湖公园举行。

19日　市长周红波带着信访积案深入兴宁区综治信访维稳中心，开展现场接访。

22日至23日　副市长肖志钢率慰问团赴百色市，慰问南宁市对口帮扶示范村(屯)——那坡县龙合乡忠和村弄那屯、靖西县魁圩乡平巷村大相屯。

31日　自治区党委常委、市委书记陈武慰问广西产品质量监督检验研究院技术专家陆东农、广西华蓝设计(集团)有限公司董事长雷翔和南宁邦尔克生物技术有限责任公司、南宁发酵与酶工程技术研究中心技术总监李晓明等自治区和南宁市优秀人才。

2月

10日　正月初一，自治区党委书记、自治区人大常委会主任彭清华到南宁市看望慰问坚守岗位的一线劳动者。

18日　中国共产党广西南宁五象新区规划建设工作委员会、广西南宁五象新区规划建设管理委员会挂牌成立。新成立的新区规划建设党工委、管委会，分别为自治区党委、自治区政府的派出机构。

19日至21日　中国人民政治协商会议第十届南宁市委员会第三次会议在南宁人民会堂召开。自治区党委常委、市委书记陈武在会上作重要讲话。市政协主席岑可成作政协第十届南宁市委员会常务委员会工作报告。开幕式由市政协副主席张国环主持。

20日至22日　南宁市第十三届人民代表大会第四次会议在南宁人民会堂召开。市长周红波代表市政府向大会做政府工作报告；市长周红波还率市各职能部门负责人听取和回复部分人大代表关于交通基础设施建设、改善农村人居环境、统筹城乡发展、“菜篮子”工程等的意见建议。

22日至23日　广西(南宁)第三届金花茶国际学术论坛在南宁市举行。2013年中国茶花育种年会同期举行。市长周红波、国际茶花协会主席派特丽夏·李·肖特、中国花卉协会副秘书长陈建武、国际茶花协会副主席吉恩马里奥·莫塔出席开幕式。论坛开幕前，市长周红波会见国际茶花协会主席派特丽夏·李·肖特一行，共同种下金花茶纪念树，并参观金花茶公园，为金花茶基因库揭牌。

23日　自治区党委书记、自治区人大常委会主任彭清华到南宁考察南南铝年产20万吨高性能铝合金板带型材项目、富士康南宁科技园、南宁地铁1号线、邕江综合整治和开发利用示范段工程、广西规划馆南宁展厅等。

24日　自治区主席马飚深入南宁东站综合交通枢纽工程项目建设现场调研，协调自治区有关部门和南宁市共同解决工程项目建设过程中存在的困难和问题。

25日　2013年南宁市食品安全工作会议召开。市长周红波代表市政府与市食品安全委员会各成员单位负责人签订《2013年食品安全工作目标责任书》。

26日　第四十五届世界体操锦标赛组委会成立会议在南宁召开。国家体育总局体操运动管理中心主任、中国体操协会执行主席罗超毅，国家体育总局体操运动管理中心副主任、中国体操协会副主席缪仲一，市长周红波等出席。

27日　南宁市首批限价房首次在北湖路昌泰尊府售楼部公开摇号，确定883名获限价房购买资格的申购户购房顺序号。房源为龙凤首缘和昌泰尊府两个项目。

3月

1日　市十三届人大四次会议代表建议交办会召开，有255件(含议案转建议29件)交由市人大常委会和“一府两院”分别办理。

2日　南宁市“学习雷锋，能帮就帮，志愿服务满绿城”活动月在西乡塘区明月湖公园(原心圩江公园)启动。

11日　南宁市农村工作暨春耕生产工作会议召开。

12日　市政协十届三次会议提案交办会召开，有341件提案交由95个单位办理。

13日　市政府与中国农业发展集团有限公司就共同推进现代农业发展签订合作框架协议。市长周红波、中国农业发展集团有限公司董事长刘身利参加签约仪式。

18日　市委常委、副市长杨民分别会见法国驻广州总领事白屿淞、法国马恩河谷省议员多米尼克·罗布林一行。

20日　南宁市召开传达学习十二届全国人民代表大会第一次会议、政协第十二届全国委员会第一次会议（简称全国“两会”)精神大会。自治区党委常委、市委书记陈武主持会议，并就学习贯彻全国“两会”精神和做好当前工作作部署。市长周红波传达全国“两会”精神。谢寿堂、岑可成等市四家班子领导、“两院”主要领导，全市在职副处级以上干部出席。

20日至28日　市委常委、副市长杨民率南宁旅游宣传促销代表团赴缅甸和柬埔寨开展旅游宣传促销活动。

21日　自治区党委常委、市委书记陈武会见香港工商界知名人士考察团一行。

22日　南宁市CEPA(港澳)企业服务中心在市投资促进局正式挂牌成立。

29日　南宁市政府与中国交通建设股份有限公司共同签订《南宁市邕江综合整治项目合作备忘录》。市长周红波、中交股份公司总裁刘起涛分别在仪式上致辞。

△　南宁市分别在五象新区、青秀区、宾阳县设立会场，举行重大项目开(竣）工活动，开工项目3个，总投资18.45亿元。

30日　市政府举行南宁市专家咨询委员会咨询专家聘书颁发仪式。市长周红波向出席仪式的王国栋、张新明、郑皆连3位院士，杨圣明、张承惠、陈耀等37名教授、研究员颁发聘书。

△　第四届中国政府网站、政务微博最佳实践暨2012年中国优秀政府网站、政务微博推荐及综合影响力评估总结大会在南宁市召开。南宁市获2012年度中国外文版政府网站领先奖，在计划单列市及省会城市网站中排名第二。

是月　国务院正式批准南宁—东盟经济开发区升级为国家级经济技术开发区，定名“广西—东盟经济技术开发区”。

4月

1日　人民东路人防工程施工，被掩埋29年的双孖井被挖出。双孖井是宋代狄青将军驻防望仙坡时挖掘的。相传无论雨季旱季，井水都清澈充足，是当时友爱路、人民路一带居民饮用水供应的重要来源。1984年，因城市建设需要被填埋。

11日　新一轮中央定点帮扶工作

启动，东风汽车公司、武汉钢铁(集团)公司、中国华粮物流集团公司3家国有企业分别到南宁市的上林县、马山县、隆安县3个国家扶贫开发重点县开展定点扶贫工作。

11日至13日　中国壮乡·武鸣“三月三”歌圩暨骆越文化旅游节“壮家美食·武鸣特产”展销会在武鸣县举行。

15日　南宁市瀚林物业服务有限公司的瀚林华府小区、广西荣和物业服务有限责任公司的荣和中央公园小区、广西保利物业服务有限公司的保利·21世家小区被评为2012年度全国物业管理示范住宅小区。

16日　中共南宁龙象谷国际旅游度假区工作委员会、南宁龙象谷国际旅游度假区管理委员会在良庆区南晓镇挂牌成立。

△　市人大常委会主任谢寿堂会见由韩国果川市议会议长黄淳植率领的代表团一行。

18日　第四十五届世界体操锦标赛组委会在南宁向社会公布会徽和吉祥物。会徽设计主题是“跨越腾飞”，两个吉祥物是一对男女孩，以广西白头叶猴为原型，分别取名叫“南南”和“宁宁”。

19日　市长周红波在市政府会见新任缅甸驻南宁总领事吴敏吞。

21日　南宁市提高城乡居民最低生活保障标准。城市居民最低生活保障标准每人每月400元，农村居民最低生活保障标准每人每年2400元。

22日　广西—东盟经济技术开发区首批家庭农场获开发区工商分局颁发营业执照，为南宁市首批获经营许可证的家庭农场。

23日　南宁市经贸文化代表团到台湾花莲县开展交流活动，并在花莲美仑饭店举办南宁—花莲民族文化交流联谊会。

△　副市长肖志钢率领调研组赴武鸣县双桥镇利源畜牧公司、武鸣县甘圩镇广西凤翔畜牧公司汇华食品公司，就南宁市家禽生产企业受人感染H7N9禽流感影响出现的受损情况进行调研。

25日　南宁—嘉义企业家联谊会在台湾嘉义市兆品酒店举行。南宁市经贸文化代表团团长、市长周红波，中国国民党副主席、嘉义市市长黄敏惠，中国国民党中央组织发展委员会副主任委员、兼云嘉南总督导陈政宽出席。南宁市在嘉义市采购总价30万元的农副产品。

26日　南宁市经贸文化代表团在台湾高雄市寒轩国际大饭店举办南宁—高雄经贸合作联谊会。

28日　南宁首批校园警务室在青秀区挂牌成立，南宁沛鸿民族中学、市第六职业技术学校、市第一幼儿园、市逸夫小学4所学校成为首批试点。

5月

2日　南宁市召开“美丽南宁·清洁乡村”活动电视动员会，贯彻落实自治区“美丽广西·清洁乡村”活动电视动员会精神，明确全市开展活动的目标，动员全市迅速开展清洁乡村活动。

3日　市委召开全市领导干部会议，宣布自治区党委决定：余远辉任中共南宁市委委员、常委、书记。

△　取材于横县民间传说故事的大型壮族歌舞剧《百鸟衣》在南宁人民会堂首演。《百鸟衣》是南宁市继大型壮族舞剧《妈勒访天边》后重点打造的又一舞台艺术精品，也是南宁市艺术剧院转制后投拍的首部以市场为定位的文化作品。

6日　南宁市育才学校旧址、伏波庙成为第七批全国重点文物保护单位。南宁市有5处国家级文保单位，其他3处分别为昆仑关战役旧址、顶蛳山遗址、智城城址。

△　南宁吴圩国际机场口岸获批办理外国人口岸签证业务。

6日至7日　自治区党委常委、市委书记余远辉深入工业园区调研，考察制药、电子、食品、造纸、仓储、汽车、机械制造、港口经济等工业企业生产经营、现代产业及重大项目发展建设情况。

7日　南宁市开展“文明交通引导行动”。15日开始，报考机动车驾驶执照的学员，在参加路考前，须由驾校组织到指定的交通路口参加3小时的现场体验教学活动。

10日　南宁市第一看守所举行“全国一级看守所”揭牌仪式，为南宁市唯一的“全国一级看守所”。

11日　北湖铁路立交桥启用。有15年历史的明秀铁道口，以及沿线的望州路北二里、衡阳东路、虎邱西、皂角村等铁道口退出历史舞台。

12日　南宁市获国家发展和改革委员会授予“国家节水型城市”称号。

16日　南宁市分别在五象新区、西乡塘区、宾阳县设立会场，举行重大项目开(竣)工活动，开工项目3个。

△　武鸣县城厢镇、马山县白山镇、上林县大丰镇、隆安县城厢镇获国家环境保护部授予“国家级生态乡镇”称号。

17日　南宁市首家镇级土地流转中心——兴宁区三塘镇土地流转中心正式挂牌成立，兴宁区三塘镇政府与南宁市区农村信用合作联社三塘信用社签署政银合作框架协议。

18日　自治区党委常委、市委书记余远辉，市长周红波在南宁会见老挝人民革命党中央书记处书记、万象市委书记兼市长苏甘·马哈腊一行。

24日　南宁动物园非洲雌象洲洲“出阁”前往北京，“新郎”是北京的18岁非洲

7月，南宁市开展“文明交通引导行动”。图为引导员在引导交通

市地方志办公室资料

象壮壮，为全国首次非洲象南北联姻。

30日 南宁市档案馆更名南宁市国家档案馆，并举行挂牌仪式。南宁市、县(区)13个档案馆统一进行更名。

31日 南宁出入境检验检疫局正式挂牌成立，负责管辖南宁市以及百色市、河池市、崇左市有关企业在南宁市的相关业务。

△ 南宁市获第三届全国社会管理综合治理“长安杯”，被授予2009年至2012年第五届全国社会管理综合治理工作优秀市。南宁市连续三次获综治“长安杯”，连续20年保有“全国社会管理综合治理工作优秀市”称号。

6月

3日 自治区党委常委、市委书记余远辉会见参加中国—东南亚民间高端对话会的新加坡前社会发展、青年及体育部政务部长、前国会议员符喜泉一行。

6日 自治区党委常委、市委书记余远辉，市长周红波会见深圳宝能投资集团董事长姚振华、总裁邹明武一行。五象新区管委会与宝能集团签署合作框架协议，双方将在五象新区合作开发建设前海人寿广西区域总部、龙岗片区城市综合体等项目。

△ 南宁市水产畜牧兽医局举行“百禽宴”活动，14家大型家禽养殖企业、政府相关部门负责人和市民代表一起品尝美味鸡肉，用实际行动证明南宁家禽产品安全。

9日 晚上，南宁遭遇250年一遇的罕见强降雨天气，一个半小时降雨量94毫米左右，造成南宁市部分地区出现内涝，1600多名抢险员赶赴一线处置。

△ 南宁市青年创业促进会成立揭牌仪式在共青团南宁市委举行。市青年创业促进会是一个公益性组织，为广大青年创业者提供无利息、无抵押、免担保的资金支持和“一对一”的导师辅导等公益服务，标志着南宁市大学生村干部和青年创业扶持“YBC”(中国青年创业国际计划）项目全面启动和南宁市青年创业进入新阶段。

11日至12日 2013年南宁“中国水城”国际龙舟邀请赛在南湖举行，来自泰国、越南、美国、中国等56支队伍上千名龙舟爱好者参赛。

13日 中国—东盟技术转移中心落户南宁，为全国首家国家级面向东盟的技术转移中心。

13日至17日 自治区党委常委、市委书记余远辉，市长周红波，市政协主席岑可成率南宁市党政代表团赴云南昆明、玉溪两市，考察学习开发区建设、产业发展、城市建设管理和发展县域经济等。

14日 南宁市在民族广场举行2013年“世界献血者日”庆祝活动，表彰一批获全国无偿献血奉献奖、南宁市无偿献血十大爱心家庭称号的献血者。

17日 南宁市召开专题会议，向市人大代表、政协委员、老同志、学生、公交车和出租车司机、施工工地管理者、环卫工人、市场经营户、社区工作者、专家学者和媒体记者等社会各界代表，就开展“美丽南宁·整洁畅通有序行动”活动征求意见和建议。

19日 市长周红波会见新西兰黑斯廷斯市市长劳伦斯·尤尔率领的黑斯廷斯市代表团一行。

△ 南宁市政府与广西电网公司在市委、市政府会议中心举行《2013-2015年深化推进南宁市电网发展协议》签约仪式。

△ 隆安县、良庆区、邕宁区被中国民间文艺家协会分别授予“中国那文化之乡”“中国嘹啰山歌之乡”“中国八音文化之乡”称号，授匾仪式20日举行。

20日 南宁市召开“美丽南宁·整洁畅通有序大行动”电视动员大会。自治区党委常委、市委书记余远辉作动员讲话，市长周红波主持，市人大常委会主任谢寿堂，市政协主席岑可成等市四家班子领导出席。

△ 南宁市举行6月重大项目开(竣)工活动。南宁经济技术开发区电缆桥架和母线槽生产项目、源生堂化妆品生产基地项目(一期)等6个项目举行开(竣)工仪式，总投资11.30亿元。

21日 南宁市组织相关人员到宾阳县古辣镇南阳村、水丽村等“美丽南宁·清洁乡村”村(屯)示范点参观，并召开“美丽南宁·清洁乡村”村(屯)示范点建设现场会。

23日 市长周红波出席在埌东汽车站举行的新能源混合动力公共汽车投放仪式。

△ 市长周红波在红林大酒店会见台湾花莲县县长傅崐萁夫人徐臻蔚女士率领的台湾花莲县参访团一行。

23日至26日 参加“2013美丽广西港澳行”活动的南宁代表团分别在香港、澳门参加“2013美丽广西港澳行”广西北部湾经济区现代服务业与科技创新发展推介会，举行南宁香港企业家座谈会、南宁与香港经贸合作项目签约仪式和南宁澳门企业家座谈会。自治区党委常委、市委书记余远辉，副市长石文怀出席相关活动。

27日 南宁市首家流动党员服务中心——兴宁区流动党员服务中心挂牌成立。

28日 南宁轨道交通工程试验段广西大学站施工完成。历时4年多，标段总长274米，建筑面积2068平方米。

6月20日，南宁市召开“美丽南宁·整洁畅通有序大行动”电视动员大会

市地方志办公室资料

7月

1日　自治区党委常委、市委书记余远辉,市长周红波深入车流繁忙的路段、人流密集的夜市及摊点集中的街巷,随机检查“美丽南宁·整洁畅通有序大行动”开展情况,看望慰问在一线工作的新闻记者、交通警察、城管队员、环卫工人。

△　位于金浦警务站内的青秀区金浦社区外国人服务站投入使用。服务站是《中华人民共和国出境入境管理法》7月1日正式实施后,南宁市成立的首个外国人服务站。

2日　南宁市经济适用住房建设发展中心更名南宁市保障住房资格审核和管理中心,挂牌仪式在望园路5号办公楼举行。

3日　南宁市政务服务中心新址揭牌仪式在五象新区广西体育中心举行。

△　副市长肖志钢会见拿督、马来西亚民政党全国主席、南宁市荣誉市民郑可扬一行。

5日　“美丽南宁·整洁畅通有序大行动”正式实施严管重罚第一天。

5日至7日　第十七届南宁国际学生用品交易会暨2013中国·东盟(南宁)国际教育展览会在南宁国际会展中心举行。

7日　市委副书记李泽到兴宁区城管大队,代表市委、市政府慰问在“美丽南宁·整洁畅通有序大行动”中依法执行公务时,遭遇暴力抗法受伤的城管队员蒙汝忠、雷胜、李德煌。

8日至10日　中共中央政治局常委、国务院总理李克强到广西北海、钦州、南宁考察,围绕经济运行、改革开放、民生改善等开展调研。9日,李克强走进南宁市良庆区那马镇冲陶村的稻田,了解田间管理、农业技术服务和收获保管等情况。

13日　南宁市第二中学学生梁汝被录取为中国人民解放军空军飞行学员,入选共和国第十批女性空军飞行学员,为自治区首位女飞行学员。

16日至18日　自治区党委常委、市委书记余远辉深入横县、宾阳县、上林县就壮大县域经济,加快奔小康步伐开展调研。

17日　南宁市社会科学界联合会召开第六次代表大会,大会审议并通过南宁市社会科学界联合会第五届委员会工作报告;通过《南宁市社会科学界联合会章程》;选举南宁市社会科学界联合会第六届委员会委员及领导机构。

△　市委常委、宣传部部长、副市长吕洁会见欧洲议会对华关系代表团团长、人民党党团意大利籍成员克雷森左利凡里尼率领的欧洲议会对华关系代表团一行。

20日　六钦高速公路新福出口往南宁方向约3千米处(103省道横县段)发生一起特大交通事故,造成5死7伤。市领导到现场,组织现场勘查和伤员抢救,指导做好事故善后和伤员救治。

22日至24日　南宁市文化新闻出版局主办的南宁市歌王争霸赛暨壮族歌圩音乐节在横县石塘镇三相庙举行。设歌王争霸赛、首届壮族歌圩音乐节、民俗表演3项活动;来自县(区)代表队和南宁市平话民间艺术团、横县三相代表队等14支队伍参加。

23日　中国共产党富士康(南宁)科技园委员会揭牌成立,隶属南宁高新技术产业开发区党工委,并接受集团党委管理,基层党组织设置规划形成党委、党总支、党支部和党小组四级管理网络。

24日　国家统计局南宁调查队召开新闻发布会,公布南宁市上半年主要调查数据,城镇居民人均可支配收入12535元,在自治区排名第一,比上年同期增长9.60%。发布会是城乡住户调查一体化改革以来国家统计局南宁调查队召开的首次发布会。

△　市委、市政府授予南宁边防检查站“模范边防检查站”称号。

△　为给南宁市凌铁大桥施工“让路”,大桥桥体规划范围内的文物凌铁水塔迁至原址外10米左右,保留水塔原始面貌。

26日　南宁市政府与中国联合工程公司在南宁市签订《合作备忘录》,就推动南宁市基础设施、城镇化、新区建设、工业园区等重点领域开展合作。

△　市委常委、宣传部部长、副市长吕洁会见南宁市作家协会会员、青年作家辛夷坞,勉励她多出好作品、多写反映南宁元素和风貌的作品。辛夷坞是著名演员赵薇改编导演电影《致青春》的原著作者。

30日　南宁市分别在兴宁区、宾阳县设立会场,举行重大项目开(竣)工活动,计划开(竣)工项目39个,总投资57.71亿元。

31日　第七届“小荷风采”全国少儿舞蹈展演在北京落幕。南宁市青少年活动中心选送、市少儿艺术团表演舞蹈节目《“豚”飞北部湾》《嘎跷蹦嘎》分获“小荷之星”金奖、“小荷新秀”银奖。

8月

1日　市长周红波在市政府会见马来西亚外交部副秘书长罗哈娜·瑞姆莉率领的马来西亚外交部代表团一行。

△　南宁市营业税改征增值税试点工作启动仪式在市国税局办税服务大厅举行。南宁市交通运输业和部分现代服务业营业税改增值税正式上线运行。

2日　南宁市关心下一代工作委员会市精神文明建设委员会办公室联合召开南宁市关心下一代工作委员会成立20周年总结表彰大会。授予青秀区关心下一代工作委员会等51个集体“南宁市关心下一代工作先进集体”称号,授予覃日光等127人“南宁市关心下一代工作先进工作者”称号。

5日　南宁市入选2013年度国家智慧城市试点城市。

6日　南宁连日持续高温,市长周红波到服务“两会一节”项目建设工地慰问建设者,并送去消暑饮品。

8日　南宁市首部法治蓝皮书——《南宁法治发展报告(2013)》出版,全书25万字,由市法学会、市社会科学院及相关职能部门协作完成,全面反映南宁市法治发展状况。

△　南宁市首次举行领导干部任职前廉政法规知识测试。126名2012年任职试用期满市管干部在市委党校集中参加测试。今后,南宁市干部任前先“考廉”通过方可正式任用。

10日　南宁轨道1号线两个专业化应急抢险队伍和一个从事注浆、堵漏的特种作业队伍揭牌成立,以应对地铁施工过程中可能发生的险情。成立特种注浆应急抢险队伍在中国地铁在建城市中尚属首例。

11日　美国三大金融巨头之一罗杰斯演讲会在南宁荔园山庄国际会议中

8月28日，凌铁大桥建成通车　　梁善锋提供

心举行。

14日　南宁市召开防御第11号台风“尤特”工作会议，落实国家防汛抗旱总指挥部、自治区防汛抗旱指挥部防御第11号台风“尤特”工作会议精神，对南宁市的防台风工作进行动员、部署。“尤特”是2013年以来影响南宁市的最强台风。

15日　第十届中国—东盟博览会、中国—东盟商务与投资峰会携手共进20天启动仪式暨中国—东盟博览会特种邮票首发式在南宁举行。越南驻南宁总领事范星梅、泰国驻南宁总领事吉达蓬、柬埔寨驻南宁总领事恩索斐、缅甸驻南宁总领事吴敏吞、老挝驻南宁总领事习彭出席。

△　南宁市电动自行车正式注册登记，市民可就近到72个网点上牌。

16日　2013第十届中国—东盟博览会战略合作伙伴、行业合作伙伴签约仪式暨新闻发布会在南宁举行。第十届博览会结成合作伙伴64家，其中战略合作伙伴和行业合作伙伴20家。

22日　南宁市召开《南宁国家内陆开放型经济战略高地建设规划》评审会，南宁拟进行“一核双轴四圈层”战略布局。

△　南宁市纪委监察局召开集中约谈会，对公务车辆交通违法违章现象较严重的青秀区、西乡塘区、江南区、邕宁区、市工商局、兴宁区、良庆区、市国税局、市住房保障和房产管理局、南宁高新技术产业开发区等6个城区、1个开发区和3个部门的纪委书记（纪工委书记、纪检组长）进行约谈，并当场发出限期整改督办函。

23日　东盟电子商务平台“美丽湾”（www.meiliwan.com）在南宁举行启动仪式。平台为中国第一家专业服务于中国与东盟间的B2B2C电子商务平台。

23日至25日　第八届全国茉莉花茶交易博览会与2013年中国国际茉莉花文化节在横县举行。25日，在横县国泰会议中心举行投资贸易洽谈会暨签约仪式，签约项目18个，总投资60.85亿元。

25日　第十届中国—东盟博览会外国政要礼品新闻发布会在南宁举行，中国工艺美术大师孔相卿设计制作的钧瓷珍品《祥和尊》被选定为博览会指定外国政要礼品。

28日　南宁市分别在五象新区、江南区、南宁经济技术开发区、青秀区设立会场，举行重大项目开（竣）工活动，五象新区总部基地金融街金融保险项目、投资45亿元的宝能集团前海人寿总部基地项目、广西南南铝加工有限公司年产20万吨大规格高性能铝合金板带型材项目二期——中厚板制造中心、机场高速公路延长线（至新航站楼）等项目开（竣）工。

△　凌铁大桥通车。建设跨度9年，曾4度停建，为南宁市区第11座跨江大桥。

△　南宁市城市建设档案馆新馆竣工启用。位于桂花路6号，占地1.77公顷，总建筑面积3.20万平方米，总投资1.56亿元。新馆可容纳226万卷各类城建档案，满足南宁市未来30年至50年城市建设发展的需要。

29日至9月2日　首届中国—东盟（南宁）戏剧周在南宁剧场举行。

30日　南宁经济技术开发区与研祥高科技控股集团签订研祥集团暨科技装备业商会东南亚总部集群项目投资协议，总投资30亿元。12月17日，项目开工仪式举行。

31日　第三届广西园林园艺博览会开幕式在南宁五象新区园博园中心广场举行。自治区主席陈武出席开幕式并宣布园博会开幕。9月1日，南宁市举行南宁活动日启动仪式。

31日至9月6日　2013南宁·东南亚国际旅游美食节举行。主会场设在南宁华南城美食节广场和4号广场4楼。设展位110个。推出由直径3.60米的主锅和10个小锅组成的美食之最“万鸟归巢——世界第一大卤锅”，采用新鲜食材鹌鹑和宫廷秘制卤水秘方卤制鹌鹑，以世界最大的卤锅挑战美食吉尼斯纪录。

8月15日，中国—东盟博览会特种邮票在南宁首发　　市地方志办公室资料

9月

1日 《南宁市历史街区保护管理条例》实施，2001年4月1日颁布的《南宁市历史传统街区保护管理条例》废止。

2日 中共中央政治局常委、国务院总理李克强在南宁分别会见前来出席第十届中国—东盟博览会暨中国—东盟商务与投资峰会的缅甸总统吴登盛、柬埔寨首相洪森、老挝总理通邢、泰国总理英拉、越南总理阮晋勇和新加坡副总理张志贤。

△ 2013桂台·南宁少数民族交流周系列活动开幕式在南宁市举行。市长周红波，中国国民党副主席、台湾嘉义市市长黄敏惠分别致辞。

△ 市长周红波在市政府会见出席第十届中国—东盟博览会的澳大利亚班达伯格市市长摩尔弗曼一行。

3日 "大地飞歌2013"南宁国际民歌艺术节文艺演出在广西体育中心举行。

△ 2013年南宁投资贸易洽谈会暨重大项目签约仪式在市委、市政府会议中心举行，现场签约项目40个，签约总金额406.89亿元。

△ 市长周红波在市政府分别会见前来参加"两会一节"的马拉维地方政府和农村发展部常秘科斯特·卡帕兹率领的马拉维地方政府代表团一行及韩国果川市市长余仁国一行。

△ 市委常委、常务副市长吴炜分别会见马来西亚怡保市市长罗西迪·哈新率领的代表团一行与波兰格鲁琼兹市副市长马瑞·斯科拉率领的代表团一行。

△ "东盟国际智慧园"项目正式落户南宁，世界500强企业IBM公司与广西飞鹏环境资源投资有限公司共同建设，总投资38亿元，项目一期投资6.80亿元。

3日至6日 第十届中国—东盟博览会、中国—东盟商务与投资峰会在南宁国际会展中心举行。中共中央政治局常委、国务院总理李克强，缅甸总统吴登盛，柬埔寨首相洪森，老挝总理通邢，泰国总理英拉，越南总理阮晋勇，新加坡副总理张志贤，菲律宾贸易和工业部长多明戈，文莱工业和初级资源部部长叶海亚，马来西亚贸易和工业部长穆斯塔法，印度尼西亚贸易部长总司长古斯马迪，东盟秘书长黎良明，中国商务部国际贸易谈判代表兼副部长钟山，中国国际贸易促进委员会会长万季飞，广西壮族自治区党委书记彭清华共同为博览会和商务与投资峰会启幕。国务院总理李克强出席开幕式，并发表主旨演讲。4日，第十届中国—东盟博览会国际、国内经济合作项目集中签约仪式举行。南宁市有10个项目参加集中签约。其中：国际合作项目2个；国内合作项目8个。

4日 云南省委副书记、省长李纪恒为团长，副省长刘慧晏、省政协副主席米东生为副团长的云南省代表团一行考察广西和南宁市城乡经济社会发展、"中国绿城"和"中国水城"建设、城市新区开发建设和重大区域规划建设等情况。

△ 第五届中国—东盟金融合作与发展领袖论坛在南宁举行。期间，举行"中国银行人民币兑印度尼西亚卢比现钞汇率""浦发银行南宁离岸业务创新中心"揭牌仪式，人民币与印度尼西亚卢比正式进入直接交易新时期。

4日至6日 第十届中国—东盟博览会轻工展在南宁华南城举行。轻工展以"游华南城，看轻工展，体验南宁都市新生活"为主题。除国内众多商家，还有来自越南、缅甸、马来西亚、柬埔寨等东盟国家，以及日本、韩国、西班牙、巴基斯坦、斯里兰卡、法国等国的商家720家参展。

5日 自治区、南宁市2013年新兵入伍欢送仪式在南宁火车站举行。

△ 市长周红波在市政府分别会见参加"两会一节"的美国普罗沃市市长约翰·柯蒂斯一行与美国费尔斯通市市长查德·奥尔。

△ 南宁市第四职业技术学校与澳大利亚班达伯格市州立中学举行缔结友好学校签约仪式。

△ 2013年南宁·东盟人才交流活动月开幕暨人才助力重点产业发展主题活动在南宁高新技术产业开发区火炬大厦举行。首次聘请7名来自新加坡、湖南省的专家作为首批南宁市重点产业发展专家顾问并颁发聘书。12日，作为人才交流活动月系列活动之一的南宁第三届学术年会开幕，主题为"科技创新与生态文明建设"。

△ 中国商务部投资促进事务局、中国—东盟博览会秘书处与南宁市政府共同主办的第十届中国—东盟博览会连锁特许经营企业投资意向说明暨对接会在南宁国际会展中心举行。

5日至7日 第二届隆安"那"文化旅游节在隆安县城举行。

6日 市长周红波在市政府会见由赤道几内亚巴塔市市长唐斯坦蒂诺·艾孔·恩苏埃·恩桑率领的巴塔市代表团一行。

8日 南宁市青少年科普馆建成揭幕仪式在市青少年活动中心举行，并正式对外开放。

10日 南宁市归国华侨联合会成立50周年联谊座谈会召开。

11日至20日 邕宁区第三届壮族八音文化旅游节举行。

13日 南宁味江南时尚酒店举行"味江南关爱环卫工人暨歇脚区启动仪式"，为南宁市首个环卫工人歇脚区。

13日至15日 北部湾（南宁）第十一届汽车展在南宁国际会展中心室外广

9月3日至6日，第十届中国—东盟博览会在南宁国际会展中心举行

周家志 摄

NANNING YEARBOOK

场举办，展出600余款新车。

15日　自治区党委常委、市委书记余远辉深入良庆区那马镇坛良村坛板坡检查指导新农村建设，要求按照“南宁最好、广西甚至全国一流”的新农村建设示范点和现代农业示范点的标准，打造具有壮族特色的宜居乡村。

16日　南宁市拟对2013年3月1日起施行的城市道路停车差异化收费政策进行调整和完善，市物价局召开专题征求意见会，就差异化停车费调整向社会各界征求意见。

△　南宁市东盟中学举行首届高一学生开学典礼。学校是广西—东盟经济技术开发区在自治区率先实行幼儿园至高中15年免费教育后，引进南宁市新民中学合作创办的一所全日制普通高级中学。

18日　10时30分至45分，南宁市(含六县)进行防空警报试鸣和人员疏散隐蔽演练活动，全市有近30万人参加演练。活动经过预先警报、空袭警报、解除警报三个过程，持续15分钟。

20日　南宁市沙井中学周边农田和菜园发现形体庞大、密度惊人非洲大蜗牛，广西农业科学院以及南宁市相关部门专家赶往事发现场，考察非洲大蜗牛危害情况，提出处理建议。

22日　2013年南宁市城市“无车日”活动启动暨100辆天然气公交车投放和微循环公交线路（华南城至江南客运站)开通仪式在五一公交站举行，为南宁市首次开通微循环公交线路和投放天然气公交车。

23日　南宁市信用办在诚信信息查询网络平台公布首批失信行为。

26日　中央文明委表彰第四届全国道德模范。南宁市候选人广西新长江高速公路有限责任公司工程师羊建明、南宁市九州出租汽车有限公司驾驶员刘小坚分获“助人为乐类”“见义勇为类”提名奖，并受到中共中央总书记、国家主席习近平接见。

29日　自治区党委常委、市委书记余远辉深入官塘综合市场及周边区域，巡查“美丽南宁·整洁畅通有序大行动”活动小街小巷脏乱差整治情况。

△　南宁市“三位一体”(社区党工委、社区居委会、社区公共服务站所构成的新型社区复合管理体制）社区管理模式试点工作领导小组会议召开，南宁市将在兴宁区、青秀区开展“三位一体”社会管理模式试点工作。

△　市人大常委会在新阳街道办事处举行南宁市街道人大代表活动中心建设启动仪式，填补南宁市街道没有统一的代表工作机构和代表活动平台的空白。

10月

1日　首府各界劳动模范、职工代表和普通市民在民族广场举行升国旗仪式，庆祝中华人民共和国成立64周年。

△　零时起，经自治区政府批准，南宁至梧州二级公路五塘收费站调整为南宁市路桥车辆通行费独立收费站，更名“南宁市五塘收费站”，停止收取二级公路通行费，正式开征南宁市贷款道路桥梁机动车辆通行费。收费期限18年，收费对象为非南宁市籍车辆。

2日至3日　2013南宁·东盟国际自由式轮滑邀请赛在南宁国际会展中心举行。轮滑赛由世界自由式轮滑协会批准，南宁市社会体育发展中心主办，竞赛项目有花式绕桩、速度过桩、双人花式绕桩、花式刹停等。

5日至6日　南宁市代表团在比利时安特卫普考察、观摩第四十四届世界体操锦标赛，并接受会旗。期间，市委常委、宣传部部长、副市长吕洁带队的南宁市代表团拜会国际体联主席布鲁诺·格兰迪及国际体联秘书长安德烈·盖斯比莱等官员。在第四十四届世界体操锦标赛闭幕式上，南宁市代表团团长吕洁从国际体联官员手中郑重接过世界体操锦标赛会旗，标志着第四十五世界体操锦标赛各项工作进入新阶段。

8日　南宁市与合景泰富地产控股有限公司签署今后5年战略合作框架协议，双方将围绕服务南宁市经济社会发展和五象新区开发建设主题开展合作。

10日　中国好人韦曰坚纪念馆揭牌仪式在宾阳县宣村举行。

10日至11日　自治区党委常委、市委书记余远辉，市长周红波，市人大常委会主任谢寿堂率南宁市党政代表团到深圳走访企业、推介南宁。

11日　南宁市举行第三届广西园林园艺博览会总结大会暨会旗交接仪式。第四、第五届园博会分别由北海市、百色市承办。

△　南宁市在西乡塘区金陵镇举行老口枢纽工程库区淹没征地补偿资金发放仪式。金陵镇居联村、金城社区的5个村民小组领到补偿金额1700多万元。

12日　自治区党委常委、市委书记余远辉，市长周红波会见万达集团董事长王健林一行，南宁市与大连万达集团股份有限公司签署未来3年内投资200亿元的战略合作框架协议。

15日　第一部以艺术形式表现1929年“南宁兵变”历史的30集战争大剧《兵变1929》在南宁举行开机新闻发布会。

△　在天津市举行的第六届东亚运动会上南宁籍运动员唐渊渟夺得羽毛球女子团体冠军和女子双打冠军，黄熙夺得体操男子团体冠军和跳马冠军，韦永丽一人独揽100米、200米和4×100米接力3枚金牌。

△　南宁市“妇女驿站”正式挂牌成立，为自治区首所依托专业性机构建立的反家暴妇女儿童庇护中心。

16日　南宁市召开市领导联系重大项目、服务重点企业推进会。

18日　2013中国—东盟（南宁)渔业文化周暨南北农业合作对接大会在南宁国际会展中心开幕。还进行投资与合作项目签约，来自越南、缅甸、马来西亚等东盟国家以及香港和自治区内外的108家单位和企业参加签约，签约项目70个，签约总金额77.92亿元。

△　坛洛“蕉急”现状引起政府和相关部门重视，自治区党委副书记危朝安对此做出批示，市政府召开紧急协调会，做出紧急回应，消除社会误解，避免商家压价。

25日　市长周红波会见前来出席第九届两岸经贸文化论坛的中国国民党中常委洪玉钦一行。

25日至30日　“五丰粮食杯”南宁市少数民族传统体育运动会在马山县举行。

26日　南宁市举行重大项目开(竣)工活动在青秀区分会场举行良庆大桥项目开工仪式，在富士康南宁科技园研发检测认证中心举行中心揭牌仪式。

26日至27日　中共中央台湾工作办公室海峡两岸关系研究中心与中国国民党国政研究基金会共同主办的第九届两岸经贸文化论坛在南宁举行。中共中央政治局常委、全国政协主席俞正声和中国国民党荣誉主席吴伯雄出席论坛并致辞。

27日　中共中央政治局常委、全国

10月26日，自治区党委常委、市委书记余远辉(前中)，市长周红波(前左二)参观富士康南宁科技园研发检测认证中心　　陈卓凡　摄

政协主席俞止声到隆安县那桐镇雷步屯调研。

28日　中国南方航空股份有限公司广西分公司总部南迁揭牌仪式在南方航空吴圩机场生产保障区举行。南方航空广西分公司总部从桂林正式搬迁南宁，南宁今后将作为该公司运行的主控基地。

11月

4日　十一届全国人大常委会副委员长、中国工程院院士桑国卫一行考察南宁市生物医药产业园建设情况。

△　教育部下文，南宁学院2014年起，获准通过教育部举办的“中华人民共和国普通高等学校联合招收港澳台学生考试”招收港澳台学生。

6日　南宁港六景港区覃寨村作业区永凯码头工程项目获自治区发改委批复同意建设。项目建成后，邕江再增2000吨级多用途泊位6个。

8日　南宁市住户调查电子记账启动仪式在西乡塘区新阳街道中兴社区举行。之后，进行入户培训，首批40名记账户率先“试水”电子记账。电子记账仅在全国5个发达城市开展，南宁市为自治区首例。

11日　受第30号台风“海燕”影响，南宁市普降暴雨到大暴雨，局部特大暴雨，部分地区出现内涝等灾情。最大降水出现在横县平马，达359.20毫米。市长周红波在市气象局主持召开紧急会议部署防御“海燕”台风工作。

15日　南宁市青年联合会第八届委员会第一次全体会议、南宁市学生联合会第六次代表大会在南宁人民会堂召开。

△　南宁市在双拥锦春路口首次试点安装3套慢性交通指路标志，为行人、骑车人提供指路信息。

17日　南宁市越秀路小学成为自治区首个戏剧教育实验基地。基地建立后，实验班的学生每周将进行两次戏剧课程学习，体验“创造性戏剧教育”魅力。

18日　第九届中国(北京)国际园林博览会在北京闭幕，南宁市参展的南宁园——“邕园”获设计奖大奖、室外展园综合奖金奖、建筑小品奖大奖、施工奖优秀奖、植物配置奖优秀奖等奖项。

19日　2013年南宁市科学技术奖励大会召开，表彰并奖励2012年度为南宁市科技工作作出突出贡献的单位和个人。

△　南宁市首次举行政务微博民生服务日活动，与市民进行在线微访谈的政府机构9家，网友通过腾讯微博与相关单位进行在线互动。

22日　南宁市综合示范村建设现场推进会在良庆区举行。

△　南宁市举行“李国伟、荣慕蕴教育园丁奖”暨第十四届“我最喜爱的老师”颁奖大会。市第三中学魏述涛、市天桃实验学校简易、横县百合镇武留中心小学黄宝连、武鸣县武鸣高级中学韦星星等20位教师被评为“我最喜爱的老师”。

△　中国移动南宁分公司举行4G网络公交体验专线开通仪式，面向公众免费开放4G体验线路是3辆704路公交车。

23日至27日　2013南宁名品推广周在南宁国际会展中心举行。南宁市近200家产品质量高、品牌形象好、特色优势明显的企业参展。

25日　南宁市2014年新农合筹资工作正式启动，2014年参合人员个人缴费标准由60元提高至70元。

△　南宁市获“2013中国最佳休闲城市”称号，在10个“中国最佳休闲城市”中排名第三。

26日　第二届中越青年联欢大会在南宁市举行。中国国家主席习近平和越南国家主席张晋创分别发来贺信。中共中央政治局委员、中国国家副主席李源潮，越共中央政治局委员、越南祖国阵线中央委员会主席阮善仁出席联欢大会并分别致辞。联欢大会开始前，中越两国领导人及与会嘉宾分别在签名墙上签名，并参观中越青年友好交流图片展。广西壮族自治区党委书记彭清华致辞。联欢大会由广西壮族自治区主席陈武主持。同日，200名中越青年在广西体育中心中越青年友谊林再植友谊树。越南胡志明共青团中央委员会第一书记阮得荣、中国共青团中央书记处第一书记秦宜智、越南胡志明共青团中央委员会书记阮孟勇、中国共青团中央书记处书记周长奎等中越领导出席活动。南宁市市长周红波主持活动。

△　副市长石文怀会见新加坡高新技术产业司副司长黄伊君率领的新加坡国际企业发展局代表团一行。

27日　全国政协副主席董建华率香港全国政协委员考察团一行到南宁市考察培力(南宁)药业有限公司、南宁华南城等港资企业。

27日至29日　香港特别行政区行政长官梁振英率香港经贸代表团一行到南宁华南城中国—东盟商品交易中心、广西规划馆、南宁高新技术产业开发区、五象新区考察。

28日　自治区党委书记、自治区人大常委会主任彭清华，自治区主席陈武考察南宁五象新区建设发展情况。

12月

2日　南宁市与深圳海王集团股份有限公司签署战略合作框架协议，海王集团决定在南宁打造以百亿元规模海王集团生产项目为核心的全产业链项目。

6日　全国政协副主席何厚铧率领澳门工商界代表团一行到广西规划馆、广西体育中心A区展示厅、五象湖公园、南宁保税物流中心报关报检厅、北部湾华诚商品交易中心考察。

△　市委、市政府主办的南宁市第四届乡村社区和谐文艺大展演汇报演出在南宁人民会堂举行。

△　南宁市在江南区、青秀区、兴宁区设立会场，举行重大项目开(竣)工活动。分别举行沙井—富乐立交桥、沙井—南站立交桥项目，火车东站片区场地整理和配套道路项目，兴宁区兴工路（三期）工程和金桥农产品批发市场周边市政1号道路项目开工仪式。

7日　2013年第八届"万科杯"南宁国际半程马拉松比赛暨第三十一届南宁解放日长跑活动在南宁体育休闲公园门前举行，来自埃塞俄比亚的选手德格法·阿贝贝·尼格沃获男子半程马拉松比赛冠军；肯尼亚选手格拉底斯·彻娃努获女子半程马拉松赛金牌。

9日　南宁火车站高铁站台改造项目建成投入使用，具备动车组进入南宁火车站停靠条件，实现与北京全线贯通高速铁路，为本月底衡柳、柳南、沿海等自治区多条高铁开通运行创造条件。

11日　第十一届中国民间文艺"山花奖"在吉林省长春市东方大剧院举行颁奖礼。南宁市青秀区长塘镇定西村楞仲坡的舞龙《平安芭蕉龙》(郑天雄、陈生乐创作)，西乡塘区陈东村师公团的民俗礼仪表演《大酬雷》(郑天雄、陈亚弟编排)为南宁市首次获"山花奖"。

12日　市长周红波率队到横县调研，到南宁港六景港区、南宁衍庆纸浆有限公司、六景镇利垌村委仁和村检查项目建设、企业发展、南宁市综合示范村建设情况和"美丽南宁·清洁乡村"工作。

14日　市长周红波到兴宁区开展调研，到金桥A地块降桥村降桥坡一、二组城中村改造项目现场，保利·山渐青项目现场检查建设情况，了解兴宁区"十里花卉长廊"项目和三塘镇路东村那安坡综合示范村项目规划设计情况。

17日　总投资约30亿元的中恒(南宁）生物医药产业基地项目在南宁经济技术开发区举行开工仪式。

18日　南宁中铁广发轨道装备有限公司生产的首台盾构机"中广轨道1号盾构机"在邕宁区八鲤工业区广发重工集团有限公司新厂区正式下线，实现盾构机本地化生产，填补南宁市盾构机制造产业空白。

19日　世界500强企业绿地集团首进南宁项目——南宁·绿地中心、五象新区金融街万科区域总部及研发中心分别在五象新区开工奠基。

20日　南宁市民卡首发仪式在南宁交通投资集团举行。

12月8日，在南宁制造的首台盾构机正式下线　　朱振华　摄

21日至2014年1月21日　2013南宁乡村休闲旅游节暨中国黑山羊之乡——广西南宁·马山第七届文化旅游美食节在马山县举行。

24日　南宁高新技术产业开发区升格为副厅级，正式启动试行全员聘任(用)制，首批机关党委、党工委办公室、纪检监察室以及管委会9个内设机构的部分中层领导正式上岗。

24日至25日　南宁市消防支队开展"零点夜查"行动，开展以人员密集场所为重点的消防安全专项检查，在全市27个执勤点部署180名消防官兵严防死守市区内多个公众聚集场所消防安全。

25日　南宁市政府与广西龙象谷公司举行南州林场移交接收仪式。

△　南宁市城市公共自行车租赁卡开始预售，有362名市民办理租赁卡。28日，南宁市公共自行车租赁系统正式运行。

26日　13:00起，南宁火车站开始出售动车车票，旅客可通过售票窗口、代售点及网上购票、电话订票。

△　南宁市民生资金监管系统上线运行。

29日　自治区党委常委、市委书记余远辉到五象新区参加新区党工委2013年度民主生活会。

30日　南宁至防城港、钦州、北海、柳州、桂林高铁开通仪式在南宁火车站举行。

△　南宁市政府与中国人民银行南宁中心支行、中国银行业监督管理委员会广西监管局、中国证券监督管理委员会广西监管局、中国保险监督管理委员会广西监管局签署《南宁市全面深化金融合作推动区域性国际金融中心建设和实体经济发展合作备忘录》，举行2014年南宁市重大项目贷款签约仪式。

△　自治区旅游局公示最新一批四星级以上乡村旅游区和农家乐，南宁市有3家景点入围，分别为南宁乡村大世界、怡景生态园和武鸣县康佳龙生态农庄。其中，南宁乡村大世界成为南宁首家五星级乡村旅游区。

31日　南宁轨道交通2号线在安吉大道西津站项目现场正式开工。2号线主干线(西津至玉洞)全长21.20千米，设地下车站18座，总投资155亿元。

（罗　宁　陈天皓　周　红）

责任编辑　周　红

南宁概貌

基本情况

【地理位置】 南宁市位于广西南部，东经107°45′~108°51′，北纬22°13′~23°32′。总面积22099平方千米（该数据为2014年3月26日第三次上报国土资源部数据，下同），其中建成区面积283平方千米。地理区位上具有“两近两沿”的特点。“近海”，距钦州、防城港、北海3个沿海城市分别110千米、170千米、200千米；“近边”，距中越边境的东兴、凭祥2个城市分别200千米、230千米；“沿（铁路）线”，湘桂、南广、南昆、南防、黎钦等铁路在南宁交汇，是华南地区重要的铁路枢纽；“沿江”，横穿南宁的邕江是珠江干流西江的上游段。南宁毗邻粤港澳，背靠大西南，面向东南亚，成为连接东南沿海与西南内陆的重要枢纽，成为西南出海通道最便捷的枢纽。在西部大开发和中国—东盟自由贸易区中，南宁具有承东启西、连南接北的区位优势。（李鸿宽）

【建制沿革】 南宁古属百越之地。秦始皇帝三十三年（前214年），秦统一岭南地区，设南海、桂林、象郡，南宁属桂林郡辖地。汉高祖元年至元鼎元年（前206年至前116年）为南越国地，元鼎六年（前111年）属郁林郡领方县地。三国时，属吴国辖地，属广州郁林郡临浦县地，一直延续到西晋。东晋大兴元年（318年），从郁林郡析出晋兴郡，隶属广州，治所晋兴县，晋兴县成为南宁的第一个地名。隋开皇十八年（598年），改晋兴县为宣化县，治所宣化城（今南宁市区）。唐武德四年（621年），以宣化县地设南晋州，领宣化一县；五年，宣化县分出宣化、武缘（今武鸣县）、朗宁、晋兴、横山5个县，隶属南晋州；贞观六年（632年），南晋州改称邕州，为邕州都督府，这是南宁成为桂西南地区行政中心的开始，也是南宁简称“邕”之始（“邕”字来自唐《元和郡县志》“因州西南邕溪水为名”的记述）；天宝元年（742年）改邕州为朗宁郡；乾元元年（758年）复为邕州，撤销朗宁郡建制，由州领县；咸通三年（862年），邕州属岭南西道，治所宣化县，这是南宁相当于今省级政权治所开始。元至元十六年（1279年），改邕州为邕州路，辖宣化县、武缘县，置邕州路总管府，兼左右两江溪峒镇抚，隶属湖广行中书省；泰定元年（1324年）九月，为庆南疆绥服，邕州路改称南宁路（取南疆安宁之意），宣化县隶属南宁路，南宁得名始于此；至正二十三年（1363年），湖广行中书省分置广西行中书省，南宁路隶属广西行中书省。明洪武元年（1368年）废南宁路，置南宁府，宣化县隶属南宁府，治所在今南宁城。清朝承袭明朝建置，清朝初年，南宁府隶属广西省，宣化县隶属南宁府，府、县治均在今南宁市。

1912年（民国元年）7月，废宣化县并南宁府；10月，广西军政府从桂林迁至南宁，南宁成为广西省会；1913年6月，废府留县，南宁府改为南宁县，同时置邕南道，领邕宁、武鸣、扶南（今属扶绥县）、那马（今属马山县）、上思、横县、宾阳、永淳（今分属横县、宾阳县和青秀区、邕宁区）、上林、隆安10个县，归德（今属柳江县）、果化（今属平果县）、土忠（今属扶绥县）3个土州，都阳（今属都安瑶族自治县）、安定（今属都安瑶族自治县）、白山（今属马山县）、古零（今属马山县）、兴隆（今属东兰县）、旧城（今属平果县）、定罗（今属马山县）、迁隆峒（今属宁明县）8个土司，治所均在今南宁市；1914年6月，为避云南省的南宁县同名而改名邕宁县。同年置南宁道，领邕宁、永淳、横县、宾阳、上林、武鸣、隆山（今属马山县）、那马、都安、果德（今属平果县）、隆安、扶南、绥渌（今属扶绥县）、上思14个县和定罗土司；15年废道，由省直接领县；1929年7月设南宁市政府，与邕宁县合署办公，同年11月，撤市建制；1930年置南宁民团区，1934年置南宁行政监督区，1935年置第九区，均领邕宁、宾阳、横县、永淳、扶南、绥渌、同正（今属扶绥县）、隆安、上思9个县；1936年10月，广西省会从南宁迁至桂林；1940年置南宁行政监督区（又叫第九区）；1942年4月，将第八区（武鸣）、第九区合并称第四行政区，治所南宁，领邕宁、永淳、横县、宾阳、上林、武鸣、隆山、都安、那马、平治（治今平果县）、果德、隆安、同正、扶南、绥渌、上思16个县；1949年10月，广西省会再次从桂林迁至南宁。

1949年12月4日，南宁解放。1950年1月，南宁建市；2月8日，广西省人民政府成立，确定南宁市为省会。1952年12月，南宁亦为桂西壮族自治区（1956年改为桂西壮族自治州）驻地。1958年3月，广西壮族自治区成立，南宁市为首府。（梁新莲）

【土地资源】 2013年，南宁市行政区域土地总面积22099平方千米，其中市区面积6447平方千米，下辖六县区域面积15652平方千米。

【矿产资源】 2013年，南宁市勘查发现矿产资源63种。主要有：能源矿产褐煤、无烟煤、石煤，地热（热矿水）黑色金属矿产铁、锰、钒、钛；有色金属矿产铜、铅、锌、铝土矿、镍、钴、钨、铋、钼、锑；贵金属矿产有金、银；化工原料非金属矿产有磷、硫铁矿、芒硝、砷、泥炭、重晶石；冶金辅助原料非金属矿产萤石、耐火黏土；建材和其他非金属矿产压电水晶、熔炼水晶、滑石、叶蜡石、石膏、水泥用石灰岩、建筑石材用灰岩、高岭土、膨润土、陶粒用黏土、砖瓦用黏土、玻璃用砂、玻璃用砂岩、水泥配料用砂岩、粉石英、水泥配料用黏土、砖瓦用页岩、水泥配料用页岩、饰面用花岗岩、建筑用花岗岩、方解石、硅灰岩、建筑用砂(河沙);水汽矿产矿泉水等。优势矿产有钨、银、钒、铜、金、石灰岩、花岗岩、芒硝、耐火黏土、滑石、水晶、砂岩。平势矿产有煤、锰、铝、铅、锌、硫、铁矿、膨润土、高岭土、石膏。在规划开采区内,根据矿产资源分布特点,综合考虑地质构造及地形上的相对独立性,资源赋存状态,开采技术条件,勘查开采现状等因素,共规划开采区块67个,总面积2190.10平方千米。南宁市有矿山企业405个(其中大型矿山3个、中型矿山8个、小型矿山196个、小矿山198个)。行业从业人员1.03万人,年产矿石3605.69万吨,矿业产值6.88亿元(不含矿业冶炼加工),综合利用产值1.23亿元,利润5594.31万元,矿产品销售收入5.40亿元。

(市国土资源管理局编写组)

【植物资源】 南宁市处于亚热带南缘,北回归线从北部武鸣县、上林县、马山县及大明山穿过,地形多样,有平原、盆地、丘陵、山地,以平原和丘陵为主。良好的水、热条件孕育着丰富的植物资源。2013年,南宁市有维管束植物200多科、800多属、3000多种。其中:钟萼木、石山苏铁为国家一级保护植物;观光木、福建柏、白豆杉、香花木、金丝李、格木、蚬木、樟树、楠木、喜树、紫荆木、油杉、任豆、杜仲、蒜头果、地枫皮、马蹄参等为国家二级保护植物。国家公布保护的一、二级野生植物主要分布在广西大明山国家级自然保护区、广西龙山自治区级自然保护区、广西龙虎山自治区级自然保护区、广西三十六弄—陇均自治区级自然保护区、广西弄拉自治区级自然保护区、南宁市良庆区那兰鹭鸟市级自然保护区。2007年,在龙虎山自然保护区首次发现中国特有植物,被《中国物种红皮名录》收录的极危树种——龙州锥。

【动物资源】 2013年,南宁市自然分布的陆生脊椎野生动物有31目90多科400多种,其中鸟类200种左右。黑叶猴、熊猴、金钱豹、林麝、蟒蛇为国家一级保护野生动物;国家二级保护野生动物有白鹇、苏门羚、黑熊、原鸡、虎纹蛙等34种。国家公布保护的一、二级野生动物主要分布在广西大明山国家级自然保护区、广西龙山自治区级自然保护区、广西龙虎山自治区级自然保护区、广西三十六弄—陇均自治区级自然保护区、广西弄拉自治区级自然保护区、南宁市良庆区那兰鹭鸟市级自然保护区。(罗海涛)

【水资源】 南宁市水资源较为丰富,多年平均降雨量1241毫米~1753毫米,其中市区1310毫米,上林县1753.20毫米。市辖区河系发达,河流众多,流域集水面积在200平方千米以上的河流有郁江、右江、左江、武鸣河、八尺江、清水河、良凤江、香山河、东班江、沙江、镇龙江等39条。市内最大的河流是郁江,流过南宁市区、横县。右江的下游经过隆安县,在南宁市宋村与左江汇合形成郁江。郁江(南宁水文站)年平均天然径流量375.10亿立方米。熔岩地区地下伏流发育,地下水资源丰富,根据地下水调查和分析,南宁市辖区多年平均地下水量模数为每平方千米11.10万立方米,多年平均浅层地下水资源补给量为25亿立方米。市辖区多年平均水资源总量约139.90亿立方米(区域水资源总量是指当地年内降水量形成的地表、地下水总量,不含过境水量)。2013年,南宁市水资源总量148.60亿立方米,比多年平均值偏多6.46%。有大、中、小型水库748座,其中库容1亿立方米以上的大型水库3座、1000万立方米以上的中型水库26座、小型水库719座,总库容26.41亿立方米。水库的水质基本符合饮水用水标准。

(市水文水资源局编写组 市水利局编写组)

2013年南宁市及市辖六县地类面积结构

单位:万公顷

地类 行政区域	总计	耕地	林地	建设用地(城镇、村及工矿用地、交通运输用地)	水域及水利设施用地	其他用地
市本级	64.47	20.98	25.37	6.54	3.69	7.89
市辖六县	156.52	47.68	72.05	9.09	7.08	20.62
总计	220.99	68.66	97.42	15.63	10.77	28.51
所占比例	100%	31.07%	44.08%	7.07%	4.88%	12.90%

说明:"水域及水利设施用地"面积,具体包括河流水面、湖泊水面、水库水面、坑塘水面、沿海滩涂、内陆滩涂、沟渠、水工建筑用地、冰川及永久积雪。"其他用地",具体包括除耕地、林地、建设用地、水域以外的其他土地面积;该数据为2014年3月26日第二次上报国土资源部数据,尚未通过国土资源部确认 (市国土资源管理局)

【气 候】 2013年,南宁市年平均气温21.8℃,与常年持平;年均降水量1621毫米,偏多222毫米,属偏多年景;年日照时数1652小时,偏多9%。4月至9月汛期,全市平均总降雨量1155毫米,偏多62.50毫米,属略偏多年景。有8个台风、1个热带低压影响,属偏多年份,分别为第3号热带低压、第5号台风"贝碧嘉"(热带风暴)、第6号台风"温比亚"(强热带风暴)、第9号台风"飞燕"(强热带风暴)、第10号台风"山竹"(热带风暴)、第11号台风"尤特"(超强台风)、第12号台风"潭美"(台风)、第19号台风"天兔"(超强台风)、第30号台风"海燕"(超强台风)。1月至2月,有2次低温阴雨过程、1次寒潮过程;3月至4月,有3次强对流冰雹天气;10月中下旬,出现寒露风天气过程;12月中下旬,有1次霜冻过程。全年高温、大雾、雷暴日数偏少,霾、霜冻、暴雨日数偏多。主要天气气候事件有暴雨洪涝、台风。(江 雪)

【水 文】

降 水 2013年1月至3月,南宁市江河主要控制水文站的降水量与历年均值一样属正常年景。汛期雨季来临时间正常,受第30号台风"海燕"的影响,结束时间推迟至11月中旬。4月至9月,辖区内江河主要控制站降水量在867.90毫米~1333.70毫米。汛期降水总量与历年同期相比,除镇龙站持平外,其余各站均小于多年同期均值,属枯水年景;整个汛期,仅在8月下旬出现一场较大范围的台风降雨过程。其他时段强降雨影响范围较小,发生局地暴雨普遍。台风活动较频繁,分别有"飞燕""尤特""潭美""海燕"4个台风带来直接或间接影响,其中第12号台风"潭美"及第30号台风"海燕"影响较大。受第30号台风"海燕"的影响,11月至12月,辖区内降水量明显多于历年同期平均值,属丰水年景。汛期洪水特点：洪水出现时间正常，结束较晚，除横县镇龙江5月下旬出现明显涨水外,其余各河段5月上旬即迎来第一场明显洪水过程;受台风影响，进入11月中旬后,辖区内江河出现一次较大洪水过程,各主要江河控制站出现的洪峰是历年同期(11月中旬)的最高值。洪水场次偏少,时间分布不均匀。整个汛期,右江隆安站有洪水3场,郁江南宁站9场、武鸣河武鸣站6场、宾阳县东班江露圩站5场、横县镇龙江镇龙站3场、清水河上林站10场、宾阳县邹圩站11场。大河站洪水水位偏低,变幅较小,小河站洪水比较正常。整个汛期,大河站隆安站、南宁站最高洪水位分别为79.05米、71.22米,均低于警戒水位及历年均值。上林站、邹圩站、露圩站年最高洪水位分别超警戒水位1.04米、1.48米、0.27米，其他河段均未达到警戒水位。与往年相比较,各河段洪水变幅较小,除南宁站、邹圩站变幅超过5米外,其余河段洪水变幅均在5米以下。洪水受水利工程调节影响大。近年来，左右江干流上相继建起不少水利枢纽工程,这些工程具有调节洪水的功能。如左江干流的崇左及扶绥站,当出现中低洪水时，受左江电站及山秀电站运行调度影响，洪峰传播时间往往少于正常时间等。

水　质　按照《国家地表水环境质量标准》(GB3838—2002)对辖区内的郁江、左江、右江、清水河4条主要河流进行水质监测与评价。郁江自上游而下，在南宁水文站河段、河南水厂河段、豹子头河段、蒲庙河段、伶俐河段5处河段各设立1处水质监测断面,其中南宁水文站河段、河南水厂河段、蒲庙河段均为每月监测1次,全年水质测次达标率分别为83.30%、66.70%、83.30%;豹子头河段全年监测5次,水质测次达标率80%;伶俐河段全年监测6次,水质测次达标率83.30%。左江跨市界(跨崇左市、南宁市行政区界)的智信断面每月监测1次,水质达标的测次占总测次83.30%。右江跨市界(跨百色市和南宁市行政区界)的下颜断面每月监测1次,水质达标的测次占总测次58.30%。清水河跨市界(跨南宁市和来宾市行政区界)的廖平断面每月监测1次,水质达标的测次占总测次100%。造成监测河段水质超标的主要污染物为氨氮、溶解氧。造成水质超标的主要原因是由于非汛期降水量普遍偏少,河流流量偏小,致使河流的纳污容量变小,点源污染使河流水质变劣。

2013年南宁市汛期各江河主要控制站月最高水位

水位:米

河　名	站名	月份						2013年最高水位	年最高水位多年平均值	2012年最高水位	警戒水位
		4	5	6	7	8	9				
镇龙江	镇龙	126.27	126.82	126.45	126.96	126.91	126.75	127.90	127.89	127.61	129.00
东班江	露圩	70.54	70.85	70.43	71.88	72.38	71.17	74.17	73.04	71.98	73.90
武鸣河	武鸣	96.54	97.34	97.42	98.30	98.06	96.54	99.03	101.90	100.68	103.10
右　江	隆安	73.97	75.23	75.17	74.78	79.05	76.27	79.05	84.46	81.86	85.00
郁　江	南宁	62.36	63.51	63.83	66.16	71.22	69.63	71.22	72.52	73.06	73.00
清水河	邹圩	85.18	87.27	86.47	86.53	87.40	85.61	89.48	88.95	88.73	88.00
清水河	上林	106.33	107.09	106.66	107.13	107.59	106.57	109.34	108.54	109.19	108.30

(胡清凤)

【人　口】2013年，南宁市户籍总数2198494户,总人口7244309人,比上年增加109330人。其中市区人口2797307人,增加51849人,人口密度每平方千米328人。　(李鸿宽)

【行政区划】2013年，南宁市行政区划为兴宁区、江南区、青秀区、西乡塘区、邕宁区、良庆区和武鸣县、横县、宾阳县、上林县、马山县、隆安县12个县(区),86个镇、13个乡、3个民族乡、25个街道。

(肖国兴)

【民　族】南宁市是以壮族为主体、多民族聚居的首府城市。居住着壮、汉、瑶、苗、仫佬、侗、回、满、毛南、土家、布依、水、黎、京、彝、蒙古、白、朝鲜、傈僳、畲、仡佬、傣、哈尼、鄂温克、高山、藏、土、锡伯、纳西、拉祜、羌、维吾尔、达斡尔、景颇、佤、普米、布朗、基诺、东乡、裕固、哈萨克、保安、柯尔克孜、赫哲、俄罗斯、怒、塔塔尔、鄂伦春、德昂49个民族,其中人口总数超过1000人的依次为壮、汉、瑶、苗、仫佬、侗、回、满、毛南、土家、布依等11个民族。壮族是世代居住在本地的土著民族;汉族为秦汉以后陆续迁入;回族为元朝以后迁入；瑶族和苗族大多为清代以后迁入；其余民族多于南宁解放后尤其是改革开放以后陆续从全国各地迁入。2013年,南宁市总人口724.43万,其中少数民族人口416.70万，占总人口57.52%,少数民族人口总数居全国五个少数民族自治区首府城市之首。市区少数民族人口占总人口58.01%，各城区少数民族人口占总人口比重的排序：邕宁区94.57%、良庆区88.97%、兴宁区63.49%、江南区51.40%、青秀区45.42%、西乡塘区43.02%；各县少数民族人口占总人口57.14%，少数民族人口占总人口比重的排序:隆安县96.74%、武鸣县86.53%、马山县82.42%、上林县84.52%、横县35.77%、宾阳县20.88%。汉族在各地均有分布,以宾阳县、横县和除邕宁区、良庆区以外的城区较为集中;瑶族主要聚居在马山县、上林县;苗族在各地均有分布,以城区较为集中;回族、满族、侗族等其他少数民族主要居住在城区;3个民族乡分别为马山县古寨瑶族乡、里当瑶族乡,上林县镇圩瑶族乡。

【语言文字】2013年，居住在南宁市的49个少数民族中,除回族、满族已全部转用汉语外，其他少数民族均保留有自己的语言，部分少数民族保留有自己的传统文字。普通话和规范汉字为公务用语用字,国家机关工作人员、教师从业人员实施普通话水平测试。全市推广普通话和推行规范汉字，公共服务行业基本以普通话为服务用语。

汉语方言　主要有白话（粤语)、平

2013 年南宁市县(区)与乡镇(街道)情况

县区	乡镇(街道)数				乡镇	街道
	镇	乡	民族乡	街道		
兴宁区	3			3	三塘镇、五塘镇、昆仑镇	朝阳、民生、兴东
江南区	4			5	吴圩镇、苏圩镇、延安镇、江西镇	江南、福建园、那洪、沙井、金凯
青秀区	4			5	伶俐镇、长塘镇、刘圩镇、南阳镇	建政、新竹、中山、津头、南湖
西乡塘	3			10	坛洛镇、金陵镇、双定镇	西乡塘、衡阳、北湖、安吉、安宁、新阳、华强、上尧、石埠、心圩
邕宁区	4	1			蒲庙镇、那楼镇、新江镇、百济镇、中和乡	
良庆区	5			2	良庆镇、那马镇、那陈镇、大塘镇、南晓镇	大沙田、玉洞
武鸣县	13				城厢镇、太平镇、双桥镇、宁武镇、锣圩镇、仙湖镇、府城镇、罗波镇、陆斡镇、两江镇、甘圩镇、灵马镇、马头镇	
横　县	14	3			横州镇、石塘镇、云表镇、马岭镇、百合镇、那阳镇、峦城镇、六景镇、陶圩镇、校椅镇、新福镇、莲塘镇、南乡镇、平马镇、镇龙乡、马山乡、平朗乡	
宾阳县	16				宾州镇、思陇镇、新桥镇、新圩镇、邹圩镇、大桥镇、和吉镇、洋桥镇、武陵镇、中华镇、古辣镇、露圩镇、甘棠镇、黎塘镇、王灵镇、陈平镇	
上林县	7	3	1		大丰镇、巷贤镇、白圩镇、三里镇、明亮镇、乔贤镇、西燕镇、澄泰乡、木山乡、塘红乡、镇圩瑶族乡	
马山县	7	2	2		白山镇、周鹿镇、百龙滩镇、古零镇、金钗镇、永州镇、林圩镇、乔利乡、加方乡、古寨瑶族乡、里当瑶族乡	
隆安县	6	4			城厢镇、乔建镇、那桐镇、雁江镇、丁当镇、南圩镇、都结乡、布泉乡、屏山乡、古潭乡	

(肖国兴)

话、桂柳话(西南官话)和普通话 4 种。近郊农村汉族普遍使用平话，城区内汉族多使用普通话和白话，部分使用桂柳话(西南官话)。中心城区贸易及社会交往的汉语方言以南宁白话和普通话为主。

壮　语　壮语是壮族主要的语言交际工具,使用较为广泛的区域为武鸣县、横县、上林县、马山县、隆安县、邕宁区、良庆区以及西乡塘区、兴宁区、江南区、青秀区的边远乡镇。壮语分为南部方言区和北部方言区,大致以邕江为界,并向西北伸展连接右江，江的南部地区属南部方言区,江的北部地区属北部方言区,俗称“南壮”和“北壮”。南宁壮语分属“南壮”“北壮”两大方言及其接合区,即邕江和右江以北为壮族北部方言的邕北土语区，以南为壮族南部方言的邕南左江土语区。北部方言区的壮话与武鸣壮话大同小异；南部方言区的壮话则与邕宁壮话基本相同。壮语南部方言和北部方言语法结构、基本词汇大致相同,而语音差异则比较明显。如南部方言有一套送气的清音声母 ph、th、kh 等,北部方言一般无送气声母;此外,北部方言有独立的 r 声类(有多种方音变体,多数地方读 Y),而南部方言多无此独立声类。在词汇方面，南部方言区的壮语与北部方言区的壮语大约有 30%~40%的词汇不相同,在语法上也存在一些差异。南宁市壮族聚居的村庄、圩镇,日常交际用语为当地壮语方言，壮族聚居的县城及乡镇行政驻地集市贸易的主要用语为当地壮语方言，其周边及杂居的汉族居民多数也兼通壮语。由于壮汉民族长期和睦相处,普通话的推广使用,以及广播、电视的普及和覆盖面的日益扩大，南宁市城乡壮族兼通普通话或白话的现象也较为普遍。

壮　文　古壮字和壮语拼音文字的简称。古壮字也叫土俗字，壮语称为 Sawndip,萌芽于秦汉时期,产生于唐代,是由壮族一些受汉文化教育的文人（包括巫师）借助汉字或汉字的偏旁部首创造的,其构字方式大体有形声字(即利用汉字的偏旁部首和意符组合而成的字)、会意字(即利用汉字本体的意义,加上一些特殊的符号，或者是以两个以上的汉字合并而成的字)、借汉字(即直接借用汉字音或义，借音是借用汉字的正者或谐音记录壮语字,一经借用,其原来汉语语义不复存在,表示的是壮语语义;另一种是既借音又借义的字)、象形字(即依物赋形,依事描样,以简单而富有概括力的笔画，勾画出物体的基本形象的字)。古壮字兴于唐宋,盛于明清,民间普遍用于记录或书写神话、故事、传说、歌谣、谚语、剧本、楹联、碑刻、药方、家谱、家族、契约、讼诉、经文、记财等。目前,南宁市县(区)的壮族地区民间仍流传有使用古壮字记录、抄录的山歌唱本和师公唱本,大部分的民间老艺人、师公(师公戏)传承人在抄录、创作唱本时也仍然在使用古壮字和沿用古壮字的创字方法。壮文拼音文字是以拉丁字母为基础拼音创制的文字,1957 年经政务院批准并公布实施,共有 28 个字母,并以 z、J、x、q、h 等字母分别作第二、三、四、五、六调的调号标注于字尾,20 世纪 50 年代中后期，开始在壮族地区推行使用壮文拼音文字。“文化大革命” 期间壮文推行工作中断十余年。1980 年 5 月,中共广西壮族自治区委员会和自治区人民政府决定在壮族地区恢复使用壮文。1981 年 9 月,壮文开始陆续进入壮族地区的小学进行壮汉双语教学试点实验。2004年,南宁市政府颁布实施《南宁市社会用字管理暂行规定》,明确壮文的使用纳入社会用字管理范畴,党政机关、社会团体、企事业单位名称牌匾、公章大都使用壮汉两种文字,公共场所设置的部分挂牌、路牌、标志牌也按规定同时标注有壮文拼音文字。2013年5月15日,《南宁市壮文社会使用管理办法》颁布,明确同时使用壮文、汉文两种文字的场合、设施。

瑶　语　主要属汉藏语系苗瑶语族苗语支或瑶语支,也有一些属壮侗语族(瑶族居地广阔,支系繁多,各语支差异颇大,所以不同语支的瑶族之间语言不通)。由于瑶族长期与壮族、汉族杂居,共同相处,交往密切,故受到其民族语言影响较深。瑶语中借入大量的汉语、壮语词。居住在马山县、上林县一带的瑶族和宾阳县、隆安县的瑶族大都兼通壮语,他们以瑶语、壮语为日常语言交际工具。居住在城区的瑶族兼通汉语,也有部分使用瑶语作为日常语言交际工具。

(刘建安)

【华　侨】 2013年,南宁市有归侨、侨眷11万人,其中归侨2.02万人,主要是20世纪六七十年代从印度尼西亚、越南等国家回国定居。南宁市旅居海外的华侨、华人约9万人,主要分布在越南、菲律宾、马来西亚、泰国、缅甸、新加坡、印度尼西亚、巴基斯坦、美国、英国、加拿大、澳大利亚、危地马拉、德国、巴西、智利、新西兰、瓦努阿图、瑞士等35个国家和地区。从事的职业包括商贸、教育、科研、文化等。有华侨农林场4个,总面积222平方千米,总人口4.30万,其中归侨、侨眷1.10万人,主要安置印度尼西亚、越南等东南亚国家归难侨。

(市外侨办编写组)

【宗　教】 2013年,南宁市有佛教、伊斯兰教、天主教、基督教4种宗教,经市政府批准给予登记开放的宗教活动场所45个(含以堂带点6个),分布在除隆安县外的11个县(区)。信教群众近20万人,全市认定备案宗教教职人员90人。成立有南宁市佛教协会、南宁市伊斯兰教协会、南宁市天主教爱国会、南宁市基督教"三自"(自治、自养、自律)爱国运动委员会、南宁市基督教协会5个市级宗教团体。各宗教团体协助中国共产党和人民政府贯彻落实宗教方针政策和《宗教事务条例》等法律法规,坚持独立自主自办的方针,办好教务,自我管理,开展社会公益慈善事业,团结广大信教群众,爱国爱教,遵守国家有关法律法规和教义教规,过着正常的宗教生活。

(市宗教事务局编写组)

【自然灾害】 2013年3月13日22时30分,受强对流天气影响,南宁经济技术开发区、良庆区部分乡镇遭受罕见暴雨冰雹大风袭击,袭击范围集中、风力强、密度高、冰雹个头大、受袭时间长、覆盖面积大,农作物大面积受损,造成农业直接经济损失9417.50万元。5月19日,受西南季风云系和弱冷空气的共同影响,8时至20日8时,南宁普降大到暴雨,最大降水出现在邕宁区蒲庙镇那路村,降雨量123.80毫米,那路村和华康村受淹水田15.33公顷,那路村蔬菜基地有8个大棚顶部薄膜被损坏。7月1日20时至3日7时,受第6号热带风暴"温比亚"影响,邕宁区、良庆区、武鸣县、隆安县东部、宾阳县南部和横县大部分出现大暴雨,降雨100毫米以上的有44站,50毫米~99.90毫米有89站,25毫米~49.90毫米有54站,小雨中雨35站,最大出现在横县南乡镇板路221毫米,邕宁区中和乡183毫米,青秀区长塘乡108毫米,兴宁区八塘镇108毫米,良庆区那马镇100毫米,江南区江西镇60毫米,隆安县丁当乡146毫米,马山县林圩镇81毫米,宾阳县祥华村124毫米;横县出现7级阵风,南宁大部分地区出现4级~5级大风。至7月3日12时,横县、宾阳县、隆安县受灾,其中横县受淹水稻6.67公顷,宾阳县受淹水稻9.33公顷;隆安县受淹香蕉26.67公顷、甘蔗20公顷。(梁克非)

经济与社会发展

综　述

【经济发展概况】 2013年,南宁市以科学发展观为指导,牢牢把握稳中求进的工作总基调,以提高经济增长质量和效益为中心,着力稳增长、调结构、促改革、惠民生,建设美丽南宁,经济社会持续平稳健康发展。全市生产总值2803.54亿元,比上年增长10.30%。三次产业结构由上年12.90∶38.38∶48.72调整为12.48∶39.62∶47.90,第二产业增加值占比上升1.24个百分点,其中工业增加值占比上升1.06个百分点,工业对经济增长贡献率42.40%。财政收入473.66亿元,占自治区比重23.68%,提高0.37个百分点;非税收入占公共财政预算收入29.07%,下降2.14个百分点。物价保持稳定,分别比全国、自治区低0.50、0.10个百分点。规模以上万元工业增加值能耗下降4.61%。

特色农业发展加快　第一产业增加值349.93亿元,增长4.80%。粮食总产量223.44万吨。建成种植养殖标准化生产基地109个,完成林下经济发展面积4666.67公顷。新增市级以上产业化龙头企业16家、农民专业合作社200家、土地承包经营权流转面积1.08万公顷。引进、研发和示范推广农业新品种、新技术和新产品118项(个)。农机总动力443万千瓦,农作物耕种收综合机械化水平44.60%,提高3.60个百分点。健全南宁市15个县级、110个乡级农产品质量安全监管服务机构。

工业转型升级取得新进展　第二产业增加值1110.89亿元,增长14.60%。先进制造业比重提高。生物医药、电子信息、铝深加工、机械装备制造、食品加工、清洁能源6个重点产业完成规模以上工业总产值1553.01亿元,占全市工业总产值60.79%,提高1.23个百分点;电子信息、铝深加工产业规模以上工业总产值增长超过35%。高新技术产业加快发展。通过高新技术企业认定163家(新增20家),总产值突破860亿元。世界上直径最大的铝合金圆锭在南南铝试产成功;广发重工实现盾构机本地化生产。企业实力不断增强。产值超亿元企业548家,增加55家;超50亿元企业3家,其中富士康南宁公司产值157.20亿元,实现百亿元企业零的突破。开发区集聚作用增强。创新开发区管理体制机制,出台《关于进一步理顺开发区管理体制和运行机制的若干措施》,推进开发区封闭式管理、人事分配制度改革;广西—东盟经济开发区升级为国家级开发区,南宁高新技术产业开发区成为广西首个副厅级高新技术开发区;开发区、工业园区规模以上工业总产值1900亿元,占全市工业生产总值75%。重大项目建设加快。富士康南宁科技园一期等27个亿元以上重大项目投产或部分投产,中恒(南宁)生物医药产业基地、研祥集团科技装备业商会东南亚总部集群等75个重大项目开工建设。节能降耗成效显著。完成淘汰落后产能水泥41万吨、造纸62.40万吨。

服务业提升优化 第三产业增加值1342.73亿元,增长8.10%。汽车、住房等消费稳定增长,以家庭宽带、网络购物、手机支付等为标志的新兴消费活跃,南宁市成为国家首批信息消费试点城市。新增限额以上批发零售企业154家。华润万象城等重点商贸设施发挥集聚效应,青秀万达广场等重大项目建设加快。全国流通领域现代物流示范城市建设深入推进,物流园区规划布局不断优化。华南城、保税物流中心二期等重点物流项目建设取得进展,海尔(东盟)商贸物流中心前期工作加快推进。推进国家电子商务示范城市建设,重点企业电子商务交易额突破800亿元。金融业增加值241.11亿元,增长12.40%,占第三产业增加值的17.96%;金融机构存款余额、贷款余额分别比年初增长15.22%、11.17%。龙虎山景区、民歌湖景区通过国家4A级旅游景区评审,乡村大世界、武鸣康佳龙生态农庄等4家景区、马山三潮水乐园等16家农家乐被评为广西星级乡村旅游区、农家乐,新增三星级以上酒店4家。旅游总收入478.15亿元,增长18.39%。举办2013年香港时尚购物展·南宁、第二届南宁名品推广周等专业会展105场。

投资持续推动经济增长 投资规模继续扩大。全社会固定资产投资增加469.27亿元。投资结构优化。民间投资1486.87亿元,增长30.98%,对南宁市投资增长的贡献率75.56%;产业投资大幅增加,制造业、金融业、房地产业投资分别增长21.03%、613.27%、17.14%。城镇与农村基础设施投入加大。农村基础设施完成投资4.75亿元,增长84%;城镇污水、垃圾处理设施完成投资2.50亿元。

产业招商成果突出 投资环境满意度排名自治区首位。重点面向粤港澳台,狠抓重大项目招商,引进绿地集团等6家世界500强以及国内20多家金融、地产、电子、医药等行业龙头企业,加快培育现代制造业、战略性新兴产业及现代服务业新增长点。

区域合作深入推进 编制《南宁国家内陆开放型经济战略高地规划(2013—2025年)》,加快研究南宁市与珠江—西江经济带各方合作发展,推进南宁—崇左经济带建设及中国—东盟南宁空港经济区建设,完成南宁吴圩空港经济区建设相关规划,开展南宁新江经吴圩至崇左扶绥公路项目前期设计。完成《南宁北海钦州防城港玉林崇左百色市区域一体化发展规划》编制,签署7市旅游、物流、交通一体化合作框架协议;南宁、北海、钦州、防城港合作进一步加强,实现通讯、银行服务收费同城化。落实桂黔、粤桂、桂湘、桂闽、桂深等合作框架协议、自治区党政代表团赴广东考察期间所签署合作文件有关内容,万科、海王药业等一批重大项目落户南宁市。深化与东盟合作。对东盟投资1.80亿美元,增长63.90%;双边贸易额超过10亿美元,增长45%。

民生保障继续加强 新增城镇就业8.60万人、农村劳动力转移就业9.90万人。城乡居民社会养老、基本医疗保险、工伤、失业和生育保险待遇水平继续提高,养老、医疗、失业保险基本实现全覆盖,最低工资标准提高至每月1200元,增幅20%。建成贫困村屯级路487.74千米,解决29万贫困地区群众行路难问题。开工建设各类保障性住房1.99万套,基本建成1.79万套。

【重点领域改革】 2013年,南宁市重点领域改革取得新突破。投融资体制改革继续深化。探索代建项目范围、合同签订方式等方面的改革,设立创业投资引导基金,农村金融改革工作不断推进。行政审批制度改革深入实施。制定实施《关于进一步深化投资项目审批制度改革工作实施方案》,南宁市641项行政审批事项有279项再次提速,提速率50%以上。国有企业改革深入推进。出台推进国有企业改革发展7大类22条政策,28家国有独资及国有控股企业整合重组为“六大板块、九大集团(公司)”,即城市基建板块(城建集团、五象投资公司)、公共服务板块(威宁集团、建宁水务集团)、交通运输板块(交投集团、轨道交通)、工业产业板块(产业投资集团)、文化产业板块(大地飞歌文化产业集团)、农业板块(农工商集团)。加快财税体制改革。深化部门预算改革,选择涉及民生的7个部门开展预算绩效管理试点;推进财政投资评审、政府采购、“营改增”改革。公共资源交易制度改革加快推进。组建市公共资源交易中心,建立健全交易规则,把原先分散在各单位的10大类332个交易事项全部纳入交易中心统一管理。医药卫生体制改革扎实推进。基本药物制度和基层医疗卫生运行新机制得到巩固完善,县级公立医院综合改革稳妥推进。

【县域经济发展】 2013年,南宁市县域发展后劲增强。六县规模以上工业总产值686.95亿元,占全市工业总产值26.89%。武鸣县、宾阳县规模以上工业总产值增速分别比南宁市高4.36、2.23个百分点,横县引进龙源六景风电项目总投资46亿元,上林龙母湖国际生态文化旅游景区、马山杨圩风电场、南宁港隆安港区宝塔作业区一期工程被列入自治区层面统筹推进。投入产业化扶贫资金1.06亿元,发放信贷扶贫资金2.63亿元;投入扶贫培训资金1099.88万元、培训贫困地区干部、群众2.42万人次。

【非公有制经济发展】 2013年,南宁市非公有制经济发展活力持续增强。有个体工商户24.86万户,比上年增长8.46%;私营企业8.54万家,增长11.05%。其中:规模以上非公有制工业企业954家,完成工业总产值1866.40亿元,增长14.20%,占全市规模以上工业总产值68.76%;民间投资1362.40亿元,增长16.80%,占全社会固定资产投资总额64.53%;非国有单位进出口总额22.14亿美元,占全市进出口总额64.38%;个体私营企业新增就业人员22.92万人,增长17.60%,占全市新增就业人数80.40%。

【社会发展概况】 2013年,南宁市社会民生支出292.74亿元,增长12.96%,民生支出占全市公共财政预算支出69.87%,提高0.40个百分点。

教　育 教育事业加快发展。学前教育三年毛入园率89.42%;义务教育巩固率94.56%;自治区级示范性普通高中21所,居自治区第一,高中阶段毛入学率91.62%。投入1650万元推进3所广西中等职业教育示范特色学校、6个广西中等职业教育实训基地建设,完成招生任务116%。安排教育基建投资计划2期164个项目,完成投资10.50亿元,完成率81%。开工建设教师周转房1484套,新建中小学校11所,1081个县(区)教育基建专项项目竣工,农村中小学幼儿园办学条件进一步改善。制定鼓励和引导民间投资办教育的政策文件。

科学技术 科技创新能力增强。国家创新型试点城市、国家知识产权试点城市建设扎实推进,连续7年获“全国科技进步先进市”称号。实施第五轮创新计划,组织实施国家、自治区、南宁市级创新计划项目326项,发明专利申请和授权量连续4年位居自治区第一,每万人有效专利拥有量1.98件。完成企业工程技术研究中心能力提升22家，新增自治区级企业工程技术研究中心4家。投入2000万元建设东盟经开区科技企业孵化基地一期工程，出台《南宁市创新型企业认定与管理办法》等政策文件，自主创新环境不断优化。

医疗卫生　公共卫生医疗体系不断完善。三级医疗卫生和农村基层医疗卫生服务体系建设进一步加强，城市社区卫生服务中心建设加快。人均基本公共卫生服务经费标准提高30元，基层医疗卫生机构免费提供10项公共卫生服务。优生优育健康工程稳步推进。疾病预防控制加强，启动市疾控中心(三期)工程建设，广西艾滋病治疗关怀中心(南宁)项目开工建设。

文化体育　文化投入加大。市财政投入4500万元建设村级公共服务中心129个，市群众艺术馆、南宁博物馆等重大公共文化设施项目进展顺利，顶蛳山遗址博物馆一期工程启动。市财政安排5000万元扶持文化产业加快发展，中国—东盟创意乐园(锦园)完成备案、土地招、拍、挂等工作，大型风情歌舞秀《锦宴》正式公演，填补南宁市"天天演"文化市场的空白。举办2013南宁国际半程马拉松比赛等国际体育赛事5项，第45届世界体操锦标赛筹备工作有序开展，广西体育中心配套工程加快建设。

【经济社会发展的困难与问题】 2013年，南宁市经济社会发展面临的主要困难与问题：1.工业企业生产经营困难。工业品价格持续下滑，生产经营成本偏高，融资难、招工难等问题突出，部分企业停产半停产。2.扩大内需难度较大。投资缺少大项目、新项目，亿元以上项目仅占施工项目的6.41%、完成投资仅增长18.72%，资金筹措难、征地拆迁难、用地指标不足等问题仍然比较突出。消费市场增速放缓明显，缺乏新的增长点。3.出口贸易大幅下降，比上年下降58个百分点。此外，特色产业发展、税源培植、扶贫攻坚、节能减排、社会建设、民生保障等领域也存在薄弱环节。

固定资产投资

【概　况】 2013年，南宁市全社会固定资产投资2475.01亿元，比上年增长23.40%。全社会固定资产投资中，固定资产投资2432.69亿元（不含私人建房），增长23.66%。其中：基本建设投资1109.74亿元，增长29.16%；更新改造投资728.33亿元，增长23.08%；房地产开发投资416.37亿元，增长14.79%。全社会固定资产投资中，国有及国有控股投资869.78亿元，增长15.12%。施工项目7304个，增长32.25%；投资额5000万元以上项目1454个，增长5.29%(投资额1亿元以上项目468个，增长7.59%)。新开工项目6032个，增长39.37%；投资额5000万元以上项目796个，增长4.05%(投资额1亿元以上项目117个，负增长18.75%)；竣工投产项目5507个，增长42.56%，其中投资额5000万元以上项目630个、增长5.53%(投资额1亿元以上项目80个，增长21.21%)。

【重点领域项目实施】 2013年，南宁市重点开展五象新区"双百"项目、现代产业项目、重点基础设施项目、城建项目等建设，取得新的进展。

五象新区建设　五象新区管委会机构、人员充实到位。完成《南宁市五象新区总部城市设计深化》等重大规划，发布实施新区建筑风貌与色彩管理暂行规定、技术导则。实施项目130个，完成投资153.60亿元。玉洞大道、五象大桥等新区道路、桥梁及公益设施建设加速推进，五象湖公园建成使用，平乐大道、玉洞大道、英华大桥建设加快。万科、宝能等知名企业落户新区，交通银行、前海人寿等金融机构汇聚金融街；总部基地95%的土地已落实项目，总投资500多亿元，大企业大项目加速集聚。

现代产业项目　以规划引导和项目推动加快现代产业发展。工业重大产业和项目发展加快。广西建工集团整体搬迁技改、中恒药业、研祥机械制造基地等一批项目开工，富士康南宁科技园一期、南南铝加工年产20万吨大规格高性能铝合金板带型材等项目投产，皇冠公司制罐生产项目完成前期工作。组织策划项目招商，南宁南车城市轨道装备基地项目开工，玉柴南宁投资项目、汉能集团光伏产业集群、广州传祺年产20万辆乘用车及配套产业等项目前期工作加快推进。广西—东盟经开区升级为国家级开发区。有序开展服务性企业税收优惠产业认定工作，其中完成鼓励类产业项目认定36宗。推动大明山保护区、广西九州通现代医药物流中心公共信息平台等项目建设。根据中央投资重点领域组织农口计划的申报下达，重点策划、推动一批农业产业化项目，建成种植养殖标准化生产基地109个，完成林下经济发展面积4666.67公顷。新增市级以上农业产业化龙头企业16家、农民专业合作社200家、土地承包经营权流转面积1.08万公顷。

综合交通体系构建　实施重大交通基础设施建设项目48个，完成投资202.89亿元。铁路项目完成投资104.90亿元，超额完成年度投资计划，南宁东客站完成投资11亿元，柳(州)南(宁)客运专线、湘桂、南(宁)钦(州)高铁开通运营。公路及运输站场项目完成投资56.14亿元，南宁火车东站环城高速公路改移全线完工，来宾经马山至平果高速公路、南宁至大王滩一级公路、龙象谷快速路加快推进。民航项目完成投资14.85亿元，新航站楼主体工程封顶；初步确定通用航空基地备选址。黄金水道项目完成投资27亿元，港口吞吐能力1366万吨；老口枢纽船闸和发电厂房主体基本封顶，邕宁水利枢纽工程开工建设。轨道交通1号线工程进入盾构挖掘阶段，完成投资32.58亿元，完成率109.75%，2号线工程启动建设；第二轮建设规划编制完成。

城建计划项目　加快推进安排2期城建计划，完成投资220.90亿元，完成率76.40%。白沙—壮锦立交桥、金湖路下穿民族大道隧道工程等顺利通车，凌铁大桥、长堽路、民主立交桥等项目建成，缓解长期制约老城区交通出行的问题。

【投资结构】 2013年，南宁市全社会固定资产投资总额2475.01亿元。其中：第一产业投资70.53亿元，比上年增长66.09%，占全社会固定资产投资2.85%，所占比重上升0.73个百分点；第二产业投资755.16亿元，增长21.16%，占全社会固定资产投资30.51%，上升2.02个百分点，其中工业投资728.13亿元，增长19.22%，占全社会固定资产投资29.42%，上升1.87个百分点；第三产业投资1649.31亿元，增长23.09%，占全社会固定资产投资66.64%，下降2.75个百分点，其中房地产投资599.17亿元，增长17.14%，占全社会固定资产投资24.21%，上升1.37个百分点。房地产投资中，住宅投资302.38亿元，增长19.06%，增长速度上升18.48个百分点，占全社会固定资产投资12.20%。固定资产投资中，基本建设投资1109.74亿元，占全社会固定资产投资44.84%；更新改造投资728.33亿元，占29.43%(工业技术改造投资 560.16 亿元，占 22.63%)；房地产开发投资 416.37 亿元，占 16.82%。

【投资来源】 2013 年，南宁市全社会固定资产投资资金来源总计 2939.30 亿元，比上年增长 11.22%。其中：上年末结余资金 212.90 亿元，增长 9.25%，占资金来源 7.24%；本年资金来源 2726.40 亿元，增长 11.38%，占 92.76%。本年资金来源中，按来源渠道划分：国家预算内资金 103.93 亿元，增长 26.25%，占本年资金来源 3.81%；国内贷款 231.04 亿元，增长 8.39%，占 8.47%；债券 4.02 亿元，下降 63.52%，占 0.01%；利用外资 0.65 亿元，下降 73.98%，占 0.02%(外商直接投资 0.31 亿元，下降 84.51%，占 0.01%)；自筹资金 1897.80 亿元，增长 13.83%，占 69.61%；其他资金来源 488.95 亿元，增长 3.67%，占 17.93%(定金及预付款 203.81 亿元，增长 15.36%，占 7.48%)。

【非国有经济投资】 2013 年，南宁市非国有经济投资 1680.97 亿元，比上年下降 7.92%，占 67.92%，下降 2.70 个百分点；私营个体投资 822.52 亿元，上升 24.88%，占 33.23%，上升 11.74 个百分点；其他经济投资 809.11 亿元，增长 25.23%，占 32.69%，下降 22.74 个百分点。

【基本建设投资】 2013 年，南宁市基本建设投资在全社会固定资产投资中的比重较大，是全社会固定资产投资快速增长的主要推动力。基本建设投资 1109.74 亿元，占全社会固定资产投资 44.84%，比上年增长 29.16%。国有及国有控股投资 624.97 亿元，增长 13.78%。按产业分，第一产业投资 40.50 亿元，增长 52.69%；第二产业投资 144.64 亿元，增长 73.86%(工业投资 133.18 亿元，增长 68.49%)；第三产业投资 924.60 亿元，增长 23.36%(房地产投资 119.37 亿元，增长 18.70%)。施工项目 4009 个，增长 37.91%。其中：投资 5000 万元以上项目 883 个，增长 4.74%；投资 1 亿元以上项目 340 个，增长 7.26%。施工项目中，新开工项目 3120 个，增长 51.97%。其中：投资 5000 万元以上项目 418 个，增长 4.76%；投资 1 亿元以上项目 73 个，下降 37.61%。竣工投产项目 2744 个，增长 56.89%。其中：投资 5000 万元以上项目 302 个，增长 6.34%；投资 1 亿元以上项目 42 个，增长 23.53%。

【更新改造投资】 2013 年，南宁市更新改造投资增势良好，推动全社会固定资产投资增长。更新改造投资 728.33 亿元，比上年增长 23.08%。国有及国有控股投资 135.06 亿元，增长 12.45%。按产业分：第一产业投资 8.36 亿元，增长 57.43%；第二产业投资 570.89 亿元，增长 12.70%(工业投资 560.16 亿元，增长 10.84%)；第三产业投资 149.07 亿元，增长 86.83%(商业投资 24.44 亿元、增长 52.94%，房地产投资 11.46 亿元、增长 102.12%)。按构成分：建筑工程 283.26 亿元，增长 26.79%；安装工程 58 亿元，增长 12.01%；设备、工具、器具购置 340.88 亿元，增长 22.66%。施工项目 2401 个，增长 19.45%。其中：投资 5000 万元以上项目 519 个，增长 5.06%；投资 1 亿元以上项目 124 个，增长 11.71%。新开工项目 2083 个，增长 22.82%。其中：投资 5000 万元以上项目 342 个，增长 4.59%；投资 1 亿元以上项目 43 个，下降 10.42%。竣工投产项目 1973 个，增长 21.64%。其中：投资 5000 万元以上项目 305 个，增长 4.10%；投资 1 亿元以上项目 38 个，增长 22.58%。

【县(区)与开发区投资】 2013 年，南宁市 16 个县(区)、开发区全社会固定资产投资总额 2461.79 亿元。其中：武鸣县 232.66 亿元（包括武鸣县本级 134.94 亿元、广西—东盟经济开发区 97.72 亿元），比上年增长 25.09%；横县 193.62 亿元，增长 20.04%；宾阳县 163.08 亿元，增长 24.35%；上林县 44.16 亿元，增长 22.42%；马山县 44.94 亿元，增长 22.66%；隆安县 55.89 亿元，增长 22.24%。青秀区 524.30 亿元，增长 20.99%；兴宁区 179.29 亿元，增长 24.68%；西乡塘区 202.23 亿元，增长 26.10%；江南区 128.24 亿元，增长 20.02%；良庆区 123.55 亿元，增长 32.50%；邕宁区 67.69 亿元，增长 41.62%。南宁高新技术产业开发区 260.17 亿元，增长 25.60%；南宁经济技术开发区 142.17 亿元，增长 29.02%；广西—东盟经济开发区 97.72 亿元，增长 23.12%；南宁青秀山风景区 2.08 亿元，负增长 62.47%。

（市发改委编写组）

招商引资

【概　况】 2013 年，南宁市坚持招大引强战略，实际到位自治区外境内资金 729.23 亿元，比上年同期增长 10.28%。直接利用外资（广西全口径）5.80 亿美元，增长 15.45%。引进亿元以上内资项目 99 个，合同引进内资 744.21 亿元，增长 54.94%。其中引进 10 亿元以上内资项目 19 个，合同引进内资 505.67 亿元，占合同引进亿元以上项目内资 67.95%。投资在 30 亿以上的知名民营企业大连万达、宝能集团、合景泰富集团、研祥集团、恒大集团、中恒投资有限公司等投资的项目相继落地。自治区外境内到位资金主要集中在第三产业。第一产业自治区外境内到位资金 13.19 亿元，第二产业自治区外境内到位资金 197.26 亿元（引进工业项目 125 个，合同引进资金 143.98 亿元，到位资金 185.16 亿元），第三产业自治区外境内到位资金 518.77 亿元，所占比例分别为 1.81%、27.05%、71.14%。自治区外境内资金的主要来源地是东部发达地区。自治区外境内到位资金 40 亿元以上的有 4 个省市，分别是广东(239.12 亿元)、福建(139.26 亿元)、北京(73.57 亿元)、浙江(63.28 亿元)，这 4 个省市到位资金合计 515.23 亿元，占南宁市自治区外境内到位资金总额 70.65%。新签自治区外境内项目 545 个，到位资金 311.37 亿元，占南宁市自治区外境内到位资金 42.70%。引进世界 500 强企业 6 家：中粮集团、嘉里集团(香格里拉酒店)、法国迪卡侬、中国台湾润泰集团(大润发)、绿地集团、马来西亚国家石油公司。引进粤港澳地区重大项目 28 个，项目签约金额近 700 亿元。民营企业开工项目总投资 152 亿元。

（黄为谦　周乐蓉）

【国内招商引资】 2013 年，南宁市以产业和产业链招商为重点，继续开展现代装备制造、电子信息、轻工食品、铝深加工、生物制药等 5 大产业链招商，坚持量质并重，注重招大引强及选商择资，以小分队为主，“走出去”“请进来”相结合，按照需要什么就招什么的原则，策划、开展产业和产业链专题招商活动。

“走出去”招商　3 月，招商小分队赴北京、河北等地开展知名民企专题招商推介活动，走访北京新浪互联信息服务有限公司、北京搜狐互联网信息服务有限公司、北京百度网讯科技有限公司等知名互联网企业，以及银海万象控股集团、新凯汽车集团、北京汽车制造厂有限公司、神威药业集团等知名企业，在北京举办“南宁市投资项目推介(北京)座谈会”。4 月，市招商小分队赴西安参加“第

9月3日，南宁投资贸易洽谈会暨重大项目签约仪式在市委、市政府会议中心举行，现场签约项目40个，签约总金额406.89亿元　　市投资促进局提供

十七届中国东西部合作与投资贸易洽谈会”。5月，自治区党委常委、市委书记余远辉率队赴广州、深圳参加2013年广西经济社会发展情况介绍会，在广州举办南宁经贸投资座谈会，实地考察广州友谊集团、广州开发区及科学城、深圳中林科技产业园、宝能太古城等企业；市招商小分队赴上海、江苏等地开展生物医药专题招商推介活动，拜访阿斯利康（中国）、上海津村制药有限公司、上海复星医药(集团)股份有限公司、先声药业等制药知名企业；考察中国唯一的国家级医药高新区泰州医药高新技术产业园区；在上海举办“南宁市(上海)生物医药专题推介座谈会”，邀请上海复星医药集团、上海张江转化医学研发中心、上海灵通键生物科技有限公司、润盈生物工程（上海）有限公司等10多家知名医药企业公司参加；赴天津参加“第二十届投资贸易洽谈会暨第九届PECC国际贸易投资博览会”；参加在唐山、秦皇岛举办的投资推介会。6月，市代表团赴哈尔滨参加“第二十四届哈尔滨国际经济贸易洽谈会”。7月，自治区党委常委、市委书记余远辉，市长周红波率队赴北京开展专题考察对接企业活动，拜访华泰汽车集团、中国电子科技集团等知名企业；副市长睦国华率队赴山东、上海等地开展生物制药及金融专题招商推介活动，拜访、考察齐鲁制药有限公司、山东圣泉集团、山东明仁福瑞达制药有限公司、罗氏诊断(上海)有限公司、上海家化联合股份有限公司、上海国际集团、东亚银行等生物医药及金融知名企业；在上海举办南宁市生物医药和金融产业投资专题座谈会；南宁市组团赴呼和浩特参加“第七届中国民族商品交易会”。8月，副市长石文怀率队赴北京与华泰汽车集团、中国电子科技集团、中国南车股份有限公司就企业南宁投资项目建设等事宜进行洽谈；南宁市组团赴广西玉林市参加“第二十届西南经济区市长联席会”。10月，副市长睦国华率队参加自治区招商小分队赴京津地区开展招商推介活动。参加广西与全国工商联水产业商会、旅游业商会的座谈会；拜访科瑞集团、汉能控股集团，以及东华软件股份公司；新对接广西南宁水产大厦、广西南宁水产批发城项目2个，进一步对接、洽谈科瑞集团并购南宁市冠峰制药有限公司、在南宁市设立普药生产企业，汉能控股集团在南宁市投资汉能光伏产业项目，东华软件股份公司参与南宁市智慧城市建设等项目。10月至11月，市5个招商小分队分别赴华北、华东、华南等地区对接全国工商联执委企业的招商推介活动；南宁市组团赴成都参加“第十四届中国西部国际博览会”，参观考察成都阿坝州开发区企业。

“请进来”招商　5月，南宁市组织驻邕商会代表参加在南宁荔园山庄会议中心举办的2013年“第十一届中国西部发展论坛会”。7月，中国工程院院士、杂交水稻之父袁隆平一行7人到邕宁区龙岗商务区考察中国—东盟袁氏种业总部基地项目，计划投资16亿元。8月，全国工商联副主席黄荣率领“全国知名民营企业广西投资考察团”一行49人到南宁市五象新区、南宁经济技术开发区等投资考察。自治区党委常委、市委书记余远辉，市长周红波与考察团成员进行座谈；会见大连亿达集团董事长孙荫环、正泰集团董事长南存辉、神威药业集团董事长李振江等；广西、广东两省(自治区)在南宁市荔园山庄共同举办2013年粤桂经贸合作项目签约仪式，南宁市签约项目4个，分别为珠海市众大利物资车业有限公司桂商高新工业产业园项目、广西深圳商会广西深圳产业园项目、深圳龙岗远望软件技术有限公司应急指挥平台建设项目、湛江华南船舶交易市场有限公司北部湾化肥网电子交易市场项目，签约总金额46.21亿元。9月，“创业中华·海内外侨商南宁行”活动举行，南宁市在邕江宾馆多功能厅举办投资推介洽谈会。10月，参加四川省政府南宁联络处召开的“川商入桂发展座谈会”。12月，市5个招商小分队拜会前来参加全国工商联第十一届二次执委会的部分知名民企的负责人；市领导会见修正药业集团董事长修涞贵，吉利控股集团董事长李书福，百度网讯科技有限公司董事长兼首席执行官李彦宏，科创控股集团董事局主席何俊明、深圳海王集团股份有限公司董事长张思民、绿地集团董事长张玉良、万科集团总裁郁亮等重点企业负责人12批次，洽谈推进项目；“共建战略支点，民企入桂合作发展大会”签约项目8个，总投资282亿元。

联动招商　市、县联动招商，实行招商资源共享，共同举办招商推介活动。在宾阳炮龙节、武鸣“三月三”歌圩节、上林生态旅游养生节、横县中国国际茉莉花文化节期间，市投资促进局分别与宾阳县、武鸣县、上林县、横县联合举办投资环境推介会暨项目签约仪式，组织各地商协会及企业家到县域投资考察，引导外来企业到县域投资发展，签约项目42个，总投资113.54亿元。

【境外招商引资】 2013年，南宁市继续加强境外招商，组织4个专题招商小分队分别赴新加坡、马来西亚、文莱、越南、柬埔寨、老挝、澳大利亚等国家，以及中国香港、澳门、台湾地区开展招商活动。1月，组织专题招商小分队出访新加坡、马来西亚、文莱开展会展、旅游等现代服务业专题招商活动，在马来西亚吉隆坡举办南宁投资环境说明会，参加客商近30名；拜会马中经贸总商会、新加坡制造商总会、文莱—中国友好协会、马来西亚金狮集团等著名商协会、企业；考察马来西亚伊斯干达开发区；组织专题招商小分队出访越南、柬埔寨、老挝开展化工与商贸业专题招商活动，在越南、柬埔寨、老挝分别举办南宁市投资环境说明会（座谈会）3 场，参加企业家近 110 人；拜访越南中国商会、柬埔寨中国经济贸易总商会、柬中友好协会、老挝中国商会；考察越南西贡、柬埔寨金边、老挝万象等城市。5 月，市组团随自治区赴台湾开展经贸交流活动，加强与台湾在糖果休闲食品、农产品加工、电子信息产业的优势互补，加大对台湾知名企业的招商力度，进一步落实桂台经贸合作论坛的洽谈成果，推进桂台合作项目尽快落户南宁；学习考察台湾相关产业园区、出口加工区的先进经验，探索两岸进一步扩大交流合作的平台和途径，扩大两岸经贸交流；拜访飞宏科技股份有限公司、成伦企业股份有限公司、茂晖科技股份有限公司，考察蔗埕文化园区蒜头糖厂，与花莲县丰滨乡举办广西桂台经济文化科技交流座谈会，与中华两岸企业发展协进会举办广西桂台经济科技文化交流，与中华两岸企事业发展协进会、台湾优良产品发展协会交流座谈，拜访台北市中国青年创业协会并座谈，走访企业及商协会 8 家，与近 60 名台湾企业家座谈。6 月，自治区党委常委、市委书记余远辉率团赴香港、澳门参加“美丽广西港澳行”系列交流联谊和宣传推介活动，举办南宁香港企业家座谈会、南宁与香港经贸合作项目签约仪式、南宁澳门企业家座谈会，拜访知名港澳企业；25 日自治区举办桂港合作项目签约仪式，南宁市签约项目 3 个，总投资 9.90 亿美元，分别为招商局地产控股股份有限公司南宁商住项目、香格里拉五星级酒店项目、中粮集团包装产品生产项目。9 月，组团出访澳大利亚，考察班达伯格啤酒厂、饮料厂、澳中商会——昆士兰分会，班达伯格市水果与蔬菜种植者协会等企业和商协会机构，与当地企业家座谈，参加招商活动 24 项。（黄为谦　蒋　雯）

【投资服务】 2013 年，南宁市投资促进局为福建金冠集团有限公司、天宫（香港）投资实业公司、广西亮点节能环保科技有限公司、深国投商用置业（集团）有限公司、佛山港运激光制版有限公司、深圳市宝德投资控股有限公司、俊发地产有限责任公司、可口可乐瓶装商生产控股有限公司、康成生物投资股份有限公司、广西安耐哲新能源技术有限公司、厦门科技精密器材有限公司、中国社会福利基金会、加澳国际集团、广西金穗农药有限公司、易高环保投资有限公司、广西苏宁电器采购有限公司、广西延龙汽车集团、南宁市广丰润滑油有限公司、广西地博矿业集团股份有限公司、中国东盟国际开发集团有限公司、南京巨澜能源投资有限公司、日本株式会社川热、澳门城（中国）投资发展有限公司、中国电子科技开发有限公司、广西华之堂中草药有限公司、南宁市平虹商贸有限公司、香港四洲集团、深圳晟世能源有限公司、扬翔集团南宁新食记食品有限公司、万科集团、上海新巢科技发展有限公司、比亚迪股份有限公司、广西拓福投资管理（集团）有限公司、香港保立集团有限公司、广西方氏玻璃科技有限公司、广西西江集团南宁投资有限公司、捷成消费品（中国）有限公司、广西桂盛房地产有限公司等 37 家企业提供有关投资政策、法规以及申办外来投资企业等方面的咨询服务。畅通重大招商项目绿色通道。按照《南宁市重大招商项目绿色通道工作实施细则》，通过跟踪服务、审批办证、督查等 3 个配套操作规程，进一步建立、完善投资项目服务体系，建立重大招商引资项目的“绿色通道”。对符合进入绿色通道的重点企业及重大招商项目，从“项目引进、项目落地、项目审批、项目开工建设”全过程实行特事特办，确保重大招商项目无障碍进入及无障碍实施。通过创新代办服务方式，提前介入重大项目的前期洽谈，做好政策法规以及申办程序方面的咨询服务，为符合南宁市产业政策、环保要求并达到一定规模的外来投资项目免费代办各项行政审批手续，推进重大民间资本及重大招商项目的实施，解决外来投资项目核准、项目环境预审、外商投资企业合同、章程的审批及批准证书的发放、工商、税务、外汇管理等相关审批的办结时效问题。指导、协助审核合众人寿保险股份有限公司、万科集团公司、广西扬翔股份有限公司、广西宝塔百赢生物科技有限公司、龙光集团、烟草公司广西分公司等 7 个项目申报绿色通道审批程序。免费提供代办服务。根据投资者需求，为外来投资者免费代拟设立公司的相关文件及规范性文本。协助解决外来投资企业在生产经营过程中遇到的困难和问题。协调自治区外汇管理局为南宁市铭仁印务有限公司办理贷款卡；协调市直有关部门为台资企业南宁金石堂商贸咨询有限公司办理联合年检事宜；协调南宁海关现场业务处为可口可乐（广西）饮料有限公司办理出口退税事宜；协调市工商局为广西地博矿业集团有限公司办理增资手续；协调市公安局为广西苏宁电器采购有限公司刻制印章事宜；协调市工商局为南宁远东渔业有限公司办理延长经营期限营业执照。（黄振卿）

10 月 11 日，自治区党委常委、市委书记余远辉（前右二），市长周红波（前左一）带队到深圳研祥集团考察　　市投资促进局提供

【总部经济服务】 2013 年，南宁市引进国内外大企业、大集团到南宁设立区域性总部，支持现有总部企业做大做强。受理总部企业认定申请 42 家，其中认定为南宁市总部企业 18 家，分别为广西南方水泥有限公司、广西机场管理集团有限

责任公司、中国石油天然气股份有限公司广西销售分公司、广西电网公司、广西中烟工业有限责任公司、广西荣和企业集团有限责任公司、广西碧园投资管理有限公司、广西宝能城市建设有限公司、广西裕达公司、兴华建设集团有限公司、南宁恒大城市建设有限公司、广西合景恒富投资有限公司、广西瑞泰晟投资有限公司、南宁颖恺投资有限公司、南宁市万科投资有限公司、广西壮族自治区公路桥梁工程总公司、广西富雅投资有限公司。重点推进南宁五象新区总部基地建设，加强总部企业五象新区总部基地项目跟踪落实，与入驻企业签订履约合同，简化手续，加快供地，指导企业限时开工。五象新区总部基地开发取得突破性进展，共有广西农村信用社联合社、广西电网公司、广西留学人才产业园股份有限公司、广西碧园投资管理有限公司、南宁（中国—东盟）商品交易所有限公司、广西华宇建工有限责任公司、广西宝能城市建设有限公司、广西裕达公司、兴华建设集团有限公司、南宁恒大城市建设有限公司、广西合景恒富投资有限公司、广西机场管理集团有限责任公司、广西投资集团有限公司、广西物资集团有限责任公司、南宁颖恺投资有限公司、广西富雅投资公司、南宁万科投资公司等16家企业通过公开招拍挂取得总部用地。完善、修订南宁市发展总部经济优惠政策。（蔡　伟）

区域经济合作

【概　况】 2013年，南宁市区域合作深入推进，对外经济稳步发展。编制完成《南宁国家内陆开放型经济战略高地规划(2013—2025年)》，加快研究南宁市与珠江—西江经济带各方合作发展，推进南宁—崇左经济带建设及中国—东盟南宁空港经济区建设，完成南宁吴圩空港经济区建设相关规划，开展南宁新江经吴圩至崇左扶绥公路项目前期设计。完成《南宁北海钦州防城港玉林崇左百色市区域一体化发展规划》编制，签署7市旅游、物流、交通一体化合作框架协议；南宁、北海、钦州、防城港合作进一步加强，实现通讯、银行服务收费同城化。落实桂黔、粤桂、桂湘、桂闽、桂深等合作框架协议、自治区党政代表团赴广东考察期间所签署合作文件有关内容，万科、海王药业等一批重大项目落户南宁市。深化与东盟合作。对东盟投资1.80亿美元，增长63.90%；双边贸易额超过10亿美元，增长45%。完成第十届中国—东盟博览会、商务与投资峰会、第二届中越青年大联欢等重大活动有关任务。

（市发改委编写组）

【泛北部湾经济区区域经济合作】 2013年是中国—东盟建立战略伙伴关系10周年，南宁市加强泛北部湾经济区区域经济合作。推动与东盟在产业投资、资源开进出口贸易等领域合作。1月，组团赴新加坡、马来西亚、文莱开展会展、旅游等现代服务业专题招商活动；组团赴越南、柬埔寨、老挝开展化工与商贸业专题招商活动。加强与台湾在糖果休闲食品、农产品加工、电子信息产业的优势互补，推进桂台合作项目落户南宁。5月，组团随自治区投资促进局应邀赴台湾开展经贸交流活动。开展粤港澳地区招商。5月至6月，组织经贸代表团随自治区代表团赴粤港澳开展系列招商引资推介活动。6月22日至27日，自治区党委常委、市委书记余远辉率领南宁市经贸代表团随自治区代表团前往香港、澳门参加“美丽广西港澳行”系列交流联谊和宣传推介活动；在香港举办的桂港合作项目签约仪式上，南宁市签约项目3个，总投资额9.90亿美元；举办南宁与香港经贸合作项目签约仪式，签约项目5个，总投资额18.40亿美元。全年从粤港澳地区引进重大项目28个，项目签约金额近700亿元。

（黄为谦）

【泛珠三角区域经济合作】 2013年，南宁市推进与泛珠三角区域各省的经济交流与合作。加强对泛珠三角地区的现代装备制造、电子信息、轻工食品、铝深加工、生物制药等5大产业链招商。4月，接待香港香格里拉集团在南宁市投资香格里拉酒店项目考察；市招商小分队赴深圳开展电子信息产业链招商活动。5月至6月，市代表团赴粤港澳开展招商推介活动。7月，市招商小分队赴广州开展招商活动。8月，南宁市组团参加2013年第21届广州博览会，南宁市参展企业5家；举办南宁市经贸投资(广州)推介会，广州市18家企业参加推介会；南宁高新区、经开区代表参加广州博览会经贸合作项目签约。11月，组织异地驻邕商会13人参加在南宁万豪酒店举办的“桂港经贸论坛会”。

【西南、南贵昆及其他经济区域合作】 2013年，南宁市加强西南和南贵昆经济区域合作，不断扩大两地经济社会各领域的交流与合作。4月，市招商小分队赴西安参加“第十七届中国东西部合作与投资贸易洽谈会”。5月，市代表团随自治区赴天津参加“第二十届投资贸易洽谈会暨第九届PECC国际贸易投资博览会”；组织驻邕商会27人参加在南宁荔园山庄会议中心举办的2013年“第十一届中国西部发展论坛会”。6月，南宁市组团赴哈尔滨参加“第二十四届哈尔滨国际经济贸易洽谈会”。7月，南宁市组团赴呼和浩特参加“第七届中国民族商品交易会”。8月，市长助理高述超带队赴玉林市参加“第二十届西南经济区市长联席会”。10月，南宁市组团赴成都参加“第十四届中国西部国际博览会”，考察成都亚

12月24日，广西北部湾经济区金融服务同城化新闻发布会在南宁举行；宣布12月31日，广西北部湾经济区银行服务收费同城化正式启动　钟　情提供

坝州开发区；派员随自治区赴重庆参加“第九届全国对口支援三峡工程重庆库区经贸洽谈会”；组织参加四川省政府南宁联络处举办的“川商入桂发展座谈会”。

（彭金红）

文明建设

政治文明建设

【民主法制建设】 2013年，南宁市人大常委会加强民主和法制建设，着眼“美丽南宁”建设开展立法，调整立法计划，增补《南宁市道路交通管理条例》《南宁市城乡容貌和环境卫生管理条例（修订）》《南宁市养犬管理条例(修订)》为年度立法项目，当年立项、审议、通过《南宁市违法建设查处条例》，为依法行政、依法治理，深入实施整洁畅通有序大行动提供法制支持；着眼社会事业发展开展立法，颁布施行《南宁市燃气管理条例》，为加强燃气管理，促进燃气使用安全、合理，维护用户和经营者的合法权益提供法制保障；着眼法规配套建设完善立法，对市各级政府及市级部门制定地方性法规配套规范性文件情况进行专项检查，促进地方性法规有效施行；着眼提高立法质量创新立法方式，将人大代表的立法建议项目纳入常委会年度立法计划，调动代表在立法工作中的积极性；利用新闻媒体公开向社会征集立法项目修改意见建议，引导鼓励公众有序参与立法，推动民主立法。常委会加大监督力度，把“美丽南宁·整洁畅通有序大行动”实施情况作为监督重点；关注市国民经济和社会发展、“十二五”规划纲要实施、农业发展、财政资金管理使用等情况，采取听取和审议相关工作情况报告、开展专项调研、专题询问和评估等方式，增强监督针对性，保障运行质量，推进经济发展。对春耕生产、财政预决算、市本级预算调整、生态园林建设等事关全市政治、经济和社会发展的重大事项做出决议、决定28项。指导基层民主法制建设，开展县(区)人大规范化建设；理顺、完善街道代表工作机制，建设城区街道办事处人大代表活动中心，解决街道人大工作无专人抓、无专人管的问题。清理、修订市人大及其常委会的工作法规和规章制度，完成代表大会、常委会、主任会议“三会”议事规则修订和专门委员会工作规则制定，推进民主法制建设。

年内，市法制办提请市政府审议出台《南宁市建设工程材料使用管理办法》《南宁市壮文社会使用管理办法》《南宁市“门前三包”责任制管理办法》《南宁市实施城市管理委托执法暂行规定》政府规章4件。废止《南宁市爱国卫生工作管理暂行规定》《南宁市除四害暂行规定》《南宁市军人抚恤优待条例实施办法》政府规章3件。提请市人大常委会审议地方性法规4件；配合市人大常委会修改、审议《南宁市邕江河段水体污染防治条例(草案)》《南宁市历史传统街区保护管理条例(修订草案)》等地方性法规4件。督促政府部门开展地方性法规调研7件，政府规章调研7件；组织召开立法论证会和座谈会12次；委托市社科院开展《南宁市停车场管理办法》立法后评估。

（市人大常委会办公厅编写组　市法制办公室组写组）

【政治协商】 2013年，南宁市政协开展专题协商、对口协商、界别协商、提案办理协商，推进相关工作开展。推进协商民主向基层拓展，在横县、宾阳县试点开展街道、乡镇政协委员活动室。探索建立委员小组工作站，促进委员之间相互交流。探索开展“委员活动日”活动。成立南宁市人民政协理论研究会，举办第一次人民政协理论与实践研讨会，征集论文近100篇。组织对《政府工作报告》进行协商、讨论、修改，提出意见建议。在市政协十届三次会议期间，举行全体会议3次，分22个小组集中讨论2次，有14位委员在全体会议上作发言。组织委员围绕推进“四大建设”，做好“五篇文章”等中心工作，以及人民群众关注的热点难点问题议政建言，提出意见建议；协商论证《南宁市公共自行车交通系统、步行系统及城市绿道系统规划》《广西金融广场建筑设计方案》等法规、规章10多部。各专委会、各界别围绕推进五象新区新兴产业园、打造现代生物制药产业、养老健康产业、历史文化街区修缮和“三旧”(旧城区、旧城中村、旧厂房)改造等重大问题，召开专题协商会，提出意见建议。组织经济委、教科文卫体委、人口资源环境与城乡建设委、海外联谊民族宗教委、研究室等部门分别围绕“创新城乡教师资源配置机制，提升农村教师整体素质”“扶持南宁市小微企业发展”“美丽南宁·整洁畅通有序大行动”“美丽南宁·清洁乡村”活动，开展对口协商活动，召开对口协商会6次，参加协商会的政协委员近100名，提出意见建议100多条。在12月27日政协第十届南宁市委员会常务委员会第十二次会议上，市政府领导、市美丽办、市财政局、市城乡建设委、市规划局等10个市直部门主要负责人，与市政协常委就深入开展“美丽南宁·整洁畅通有序大行动”“美丽南宁·清洁乡村活动”开展专题协商。

（樊容宾）

【民主党派与无党派人士参政议政】 2013年，南宁市建立健全党外人士政治引导长效机制。引导各民主党派、工商联、无党派人士成员尤其是领导班子和新成员深入开展践行社会主义核心价值体系活动，巩固中国共产党与党外人士团结合作的思想政治基础。组织各民主党派、工商联、无党派人士等广大统战成员开展纪念中共中央发布“五一口号”65周年文艺晚会等系列活动。拓宽民主党派、工商联和无党派人士参政议政的渠道。深入落实“党委出题、党派调研”工作机制。11月26日，自治区党委常委、市委书记余远辉主持召开市委常委(扩大)会议，专题听取市各民主党派、工商联和无党派人士重点课题调研成果汇报，肯定调研成果，要求各级各部门要进一步全力支持配合各民主党派开展调研，抓好调研成果的采纳落实和成果转化，加大对调研成果的宣传报道，扩大社会影响。坚持落实信息直通车等工作机制，通过“直通车”“绿色通道”等专用信息网向市委、市政府报送社情民意361条、信息10条。巩固、深化对口联系制度。各民主党派与对口联系的教育、文化、卫生、交通、农业、科技、环保等16个政府部门沟通交流，拓宽参政议政渠道。

（黎芷宏）

【政府职能转变】 2013年，南宁市各级政府进一步转变政府职能，发挥政府经济调节和市场监管职能，强化政府公共服务和社会管理职能，提高政府公信力和执行力。5月9日，南宁市政府机构改革和职能转变工作领导小组成立；13日，出台《关于进一步推进国有企业改革发展的实施意见》，促进国有企业做大做强，增强国有经济活力、控制力、影响力；22日，出台《南宁市推动国有企业发展的若干政策》，加快市本级国有及国有控股企业的改革发展；23日，出台《南宁市加快现代服务业发展的若干政策》，进一步落实国家、自治区关于加快服务业发展的政策措施以及产业结构调整的有关规定,加快现代服务业发展。8月22日,下发《关于明确广西南宁五象新区规划建设管理委员会行使南宁市市级行政管理权的通知》,委托或授权五象新区管委会市级行政审批权89项;30日,下发《关于印发开发区行政审批项目目录的通知》,推动建立健全开发区管理体制,在符合法律、法规的前提下,最大限度将行政审批权授权开发区管委会实施,共委托或授权高新区、经开区、广西—东盟经开区市级审批权限232项。9月23日,出台《南宁市农村土地承包经营权确权登记颁证试点工作规程(试行)》,推进城乡土地产权制度改革,做好农村土地承包经营权确权登记颁证。10月24日,出台《关于进一步加强新形势下村民委员会建设的意见》,加强农村基层组织建设,提升村级公共服务和社会管理水平;28日,出台《关于进一步深化投资项目审批制度改革工作实施方案》,转变政府职能,优化政务服务环境。11月11日,出台《南宁市市属国有企业监事会暂行办法》,健全市属国有企业的监督机制;29日,出台《南宁市农村住宅建设管理及推荐户型奖励办法(试行)》,规范和加强农村住宅建设管理。 (市政府办公厅编写组)

【厂务公开民主管理】 2013年,南宁市加强厂务公开民主管理。建立工会组织的公有制企业、事业单位的厂务公开和职代会建制率100%,非公有制企业厂务公开、职代会建制率95.40%;国有和国有控股的公司制企业中推行职工董事、职工监事制度建制率90%;建立职代会制度的区域(行业)工会联合会占60%。开展创建厂务公开民主管理示范单位活动,举办市工会厂务公开民主管理培训暨经验交流会。南宁市建宁水务投资集团有限公司获“全国厂务公开民主管理示范单位”称号,广西电网公司南宁供电局、广西超大运输集团有限公司获“全国厂务公开民主管理先进单位”称号;7个单位获“自治区厂务公开民主管理工作先进单位”称号,2个单位获“自治区推动厂务公开民主管理工作先进单位”称号,3个单位获“自治区厂务公开民主管理示范单位”称号,7人获“自治区推动厂务公开民主管理工作先进工作者”称号。

(郑中国 张文苑)

【村民自治】 2013年,南宁市完善村务公开民主管理制度。印发《南宁市村务公开协调小组关于命名“南宁市村务公开民主管理示范单位”的决定》,命名青秀区南阳镇等12个乡镇为“南宁市村务公开民主管理示范乡(镇)”,兴宁区昆仑镇八塘村等31个村为“南宁市村务公开民主管理示范村”。南宁市县(区)、开发区村务公开目录编制率100%,《村务公开制度》《民主决策制度》《村务公开民主管理考核制度》等村务公开民主管理“十项制度”推行率100%,实行“十簿一卷”(《村民委员会会议记录簿》《村民会议记录簿》《村民代表会议记录簿》《村两委联席会议记录簿》《村务民主决策记录簿》《村务公开记录簿》《村民委员会值班记录簿》《民主听证会记录簿》《人民调解记录簿》《民主评议村干部记录簿》)制度100%。加强农村基层组织建设。初步形成以村党组织为核心、以自治组织为主体、以各类经济组织和社会组织为支撑、保障机制较为完善的村级组织体系。村委会设立人民调解、治安保卫、公共卫生等下属委员会,建立村民会议或者村民代表会议制度100%,建立村务监督委员会或其他形式的村务监督机构100%,村民自治组织健全。规范完善村规民约。7月,市村务公开协调小组办公室印发《关于进一步规范完善村规民约工作的通知》。

(何 文)

群众性精神文明建设

【概 况】 2013年,南宁市围绕实现全国文明城市“三连冠”的目标,做好新一轮(2012年—2014年)全国文明城市创建活动。推进精神文明创建活动。组织开展学雷锋志愿服务活动、“讲文明树新风”公益广告宣传、道德领域突出问题专项教育治理、道德模范评选表彰、志愿服务社会宣传及体制机制建设、“道德讲堂”创建、文明餐桌行动、“我们的节日”主题活动、网络文明传播、未成年人思想道德建设等。开展市文明办、市清洁办、市创卫办“三办联检”工作,在市创建全国文明城市工作平台曝光存在问题,督促责任单位落实整改。组织志愿者到交通路口开展劝导活动;开展对“行路驾车闯红灯”和“行人、非机动车交通乱象”集中教育治理活动;围绕“尊重行人,礼让斑马线”“请看红绿灯,请走斑马线”等内容开展“斑马行动”,城市交通秩序得到改善。南宁市在自治区率先开展文明交通引导体验教学活动的做法,被列入《广西“文明交通行动计划”实施方案(2013—2015)》,在自治区推广实施。弘扬“能帮就帮敢做善成”的南宁精神,开展“和谐建设在基层”“感恩教育”主题活动,宣传先进典型事迹。在全市32个窗口行业、58个窗口单位开展“创城达标竞赛”测评活动。

【文明城市创建】 2013年,南宁市出台《首府南宁2013年加强全国文明城市创建工作意见》,把测评内容分解到各工作部门、县(区)、开发区,实行目标责任制。7月29日,市委、市政府召开全市精神文明建设表彰暨创建全国文明城市动员大会,自治区党委常委、市委书记余远辉对深入开展全国文明城市创建工作进行动员和部署。8月7日,召开市2013年实地

7月29日,南宁市2013年精神文明建设表彰暨创建全国文明城市动员大会举行。图为自治区党委常委、市委书记余远辉(左一)为文明单位授牌 陈卓凡 摄

测评点文明创建工作会议。5月至8月，开展专题培训班15场次，召开“讲文明树新风”公益广告宣传、网络文明传播、道德讲堂建设、乡村学校少年宫建设等专项工作会议，指导各县（区）及各责任单位落实创建任务。5月至6月，委托国家统计局广西调查总队对南宁市创城工作进行测评，将不达A级的测评项目向相关责任城区、单位反馈督办。开展“三办联检”文明环境卫生综合指数“每月一评”督查活动。开展实地测评日常检查指导、“窗口行业服务”专项检查、市领导带队专项检查、重点项目重点督查、社会宣传环境布置专项督查。市创城办实地督查组对实地测评申报点进行逐项巡查及反复排查，在市创建全国文明城市工作平台发布督办项目2100多件、曝光问题图片5000多张，印发创城督办函及督查通报215件，发送工作动态手机简讯62条，督促相关县（区）和责任单位抓好整改提升。12月，中央文明办通报全国城市文明程度指数测评和未成年人思想道德建设工作测评成绩，南宁市文明程度指数测评得分94.43分，在17个省会、副省级全国文明城市中排第8名；南宁市未成年人思想道德建设工作测评得分96.07分，在30个省会、副省级城市中排第12名。

【文明道德风尚倡导】

“讲文明树新风”公益广告 2013年，南宁市开展“讲文明树新风”公益广告宣传。利用候车亭广告栏、户外高杆广告牌、阅报栏滚动灯箱、建筑工地围挡、银行网点显示屏、楼宇电视等社会媒介，围绕培育社会主义核心价值观、“中国梦”学习宣传、规范道德行为、建设生态文明以及交通、食品安全等内容，刊载“讲文明树新风”公益广告。《南宁日报》《南宁晚报》《南宁广播电视报》刊登公益广告170多个整版；南宁电台刊播公益广告9100多分钟；南宁电视台刊播公益广告2万多分钟；市属期刊刊登公益广告12.50页；协调移动、电信、联通群发公益短信1680万人次。在南宁新闻网、南宁文明网、南宁未成年人网络家园等网站首页刊播公益广告，并通过新浪及腾讯的官方微博“@文明南宁”、手机客户端等阵地发布公益广告；在文化广场、休闲广场、站前广场、街头公园等场所设置展板挂图，宣传中国梦·“讲文明树新风”公益广告。举办市2013年“讲文明树新风”公益广告创作大赛，评选出获奖作品52个。印制宣传海报8万张，编印宣传图册6万多册。

种文化工程 在公共场所、主次干道、商业大街、居民小区的醒目位置，设置清洁卫生、文明交通、志愿服务等内容的文化墙，以及“遵德守礼”提示牌。建成“种文化工程”活动示范点100多个，设立“遵德守礼”提示牌6000多块。

网络文明传播工作 “南宁文明网”“南宁未成年人网络家园”推出专题网页30多个。启用市网络文明传播志愿者信息管理系统，举办2013年网络文明传播志愿者培训会，500多个市级以上文明单位参与网络文明传播。全市780名网络文明传播志愿者发布博文3670篇、微博2.62万条。组织道德模范、身边好人开通微博，参与网络文明传播。在“南宁文明网”“南宁文明博客圈”，以及“文明南宁”手机客户端、“文明南宁”微信公众号、新浪及腾讯官方微博“@文明南宁”等发布文明风尚图文信息。

【思想道德建设】

道德讲堂 2013年，南宁市在市级以上文明单位和文明社区、食品药品企业、窗口单位、学校班级等建设“道德讲堂”，完成“道德讲堂”示范点建设250多个。在南宁孔庙、青秀山风景区建设市“道德讲堂”总堂，各县（区）、开发区相应设立总堂。教育、公安、建设、城管、交通、商贸、文化新闻出版、卫生、广播电影电视、旅游、国有企业等系统每月举办1场讲堂观摩会。至年末，全市文明单位、社区、企业举办“道德讲堂”5000多场次，参加讲堂活动的市民群众和学校师生130多万人次。

文明餐桌 在经营15桌以上的1060家餐饮企业推进“文明餐桌”行动，制作文明餐桌告示牌易拉宝900幅，“文明用餐理性消费”温馨提示卡2.30万块，宣传海报1.50万张。全市879家餐饮企业签订“文明餐桌行动”承诺书，参与率82.92%。

窗口行业“创城达标竞赛”活动 在32个窗口行业、58个窗口单位开展以创建“优良秩序、优质服务、优美环境”为主要内容的创建全国文明城市窗口行业单位达标竞赛活动，评选“十佳”窗口服务行业，测评成绩排在前十名的行业（单位）有：高速公路、国税、自来水、海事、民航机场、公交、商场、宾馆、供电、地税。加强对餐饮行业、美容美发行业的检查监督，在公共汽车、出租车行业开展“文明行车、守规礼让”活动。

南宁市诚信信息平台建设 8月，在南宁现代信用网推出向社会公众提供企业和个人依法公开信用信息的查询服务，发布诚信企业和个人的信息、失信企业和个人的不良记录。市信用信息数据库汇总信息340多万条，为全市14万户企业，42.90万人建立信用档案。9月，利用《南宁日报》《南宁晚报》、南宁现代信用网、南宁电视台等渠道公布失信行为记录，内容涉及机动车未处理电警记录、个人违法跨门槛经营、个人违反环保法律法规被查处的信息等。

【道德模范学习宣传】 2013年，南宁市推荐羊建明、刘小坚参加全国第四届道德模范评比活动。9月26日，羊建明、刘小坚分获全国助人为乐模范提名奖、全国见义勇为模范提名奖。开展“我评议、我推荐身边好人”活动。5月，协调电信、移动、联通三大运营商通过向手机、小灵通用户发送候选人的姓名、序号等相关信息，在有固定IP地址的计算机用户电脑设置弹出广告或对话框等形式，推送投票评议的宣传信息以及链接地址，发动市民群众参与投票评议。向中央文明办推荐“身边好人”并进入投票评议对象44名。组织道德模范“身边好人”进社区、进机关、进企业、进学校、进村镇、进军营巡讲巡演活动60多场次。春节期间，慰问市级以上道德模范及道德模范提名奖90多人。

【未成年人思想道德建设】

网上签名寄语系列活动 2013年清明节期间，南宁市参与“网上祭英烈”活动87.90万人。5月16日，承办自治区文明办在江南区白沙路学校举办广西“学习雷锋、做美德少年”网上签名寄语活动暨第九个“广西未成年人思想道德建设宣传日”宣传教育活动启动仪式，参与活动115.35万人。国庆节期间，参加“向国旗敬礼、做一个有道德的人”网上签名寄语活动136.36万人。三项网上签名寄语活动参与人数均居广西第一。

“童心向党”歌咏比赛及优秀童谣征集活动 6月20日，举办2013年南宁未成年人“童心向党”合唱总决赛。向自治区文明办推荐优秀童谣作品20首，西乡塘区衡阳路小学潘诗雨《节水谣》、青秀区桂雅路小学庞清予《我有一个青秀梦》、邕宁区清泉中学黄冬梅《梦天使》、邕宁区仁福小学黄椰《种树》获二等奖；

青秀区滨湖路小学黄翰逸《阳光和我在一起》获三等奖。

“我的中国梦”主题教育活动　在中小学中开展“我的中国梦”主题教育活动。市文明办与市教育局编撰《中国梦——南宁市中小学生思想教育读本》,向全市3000多所中小学免费印发。4月11日,市文明办与市教育局在市第一中学和市滨湖路小学分别召开全市中小学校“我的中国梦”主题教育活动中学组和小学组现场会。

“洒扫应对”主题活动　紧扣“六个一”(举办一次“洒扫应对”宣讲活动、组织一次“洒扫应对”情景剧展示活动、举行一次“洒扫应对”文学作品创作活动、开展一次“应对”礼仪展示活动、编写出版一期手抄报、参与一次“洒扫应对”体验活动)推进“洒扫应对”活动。举办2013年市未成年人“洒扫应对”主题情景剧展演、市中小学师生“洒扫应对”校园礼仪风采大赛、市2013年中小学“洒扫应对”优秀儿童文学作品征集评选活动。6月21日,举行教育系统“整洁畅通有序大行动”誓师大会暨“美丽南宁·清洁校园”主题活动日。市文明办编印《南宁市未成年人“洒扫应对”主题教育活动手册》1万册,制作“洒扫应对”活动和校园文化建设、公益广告等内容的光盘,发放到县(区)、开发区的中小学校。南宁市《开展“洒扫应对”培养孩子们爱劳动有礼貌的好品德》在4月、5月中央文明办举办的全国文明办主任培训班中做经验介绍3次。

未成年人思想道德阵地建设　完成2011年、2012年中央专项彩票公益金支持乡村学校少年宫项目“快乐科学营”“阳光小书吧”建设,推荐7所学校为2013年度中央专项彩票公益金支持乡村学校少年宫项目(广西)建设点。加强心理健康辅导中心建设,12个县(区)建成未成年人心理健康辅导站并正常运作。继续开展“未成年人流动剧场暨优秀少儿节目进校园”活动。组织广西桂剧团与中青院线创作、编排“洒扫应对”“我的中国梦”“遵规守纪、文明自律”等主题的少儿文艺作品,到各县(区)中小学公益演出。

【文明和谐创建】 2013年,南宁市开展“和谐建设在基层”“感恩教育”主题活动。向自治区推荐广西经济贸易技工学校等12个单位,凌维利、彭艳梅等2个家庭,以及市国税局凤岭雅苑小区等2个邻里典型。开展以“知恩、感恩、报恩,爱党、爱国、爱民”为主题的“感恩教育”活动,宣传弘扬广西精神和南宁精神。举办2013年市“汇东星城杯”社区文化节,参加比赛文艺队150多支、2000多人。举办“美丽南宁美丽我行”第一届(2013)“舞动南宁”中老年人舞蹈大赛,参赛队伍298支,人数近4000人。

【“我们的节日”主题活动】 2013年春节、元宵节期间,开展“送温暖”志愿服务、城乡环境卫生整治、文化科技卫生“三下乡”、科教法律文化卫生“四进社区”以及丰富多彩的民俗文化节庆活动。清明节期间,开展“我们的节日·清明节——缅怀革命先烈,传承优良传统”主题活动,发动社会各界开展“关爱山川河流”志愿服务活动。组织志愿者到火车站、汽车站设立志愿服务站点,为节日出行和祭祀的市民提供乘车引导、送水、行李看护等志愿服务。中秋节期间,开展以“欢庆·和谐·团圆”为主题的节日民俗活动和文化娱乐活动,开展慰问道德模范及身边好人、中秋网上寄语、“互助友爱·共度佳节”志愿服务活动。重阳节期间,开展七彩夕阳“敬老月”活动。在春节、元宵、清明、端午、中秋、重阳、七夕等传统节日期间,开展中华经典诵读活动。9月17日,在民族广场举行“明月照绿城经典诵中华”晚会。2013年,举办“我的中国梦·2013年南宁市校园中华经典诵读”活动,参加比赛中小学2000多所。

12月6日,南宁市农村学校“洒扫应对·清洁乡村·美丽校园”主题教育活动现场会在良庆区大塘中学举行　　陈　峰　摄

【文明县(区)村镇(社区)单位创建】 2013年,南宁市开展文明县区、文明村镇、文明社区、文明单位创建活动。开展实地测评2次,抽选考察点288个。加强文明单位创建管理,在各级文明单位开展“道德讲堂”“志愿服务队”“公益广告宣传牌”“文明餐桌”“网络文明传播”“帮扶共建”(简称“一堂”“一队”“一牌”“一桌”“一传播”“一帮扶”)为内容的精神文明创建活动,指导100个文明单位做好材料收集归档。12月3日至13日,对申报市第二十七批文明单位、文明村镇、文明社区进行考核,评定市民政局等18个单位、武鸣县城厢镇等24个村镇、武鸣县两江镇两江社区等6个社区、市五里亭第一小学—南宁警备区警备纠察连等14对共建先进单位符合文明创建条件;核定第一至第二十六批市级文明单位725个、文明村镇144个及第一批至第十一批文明社区219个。围绕“美丽南宁·清洁乡村”工作,在农村开展“星级文明户”创建活动,评选星级文明户3.32万户(武鸣县853户、横县9191户、宾阳县408户、上林县320户、马山县5230户、兴宁区2300户、江南区6429户、青秀区1546户、西乡塘区6289户、邕宁区550户、良庆区192户),选出“星级文明户”标兵286户。指导乡镇(街道)、村(社区)、屯制定、修改完善村规民约。

【志愿者活动】 2013年,南宁市推动志愿服务活动常态化。3月,结合“绿满邕江”主题活动和植树节,组织志愿者开展义务植树,打造邕江绿色长廊。6月6日,自治区文明办、市文明办在横县西津湿地举行“关爱山川河流保护湿地志愿服务活动”启动仪式,参加仪式的青年志愿者、巾帼志愿者、党员志愿者近500人。6月23日,在江南香格里拉广场举行10万志愿者服务“美丽南宁·整洁畅通有序大行动”誓师大会暨万名青年志愿者统一上岗仪式。青年志愿者深入全市201个城市社区、42个城中村、54个城市主要交通路口、52个公交车站、43个人群密集的主要路段，进行环境整治、交通文明劝导。5月，市文明办、市交通运输局、市公安局交警支队联合实施文明交通引导体验教学管理办法，每天组织机动车驾驶员培训机构的400多名准驾人员到全市53个主要交通路口参加3小时的现场体验教学活动；至年末，参加现场体验教学活动4万多人次。组织224名巾帼志愿者在112个公共汽车站点开展文明礼让乘车劝导活动，引导乘客文明排队，有序上下车。建立、完善学雷锋志愿服务队伍，成立市学雷锋志愿服务总队直属支队15支，县（区）支队12个，开发区支队3个。依托南宁志愿者网，发动、组织志愿者和志愿服务组织开展网上注册，完成网上注册登记志愿者28万多名。建立社区学雷锋志愿服务站201个，打造精品示范站15个。

（温全华　吴苏焱）

生态文明建设

【环境宣传教育】 2013年，南宁市制定《南宁市大气污染防治宣传方案》，形成以市委宣传部为主导的环保大宣传格局。重点宣传环保专项行动、“美丽南宁·清洁水源”、广西“环境安全年”行动，以及市区扬尘联防联控、雾霾污染应对、农村环境连片整治等。在中央、自治区、市属媒体刊（播）发环保稿件600多篇。建立环保联络员制度。环境宣传教育向社会各方面延伸，高校绿色联盟、八桂义工等环保社团，青年环境友好使者，绿色创建单位参与环保宣传。6月2日，市政府、自治区环保厅联合主办“同呼吸共担当齐行动”纪念“6·5”世界环境日宣传活动暨环境宣传月活动启动仪式在民族广场举行。南宁市各绿色学校、绿色社区、绿色医院、绿色企业、自行车爱好者、驻邕高校环保社团代表等参加活动。坚持开展“送三精蓝瓶回家”环保公益项目。市环境教育馆接待观众数万人次。制作环保宣传品，向公众免费发放环保科普资料。制作环保公益广告2部，在南宁电视台新闻综合频道黄金时段播出。联合驻邕高校开展百场科普知识进社区活动。开展市第七批“绿色学校、幼儿园”创建活动，评选出绿色学校（幼儿园）25个及先进工作者一批。

【自然生态保护】 2013年，南宁市有自然保护区7个，其中国家级1个、自治区级5个、市级1个，自然保护区面积5.17万公顷，占全市总面积2.33%；有森林公园6个，面积1.16万公顷；全市森林面积104.77万公顷，森林覆盖率47.36%。

【生态文明示范区建设】 2013年，南宁市开展生态乡镇、生态村建设，上林县西燕镇等3个乡镇获自治区级生态乡镇命名，武鸣县城厢镇大皇后村等19个村获自治区级生态村命名，马山县古寨瑶族乡古寨村等116个村获市级生态村命名。组织开展生态县、生态乡镇建设规划编制及论证，12个县（区）生态乡镇建设规划通过政府批准实施。

（市环保局编写组）

【节能减排】 2013年，南宁市加强节能减排工作，以环境倒逼机制推动产业转型升级，安排专项资金推动经开区开展循环改造，推进餐厨废弃物资源化利用和无害化处理项目、静脉产业园项目建设，在自治区率先实行能源消费总量控制。安排2000万元节能减排专项资金用于鼓励企事业单位实施节能减排工程，组织开展国家节能减排财政政策示范市申报。加强在工业企业推广应用燃煤锅炉（窑炉）改造、热电联产、余热余压利用、电机系统节能、能量系统优化等重点节能工程。推进技改项目建设，组织企业申报2013年工业节能技术改造财政资金奖励项目，15个项目获财政奖励资金451万元，项目全部完成后可实现节能量7.91万吨标准煤。推行清洁生产审核和循环经济建设，创建重点行业清洁生产示范企业，推进制糖、铝加工、火电、建材（新型干法旋窑水泥）、林板等重点工业行业循环经济建设，组织开展循环经济实施情况评估考核及示范企业（园区）认定申报。推广节能驾驶技术，铺开使用液化天然气（LNG）大客车，逐步覆盖到重点目标城市范围内的客运班线。完成以市委市政府办公大院公共机构能耗监测平台建设，推行绿色办公。

（市发改委编写组　市工信委编写组　市交通局编写组　市机关事务管理局编写组）

【石漠化治理】 2013年，南宁市下达岩溶地区石漠化综合治理工程资金3956万元，其中中央预算内投资3500万元，自治区配套352万元，县配套104万元，专项用于武鸣县、上林县、马山县、隆安县、宾阳县、横县石漠化综合治理工程。至年末，武鸣县、上林县、马山县、隆安县、宾阳县、横县石漠化综合治理工程累计完成投资1131.50万元，完成治理岩溶面积31.66平方千米，完成治理石漠化面积11.72平方千米。其中：武鸣县完成人工种草30公顷，建设棚圈140平方米，青贮窖50立方米；上林县完成封山育林30公顷，采购饲草机械80台；马山县完成封山育林664.50公顷，人工造林30.10公顷，人工种草1.10公顷，建设棚圈625平方米，青贮池165立方米；隆安县完成排灌沟渠0.78千米，蓄水池2口，田间生产道路2千米；横县完成封山育林50.75公顷，人工种草2.40公顷，建设棚圈800平方米，青贮窖50立方米，排灌沟渠2.88千米，田间生产道路2.83千米；宾阳县完成封山育林40.96公顷，排灌沟渠2.64千米，田间生产道路1.29千米。

（市发改委编写组）

12月22日，马山县弄拉石漠化治理展厅落成揭牌　　马山县志办提供

2013年政治机构党派团体市直属事业单位及领导人

中共南宁市委员会

书　　记:陈　武　2011年9月—2013年5月
　　　　余远辉　2013年5月—
副 书 记:周红波　2009年11月—
　　　　李　泽　2012年6月—
常　　委:杨文件　2011年9月—
　　　　朱育兆　2009年11月—
　　　　邓金玉(女)2009年4月—2013年1月
　　　　吴　炜　2009年11月—
　　　　韦力平　2012年10月—
　　　　雷应敏　2008年11月—2013年8月
　　　　班忠柏　2013年8月—
　　　　吕　洁(女)2010年1月—
　　　　雷永达　2013年1月—
　　　　杨维超　2011年9月—
　　　　容康社　2011年9月—
　　　　李振林　2012年10月—
　　　　杨　民(挂职)2012年4月—2013年5月
　　　　田文东(挂职)2013年10月—
　　　　张小宏(挂职)2013年12月—
秘 书 长:杨维超　2011年10月—

南宁市人民代表大会常务委员会

主　　任:谢寿堂　2006年9月—
副 主 任:赖贵寿　2006年2月—
　　　　邓其新　2006年2月—
　　　　袁曼虹(女)2011年10月—
　　　　温守荣　2011年10月—
　　　　刘　雄　2010年2月—
　　　　阮兆丰　2011年10月—
秘 书 长:周如斯　2006年9月—

南宁市人民政府

市　　长:周红波　2011年10月—
副 市 长:吴　炜　2011年10月—
　　　　吕　洁(女)2010年2月—
　　　　杨　民(挂职)2011年5月—2013年5月
　　　　田文东(挂职)2013年11月—
　　　　张小宏(挂职)2013年12月—
　　　　石文怀　2009年11月—
　　　　胡明朗　2013年11月—
　　　　眭国华(女)2011年8月—
　　　　肖志钢　2010年1月—
　　　　廖洪涛　2011年10月—2013年11月
　　　　魏凤君　2011年10月—
　　　　郭　敏(挂职)2013年9月—
秘 书 长:刘志烈　2011年11月—

政协南宁市委员会

主　　席:岑可成　2010年2月—
副 主 席:张国环　2004年2月—
　　　　崔建国　2011年10月—
　　　　梁峰林　2006年2月—
　　　　卫自光　2010年10月—
　　　　黎四龙　2009年2月—
　　　　李　勤　2010年2月—
　　　　汪　玲(女)2010年10月—
　　　　黄均宁　2010年10月—
秘 书 长:储朝晖　2011年10月—

市中级人民法院

党组书记:周　腾　2009年12月—
院　　长:周　腾　2010年2月—

市人民检察院

党组书记:黄建波　2009年12月—
检 察 长:黄建波　2010年2月—

中共南宁市纪律检查委员会

书　　记:邓金玉(女)2009年4月—2013年1月
　　　　雷永达　2013年1月—

南宁警备区

司 令 员:赵志伟　2012年8月—
政治委员:杨文件　2011年4月—

中共南宁市委办公厅

秘 书 长:杨维超　2011年10月—

中共南宁市委组织部

部　　长:雷应敏　2008年11月—2013年8月
　　　　班忠柏　2013年8月—

中共南宁市委老干部局

局　　长:潘文虹(女)2012年6月—

中共南宁市委宣传部

部　　长:吕　洁(女)2010年1月—

中共南宁市委统战部

部　　长:容康社　2011年10月—

中共南宁市委政法委员会

书　　记:朱育兆　2009年10月—

中共南宁市委政策研究室

主　　任:李海光　2009年11月—

市机构编制委员会办公室

主　　任:黄振生　2012年2月—

市直属机关工作委员会

书　　记:杨维超　2011年10月—

市人大常委会办公厅

秘 书 长:周如斯　2006年9月—

市人大常委会调查研究室

主　　任:韦景峻　2011年5月—

市人大常委会选举联络工作委员会

主　　任:徐晓光　2012年5月—

市人大常委会法制工作委员会

主　　任:陆沾鹏　2013年7月—

市人大法制委员会

主任委员:钟建国　2010年2月—

市人大财政经济委员会

主任委员:张　彬　2011年10月—

市人大城乡建设环境保护委员会

主任委员:陈建学　2011年2月—

市人大教育科学文化卫生委员会

主任委员:井穗军　2011年10月—2013年9月

市人大农业委员会

主任委员:周裕平　2011年10月—2013年7月

市人大民族华侨外事宗教委员会

主任委员:余桂华　2011年10月—

市人大内务司法委员会

主任委员:周向华　2011年10月—

市人民政府办公厅

秘 书 长:刘志烈　2011年11月—

市发展和改革委员会

党组书记:农　冰　2010年4月—2013年9月
　　　　李　耕　2013年9月—
主　　任:农　冰　2010年5月—2013年9月
　　　　李　耕　2013年9月—

市工业和信息化委员会

党组书记:陈世平　2010 年 1 月—
主　　任:陈世平　2010 年 1 月—

市教育局

党委书记:汪述斌　2012 年 5 月—
局　　长:潘永钟　2012 年 3 月—

市科学技术局(市知识产权局)

党组书记:覃永武　2011 年 2 月—
局　　长:覃永武　2011 年 3 月—

市民族事务委员会

党组书记:苏志刚　2009 年 2 月—
主　　任:苏志刚　2009 年 2 月—

市公安局

党委书记:廖洪涛　2009 年 11 月—2013 年 11 月
胡明朗　2013 年 11 月—
局　　长:廖洪涛　2009 年 11 月—2013 年 11 月
胡明朗　2013 年 11 月—

市城市应急联动中心

党组书记:黄展邦　2009 年 5 月—2013 年 6 月
主　　任:黄展邦　2009 年 6 月—2013 年 6 月
黄展邦　2013 年 6 月—

市监察局

局　　长:余仲远　2010 年 12 月—

市民政局

党组书记:苏绍荣　2009 年 3 月—2013 年 6 月
黄菊如(女)2013 年 6 月—
局　　长:苏绍荣　2009 年 3 月—2013 年 9 月
黄菊如(女)2013 年 9 月—

市司法局

党组书记:蓝树源　2010 年 4 月—
局　　长:蓝树源　2010 年 5 月—

市财政局

党组书记:李　宁(女)2011年9月—
局　　长:李　宁(女)2011年11月—

市人力资源和社会保障局

党组书记:张自英(女)2011 年 2 月—2013 年 9 月
梁平江　2013 年 9 月—
局　　长:张自英(女)2011 年 3 月—2013 年 9 月
梁平江　2013 年 9 月—

市国土资源局

党组书记:谭玫瑰　2009 年 2 月—2013 年 9 月
赵志萍(女)2013 年 9 月—
局　　长:谭玫瑰　2009 年 2 月—2013 年 9 月
赵志萍(女)2013 年 9 月—

市环境保护局

党组书记:陈伟刚　2012 年 10 月—
局　　长:李　森　2012 年 3 月—

市城乡建设委员会

党组书记:唐咸兴　2012 年 12 月—2013 年 9 月
赵红明　2013 年 11 月—
主　　任:郭维宁　2011 年 11 月—2013 年 2 月
唐咸兴　2013 年 2 月—2013 年 9 月
赵红明　2013 年 11 月—

市规划管理局

党组书记:封　宁　2007 年 6 月—2013 年 9 月
郭维宁　2013 年 9 月—
局　　长:封　宁　2007 年 6 月—2013 年 9 月
郭维宁　2013 年 9 月—

市城市管理局(市城市管理综合行政执法局)

党组书记:杨玉山　2009 年 12 月—2013 年 12
黄　海　2013 年 12 月—
局　　长:杨玉山　2010 年 1 月—

市住房保障和房产管理局(首府南宁住房制度改革委员会办公室)

党组书记:黄善武　2012 年 10 月—2013 年 7 月
黄宗成　2013 年 7 月—
局　　长:黄善武　2012 年 3 月—2013 年 9 月
黄宗成　2013 年 9 月—

市园林管理局

党组书记:蓝　岚(女)2011 年 7 月—
局　　长:梁　展　2011 年 9 月—

市交通运输局

党组书记:李　耕　2010 年 1 月—2013 年 9 月
王永超　2013 年 9 月—
局　　长:李　耕　2010 年 1 月—2013 年 9 月
王永超　2013 年 9 月—

市水利局

党组书记:叶　盛　2009 年 11 月—
局　　长:叶　盛　2009 年 12 月—

市农业局

党组书记:唐波文　2006 年 6 月—
局　　长:唐波文　2006 年 9 月—

市水产畜牧兽医局

党组书记:梁兆强　2010 年 11 月—
局　　长:梁兆强　2007 年 6 月—

市林业局

党组书记:舒善隆　2012 年 8 月—
局　　长:舒善隆　2012 年 9 月—

市商务局(市口岸办公室)

党组书记:梁培正　2012 年 5 月—
局　　长:梁培正　2012 年 5 月—

市文化新闻出版局

党组书记:蒙文虎　2010 年 12 月—
局　　长:蒙文虎　2010 年 12 月—

市卫生局

党委书记:汤晓斌　2006 年 9 月—
局　　长:汤晓斌　2006 年 9 月—

市食品药品监督管理局

党委书记:黄明瑞　2010 年 10 月—
局　　长:彭　明　2010 年 1 月—2013 年 9 月
黄明瑞　2013 年 9 月—

市人口和计划生育委员会

党组书记:谢宗务　2011 年 7 月—
主　　任:谢宗务　2011 年 9 月—

市审计局

党组书记:边作新　2009 年 8 月—
局　　长:边作新　2009 年 9 月—

市广播电影电视局

党组书记:魏永泉　2010 年 1 月—
局　　长:魏永泉　2010 年 1 月—

市体育局

党组书记:陆兴南　2011 年 7 月—2013 年 6 月
李建华(女)2013 年 6 月—
局　　长:梁桦中　2010 年 1 月—2013 年 7 月

李建华(女)2013年7月—

市安全生产监督管理局(市煤矿安全监督局、市安全生产委员会办公室)
党组书记:夏　成　2010年12月—2013年9月
蓝建东　2013年9月—
局　　长:夏　成　2010年12月—2013年9月
蓝建东　2013年9月—

市统计局
党组书记:黄南方　2010年12月—
局　　长:黄南方　2010年12月—

市旅游局
党组书记:黄永久　2009年11月—
局　　长:黄永久　2009年12月—

市粮食局
党组书记:覃善开　2010年12月—
局　　长:覃善开　2010年12月—

市投资促进局
党组书记:李伟时　2010年1月—2013年9月
梁　枫(女)2013年9月—
局　　长:李伟时　2010年1月—2013年9月
梁　枫(女)2013年9月—

市外事侨务办公室
党组书记:邓卫民　2011年11月—
主　　任:邓卫民　2011年3月—

市法制办公室
党组书记:范卫东　2006年9月—
主　　任:范卫东　2006年9月—

市人民防空办公室
党组书记:董红兵　2012年5月—
主　　任:董红兵　2012年3月—

市扶贫开发办公室
党组书记:覃思源　2010年1月—
主　　任:覃思源　2010年1月—

市城乡数字化建设办公室
党组书记:胡书文　2011年7月—
主　　任:胡书文　2011年9月—

市委、市人民政府信访局
党组书记:李宝臣　2009年2月—
局　　长:李宝臣　2009年2月—

市人民政府国有资产监督管理委员会
党委书记:傅隆政　2011年12月—
主　　任:傅隆政　2011年3月—

广西南宁五象新区规划建设管理委员会
党工委书记:周红波　2013年8月—
主　　任:　周红波　2013年9月—

南宁高新技术产业开发区管理委员会
党工委书记:李晓东　2006年9月—2013年8月
黄润斌　2013年8月—
主　　任:李晓东　2006年9月—

南宁经济技术开发区管理委员会
党工委书记:韦志鹏　2009年12月—2013年8月
李　泽　2013年8月—
主　　任:韦志鹏　2009年12月—2013年9月
李伟时　2013年9月—

南宁—东盟经济开发区管理委员会(南宁华侨投资区管理委员会)
党工委书记:胡志崇　2011年2月—
主　　任:　胡志崇　2011年3月—

南宁青秀山风景名胜旅游区管理委员会
党工委书记:李伟进　2011年7月—
主　　任:　李伟进　2011年8月—

南宁市北部湾(广西)经济区规划建设管理委员会办公室(南宁五象新区开发建设指挥部、南宁保税物流中心管理委员会)
党组书记:吴　炜　2011年11月—
主　　任(指挥长):吴　炜2011年11月—

市政协办公厅
秘 书 长:储朝晖　2011年10月—

市政协研究室
主　　任:曾志杰　2010年10月—2013年6月
张海元　2013年6月—

市政协选举联络工作办公室
主　　任:韩艳斌(女)2010年10月—

市政协提案委员会
主　　任:杨　利　2011年11月—

市政协经济委员会
主　　任:古培康　2006年9月—

市政协文史学习委员会
主　任:甘英姿(女)2011年11月—2013年8月
谭本基　2013年8月—

市政协教科文卫体委员会
主　　任:陆益斌　2006年9月—

市政协海外联谊民族宗教委员会
主　任:黄美芬(女)2011年11月—

市政协人口资源环境与城乡建设委员会
主　　任:黎敏生　2011年11月—

市政协社会法制委员会
主　任:陈　芳(女)2011年11月—

中国国民党革命委员会南宁市委员会
主任委员:黎　琳(女)2011年5月—

中国民主同盟南宁市委员会
主任委员:崔建国(兼)2000年4月—

中国民主建国会南宁市委员会
主任委员:卢秋凌(女)2009年9月—

中国民主促进会南宁市委员会
主任委员:黄均宁　2009年8月—

中国农工民主党南宁市委员会
主任委员:袁曼虹(女)2001年6月—

中国致公党南宁市委员会
主任委员:张　渊　2006年9月—

九三学社南宁市委员会
主任委员:梁　鸿　2012年12月—

市总工会
党组书记:伦　建　2009年8月—
主　　席:梁峰林　2009年8月—

共青团南宁市委员会
党组书记:王亚楠　2012年8月—
书　　记:王亚楠　2012年8月—

市妇女联合会
党组书记:陈　尧(女)2010 年 1 月—
主　　席:陈　尧(女)2010 年 2 月—

市文学艺术界联合会
党组书记:张耀民　2009 年 7 月—2013 年 12 月
陈晓红(女)2013年12月—
主　　席:鲁　利　2009 年 11 月—

市科学技术协会
党组书记:王　洲　2010 年 4 月—
主　　席:王　洲　2010 年 6 月—

市归国华侨联合会
党组书记:孙乡平　2012 年 7 月—
主　　席:蒋晓筠(女)2010 年 3 月—

中国国际贸易促进委员会南宁市支会
会　　长:谭　漪(女)2010 年 1 月—
党组书记:谭　漪(女)2010 年 7 月—

市残疾人联合会
党组书记:李永华(女)2009 年 2 月—
理 事 长:李永华(女)2009 年 2 月—

市红十字会
会　　长:吕　洁(女)2010 年 3 月—

市社会科学界联合会
党组书记:谭耀山　2006 年 6 月—2013 年 3 月
谭耀武　2013 年 6 月—
主　　席:谭耀山　2006 年 8 月—2013 年 3 月
谭耀武　2013 年 7 月—

市工商业联合会
主　　席:黎四龙　2006 年 10 月—
党组书记:黄秋娣(兼)(女)
2007 年 11 月—2013 年 12月

市委党校(市经济干部学院、市行政学院、市社会主义学院)
市委党校校长:
李　泽(兼)2012 年 7 月—
市经济干部学院院长:
施日全 2012 年 2 月—
市行政学院院长:
施日全 2012 年 2 月—2013 年 8 月
吴　炜(兼)2013 年 8 月—
市社会主义学院院长:
崔建国　2002 年 5 月—
市委党校常务副校长:
施日全　2012 年 2 月—
市行政学院常务副院长:
施日全　2013 年 8 月—
市社会主义学院常务副院长:
施日全　2012 年 2 月—

市档案局(市国家档案馆)
党组书记:廖茂隆　2012 年 10 月—
局　　长(馆长):
廖茂隆　2012 年 10 月—

市委党史研究室
主　　任:李刘科　2010 年 10 月—

南宁日报社
党组书记:李忠南　2012 年 2 月—
社　　长:李忠南　2012 年 2 月—
总 编 辑:程小华　2011 年 1 月—

市委、市人民政府接待办公室
主　　任:陆广平(女)2012 年 2 月—

市人民政府发展研究中心
主　　任:黄寿疆　2010 年 12 月—2013 年 6 月
李望尘　2013 年 6 月—
党组书记:黄寿疆　2010 年 11 月—2013 年 6 月
李望尘　2013 年 6 月—

市农业机械化管理中心(市农业机械化管理局)
党组书记:费志敏　2012 年 2 月—
主　　任(局长):
费志敏　2012 年 3 月—

市地震局
党组书记:邓国付　2011 年 7 月—
局　　长:邓国付　2011 年 8 月—

市机关事务管理局(市市直机关后勤服务中心)
党组书记:蒙祝宁　2012 年 6 月—
局　　长(主任):
蒙祝宁　2012 年 6 月—

南宁住房公积金管理中心
党组书记:王林一　2011 年 2 月—
主　　任:王林一　2011 年 3 月—

市人民政府地方志编纂办公室
党组书记:王德宾　2010 年 10 月—
主　　任:王德宾　2010 年 11 月—

市二轻集体工业联社
党组书记:陈聘聪　2011 年 7 月—2013 年 7 月
司马平　2013 年 7 月—
主　　任:陈聘聪　2011 年 8 月—2013 年 8 月
司马平　2013 年 8 月—

市社会科学院
党组书记:韦振豪　2010 年 10 月—
院　　长:胡建华　2010 年 12 月—

市旧城改建工作推进办公室(市历史文化街区保护和修缮规划建设办公室)
主　　任:唐咸兴　2013 年 1 月—2013 年 11 月
赵红明　2013 年 11 月—

南宁昆仑关战役遗址保护管理委员会(南宁昆仑关旅游风景区管理委员会)
党组书记:桂文志　2012 年 12 月—
主　　任:何尚汉　2011 年 3 月—2013 年 1 月
桂文志　2013 年 1 月—

南宁市水库移民管理局
党组书记:邓健民　2010 年 3 月—
局　　长:邓健民　2009 年 4 月—

南宁职业技术学院
党委书记:陈建新　2012 年 4 月—
院　　长:张宁东(女)2012 年 4 月—

市政府集中采购中心
主　　任:周梅清(女)2012 年 7 月—

广西大明山国家级自然保护区管理局(南宁大明山风景旅游区管理委员会)
党委书记:李孔全　2012 年 8 月—
局　　长:李孔全　2012 年 5 月—
主　　任:李孔全　2012 年 5 月—

市城市内河管理处(市"中国水城"建设工作指挥部办公室)
党组书记:朱　沭　2012 年 10 月—2013 年 11 月
冯步广　2013 年 11 月—
主　　任:朱　沭　2010 年 12 月—2013 年 11 月
冯步广　2013 年 11 月—

市供销合作联社
党组书记:龚山峰　2010 年 10 月—
主　　任:龚山峰　2011 年 3 月—

中共武鸣县委员会
书　记:黄国健　2011年5月—

武鸣县人大常委会
主　任:潘祖乐　2006年9月—

武鸣县人民政府
县　长:宋日正　2009年6月—

政协武鸣县委员会
主　席:黄隆鸣　2011年8月—

中共横县委员会
书　记:李振林　2012年11月—

横县人大常委会
主　任:蒋小旗　2011年8月—

横县人民政府
县　长:唐小若　2011年8月—

政协横县委员会
主　席:陈保金　2011年8月—

中共宾阳县委员会
书　记:黄　宁　2011年5月—

宾阳县人大常委会
主　任:覃作福　2006年9月—

宾阳县人民政府
县　长:张先进　2010年3月—

政协宾阳县委员会
主　席:张昭平　2011年8月—

中共上林县委员会
书　记:尹建华　2011年2月—2013年8月
韦志鹏　2013年8月—

上林县人大常委会
主　任:麻宏明　2011年3月—2013年6月

上林县人民政府
县　长:孙志强　2011年8月—2013年12月
代县长:蓝宗耿　2013年12月—

政协上林县委员会
主　席:吴伟山　2011年8月—2013年12月

中共马山县委员会
书　记:李　兵　2009年11月—

马山县人大常委会
主　任:谢显术　2011年8月—

马山县人民政府
县　长:杨　敏(女)2011年8月—

政协马山县委员会
主　席:林永立　2006年9月—

中共隆安县委员会
书　记:吴朝晖　2012年12月—

隆安县人大常委会
主　任:刘文式　2011年8月—

隆安县人民政府
县　长:甘　诚　2013年1月—

政协隆安县委员会
主　席:廖永新　2011年8月—

中共南宁市兴宁区委员会
书　记:刘为民　2010年1月—2013年9月
谭玫瑰　2013年9月—

南宁市兴宁区人大常委会
主　任:罗思义　2006年9月—2013年7月
霍镇兴　2013年7月—

南宁市兴宁区人民政府
区　长:高　虹(女)2010年2月—

政协南宁市兴宁区委员会
主　席:韦敏杰　2011年8月—

中共南宁市江南区委员会
书　记:马南萍(女)2011年5月—

南宁市江南区人大常委会
主　任:黄　英(女)2010年3月—

南宁市江南区人民政府
区　长:朱亚明　2013年2月—

政协南宁市江南区委员会
主　席:潘长能　2009年3月—

中共南宁市青秀区委员会
书　记:赵禹鹏　2009年4月—2013年9月
钱　健　2013年9月—

南宁市青秀区人大常委会
主　任:李柏林　2011年8月—

南宁市青秀区人民政府
区　长:钱　健　2011年8月—2013年10月
张自英(女)2013年10月—

政协南宁市青秀区委员会
主　席:岳凤君　2011年8月—

中共南宁市西乡塘区委员会
书　记:黄润斌　2011年5月—2013年9月
谭良良　2013年9月—

南宁市西乡塘区人大常委会
主　任:梁英浩　2010年3月—

南宁市西乡塘区人民政府
区　长:廖伟福　2009年1月—

政协南宁市西乡塘区委员会
主　席:费　勇　2011年8月—

中共南宁市邕宁区委员会
书　记:王永超　2011年5月—2013年9月
唐咸兴　2013年9月—

南宁市邕宁区人大常委会
主　任:磨瑛津(女)2011年8月—

南宁市邕宁区人民政府
区　长:蓝建东　2010年3月—2013年10月
邓娟娟(女)2013年10月—

政协南宁市邕宁区委员会
主　席:农建进　2011年8月—

中共南宁市良庆区委员会
书　记:陈　竑　2012年5月—

南宁市良庆区人大常委会
主　任:郑国健　2005年4月—

南宁市良庆区人民政府
区　长:黄奕信　2011年8月—2013年10月
谷明佳　2013年10月—

政协南宁市良庆区委员会
主　席:刘长南　2011年8月—

(李　舒　彭耀坚　梁　巍)

责任编辑　覃庆梅

中国—东盟博览会·峰会·民歌节

第十届 中国—东盟博览会

【概　况】 2013年9月3日至6日，第十届中国—东盟博览会在南宁市举办。中国商务部、东盟10国政府经贸主管部门和东盟秘书处共同主办，广西壮族自治区人民政府承办。中共中央政治局常委、国务院总理李克强，缅甸总统吴登盛，柬埔寨首相洪森，老挝总理通邢，泰国总理英拉，越南总理阮晋勇，新加坡副总理张志贤，泰国副总理兼外长素拉蓬·多威差猜恭，泰国副总理兼商务部部长尼瓦塔隆·汶顺派汕，老挝党中央书记处书记苏甘·马哈腊，中共中央书记处书记、国务委员兼国务院秘书长杨晶，中国全国政协副主席、科技部部长万钢，柬埔寨国务兼商业大臣占蒲拉西等13位中国和东盟国家领导人，280名部长级贵宾出席博览会。博览会围绕“展示辉煌、创新发展”主题开展系列活动，拓展合作区域、合作领域和带动功能，提升经贸实效与办会水平。设商品贸易、投资合作、服务贸易、先进技术、魅力之城5大专题；总展位4600个，参展企业2361家，客商5.50万人参展参会。菲律宾为主题国。9月3日上午，在南宁国际会展中心朱槿花厅举行开幕大会，李克强宣布开幕，并发表主旨演讲。9月2日至3日，中国和东盟各国政要分别参观中国—东盟建立战略伙伴关系10周年暨中国—东盟博览会10周年成就展，巡视第十届中国—东盟博览会展馆。会期前后，举办第五届中国—东盟金融合作与发展领袖论坛、中国—东盟技术转移与创新合作大会等多领域的10多个会议和交流活动。9月6日，博览会专门设为公众开放日，众多市民、游客进入展区观展、购物。期间，还举办南宁国际民歌艺术节等文化交流活动。有240家媒体1705名记者到会采访。中外媒体发稿8571篇；网络播出新闻6万多篇，图片3万幅，网页记录110多万条，视频总长31小时。

9月4日，中国—东盟博览会10周年回顾纪念活动在南宁电视台演播大厅举行。中国—东盟博览会秘书处授予连续10年出席博览会的柬埔寨国务兼商业大臣占蒲拉西，缅甸商务部部长吴温敏“杰出贡献奖”，向其他有重要贡献的机构和人员颁发金牌参展商、优秀采购商、投资合作之星、突出贡献媒体及记者奖、品牌论坛、志愿者突出组织奖等奖项。8月15日，中国邮政发行《中国—东盟博览会》特种邮票一套。9月1日，中国人民银行发行中国—东盟博览会10周年熊猫加字金银纪念币一套。

9月5日下午，中国—东盟博览会高官会议暨第十一届中国—东盟博览会“魅力之城”专题展区抽签仪式在南宁举行。会议总结第十届博览会的总体情况，通报第十一届博览会主题国，共商第十一届博览会新任务和发展方向；宣布第十届博览会获奖情况；抽签确定第十一届博览会“魅力之城”专题展区展位顺序。9月6日下午，中国—东盟博览会、中国—东盟商务与投资峰会组委会在南宁举行新闻发布会，宣布第十届中国—东盟博览会、中国—东盟商务与投资峰会胜利闭幕。新闻发布会由中国商务部外贸发展局副局长贾国勇主持。中国—东盟博览会秘书处秘书长郑军健、中国—东盟商务与投资峰会秘书处秘书长何小玲、东盟秘书处共同体事务局局长李健雄出席发布会，并回答记者提问。郑军健受组委会委托发布新闻，介绍此届盛会的情况和下届工作的考虑。此届博览会在经贸对接上创新，体现更高的专业化；在活动组织上创新，体现更高的统筹能力；在展会的组织方面创新，体现更高的办会水平。

【开幕大会】 2013年9月3日上午，第十届中国—东盟博览会、第十届中国—东盟商务与投资峰会开幕大会（博览会和商务与投资峰会举办十年来首次合并开幕）在南宁国际会展中心朱槿花厅举行。中国国务院总理李克强，缅甸总统吴登盛，柬埔寨首相洪森，老挝总理通邢，泰国总理英拉，越南总理阮晋勇，新加坡副总理张志贤，泰国副总理兼外长素拉蓬·多威差猜恭，泰国副总理兼商务部部长尼瓦塔隆·汶顺派汕，老挝党中央书记处书记苏甘·马哈腊，中国国务委员兼国务院秘书长杨晶，中国全国政协副主席、科技部部长万钢，柬埔寨国务兼商业大臣占蒲拉西，菲律宾贸易和工业部部长多明戈，文莱工业和初级资源部部长叶海亚，马来西亚贸易和工业部部长穆斯塔法，印度尼西亚贸易部国家出口发展总司司长古司马迪，东盟秘书长黎良明，中国与东盟国家相关部长级官员和地方行政长官，金融机构负责人，商协会会长，国际组织负责人，全球著名企业家，区域经济研究专家，中国各省（区、市）代表团与参展参会客商代表，广西壮族自治区有关领导等1000多人参加开幕大会。大会由广西壮族自治区主席陈武主持。现场播放短片，回顾中国—东盟十年合作发展的重要历程。

李克强总理在发表题为《推动中国—东盟长期友好互利合作战略伙伴关系迈上新台阶》的主旨演讲时指出，中国与东盟开创了合作的“黄金十年”，双方要继往开来，创造新的“钻石十年”。他就进一步加强中国与东盟的合作提出五项倡议。一是打造中国—东盟自贸区升级版；二是加快推进公路、铁路、水运、航空、电信、能源等领域互联互通合作；三是加强金融合作;四是开展海上合作,建立“中国—东盟海洋伙伴关系”;五是增进人文交流,把2014年确定为“中国—东盟友好交流年”。吴登盛总统在演讲中表示,缅甸将与东盟各国携手合作,进一步巩固中国与东盟的战略伙伴关系。洪森首相在演讲时说,中国—东盟博览会、中国—东盟商务与投资峰会举办十年来,已成为一个成功的平台,推动东盟与中国之间的经济贸易交流和自由贸易区的发展。通邢总理在演讲中建议,中国与东盟今后可从三个方面加强合作:一是加强贸易合作;二是双方加强互联互通的合作;三是双方加强东盟新成员国人力资源开发方面的合作。英拉总理在演讲中说,泰国与中国的关系是东盟—中国战略伙伴关系中非常重要的一环,泰国希望与中国之间的双边贸易额在2015年突破1000亿美元大关。阮晋勇总理在演讲中强调,越南一向支持并重视东盟与中国合作,相信这有助于推动越南与中国关系。张志贤副总理在演讲中表示,新方将积极推动东盟与中国之间的互通互联。广西壮族自治区党委书记、自治区人大常委会主任彭清华,中国商务部国际贸易谈判代表兼副部长钟山,中国国际贸易促进委员会会长万季飞,东盟秘书长黎良明分别致辞。

大会安排共同推进中国与东盟最新合作成果的环节,与各国政要演讲、致辞穿插进行。在全场嘉宾的见证下,11国青年代表共同发起成立“中国—东盟青年联谊会”;11国科技部长共同为“中国—东盟技术转移中心”揭牌;中国与东盟港口城市的代表共同发起设立“中国—东盟港口城市合作网络”;中国与东盟企业家、商协会代表共同发起成立“中国—东盟企业家联合会”。启幕仪式前播发短片,描述中国与东盟风雨同舟、携手共进的合作历程。李克强宣布:第十届中国—东盟博览会、中国—东盟商务与投资峰会开幕!李克强、吴登盛、洪森、通邢、英拉、阮晋勇、张志贤、多明戈、叶海亚、穆斯塔法、古斯马迪、黎良明、钟山、万季飞、彭清华共同为第十届中国—东盟博览会、中国—东盟商务与投资峰会开幕启幕。开幕大会首次用英语、柬埔寨语、老挝语、缅甸语、泰语和越南语6个语种同声传译。

【专题展览】 2013年9月3日至6日,第十届中国—东盟博览会在南宁国际会展中心和广西展览馆、南宁华南城会展中心举办商品贸易、投资合作、服务贸易、先进技术、“魅力之城”5个专题展览。参展企业2361家,比上届增长2.70%;总展位4600个,其中东盟国家和区域外国家使用展位1331个,数量超过上届,印度尼西亚、老挝、马来西亚、缅甸、泰国、越南6个国家包馆。商品贸易专题展分别设在南宁国际会展中心室内4号~15号展厅、室外展场和广西展览馆、南宁华南城会展中心。内容包括东盟国家商品、食品加工和包装机械、电力与新能源设备、电子电器、建筑材料、工程机械与运输车辆(室外展场)、农业展(广西展览馆)、轻工展(南宁华南城会展中心)。投资合作专题展设在南宁国际会展中心室内1号展厅。以促进中国企业“走出去”到东盟国家开展投资和国际经济合作为特色,涉及国际工程承包、劳务合作、资源开发、信息科技、基础设施建设、园区招商等行业。服务贸易专题展设在南宁国际会展中心室内2号展厅。展示中国和东盟国家金融、旅游、服务外包等内容。先进技术专题展设在南宁国际会展中心室内3号展厅。主要展示新能源与节能环保技术、光机电与电子信息技术、现代农业技术和生物医药技术等内容。“魅力之城”专题展设在南宁国际会展中心室内2号展厅。综合展示中国和东盟10国代表性城市在贸易、投资、科技、文化、旅游等方面的发展和商机。分别为:越南平定省、缅甸皎漂(重要渔港)、文莱斯里巴加湾市、马来西亚怡保(霹雳州首府)、柬埔寨磅同省、菲律宾伊莎贝拉省、新加坡、泰国哒叻府、中国南宁市、印度尼西亚日惹特别区、老挝万象市。南宁市以“绿城追梦、魅力南宁”为主题,艺术化体现现代南宁的建设成就和精神风貌。此届博览会吸引更多、更专业、更优秀企业参展,展位供不应求。东盟国家参展规模稳中有升,展品专业化水平和展示效果进一步提高。展品集中到食品农产品、家具家居、特色工艺品和珠宝饰品、日用消费品、服务业产品等符合中国市场需求的行业上。国内的展览内容更“精”、更“专”,名牌企业云集。以中国与东盟行业发展走势为方向标,国内各行业展示特点更鲜明,展览更有针对性。农业展、轻工展越办越专,两个专业展均有外国企业成规模参展,专业性和国际性进一步提高。

【经贸活动】 2013年9月3日至6日,在南宁市举办的第十届中国—东盟博览会通过拓展合作领域、合作区域和带动功能,更高层次促进经贸合作,贸易投资合作取得新成果。参展企业2361家,参展参会客商5.50万人,比上届增长5.80%。中外采购(投引资)团组近120个,境外团组人数增长9.96%,中国内地有37个省(区、市)组团参会。期间,举办专场采购对接会、大型贸易对接会、投资合作圆桌会、东盟产业园区招商大会、东盟和国内重点投资推介会等一系列经贸交流活动。首次举办“10+6企业家交流会”(10+6指东盟10国,中国、日本、韩国、澳大利亚、新西兰、印度),加强与区域外国家的交流。首次举办中国驻东盟10国商务参赞与企业家对话会,为中国企业“走出去”答疑解惑。博览会贸易成交额19.10亿美元;签约国际合作项目投资额90.56亿美元,签约国内合作项目投资额900.79亿元。

南宁市在组织参加第十届中国—东盟博览会项目集中签约仪式等活动的同时,还举办2013南宁投资贸易洽谈会暨重大项目签约仪式、“中外客商看南宁”、南宁市投资政策咨询和项目对接等一系列经贸活动;各县(区)、开发区分别组织开展多种形式的投资推介活动,成果丰硕。期间,南宁市招商引资内、外资签约项目39个,签约金额405.43亿元;签订商品购销合同490份,合同金额255亿元。

【中国—东盟博览会高官会议】 2013年9月5日下午,中国—东盟博览会高官会议暨第十届中国—东盟博览会“魅力之城”专题展区抽签仪式在南宁举行。中国、东盟10国、东盟秘书处的官员代表出席。会议由中国商务部亚洲司处长李岸和此届博览会主题国菲律宾商务部贸易展览促进中心官员加卓女士共同主持。中国—东盟博览会秘书处秘书长郑军健在通报第十届博览会有关情况和下一届工作建议时说,本届博览会充分展示10周年辉煌成果,为促进中国—东盟友好合作做出了新的贡献。建议进一步推动展会的专业发展,打造好信息交流平台,不断提高经贸实效,让4天的博览会变成365天永不落幕的博览会。李岸建议,双方不断深化共办长效机制,进一步提高合作共赢成效,共同办好第十一届中国—东盟博览会。与会东盟各国高官在发言中感谢中方卓有成效的工作,对第十届博览会和商务与投资峰会的成功举办给予高度评价。会议确定,第十一届中国—东盟博览会将于 2014 年 9 月 19 日至 22 日在南宁举办，设商品贸易、投资合作、服务贸易、先进技术、“魅力之城”5 个专题。按照中国和东盟各国共同设定的主题国产生机制，新加坡确认出任第十一届博览会主题国。会上公布博览会组委会评出的第十届博览会各项工作奖项。菲律宾获主题国纪念奖；东盟秘书处、中国—东盟中心获重大贡献及支持奖；柬埔寨、老挝、缅甸、越南、中国建筑材料流通协会获最佳行业组织奖；文莱、印度尼西亚、新加坡、越南、中国北京中关村获最佳品牌展示奖；马来西亚、菲律宾、越南、信诺中国投资（香港）有限公司获最佳采购商组织奖；柬埔寨、马来西亚、缅甸、泰国、中国台湾贸易中心获最佳参展商组织奖；印度尼西亚、老挝、菲律宾、中国安徽省获最佳投资合作推介奖；文莱、柬埔寨、印度尼西亚、老挝、缅甸、菲律宾、新加坡、泰国、中国南宁市获最佳“魅力之城”展示奖；香港贸易发展局获最佳形象展示奖。通过抽签，确定第十一届中国—东盟博览会各国“魅力之城”专题展区位置排序为：印度尼西亚、中国、菲律宾、缅甸、文莱、新加坡、泰国、马来西亚、柬埔寨、越南、老挝。

第十届中国—东盟商务与投资峰会

【概　况】 2013 年 9 月 3 日至 5 日，第十届中国—东盟商务与投资峰会在南宁市举办。中国商务部、中国国际贸易促进委员会、广西壮族自治区人民政府主办，中国—东盟商务与投资峰会秘书处承办。主题为“推进互联互通，深化行业合作”。9 月 3 日上午，在南宁国际会展中心朱槿花厅，第十届中国—东盟商务与投资峰会和第十届中国—东盟博览会共同举行开幕大会。峰会开幕前和举办期间，先后举办 2013（第四届）中国—东盟矿业合作论坛暨推介展示会、中国—东盟建立战略合作伙伴关系 10 周年经贸合作对话会、菲律宾共和国高层领导与中国企业 CEO 圆桌对话会、中国—菲律宾商务论坛、第二次中国—菲律宾商务理事会会议、项目对接会、中国—东盟港口城市合作网络论坛、商务早餐会、中国—东盟商会领袖论坛等一系列重要活动。此届峰会更大力度配合提升中国—东盟自贸区建设水平，促进深化双向投资合作，推进各个领域的互通互联建设；按照提升创新务实发展的原则，更加注重中国与东盟各国工商界人士的参与，推进双方企业间的深度务实合作。突出峰会十年取得的成就，推动自贸区建设和高层对话的特点，推动中国—东盟多层次、多领域务实合作，服务于地方对外开放事业的特点。

【经贸合作对话会】 2013 年 9 月 2 日，中国—东盟建立战略伙伴关系 10 周年经贸合作对话会在南宁召开。中国商务部、中国国际贸易促进委员会、广西壮族自治区人民政府、中央电视台主办，中国—东盟商务与投资峰会秘书处承办。主题为“合作与共赢”。中国商务部国际贸易谈判代表兼副部长钟山，广西壮族自治区党委常委、自治区副主席黄道伟，马来西亚贸易和工业部部长穆斯塔法，中国有色矿业集团、泰国正大集团、新加坡太平洋经济合作委员会等中国与东盟的企业界精英和专家，以及听众 200 多人参加。对话会由中央电视台财经频道主持人陈伟鸿主持。钟山、黄道伟、穆斯塔法就中国—东盟建立战略伙伴关系 10 周年以来经贸合作的成就与挑战、广西如何打造成为面向东盟开放的新的战略支点等内容展开对话，共同展望未来发展，实现互利共赢。中国有色矿业集团有限公司总经理罗涛，泰国正大集团副董事长李绍祝，亚洲三宝资源有限公司主席哈里斯·阿兹，新加坡国立大学亚洲竞争力研究所所长、新加坡太平洋经济合作委员会主席陈企业等围绕“合作取得的成绩”话题参与互动对话。对话会突出广西在中国—东盟自贸区建设、中国—东盟经贸关系发展中做出的积极努力和贡献，体现广西作为中国对接东盟的“桥头堡”所发挥的重要作用，进一步宣传广西、扩大影响。

【圆桌对话会】 2013 年 9 月 3 日下午，菲律宾共和国高层领导与中国企业 CEO 圆桌对话会在南宁市广西人民会堂举行。中国商务部、菲律宾贸易和工业部、中国国际贸易促进委员会、广西壮族自治区人民政府主办，中国—东盟商务与投资峰会秘书处、菲律宾工商总会承办。菲律宾贸易和工业部部长多明戈，中国国际贸易促进委员会副会长董松根，菲律宾工商总会主席米盖尔·瓦莱拉等中菲两国政府官员、工商界领袖、企业家代表约 250 人出席。对话会由菲律宾贸易和工业部副部长邦西亚诺·马纳罗主持。多明戈部长在致辞中说，2012 年，中国是菲律宾第三大贸易伙伴和第三大出口市场。菲律宾在贸易、服装、可再生能源、汽车零部件、造船业等方面都有自己的优势，期待通过此次圆桌会议和互访交流，进一步深化两国之间的经贸合作。董松根副会长说，菲律宾是中国在东盟地区的第六大贸易伙伴，而包括香港在内的中国是菲律宾最大的出口市场。当前，中国正积极推进经济结构转变，扩大市场开放，推动内需增长，促进对外投资，这将创造更多的商机，为菲律宾扩大出口、吸引中国投资带来机会。对话会上，中国国家开发银行国际金融局局长梁慧江、中国技术进出口总公司总裁唐毅、中国机械进出口（集团）有限公司总裁王旭升、中国水利电力对外公司总经理王禹、菲律宾华为技术有限公司 CEO 代志华等中方企业代表，分别就中菲在农业、旅游业、制造业、基础设施、通信行业、纺织和轻工行业、现代农业等领域的合作前景进行深入的交流和探讨。

【港口城市合作网络论坛】 2013 年 9 月 3 日，中国—东盟港口城市合作网络论坛在南宁市举办。中国交通运输部、广西壮族自治区人民政府主办，中国—东盟商务与投资峰会秘书处、钦州市政府承办。中国与东盟国家有关官员、港口管理机构和知名港航企业代表，以及中外区域合作专家等约 130 人出席。论坛由广西壮族自治区人民政府副秘书长魏然主持。广西壮族自治区副主席张晓钦，中国驻东盟大使杨秀萍，柬埔寨西哈努克省副省长普拉·西亚，中国国际贸易促进委员会副秘书长陈正荣，印度尼西亚三口洋市市长阿旺·艾萨，越南下龙市人委副主席黄光海，中国商务部亚洲司司长陈洲，钦州市委书记、人大常委会主任肖莺子先后在开幕式上致辞。在专题讨论环节，与会人员围绕“加强中国—东盟海上互联互通·建设港口城市合作网络”议题进行交流和探讨。中国国家发展和改革委员会国土开发与地区经济研究所所长肖金成介绍中国—东盟港口城市合作网络总体规划构想；中国国际问题研究基金会副理事长兼亚太中心主任张九恒，中国港口协会常务理事黄有方，中国 WTO 研究院院长张汉林，比利时安特卫普港务局远东顾问刘国金，以及东盟港口城市市长、港口管理机构代表，中国与东盟港航企业代表分别发言。大家表示，加强中国—东盟海上互联互通是双方开展全方位合作的重要保障，完全符合双方的意愿和利益；通过务实推进双方乃至全方位的互联互通，必将在合作共建中实现互利共赢，共同发展。闭幕式上，通过中国—东盟港口城市合作网络论坛宣言；正式成立中国—东盟港口城市合作网络。

【商会领域论坛】 2013年9月4日上午，中国—东盟商会领袖论坛在南宁市举行。中国商务部、中国国际贸易促进委员会、广西壮族自治区人民政府主办，中国—东盟商务与投资峰会秘书处承办。中国和东盟国家有关官员、工商界代表、商协会代表、专家学者等200多人出席。论坛由中国—东盟商务与投资峰会秘书处秘书长、中国国际贸易促进委员会广西分会会长何小玲主持。缅甸总统吴登盛、马来西亚总理纳吉布、印度尼西亚副总统布迪约诺向论坛发贺信，祝贺中国—东盟商务与投资峰会举办十周年。吴登盛在贺信中说，中国—东盟博览会和中国—东盟商务与投资峰会对推动双方贸易、投资、人文交流发挥着重要作用。纳吉布在贺信中说，中国—东盟商务与投资峰会举办十年来，中国—东盟经贸交往不断深化和发展，中国与东盟商界有了更紧密的关系，为20亿人民带来了更大的繁荣和利益。布迪约诺在贺信中说，峰会已经成为双边最为重要的一个商务平台，为双方贸易和合作方面提供很大的便利。广西壮族自治区人大常委会副主任王跃飞，中国国际贸易促进委员会副会长董松根，菲律宾工商总会主席米盖尔·瓦莱拉，老挝国家工商会副会长萨南，马来西亚驻WTO前代表舒帕曼，缅甸国家工商会副主席佐敏温，越南工商会国际关系司副司长阮文海分别发表演讲。王跃飞希望各位工商界的朋友继续关注广西、支持广西，共享开放合作新机遇，共创区域发展更加美好的明天。董松根指出，企业应当充分利用商会之间的良好合作平台，借助商会的力量开发互利合作的项目，以此实现自身不断壮大发展的需要。米盖尔·瓦莱拉说，希望东盟的其他对话伙伴可以借鉴中国—东盟伙伴关系所取得的经验。萨南强调，中国和东盟通过加强双边贸易投资合作，推动经济一体化促进经济发展，取得了长足进展，也为双方的人民带来了实实在在的利益。舒帕曼指出，中国—东盟商务与投资峰会和自贸区给我们提供了强劲的动力，使得我们的企业家不停地探索新的商业机会。佐敏温说，中国—东盟的发展给彼此带来了越来越多的机会。阮文海指出，对越南来说，我们处在中国和东盟之间联系的一个战略地理位置，我们的政府和各界人士都非常重视这个关系。论坛上，董松根分别向马中经贸贸易总商会会长黄汉良、缅甸国家工商会会长吴温昂、菲律宾国家工商会会长瓦莱拉颁发中国—东盟商务与投资峰会特别顾问证书。

南宁国际民歌艺术节

【概　况】 2013年，第十届中国—东盟博览会、第十届中国—东盟商务与投资峰会举办期间及其前后，南宁市人民政府主办的南宁国际民歌艺术节秉持“节俭惠民、崇尚艺术”的理念，全新打造亲民、惠民、欢乐的民歌文化节庆系列活动。8月29日至9月1日，举办首届中国—东盟(南宁)戏剧周。8月31日至9月6日，举办2013南宁·国际旅游美食节。9月3日晚，举办“大地飞歌·2013”南宁国际民歌艺术节文艺演出。9月4日至5日，举办“绿城歌台”广场文化活动。

【大地飞歌·2013】 2013年9月3日晚，“大地飞歌·2013”南宁国际民歌艺术节文艺演出在广西体育中心主体育场举行。南宁国际民歌艺术节组委会主办。参加第十届中国—东盟博览会、第十届中国—东盟商务与投资峰会的有关领导和部分嘉宾代表出席，观众约3万人。孙健君任总导演，蒿炬任执行总导演；中央电视台主持人李思思、尼格买提和广西电视台主持人高枫、广西人民广播电台主持人泰梓茜联袂主持。演出舞台简朴大方，最大限度地还原民间歌圩场景，着力展现民歌魅力气氛。整台文艺演出以主题歌舞作为开场秀，分为“大地飞歌壮乡情”“一江春水，连云贵湘粤”“半挂云帆，达港澳东盟”“中国民歌世界风”四大情景歌圩章节，演绎汇聚各地民歌超50首。“大地飞歌·2013”回归民歌本质，大量起用当地歌手和“一声所爱·大地飞歌”新民歌音乐季选手，90%的歌曲是民歌，包括广西壮乡歌曲、台湾民谣、藏族歌曲、云南民歌等等，营造出八方宾朋赶歌圩的场景。廖鸿飞、袁泉、苏晓庆等大批当地优秀歌手登台献唱，南宁姑娘艾菲演唱经典民歌《青春舞曲》时跳起劲爆的舞蹈，引发高潮。美国的RenceSafier、俄罗斯的Dasha、委内瑞拉的Gilbento分别演唱《沂蒙山小调》《南泥湾》《青藏高原》，给观众以别样的感受；澳门的Soler组合演唱加入英文歌词的上一届民歌节主题歌《歌声闪亮》，显得独特新颖。歌手平安深情演唱紧扣此次民歌节文艺演出主题的新歌《每个人都有一个中国梦》，使观众沉浸在温馨、感动之中。最后一曲《相聚南宁，相聚永久》让演出达到最高潮。中国人民解放军沈阳军区政治部前进文工团、江苏省青年歌舞团、广西艺术学院舞蹈学院、南宁市艺术剧院等文艺团体和院校约500名演员参与演出。

【戏剧周】 2013年8月29日至9月1日，首届中国—东盟(南宁)戏剧周在南宁市举办。南宁市国际民歌艺术节组委会、广西壮族自治区文化厅主办。戏剧周活动包括中国—东盟戏剧交流展演、学术研讨会、戏剧工作坊、广西粤剧图片文献展四大内容。戏剧交流展演汇集中国、新加坡、马来西亚、印度尼西亚、越南、泰国6个国家13个戏剧团体的26场优秀剧目演出。马来西亚儿童剧《当我们“童”在一起》《红苹果の味》，泰国话剧《神的影子》，印度尼西亚童话剧《神奇的大公鸡》，新加坡儿童戏曲《好邻居》，越南木偶剧《故乡的旋律》，越南喜剧《魔藤》，大型粤剧《冲冠一怒为红颜》《芦花河》，儿童粤剧《老鼠嫁女》，人偶剧《小红脸与小蓝脸》，话剧《隐婚男女》《红色的天空》，等等，使观众走进并近距离体验丰富多彩的东盟戏剧文化和广西地方剧种的精粹剧目。戏剧工作坊，东盟国家的艺术团体以现场教学形式与观众进行亲密互动，使观众切身体验戏剧表演的快乐和戏剧艺术的博大精深。图片文献展，以图文的形式生动地展示广西粤剧的发展历史与艺术特色。此外，还举办当代社会与文化记忆——广西粤剧学术专题、南宁与东盟非物质文化遗产两个学术研讨会，国内外数十位专家学者各抒高见，建言献策。

【绿城歌台】 2013年9月4日至5日，南宁国际民歌艺术节“绿城歌台”广场文化活动在南宁市举办。南宁国际民歌艺术节组委会主办。分别在南宁市区和各县设置歌台8个，匈牙利、越南等10个国家的近100名艺术家，与中国的优秀民歌手、南宁市的演员一道演出8场。此次歌台活动突出当地特色与外国文化充分融合、台上演员与台下观众充分互动的特点，打造朴素热闹、群众共庆的节日氛围。外国艺术家表演具有民族特色和异域风情的传统歌曲、舞蹈等节目；国内演员除演出壮、汉、苗、瑶等几十个民族的歌舞外，还表演富有南宁地域特色，融艺术性、观赏性于一体的优秀节目。弘扬和传承优秀的民族文化遗产，成为此次歌台活动的一个亮点。1967年被认定为韩国重要非物质文化遗产的凤山假面舞表演、源于泰国王子苏吞和半人半鸟姑娘玛诺拉故事的《玛诺拉舞》、俄罗斯复活节时跳的民间舞蹈《踢踏舞》，南宁市隆安县"那"文化舞蹈《稻神庆丰年》、马山县三声部表演唱《瑶妹掏钱找歌玩》、上林县"渡河公"文化舞蹈《汇水河畔巧绣娘》，等等，彰显深厚的文化内涵和民族魅力。互动节目穿插于歌舞之中，演员抛出绣球给观众、邀请观众共饮壮乡美酒、演员与观众共跳多耶舞等，使场面热烈、欢庆、祥和。期间，观众约15万人次到现场参与活动。

【2013南宁·东南亚国际旅游美食节】 2013年8月31日至9月6日，2013南宁·东南亚国际旅游美食节在南宁华南城举办。南宁市人民政府主办。此届旅游美食节以"逛华南城，观轻工展，品天下美食"为主题；有美食活动、文化活动、旅游推广、休闲活动4个板块8个主题活动；设美食展位118个（外地60个，本地58个），包装食品展位52个，旅游推介展位30个。8月31日举行开幕式，现场推出挑战美食吉尼斯世界纪录的"万鸟归巢——世界第一大卤锅"，由直径3.60米的主锅和10个小锅组成，寓意中国—东盟合作共赢十周年；举办"食味天·百姓宴"活动，邀请100名不同姓氏的游客，免费参加和品尝美食节精品美食。美食品种丰富，既有水街特色美食、马山黑山羊等数十个本地特色美食，也有新西兰烤羊排、泰国榴梿酥、马来西亚咖喱叻沙等数百种国内外特色美食。另外，在华南城4号广场4楼东盟美食城，设美食节特色美食专场，有泰式青木瓜沙律、印度尼西亚海鲜炒饭等多种东南亚精品美食。期间，每天举办"金秋狂欢夜""摇滚之夜""小时代之夜""爱满金秋夜"等不同主题的文艺演出，并推出最受游客喜爱的美食投票抽奖、珠江啤酒趣味竞技等系列活动。有游客96.30万人次参与旅游美食节的活动，实现销售额3000多万元。

其他重要活动

【中国—东盟互联互通交通部长特别会议】 2013年9月2日在南宁市举行。中国交通运输部、中国外交部主办。主要议题为交通基础设施"硬件"建设和运输便利化"软件"改善。中国交通运输部、中国外交部、广西壮族自治区人民政府、中国进出口银行、中国国家开发银行、中国铁路总公司、中国交通建设集团，以及东盟10国交通主管部门的领导，东盟秘书处，金融和建设企业的相关负责人约100人出席。会议分开幕式、部长圆桌会议、政府和企业互动、部长闭门会4个部分。中国交通运输部部长杨传堂，广西壮族自治区主席陈武，东盟交通部长会议轮值主席、老挝公共工程和交通部部长宋玛·奔舍那，中国外交部副部长刘振民分别在开幕式上致辞。会议主要就如何推进中国—东盟陆上和海上互联互通合作进行讨论。会议发表《中国—东盟互联互通交通部长特别会议联合声明》。声明主要包括6点共识：完善工作机制，在已有中国—东盟交通部长会议机制下，成立由双方司局级官员参加的"中国—东盟交通互联互通促进工作组"和由双方企业家参加的"中国—东盟交通互联互通企业家联合会"；创建融资平台，呼吁设立一个以中方为主的亚洲地区互联互通投融资平台，以确保互联互通合作项目有长期稳定的资金来源；做好中国交通运输发展规划与《东盟互联互通总体规划》的衔接工作；引导企业参与，鼓励各国有实力的企业参与中国—东盟互联互通工作，扎实有序推进重大项目的实施；陆路海上并重，强调在开展陆上互联互通合作的同时，积极利用新设立的中国—东盟海上合作基金开展海上互联互通工作；重视均衡发展，双方既要重视中国与东盟国家之间的联通，也要关注东盟各成员国之间的内部联通，并责成互联互通促进工作组尽快提出连接中国与东盟国家之间和东盟成员之间的重点推动项目。

【第五届中国—东盟金融合作与发展领袖论坛】 2013年9月4日在南宁市举办。中国人民银行、中国银行业监督管理委员会、中国证券监督管理委员会、中国保险监督管理委员会、广西壮族自治区人民政府共同主办。主题为"经济转型、深化中国—东盟金融合作"。中国和东盟国家政府、金融主管部门、金融监管部门、相关金融机构总部的有关领导，以及柬埔寨、老挝、马来西亚、缅甸、菲律宾、新加坡、泰国、越南、韩国、意大利、美国、瑞士、中国的银行、证券、保险、投资等机构负责人和专家学者出席。论坛设置"中国—东盟保险业合作发展的新机遇与新领域""中国—东盟互联互通、产业与投融资合作"专题，以及"金融机构与中央企业携手广西企业走进东盟"专场活动。广西壮族自治区副主席陈刚在致辞中表示，广西愿与各方共同携手营造良好的金融合作环境，共同努力提高金融支持实体经济发展，促进经济转型升级的能力。中国人民银行副行长、国家外汇管理局局长易纲，中国保险监督管理委员会副主席周延礼，上海市常务副市长屠光绍，柬埔寨国家银行行长谢占多分别讲话，充分肯定论坛对推动中国—东盟金融交流合作乃至经贸交流合作所起的积极作用，表达对促进中国—东盟加强金融合作与发展的热切期望，提出促进合作的新思路、新观点、新办法和新举措。与会人员围绕主题和专题进行广泛、深入的探讨与交流，促进区域内多领域、多行业、多渠道的务实合作。论坛首次设立保险专题分论坛，成为中国和东盟保险业合作的重要突破，为双方在更广、更深的领域合作与发展打下坚实的基础，并创造有利条件。论坛举行中国银行人民币兑印度尼西亚卢比现钞汇率挂牌启动仪式、浦发银行南宁离岸业务创新中心揭牌仪式，为中国—东盟在深化金融合作、共谋经济转型过程中，向专业领域和务实方向迈进的显著体现，也标志着广西金融业开放发展取得新的重大突破。

【中国—东盟技术转移与创新合作大会】 2013年9月3日至6日在南宁市举行。中国科学技术部、广西壮族自治区人民政府主办。主题为"联合创新，共同发展"。中国、柬埔寨、印度尼西亚、老挝、马来西亚、缅甸、泰国、越南、新加坡等国家科技部、企业、大学、科研机构、技术转移服务机构的1000多名代表参加。大会举办高层论坛、对接洽谈、先进技术展示、科技园区考察等系列活动。广西壮族自治区党委书记、人大常委会主任彭清华致辞，广西壮族自治区政协主席陈际瓦出席。在中国—东盟高层合作论坛上,中国全国政协副主席、科学技术部部长万钢和柬埔寨、印度尼西亚、老挝、缅甸、泰国、越南等国家的科技部长分别就中国—东盟技术转移与创新合作的政策环境与举措、机遇与诉求、机制与模式三大主题发表主旨演讲,从国家层面进一步阐述中国与东盟各国开展技术转移与创新合作的历史、现状和发展。万钢提出3点倡议:一是大力开展科技创新政策的交流与合作,增强各国在科技创新政策方面的相互了解,分享成功经验;二是积极探索共建科技园区,中国愿意与东盟各国在科技园区规划、建设、运营、管理等方面开展交流与合作;三是共建中国—东盟农业科技协作网络,建立中国—东盟农业科技交流与合作的长效机制,推动农业科技领域人力资源开发和技术转移,提高农业科技贡献率,提高农业附加值,推动各国农业产业升级。马来西亚技术开发集团总裁若哈林拿督、泰国工业联合会苏攀副会长、爱国者数码科技有限公司董事长冯军、广州药业集团董事长李楚源等中外著名企业和机构代表围绕技术转移与创新合作的思考、经验、成功案例进行演讲。大会促成18个中国—东盟科技合作项目进行签约;集中展示186项中国—东盟科技合作成果和需求项目;组织超过400家企业和机构参加技术对接洽谈会,签署78项意向合作协议。

【北斗卫星导航产业国际合作与投资论坛】 2013年9月5日在南宁市举行。中国商务部投资促进事务局、中国卫星导航系统管理办公室、中国航天科技集团公司、中国—东盟博览会秘书处共同主办。主题为"感知北斗、服务东盟"和"打造新战略支点下的航天科技产业"。中国与东盟国家有关官员,相关研究咨询机构、金融机构、产业园区、卫星导航产业相关企业和专家学者代表300多人出席。论坛举办开幕大会、主题论坛和分论坛(2个),内容包括航天科技产业化与商业模式创新、卫星应用(北斗系统)产业和案例探讨、航天技术与(高端)装备制造、航天科技与新材料、航天科技与节能环保产业。中国航天科技集团公司应用研究院院长李忠宝作主题报告。部分与会嘉宾分别就北斗在防灾减灾、智能交通、公共安全中的应用,金融机构携手企业"走出去",北斗高精度应用,等等,进行发言。大家表示,北斗系统可在铁路、公路、水利、河运、航运、物流、位置服务等领域发挥重要作用;北斗走进东盟,可以推动北斗产业投资集群走进东盟,促进中国与东盟各国的双向投资与合作,而且北斗卫星导航产业的研发、生产、展示和应用基地向东盟延伸,有助于形成北斗产业集群,更好地做大做强北斗卫星导航产业。论坛期间,还专门设置北斗主题展。

【中国—东盟环境合作论坛(2013)】 2013年9月4日至5日在桂林市举办。中国环境保护部、广西壮族自治区人民政府主办。主题为"区域绿色发展转型与合作伙伴关系"。中国与东盟国家环境保护和相关部门官员、有关国际组织代表、专家学者和企业家代表200多人参加。中国环境保护部副部长李干杰在致辞中强调,中国生态文明建设是开放的、包容的、共赢的,中国政府一贯支持加强环境保护国际合作。此次论坛聚焦区域绿色发展转型与合作伙伴关系,充分反映了中国与东盟各成员国加强环境合作、共同促进区域绿色发展的良好愿望,具有重要的现实意义。广西壮族自治区副主席蓝天立在发言中介绍广西的环保情况,并表达与东盟各国深化环保合作的意愿和具体建议。他说,广西作为东盟的近邻,作为中国东盟合作的桥梁和窗口,愿意期盼在区域内开展更加务实的环境交流合作。与会人员围绕区域绿色发展转型政策与实践、构建绿色发展转型伙伴关系、中国—东盟环保产业合作等内容进行探讨和交流。大家认为,中国与东盟在污水治理、大气污染控制、清洁生产技术和新能源开发等方面有很大的合作空间。双方推动节能环保产业的发展,搭建环保技术与产业交流平台,鼓励中国与东盟企业界和地方政府参与,推进中国—东盟环保产业合作,在绿色发展转型中创造共赢局面。期间,中国—东盟环境保护合作中心与广西壮族自治区环境保护厅签署共同推进中国—东盟环保合作框架工作协议。

【2013中国—东盟传统医药高峰论坛】 2013年4月12日至14日在玉林市举办。中国国家中医药管理局、国家民族事务委员会、广西壮族自治区人民政府共同主办。主题为"健康、发展、合作、共赢"。同期举办第五届中国(玉林)中医药博览会。中国与东盟国家相关部门和东盟秘书处官员、中外传统医药学术团体、中医药院校、医药企事业机构代表和客商参加。4月12日上午举行开幕式,中国国家中医药管理局副局长于文明主持。中国国家中医药管理局副局长王国强、广西壮族自治区副主席李康、东盟秘书处副秘书长艾丽西娅·巴拉、缅甸卫生部副部长温敏、中国国家民族事务委员会文化宣传司司长武翠英、玉林市市长王凯分别致辞。王国强指出,传统医药在东盟国家有悠久的应用历史,是东盟各国卫生保健重要组成部分,也是中国与东盟经济、社会合作的重点领域。李康表示,广西非常愿意为中国与东盟传统医药交流与合作提供热情的服务,与各方共谋传统医药事业的新发展。艾丽西娅·巴拉说,近年来,中国与东盟各国在健康领域的合作不断加强,本届论坛的举办表明双方良好的合作关系,希望今后双方进一步拓深合作空间。论坛和药博会举办政府论坛、4个分论坛、5个中国—东盟传统医药专题展、名老中医义诊等系列活动。论坛围绕"传统医药区域合作的多边促进和发展""传统药材资源保护与利用""传统医疗保健、养生长寿和休闲旅游协调发展""传统医药人力资源培养""民族医药国家交流与合作"专题内容,进行探讨和交流。专题展展示中国与东盟各国传统医药在医疗、保健、教育、科技、文化、产业等领域的最新成果和成就。

【第七届中国—东盟社会发展与减贫论坛】 2013年8月21日至23日在防城港市举行。中国国务院扶贫开发领导小组办公室、广西壮族自治区人民政府主办。主题为"城镇化进程中的减贫与包容性发展"。中国和东盟国家的社会发展与减贫部门官员、相关知名专家学者、著名企业家、NGO(指协会、社团等不以营利为目的的非政府组织)和国际组织代表、广西壮族自治区有关领导和人员等120多人出席。中国国务院扶贫开发领导小组副组长、办公室主任范小建,广西壮族自治区人民政府副主席黄日波,老挝国家农村发展与减贫委员会副主席梅克·范拉克,东盟秘书处社会文化合作事务主任埃德加·佩托,联合国开发计划署驻华代表处副国别主任何佩德,防城港市委书记刘正东分别致辞。范小建希望中国和东盟各国积极利用这一平台(论坛),分享各自在促进城镇化与包容性发展方面的好做法、好经验,不断拓展减贫与发展领域的合作,共同为推动亚洲减贫，构建和谐世界而努力。黄日波指出，通过论坛，对拓展广西城镇化发展思路、提高广西城镇化质量，必将起到重要的促进作用。与会人员分别就城镇化进程中的减贫，人口流动、就业与城镇化，公共服务、社会包容与社会管理创新、城乡一体化发展与后千年发展议程4个议题进行专题发言和充分讨论。同时，还就如何推进农民工市民化，促进城镇化包容式发展作了探讨和交流。期间，组织代表到防城港市企沙镇兴企社区（失地农、渔民）安置点、桂人堂金花茶产业基地、北部湾文化广场等参观考察。

【第六届中国—东盟智库战略对话论坛】 2013年8月31日至9月1日在南宁市举办。中国社会科学院、广西壮族自治区人民政府主办。主题为“中国—东盟：增进信任、深化合作”。中国和东盟国家的有关官员、专家学者约100人出席。广西壮族自治区副主席黄日波，中国社会科学院副秘书长、科研局局长晋保平，越南社会科学院副院长阮光盾分别致辞。中国社会科学院国际研究学部主任张蕴岭、柬埔寨皇家科学院副院长宋春奔、中国—东盟商务理事会中方常务副秘书长许宁宁、广西社会科学院副院长黄志勇、越南社会科学院中国研究所所长杜进森、泰国法政大学经济系副教授Somsak-Tambunlertchai分别作主旨发言。黄志勇在题为《不失时机地在南宁创建中国—东盟银行》的发言中，提出由中国政府牵头成立中国—东盟银行的建议，成为此次论坛的一大亮点。与会人员围绕主题，通过“政治互信：中国—东盟建立战略伙伴关系10周年回顾与展望”“经济转型：相互投资与产业合作”“非传统安全：挑战与对策”“次区域合作：现状与前景”“中国—东盟博览会经营与其他”5个议题的研讨，全面总结和探讨中国—东盟建立战略伙伴关系10周年，中国—东盟博览会举办10周年以来的新形势、新要求、新热点问题。大家普遍认为：政治互信是连接双边关系的重要纽带，共同利益是提升双边关系的关键；全面、深入地开展相互投资与产业合作是双方战略伙伴关系的重中之重，甚至具有发动机的作用；和平与发展是时代的主题，也是中国与东盟的共同诉求；增强跨境贸易与互联互通合作，全方位、多层次地促进次区域合作；鉴于广西独特的区位优势，广西要打造成为西南、中南地区新的战略支点，发挥交通枢纽、政策先行先试、经济发展引擎等方面的作用。论坛期间，举办第二届中国沿边地区发展高层论坛。与会专家学者从不同视角，对中国沿边省（自治区）开展的各类跨境合作进行分析和探讨。

【2013中国—东盟电力合作与发展论坛】 2013年9月3日至4日在南宁市举行。中国电力发展促进会、中国—东盟博览会秘书处主办。主题为“清洁电力·绿色发展”。中国、印度尼西亚等10多个国家和地区的有关官员、电力行业管理精英、业界专家等约200人出席。论坛重点分析中国和东盟国家的电力工业发展趋势，探讨电力合作前景，介绍拟在建项目信息，促进电力企业在规划、设计、建设、运营、技术、装备、人才、劳务等领域的友好合作。广西壮族自治区人大常委会副主任王跃飞、中国南方电网有限责任公司副总经理王久玲分别致辞。与会人员分别就中国国内企业“走出去”的经验和成绩，东盟国家电力投资政策、规划和项目要求，等等，发表演讲并展开互动交流。中国—东盟商务理事会中方常务副秘书长许宁宁建议，中国电力企业和行业商会积极与东盟国家的电力企业、电力协会、政府机构进行对接，充分利用好中国—东盟互联互通行业合作委员会的机制来发展和东盟关系。中国国家能源局总工程师杨昆发出3点倡议：一是要在互利共赢的前提下开展电力合作；二是要以更加开放的态度促进电力合作；三是注重建立电能交易规划，推动电力交易平台。中国电力发展促进会会长魏昭峰指出，电力产业作为中国与东盟合作发展的基础产业，具有明显互补优势，将对中国和东盟经济合作提供重要支撑。与会各大电力集团企业代表分享对外电力合作中的成绩和经验，东盟国家的代表分别提出在当前经济形势下各国电力发展的规划和项目需求。论坛专门设立东盟各国电力项目推介环节，为中国电力企业与东盟国家的沟通交流提供平台。

【中国—东盟自由贸易区投资合作法律问题研讨会】 2013年8月29日在南宁市举行。广西壮族自治区高级人民法院主办。主题为“中国—东盟自由贸易区投资合作法律问题”。中国、缅甸、老挝、越南、柬埔寨的相关官员、大法官、法官、专家学者等80多人出席。中国最高人民法院副院长、大法官景汉朝，缅甸最高法院院长、首席大法官吴吞吞乌，广西壮族自治区党委常委、政法委书记温卡华分别致辞。广西壮族自治区高级人民法院院长、大法官罗殿龙，缅甸最高法院院长、首席大法官吴吞吞乌，柬埔寨最高法院大法官沃泰拉·尤，老挝中部人民法院大法官吴缇·门西松坂，越南最高人民法院副院长、大法官宋英豪，广西民族大学商学院教授、中国—东盟经济合作研究所所长高歌分别作主旨发言。与会代表围绕中国—东盟自由贸易区成员国深化司法交流合作、为自贸区建设营造良好法治环境、加强自贸区内投资合作法律保护等议题展开深入交流和探讨。大家认为，随着中国—东盟自由贸易区建设进入快发展通道，创造一个公平、自由诚实守信的法治环境是促进自贸区建设的迫切需要，并提出意见、建议，丰富和深化了中国—东盟自由贸易区建设的思路、措施和办法。期间，代表还到广西壮族自治区高级人民法院等参观考察。作为研讨会先行项目的投资东盟法律问题专题调研活动取得阶段性成果，《投资东盟国家法律问题研究》印刷出版，填补中国在此研究领域的空白。

【中国—东盟私营部门投资合作研讨会】 2013年8月29日至31日在南宁市举行。中国全国工商业联合会、大湄公河次区域（GMS）工商论坛主办。中国与东盟国家的有关部门官员、商会负责人、专家学者、企业代表等约100人出席。中华全国工商业联合会副主席黄荣，广西壮族自治区政协副主席、自治区党委统战部部长赖德荣，GMS工商论坛秘书处秘书长、老挝国家工商会副主席欧迪特·苏旺那旺分别致辞。各国的26名与会代表在大会上分别发言。大家就促进区域内民间资本相互投资、如何发挥商会组织在促进相互投资中作用等问题进行深入探讨，并对中国—东盟自由贸易区内的政府部门、民间机构、企业相互衔接的问题提出具体意见和建议。会议促使各方广泛交流和深入了解，加深对推动区域合作发展必要性、推动民间相互投资与合作的认识。会上，大家分别介绍各国经济发展、基础设施建设、民间投资、对外投资、投资鼓励政策、政府在促进外商投资方面所作努力等情况，并对各国投资环境、投资政策作了分析。同时提出，要继续建设和完善合作平台，加强各国商会间的沟通协调，推进各国改善和优化投资，充分发挥企业的投资主体作用。大家认为，民间对外投资力量强劲，中国—东盟民间投资空间广阔，广西的重要桥梁作用不可或缺，私企投资合作需要更多支持。期间，会议还组织代表到钦州市进行实地考察。

【2013中国—东盟文化论坛】 2013年9月10日至11日在南宁市举办。中国文化部、广西壮族自治区人民政府主办。主题为“对话与合作——非物质文化遗产的保护与传承”。中国、东盟国家、联合国教科文组织、中国—东盟中心的有关官员、机构负责人、专家学者和非物质文化遗产传承人等约200人出席。论坛举办嘉宾会见、大会发言、专题发言、成果展演等会议和活动。广西壮族自治区副主席李康致辞，肯定论坛在进一步推进文化建设工作中的平台作用。中国文化部副部长董伟作主旨报告，介绍中国近年来非物质文化遗产保护与传承的主要做法和经验，分享中国在深入推进非物质文化遗产工作中的规划和展望。广西壮族自治区文化厅厅长黄宇作主题发言，介绍广西非物质文化遗产保护与传承事业的发展。与会人员围绕“中国—东盟非物质文化遗产保护的回顾与总结”“中国—东盟共同创造非物质文化遗产保护的未来”2个议题进行探讨和交流。期间，举办非物质文化遗产民俗《龙吟古韵》展演、《巧手慧心》中国—东盟手工艺展示等。论坛还将收集到的论文汇集成册，出版《非物质文化遗产论文集》。

【中国—东盟传统文化传承与传播论坛】 2013年9月10日至14日在广西壮族自治区举办。广西壮族自治区人民政府、中华全国归国华侨联合会主办。主题为“中国—东盟传统文化传承与传播”。中国、泰国等40个国家和地区的有关官员、机构负责人、海外重要侨领、专家学者、海外华文媒体和华文学校代表300多人出席。广西壮族自治区党委副书记危朝安、中华全国归国华侨联合会副主席乔卫、泰国驻南宁总领事馆总领事吉达蓬分别致辞。危朝安指出，论坛必将对进一步弘扬中国与东盟各民族传统文化，推动中国与东盟传统文化交流合作产生积极的重要影响。乔卫强调，在东南亚地区，数以千万计的华侨华人把自身的幸福、进步与住在国的安定、发展紧紧地联系在一起，成为架设在中国与东盟各国之间交流合作的桥梁，成为传承、传播传统文化、开展文化交流的一支不可或缺的重要力量。吉达蓬提议，泰中两国政府和东盟国家政府制定有利于推动民众能够参与交流活动的框架与机制，消除文化交流的障碍。马来西亚前上议院议长曾永森，北京大学哲学系教授楼宇烈，北京语言大学教授吕必松，著名中医专家、中医文化学者樊正伦，北京大学政府管理学院教授萧鸣政，世界知名美籍华人画家周氏山作、周氏大荒，马来西亚华校董事联合会主席叶新田，美国华人票房文化传播公司总裁戴锜，故宫博物院研究院丁孟分别围绕各自学术专业和事业领域发表演讲。出席论坛人员应邀参加广西招商推介会，并分别到南宁市、柳州市、桂林市参观考察文化景点、旅游发展，赴北海市、钦州市、防城港市参观考察产业园区、港口等，还就感兴趣的项目进行洽谈。

【2013中国—东盟出版博览会】 2013年9月4日至6日在南宁市举办。中国新闻出版广电总局、广西壮族自治区人民政府主办。主题为“传统出版迈向数字时代”。中国和东盟国家的有关官员、出版文化界代表参展参会。博览会举办高层会晤、开幕式、巡展、签约仪式、中国—东盟青少年读书角、出版论坛、中国—东盟出版合作成果展等活动。中国新闻出版广电总局副局长邬书林、广西壮族自治区副主席李康、东盟图书出版商协会秘书长陈有钟分别在开幕式上致辞。中国—东盟图书展设在广西新闻出版大厦，以“书香传友谊，和谐共发展”为主题，展出中国和东盟国家图书超过1万种，同时展出期刊、音像电子出版物、数字出版产品等。在展览区还设置中国—东盟青少年读书角，开展读书活动和文艺表演。期间，中国与东盟出版单位就版权交易、出版发行、印刷复制、数字出版等方面的合作交流进行深入商谈，达成多项出版合作协议和意向，在签约仪式上签订协议7项。中国—东盟出版合作成果展图文并茂展示中国出版界利用广西的地缘优势，开展与东盟国家的出版交流与合作情况。同期举办第二届中国—东盟出版论坛，邬书林、李康、中国出版集团公司副总裁王涛、东盟图书出版商协会副主席多米纳多·布罕分别发表演讲，分析世界出版发展趋势，探讨出版转型路径。陈有种、中国航天数字传媒有限公司总经理郑铸东、马来西亚教育部国家图书理事会主席助理默德·沙里夫·亚鹏、香港联合出版集团有限公司董事长文宏武等15名嘉宾，分别就数字出版的战略布局、全媒体销售、出版集团企业管理信息化、数字出版运营和赢利模式等问题进行交流研讨。

【2013中国—东盟职业教育联展暨论坛】 2013年9月3日至4日在南宁市举办。中国教育部、广西壮族自治区人民政府主办。主题为“发展现代职业教育，服务经济转型升级”。中国和东盟国家有关官员、职业院校领导、职业教育专家、企业代表等360多人出席。中国教育部副部长杜占元、泰国教育部部长差图龙·蔡桑、广西壮族自治区副主席李康分别在开幕式上致辞。李康、差图龙·蔡桑、中国教育部职业教育与成人教育司司长葛道凯、柬埔寨教育青年体育部部长尹赛迪、老挝教育体育部副部长孔刁·盛玛尼、菲律宾高等教育委员会主任诺娜·利嘉福、越南教育培训部副部长裴文歌、印度尼西亚驻华大使馆教育参赞奇伦·安华、文莱职业教育中心主任赛义夫·阿拉辛、马来西亚南方大学学院校长祝家华、缅甸仰光国立文化艺术大学校长齐亚·吴、新加坡南洋理工大学国立教育学院中国事务主任孔丽娟分别发表主旨演讲，对发展现代职业教育新途径、构建现代职业教育体系、实现区域经济转型升级等问题进行探讨，介绍各国职业教育成功经验、发展理念和未来规划、论坛举办学术报告会，中国教育部职业技术教育中心研究所所长王继平、香港职业训练局高峰进修学院院长黄倩瑛、德国国际合作机构区域合作平台项目主任施唐明分别就中国内地职业教育发展现状和趋势、香港职业教育培训体系与可持续发展、中德职业教育合作交流作专题学术报告，并与现场嘉宾进行交流探讨。期间，联展还举办中国—东盟教育百校洽谈会、合作办学签约仪式、合作交流巡礼、职业教育成果展和装备展、广西职业院校学生技艺展演等活动。

【第二节中国—东盟药品安全高峰论坛】 2013年9月3日至4日在南宁市举办。中国食品药品监督管理总局、广西壮族自治区人民政府主办。主题为“药品安全监管国际合作新视角”。中国和东盟国家有关官员、部分行业代表180多人出席。广西壮族自治区副主席李康在致辞时表示，希望继续创新和完善中国与东盟药品安全交流合作的新机制，共同促进区域经济繁荣。中国食品药品监督管理总局副局长尹力发表主旨演讲时指出，中国和东盟各国在药品安全监管方面有着广泛的共识、良好的合作基础，更有广阔而美好的合作前景。中国食品药品监督管理总局国际合作司副司长袁林对总局的职能作说明；中国食品药品监督管理总局药品化妆品监管司稽查专员张爱萍通报中国药品生产企业监督和GMP(药品生产质量管理规范)实施情况；中国医药工业科研开发促进会副会长陈启宇介绍中国药品企业的国际化路线。中国香港特别行政区卫生署助理署长吴婉宜、中国澳门特别行政区卫生局药物事务厅厅长蔡炳祥、柬埔寨卫生部食品药品局综合药物司副司长任塞·托勒、马来西亚卫生部国家药品管理局副局长诺瑞赞·艾博瑞希姆等分别作专题演讲。大家围绕主题，分别介绍中国和东盟国家药品监管现状，特别是进口药品监管的体制、法律法规和机制情况，分析探讨中国和东盟国家面临的药品安全形势，等等。期间，还召开中国沿海十一省(区、市)食品药品监管合作座谈会。

【第二届亚洲及大洋洲地区大众体育合作发展论坛】 2013年11月20日至22日，第二届亚洲及大洋洲地区大众体育合作发展论坛暨中国—东盟大众体育合作发展论坛在南宁市举办。中国国家体育总局、广西壮族自治区人民政府、亚洲及大洋洲地区大众体育协会主办。主题为“传统体育的保护、传承与发展”。亚洲及大洋洲地区大众体育协会代表，中国、泰国、菲律宾、老挝、柬埔寨、马来西亚、以色列、越南、印度尼西亚等国家和地区的有关官员、学者代表约80人出席，中国、毛里求斯、印度、菲律宾、韩国参加国际大众体育协会认证领导力培训班的32名学员也参加论坛活动。中国国家体育总局副局长冯建中在致辞时强调，发展大众体育事业是建设和谐地区的必然要求，也是推动各国和各地区经济社会发展的重要内容。广西壮族自治区副主席李康在致辞时指出，近年来，广西借助中国—东盟博览会平台和中国—东盟自贸区创建的契机，积极推进体育事业的发展，大力促进与东盟国家和其他亚洲及大洋洲国家和地区的体育交流与合作。亚洲及大洋洲地区大众体育协会副主席辛格在发言中说，当今时代许多青年人缺乏运动，全民推广大众体育十分必要。与会人员围绕主题和“传统体育的历史与缘由、现状与特色”“传统体育的保护、传承与发展的方略”2个议题分别发言，进行探讨和交流。开幕式上，亚洲及大洋洲地区大众体育协会将“亚太群体协会群众体育示范及体育领袖培训基地”牌匾授予广西壮族自治区体育局。

服务保障

【概　况】 2013年，南宁市委、市政府率领全市各级各部门各单位按照中央关于改进工作作风、密切联系群众的“八项规定”和自治区主要领导批示等精神，遵循节俭务实、优质高效的原则，周密部署、真抓实干，共同努力完成第十届中国—东盟博览会、第十届中国—东盟商务与投资峰会和第十五届南宁国际民歌艺术节(简称“两会一节”)的各项服务保障任务。一是加强组织领导，提高应对能力，统领整体工作有序有效开展。采取有效措施，厉行节约，在隆重而不奢华、精彩而务实的前提下，取消外国艺术家专场晚会、广西第六届歌手大赛等活动，精简、压缩、简化“魅力之城”展览展示、大地飞歌·2013文艺演出等。二是着力抓好城市建设和管理，全面提升服务“两会一节”的城市保障能力。三是做好安全、接待、保障、宣传等工作，进一步提高服务质量。

【基础配套设施与市容环境改善】 2013年，南宁市组织实施白沙—壮锦立交桥、精品线路绿化美化彩化提升工程等30个服务“两会一节”基础设施项目，进一步夯实保障能力，提升城市整体形象。继续“城乡清洁工程”，创新开展“美丽南宁·清洁乡村”活动和“美丽南宁·整洁畅通有序大行动”，提升“洁、齐、美”的城市环境。查处“五乱”(垃圾乱扔、摊点乱摆、工地乱象、广告乱贴、车辆乱停)行为48万起，施划人行道停车点位1.80万个，拆除POP广告5000多杆。完成20条主干道和40条次干道在内的市区精品线路、重要场所保障范围内的路面、人行道阶砖、路缘石维护和沙井清掏、管道疏通、座椅维修新装，处置市民反映的2758起市政设施问题。新增、更换8000个果皮箱，在各活动场所摆放移动公厕148座。全面做好环卫保洁、城市广场日常管理、照明设施维修更换等工作。

【会展中心与体育中心场馆服务保障】 2013年，南宁市扎实做好相关工作，进一步提升南宁国际会展中心和广西体育中心的保障功能与服务水平。南宁国际会展中心完成场馆中轴线景观绿化工程项目、边坡综合整治工程、会议中心全彩多媒体LED显示屏安装项目建设，提升整体形象。组织专业检测单位开展10多项场馆设备设施强制性检测，并在活动期间安排专业技术人员负责设备控制值守和每天现场巡检，确保设备设施良好运行。组织专业人员约4000人次，完成1100个标准展位搭建，16个各类功能区、服务区的布置和27个指示牌的设置。优质高效地完成38场次各类会议、17场次贵宾接待的现场服务。广西体育中心完成主体育场东看台2558套座椅的拆装，为相关部门开展现场工作提供物资设备。组织专业技术人员对场馆内外的水电、电梯、景观亮化等十几个种类的设备进行检查整改，并在活动期间组织电力技术人员采取点对点的方式值守管控供电设备，还组织完成舞台临时保供电工作。

【安全保卫】 2013年，南宁市投入警力1.20万人，出动警力8.70万人次，直接投入协助执勤的社会辅助力量10.50万人次，完成“两会一节”安全保卫任务146场次，确保各项活动安全顺利进行和社会稳定。继续打造“水、陆、空、网、电”全方位、立体化的社会面安全保卫防范体系。创新以展馆“三长包干”制、安检“分别包干”制、警卫“分工负责”制为核心的现场安全保卫工作机制，细化重点场现场安全保卫措施。树立服务观念，缓和工作形式，打造和谐氛围。在确保安全的前提下，交通疏导、执法用语、安全检查等各方面都努力做到更亲民、便民。同时，组织参展商开展安全防范教育和实景演示教育活动，提高自我防范意识。开展矛盾纠纷“大排查、大调处、大化解”工作，实行影响稳定问题“每日一排查、一分析、一报告”制度，落实稳控调解的责任和措施，确保社会政治稳定。

【安全生产监督管理】 2013年，南宁市各有关机构坚持24小时安全生产调度值班制度，集中全力强化监督管理，实现“两会一节”期间零差错、零失误、零事故。组织全市463家矿山等高危企业、719家规模以上工贸行业企业按照安全生产大检查的要求开展自查和检查督查，并检查有安全许可证的危化生产企业 67 家，对存在的隐患进行全面整改。在“两会一节”重要活动场所设施搭建现场派驻专门人员对施工队伍从业资质、施工方案组织设计、原材料机具设备进场、作业人员安全教育、施工过程安全技术指导、隐患整治和设施验收等实施全程监管。对 35 家服务“两会一节”接待宾馆、饭店的消防安全、特种设备运行情况、食品卫生管理情况进行安全隐患排查。

【医疗卫生保障】 2013 年“两会一节”期间，南宁市安排 410 名医务人员、39 辆救护车，组成 69 个小组执行现场医疗保障任务，20 组医务人员执行接待宾馆驻点医疗保障任务。有效处置现场伤病员 150 多人，转运 87 人，伤病员救治及时，处置得当，无危重症和死亡病例。根据“大地飞歌·2013”文艺演出现场需要，设置现场医疗急救中心，并在场内设置 15 个医疗、急救点，场外设置 1 个医疗巡视点，安排 10 辆救护车和 3 辆监测车分布在场内外，实现全面覆盖、无缝链接。同时，全面加强公共卫生整治和常见传染病防控，进一步改善公共卫生状况。

【食品安全】 2013 年，“两会一节”期间，南宁市出动保障监督员 1240 多人次，车辆 530 多辆次，对食品安全进行监督管理。全程监督检查 45 家餐饮重点接待单位的食品安全，并对接待用饮料、茶叶等抽样检验，确保各类接待餐饮食品安全。同时，做好南宁国际会展中心、南宁华南城、广西体育中心等重要活动场所的餐饮食品供应监督管理，监督销毁超过食品期限的快餐 382 份，变质和可疑的虾蟹、烙饼、食用油、米粉 186.50 千克，没收无标签和非法使用的食品添加剂 5 瓶。

【交通运输保障】 2013 年，南宁市有关工作机构采取措施，切实做好“两会一节”交通运输服务保障工作。新增加 200 辆空调公共汽车和 300 辆出租汽车加大运力，调整优化公交线路、加大发班密度、延长营运时间，并安排执法人员入驻各重点场所维持出租汽车运营秩序，通过 GPS 系统及时调度车辆，从而提升全市交通运输整体保障能力。开行临时公交专线 14 条，为大地飞歌·2013、2013 南宁·东南亚国际旅游美食节等重点活动运送人员 24.40 万人次。征集接待用车 177 辆，提供 100 多辆旅游客车信息，满足“两会一节”活动的用车需求。

【供电与供水保障】 2013 年，南宁市有关工作机构对供电和供水设备、管线进行全面检修，对重点设备安置场点定期巡视，并安排 24 小时现场值班，确保服务“两会一节”供电和供水保障任务的完成。供电部门改善电网网架结构，完成主网项目 6 个、配网项目 71 个，整体提升供电能力。投入保供电专业人员 4089 人次、应急发电设备 93 台次、车辆 1172 辆次，完成 4 项特级、64 项一级保供电任务，做到零失误、零投诉。供水部门对“两会一节”重要活动场所、宾馆、饭店等进行全面的供水状况调查，排查存在问题，完善保障措施；加强供水管网、水表表位和附近井盖，以及其他供水设施的巡查，对调查和巡查中发现的问题及时整改，完成 178 次漏水抢修。同时，督促各水厂和加压站做好自检，并进行整改，切实保障供水安全。

【气象服务】 2013 年，南宁市气象部门切实落实气象保障服务方案，主动、及时地为“两会一节”提供气象保障服务。组织技术保障人员对全市多普勒雷达、自动气象站等气象仪器进行全面检查，为精细化预报奠定基础。基本完成“两会一节”气象服务平台的建设，向服务用户群提供便捷、准确的气象服务。8 月 11 日起至“两会一节”活动结束，向有关部门和人员提供各类气象预报材料 53 期，对影响南宁市区的突发性天气发布 1 小时内预报、预警 9396 条次。9 月 2 日至 3 日，派出现场应急气象服务小组，在大地飞歌·2013 彩排和演出现场开展气象监测、预报、预警等服务。强化措施，落实责任，切实消除施放气球可能引发的事故隐患，保障“两会一节”期间的公共安全。

【通信保障服务】 2013 年，南宁市有关工作机构依照工作方案，高标准、高质量、高效率地落实各项工作，圆满完成服务“两会一节”通信保障任务。组织技术力量对 800 兆无线集群通信系统进行全面检查和维护，编程发放 800 兆对讲机 549 部用于现场通信指挥。出动应急通信车 40 多辆次、其他通信保障车辆 300 多辆次，为南宁国际会展中心、广西体育中心等重要活动场所提供通信保障。同时，落实现场通信线路铺设，满足重要活动现场 18 家媒体的网络和通信需求。做好东盟客服呼叫中心的服务，进一步完善以东南亚小语种为特色的展会多语种服务平台，受理客商咨询 5.10 万次。

【志愿服务与精神文明创建】 2013 年，南宁市有关工作机构根据“两会一节”的需求，招募 6970 名志愿者，通过礼仪知识、应急处理等基础知识培训，提高志愿者的素质，为“两会一节”提供高质量的系列志愿服务。组织开展岗位微笑服务行动、“绿色盛会·节能减排”低碳环保等志愿服务活动；组织 1560 名青年志愿者开展“我行，文明我更行”志愿者文明劝导、市容巡查、集中清扫等服务；在市区人流密集场所设置 4 个“两会一节”志愿者服务站点，提供信息咨询、交通指路、应急医疗处理等服务；组织 3060 名志愿者参与各活动场所的秩序维护、后勤保障等现场服务；挑选 620 名具有外国语言特长的志愿者，在机场、酒店、客服中心等场所提供服务。做好“讲文明树新风”公益广告宣传，促进市民自觉践行文明行为；在各级组织建立“道德讲堂”，引导民众依法依规行事，用公德心做事；广泛开展学雷锋志愿服务等活动，为“两会一节”创造文明和谐社会环境。

【宣传服务】 2013 年，南宁市围绕“两会一节”重点、热点、亮点，以及南宁优势、特色和成就，通过新闻宣传、对外宣传、网络宣传、现场直播等，全方位、分阶段为“两会一节”营造浓厚的宣传氛围。组织市属媒体开设“喜迎两会一节”“服务两会办好一节”等 13 个专栏，播发稿件 1200 多篇（幅）；协调自治区媒体播发南宁市服务“两会一节”稿件 900 多篇（幅）；在中央主要媒体和境外主流媒体推出专版，并投放《南宁概览》等进行对外宣传。在境内 600 多家网站、论坛发布和发表相关新闻稿、帖文 1.20 万篇（条），浏览量近 170 万人次。组织 2 家电视台、28 家电台、15 家网络媒体对“大地飞歌·2013”文艺演出进行现场直播，取得良好的效果。改造、新建景观造型 12 个，使用高杆广告牌 50 杆、落地广告牌 20 块、LED 电子屏 24 块、大型平面宣传广告 5 面、楼宇电视 500 台，布置花卉 360 万盆，等等，进行户外主体宣传，充分展示“两会一节”热烈、向上、时尚的氛围。

（龙　树）

责任编辑　李志楠

经济交流

【南宁产品出口东盟】（参见“对外经济贸易”类目“对外经济合作”分目）

【参加2013年广西(泰国)商品博览会】(参见“对外经济贸易”类目“对外经济合作”分目)

【参加2013年广西（柬埔寨）商品博览会】（参见“对外经济贸易”类目“对外经济合作”分目）

【南宁国资监管企业进入东盟】 2013年，南宁壮宁资产经营有限责任公司继续通过所属企业南宁南机动力有限公司、南宁五菱桂花车辆有限公司加强与东盟各国经济交流，出口柴油机、手扶拖拉机等产品1.90万台(套)，完成出口金额711万美元。南宁南机动力有限公司“高峰”牌产品拥有国际市场用户近30万；向越南、柬埔寨、老挝、缅甸、菲律宾、孟加拉国等东盟国家出口柴油机1.14万台(套)，出口创汇296万美元，收汇244万美元。南宁五菱桂花车辆有限公司全资组建广西桂花机械进出口有限责任公司，主要向越南、印度尼西亚、缅甸、泰国、马来西亚等东盟国家出口手扶拖拉机、甘蔗机械、农用运输车、重型专用汽车等；出口东盟手扶拖拉机7568台，出口创汇406万美元(出口越南6168台、出口创汇320万美元，出口缅甸1400台、出口创汇86万美元)；出口印度尼西亚甘蔗机械19台，出口创汇9万美元，开辟出口甘蔗机械新市场。南宁广发重工集团有限责任公司出口东盟市场水电设备1302.99万元(缅甸甘宝水电站503.19万元，越南同壅2座水电站799.80元)，矿山设备275.95万元，水泥厂设备69万元，价值1647.94万元。 （莫智兴）

【南宁旅游推介进东盟】 2013年3月20日至28日，市外侨办、市旅游局等部门组成代表团赴缅甸、柬埔寨开展旅游推介活动。代表团先后走访缅甸仰光市、柬埔寨金边市和西哈努克省等东盟旅游客源城市，举办旅游推介会2场。 （杨　霞）

【南宁至缅甸仰光增加航班】 2013年7月15日，南宁至仰光增加航班，由每周1班增加至2班，每周一、周三执行，执行机型为131座波音737-700机型(含8个头等舱)，南宁至仰光MU2011航班10:15(北京时间)南宁起飞，11:30到达仰光(缅甸时间比北京时间晚1小时)，返程MU2012航班12:20(缅甸时间)仰光起飞，16:25(北京时间)到达南宁。 （钟　情）

2013年东盟各国企业在南宁投资主要情况

单位：万美元

国别	企业(家)	行业	总投资	注册资本	外商出资	实际利用外资
新加坡	33	制造业、房地产、商贸业	21498	18190	9566	5440
马来西亚	14	制造业、餐饮业、商贸业	79776	28910	28845	23245
泰　国	9	制造业、房地产、农牧业	3866	2199	1709	1528
印度尼西亚	6	房地产、仓储业、制造业	1524	852	661	575
越　南	4	商贸服务业	64	64	33	13
文　莱	3	房地产	249	180	170	170
柬埔寨	2	房地产	187	131	38	66
菲律宾	2	房地产	667	667	341	339
缅　甸	1	房地产	167	129	32	32
合　计	74		107998	51322	41395	31408

（李　兴　何伟洁）

8月29日，首届中国—东盟(南宁)戏剧周开幕。图为粤剧《冲冠一怒为红颜》剧照
市文化新闻出版局提供

文化交流

【首届中国—东盟(南宁)戏剧周】（参见“中国—东盟博览会·峰会·民歌节”类目“南宁国际民歌艺术节”分目）

【泰王国驻南宁总领事馆举办泰菜培训班】 2013年4月至5月，泰王国驻南宁总领事馆面向南宁市民举办泰菜培训班3期，每期1天，主要向市民介绍泰菜的基础知识，传授选购泰国调味品攻略，现场教授制作“冬阴功汤”“木瓜沙拉”“绿咖喱鸡肉汤”等泰国名菜。泰菜培训班吸引近千名市民参与。泰王国驻南宁总领事馆领事陈修武表示，希望通过泰菜培训，进一步推动泰国与广西的文化交流。（钟 情）

友城交往

【南宁与海防市】 2013年5月10日至15日，应越南海防市邀请，南宁市友好代表团及南宁市艺术代表团20人赴越南海防市参加“2013年海防市—红河三角洲地区国家旅游年”开幕式活动，戏曲舞蹈《锦绣梨园》、邕剧折子戏《牧虎关》等特色节目在开幕式上表演。

【南宁与怡保市】 6月27日至7月2日，应友好城市马来西亚怡保市邀请，市政府、广西沃顿国际大酒店组成南宁市代表团，赴怡保市参加马来西亚霹雳州旅游协会及马来西亚酒店协会举办的国际侍应竞跑、国际烹饪、水果雕刻比赛、插花展示等系列活动。南宁代表团参加中西餐展示及水果雕刻2个项目比赛，水果雕刻作品《花开富贵》获冠军。9月3日至5日，怡保市市长罗西迪·哈新率团访问南宁市，参加2013年“两会一节”、2013南宁国际友城交流与合作研讨会、国(境)外嘉宾联欢等活动，市委常委、常务副市长吴炜会见代表团一行。

【南宁与孔敬市】 9月3日至5日，泰国孔敬市副市长莫迪·星哈普那帕和查万·坡那莫塔率团访问南宁市，参加2013年“两会一节”、2013年南宁国际友城交流与合作研讨会、国(境)外嘉宾联欢等活动，市委常委、政法委书记朱育兆会见代表团一行。代表团在邕期间参观广西第三届园林园艺博览会、南宁市华侨学校。9月，首批获南宁市东盟国家留学生奖学金的泰国孔敬市6名高中生转入南宁市华侨实验高中学习。

【南宁与茂物县】 11月22日，市外侨办副主任李彤接见到南宁参加东盟青年研修班的印度尼西亚茂物县青年与体育局尤迪。尤迪欢迎南宁市到茂物县考察矿产、农业、石油、天然气等资源，双方就合作办学事宜进行探讨。（杨 霞）

6月29日，南宁市代表团应邀参加马来西亚怡保市举办的中西餐展示、水果雕刻比赛。图为获冠军的水果雕刻作品《花开富贵》 市外侨办提供

责任编辑 覃庆梅

党政机关

中共南宁市委员会

重要会议

【中国共产党南宁市第十一届委员会第十次全体会议】 2013年9月23日在市委、市政府会议中心召开。市委委员、候补委员出席会议。会议对部分城区和市政府工作机构正职领导建议人选进行无记名投票表决。自治区党委常委、市委书记余远辉在会上作重要讲话，对新交流的领导干部提出希望，对全市经济发展、城市建设、城乡管理、农村综合示范村建设、社会稳定和民生保障等进行部署。

【年中工作暨工业发展、旅游发展会议】 2013年8月25日至26日，在市委、市政府会议中心召开。会议深入学习贯彻党的十八大精神、习近平总书记一系列重要讲话精神和李克强总理在广西考察时的重要讲话精神以及自治区年中工作会议、自治区工业发展大会、自治区旅游发展大会精神，总结上半年工作，分析当前经济形势，部署下半年工作，推进工作落实，确保全面完成2013年各项目标任务，奋力提升首府南宁在广西经济发展中的首位度。会议强调，要重点抓好几项工作：一要抓好现代产业建设，大力推进转方式、调结构，加快发展现代产业，推动实体经济平稳发展，迅速做大经济总量；二要抓好城镇化建设，提高城镇化率；三要抓好项目和投资工作；四要抓好县域经济发展；五要抓好民生和城乡管理。要认真解决好教育、卫生、住房、就业及其他方面的民生保障问题，切实为人民群众办实事、办好事、解难事；六要加快推动南宁市工业和旅游业发展迈上新台阶。会议要求，必须把作风建设放在更加突出的位置，以干成事、干好事作为衡量干部能力最重要的标准，健全责、权、利相统一的激励机制，充分调动干部群众积极性和创造性，扎扎实实地干事情，以成果论英雄，以业绩论英雄，营造一个敢干、实干、会干、干成、干好的氛围，推动南宁经济社会更好更快发展。

重大决策

【学习贯彻党的十八大精神 在自治区率先全面建成小康社会】 2013年1月10日，市委做出关于学习贯彻党的十八大精神，在自治区率先全面建成小康社会的决定。

总体要求：贯彻落实党的十八大精神，高举中国特色社会主义伟大旗帜，以邓小平理论、“三个代表”重要思想、科学发展观为指导，紧紧围绕加快构建区域性国际城市和广西“首善之区”、在自治区率先全面建成小康社会、实现首府现代化建设新跨越的目标任务，坚持开放带动、创新驱动、绿色发展、幸福生活的城市发展理念，以更大力度推进现代产业建设、现代生态文明城市建设、城市基础设施建设、民生保障建设实现新突破，推进城乡统筹发展和文化繁荣发展，加快工业化、信息化、城镇化、农业现代化进程，全面推进经济建设、政治建设、文化建设、社会建设、生态文明建设和党的建设，当好自治区科学发展排头兵，走出一条具有时代特征、南宁特色的科学发展新路子。

目标任务：在2020年前2年至3年，提前实现全市地区生产总值、城镇居民人均可支配收入、农民人均纯收入三项指标比2010年翻一番，工业化率大幅提升，城镇化率显著提高，农业产业化明显加快，现代生态文明城市建设达到全国一流水平，全市各项工作迈上新台阶，在自治区率先全面建成小康社会。当前和今后一个时期，要完成“十二五”规划各项发展任务，全面实现市第十一次党代会提出的奋斗目标。

工作内容：1.发展现代产业，加快转变经济发展方式。振兴发展现代工业，围绕建设区域性先进制造业基地，深入实施园区建设主导和引领现代工业发展战略，以园区集聚要素资源、集中企业项目、集成综合服务，引领全市现代工业创新发展；提升发展现代服务业，推进服务业产业提升，扩大消费需求，形成更具影响力的区域消费中心城市；加快发展现代农业，坚持和完善强农惠农富农政策，全面提高农业生产经营、科技创新、设施装备、社会化服务水平，加快农业产业化、现代化，建设区域性特色农业基地；增强科技创新能力，深入实施科技研发突破、创新型企业引进培育、创新型园区建设、产业创新提升、科技创新支撑服务体系建设“五大计划”。2.提升城市功能品质，建设全国一流的现代生态文明城市。全面提高城市发展质量，坚持以高水平城市建设推动和服务经济社会发展，全力做好“绿（城）、水（城）、新（区）、旧（城）、通（畅）”五篇文章，建设全国一流的现代生态文明城市；加快以五象新区为重点的新区建设；全面提升绿城水城品质，继续推进城市绿化、美化、彩化、亮化提升工程，不断丰富“中国绿城”和“中国水城”建设内涵；加强资源节约与环境保护，实施主体功能区规划，优化国土空间开发格局，实现资源有序高效合理利用；加快以交通为重点的城市基础设施建设，推进建设区域性综合交通枢纽中心，统筹抓好市内、市域和对外综合交通，加快构建畅通的立体交通体系。3.推进城乡统筹发展，加快城乡一体化。加快推进统筹城乡改革发展。以“全域南宁”谋划城乡发展，着力解决“三农”问题，构筑共建、共富、共享的城乡发展新格局；

加快推进县域攻坚和城区提升，实施"培育经济强县攻坚"。4.推进文化繁荣发展，建设民族文化强市。不断提升城市文明程度，培育城市人文精神，提升城市文明素质，巩固提升文明城市创建成果，建设全市人民共有精神家园；加快文化事业和文化产业发展，推动文化大发展大繁荣，建设天下民歌眷恋之城、东盟风情绽放之城、绿色文化引领之城、和谐文化彰显之城、文化产业繁荣之城，建设民族文化强市。5.保障改善民生，建设幸福和谐城市。切实增进民生福祉，抓好为民办实事项目，实施农民人均收入倍增计划和城镇居民可支配收入倍增计划，不断深化收入分配制度改革，坚持开发式扶贫；提升公共服务水平，办好人民满意的教育，深化医药卫生体制改革，健全公共体育服务体系，做好人口和计生服务工作，发展社会福利和慈善事业；加强和创新社会管理，加快建立健全社会管理体制、基本公共服务体系、现代社会组织体制和社会管理体制；加强民主法治建设，坚持党的领导、人民当家做主、依法治国有机统一，坚持和完善人民代表大会制度、中国共产党领导的多党合作和政治协商制度。6.提高党的建设科学化水平，为推进首府科学发展提供坚强保障。坚定中国特色社会主义理想信念。牢牢把握加强党的执政能力建设、先进性和纯洁性建设这条主线，推进学习型、服务型、创新型党组织建设，增强"四自"(自我净化、自我完善、自我革新、自我提高)能力，提高党的建设科学化水平；推进组织建设创新，深化干部人事制度改革，探索推行公推差选等竞争性选拔方式，大力选拔优秀干部，优化各级领导班子结构，加强干部教育培训；切实加强作风建设，全面加强党的作风建设，以优良党风凝聚党心民心、带动政风民风；以强有力的举措反腐倡廉，坚持标本兼治、综合治理、惩防并举、注重预防方针，全面落实党风廉政建设责任制，始终保持惩治腐败高压态势，坚决查处大案要案，着力解决发生在群众身边的腐败问题，坚决纠正损害群众利益的不正之风，形成风清气正的良好局面。

【推进城市区域化党建工作】 2013年2月25日，市委提出进一步推进城市区域化党建工作的实施意见。

基本要求：坚持融入创建先锋示范城的"一个主题、两条主线、三步计划、四个目标"，坚持条块结合、以块为主的基本原则，以街道党工委为核心，以社区党组织为基础，以服务群众、改进管理为重点，不断完善区域内各类基层党组织和全体党员共同参与的区域化党建格局。通过条块联动、组织联建、党员联管、活动联搞、资源联用、服务联做等方式，深化党建联建，提升城市基层党建工作水平。

目标任务：完善区域化党建领导体制，加强和创新社会管理；完善区域联动协调机制，优化区域发展环境；完善服务群众工作体系，提高开展群众工作的能力和水平；完善基层社会管理格局，维护社会和谐稳定；完善单位党建、行业党建与区域党建互联互补互动机制，建立资源整合型党建工作模式，形成适应城市基层的党的组织体系。探索区域化党建工作格局向全市基层党组织延伸，发挥基层组织的战斗堡垒作用，发挥区域资源优势，在推动发展、服务群众、凝聚人心、优化管理、促进和谐上争创先锋示范，不断提高全市基层党建工作水平。

主要措施：建立和完善党建工作联席会制度；推广非建制性联合党组织模式；推进党组织设置网格化；巩固街道党组织"1+3"工作体制；倡导社区党组织与驻区单位党组织双向沟通、双向服务；抓好区域化党建联系服务群众工作；完善区域党员共管机制。

【进一步激发干部干事创业活力】 2013年6月19日，市委、市政府提出进一步激发干部干事创业活力的若干意见。

总体要求：按照党的十八大关于建设高素质执政骨干队伍的精神，根据市委提出的"行必责实、章必严循、事必明责"要求，以激发干部干事创业活力为目标，以形成能上能下、能进能出、公平公正、充满活力的干部人事制度为重点，解决干部队伍建设中与首府现代化建设新跨越不适应、不符合的问题，营造真抓实干、破难攻坚、敢于担当、创先争优的干事创业氛围，为首府南宁在自治区率先全面建成小康社会提供坚强的组织保障和良好的发展软环境，谱写南宁科学发展的崭新篇章。

主要措施：坚持"凭实绩用干部"的激励导向；抓住领导班子和干部队伍建设这个核心；完善开发区管理体制机制建设，探索突破开发区发展瓶颈的方法举措；鼓励各级领导干部到企业干事创业，加大机关事业单位与企业的干部交流力度；加强市属国有企业领导班子建设，完善企业法人治理结构，加强对企业领导人员的分层分类管理；加强科级干部队伍建设，进一步优化科级干部队伍结构、提高学历层次、提升业务水平、转变工作作风；从严问责"庸懒散奢"行为；探索调整不适宜担任现职干部制度。

【推动旅游业跨越发展的若干意见】 2013年10月19日，市委、市政府提出关于贯彻自治区旅游业发展文件精神，推动南宁市旅游业跨越发展的若干意见。

工作目标：以科学发展观为指导，围绕打造"壮乡歌海、中国绿城、东盟风情、养生之都" 四大具有国际影响力的城市特色旅游品牌，建设特色宜游城市，构筑区域性国际旅游目的地、集散中心和组织中心。2013年，接待国内旅游人数超5900万人次，入境过夜游客人数超35万人次，旅游总收入超480亿元。2014年，接待国内旅游人数超6900万人次，入境过夜游客人数超41万人次，旅游总收入超557亿元。2015年，接待国内旅游人数超8000万人次，入境过夜游客人数超50万人次，旅游总收入超600亿元。1.打造优质景区景点。青秀山风景名胜旅游区。2013年完成创建国家5A级旅游景区各项整改工作并通过相关检查；2014年至2018年推进青秀山森林植物园等项目建设，培育竹园、兰花园等特色植物专类园。突出自然生态保护，把青秀山打造成为自然景观优美、东盟文化浓郁、人文资源独特、植物品种丰富的全国知名旅游景区。大明山风景旅游区。2013年启动大明山旅游区各项规划，修整拓宽上山公路，完善供水设施等旅游配套建设；2014年至2015年推进旅游配套设施和旅游景观提升改造；2018年，把大明山建设成旅游主题鲜明、旅游产品特色突出、旅游基础设施完善、旅游服务质量优良的国家5A级旅游景区。推进昆仑关旅游风景区、百里秀美邕江、龙象谷国际旅游度假区建设，推动民歌湖景区、相思湖湿地公园、南湖公园、广西规划馆、南宁城市规划馆、凤岭儿童公园、西乡塘龙门水都等旅游景区等级创建，提升改造市区和县域其他景区景点建设。2.打造特色旅游精品。打造南宁一日游、两日游、多日游精品旅游线路；加快壮锦、绣球、民族服饰、红陶、竹编等旅游商品开发，评选十大南宁特色旅游商品，推出系列"南宁礼物"产品。3.建设高星级酒店。至2015年，新增四星级以上饭店10家，引进国际知名品牌酒店管理公司5家以上，全市星级饭店发展至90家以上，每个县建成2家以上三星级饭店，每个城区有高星级酒店。4.打造特色旅游名县、名镇（乡）、名村。至2015年，上林县建成广西特色旅游名县；每个县（区）建成1个以上特色旅游名镇（乡）。

【加强新形势下村民委员会建设】 2013年10月24日，市委、市政府提出关于进一步加强新形势下村民委员会建设的意见。

目标任务：围绕加强社会管理服务功能，从2014年起，力争3年至5年推动南宁市村级干部队伍结构进一步优化、基础设施进一步完善、农村基层自治制度进一步健全、基层民主进一步深化。至2016年末，实现全市村民委员会工作用房和村民公益性服务设施面积达到200平方米以上；至2018年末，实现每个村“两委”班子中至少有1名大学生、1名妇女干部、1名35周岁以下年轻干部，90%以上的村达到村务公开和民主管理示范村的标准，实现党群干群关系和谐、社会稳定、村风文明的目标。

主要内容：1. 加强村级干部队伍建设。优化村级干部队伍结构，加强村级干部队伍培训，建立村级干部队伍激励保障机制。2.加大村级组织建设经费保障力度。落实村级组织工作经费，设立村级惠民项目专项资金。3.加强村民委员会阵地建设。加强村民委员会工作用房和村民公益性服务设施建设、农村社区建设、村民委员会信息化建设、村级组织文化、体育活动场所建设、村级政务服务中心建设，规范村（组）务公开栏建设，开展农村先锋示范系列创建活动。4.加强农村社会组织建设。培育发展农村基层社会组织，加强对农村基层社会组织的管理。5.健全农村基层自治制度。健全以直接选举、公正有序为基本要求的民主选举制度，以村民会议、村民代表会议为主要形式的民主决策机制，以自我教育、自我管理、自我服务为主要目标的民主管理制度，以村务公开、强化监督、群众评议为主要内容的民主监督制度。

重大活动

【“美丽南宁·清洁乡村”活动】 2013年5月，市委、市政府决定用2年时间在全市开展“美丽南宁·清洁乡村”活动。将开展清洁乡村活动作为加快实现首府现代化建设新跨越、在自治区率先全面建成小康社会的战略举措，作为统筹城乡改革发展、建设农民幸福生活美好家园的具体实践，作为进一步转变作风、密切党群干群关系的重要载体；坚持以清洁环境、绿色发展、可持续发展为方向，以“清洁家园、清洁水源、清洁田园”为重点和突破口，以发展生态型经济为基础，以完善基础设施为支撑，以转变作风和树立新风为引领，以健全管理制度体系为保障，政府引导、群众主体、社会参与，推动广大乡村走生态良好、生产发展、生活宽裕的文明发展之路。至年末，各县（区）、开发区下派工作队员2722人；投入资金51.91亿元，配备乡镇村屯垃圾收集箱（桶）76.17万个、乡镇村庄垃圾池1.85万个，新建乡镇村庄垃圾中转站59个，配备乡镇村庄垃圾清运三轮车5965辆、乡镇村庄垃圾清扫保洁员2.59万人；出动干部群众804万人次，整治自然村1.29万个，清理各类河流、水库、沟渠、池塘2.31万个（处），清除、取缔影响饮用水水源地的污染源772个，整治养殖场所810个，清洁田园面积33.27万公顷，回收农药瓶146万个，开展清洁生产技术推广面积32.47万公顷。清运、处理垃圾47.34万吨。乡村环境逐步改善，基础设施不断完善，干部作风明显转变，群众参与日益积极，文明新风逐步显现。

【“美丽南宁·整洁畅通有序大行动”】 2013年6月，市委、市政府决定用2年时间在全市开展“美丽南宁·整洁畅通有序大行动”。主要在六城区、南宁高新技术产业开发区、南宁经济技术开发区和青秀山风景旅游区开展；突出整治24个街道、201个城市社区、30个乡镇社区以及建成区内城中村；实现“100天新变化”“200天新提升”“500天新形象”三个阶段性目标。至年末，在市容环境整治方面：清理垃圾54万吨、小广告1.56万处，拆除违法建筑面积268.28万平方米；下发工地乱象整治整改通知书1088份，停工整改103起，实施当场处罚488起，处罚金额48.80万元，停止申报验收监督企业240家。全市3000多个工地按规定设起围挡，处罚泥头车违章2983起。交通秩序整治方面：查处机动车违法违章16.37万起，非机动车违章17.20万起，行人违规2931起，查处违法违规“三车”（摩托车、运营人力三轮车、运营残疾人专用车）7917辆，12月，交警部门查处违法违规行为总量环比下降15.53%；新增机动车停车位3.20万个，办理电动自行车登记55万辆，上牌率66%。市民素质提升方面：组织1.22万名青年志愿者及3860名驻邕高校青年志愿者开展环境整治、宣讲教育、文明劝导、市容巡查等志愿服务活动670场次，上岗志愿者16万人次，发放宣传资料7.50万份，劝导教育不良行为2.41万人次，宣传教育群众166万人次；组织巾帼志愿者3.10万人次，到112个公交车站开展文明礼让乘车劝导约79万次；举办“道德讲堂”5000多场次，参加市民群众、师生130多万人次。基础设施建设方面：投入784万元新增更换主次干道、主要街区果皮箱8000

6月21日，市教育系统开展“美丽南宁·整洁畅通有序大行动”誓师大会暨“美丽南宁·清洁校园”主题活动日活动 周家志 摄

个,投入9000万元采购、配备、更新一批环卫车辆和设备;完成34条城市道路施划路面标线14万平方米,更新交通标志569套,增设道路停车泊位1万多个,新增清障车30辆;新建公交候车亭386座,改造旧公交候车亭41座,增加公交站点候车凳393张,新购空调公交车300辆;启动公共自行车租赁一期试点,建成租赁站点50个,投入公共自行车1000辆。实现"100天新变化"及"200天新提升"的工作目标。

(市委办公厅编写组)

组　织

【概　况】 2013年,南宁市有基层党组织1.50万个。其中:基层党委486个,党总支部1207个,党支部1.33万个;地方党委13个,党组260个,党工委55个。党员25.51万名。其中:女党员7.28万名,占28.50%;少数民族党员13.29万名,占52%;离退休党员5.30万名,占20.70%。新发展党员4725人。其中:女党员2163人,占45.70%;少数民族党员2466人,占52.10%。市委组织部为全国唯一获"学习党的十八大报告和党章知识竞赛活动"优秀组织奖省会城市组织部门。

【领导干部选拔任用】 2013年,市委根据领导班子建设和工作的需要,调整充实处级干部776人,其中提拔140人,交流341人,改任非领导职务67人,退休200人,军转安置为市管干部28人。在各级领导班子的年龄结构梯次配备中不搞"一刀切",提拔的处级干部中,40岁以下占提拔总数24.30%,40岁至50岁占59.30%,50岁以上占16.40%;树立基层导向,从基层一线提拔干部45人,占提拔总数32%;注重对女干部的培养选拔,提拔的处级干部中,女干部占23.60%。扩大党内民主,市委常委会票决产生6名处级职位拟任人选。选派8名副处级领导担任新农村工作队队长。开展"在一线了解发现干部"工作,从县(区)一线提拔领导干部11名,其中乡镇党委书记5人;在市管干部试用期满考核和市直单位年度考核中探索开展实绩考核;选派21名干部开展国企与县(区)党政机关的领导互挂;推进开发区管理体制和运行机制改革;建立干部人事制度改革工作联席会议制度,建设市级干改示范点10个;通过公推差选等方式为五象新区管委会选配21名处级干部;完善"推优育才",拿出125个职位参加交流竞岗;从市直单位中选派8名"80"后优秀科级年轻干部到乡镇任职;开展"一报告两评议",强化日常监督,完成全市2312名市管干部个人报告重大事项。为30个县(区)、市直单位提供考试命题服务。出台《关于进一步激发干部干事创业活力的若干意见》《关于进一步理顺市管开发区管理体制和运行机制的若干措施》《关于鼓励市管干部到企业干事创业的若干措施》《关于加强市属国有企业领导班子建设的实施意见》《关于开展民主评议科长的办法(试行)》《关于加强干部实绩考核的实施意见》《关于强化党员干部关爱提醒、函询和诫勉谈话的实施办法》《关于调整不适宜担任现职干部的办法(试行)》7个配套文件。开展优秀市管军转干部评选,评选出优秀市管军转干部10名;开展民主评议科长活动,评出"十佳科长"、优秀科长40名、后进科长10名、不满意科长3名,落实奖优罚劣举措。

【干部教育培训】 2013年,南宁市推进干部教育培训。举办培训班3275期次,培训43.70万人次,培训经费3100万元。纳入市本级干部教育培训"十二大"工程90个班次,培训2.10万人次,培训经费1600万元。组织开展时代前沿知识讲座4场,内容涉及政治、经济、科技、文化和国际形势等多个领域,培训干部超过6000人次。整合自治区内外优质资源,邀请国内外知名专家到邕授课50人次;开展课程自主选学和主体班外出班次招标,深化市、校合作模式,服务南宁市干部成长。

【人才工作】 2013年,南宁市实施人才工作目标管理责任制,对人才特区建设细化分解,进一步落实责任。实施"南宁英才"培养工程,选送20名优秀领导人才、专业技术人才赴新加坡国立大学攻读高级公共行政与管理硕士学位;组织第七批专业技术拔尖人才100人赴北京大学、复旦大学、四川大学、浙江大学等高校学习培训;选派县(区)、开发区、市直部门和市管企业领导干部35人赴上海陆家嘴人才金港开展产业经济发展能力战略提升培训。评选出第八批专业技术拔尖人才50名、第七批优秀青年人才100名。实施海内外高层次人才引进工程,建设"海智计划"南宁基地。评选2013年人才小高地、南宁市特聘专家人选。举办2013年"南宁·东盟人才活动月""广西籍学子回家看看"活动,吸引国内外知名高校107名学子来邕考察就业创业环境。落实高校研究生社会实践活动,接收70名博士(硕士)研究生到南宁市开展社会实践活动。组织开展市领导联系人才春节慰问活动、专业技术拔尖人才健康体检及疗养。推进人才公寓建设,出台配套办法,优化人才发展环境。

【基层组织建设】 2013年,南宁市继续深化先锋示范城创建,启动良庆区坛良

9月5日,2013年南宁·东盟人才交流活动月开幕暨人才助力重点产业发展主题活动在高新区火炬大厦举行。图为市委副书记李泽(右四)为首批南宁市重点产业发展的专家顾问颁发聘书　　市委组织部提供

村坛板坡等12个市级综合示范村建设，试点建设党代表工作室，结合“美丽南宁·清洁乡村”“美丽南宁·整洁畅通有序大行动”选派5239名干部驻村。打造远程教育示范站点，扩大站点在机关、企业、学校等党组织的覆盖面，教学资源开发制作水平保持自治区前列，深化拓展“绿城党旗红”党建信息平台服务功能，建设党建信息化与科技示范点。成立南宁市党的群众路线教育实践活动领导小组和办公室。

农村党建　开展农村党员项目化大培训、领头雁、致富带头人工作，培训农村党员14.52万人次、村“两委”（村共产党员支部委员会和村民自治区委员会）班子党员骨干及经济能人等4.81万人次，组织推荐5批17名农村实用人才带头人参加自治区轮训。推行领导干部直接联系基层“结一联五”制度，3000多名领导干部与3000多个村（社区）建立结对联系，与1.50万户农村贫困户、城镇困难户、致富典型户、普通党员户、村干部户建立直接联系、定点服务的“基层联系户”关系。选派新农村建设指导员3000多名，其中247名担任贫困村党组织第一书记，组成工作队12个、工作组102个，深入行政村（社区）开展帮扶、指导服务。选聘193名大学生村干部到村任职，推进YBC（中国青年创业国际计划）大学生村干部创业扶持项目，扶持创业项目8个。出台《关于进一步加强新形势下村民委员会建设的意见》，从阵地建设、队伍建设、保障经费等方面进一步加强农村基层组织建设。建立健全村民自治制度，在自然村（屯）逐步推行“一组两会”（党小组、户主会、理事会）协商自治制度。从严管理基层干部，开展“正风气、守清廉、树形象”教育实践活动。组织开展“三会三改”（案例剖析会、征求意见会、民主生活会，改进工作作风、整改突出问题、改进制度建设）活动。

社区党建　出台《关于进一步推进城市区域化党建工作的意见》，明确目标任务、主要措施及保障体系。推进社区党建阵地建设，全市202个城市社区办公服务和党建活动场所平均面积417平方米。加强社区管理和服务创新，探索建立由社区联合党委、社区居委会、社区居务监督委员会和社区服务站构成的“四位一体”社区服务管理新体系，确定兴宁区朝阳街道朝阳社区和中华社区、民生街道人民北一里社区，青秀区新竹街道新竹社区、南湖街道凤岭北社区和仙葫开发区蓉茉社区6个社区作为“四位一体”社区联合党委组建试点。市财政按每年每个社区10万元、县（区）按1:1配套设立社区惠民项目安排专项资金，加强资金管理使用，引导有基础、条件好的城市社区拓展资金使用范围。做好青秀区南湖街道凤岭北社区党支部等6个基层党组织ISO 9001质量管理体系认证监督审核。结合“在职党员进社区”开展“同城共创　先锋示范”主题实践活动，组织驻邕中直、自治区直属单位党组织和党员走进社区参与社区建设、服务社区居民。

非公经济组织与新社会组织党建　扩大党的组织覆盖面和工作覆盖面，采取联合党委结对建、划定网格分片建、楼宇整栋联合建、同行同业组团建、典型带动引领建等组建模式，在南宁市760家规模以上非公有制企业100%建立党组织，符合组建党组织的1585家非公有制企业100%建立党组织，已组建党组织的企业100%建立工会、共青团和妇联组织，向未组建党组织的非公企业100%选派党建指导员6480人，有50名以上员工的企业100%发展党员。将“两新”组织（新经济组织和新社会组织）党建工作纳入南宁市党建工作目标管理责任体系，实现市、县（区）、乡镇（街道）三级“上下联动、分级负责”的工作局面。做好2个非公企业党组织ISO 9001质量管理体系认证监督审核。推行市各级领导干部及党委组织部门联系服务非公企业制度。出台《非公有制企业党组织第一书记管理暂行办法》和量化考评细则，全面加强对非公有制企业党组织第一书记选派及管理；评选表彰非公有制企业党建“双百工程”（选派101名机关领导干部担任100家非公企业党组织“第一书记”）先进组织单位5个、先进非公有制企业党组织24个、非公有制企业党组织第一书记优秀个人16名。

发展党员　深入实施发展党员后进村（社区）转化升级项目，61个连续2年以上未发展党员的村（社区）得到有效转化。研究出台《关于进一步建立健全发展党员质量保证机制》，全面推行发展党员调控预警、全程质量管理等一系列办法。探索“双推双定双评制”“培源提质”工程等发展党员创新项目，西乡塘区委组织部被确定为中组部组织一局发展党员工作联系点。

国企党建　在国有企业党组织深入开展“先锋示范系列名牌”创建活动，培育和打造“四好”（团队建设好、责任落实好、安全质量好、任务完成好）示范班组，“四佳”（业务技能佳、规范服务佳、诚信经营佳、销售业绩佳）示范柜组，“四优”（环境优、服务优、管理优、业绩优）示范营业厅，“四先”（硬件建设争先、环境卫生优先、管理服务率先、群众评价领先）示范市场，将先锋示范体现在党员工作岗位上、彰显在为民服务窗口中。命名表彰第一批先锋示范班组38个、示范柜组8个、示范营业厅10个、示范市场3个。

【组织部门自身建设】　2013年，南宁市组织系统深入学习贯彻党的十八大及全国组织工作会议精神，开展学习宣传贯彻十八大精神“十个一”“党章集中学习月”等活动。先后选派组工干部185人次赴吉林大学、全国组干院等知名院校进行学习培训。选派4名机关干部到凤岭北社区、凤翔社区和津头村驻村（社区）开展“整洁畅通有序大行动”。选派1名机关干部到马山县永州镇三村村担任贫困村党组织第一书记，做好马山县周鹿镇定点帮扶。完善机构改革，市领导人才考试与测评工作办公室列入参照公务员法管理的事业单位，市委组织部信息管理办公室和干部档案室由挂牌机构调整为独立设置的内设机构，干部档案室更名干部档案管理办公室，调整后市委组织部设职能科室18个及中共南宁市委党的建设工作领导小组办公室（市委党代表大会代表联络办公室）、机关党委（人事科）。加强组工文化建设，举办“铸忠诚、崇实干、立公道、用贤能”主题演讲比赛，继续唱响《忠诚》组工之歌，深化《组工锋尚》文化内涵，坚持开展机关干部体育健身活动。加强组织工作宣传调研，在《南宁日报》刊发“绿城党旗红”专版45版，编辑出版《绿城党旗红》内刊6期，举办新闻发布会1场，完成组织工作重点调研课题64个。

（市委组织部编写组）

宣　　传

【概　况】　2013年，南宁市宣传思想文化部门落实科学发展观，服务市委、市政府中心工作，把握正确的思想宣传舆论导向。市委宣传部组织全市开展党的十八大精神、十八届三中全会精神、习近平总书记系列讲话精神等理论学习，开展

"美丽南宁·清洁乡村""美丽南宁·整洁畅通有序大行动"等主题宣传，开展杜丽群、黄连冬、陈美杏、钟日胜和南宁边防检查站等典型宣传。深入推进文化南宁建设，"一声所爱·大地飞歌"2013新民歌音乐季节目持续升温，文艺精品创作硕果累累，中国—东盟创意乐园(锦园)、顶蛳山文化公园等项目有序推进。9月，市委宣传部调整内设机构，增设文化体制改革和发展科。

【理论宣传】

理论学习　2013年，南宁市把提高领导干部马克思主义理论素养，巩固共产主义理想信念作为理论武装的核心，市委中心组召开集中学习研讨会13次，重点学习党的十八大精神、十八届三中全会精神、习近平总书记系列讲话精神、自治区党委书记彭清华在南宁市调研工作时的讲话精神等。以县(处)级以上领导干部为重点，坚持各级党委(党组)中心组学习制度，以市委中心组学习带动全市领导干部理论学习，各县(区)委中心组、各开发区党工委、市直各部门党委(组)中心组按照市委规定的四个学习专题组织理论学习。加强理论学习辅导，在南宁理论学习网提供学习资料供党员干部下载，组织理论专家到市直机关开展学习辅导60余场，开展好书大家读、送书下基层、赠送理论学习读物等活动，组织征订、推荐订阅理论学习读本、优秀学习读物，组织24个理论学习宣传基地开展辅导讲座70余场。开展学习型党组织建设典型案例、典型集体、典型个人的宣传活动，以典型示范推动学习型党组织建设深入开展。

理论研究　各级领导干部和理论工作者围绕全市中心工作、重点工作开展理论研究，在党报党刊发表理论文章120多篇。签约理论专家和特约社科理论研究员加强对策性、应用性理论研究，在党报党刊发表理论文章132篇。

理论宣传　在《南宁日报》开设"建设美丽南宁""中国梦解读""学习贯彻落实十八届三中全会精神"等专栏，刊载理论文章158篇。出版通俗理论读物《说说身边事——南宁热点问题解析》，编印《宣传思想信息》18期，更新"南宁理论学习网"稿件320余条，更新南宁宣传网稿件210篇。举办基层理论宣讲骨干培训班，组建南宁市大众宣讲团，深入机关单位、企业、学校、农村、社区开展党的十八大精神及"中国梦·我的梦"主题宣讲活动1600多场，直接听众近30万人。

【信息调研】　2013年，市委宣传部围绕全国大局大事大势、自治区党委政府和市委市政府中心工作以及宣传思想文化工作、社会热点难点问题，向自治区党委宣传部、市委办公厅上报信息1300多条，信息被采用量在自治区排名第二。开展全市宣传思想文化战线"大调研"活动，形成调研报告12篇并汇编成册，其中3篇调研报告被自治区党委宣传部评为优秀调研报告，入编《广西宣传文化工作调研文集》。开展南宁市"十二五"文化发展规划中期评估，形成2.70万字的《评估报告》。

【舆论宣传】

重点宣传　2013年，围绕市委、市政府中心工作，《南宁日报》、南宁电台、南宁电视台、《南宁晚报》、南宁新闻网在重要时段重要版面开设专栏专题，通过通讯、专访、评论、系列报道、追踪报道、专题片等进行多形式、多角度、全方位的报道。深化重大主题宣传，宣传"美丽南宁·整洁畅通有序大行动""美丽南宁·清洁乡村"工作，形成强大舆论监督和宣传力量。宣传经济建设中心工作，组织开展五象新区开发建设、推进"四大建设"，做好"五篇文章"、重大项目落户南宁、地铁建设、"加油鼓劲　腾跃南宁"等宣传报道。宣传重要会议、重大活动，推出党的十八届三中全会精神、自治区与南宁市"两会"、第三届广西园林园艺博览会、"两会一节"、第九届两岸经贸文化论坛、中越青年大联欢以及世界体操锦标赛前期筹备等专题宣传报道。做好民生宣传、文化宣传、典型宣传，开展农村中小学营养午餐、整治"两违"、防控H7N9禽流感、"一声所爱·大地飞歌"新民歌音乐季、"如何办好民歌节"征集意见、乡村社区和谐文艺大展演、《邕城文典》首卷《邕城诗韵》出版、武鸣"三月三"歌圩暨骆越文化旅游节、全国茉莉花茶交易博览会暨国际茉莉花文化节、创建文明城市、"学雷锋"活动、城市征信体系建设的宣传以及杜丽群、黄连冬、陈美杏、钟日胜和南宁边防检查站的典型宣传报道。市属媒体围绕中心工作开设专版专栏100多个，刊发刊播相关稿件1.28万篇。自治区媒体报道南宁市中心工作、重大活动、先进典型及体现主旋律的新闻稿件6000多篇。

媒体管理　市委宣传部召开新闻通气会、专题策划会60多次，部署宣传任务，传达宣传纪律。组织协调自治区、南宁市媒体做好突发事件、群体性事件及涉及群众切身利益敏感问题和热点问题的舆论引导。严格贯彻落实中央八项规定及自治区实施意见，简化领导新闻报道内容。深化新闻战线"走、转、改"活动长效机制。举办市第五届新闻工作者运动会。举行市庆祝第十四个中国记者节活动，表彰优秀新闻工作者20人、优秀新闻作品113篇。

【社会宣传】　2013年，市委宣传部围绕春节、国庆、自治区与南宁市"两会"、公共文明指数测评、"美丽广西·清洁乡村""美丽南宁·整洁畅通有序大行动""两会一节"、中国—东南亚民间高端对话会、第九届两岸经贸文化论坛、第二届中越青年大联欢活动、第45届世界体操锦标赛等重大节庆、重要活动营造社会氛围。对"一声所爱·大地飞歌"2013新民歌音乐季、第45届世界体操锦标赛、计划生育、民族团结、消防安全、禁毒、防艾、打击传销等投放公益宣传广告。审批、办理社会宣传活动169次。

【对外宣传】

新闻发布　2013年，市委宣传部加强新闻发言人履职能力培训，与清华大学联合举办新闻发言人暨网络舆情引导高级研修班，培训100多人次。召开新闻发布会25场，新闻通气会20场，涉及政府政策解读、经济发展、重大活动、民生建设、文化旅游等多个领域，增强党政部门信息公开的透明度和公信力。

对外新闻宣传　围绕"南宁渠道"、南宁城市精神、五象新区建设、"美丽南宁·清洁乡村"活动、"美丽南宁·整洁畅通有序大行动"等城市亮点，策划新闻主题，借助重要会议、重要活动等时间节点，在中央主要媒体开展宣传报道，在中央电视台主要时段、重要栏目开展新闻直播5场，在《人民日报》、新华社等媒体推出专题宣传10多个。加强对外传播能力建设，与中新社开展战略合作，"两会一节"期间在泰国《亚洲日报》、加拿大《加中时报》、美国《侨报》、法国《欧洲时报》、澳大利亚《大洋日报》等11家境外媒体推出南宁宣传系列专版。中央及海外媒体对南宁的宣传报道稿件1.09万条(幅)，刊发宣传专版20个。加强外宣摄影队伍建设，组织参加第五届“美丽神奇的广西”摄影大赛取得组织一等奖、作品一等奖。举办“大发展、新变化、新风尚”美丽南宁摄影大赛，丰富外宣图片资料。制作《南宁概览》用于南宁市对外招商、交流及来宾接待等重要活动。

文化交流　南宁电视台与马来西亚电视媒体举办跨国春晚节目《春天的旋律·2013》。2月8日，“春天的旋律·2013中马跨国联欢文化之旅”特别节目在南宁电视台新闻综合频道首播，并于中国农历春节前夕在马来西亚家娱频道播出。举办首届中国—东盟（南宁）戏剧周，带动南宁与东盟的文化交流合作进入新时期。

【网络宣传】

网络宣传　2013年，市委宣传部组织协调人民网、中国网、凤凰网、中国网络电视台、新华网广西频道、中新网广西频道、广西新闻网、南宁新闻网、老友网等自治区内外重点新闻网站，围绕西南、中南地区开放发展新的战略支点、重大项目建设、“美丽南宁”建设、“两会一节”、城乡统筹改革试点工作、第三届广西园林园艺博览会、“一声所爱·大地飞歌”2013新民歌音乐季、乡村社区和谐文艺大展演等主题，通过开设网页专题、主动供稿、首页设置链接等形式开展网上宣传，重点网络媒体全年发稿2万多篇（幅）。组织市属重点网络媒体开展“美丽南宁·发现身边之美”大型网络宣传互动活动。

网络管理　开展“清洁网络大行动”“净化暑期网络环境”“打击网络谣言”等专项整治行动，营造文明健康的网络环境。加强网络从业人员的培训和管理，引导网站履行社会责任。依法依规处理违规网站，关停涉嫌低俗违规网站“幻世中文网”，停网整顿违规发布有害信息网站“上林论坛”。筹建南宁市互联网协会，推进行业规范管理和行业自律。

【文化南宁建设】

重大文化活动　2013年，“大地飞歌·2013”南宁国际民歌艺术节文艺演出以“回归民歌本源、挖掘民歌内涵、彰显民歌魅力、绽放民歌风采”为重点，实现向民歌回归、向大众回归。“一声所爱·大地飞歌”2013新民歌音乐季以民歌选秀为核心引发大众对新民歌运动的持续关注，有6期节目排名进入全国电视收视前十名，排名最高的一期位居全国省级卫视第7位。第四届乡村社区和谐文艺大展演活动，开展文艺演出3000多场，参与群众150多万人次。新春文化活动月举办文化活动1000多场次，参与群众200多万人次。新年广场音乐会、迎春广场文艺演出、首届文化庙会、欢度元宵大型广场化装舞会、社区文化艺术节等基层公共文化品牌为首府南宁增添节日氛围。组织实施千村万户文艺惠民工程，组建文艺志愿队17支，文艺志愿者4000多人，进村入户开展培训指导136场、举办小型书法美术摄影作品展118场、大型公益演出3场。在自治区第二届基层群众文艺会演中，南宁市获一等奖2个、二等奖8个、三等奖6个、优秀奖7个，奖牌总数名列自治区第一。大型壮族歌舞剧《百鸟衣》首演，电视剧《兵变1929》正式投入拍摄，音乐话剧《邕城人家》正在创作。大型传统邕剧《三进士》、大型历史粤剧《冲冠一怒为红颜》《芦花河》《目连救母》参演首届中国—东盟戏剧周，市艺术剧院有限责任公司三重唱组合《踩踩脚》获2013亚洲音乐舞蹈大赛金奖，市民族艺术研究院《天琴传说》获全国曲艺优秀节目展演优秀剧目奖，南国之光残疾人艺术团鸽子组合《飞吧，鸽子》获全国第八届残疾人文艺会演二等奖。

城市文化建设　中国—东盟创意乐园（锦园）项目完成概念规划、控制性详细规划、征地等，进入“招、拍、挂”阶段。引进万达集团文化旅游综合体项目，涵盖文化、旅游、休闲创意写字楼等内容。南宁博物馆、市民族艺术基地项目进入陈列布展、室内外装修阶段。星美国际影城、南宁新民族影城、相思·风雨桥工程以及市老年人活动中心4个项目完成主体工程。顶蛳山文化公园项目一期建设内容顶蛳山遗址保护设施项目通过自治区发改委立项，获国家项目补助500万元。创建广西书法名城，待自治区专家组考评命名。全市12个县（区）成立乡镇文联。西乡塘区、武鸣县被评为首批自治区特色文化产业示范县（区），横县、宾阳县、马山县被评为首批自治区特色文化产业项目示范县。

【思想政治工作与党员教育】　2013年，南宁市修改完善《南宁市思想政治工作领导责任制》《南宁市思想政治工作目标管理责任制》。完成市思想政治工作研究会换届工作。组织开展思想政治工作优秀论文评比，评选出优秀论文10篇。开展党员教育，做好《党建》杂志征订，获中共中央宣传部“2013年度《党建》杂志宣传工作先进集体”称号。

【先进典型选树】　2013年，南宁市继续组织实施“1241”（“12”即每年在自治区乃至全国宣传推荐重大典型1个~2个；“4”即每年在市本级宣传推介重大典型4个，原则上每季度1个；“1”即每年培养、选树、推荐和宣传一批引领社会风尚的中小型典型）先锋典型推介工程。自治区党委做出向杜丽群同志学习活动的决定，将杜丽群作为自治区重大典型推出。在市本级宣传推出“白求恩奖章”获得者杜丽群、“永不凋谢的金花茶”黄连冬、南宁边检站、江南区劳动监察大队副队长陈美杏、市第二医院援非医生钟日胜等重大典型5个，市委、市政府印发开展向杜丽群同志、南宁边防检查站、陈美杏同志和钟日胜同志学习的决定4个。宣传

9月7日，南宁市书法家协会2013年动员大会举行。图为市文联、市书协向市城管、交警部门赠送书法作品　卢伊琳　摄

推出“美丽姐”苏燕，开展“美丽南宁·整洁畅通有序大行动”十大最美人物评选活动。

【爱国主义与国防教育】 2013年，南宁市开展爱国主义读书教育活动，全市近千所中小学校60多万学生参加。连续11次获全国、自治区活动组织特等奖。开展第二十届市青少年“学雷锋 做有道德的人”读书教育讲故事、演讲、绘画、书法、征文系列比赛。举行“国旗工程”点升国旗唱国歌仪式。开展学雷锋活动，承办自治区学雷锋活动常态化启动仪式，自治区学雷锋活动演出团首场演出。组织开展“共筑强大国防·建设美丽家园”主题宣传教育活动，举办主题演讲大赛，南宁市2名选手参加自治区比赛获一等奖。把人民公园建成市国防教育主题公园。 （市委宣传部编写组）

统一战线

【经济统战】 2013年，中共南宁市委统一战线工作部(简称“市委统战部”)开展非公经济人士主题教育活动，促进非公人士健康成长。引导非公经济人士开展理想信念教育实践活动。实施“情系非公温暖行动”“同心同德培训行动”“致富感恩光彩行动”“共谋发展献策行动”“绿城民企宣传行动”等，全国工商联、自治区工商联分别到南宁市召开理想信念座谈会1次，举办南宁市非公经济人士理想信念教育实践活动成果展览1次，举办座谈会50多次，专题讲座29次，企业家发言500多人次，出版板报62期。参与“美丽南宁·清洁乡村”活动与“同心”实践活动，组织动员县(区)工商联500多家执委企业以及100家直属商会、乡镇商会参与“致富感恩·清洁乡村”民企在行动活动；非公经济人士在活动中帮扶乡村207个，捐款捐物500多万元。加大服务力度，促进非公经济健康发展。加大对“港企入桂”“民企入桂”服务力度。利用全国工商联十一届二次执委会议暨民企入桂活动在邕举办的契机，做好南宁市服务方案，协调有关部门完成“全国知名民营企业进广西”推荐项目，推进民企入邕进展。接待海外联谊会港澳理事、香港广西社团总会及深圳海岸集团等知名民营企业等到南宁市投资考察100多人次；召开“民企入邕”投资推介会，全国60多名非公企业家参加，百度公司等知名企业表达投资发展意愿。深入开展南宁市非公经济发展环境调研，深入南宁市各商会、非公企业并赴上海市长宁区、虹口区，安徽省蚌埠市、宣城市，贵州省贵阳市、遵义市等地开展非公经济发展环境调研，组织召开座谈会8场，形成调研报告1份。加强与非公经济人士联系，形成走访非公企业、商会的日常工作机制，通过举办“绿城企业家沙龙”“新阶层双月沙龙”“商会会长秘书长会议”等加大与非公人士的联谊交友力度。完善非公企业和人士的信息库，建立南宁市销售收入亿元以上非公有制企业资料库，搜集成长型非公有制企业党组织相关材料，完善非公企业党建工作统计制度。帮助企业维权，举办维护纳税人权益座谈会2期，参加企业30家。帮助多家企业协调解决维权、纠纷等事宜。推动非公经济发展绩效考评的落实。加强工商联、光彩会及新阶层联谊会队伍建设。组织各县(区)工商联换届后新任工商联党组书记、主席赴广西社会主义学院举办经济领域统战工作业务培训班。加大对商会建设的指导力度，指导成立南宁市工商联融安商会、照明灯饰商会、安庆商会。指导贵港商会、平南商会完成换届。指导新阶层联谊会做好理事的发展及管理，新增常务副会长1名、副会长1名、理事13名；完善、落实联谊会“双月沙龙”、会长轮值等工作制度，举办南宁新阶层联谊会2013年新春团拜会，促成联谊会与县(区)工商联建立法律服务合作机制。指导南宁光促会完成换届。完成自治区光促会换届的理事推荐。加大非公党建工作的推进力度。出台《南宁市非公有制企业党组织第一书记管理办法》，开展与100名非公企业主、100名第一书记的“双百访谈”活动。深入非公企业指导非公创建先锋示范工作，走访非公企业20多家。

【文化统战】 2013年，市委统战部加大统战理论政策研究创新和统战工作实践创新的力度，召开南宁市统战理论政策研究和实践创新成果交流推进会。统战系统各单位、统战成员撰写统战理论政策研究创新文章32篇，实践创新文章26篇，分别选送5篇、11篇上报自治区党委统战部参评。继续加强统战系统重大活动的宣传策划，每周在《南宁日报》开设1期“同心·美丽南宁”整版彩色专版；每周在南宁电视台新闻频道、公共频道“南宁新闻”开设1期“同心·美丽南宁”专题；每周在南宁人民广播电台“FM1014新闻台”开设3期“同心·美丽南宁”专栏，在早上、中午、下午的黄金时段滚动播出。

【港澳台与海外统战】 2013年，南宁市拓宽思路，港澳台及海外统战进一步发展。坚持联谊交友与招商引资相结合、广泛联谊与做重点对象工作相结合、联谊与服务相结合。组团赴港参加社团活动9次、赴澳参加社团活动3次，接待香港到邕考察团组8批次、澳门到邕考察团组3批次共300多人，与到邕的港澳海外代

4月14日，南宁市、柳州市、桂林市黄埔军校同学后代亲属联谊会到昆仑关战役遗址举行祭奠抗日先烈活动。图为南宁市黄埔军校同学后代亲属联谊会成员合影

市委统战部提供

表人士座谈10多次，做到“周周有交流，月月有活动”。2月，完成南宁市海联会三届理事会换届。与澳大利亚、奥地利等驻海外联络处联系，不断加强和推进文化教育交流。通过报纸、电视、网络等媒体在各场合宣传推介广西、南宁的投资环境。成立香港广西社团总会青年会、香港隽士会等，抓好青年爱国爱港力量后备人才培养；香港南宁同乡会会员突破2000人。台盟、台联工作取得新发展。8月，台湾民主自治同盟南宁市支部委员会成立，为进一步完善和健全南宁市8个民主党派组织打下基础。组织台胞开展政治理论学习及亲近台胞台属等活动。组织黄埔后代亲属联谊会活动。

【“同心”品牌建设】 2013年，南宁市“同心”品牌建设进入全面实施阶段，统战系统各部门不断掀起“同心”品牌建设行动的新热潮。组织召开“同心”品牌示范点工作汇报会3次，“同心”品牌建设现场交流会3次，编撰《同心美丽南宁——南宁市统一战线“同心”品牌建设工作纪实》。继续深入开展“四比四看”(比建言献策，看效果；比服务质量，看实绩；比服务社会，看贡献；比自身建，看形象)活动。各民主党派开展以“同心”为主题的“三下乡”活动49次，捐赠各种书籍、文体用品等价值42.82万元，捐助扶助资金84万元，举办文艺演出15场。各民主党派以“同心”品牌示范点为依托，以各自特色活动为载体，实施服务民生的“公益助学、技术助医、智力助教”的“同心助力”工程，开展活动59次，引进资金23.50万元，捐款捐物价值201.70万元。继续开展结对帮扶活动，与隆安县都结乡陇割村共建“同心村”。都结乡至陇割村道路投入使用、陇割村委楼落成、水井打出地下水，为陇割村的村民解决交通难、饮水难的问题。发挥优势，智力帮扶，分散进行扶贫济困关爱工作。如民盟南宁市委会成立“南宁民盟同心烛光教育基金”，为南宁市农村教育事业发展贡献力量；民进南宁市委会组织优秀教师开展教学帮扶活动；九三学社充分发挥社内科技人才优势，采取技术帮扶等。

【党外代表人士队伍建设】 2013年，市委统战部扎实开展干部教育培训及实践锻炼。选派统战干部、党外干部34名参加上级培训班。举办统战干部培训班及党外干部培训班，培训103人。各县(区)举办统战干部和党外干部培训班或读书班12期，培训1200多人次。借助优势资源开展高端教育培训。选派4名副处级党外干部赴新加坡国立大学进行为期1年学习培训；邀请著名文化人彭匈为统战干部以及无党派人士作南宁市统战系统领导干部人文素养专题讲座。创新党外干部挂职方式，拓宽党外干部锻炼渠道，与市委组织部联合在武鸣县、邕宁区分别建立市党外代表人士挂职锻炼基地，每年选派一批优秀党外代表人士到挂职锻炼基地锻炼。加强党外代表人士队伍建设，抓好“后备队伍建设工程”。建立健全党外干部后备库，把党外后备干部队伍建设纳入南宁市干部队伍建设总体规划。至年末，南宁市有正科级以上党外干部561名，其中正处级22人，副处级137人，正科级402人。平均年龄39.30岁，具有全日制大学本科以上学历464人，占81.80%，专业覆盖城建、经济、教育、医学、农业等。对党外干部实行动态管理。规范使用“无党派人士”政治面貌。调整完善2007年以来登记确认的无党派人士信息，新认证无党派代表人士14名，南宁市无党派人士增至242名。

（黎芷宏）

市直机关党的建设

【概　况】 2013年，中共南宁市直属机关工作委员会(简称“市直机关工委”)直接管辖机关党组织103个，其中机关党委48个、党总支16个、党支部39个；间接管辖党组织858个，其中党委20个、党总支31个、党支部807个。党员1.79万名，其中在职党员1.17万名，离退休党员4834名，其他1336名。机关工会工委辖机关工会组织118个，会员1.03万名；机关妇工委辖机关妇女组织100个；团工委辖机关团组织54个，团员1605名。

【思想建设】 2013年，市直机关工委举办学习党的十八大精神及十八届三中全会精神培训班，培训党务干部1000多人次。开展以“送一本书、举办一个专题集中学习会、召开一次专题组织生活会、举办一次知识竞赛活动”四个一为载体的“党章集中学习月”活动。发放《十八大精神学习读本》《十八届三中全会精神学习辅导读本》、新修订的《中国共产党章程》等读物3.50万册；举办专题学习会1500多场次；召开专题组织生活会980多场次；举办“党的十八大精神学习暨新党章知识竞赛活动”，参加党员2.60万名。市直机关工委中心组学习“坚持中国特色社会主义理论自信”等理论专题6个；市直机关各党委(党组)参加中心组理论学习5480多人次；市直机关各党组织举办主题宣讲、报告会、辅导课、研讨班1850多场次，组织党员群众听理论宣讲、学术报告6万多人次。举办“领导干部时代前沿知识讲座”4期，邀请国内相关领域专家学者就“十八大报告的‘三农’发展解读”“国家安全形势”“加快建设社会主义法治国家”“中国城市化面临的挑战与对策”等专题进行讲学，全市副处级以上领导干部、市直机关党务干部听讲座4500多人次。举办“市直机关纪检干部培训班”“党内统计培训班”和群团业务知识等专题培训班7个，培训市直机关党务干部、工会干部、妇委会干部和团干部7000多人次。

【组织建设】 2013年，市直机关工委加强党建目标管理，与103个基层党组织签订党建目标管理责任书，建立机关党建分类指导工作机制，有4个三类党组织升级为二类党组织，8个二类党组织升级为一类党组织。推进市直机关党组织换届“公推直选”，完成换届基层党组织26个，新成立、调整、撤销基层党组织46个，市直部门所属相当副处级事业单位实现党政交叉任职11个。举办入党积极分子培训班2期，培训404人，发展新党员117名，审批预备党员转正205名。全年收缴党费400多万元，机关党员捐赠党内互助金26万多元，慰问困难党员1153名，发放慰问品和慰问金34万多元，发放党内互助金5万多元。推进先锋示范城创建，命名表彰市直机关级先锋示范岗293个、先锋示范点6个，先锋示范单位30个，先锋示范队伍13支，先锋示范品牌6个。市直机关获市委命名表彰先锋示范岗260个、先锋示范点2个、先锋示范单位15个、先锋示范队伍5支、先锋示范品牌1个。深化“岗位党旗红”主题实践活动，开展“十大先锋行”“四走四促四满意”“千个支部大结对，万名党员大服务”“机关党员服务园博会”等活动。参加重大工程项目建设服务和“美丽南宁·整洁畅通有序大行动”党员5万多人次。

【党风廉政建设】 2013年，市直属机关工委开展“学党章、守纪律、转作风”主题教育活动。市直机关各单位主要领导带头上廉政党课，在全市廉政课讲稿评选活动中，市直机关5篇讲稿获一等奖、7篇讲稿分获二、三等奖。组织600多名党务干部参观市廉政教育基地。与103个机关党组织签订党风廉政建设责任书。制定《市直机关工委贯彻落实中央〈关于实行党风廉政建设责任制的规定〉实施办法(试行)》。贯彻落实党中央、自治区党委、市委有关转变作风，密切联系群众八项规定。开展公开承诺活动，自觉接受群众监督。开展会员卡专项整治活动。

【精神文明建设】 2013年，市直属机关工委开展“关爱山川河流，建设美丽广西”“美丽南宁 先锋绿城”“绿满邕江”义务植树、“书香绿城”全民阅读等活动，干部职工参加2500多人次；市直机关志愿者注册人数8800人；举办“道德讲堂”160多场次。组织开展“市直机关迎新春游园活动”、第十三届“寻爱之旅”单身职工联谊活动、市直机关“民族团结杯”健身趣味运动会、“生命高于一切·2013年市直机关红十字应急救护技能比赛”、市直机关青年“五人制”足球比赛、首届市直机关青年桌游竞技比赛、纪念三八国际妇女节大会暨“康为先·正都”杯巾帼风采文明礼仪大赛等活动，参加活动2500多人次。

【群团工作】 2013年，市直属机关工委加强工会、妇女、共青团等群团组织建设，15个工会组织、12个妇委会、21个团组织完成换届选举，新成立机关妇委会3个，新增工会组织3个。加强“职工书屋”建设和管理，为市中级人民法院、市检察院、市司法局、市交通运输局、市广播电影电视局、市妇联等6个机关工会“职工书屋”配送价值4万余元书籍。开展市直机关“最美劳动者”评选活动，向市总工会推荐“最美劳动者”10人。举办巾帼建功先进评比表彰活动、五四表彰会。组织100多名妇女参加市妇联举办的“植百年巾帼树 造家庭幸福林”活动；召开市直机关优秀青年学习习近平总书记五四讲话精神座谈会。开展“服务职工促和谐”帮扶活动、“金秋助学” 活动、“关爱留守儿童 爱心伴成长” 青年志愿者活动、“爱心妈妈”志愿者服务和母亲邮包活动等。工会工委慰问困难劳模、困难职工9人次，发放慰问款物2.04万元。市直机关各工会组织慰问困难职工345人次，发放慰问款物16.93万元；筹集65.40万元，资助困难学生179人。市直机关青年志愿者与留守儿童结成帮扶对子60多对，捐款捐物价值2万多元。募集“母亲邮包”292个，价值4.49万元。

10月28日，全国城市机关党建工作经验交流会在南宁举行，南宁市“创建先锋示范城”活动经验获与会代表肯定。图为与会代表在市国税局参观

周家志 摄

【第二十五届全国城市机关党建工作经验交流会】 2013年10月28日至29日在南宁市举行。北京、天津、上海、广州等65个城市200名机关工委领导、党务工作者参加会议。中央直属机关工委副书记李勇，中央国家机关工委副书记俞贵麟，自治区党委常委、市委书记余远辉，中央直属机关工委委员、研究室主任张辉，《中直党建》杂志社社长、总编辑顾祥胜，《紫光阁》杂志社社委会成员裴季壮，自治区直属机关工委副书记苏德明，市委副书记李泽，市委常委、组织部部长班忠柏等出席会议。市委常委、秘书长、市直机关工委书记杨维超主持会议。自治区党委常委、市委书记余远辉致开幕词，中央国家机关工委副书记俞贵麟作开幕式讲话，中央直属机关工委副书记李勇在闭幕式上作讲话，市委副书记李泽致闭幕词。会议印发《第二十五届全国城市机关党建工作经验交流会交流材料汇编》。北京、长春、武汉、深圳、济宁等5个城市代表作大会发言。期间，与会代表讨论中央国家机关工委研究室《加强和改进中央国家机关党的建设的意见（征求意见稿）》，座谈交流城市机关党建工作的成果和经验，探讨如何深入贯彻落实党的十八大精神，进一步推进机关党的建设。会议安排与会代表参观考察南宁市规划展示馆、广西园博会园区、南宁保税物流中心、南宁市创建先锋示范城展示基地、南宁市国家税务局、南宁青秀山管委会等。会议商定，第二十六届全国城市机关党建工作经验交流会定于2014年在青海省西宁市召开，由西宁市直属机关工委承办。 (蓝 迅)

政策研究

【概 况】 2013年，中共南宁市委政策研究室围绕“服务市委、服务基层”的目标，深入实际开展调研，强化政研汇报沟通，切实加强自身建设，全面提升以文辅政水平，充分发挥市委智囊团、参谋部的职能作用，服务好市委科学决策、市政府科学施政，为提升首府南宁在广西经济发展中的首位度做出贡

献。开展重大课题和专题调研10项，牵头和参与起草市委、市政府重要政策文件17份，参与起草市领导讲话材料、接受媒体采访稿及重要汇报材料7篇，出版发行《南宁工作研究》6期，印发《决策参考》8期，编辑出版政研工作成果选编4本，向市委办公厅报送并被采纳信息23条。

【课题研究与专题调研】 2013年，市委政研室围绕南宁市经济社会发展的重点难点问题，开展重大专题调研和课题研究，为市委的科学决策提供战略性、前瞻性的决策服务。牵头协助市领导完成《关于南宁发展现代工业的问题》《市委办公厅在执行中央八项规定中的作用》等专题研究。开展《南宁市经济发展情况分析报告》《当前南宁市经济发展若干问题研究》《关于当前南宁市财政与经济增长相关问题的研究报告》等经济发展分析系列专题研究。在《南宁市经济发展情况分析报告》中，对南宁市2012年、2013年第一季度主要经济指标进行比较分析，对南宁市经济发展的现状进行研判，提出推动经济发展的“四个突破”“七项重点”工作建议；在《当前南宁市经济发展若干问题研究》中，就当前经济发展形势对南宁市经济发展中的产业发展、财政收入、经济发展动力、推进城镇化、民生保障、发展环境等若干问题进行深入分析研究，提出相应的工作思路及措施；在《关于当前南宁市财政与经济增长相关问题的研究报告》中，联合市直有关部门以及城区、开发区等就如何壮大工业财源、服务业财源、金融业财源专题进行调研。开展交通运输管理专题调研。牵头联合市交通运输局、市编办、市政府发展研究中心、市委党校、市社科院等部门开展“南宁市部分城市道路转变为公路管理改革及治理车辆超限超载”专题调研，其中“关于对南宁市治超治限工作的对策建议”获自治区党委常委、市委书记余远辉批示；牵头联合市交通运输局、市轨道办、市轨道公司等部门单位开展城市轨道交通运营管理机制研究，对南宁市城市轨道运营管理等问题进行深入的研究分析并提出对策建议。开展“加快推进特色城镇化、提升城市品质”课题研究并形成报告，提出要突出打造壮乡特色、国际风貌及生态宜居环境，推动南宁形象品质实现全面提升的总体思路；开展“建设全国一流的现代生态文明城市”专题研究，与自治区社科院有关专家到市园林局、市环保局等单位进行调研，形成《加快推进南宁市现代生态文明城市建设研究》课题研究报告；申报《南宁提升城市现代生态文明水平对策研究》软科学课题，获市科技局立项；牵头开展“理顺大明山管理体制”专题调研，对大明山管理体制、发展空间、财政支持等问题进行实地调研，并结合外地先进景区经验形成《建设对旅游业更具引领带动力的大明山风景旅游区——进一步理顺大明山风景旅游区管理体制机制的调研建议》调研报告，获市长周红波批示。

【政策文件研究起草】 2013年，市委政研室牵头和参与起草一批对南宁市经济社会发展具有重要指导作用的政策性文件。牵头起草贯彻党的十八届三中全会精神文件《中共南宁市委关于全面深化改革　奋力提升南宁首位度的决定》。牵头起草“美丽南宁”建设系列文件《“美丽南宁·清洁乡村”活动实施方案》《“美丽南宁·整洁畅通有序大行动”实施方案》。牵头起草推动南宁市重点工作政策文件8份：《中共南宁市委　南宁市人民政府关于进一步推进国有企业改革发展的实施意见》《南宁市人民政府办公厅关于推动国有企业改革发展的若干政策》《关于贯彻自治区旅游业发展文件精神　推动我市旅游业跨越发展的若干意见》以及《加快青秀山风景旅游区跨越发展的若干意见》《进一步加快大明山旅游发展的若干意见》《中共南宁市委　南宁市人民政府关于加快吴圩空港经济区建设　推进南宁经济技术开发区跨越发展的若干意见》《南宁市推进县域经济跨越发展工作方案》、“加快推进特色城镇化、提升城市品质”相关综合性政策文件。参与起草修改政策文件6份：《南宁市贯彻落实李克强总理关于广西要成为西南、中南地区开放开发的新的战略支点重要讲话精神工作方案》《关于建设“智慧南宁”的决定》《“智慧南宁”建设总体规划》《关于进一步激发干部干事创业活力的若干意见》《关于加快大明山风景旅游区建设的若干意见》《南宁市人民政府关于深入开展车辆违法超限超载综合治理活动方案》。对《关于深化科技体制改革加快南宁创新体系建设的实施意见》《企业总部等项目自持部分适用范围及比例要求》《关于南宁市进一步鼓励和引导民间投资的若干政策建议》等30多份征求意见稿提出修改意见。

【重要综合文稿起草】 2013年，市委政研室完成市领导讲话材料、采访稿和重要汇报材料等重要文稿7篇：牵头起草原自治区党委常委、市委书记陈武接受香港文汇报采访的背景材料；参与起草自治区党委常委、市委书记余远辉接受香港文汇报采访的采访稿；牵头起草自治区党委常委、市委书记余远辉在南宁市上半年工作会议上的讲话（初稿）；牵头起草市长周红波接受《加油鼓劲·腾跃广西》自治区媒体采访组采访的背景材料；牵头起草市委副书记在南宁市农村工作会议上的讲话材料；参与起草《南宁市2013年上半年经济运行情况和下半年工作计划》；牵头起草南宁市城镇化发展情况材料。　（周建华）

机构编制

【概　况】 2013年，南宁市推进政府职能转变和政府机构改革，抓好重点领域和关键环节改革，推进事业单位分类改革，创新机构编制管理。召开市机构编制委员会委员会议5次，审议议题110个。南宁市机构编制委员会办公室（简称“市编办”）会同市人力资源和社会保障局、市财政局研究出台《关于进一步加强对市直机关事业单位利用财政资金聘用外聘人员管理的通知》，对市本级事业单位利用财政资金聘用外聘人员进行清理，明确外聘人员申报管理制度、工作程序及相关管理规定，加强对部门单位外聘人员的管理；研究出台机关事业单位科级职数管理办法，印发《南宁市市直机关事业单位科级职数管理暂行办法》，进一步明确市直机关事业单位在科级职数核定、职数使用、监督检查等内容，强化科级领导职数、非领导职数的核定、使用和监管。

【五象新区管理机构组建】 2013年2月8日，自治区党委、自治区政府同意组建中共南宁五象新区规划建设工作委员会、广西南宁五象新区规划建设管理委员会，实行一个机构、两块牌子管理模式。市机构编制委员会根据自治区文件精神，对五象新区党工委、管委会进行“三定”(定机构、定职能、定编制)，印发《关于调整广西南宁五象新区管理机构有关机构编制事宜的通知》，增加五象新区人员编制，调整管委会内设机构和领导职数。完善五象新区国土分局、规划分局的设置，调整设立五象新区机关事务管理局、城市管理综合行政执法大队、建设工程质监站、征地拆迁办等事业机构，完成五象新区管理机构组建。

【龙象谷管理机构组建】 2013 年，南宁市根据自治区编委关于南宁龙象谷国际旅游度假区管理机构有关问题的批复，成立中共南宁龙象谷国际旅游度假区工作委员会、南宁龙象谷国际旅游度假区管理委员会，分别为市委、市政府派出机构。龙象谷党工委与龙象谷管委会合署办公，一个机构、两块牌子，机构级别为正处级。4 月 8 日，印发《市委办公厅、市人民政府办公厅关于<中共南宁龙象谷国际旅游度假区工作委员会、南宁龙象谷国际旅游独家区管理委员会主要职责、内设机构和人员编制规定>的通知》，完成对龙象谷管理机构的“三定”。

【高新区与相思湖新区机构合并】 2013 年，市编办根据市委、市政府将南宁相思湖新区与南宁高新技术产业开发区合并的决策部署，研究相思湖新区与高新区合并组建新的高新区涉及的机构编制问题。新高新区管委会机构规格调整为副厅级。8 月 12 日，市委办公厅、市政府办公厅印发《关于印发<中共南宁高新技术产业开发区工作委员会 南宁高新技术产业开发区管理委员会主要职责、内设机构和人员编制规定>的通知》，对机构规格调整为副厅级的高新区重新“三定”，整合资源、优化配备，拓宽高新区发展空间。至年末，相思湖新区与高新区合并组建新的高新区调整、划转到位。

【南宁—东盟经济开发区更名升级】 2013 年 3 月 2 日，国务院办公厅批复同意广西—东盟经济开发区升级为国家级经济技术开发区，南宁市做好东盟开发区管理机构更名申报。6 月 19 日，自治区编委批复同意将南宁—东盟经济开发区管理委员会(南宁华侨投资区管理委员会)更名广西—东盟经济技术开发区管理委员会(南宁华侨投资区管理委员会)。

【县(区)开发区(园区)管理整合优化】 2013 年，南宁市根据工业产业发展需要，整合市辖各县(区)管理的开发区(园区)，按照每个县(区)只设置 1 个开发区(园区)管理机构的原则，将县(区)管理的 24 个园区管理机构整合为 12 个，重新明确管理职责、领导职数、内设机构。明确县(区)开发区(园区)管理机构书记由县(区)党委书记兼任，管委会主任由县(区)长兼任。

【城管监督评价机构调整】 2013 年，南宁市将市城市管理局管理的市城市管理监督中心调整为市政府直属事业单位，更名南宁市城市管理监督评价中心；将市城管指挥中心从市城管执法支队剥离，与市城管监督评价中心合署办公。市城市管理监督评价中心（市城市管理指挥中心）主要承担城市综合管理长效机制考核，减少城市管理问题处置协调环节，推进城市综合管理考核评价长效化、常态化职责。

【城市管理综合执法机构调整】 2013 年，南宁市调整城区、开发区城管大队机构设置，解决城区、开发区综合行政执法队伍的综合执法与专业执法相互衔接等问题。加强制止和查处违法用地违法建设的执法力量，在市和城区、开发区城市管理综合执法机构原有人员编制的基础上调剂增加 20%，缓解城市管理执法力量不足问题。

【统筹城乡发展机构成立】 2013 年，南宁市针对统筹城乡发展力量薄弱、改革配套政策滞后、统筹城乡改革试点推进慢等问题，研究设立市统筹城乡改革发展工作委员会，为市委管理的行政机构。加大跨部门调剂编制的力度，从市发改、教育、农业、人社、国土资源等 12 个部门调剂行政编制，解决新成立的市统筹委人员和编制问题。指导县(区)开展统筹城乡发展机构的设置，明确职责、配备人员。

【公共资源交易管理体制改革】 2013 年，南宁市根据中央、自治区改革公共资源交易管理体制的精神，按照“一委一办一中心”的模式，成立市公共资源交易监督管理委员会及其办公室，市公共资源交易管理委员会办公室与市政务管理办公室合署办公，承担公共资源交易综合监管职责；将事业单位性质的市政府集中采购中心、市国土资源交易中心与企业性质的南宁建设工程交易中心、广西联合产权交易所有限公司的公共资源交易环节的职能业务进行整合，组建市公共资源交易中心，为市政府直属全额拨款事业单位，负责公共资源交易的具体服务业务，实现公共资源统一集中交易、集中监管。

【食品药品监督管理体制调整与改革】 2013 年，南宁市被列为自治区推进食品药品监督管理体制改革试点城市。将市食品安全委员会办公室、市食品药品监督管理局的全部职能与市工商局、市质量技术监督局的食品安全监管、药品管理职能进行整合，组建新的市食品药品监督管理局，为市政府工作部门，对辖区内食品药品实行集中统一监管；市食品药品监督管理局增挂市食品安全委员会办公室牌子。将市食品药品监督所调整设立为市食品药品稽查支队，增挂市食品药品安全投诉举报受理中心牌子。整合设立市食品药品检验所，增挂市药品不良反应监测中心，承担食品药品检验检测职责。设立市食品药品监督管理局审评认证中心、市食品药品安全信息与监控中心，为市食品药品监督管理局的相当正科级全额拨款事业单位。市辖各城区设立食品药品监督管理局，为城区政府工作部门。城区食品药品监督管理局增挂城区食品安全委员会办公室牌子。各城区设立食品药品稽查大队，为城区食品药品监督管理局管理的相当正科级全额拨款事业单位。高新区食品药品监督管理职责由高新区管委会内设机构承担，南宁经济技术开发区、东盟经济技术开发区管委会各增加 1 个内设机构限额，用于设置食品药品监督管理局。各开发区设立食品药品稽查大队，为开发区管委会管理的相当正科级全额拨款事业单位。市辖各县将食品安全委员会办公室由设在食品药品监督管理局调整为在食品药品监督管理局挂牌。将各县食品药品监督所调整设立为县食品药品稽查大队，增挂县食品药品安全投诉举报受理中心牌子，为各县食品药品监督管理局的相当正科级参照公务员法管理事业单位。县辖78个乡镇均设立食品药品监督管理所，作为县食品药品监督管理局的派出机构。乡镇（街道）食品药品监督管理所所长由乡镇（街道）1名副乡镇长（街道办副主任）兼任，设常务副所长1名，按副科长级配备。六城区、开发区所辖或托管的24个乡镇、25个街道办事处均设立食品药品监督管理所，作为城区食品药品监督管理局的派出机构或开发区管委会管理的机构。

【土地储备管理体制改革】 2013年，南宁市将南宁高新技术产业开发区、南宁经济技术开发区、东盟经济技术开发区土地储备中心的隶属关系调整由市国土资源局管理，将六城区土地储备中心由城区管理调整为市土地储备中心的分支机构，实现城市规划范围内土地的统一规划、统一储备、统一整理、统一供应和统一管理。

【应急管理体制调整】 2013年，南宁市整合市城市应急联动中心、市政府应急管理办公室、市公安局指挥中心的职责，将市城市应急联动中心、市政府应急管理办公室列入公安序列。市城市应急联动中心与市政府应急管理办公室、市公安局指挥中心实行三块牌子、一套人马的管理体制，构建调度统一、反应迅速、运转高效的应急管理模式，提高处置突发事件的能力。

【青秀山管理职能调整】 2013年，南宁市调整青秀山管委会的管理职能，将青秀山范围内的城市管理综合行政执法职能、组织实施房屋征收补偿和征地拆迁职能、建筑工程质量监管职能的承担主体由青秀区政府调整为青秀山管委会；明确青秀山风景名胜区范围内破坏景观植被、非法采石取土、破坏卫生环境等违法行为的行政处罚权由青秀山管委会行使，纳入城市管理综合行政执法范围。根据职能调整，健全完善青秀山管委会安监局、城管大队、建筑工程质监分站等机构编制。

【事业单位分类改革】 2013年，南宁市、县（区）完成事业单位清理规范。撤并或整合规模过小、职责相近、职能萎缩的事业单位65个；基本完成南宁市事业单位分类，按事业单位社会功能分为行政类、公益类（公益一类、二类）、生产经营类3个类别；稳步推进生产经营类事业单位改革，指导市地产业总公司、市房产业总公司、市市场开发服务中心等3家生产经营类事业单位开展转企改革。

【教育教学机构编制】 2013年，南宁市开展教育布局调整，批复成立市桃花源小学、市奥园小学、南宁—东盟经济开发区（南宁华侨投资区）第二小学、隆安县第二幼儿园等学校，为新建、扩建、扩招4所学校核增教职工编制187名。推进教育管理体制改革，根据学前教育三年行动计划要求以及有关教育编制新标准，重新核定南宁市1700多所中小学校、特教学校教职工编制，拟定93所新建、扩建公办幼儿园的机构编制方案上报自治区审批，推动教育均衡发展。

【医疗卫生服务体系建设】 2013年，南宁市推进第二批县级公立医院改革试点，指导横县、宾阳县、上林县、马山县、隆安县5个公立医院改革试点县做好人员编制的核定上报。将南宁急救医疗中心从南宁市第二人民医院剥离，独立设置为市卫生局管理的事业单位，进一步健全完善南宁市卫生服务体系。

【社会保障机构建设】 2013年，南宁市批复六县组建县级社会保险事业局，为相当正科级机构规格。增加市城乡居民最低生活保障管理办公室（市低收入家庭经济状况核对中心）以及县（区）城市低收入家庭收入核对工作机构的编制，增强服务民生的能力。

【机构编制动态管理】 2013年，南宁市坚持“严控总量、盘活存量、优化结构、增减平衡”的原则，盘活机构编制资源，将有限的机构编制资源向重点领域、关键环节和民生事业倾斜。强化对台经济合作交流工作职能，将市台办由市委统战部挂牌机构调整为市委工作机构。调整完善市政府征地拆迁办、市经济适用住房建房发展中心、市建筑管理处等部门单位的职能。增加市商务局组织开展打击走私贩私的联合专项行动的职责。批复设立市城市轨道交通建设服务中心、五象湖公园等事业单位10个，对70多个机关事业单位涉及的机构名称、业务范围、规格、经费形式、内设机构、人员编制和领导职数等进行调整。

【机构编制实名制建设】 2013年，南宁市推进实名制管理，完善实名制数据库信息系统体系建设，市、县（区）全部建立实名制数据库，启用实名制软件办理出入编业务。市本级通过实名制管理系统办理入减编事项2000多项。按照自治区机构编制部门电子政务建设5年规划的要求，组建实名制系统独立内网，实现机构编制数据的实时更新、动态管理以及查询、统计、分析功能的自动化，南宁市被自治区列入机构编制内网接入自治区党委系统业务网试点城市。

【公益中文域名注册】 2013年，南宁市机关、事业单位中文域名注册完成4927个，注册率95%，续费率95%以上，中文域名注册总量自治区排名第一，注册率自治区排名第二。南宁市所有已注册中文域名的机关、事业单位开始使用网络红页。

【事业单位登记管理】 2013年，南宁市对4307个事业单位进行年检，年检率99.80%，合格率99.80%。办理事业单位法人设立登记99个、变更登记2005个、注销登记64个。

【机构编制监督检查】 2013年，市编办会同监察部门对县（区）机构编制执行情况进行督查，对存在超编超配的5个县（区）以市编委名义下文进行通报，提出整改期限。会同市委组织部、市财政局、市纠风办、市公务员局等单位开展“吃空饷”专项清理工作，对机关事业单位“吃空饷”问题进行清理整顿；将机构编制执行情况、分类推进事业单位改革、推进机构编制信息化建设等列入年度绩效考评范围;做好“12310”举报电话的受理,及时查处机构编制违纪违规问题。

【机构编制专题调研】 2013年,市编办对政府各工作部门的履职情况、开发区(园区)现行的管理体制等进行调研。参与自治区编办组织的大调研活动,获奖论文14篇,其中《县(市)机构编制管理机关责权问题研究》获优秀成果特别奖,南宁市被自治区编办评为优秀组织单位。《广西南宁五象新区管理体制调整的调研报告》转化为自治区党委、政府的决策,批准成立南宁五象新区规划建设管理委员会。

(黄振生 路 焕 叶 欢)

老干部事务

【概 况】 2013年,南宁市有离休干部936人。其中:市区(含六个城区、东盟经济园区)682人,武鸣县59人,横县51人,宾阳县53人,上林县27人,马山县48人,隆安县16人;行政机关285人,事业单位240人,企业单位411人;享受正副省级单项医疗待遇2人,正副厅(局)级(含享受)43人,正副处(县)级(含享受)707人,享受正副乡(科)级待遇174人,享受其他待遇10人;第二次国内革命战争时期入伍的1人,抗日战争时期入伍的87人,解放战争入伍的848人;70岁~79岁22人,80岁~89岁751人,90岁以上163人。

【老干部政治学习】 2013年,南宁市委老干部局(简称“市委老干部局”)组织离退休干部开展政治理论学习,通过宣讲会、报告会、辅导会、支部学习会等形式,帮助老干部加强对党的十八大和十八届一中、二中、三中全会等重大会议精神以及科学发展观的学习;给老干部订阅党报党刊,做到离休干部人手一份报纸、一份杂志;发放《离退休干部党支部学习参考》6期900多份,征订《老年知音》3300多份,编印《南宁市老干部工作简报》2期1100份。10月12日,举办全市离退休干部政治经济形势报告会,自治区党校廖胜平教授作题为“同心共筑中国梦”专题宣讲,老干部听讲座300多人。

【老干部文体活动】 2013年元旦、七一、国庆节,市委老干部局在中华电影院、中影国际影城举办电影招待会3场,7000多名老同志观看电影《大上海》《光辉岁月》《周恩来的四个昼夜》。1月23日,在市老干部活动中心举办离退休干部春节游园会,约1500名老同志参加文艺表演、猜谜、写春联等游园活动。3月29日至30日,在市老干部活动中心举办离退休干部麻将比赛,50多个单位400多名老同志参加。6月,市老年大学在广西艺术学院举办第34届同乐会文艺会演,演出节目30个,参与老同志近1000人。9月至10月,举办离退休干部“多彩金秋”文化活动周,市级活动主要有广场舞、健身操表演、电影品鉴会、诗词吟唱会、门球比赛、政治经济讲坛、养生讲坛等,各县(区)、各有关单位于重阳节前后组织开展文化活动。共举办“多彩金秋”文化活动110多场,参加老同志1.02万人次。组织离退休干部参加广西首届“多彩金秋”文化活动,其中门球队获优胜奖(一等奖),象棋队获自治区第四名,获展出的书画作品8幅、手工作品9件、文学作品集15本、摄影作品2幅。市老干部活动中心开展健身、棋牌、桌球、乒乓球、门球、跳舞等活动,参加老干部16万人次;市老年大学开设11个系、29个专业、109个班,老年学员2500多人。全市参加文体活动的老同志70多万人次。

9月27日,南宁市“多彩金秋”文化活动周启动仪式在市老年人活动中心举行。图为功夫扇表演　　黄 飚 摄

【老干部慰问】 2013年元旦、春节期间,市四家班子领导分别走访慰问曾任过南宁市领导的省级以上离退休老领导11人,登门慰问市四家班子离退休老领导40人;市委组织部、市委老干部局、市人力资源和社会保障局分组看望因病住院的老干部和处级退休干部近300人;登门慰问困难离休干部及离休干部遗孀13人。为90岁以上离休干部、80岁以上的市、县(区)四家班子离退休老领导生日祝寿1000多人;到医院看望住院老干部1000多人次,登门看望老干部1300多人次。5月5日,自治区党委常委、市委书记余远辉登门慰问杨玉茂、曾东江、何国元、梁冠文、张发良、封家骧等老红军、老领导。

【老干部医疗保健】 2013年,南宁市离休干部的医疗参保实现全覆盖,市属离休干部参保人数936人,参保率100%,人均参保统筹金额每年2.76万元,人均医疗费用支出8万元以上,支出保障水平居自治区前列。组织全市1000多名离休干部和市四家班子退休老领导进行健康体检,建立离休干部健康档案,建立和完善离休干部疾病预防机制。落实自治区有关提高离休干部护理费标准的精神,协调相关部门联合转发自治区《关于提高离休干部护理费标准的通知》《关于提高生活长期不能自理的离休干部护理费标准的通知》《关于加强离休干部亲情化服务工作的通知》并协调、配合相关部门督促检查。红军时期参加革命工作的老干部护理费由每人每月800元提高至 1600 元，抗日战争时期参加革命工作的老干部护理费由每人每月 400 元提高至 800 元，解放战争时期参加革命工作的老干部护理费由每人每月 200 元提高至 400 元，生活长期不能自理的老干部护理费由每人每月 600 元提高至 1000 元，9 月，市县各级全部落实到位，发放到位。

【专题调研】 2013 年，市委老干部局开展落实离休干部护理费、"文化养老"建设问题等专题调研，形成《关于提高我市离休干部 2013 年护理费标准落实情况的调查报告》《关于以老年大学助推"文化养老"的思考》等调研报告，其中《关于以老年大学助推"文化养老"的思考》被自治区党委老干部局评为自治区 2013 年度老干部工作部门调研成果一等奖。

【为老干部办实事】 2013 年，市委老干部局协调有关部门、单位为老干部办好事实事。主要有：继续完善和加强"援通呼叫系统"建设，受理老干部紧急呼叫 201 人次，家政及咨询服务呼叫 1260 人次；协调解决市属非国有或非国有控股企业 260 名离休干部的统筹外经费（含特需经费、春节慰问费、健康疗养费）25.20 万元；协调有关部门妥善解决企业离休干部一次性抚恤金提高至 40 个月基本工资的贯彻落实问题；协调处理异地居住离休干部的参保、相关待遇和服务管理问题等。帮助协调解决老干部个人反映的实际困难和问题。如：帮助 1 名老红军妥善解决居住条件改善问题；协调解决自治区下放企业赖氨酸厂 5 名离休干部的统筹外经费和安置管理服务问题；协调相关部门妥善解决卫生学校黎塘片区 3 名离休干部参加市医疗统筹问题；协调解决市艺术剧院 1 名离休干部比照正处待遇享受生活性补贴的问题，补发生活性补贴 6 万多元；协调相关部门帮助 3 名老干部遗孀解决遗属困难补助问题等。（李　娟　黄　飚）

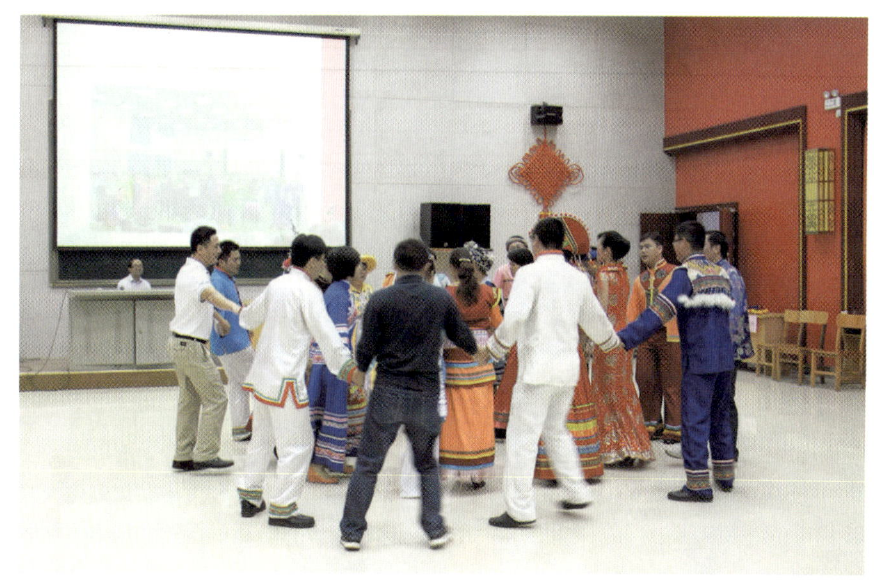

10 月 24 日，市委党校特色课程之一项目制教学在秋季主体班上开展

市委党校提供

党校教育

【概　况】 2013 年，中共南宁市委党校（南宁市经济干部学院、南宁市行政学院、南宁市社会主义学院）举办建校 55 周年庆祝大会暨 2013 年秋季主体班开班典礼。自治区党委常委、市委书记余远辉在庆祝大会上作重要讲话，对党校的改革和发展提出明确要求，提出"努力把市委党校办成西部地区省会城市一流的党校"的奋斗目标。市委党校获"学用政策抓落实、强化执行促跨越"活动考核优秀单位、南宁市反腐倡廉培训工作先进奖、广西党校（行政院校）系统工作创新成果一等奖、广西党校（行政院校）系统首届先进科研工作单位、广西党校（行政院校）系统第二届文化艺术节二等奖、2013 年《科技日报》新闻报道先进单位等荣誉 10 余项。

【教育培训】 2013 年，市委党校完成主体班培训 57 期，培训 8177 人，比上年增长 24.86%。承接计划外办班 130 期，培训 6.71 万人，增长 147.67%。深化教学改革，将学习宣传党的十八大精神列入 2013 年春季、秋季主体班的教学，开发专题课程 21 门，邀请包括中央党校、国防大学、新加坡国立大学以及自治区、南宁市相关部门领导在内的 50 多位国内知名专家学者来校授课；开设班次有党政正职班、土地运营班、城市规划与城市经济班、资本运作班、经济干部班、旅游管理与环境保护治理班、交通发展与管理班、乡科级领导干部进修一班、乡科级领导干部进修二班、市管企业正职班等；创新课程选学与项目招标，列出 20 个专题班次、数百门前沿课程供学员选择，将 16 个外出培训班次面向社会进行公开招标，从课程设置、教学方式、师资力量、食宿安排和项目预算等方面确定合作单位。创新培训模式，充实完善"党校+高校+基地"的培训模式，将党的理论教育、现场体验教学和专业素质提升三者相结合。规范学制，推行分类调训的方式，根据干部需要分类培训和确定学制。初步形成"党性教育特色""南宁地方特色""干部教育特色"三大特色课程体系。加强理论宣传，推荐 10 余位同志深入市直各单位、厂矿、企业、社区、农村宣传解读党的十八大精神。继续加强教研基地的开发与建设，在南宁市少数民族流动人员服务中心成立"民族团结教育"教学科研基地，是市委党校在广西区内挂牌成立的第 13 个教学科研基地，也是市委党校《建设民族团结"首善之区"的路径和保障》项目制教学的现场教学场地。继续加强对县（区）党校的业务指导。按照"七个一"的既定计划，支持市辖县委党校每校一个科研课题，组织举办"2013 年南宁市党校系统教师及干部培训班"，协助县（区）党校举办培训班，以委派优秀教师授课等形式，提高县（区）党校的培训质量与培训效果。

【科学研究】 2013 年，市委党校围绕重大理论与实际问题，以市情课题为重点，向市委提交内参《党校咨政专报》2 篇；公开出版著作 2 部（《2012 年南宁市市情研究报告》《新征程　新跨越——南宁市党校系统学习贯彻十八大精神理论文集》），出版《中共南宁市委党校学报》6 期；立项各级课题 87 项，其中省级 7 项、市级 24 项、校级 56 项；公开发表学术论文 50 篇，其中省级 20 篇，市级 28 篇；入选各级研讨会论文 57 篇；科研成果获各种等次奖项61项,其中获省级一等奖12项,二等奖16项,三等奖27项。继续打造"党理轩"理论宣传品牌,在《当代广西》《广西日报》《南宁日报》等报刊以"党理轩"笔名发表理论宣传文章12篇。与广西党校(行政院校)系统社会科学界联合会联合举办第二届"桂海论坛"理论研讨会,主题为"以北部湾经济区为核心把广西建设成为中国西南中南地区开放发展新的战略支点"。特邀清华大学教授、博导韩冬雪,中国人民大学教授、博导孙久文,南开大学教授、博导江曼琦,广西大学教授、博导范祚军等专家作主题发言。论坛收到论文109篇,评出获奖论文73篇。 (唐 英)

南宁市人民代表大会

重要会议

【市第十三届人民代表大会第四次会议】 2013年2月20日至22日,在南宁人民会堂举行。应到代表494名,实到代表454名。南宁市选举产生的自治区十二届人大代表,不是市人大代表的市委常委,市政府副市长,市政协副主席、秘书长,市委、市人大常委会、市政府副秘书长,市委各部、委、办、局主要负责人,市人大各专委、常委会各部门副处级以上干部,市政府各委、办、局主要负责人,市中级人民法院副院长,市检察院副检察长,市各人民团体主要负责人,市级双管单位及其他有关单位主要负责人207人列席。会议听取和审议市政府工作报告;审查和批准市2012年国民经济和社会发展计划执行情况与2013年国民经济和社会发展计划草案的报告,批准2013年国民经济和社会发展计划;审查和批准市与市本级2012年预算执行情况和2013年预算草案的报告,批准市本级2013年预算;听取和审议市人大常委会工作报告、市中级人民法院工作报告、市检察院工作报告;审议《南宁市人民代表大会议事规则(修订草案)》。期间,代表提出议案、意见和建议256件。会议以电子表决的方式,表决通过关于市政府工作报告的决议;关于市2012年国民经济和社会发展计划执行情况与2013年国民经济和社会发展计划的决议;关于南宁市与市本级2012年预算执行情况和2013年预算的决议;关于市人大常委会工作报告的决议;关于市中级人民法院工作报告的决议;关于市人民检察院工作报告的决议;《南宁市人民代表大会议事规则》。自治区党委常委、市委书记陈武在大会上发表讲话。

【市第十三届人民代表大会常务委员会会议】 2013年,召开会议7次。

第12次会议 1月15日,在市人大常委会会议厅召开。市人大常委会主任谢寿堂主持。会议审议通过市人大常委会关于2月20日召开南宁市十三届人大四次会议的决定和关于会议列席人员的决定。会议审议自治区、市人大代表2012年年终视察6个视察组的视察报告。表决通过谢学文等9位同志的任免职事项。

第13次会议 2月17日,在市人大常委会会议厅召开。市人大常委会主任谢寿堂主持。会议审议通过市十三届人大四次会议议程(草案);市十三届人大四次会议主席团和秘书长名单(草案)。听取和审议市人大常委会代表资格审查委员会关于个别代表的代表资格审查报告、市人大常委会办公厅关于市十三届人大四次会议筹备工作情况的报告。审议《南宁市人民代表大会议事规则(修订草案)》。审议市人大常委会工作报告(草案)和市人大常委会2013年工作要点(草案)。表决通过《南宁市人民代表大会常务委员会任命国家机关工作人员法律知识考试办法》。表决通过唐咸兴等3位同志的任免职事项。

第14次会议 3月21日至22日,在市人大常委会会议厅召开。市人大常委会主任谢寿堂主持。会议听取和审议市政府关于2013年南宁市农业生产安排与当前春耕生产情况的报告和市人大常委会调研组的调研报告;组织与会人员到横县实地视察春耕生产情况;做出关于2013年南宁市农业生产安排和抓好春耕生产的决议。审议《南宁市城市供水节水条例(草案)》。表决通过李虹等43位同志的任免职事项。

第15次会议 5月20日至24日,在市人大常委会会议厅召开。市人大常委会主任谢寿堂主持。会议听取和审议市人大各有关专门委员会关于市十三届人大四次会议第2号、第6号、第9号、第10号、第18号、第35号代表议案的审查结果报告;听取和审议市政府关于《中华人民共和国社会保险法》实施情况的报告和市人大常委会执法检查组的检查报告;听取和审议市政府关于《中华人民共和国未成年人保护法》实施情况的报告和市人大常委会执法检查组的检查报告;听取和审议市政府关于《中华人民共和国归侨侨眷权益保护法》实施情况的报告和市人大常委会执法检查组的检查报告;听取和审议市检察院关于派驻乡镇检察室建设工作情况的报告和市人大常委会调研组的调研报告;审议《南宁市违法建设查处条例(草案)》(初次)、《南宁市房地产开发项目配套设施建设管理条例(草案)》(二审)、《南宁市城乡规划管理若干规定(草案)》(三审)、《南宁市人民代表大会常务委员会议事规则(修订草案)》。会议表决通过关于《南宁市城乡规划管理若干规定》的决定;关于市十三届人大四次会议第2号、第6号、第9号、第10号、第35号代表议案的决定;关于市十三届人大四次会议第18号代表议案的处理意见;关于进一步加强南宁市派驻乡镇检察室建设工作的决定;表决通过关于许可市人民检察院对李周安、廖源东采取强制措施的决定;关于废止《南宁市青秀山风景名胜区管理条例》的决定。

第16次会议 7月29日至30日,在市人大常委会会议厅召开。市人大常委会主任谢寿堂主持。会议听取和审议市政府关于南宁市2013年上半年国民经济和社会发展计划执行情况的报告;听取和审议市政府关于南宁市2013年上半年预算执行情况的报告;听取和审议市政府关于2012年南宁市本级决算草案的报告、2012年度南宁市本级预算执行和其他财政收支的审计工作报告,以及市人大财经委关于2012年南宁市本级决算草案审查结果的报告;听取和审议市政府关于《中华人民共和国农产品质量安全法》实施情况的报告和市人大常委会执法检查组的检查报告;听取和审议市政府关于农村三级医疗卫生服务网络建设情况的报告和市人大教科文卫委的调查报告。审议《南宁市违法建设查处条例(草案)》(二审)、《南宁市邕江流域水污染防治条例(草案)》(二审);审议自治区、南宁市两级人大代表2013年年中专题调研报告;听取和审议南宁市第十三届人民代表大会常务委员会代表资格审查委员会关于个别代表的代表资格审查情况的报告;表决通过麻宏明等21位同志的任免职、辞职事项。表决通过关于批准2012年市本级决算的决议。通过关于接受杨民辞职请求的决定，关于接受周裕平辞职请求的决定、关于接受莫小兵辞职请求的决定、关于接受罗思义辞职请求的决定。

第 17 次会议　9 月 25 日至 27 日，在市人大常委会会议厅召开。市人大常委会主任谢寿堂主持。会议听取和审议市政府关于实施邕江两岸综合整治工程情况的报告和市人大常委会专项工作评议调查组的调查报告，并进行满意度测评；听取和审议市政府关于《中华人民共和国环境保护法》实施情况的报告和市人大常委会执法检查组的检查报告；听取和审议市中级人民法院关于全市法院立案工作情况的报告和市人大常委会专项工作调研组的调研报告。审议《南宁市违法建设查处条例（草案）》（三审）；《南宁市饮用水水源保护条例（修订草案）》（初审）；《南宁市消防条例（草案）》（初审）；审议《南宁市人民代表大会常务委员会主任会议议事规则（修订草案）》；听取和审议南宁市第十三届人民代表大会常务委员会代表资格审查委员会关于代表出缺情况的报告。表决通过关于通过《南宁市违法建设查处条例》的决定；关于许可对市人大代表潘志甘采取强制措施的决定。表决通过郭敏等 30 位同志的任免职、辞职事项。

第 18 次会议　11 月 19 日至 22 日，在市人大常委会会议厅召开。市人大常委会主任谢寿堂主持。会议在听取和审议市政府专项工作报告和市人大常委会调研组调研报告的基础上，对"美丽南宁·整洁畅通有序大行动"实施情况进行专题询问；听取和审议市政府关于《南宁市国民经济和社会发展第十二个五年规划纲要》实施中期情况的报告和市人大常委会调研组的调研报告；听取和审议市政府关于 2013 年市本级预算调整方案（草案）的报告和市人大财经委的审查报告；听取和审议市政府关于 2012 年度市本级预算执行和其他财政收支审计查出问题整改情况的报告和市人大财经委的检查报告；听取和审议市政府关于南宁市 2013 年国民经济和社会发展计划主要经济发展预期目标调整方案（草案）的报告和市人大财经委的审查报告；听取和审议市政府关于南宁市学前教育三年行动计划执行情况的报告和市人大常委会调查组的调查报告；听取和审议市政府关于《南宁市养犬管理条例》实施情况的报告和市人大常委会执法检查组的检查报告；听取和审议市人大常委会立法后评估工作组关于《南宁市出租汽车客运管理条例》的立法后评估报告；审议《南宁市城乡容貌和环境卫生管理条例（修订草案）》（一审）、《南宁市饮用水水源保护条例（修订草案）》（二审）、《南宁市邕江河段水污染防治条例（修订草案）》（三审）；听取和审议市政府关于南宁市轨道交通 1、2 号线建设资金年度计划有关事项的报告和市人大财经委的审议意见报告；分别听取和审议市政府、市中级人民法院关于市十三届人大四次会议代表建议、批评和意见办理情况的报告，市人大常委会选举联络工作委员会关于市十三届人大四次会议以来代表建议办理工作督办情况的报告；听取和审议市十三届人大常委会代表资格审查委员会关于个别代表的代表资格审查情况的报告；审议并表决通过《南宁市人民代表大会专门委员会工作规则》；表决通过田文东、胡明朗等 8 位同志的任免职、辞职事项。会议做出关于批准 2013 年市本级预算调整方案的决议、关于批准南宁市轨道交通 1、2 号线建设资金年度计划的决议、关于批准南宁市 2013 年国民经济和社会发展计划主要经济发展预期目标调整方案的决议、关于接受廖洪涛辞职请求的决定、关于通过《关于修改<南宁市饮用水水源保护条例>的决定》的决定、关于通过《南宁市郁江流域水污染防治条例》的决定、关于接受赵红明辞职请求的决定。

重大活动

【地方性法规立法】 2013 年，南宁市人大常委会颁布施行地方性法规 2 件，废止 1 件，审议 8 件，表决通过 4 件，开展立法后评估 1 件，完成立法调研项目 7 个，对现行 37 件地方性法规配套规范性文件制定情况开展专项检查。经自治区人大常委会批准颁布实施和废止的地方性法规有：《南宁市历史街区保护管理条例》《南宁市燃气管理条例》（修订）、南宁市人民代表大会常务委员会关于废止《南宁市青秀山风景名胜区管理条例》的决定。审议通过待自治区人大常委会批准的地方性法规有：《南宁市城乡规划管理若干规定》《南宁市违法建设查处条例》、关于修改《南宁市饮用水水源保护条例》的决定、《南宁市郁江流域水污染防治条例》。正在审议的法规案有：《南宁市房地产开发项目配套设施建设管理条例（草案）》《南宁市城市供水节水条例（草案）》《南宁市消防条例（草案）》《南宁市城乡容貌和环境卫生管理条例（修订草案）》。完成南宁市轨道交通管理条例、公园（湿地公园）管理条例、饮用水水源保护条例（修订）、城乡居民养老保险条例、道路交通安全条例、互联网安全保护条例、档案管理办法的立法调研。组织对《南宁市出租汽车客运管理条例》开展立法后评估；开展对南宁市地方性法规配套规范性文件制定情况的专项检查。颁布实施的工作法规有：《南宁市人民代表大会常务委员会任命国家机关工作人员法律知识考试办法》《南宁市人民代表大会常务委员会议事规则》《南宁市人民代表大会专门委员会工作规则》等 4 件。

【监督工作】 2013 年，市人大常委会围绕重点、抓住关键，开展监督工作。听取和审议"一府两院"专项工作报告 18 个，开展专项工作评议 1 次、专题询问 1 次、专题视察和调研 38 项，跟踪督办决议决定和审议意见 22 件，对 6 部法律法规的施行情况进行执法检查，对 35 件政府规章和其他规范性文件进行备案审查。常委会把"美丽南宁·整洁畅通有序大行动"实施情况作为监督重点，听取和审议市政府专项工作报告，组织人大代表开展视察调研 200 多人次；对五象新区开发建设继续开展"大参与、大支持、大监督"活动。常委会关注国民经济和社会发展，听取和审议 2013 年上半年国民经济和社会发展计划执行情况的报告、"十二五"规划纲要实施情况中期评估报告、2013 年国民经济和社会发展计划主要经济发展预期目标调整报告；2013 年农业生产安排和春耕生产情况的报告，对关于病险水库除险加固工作专项评议的决议、关于加强气象防灾减灾基础设施建设议案的决定进行跟踪督办，对防汛工作、粮食仓储设施工程建设开展专题调研。常委会关注财政资金管理使用，通过对审计查出问题整改落实情况进行跟踪检查，整改率 98.46%。常委会重视推进民生改善，听取农村医疗卫生服务三级网络建设情况的报告、学前教育三年行动计划执行情况的报告，开展家禽养殖业安全生产等专项调研；对为民办实事项目进展情况以及关于加强乡村道路管护等代表议案、建议进行跟踪督办；通过对常委会决议决定的跟踪督办，促进市妇幼保

7月,市人大常委会组织人大代表开展年中专题调研活动。图为人大代表在田间地头视察农业生产　　市人大常委会办公厅提供

健院顺利扩建、市红十字会救护培训备灾中心加快建设、市体育运动学校项目用地得到落实;组织市人大代表到长堽路调研视察2次,推动拖延8年的长堽路改造扩建工程取得进展。常委会重视司法为民,听取和审议市中级人民法院关于立案工作情况的报告,对关于解决民事诉讼"立案难"问题的代表建议进行跟踪督办;听取和审议市检察院关于派驻乡镇检察室建设工作情况的报告。开展对社会保险法、未成年人保护法、农产品质量安全法、环境保护法、归侨侨眷权益保护法、南宁市养犬管理条例等法律法规实施情况的检查,促进法律法规的全面贯彻实施。

【专题调研】 2013年,市人大常委会组织代表开展对关于违法建设查处工作、政府全口径预决算审查监督、生态园林城市建设、科技知识产权保护与运用工作情况、2013年上半年国民经济和社会发展计划执行情况、2013年上半年南宁市预算执行情况、《南宁市国民经济和社会发展第十二个五年规划纲要》实施中期情况、南宁市民贸民品企业发展情况、"美丽南宁·整洁畅通有序大行动"实施情况,开发区、街道人大代表联络工作情况,县(区)人大常委会规范化建设等12项工作的专题调研。7月8日至12日,市人大常委会组织部分驻邕自治区人大代表和市人大代表联合开展年中专题调研活动。4个调研组分别对"美丽南宁·整洁畅通有序大行动"开展情况、优化企业发展法制环境情况、村规民约制定情况、生态补偿机制建设情况等进行重点调研,同时对南宁市上半年经济社会发展情况和为民办实事项目进展情况进行专题调研,形成调研报告5篇。7月下旬至8月中旬,市人大常委会组织专项工作评议调查组,对市政府实施邕江两岸综合整治工程情况开展专项评议调查活动,并召开常委会会议进行评议,表决通过关于南宁市实施邕江两岸综合整治工程情况的评议意见,提出关于加强领导,强化责任等5条要求。

【专题询问】 2013年11月20日,市十三届人大常委会第18次会议举行"美丽南宁·整洁畅通有序大行动"专题询问会。市人大常委会主任谢寿堂,副主任赖贵寿、邓其新、袁曼虹、温守荣、刘雄、阮兆丰,秘书长周如斯出席会议。专题询问前,市人大常委会组织3个调研组深入一线开展专题调查研究。询问会上,市人大常委会9位组成人员围绕南宁市开展"美丽南宁·整洁畅通有序大行动"的有关问题,向市政府及有关职能部门提问,市政府及各有关部门负责人分别就所提问题做出回答。副市长魏凤君代表市政府作表态发言。会议要求,市人大有关专委和常委会办公厅要抓好问后梳理、问后跟踪督办、问后办结报告,加强后续跟进。

【代表视察】 2013年12月9日至13日,市人大常委会组织部分驻邕自治区人大代表、市人大代表联合开展2013年年终视察活动。市人大常委会主任谢寿堂担任视察团团长,副团长由市人大常委会副主任赖贵寿、邓其新、袁曼虹、温守荣、刘雄、阮兆丰担任。参加视察的有自治区、市人大代表195人。视察团集中听取"一府两院"、五象新区管委会2013年工作情况汇报。分6个组深入各县(区)、开发区,重点对"美丽广西·清洁乡村"活动开展情况、经济社会发展情况、重大项目建设完成情况、五象新区规划建设情况、为民办实事项目落实情况以及"一府两院"依法行政、公正司法情况进行视察。向市十三届人大常委会第19次会议做书面报告。

第一视察组　在市人大常委会副主任赖贵寿带领下,听取市发改委、市工信委、市财政局、市商务局、市人社局、市农业局、市统计局、市环保局等12个部门的工作情况汇报。深入南宁六景工业园区六景港作业区、南宁劲达兴纸业有限责任公司、校椅镇石井村、校椅镇中心幼儿园、横州镇长江村委大平水库移民新村等地,视察横县2013年重大项目建设、"美丽广西·清洁乡村"活动及为民办实事项目进展情况,并听取横县2013年工作汇报;听取兴宁区围绕旧城改造、城乡统筹改革、新老商圈建设、"清洁乡村""整洁畅通有序大行动"等方面的工作汇报,实地视察明秀邕武路口、昆仑大道兴工路、五塘镇中心卫生院职工周转房及中医科建设情况、为民办实事工程项目进度情况;对经开区2013年经济社会发展、重大项目建设、为民办实事项目、"美丽南宁·整洁畅通有序大行动"等工作情况开展视察。代表们针对存在困难和问题,提出意见和建议。

第二视察组　在市人大常委会副主任邓其新带领下,前往市政务服务中心、西乡塘区、高新区、宾阳县等地,听取各有关单位工作汇报,并进行实地视察。视察组听取市政府2013年依法行政和民主法制建设工作情况汇报;视察市政务服务中心各部门办理审批工作情况;听取西乡塘区政府2013年经济发展、重大项目建设、为民办实事项目以及"美丽西乡塘·清洁乡村""整洁畅通有序大行动"工作情况汇报,实地视察明秀社区办公用房建设项目以及大和平·华西商业城项目;视察高新区安宁街道办路西村老直坡清洁田园、清洁家园和清洁水源的工作,罗赖北区公共租赁住房建设工地、南宁—东盟农业科技开发企业总部基地的多功能厂房建设情况;宾阳县清平水库补水工程项目建设情况、为民办实事项目之一的马王至六和公路建设情况、古辣镇水丽村开展“美丽宾阳·清洁乡村”工作情况。对各项目建设中存在的困难和问题，提出解决的意见和建议。

第三视察组　在市人大常委会主任谢寿堂、副主任袁曼虹带领下，听取隆安县、邕宁区、五象新区的情况汇报；听取市政府相关部门关于重大项目建设和为民办实事项目中教科文卫方面项目推进情况的汇报。实地视察隆安县城农贸市场、隆安三中食堂维修和体育设施建设项目、城厢镇宝塔村巴稔屯、广西得力木业开发有限公司；视察邕宁区的经济社会总体发展、“美丽广西·清洁乡村”活动、自治区级和市级重大项目建设、为民办实事项目等相关工作情况，以及邕宁区人民医院整体搬迁重建工程等项目的建设情况；视察五象新区的经济社会总体发展、“美丽广西·清洁乡村”活动、自治区级和市级重大项目建设、为民办实事项目等工作情况，前往规划展示厅、良庆镇初级中学迁建工程、广西文化艺术中心项目等地，视察项目建设进展情况。代表们对视察中发现的问题，提出建议。

第四视察组　在市人大常委会副主任温守荣带领下，听取上林县、良庆区和老口航运枢纽建设的情况汇报，听取市政府有关部门关于重大项目建设和为民办实事项目中农业方面项目推进情况的汇报。实地视察上林县大丰镇皇周社区居委会办公用房、龙母湖国际生态文化旅游度假区、云里湖现代农业观光园和内里庄城乡统筹规划建设等项目建设推进情况，以及大丰镇高秋庄清洁乡村活动开展情况；前往五象湖、前海人寿广西区域总部基地、楞塘坡、大塘镇那团新村，以及玉洞街道瑞和家园等地，对良庆区经济社会发展情况、重大项目建设情况、为民办实事项目推进情况以及清洁乡村工作开展情况等进行视察；到老口航运枢纽工程、邕江两岸综合整治工程示范段实地视察工程进展情况。代表们对视察中了解到的困难和问题，提出意见和建议。

第五视察组　在市人大常委会副主任刘雄带领下，深入市公安局、市民政局、市中级人民法院、马山县、青秀区等地进行视察。分别听取市公安局落实市十一届人大常委会《关于建设我市一级强制戒毒所的决定》及有关社区戒毒康复、戒毒医院建设工作情况，市民政局关于2013年为民办实事项目落实情况和南宁市社会救助工作开展情况，市中级人民法院落实市十三届人大常委会第17次会议关于法院立案工作审议意见和情况，马山县开展“美丽南宁·清洁乡村”活动情况、2013年经济社会发展情况和自治区、南宁市重大项目建设以及为民办实事项目落实情况的汇报，并实地视察相关工作和建设项目；深入了解青秀区开展清洁乡村各项工作的落实情况、承办的2013年自治区10件为民办实事工程中的30个子项目和南宁市20件为民办实事工程的23个子项目落实和完成情况。人大代表对有关单位工作和某些工程项目建设存在的困难和问题，提出意见和建议。

第六视察组　在市人大常委会主任谢寿堂、副主任阮兆丰带领下，到武鸣县、广西—东盟经济开发区、江南区等地视察城市建设规划管理情况。分别听取武鸣县、江南区、东盟经济开发区的专题工作情况汇报，市城乡建委、市规划局关于城市建设规划管理情况的汇报；实地视察金湖路地下交通工程、南湖公园公共自行车租赁点、民主铁路立交、长堽路改扩建二期工程、轨道交通石埠站、罗文大桥、佛子岭路综合管廊等开展城市建设规划管理情况；深入武鸣县城厢镇大皇后村、广西锦龙水泥厂进行现场视察，对武鸣县在清洁乡村、重大项目建设及为民办实事项目等一系列工作中取得的成绩给予肯定；实地视察江南区的经济社会总体发展、“美丽广西·清洁乡村”活动、自治区级和市级重大项目建设、为民办实事项目等相关工作情况。代表们在视察中，总结成绩，剖析问题，提出意见和建议。

【工作创新】 2013年，市人大常委会重视创新工作方式。首次对南宁市各级政府及市级部门制定地方性法规配套规范性文件情况进行专项检查；首次将人大代表的立法建议项目纳入常委会年度立法计划；委托自治区统计局社情民意调查中心进行第三方评估，增强立法后评估工作的科学性；成立自治区首个人大工作研究会和市人大代表活动中心书画院，为丰富代表活动提供新平台；将代表“三个一”活动拓展为“七个一”活动（本届内每位代表列席一次常委会会议、参加一次代表视察活动、参加一次代表调研活动、参加一次执法检查活动、参加一次原选举单位活动、向原选举单位作一次述职、提出一条有建设性质量高的议案或建议）；全面启动街道人大代表活动中心建设，为代表履职提供新平台，填补城区街道无人大工作机构的空白。

【代表议案与建议办理】 2013年，市十三届人大四次会议期间10人以上代表联名提出的议案建议256件，主席团会议决定将其中6件作为议案办理，交由市人大有关专门委员会闭会后调查和审议。经市人大常委会会议做出决定的代表议案5件，分别为《关于加快建设民族大道延长线经济带的议案》（第2号）、《关于在凤岭片区建设一所公立医院的议案》（第6号）、《关于加大对旅游景区（景点）基础设施建设力度的议案》（第9号）、《关于加强生态园林建设，打造美丽南宁的议案》（第10号）、《关于加强我市气象防灾减灾基础设施建设的议案》（第35号）。市十三届人大四次会议上和会后提交建议264件，会议期间提出建议256件（含议案转建议30件），闭会期间提出建议8件。其中法制类6件、内务司法类28件、财政经济类59件、农业类33件、城乡建设环境保护类88件、教育科学文化卫生类37件、民族华侨类11件、其他2件，分别交由77个有关国家机关和组织办理。其中交由市政府及其有关部门办理254件、市人大及其常委会有关部门办理7件、市中级人民法院办理1件，其他单位办理2件。在法定时间内，代表提出的建议全部办理并分别答复代表。从代表反馈意见看，代表对办理结果表示满意的有231份，占意见总数87.50%；基本满意29份，占总数10.98%；不满意4份，占总数1.52%。对不满意件，按规定重新交办和跟踪督办，最终代表反馈意见满意和基本满意各2件。从办理结果来看，代表建议所提问题得到解决或基本解决的（A类）61件，占总数23.11%；所提问题正在解决或已列入计划逐步解决的（B类）157件，占59.47%；所提问题因目前条件限制或暂时难以解决的（C类）39件，占14.77%；所提问题不能办理只能做参考的（D类）7件，占2.65%。

【人事任免】 2013年，市人大常委会依法任免国家机关工作人员120人次（任命62人、免职51人、接受辞职7人）。其中：市人大常委会机关9人（任命3人、免职2人、辞职4人）；政府系统31人（任命15人、免职13人、辞职3人）；法院系统55人（任命27人、免职28人）；检察系统25人（任命17人、免职8人）。组织补选市十三届人大代表6人。

2013年南宁市第十三届人民代表大会常务委员会任免人员情况

时间	会议	姓名	任、免、辞职务
1月1日	第12次会议	谢学文	免市中级人民法院审判员
		陆海峰	任市检察院检察员
		黄佳生	任市检察院检察员
		施小梅(女)	任市检察院检察员
		杨　亮	任市检察院检察员
		蒙　瑶	任市检察院检察员
		雷梅芳(女)	免市检察院检察员
		丁依兰(女)	免市检察院检察员
		闭寿梅(女)	免市芬桥地区检察院检察员
2月17日	第13次会议	唐咸兴	任市城乡建设委员会主任
		郭维宁	免市城乡建设委员会主任
		张　彪	免市中级人民法院立案庭副庭长
3月22日	第14次会议	李　虹(女)	任市中级人民法院民事审判第一庭庭长
		蒙文琦(女)	任市中级人民法院民事审判第三庭庭长
		蒋志文	任市中级人民法院民事审判第四庭庭长
		文　莲(女)	任市中级人民法院未成年人案件审判庭庭长
		陆文勇	任市中级人民法院行政审判第一庭庭长
		张　茹(女)	任市中级人民法院行政审判第二庭庭长
		李道清	任市中级人民法院审判监督庭庭长
		马战峰	任市中级人民法院执行一庭庭长
		蒙恪民	任市中级人民法院执行二庭庭长
		林　敏	任市中级人民法院立案庭副庭长
		傅朝霞(女)	任市中级人民法院刑事审判第一庭副庭长
		李升云	任市中级人民法院刑事审判第一庭副庭长、审判员
		韦璐明(女)	任市中级人民法院刑事审判第二庭副庭长、审判员
		黄敏俊(女)	任市中级人民法院民事审判第一庭副庭长、审判员
		耿　莉(女)	任市中级人民法院民事审判第二庭副庭长
		章国雄	任市中级人民法院民事审判第四庭副庭长
		魏　超	任市中级人民法院民事审判第四庭副庭长、审判员
		班进斌	任市中级人民法院未成年人案件审判庭副庭长

续表一

时间	会议	姓名	任、免、辞职务
3月22日	第14次会议	覃尹柔(女)	任市中级人民法院未成年人案件审判庭副庭长
		韦美云(女)	任市中级人民法院行政审判第一庭副庭长
		冯彦波	任市中级人民法院执行一庭副庭长
		王瑛瑛(女)	任市中级人民法院执行二庭副庭长
		刘助建	任市中级人民法院审判员
		李　虹(女)	免市中级人民法院审判监督庭庭长
		蒙文琦(女)	免市中级人民法院民事审判第三庭副庭长
		蒋志文	免市中级人民法院民事审判第三庭庭长
		文　莲(女)	免市中级人民法院刑事审判第一庭副庭长
		陆文勇	免市中级人民法院行政审判庭庭长
		张　茹(女)	免市中级人民法院行政审判庭副庭长
		李道清	免市中级人民法院民事审判第一庭庭长
		蒙恪民	免市中级人民法院民事审判第一庭副庭长
		覃国雄	免市中级人民法院民事审判第一庭副庭长
		班进斌	免市中级人民法院刑事审判第一庭副庭长
		韦美云(女)	免市中级人民法院行政审判庭副庭长
		冯彦波	免市中级人民法院执行庭副庭长
		王瑛瑛(女)	免市中级人民法院执行庭副庭长
		梁世平	免市中级人民法院立案庭副庭长
		覃健勇	免市中级人民法院刑事审判第二庭副庭长
		陈红恩(女)	免市中级人民法院刑事审判第二庭副庭长
		张志基	免市中级人民法院民事审判第二庭副庭长
		林　卫	免市中级人民法院执行庭副庭长
		邹　放	免市中级人民法院审判员
7月30日	第16次会议	麻宏明	任市人大常委会副秘书长
		陆沾鹏	任市人大常委会法制工作委员会主任
		杨　萍(女)	任市人大常委会调查研究室副主任
		谢世师	免市人大常委会办公厅副主任
		曾建雄	免市第十三届人大法制委副主任委员
		黄菊如(女)	任市民政局局长
		李建华(女)	任市体育局局长
		苏绍荣	免市民政局局长
		梁桦中	免市体育局局长
		刘振华	任市中级人民法院审判委员会委员
		韦春恩	任市中级人民法院审判员
		王长凤	免市中级人民法院审判委员会委员
		王怀明	免市中级人民法院审判员
		韦克文	免市中级人民法院审判员
		王小萍(女)	免市中级人民法院审判员
		龙锦华	任市检察院副检察长
		胡耀先	任市检察院副检察长、检察委员会委员、检察员
		黄　伟	任市检察院检察委员会委员、检察员
		黄　伟	辞南宁市良庆区检察院检察长

续表二

时间	会议	姓名	任、免、辞职务
9月27日	第17次会议	郭　敏(女)	任市政府副市长
		李　耕	任市发展和改革委员会主任
		梁平江	任市人力资源和社会保障局局长
		郭维宁	任市规划管理局局长
		黄宗成	任市住房保障和房产管理局局长
		王永超	任市交通运输局局长
		黄明瑞	任市食品药品监督管理局局长
		蓝建东	任市安全生产监督管理局局长
		梁　枫(女)	任市投资促进局局长
		农　冰	免市发展和改革委员会主任
		张自英(女)	免市人力资源和社会保障局局长
		唐威兴	免市城乡建设委员会主任
		封　宁	免市规划管理局局长
		黄善武	免市住房保障和房产管理局局长
		李　耕	免市交通运输局局长
		彭　明	免市食品药品监督管理局局长
		夏　成	免市安全生产监督管理局局长
		李伟时	免市投资促进局局长
		兰燕萍(女)	免市中级人民法院审判员
		卓绘宏(女)	任市检察院检察员
		何　珊(女)	任市检察院检察员
		江滔滔(女)	任市检察院检察员
		韩姗姗(女)	任市检察院检察员
		韦　恒	任市检察院检察员
		唐冬萍	任市检察院检察员
		李　浩	任市茅桥地区检察院检察员
		曾祥桐	任市良庆区检察院检察长
		温守东	任武鸣县检察院检察长
		沈　兵	免市检察院副检察长
		史维和	免市检察院检察员
		韦　穆	辞武鸣县检察院检察长
11月22日	第18次会议	田文东	任市政府副市长
		胡明朗	任市政府副市长、市公安局局长
		赵红明	任市城乡建设委员会主任
		廖洪涛	免市公安局局长
		韦光标	任市中级人民法院副院长
		钟初城	免市中级人民法院审判员
		饶右江	免市中级人民法院审判员
		牛苏宁	免市检察院检察员

（市人大常委会办公厅编写组）

南宁市人民政府

重要会议

【市十三届人民政府第三次全体（扩大）会议】 2013年2月5日，在市委、市政府会议中心召开。会议讨论通过拟提请市十三届人民代表大会第四次会议审议的《政府工作报告》。会议指出，2012年全市各级各部门团结奋进、攻坚克难、扎实工作，保持经济社会稳中求进的良好态势，构建现代产业、增投资扩消费、生态文明建设、推进改革开放、保障和改善民生5个方面工作取得显著成效。会议要求，2013年要把学习贯彻落实党的十八大精神作为政府工作的头等大事、首要政治任务，力争在创新驱动、内生增长，统筹协调、融合发展，深化改革、扩大开放上有新突破。会议明确，为实现《政府工作报告》提出的预期目标，重点要抓好四方面工作：一是通过调整优化空间布局、实施“抓大壮小扶微”工程、狠抓工业园区发展，全力推进现代工业；二是进一步加强生态文明建设，做好“绿、水、新、旧、通”五篇文章，建设美丽南宁；三是继续全力推进五象新区、现代产业、重大基础设施等重点领域建设，进一步加大招商引资、优化投资结构、加强项目服务；四是努力完成“两个倍增”目标，力争2013年农村居民人均纯收入增长13%，城镇居民人均可支配收入增长12%，保持全市经济社会持续健康较快发展。

【政府常务会议】 2013年，市政府召开常务会议26次，审议议题188个，确定事项188项，听取专题汇报3次。主要审定《南宁市新农村现代流通服务网络工程专项资金管理办法》《南宁市2013年教育基本建设项目投资计划建议表（第一期）》《南宁市贯彻落实广西食品安全行动计划（2012—2015年）实施意见》《关于进一步加强对市直机关事业单位利用财政资金聘用外聘人员管理的通知》《南宁市突发事件应急演练管理办法》《南宁市壮文社会使用管理办法》《南宁市建筑安装工程劳动保险费管理办法》《南宁市“十二五”养殖业减排工作实施方案》《南宁市加强拆迁安置房建设管理工作的若干意见》《南宁市集体土地征收与补偿安置办法》《南宁市信息化建设考核办法（修订）》《关于进一步明确园区产业定位建设特色工业园区的指导意见》《2013年南宁市投资促进工作指导意见》《南宁市人民政府办公厅关于推动国有企业发展的若干政策》《关于表彰南宁市新型农村和城镇居民社会养老保险工作先进单位和先进个人的决定》《南宁市与全国同步全面建成小康社会指标分工方案》《大王滩水库综合整治保护利用规划》《<南宁市加油（加气）站行业发展规划（2009—2020）>新增加油（加气）站一览表》《南宁市工业用地公开出让管理办法》《南宁国家高技术生物产业基地生物制造核心区规划（2012—2020）》《南宁青秀山旅游总体规划（2012—2020）》《南宁市加快发展新型空调公共汽车实施方案》《2013年南宁市防震减灾工作方案》《2013年市级应急演练项目》《2013年南宁市国际航线开发工作方案》《南宁市创业投资引导基金设立方案》《南宁市创业投资引导基金管理暂行办法》《南宁市军人抚恤优待实施办法》《南宁市工业企业推广使用清洁能源补助资金管理办法》《南宁市2013—2018年农民收入倍增工作计划》《南宁市城镇居民人均可支配收入倍增计划》《南宁市加快现代服务业发展的若干政策》《南宁市城区（开发区）城市管理综合行政执法队伍建设管理暂行办法》《南宁市城区农贸市场三年建设升级改造计划》《南宁市人民政府办公厅关于落实加快发展金融业实施意见的若干政策规定》《“促进城市新变化　喜迎盛会十周年”活动实施方案》《南宁市主体功能区规划》《南宁市电动自行车集中登记上牌实施方案》《关于开展医疗纠纷人民调解工作的意见》《南宁市轨道交通装备产业发展规划（2012—2020）》《南宁市战略性新兴产业发展规划（2013—2020年）》《关于进一步加强新形势下村民委员会建设的意见》《南宁市关于加强基层农业技术推广体系建设的实施方案》《关于加快吴圩空港经济区建设　推进南宁经济技术开发区跨越发展的若干意见》《南宁市消防条例（草案送审稿）》《南宁市木薯淀粉酒精产业发展规划（2013—2020）》《南宁市人民政府工作规则》《关于完善南宁市城镇职工基本医疗保险制度有关问题的通知》《南宁市限价普通商品住房管理办法》《南宁市重大旅游项目推进工作方案》《南宁市遏制与防治艾滋病“十二五”行动计划（2011—2015年）》《南宁市“十二五”后三年重大项目建设规划》《关于加强政府储备土地一级开发整理的意见》《南宁市中心城区公厕建设规划（2012—2020）》《南宁市实行最严格水资源管理制度实施方案》《南宁市天然气分布式能源发展专项规划（2012—2020）》《南宁市推进县域经济跨越发展实施方案》《南宁市电子商务发展规划（2013—2018）》等。

讨论调整南宁市2013年主要经济发展预期目标问题、给予市公安局吴宏飞同志申报记功问题、市政务服务中心迁入广西体育中心办公有关问题、调整及重新确定市级治安保卫重点单位问题、给予在南宁市2009—2011年深化全国文明城市创建工作中表现突出的集体和个人记功嘉奖的问题、市保安服务总公司整体移交市国资委管理问题、市粮食局对南宁市军粮供应站实行直属管理问题、市专家咨询委员会咨询专家人选问题、给予市委维稳办等40个单位和周芝萌等65人记功奖励问题、给予市公安局侦破“1·18”特大传销案有功人员记功问题、南宁市家禽产业确保家禽产业稳定健康发展问题、授予广西南宁五象新区规划建设管理委员会行使市级行政职权问题、原邕江宾馆（含金山宾馆）改制前退休人员反映有关问题、南宁至武鸣城市大道命名问题、公布实施南宁市区城镇土地定级及基准地价更新成果问题、关于南宁市轨道交通2号线工程（玉洞—西津）及其配套工程招标文件及融资建设实施方案问题、调整南宁市行政机关及事业单位职工基本医疗保险缴费基数问题、2013年下半年南宁市出租汽车指标投放市场问题、进一步落实离任村干部养老补贴问题、对南宁市80周岁以上老人发放高龄津贴问题等。

听取人感染H7N9禽流感防控工作情况汇报、消防工作汇报、上半年指标任务完成情况汇报等。

【政府工作会议】 2013年，市政府召开工作会议12次，研究议题62个，确定事项62项。主要审定《南宁市进一步丰富中国绿城内涵　实施城市园林绿化美化彩化提升工程三年行动计划》《南宁市制止和查处违法用地违法建设拆除行动维稳工作指导意见》《南宁市拆除违法建设应急预案》《中国—东盟儒学文化园项目策划》《南宁市市民卡服务有限责任公司组建方案》《2013年发展研究重点课题》《南宁市城市规划展示馆布展文案》《组建南宁威宁投资集团有限公司方案》

《2013—2014 年南宁市环卫设备配套配备工作计划》《南宁市城市桥梁重大事故应急预案》《2013 年南宁市住房保障工作实施方案》《关于深化南宁市新华书店有限责任公司改革工作方案》《南宁市加强城中村、城乡结合部环境卫生管理工作指导意见》《南宁市市政道路沥青混凝土罩面工程实施方案》《南宁市群众举报毒品违法犯罪奖励办法》《南宁市青少年事务社会工作人才岗位设置及薪酬体系待遇方案》《南宁市实施生活垃圾分类试点工作方案》《关于残疾人机动轮椅车车主基本生活保障的工作方案》《南宁市整治违法用地违法建设工作指导意见》《南宁广发重工集团有限公司重组南宁重型机器厂南宁发电设备总厂实施方案》《南宁市开展农民工综合服务平台建设试点工作方案》《广西建和新型建材有限公司整体停产关闭方案》《南宁市农副产品平价商店资金补贴暂行办法》《南宁市自然科学优秀论文评选奖励办法》《关于规范"美丽南宁·整洁畅通有序大行动"罚没收入管理及联合执法整治经费补助的实施意见》《南宁市截污治污三年行动计划(2013—2015 年)》《南宁市道路停车场点规范管理实施方案》《关于进一步加强南宁市乡镇规划管理工作的意见》《南宁市镇(乡)规划技术导则》《南宁市镇(乡)规划技术导则》《关于改革完善食品药品监督管理体制的实施方案》《关于认真贯彻落实广西壮族自治区人民政府关于加快供销合作社改革发展的实施意见的通知》等。

研究调整南宁青秀山风景名胜旅游区部分管理职能问题、广西中烟工业有限责任公司总部企业资格认定问题、对完成 2012 年度人口和计划生育工作目标任务县(区)及部门进行表彰奖励问题、市政协数字化平台建设经费问题、云桂铁路项目建设涉及广西建和新型建材有限公司整体停产关闭补偿问题、南宁白马公共交通有限公司增资扩股问题、南宁南车城市轨道装备基地项目有关问题、南宁轨道公司与南车株洲电力机车有限公司成立合资公司有关问题、农村户籍残疾人机动轮椅车车主就业安置问题、南宁市 2013 年度城市申请住房保障家庭收入标准和住房困难标准问题、南宁市新华书店划入自治区新华书店集团问题、南宁市出租汽车运价结构调整问题、五象新区土地一级开发试点项目计划问题、高速公路南宁收费站外移和新外环内现有高速公路路段路权移交问题、在南宁市城市应急联动系统中建设电子派警单系统问题、南宁市市区划拨土地使用权权益价格标准问题等。

【市长例会】 2013 年，市政府召开市长例会 1 次。会议分析一季度经济形势，要求各副市长按照职责分工，全力抓好今后工作落实。会议强调，各级各部门要围绕目标、突出重点、奋力攻坚，确保实现一季度经济社会发展"开门红"；重点要突破土地、融资瓶颈，千方百计做好项目服务，要围绕铝深加工、电子信息、轻工食品、现代装备制造、生物制药五大产业链，做好大企业、大项目招商工作。

【食品安全工作会议】 2013 年 2 月 25 日，在市政府办公楼 2 楼会议室召开。会议听取 2012 年南宁市食品安全工作情况汇报，对 2013 年南宁市食品安全工作作部署。会议指出，食品安全是最大的民生问题。会议强调，2013 年是实现国务院提出的"3 年解决突出问题、5 年水平大幅度提高"总目标的关键一年，要以健全机制强监管、改革创新促发展的总体思路，以"深化治理整顿""完善机制体制建设"为重点，统筹推进各项工作。会议要求，各级各部门要全力确保 2013 年不发生重大食品安全事件，为南宁市经济社会发展提供强有力的食品安全保障，主要抓好六方面工作：一是在日常监管上，切实做到安全监管"从农田到餐桌"的全过程覆盖；二是在预防整治上，加大对高风险单位、品种和薄弱环节的排查和抽检力度；三是在示范创建上，2013 年内要建成 1 个食品安全示范区、2 个食品安全示范街道办事处(乡镇)、3 个食品安全示范社区（村）、4 条食品安全示范街、500 家食品安全示范单位；四是在机制建设上，着力构建食品安全监管长效机制；五是在舆论宣传上，规范食品安全信息发布；六是在监管队伍建设上，全面提高食品安全保障水平。会上，市政府与市食安委各成员单位签订《2013 年食品安全工作目标责任书》。

【审计工作电视电话会议】 2013 年 3 月 1 日，在市委、市政府会议中心召开。会议指出，2012 年，南宁市通过开展财政预算执行情况审计，不断加强对政府投资新建续建重大项目的跟踪审计，有力地维护财政资金安全，促进政府投资管理，为保障和促进南宁市经济社会又好又快发展做出贡献。会议强调，各级审计机关要进一步践行科学审计理念，强化审计监督，推进审计工作创新转型，切实提升审计工作效力，为南宁市经济社会发展提供优质高效的服务。2013 年南宁市两级审计机关要突出抓好六项重点工作：一要通过继续加强政府性资金审计，促进财政资金使用效益实现新提高；二要深化经济责任审计，促进政府执行力实现新提高；三要加强重大项目跟踪审计，促进政府投资效益实现新提升；四要加大资源环境审计力度，促进生态文明建设实现新提升；五要加强民生资金事项审计监督，促进惠民政策落实取得新成效；六要加大审计揭示问题力度，促进反腐倡廉建设取得新成效。

【发展和改革工作会议】 2013 年 3 月 7 日，在市委、市政府会议中心举行。会议总结 2012 年工作，对 2013 年工作作出安排。会议强调，发展改革部门要围绕市委、市政府的中心工作，在更高水平上认真谋划发展和推进改革，进一步解放思想、创新思路、开拓进取、真抓实干，重点做好当参谋、做计划、抓项目、转方式、调结构、善统筹、强民生、推改革等八个方面的工作。会议要求发展改革部门 2013 年要围绕重大问题研究、规划计划编制实施、投资项目建设、经济结构优化调整等方面开展工作。

【农村工作暨春耕生产工作会议】 2013 年 3 月 11 日，在武鸣县召开，会议总结 2012 年南宁市农村工作情况，部署 2013 年农村工作任务和当前春耕生产工作。会议指出，2013 年至 2018 年，南宁市将实施农民人均纯收入倍增计划，实现农民人均纯收入年均增长 10%以上。2013 年，实现农民人均纯收入 7454 元，比 2012 年增加 677 元，增长 10%。其中，种植业增收 129 元以上，养殖业增收 49 元以上，林业增收 88 元以上，工资性、转移性、财产性等方面增收 411 元以上。至 2018 年，农民人均纯收入 1.20 万元，比 2012 年翻 1.40 番，提前 2 年达到自治区领先水平，率先全面建成小康社会。会议就做好 2014 年农村工作提出要求：一是要切实贯彻落实党的十八大精神，努力提高农民收入；二是要统筹城乡一体化发展，推进和发展农村工业化、城镇化、农业产业化；三是要加大建设投入，建立健全制度，不断优化环境，做好农村工业化、城镇化、农业产业化工作；四是要切实做好城乡统筹改革试点工作；五是要做好冷库、仓储、营销、品牌等方面工作，大力发展订单农业，充分利用网络资源，做好产品推介；六是要加强党建和干部队伍建设，做好“三农”工作；七是各级各部门要全力以赴做好当前春耕生产工作，各级农业技术人员要深入田间地头指导，确保2014年春耕生产顺利推进。会上，各县（区）、开发区向市政府递交2013年粮食生产责任书。

【水利工作会议】 2013年3月13日，在市水利局召开。会议总结2012年水利工作，分析当前水利工作任务及形势，部署动员2013年水利工作任务。会议指出，2013年南宁市水利工作要围绕“一个目标”（发展水利、改善民生），落实“三个统筹”（统筹城乡水利发展，统筹饮水安全、水资源管理、水环境治理，统筹水利工程建设与管理），提升“四个能力”（防洪保安能力、水资源保障能力、水利行政管理能力、水利服务民生能力），确保“五个安全”（度汛安全、工程安全、生产安全、资金安全、干部安全），实现水利建设与发展的新跨越。计划投资16.99亿元，突出民生水利，抓好病险水库除险加固、农村饮水安全工程、堤防工程、中小河流综合治理工程建设、农村水利基础设施建设等重点工程建设，全面落实最严格的水资源管理制度，抓好防汛抗旱、水生态文明建设和水利行业能力建设管理工作，提升水利社会管理与公共服务水平。会议要求抓好五项工作：一是加强农田水利基础设施建设，为强化农业物质技术装备和稳定农业生产打好水利基础；二是突出防汛抗旱工作，提高防灾抗灾减灾能力；三是突出水生态文明建设，促进美丽南宁建设；四是创新工作方法，持续提升涉水事务管理水平；五是落实措施，全面提高水利系统党的建设。

【大气污染防治工作会议】 2013年3月27日，在市政府办公楼19楼会议室召开。会议听取南宁市大气环境污染现状、来源及对策措施的汇报。会议强调，要通过开展城乡环境综合整治、加大重点大气污染物防治力度和建立大气污染防治联防联控工作机制等举措，切实改善大气环境质量，不断提升南宁市生态宜居的城市品质。会议要求，加强对工地和消纳场的管理，切实控制和减少工地扬尘现象；坚持对市区道路开展冲洗和保洁，做好城乡接合部道路硬化、绿化带黄土裸露整治等工作；鼓励市民使用绿色交通工具，倡导绿色出行理念；严格执行运营机动车环保标准，加强日常检查和年审；发展新能源汽车，加大加油加气站配套建设力度；发展现代生态产业，改变和调整工业能源结构；发展分布式能源，鼓励清洁生产。

【人口和计划生育工作会议】 2013年4月27日，在市委、市政府会议中心召开。会议要求，2013年重点抓好三方面工作：一要更加注重固本强基，推动人口计生中心工作实现新提升，确保人口计生经常性、基础性的工作实现规范化、常态化，管理与服务并举、奖励与处罚并重，促进人口与经济社会协调可持续发展；二要更加注重以人为本，推动人口计生服务管理水平实现新提高，切实维护好、实现好、发展好育龄群众和计划生育家庭的利益，让计划生育家庭分享到更多改革发展成果；三要更加注重改革创新，推动人口计生工作开创新局面，重点在机制体制、政策激励、工作载体、服务管理等方面进行改革和创新，进一步提升南宁市市人口计生工作科学化水平。会议指出，各级各部门要切实加强领导，强化责任落实，创新工作举措，严格目标管理，加大保障投入，加强队伍建设。会议对2012年以来涌现出来的人口和计划生育工作先进单位和个人进行表彰。各县（区）、市直有关部门向市政府递交2013年人口和计划生育目标管理责任状。

【防汛工作会议】 2013年5月16日，在市水利局5楼会议室召开。会议听取南宁市2013年防汛工作情况以及近期天气情况汇报。会议要求，各级各部门要立足于“防大汛、抗大洪、战大灾”，早部署、早安排、早落实，全力以赴确保南宁防洪安全和供水安全。重点抓好五方面工作：一要突出抓好水库水电站的安全度汛工作，严格落实水库安全管理责任，深入开展日常巡查和隐患排查，科学完善应急预案，加快南宁市病险水库除险加固工程建设；二要切实抓好地质灾害防范工作，特别是对于可能因强降雨引发地质灾害的地区要重点排查、重点监测，出现险情立即启动应急措施，确保群众生命财产安全；三要切实加强防汛救灾和抢险能力建设，加强防汛物资储备与管理，抓好防汛抢险队伍建设和防汛预测、预报、预警能力建设；四要认真抓好内涝防治工作，加快城市排涝体系清淤疏通工作，对主要干道、重点内涝和低洼地带要采取有力措施，尽量减少内涝损失；五要统筹抓好防汛与抗旱工作，既要科学调控洪水，又要合理利用雨洪资源，最大限度地满足工农业生产和生态用水需求。会上，各县（区）、开发区向市政府递交防汛抗旱工作责任状。

【节能减排工作专题会议】 2013年6月1日，在市政府办公楼19楼会议室召开。会议听取各县（区）、市直有关部门节能减排工作汇报，深入分析当前工作形势，研究部署下一步工作。会议强调三点：一是认清形势，增强节能减排工作的紧迫感和责任感；二是突出重点，推进节能减排工作；三是加强考核评估，力保节能减排任务完成。会议要求：要做到两个“两手抓”，既要开源，又要节流，既要做大总量，又要降低基数；要进一步完善产业结构，坚决淘汰落后产能，切实控制高能耗产业，加快节能项目建设，推广节能产品，发展清洁能源；要加大工业污染防治力度，严格加强环保监管和执法，加快城镇污水处理设施和配套管网建设，加强农业污染源和机动车的减排工作；要加强项目审批监管，做好预警调控和统计工作，落实节能监察，强化部门联合，确保各项措施落实到位。

【安全生产工作会议】 2013年6月7日，南宁贯彻落实全国安全生产电视电话会议精神暨南宁市安全生产工作会议在市委、市政府会议中心召开。会议指出，要进一步强化居安思危、如履薄冰、如临深渊的思想，牢固树立“生命至上、安全为本”的理念，正确处理好安全生产与经济发展、全盘工作、和谐稳定的关系，真正落实安全生产责任，坚决遏制重特大事故发生。一是要着眼于源头管理，突出抓好安全生产大检查。重点要突出抓好对液氨生产、经营和使用单位的安全生产专项检查，抓好人员密集场所、易燃易爆场所消防安全，抓好建筑工地安全检查。二是要立足于防范事故，强化安全生产专项大整治。要出重拳开展安全生产“打非治违”专项行动，强化安全生产执法监督。会议强调，各级各部门要强化县（区）守土责任，严格目标责任考核，形成切实有效的工作领导格局；要强化企业主体责任，确保安全投入、安全管理、技术装备、教育培训等措施真正落实到位；要强化部门监管责任，加强安全生产源头管理和行业管理，强化部门联合执法，形成良好的工作格局。

【科学技术奖励大会】 2013年11月19日，在市委、市政府会议中心召开。大会对获得2012年度南宁市科学技术重大贡献奖、2012年度南宁市科学技术进步奖、2012年度南宁市技术发明奖的单位和个人进行表彰。会议指出，2012年南宁市科技工作成绩显著，综合科技进步水平居自治区第一，专利申请和专利授权量、发明专利申请量、有效发明专利拥有量等多项指标居自治区第一。会议强调，各级科技部门要进一步明确以科技促发展的工作思路，科学制定完善科技发展规划，加大政策扶持力度，重点抓好技术成果转化、科技成果展示与交流、科技信息服务等公共平台建设，营造崇尚科技进步、崇尚科技创新的浓厚氛围。会议要求，各级党委、政府要进一步加强和改进对科技工作的领导，及时研究解决科技工作重大问题，提供必要的政策支持和经费保障，进一步优化科技人才的创新创业环境，吸引更多的高层次人才到南宁创新创业。

【“美丽南宁·清洁乡村”活动电视动员会】 2013年5月2日，在市委、市政府会议中心召开。会议指出：开展“美丽南宁·清洁乡村”活动，是南宁市贯彻落实自治区党委、政府“美丽广西·清洁乡村”活动的具体部署；是顺应广大人民群众过上美好生活新期待，改善南宁市乡村群众生产生活条件，创造良好人居环境的“民生工程”；是打造天蓝、地绿、水净洁美乡村，倡导珍爱自然、保护自然，建设现代生态文明城市的“生态工程”；是改变农民群众生活习惯，培育文明行为，形成争创文明先进长效机制的“新风工程”；是践行党的群众路线，解决人民群众反映的突出问题，树立党员干部为民务实清廉新形象的“作风工程”。各级各部门要切实增强工作责任感，采取强有力措施，尽快改变农村卫生环境脏、乱、差的状况，加快建设生态优美、环境整洁、生活舒适的“美丽南宁”。会议要求：一是围绕“三清洁”主要任务开展工作。要深入开展清洁家园、清洁水源、清洁田园活动，打造一批垃圾综合处理示范村、生活污水处理和饮用水水源地保护示范村、田园生态经济发展示范村。二是针对重点、难点区域进行集中整治。要围绕城乡接合部、房前屋后、河塘沟池路边垃圾、废旧房屋和厕所、农业废弃物、产业污染、集镇乱搭乱建等存在的问题进行整治清理。三是着力完善乡村基础设施。大力实施基础设施建设攻坚行动，每个自然村屯要建设1个垃圾池，每个乡镇要建设1个以上垃圾中转站，各县（区）要建设垃圾无害化处理场；要继续加强道路水利通讯等设施建设，到2014年实现南宁市行政村通村道路100%硬化；要加快旧村整治和新村建设，2年内完成农村危旧房改造2.50万户，完成农村房屋外立面“穿衣戴帽”工程改造1万户以上。四是实施生态型经济发展大行动。要大力发展乡村生态农业、乡村生态旅游业、乡村生态工业等生态型产业，推进清洁高效生产，完善乡村产业发展体制机制。五是加大清洁乡村活动的投入，除财政资金和政策扶持外，还要引导农民自愿筹集资金和义务投工投劳，吸引社会资金投入。六是构建乡村环境卫生治理长效机制。要建立健全农村保洁员队伍，逐步建立清洁乡村管理制度，定期开展农户卫生状况评比，广泛开展文明卫生教育活动。会议强调，要确保清洁乡村活动取得实效。要加强领导，落实责任；要协调配合，凝聚合力；要党建引领，组织保障；要加强督查，严格问责。

【“美丽南宁·整治畅通有序大行动”工作专题会】 2013年7月16日，在市政府19楼会议室召开。会议听取各城区、开发区、市直有关部门关于“美丽南宁·整洁畅通有序大行动”工作开展情况汇报，分析活动开展过程中，特别是执法方面存在的问题，并就下一阶段如何扎实有效深入地开展工作进行研究和部署。会议强调，各级各部门要围绕“100天新变化”的阶段性目标，把“大行动”突击月活动作为全年的重要工作来抓，坚定信心，真抓实干，确保实现“两会一节”前南宁市城市管理和环境有新变化、新提升的目标。会议要求：一要明确责任，形成合力抓落实。市城管、公安、交警、交通、工商、建设、食药、文化等有关部门要履行好行业管理职责，从源头抓起，强化有关审批管理，同时加强沟通协调，加大联合执法力度；各城区、开发区作为责任主体，要加强属地管理。二要坚持堵疏结合，建立长效机制。一是由市“美丽办”牵头，组织有关部门外出参观学习城市管理先进经验，研究常态化、制度化管理，建立长效管理机制。二是城管部门要重新检查现有创业街，为就业困难的群体提供岗位保障，对于倒卖摊位的行为，要严肃查处。各城区要合理规范设置限时摆卖的便民市场等，进一步开通疏导渠道。三是通过市场与政府调控相结合的方式，采取车位差别化收费的管理方式减少车位停放压力。加快发展公共交通建设，改善公共交通环境。南宁交通投资有限责任公司要加快投资建设停车场等疏导场所。三要统筹兼顾，两手抓两手硬。要正确处理城市建设和“大行动”两者关系，做到两手抓两手都要硬。既要保证“大行动”的有序开展，取得成效，又要保障各项重点工程、重点工作特别是“两会一节”重大项目工程的顺利推进。

重大决定

【“十二五”消防事业发展规划】 2013年2月22日出台。

总体目标：至2015年，基本实现消防工作与经济社会协调发展，消防安全组织体系和社会化消防工作网络基本建立，消防安全责任有效落实；覆盖城乡的灭火和应急救援力量体系初步建立，消防装备建设达到西部地区先进水平，城乡公共消防设施规划建设全面落实，达到“广西第一、全国一流”的总体水平；消防安全环境有效改善，公民消防安全素质普遍提高，政府领导、部门监管、单位负责、公民参与的社会化消防工作格局基本形成；全社会防控火灾能力显著提升，重特大事故尤其是群死群伤火灾事故有效遏制，火灾形势整体平稳。

基本原则：坚持政府主导、专群结合的原则；坚持城乡统筹、协调发展的原则；坚持依法治火、标本兼治的原则；坚持以人为本、防消结合的原则；坚持科技兴消、科学施救的原则；坚持宣传先行、全民消防的原则。

工作任务：完善规划编制，强化组织实施；落实相关部门消防工作责任；加强体系建设，创建消防安全等级评估认证机制，全力构筑“防火墙”工程；健全火灾防控机制，提升社会单位火灾防范水平；切实加强城乡公共消防设施建设和维护；加强消防队伍建设，打造首府“绿城”南宁消防铁军；做大做强“全警消防”模式，夯实基层火灾防控基础；加强宣传教育，提高全民消防安全素质；加强综合应急救援工作；推进消防119指挥中心建设，2013年建成消防灭火救援指挥系统。

【战略性新兴产业发展规划(2013—2020年)】 2013年8月7日出台。

总体思路:以生物、新一代信息技术、新能源、新材料、节能环保、先进装备制造及新能源汽车、海洋、养生长寿健康等产业为重点,以招大引强、做强企业、做大产业、创新驱动、集聚发展为着力点,大力推进招商引资,加快实施一批战略性新兴产业重大项目,建设一批战略性新兴产业核心区和重点特色园区,培育一批战略性新兴产业龙头企业和自主品牌拳头产品,促进战略性新兴产业规模显著扩大、创新能力显著提升,加快成为南宁市新的重要经济增长点。

总体目标:至2015年,生物、新一代信息技术、新能源、新材料、节能环保、先进装备制造及新能源汽车、海洋、养生长寿健康等战略性新兴产业得到较大发展,生物、新一代信息技术、节能环保等产业率先形成产业规模和竞争优势,南宁国家高技术生物产业基地形成较大产业规模和集聚辐射带动效应,区域性战略性新兴产业基地初步建成。至2020年,战略性新兴产业发展成为南宁市的重要支柱产业,南宁市建设成为西南地区战略性新兴产业的重要增长极,中国—东盟战略性新兴产业合作重要基地。

发展重点:生物产业。重点发展生物医药、生物制造、生物农业、生物能源。新一代信息技术产业。重点发展物联网、云计算、高端软件、"三网"融合、信息服务、电子商务和文化创意等产业。新能源产业。重点发展生物能源产业,积极发展太阳能产业和智能电网产业。新材料产业。重点发展有色金属新材料、新型建筑材料等。节能环保产业。重点发展高效节能产业、先进环保产业和资源循环利用产业。先进装备制造产业。重点发展轨道交通装备、重型机械和制糖机械装备、新能源汽车及零部件、智能制造装备等产业。

【主体功能区规划】 2013年10月15日出台。

指导思想:以科学发展观为指导,全面贯彻党的十七大、十八大精神,切实按照《全国主体功能区规划》《广西壮族自治区主体功能区规划》的总体划分,树立全新的开发理念,结合南宁市不同区域的资源环境承载能力、现有开发密度和发展潜力,优化开发内容,创新开发方式,规范开发秩序,统筹谋划人口分布、经济布局、国土利用和城镇化格局,引导人口、经济向适宜开发的区域集聚,保护农业和生态发展空间,构建集约、协调、可持续的国土空间开发格局,不断开创经济繁荣、社会稳定、文化先进、人民富裕、生态良好、城乡优美的建设新局面,实现"经济升级、城市转型、绿色崛起"。

开发原则:保持耕地总量动态平衡,严格执行耕地保护制度;坚持节约集约用地,优化国土空间结构;坚持统筹开发,协调安排各区域用地;坚持开发与节约并举,提高资源能源利用水平;坚持保护生态环境,保障永续发展。

战略目标:以空间开发结构优化、空间用地规模调控合理、空间资源利用效率提高、空间协调发展能力提升、空间生态环境明显改善为主要目标,构建南宁市国土空间"单核多轴圈层式"城市化战略格局、"三圈层一带" 的工业化战略格局、"十三区九基地" 农业战略格局、"一圈两网多块" 生态安全战略格局等四大战略格局。1.统筹考虑人口、资源、环境、产业、基础设施及发展潜力,依托"一环二横一纵一连接线"通道,引导人口、产业向轴线区域集聚,构建以市中心城区为内核、以通道上的六县县城及中心镇为重要组成的"单核多轴圈层式"城市化战略格局。2.发挥城市功能的辐射作用,依托交通干线、资源禀赋和产业基础,构建以快速环线以内的现有工业资源、存量工业土地为载体的都市工业经济圈;以快速环线以外、高速环线以内的南宁高新技术开发区、南宁经济技术开发区等核心的先进制造业、高新技术产业经济圈,以高速环线以外、市域以内的六城区六县工业园区为核心载体的特色产业经济圈,以及西江流域南宁段为核心的沿江经济带,形成"三圈层一带"的工业发展新格局。3.构建以坛洛平原、苏圩平原、八尺江—青龙江流域丘陵平原、宾阳县中部山前平原、横县中部郁江平原、上林中部—南部丘陵平原、南宁盆地、武鸣中部丘陵盆地和以马山县百龙滩谷地等九大农产品主产区为主体,以基本农田为基础,以马山县乔利—周鹿—武鸣灵马低丘盆地、宾阳思陇盆地、右江下游谷地、清水河两岸等其他农业地区为重要组成的农业战略格局。4.构建以沿市中心城区环城高速公路百里环城森林生态走廊、市区内河水生态系统、南部五象岭和良凤江森林公园、东部天堂岭郊野公园、西北部山地生态功能区等为重点的城市生态圈以及交通通道绿化网与重要水系林网为骨架,以其他以块状分布的九大重要生态功能区为重要支撑的生态安全战略格局。

【"十二五"后三年重大项目建设计划】 2013年12月9日出台。

指导思想:以重大项目规划建设为支撑,发挥重大项目的带动作用,为实现建设区域性国际城市和广西"首善之区"的中期目标创造良好条件。

规划目标:通过实施"十二五"后三年重大项目,带动其他投资项目,确保完成"十二五"南宁市全社会固定资产投资年均增长20%的要求。优化产业结构,进一步完善产业规划和空间布局,促进三次产业融合发展,以"三基地三中心"建设为载体,推动企业集聚,促进产业集群发展,打造一批优势产业基地,构建特色鲜明、结构优化、布局合理、竞争力强、吸纳就业能力强的现代产业体系。重视生态环境建设。坚持"生态立市,绿色发展",以建设"中国绿城""中国水城"为载体,以加强节能减排和发展循环经济为基本途径,加快建立生态产业、资源综合利用、生态人居、生态文化以及保护制度等生态文明体系,建设资源节约型和环境友好型社会。完善基础设施建设。加快构建功能完善、运行高效、城乡一体的现代化基础设施体系,建设区域性国际综合交通枢纽,继续完善市政基础设施,不断增强抵御各类突发灾害的能力,为构筑内陆开放型经济战略高地和南宁市社会经济发展提供有力支撑。加强保障和改善民生。坚持以人为本,富民优先,注重民生,围绕保障和改善民生来谋划发展,进一步提高经济社会发展的协调性,促进社会和谐。合理配置公共服务资源,提高政府基本公共服务的供给能力,推进基本公共服务均等化,让人民群众共享改革发展的成果。

保障措施:一是资金保障。继续加大市级财政的投入力度。争取中央资金、自治区补助资金、专项资金等政策资金。争取金融机构更多信贷支持。提高民间投资比重。拓宽投资渠道。做好资金的计划、下达,确保项目建设资金及时到位。二是前期工作保障。强化产业政策、行业规划的指导作用,做好专项规划和建设项目的全面衔接,做实做足项目储备。加快项目审批制度改革,进一步优化简化项目审批环节,缩短项目前期工作周期。对于列入规划内的重大项目实行联合审批制度。建立定期服务制度、目标责任制、考评奖惩制度、督查督办制度。扎实做好前期论证，提高项目建设方案的科学性，保证项目前期工作的进度和质量。三是政策保障。做好任务分解和督办。切实加大协调力度。加强招商引资力度。四是土地供应保障。争取使用国家用地指标、自治区专项新增建设用地指标，进一步加强耕地保护和推进节约集约用地，力争获取更多的用地奖励指标。组织和督促南宁市开展清理批而未用、征而未用、供而未用土地和其他存量建设用地，并利用成果建立存量建设用地数据库。对急需用地、有工期要求的单体控制性工程，指导项目业主申报先行用地，加快办理审查报批手续，保障项目依法用地并按时开工建设。加大征地拆迁力度，确保重点项目的用地供应。五是深化投资体制改革。落实企业的投资决策权，建立科学便捷的投资项目管理机制，完善投资调控体系，继续支持和鼓励社会投资。不断规范政府投资项目管理，加强投资法制建设，研究并出台政府投资项目管理办法，提高政府投资决策的科学化、民主化水平，进一步完善投资监管体系。继续推进基础设施、市政公用事业、公共服务设施投融资体制改革，推进项目投资、建设、运营的市场化，对污水和垃圾处理厂、供气、收费高速公路等具备经营条件的项目，以特许经营方式实施。完善社会中介咨询机构管理办法，建立科学的评价、筛选、奖惩体系，规范中介服务、提高服务质量，引导中介服务市场良性发展。

【最严格水资源管理制度实施方案】 2013年12月20日出台。

主要目标：通过当前和今后一个时期的努力，建立并完善最严格水资源管理制度"三条红线"控制管理。确立水资源开发利用控制红线，至2030年，南宁市用水总量控制在39.70亿立方米以内；确立用水效率控制红线，万元工业增加值用水量降低至50立方米以下，农田灌溉水有效利用系数提高至0.60以上；确立水功能区限制纳污红线，重要江河湖库水功能区水质达标率提高至95%以上。为实现上述目标，至2015年，南宁市用水总量控制在38.69亿立方米以内；万元工业增加值用水量降低至70立方米以下；农田灌溉水有效利用系数提高至0.45以上；重要江河湖库水功能区水质达标率提高至86%以上。至2020年，南宁市用水总量控制在39.14亿立方米以内；万元工业增加值用水量降低至60立方米以下，农田灌溉水有效利用系数提高至0.55以上；重要江河湖库水功能区水质达标率提高至90%以上。

主要任务：1. 建立用水总量控制制度。确立水资源开发利用红线，建立取水用水总量控制指标体系。加强相关规划和项目建设布局水资源论证。严格执行建设项目水资源论证制度，对擅自开工建设和投产的项目一律责令停工。严格取水许可管理，对取水用水总量已达到或超过控制指标的地区，暂停审批新增取水；对取水用水总量接近控制指标的地区，限制审批新增取水。严格地下水禁采区和限采区管理，限期关闭禁采区已有的取水工程，逐步削减地下水限采区的取水工程取水量。完善水资源调度方案、应急调度预案和调度计划。强化水资源统一调度，协调好生活、生产和生态环境用水。2.建立用水效率控制制度。确立用水效率控制红线，建立用水效率控制指标体系，降低万元工业增加值用水量，提高农业灌溉水有效利用系数。开展节水型社会建设，创建节水型企业、灌区、学校、社区，对节水创建先进单位和个人进行表彰。加快推进灌区节水工程建设，普及农业高效节水技术。落实建设项目节水设施与主体工程同时设计、同时施工、同时投产制度。建立先进节水器具和技术推广制度，淘汰落后的技术设备和产品、促进企业节水技术改造。倡导文明的生产和消费方式，形成节约用水的社会风尚。3.建立水功能区纳污总量控制制度。确立水功能区限制纳污红线，建立水功能区限制纳污指标体系，严格控制入河排污总量。出台南宁市水功能区划，加强水功能区管理，完善监测预警管理制度，环保部门定期公布水污染情况，把水功能区达标率和限制排污总量作为水污染防治和污染减排工作的重要依据。对排污量超出限制总量的地区，水利部门停止审批新增取水和入河排污口，环保部门停止审批环评。抓好饮用水源保护，划定饮用水水源保护区。加强突发性水污染事件应对，推进工业园区污水处理设施和城区生活污水处理设施建设，探索建立水生态补偿和水源保护补偿机制。加强水量、水质监测能力建设，落实城市供水水源地安全保障措施。4.建立水资源管理责任考核制度。将水资源管理和保护纳入各级各部门年度工作目标考核，各级各部门主要负责人对水资源管理和保护负总责。严格实施水资源管理考核制度，水行政主管部门会同有关部门，对各地水资源开发利用、节约保护主要指标的落实情况进行考核，考核结果作为地方领导干部综合考核评价的重要依据。

重大活动

【七市区域经济一体化发展启动仪式】 2013年1月11日，南宁、北海、钦州、防城港、玉林、崇左、百色七市区域经济一体化发展启动仪式暨七市推动区域经济一体化发展建设工作领导小组第一次联席会议在南宁举行。会议审议通过《南北钦防玉崇百区域经济一体化发展建设工作联席会议制度》，签署《南北钦防玉崇百推进区域经济一体化发展合作备忘录》。市长周红波代表南宁市围绕共同推进七市区域经济一体化发展提出五点建议：一是共同推动做好区域经济一体化规划，形成统筹规划城市群的产业布局、基础设施布局、公共服务、生态系统等格局；二是共同加快推进以基础设施一体化为突破口的城市化深度合作，打造以首府南宁为中心的两小时经济区；三是共同推动产业深化合作，进一步健全产业转移、重大承接项目服务等合作机制，鼓励引导区域间产业有序转移，促进产业调整优化；四是共同推动构建生态合作机制，携手建设生态文明城市；五是共同落实好七市工作联席会议机制，推动合作取得实效。

【第四十五届世界体操锦标赛组委会成立会议】 2013年2月26日，在南宁召开。国家体育总局体操运动管理中心主任、中国体操协会执行主席罗超毅，国家体育总局体操运动管理中心副主任、中国体操协会副主席缪仲一及南宁市市长周红波出席会议。会议的召开，标志着2014年第四十五届世界体操锦标赛组委会正式成立，各项工作正式启动。组委会将重点抓好包括落实比赛和训练器材；到比利时参加接旗仪式；申办2014年全国体操锦标赛，时间暂定为2014年4月至5月，比赛形式与世界体操锦标赛相同；落实电视制作，确定主播方；推进训练馆工程建设，完善主赛场场馆功能分区，确保作为训练馆的广西体育中心三期工程按计划于2014年5月完工并投入使用等。

1月11日，七市区域经济一体化发展启动仪式在南宁举行　　市发改委提供

【第三届广西园林园艺博览会南宁活动日启动】 2013年9月1日，在南宁市举行。自治区党委常委、市委书记余远辉宣布南宁活动日正式开幕，市委常委、市政府党组副书记韦力平致辞。自治区住建厅厅长严世明，市领导周红波、杨文件、吕洁、杨维超、赖贵寿、张国环等市领导出席启动仪式。副市长魏凤君主持仪式。

【五象新区规划建设党工委和管委会挂牌】 2013年2月18日，在广西体育中心举行。市四家班子主要领导出席挂牌仪式。自治区党委常委、市委书记陈武，市长周红波为新区规划建设党工委揭牌。市委副书记李泽，市委常委、常务副市长吴炜为新区规划建设管委会揭牌。市委常委、市政府党组副书记韦力平主持仪式。新成立的新区规划建设党工委和管委会，分别为自治区党委和自治区政府的派出机构。

【龙象谷国际旅游度假区党工委和管委会挂牌】 2013年4月16日，在良庆区南晓镇举行。市长周红波、南宁龙象谷国际旅游度假区党工委书记冯柳江为南宁龙象谷国际旅游度假区党工委揭牌。市委副书记李泽、副市长魏凤君为南宁龙象谷国际旅游度假区管委会揭牌。市委常委、市政府党组副书记韦力平主持仪式。

【20件为民办实事项目实施】 2013年，南宁市把为民办20件实事列为重点工作，跟踪督办、明确职责、抓好落实，完成47个子项的工作任务。1.就业创业惠民：为2.06万名产业工人提供技能提升培训。建成14个县（区）、开发区200个重点行政村的公共就业基层服务平台，各平台均制定1套规范化建设标准和管理制度、配备1套计算机网络设备、选聘1名就业专干。2.教育惠民：实现公办义务教育学生营养改善计划在六县全覆盖。开展教育教学交流48场，占计划120%。完成3000名大学新生资助，发放资助款600万元。3.卫生保障惠民：累计发现肺结核病人1330例，完成任务133%，所有病人均接受免费治疗，病人完成疗程治愈率91.53%。抢救危重孕产妇1085人，其中救助贫困危重孕产妇70人。4.“菜篮子”惠民：完成30个养殖基地建设、3000亩（200公顷）鱼塘改造。建成4000亩（266.67公顷）蔬菜基地。5.食品安全惠民：对各城区（开发区）中学食堂实施餐饮服务食品安全量化分级管理。建设南宁市肉类蔬菜流通追溯体系（一期）。6.社会保障惠民：提高农村五保供养对象生活保障标准，各城区（开发区）农村五保供养全部以货币形式发放且标准提高至每人每月不低于300元，各县农村五保供养标准每人每月不低于自治区规定的230元。提高孤儿养育标准，公办儿童福利院孤儿养育标准每人每月从1000元提高至1200元，社会散居孤儿养育标准每人每月从600元提高至800元。殡葬惠民免费项目办理免费手续898例。7.敬老养老惠民：完成50个乡镇敬老院维修改造项目。完成一批“社区日间照料中心”。创建自治区示范性村级老年协会73个。8. 文化惠民：扶持百支文艺队演出3240场。农村公益电影放映1.76万场，城市社区公益电影放映2424场。“儿童剧目进校园”演出81场。“送百戏下乡”演出200场。9.体育惠民：为各县（区）公园、街道、社区、街头绿地新增或更换户外全民健身路径器材60套。10. 科技惠民：下达“壮药制剂双骨酊研制”等15项民生科技新产品新技术科技项目以及“中药含漱联合穴位贴敷防治鼻咽癌放疗后口干症临床研究”等26项常见、多发、妇幼、老年、慢性疾病的预防诊疗技术研究开发项目。11.生态惠民：建设1.10万座无害化卫生厕所。12.市政设施惠民：在青秀区、兴宁区启动公共自行车租赁建设试点，投入试运行站点50个，长湖立交桥、青竹立交桥底停车保管场完成建设。建成人行过街天桥10座。安装果皮箱7300个。在市区部分路段安装休闲座椅80张。改造城区小街小巷30条。13.市场建设改造惠民：延安果蔬市场、秀厢市场和凤岭市场3个农贸市场建设改造项目完工并通过验收。14.基层保障惠民：完成一批社区居委会用房项目和乡镇干部周转房项目。发放社区惠民资金3520万。15.扶贫助困惠民：建设贫困村通屯硬化路151条189千米。16.城乡饮水安全惠民：建成长湖路供水加压站。17.公共交通惠民：采购公共汽车300辆。新建公交候车亭391座。改造公交候车亭41座，增加旧公交站点候车凳393张。18.城乡交通惠民：完成农村公路危桥改造20座。完成行政村通水泥路项目26个，建设里程115.80千米。19. 扶残惠民：为1056户残疾人家庭实施无障碍改造。5个社区残疾人日间照料站完成年度工作任务。横县、马山县残疾人康复中心开工建设。20.社会管理惠民：完成一站式便民网上服务平台建设。完成3000个网络高清监控摄像机前端监控点安装调试。为25个消防中队执勤车辆出入口设置固定交通安全设施。

（市政府办公厅编写组）

人　　事

【公务员管理】 2013年，南宁市不断健全公务员管理机制。举办公务员培训班42期，培训8300多人次；行政机关公务员网络培训2.60万人，参训率100%，通过率97.56%。新录用公务员(含参照管理人员)604人;新批参照公务员管理事业单位44个,完成参公过渡考试454人。不断深化干部人事制度改革,出台《南宁市直属机关公开遴选公务员实施细则(试行)》,市直机关和参照管理单位10个非领导职位首次在全市公开遴选。出台《关于调整我市各级机关和参照公务员法管理单位主任科员占科级非领导职数比例的通知》,将主任科员占科级非领导职数比例从30%提高至50%。对开发区管理机构中层及以下人员实行全员聘任(用)制,广泛开展科级领导竞争选拔,深入实施"推优育才"工程,在自治区率先建立市直机关公务员绩效管理系统。

【人事考试】 2013年,南宁市完成人事考试33项、18.68万人次,其中公务员录用考试1.95万人,事业单位公开招聘工作人员考试2.28万人,全国职称外语等级考试9922人,二级建造师报名审核和组织考试1.51万人,全国专业技术人员计算机应用能力考试1.97万模块(人次),专业技术人员继续教育考试8.40万人次。

【事业单位岗位设置管理】 2013年,南宁市推进岗位设置管理,确保岗位设置的结构、比例科学合理,严格按要求核定各事业单位岗位类别和等级,对不按文件规定进行岗位设置和岗位聘用的单位,不予确认岗位等级。纳入事业单位岗位设置管理的单位3642家,已核准3566家事业单位的岗位设置方案,占总数97.91%。其中:市属事业单位258家,占总数96.63%;县(区)、开发区事业单位3308家,占总数98.01%。在完成设岗的单位中,已完成首次岗位聘用认定工作3385家,占总数92.94%,其中市直事业单位213家,完成79.78%,县(区)、开发区事业单位3172家,完成94%。

【人才工程】 2013年,南宁市深入实施人才强市战略,推进各项人才工程,资助首批南宁市特聘专家13人,选聘第二批南宁市特聘专家15人,选拔评审第八批新世纪学术技术带头人培养人选和第四批市级人才小高地,专项资助241个人才项目、资金1500万元。市学术技术带头人培养人选674人(新增186人),其中享受国务院特殊津贴专家4人(新增2人)、人选自治区"十百千人才工程"第二层次人选17人(新增2人);人才小高地34家(新增18家),其中自治区级人才小高地3家;博士后科研工作站4家(新增1家)。各类专业技术人才12万人,其中高级专业技术人才6200多人。

【职称工作】 2013年,南宁市继续推进"诚信职称",通过加强监督和指导、实行责任追究制度、建立"黑名单"数据库、纪检全程监督、执行封闭式评审、签订诚信承诺书、强化诚信申报、实行会审制度、推进职称评审的常态化等举措,确保职称评审公平公正。开展职称服务2.80万人次。其中:高级职称评审2105人次,中级职称评审7692人次,初级职称评审1039人次;办理专业技术人员转正定职1400多人次;审核专业技术人员重新确认300多人次;审核发放职称证书1.55万本。

【事业单位绩效工资】 2013年,南宁市人力资源和社会保障局(简称"市人社局")印发《关于补发2010-2012年度南宁市本级事业单位退休(退职)人员补贴的通知》《关于开展南宁市市本级事业单位在职人员2010-2012年度绩效工资补发和2013年度水平控制线内绩效工资审核工作的通知》《关于开展市本级事业单位绩效工资总量首次核定工作的通知》,全面推进第三批事业单位绩效工资兑现。市本级各事业单位正常发放在职人员绩效工资及退休人员补贴;完成退休(退职)人员自2010年起的补贴差额补发;完成在职人员绩效工资补发和2013年度水平控制线内绩效工资审核,以及工资总量首次核定。各县(区)、开发区完成第三批事业单位绩效工资兑现及补发,绩效工资的奖励性部分由各县(区)、开发区人社部门督促辖区各单位按照单位绩效考核办法发放。

【财政资金聘用外聘人员管理】 2013年,市人社局会同市编办、市财政局出台《关于进一步加强对市直机关事业单位利用财政资金聘用外聘人员管理的通知》,首次对利用财政资金聘用外聘人员进行规范管理;研究制定《关于市直机关事业单位利用财政资金外聘人员管理有关问题的补充通知》《关于机关事业单位利用财政资金外聘人员有关问题的说明》,强化对市直单位外聘人员的管理。

【军转安置】 2013年,自治区下达南宁市安置军转干部343名。其中:计划安置285名(团职109名、营职以下及专业技术军转干部176名),自主择业58名;随调家属16名。安置在中央直属、自治区直属单位125名(团职40名、营职以下及专业技术85名),安置在市本级160名(团职69名、营职以下及专业技术91名),自主择业58名。安置随调家属7名。安置在市本级的160名军转干部中,安置在公务员及参照公务员管理岗位

10月24日,南宁市第八批新世纪学术和技术带头人培养人选评审会举行
农 健 摄

156名，自愿选择安置到事业单位4人(营职以下军转干部)。

【引进国外智力】 2013年，南宁市实施引智项目23个，在南宁工作的外国专家191人。11月6日，第十二届中国国际人才交流大会举办，南宁市引进国外智力示范基地——南南铝加工有限责任公司被国家外国专家局命名“2013年国家引进国外智力示范单位”，成为南宁市首家国家级引智示范单位、广西首家工业类国家级引智示范单位。 (农 健)

民政工作

【概 况】 2013年，南宁市出台《关于进一步加强新形势下村民委员会建设的意见》等政策，完善民政政策规章。市低收入家庭经济状况核对信息平台实现与公安部门户籍、车辆信息的即时数据交换。社会组织2766个，数量规模居自治区首位。实施“安心工程”，投入10万元研发“南宁市救灾物资管理信息系统”，在市、县(区)、乡镇(街道)实施运行，并列入年度绩效考核内容。试点实行“四位一体”(社区党组织、社区居委会、社区居务监督委员会、社区服务站)社区管理服务新体制。国家财政资金购买社会工作服务项目落户南宁，马山县、隆安县被自治区民政厅确定为广西首批“三区”(边远贫困地区、边疆民族地区、革命老区)社会工作专业人才支持受援县。市民政局获民政部授予“全国居民家庭经济状况核对试点工作优秀单位”称号，被市政府授予信访维稳工作集体三等功。

(李群峰)

【地名管理】 2013年，南宁市加强地名法规建设、地名规划编制、地名标志管理、地名信息化服务，提升地名管理规范化、标准化水平，完成一批新建道路、无名道路的命名。主要完成新建“南武大道”的命名和新外环高速公路互通出口“高峰”“五塘”“南宁东(六律)”“南宁港”“八鲤”“新江”“南宁南(新兰)”“玉洞”“南宁西(石埠)”“南宁北(安吉)”的命名。 (肖国兴)

【救灾救济】 2013年，南宁市受风雹、台风、洪涝灾害等自然灾害影响，受灾人口61.04万，因灾死亡14人，因灾失踪1人，紧急转移安置4122人，农作物受灾面积4.87万公顷，其中成灾面积1.65万公顷，绝收2990公顷，倒塌民房691户、1511间，严重损坏民房249户、562间，一般损坏民房2367户、6787间，直接经济损失3.19亿元。投入应急救助资金214.90万元，紧急转移安置受灾困难群众1.14万人。截至5月31日，发放2012年至2013年冬春救助口粮1824.55吨，衣被12.76万套(床)，救助灾民和困难群众16.11万人，投入冬春救助资金2141.59万元。12月，投入2013年至2014年救助资金1501万元，发放冬春救助口粮137.95吨，衣被2.97万件(套)，救助受灾困难群众3.76万人。126.23万户农村居民住房列入自治区政策性保险范围，参保率100%，投入保险费1200.06万元，由自治区和地方财政按8:2的比例分担，市财政支付保险费240万元，其中市本级为6个城区、3个开发区支付保险费66.50万元。获保险理赔2803户、562.77万元，由保险公司通过银行直接拨付到各因灾住房倒损农户账户。5月1日前，2012年倒房重建入住30户；第一批166户倒房重建年内全部完成，第二批44户在建。市财政投入仓库维修资金79.50万元，维修乡镇（街道）救灾物资仓库53个。市备灾中心落实用地指标，开始征地；上林县救灾物资储备库建成三层主体工程；青秀区救灾物资储备库办理前期相关手续。5月12日，“南宁市2013年防灾减灾日主题宣传活动”在南湖南广场举办。青秀区、武鸣县、上林县分别有1个社区被评为自治区综合减灾示范社区；青秀区、武鸣县分别有1个社区被评为全国综合减灾示范社区。实施“安心工程”，研发并运行“南宁市民政局救灾物资管理信息系统”；推进青秀区、武鸣县安心工程示范点建设。收到社会各界爱心人士给四川省芦山县地震灾区捐赠款62.58万元，协助南宁生鲜食品商业协会将85吨蔬菜运往芦山县地震灾区。

(申广富)

【优抚工作】 2013年，出台《南宁市军人抚恤优待实施办法》，8月1日施行。办理接收残疾军人迁入32人，补评5人，换证17人，新评残疾军人7人，残情调级13人。办理因公牺牲证书发放7人。发放优抚对象2.36万人、参战民兵2.09万人抚恤补助金1.10亿元。慰问重点优抚对象4.10万人，发放慰问金1470万元。清明节期间，县级以上民政部门为烈属300人、参战退役人员220人开具公路免费通行介绍信。抢救保护零散烈士墓689座，完成总数89.80%；抢救保护零散烈士纪念设施41处，完成总数56.90%。

(韦 琨)

【安置工作】 2013年，市民政局接收退役士兵1862人，选择老政策安置的城镇退役士兵262人，其中符合政府安排工作的退役士兵（转业士官)89人。安置262人，安置率100%，其中安排工作156人，自谋职业106人。完成1级至4级残疾及5级至6级患精神病义务兵和初级士官接收安置任务2人。培训退役士兵1335人，培训经费500多万元。接收军队退休干部31人(历年遗留3人)。落实军休干部政治待遇和生活待遇，开展“创建先进军休文化、构建和谐军休家园”活动，组织老干部开展门球、乒乓球、气排球、书画、摄影、征文比赛等文体娱乐活动。推进军休干部房改，完成第1批至第4批军休干部住房补贴发放。接收安置第五批无军籍退休职工185人。

(雷兰英)

【城乡低保】 2013年，南宁市完善城乡居民最低生活保障制度，建立城乡低保核查制度。把提高城乡居民最低生活保障标准列入市政府为民办实事项目。1月1日，城市低保标准从每人每月360元提高至400元，农村低保标准从每人每年2300元提高至2400元；城市低保对象月人均补助标准从195元提高至215元，农村低保对象月人均补助标准从77元提高至87元。发放城市低保18.28万户次、32.28万人次、8049.20万元，每人月均补助249元；发放农村低保75.59万户次、188.68万人次、1.77亿元，每人月均补助94元。春节期间，给城市低保对象每人发放300元生活补助、108.57万元；给农村低保对象、五保供养对象每人发放200元生活补贴、500.72万元。

(梁 敏)

【殡葬管理】 2013年，南宁市火化尸体1.86万具。其中：市殡仪馆1.13万具，武鸣县殡仪馆2935具，横县殡仪馆2400具，宾阳县殡仪馆2010具。6月，实施《南宁市免除城乡困难群众基本殡葬服务费用实施方案》,办理免费手续 898 例。继续推进市殡仪馆殡仪服务区改建工程,开展清明节工作和殡葬行业“行风建设月”活动。（郑晓红）

民族事务

【概 况】 2013 年，南宁市民族团结进步创建活动、贯彻落实民贸民品优惠政策、全国少数民族流动人口服务管理试点城市建设、民族关系监测评价处置机制建设等工作走在自治区、全国前列。办理公民民族成分变更审核 870 人次,提供咨询 1800 人次,办结率 100%。

【清真食品专供】 2013 年，南宁市有清真食品企业和个体工商户 51 家(户),在市区农贸市场设立清真肉类供应点 4 个。2 月,针对清真牛肉价格持续居高问题，市政府对有清真饮食习惯的少数民族实行平价限量清真牛肉补贴，市民族事务委员会协调市商务局、市物价局在市区临时开设平价清真牛肉销售点 2 个,每人每天可购买 0.25 千克(主麻日、春节期间为 0.50 千克)，每千克补贴 16 元;累计补贴 3.37 万元,惠及回族等少数民族 3000 余人。

【民族法规与民族团结宣传教育】 2013 年，南宁市将民族团结进步创建纳入全市绩效考评体系,从领导班子重视程度、人员经费措施落实情况、民族团结宣传教育、城市民族工作等方面进行考评。实施民族团结进步创建活动连片社区项目建设，包括兴宁区三塘镇“十里花卉长廊”沿线民族团结固定宣传标语建设项目,以及凤岭北社区、中华中社区、明秀社区，江南水街特色商业街、万寿堂药业、锦虹公司,秀田小学、明秀小学、新兴民族学校、武鸣县太平镇庆乐村等民族团结进步创建“进社区”“进企业”“进学校”“进村屯”项目。开展城市社区民族知识读书周活动,推进“民族书屋”建设,为 11 个社区颁发“南宁市民族书屋”牌匾,赠送《民族法规政策知识读本》5000 多本;社区组织集中学习 35 次,开展民族联谊活动 14 次,交流学习心得 19 次,制作专题板报 16 块,编印简报 9 期,组织撰写心得体会 94 篇。推进民族“团结心连心”活动常态化,定期组织开展少数民族知名人士座谈会、少数民族联谊活动、入户走访慰问、瑶族乡少数民族群众代表考察学习民族团结进步创建活动经验、西北少数民族群众参与城市管理、少数民族流动人员社会主义法制宣传教育等主题活动。组织 40 名少数民族流动人员代表到广西园博会、广西艺术馆、广西美术馆进行参观。5 月 24 日,市民族事务委员会(简称“市民委”)与市旅游局在金琅大酒店举行民族知识进酒店暨《南宁民族知识宣传画册》赠送仪式，赠送 10 家三星级以上酒店《南宁民族知识宣传画册》3000 本。9 月至 10 月,组织开展以“深化开展民族团结进步创建活动,全面推进全国民族团结示范市建设”为主题的 2013 年民族团结宣传月活动;9 月 23 日,南宁市 2013 年民族团结宣传月活动启动仪式暨民族团结进步创建活动进企业现场会举行；各级各部门组织开展民族团结进校园、“红心向党”歌咏大赛等活动。9 月,南宁市被确定为全国 13 个民族团结进步示范州(市、盟)试点之一。

【民族调研】 2013 年，市民委配合市人大常委会做好自治区人大专题调研组到南宁市开展民族特色村寨保护与发展调研;将 2012 年调研形成的《南宁市世居少数民族经济发展状况调查》《南宁市少数民族流动人口情况调查》等系列调研报告汇编成册，供市委、市政府决策参考；将近 3 年形成的调研报告收集、整理,遴选出 18 篇汇编《南宁市民族工作调查研究(2010—2012)》供市领导、相关单位和各级民族工作部门参阅；组织专家撰写南宁市民族文化研究丛书《南宁壮族歌圩调查研究》《文化呈现与思考》《壮族稻神祭研究》。

【少数民族经费使用】 2013 年，南宁市安排市本级少数民族发展资金 300 万元，实施村屯基础设施建设和民族团结进步创建项目 56 个，受益人口 3.56 万人；落实自治区级少数民族发展资金项目 17 个,资金 174 万元,受益人口 3.25 万人;组织各县(区)申报 2013 年度国家级少数民族发展资金项目，获扶持资金 437 万元,受益人口 8.66 万人。

【民族特色村寨建设】 2013 年，南宁市落实帮扶资金 68.50 万元,在上林县镇圩瑶族乡排红村实施民族特色村寨建设项目 4 个。落实自治区少数民族发展资金 100 万元，用于良庆区那马镇坛良村具有民族特色的社会主义新农村示范点建设。

【民贸民品优惠政策落实】 2013 年,南宁市有 90 多家民贸民品企业获优惠利率贷款约 40 亿元,比上年增长 167%;获中央财政贷款贴息 9081 万元，增长 105%,占自治区贴息额 25%,居自治区第一位，居全国贯彻落实民贸民品生产优惠政策先进城市行列。落实市财政民品生产发展专项扶持资金 500 万元，扶持民品企业 38 家;落实自治区技改贷款贴息 85 万元,扶持技改企业 4 家;落实自治区民品生产补助资金 100 万元，扶持民品企业 6 家。

【壮语言文字使用】 2013 年 5 月 15 日，广西第一部少数民族语言文字工作政府规章——《南宁市壮文社会使用管理办法》颁布， 7 月 1 日施行。《办法》明确下列场合、设施的社会用字,应同时使用壮文、汉文 2 种文字：行政区划名称的标牌;国家机关、事业单位名称的牌匾和公章;市、县(区)政府政务网站、政报的名称;机场、火车站、汽车站、港口、码头、博物馆、展览馆、图书馆、体育馆等公共场所名称的招牌、标牌;市、县(区)大型会议、重大活动所使用的标牌、横幅。组织行政执法人员培训,编印宣传手册、壮文翻译服务指南等 3.20 万份发至 12 个县(区)政府、600 多个市级国家机关和企事业单位,提高《办法》的知晓率。翻译壮文牌匾、路标 2600 多个 3 万多字。启动壮文社会使用管理工作示范县建设前期工作,指导、支持武鸣县电视台丰富壮语节目内容及上林县恢复开播壮语电视新闻节目,推动壮文在公共领域的规范使用。

【壮语文水平考试】 2013 年 12 月 7 日，2013 年广西壮语文水平考试南宁考点考试在市第二十九中学举行。南宁考点报名人数 203 人,实际参加考试 186 人,到考率 92%,及格率 55%,优良率 8.50%。其中：参加高级水平考试 57 人，及格 52 人,及格率 91%,优良率 8.80%,平均分 69.09 分;参加中级水平考试 49 人,及格 27 人,及格率 55.10%,优良率 12.20%,平均分 57.09 分;参加初级水平考试 80 人,及格 8 人，及格率 10%，优良率 2.50%，平均分 26.94 分。考生地域分布市辖六县及兴宁区、青秀区、西乡塘区、邕宁区、良庆区 176 人、钦州市钦北区 10 人。考生行业分布在中（自治区）直、南宁市、县（区）直机关、企事业单位、驻邕高校、国有企业、民营企业、个体工商户以及钦州市钦北区那蒙镇 2 个壮汉双语教学点。职业涵盖国家公务员，事业单位管理人员、专业技术人员，大中专院校及中小学、幼儿园老师，高校在读研究生和本科生，企业职工，自由职业者等。报考人员有壮、汉、瑶、仫佬、毛南等 5 个民族成分，其中壮族考生占 83%；年龄最小考生 16 岁，最大 76 岁。

【壮汉双语教学实验】 2013 年，南宁市加强壮汉双语教育，开展壮汉双语教学实验的县（区）8 个，其中武鸣县、上林县被确定为自治区级“壮汉双语教学示范基地”；开设壮汉双语小学 27 所、民族中学 8 所。

【民族教育】 2013 年，南宁市有 73 名大学生、73 名高中生获 2013 年度广西特困少数民族优秀学生入学专项经费补助 29.20 万元，其中大学生入学补助每人 3000 元、高中生入学补助每人 1000 元。在武鸣高中、宾阳中学、南宁沛鸿民族中学、市三职高、马山县中学、隆安县中学、上林县民族中学、马山县民族中学、隆安县民族中学 9 所学校开设自治区级寄宿制民族高中班和民族初中班，在校民族高中（职高）生 1500 人，民族初中生 750 人；每人每年享受生活补助费 600 元。协调落实 2013 年度少数民族教育补助资金项目 35 个，资金 200 万元。其中：民族风情进校园项目 14 个，民族团结进校园项目 5 个，少数民族传统体育训练基地建设项目 6 个，2 个民族乡乡庆基础设施扶持项目 10 个；中央少数民族专项教育资金 30 万元。独立建制的民族中学有南宁沛鸿民族中学、武鸣县民族中学、横县民族中学、宾阳县民族中学、上林县民族中学、马山县民族中学、隆安县民族中学、邕宁区民族中学、西乡塘区那龙民族中学 9 所，在校初中生 1.51 万人、高中生 1885 人，教师 1181 人。

【群众性民族文化活动联系点】 2013 年，扶持、建立武鸣县两江镇龙母屯龙母文化、锣圩镇玉泉村骆垌舞，马山县古零镇安善村“三声部”民歌，上林县西燕镇东敢村师公文化，宾阳县芦圩镇临浦村骆越文化、露圩镇库利村“五言壮欢”，西乡塘区陈东村傩文化，邕宁区新江镇团阳村嘹啰山歌、中和乡孙头坡抢花炮，横县校椅镇临江村壮歌剧等一批民族民间传统文化特色浓厚的群众性原生态文化活动联系点。

【民族节庆活动】 2013 年，南宁市参与群众万人以上的民族节庆有：南宁国际民歌艺术节；武鸣县“三月三”歌圩暨骆越文化旅游节，罗波镇罗波潭龙母祭典，马头镇敬三村骆越民俗“四月四”祈丰文化节；横县中国国际茉莉花文化节，“伏波庙会”；宾阳炮龙节，露圩四月初八逢圩节、百合村三月三歌节、“五言壮欢山歌节”，甘棠五月十三逢圩节；马山县第七届文化旅游美食节；邕宁壮族八音文化旅游节，那莲传统民俗七夕拜七姐“赛巧节”，蒲庙花婆节，中和乡孙头村花炮节；隆安县乔建镇“三月三”歌节，城厢镇那文化稻神祭祭典。

【少数民族传统体育】 2013 年，南宁市有市第四十一中学（高脚竞速、抢花炮）、南宁沛鸿民族中学（毽球、射弩）、武鸣县民族中学（投绣球）等市级民族体育训练基地 3 个。有横县、宾阳县、上林县、马山县、隆安县、兴宁区、青秀区、邕宁区等县（区）级少数民族传统体育项目训练基地 11 个，训练项目涉及珍珠球、毽球、打陀螺、投绣球、高脚竞速、三人板鞋竞速、龙舟等。3 月 29 日，市民委、市直机关工委、南宁李宁体育休闲公园共同主办南宁市直属机关“民族团结杯”健身运动会，运动会设置“五人板鞋”“抛绣球”“跳大绳”等壮族传统体育项目以及“趣味投篮”“快乐大脚”等比赛项目，92 个代表队 1800 多名运动员参加比赛。9 月 28 日，市民委、市教育局、市体育局在南宁沛鸿民族中学举办南宁市第六届中小学生少数民族传统体育运动会，25 所学校 500 多名运动员参加比赛。南宁沛鸿民族中学、隆安县第二中学分别获男子、女子毽球第一名；上林县城关中学、市第四十七中学分别获男子、女子个人 2 分钟速度耐力单摇跳第一名；市第四中学、上林县城关中学分别获男子、女子个人 30 秒速度单摇跳第一名；马山县民族中学获男女混合团体 2 分钟 10 人“8”字跳绳第一名；上林县城关中学、马山县中学男子、女子个人、团体抛绣球双双获第一名；市第四十七中学获男女混合踢毽迎面接力第一名；市第三十四中学获男女混合踢毽传递第一名；上林县城关中学获男女混合拐脚跳踢第一名；上林县城关中学团体总分第一名。10 月 25 日至 31 日，由市政府主办，市民委、市体育局、马山县政府共同承办的南宁市第十届少数民族传统体育运动会在马山县举办；12 个县（区）、4 个开发区 182 支运动队 1316 名运动员参加 9 个大项目 42

8 月 13 日，马山县壮族三声部民歌和扁担舞展演队应邀参加 2013 年维也纳金色大厅夏季音乐会　　马山县志办提供

个小项目的比赛，参加的代表团和人数均超过历届。

【民族关系监测评价处置机制建设】 2013年，市民委根据“民族平等度”“民族团结度”“民族互助度”“民族和谐度”“民族发展度”等民族关系“五度”和48项评价参考指标，对南宁市民族关系状况进行评估，形成年度评估报告上报市委、市政府和自治区民委。加强民族关系监测点建设，充实民族关系信息员、协调员队伍，继续推进民族关系监测评价处置机制建设，妥善处理涉及民族因素的矛盾纠纷。有民族工作信息员130人，民族关系协调员65人，民族工作专家顾问28人，民族关系监测点53个，联谊会会员210多人；提高监测能力，加大研究分析力度，预防和处置涉及民族因素的突发事件。妥善处置“1·13”在邕新疆少数民族流动人员的打架伤亡事件、藏族摆卖管制物品被处罚上访事件、拉面馆因竞争产生纠纷事件等涉及民族因素的矛盾纠纷5起。

【少数民族流动人口服务管理体系建设试点城市建设】 2013年，南宁市完善立体服务平台，通过全方位服务让外来少数民族人员进得来、留得住、有发展，提升他们的城市归属感；增补市民委为市流动人口管理领导小组成员单位，全面推行居住证制度，按照“一证多能”的要求，制定出台相关优惠政策和便民利民措施，拓宽居住证的社会应用领域，让少数民族流动人口在技能培训、公共就业、子女教育、医疗保健、计划生育、法律援助、社会管理等公共服务方面享有市民待遇。累计发放居住证23.70万张，涉及少数民族流动人口近10万人；建立“六必访”制度，做到少数民族流动人口及其家庭有矛盾纠纷的必访、有重大疾病的必访、有重信重访的必访、有生产生活困难的必访、有家庭重大变故的必访、有重要节日和重要活动时必访；利用古尔邦节、三月三、达努节等民族传统节日，通过谈心交流、走访慰问，文艺演出、文化交流、百家宴等寓教于乐的形式，促进少数民族流动人口与本地居民之间的相互联系和感情沟通；开展“南宁是我家，和谐你我他”“游南宁、见证城市发展”等民族团结“心连心”主题活动。继续加大11个市级社区民族工作示范点建设，发挥少数民族流动人口服务网络作用；为少数民族流动人口提供就业创业服务1.60万人次，解决住（租）房问题1.30万多人次，组织技能培训1.86万人次，提供法律咨询1000多人次。5月，《中国民族报》专版刊登南宁市《让少数民族流动人口在城市生活更有尊严、更幸福》。

【少数民族干部培养】 2013年5月，市民委与市委组织部、市人社局、市公务员局联合举办2013年科级少数民族干部培训班，市直单位50名科级少数民族干部参加。培训形式包括在市委党校集中培训，以及到湖南吉首大学异地培训。推荐县民族局3名女干部参加广西少数民族妇女干部培训班学习；推荐民族乡1名干部参加中央民族干部学院第十二期全国民族乡镇党政领导干部培训班学习。9月24日至27日，南宁市2013年民族工作业务培训班在南宁学院举办，培训50余人，为市民委、民语委系统首次组织的大规模全员培训；邀请专家讲授突发事件及网络舆情应对、广西民族语文文字概况、少数民族发展资金项目管理、回族宗教信仰与生活习俗、依法行政与民族工作、政务礼仪等课程，开展反腐倡廉专题教育。

2013年南宁市壮汉双语学校基本情况

县(区)	学校	在校生人数		教职工人数	
		总数	其中壮族学生	总数	其中专任教师
青秀区	长塘镇中心学校	801	780	41	40
兴宁区	五塘镇六塘民族小学	829	829	12	12
武鸣县	武鸣县民族中学	1746	1574	153	153
	太平镇中心学校	956	956	82	82
	仙湖镇中桥小学	855	855	53	45
	太平镇庆乐小学	491	491	50	50
	太平镇文溪小学	883	883	41	41
	锣圩镇高一小学	77	77	9	9
	城厢镇串钱小学	36	36	6	6
横　县	横县民族中学	1005	525	65	65
	平马镇中心学校（分校）	283	283	12	12
	石塘镇潘六小学	377	377	21	8
宾阳县	宾阳县民族中学	1733	612	94	94
	邹圩镇白山小学	271	271	16	16
	邹圩镇龙塘小学	184	181	12	11

续表

县(区)	学校	在校生人数		教职工人数	
		总数	其中壮族学生	总数	其中专任教师
上林县	上林县民族中学	2497	2497	131	131
	大丰镇皇周小学	1026	1026	45	42
	塘红乡中心学校	1370	1370	58	55
	塘红乡万福小学	890	890	23	21
	塘红乡那君小学	435	435	25	23
	塘红乡龙祥小学	375	375	20	18
	塘红乡岜森小学	401	401	22	20
	塘红乡石门小学	396	396	19	18
	塘红乡中可小学	1304	1304	42	38
马山县	马山县民族中学	1611	1555	98	98
	乔利乡民良小学	97	97	6	6
	白山镇合作小学	256	256	14	14
	白山镇合龙小学	144	144	8	8
隆安县	隆安县民族中学	1996	1996	159	159
	雁江镇荣和希望小学	108	108	6	6
	乔建镇路兹小学	222	222	9	9
	乔建镇廷罗小学	130	130	4	4
	那桐镇那门小学	237	237	7	7
	南圩镇万朗小学福兴教学点	20	20	3	3
合计		24042	22189	1366	1324

（刘建安）

外　　事

【概　况】2013年，南宁市外事侨务办公室（简称“市外侨办”）审批因公出国（境）团组207批522人次；组织市代表团出访澳大利亚班达伯格市、缅甸仰光市、柬埔寨西哈努克省等国外友好城市；配合做好在南宁市举行的中国—东南亚民间高端对话会、第二届中越青年大联欢活动、香港特区行政长官梁振英率经贸代表团访邕活动、2013“两会一节”、广西第三届园林园艺博览会、市团组随自治区赴港澳开展“广西港澳行”等重要活动服务；接待外宾81批2141人次；配合中国驻加纳使馆、自治区外事办公室处理上林县群众在加纳非法淘金事件。

【国外友好城市交往】

韩国果川市　2013年4月16日，韩国果川市议会议长黄淳植率领果川市代表团一行10人访问南宁市，市人大常委会主任谢寿堂会见代表团一行，双方就经贸、文化等领域进行友好交流。4月17日，经市委、市政府批准，市投资促进局廖一春赴韩国果川市执行两市公务员交流项目任务；5月3日，韩国果川市居民生活支援室李相昊结束为期1年的交流返回韩国；5月13日，韩国果川市民愿服务课沈明顺到南宁进行为期1年的交流。9月3日至5日，韩国果川市市长余仁国率领市政府代表团和艺术代表团一行21人来邕参加“两会一节”活动。市长周红波会见代表团一行。代表团在邕期间参观中国—东盟博览会、2013南宁国际民歌艺术节文艺晚会、2013南宁国际友城交流与合作研讨会以及国（境）外嘉宾联欢等活动；艺术团在国（境）外嘉宾联欢活动上表演韩国传统面具舞。12月22日至31日，韩国果川市代表团一行14人到南宁市开展第五届韩国果川青少年语言研修活动，12名韩国学生分别与12名南宁市第十四中学学生结成对子，全程住家体验。

美国普罗沃市　9月3日至5日，美国普罗沃市市长约翰·柯蒂斯率代表团来邕参加“两会一节”活动。市长周红波会见代表团一行。代表团在邕期间参观中国—东盟博览会、广西第三届园林园艺博览会并出席2013南宁国际民歌艺术节文艺晚会、2013南宁国际友城交流与合作研讨会和国（境）外嘉宾联欢等活动。9月，南宁市代表团一行赴美国普罗沃市进行友好访问，实地考察路政设施、规划建设、社会管理以及公共服务等项目，推介南宁，探讨合作。

加拿大维多利亚市　9月，南宁市代表团一行赴加拿大维多利亚市进行友好访问，实地考察路政设施、规划建设、社会管理以及公共服务等项目，拜访加拿大广西总商会以及部分香港企业。

法国马恩河谷省　3月17日至20日，法国马恩河谷省省议会议员多米尼克·郝布兰为团长的政府代表团及企业代表团一行20人对南宁市进行经贸考察访问，参加南宁市与马恩河谷省经贸推介会。随团来访的法国企业8家，涵盖葡萄酒销售、软件信息系统开发、房产建筑设计以及会议展览服务等方面。在马恩河谷省代表团访邕期间，市委常委、副市长杨民会见法国驻广州总领事白屿淞。10月12日至21日，南宁市代表团访问法国。代表团与法国友城马恩河谷省政府商洽在政府高层管理、外国政府优惠项目运作模式、物流业、园区产业、食品加工业等重点领域的合作。

波兰格鲁琼兹市　4月21日至22日，应友好城市波兰格鲁琼兹市市长邀请，南宁市代表团一行访问格鲁琼兹市并参加在波兰格但斯克市举行的第一届波兰—中国地区论坛。格鲁琼兹市市长罗伯特·马利诺夫斯基在市政府会见代表团一行，对代表团表示热烈欢迎并希望南宁市能加强与格鲁琼兹市的文化交流。代表团派员参加该市举办的节庆活动。访问结束后，代表团一行前往波兰格但斯克市，参加第一届波兰—中国地区论坛，论坛主题围绕文化、贸易、旅游和教育领域开展。代表团参加论坛分设的经济、能源、旅游、文化、教育等分论坛。5月19日至25日，应波兰格鲁琼兹市市长邀请，南宁市政府、市第一人民医院、市第二人民医院、市第三人民医院组成出访团，赴波兰格鲁琼兹市地区医院进行参观，就慢性疼痛的诊断与治疗进行交流，签署深化合作协议。9月3日至5日，波兰格鲁琼兹市副市长马瑞·斯科拉和普热梅斯罗·斯洛索斯基率领代表团来邕参加“两会一节”活动。南宁市委常委、常务副市长吴炜会见代表团一行。代表团在邕期间参观中国—东盟博览会并出席2013南宁国际民歌艺术节文艺晚会、2013南宁国际友城交流与合作研讨会和国（境）外嘉宾联欢等活动。9月6日至7日，应波兰格鲁琼兹市市长邀请，南宁市代表团对格鲁琼兹市进行友好访问并参加该市举行的欧洲文化遗产日活动。代表团拜见市长罗伯特·马里诺夫斯基，参观当地古城建筑群遗址、博物馆、医院并出席舞蹈剧院表演晚会；与当地文化、卫生界人士进行交流，加强两市的合作与友谊，开拓文化、旅游、卫生等领域的交流合作。

奥地利克拉根福市　4月26日，南宁市友好代表团一行受邀访问友城奥地利克拉根福市，市长克里斯汀在市政厅会见代表团一行。两市的友谊进一步巩固和发展。

澳大利亚班达伯格市　1月2日至11日，南宁市友好代表团一行访问澳大利亚班达伯格市。代表团与班达伯格市议会进行友好会谈，探索双方教育交流和贸易合作机会。1月，澳大利亚东部昆士兰州遭遇50年来最强暴雨，班达伯格市成为受灾最严重的地区之一，洪水严重冲毁南宁市2008年捐赠建造在市中心公园中国园区的友谊亭和友谊碑。2月15日，南宁市友好代表团应邀访问班达伯格市，参加当地中国蛇年春节庆祝活动，期间实地察看当地受灾情况，与班达伯格市政府共同举行以经济、环保、旅游开发为主题的项目研讨会。班达伯格市市长、南宁市代表团团长分别就两市经济社会发展状况作介绍，双方官员在经济、文化、教育、环保、旅游等方面进行交流，达成初步合作意向。为表达南宁市人民对班达伯格市人民的友好感情，支持班达伯格市赈灾，南宁市政府向班达伯格市捐赠救灾款10,000澳币（折合人民币约65,000元），帮助该市修葺损坏的中国园、友谊亭和友谊碑。9月3日至5日，

国外友好城市情况

国家城市名称		结好时间
冈比亚班珠尔市	Banjul, Gambia	1987年6月22日
澳大利亚班达伯格市	Bundaberg, Australia	1998年5月12日
美国普罗沃市	Provo, U.S.A.	2000年9月27日
奥地利克拉根福市	Klagenfurt, Austria	2002年6月13日
泰国孔敬市	Khon Kaen, Thailand	2002年8月25日
韩国果川市	Gwacheon, Korea	2005年4月18日
英国诺斯利市	Knowsley, UK	2005年8月16日
越南海防市	Hai Phong, Vietnam	2006年3月23日
菲律宾达沃市	Davao, The Philippines	2007年9月3日
柬埔寨西哈努克省	Sihanoukville, Cambodia	2007年10月30日
智利伊基克市	Iquique, Chile	2008年2月20日
法国马恩河谷省	Val-de-Marne, France	2008年10月23日
印度尼西亚茂物县	Bogor Regency, Indonesia	2008年12月17日
缅甸仰光市	Yangon City,Myanmar	2009年10月20日
美国商业市	Commerce City,U.S.A	2009年10月21日
加拿大维多利亚市	Victoria City,Canada	2010年7月9日
老挝占巴塞省	Champasak, Lao People´s Democratic Republic	2010年10月21日
马拉维利隆圭市	Lilongwe,Malawi	2011年10月22日
波兰格鲁琼兹市	Grudziadz,Poland	2011年10月22日

澳大利亚班达伯格市市长摩尔·弗曼率代表团来邕参加“两会一节”活动。南宁市市长周红波会见代表团一行。代表团在邕期间参观中国—东盟博览会、广西第三届园林园艺博览会并出席2013南宁国际民歌艺术节文艺晚会、2013南宁国际友城交流与合作研讨会和国(境)外嘉宾联欢等活动。9月5日,南宁市第四职业技术学校与班达伯格市州立中学签约缔结友好学校,班达伯格市州立中学校长安东尼·兰斯基做职业教育讲座。9月20日至28日,应班达伯格市市长邀请,南宁市代表团出访班达伯格市,开展考察走访活动24项,就农业、通用航空相关产业、旅游文化等领域合作达成初步共识。

智利伊基克市　3月27日至30日,智利伊基克市友好代表团访问南宁市。28日,市政府副秘书长李建华与代表团一行进行座谈。双方就经济、农业、教育、旅游领域的交流与合作交换意见。期间,代表团一行参观考察南宁日报社、高新产业技术开发区。11月15日,伊基克市华裔友好人士吴巧翎率代表团一行16人访问南宁市,商议加强两市友好往来和伊基克市中国广场建设事宜。12月29日至2014年1月6日,应智利伊基克市、阿根廷阿尔米兰德布朗市和巴西圣保罗市的邀请,南宁市代表团一行出访智利、巴西和阿根廷,与中国驻当地使领馆官员、当地政府高层进行交流,与多个南美华人华侨社团领袖洽谈项目合作事宜,并实地考察智利伊基克自贸区建设、中国广场项目建设用地、南美城市规划、南美侨商企业和社团运营情况等。

马拉维利隆圭市　9月3日至5日,马拉维地方政府部常秘(副部级)科斯特·卡帕兹和利隆圭市首席执行官(相当于市长)理查德·哈勒率代表团来邕参加“两会一节”活动。南宁市市长周红波会见代表团一行。代表团在邕期间参观中国—东盟博览会并出席2013南宁国际民歌艺术节文艺晚会、2013南宁国际友城交流与合作研讨会和国(境)外嘉宾联欢等活动。

【“两会一节”外事接待】 2013年,市外侨办在“两会一节”期间,接待外宾25批111人;安排市领导会见重要外宾13场次;举办大型外事活动3场;派出各类翻译人员50余人,翻译各类笔译材料约5万字,完成各专场活动现场口译及交替传译约25场次;接待外宾在南宁市参观考察100余批次。

【国际交往】 2013年9月4日,由市政府主办,市外侨办、市城乡建设委员会、市对外友好协会承办的2013南宁国际友好城市交流与合作研讨会举行。研讨会主题为“美丽城市·幸福生活”,来自美国普罗沃市、美国费尔斯通市、马拉维利隆圭市、澳大利亚班达伯格市、波兰格鲁琼兹市、马来西亚怡保市、泰国孔敬市、韩国果川市、越南下龙市、赤道几内亚巴塔市等10个南宁市国际友好城市代表团以及自治区外事办公室、南宁市相关部门代表约90人参加。副市长魏凤君出席会议并讲话。与会外国代表中有市长6名、副市长4名。代表围绕主题以及“城市规划,让城市可持续发展”“美丽环境,让生活更美好”“有序交通,让出行更便利”3个议题发表演讲并讨论。9月4日,2013“欢乐南宁”国(境)外嘉宾联欢活动举行。市委副书记李泽、市人大常委会副主任温守荣、市政府副市长眭国华、市政协副主席梁峰林与来自澳大利亚、美国、韩国、泰国、马来西亚、越南、波兰、马拉维、赤道几内亚等国家的10个友好城市代表团,以及来自俄罗斯、阿根廷、柬埔寨、文莱等国家,以及香港、澳门地区的华人华侨代表、市直涉外部门负责人等约180人出席联欢活动。6月2日至4日,中共中央对外联络部、中共广西壮族自治区委员会和自治区政府共同主办,自治区外事办公室、南宁市和防城港市联合承办的中国—东南亚民间高端对话会先后在南宁市和防城港市举行。来自东南亚11个国家的政要、民间组织、企业、媒体代表与中方代表围绕“和平促发展,合作求共赢——中国和东南亚人民的共同心声、共同梦想”主题进行探讨。

9月4日,南宁国际友好城市交流与合作研讨会在南宁饭店举行

市外侨办提供

【上林籍采金人员撤离加纳】 2013年,非洲加纳共和国政府加大对外国公民无合法资格开采金矿行为的打击力度。南宁市上林县在该国从事采金人员较多,且大多无合法资格,生命财产安全无法保证。市委、市政府对此召开专题会议,部署应对措施。成立专门工作领导小组(办公室设在市外侨办),对上林县在加纳采金人员的情况实地调查摸底,派出由市外侨办、市公安局、上林县干部组成的境外工作小组,分别于6月、7月、8月前往加纳开展劝返和处置。境外工作小组在中国驻加纳使馆的统筹安排下,与加纳移民局等部门进行多次谈判,要求加方减少阻挠,提供通道,最大限度保障中国公民的人身、设备和财产安全。8月,上林县在加纳85%的采金人员约5000多人安全撤离回国。

2013年南宁市主要来访团组情况

时间	团组名称	团长	人数	国家/城市/单位
1月9日	外国专家代表迎春座谈会		50	各国
1月11日	香港经贸代表团	香港贸易发展局总裁林天福	25	香港
1月28日	泰国北部五府政府及企业家代表团	彭世洛府副府尹	47	泰国
2月22日	第三届金花茶论坛的外国嘉宾		11	英国、意大利
2月25日	亚洲开发银行南宁职业教育发展项目技术援助启动团	温迪·沃克	23	
2月27日	韩国(中国中西部)投资环境考察团		24	韩国
3月17日至20日	法国马恩河谷省政府和企业代表团	议员	20	法国
3月21日	香港工商考察团	林武	63	香港
3月26日	香港中华厂商联合会广西访问团	施荣怀	50	香港
3月25日至26日	越南司局级干部考察团	阮文游	7	越南
4月16日	韩国果川市议长代表团	黄淳植	12	韩国
4月20日	缅甸驻南宁总领事	吴敏吞	3	缅甸
5月18日至19日	老挝万象市代表团	苏甘·马哈腊	14	老挝
5月19日	香港福建社团联会	林树哲	57	香港
5月30日	香港青年企业家联会	陈仲尼	48	香港
6月1日	新加坡前教育部官员(参加中国—东南亚民间高端对话会)		5	新加坡
6月19日	新西兰黑斯廷斯市市长代表团	劳伦·尤尔	6	新西兰
6月21日	香港贸发局全球代表团	香港贸易发展局总裁林天福	51	香港
6月23日	东盟国家经贸记者团研修班	郑义强等	19	东盟国家
7月15日	东南亚国家工会青年领袖代表团		24	东盟国家
7月16日	缅甸巩发党干部考察团	昂吞	28	缅甸
7月16日	香港中华总商会代表团		36	香港
7月18日	欧洲议会对华关系代表团	克雷森左·利凡里尼	16	欧洲
8月1日	马来西亚外交部副秘书长	罗哈娜	5	马来西亚
8月21日	诺贝尔奖得主马歇尔教授	马歇尔	2	
10月17日	菲律宾青年政治理事会考察团	菲律宾众议员劳伦斯·富尔顿	10人	菲律宾
10月21日	老挝干部考察团	老挝公安部政治部主任阿鲁·瓦里斯	32	老挝
7月25日	越南外交部常务副部长胡春山一行14人			越南
11月15日	智利依基克市代表团		16	
11月16日	香港民建联考察团	民建联主席谭耀宗	7	香港
11月27日至29日	香港特别行政区长官梁振英一行	梁振英	150	香港
11月22日至27日	中越青年大联欢主团		20	
12月6日	全国政协副主席何厚铧一行		50	
12月19日	香港工商联合会考察团	林淑仪	20	香港

(市外侨办编写组)

信访工作

【概　况】 2013年，南宁市信访局受理群众来信、来访、来电4.59万件5.25万人次，比上年分别上升25%、27%。其中：来信3234件，下降5%；来访2378批9030人次，分别上升15%、24%；办理上级机关、市领导批示交办信访案件129件，办结116件，到期办结率100%；受理复查复核案件36件，办结33件，到期办结率100%；市长公开电话受理市民有效来电4.03万个，上升29%。处置市本级集体上访449批、5936人次，分别上升50%、35%。劝返、处置群众到自治区集体上访118批、1718人次，分别上升28%、41%。劝返接回进京上访人员145人、173人次，分别下降20%、6%，其中进京非正常上访110人、161人次，分别上升51%、112%。

【信访处理】 2013年，《南宁市领导干部阅批群众来信制度》出台。3月至8月，六县六城区、4个开发区领导干部阅批群众来信3221件，立案交办2666件，办结2585件，办结率99.20%；回访信访人1085件，领导包案254件。年内，市信访局受理群众来信3234件，下降5%。

【市长热线】 2013年，市长热线接听有效来电4.03万个，为民办实事5944件；市政府公共服务呼叫中心接听市民有效来电2.53万个。

【信访接待】

市领导接待日活动　2013年，南宁市有市领导19人次参加市领导接待日活动，接待来访群众49批200多人。

公开大接访暨与民沟通日活动　南宁市组织开展“公开大接访暨与民沟通日”活动4次，县(区)、市直部门参加活动的干部8029人次，接待群众2412批5652人次，受理群众反映信访事项2330件，现场解决或答复1286件，现场办结率55.20%，其余问题事后立案交办、督办，到期结案率95%以上。

县(区)委书记、县(区)长公开接访　县(区)委书记、县(区)长参加公开接访338人次（其他处级领导干部4746人次），接待来访群众2469批7682人次，解决问题1289件。

律师参与信访接访　有229名律师参加接待来访群众191批425人次，处理涉法信访问题。

【信访积案化解】 2013年，市信访局通过清理、化解、终结等程序，完成自治区信访联席办公室交办的信访积案19件。使用信访救助金206.23万元。其中：市直部门使用信访救助金71.12万元；县(区)使用信访救助金总额135.11万元。解决贾某等人的信访问题。

【信访信息网络系统建设】 2013年，南宁市、各县(区)信访信息系统应用率、录入率100%。南宁市信访信息系统推广应用走在自治区前列。　（蓝白晓）

12月3日，市民向市信访局赠送感谢锦旗　　市信访局提供

政务服务

【概　况】 2013年，南宁市构建市、县(区)、乡镇(街道)、村(社区)四级政务服务体系，县(区)政务服务中心覆盖率100%，乡镇政务服务中心覆盖率98.30%，村(社区)政务服务中心覆盖率43.90%。各级政务服务中心办理审批事项45.70万件，其中市级政务服务中心办理16万余件，发出批文、证照有效率100%，群众满意度评议率99.99%。市本级具有行政审批职能的部门54个，全部进驻南宁市政务服务中心(简称“市政务服务中心”)；市本级行政审批事项670项(许可事项340项、非许可事项330项)，纳入市政务服务中心受理的行政审批事项643项(许可事项326项、非许可事项317项)。7月1日，市政务服务中心从科园东五路搬迁至广西体育中心C区，设立办事服务窗口27个，涉及建设项目、经济发展等行政审批服务事项369项，工作人员约210人；原科园东五路旧址作为科园分中心，有办事服务窗口30个，涉及社会管理、民生服务等行政审批服务事项293项，工作人员约109名。主动公开信息约11万余条，在自治区排名第一。

【政务公开】 2013年，南宁市公共资源交易监督管理委员会(简称“市监管委”)成立，主任由市长兼任，副主任由常务副市长、市纪委书记兼任。市监管委下设办公室，与南宁市政务服务管理办公室(简称“市政务办”)合署办公，实行一套人马、两块牌子。市政务办增加政府信息公开透明度，主动公开信息11万余条，在自治区排名第一。全市具有公共服务职能的企事业单位均开通使用政府信息公开统一平台，累计公开信息6000多条。通过报纸、广播、电视等媒体公开政府信息4万多条；在南宁政务信息网开设政民互动平台，解答群众关心的社会热点、难点问题3789条。市本级收到政府信息公开申请37件，行政复议3件，被提请依申请公开行政诉讼案件2起。完善“一中心两馆”(市政务服务中心、档案馆、图书馆)政府信息公开查阅点建设。编写《南宁市

2012 年政府信息公开工作年度报告》，在市政府门户网站和自治区政府信息公开统一平台全文发布。改革行政审批制度，推动行政审批事项“一个窗口收件、一个窗口出件”。实行成建制进驻改革，南宁市工商局注册分局及企业监督管理所全体整编进驻中心，受理、办结所有行政审批事项；实行“审管分离”改革，南宁市国土资源局设立行政审批办公室，审批事项和审批人员全部集中政务服务中心，完成“多头受理”到“集中受理”的转变；实行领导轮值制度，南宁市规划管理局采取业务科室与分局科级领导轮值方式，调整优化人员配置。行政审批事项提速 297 项，提速率 59%。5 月 10 日，配合自治区政务办在南宁市民族广场举办广西首届政务公开日暨南宁市政务公开日宣传活动，参加部门 100 多个，解决问题 821 个。市政务服务中心引进辉海人力资源公司、市农民工服务中心、市劳动仲裁院（西乡塘分院）、南宁五象新区等相关服务机构进驻，进一步拓展政务服务功能。严格执行行政审批超时办结“零报告”制度，没有出现超时办结现象。（市政务办编写组）

机关事务管理

【概　况】 2013 年，南宁市机关事务管理局（简称“市机关事务管理局”）（南宁市直机关后勤服务中心）做好市四家班子后勤服务保障；推进公共机构节能，加强培训力度，建设公共机构能耗监测平台，创建国家级节约型公共机构示范单位；推进市四家班子宿舍区危旧房改造。8 月，人教科更名人事科。

【市四家班子后勤服务保障】 2013 年，市机关事务管理局在会议中心提供会务服务 131 场次，接待会议人数 3.68 万人次；保障市委会议室会议 84 场次，市政府各会议室会议 1336 场次。为市委、市政府及市人大机关食堂提供早、中、晚快餐服务 58 万人次，承接市直各单位公务接待 1133 桌次，保障大型会议用餐服务 68 场次，自助餐 10 次。调整安全生产和综治（平安建设）领导小组成员，修订市四家班子办公区突发事件应急处置预案以及市四家班子办公区群众上访事件处置预案；协同处理群众上访事件 113 起，辖区内未发生敌对分子、“法轮功”等邪教组织人员破坏稳定的事件。绿化、美化办公大院，摆花 9.50 万盆，更换阴生植物 965 盆，种植三角梅 1600 盆，补种苗木 320 株，补种草皮 800 平方米，修剪草坪 4 次 6 万平方米，修剪灌木 10 次 1.50 万平方米。完成办公用房清理腾退调查摸底。完成原新闻中心大楼维修验收，17 家市直机关单位搬迁进驻。做好辖区卫生保洁及公共设施巡检维护。

【公共机构节能】 2013 年，市机关事务管理局订制印发节能知识电脑鼠标垫 8000 张、工作笔记本 4000 本。4 月和 8 月，分别举办公共机构能源资源消耗统计培训班、公共机构名录库建设工作培训班；选派 20 名节能工作人员参加国家机关事务管理局与清华大学联合举办的公共机构节能管理远程教育培训班；市公共机构节能工作培训列入市干部教育“十二大工程”，8 月，在市委党校、清华大学举办。完成以市委市政府办公大院办公建筑群作为监测范围的公共机构能耗监测平台建设，对院内空调用电、电梯用电、办公用电、照明用电等分别独立计量、实时监测；协同市商务局建立市直机关废旧商品回收体系，推行绿色办公。创建国家级节约型公共机构示范单位，10 月和 12 月，被列入全国第一批节约型公共机构示范单位创建名单的市委市政府办公大院、南宁职业技术学院、南宁市第一人民医院通过自治区级和国家级检查验收。

【市四家班子宿舍危旧房改造】 2013 年，淡村路 4 号市政府宿舍区完成安置补偿协议签订 41 份；民主路 45-1 号市委泗壕塘宿舍区改造完成审批；新民路 65 号市委宿舍区改造报自治区房改办审批。（李雄杰）

政府集中采购

【概　况】 2013 年，南宁市政府集中采购中心办理采购项目 4614 个，采购预算金额 94.36 亿元，成交金额 75.80 亿元，节约金额 18.56 亿元，节约率 19.67%。

年内，市政府采购中心深化“分段”式采购管理，优化采购流程，加强信息公开，加强项目招标采购组织管理。研究引入政府采购社会监督机制，制定《关于试行开展南宁市政府采购社会监督活动的实施方案》并提交市政府审定。探索合同履约验收。推进全电子化招标采购建设，开发、完善南宁市政府采购管理信息系统及各模块功能，项目采购全电子管理（即中心编制电子标书、供应商电子投标、专家电子评审）、合同网上见证两大功能模块试运行。

【重点项目采购】 2013 年，市政府采购中心以“两会一节”、五象开发新区、中国水城、交通基础设施、城市轨道交通、为民办实事、保障性住房等重点工程和项目作为重点，受理重点项目 327 个，预算金额 42.74 亿元，成交金额 31.89 亿元，节约金额 10.86 亿元，节约率 25.39%，占采购预算总金额 51.27%。

【合同见证】 2013 年，市政府采购中心加强对政府采购合同签订、履约的组织管理，协调解决项目合同争议。与货物、工程定点供应商签订定点协议 212 份；审核见证项目合同 1811 个。其中：工程合同 559 个、货物合同 908 个、服务合同 344 个；解决合同争议 17 个。

【项目采购】 2013 年，市政府采购中心办理采购项目 4614 个，采购预算金额 94.36 亿元，成交金额 75.80 亿元，节约金额 18.56 亿元，节约率 19.67%。按采购内容分类，货物类采购项目 838 个，采购预算金额 19.47 亿元，成交金额 16.52 亿元，节约资金 2.95 亿元，节约率 15.15%；工程类采购项目 117 个，采购预算金额 65.58 亿元，成交金额 50.95 亿元，节约资金 14.63 亿元，节约率 22.31%；服务类采购项目 209 个，采购预算金额 3.57 亿元，成交金额 3.16 亿元，节约资金 4153.55 万元，节约率 11.62%；定点施工采购项目 340 个，采购预算金额 3.51 亿元，成交金额 3.13 亿元，节约资金 3746.95 万元，节约率 10.69%；定点监理采购项目 153 个，采购预算金额 2071.47 万元，成交金额 1658.41 万元，节约资金 413.06 万元，节约率 19.94%；定点标志标线采购项目 144 个，采购预算金额 1.39 亿元，成交金额 1.26 亿元，节约资金 1282.06 万元，节约率 9.21%；办公设备协议采购项目 2813 个，采购预算金额 6378.35 万元，成交金额 6188.68 万元，节约资金 189.67

万元,节约率2.97%。按采购方式划分,公开招标项目4080个,采购预算金额91.29亿元,成交金额73.31亿元,节约资金17.98亿元,节约率19.69%;竞争性谈判项目408个,采购预算金额2.18亿元,成交金额1.79亿元,节约资金3887.41万元,节约率17.84%;询价采购项目96个,采购预算金额6668.33万元,成交金额4752.85万元,节约资金1915.48万元,节约率28.73%;单一来源采购项目30个,采购预算金额2328.09万元,成交金额2314.69万元,节约资金13.40万元,节约率0.58%。 (农丕提 张祖安)

中国人民政治协商会议南宁市委员会

重要会议

【政协第十届南宁市委员会第三次会议】 2013年2月19日至21日,在南宁人民会堂召开。市政协委员出席453名。自治区党委常委、市委书记陈武,市长周红波等市四家班子领导出席开幕大会、闭幕大会。自治区党委常委、市委书记陈武在开幕大会上作重要讲话。市委、市政府领导和有关部门负责人参加联组、小组讨论和听取大会发言。听取、审议政协第十届南宁市委员会常务委员会工作报告;听取、审议政协第十届南宁市委员会常务委员会关于市政协十届二次会议以来提案工作情况的报告;列席南宁市第十三届人民代表大会第四次会议,听取并讨论政府工作报告及其他有关报告;审议通过政协第十届南宁市委员会第三次会议政治决议等各项决议。

【政协第十届南宁市委员会常务委员会会议】 2013年召开会议5次。

第8次会议 1月30日,在市政协多功能厅召开。学习贯彻自治区人大十二届一次会议和自治区政协十一届一次会议精神;审议通过市政协十届三次会议的相关事项以及有关人事事项。

第9次会议 2月20日,在市政协多功能厅召开。听取大会秘书处材料组汇报各小组讨论情况和分组审议大会政治决议(草案)和常委会工作报告决议(草案)情况,审议市政协十届三次会议政治决议(草案),市政协十届三次会议常务委员会工作报告的决议(草案)以及市政协十届三次会议提案审查报告(草案),同意提请市政协十届三次会议第三次全体会议审议通过。

第10次会议 4月1日,在市政协多功能厅召开。学习贯彻全国"两会"精神;审议通过《政协第十届南宁市委员会常务委员会2013年的工作要点》。

第11次会议 9月10日,在市政协多功能厅召开。听取市政府领导通报上半年经济社会发展情况及下半年主要工作安排,通报开展"美丽南宁·整洁畅通有序大行动""美丽南宁·清洁乡村"活动情况;学习贯彻自治区年中工作会议、市年中工作暨工业发展、旅游发展会议精神;听取各视察小组汇报上半年视察情况;听取市政协秘书长通报市政协常委会主要工作情况;听取市政协办公厅、专委会、研究室、选联办汇报上半年工作情况及下半年工作安排;通过有关人事事项;组织参观考察园博园。

第12次会议 12月27日,在市政协多功能厅召开。听取市政府领导通报南宁市2013年经济社会发展情况及2014年主要工作安排;听取市纪委通报2013年反腐倡廉工作情况;听取市中级人民法院院长通报2013年工作情况;听取市检察院通报2013年工作情况;学习贯彻党的十八届三中全会精神、中央经济工作会议精神;听取各视察小组汇报下半年视察情况;听取市政协秘书长通报下半年市政协常委会主要工作情况;听取市政协办公厅、专委会、研究室、选联办汇报2013年工作情况及2014年工作安排;审议通过《政协南宁市委员会常务委员会关于授权主席会议对违纪违法政协委员做出处理的决定(草案)》;通过有关人事事项。

重大活动

【概 况】 2013年,南宁市政协加强与提案办理各承办单位沟通联系,注重与市委督查室、市政府督查室的沟通联系,开展联合检查,提案办理质量稳步提升。完善南宁市《关于进一步加强人民政协提案办理工作的实施意见(草案)》,制定《市政协十届三次会议提案办理工作考评方案》,开展提案办理工作民主评议。组织开展《邕城诗韵》(下册)、《月是故乡明》及其他文史资料征集编辑,丰富城市文化底蕴。与市纪委联合召开政协委员"民主监督绿色通道"联席会议,联合印发《关于进一步做好我市政协民主监督"绿色通道"有关工作的通知》,发挥"绿色通道"作用。组织委员参加城乡清洁工程、全国文明城市、环境保护、党风政风行风评议、廉政建设等评比检查,促进行政机关提高服务质量和办事效率。抓好特邀监督员队伍建设。

12月25日,市政协理论研究会成立暨第一次人民政协理论与实践研讨会在市政协多功能厅举行 市政协办公厅提供

【民主监督】 2013年，市政协与市纪委联合召开政协委员“民主监督绿色通道”联席会议，发挥“绿色通道”作用。抓好特邀监察员、监督员队伍建设，组织市特邀监察员参加“转作风，提效能，促发展”重点课题调研及市2013年度依法行政考核等，按时完成监督、监察任务。推荐、协调100多名政协委员参加市中级人民法院庭审和“美丽南宁·整洁畅通有序大行动”的电视电话评议等活动。

【调研与视察】 2013年，市政协围绕“加快发展南宁市电子信息产业”“农村生态环境建设”等9个方面，组织开展不同层面的协商议政座谈会，提出的意见和建议，得到市领导和有关部门的重视。组织联合调研组开展“建立健全我市社会养老服务体系”专题调研，形成《“太阳城”：让幸福的梦想变为现实——关于赴京、冀学习考察社会养老产业基地建设的思考》，并通过政协主席会议审议，形成《关于加快推进生态健康养老产业基地建设的建议案》。市政协牵头组织市直有关部门和专家学者联合开展教育、卫生系统人才工作调研。7月23日至25日，组织市政协常委及部分委员，对提案工作、公共文化设施、水利基础设施、城市建设、“三旧”(旧城区、旧城中村、旧厂房)改造、为民办实事项目、旅游文化产业进行视察。

【提案办理】 2013年，市政协深化提案办理协商，开展提案办理工作民主评议，完善提案办理工作绩效考评机制和激励机制，提案工作有新进展。审查立案提案342件，按期答复率100%。遴选《关于大力发展生态农业构建美丽南宁的建议》等13件重点提案报送市委、市政府。确定《关于加强南宁市餐饮服务业监管队伍建设的建议》等9件提案作为市政协重点督办提案。

【“同心育才”工程】 2013年，市政协“同心育才”工程选送148人免费上高中、52人免费上职业技术学院；建设“同心书屋”3个，投资约60万元；募集资金1200多万元。协助落实马山县、上林县3个瑶族乡选送优秀贫困少数民族初中毕业生73人到首都师范大学附属桂林实验中学、南宁沛鸿民族中学免费就读高中；联系香港恒江骏业发展有限公司、广西佳信企业投资集团有限公司、广西丰景园林建设工程有限公司等爱心企业为上林县生活困难学生捐赠被子200床；到首都师范大学附属桂林实验中学、南宁沛鸿民族中学、深圳德昌机电职业技术学院看望“同心育才”工程受助学生；组织市属媒体制作“同心育才”工程专题报道；协助上林县镇圩中心学校改扩建，跟踪学校建设用地落实情况。协助自治区政协、广西协力扶助基金会、澳门乐善行基金会向武鸣县府城镇第二小学、上林县塘红乡中心学校等5所学校捐赠图书，价值25万元；协助中华中路社区“协力·正培爱心书屋”建设。

【委员活动日活动】 2013年，市政协探索开展“委员活动日”活动，采取多种方式，组织委员集中1天开展各类履职活动。探索建立委员小组工作站，促进委员之间相互交流。7月23日，在深圳市举办南宁市政协港澳委员活动日活动，向港澳委员通报南宁市上半年经济社会发展情况和市政协上半年主要工作情况，向香港、澳门及海外朋友宣传南宁，为企业到南宁投资牵线搭桥。

【理论研究会】 2013年12月25日，南宁市政协理论研究会暨第一次理论与实践研讨会在市政协多功能厅举行。会议听取研究会筹备情况汇报；审议通过研究会章程，选举产生第一届理事会理事57名；通过研究会名誉会长人选，选举产生会长、副会长、秘书长，决定工作机构设置和研究会工作要点；通过研究会副秘书长人选。市政协理论研究会举行第一次理论与实践研讨会，为优秀论文、征文评比组织奖颁奖。与会代表提交理论研讨文章88篇，其中获一等奖10名、二等奖20名、三等奖30名、优秀奖28名，5位获奖论文作者做大会交流发言。编发《社情民意》《政协信息》19期，收集民意信息100多条。 (樊容宾)

纪律检查与行政监察

【概　况】 2013年，南宁市有县(区)纪委监察局12个，县(区)直属单位有纪检监察机构99个，6个县纪委监察局实行派出纪工委、监察分局24个。市直单位有纪检组(纪委、纪工委)96个。其中：市纪委派驻纪检组39个，派出纪工委4个；市直单位纪工委2个，内设纪委(纪检组)25个；市直事业单位纪检组13个，市管企业纪委13个。南宁市乡镇设纪委102个，街道设纪工委24个。有专职纪检监察干部1083人。其中：女干部296人；具有大专学历225人，大学学历711人，研究生学历129人；35岁以下205人。县(区)纪委监察局领导班子有8人(含党外副局长1人)，监察局局长由纪委副书记兼任。

年内，南宁市纪律检查委员会(简称“市纪委”)出台《贯彻落实改进工作作风有关规定的实施办法》《关于加强对改进工作作风有关规定落实情况监督检查的办法》《“美丽南宁·清洁乡村”“美丽南宁·整洁畅通有序大行动”工作问责办法》《关于邀请南宁市“两代表两委员”和基层党员群众列席市纪委常委会暂行办法》《南宁市纪委监察局领导班子贯彻落实改进工作作风有关规定的实施办法》等制度。在自治区率先开展党风廉政建设责任制追究问责，问责市直单位领导班子1个及相关责任人3名。成立市重点工作重大项目监督检查问责问效领导小组，专项督查中央、自治区、南宁市重大决策贯彻落实情况，问责713人。建立涵盖农村、国有企业、城市社区、中小学校、公益事业单位、“两新”组织(新经济组织和新社会组织)等层面的市级基层党风廉政建设示范点54个。开展“电视问政”，召开纠风惠民新闻发布会，督促解决群众实际问题2476个。挂牌成立公共资源交易中心和公共资源交易监管机构。试点开展领导干部任职前廉政法规知识测试，出台《南宁市领导干部任职前廉政法规知识测试暂行办法》，建立市领导干部廉政法规知识学习测试平台。聘请廉情监督员30名。

【监督检查】 2013年，南宁市各级纪检监察机关会同有关职能部门监督检查贯彻落实中央重大决策部署、自治区党委发展战略和南宁市总体发展思路情况500多人次，督促整改问题320多个。成立市重点工作重大项目监督检查问责问效领导小组，制定监督检查问责问效暂行办法，对市委、市政府开展“美丽南宁”建设、“两违”整治、“三车”治理监督检查5600多人次，发现问题2万多个，发出

《督办函》《挂牌督办函》3700多份，问责713人，其中免职42人、责令辞职4人、停职检查7人、诫勉谈话299人。

【作风建设】 2013年，南宁市实施《中共南宁市委员会贯彻落实中央和自治区党委关于改进工作作风、密切联系群众有关规定的实施办法》，各级各部门出台配套措施。全市会议召开数量比上年下降31.63%；处级因公出国（境）人数下降35.01%，科级干部因公出国（境）人数下降52%；公务接待费用下降24.95%，公务用车运行经费下降7.20%，节庆、论坛活动经费下降61.90%；腾退办公用房1380间4.09万平方米，清理停止楼堂馆所建设项目21个；12万多名党员干部递交会员卡“零持有”报告。各级纪检监察机关通报违反中央八项规定案件8起，处理10人。专项整治公务用车违法行为，公开曝光违法单位37个、车辆627辆，发出督办整改通知94份，处理38人。

【廉政教育】 2013年，南宁市深入开展“学党章、守纪律、转作风”主题教育及优秀廉政党课评选活动；组织新提拔处级领导干部任职前廉政知识测试；接受廉政教育党员干部20多万人；建设“一县（区）一行业一特色”廉政文化；拍摄廉政微电影《中“标”》；命名廉政文化“六进”（进机关、进社区、进家庭、进学校、进企业、进农村）示范点111家。加强市、县两级纪检监察网站建设，改版南宁纪检监察网，完善南宁纪检监察信息网，开展网络评论与宣传，加强正面舆论引导。

【监督制约】 2013年，南宁市落实党内监督各项制度，各级党组织对1324个单位落实党风廉政建设责任制情况进行检查考核，责任追究党员干部9名。市纪委主要领导与各县（区）党政主要领导和市管企业主要负责人廉政谈话90人次，各级纪委负责人同下级党政主要负责人廉政谈话3313人次，新任职领导干部廉政谈话4069人次，领导干部述职述廉1.23万人次。完善市政协委员、市政府特邀监督员民主监督“绿色通道”。制定反腐倡廉制度40项。廉政审核领导干部773人。完善机关绩效综合管理信息平台。推进公共资源统一监管平台建设；进一步简政放权，清理、精减行政审批事项432项。

【案件查办】 2013年，南宁市查办案件数量和质量保持在自治区前列。各级纪检监察机关受理信访举报3385件（次），立案420件，结案433件，给予党纪政纪处分410人，移送司法机关处理21人，挽回直接经济损失2680多万元。为158名受到失实举报的党员干部澄清是非。

【纠风治乱】 2013年，南宁市各级纪检监察机关推进“六安工程”（安农工程、安康工程、安心工程、安保工程、安教工程、安居工程）示范建设，开展纠风惠民阳光行动，配合和督促有关部门纠正和查处损害群众利益案件40起。组织参加药品集中招标采购，门诊费用、住院费用比上年分别下降5.15%、6.81%，减轻患者负担630多万元；纠正救灾救济款物发放管理违规问题124人次。查处教育乱收费案件7起。清退保障性住房37套、住房补贴88万多元。专项治理土地征用拆迁、财政供养人员“吃空饷”、公开考录招聘等群众反映强烈突出问题，组织43个政府部门、10个公共服务行业开展民主评议。通过电视问政、政风行风热线、政风行风面对面、群众满意度评价网，督促解决群众实际问题2476个。

【自身建设】 2013年，南宁市各级纪检监察机关落实中央纪委、自治区纪委关于转职能转方式转作风的要求，进一步明确纪检监察机关职责定位，聚焦党风廉政建设和反腐败斗争。调整市纪委监察局机关内设机构，加强执纪监督和查办案件力量，撤销纠风室、党风室、执法监察室、效能监察室、综合室，成立党风政风监督室、纪检监察四室、纪检监察五室、干部监督室。实行市纪委监察局领导班子成员工作联系点制度，实施“能力素质作风硬化工程”，举办“市纪委开放日”活动，聘请廉情监督员。1686名纪检监察干部做出会员卡“零持有”报告，350多名纪检监察干部接受业务培训，评选一批纪检监察“创新工作精品”，宣传一批纪检监察先进典型。带头精减会议文件，厉行勤俭节约，严明纪律约束。

【中共南宁市第十一届纪律检查委员会第三次全体会议】 2013年1月31日，在市委、市政府会议中心召开。出席会议的市纪委委员39人，列席350人。市纪委常委会主持会议。会议学习贯彻十八届中央纪委二次全会、自治区十届纪委四次全会精神，总结2012年南宁市党风廉政建设和反腐败工作，研究部署2013年工作任务，审议通过市委常委、市纪委书记邓金玉代表市纪委常委会作《全面贯彻落实党的十八大精神 坚定不移地把党风廉政建设和反腐败斗争引向深入 为在全区率先全面建成小康社会提供坚强有力保证》的工作报告。自治区党委常委、市委书记陈武在会上作讲话。市四家班子党员领导、市中级人民法院、市检察院主要领导出席会议。审议通过市纪委常委会工作报告和全会公报。县（区）党委、开发区党工委主要负责人向市委书记陈武递交2013年度党风廉政建设目标管理责任状。 （欧后智）

7月，“美丽南宁·整洁畅通有序大行动”专题电视问政活动举行 欧后智提供

民主党派与工商联

中国国民党革命委员会南宁市委员会

【概　况】 2013年，中国国民党革命委员会南宁市委员会(简称“民革南宁市委会”)有青秀区、江南区、兴宁区、西乡塘区总支部4个，基层支部18个。有党员370人(新发展17人)。其中：具有高级、中级专业技术职务任职资格213人，占党员总数57.60%；经济界117人，占31.60%；科技、教育界82人，占22.20%；医卫界61人，占16.50%；行政机关57人，占15.40%；其他53人，占14.30%。党员中任民革广西区委会常务委员1人；自治区政府参事1人；自治区人大代表1人，市人大代表4人，城区人大代表3人；自治区政协委员2人(常委1人)，市政协委员16人(常委3人)，城区政协委员26人(常委7人)；担任青秀区副区长1人，江南区副区长1人，隆安县副县长1人；受聘担任自治区、市、城区及政府有关单位特邀监察员、执法监督员、行风评议员12人。编印《南宁民革》4期，《港澳台参考》内部学习资料4期。民革南宁市委会获“2013年民革广西反映社情民意工作先进集体”称号。

【参政议政】 2013年，民革南宁市委会完成重点课题《南宁市环境空气质量变化趋势及对策研究》调研，获中共南宁市委肯定。南宁市人大、政协“两会”期间，民革党员中的16名政协委员提交集体提案6件，个人提案20件；4名市人大代表与其他代表联名提出建议和意见15条，涉及城市建设、文化繁荣、民生保障、医疗改革、环境保护等方面。列为中共南宁市委重点督办提案3件、市政协重点督办提案1件。反映社情民意近100条，被各级部门采纳30多条，其中廖志《关于维护我国海洋权益的几点建议》、夏洋《关于对无偿献血者的血液进行核酸检测的建议》分别被中央统战部、自治区统战部采用。唐淑敏、唐祯泽的统战论文分获南宁市统战论文评比二等奖、三等奖。民革南宁市委会收到党员建议、提案100多件，遴选30多件报送中共南宁市委、市政府或作为市政协会议提案。

【社会服务】 2013年，民革南宁市委会组织开展“博爱牵手·扶贫助困”活动，以打造“同心·社会服务”“同心·育才工程”“同心·文化统战” 三大品牌建设为载体，开展社会服务。开展“同心”活动15次，参加党员800人次，投入“同心”品牌建设物资和经费约20万元。在市统战系统“同心·定点帮扶村”——隆安县陇割村开展“三下乡”活动4次，参加党员50人次，为村民义诊150人次；主委黎琳联系3位爱心企业家为该村2户危房特困户捐款3万元；青秀总支、兴宁总支在春节前开展“扶贫助困暖冬行”慰问活动，向该村贫困户捐赠大米1000斤、被子20床、面条10箱，价值1万元。在民革南宁市委会对口帮扶村——马山县古寨瑶族乡古寨村开展扶贫助困活动，筹集资金近15万元，扶持该村发展瑶族舞蹈“打榔舞”和民族文化建设项目；开展“同心·育才工程”活动，为该村中心小学捐赠课桌椅，价值7万元；青秀一支部、四支部党员为该村捐赠生活用品、办公设备，价值1.16万元。参与民革广西区委结对帮扶点——隆安县屏山乡上孟村 “同心·整村推进”扶贫，组织青秀总支、西乡塘总支、江南总支等开展送温暖、送医送药活动，为该村10户贫困家庭赠送生活用品，价值8000元，为50多名村民义诊送药。兴宁总支在昆仑镇小学打造“同心·育才工程”活动示范点，为该校捐赠教学器材及儿童节礼物，价值2.20万元；组织党员医生为200名学生义诊服务2次；组织老师开展支教活动。西乡塘总支到明天学校开展“同心·感恩”活动，定期为学校孤儿义诊，向学校捐赠打印机5台，价值1.50万元。江南总支开展“同心·服务社区”口腔疾病义诊及口腔保健知识宣传教育活动，以及在社区开展清洁社区活动；青秀总支在市新声堂聋儿托教院建立“同心·育才工程”服务点，定期开展支教帮扶活动。民革南宁市委会向雅安地震灾区捐款3000元。参与“美丽南宁·清洁社区”“美丽南宁·整洁畅通有序大行动”活动，民革妇委会给澳华社区爱心超市捐赠生活用品，价值5000元，组织女党员开展清洁社区活动。

【对台工作】 2013年，民革南宁市委会加强昆仑关“同心·爱国主义”教育基地建设。清明节，组织80名党员骨干、南宁学院60名师生代表在昆仑关抗日英烈纪念碑开展“同心·祭英烈”活动。通过“绿色信封”通道向中共南宁市委、市政府提出创建昆仑关海峡两岸交流基地的建议。民革中央副主席郑建邦先后到昆仑关视察4次，调研昆仑关创建海峡两岸交流基地及申报国家级爱国主义教育基地情况。在全国人大、政协“两会”上，民革中央提交《关于把昆仑关建设成国家级爱国主义基地的提案》。组织党员500人次参加自治区民革举办的台情报告会。派员参加自治区民革赴台参观考察团。

【民革南宁市委会成立六十周年纪念大会】 2013年9月10日，在南宁学院国

5月24日，民革南宁市委会在昆仑镇昆仑小学开展庆祝“六一”支教活动
民革南宁市委会提供

际交流中心举行。全国政协常委、民革中央副主席郑建邦，自治区人大常委会副主任、民革广西区委主委刘新文，中共南宁市委常委、市委统战部部长容康社，自治区政府参事唐济武等自治区、市领导，以及民革南宁市委会近300名党员参加会议。主委黎琳代表民革南宁市委会致辞。 （唐祯泽）

中国民主同盟南宁市委员会

【概 况】 2013年，中国民主同盟南宁市委员会（简称“民盟南宁市委会”）辖兴宁区、江南区、青秀区、西乡塘区基层委员会4个，邕宁区、良庆区总支部2个、支部28个。盟员631人（新发展30名），其中从事高等教育19人，普通教育403人，科技、文化、卫生112人，其他97人。盟员中有全国人大代表1人，自治区人大代表2人，市人大代表7人，县（区）人大代表5人，自治区政协委员2人，市政协委员18人（副主席1人），县（区）政协委员35人（副主席1人、常委9人），受聘担任自治区、市、城区政府及有关单位特邀监察员、执法监督员、行风评议员16人。民盟南宁市委会网站发稿300多篇；编印内部刊物《南宁盟讯》1期；选送参加民盟自治区委“议政建言论坛”征文13篇，获奖1篇；选送统战部2013年度统战理论创新论文5篇，获三等奖1篇；选送统战论文22篇，获一、二等奖各1篇，三等奖2篇。配乐诗朗诵《同心颂》参加广西统一战线2013年新春茶话会演出；情景舞蹈《教师情》、音乐情景剧《最后一次讲演》分别代表中共南宁市委统战部、民盟广西区委，在广西统一战线纪念中共中央发布“五一口号”65周年文艺晚会演出。

【参政议政】 2013年，民盟南宁市委领导应邀参加中共南宁市委、市政府召开的协商会、通报会、座谈会等会议，就南宁市重要经济社会工作发表意见和建议。完成重点课题《突出南国壮乡特色将南宁打造成为特色旅游目的地》调研，以及课题《关于发展南宁市家庭农场的思路与对策调研报告》《关于政府购买民办中小学教育服务的意见和措施》调研，其中《关于政府购买民办中小学教育服务的意见和措施》被立项为广西民盟参政议政重点调研课题。在市政协十届三次会议上，民盟南宁市委会作题为《关于提升南宁市企业科技创新能力的对策》的大会发言，提交集体提案7件，个人提案20多件，内容涉及城市建设、科技创新、文化保护和食品安全等方面；在市十三届人大三次会议上，盟员代表就社会热点问题提出多件议案。报送社情民意信息50多篇，被采纳22篇，通过“绿色通道”“直通车”报送建言文章1篇，信息《“美丽广西·清洁乡村”是富民兴桂的牛鼻子》、建言文章《南宁工业发展的思考》得到市领导批示。担任各级特约（邀）检察员、监察员等职务的盟员，参加执法检查监督、行风政风评议，在加强廉政建设、推进依法行政中发挥作用。

【社会服务】 2013年，民盟南宁市委会开展“同心·关爱社会”活动8次，为群众提供义诊、送医送药、科技法律咨询、农业技术讲座、美容美发，以及向当地贫困户捐赠物资和改造危房等。赠送扶贫帮扶物品、价值8.28万元，扶贫资金2.20万元，受益群众1.20万人次。开展“烛光”支教活动7次，派出包括特级教师、八桂名师在内的支教教师40人次，上辅导课、示范课35次，受益农村教师250多人次、学生800多人；使用“烛光基金”，为那楼中学、屯了小学、横县南乡三中的贫困学生发放助学金1.80万元，受益学生30人。基层组织开展支教活动13次，其中民盟南宁三中支部组织教师，分赴邕宁区百济中学、中和中学，开展城乡初中共同体联谊活动，赠送背投电视4台、书籍2000册，价值3万余元。有“同心”品牌示范点3个；开展“同心”品牌建设活动5次。民盟武鸣支部牵头组织的武鸣大明山同心书画院成立。在“美丽南宁·整洁畅通有序大行动”中，形成调研报告《关于在老旧小区开展“美丽南宁·整洁畅通有序大行动”的几点建议》；为火炬社区筹集资金1000多元清运垃圾，赠送垃圾箱一批、价值1800元；投入资金2000多元用于兴宁区排水管改造工程等。 （覃紫斌）

9月28日，民盟青秀基层委到邕宁区蒲庙镇梁村小学开展扶贫活动

覃紫斌提供

中国民主建国会南宁市委员会

【概 况】 2013年，中国民主建国会南宁市委员会（简称“民建南宁市委会”）有直属、青秀区、兴宁区、西乡塘区、江南区总支部5个，支部17个，会员448人（新发展12人，转入1人、净增10人），其中具有高级、中级专业技术职务任职资格266人、占59.38%。在职会员319人，其中公有经济界54人，新的社会阶层157人，其他108人。会员任民建广西区委委员4人；全国人大代表2人，市人大代表6人，城区人大代表6人（副主任2人）；自治区政协委员3人（常委1人），市政协委员17人（常委4人），城区政协委员27人（副主席1人，常委5人）；受聘担任自治区、南宁市、各城区及相关单位特邀监察员、执法监督员、行风评议员8人。

【参政议政】 2013年,民建南宁市委会组织会员中的人大代表、政协委员参加南宁市“两会”。民建南宁市委会在市人大十三届四次会议上提交议案建议17件;在市政协十届三次会议上提交提案27件,其中集体提案9件、个人提案18件,并作《发挥区位优势,推进南宁保税物流中心转型升级的建议》发言。组织“南宁市中心区楼宇经济发展研究”重点课题调研,形成《南宁市中心区楼宇经济发展研究报告》。参与民建广西区委2013议政调研课题招投标项目。参与投标课题7篇,其中《美丽广西清洁乡村实施调研及有关建议》等5篇课题中标。组织会内智库人才参加2013年市统战理论调研论文征集活动,撰写论文15篇,其中《从中共开展党的群众路线教育实践活动所引发的思考》《浅析新形势下非公有制经济组织从业人员思想政治工作面临的问题与挑战》获全市优秀统战调研论文二等奖;《统一战线服务广西中小企业转变发展方式的建议与对策》获全市优秀统战调研论文三等奖。利用“信息直通车”渠道向市委、市政府和职能部门反映社情民意173条,其中被自治区党委统战部采用7条;被民建中央采用2条;被民建广西区委采用8条,获南宁市委采纳42条,获南宁市委领导批示5条。

【社会服务】 2013年,民建南宁市委会参与“美丽南宁”建设。发放宣传资料800多份,现场展出宣传展板80块;南宁事业红食品有限公司、广西康佳龙集团有限公司、南宁华池商贸有限责任公司等会员企业捐赠清洁工程基金12万元。发挥“民建讲坛”作用。举办“民建讲坛:立志成才,实现梦想——大学生就业创业指导”及“同心·经济统战——中小企业融资座谈会”。推动“政企交流”。60余家企业、180多人次通过“政企交流”平台反映心声,其中获政府融资平台资金意向扶持企业2家,人才编制问题得到解决企业1家。开展“同心”品牌建设。5月在埌西小学举办“感恩教育”及妇女儿童权益保障讲座,辅导教育小学师生60人;12月在广西水产学校开展大学生就业合法权益保障法律讲座,参加大学生80人;帮扶青秀区长塘镇天堂村,5月组织天堂村小学师生70人参观广西科技馆,8月捐资3000元慰问天堂村3名考上大学的贫困学生。“思源工程”服务社会。会员企业南宁事业红食品有限公司向四川雅安地震灾区捐赠食品,价值93万元;广西华盛拍卖有限公司向四川地震灾区捐赠2.50万元;市育才实验中学向四川地震灾区捐赠2.50万元;广西万寿堂药业有限公司、广西康佳龙牧集团有限公司、广西南宁绿叶茶叶有限公司等捐款捐物35万余元;广西南宁绿叶茶叶有限公司为民建生态教育移民扬帆班以及灵山县、上林县、平南县等捐赠困难扶助金、清洁乡村基金110余万元。

(民建南宁市委会编写组)

7月25日,民建南宁市委会为兴宁社区居民发放“美丽南宁·整洁畅通有序大行动”宣传资料 邓 行 摄

中国民主促进会南宁市委员会

【概 况】 2013年,中国民主促进会南宁市委员会(简称“民进南宁市委会”)有兴宁区、青秀区、江南区、西乡塘区、邕宁区、良庆区总支部6个,支部40个;会员498人(新发展18人)。其中:教育界337人,科学技术、医药卫生、文化艺术、新闻出版等界别44人,经济界41人,人大、政府、政协、党派、司法、工商联等机关50人,团体1人,法律界7人,其他18人;具有高级、中级专业技术职务任职资格的427人。会员中有自治区人大代表2人,市人大代表8人,县(区)人大代表4人(副主任1人);自治区政协委员3人,市政协委员18人(副主席1人,常委3人),城区政协委员41人(常委9人);有全国优秀教师1人,自治区特级教师5人,自治区劳动模范1人,南宁市劳动模范2人,南宁市专业技术拔尖人才1人;受聘担任自治区、市、城区政府和其他部门的各种特约监察员21人;担任政府部门副处级实职和事业单位副处级实职7人,担任政府、政协、党派机关及群团部门正、副科级实职24人。

年内,编印会刊《南宁民进》4期。组织会员参与理论研究、征文活动,向南宁市委统战部报送论文21篇,民进南宁市委会课题组论文《试论如何发挥党外人士在政风行风中的监督作用——以南宁市为例》获市统战理论政策创新成果一等奖,4篇论文分别获市统战论文一、二、三等奖;选送9篇论文参加市政协理论征文活动,民进南宁市委会获组织奖二等奖;参加广西民进统战理论研究,获奖论文9篇。被中央、自治区和南宁市主流媒体采用“同心”品牌建设专题报道16篇。民进南宁市委会被民进中央授予“民进全国宣传思想工作先进集体”称号。开展基层组织“创星争旗”活动,良庆区总支部、青秀区综合支部、江南区五一支部被民进广西区委会评为红旗支部,南宁一职校支部等11个支部被评为十星级支部。

【参政议政】 2013年,民进南宁市委会在市政协十届三次全会提交提案34件,大会发言材料2件。集体提案《关于加强我市电动自行车管理的建议》和第五委员小组提案《关于完善农村义务教育营养改善计划管理的建议》被列为2013年

10月12日，举行纪念南宁民进成立55周年座谈会。图为民进广西区委会主委陈自力(左二)为南宁民进题词　　民进南宁市委会提供

市政协重点督办提案。委员徐兵《关于南宁市加快创建国家智慧城市试点的建议》被列为中共南宁市委重点阅批提案。人大代表杨隽牵头的《关于加大对旅游景区(景点)基础设施建设力度的议案》成为市人大十三届四次会议立案的6件议案之一。会员中的各级人大代表、政协委员向自治区、南宁市及各城区"两会"提交议案、建议和提案48件。组织开展城镇化建设重点课题调研，向中共南宁市委提交调研报告《南宁市新型农村社区建设研究》。在市政协十届三次全会上作《加快新型农村社区建设　打造我市社会主义新农村"升级版"》大会发言。承担民进广西区委会调研课题，提交《加快推进广西新型农村社区建设的建议》等提案2件。抓好社情民意信息工作，通过"信息直通车""绿色通道"反映社情民意信息86条，其中被中共南宁市委、市政府办公厅有关刊物采用7条，获市领导批示3条。

【社会服务】 2013年，民进南宁市委会开展"同心·美丽南宁"主题教育实践活动。资助6000多元为隆安县都结乡天隆村、兴宁区朝阳街道邕武东社区修建垃圾池2座；向邕武东社区捐赠电动车、垃圾桶等清洁器具，价值7000多元；开展"我为美丽南宁献一策"活动，整理上报"美丽南宁"建设活动的意见、建议11条；会员企业家陈锐贤、梁芳利等为"美丽南宁"建设捐款1.53万元。兴宁区、邕宁区、西乡塘区总支部开展"美丽南宁·清洁乡村""美丽南宁·清洁进企业""美丽生活·健康饮食"主题活动。承办"南宁市统一战线'同心'品牌建设现场交流会"。在南宁孔庙打造南宁民进"同心讲堂"。青秀区、西乡塘区总支部在"同心讲堂"联合举办"成就梦想　你我同行"主题故事会2场。12月，"美丽南宁·放飞梦想"书画摄影作品展和书法、摄影创作交流笔会在"同心讲堂"举办。开展"同心·服务五象新区教育发展"活动，组织10名会内外名师赴五象新区重点帮扶学校开展示范课教学、教学方法辅导、考前心理辅导活动18场次，培训骨干教师140人次，听课师生近1000人次。开展"同心教育圆梦行动"。民进非公企业家杨宁捐资1万元资助良庆镇20名贫困学生；与市妇联合作，联合青秀区综合支部赴燕子岭小学、宾阳县中华镇育才村开展"童声圆梦——关爱留守、流动儿童"活动。青秀区总支部联合青秀区新竹街道、新竹社区党支部举办广西首场"同心"赈灾义演晚会，为雅安灾区群众募集善款2.45万元。开展"同心·扶贫解困"活动，民进南宁市委会扶持隆安县都结乡天隆村和陇割村农户发展百香果种植，帮扶贫困户危房改造，解决天隆村隆怀屯人畜饮水和横县瑶埠村大榄村农田水利三面光水渠等工程项目资金70余万元。

(刘瀚钟)

中国农工民主党南宁市委员会

【概　况】 2013年，中国农工民主党南宁市委员会(简称"农工党南宁市委会")辖青秀区、兴宁区、西乡塘区、江南区总支4个，支部30个；党员531人(新发展26人)。其中：医卫界287人，教育界82人，科技界19人，文化出版界10人，财税界38人，法律界6人，国有经济23人，非公经济6人，机关46人，其他14人；具有高级、中级专业技术职务任职资格397人。党员中任农工党广西区委委员4人（常委1人）；自治区人大代表1人，市人大代表7人(副主任1人)，城区人大代表6人(副主任2人、常委1人)；自治区政协委员3人（常委1人)，市政协委员23人(常委3人)，城区政协委员34人(副主席1人、常委6人)；在政府部门担任处级领导干部4人；受聘担任自治区、市、城区政府及

11月15日，农工党南宁市委会第25届"国际科学与和平周"活动在西乡塘区百会社区"同心"基地举办　　黄　祁　摄

有关单位特邀监察员、执法监督员、行风评议员等 11 人。

年内，农工党南宁市委会编印内刊《南宁农工》4 期，出版宣传板报 6 期。扩大社会宣传面，宣传稿件在《南宁日报》刊登 16 篇，南宁电视台播出 4 次，南宁电台播出 6 次，《南宁晚报》刊登 1 篇，在农工党南宁市委会网站发布、更新信息 110 多篇。组织开展统战理论研究，撰写统战理论研究论文 32 篇。其中：获农工党广西区委论文评比二等奖 2 篇、三等奖 1 篇、优秀奖 3 篇，农工党南宁市委会被评为统战理论研究先进单位；获 2013 年南宁政协理论征文评比一等奖 1 篇、二等奖 2 篇，农工党南宁市委会被评为组织奖三等奖；获 2013 年度南宁市优秀统战调研论文一等奖 2 篇、二等奖 4 篇、三等奖 3 篇，农工党南宁市委会获优秀组织奖。

【参政议政】 2013 年，农工党南宁市委会参加中共南宁市委、市政府、市政协、市委统战部以及各对口联系单位召开的协商会、座谈会、情况通报会、提案工作征求意见会、调研课题讨论会等会议，就南宁市重大决策、工作部署、人事任免等事项进行协商、讨论，发表意见和建议。农工党南宁市委会及党员中的各级人大代表、政协委员在各级人大、政协"两会"上提交议案、提案、意见、建议 84 件。议案《关于加快建设民族大道延长线经济带建设的建议》被市十三届四次人大会议立案；在市政协十届三次会议上，农工党南宁市委会作《关于加强我市社区医疗卫生服务建设的建议》发言，并提交集体提案 9 件，《关于加强我市乡镇文化基础设施建设管理工作的建议》被市政协列为重点督办提案。年内，农工党南宁市委会完成"党委出题，党派调研"课题调研报告《关于我市城市生活垃圾处理情况的调查》。各总支、专委会和人大代表组、政协委员组完成并提交课题调研报告《关于加强我市地中海贫血干预工作的建议》等 9 篇。收集反映社情民意信息 71 条，其中农工党中央采用 2 条，自治区党委办公厅采用 1 条，自治区党委统战部采用 2 条，自治区政协采用 1 条，农工党广西区委采用 10 条，中共南宁市委、市政府办公厅采用 12 条，获市领导批示 1 条。

【社会服务】 2013 年，农工党南宁市委会及基层总支、支部组织开展各种社会服务活动 40 多次，向基层群众捐赠帮扶物品价值 5 万多元，扶贫资金 2 万多元，受益群众 6800 多人次。开展"同心"品牌建设活动 12 次，坚持每月开展健康知识讲座进社区，爱心温暖进老年公寓，扶贫助学进山区学校等活动，捐款捐物价值 3.20 万元。参与"美丽南宁·清洁乡村"活动，投入 3000 多元资金支持隆安县都结乡念潭村建造垃圾池 2 个，向兴宁区热作社区捐赠办公电脑。党员王世雄向西乡塘区安吉街道办捐款 1 万元，支持"美丽南宁"系列活动。农工党南宁市委会被农工党中央评为社会服务工作先进市级组织。 （严用明）

中国致公党南宁市委员会

【概　况】 2013 年，中国致公党南宁市委员会（简称"致公党南宁市委会"）有兴宁区、江南区、西乡塘区、青秀区、邕宁区总支部 5 个，良庆区、武鸣华侨投资区直属支部 2 个，各总支下辖支部 2 个，共有支部 12 个。有党员 361 名（新发展 5 人，广西区委会转入 1 人）。其中：具有中级以上职称 290 人，占党员总数 80.30%；侨海关系（含港澳台属）196 名，占党员总数 54.30%；具有大学以上学历 244 人，占党员总数 67.60%；科技、教育界 107 人，占 29.60%；经济界 85 人，占 23.50%；医卫界 59 人，占 16.30%；文化出版界 5 人，占 1.40%；其他 19 人，占 5.30%。党员中任致公党广西区委委员 1 人（常委 1 人）；南宁市人大代表 9 人，县（区）人大代表 8 人（副主任 1 人，常委 1 人）；自治区政协委员 2 人（常委 2 人），南宁市政协委员 16 人（副主席 1 人，常委 1 人），县（区）政协委员 34 人（副主席 2 人，常委 6 人）；受聘担任自治区、市、城区政府及有关单位特邀监察员、执法监督员、行风评议员 7 人。编印会刊《南宁致公》2 期。

【参政议政】 2013 年，致公党南宁市委会向市政协十届三次全会提交大会发言材料 1 份，集体提案 12 件，个人提案 11 件。提案《关于缓解南宁市幼儿园及小学附近交通压力的建议》《关于改善柳沙半岛公共交通的建议》在 2 月 21 日《南宁晚报》刊登；市规划管理局办理提案《关于在交通繁忙路段建人行天桥的建议》在 8 月 17 日《南国早报》刊登。在市人大十三届四次会议上，致公党南宁市委会的市人大代表提交议案 3 件，其中陶小兰《关于加快建设民族大道延长线经济带的议案》、董俊荣《关于加大对旅游景区（景点）基础设施建设力度的议案》获立案交由市政府办理，李仕宁《关于将 87 路公交车终点站邕宁区财政局站南移 1500 米的建议》由市交通局办理。在城区"两会"上，致公党南宁市委会城区人大代表、政协委员提交提案、议案 28 件。完成致公党中央关于"乡村发展模式"的调研以及中共南宁市委《南宁市城乡公交一体化研究》课题调

4 月 17 日，致公党南宁市委会在横县南乡镇大沙村实施"同心助力"工程

致公党南宁市委会提供

研，调研报告《农村土地流转的“朝南模式”》被《中国发展》《南宁工作研究》采用；通过“信息直通车”及“绿色通道”输送社情民意、信息17条，其中党员黄小光《建议立即修订<电动自行车通用技术条件(GB17761-1999)国家标准>》被致公党中央《建言策》采用。致公党南宁市委会的市政府特邀监察员撰写的2篇调研论文分别获市监察学会优秀论文评比一等奖、三等奖。

【社会服务】 2013年，致公党南宁市委会发挥“侨”“海”优势，将践行“同心”思想和建设“美丽南宁”结合到社会服务中。在横县南乡镇大沙村实施“同心助力”工程，以产业帮扶为载体，引进培力(南宁)药业有限公司建设中药材种植基地，向农户赠送莪术及鸡骨草种子，价值1万余元，指导农户建设GMP(药品生产质量管理规范)标准种植示范点1.20公顷，给首批试种农户奖励10头母猪，价值5000元；请广西林科院专家为大沙村产业转型提建议；请广西体育高等专科学校为农村青年制定培训就业计划。国庆前夕，组织党员到广西—东盟经济技术开发区团结农场慰问困难侨眷，向团结农场捐赠书柜、科技种植书籍、卫生知识展板，价值5000元，协助建立“同心文化室”；组织党员捐赠全太阳能路灯，价值2万元。到青秀区建政社区，向菜市经营户、群众发放“美丽南宁”宣传单，与社区干部一起开展垃圾大清扫，向社区工作人员赠送清凉饮料和消暑用品，价值2000余元；到兴宁区三塘镇那况村开展“美丽南宁·清洁乡村”阶段成果调研，向那况村6名保洁员赠送全套保洁装备，价值2000元。 （文　涛）

九三学社南宁市委员会

【概　况】 2013年，九三学社南宁市委员会(简称“九三学社南宁市委会”)有基层委员会2个、支社11个，小组1个；在册社员301人(新发展21人)。其中：工程技术界120人，医药卫生界66人，政府机关45人，教育界27人，财政经济16人，农林12人，党派机关7人，科学研究3人，法律2人，其他3人；具有高级、中级以上专业技术职务任职资格283人。社员中有自治区人大代表1人，市人大代表7人（人大常委会副秘书长1人），城区人大代表4人(人大常委会副主任1人)；自治区政协委员2人，市政协委员15人（常委2人），城区政协委员21人（常委5人）；受聘担任市政府特邀监察员、执法监察员、行风评议员7人，聘为市纪委、市监察局廉情监督员1人，市检察院人民监督员1人、特邀监察员2人，市教育局政风行风评议员1人，市安监局政风行风评议员1人，青秀区法院廉政监督员2人。编印社讯《南宁九三》4期，出版宣传板报3期。7月13日，补选九三学社南宁市第七届委员会委员2名、常务委员1名。九三学社南宁市委会被评为2013年度九三学社中央组织建设先进集体。

【参政议政】 2013年，九三学社南宁市委会领导多次参加中共南宁市委、市政府、市政协、市委统战部召开的报告会、座谈会、情况通报会、征求意见会，就南宁市的重大决策、工作部署进行协商，提出意见建议。在各级人大、政协“两会”上，九三学社南宁市委会及社内各级人大代表、政协委员提交提案、议案、建议43件。社员谭巧矛在市十三届人大三次会议上提交的《加强生态园林建设　打造美丽南宁》议案，被主席团列为会后调研议案，市人大常委会根据调研做出相关决定。九三学社南宁市委会在市政协大会上作《关于进一步推进我市科技服务现代农业发展的建议》发言引起关注。集体提案《关于加强我市畜禽养殖污染治理的建议》被评为市政协十届一次会议优秀提案，《关于加快南宁市公交优先发展的建议》被评为市政协十届二次会议优秀提案，社员杨海翔《关于促进统筹城乡改革，加强农村土地产权管理的提案》、林琪《关于加快我市旅游商品开发与旅游购物业发展的建议》被评为市政协十届一次会议优秀提案，何华斌《关于持续保持和提升“绿城”形象的建议》、何来兴《关于尽快建设南宁市第二饮用水源的提案》被评为市政协十届二次会议优秀提案。开展重点课题调研，8月形成调研报告《加强我市农村环境保护　建设美丽乡村的调研》。完成统战理论政策研究课题《新时期民主党派民主监督的有效途径》，获2013年南宁市统战政策创新二等奖。开展社情民意信息报送，向九三学社广西区委、市委统战部报送社情民意信息54条，被采用14条。

【社会服务】 2013年，九三学社南宁市委会开展“同心”品牌建设活动。4月，九三学社广西区委员会、九三学社南宁市委会在社员企业广西凯威公司共建服务企业实践基地。九三学社南宁市委会整合社内科技人才资源，为企业开展咨询服务，把实践基地建设成为助推企业科学发展的服务站。协助推进广西凯威公司承接电信基站项目建设。5月31日，到马山县周鹿镇双联村开展“同心关爱”活动，捐赠物资价值6000元。9月，九三学社南宁市委会与南宁水利电力设计院、西乡塘区委统战部合作共建“同心”品牌实践基地。11月20日，九三学社南宁市委会联合水利电力设计院水利专家到西

4月3日，九三学社广西区委、九三学社南宁市委共建“服务企业实践基地”揭牌仪式在广西凯威公司举行　　九三学社南宁市委会提供

乡塘区双定镇秀山村陇丰坡开展人饮安全工程调研;投入资金 11 万元为该坡修建人饮供水总管及供水泵房。推进唐历村“同心”实践基地建设。4 月 14 日,九三学社广西区委员会、九三学社南宁市委会联合赴唐历村开展文化帮扶,为唐历村第二十二届村庆捐款 2000 元;10 月 17 日,与九三学社广西区委员会、武鸣县委统战部到唐历村开展“科技和平周”活动,邀请广西水产研究专家培训武鸣县 11 个乡镇 56 位养殖户鱼类养殖技术,向唐历村捐赠鱼苗 6 万尾,投入资金 8500 元。九三学社南宁市委会发动社员参与社会服务活动。此外,3 月,与市革命老区建设促进会、武鸣县革命老区建设促进会联合在武鸣县陆斡镇开展送医送药下乡服务活动,到镇敬老院看病送药,价值 1600 余元;与市革命老区促进会及社会爱心人士,到革命老区上林县乔贤镇龙头小学开展帮扶调研。参与“美丽南宁·整洁畅通有序大行动”,开展社区走访调研 4 次,义务劳动 2 次,捐款 5000 元。

(九三学社南宁市委会编写组)

南宁市工商业联合会

【概　况】 2013 年,南宁市工商业联合会(简称“市工商联”)(南宁市总商会)有县(区)商会 12 个,乡镇商会 102 个,行业商会 11 个,直属异地商会 16 个。有会员 6960 名,其中企业会员 1100 户、团体会员 162 个、个人会员 5698 名(原工商业者老会员 104 名)。会员中自治区人大代表 4 人,市人大代表 30 人,县(区)人大代表 48 人;自治区政协委员 12 人,市政协委员 60 人,县(区)政协委员 305 人。

【参政议政】 2013 年,市工商联参与市政府工作报告草案的讨论,提出意见和建议。向非公经济代表人士征求《南宁市关于进一步鼓励和引导民间投资的若干政策建议》及南宁市放宽市场准入政策的意见建议,为市委、市政府决策提供参考。在市政协十届三次大会上,市工商联作题为《关于规范南宁市民营融资性担保公司运营的建议》大会发言,提交《关于促进我市民营企业“走出去”的建议》《关于规范南宁市民营融资性担保公司运营的建议》《关于加强我市非公有制经济统计和发布工作的建议》《关于进一步推动我市民营企业文化建设的建议》《关于进一步加强我市非公有制企业党建工作的建议》等集体提案 5 件。市工商联各级人大代表、政协委员提交议案 113 件,提案 235 件。3 月 7 日,召开市工商联参政议政委员会第八次工作会议,征求会员中的人大代表、政协委员对市工商联 2013 年度调研课题的意见和建议。开展全国工商联上规模民营企业调研、销售总额 1 亿元以上非公有制企业调研、2013 年非公经济主要经济指标调研、小微企业 29 条贯彻落实情况调研、关于发挥协会商会作用助推美丽南宁建设的建议等课题调研,形成调研报告送自治区、市等职能部门。参与编撰完成《2012 年南宁市非公有制经济发展报告》。调研成果《关于发挥商(协)会作用的思考及建议》《关于规范南宁市民营融资性担保公司运营的建议》《关于解决南宁市企业用工难的建议》分别获自治区工商联调研成果特等奖、一等奖、三等奖。

【招商引资】 2013 年,市工商联随南宁市党政代表团赴江苏省、上海市、济南市、厦门市等地开展生物制药产业链、机械制造、电子信息等招商推介活动,邀请当地企业参加南宁市在上述城市举办的投资环境推介会。配合自治区工商联邀请 38 家全国知名民营企业到南宁市投资考察。经市工商联牵线搭桥,深圳研祥控股集团意向在南宁投资 30 亿元。组织会员企业参加香港时尚购物展一对一商贸配对会、泰国贸易洽谈会、法国马恩河谷省企业一对一洽谈会、中国—东南亚民间座谈会和桂港经贸论坛等。推进成立南宁市总商会驻国外联络处工作。至年末,南宁市总商会委托筹备的驻外联络处 15 个,正式挂牌成立 6 个。通过驻外联络处,邀请香港、印度尼西亚、越南等境外客商到南宁市考察投资环境。第十届中国—东盟博览会期间,召开南宁市总商会驻海外联络处第四次联席会暨南宁·越南企业项目配对会。市工商联机关引进内资实际到位 3000 万元。邀请国内外 20 名客商参加中国—东盟博览会,为 434 名非公经济人士办理中国—东盟博览会证件,组织 260 名非公经济人士参加印度尼西亚国家推介会、中国(福建)—东盟双向投资推介会、柬埔寨国家推介会——外国直接投资政策介绍、中国—东盟私营部门投资研讨会、第一届泛北部湾股权投资论坛、新加坡论坛等经贸活动。

【服务会员】 2013 年,市工商联向会员发放维权服务需求调查问卷,了解会员维权需求。与市地税局联合举办民营企业纳税人权益维护座谈会 2 期。参与协调广西科嘉艺营销广告有限公司反映问题、重庆家富富侨保健中心矛盾纠纷、市照明灯饰商会会员企业场地纠纷、崇左商会副会长企业工厂整体拆迁补偿、武鸣县宁武镇长安村茶酒山石场被围堵事件、南宁“百利新城”第三期工地纠纷等。为会员提供融资服务。组织光大银行、华夏银行、浦发银行等 8 家银行及担保公司到宾阳开展“同心促发展·驻邕民办金融机构 2013 年宾阳行”活动。与邮政银行、光大银行分别召开银企座谈会,为会员解决融资难问题。与南宁晚报金融部、

5 月 6 日,市工商联发动非公经济人士为四川雅安地震灾区捐款 470 多万元

市工商联提供

广西融资在线合作，举办2013小微贷重点推荐品牌评选活动。召开非公经济联席会议领导小组第六次会议，邀请市国税、市地税局、市工商局向非公企业介绍南宁市税收新政及对小微企业的扶持政策。组织会员参加培训。组织1590多名非公经济人士参加助企工程培训班、非公企业成长讲座等培训班，其中市工商联举办"电子商务培训班""北京大学民营经济研究院助企工程走进南宁"培训班。联合市委统战部组织32名企业家赴上海参加"企业战略创新与发展高层精英研修班"，组织39名企业家赴北京大学参加"企业高级战略研讨班"。为非公企业专业技术人员首次定级、职称评审提供服务。为非公经济人士申报专业技术职称提供材料审核服务4500人次。

【光彩事业】 2013年，南宁市光彩事业促进会完成换届，召开2010—2013年度南宁市光彩事业表彰大会，表彰光彩事业先进集体10个、先进企业15家。非公企业和非公经济人士为四川雅安地震灾区、"美丽南宁·清洁乡村"等活动捐款捐物1071万元。市工商联向上林县澄泰乡、隆安县龙念村、西乡塘区新阳街道南机社区等3个定点帮扶点捐赠建设资金15万元。组织265家民营企业参加"2013年南宁市民营企业招聘周"，提供就业岗位1.08万个，达成就业意向4332人。

（李增群）

华侨与台湾事务

华侨事务

【概　况】 2013年，南宁市外事侨务办公室(简称"市外侨办")指导、协调华侨农林场改革与发展，推进华侨农林场体制改革、归侨危旧房改造、基础设施建设、社会保障等工作；以服务侨众为根本，在维护侨益中谋求和谐发展，社区侨务、为侨界服务、侨务外宣等取得新突破。

【华侨农林场改革与发展】 2013年，南宁市推进华侨农林场体制改革。年初，武鸣白合华侨农场、邕宁五合华侨林场体制改革方案上报自治区政府审定。年内，市外侨办协调白合、五合华侨农林场属地县政府做好改革各项准备。协调推进华侨农林场产业化升级，协调广西—东盟经济技术开发区东盟文化风情园申报并通过广西华侨农林场产业发展（示范性）规划专家评审；浪湾华侨农场以加快土地流转为核心发展香蕉产业，完成土地流转501.67公顷。推进华侨农林场非归侨危旧房改造，武鸣、浪湾华侨农场非归侨职工879户，总投资约3.47亿元，改造工程在建。加快农场基础设施建设，浪湾华侨农场广收—那飞分场道路（全长2441米，宽9米）竣工使用，总投资137.73万元；伏龙大道北半幅道路完成硬化(全长2088米，宽12.50米)，总投资约465万元。组织农场申报华侨事业费补助项目，推动华侨农场发展特色农业。

【侨界民生】

侨法宣传　2013年，市外侨办组织开展侨法进机关、进乡村、进学校、进社区、进企业宣传教育活动，结合侨法执法检查及清洁乡村活动，采取辅导宣讲、下乡宣传、印发学习资料、举办知识竞赛等形式，利用侨法宣传角、侨之家、侨务网站等媒介，推动侨法学习宣传常态化。各级侨务部门举行侨法宣传35次，印发宣传资料1.64万份，开展侨法知识竞赛8场次。

侨务信访　受理侨众来信来访，将信访件转交有关部门办理，引导归侨、侨眷通过法律途径维护合法权益。信访内容主要涉及征地补偿、土地权属纠纷、住房问题、就业就读、医疗养老等方面。全市接待侨众信访216人次（市外侨办接待99人次)，答复率100%。出具归侨侨眷身份证明72份，出具"三侨"(归侨青年、归侨子女、华侨在国内的子女）考生证明100人次，办理华侨回国定居事项6人次。

配合各级人大侨法执法检查　4月，配合市人大常委会开展《归侨侨眷权益保护法》执法检查，与市人大外侨委、侨联等部门到西乡塘区北湖南路社区、浪湾华侨农场等归侨安置点调研，听取、收集归侨侨眷的意见和建议。7月，配合自治区人大调研华侨农场改革发展情况。10月，配合全国人大华侨委员会副主委陈国令到南宁市调研《归侨侨眷权益保护法》及相关法律贯彻实施情况。

推进社区侨务　开展2013年度"侨法宣传角"和全国社区侨务工作示范单位申报。根据各县(区)的申报材料和侨务工作实际，市外侨办带队到江南区各有关社区实地查看组织机构现状、侨情特点、设施配套等情况。组织成立文化宣传、文艺舞蹈、民族书画等团队，参加重大节庆纪念、重要传统节日文艺演出和歌咏比赛，组队参加自治区侨办、广西—东盟开发区联合举办的广西侨乡文艺会演。

归侨侨眷帮扶解困　利用元旦、春节、中秋等节日组织慰问归侨侨眷。累计慰问鳏寡孤独残归侨侨眷762户次，发放慰问金及慰问品约30万元；开展困难归侨侨眷情况调查，建立贫困归侨侨眷信息库。帮助特困归侨侨眷申请办理低保、医保、临时医疗救助以及廉租房等。联合市人力资源和社会保障局等部门在各县(区)举办归侨侨眷电工等职业技能培训班16期。

华侨捐赠项目管理　根据自治区人大关于开展华侨捐赠工作的要求，9月，市外侨办到马山县白山镇等地，调查统计各地近五年来接受华侨捐赠情况。年内，接受郭栋强、韦生贵、郑明增等海外侨胞、港澳台同胞爱心人士以及自治区华侨爱心基金会等机构对马山县、隆安县、宾阳县等地捐赠项目11个，金额18.72万元。

（市外侨办编写组）

台湾事务

【概　况】 2013年，中国共产党南宁市委员会台湾工作办公室(简称"市台办")单列为市委下属工作机构。核定编制13名，其中行政编制11名、后勤工作人员2名。实际在编11人（副处级以上领导6人)。设职能科室3个：综合科、交流联络科、经济科。

年内，公务组团赴台16个205人次；办理跟团团组34个65人次，办理非公人士应邀赴台团组26个62人次；办理赴台签注及赴台个人游4658人；接待台湾来邕交流团组50多个1500多人次，涵盖经贸、文化、农业、少数民族等领域。引进台资项目(企业)10个(家)，合同台资额2.30亿元，实际到位台资额1.50亿元。台湾东森电视公司、中天电视、TVBS电视台，台湾《中国时报》《工商时报》《联合报》《经济日报》《商业周刊》《远见》杂志等台湾媒体记者到南宁市采访报道。协调处理涉台投诉纠纷47起，办结42起，结案率90%。撰写《深化邕台经贸合作的探讨与研究》《搭建民族民俗文化交流平台促进邕台基层交流发展》调研报告。组织机关工作人员和台商到兴宁区五塘镇友爱村开展“美丽南宁·清洁乡村”活动,将台湾“垃圾不落地”理念引入到清洁乡村建设;发动台商协会捐赠2万元购买垃圾分类箱5个。

【邕台经贸合作】 2013年4月20日至27日,桂台经贸文化合作论坛在台湾举办。市长周红波率经贸代表团参加自治区在台湾花莲县举办的交流活动,以及在台北市举办的广西与台湾贸易中心签署备忘录活动,在高雄市举办的“2013桂台经贸文化合作论坛”、钦州港—高雄港集装箱等航线首航仪式等经贸交流活动。市长周红波陪同自治区党委书记彭清华一行拜会富士康科技集团董事长郭台铭、义联集团董事长林义守、台北世贸中心董事长王志刚等知名人士。期间,南宁市在嘉义市举办南宁·嘉义企业家联谊会,中国国民党副主席、嘉义市市长黄敏惠,以及嘉义市政府有关部门负责人、企业家代表50多人参加,南宁市第一次在嘉义市采购农副产品,总价值30万元;举办南宁·高雄经贸合作联谊会,高雄市有关协会负责人、企业家代表约90人参加;举办南宁·花莲民族文化交流联谊会,花莲县各界少数民族代表人士参加联谊。南宁市文化新闻出版局与花莲县海峡两岸少数民族交流协会签署交流合作备忘录。统一企业二期项目、大润发超市项目、高科技生物蛋白类产品和环保饲料项目签约,总投资额4920万美元;广西百脑汇IT资讯广场项目、无纺布医疗用品生产项目、轮胎机油回收再生产项目、汉霖传播者股份有限公司项目、台湾阿里山餐饮有限公司连锁餐饮5个意向投资3.10亿美元。第十届中国—东盟博览会期间,“台湾精品馆”在中国馆举行开馆仪式,中国国民党副主席、台湾嘉义市市长黄敏惠,中台办副局长王育文出席开馆仪式。“台湾精品馆”以“缤纷生活”为主题,将展品分为“未来科技”“创意文化”“乐活保健”“聪明生活”等区块,来自71家台湾知名企业108件产品参展。协调推进重大台资项目进程。推进南宁—台湾健康产业城项目建设。3月,台湾荣亮公司在南宁办事处成立;8月,向五象新区管委会递交项目建议书。10月,富士康南宁科技园研发检测认证中心在南宁揭牌;广西台商会馆项目在南宁奠基,中国国民党副主席蒋孝严出席奠基仪式。接待台湾前“立委”许舒博、高雄市商业会经贸考察团、“两岸经济合作促进会”考察团、台湾工业总会考察团、台湾财金文化金融家联谊会考察团等近20个台商团组来邕考察投资环境。引进台资项目(企业)10个(家),合同资金2.30亿元,实际到位资金1.50亿元。

2013台南盐水蜂炮活动主会场燃放壮观的台南盐水蜂炮　　赵昌斗　摄

【台商合法权益维护】 2013年,市台办协调处理涉台投诉纠纷,维护台商合法权益。6月、10月,市长周红波到富士康南宁科技园现场办公2次,解决企业发展中存在的问题。解决中山路经营台湾小吃的台商注册个体工商营业执照的困难,大爱礼仪服务公司的经营范围得到市民政局批复。配合市政府妥善处理台湾精品购物城和桂台钢铁物流园等项目问题;帮助解决台商许健秋逾期居留、台胞洪瑞雄置业纠纷问题;指导隆安县解决台商廖文斌与农民合作种植香蕉项目纠纷等。全年帮助协调解决8名台商台胞子女教育问题;协调处理涉台投诉纠纷47起,办结42起,结案率90%。

【邕台交流交往】 2013年,南宁市公务组团赴台16个205人次。市台办办理随自治区赴台团组34个65人次,办理非公人士应邀赴台团组26个62人次。交流领域涉及经贸、文化、农业、政党、少数民族等领域。接待台湾来邕交流的团组52个1500多人次。接待台湾花莲县参访团人员580多人次;接待“2013桂台·南宁少数民族交流周”及“两会一节”活动的参访团5个150多人;配合自治区接待来邕出席第九届两岸经贸论坛的嘉宾、媒体记者350多人。市领导会见台湾嘉宾6批150多人次,有中国国民党副主席林丰正、蒋孝严、黄敏惠等,中常委洪玉钦、国民党副秘书长林瑞德、大陆事务部副主任徐新生、富士康总裁郭台铭,统一集团董事长林苍生等政商界人士,台湾《联合报》社长项国宁、台湾辅仁大学大众传播学研究所副教授习贤德等文化界人士。在南宁市宾阳县和台南市盐水区举行南宁(宾阳)—台南(盐水)“双炮”文化交流活动。两地互派交流团参访,分别举办“双炮”文化交流座谈会,展演宾阳炮龙、盐水蜂炮民俗节庆活动。南宁市有7个县(区)组团赴台开展交流活动。宾阳县与台南市盐水区签订《宾阳县与盐水区建立全面交流与合作关系备忘录》;横县赴台拜访台湾桔杨茶业有限公司、台湾隆泰食品茶业有限公司;上林县赴台学习台湾花卉园林方面的规划设计;西乡塘区赴台与花莲县丰滨乡、万荣乡学习交流休闲观光农业开发。8月,南宁市被列入赴台个人游试点城市。至年末,办理赴台签注4658人。

【对台宣传与涉台教育】 2013年,南宁市借助两岸经贸文化论坛、桂台经贸文化论坛、“两会一节”、南宁(宾阳)—台南(盐水)“双炮”文化交流、桂台·南宁少数民族交流周等平台,做好对台宣传。台湾东森电视公司、中天电视、TVBS电视台,台湾《中国时报》《工商时报》《联合报》《经济日报》《商业周刊》《远见》杂志等媒体记者到南宁市采访报道,台湾媒体通过平面、电视、网络等形式报道南宁市的各类新闻近200条。开展涉台教育42次,编印南宁对台工作信息12期。　(朱泽锋)

责任编辑　覃庆梅

人民团体

南宁市总工会

【概　况】 2013年，南宁市总工会辖县(区)、开发区总工会13个；工会工委6个，产业工会2个；乡镇(街道)总工会33个；乡镇(街道)工会工委92个；基层工会2.20万个，工会会员125.74万人。市各级工会开展劳动竞赛，完善职工社会化维权帮扶网络，维护职工合法权益。实施创业就业技能培训，提升职工队伍素质。推动企业、职工文化建设，规范经费收缴、资产管理，加强工会自身建设。市总工会获2013年度自治区工会工作先进单位一等奖。

【工会组织建设】 2013年，市总工会指导县(区)工会届中调整领导干部、换届工作，会同组织人事部门考察干部11名，选拔任用科级干部4名，公开招录直属事业单位干部1名。举办培训(讲座)8期，培训工会干部516人次；组织工会干部参加自治区总工会培训110人次，参加市委组织部、市公务员局和市人社局举办培训35人次。推进工会组建和会员发展，组建工业园区、大型外资企业、民营企业及10人以下非公有制企业工会。年内，全国总工会非公企业数据库全市非公企业建会率96.30%，全市非公企业职工入会率96.10%；新建工会组织3117个，其中新建单独基层工会2034个、联合基层工会1083个；企业法人单位建会新增1.18万个，新发展企业法人单位工会会员14.02万人。

【技术创新】 2013年，市总工会开展职工科技和经济技术创新活动，建立合理化建议征集平台，鼓励职工参加企业技术改造、技术攻关，参与新技术、新工艺、新设备、新材料研发和先进技术引进使用等活动。创建工业、农业、轻工业、服务业方面的“市级劳动模范·技术标兵创新工作室”29个。开展企业职工技术革新项目2562项，发明创造361项，总结推广先进操作法408项，获专利272项，创造经济效益5.78亿元。职工提出合理化建议2.40万条，其中有1.30万条被企业转化利用，创造经济效益3.30亿元。

【评先活动】 2013年，市总工会完成全国、广西五一劳动奖状、奖章评选推荐。评选推荐全国五一劳动奖章候选人3名、广西五一劳动奖状候选集体5个、广西五一劳动奖章候选人7名。编印2010—2011年度南宁市劳动模范、先进工作者及全国、广西五一劳动奖章获得者风采录；印发《南宁市总工会关于印发〈南宁五一劳动奖状(奖章)、工人先锋号(先锋岗)评选管理工作暂行办法〉的通知》；组织劳模宣讲团开展宣讲3场，组织劳模艺术团到企业演出6场；录制《依靠劳动创造，开创美好未来》电视宣传片，在广西日报、广西工人报、南宁电视台、南宁电台等媒体刊播宣传劳模先进事迹。

【就业服务】 2013年，市总工会开展“春风行动专项活动”“民营企业招聘周”“技能培训促就业行动”等就业服务，组织召开招聘会56场，组织跨地区劳务输出385人次，介绍农村劳动者就业2875人次。培训下岗失业人员、农民工和困难职工家庭高校毕业生5378人。其中：职业技能培训4623人，实现就业2753人；创业培训337人，成功创业186人；家政服务培训418人，实现就业334人。

【职工帮扶】 2013年，市各级工会发放“送温暖”慰问款物，折合人民币439.09万元，慰问职工家庭8034人次，其中慰问困难职工家庭7095人次。帮助农民工平安返乡包车55辆，运送2200人次。资助困难职工子女873人，发放助学金176.48万元，其中资助大专以上学生736人，发放资助金163.54万元；资助高中生132人，发放资助金12.76万元；资助小学和初中生5人，发放资助金1800元；资助困难农民工子女211人，发放助学金36.06万元。市工会困难职工帮扶中心处理来信来访和法律援助事项332件，涉及5363人。完成参保合同31.81万份，比上年增加5.70万份，给付497例，发放保障金693.90万元；慰问职工39人，发放慰问金1.95万元。发放工会创业小额

4月27日晚，“南宁市‘中国梦·劳动创造伟大’庆祝五一国际劳动节文艺晚会”在民歌湖广场举行　　覃晓宁　摄

贴息贷款26人，贷款金额123万元，带动170多人就业。市总工会联合市商务局、市财政局验收“家政服务工程”培训机构，验收培训学员1400人，使用财政专项资金140万元。

【民主管理】 2013年，南宁市建有工会组织的公有制企事业单位厂务公开、职代会建制率100%；建有工会组织的非公有制企业厂务公开、职代会建制率95.40%；建立工会组织的国有和国有控股公司制企业推行职工董事、职工监事制度建制率90%；60%的区域(行业)工会联合会建立职代会制度。创建“厂务公开民主管理示范单位”，发挥单位示范作用，举办市工会厂务公开民主管理培训暨经验交流会。年内，获“全国厂务公开民主管理示范单位”称号1个，获“全国厂务公开民主管理先进单位”称号2个；获“全区厂务公开民主管理工作先进单位”称号7个，获“全区推动厂务公开民主管理工作先进单位”称号2个，获“全区厂务公开民主管理示范单位”称号3个；7名职工被评为“全区推动厂务公开民主管理工作先进工作者”。

【职工权益保护】 2013年，市总工会实现县(区)总工会职工法律援助服务站全覆盖。成立市农民工工资支付情况专项检查领导小组，检查用人单位1.25万家，追发农民工工资3076.50万元。深化“面对面、心贴心、实打实服务职工在基层”活动，开展法制宣传和贯彻落实“六五”普法精神，走访职工1.14万人次，听取情况汇报220次，开展法律援助、政策法规咨询300次，涉及5363人；帮助职工(含农民工)追回拖欠工资、工伤补偿金和经济补偿金等165.50万元，收集意见、建议500多条。推动工资集体协商，帮助、指导企业完善工资分配共决、职工工资正常增长和支付保障机制，促进职工劳动报酬与企业劳动生产率同步提高。集体合同覆盖企业2.41万家，覆盖职工57.89万人，工资协议覆盖企业2.35万家，覆盖职工56.55万人。驻邕世界500强企业工资集体协商建制率100%。

【安全生产】 2013年，市总工会组织开展安全生产督查活动，强化工业、建筑、建材、化工行业、非公有制企业、存在重大危险源和可能发生重大事故的重点地区、重点单位、重点部位、班组安全管理的监督检查，参加安全检查基层职工5.55万人次，发现和整治隐患2260多处，处理安全事故65起，职工伤亡83人。推广职业病防治工作模式，签订劳动安全卫生专项集体合同，召开市推广应用“工会参与职业病防治工作模式”和推行企业签订劳动安全卫生专项集体合同工作推进会，113家规模以上企业推行“工会参与职业病防治工作模式”，推广面11.90%；886家国有及其控股企业、8133家非公企业签订劳动安全卫生集体合同，签订率分别为95.60%、63.50%。

【劳动竞赛】 2013年，市总工会开展“当好主力军、建功十二五”主题竞赛，组织市规模以上企业职工开展“创先争优”劳动竞赛；围绕建设区域性国际城市目标，在重点工程开展比质量、比安全、比进度、比效益、比廉洁、比团队和谐、创精品工程劳动竞赛；围绕“服务中国—东盟博览会”要求，在商贸、旅游服务行业开展“讲诚信、创品牌、树形象”竞赛；围绕建设“美丽南宁”，在城乡建设领域开展规划设计、工程建设、城市管理、园林绿化、清洁城乡劳动竞赛。参赛企事业单位1.48万家，参赛职工65万多人次。创建“工人先锋号”“工人先锋岗”“六型班组”(学习型、创新型、环保型、效益型、和谐型、安康型)，推选树立全国“工人先锋号”2个、广西“工人先锋号”4个、南宁“工人先锋号”50个、南宁“工人先锋岗”50个。

【职业技能大赛】 2013年，市总工会开展“练本领、参大赛、夺状元”职业技能大赛，涉及制糖业、工程机械、智能楼宇、服务业等领域16个工种，历时近4个月。参加选拔赛企业1800多家，参赛职工18万人次；参加市级决赛选手476名，获个人奖89名、团体奖13个、优秀组织单位38个。决赛选手17名获“南宁五一劳动奖章”称号、20名获“能工巧匠”称号、61名获“南宁市技术能手”称号。有59名35岁以下青年职工选手获“南宁市青年岗位能手”称号，118名职工获高级工职业资格，40名破格申报技师职业资格。

【职工书屋】 2013年，市总工会推进职工书屋建设，结合“全民阅读”活动，组织参加“书香绿城读书月”“中华经典诵读”活动，评选“十佳职工书屋”。建成农民工流动夜校23所、自治区职工教育示范点3个、优秀示范点1个、市职工技能培训基地61家，完成组建全国级职工书屋3家、自治区级职工书屋8家、市级职工书屋14家，全市有职工书屋226家。

【职工文化活动】 2013年，市总工会开展“寻找最美劳动者”主题宣传活动，评选表彰宾阳县陈平镇陈平社区清洁工龚旭忠、市第四人民医院感染病科护士长杜丽群等10名“最美劳动者”。开展“中国梦·劳动美”文化进广场、进社区、进工地活动，为困难企业和农民工演出12场次，送电影850场次，送图书10万多册。组织2.5万名职工观看电影《咱们的工会主席》。承办“文化盛宴惠职工周周演”活动，演出《刘三姐》《刘胡兰》《百鸟衣》《七子吟》《永远的雷锋》等10多台经典戏剧，观众超2万人次。600多个基层工会开设“道德讲堂”，参加职工70万人次。培育职工文体活动阵地，开展区域性职工文化体育活动，市职工文体协会会员单位328个，会员超10万人。开展企业文化建设，创建南宁百货大楼等企业文化示范点一批。

（郑中国　张文苑）

共青团南宁市委员会

【概　况】 2013年，南宁市有基层团委487个，基层团工委31个，团总支438个，团支部8095个；专职团干1844人，团员32.88万人。年内，共青团南宁市委员会推进农村青年培训、青年就业创业服务、“我的中国梦”主题教育、青年志愿者行动、青少年权益维护、希望工程公益活动，开展保护母亲河、“植树造林·美丽南宁”活动，加强共青团干部培养。加大宣传力度，各级媒体报道452篇(条)。其中：自治区级及以上媒体报道212篇(条)；市级媒体报道240篇(条)。团市委获2013年广西共青团工作一等奖、2013年广西共青团工作创新奖、自治区青少年“爱科学月”活动先进集体、南宁市直属机关先锋示范单位等称号。

【基层团组织建设】 2013年，南宁市各团县(区)委加强党建带团建工作督导。协调落实每个乡镇(街道)工作经费“3+2”(每年不低于3万元共青团工作经费、不低于2万元预防青少年违法犯罪工作经费）。巩固已建乡镇直属团组织，推动符合建团未建团的社会组织建立团组织。实施乡镇实体化“大团委”建设“活力工程”，开展“强乡活村”团组织服务月活动，以中共十八大精神进乡村、青年就业创业扶持、乡村青年文化节、乡镇村屯美化绿化、“温暖同行”青年志愿者行动指导乡镇共青团。开展乡镇团组织格局创新和实体化“大团委”建设“回头看”，试行驻外团组织负责人社会公开招聘制度，发展驻外团工委负责人。推进广西13个市驻邕团工委联络站建设，建立驻外团工委857个。借助“两新”组织（新经济组织、新社会组织）党建加强团建力度。“五四”期间，指导南宁富士康科技园成立团委，以活动带动“两新”组织活力。

【农村青年培训】 2013年，团市委与市农业局、市人力资源和社会保障局联合印发《关于开展南宁市农村青年创业就业培训集中服务月活动的通知》，完善青年就业创业培训计划，指导县（区）、开发区团委以就近、便利为原则，联系辖区内人社局、人才中心、农业部门及广西水利电力职业技术学校、广西农业科学院、南宁青年职业技能培训中心等单位，开展农业实用技术、岗位技能培训，举办农村青年培训班154期，培训9500人。

【青年就业创业服务】 2013年，团市委加强青年创业者联合会建设，完善联合会运行机制，搭建青年创业服务平台。开展“我的中国梦”南宁青年创业典型报告会，推进“创业伴我行”青年主题论坛活动，举办“放飞中国梦 创业先锋行”——2013南宁市首届青年创业文化节，组织市青年创业计划大赛，联合市委组织部，建立YBC（中国青年创业国际计划）南宁办公室和市青年创业促进会，协调市财政部门落实300万元启动基金，8个大学生村官创业项目获扶持资金40万元，募集资金24万元。团市委从工商、农业产业、农村种养致富能手、公务员、农业技术专家群体选出100位创业导师开展培训，帮助青年提高创业就业能力。

【“我的中国梦”主题活动】 2013年，团市委组织开展以“汇聚邕城正能量 共筑青春中国梦”为主题的共筑“富强中国梦”“和谐中国梦”“绿色中国梦”“幸福中国梦”系列活动，以交流讨论、参观寻访、征文、演讲等形式引导青少年把个人成长与祖国发展、民族命运相连，举办“我的中国梦”主题活动1100余场。

【青年志愿者行动】

深化“学雷锋”志愿服务 2013年，团市委开展学雷锋活动，组织团员青年志愿者聚集广西农垦局广场为市民免费提供首饰清洗、衣物熨烫、健康检查、电器维修、义务理发、真假钞鉴别便民服务和开展环保、用电、旅游环境、卫生防疫、法律援助、医保及社保政策咨询活动。开展关爱农民工子女和敬老志愿服务、“身边雷锋 青年榜样”微行动，发动各县（区）群众学习践行雷锋精神。

青春志愿服务大型赛会 组织2万多名青年志愿者服务龙舟赛、园博会及中越青年大联欢等赛会。招募6970名青年志愿服务“两会一节”专业、场馆、城市和窗口文明单位岗位2万人次。

邕城青年志愿者服务站 针对空巢和困难老人、残疾人、农民工、留守儿童群体，围绕居民生活需要、就业创业技能培训项目，打造“邕城青年志愿者服务站”。以政府购买公益服务形式扶持民间公益组织和高校青年志愿者团队，开展为期一年的志愿者精品服务。

【公益活动】

圆梦行动 2013年，团市委开展“微心愿 V力量”圆梦行动，征集农民工子女、贫困青少年、特殊青少年等对象的“微心愿”，为江南区、上林县、马山县350多名农民工子女、留守儿童实现“微心愿”。开展“科普图书进校园，我为孩子捐本书”活动，为南宁市城中村及农村留守儿童和农民工子女赠送科普图书一批，50家爱心单位捐款30万元。开展“希望工程圆梦行动”，募资250万元，资助500名家庭贫困、成绩优秀的学生圆大学梦。

青春助学活动 在上林县、邕宁区开展助教助学、文化文艺和爱心书屋等“开学的礼物”活动，以志愿服务、结对助学方式，捐赠“开学礼物”，价值10万元。

【共青团干部培养】 2013年，团市委实施农村团干部“青春引擎”全员培训计划，落实2012-2013年培训经费124.11万元，分级分批培训1395个行政村团（总）支部书记，培训其他人员300人。通过团干部“上挂”（职）、“下挂”（职）加大交流，选派7名市直、县（区）年轻干部到市委机关挂职锻炼，选派4名高校青年团干到宾阳县、隆安县、西乡塘区、邕宁区挂任团县（区）委副书记。承办“盛夏盛情 欢聚绿城”——高校学子与南宁优秀青年代表联欢活动。

【青少年服务台建设】 2013年，团市委强化“12355”新媒体服务手段，增强在线咨询和网上调查功能，开通新浪官方微博，发布“12355”工作动态，讨论青年热点话题。加强“12355”青少年服务台建设，定期开展“12355陪伴成长讲坛”、流动少年宫关爱直通车、“12355心灵成长”体验计划、“阳光行动”等活动近60场次，带动近万名青少年主动参与。年内，青少年成长驿站开展面询服务276场次，一对一服务960多人，完成个案68

6月22日，团市委在江南区香格里拉广场举行南宁市十万志愿者服务“美丽南宁·整洁畅通有序大行动”誓师大会暨万名青年志愿者统一上岗仪式 团市委提供

个。服务台受理来电来访2489人次。其中：学习教育607例；就业创业辅导266例；恋爱婚姻349例；身心健康440例；困难帮扶490例；法律咨询337例。网站上传信息520条，网站首页访问2.30万人次，日均访问65人次，一对一在线咨询890人次。

【植树造林活动】 2013年，团市委组织青少年以通道、城镇、村屯为重点区域，按“山上造林、身边增绿”要求绿化造林，联合南宁青秀山风景区管委会在青秀山开展“植树造林·美丽南宁”统一行动日活动；组织青年开展“300元一棵树、1万元一亩林”的“绿色认捐”“绿色认养”活动；在青秀山邕江边承办团中央“保护母亲河，美丽中国梦”——珠江流域青少年植树统一行动日活动；与市林业局联合承办自治区林业厅、共青团广西区委“千万珍贵树种送农家”暨“美丽广西·美丽乡村”青少年植树统一行动日活动；与市国土部门联合组织参与“保护耕地，青年当先”活动。年内，发动青少年植树造林80.52万株，筹集保护母亲河基金12万元，参与人员超20万人次。

【青年服务“美丽南宁建设”】 2013年，团市委开展“清洁乡村·青年先行”“八个一”（制定一份农村建设规划、创建一个农家课堂培训基地、建设一个农家书屋、培养一批入党积极分子和后备干部、培育一个产业示范基地、记好一本民情日记、为群众办一件好事、让党员干部受一次教育）行动，开展广西少年儿童“相约中国梦”暨首府“小手拉大手”清洁乡村主题队日、驻邕高校和远程教育大学生“美丽南宁·清洁乡村”志愿活动。组建114支“清洁乡村”志愿服务队，约5.30万人次的团员青年、少先队员参与。开展志愿服务“美丽南宁·整洁畅通有序大行动”。组织各级团组织、青年文明号、青年企业家协会等万名青年志愿者及驻邕高校大学生近2万人，组成清洁卫生青年志愿者服务队、宣讲教育青年志愿者服务队、文明劝导志愿者服务队、市容巡查青年志愿服务队4支队伍，深入市201个社区、42个城中村、71个城市路口、52对公交车站和43个路段开展环境整治、文明劝导、市容巡查等志愿服务482场次，发放宣传资料1.35万份，上岗10万多人次。 （蒋　娜）

南宁市妇女联合会

【概　况】 2013年，南宁市妇女联合会辖县（区）妇联12个，开发区妇联（妇委会）4个，乡镇（街道）妇联125个，社区妇联351个，村妇代会1395个。县级以上党政机关、科教文卫等事业单位成立妇委会449个，成立妇联团体会员各类女性联谊会、协会27个；“两新”组织（新经济组织、新社会组织）中建立妇联组织1102个，非公有制经济组织妇委会950个；全市有工会女职工组织2.06万个，有市、县（区）、乡镇（街道）专职妇联干部176人。举办“关爱春蕾”慈善募捐活动，募集资金12万元资助286名贫困中小学女生，其中新增加资助181名。开展“快乐暑期大行动”“童心向党——歌咏比赛”、第四届南宁市“十大阳光女孩”活动。横县、马山县“母亲健康快车”项目通过评估，武鸣县、横县新增“母亲健康快车”各1辆，6个县（区）获赠“母亲健康快车”。年内，市妇联获全国实施“母亲邮包”项目优秀组织奖，被评为全国妇女宣传舆论阵地建设先进单位、广西农村妇女“两癌”免费检查工作先进集体等，获广西妇联系统创新工作一等奖、广西平安建设双维双促工作一等奖，被评为南宁市就业先进工作单位，获南宁市集体嘉奖。

【妇女儿童权益维护】

构筑社会化维权网络 2013年，市妇联继续构筑“岗站线团”妇女维权服务网络。“岗”即拓展维权岗创建。与市检察院联合开展“妇女儿童维权岗”创建活动，新创建职能部门“妇女儿童维权岗”18个；发动市120个“妇女儿童维权岗”立案1.60万件，结案率98.70%，减缓交诉讼费129.30万元；接待信访2.30万件，为妇女儿童办实事3510件，投入经费39.70万元。“站”即依托1720个村（社区）“妇女儿童维权服务工作站”开展妇女信访代理，代理案件3.60万件。“线”即发挥市妇女儿童维权热线“5503320服务平台”作用，解答热线咨询512件。“团”即开展“妇女儿童维权服务团”公益行动，律师志愿者为203位妇女提供免费法律援助，联合广西图书馆举行3场妇女维权知识讲座。

法制宣传 开展“六个一”和“两个针对”普法宣传。“六个一”，即联合电视台制作一条妇女维权宣传短片在南宁新闻频道黄金时段播放；联合《南宁晚报》开设维权案例专栏；在“5503320维权热线平台”增设妇女情感专线1条，每周星期五晚邀请“婚姻家庭咨询师”针对个案支招；开展“进社区、进村屯、送法律、送知识”活动；开展庭审观摩活动1场；组建一支法律维权志愿服务队提升妇联维权工作实效。“两个针对”，即针对预防未成年人违法犯罪、未成年少女被性侵害事件，开展法制辅导、宣传预防性侵害知识。

“双维双促”活动 将“平安家庭”创建列入社会管理综合治理考核指标体系，建立市维护妇女儿童合法权益联席会议制度，强化妇联维权手段。10月，在市救助站设立“妇女驿站”，对家暴受害者进行救助、对实施家暴人员进行法律、道德教育。发挥妇联信访窗口作用，通过电话解答、网络交流、面对面咨询等方式做好个案维权，处理信访案件1572件。

【妇女干部队伍建设】 2013年5月，市妇联邀请自治区妇联主席王革冰为南宁女企业家协会会员作主题为“弘扬先进性别文化　让成功、魅力、幸福同行”讲座；实施农村妇女干部“领头雁”素质提升工程，争取自治区、市两级财政资金23.70万元开展基层妇女干部培训。6月，联合市委组织部在市委党校、上海复旦大学举办“南宁市机关事业单位妇委会负责人能力提升班”，培训机关事业单位妇委会负责人50名。

【“双学双比”竞赛】 2013年，市妇联深化“双学双比”活动内容，创建“巾帼农业科技示范基地”，有妇字号龙头企业、农村经济合作组织、协会85个；获认定全国巾帼科技示范基地1个、自治区巾帼科技示范基地5个、市级巾帼科技示范基地15个，落实基地项目扶持资金40万元；认定巾帼科技特派员276名。开展实用技术培训班175期，培训妇女科技致富带头人900多名，带动3万多名农村妇女增收致富。开展职业技能比拼示范带动就业，举办全市“美丽大嫂”家政技能大比拼活动，17个队120多名选手参赛。整村推进扶贫，实施帮扶点妇女创业就业支持、扶贫济困关爱、科普知识宣讲、强基固本行动，举办实用技术、家政技能培训班10期，帮助1300多名农村

3 月 6 日，市妇联在友爱广场组织开展“三八节妇女维权周”普法宣传活动

市妇联提供

妇女掌握技能；开展“结对共建美丽家园”“扶贫帮困奉献爱心”“母亲邮包暖人心”主题活动，为 300 多名贫困妇女儿童捐赠价值 15.60 万元物资；开展维权、科普、家教、文明等主题宣传，发放资料 5000 多份。

【“巾帼建功”活动】 2013 年，市妇联建立健全巾帼文明岗管理工作机制，从高科技领域、企事业单位、新经济组织等领域培养树立全国“巾帼文明岗”3 个、自治区级“巾帼文明岗”6 个、市级“巾帼文明岗”51 个。实现文明岗“五有”(有组织机构、工作职责、服务标准、服务承诺、监督电话上墙公示)。建立健全争创岗审查考核制度，开展“服务创一流、巾帼展风采”创先争优活动，组织 15 个巾帼文明岗 800 多名巾帼志愿者开展“风采展示”活动，组织 130 个“巾帼文明岗”1200 多人次进行岗村共建、岗内活动、岗岗联动，为结对村投入资金 230 万元，办实事 89 件。评选表彰市级“巾帼建功标兵”35 名、“岗位建功先进集体”15 个、农村科技致富女能手 20 名。3 月，组织妇女 1000 名种植木棉、白玉兰、黄金榕树 1000 多株；动员 6 万名城乡妇女义务植树 17.90 万株；在公共绿地新造巾帼林 23 个，造林 60.70 公顷。

【妇女技能培训】 2013 年 6 月，市妇联实施“中国妇女发展基金会可口可乐 520 计划”培训项目，提供零售商业基础知识培训及经济资助，帮助妇女自主创业。近 300 名妇女获培训证书，5 名妇女获“520”专项免息创业就业小额贷款。发挥全市 346 所农村妇女培训学校作用，举办技能培训班 752 期，筹集培训经费 475 万元，培训妇女 5.84 万人，参加培训的妇女 90%以上掌握 1 至 2 门实用技术。举办培训班 367 期，培训妇女 1.50 万多人，获资质认证 9600 人，参加培训的妇女 85%实现就业。打造 21 个全国“女大学生创业实践基地”，培养 104 名女大学生创业导师，为女大学生提供就业岗位 4582 个，涉及专业 20 多种，3000 多名女大学生参与实践活动。

【妇女小额信贷】 2013 年，市妇联分别于 3 月、8 月在南宁市开展妇女小额信贷调研；协同驻市金融机构发放财政免费贴息资金 2296 万元。与市财政局、中国农业银行、担保公司等联系，解决小额贷款担保资金落实问题；市财政局委托南方担保有限公司为六城区、开发区的妇女小额担保贷款提供担保。开发小范围自筹担保基金定向使用途径，筹集妇女担保资金 70 万元。

【妇女创业就业服务】 2013 年，市妇联组织各级妇联、妇女创业就业定点培训机构、家政服务机构、“妇字号”龙头企业开展帮助城乡妇女就业的“春风行动”活动。举办市“春风送岗 · 情暖万家”妇女创业就业招聘会、家政服务招聘会、妇女创业就业定点培训推介会 122 场次，发放资料 17.45 万份，提供服务 10.78 万人次，介绍 1.52 万名女性就业。开展“女性创业之旅”活动，组织女企业家参加第十一届中国西部发展论坛(投资广西)暨广西企业家博士园活动、《企业战略》学习等“女性创业之旅”活动；组织女企业家、女能人、女性专业人才参加自治区妇联在广西科技馆举办的“广西女企业家、城乡女能人、女科技人员产品(成果)展”，40 多家企业 60 多种产品参展。

【农村妇女“两癌”救助】 2013 年，市妇联联合卫生部门在马山县、上林县、武鸣县、邕宁区为 6 万名农村妇女免费检查“宫颈癌和乳腺癌”(简称“两癌”)；开展贫困患病妇女救助，争取“贫困母亲两癌专项救助” 中央专项彩票公益金 26 万元。26 位贫困“两癌”患病妇女各获救助金 1 万元，项目县患病母亲救助率 80%；筹集社会物资关爱“两癌”患病妇女，为 200 多名“两癌”患病母亲送去“母亲邮包”。编发“关爱妇女　远离两癌”——乳腺癌宫颈癌防治宣传手册，提高项目知晓率和认知率，开展《南宁农村妇女“两癌” 免费检查与救助公益性项目管理研究》，形成调研报告。

【南宁“十大阳光女孩”评选】 2013 年 5 月 30 日，市委宣传部、市教育局、市人口计生委、市妇联、团市委、南宁日报社、市广电局、市文化新闻出版局、市计生协会联合印发《关于开展评选 2013 第四届“南宁十大阳光女孩”活动的通知》，拉开 2013 第四届“南宁十大阳光女孩”评选活动序幕；9 月 29 日，在南宁日报社新闻中心举办新闻发布会，国家、自治区和市级 40 多家新闻媒体参加发布会，南宁新闻网、南宁政务信息网对新闻发布会进行网络直播；10 月 19 日，在金湖广场举行启动仪式，经宣传发动，南宁市有 219 名女孩报名参赛；11 月 23 日至 12 月 7 日，按照报名分类(荣誉之星、艺术之星、自强之星、奉献之星、仁孝之星五颗星“阳光女孩”)，分别在邕宁区民族中学、兴宁区华佳学校、江南区第三十八中学、良庆区阳光新城学校、西乡塘区南宁市师范学校附属小学等 5 所学校，进行“海选”。经 5 场“海选”，评选出 20 名“阳光女孩”候选人。“海选”期间，通过网络投票、报纸投票、福利院慰问表演和义务服务等形式开展宣传，上万名学校师生及学生家长参加活动。经评委会最终审定，2014 年 1 月 7 日晚，在南宁电视台举行 2013

第四届“南宁十大阳光女孩”评选活动颁奖晚会,青秀区琅东小学杨蕊嘉、上林县民族中学蒙慧慧、南宁市江南路小学朱沛佳、南宁市天桃实验学校叶陈佳怡、南宁市罗赖小学何佳佳、宾阳县宾州镇第一初级中学施柳君、南宁市华强路小学谢惠清、南宁市天桃实验学校东葛校区吴佳怿、武鸣县城厢镇第二小学王亭玉、南宁市第四十四中学黄雅杰 10 位同学评为第四届“南宁十大阳光女孩”。该活动由南宁移动公司冠名,可口可乐、南宁移动和青秀区等企业和单位赞助经费 50 多万元,3 万多名学校师生及学生家长参与,新闻媒体全程宣传报道,活动规模、参赛选手、社会影响力均超前三届,进一步确立全国、自治区知名的关爱女孩行动品牌地位。

【留守儿童关爱工程】 2013 年,市妇联发放 1.20 万张留守儿童“心愿卡”,征集“爱心妈妈”“代理家长”开展一对一结对“童声圆梦”活动,帮助留守流动儿童健康成长;开展百名留守流动儿童“走进科学、走近梦想”活动、“100 名留守儿童畅游邕城”一日游、2013 广西少儿民族服饰大赛、向爱心妈妈赠送“显微镜”等关爱活动;动员女企业家帮助 73 名留守流动儿童实现梦想;在南宁电视台播放宣传片 100 多次,开展“同学会”关爱留守流动儿童专栏活动 12 次;5 月 28 日,在南宁电视台录播“童声圆梦”2013 年南宁市庆祝六一儿童节电视直播晚会。宾阳县中华镇“代理妈妈”爱心团队关爱留守儿童事迹登上中国好人榜。举办以留守流动儿童家庭教育为主要内容的“争做合格家长·培养合格人才”家庭教育报告会 120 多场次,受益家长 3 万多人。

【巾帼志愿服务】

“朱槿之约”巾帼志愿服务 2013 年,南宁市成立巾帼志愿服务工作领导小组、巾帼学雷锋志愿服务队。3330 名巾帼志愿者网上登记成为注册巾帼志愿者。“三八”节期间,举办市“朱槿之约”巾帼志愿服务活动,组织 10 支志愿服务队深入农村、社区、家庭开展爱心帮扶、科技致富、文体宣传、维权维稳、爱幼助孤等活动。

美丽南宁——巾帼在行动 组建“巾帼保洁队”1700 多支,有巾帼志愿者 1.11 万名,带动参与清洁家园活动妇女 33.22 万名,清理垃圾 1.89 万吨。开展集中行动日活动,组织巾帼志愿者清洁乡村,开办卫生保健巡回课堂 607 期,募集资金 25 万多元。6 月至 12 月,出动志愿者 3.10 万人次,坚持每天组织 224 名巾帼志愿者在 112 个公交站点开展文明礼让乘车劝导活动,劝导 79.70 万人次,劝导、纠正不文明行为 15.30 万人次。发动关爱交警一线值勤人员活动,给交警送饮料、水壶、遮阳棚等物。在津头社区走访调研,选派 3 名干部在津头社区宣传劝导及执法。

【妇女儿童活动中心建设】 2013 年,南宁市完善妇女儿童中心内设机构和人员配置,制定绩效考核标准和实施方案,建立绩效工资激励机制。推进未成年人安全健康教育体验馆建设,完成集生命与健康、自然灾害与意外伤害、消防与人防、环保教育、交通安全体验等五大功能为一体的综合性体验馆设计、申报立项。开展妇女创业就业、实用技能培训、儿童校外教育等文化交流,培训学生 130 多人,培训就业妇女 100 多人,指导 60 多名妇女实现就业。

(黄家玉　黄宇翔)

南宁市文学艺术界联合会

【概　况】 2013 年,南宁市文学艺术界联合会辖南宁文学院 1 个事业单位(市《红豆》杂志社,增挂杂志社牌子),武鸣县、横县、宾阳县、马山县、上林县、隆安县、兴宁区、江南区、青秀区、西乡塘区、邕宁区、良庆区 12 个县(区)文联,市质量技术监督系统、广西-东盟经济技术开发区、市公安局 3 个行业(产业)文联,作家、戏剧曲艺家、音乐家、舞蹈家、美术家、书法家、摄影家、广播电影电视艺术家、民间文艺家及文艺理论家协会 10 个。会员总数 3179 人,其中发展新会员 759 人,比上年同期增长 31.40%;全国、自治区专业协会会员分别有 101 人、806 人。6 月,指导武鸣县、青秀区创建“广西民间文艺志愿者活动基地”;开办“为了梦想,好剧伴我成长”六一专场活动,演出《老鼠嫁女》等戏剧 6 场。创作“美丽南宁”诗歌、音乐、书法、美术、摄影作品一批,其中 66 幅宣传漫画印成宣传册发放;指导邕宁区、隆安县、良庆区分别成功申报“中国八音文化之乡”“中国‘那’文化之乡”“中国嘹啰山歌之乡”。9 月,承办中国(南宁·青秀)舞龙展演暨第十一届中国民间文艺山花奖·民间艺术表演奖评奖活动。会员出版专著 13 部,获省(自治区)级以上奖项作品 87 部(件)。

【千村万户文艺惠民工程】 2013 年 3 月,在宾阳县召开南宁市“千村万户文艺惠民工程”2012 年度文艺村、文艺户命名授牌大会,对自治区文联命名的 50 个文艺村、100 个文艺户进行授牌。年内,创建 70 个文艺村、140 个文艺户通过自治区审定、命名。8 月,召开城区文联成立推进会,落实城区文联 2 个编制(含一个正科级),城区文联成立率 100%,乡镇文联成立率提高至 100%。成立市第一个村级文联服务点——武鸣县太平镇文联葛阳工

6 月,南宁市良庆区获“中国嘹啰山歌之乡”称号　　市文联提供

作站及全区首个村级书画摄影院——葛阳书画摄影院。6月至9月，开展市级志愿者服务培训，举办乡镇文联骨干巡回培训班26场、示范演出3场，文艺志愿者献艺370人次。11月，"千村万户文艺惠民工程"领导小组办公室派出检查小组，初评各县（区）申报文艺村、文艺户工作，确保村、户命名。接待贵港市、贺州市文联考察团参观"千村万户文艺惠民工程"。编撰印发工作简报。

【首个广西书法名城创建】 2013年，市政府印发《南宁市创建"广西书法名城"工作方案》，完成南宁市滨湖路小学——首个"广西兰亭小学"创建；在市新闻媒体、广西直播网平台开辟创建"广西书法名城"专栏。经自治区专家组考评，南宁市被正式命名为广西首个"广西书法名城"。

【评奖办展】

"聚焦魅力水城，发现最美南宁"摄影书法美术征文大赛 2013年5月，南宁市面向公众征集"中国水城"摄影、文学、书法、美术作品，评出优秀作品64篇（幅），其中一等奖1名，二等奖2名，三等奖3名，优秀奖10名。

书法篆刻精品展 4月、7月，深圳—南宁书法篆刻精品交流展分别在深圳市博物馆、广西图书馆展出320幅作品，中国艺术出版社结集出版《深圳—南宁书法篆刻精品交流展作品集》一书。5月、11月，"钟山舞墨，邕江飞彩"南京—南宁书法篆刻交流展分别在南京市美术馆、榜样中国—东盟艺术馆展出122幅作品。11月，举办"绿城翰墨·美丽南宁"书法篆刻精品展，在榜样中国—东盟艺术馆展出南宁及驻邕单位、高校书法篆刻精品127件，其中特邀作品19件，一等奖作品2件、二等奖作品6件，三等奖作品12件、优秀奖作品30件，其他作品在《南宁日报》《红豆》杂志上刊登。

乡镇文联书法、美术、摄影作品展 9月27日至30日，市文联举办乡镇文联书法、美术、摄影作品展，展出基层文联干部、会员、文艺爱好者180幅美术、书法、摄影作品，分别评出一等奖、二等奖、三等奖及优秀奖。

第六届"中国小音乐家"评选活动南宁赛区选拔赛 6月16日，全市130多名选手参加第六届"中国小音乐家"评选活动南宁赛区声乐类、器乐类选拔赛，选送86名选手参加中国音乐家协会等部门联合举办的第六届"中国小音乐家"评选活动，获金奖40名、银奖23名、铜奖19名。

【文化惠民】 2013年春节，市文联举办"送欢乐下基层"文艺会演，书写赠送春联，义务绘素描肖像、现场给基层孤寡老人、五保户、70岁以上老党员拍半身标准照，冲晒寄送10寸照片到各县（区）、乡镇、街道村屯（社区）群众；组织市文艺志愿者艺术团、服务队、各县（区）文联450多人次到市人民公园等地开展活动，送春联1.10万多幅、绘素描肖像120多幅、冲晒寄送10寸照片80多张。

【首府文艺群体品牌】

"绿城玫瑰"作家群 "绿城玫瑰"是对南宁女作家群体称谓。组织女作家到陆川县考察、第三届广西园林园艺博览会采风、参加集中研讨会互相交流创作经验；举办李明媚获奖作品研讨会、绿城玫瑰新秀研讨会；推出李明媚、东薛冰、似水纤纤和周复宏4位新秀女作家。

名刊《红豆》打造 2013年，出版《红豆》杂志12期，发表200多万字原创作品，推出20多位书画名家名作，在本刊首发作品《李斯这斯》等近100篇（首）作品被《散文选刊》《中华文学选刊》等刊物转载或编入年选。开辟"南宁名片"栏目，宣传"美丽南宁·整洁畅通有序大行动"、第十届中国—东盟博览会、第三届广西园林园艺博览会及行业典型。张炜、古耜等数十位国内外作家加盟《红豆》作家队伍。开通运行红豆杂志社网站。

【学术研讨】 2013年，成立广西师院文艺理论家协会分会、南宁市文艺理论家协会横县分会、南宁市文艺理论家协会西乡塘区同心创作培训基地。组织研讨钟日胜、辛夷坞作品并专访辛夷坞；举办冲刺2014年中国小戏小品大赛剧本研讨会、区内外专家文学讲习班。

（陆雅婷）

南宁市归国华侨联合会

【概　况】 2013年，南宁市有归侨、侨眷约12万人，其中新老归侨约2万人。南宁籍海外华侨华人和港澳台同胞近100万人，分布于世界80个国家和地区；市侨联与南宁籍海外华侨华人、港澳台同胞和社团保持联系。全市有武鸣县、邕宁区和广西—东盟经济技术开发区县级侨联组织3个，华侨农（林）场侨联9个，社区侨联1个，企业侨联3个，联谊（校友）会和市侨联"侨心"艺术团、南宁华商会等团体会员14个。年内，市侨联引进内资3000万元，完成招商引资任务。10月，市侨联团体会员——华侨投资区侨联、南宁华商会获"自治区侨联组织先进集体"称号。12月，市侨联被中国侨联评为"全国侨联系统先进组织"。

【海内外联谊】

来访接待 2013年，南宁市邀请台北广西同乡会和香港华侨华人总会嘉宾、客商到南宁参加中国—东盟博览会、中国—东盟商务与投资峰会和南宁国际民歌艺术节。期间，市侨联接待泰国勿洞华裔青少年文化之旅考察团到南宁访问。6月，接待柳州市华商会访问团参观广西规划馆，考察广西华亨房地产开发有限公司和广西全通投资集团有限公司。11月6日至8日，组织华商会代表参加"华商贺州行"活动暨广西华商会三届二次常务理事（扩大）会议，参加贺州市政府投资项目推介会和贺州平桂管理区投资项目推介会及实地考察。

组团出访 7月末至8月初，市侨联副主席侯嘉康随自治区侨联参加在台湾举办的"华侨华人与中华文化复兴论坛"，拜访台湾中华侨联总会、台湾广西总商会及台北中原客家崇正会等。

【为侨服务】 2013年，市侨联成立市"侨心"基金会，收到捐款130多万元，其中中国侨商联合会会长许荣茂代表中国侨商联合会捐款100万元。扩大"献爱心、送温暖"活动范围，会同涉侨单位慰问市困难归侨侨眷500人，发放慰问金逾15万元；开展扶贫助学活动，发放助学金1.50万元；重阳节慰问100多名回国50周年或年龄90周岁以上老归侨；争取澳门顾问温深文先生捐资5万元支持隆安浪湾华侨农场基础设施建设。

【依法护侨】 2013年，市侨联法顾委法律义务咨询轮值制度继续实行，为南宁华商会会员进行法律知识辅导。对12家侨属企业开展调研、协调解决问题。走访侨界家庭听取意见，17件信访案件处理率100%，满意率98%。

【参政议政】

提案办理　2013 年，市侨联通过侨界人大代表、政协委员在 2013 年南宁市“两会”（人大代表、政协委员全体会议）上提出《建设华侨活动中心》《解决隆安华侨管理区拖欠职工养老保险及企业部分款项问题》等议案、提案 9 件，与市发改委、市规划局、市财政局、市外侨办、市国土局、市投促局等部门协调研究办理意见，维护侨民权益。

调研视察　11 月，市侨联组织由市、县（区）两级归侨侨眷、侨界的人大代表、政协委员、南宁华商会骨干成员组成的调研视察团赴河池市，与该市侨联、天峨县侨联联合举办基层组织建设暨华商经济发展座谈交流会。

涉侨执法　年内，市侨联主席、市人大代表蒋晓筠参加市人大常委会组织开展的《中华人民共和国归侨侨眷保护法》执法检查和其他调研活动，提出意见、建议。

【创业中华·海内外侨商南宁行】　2013 年 9 月 10 日至 12 日，市侨联举办“创业中华·海内外侨商南宁行”活动。来自美国、加拿大、意大利、新加坡等 30 多个国家近 200 名侨商、高科技人才、专业社团代表参加，达成投资意向及签约项目 9 个，涉及资金人民币 37.40 亿元。会后，中国侨联副主席、中国侨商联合会会长、香港世茂集团董事局主席许荣茂，中国侨商联合会副会长、澳门怡华国际投资发展有限公司董事长胡家仪等组队在南宁考察具体项目。　（农　婧）

南宁市科学技术协会

【概　况】　2013 年，南宁市科学技术协会设办公室、科普部、学会部、青教部，机关在职人员 24 人；辖县（区）科协 12 个，市级学会、协会 44 个，企事业科协 45 个，院士专家工作站 2 个，科普教育基地 15 个，科普示范学校 70 个，青少年科学工作室 61 个，青少年创新实践工作站 10 个；下属事业单位有市科学技术咨询服务中心和市科技馆。创建科普示范县（区）4 个，科普示范乡镇 28 个，科普示范街道 11 个，科学素质建设示范村 108 个，科普示范社区 48 个（含 6 个专题科普示范社区），农技协服务大院 22 个，科普惠农服务站 48 个，社区科普益民服务站 19 个。围绕节约粮食、环保和整洁畅通有序大行动等热点问题，开展中小学科技调研实践活动，收到参赛作品 1100 件，展出 718 件，接待观众近万名。年内，市科协获全国科技创新大赛优秀组织单位奖，被中国科协评为全国科普日活动优秀组织单位；获广西青少年科技创新大赛优秀组织奖、首届“广西青少年科学节”优秀组织单位、“2008—2013 年广西科协系统先进集体”“广西全民科学素质工作先进单位”称号；被评为 2013 年度南宁市社会主义新农村建设指导员工作先进单位。

【学术与工作交流】

南宁市第三届学术年会　2013 年，市科协组织举办“南宁市第三届学术年会”，以“科技创新与生态文明建设”为主题，设主会场特邀报告会和科技创新与城乡生态环境保护、科技创新与生态水利建设、科技创新与生态林业发展、新一代地理信息与生态文明建设、科技创新与企业绿色发展、科技创新与淀粉行业绿色发展 6 个分论坛，收录论文 52 篇。

院士报告会　3 月，市科协邀请中国工程院院士、中国农业科学院副院长吴孔明到南宁市作《生物安全与食品安全》主题报告，全市处级以上领导干部、涉农单位干部及科技工作者 500 多人聆听报告。廖洪涛副市长在报告会上为吴孔明院士和广西田园生化股份有限公司院士工作站授牌，明确该工作站是市委、市政府授牌成立的南宁市第二家院士专家工作站。

评审市自然科学优秀论文　年内，市科协出台《南宁市自然科学优秀论文评选奖励办法》，征集医药卫生、环境保护、工业、农业生产领域论文 294 篇，报市政府表彰。其中《桉木与竹子混合生产 P—RC APMP》等 3 篇论文获一等奖，《丙烯酰胺改性阳离子淀粉的制备及应用研究》等 10 篇论文获二等奖，《益气健脾方对高血压前期人群血压影响因素的干预作用》等 20 篇论文获三等奖。

【科技培训与技术推广】

院士专家工作站　2013 年，市科协组织专家评审广西博世科环保科技股份有限公司建站基础条件和筹备情况；考核南南铝业股份有限公司院士专家工作站，帮助该站获市资助经费 50 万元。

“讲理想、比贡献”活动　12 月 10 日，全市开展有 23 家企事业单位 1.20 万人次参与，收到项目申报 83 项，评选出技术改造、技术革新、新产品开发、科技成果转化方面的 53 个优秀项目并表彰。

科技辅导员培训班　4 月 21 日市科协组织培训市辖县（区）中小学校科技辅导员、科技教育工作者 500 多人。组织观看中国教育电视台品牌栏目《我想知道》特约嘉宾主持、科普专家孙心若作《怎样辅助创新活动》专题报告节目。

萃智理论培训　2013 年，市科协支持广西田园生化股份有限公司、南宁五菱桂花车辆有限公司等企业引入萃智理论创新方法，培训分管技术创新、两化融合的高层管理人员和项目负责人 100 多名。国务院参事、原国家科技部副部长刘燕华，接待中国科技咨询服务中心副主任王诚到南宁五菱桂花车辆有限公司调研甘蔗生产全程机械化产品研发及萃智理论实效。

【科普活动】

百名专家进百村（社区）服务活动　2013 年，市科协以“发展循环农业，建设生态家园；整合科普资源，构建和谐社区”为主题，增补市科普专家服务团成员 37 名，组织农业、医疗、文化、教育方面的科普专家，开展专家进农村、进社区活动 135 场。

全国科普日活动暨“十月科普大行动”　组织专家参加科技大集合，展示农业新产品、新技术，搭建促农业增效、促农民增收交流平台。各科普教育基地举办科学展览、科学体验活动，各科普示范社区、各农技协会开展社区科普益民、农村科普惠民行动。举办科普活动 4 场，科普讲座、报告会 50 场，科技咨询活动 13 场，播放科普视频节目 105 分钟，受益群众约 20 万人次。

科技周活动　5 月 21 日，市科协组织深入东方园社区、广西水产畜牧研究所、凤翔社区开展科普宣传、科普大篷车展览、专家答疑活动。针对 H7N9 禽流感热点问题，采购预防人感染 H7N9 禽流感科普挂图 100 套、书籍 2000 本，组织大板二区社区等科普示范社区和基层单位开展预防 H7N9 科普宣传活动；在兴宁区五塘镇开展科普宣传，普及科普惠农政策，发放种养技术手册 400 多套；在邕宁区新兴广场展出科普展具 6 箱、科普挂图 30 幅，发放《食品安全手册》《社区居民健康手册》《H7N9 防护问答》等宣传资料 600 册。

【青少年科技活动】

青少年科技创新大赛　2013 年 11 月 2 日至 6 日，市科协开展“中国梦、科学梦、青春梦·2013 南宁市青少年科技创新大赛”活动，选送 76 个项目参加广西青少年科技创新大赛，获一等奖 31 个、二等奖 25 个、三等奖 20 个；获优秀科技辅导员奖 3 人，求知计划优秀教师 2 人；获广西青少年科技创新大赛优秀组织单位奖 6 个。近 1000 名科技辅导员和学生前往观摩。选送 15 个作品参加全国青少年科技创新大赛，获一等奖 4 个、二等奖 6 个、三等奖 4 个。

快乐科普校园行　6 月 5 日，市科协与市教育局联合举办“大手拉小手——科普报告希望行”报告会，邀请广西未成年人科普演讲团专家到市一中、中山路小学、滨湖路小学作科普报告；发放《节约粮食，从我做起——2013 年青少年科学调查体验活动》手册至县（区）、学校 300 册；开展科普大篷车进校园活动 20 次。

首届广西青少年科学节南宁活动　10 月 13 日，开展科技节、青少年科技作品评比展览、车模建筑模型、无线电测向竞赛活动，部分活动情况被南宁电视台、广西电视台、《南宁日报》、人民网广西频道和科技日报广西记者站、广西科协网、中国科协网报道；与南宁电视台在《同学汇》栏目联合制作青少年专题科普节目 23 期，宣传和展示市中小学生科技活动成果。

【科普阵地建设】

“海智计划”（南宁）工作基地建设　2013 年，市科协创建“海外智力为国服务计划”广西（南宁）工作基地，举办“海智计划”广西（南宁）工作基地授牌仪式暨南宁市“海智计划”项目和海外人才交流会。中国科协海智办常务副主任梁英南出席并授牌，市科协与加中科技联盟、美欧青年海外留学人员创新创业协会等海外科技社团签署合作备忘录，建立合作关系，推动海外人才回邕创业。来自美国、英国等 28 名海外人才参加交流会。市委人才办、市高新区、市经开区、市东盟经济开发区分别介绍投资环境、优惠政策和重点招商项目，吸引海外人才落户创业。美国高级科学家孙建萍博士与市新科健生物技术有限责任公司签署合作协议。“海智计划”通过项目投资、技术合作、技术转让等方式，助推南宁经济社会发展。

市科技馆项目建设　2010 年至 2013 年，南宁市科技馆项目累计完成建设投资 1.27 亿元，占总投资 68%，其中年内完成投资 2726.14 万元。开展市科技馆常设科普展览初步设计方案和展项展品征集活动，邀请专家综合评审，评出初步设计方案一等奖 1 个、二等奖 2 个、三等奖 3 个；展项展品区初步设计方案金奖各 1 名，银奖各 2 名，铜奖各 3 名。

“科普惠农兴村”计划　2013 年，南宁市通过以奖代补、奖补结合、以点带面方式促使农民脱贫致富、改善生活。年内，评出农村科普先进单位 23 个，各奖 1 万元；评出农村科普先进个人 21 名，各奖 5000 元。获全国“基层科普行动”计划奖补资金 70 万元，奖补农技协 1 个、科普示范基地 1 个、科普示范社区 1 个、农村科普带头人 2 名；获广西“科普惠农兴村”计划奖补资金 36 万元，奖补农技协 3 个、农村科普示范基地 1 个、农村科普带头人 2 名。

“社区科普益民”计划　2013 年，市科协加快社区科普队伍建设，提高社区科普工作能力，开展社区科普活动。评选出兴宁区朝阳街道澳华社区等 8 个科普示范社区为实施“社区科普益民计划”先进单位，各奖补资金 1 万元，江南区五一中路社区被命名为“全国科普示范社区”，获奖补资金 20 万元。

“科普网络书屋”建设　2013 年，科协打造科普网络平台，实现市辖 12 个县（区）108 个基层服务点科普网络全覆盖；举办首期“科普网络书屋使用方法培训班”，培训县（区）科协、乡镇（街道）办事处网络管理人员 100 多人。提供农村、社区电子阅览室免费阅览期刊、报纸、文献 9500 余种，科普网络书屋年浏览 5 万多人次。

青少年科学工作室　3 月，市科协完善第一、第二批各 5 个青少年科学工作室建设，新建第五批工作室 7 个，提供科学小实验设备、器材，配置壁挂式科技馆、木工模型、科普图书、手工制作器材、数学益智类和电子拼图等科普设施，鼓励青少年参与科技实践。

科普教育基地建设　11 月，广西自然博物馆获“2012 年度优秀全国科普教育基地”称号，获中国科协专项科普经费资助；推荐南宁市气象科普园参加广西科普教育基地评选并命名市气象科普园、广西壮牛水牛庄园等单位为市科普教育基地，扩大南宁科普基地阵容。

（魏崇君）

11 月 2 日，市科协开展“中国梦、科学梦、青春梦·2013 南宁市青少年科技创新大赛”活动，副市长眭国华（前左二）在活动现场　市科协提供

南宁市社会科学界联合会

【概　况】2013 年，南宁市社会科学界联合会有学会 14 个，研究会 10 个，协会 6 个；团体会员 29 个，个人会员 70 多万人。年内，市社科联组织召开全国性研讨会、市级研讨会各 1 次，收到科研申报项目 186 项，立项资助 44 项，200 多名专家学者参加科研活动；组织开展大型广场科普宣传活动 2 次、科普进社区活动 1 次、先锋示范服务活动 2 次；审批学会开展活动 24 场次，现场指导活动 5 次；接

待柳州、南昌、河池等市社科联人员来访,开展交流;组织学会参加全国大中城市社科联工作会议1次。举行市第十二次社会科学研究优秀成果评选活动,评出奖项72个;召开市社会科学界联合会第六次代表大会,谭耀武当选市社科联新一届主席。12月,全市有5项课题获广西哲学社会科学规划办“2013年度广西哲学社会科学基金项目”立项。

【会员管理与服务】 2013年3月,市社科联印发《2013年学会管理考评细则》。与市民政部门协调,配合做好学会、研究会、协会年检换证,督促所属学会及时年审,帮助各学会理顺年检工作中遇到的问题。继续为市属企业家协会和市壮学学会协调10万元工作经费,督促补助经费及时拨付到位。

【社会科学普及活动】 2013年6月19日,市社科联组织各学会、研究会、协会在南宁市友爱广场开展惠民科普宣传活动,制作展板40多块,组织近40位专家现场提供科普知识咨询,编写印发资料1万多份,知识涵盖教育、住房保障、劳动保障、法律法规、心理咨询、健康养生、老年保健、东盟知识、税务、会计、知识产权等内容。10月25日,组织市教育学会等市属学会在民生广场开展科普宣传活动,组织30位专家为市民提供教育、税务知识、健康养生、住房保障等内容咨询,印发宣传资料8000份。11月,组织市属学会、研究会、协会到市北湖中社区开展“美丽南宁”科普宣传活动,制作展板40多块,印发资料3000多份,组织专家30名,接待群众咨询200多人次,参与群众600多人次。出版《南宁社会科学》4期、《学会动态》4期、《专家建议》3期。

【学术研讨】 2013年9月5日,市社科联在南宁市承办“2013年全国省(区)、市社科联中国—东盟博览会观摩会暨中国—东盟经济发展研讨会”,来自全国各省(自治区)、市社科联及区内各高校社科联领导、专家、学者和东盟国家留学生代表150多人参加会议。自治区社科联党组书记、主席王士威,市人大副主任袁曼虹、市政协副主席崔建国等领导出席。《广西日报》《南宁日报》、南宁电视台等媒体对会议进行宣传报道。11月26日,市社科联联合市委宣传部组织社科专家、学者到西乡塘区北湖中社区与群众代表研讨,11位市级专家学者、12位社区群众代表为建设美丽南宁建言献策。

【社科评奖】 2013年,市社科联开展市第十二次社科优秀成果评选活动,全年收到申报成果181项,获奖72项,其中获一等奖9项、二等奖28项、三等奖35项。 (李国燕)

中国国际贸易促进委员会南宁市支会

【概　况】 2013年,中国国际贸易促进委员会南宁市支会、南宁国际商会,实行两块牌子、一套人马管理模式。接待来自德国、加拿大、韩国、新加坡、印尼、越南、香港等10多个国家和地区商务代表团、客商24批次135人来访;接待成都、宜宾、临沂等10多个市贸促会20多人来访。举办和参加经贸洽谈及展览会20场;为企业会员组织国贸、营销和商务礼仪等专业知识培训3场;新发展企业会员26家;编印“南宁贸促信息”1100多份,升级、更新南宁贸促信息网,提供企业经贸合作、产品供需、会展信息等1000多条。

【经贸活动】 2013年1月11日至15日,市贸促会举办2013香港时尚购物展·南宁商贸配对“一对一”采购洽谈会,市进出口商、批发零售商、代理商及百货公司86家采购商126人参加;与香港参展商展开商贸配对洽谈380多场次。5月11日至13日,市贸促会与市广播电影电视局、市商务局、市工商局联合举办首届“健康居家·品味生活”幸福家园装饰建材博览会(春秋两季分别举行),100多家建材企业参展。6月26日,市贸促会组织东盟国家驻邕各总领馆、商务代表处和市辖各县(区)、开发区举办经贸对接洽谈会,邀请老挝驻南宁总领事馆总领事等160多名代表参加。9月3日至6日,举办第十届中国—东盟博览会、中国—东盟商务与投资峰会,40多家市企业及海外企业嘉宾参加中国—东盟建立战略伙伴关系10周年经贸合作对话会等活动14场次;办理会员企业参加“两会一节”经贸活动嘉宾证、专业观众证200多张;接待中东等国家和香港地区客商40人次;广西南宁越中会展商务有限公司与越南农业部农业贸易促进中心举行越南农业领域展览及商务贸促活动中国长期战略合作伙伴单位签约仪式。

【对外交流与合作】

接待来访　2013年2月3日,市贸促会邀请马来西亚安信集团公司总经理章希文一行考察南宁;5日,接待巴西大西南同乡总会会长蒋早胜一行3人;6日,接待德国马伊特集团考察团一行来访;22日,接待韩国鑫玉株式会社董事长金完泽一行3人。3月5日至7日,接待印尼印中—中小企业商会秘书长陈竞一行2人。4月8日,接待香港国际投资集团有限公司董事长许冠珊一行3人。7月23日,接待加拿大银利国际有限公司姜宁总裁一行5人;30日,接待由山东省临沂市副市长边峰率领的经贸考察团一行13人。11月21日,接待德国莱蒙商务文化发展有限公司上海总部来访。

对外交流　1月28日,市贸促会组织18家会员企业40名代表参加泰国北部五府(彭世洛府、达府、素可泰府、碧差汶府和程逸府)及企业家代表团在泰国驻中国商务联络中心举办的中泰经贸合作洽谈会。2月1日,组织14家会员企业22名代表参加在缅甸驻南宁商务联络处联合举办的“缅甸招商推介会”。3月18日,组织6家会员企业16名代表参加南宁市和法国马恩河谷省经贸推介会及中法企业一对一洽谈会;30日,组织会员企业10多家20多人参加“第十五届梦想赢天下·中华商道论坛暨世界华商走进广西资源资本对接高峰会”。5月30日,组织3家会展公司参加“2013南宁市会展业发展研讨会”。6月20日,组织25家会员企业34名代表出席“广西—香港共同拓展国际市场”合作论坛;26日,组织广西金桥农产品批发市场等13家会员22名代表参加泰国驻中国商务联络中心举办贸易洽谈会。8月8日至12日,组织会员企业参加首届中国·绥芬河国际口岸贸易博览会。9月6日至9日,组织企业赴临沂市参加第四届中国(临沂)国际商贸物流博览会;15日至19日,组织5家会员企业参加2013中国—阿拉伯国家博览会。10月23日至27日,组织6家会员企业参加第14届中国西部国际博览会;24日至26日,组织3家会员企业参加“第五届中国(无锡)国际新能源大会暨展览会”。年内,市贸促会拜访泰国驻中国商务联络中心、菲律宾贸易投资中心、德国德中经贸文化促进会、柬埔寨驻南宁商务联络中心、香港贸发局、台北世贸中心南宁驻点以及驻邕各总领馆等20多家国外商协会、领使馆机构,走访宁夏、南京、宜宾、株洲、绥芬河、临沂、成都等20多个省、市贸促会。

【会员单位管理与服务】

政企联谊会　2013年1月17日,市

贸促会举办“2013年迎春联谊会”，市四家班子分管领导，广西贸促会、南宁检验检疫局、南宁海关邕州海关、市国税局领导，老挝驻南宁总领馆、柬埔寨王国驻南宁总领事馆、缅甸联邦驻南宁总领事馆、泰王国驻南宁总领事馆、越南社会主义共和国驻南宁总领事馆、菲律宾贸易投资中心、台北世界贸易中心南宁驻点、德中经贸促进会及南宁国际商会顾问代表、市直有关单位、在邕商协会、会员企业代表和新闻媒体记者等180多人参加。

沙龙座谈会　3月，南宁市举办2013年首届开拓市场沙龙座谈会，会员企业代表将近50人出席，邀请巴西大西南同乡会会长蒋早胜、印尼印中—中小企业商会秘书长陈竞及德国经贸文化促进会副会长、南宁国际商会顾问莫桂莲分别对巴西、印尼、德国市场情况及贸易机会作介绍。

企业调研　4月15日至5月20日，市贸促会走访市辖12县（区）、3个开发区会员企业100多家，听取企业及县（区）、开发区发展、生产经营、产品市场等方面情况介绍，讨论汇率风险、生产成本提高、用工荒、融资难、出口萎缩等问题。

南宁国际商会换届选举　6月26日，南宁市召开南宁国际商会第二次会员大会，审议谭漓会长代表南宁国际商会第一届理事会所作工作报告；选举产生南宁国际商会第二届理事会及会长、副会长；推举市委副书记李泽、市人大常委会副主任赖贵寿，市政府副市长眭国华，市政协副主席梁峰林和自治区政府参事唐济武为名誉会长；聘请陈立人等34位国际国内知名友好人士为顾问；邀请市辖12县（区）、开发区经信局及经发局作为团体理事单位加入南宁国际商会。

企业培训　7月26日，市贸促会举办“STP营销策略”企业培训，广西教育学院赵建昌老师授课，32名企业代表参加培训。9月13日，举办南宁国际商会企业形象礼仪培训交流会，帮助会员企业提升企业形象和提高礼仪水平；14日至15日，组织会员企业赴北京参加第69期“国际贸易实务与模拟操作”培训。10月，举办投资美国研讨沙龙，邀请南宁国际商会驻美顾问、著名爱国侨商乔立华授课，区侨商杂志社、南宁国际商会会员企业代表等40余人参加。组织会员参加北京“国际贸易实务与模拟操作”培训班。编印出版《南宁贸促信息》12期1100多份发送到区内外130多家机关企事业单位进行交流，帮助企业了解国家贸易政策、国内外市场动态及国外投资政策和产品、供求信息等。

（刘　毅）

南宁市残疾人联合会

【概　况】2013年，南宁市有乡镇（街道）残联组织123个，村（社区）残疾人协会1660个，残疾人50.46万人。市残疾人联合会以残疾人社会保障体系和服务体系建设为主线，推进残疾人民生项目和重点工作。发放二代残疾人证18.80万本，残疾人持证率40.60%。年内，新核发残疾人证3万多本，挂牌成立市残疾人法律援助受理点12个，指导县（区）法律援助中心残联工作站受理案件10件，依法解决残疾人切身利益问题。以全国文明城市创建活动为载体，开展“关爱残疾人志愿服务阳光行动”，采取一帮一、多帮一等形式，提供残疾人医疗义诊、康复服务、教育培训、就业扶贫等志愿服务，挂牌成立大板二社区助残志愿者联络站等志愿者联络站10个。

【扶残惠民工程】2013年，市残联承办市本级为民办实事项目3项：残疾人家庭无障碍改造项目、“残疾人日间照料站”建设项目、残疾人康复服务设施建设项目，承办自治区“阳光家园计划”项目。投入400万元无障碍改造资金为1064户残疾人家庭进行无障碍改造；5个社区建社区残疾人日间照料站；开工建设横县、马山县残疾人康复中心；投入托养服务资金540万元（自治区270万元、市财政270万元），为全市2700名贫困智力、精神和重度残疾人实施托养服务。落实残疾人低保、医疗保险、养老保险，2.20万户残疾人家庭享受低保，新农合参合率达到99.36%，完成“党员扶残温暖同行项目”。市本级财政投入经费230万元，完成帮扶结对户数2300户。下拨扶贫基地建设资金270万元，建成残疾人扶贫基地15个，扶持残疾人1350人。春节期间，走访慰问贫困残疾人4838户，送去慰问金、慰问品近125万元，其中市本级慰问贫困残疾人616户、慰问基层残疾人工作者212人。

【残疾人康复】2013年，南宁市完成聋儿（助听器）筛查64名，家长培训93名；聋儿（人工耳蜗）筛查115名，家长培训98名；复检初筛的211名肢体矫治手术残童，完成32例肢体矫治手术；完成脑瘫儿童筛查186名；孤独症儿童筛查135名；智障儿童筛查145名；彩票公益金项目成人矫形器筛查108名。复查初筛的低视力患者1179名，助视器验配959人1100多件。完成儿童辅具筛查247例；国家专项彩票公益金辅具服务项目免费配发辅具需求筛查1375人；重度残疾人辅具需求筛查429人；膝离断或髋离断假肢筛查24例；儿童矫形器/假肢筛查77例。完成广西成人残障者康复工程假肢筛查185人，装配假肢172例；免费发放各种辅助器具796件，配发轮椅898辆。实施白内障复明扶助工程，减少3968名城乡困难白内障患者复明手术费用，完成白内障复明手术4525例。继续实施市本级康复救助项目，安排195万元为3000名贫困精神病患者提供门诊免费服药，每人资助600元；投入75.80万元对195名在定点机构托养的智力和贫困精神病患者给予托养费用补助；投入资金217.63万元，完成定点康复机构残童康复训练562名，培训家长580人。在定点康复机构接受康复训练的236名没有享受自治区救助项目的本市户籍残童，市本级财政给予每人8000元～1万元训练补助，给予354名本市户籍家长培训经费补助每人80元。市本级申请残疾人康复托养基地规划用地；宾阳县特殊儿童培训中心招生29人；市残疾人活动中心完成辅助器具展示厅装修装饰、辅助器具采购及展示。兴宁区春暖特殊儿童学校等4家残童康复机构承担自治区“七彩梦”“彩金”康复项目任务，接收广西残童康复训练。

【残疾人就业】2013年，市残联举办“就业援助月”招聘会，安置147名残疾人就业。年内，企业招聘聋哑残疾人116名；安置残疾人书屋管理员560名；安置残疾人车主公益岗位408名；补贴120名农村残疾人专职委员每人每月1500元；自治区及市本级财政投入130多万元对611名灵活就业、个体就业残疾人进行养老保险补贴，人均补贴2000元。投入培训资金375.60万元对5091名残疾人进行职业技能培训。其中：城镇技能培训920人；农村种养技能培训2100人；汽车驾驶员培训91人；残疾人专职委员培训1980人。完善残疾人就业保障金征收工作，实行“财税库行”征缴模式，畅通“网上申报”功能渠道，协调各地税分局催缴残疾人就业保障金欠款，征收该项资金7536万元。落实残疾人车主514人就业。其中：公益性岗位就业222人；农业户籍的社区残疾人工作协管员186人；自主创业26人；申请低保57人；放弃就业23人。

【残疾人教育】 2013年,市残联开展“六一”慰问活动,慰问残疾儿童1876名,发放慰问金9.38万元;教师节期间慰问特教学校教师近500名,发放慰问金9.52万元。完成自治区残疾人远程教育和南宁职业技术学院招生工作,自治区广播电视大学录取南宁市残疾人学员29名(本科10名、大专19名);南宁职业技术学院录取全日制大专残疾学生9名。14名残疾学生考入普通高中。1051名义务教育阶段残疾学生获每人每年400元助学补助,总金额42.04万元。

【残疾人宣传与体育】 2013年,市残联刊播残疾人新闻79篇次、工作信息154篇,上报自治区残联信息56篇次。落实市残疾人文艺培训基地、市盲聋哑学校残疾人文艺培训基地补助资金20万元。其中:中央下拨资金10万元;市本级财政资金10万元。选送6个节目参加第八届全国残疾人文艺会演,获一等奖1个、二等奖3个、三等奖1个。选送20多幅(次)作品参加全国、自治区残疾人书画摄影作品展。举办南宁市庆祝第二十三次“全国助残日”文艺演出,甄选9个节目在南宁电视台录播。选派残疾人选手参加自治区第三届特殊奥林匹克运动会, 获第一名8人、第二名7人、第三名8人;参加自治区残疾人田径、游泳、乒乓球、羽毛球、射箭等项目集训。组织自治区残疾人射箭队集训,参加全国残疾人射箭锦标赛、全区青少年射箭比赛,获全国残疾人射箭锦标赛团体总分第四名。

【残疾人基层组织建设】 2013年,市残联推进基层残疾人组织规范化建设,指导县乡两级残联换届,筹备市残联第六次代表大会。督查12个县(区)残联落实《基层残疾人组织规范化建设验收标准》,规范残疾人专委工作,举办残疾人专职委员培训12期,培训2000人,指导盲人协会、肢残人协会开展盲人节、游园、为农村肢残人赠书活动。为30名肢残人进行健康体检。

【盲人按摩行业规范化管理】 2013年,市残联做好盲人按摩机构申领《许可证》、在册盲人按摩机构年度审核。对已领取2012年《从业许可证》盲人按摩机构进行年审,42家通过。培训盲人按摩师41名。上报4名盲人医疗按摩师至区残联考试。举办盲人按摩理论知识竞赛,17个代表队51名选手参赛。

【残疾人综合服务设施】 2013年,南宁市改(扩)建现有县(区)残疾人综合服务设施,完成市残疾人活动中心音响设备、体育用品、办公设备采购,布置运动场地、会议室、康复按摩场所等场所,试运行场馆;开展汽排球、羽毛球、乒乓球、滚球等比赛;协调代建单位做好活动中心各部位整改;公开招录6名工作人员。

(张　捷)

南宁市红十字会

【概　况】 2013年,南宁市红十字会辖县(区)红十字会12个,有基层组织612个,会员6.89万人。市红十字会开展人道救助、社会募捐、应急救护、无偿献血、造血干细胞捐献、遗体和人体器官捐献等核心业务。9月13日,举行2013“能帮就帮　爱在邕城”答谢茶话会,市政协副主席、市红十字会名誉副会长崔建国出席,授予市事业红食品有限公司等15个单位、陆真德等9人“南宁市红十字会荣誉会员”称号。

【红十字基层组织建设】 2013年,市红十字会指导建立98个乡镇(街道)红十字会举办市、县(区)红十字会工作人员能力提升培训班,占全市124个镇(街道)的79%;出台《县(区)红十字会工作量化管理目标》,首次对县(区)红十字会实施目标管理,考核红十字宣传、“三救三献”工作、募捐筹资、组织建设、志愿服务、红十字青少年等核心业务。

【红十字志愿服务】 2013年,市红十字会组织成立市红十字赈济救援志愿服务队、造血干细胞志愿服务队、应急救护志愿服务队、“学雷锋”志愿服务队,登记在册志愿者4491名,其中2支志愿服务队获“广西红十字会优秀志愿服务队”称号,4名志愿者获“广西红十字会优秀志愿者”称号。开展“红十字志愿服务送温暖”“学雷锋——红十字志愿服务社区行”“关爱他人、关爱社会、关爱自然”志愿服务活动,开展免费义诊、家电维修、应急救护培训等服务,传播“人道、博爱、奉献”的红十字精神,提升红十字会公益形象。

【红十字青少年工作】 2013年,市红十字会召开学校工作会议,调整市红十字会学校工委成员名单,增加市文明办、团市委2个成员单位,印发《南宁市红十字会学校工作委员会工作细则》。组织全市3.30万名中小学生参加全国红十字青少年自救互救知识竞赛,兴宁区红十字会、青秀区红十字会获最佳组织奖一等奖,康秀小学黄万超获个人三等奖。开展应急救护培训进学校活动,青秀区红十字会培训师生2万多人;兴宁区红十字会在燕子岭小学、翠峰幼儿园举办抗震救灾应急演练;隆安县红十字会开展“红十字与我同行”征文比赛、红十字宣传绘画展、红十字运动知识竞赛;宾阳县红十字会开展“红十字光明行动”走进校园爱心公益活动,为4454名学生进行视力和心脏检查。

【世界红十字日活动】 2013年5月5日,市红十字会与广西红十字会在南湖广场联合举办“纪念世界红十字日暨中国防灾减灾日”宣传活动,自治区副主席、广西红十字会会长李康,自治区政府副秘书长、广西红十字会常务理事吴建新,广西红十字会常务副会长冯国平等领导出席活动,600多名志愿者参加。李康副主席为广西红十字会心理救援队、广西红十字会南宁赈济救援队、广西红十字会柳州水上救援队及广西红十字会梧州心理救援队4支队伍授队旗。活动现场进行地震、火灾救护表演及止血包扎救护技术演示,普及宣传防灾避险和应急救护知识,提高公众防灾避险、自救互救能力。

【社会募捐】 2013年,市红十字会联合市工商联、市艺术剧院举办“大爱无疆情系雅安——百鸟衣大型赈灾义演”,为四川省雅安市芦山县7.0级地震灾区募捐。获地震专项捐赠款物折合人民币569.87万元。其中:捐款452.88万元;捐物价值116.99万元。

【人道救助】 2013年元旦、春节期间,市各级红十字会开展“红十字博爱送万家”活动,发放慰问款物折合人民币48.97万元、慰问困难群众2793户。年内,发放“时尚·爱”地贫救助基金12.50万元,为23名地中海贫血患儿免费输血一年;发放4万元救助上林籍、西乡塘籍地贫患儿实施干细胞移植手术,发放4万元救助4户志愿捐献器官和遗体的困难家庭;发放18.78万元资助南宁市明天学校贫困学生,发放桂嘉汇助学金17.39万元资助在邕高校四川籍贫困大学生。

【应急救护培训】 2013年,市红十字会举办市直机关工作人员应急救护培训班15期，培训1700多人次；举办应急救护培训92期、培训市民1.13万人次。与南宁市旅游局合作，对400名导游进行应急救护知识岗前培训。7月23日至24日，市红十字会与市直机关工委联合举办"'生命高于一切'2013年南宁市直属机关红十字应急救护技能比赛"，市直机关单位14支队伍参加，比试"心肺复苏、创伤救护的止血、包扎、固定"等技术，市发改委等2个单位获一等奖，市粮食局等4个单位获二等奖，市林业局等8个单位获三等奖。

【无偿献血与造血干细胞捐献】 2013年，南宁市各级红十字会发动市民无偿献血1.47万人次、献血量429.85万毫升。完成造血干细胞捐献采集1118人(份)，上林县1人成功捐献造血干细胞。

【遗体与人体器官捐献】 2013年，马山县林圩镇兴隆村岑景超捐献肝脏、肾脏和1对眼角膜，为马山县人体器官捐献第一人。宾阳县和吉镇石灰村村民李现金捐献肝脏和肾脏，为宾阳县首名器官捐献者。市红十字会完成遗体捐献登记73人，人体器官捐献登记29人，完成遗体捐献11例、人体器官捐献6例。

(郑　静)

南宁市关心下一代工作委员会

【概　况】 2013年，南宁市有关心下一代工作委员会、教育局、南宁职业技术学院组织3617个。其中县(区)、开发区关工委16个，乡镇(街道)关工委115个，村(社区)关工委1563个，学校关工委1022个，直属机关关工委203个。关工委组织有"五老"(老干部、老战士、老专家、老劳模、老教师)成员、志愿者3.62万人。年内，市关工委继续抓基层建设，创建"五好"(领导重视好、组织建设好、老同志发动好、活动开展好、工作效果好)关工委。各县(区)成立"五老"清洁家园监督队、文艺队、山歌队、交通秩序维护队等，发挥"五老"优势作用。总结经验、表彰先进，弘扬"五老"精神。8月2日，召开南宁市关工委成立20周年总结表彰大会。编辑出版《绿城夕阳红》南宁"五老"故事，收集53名市"五老"先进典型事迹入书。

【未成年人思想道德建设】 2013年，市关工委开展弘扬雷锋精神思想道德教育活动。11月5日，召开"为实现中国梦——终身学习，人人成才"全民终身学习活动周现场会，青秀区、兴宁区、西乡塘区、江南区、邕宁区、良庆区关工委全员参加。各社区建立"五点半钟学校"(每天一个小时，从下午四点半到五点半，有两位志愿者老师辅导作业，发挥自己特长教学生剪纸、美术或者普通话等)"青少年活动中心""青少年阅览室"。11月6日，市委宣传部、市关工委、市文明办、市教育局联合举办"南宁市第二十届爱国主义读书活动总结表彰大会"，表彰卢彦铭同学在全国演讲总决赛中获小学组一等奖，黄俏红等7名老师获全国指导教师特等奖；14名教师、256名学生获优秀奖，市爱国主义读书活动组委会、武鸣县组委会、西乡塘区秀田小学获全国读书活动组织特等奖。开展青少年、"五老"志愿者帮扶结对、敬老助残、环保卫生和法律咨询志愿服务，开展"关爱明天，法在身边"公益普法讲座，参与城区法院未成年人少年庭审，帮扶失足青少年。

【家庭教育】 2013年，市关工委与南宁电台联合创办"南宁市空中家长学校"，结合"专家与家长面对面家教咨询活动"内容年，播讲50个课题。讲师杨春成成立"春成家教讲堂"，在"东风雨QQ群"回复家长咨询，被评为"中国家庭教育百名公益人物"。改版"双阳网"，刊登、更新"五老"和青少年模范事迹、家庭教育等内容，发挥网站育人功能。与中国关工委儿发中心联合举办"心理教育·感恩励志""帮孩子成为学习赢家"公益报告会40多场。

【合众助学】 2013年，市关工委与广西合众人寿保险公司联合开展"能帮就帮合众助学"公益助学活动，资助贫困学生751人，资助金额37.55万元；参与助学爱心人士2195人，出动车辆667辆次，捐赠书包、文具等706套(每套价值100元)。云南省西双版纳倡华生物科技有限公司董事黄润燕向横县峦城镇安平小学捐赠20台电脑(价值6万元)。"六一"儿童节当天，自治区关工委、市关工委、青秀区关工委领导到青秀区长塘镇、伶俐镇慰问40多名贫困儿童，捐赠物资一批。市百佳汇商场管理有限公司为兴宁区昆仑镇联光小学留守儿童"温暖午餐"捐赠价值2万多元的不锈钢饭盒201个、多层蒸锅3套、电开水缸2个、微波炉2个。隆安县关工委与璐曦爱心之家在中秋节慰问农村贫困学生、老人，捐赠衣物价值1.20万多元。江南区关工委与市少儿图书馆在江南区延安镇中心小学开展"爱心献学"活动，捐赠价值8000多元学习用品、图书，在该校成立"南宁市少年儿童图书馆图书流通站"。

【"江南水街杯"才艺大赛】 2013年，市各县(区)选拔380名青少年参加由自治区关工委、自治区文联等部门联合主办的首届广西青少年琴棋书画"江南水街杯"才艺大赛，获奖选手230人。其中获书画类奖项133人，一等奖3人，二等奖7人，三等奖11人，优秀奖112人；民族器乐赛获一等奖18人，二等奖45人，三等奖29人；象棋比赛陈劲宇获第二名，颜小叶获第八名。

(雷　纪)

9月，南宁市关心下一代工作委员会到马山县永州镇开展助学活动　邓家强　摄

责任编辑　谢萍萍

综　述

【概　况】 2013年，南宁市政法机关抓住公共安全、权益保障、社会公平正义问题，推进社会矛盾化解、社会管理创新、公正廉洁执法三项重点工作，实施政法民生工程，提高社会管理科学化水平。年内，没有发生在全国、自治区具有重大影响的案(事)件，为建设区域性国际城市、“广西首善”之区创造和谐稳定的社会环境、公平正义的法制环境、优质高效服务环境。全市有市级政法机关5个，县(区)级政法机关53个，政法系统在职人员1.07万人。

【服务社会经济发展】 2013年，市政法机关运用法律手段调节经济社会关系，打击经济犯罪，为富民强桂新跨越提供法律服务和法律保障。组织开展打假、打击传销、打击发票犯罪、“三车”(人力车(含非法拼装、加装动力车辆)、摩托车(含发动机或电动驱动的二轮、三轮摩托车)和残疾人机动轮椅车)整治等重点活动24次，依法打击制假售假、非法传销、商业欺诈、发票违法犯罪等违法犯罪活动。审判机关审结民事商事纠纷案件3.36万件，盘活融通涉案资产42.04亿元。检察机关批准逮捕破坏市场经济秩序等经济犯罪嫌疑人491人，起诉312人，依法维护正常经济秩序。公安机关立经济犯罪案件2705件，破案1720件，涉案金额36亿元，挽回经济损失3900多万元。司法行政机关组织开展法律服务，协调716家行政机关和企事业单位聘任(用)法律顾问，办理刑事、民事案件和非诉讼业务7419件；拓展公证服务，办理公证事务1.41万件。

【维护社会稳定】 2013年，市政法机关加强维稳工作。加大维稳作保障力度，健全社会稳定风险评估机制，对重大决策、重大工程项目进行社会稳定风险评估，其中，经评估准予实施20项。开展社会矛盾纠纷化解活动，排查调解矛盾纠纷1.02万件，调解成功9930件。防范和处置群体事件，排查影响社会稳定敏感人、敏感群体、敏感案(事)件106件，化解26件；组织突发群体事件应急处置实战演练1次。年内，发生群体性事件及苗头101件4097人，处置86件4600人，完成2013年中国—东盟博览会、中国—东盟商务与投资峰会、南宁国际民歌艺术节和市人大、政协“两会”以及党的十八届三中全会召开等重大活动社会安全保障工作。

【打击违法犯罪】 2013年，市政法机关组织开展“打黑除恶”“命案攻坚”“打盗抢、保民安”、打击多发性分侵财犯罪、打击盗抢机动车犯罪、打击盗窃耕牛犯罪、“扫毒害保平安”禁毒严打整治行动等专项行动，依法打击各种刑事犯罪活动。公安机关立刑事案件4.17万件，比上年同期下降23.05%；破案9735件，下降61.81%；抓获犯罪嫌疑人1.68万人。其中：逮捕7892人，刑事拘留8934人，分别上升13.07%、2.10%；打掉黑恶势力团伙64个，破案320件，一审判决337人。受理治安案件12.79万件，查处12.73万件。检察机关受理提请(移送)审查逮捕案件6147件9140人，经审查批捕(决定)逮捕5154件7420人；受理审查起诉刑事案件5938件8648人，提起公诉5154件7420人。审判机关受理刑事一审案件5908件8893人，审结5363件7827人，判决发生法律效力被告人5417人。开展治安重点地区和突出问题整治，排查突出问题50个，其中经整治治安状况得到好转47个。

【社会管理创新】 2013年，市政法机关加强流动人口服务管理。登记在册流动人口138.96万人，列管出租房屋30.04万套(间)，发放流动人口居住证49.71万份。开展特殊人群服务管理。加强刑释解

7月8日，自治区党委常委、政法委书记温卡华(前右二)，市委常委、政法委书记朱育兆(前左二)到西乡塘区万秀村调研流动人口管理　　市政法委提供

教人员安置帮教。衔接刑释解教人员2316人，安置2230人，帮教2267人，刑释解教人员重新犯罪率为零。加强社区矫正工作，新接收社区矫正人员1028人，解除矫正821人。至年末，有社区矫正人员1618人，社区矫正人员重新犯罪率0.2%。开展对社会闲散人员帮扶教育，救助流浪乞讨人员5554人次，帮扶不良行为青少年635人次，教育闲散青少年635人次。加强吸毒人员社区管控戒毒，推进社区戒毒、社区康复启航工程，组织社区戒毒、康复1393人。加强学校、幼儿园及周边治安环境管理，排查影响学校、幼儿园安全隐患600处，整改563处。

【基层基础建设】 2013年，市政法机关加强治安防控体系建设。建有警务工作站35个，配备警力2235人，设置视频监控探头13万个。加强群防群治队伍建设，建立专职巡防队伍390支5023人。义务巡防队伍1924支1.77万人，其他群防群治力人员3868人，群防群治队伍协助抓获违法犯罪嫌疑人50人。加强基层政法综治组织建设。建有乡镇(街道)综治办124个，占乡镇(街道)总数100%；建有治保组织1670个，人民调解组织1930个，占应建数的100%。基层政法综治组织调解民间矛盾3.20万件。创建平安区11个，平安乡镇(街道)21个，平安村（社区)1604个，分别占总数91%、95.30%、97.10%。（傅荣华）

地方立法

【概　况】 2013年，南宁市人大常委会颁布施行地方性法规2件，废止1件；审议8件，通过4件；开展立法后评估1件，完成立法调研项目7个；对现行37件地方性法规配套规范性文件制定情况开展专项检查。经自治区人大常委会批准颁布实施和废止的地方性法规有：《南宁市历史街区保护管理条例》《南宁市燃气管理条例》(修订)；南宁市人民代表大会常务委员会关于废止《南宁青秀山风景名胜区管理条例》决定。审议通过待自治区人大常委会批准的地方性法规有：《南宁市城乡规划管理若干规定》《南宁市违法建设查处条例》。关于修改《南宁市饮用水水源保护条例》决定、《南宁市郁江流域水污染防治条例》。正在审议的法规案有：《南宁市房地产开发项目配套设施建设管理条例(草案)》《南宁市城市供水节水条例(草案)》《南宁市消防条例(草案)》《南宁市城乡容貌和环境卫生管理条例(修订草案)》。完成立法调研有：《关于南宁市轨道交通管理条例》《公园(湿地公园）管理条例》《饮用水水源保护条例（修订)》《城乡居民养老保险条例》《道路交通安全条例》《互联网安全保护条例》《档案管理办法》。组织对《南宁市出租汽车客运管理条例》开展立法后评估；开展对本市地方性法规配套规范性文件制定情况的专项检查。颁布实施工作法规有：《南宁市人民代表大会常务委员会任命国家机关工作人员法律知识考试办法》《南宁市人民代表大会常务委员会议事规则》《南宁市人民代表大会专门委员会工作规则》等4件。

【法规颁布】 2013年，南宁市第十三届人大常委会审议地方性法规草案8件。审议并表决通过地方性法规4件。5月24日至30日，市十三届人大常委会第十五次会议表决通过《南宁市城乡规划管理若干规定》；9月25日至27日，市十三届人大常委会第十七次会议表决通过《南宁市违法建设查处条例》；11月19日至22日，市十三届人大常委会第十八次会议表决通过《〈南宁市饮用水水源保护条例〉的决定》《南宁市郁江流域水污染防治条例》。颁布实施地方性法规2件。7月19日，自治区第十二届人民代表大会常务委员会第五次会议批准《南宁市历史街区保护管理条例》，9月1日施行。9月26日，自治区第十二届人民代表大会常务委员会第6次会议批准《南宁市燃气管理条例》(修订)，12月1日施行。

【法规废止】 2013年5月30日，经自治区第十二届人大常委会第四次会议批准，废止南宁市第十三届人大常委会第九次会议于2012年9月28日通过的《南宁青秀山风景名胜区管理条例》。

（市人大常委会办公厅编写组）

政府法制

【概　况】 2013年，南宁市法制工作办公室贯彻落实国务院《全面推进依法行政实施纲要》(简称《纲要》)、《关于加强市县政府依法行政的决定》(简称《决定》)和《关于加强法治政府建设的意见》(简称《意见》)，加强依法行政和法治政府建设，服务全市推进现代产业、现代生态文明、重大基础设施、民生保障发展，为做好“绿、水、新、旧、通”5篇文章和“美丽南宁·整洁畅通有序大行动”提供法治保障。绩效考评成绩连续5年获得优秀等级，被市直机关工委命名“市直机关廉政文化建设示范点”；市政府获自治区“2011—2012年度依法行政先进市县”，南宁市依法行政考核成绩连续4年获自治区第一名。制定依法行政年度工作计划，起草《关于做好2013年依法行政工作的通知》，组织召开依法行政工作会议。筹办市全面推进依法行政工作领导

12月31日，南宁市政法文体联合会第一次代表大会召开。图为市委常委、政法委书记朱育兆(右)，市检察院检察长黄建波(左)揭牌　市委政法委提供

小组会议，审定《南宁市人民政府2012年度依法行政工作报告》《南宁市2012年度依法行政考核报告》，通报南宁市2012年度依法行政考核结果，对全市依法行政工作进行部署。表彰南宁市2012年度依法行政先进单位、先进集体、先进个人以及推进依法行政先进单位，对市城乡建设委等依法行政先进单位16个、市住房保障和房产管理局政策法规科等先进集体20个、吕文等先进个人60人以及市发展和改革委员会等15个推进依法行政先进单位进行通报表彰。市政府常务会议专题听取市法制办关于“完善民主决策程序、规范行政执法行为、创新依法行政考核制度和优化社会矛盾纠纷调解机制、市级依法行政示范点创建、加大依法行政宣传力度”等方面情况汇报2次。制作《南宁市人民政府关于2012年度依法行政工作情况的报告》报送自治区政府、南宁市委和市人大常委会。坚持将依法行政考核作为推进依法行政，加强法治政府建设的主抓手，结合国务院《纲要》《决定》《意见》及《广西壮族自治区人民政府关于加强法治政府建设的实施意见》对依法行政工作提出的任务和要求，组织开展年度依法行政工作考核，制定科学、合理和操作性强的考核指标，优化考核方式。结合自治区依法行政考核要求，印发《关于开展南宁市2013年度依法行政考核工作的通知》，部署、组织依法考核工作。抓好南宁政务信息网“全面推进依法行政，加强法治政府建设”专栏和南宁政府法制网宣传。借助报纸、广播、电视、网络等媒体平台，进行宣传报道“美丽南宁”建设立法动态、行政机关履行法定职责动态等。在《广西日报》、南宁政府法制网开设专栏，宣传自治区级和市级依法行政示范点创建单位典型事例，推动依法行政示范点创建。在中国政府法制信息网、广西政府法制网、南宁政府法制网以及《南国早报》《广西日报》《南宁日报》《南宁晚报》、南宁电视台等媒体刊登南宁市依法行政宣传稿件300余篇次。完成自治区级第二批依法行政示范点推荐和申报，经审核公示，兴宁区政府、邕宁区政府、江南区政府、市公安局、市安监局、市工商局6个单位被确认为自治区级第二批依法行政示范点。组织开展市本级依法行政示范点创建活动，印发《南宁市级第二批依法行政示范点创建活动实施方案》，明确创建范围、条件、程序和时限要求，确定市财政局等2个市直部门，高新区等2个开发区，兴宁区审计局等8个市本级依法行政示范点创建单位；乡（镇）人民政府、街道办事处、县（区）政府所属部门被确定县（区）级依法行政示范点27个。组织全市28个依法行政示范点创建单位分别在青秀区政府、市工商局召开市级第一批、第二批依法行政示范点创建单位经验交流现场会。检查全市各被考核单位履职情况，形成《2013年南宁市级各部门行政执法职责履行情况报告》提交市政府。

【制度建设】 2013年，市法制办开展政府规章“立、改、废”工作。报请市政府印发《关于印发2013年政府立法工作计划的通知》，确定市政府规章制定规章调研项目，为市委、市政府拟定《“美丽南宁·整洁畅通有序大行动”活动政策法规保障工作方案》《关于推进城市综合管理政策法规制定工作方案》等文件。至年末，出台《南宁市建设工程材料使用管理办法》《南宁市壮文社会使用管理办法》《南宁市“门前三包”责任制管理办法》《南宁市实施城市管理委托执法暂行规定》规章4件。市政府常务会议审议《南宁市餐厨垃圾管理办法（草案）》《南宁市烟花爆竹经营燃放管理规定（草案）》《南宁市控制吸烟规定（修订草案）》规章（草案）3件。处于审查修改阶段的《南宁市数字化城市管理实施办法》《南宁市房屋租赁管理办法》《南宁市城市绿化条例实施细则》《南宁市个人信用信息征集使用管理办法》政府规章4件。督促政府部门开展《南宁市公园（湿地公园）管理条例》《南宁市道路交通管理条例》《南宁市互联网安全保护条例》《南宁市城乡居民养老保险条例》《南宁市饮用水水源保护条例》《南宁市轨道交通管理条例》《南宁市档案管理办法》地方性法规调研7件；开展《南宁市二次供水管理办法》《南宁市公园管理规定》《南宁市电力用户安全用电管理办法》《南宁市汽车租赁管理办法》《南宁市廉租住房保障办法》《南宁市行政执法监督办法》《南宁市管线管理办法》政府规章调研7件。组织召开《南宁市收回国有土地使用权办法》《南宁市控制吸烟规定》《南宁市餐厨垃圾管理办法》等12件立法项目的专家论证会和座谈会。清理不适应社会发展需要的立法项目，废止《南宁市爱国卫生工作管理暂行规定》《南宁市除四害暂行规定》《南宁市军人抚恤优待条例实施办法》政府规章3件。开展立法后评估，委托南宁市社科院对《南宁市停车场管理办法》进行立法评估。配合市人大常委会完成南宁市地方性法规的制定和修改。提请市人大常委会审议《南宁市饮用水水源保护条例（修订）》《南宁市城乡容貌和环境卫生管理条例（修订）》等地方性法规4件。组织召开《南宁市消防条例》《南宁市查处违法建设条例》专家论证会。配合市人大常委会开展《南宁市邕江河段水体污染防治条例（草案）》《南宁市历史传统街区保护管理条例（修订草案）》等4件地方性法规修改和审议。健全规范性文件制定程序，严格执行《广西壮族自治区规范性文件监督管理办法》关于规范性文件制定听取意见、合法性审查、集体讨论决定和报备的程序要求。出台《关于整治市容环境卫生的通告》《关于开展农贸市场及其周边市容环境卫生专项整治的通告》《关于开展建筑垃圾专项整治的通告》《关于印发南宁市举报道路交通安全和市容环境卫生违法行为奖励暂行办法的通知》规范性文件6件。报送市人大常委会和自治区政府备案的规范性文件37件，市政府对各县（区）、市直部门规范性文件进行备案审查44件。启用规范性文件网上报备系统，组织召开规范性文件网上备案系统培训会，对各县（区）、开发区及市级部门法制机构负责规范性文件报备工作的人员进行专门培训。8月正式启用规范性文件网上备案系统，实现全市规范性文件报备、审查和备案的无纸化办公。

【依法科学民主决策】 2013年，市法制办加强行政决策程序建设，按照《广西壮族自治区行政机关重大决策程序暂行规定》《南宁市政府重大行政决策程序规定》要求，推动市政府和部门在做出重大行政决策前，严格执行公开听取意见、专家论证、合法性审查、集体讨论决定等程序，推进行政决策科学化、民主化、法治化进程。全年对市委、市政府及部门转送涉及经济、建设、住房、国土等内容文件提出合法性审查意见和法律意见500余件次，保障党委、政府出台的规范性文件和做出的重大决策合法、有效。

【行政审批制度改革】 2013年，市法制办拟定自治区、市、县（区）三级行政审批项目指导目录，规范行政内部审批事项；授予南宁高新技术产业开发区、南宁经济技术开发区、广西—东盟经济技术开发区国家级开发区管委会行政许可项目105项，非行政许可审批项目127项。做好自治区第6次行政审批项目清理，南宁市地方性法规设定行政许可项目11项，设定非行政许可审批项目7项；市政府规章设定非行政许可审批项目16项，所有行政审批项目均有合法设定依据。组织各县（区）政府和市级有关部门对《全区第六次行政审批项目清理集中审核结果汇总表》进行研究，提出意见和建议50条。

【公正文明执法】 2013年，市法制办贯彻落实市政府《关于进一步落实行政执法责任制的通知》要求，推进行政执法责任制的落实。组织开展执法主体清理、执法职权梳理、执法责任分解等工作，并纳入年度依法行政考核内容。规范行政处罚裁量权，加大《南宁市人民政府关于印发南宁市规范行政处罚裁量权工作实施方案的通知》宣传力度，组织开展各级行政处罚实施主体行政处罚裁量权细化工作，督促市级行政执法部门建立行政裁量权基准制度，强化行政执法监督。贯彻落实《广西壮族自治区行政执法监督办法》，开展南宁市城市建筑垃圾管理行政执法专项督查、南宁市不符合《电动自行车通用技术条件》（GB17761-1999）国家标准的有动力装备的二轮车管理行政执法专项督查、非法私设停车场收费违法行为专项督查及计生行政执法专项督查活动；落实市委、市政府“美丽南宁·整洁畅通有序大行动”决策部署，督促城市建筑垃圾管理行政执法机关严格履职，加强执法协调、配合。制定城市建筑垃圾管理专项督查工作方案，分别对市城管局、规划局、建设局、公安局、环保局等市级执法单位执行城市建筑垃圾管理方面的情况进行检查。召开城市建筑垃圾管理行政执法专项监督调研座谈会，邀请房地产开发企业、建筑工程施工企业和建筑垃圾运输企业负责人参加；通过行政管理相对人“现身说法”，让与会者了解城市建筑垃圾管理行政执法机关在履职过程中是否存在执法缺位、不作为和乱作为等情况。开展专项督查，规范行政执法行为，督促行政执法机关全面、正确履行行政执法职责。年内，投诉、举报的行政执法案件10件。创新执法人员培训考试，请示自治区法制办协调解决协助执法人员报名参加全区执法人员考试资格问题，并得到批复同意；协助1200多名执法人员首次获得参加执法培训和自治区执法考试资格。创新行政执法案卷评查方法，开展案卷评查专项工作。报请市政府办公厅发《关于开展南宁市2013年度行政执法案卷评查工作的通知》，具有行政执法职权的机关及组织自2012年10月至2013年5月已办结的行政处罚、行政许可、行政强制及其他类型的行政执法案卷均纳入案卷评查范围。评查采取被评查单位自查自评和评查组抽查相结合的方式进行，以各被评查单位自查自评为重点，增加典型案卷评析环节。市政府将各被评查单位组织开展案卷评查的具体情况和成效作为依法行政考核的重要内容，提高被评查单位开展行政执法案卷自查自评的主动性和自觉性。

【依法化解行政争议】 市政府印发《关于进一步加强行政复议工作规范化建设实施方案的通知》，推进市、县（区）行政复议规范化建设，对各县（区）行政复议规范化建设情况进行验收。横县、宾阳县、上林县、青秀区、邕宁区、良庆区、西乡塘区等县（区）已完成行政复议庭建设，并配备必要的硬件设施，完善配套行政复议工作制度。市政府行政复议办公室依法受理行政复议申请，采取书面审查与听证、调查取证、现场勘验相结合的方式审理行政复议案件，坚持集体议决和有错必纠的原则，依法、公正作出行政复议决定，运用调解、和解等方式解决争议，实现“案结事了，定纷止争”。年内，市政府行政复议办公室接待来访群众1196人次，收到行政复议申请147件。其中：受理137件，不予受理10件。到基层勘察案件现场8次，召开案件听证会10次。审结行政复议案件150件（含上期结转），其中调解结案33件，调解成功率22%。依法履行行政复议被申请人职责，作为复议被申请人参加行政复议案件审理23件，向上级复议机关提交答复和做出具体行政行为的证据材料，配合上级复议机关调查、调解。加强与人民法院的工作联系与交流。召开行政执法与审判工作联席会议2次，分别以“服务美丽南宁·整洁畅通有序大行动”和“化解社会矛盾纠纷、助推美丽南宁建设”为主题，研讨“三车”（人力车（含非法拼装、加装动力车辆）、摩托车（含发动机或电动驱动的二轮、三轮摩托车）和残疾人机动轮椅车）整治交警执法中“三大纠纷”（土地、山林、水利）调解处理中的热、难点问题。

【依法行政能力建设】 2013年，市政府常务会议学法制度结合依法治国、建设法治政府的形势，开展学法讲座，举办领导干部依法行政能力培训班。举办行政执法人员培训班5期，培训3700多人；组织各县（区）政府、开发区管委会、市直部门分管法制工作的领导以及法制机构、执法队伍领导参加“2013年南宁市领导干部依法行政能力培训班”培训70人。组织参加自治区行政执法人员资格考试、续职考试3666人。自治区建立领导干部任职前法律知识测试制度，与相关部门制定非人大常委会任命领导干部任职前法律知识考试办法和领导干部学法制度，联合印发《关于印发〈南宁市非人大常委会任命领导干部任职前法律知识考试办法（试行）〉和〈南宁市领导干部学法制度〉的通知》，建立领导干部任职前法律知识测试制度，落实国务院《决定》《意见》关于加强对领导干部任职前法律知识考察的要求。

【仲裁事务】 2013年，南宁仲裁委员会受理仲裁案件211件，比上年同期增长11.10%，标的额约2.80亿元，增长44.30%；仲裁收费184.82万元，增长46.25%。经审查，不予受理仲裁申请11件，审结案件158件（含往年积案）。其中：依法做出裁决111件，调解结案9件；经调解、说服，当事人自行撤回仲裁申请38件。接待来人来电询访2000人次。完成新一届南宁仲裁委员会换届筹备，制定仲裁员管理办法，使用仲裁案件管理电子系统，完成仲裁文书统一规范化，在建设、招商、电视台、金融机构等领域拓展仲裁业务，规范仲裁条款。

（黄　玲）

公　安

【概　况】 2013年，南宁市有县级以上公安机关18个，其中市公安局1个，城区、开发区公安分局10个，县公安局6个，森林公安分局1个；派出所192个。有直属支队20个，消防支队1个，武警支队1个。在编民警7726人。公安机关为首府经济社会平稳发展创造安全稳定的社会环境，有1个集体、8名个人立一等功；2个集体、24名个人立二等功；47

个集体、418 名个人立三等功。

【接警指挥】 2013 年，市公安局指挥中心发挥 110 报警服务在城市应急联动系统中的龙头作用，打击现行犯罪，维护首府社会治安稳定。受理有效接警 134.04 万起；110 报警服务台处警 23.57 万起，其中刑事案件 2.39 万起，治安案件 11.84 万起，群众求助 4.28 万起，其他事件 5.06 万起；122 报警服务台处警 12.21 万起；119 报警服务台处警 5758 起。

【刑事犯罪侦查】 2013 年，市公安局推动动警务机制改革，开展命案侦破、打黑除恶、打击多发性侵财犯罪和拐卖妇女儿童及追逃专项斗争。刑事案件立案 4.17 万件，破案 9735 件，分别比去年同期下降 23.05%、61.80%；逮捕 7892 人，刑事拘留 8934 人、劳动教养 6 人，分别上升 13.07%、2.10%、下降 98.45%。

“命案侦破”专项斗争　落实侦破命案各类长效机制，把“命案必防”作为拓展、延伸“命案必破”理念的有效手段。立命案 109 件，上升 0.19%；破案 107 件，破案率 98.17%。先后成功侦破公安部督办的“5·25”良庆区特大杀人案、自治区公安厅督办“10·11”青秀区聚众斗殴致 2 人死亡案、“2·20”西乡塘区抢劫杀人案、“4·2”横县校园杀人案、“9·2”武鸣县持枪杀人案、“10·12”西乡塘区网吧伤害致死案等社会影响恶劣、领导关注的要案。

“打黑除恶”专项斗争　对黑恶势力犯罪坚持严打方针不动摇，持续开展打黑除恶专项斗争。上报自治区打黑办“恶势力”犯罪团伙战果 97 个，破案 320 件，一审判决 337 人；“打黑办”已认定黑社会战果 1 个，恶势力团伙战果 63 个，任务完成 273.90%。核查全国“打黑办”举报线索 1 件，办结 1 件；自治区“打黑办”转发群众举报线索 6 件，办结 1 条；市“打黑办”转办线索 5 件，办结 2 件。

打击“多发性侵财犯罪”专项斗争　以遏制案件高发势头为目标，严厉打击盗抢等多发性侵财犯罪活动。开展“打盗抢、保民安”、打击多发性侵财犯罪、打击盗抢机动车犯罪、打击盗窃耕牛犯罪等一系列专项行动，“两抢一盗”案件发案数大幅下降。发生“两抢一盗”案件 2.94 万件，下降 15.98%；其中抢劫案下降 37.59%，抢夺案下降 28.77%，盗窃案下降 11.75%。破获公安部督办的“7·30”系列盗窃车内财物案、自治区公安厅督办盗窃出租车顶灯案、青秀区“5·31”百万入室盗窃案等重特大侵财类案件。

“追逃”专项斗争　开辟追逃新战场，运用高科技手段开展网上追逃，提高二次研判抓捕率。抓获逃犯 1354 名，其中抓获外省逃犯完成自治区公安厅下达指标 2.04 倍，抓获历年逃犯完成指标 4.11 倍。

【经济犯罪侦查】 2013 年，南宁市公安局以开展打假、打击传销、打击发票犯罪专项行动为重点，严厉打击和严密防范各类突出经济犯罪活动，维护市场经济秩序的稳定。全市立经济犯罪案件 2705 件，破案 1720 件，涉案金额 36 亿元，抓获犯罪嫌疑人 2503 人，刑事拘留 1363 人，逮捕 575 人，追缴涉案款物 3900 万元。其中：立假冒伪劣犯罪 626 件，破案 541 件(公安部督办案件 8 件)，抓获涉案人员 807 人，刑事拘留 471 人，逮捕 189 人；捣毁生产、销售、储存窝点 223 个，缴获各类假冒伪劣商品、商标标识，涉案金额 1.83 亿元。立传销犯罪案件 687 件，破案 549 件，其中公安部督办案件 6 件，抓获传销人员 1050 人，刑事拘留 336 人，逮捕 95 人；捣毁传销窝点 105 个，扣押、冻结涉案资产 5600 万元，涉案金额累计 16 亿元。立发票犯罪案件 171 件，破案 149 件，其中亿元以上大案 5 件、10 亿以上大案 4 件。破公安部督办案件 3 件，刑事拘留 67 人，逮捕 24 人；打掉犯罪团伙 9 个，捣毁犯罪窝点 10 个，缴获假发票 169 万份，挽回税款损失 600 多万元。

【经济文化保卫】 2013 年，南宁市公安局推进单位内部治安防控网络建设，组织开展经济文化保卫，搜集信息 379 条，其中公安部采用 116 条，自治区公安厅采用 207 条。发现地下教会(家庭教会)、团契 21 个，非法宗教聚会点 28 个；社会基督徒 76 名，高校学生 92 名，教职工 3 名，外国留学生 6 名。查处高校周边 8 个非法宗教聚会点，处置高校领域非法宗教活动 11 起、涉案学生 26 人；缴获非法刊物 3015 册。处置医闹事件 13 起，医患纠纷 32 起，查处违法嫌疑人 35 名。立“三电”案件 107 件，比上年同期下降 22.50%。排查清理站点 133 个，其中生产性废旧金属收购点 18 个、未备案 3 个、无执照 2 个，从业人员 232 人次。组织开展单位安全大检查 20 次，检查单位 206 个(次)的重点要害部位 182 处，查出治安隐患 59 处，整改 52 处。对 1112 家银行营业网点、2586 台自助 ATM 机和 157 个业务库进行安全检查评估，优秀率 100%。

【巡逻防范】 2013 年，南宁市公安局完善巡防工作机制，加大对社会面的控制力度，构筑安全屏障。出动巡逻警察 2.19 万人次，根据指挥中心调配处警 564 起，盘查可疑人员 3.88 万人，抓获违法嫌疑人 838 名，查破刑事案件 442 件，查处治安案件 57 件，打掉盗抢犯罪团伙 78 个；打击处理 517 人，其中刑事拘留 518 人(含去年 1 人)，逮捕 490 人，行政拘留 96 人，抓获“网上逃犯”25 人。

【禁毒斗争】 2013 年，南宁市各级公安禁毒部门贯彻自治区、市公安禁毒工作会议精神，开展禁毒严打整治行动，加强禁毒宣传教育，整治涉毒地区和涉毒娱乐场所，全面清查收、戒、吸毒人员。查破毒品案件 7619 件，其中破获重特大毒品案件 256 件，一般贩毒案件 1273 件；抓获毒品违法犯罪嫌疑人 7783 名，依法逮捕 1042 名，刑事拘留 736 名，强制隔离戒毒 2305 名，社区戒毒 1631 名；缴获毒品 486.20 千克，其中海洛因 133.20 千克，合成毒品 353 千克。整治毒品问题突出重点村镇、街道 59 个，整治公共娱乐场所 3809 家次，重新排查登记吸毒人员信息 1.88 万名。

【出入境管理】 2013 年，南宁市公安局出入境管理支队加快出入境信息科技化建设，建设综合性多功能信息服务平台，实现 24 小时为市民提供自助办证服务。接待办证群众 38 万多人次，受理公民出国(境)证件申请 21.98 万人次，其中受理护照申请 8.29 万人次，办理内地居民往来港澳通行证及签注 11.74 万人次，办理大陆居民赴台湾通行证及签注 1.51 万人次，办理港澳单程证 130 人次；受理区内异地办证申请 2993 人次，其中港澳双程证及签注 1628 人次，护照 1201 份，大陆证及签注 164 份；受理流动人口异地办证申请 1018 人次，其中护照 709 份，大陆证及签注 309 份。受理境外人员证件 6488 人次，其中受理台胞来往签注 1356 人次，居留签注 45 人次，5 年有效台胞证换发 67 份，一次有效台胞证 37 份；受理外国人 L 签证 686 人次，F 签证 297 人次，Q2 签证 73 人次，S2 签证 39 人次，X2 签证 99 人次，M 签证 5 人次，停留证件 390 人次；外国人居留许可 3236 人次，外国人出入境证 79 份，出入境通行证 109 份。办理行政案件 109 件，办理公安部督办组织他人偷越国(边)境刑事案案件 2 件，其中非法入境案 39 件，拘留审查 194 人，遣送出境 146 人；非法居留 59 起，罚款 14.10 万元；非法就业 5 起，罚款 5 人；非法获取往来港澳证件案 2 件;冒用居民身份证案 1 件;骗取护照案 1 件;协助非法出境案 2 件;组织他人偷越国(边)境案 2 件。

【人口管理】 2013 年，南宁市公安局深化户籍制度改革,加强实有人口管理。受理更正年龄 441 人,变更性别 150 人,接访群众 420 人次，解答咨询 3960 个,发放户口簿 5.61 万本、户口迁移证 3.83 万张、户口准予迁入证明 1.70 万张，注销 1.19 万个重复户口。受理二代身份证 33.93 万张，办理临时身份证 3.62 万张，其中受理驻邕军队现役军人和人民武装警察居民身份证 640 张;为 14.23 万人开办“绿色通道”;抓获网上在逃犯罪嫌疑人 18 名。补充、完善、清理系统中不规范人口信息数据 100 多万项,涉及 20 多万人,核查户口、清理整顿各类信息 10 万多条。加强流动人口管理,开展清查行动 624 次，出动人力 1.60 万人，其中警力 7002 人,协管员 5674 人,干部群众 3337 人。整治治安问题突出的场所部位 2572 个,其中行业场所 1414 家;清查流动人口 4.82 万人,清查出租房屋 1.83 万户；处罚有违法出租行为的出租屋主 150 人,发现违法犯罪线索 39 条,查处治安案件 92 件,破获刑事案件 17 件,摧毁犯罪团伙 1 个;抓获违法犯罪嫌疑人 291 人，其中逮捕 10 人，刑拘 1 人，劳教 1 人，治安处罚 273 人，抓获在逃人员 6 人。完善流动人口居住证制度,办理居住证 35.81 万张,完成任务 219.72%。将外国人纳入实有人口管理,登记在册外国人 6204 人。至年末,南宁市总人口 7244309 人(男性 3792969 人、女性 3451340 人)。

【交通安全管理】 2013 年，南宁市公安局交通警察支队围绕“降事故、保安全、保畅通”总体目标,以预防道路交通事故和缓解城市交通拥堵为重点，做好道路交通事故预防。道路交通事故立案 725 起,死亡 373 人,受伤 814 人,直接财产损失 451.96 万元,比上年同期分别下降 7.64%、下降 0.27%、下降 14.94%、上升 25.32%。其中,生产经营性交通事故死亡 118 人,未突破自治区下达事故控制指标。发生一次死亡 3 人(含)以上的特大交通事故 4 起、死亡 15 人，分别下降 55.56%、46.43%。查处交通违法行为 142.30 万起,扣留车辆 11.30 万辆，行政拘留 116 人,其中行人和非机动车交通违法 5.30 万起,违法乱停放车辆 23 万起,拖移车辆 2.13 万辆,超速行驶 53.90 万起、无证驾驶 2.02 万起、饮酒驾驶 86 起、醉酒驾驶 17 起。做好车辆和驾驶人的管理工作,至年末,全市机动车保有量 156 万辆,其中汽车 77.60 万辆，摩托车 78.40 万辆;持证机动车驾驶人 145 万人。办理机动车注册登记 18.81 万辆、机动车年度检验 51.42 万辆,换发驾驶证 19.61 万人次。办理刑事案件 190 起。其中:办理道路交通肇事案件 144 起，危险驾驶案 46 起;刑拘犯罪嫌疑人 96 人，逮捕 78 人，起诉 142 人。发生交通肇事逃逸案件 54 起,侦破 51 起,侦破率 94.40%,其中死亡逃逸案件 22 起,侦破 21 起,侦破率 95.50%。受理群众报警求助 11.98 万起,其中交通事故类报警 10.04 万起,交通秩序类报警 8502 起,举报与投诉 7632 起,反映与求助 2086 起。接到并完成交通警卫任务 624 起。其中:一级任务 9 起,二级任务 13 起,三级任务 38 起,其他任务 564 起。组织开展交通安全宣传活动 140 次,组织媒体集体采访 75 次,在电视、电台、报刊和网络等媒体策划、制作专题宣传节目 156 期,向中央、自治区和市级媒体发稿 4000 多篇,印发宣传资料 100 万份传单、宣传手册 20 万本,挂图 2.20 万套、横幅 700 条。

【消防管理】 2013 年，南宁市公安局消防支队(武警南宁消防支队),推进队伍管理正规化和工作信息化建设，创新社会消防管理，预防重特大火灾尤其是群死群伤恶性火灾发生，火灾形势保持平稳。接警出动 4103 起，抢救被困人员 1235 人，抢救和保护财产价值 9.25 亿元。检查单位 14.10 万个,整改隐患 15.80 万处,责令“三停”单位 278 家,罚款 780 万元,拘留 240 人。年内,全市发生火灾 672 起,死亡 10 人,受伤 7 人,直接财产损失 1143 万元,未发生较大以上亡人火灾，死亡人数和直接财产损失比上年同期分别下降 9%、30%。

【案例选介】

2013 年 6 月 22 日，市公安局禁毒支队破获公安部“2013-66”目标案件，捣毁武装跨国贩毒团伙 1 个，缴获海洛因 109.30 千克，并缴获毒资 900 万元、贩毒车辆 10 台，散弹枪 2 支、子弹 21 发;撕毁加工毒品工场 3 个，斩断一条从越南进入广西、广东以及香港、澳门地区国际贩毒运输链，获公安部表彰。犯罪团伙成员已移送南宁市人民检察院审理、起诉。

8 月 6 日，南宁市某投资有限公司发现公司捆绑某第三方支付平台账户的手机信号突然出现异常，上网查询时发现账户内的 89 万人民币被转到一户名为廖卫清的工商银行账户中，且被盗款中的 2 万元已在广东佛山一 ATM 机被提取。该公司账户注册地位于南宁市，使用地位于香港，第三方支付平台公司位于北京市，涉案银行账户开户地位于广东省增城市，取款地在广东省佛山市，犯罪行为涉及多个城市。网络账户内存款被盗，作案手法比较新颖，属高科技犯罪案件。接报案后，刑侦支队十大队根据线索多头追踪，10 月 18 日，在广州市增城市西山村将该案犯罪嫌疑人廖某、李某分别抓获，成功追回 87 万被盗款。该案是广西警界首次破获网络银行账户被盗案。

8 月 7 日，经侦支队破获庞邦勇等人涉嫌生产、销售假药案，捣毁涉嫌生产、销售假药窝点 3 个、抓获犯罪嫌疑人 4 名(刑事拘留 3 人)、查获假药生产流水线 1 条、风湿骨痛贴膏 83 万贴、眼药水 1.10 万瓶、藏药活络油 300 瓶、骨痛灵擦剂 160 盒、风湿骨痛贴膏外包装盒、装袋 1.75 万套，眼药水空瓶 2.50 万个、眼药水盖子 2 万个、贴标 3.30 万个。该案是自治区在“2013 年打击侵犯知识产权、假冒伪劣专项战役”中唯一一起通过跨战区情报线索发起的“云端行动”集群战役案件。 (黄俊杰)

法 院

【概 况】 2013 年，南宁市中级人民法院辖基层法院 12 个、法庭 25 个。全市法院系统在编人员 1391 人，其中法官 955 人。市中院有在编人员 265 人，其中法官 204 人。经南宁市机构编制委员会批准，市中院和辖区基层法院的内设机构作如下调整：行政审判庭更名行政审判第一庭；设机构 7 个：市中院行政审判第二庭、民事审判第四庭、未成年人案件审判庭、审判管理办公室，执行局设综合科、执行一庭、执行二庭；批准市辖六城区增设未成年人案件审判庭和审判管理办公室；批准青秀区法院增设民事审判第三庭。4 月 1 日正式启动。

5 月 31 日，根据最高人民法院《关于开展行政案件相对集中管辖试点工作的通知》要求，7 月 1 日起，自治区高级法院确定由市中院作为广西行政案件相对集中管辖的试点中级人民法院，指定辖区内青秀区法院、西乡塘区法院、宾阳县法院作为集中管辖试点单位，分别集中管辖3至5个县(区)级行政区域内的行政诉讼案件：青秀区法院负责管辖西乡塘区、兴宁区、邕宁区、良庆区、宾阳县的行政案件；西乡塘区法院负责管辖青秀区、江南区、武鸣县、隆安县的行政案件；宾阳县法院负责管辖横县、马山县、上林县的行政案件。非集中管辖法院的行政审判庭仍予以保留，主要负责非诉行政执行案件的审查等工作，协助、配合集中管辖试点法院做好本区域行政案件的协调、处理。至年末，全市法院受理各类案件(含一审、二审、再审、执行、国家赔偿、减刑和假释案件)5.80万件，审(执)结5.11万件，结案率88.47%。其中：市基层法院受理案件4.60万件，审(执)结4.06万件；市中院受理案件1.17万件，审(执)结1.05万件。年内，市两级法院有86个集体和418人次获地市级以上奖励。其中：8个集体和15人次获国家级奖励；68个(次)集体和166人次获省部级以上表彰奖励；7名共产党员被命名为市级先锋岗。其中，市中院获"全国法院纪检监察工作先进集体"称号，司法警察支队获"全国法院司法警察体能达标活动先进单位"称号，青秀区法院获"全国三八红旗集体"称号；良庆区法院获全国法院第二十五届学术讨论会组织工作先进奖，良庆区法院司法新闻宣传工作连续三年获最高法院通报表扬；武鸣县法院被评为全国法院"两评查"活动先进单位；市中院刑一庭获记集体二等功1次；市中院执行局、研究室等11个集体被评为2012年度全区法院先进集体。

【刑事审判】 2013年，市两级法院贯彻宽严相济刑事政策，维护首府社会稳定，依法开展打黑除恶、禁毒等专项斗争，打击严重危害社会治安和严重影响人民群众安全的刑事犯罪，有力维护国家安全和社会稳定。受理刑事案件5908件8893人，审结5367件7827人。其中：一审受理5452件8019人，审结4990件7103人；二审受理456件874人，审结377件724人。判决发生法律效力3906件5417人，其中判处5年以上有期徒刑至死刑641人，重刑率11.87%。市中院受理一审刑事案件239件542人，审结150件324人；二审受理456件874人，审结377件724人。全市受理一审刑事案件主要案件类型：故意杀人、故意伤害、绑架、强奸等暴力犯罪案件678件951人，抢劫、抢夺、盗窃等多发性犯罪案件2093件3212人，毒品、赌博案件1031件1226人，走私、合同诈骗等犯罪案件35件80人，贪污、受贿、挪用公款和渎职等职务犯罪案件145件210人。开展打击传销、"两抢一盗"、非法集资、"扫黄打非"等专项行动。审结破坏社会主义市场经济秩序犯罪案件172件259人。审结邓发东等14人走私普通货物案、周汝艺等人非法倒卖土地使用权案等一批大案要案。惩治国家工作人员职务犯罪，审结自治区农机局原处长黄鑫受贿等犯罪案件。把握宽严相济刑事司法政策，最大限度化解社会矛盾。依法免予刑事处罚19人，管制51人，单处罚金71人，适用缓刑438人，比上年同期增长27.27%；对5653名有悔罪表现、服从改造的罪犯予以减刑、假释，增长19.67%。

【民商事审判】 2013年，市两级法院服务经济发展大局，发挥民商事审判职能作用，化解社会矛盾，调节经济关系，促进社会和谐。受理民商事案件3.69万件，审结3.17万件（一审2.90万件、二审2698件)，诉讼标的42.04亿元。一审民商事案件主要案件类型：农村土地承包合同纠纷等涉农纠纷25件，劳动争议1043件，房地产纠纷1665件，金融、借款纠纷6034件，婚姻家庭5315件，知识产权654件，涉外民商事19件。全市法院一审民商事案件调撤率67.52%。市中院受理民商事案件4311件，审结3439件(一审2698件、二审741件)。

【行政审判与国家赔偿】 2013年，市两级法院受理行政案件520件，审结420件。其中：一审297件，判决维持行政机关处理决定67件、撤销行政机关处理决定27件、行政赔偿调解2件、撤诉52件、驳回诉讼请求49件、驳回起诉67件、其他33件；二审123件，维持66件、改判4件、发回重审5件、撤诉4件、驳回15件、其他29件。审查非诉行政案件59件，准予执行57件，不准予执行2件。受理国家赔偿案件11件，审结11件。市中院受理行政案件263件，审结210件。其中：一审87件，维持一审法院裁判5件，撤销一审法院裁判1件，驳回诉讼请求11件，驳回起诉46件，撤诉6件，其他18件；二审123件，判决维持行政机关处理决定66件、改判4件、发回重审5件、驳回15件、撤诉4件、其他29件。加强司法与行政协调联动，通过协调方式审结行政案件56件，解决楚伯刚诉南宁市人民政府不履行土地登记法定职责案等复杂案件。参与南宁市"两违"整治、"三车"整治和"美丽南宁·整洁畅通有序大行动"决策论证活动，提供司法建议。

【审判监督】 2013年，市两级法院受理再审案件239件，审结187件，维持原判80件、改判26件、发回重审15件、调解12件、撤诉6件、其他48件。其中市中院受理再审案件203件，审结161件(维持73件、改判18件、发回重审15件、调解12件、撤诉4件、其他39件)。

【案件执行】 2013年，市两级法院改革执行权分权运行机制，将执行实施权、执行异议裁决权、综合监督协调权由执行局内设不同机构行使，规范权力运行。推行执行信息全面公开、完善多部门执行联动威慑机制、持续开展执行专项活动。全市法院受理执行案件8295件，执结7506件，执结标的19.70亿元，结案率90.49%。其中，市中院受理执行案件324件，执结256件，执结标的6.41亿元，结案率79.01%。

【信访、申诉复查与再审】 2013年，市两级法院贯彻落实中央政法工作会议提出的涉诉信访工作改革要求，引导涉诉信访问题在法治轨道内妥善解决。坚持院长接待日等接访制度，定期接待来访人员，市中院按照标本兼治、重心下移的原则，加强涉诉信访源头治理，接待来访当事人380人次，处理来信36件。加强申诉复查和再审，受理审查申诉、申请再审案件234件，结案212件。加强审判监督，受理再审案件239件，办结187件。

【便民利民诉讼机制建设】 2013年，市两级法院进一步完善诉讼服务中心功能，提供法律咨询、起诉立案、申请保全、材料收转、交纳费用、司法求助、信访接待等"一站式"诉讼服务。加强诉讼指导、明确立案标准、充实立案人员、实行午间轮值立案，解决"立案难"问题。推进立案调解、小额速裁等方式，简化诉讼程序，提高审判效率，便民司法得到强化。落实司法救助，为经济困难当事人减、免、缓交诉讼费379.44万元，同比增长44%；对生活困难、义务人且无履行能力的58名申请人给予司法救助26.50万元。开展司法联动，主动与行政机关、人民调解组织、保险机构、劳动仲裁机构、工商联、消费者协会等机构和组织加强诉调对接，合力化解矛盾纠纷。继续搭建、改进巡回法庭、法官工作站、妇女儿童维权岗、涉军案件合议庭等司法服务平台，联合各方力量为弱势群体、交通不便群众和军人军属提供诉讼服务，维护其合法权益。推进阳光司法，依托信息化建设，部署开展审判流程公开、裁判文书公开、执行信息公开三大平台建设。实行审判委员会委员回避公开、评估拍卖公开、减刑假释案件审理公开、申请再审听证公开、人大代表政协委员评议公开等阳光司法制度。进行庭审网络直播、微博直播2076次，裁判文书上网公布9452份；举行法院开放日活动92次，参观人数3000余人。完善民主司法，落实人民陪审员制度，陪审员参与审理案件6428件，一审案件陪审率98.11%，同比上升4.87%，实现连续两年增长，提高当事人对裁判的信任度。市中院引入专家陪审员审理特殊领域民商事案件，提高审判社会公信力。

【审判管理与司法改革】 2013年，市两级法院探索司法体制和工作机制改革，审判长负责制改革初显成效。市中院和青秀区法院、兴宁区法院、西乡塘区法院、宾阳县法院推行审判长负责制改革，通过构建新型审判组织和审判权力运行机制，实行审判管理司法化和案件管辖类型化，调动法官的工作积极性和责任心，提高审判质量和效率。审结案件6030件。开展行政案件相对集中管辖和适用简易程序试点工作。市中院指定宾阳县法院、青秀区法院、西乡塘区法院分别集中管辖全市基层法院一审行政诉讼案件。年内，试点法院审结行政诉讼案件86件。经自治区高级法院指定，青秀区法院开展行政案件适用简易程序试点工作，审结广西第一起适用简易程序审理的行政案件。推行未成年人案件专业化审判，市、县（区）两级法院全部独立设置审理涉及未成年人的刑事、民事、行政和减刑假释案件综合审判庭，组织保障领先全国。推行审前社会调查、圆桌审判、心理辅导、合适成年人参与诉讼制度实行未成年人刑事审判与社区矫正、回访帮教、安置就业、犯罪记录封存等工作有机衔接，建立政法与社会一条龙联动帮教体系。采取举办少年法庭公开日、法制讲座、模拟法庭等多种方式开展法制教育活动，预防未成年人犯罪，实现法定审判义务与因地制宜针对性工作全覆盖。未成年人犯罪率降低，审结未成年人犯罪案件405件，判处生效未成年犯罪人数379人，减少113人，未成年人犯罪率7%。轻案快办与刑事和解审理机制改革。市两级法院进一步完善轻微刑事案件快速办理机制改革，采用集中审理、简化流程、集中宣判等方式，提高审判效率，促进量刑均衡，获上级法院肯定和推广，适用该方式审结轻微刑事案件1632件。西乡塘区法院、横县法院作为自治区刑事和解司法联动机制试点，与公安、检察等部门密切合作，运用该方式化解刑事案件29件。健全执行指挥中心建设。市中院承担自治区法院试点任务，通过增设内设机构，推行执行权分权运行改革，推进执行指挥中心信息化与规范化建设，建成网上查询快速通道，启用网上司法查控功能。年内，查控系统查询3.99万次，涉及案件2630件，金额3.18亿元。形成审判管理制度，对审判质量效率实行常态化管理、公开化监督。组织案件审判执行质量和裁判文书制作质量评查，评查案件2957件，专项评查裁判文书137份。开展长期未审结案件专项清理活动，审结长期未结案件134件。加快信息化建设。落实“科技强院”方针，市两级法院普遍落实“网上办案、网上办公”制度，提高审判工作和审判管理信息化水平。引入多媒体设备辅助审判，有科技法庭数量36个，实现同步录音录像案件789件。推进档案工作数字化，市中院、隆安县法院档案室晋升自治区特级档案室。加强法院门户网站建设，将法院网站打造成集新闻发布、司法公开、诉讼服务、司法宣传于一体的信息化服务平台。推进人民法庭审判工作、队伍建设和基础设施规范化建设，恢复和新建的人民法庭8个挂牌受理案件。加强法庭审判业务指导，举办法庭案件司法裁量研讨会，统一法庭案件裁判尺度。县（区）法院选派法庭审判人员到市中院跟班学习，提高法庭司法水平。至年末，全市人民法庭审结各类案件5007件。开展禁毒、妇女儿童维权、知识产权保护等专项宣传活动和送法进机关、进乡村、进社区、进学校、进企业、进军营的“送法六进”活动。加大对社会关注案件的宣传力度，向媒体通报全市法院近3年职务犯罪案件缓免刑适用情况，回应社会关切。适应信息化发展和司法公开要求，建设“官方网站+官方微博+官方博客”的网络信息宣传平台。加强舆情引导，及时处置舆情。加强诉讼安保安全。市两级法院严格执行最高法院安保规章制度，开展审判执行工作和保证群众诉讼安全，保持安保全年无事故。

【队伍建设】 2013年，市两级法院加强队伍建设，建设一支信念坚定、执法为民、敢于担当、清正廉洁的法院队伍，保证廉洁司法。严格执行中央“八项规定”、最高法院“五个严禁”“十个不准”和自治区高级法院“六个一律”等规定。市中院机关年度“三公”经费支出同比下降20.98%。开展“防止利益冲突制度建设”试点工作取得实效，全市法院无人因违法违纪而受到责任追究。选派干警500人次到法官学院、高等院校等参加各类专业培训；举办全市法院民事和执行业务培训班，轮训干

7月24日，最高人民法院副院长景汉朝（右二）在市中级人民法院院长周腾（右一）的陪同下到青秀区人民法院检查指导　　市中级人民法院提供

警580多名；选派干警29人进行上下挂职锻炼。组织干警开展司法理论研究，在全国法学会或法院系统评比中获奖16项，首次获广西第十二次社会科学优秀成果奖4项，研究成果在自治区法院评比中获奖75项，入选2013年度《中国法院年度案例》25个。

【司法监督】 2013年，市两级法院接受人大监督的重点是针对人大代表反映的“立案难”问题，深入基层法院和人民群众开展专题调研，形成调研报告向市人大常委会汇报并接受评议。接受政协民主监督，向市政协常委会通报全年工作。加强与人大代表、政协委员的联络，以走访座谈、迎接视察、邀请旁听案件审理并进行阳光评议等方式，听取人大代表、政协委员的意见和建议。向人大代表、政协委员寄送《南宁法官》《另眼看法2013》等刊物资料，方便行使知情权和监督权。办理和落实督办、交办案件，市中级人民法院办结全国人大常委会、自治区人大常委会和市人大常委会督办、交办函件53件，其中办结市人大常委会督办函件32件。接受检察机关法律监督，市中级人民法院邀请本级检察长列席审委会12次，参与讨论案件12件。

【案件选介】

王武等8名被告人特大走私普通货物案 2013年1月10日，市中院对广西有史以来查获的偷逃税款最高的走私成品油一案进行宣判，一审以走私普通货物罪，判处王武等8名被告人有期徒刑3年、缓刑4年至无期徒刑不等的刑罚。

法院经审理查明，被告人王武、周家成、李华喜、龙斗真、蒙雪清、廖家德、廖家凤违反海关管理规定，逃避海关监管走私柴油入境，被告人杨伟东、蒙雪清直接向走私人非法收购走私进口柴油，被告人蒙雪清为王武、周家成等人过驳、存放走私柴油提供方便，上述被告人偷逃应缴税额特别巨大，其行为均构成走私普通货物罪。根据各被告人犯罪的事实、情节及对于社会的危害程度，法院依法以走私普通货物罪分别判处王武无期徒刑，剥夺政治权利终身，并处罚金人民币7000万元；判处周家成有期徒刑14年，剥夺政治权利4年，并处罚金人民币3000万元；判处李华喜有期徒刑13年，剥夺政治权利3年，并处罚金人民币900万元；判处龙斗真有期徒刑12年，剥夺政治权利2年，并处罚金人民币800万元；判处杨伟东有期徒刑11年，剥夺政治权利1年，并处罚金人民币750万元；判处蒙雪清有期徒刑7年，并处罚金人民币500万元；判处廖家德有期徒刑5年，并处罚金人民币5万元；判处廖家凤有期徒刑3年，缓刑4年，并处罚金人民币4万元。另外，扣押在钦州海关缉私局、南宁海关缉私局的作案工具汽车1辆、手机及笔记本1批，依法予以收缴；所扣押的走私柴油54.76吨，在被告人王武处扣押的走私犯罪非法所得人民币183万元、在被告人周家成处扣押的走私犯罪非法所得人民币5.1万元，予以没收，上缴国库。

西乡塘区法院首例“人身保护令”案 2013年1月1日，新修订的民事诉讼法开始实施，规定人民法院对于可能因一方当事人的行为造成对方当事人损害的案件，根据对方当事人的申请，可以裁定责令当事人“作出”或者“禁止作出”一定行为，即法院向施暴者发出“人身保护令”。“人身保护令”将防治和惩处家庭暴力有机结合，不仅注重事后惩罚施暴者，而且注重事前保护受害者，为婚姻家庭生活的弱势群体提供有力的法律武器。8月26日，西乡塘区法院受理张某诉李某的离婚案，在案件审理过程中，办案法官经过核实张某提供的派出所接警记录等证据，认为张某提出的人身保护申请符合法律规定，9月24日向李某发出“人身保护令”民事裁定书，禁止李某威胁、殴打张某。是西乡塘区法院、南宁市法院依据新修订《民事诉讼法》第一百条首次对实施家庭暴力的案件当事人发出的“人身保护令”。 (潘伟坚)

检 察

【概 况】 2013年，南宁市人民检察院管辖县(区)检察院12个，茅桥地区人民检察院(派出机关)1个。市、县(区)两级检察机关有在编人员865人，其中检察干部818人，工人47人。具有检察员以上法律职务494人(检察员376人、检察委员会委员63人、副检察长41人和检察长14人)，助理检察员113人。有高级检察官204人，一级至五级检察官327人。市检察院在编人员173人，其中检察干部161人。检察员以上人员111人，助理检察员15人。市两级检察院干部有研究生学历115人。

市、县(区)两级检察院加强检察院建设与经济、社会建设互动，执行修改后的刑事诉讼法和民事诉讼法，健全执法机制。深化检务公开和亲民操作，落实人权保障。履行批捕和公诉的职能，保障人民安居乐业。批准逮捕故意杀人、放火、爆炸、强奸、绑架犯罪嫌疑人1345人，提起公诉1441人；批捕和起诉制售有毒有害食品、药品犯罪嫌疑人14人；受理审查逮捕9140人，批准或决定逮捕7262人；受理审查起诉8648人，提起公诉7420人。履行刑事法律监督职责，重点监督有案不立、违法取证、量刑畸轻等问题。监督立案139件，纠正不应当刑事立案183件；追加批捕犯罪嫌疑人353人，追加起诉188人，提出刑事抗诉18件。督促监管场所完善在押人员患病就医制度，跟踪检察指定居所监视居住，落实羁押必要性审查新规定，清查看守所留所服刑人员；检察监外执行罪犯2103人，纠正脱管166人、纠正漏管76人。加强派驻监管场所检察室规范化建设，在10个看守所实现常驻检察。纠正监狱机关提请减刑不当8人，纠正法院裁定减刑不当7人。立案侦查监管场所民警职务犯罪4人。

保持惩治职务犯罪的高压态势，坚持惩防并重方针，突出查办领导干部犯罪案件和损害民生民利的职务犯罪案件，加强源头预防，推进反腐倡廉建设。立案侦查贪污贿赂职务犯罪161人，立案侦查渎职侵权犯罪46人。建立职务犯罪侦查与预防一体化机制，执行职务犯罪预防年度报告制度，加强个案预防，分析职务犯罪案例195件；完善行贿档案查询工作机制，受理和答复行贿犯罪档案查询1.97万次。完善民事审判和行政诉讼的法律监督机制，强化县(区)检察院的民事行政诉讼监督职责，运用抗诉、检察建议对涉及国家利益、社会公共利益和民生利益的案件实施法律监督，提出抗诉6件，提请抗诉或建议提请抗诉36件，发出再审检察建议9件。参与社会管理创新，促进和谐社会建设。市机构编制委员会批复同意县(区)检察院设置27个派驻乡(镇)检察室，市人大常委会通过《关于进一步加强乡(镇)检察室建设的决定》。年内，乡(镇)、开发区设有派驻检察室16个。健全与公安、法院、司法、行政、信访等部门工作衔接机制，修复轻微刑事案件中的社会关系，化解社会矛盾，刑事案件附带民事问题转介调解成功和解131件。举行公开大接访、下访巡访活动，受理来信来访3079件。推进刑事被害人救助工作，救助刑事被害人248人，发放救助金59万元。检察社区矫正执行情况，纠正脱管193人。推进未成年人刑事检察专门化和专业化建设，严格控制适用逮捕措施，慎重起诉涉罪未成年人，不批捕、不起诉有悔罪表现的未成年人156人；参与未成年人保护一体化建设，维护未成年人权利，预防未成年人犯罪。加强检察业务改革，深化检务公开，推进检察执法办案的释法说理；深化审查逮捕双向说理。建立适用附条件批捕机制，适用附条件批捕犯罪嫌疑人25人。探索轻微刑事案件快速办理机制在检察业务环节的落实，促进刑事诉讼活动合法、文明、高效运行。实行未成年人刑事案件归口办理、心理辅导、分案起诉、犯罪记录封存等制度。

市两级检察院组织学习修订后的刑事诉讼法、民事诉讼法，开展检察人员轮训、岗位练兵等培训活动。采取座谈会、上门走访等方式听取人大代表和政协委员意见建议；健全联系群众工作机制，举办"检察开放日"活动，提高检察工作透明度。加强基础设施建设，良庆区检察院办案办公和技术大楼落成。年内，获最高人民检察院表彰先进单位1个，获自治区检察院表彰先进集体16个，获市委、市政府表彰先进单位(集体)32个；获最高人民检察院表彰先进个人2人，获自治区检察院表彰先进个人18人，获市委、市政府表彰先进个人47人。其中兴宁院被授予"第五届全国先进基层检察院"称号。

【刑事检察】 2013年，市两级检察院坚持人权保障和公正司法，落实修改后刑事诉讼法新增的法律监督职责，加强立案、侦查、审判、刑罚执行等刑事诉讼活动的法律监督。针对公安机关应当立案而不立案的案件，要求公安机关说明不立案理由139件，公安机关主动立案138件225人、接到检察院纠正通知后立案1件4人。经过立案监督的案件，检察院起诉99人，法院判决64人。纠正公安机关不应当立案而立案的案件183件。依法不批捕犯罪嫌疑人1837人，追加批捕犯罪嫌疑人353人；审查继续羁押必要性，建议办案部门把逮捕变更为其他强制措施12人；依法不起诉267人，追加起诉188人。办理公安机关提请复议复核不批捕32人，维持原决定。审查公安机关申请延长羁押期限111人，批准延长羁押期限109人。书面提出纠正侦查违法行为66件次。履行审判活动法律监督职责，监督上诉案件的审判活动，列席法院审判委员会讨论刑事案件12件次；审查法院改变指控的案件和刑事抗诉，提出刑事抗诉18件；法院审结14件，改判3件，发回重审4件。

【逮捕审查】 2013年，市两级检察院以保障人权和维护公平正义为重点，加强侦查监督，强化批捕和不批捕的说理，推进侦查、审查逮捕、审查起诉的执法质量衔接和监督制约；履行人权保障与惩治犯罪相统一的法律审查职能，批捕涉嫌爆炸、杀人、强奸、绑架、抢劫等重大恶性犯罪案件1345人，"两抢一盗"(抢劫、抢夺、盗窃)案件1379人；对于缺乏少量证据但取证可能性大的重大案件，附条件批准逮捕16件26人。贯彻修改后的刑事诉讼法，慎用逮捕措施，对于涉嫌犯罪但无逮捕必要的犯罪嫌疑人依法不予批准逮捕473人。审查羁押必要性，监督羁押措施和羁押期限的合理使用。监督与指导刑事案件审查逮捕事前、事后的办案质量，建立批捕后侦查补充证据信誉评估制度，促进侦查人员提高批捕后侦查质量和效率，克服批捕后怠慢侦查的弊端。市两级检察院受理审查逮捕6147件9140人，批准或决定逮捕5134件7262人，不批捕1837人。逮捕后作不起诉处理163人，其中因无罪而不起诉6人，因证据不足而不起诉45人，因犯罪情节显著轻微而不起诉112人。逮捕后因证据变化、法律变化等因素而撤案13件13人。

【起诉审查】 2013年，市两级检察院贯彻修改后的刑事诉讼法，坚持人权保障与惩治犯罪的正义性统一。坚决排除非法证据，实行轻罪案件与重罪案件分流办理机制，落实起诉案件出庭支持公诉，做好公诉案件庭前会议准备，推广量刑建议的操作。着重审查危害国家安全的案件，如黑恶势力、涉枪涉爆、拐卖妇女儿童、毒品等严重危害社会治安犯罪活动的案件，维护社会稳定。起诉故意杀人、抢劫、绑架等严重暴力犯罪嫌疑人1441人；起诉涉枪涉毒涉赌犯罪嫌疑人1358人。注重服务和保障民生，起诉制售有毒有害食品、假药劣药的被告人52人。审查起诉涉众17万余人、涉案金额一亿多元的昌顺捷五富通林业发展有限公司非法吸收公众存款案。加强保护特殊群体和困难群众权益，广西首次以拒不支付劳动报酬罪起诉拖欠9名农民工48万余元工资的犯罪嫌疑人；起诉买卖妇女儿童、猥亵儿童等犯罪嫌疑人121人。参与"美丽南宁"建设，起诉破坏资源环境及妨害城市管理执法等犯罪嫌疑人141人。贯彻宽严相济刑事政策，与调解机制对接，促成轻微刑事案件当事人达成和解131件。市两级检察院受理审查起诉5938件8648人，提起公诉5145件7420人。

【贪污贿赂案件查办】 2013年，市两级

6月24日，自治区检察院检察长崔智友(右三)、市检察院检察长黄建波(右二)、江南区检察院检察长林中(右一)在江南区检察院接待群众来访　　市检察院提供

检察院保持惩治贪污贿赂犯罪高压态势，促进干部清正、政府清廉、政治清明建设。办案工作重心前移到初查阶段，侦查模式由“以口供找证据”向“以证据促口供”转变。贯彻修改后的刑事诉讼法，依法使用指定居所监视居住等侦查措施；加强侦查技术装备建设，使用测谎技术、声纹鉴定和手机数据管理系统等新技术辅助侦查。强化侦查一体化机制，发挥侦查整体优势。采取集中力量查办大案要案及窝案串案的方法，立案侦查重大特大案件涉案27人、窝串案33人。坚持“老虎”“苍蝇”一起打，立案侦查武鸣县人大常委会一名副主任、上林县政协一名副主席等处级领导干部涉嫌犯罪要案16人。查办发生在群众身边的贪污贿赂犯罪，维护民生民利，立案侦查征地拆迁和保障性住房领域涉案28人、教育领域涉案25人、新农村建设和惠农资金管理等涉农领域涉案15人、水利工程建设领域涉案13人、社会管理和执法司法领域涉案8人、其他领域涉案8人。使用技术侦查等方法抓获在逃贪污贿赂犯罪嫌疑人7名。在广西检察机关反贪部门优质案件评选中，青秀区检察院侦查的宾阳县国土资源局原局长受贿案被评为“精品案件”，市检察院侦查的市城市照明管理处原主任受贿案等6件案件被评为“优质案件”。市两级检察院受理贪污贿赂犯罪案件线索181件，初查143件，立案侦查142件161人；侦查终结案件136件154人，移送审查起诉案件133件150人，移送不起诉案件3件4人；起诉案件118件142人、不起诉案件13人；法院作出生效判决136人。通过办案挽回经济损失1989.80万元。

【渎职案件查办】 2013年，市两级检察院服务和保障民生，开展查办发生在群众身边、损害群众利益的渎职侵权犯罪专项工作，促进公职人员依法行政、廉洁履职，保护国家财产和群众权益。立案侦查土地监管领域案件18件18人、养老保险领域案件5件5人、其他领域渎职犯罪案件7件7人，包括上林县国土资源管理局和规划建设局的原局长违规出让国有土地造成2988万元损失、马山县劳动保险所一副所长违规发放养老保险造成126万元损失、宾阳县公安局3位民警徇私枉法、良庆区五象新区5名征地拆迁工作人员玩忽职守致使巨额补偿款被骗等渎职案件。深化检察机关反渎职部门与公安机关纪检监察部门联席会议机制，召开联席会议34次，推进查办和预防公安人员违法犯罪工作联动实效，立案侦查公安司法领域涉嫌渎职犯罪案件9件9人。市两级检察院立案侦查渎职侵权犯罪案件45件46人，其中重大案件8人、特大案件18人、处级干部要案2人，其他10人；侦结案件42件43人，移送起诉42件43人，起诉22件22人；法院生效判决案件1件1人，未生效判决5件5人，未审结27件27人(含上年积存)。

【职务犯罪预防】 2013年，市两级检察院深化职务犯罪惩防一体化机制，实行职务犯罪预防年度综合报告制度，为党委、政府决策提供依据。发展预防职务犯罪工作成员单位21个。南宁轨道交通工程建设项目被列为全国检察机关专项预防职务犯罪挂牌督办项目；市检察院与市国资委、南宁轨道交通有限责任公司成立联合预防职务犯罪工作领导小组，防范工程建设职务犯罪风险。上林县、宾阳县的县委党校把预防职务犯罪教育纳入党校授课内容和教学计划。举办南宁市首届预防职务犯罪公益海报评选活动，市检察院选送的作品《国货精品》《玉如国，国为家》在全国检察机关首届廉政公益海报评选中分别获得一等奖、优秀奖。市检察院自编自导自演的广西检察机关第一部现代廉政警示话剧《金钱草》，在机关企事业单位巡演15场。年内，市两级检察院进行职务犯罪案例分析195件；结合办案实际向相关单位提出预防检察建议182件，被采纳85件；开展警示宣传教育884次，开展预防职务犯罪咨询248次；受理和答复行贿犯罪档案查询1.97万人次。

【监所检察】 2013年，市两级检察院落实人权保障和司法公正原则，加强刑罚执行监督、看守所执法监督，促进监管活动文明规范，维护监管秩序安全与稳定。驻黎塘监狱检察室投入使用，对市第三看守所、市第四看守所、新康监狱检察室由巡回检察改为派驻检察，实现10个看守所全部设立派驻检察室。采取现场检察与巡视检察相结合，检察监管场所收押、释放、留所服刑、禁闭活动、械具使用、生活卫生、教育管理等监管改造活动。市检察院采取突击巡视方式，检察派驻检察机构工作条件、执法监督，监管单位执法、执行工作。市检察院与市公安局、市辖4家看守所共同制定《罪犯交付执行与留所执行工作机制》，促进罪犯交付执行与留所服刑依法有序开展。坚持羁押期限预警机制提示、提前告知制度，做好羁押期限检察台账，落实换押制度，防止超期羁押发生。市两级检察院书面纠正监管活动与刑罚执行违法案件387件，发现监管场所苗头性、倾向性安全隐患并提出书面检查建议70件。督促监管场所完善在押人员疾病就医制度，审查、调查被监管人死亡34人，其中监狱内死亡24人，监外死亡10人，确定均属正常死亡。跟踪检察指定居所监视居住29人，没有发现违法情况。清理久押不决案件16件52人。落实法律关于审查继续羁押必要性的新规定，建议办案部门变更强制措施12件12人。督促清理关押在看守所的剩余刑期一年以上的罪犯，纠正违法留所服刑5人；督促看守所交付监狱执行812人，监督留所执行357人，纠正看守所不依法送交监狱执行15人。审查提请罪犯减刑案件6062人、假释59人、暂予监外执行145人；纠正提请减刑不当案件8件8人；出席减刑案件法庭审理案件305件305人、出席假释案件法庭审理39件39人；审查裁定罪犯减刑案件4267人、假释39人、决定暂予监外执行121人，纠正裁定减刑不当案件7件7人。经过5次专项活动，检察监外执行罪犯2103人，纠正脱管166人，纠正漏管76人，纠正其他违法情形案件440件，提出检察建议203件。执行死刑临场监督案件15件15人。立案侦查监管场所干警职务犯罪案件4件4人，起诉2件2人，法院审结1件1人。

【控告申诉检察】 2013年，市两级检察院加强“文明接待室”建设，履行新增诉讼监督职责，完善涉检信访工作机制，推行刑事申诉公开听证审查制度和刑事被害人救助制度，探索诉讼权利救济操作方式。坚持每季度“公开大接访”制度，推行业务分管检察长对口接访、分管检察长会签制、三级领导包案制、部门联合答复制工作模式；开展排查涉检信访和化解积案专项活动，办结中央政法委、自治区政法委交办涉法信访积案5件。进行执法办案风险评估预警，评估案件3475件，发出预警106件。开展举报宣传周活动，清理举报线索831件。公开审查申诉案件，采取公开答复、公开质证和公开听证方式，增强执法公信力。刑事被害人救助工作，探索司法救助与社会救助相衔接机制，协调民政、公安、教育、劳动保护部门及学校和企业单位，推进经济救助、心理救助、法律救助相结合的模式。市两级检察院受理来信来访3079件，其中控告申诉2389件，受理举报线索690件。检察长接待来访群众53件，批办10件，办结7件。受理不服检察机关处理决定刑事申诉案件238件，办结224件，结案后维持原决定189件，改变原决定35件。受理不服法院刑事判决申诉案160件，办结156件，提请抗诉37件，提出抗诉1件，提出检察建议64件。受理刑事赔偿申请案件9件，立案审查并办结9件，决定赔偿9件，给予赔偿41.86万元。奖励举报有功人员227人，发放奖励金额13.89万元；救助刑事被害人248件248人，发放救助金59.04万元。受理上级检察院和同级党委、人大交办案26件，办结24件。落实新增诉讼监督职能，受理司法机关侵犯诉讼权利的控告申诉案件8件，审查8件，纠正2件；受理司法机关侵犯公民权益的申诉案件59件，审查59件。

【民事行政检察】 2013年，南宁市两级检察院贯彻修改后的民事诉讼法，加强监督法院的审判、司法调解和执行，加强对国家机关和国有企业的督促起诉和支持起诉。加强县（区）检察院民事行政诉讼监督，对于法院确有错误判决裁定，以向法院提出再审检察建议为主，以提请上级检察院抗诉为辅，重点纠正损害当事人权益的民事行政裁判。监督民事行政审判的违法行为，提出纠正意见133件；监督法院执行活动，提出纠正意见487件。法院裁判正确346件申诉案，做好申诉人释法说理，促进息诉服判。督促国家机关和国有企业履行职责，支持起诉涉及国家利益、公共利益和公民权益的案件480件；对于犯罪案件中造成国家、集体财产损失行为，在提起刑事公诉时一并提起附带民事诉讼，通过诉讼途径追回损失。市两级检察院受理民事行政申诉案1761件，向市中级人民法院提出抗诉案件6件；向自治区检察院提请抗诉案件36件，自治区检察院采纳23件；法院审结案件77件，法院改判43件、撤销原判发回重审5件、调解结案10件、当事人和解后撤诉2件；发出再审检察建议9件，法院采纳并启动再审9件，审结改判3件；发出纠正审判活动违法行为检察建议133件，发出纠正执行违法行为检察建议487件；办理支持起诉案件480件，法院采纳307件；经疏导，当事人服判息诉案件346件。

【检察技术】 2013年，南宁市两级检察院加强检察技术在职务犯罪侦查、诉讼监督的应用，加强信息技术在检察院办公办案的应用。利用司法会计、法医检验、文件检验等技术门类开展检验鉴定，为检察业务提供证据支持。取得司法鉴定资格新增8人，其中市检察院新增电子取证、心理测试人员4人，使市检察院在广西检察机关率先拥有心理测试鉴定人。创新应用电子证据、心理测试等新技术，提供电子证据技术协助10次，心理测试、心理跟踪应用20件。心理测试应用于被怀疑有职务犯罪可能的人员20人。监管场所对保外就医文证审查50件，发现和纠正不符合保外就医条件3件。建设看守所职务犯罪专用讯问室（特审室）2间，与自治区检察院、南宁市检察院网络互联互通。推进涉密分级保护，实现网上办公、网上办案实现。市两级检察院受理技术案件1275件，全部办结。其中，检验鉴定61件，文证审查861件，技术协助353件。完成同步录音录像270人次，录制时间1971.50个小时。

【未成年人案件检察】 2013年，南宁市两级检察院贯彻“教育、感化、挽救”方针，执行修改后刑事诉讼法未成年人刑事案件特别程序规定，组建专门工作机构，确定专门人员，推进未成年人权利检察专业化发展。市检察院组建未成年人刑事检察办公室，兴宁区检察院调整充实未成年人刑事检察科的人员，其他县（区）检察院建立专门工作小组。与市中级人民法院、市公安局、市司法局、广西社会心理学会联合制定《关于合适成年人参与刑事诉讼的暂行规定》《关于涉案未成年人心理辅导暂行规定》《未成年人刑事案件社会调查暂行规定》《实施未成年人前科封存制度的暂行规定》等文件，细化办案操作程序。保障未成年人在审查逮捕、审查起诉中获得律师法律援助服务，听取律师辩护意见，慎重逮捕、起诉涉罪未成年人。落实教育、感化和挽救措施，依法不批捕、不起诉情节较轻、有悔罪表现未成年人156名。7月，经市检察院建议和协调，市第一看守所设立在押未成年人专用监区，统一关押城区司法机构审查的未成年犯罪嫌疑人。落实羁押必要性审查、分案处理、犯罪记录封存等措施，运用心理辅导、联合帮教等方法，帮助失足未成年人回归校园和社会，参与少年犯罪预防。市两级检察院受理审查逮捕未成年犯罪嫌疑人731人，批捕595人，不批捕136人；受理审查起诉未成年犯罪嫌疑人688人，起诉627人，不起诉18人，附带条件不起诉14人。通过检察工作与人民调解、律师调解的对接，转介未成年人刑事案件民事和解9人。检察未成年罪犯减刑917人、假释1人，保外就医14人；救助未成年刑事被害人或其家属11人，发放救助金5万元。

【人民监督员制度】 2013年，南宁市两级检察院继续推行人民监督员制度，人民监督员统一监督两级检察院查办职务犯

10月12日，市检察院到上林县乔贤镇龙头村慰问贫困孤寡老人

市检察院提供

罪案件。市两级检察院接受人民监督员监督案件15件21人（其中拟撤销2件2人，拟不起诉13件19人），评议终结14件20人，未结1件1人。人民监督员经过评议和表决，同意检察机关承办部门拟处理意见；检察长决定或检察委员会讨论决定结果与人民监督员评议结果一致。

【兴宁区人民检察院获“全国先进基层检察院”称号】 2013年，南宁市兴宁区人民检察院加强业务建设和队伍建设推进检察职业化建立专门化与社会化工作机制。队伍建设注重提升检察官办案能力和人文素养，举行“检察官教检察官”讲坛和岗位练兵活动，邀请专家讲授传统文化和人文知识，培养“求真务实、敢于超越”检察职业心智，形成“执法严格、工作严谨、方法创新”职业作风，培养全国检察业务人才1人、广西检察业务人才4人。成立广西第一个未成年人刑事检察专门工作机构，试行集心理辅导、社会调查、亲情会见、法律援助、矫正帮扶为一体教育感化机制。探索繁简分流机制和认罪轻案快速办理机制，运用快速办理机制办理初级198件刑事案件，每案在10天内办结，判决后当事人均不上诉。建立检务接待服务中心，为公民提供申诉举报、案件进程查询、法律咨询、行贿档案查询、诉讼文书查阅等服务。在广西首创社区检察工作模式，在社区、学校、企业设立联络点34个，开展控告申诉接待、法律咨询、诉讼帮助服务、救助刑事被害人、犯罪预防、社区矫正监督、基层公共执法监督等事务，把检察职能延伸到社区，服务基层社会建设。年内，市兴宁区人民检察院获“全国优秀青少年维权岗”“全国维护妇女儿童权益贡献奖”“广西首届十佳青少年维权岗”“广西壮族自治区文明单位”“广西检察机关基层建设示范院”等集体称号。3月26日，市兴宁区人民检察院被最高人民检察院授予“全国先进基层检察院”称号。

【公诉案件选介】

生产与销售毒鸡爪案 2007年至2013年5月，张春东从东兴市购进走私入境的牛百叶、牛黄喉、牛肚，从南宁市良庆区银海大道玉洞冷库、南宁市杀鸡市场等处购进鸡爪、鸭掌等食品，在南宁市良庆区自家及租用10处民房内，使用过氧化氢等国家明令禁止在食品加工中使用的有毒原料进行加工，销往广西南宁市、防城港市、柳州市、合山市及贵州省等地。2013年5月15日，公安机关当场查获张春东加工的有毒鸡爪、鸭掌等食品的成品及半成品6633.70千克，食品原料11.40吨，过氧化氢20桶500千克，工业烧碱20千克，涉案车辆5辆。6月20日，南宁市良庆区检察院依法批准逮捕张春东。12月26日，良庆区法院作出判决，以生产、销售有毒食品罪判处张春东有期徒刑2年。 （蒙 旗）

司法行政

【概 况】 2013年，南宁市司法行政系统有市司法局1个、县（区）司法局12个、乡镇、街道司法所125个，全市司法行政系统编制561名。其中：市司法局机关73名，县（区）司法局146名，乡镇、街道司法所342名。在职526人，其中市司法局机关67人，县（区）司法局机关139人，司法所320人。法律援助机构13个，律师事务所109家，执业律师1095人。担任法律顾问716家，公证处8家、执业公证员34人。基层法律服务机构52个，法律工作者317人。各类人民调解组织1960个，其中乡镇调委会104个、街道调委会23个、村（社区）调委会1741个、企事业单位调委会40个、社会团体和其他调委会24个；配备调解员1.60万名。司法鉴定机构7家、司法鉴定人员61人。市司法行政系统办理案件7419件。公证处办理公证事项1.41万件，公证收入502万元。办理法律事务2973件。法律援助机构办理法律援助案件4275件。“12348”热线接听并解答来电咨询9086人次。组织2013年国家司法考试，南宁考区报名人员4319人，未发生任何违规违纪事件。以开展法治城市建设为契机，推进依法治理和法制宣传教育，利用网络在线学习考试的手段开展普法教育，建立和推行无纸化普法学习考试平台。全市创建具有南宁特色的普法品牌70个。以健全机制为重点，全面规范社区矫正和安置帮教，开展“社区矫正质量年”活动，完成社区矫正移动监管平台项目建设，提升社区矫正工作信息化监管水平。加强重点人员衔接，强化刑释解教人员的管理。提高安置帮教基地建设质量，以提升规范为抓手，夯实基层基础工作，加强人民调解，预防、排查和调解民间纠纷4.51万件。推进司法业务用房建设，开工建设项目4个。突出重点，抓好领导干部、公务员、青少年、农民、企业经营管理人员学法用法，举办领导干部、公务员、青少年学生等法制讲座2447期；以举办一场机关法制讲座、开展一次农村普法活动、举办一场社区法制文艺演出、召开一次学校法制主题班会、召开一次企业集中学法会议、撰写一篇单位职工学法心得的“六个一”活动为载体，开展法律“六进”活动4360次。

发挥先进典型的引领示范作用，培育并创建先锋示范岗11个、先锋示范点2个、先锋示范单位1个、先锋示范队伍4支、先锋示范品牌1个。全市司法行政系统有3个集体和3名个人获省（部）级表彰，38个集体，33名个人获地（厅）级表彰，68个集体和142名个人获市级表彰。

【法制宣传教育】 2013年，南宁市按照上级关于法治建设的部署要求，以《关于进一步深化法治城市创建加强法治南宁建设的实施意见》为指导，开展普法依法治理和法治创建活动，推进法治城市、法治县（区）创建。市司法局会同有关部门制定出台《南宁市非人大常委会任命领导干部任前法律知识考试办法（试行）》《南宁市领导干部学法制度》，利用网络在线学习考试的手段开展普法教育，建立和推行无纸化普法学习考试模式，创建学法用法平台3个，参加年度普法考试11.20万人。拍摄电视宣传汇报片3部，组建法制宣传队伍6支，新编法制宣传专刊12期，组织创作法治文艺精品60余件。

【人民调解】 2013年，南宁市司法局加强人民调解组织建设，横向到边，纵向到底，全方位、立体化的人民调解格局进一步完善，各乡镇（街道）、村（社区）和企事业单位、各行业建立人民调解组织1932个，其中乡镇调委会104个、街道调委会23个、村（社区）调委会1741个、企事业调委会40个、社会团体和其他调委会24个，人民调解员1.60万人。各级人民调解组织调解民间纠纷4.51万件，调解成功4.35万件，成功率96.50%，防止民间纠纷引起自杀案件24件53人，防止民间纠纷转化为刑事案件308件1.18万人，防止群体性上访439件2.41万人，防止群体性械斗294件2.65万人。以市政府将人民调解工作室建设列入2013年度市政府“六个一”工作为契机，制定《南宁市建立健全村（居）委会和乡镇（街道）人民调解工作室实施方案》《南宁市开展人民调解规范化建设活动实施方案》，加强人民调解工作室建设，建立健全乡镇（街道）、村（居）委会人民调解工作室 1884 个，建成率 100%。

【医疗纠纷人民调解委员会】 2013 年，市司法局创新人民调解机制，推进医疗纠纷人民调解工作，成立由市委常委、宣传部部长、副市长吕洁和副市长、市公安局局长廖洪涛担任主任的“市医疗纠纷人民调解工作指导委员会”，指导委员会下设办公室、医疗纠纷现场处置组、医疗纠纷调解组、医疗纠纷预防监管组，各组分工负责，各司其职，全面配合做好医患纠纷预防和调处。以市政府名义印发《南宁市关于开展医疗纠纷人民调解工作的意见》，与卫生部门联合印发《关于印发南宁市医疗纠纷人民调解工作实施办法（试行）的通知》。10 月 17 日，市政府召开全市医疗纠纷人民调解工作推进会。各县（区）建立医疗纠纷人民调解委员会 13 个，受理医疗纠纷人民调解案件 166 件，结案 160 件，其中调解成功 95 件，成功平息纠纷或引导诉讼解决纠纷 47 件，正在调解的 6 件。12 月 9 日，《人民日报》社会版头条刊登《解医患纠纷，南宁有个“医调委”》，推广南宁市医疗纠纷调解的经验。

【社区矫正】 2013 年，南宁市司法局组织开展“社区矫正质量年”活动，加强社区服刑人员的监督管理、教育矫正、社会适应性帮扶三项任务，社区矫正质量全面提升。加强社区矫正组织机构和队伍建设，全市 12 个县（区）落实公益性岗位人员 118 名，配备协管员 146 名，举办社区矫正业务培训班 30 多期，培训 3000 人次，提高社区矫正工作者的业务素质和能力水平。联合市财政局组成专项工作调研组，深入县（区）开展社区矫正经费保障调研，起草《关于加强社区矫正经费保障工作的意见》《社区矫正工作经费概算》，为出台社区矫正经费保障政策提供依据。推进社区矫正移动监管平台项目建设，提升社区矫正工作信息化监管水平，市财政投资 263 万元，经招投标、设备采购、工程建设及调试运营等环节，10 月完成项目建设。累计接收社区服刑人员 2888 人，累计解除矫正 1270 人，现有社区服刑人员 1618 人，重新犯罪率 0.20%。

【刑释解教人员安置帮教】 2013 年，市司法局提高安置帮教基地建设质量，为刑释解教人员营造良好就业环境。全市 20 个安置帮教基地总体达“适应需求，全员纳入”要求。宣传就业政策，会同工商、税务、财政等部门针对刑释解教人员开展宣传活动 12 场次，加强重点人员的衔接，强化刑释解教人员的管理。接收刑释解教人员 2316 人，帮教率 97.90%，安置率 96.40%。

【公证事务】 2013 年，南宁市有桂南、德芳、武鸣县、横县、宾阳县、马山县、上林县、隆安县 8 个公证处，公证员 34 人。公证工作发挥服务、沟通、证明、监督职能作用，公证人员推出开设特色窗口、上门服务、提供公证法律援助等便民服务措施，提高公证服务水平。桂南公证处建设一站式服务大厅，实现咨询、办证、接待、收费、发证一站式服务。继续为多家重点企业开辟公证服务“绿色通道”，对南宁市限价普通商品住房三次公开摇号活动进行现场监督公证，协助符合申购条件的 1423 户申购户选购住房。办理公证 1.41 万件，其中经济公证 50 件，民事公证 9711 件，涉外公证 5570 件，涉港澳台公证 670 件，总收入 562 万元。接待咨询 3 万余人次，其他来电咨询 4 万人次。

【律师事务】 2013 年，南宁市律师为各级政府、企业、群众提供法律服务，为自治区工业和信息化委员会、市体育局和江南区政府等 13 个政府部门担任法律顾问，到广西融资性担保业协会、华电南宁新能源有限责任公司、广西金融投资集团等企业讲授法律知识、解答法律问题，深入邕宁区、江南区针对村路建设和拆迁征用以及未成年人犯罪等问题开展系列法律服务活动。市政务服务中心设立专门的法律服务窗口，开展便民法律服务。加强信访值班，参与信访 265 批次，接待信访 289 人次。组织志愿律师到市妇联信访值班，接听 5503320 妇女儿童维权热线，为妇女儿童解答热线咨询 2259 条、接访 378 件。率先在全市非公企业和社会组织中成立党委，加强律师行业党建。全市律师代理案件 6497 件，办理非诉讼法律事务 922 件，担任政府部门和企事业单位法律顾问 716 家，办理法律援助案件 2026 件。

【基层法律服务】 2013 年，南宁市司法局借助基层法律服务工作者协会，加强对基层法律服务工作者的管理和教育。引导基层法律服务工作者进驻司法行政“温馨之家，贴心服务”社会管理平台，为群众提供法律咨询服务，参与法律援助，帮助困难群众维权。全市有基层法律服务机构 52 家，基层法律工作者 317 人。基层法律服务工作者担任法律顾问 204 家，代理诉讼事务 1904 件，代理非诉讼事务 1069 件，办理法律援助案件 257 件，代书 2879 件，接受咨询 9142 人次，挽回经济损失 9222 万元。

【法律援助】 2013 年，南宁市司法局围绕服务保障和改善民生，完善法律援助机构“三项标准”动态调整机制，提高法律援助服务质量和效率。推出便民利民措施，为低保人群、零就业家庭、特困企业职工、返乡农民工、有特殊困难老年人、未成年人、残疾人等特殊群体申请法律援助设置“绿色通道”，降低门槛，简化

8 月 28 日，市司法局在友爱广场开展《中华人民共和国公证法》颁布八周年宣传活动 曾永超 摄

程序,为经济困难群众提供法律援助,受援群众4545人;开展法律服务农民工活动,建立农民工法律援助“绿色通道”工作机制,在市政务服务中心设立农民工服务岗,主动为符合法律援助条件的困难农民工提供免费的司法鉴定援助以及减免公证费用等服务。各级法援机构办理农民工法律援助案件1079件。开展“法律援助进万村”活动,行政村建立法律援助联系点,村级法律援助网络和联络员实现全覆盖。强化刑事诉讼法律援助,加强新刑诉法实施后各项法律援助配套工作。办理法律援助案件4275件,连续第四年实现每年增量1000件目标,其中,刑事案件1188件,民事案件3079件,行政案件8件,国家赔偿案件2件。为当事人挽回经济损失3513.84万元。12348法律援助电话解答咨询9086人次。

9月14日,自治区司法厅副厅长韦乃扬(右一)巡视国家司法考试南宁考场

曾永超 摄

【国家司法考试】 2013年,南宁市报名参加国家司法考试4319人,同比增长11.70%,再创历史新高。设4个考点144个考场组织考试,未发生任何违规违纪事件,实现自治区司法厅提出的“四个不发生”(不发生有组织的政治性、群体性事件,不发生失泄密及考试安全事件,不发生考点、考场秩序混乱事件,不发生工作人员违法违纪事件)、司法部提出的“四个安全”(考卷安全、考场安全、考试安全、人员安全)的工作要求。考试通过人数996人,通过率23.06%。其中:考试成绩达到合格分数线360分325人,通过率7.52%;达到放宽分数线305分~359分671人,通过率15.54%。

【司法鉴定】 2013年,南宁市司法局履行监督管理职责,开展司法鉴定规范执业情况调研活动、法医临床司法鉴定和法医精神病鉴定专项检查活动,开展司法鉴定质量认证和业务培训,提高司法鉴定服务质量和管理水平。各司法鉴定机构和司法鉴定人严格遵守执业规范和执业纪律,无违规违纪现象。全市有司法鉴定机构7家,其中法医类、物证类司法鉴定机构5家,建筑类司法鉴定机构2家。司法鉴定人员61名。办理鉴定事项4933件,其中涉及诉讼的鉴定631件,采信率100%,提供鉴定援助14件。

【业务用房建设】 2013年,南宁市司法局推进司法业务用房建设工作全市有南宁市本级、江南区、马山县、宾阳县4个市县级司法业务用房项目获得中央预算内投资批复,批复总建筑面积10001平方米,总投资2421万元,其中中央1766万元,地方655万元。12月,项目建设资金到位1868万元,其中中央1313万元,地方555万元。获批复的项目已开工建设4个。

【无纸化普法考试平台】 2013年,南宁市司法局利用网络在线学习考试的手段开展普法教育,建立和推行无纸化普法学习考试平台。11月至12月,首次利用无纸化“学法用法”考试软件平台,各级各部门11.20万名干部、职工参加无纸化考试。参考率96.50%,合格率100%。

【南宁普法网】 2013年,南宁市依法治市办以“传播法律知识·弘扬法治精神”为宗旨,建设专业普法网站——南宁普法网,网站开设普法要闻、工作动态、法治文化等9个栏目,展现全市普法依法治理热点新闻、工作亮点和成果等内容,不断增强法制宣传教育吸引力和渗透力。自8月份网站创建以来,各县(区)、各单位投稿发表信息600余条。

【领导干部任职前法律知识考试与学法用法制度】 2013年,南宁市司法局抓实抓好领导干部的学法用法,提高运用领导干部法治的思维和法律手段解决问题的能力,会同市委组织部、市委宣传部、市人社局、市法制办出台《南宁市非人大常委会任命领导干部任前法律知识考试办法(试行)》,规定本市非人大任命的、新提拔担任处级、科级领导职务的干部,在试用期内正式任职之前统一集中参加任前法律知识闭卷考试,成绩合格方能正式任职。出台《南宁市领导干部学法制度》,对全市副科级以上领导干部学法内容、方式途径、考试、考核、保障措施等作明确规定,考试成绩作为领导干部任职、考核的重要依据。

【中共南宁市律师协会委员会】 2013年3月10日,南宁市律师协会律师党员大会在南宁召开,选举出中共南宁市律师协会委员会委员,新成立的南宁市律师协会党委隶属于南宁市司法局机关党委,有党员律师158名,独立律师事务所党支部12个,联合党支部6个。大会选举产生第一届中共南宁市律师协会委员会,并召开中共南宁市律师协会委员会第一次全体会议,选举产生律协党委书记、副书记、纪检委员、组织委员、宣传委员等委员。南宁市律师协会率先在全市非公企业和社会组织中成立党委。

【社区矫正信息指挥中心】 2013年,南宁市司法局为适应创新社会管理新形势,针对社区服刑人员流动性大,社区矫正工作人员不足,监控手段落后等现状,市政府投入263万元建立社区矫正信息指挥中心,10月建设完成。具有电子档案、风险评估、定位监管、短信指令、管理监督、教育帮助、考核鉴定、网上办公、数据分析、解除矫正、信息发布、安置帮教、工作机制、管理中心14项主要功能,将社区矫正各个环节融入系统,实现管理信息化、网络化、智能化。社区矫正信息指挥中心实行市级社区矫正机构统一指挥,县(区)社区矫正机构具体管理,乡镇(街道)司法所具体操作的三级运行管理模式。 (周 芹)

责任编辑 陈天皓

军　事

中国人民解放军广西南宁警备区

【概　况】 2013年，中国人民解放军广西南宁警备区贯彻落实军委、总部和广州军区、广西军区的指示精神，围绕党在新形势下的强军目标，按照“抓首位固根本、抓中心谋打赢、抓基础促发展、抓安全保稳定、抓作风求实效”的思路，开拓创新，真抓实干，完成以军事斗争准备为龙头的各项任务，部队和民兵预备役建设取得新的发展进步。警备区被广西军区评为民兵报废弹药销毁处理工作先进单位。横县、邕宁区人武部被广西军区评为全面建设先进团级单位。武鸣县人武部被广西军区评为民兵报废弹药销毁处理工作先进单位。金牛桥干休所被广西军区评为先进干休所。宾阳县人武部被自治区党委政法委、广西军区政治部表彰为涉军维权工作先进单位。受军以上单位表彰23人，立三等功5人，26名战士被评为优秀士兵。

【思想政治建设】 2013年，警备区围绕铸牢强军之魂，抓好党的十八大精神、强军目标重大战略思想、十八届三中全会精神等学习贯彻，开展“学习贯彻党章、弘扬优良作风”“坚定信念、铸牢军魂”教育活动。以转作风反“四风”为抓手，持续抓好党中央、中央军委和两级军区党委关于改进作风的指示规定落实，突出抓好“用心、用人、用钱、用时”专项整治。召开警备区第二次党代表大会。以先进性、纯洁性和能力建设为主线，加强团级党委班子指导帮带，狠抓干部队伍教育管理，班子和干部队伍建设有新进步。抓好“反渗透、反心战、反策反、反窃密”专题教育和形势政策宣传教育，严格涉密岗位等重点人员的政治考核，确保部队内部纯洁。

【战备训练】 2013年，警备区围绕“能打仗、打胜仗”标准要求，开展作战问题研讨和战法创新活动。4篇研讨论文被广西军区刊用。做好邕宁区人武部战备工作试点，试点经验获广州军区和广西军区肯定，并在广西军区推广。抓好人武部日常战备工作落实，完成作战值班视频指挥系统建设，战备秩序进一步规范。坚持从难从严从实战需要出发，常态落实首长机关体能、技能训练，完成年度民兵军事训练任务。警备区首长机关参加广西军区基础课目评比性考核名列内地分区第一，西乡塘区民兵重点应急连迎接广西军区考核名列第四。开展民兵应急分队比武竞赛，先后2次组织首长机关战备拉动演练，完成“神十”备勤、抢险救灾、“两会一节” 安保执勤等重大任务，部队和民兵遂行多样化任务能力不断提升。

【部队管理】 2013年，警备区贯彻落实两级军区关于部队正规化管理的有关规定，开展“条令学习月”“五查五纠”（查秩序，纠“非军事化”；查用车，纠私自开军车；查保密，纠制度虚设；查交往，纠乱拉乱扯；查网络，纠违规上网）活动，规范战备、训练、工作、生活秩序。以邕宁区人武部正规化管理现场会为抓手全面推进部队正规化建设。开展作风纪律教育整顿和安全大检查、枪支弹药管理清查整顿等活动，抓好人员、车辆、枪弹、涉密载体、营院的安全管控，保持部队安全稳定。重视维护社会稳定，协助地方有关部门妥善处理上访事件11起，动员和组织1700名民兵参与“两会一节”安保执勤任务。

【民兵预备役】 2013年，警备区推进民兵组织建设调整改革，完成基干民兵应急、支援、储备3类队伍的调整编组，落实广西血液动员中心、广西军械装备维修保障动员中心、广西军区民兵装备维修营的组建任务。针对新兵征集时间调整等新情况、新问题，抓平时征兵准备，组织体检政审，完成年度新兵征集和士官直招任务。落实党管武装工作制度，协调地方党委政府制定出台团职军转干部安置、随军家属就业和军人军属优待等措施办法，组织党管武装工作绩效考评，集中宣布7个县（区）人武部党委第一书记任命，强化地方各级领导国防意识和党管武装观念。

【城市警备纠察】 2013年，警备区贯彻落实新修订的《警备条令》，狠抓警备队伍建设，进一步规范警备执勤秩序，提高警备队伍素质。坚持白天查与夜间查、节假日查与平时查、临机查与群众举报查、突出重点查与控制节点查相结合的办法，持续开展“严格管束外出军人军车、严厉打击假冒军车”“严厉查纠豪华、超标军车”“打击悬挂04式军牌军车专项整治”活动。查纠违章军车79辆，查扣假冒军车25辆，缴获假冒军车号牌103副，查处假冒军人7人，公开销毁假冒军车21辆、假冒军车号牌380副，调解处理军警民纠纷9起，协助南宁市公安部门打击涉军制假团伙1个。

【综合保障】 2013年，警备区落实《厉行节约严格经费管理规定》，完善财务管理制度。推进基础设施建设，市国防教育训练基地获批立项，上林县人武部新营院整体搬迁，良庆区人武部新营院建设完成征地和规划，友爱路干休所营院得到全面整治，金牛桥干休所改造项目完成。贯彻广州军区“南宁会议”精神，推进民兵武器装备仓库正规化达标建设，11个县（区）按时间节点完成达标建设任务。完成206.50吨民兵报废弹药调运销毁任务。

【拥政爱民】 2013年，警备区各级始终牢记解放军宗旨,开展以“包村、包户、包人、定点”方式扶贫帮困。投入资金200多万元,帮扶贫困村(屯)13个,帮扶贫困户90户,资助贫困学生136人。响应广西军区党委和南宁市委号召,先后4次发动和组织官兵、民兵预备役人员参加“美丽南宁·整洁畅通有序大行动”,清扫村庄13个、街道56条,清理垃圾100多吨。承担抢险救灾任务,出动官兵和民兵预备役人员近万人次,车辆400多辆次,完成抗洪抢险和扑灭山火等任务。

【警备区第二次党代表大会】 2013年4月24日,中国共产党广西南宁警备区第二次代表大会在南宁召开。大会分析2008年以来南宁警备区党的建设和部队全面建设形势,认真总结经验,客观指出问题,部署今后5年建设任务。大会采用候选人数多于应选人数的差额选举办法,以无记名投票的形式,选举产生南宁警备区第二届党的委员会和南宁警备区新一届纪律检查委员会。

南宁警备区领导人

职务	姓名	军衔
司令员	赵志伟(2013年12月退休)	大校
	沈彪(2013年12月上任)	大校
政治委员	杨文件	大校
副司令员	李木运	大校
副政治委员	韦正义	大校
参谋长	姜雪林	大校
政治部主任	吴双喜(2013年7月调离)	大校
	经启国(2013年7月上任)	大校
后勤部部长	黎林	上校

(杨爱平)

中国人民武装警察部队南宁市支队

【概　况】 2013年,中国人民武装警察部队南宁市支队坚持以国防和军队建设主题主线为统揽,把“学习贯彻党章、弘扬优良作风”作为打造合格党委班子的目标,在科学决策、强化素质、改进作风、增强团结、树立形象上下功夫,一手抓党委机关风气建设,一手抓经常性基础性工作落实,高标准实现“两个确保”(确保完成以执勤处突为中心的各项任务,确保部队高度集中统一和安全稳定)。支队党委被武警总部党委评为“先进师旅团级单位党委”,支队被总队表彰为“基层建设先进支队”,司令部、政治部、后勤部三大部门被评为“机关建设先进部”。

【思想政治建设】 2013年,支队坚持以先进军事文化为统领,狠抓官兵思想政治教育,深入学习十八大精神,结合特殊时期、针对特殊人员,开展特殊教育,把网络文化、安全文化贯穿到经常性教育之中。组织开展“读好书、写周记、练书法、学技能”活动,组织在职培训和士兵职业技能培训,抓好人才队伍建设。建成新机关警史馆、文体活动中心、图书阅览室、300米文化长廊等场所和开展“1+X”特色文化活动,进一步丰富部队文化生活。开展“深知兵、真爱兵、诚育兵”活动和心理、法律、卫生服务到基层活动,官兵总体思想稳定。

【执勤与训练】 2013年,支队着眼提高基于信息系统的执勤处突体系能力,始终把保中心作为大事来抓。抓好机关信息化和看守目标“四防一体化”(人防、物防、技防和联防)建设,实现对勤务智能化管控和实时化指挥。结合形势发展需要,坚持分类指导。在议勤上,采取“分类议”“实地议”“培训议”的措施,各类勤务确保万无一失。在治理软隐患上,注重掌控执勤官兵思想,组织力量对近年来支队处置的执勤事例进行汇总分析,做到一勤一策、一岗一策,强化官兵执勤能力。协调联络,打通信息闭塞的瓶颈,率先与南宁市已建成的城市道路监控信息系统实现资源共享,提高部队遂行多样化任务能力。支队先后2次派出兵力,配合南宁市反恐办参与南宁市反恐防化演练。完成自治区“两会”、南宁市春节焰火燃放、宾阳县炮龙节、“两会一节”安保任务。完成中央首长到邕参加第九届两岸经贸文化论坛并视察调研一级警卫和机动备勤任务,南宁第十届少数民族传统体育运动会开幕式护旗任务,第二届中越青年大联欢活动现场机动备勤任务。

【部队安全管理】 2013年,支队严格落实依法从严治警指示要求,倡导“用一万个心思防万一”的安全工作理念。组织“条令学习月”活动,将条令贯穿于经常性的各项工作,官兵条令意识得到增强。组织安全大检查、执勤隐患大排查、“百日安全”竞赛和新兵“三查一除”(政治复查、体格复查、心理测查,清除安全隐患)活动,形成人人想安全、安全工作人人抓的浓厚氛围。建立大队党委“三下一上”(每月第一、第二、第三周到所属中队蹲点帮建,每月第四周返回大队部)和“一过三评”(季度过中队、讲评干部、讲评士官、讲评后勤)制度,制定《干部队伍履职尽责问责办法》,建立“每日人员思想分析和安全隐患排查”机制,坚持每季度组织安全隐患鉴定和排查治理,严格制度、严守纪律、根治侥幸,部队安全发展根基不断夯实。

【基层建设】 2013年,支队贯彻《军队基层建设纲要》《支队(团)落实〈纲要〉三十条》,坚持“全面建、整体上”原则,注重建强支部,分期分批逐个党支部考察帮建,开展“双争”“创先争优”活动,激发内在动力。注重改进作风,解难帮困。连续8年每年投入200余万元为基层和官兵办10件实事。被总队评为先进大队2个、基层建设标兵中队1个、基层建设先进中队8个、1个中队荣立集体三等功。

【后勤保障】 2013年,支队按照“面向基层、加强管理、深化改革、提高效益、服务中心”的总体要求,加强后勤规范化管理。探索现代后勤保障模式,推进财务管理、军械技防、车辆管理、远程医疗等信息化建设。在总队率先建成车辆网上派遣系统,实现“五位一体”(审批领导、作战勤务值班室、用车人、车场值班员、营门卫兵)的管控模式,支队被总队评为车辆管理先进单位。加强经费管理,执行公务卡结算制度,管理效益明显提高,所属单位均达到规定家底限额标准。落实应急保障训练计划,加强各项后勤课目训练,提高后勤应急保障能力。

武警南宁市支队领导人

职务	姓名	警衔
支队长	陈冬(副师)	大校
第一政治委员	胡明朗(兼)(南宁市副市长、公安局长)	三级警监
政治委员	崔洪玮(副师)	大校
副支队长	李可刚(正团)	上校
	刘建平(正团)	上校
	彭寄清(正团)	上校
副政治委员	黄劼(正团)	上校
参谋长	蒙显昌(正团)	中校
政治部主任	陈建平(正团)	上校
后勤部部长	黎庆锋(副团)	中校

(谢君正)

人民防空

【概　况】 2013年,南宁市人民防空办公室坚持“长期准备、重点建设、平战结合”的人防建设方针，贯彻“坚持标准、开拓创新、提高素质、注重实效”的原则，坚持首府南宁人防融合式发展，狠抓军事斗争人防准备。被评为2013年度全国人防宣传报道先进单位、《全国人民防空》杂志通讯报道先进单位、全国人防训练比武竞赛优秀组织奖、广州军区人防机关“准军事化”建设达标先进单位、自治区级精神文明单位、自治区2013年度人防目标管理工作达标先进单位、2013年度南宁市预防职务犯罪工作先进单位。

【战备训练建设】

值班值勤　2013年，市人防办根据人防指挥通信和战备建设任务要求，坚持每天24小时战备值班制度，未出现误班误事的情况，确保指挥信息上传下达，畅通无阻。

指挥通信　市人防办抓好人防指挥所的管理与维护，更新完善指挥所数据库资料，保证防空指挥通信系统的及时完善和实时通畅。完成全年训练任务40余次，组织机动指挥系统野外拉练，参加全市应急平台综合应用、现场视频传输演练2次。

防空警报　市人防办加大防空警报网络的维护和建设力度，完成全年警报器的定点、安装、调试及验收任务。编写1套防空警报管理员手册（卡），对近200名城区警报管理员进行技术培训，规范警报器的使用与操作要领。在有36万市民参加疏散演练的“9·18”防空警报试鸣活动中，市区防空警报鸣响率100%。

【防护工程建设】

行政审批　2013年，市人防办受理行政审批事项566项，按时办结率100%，服务对象满意率100%，没有责任投诉。完成人防工程易地建设审批108项，依法收取人防工程易地建设费7800多万元。结合民用建筑修建防空地下室审批122项，审批结建人防工程76万平方米；人防工程竣工备案63项，建筑面积28.70万平方米；拆除人防工程审批10项，批准拆除人防工程4430平方米。

防护工程　南宁市首个引进社会资金修建大型人防工程项目——人民东路地下人防工程恢复路面通车。对存在影响平战结合使用以及存在危险隐患的工程及时维护和改造，防水堵漏、主体抢险维修、管道疏通、设备维修、系统更新改造、防涝维修等人防工程维护施工项目19项，投入人防维护经费95.47万元，确保人防工程结构使用安全和人防设备正常运行。

执法监察　市人防办把做好人防工程项目建设过程的监督和竣工验收备案工作作为保证工程建设质量的重点来抓，严格行政执法程序，加大行政执法力度，依法按章办事，加大对应建未建、漏报、漏建、少建人防工程、破坏人防警报设施、擅自拆除人防工程等违法行为的查处力度。完成早期地道人防工程监察14项，完成结建人防工程在建项目现场检查86项，完成人防工程竣工备案事项62项，完成人防工程竣工项目现场核查141项，完成人防工程易地建设费追缴工作3项。7月，市人防监察所参照公务员法管理后，加挂“人防质量监督管理站”牌子，为自治区首个成立市级人防工程质量监督机构的城市。

【法制建设和宣传教育】

法制建设　2013年，市人防办根据有法必依、执法必严、违法必究的原则严格工作程序，结合文明行政、廉政高效的原则，推进扩权强县工作，将执法监督检查工作贯穿整个人防工程建设过程，从源头杜绝不合法及违规修建人防工程现象，实现行政诉讼案件、行政复议案件及信访上访案件“零”投诉。

宣传教育　市人防办制定人防宣传计划，开展人防教育“五进”（进机关、进党校、进学校、进社区、进家庭）活动，进一步拓展宣传信息渠道，提高宣传信息质量，增强人防宣传效果，提高宣传工作水平。更新南宁人防博客、网站，利用多种新形式宣传人防工作，承办2013年第二期《广西人防》的组稿，完成《居民防空防灾应急手册》《中国人民防空》杂志的征订和发放。全市初级中学人民防空知识教育由原来108所扩大至244所，获2013年度全国人防宣传报道先进单位。

【准军事化建设】　2013年，市人防办遵循“政治坚定、业务精湛、纪律严明、作风过硬、廉政高效”的标准，把开展人防机关“准军事化”建设与人防各项业务建设相结合，与加强机关行政效能建设结合，注重教育和制度并举、软件与硬件并重，内强素质、外树形象，使干部职工的思想政治素质和业务水平得到提高，作风纪律得到加强，工作秩序更加规范，服务质量有效提高，机关面貌焕然一新，被评为广州军区人防机关“准军事化”建设达标先进单位。

【平战结合】　2013年，市人防办按照“军地结合、平战兼容、整体规划、系统建设”原则，多项人防工程的总体设计，软、硬件的采购和安装均兼顾国防战备需要，使南宁市重要人防工程具备较好的战备效益；支持南宁地铁1号线的建设，将火车站站前地下广场和新华街地下购物广场中庭移交南宁轨道建设部门；贯彻落实“战备人防、效益人防、和谐人防”的要求，落实人防工程平战转换标准，新建人防工程防护设备同步安装、一次到位，已建人防工程防护设备按要求加强维护管理和保养，确保人防工程的战备效益和经济效益。收取人防工事使用费848.60万元。　（乐清林）

9月18日，南宁市组织开展2013年防空警报试鸣暨人员疏散演练

市人防办提供

责任编辑　李敬江

开发区·新区

综　　述

【概　况】 2013年，南宁市有开发区（工业园区）16家。其中：国家级开发区3家，分别为南宁高新技术产业开发区、南宁经济技术开发区、广西—东盟经济技术开发区；自治区级开发区4家，分别为广西良庆经济开发区、南宁仙葫经济开发区、南宁六景工业园区、南宁江南工业园区；依法享受自治区级经济开发区政策的开发区1家（隆安华侨管理区）；县、城区工业园区8家，分别为南宁市伊岭工业集中区、宾阳县黎塘工业园区、隆安县宝塔医药产业园区、上林县象山工业园区、马山县苏博工业园区、南宁市邕宁新兴产业园区、南宁市兴宁工业园区和南宁市西乡塘产业园区。全市工业园区规划面积517平方千米（不含吴圩镇），开发面积110.16平方千米。调整开发区（工业园区）机构，南宁高新区与相思湖新区进行合并组成新的高新区；对县（区）工业园区实施“县（区）园合一”措施，即每个县（区）仅保留一个工业园区，由县（区）一把手兼任县（区）工业园区的管委会主任，横县六景工业园区与那阳工业集中区合并组成新的横县六景工业园区，宾阳黎塘工业集中区与芦圩工业集中区合并组成新的宾阳黎塘工业园区，隆安华侨管理区与宝塔工业集中区合并组成新的隆安华侨管理区（隆安县宝塔医药产业园区）；广西—东盟经济技术开发区升级为国家级经济技术开发区。初步形成铝加工、机械与装备制造、农产品深加工、电子信息、生物工程与制药、化工、建材和造纸等主导产业。工业园区有入园企业1.03万家，其中工业企业1982家、亿元企业387家。全市工业园区完成工业总产值1938亿元，比上年同期增长20.90%，占全市工业总产值72.80%；工业增加值574.25亿元，增长4.31%；实现税收92.16亿元，增长9.35%。南宁高新技术产业开发区、南宁经济技术开发区、广西—东盟经济技术开发区三大开发区实现工业总产值1238.22亿元，增长25.14%，占全市园区工业总产值63.66%。其中：南宁高新技术产业开发区完成产值678.40亿元，增长23.94%；南宁经济技术开发区完成产值415.89亿元，增长29.99%；广西—东盟经济开发区完成产值143.93亿元，增长12.35%。工业总产值超百亿园区7个（比上年增加1个）。其中：南宁高新技术产业开发区工业总产值突破600亿元，南宁经济技术开发区工业总产值突破400亿元，六景工业园区、广西—东盟经济技术开发区、良庆经济开发区、南宁伊岭工业集中区、江南工业园区工业总产值突破100亿元。获自治区工业园区基础设施专项扶持资金900万元（隆安华侨管理区500万元、南宁伊岭工业集中区400万元）。安排落实10亿元工业园区基础设施建设资金；落实436.66万元开发区标准厂房补助；落实1.65亿元工业园区工业项目贴息及补助；落实120万元工业园区规划补助；落实290万元工业园区发展考核奖励；市财政核拨隆安县产业园区500万元基础设施建设专项资金。2月6日，国家科技部批复同意南宁高新技术产业开发区启动创建国家创新型特色园区。11月，国家科技部认定南宁高新技术产业开发区“南宁亚热带生物资源开发利用产业集群”为国家创新型产业集群试点（培育）单位之一；南宁高新技术产业开发区获批国家广告产业园试点园区，并获财政扶持资金4500万元，广告产业创业孵化区已聚集企业50多家。12月，高新区南宁市科技企业孵化基地经国家科技部批准成为国家级科技企业孵化器，为自治区首家开放式大型生物产业专业孵化器，总建筑面积3.20万平方米，入驻孵化企业67家。

【招商引资】 2013年，南宁市工业园区、工业集中区突出重大产业项目的龙头带动作用，以产业集聚、产业链招商为核心，围绕铝深加工、电子信息、机械装备制造、食品工业、生物医药、清洁能源六大重点产业项目开展招商引资。主要形式有市领导带队对重大项目上门招商、各开发区（工业园区）组织招商小分队到发达地区开展专题招商等。南宁高新技术产业开发区引进企业185家，注册资金9.12亿元；南宁经济技术开发区引进中创（南宁）生物医药产业基地、研祥集团装备制造、神冠集团生物制药等项目92个，签约金额158亿元；广西—东盟经济技术开发区引进中粮包装、金红叶纸业集团公司生活用纸及纸制品项目、正大集团鸡肉制品深加工等项目20个，总投资66.86亿元，其中世界500强企业项目3个；邕宁新兴产业园区引进中国南车、徐工集团等重大产业项目9个，意向总投资35亿元；六景工业园区引进世界最大白水泥生产商——阿尔博波特集团和中国500强企业——玉柴集团，签约项目21个，签约投资额38.24亿元。

【特色园区建设】 2013年，南宁市延伸特色园区产业链条，提升产业集聚度，加快壮大特色园区规模。南宁高新技术产业开发区生物工程及医药产业、电子信息、汽车零配件及机电产品制造三大特色产业聚集规模工业企业138家，实现工业产值527.72亿元，比上年增长28.62%，占南宁高新技术产业开发区规模工业产值79%。广西—东盟经济技术开发区食品加工及配套企业70多家，以广西珠江啤酒有限公司、南宁统一企业有限公司、广西伊利冷冻食品有限公司为代表的食品加工业，实现产值38.23亿元，占广西—东盟经济技术开发区规模以上工业产值26.79%,以林全胶囊、广明药业为代表的生物制造(含生物医药)业实现产值30.25亿元,占广西—东盟经济技术开发区规模以上工业产值21.17%。江南工业园区铝加工产业园实现工业产值36.44亿元,增长34.36%。六景工业园区以广西劲达兴纸业有限公司、广西永凯糖纸有限责任公司为代表的造纸产业园实现工业产值36.43亿元,占六景工业园区工业总产值17.23%。 (彭远利)

南宁高新技术产业开发区

7月19日,中国工程院院士袁隆平(左四)为南宁高新区企业"院士工作站"揭牌 黎霞 摄

【概　况】 2013年,南宁相思湖新区并入南宁高新技术产业开发区(简称"南宁高新区")。南宁高新区管辖面积增至148.50平方千米,分为心圩(26平方千米)、安宁(79.50平方千米)、相思湖(43平方千米)三大片区。新建区新引进企业185家,总注册资金9.12亿元,其中生产型企业28家,注册资金1000万元以上企业26家。新批"三资"(中外合资经营企业、中外合作经营企业、外商独资经营企业)企业9家;规模以上企业205家(新增6家);产值亿元以上企业139家(新增27家);高新技术企业103家(新增26家)。实现全部工业总产值678.40亿元,比上年增长24.01%;规模工业总产值669.02亿元,增长24.12%;全社会固定资产260.17亿元,增长25.60%;财政收入39.49亿元,增长30.33%;社会消费品零售总额61.60亿元,增长14.06%;出口总额14.50亿美元,增长16.50%。内资到位资金79.02亿元,外资到位资金(广西全口径)7450万美元。生物工程及医药产业、电子信息、汽车零配件及机电产品制造三大主导产业实现产值527.72亿元,增长28.62%;富士康(南宁)科技园高新园区项目实现产值139.67亿元,成为南宁市首家产值超百亿元企业。年内,在全国88家国家高新区和苏州工业园区中,南宁高新区综合排位第48名,居全国中等水平,位于广西国家级高新区首位。2月,南宁高新区创建创新型特色园区方案获国家科学技术部批复同意。4月16日,南宁高新区残疾人联合会成立。7月19日,中国工程院院士袁隆平及自治区科技厅、农业厅、国家杂交水稻工程技术研究中心、中国水稻研究所等领导在高新区为广西瑞特种子有限责任公司"院士工作站"揭牌。10月15日,巨星国际控股有限公司在香港证券交易所上市(股票代码:02393),园区自主培育的上市企业累计4家。

【投资环境建设】 2013年,南宁高新区制定《南宁高新区关于鼓励服务外包产业发展的暂行规定》《南宁高新区关于鼓励电子商务产业发展的暂行办法》《关于促进南宁高新区广告产业升级发展的暂行办法》,修改《关于鼓励高新技术企业认定的暂行规定》《关于扶持软件与信息服务外包产业发展的暂行规定》《南宁高新技术产业开发区管理委员会关于重点技术改造项目配套财政贴息(补助)管理办法》《关于鼓励发展自主知识产权的暂行规定》《南宁高新技术产业开发区管理委员会关于扶持企业技术创新的若干规定》等扶持技术创新的政策。南宁高新区广告产业园获国家财政部、国家工商总局批复列入国家广告产业园试点园区,获国家财政部扶持资金4500万元(实际到位2500万元)。完善园区融资平台建设,开展"萌芽2013"融资担保专项业务计划,探索实施"助保贷"业务,为中小企业融资3.80亿元。本级财政安排基础设施支出10.89亿元。其中:投资3300万元,修建北湖北路延长线二期工程;完成园区道路"白改黑"(混凝土路面实施沥青改造)工程投资6058万元,竣工7.20千米,总面积14万平方米;完成新建、续建路网及配套设施建设投资1.16亿元,竣工道路9.50千米;完成高低压配电、供水、路灯、智能通信、临时水电等27个项目建设,总投资3422.84万元。落实企业扶持资金4.38亿元,其中技术创新基金9784万元,获资助项目168个。

【项目建设】 2013年,南宁高新区固定资产投资项目775个,完成投资260.17亿元,比上年增长25.60%。列入2013年市级层面统筹推进重大项目20个,其中新开工项目2个、续建项目12个、竣工投产项目2个、前期准备工作项目4个。

总部基地　总部基地三期综合楼,总建筑面积6.18万平方米,2011年开工建设,2013年完成投资3000万元,主体结构封顶验收。总部基地五期工程占地4.14公顷,总建筑面积21.10万平方米,计划建设8.65万平方米的研发楼和12.39万平方米的多功能厂房,2011年开工建设;2013年完成投资1.38亿元,多功能厂房主体封顶,研发楼开挖土方。

广西恒拓集团清川仁源制药生产基地　占地1.73公顷,总建筑面积7.33万平方米。2012年开工建设,2013年完成投资7627万元。1号、2号车间设备正在进行安装调试,厂区绿化已基本竣工。

中国移动广西通信信息产业园　占地7公顷,规划建筑面积10万平方米。2011年开工建设,2013年完成投资4100万元,物流中心(省级仓库工程)已竣工验收,1号生产楼和信息处理中心完成招标。

南宁高新区富通电子产品物流园 12月开工建设,占地3.43公顷,总建筑面积10.70万平方米,概算总投资4.28亿元。

【招商引资】 2013年,南宁高新区以大企业、强项目为主攻方向,开展招商引资,引进企业185家,注册资金9.12亿元;内资到位资金79亿元,外资到位资金(广西全口径)7450万美元。“两会一节”(中国—东盟博览会、中国—东盟商务与投资峰会、南宁国际民歌艺术节)期间,签订项目14个。其中:内资项目9个,总投资25.60亿元;外资项目5个,总投资1.35亿美元。引进的物联网用电管理系统与智能电器产业化科研生产基地项目,由北京华鑫志和科技有限公司投资2.66亿元,占地1.67公顷,建筑面积7.42万平方米,已签订投资协议,未开工建设;真龙彩印包装生产项目由广西中烟工业有限公司与香港福瑞实业投资有限公司投资4.23亿元,占地6.67公顷,已签订投资协议,未开工建设。

【产业孵化】 2013年,南宁高新区新增孵化企业58家,新增孵化项目65个,毕业企业10家,引进留学人员企业15家,引入项目注册资本5.50亿元。有国家火炬计划软件产业基地骨干企业7家和国家级动漫企业4家。南宁高新区创业中心被国家人力资源和社会保障部及全国博士后管理委员会认定为国家博士后科研工作站;创业中心组织企业申报各级科技计划项目获立项34个,立项金额1250万元。其中:国家级6个,立项金额340万元;自治区级12个,立项金额505万元;市级16个,立项金额405万元。南宁高新区生物工程技术中心中试车间开展中试项目15个;与南宁信肽生物技术公司合作建设新药研发平台,获自治区工业和信息化委员会项目支持资金300万元;完成生物中心GMP厂房配套软件——药物制剂实训GMP仿真软件系统的主体内容,该软件系统是国内唯一一套能向全国制药企业提供完整、专业三维模拟培训的软件。园区软件公共服务平台微软开放资源库,引入北京软件公共技术支撑体系的“开放源码库”“软件工具库”“软件构件库”,为企业提供4000多个成熟构件、100多件工具、1.90万项源码资源。软件公共服务平台为园区的平方软件、德意数码、超创信息等60多家软件企业提供软件开发服务、培训软件人才和多媒体教育资源建设管理、无纸化考试系统、基于Linx的企业信息化管理平台、基于J2EE的电子商务仿真实验室、通用旅游系列软件、生物特征识别系统等服务。组建南宁软件服务外包产业联盟,有盟员企业10家。

【科技创新】 2013年,南宁高新区企业完成专利申请2463件,比上年增长45.40%,其中发明专利申请1645件,增长87.14%。累计专利授权937件,增长24.11%,其中发明专利授权295件,增长69.54%。组织企业申报科技计划、中小企业创新资金、信息化专项资金等项目112个,获扶持资金5525万元;获自治区和南宁市工业和信息化委员会技术创新、两化融合(信息化与工业化的高层次的深度结合)、信息产业等项目立项69个,获扶持资金3590万元。新增高新技术企业26家,累计103家。新增市级企业技术中心8家,累计117家;新增市级工程技术研究中心8家,累计11家;新增自治区级研发中心3家,累计44家(自治区级企业技术中心27家、自治区级工程技术研究中心17家)。有广西创新型(试点)企业16家(广西创新型试点企业4家、广西创新型企业12家)。

【南宁软件园】 2013年,南宁高新区软件园有软件企业460多家,从业人员8000人(其中博士70人、硕士351人,具有高级专业技术任职资格372人)。新增国家级科技项目8个、自治区级及市级科技项目37个、软件著作权登记项目85个、系列资质认证15项。实现技工贸总产值46.87亿元,利税6.56亿元。

【特色产业】 2013年,南宁亚热带生物资源开发利用产业集群列入国家创新型产业集群试点工程。南宁高新区电子信息、生物工程及医药产业、汽车零配件及机电产品制造三大特色产业实现产值527.72亿元,比上年增长28.62%,占规模以上工业产值总量的79%。其中:电子信息产业规模工业企业21家,实现工业产值236.02亿元,增长57.79%,占规模以上工业产值35%;生物工程及医药产业规模工业企业51家,实现工业产值161.28亿元,增长7.67%,占规模以上工业产值的24%;汽车零配件及机电产品制造规模工业企业53家,实现工业产值130.42亿元,增长17.59%,占规模以上工业产值的19%。

【社会民生】 2013年,南宁高新区民生支出16.60亿元,占财政支出67.26%。公共租赁房、拆迁安置房、社区服务综合用房总投资6400万元,建设保障性住房188套;投入1570万元,完善幼儿园、中小学校基础设施建设和教学设备;发放71.44万元,资助家庭经济困难寄宿生、九年义务教育困难家庭学生、学前教育

6月6日,高新区召开干部大会,宣布相思湖新区并入高新区

南宁高新区信息中心提供

补助项目等学生1350人；投入5303.50万元，开展"美丽南宁·清洁乡村""美丽南宁·整洁畅通有序大行动"，完善农村和城市基础设施；新型农村合作医疗参合率99.63%；居民健康档案建档率65.10%，达到基本公共卫生建档率要求；发放农资综合补贴资金18.98万元、农机具购置补贴10.53万元；审批城镇最低生活保障对象288户459人次，发放低保金15.70万元；审批农村最低生活保障对象534户1107人次，发放低保金14.95万元。

【南宁相思湖新区与南宁高新区合并】 2013年6月，南宁相思湖新区撤销，原南宁相思湖新区管辖区并入南宁高新区。合并后，南宁高新区管辖面积增至148.50平方千米，空间、人才、资金资源配置进一步优化。相思湖片区将重点规划和建设集通信设备制造业、软件产业及信息技术咨询、信息技术运行维护、设计开发服务、数据处理服务、集成实施服务、培训服务和信息系统增值服务为一体的新一代信息技术产业基地和集工业研发中心、标准化厂房、企业定制厂房、生产性服务配套设施为一体的大型产业综合体项目。

【试行全员聘用制】 2013年，南宁高新区试行全员聘任(用)制。按照精简高效的原则设置各职能机构和工作部门，进一步强化"封闭式管理、开放式运行"的管理体制，明确党工委、管委会中层及以下人员一律实行聘任(用)制，打破人员身份和级别的限制，根据岗位条件和工作需要，聘任各部门中层干部。实行全员聘任(用)制后，干部的待遇与干部的职责、工作表现及工作实绩挂钩。12月24日，首批机关党委、纪检监察室和管委会9个内设机构的部分中层领导(11人)正式聘任上岗。 (蒋春敏)

南宁经济技术开发区

【概 况】 2013年，南宁经济技术开发区(简称"南宁经开区")为自治区首个国家级经济技术开发区，占地504平方千米，人口25万，代管吴圩镇，托管那洪街道、金凯街道。由中心区和空港经济区两部分组成。其中，中心区主要由金凯工业园、银凯工业园、北部湾科技园、南宁生物医药产业园、中央商住区构成，产业有生物制药、机电制造、新材料、轻工食品；空港经济区产业发展重点是空港物流、航空食品、轻型电子和新材料、生物制药及商业住宅配套产业。实现工业总产值415.89亿元，比上年增长30%；规模以上工业增加值114.16亿元，增长22.50%；全社会固定资产投资142.17亿元，增长29.02%，其中工业投资83.58亿元，增长77.79%；财政收入21.98亿元，增长16.56%；社会消费品零售总额69.02亿元，增长14.18%；招商引资实际到位资金72.28亿元，增长9.18%；直接利用外资6350万美元，增长16.94%。投产企业3663家，规模以上企业116家，规模以上工业总产值412.69亿元，年产值亿元以上企业69家。

【投资环境建设】 2013年，南宁经开区完成基础设施投资20.30亿元。完成11个项目的用地平整，平整用地面积296.60公顷；开工建设金阳路南段等道路16条道路(12.80千米)，完成友谊路北段和10条道路"白改黑"工程。加快标准厂房及村民回建房建设，北部湾科技园标准厂房、金凯南总部经济大楼、北部湾科技园总部基地B区5栋大楼即将完成竣工验收，北部湾科技园总部基地C区开工建设，吴圩空港商贸中心有41栋商住一体楼竣工；对金凯路、国凯大道、五象大道延长线等道路进行绿化亮化。打造"诚实守信，廉洁高效，开放包容，功能完善"的投资环境，继续推行"挂牌亮照"服务，每引进一个项目都安排一名管委会领导和一个部门负责统筹推进，协助做好项目开工前期各项准备工作，推动审批手续办理"大提速"，继续推行"一线工作法"与企业无缝对接，帮助企业协调处理遇到的困难和问题，为企业发展提供保障。

【项目建设】 2013年，南宁经开区新开工项目11个，总投资15.20亿元；续建项目10个，总投资13.90亿元；竣工投产项目25个，累计完成投资27亿元。6月20日，南宁经开区电缆桥架和母线槽生产项目、上海浦东电缆南宁生产基地项目等6个项目集中举行开(竣)工仪式，总投资11.30亿元(开工项目3个，总投资4亿元；竣工项目3个，总投资7.30亿元)，项目建成达产后，年新增产值14亿元；8月28日，柳州医药股份有限公司中药饮品生产基地项目、南宁—东盟国际石材中心项目、经开区道路"白改黑"工程等12个项目集中开(竣)工，总投资18.90亿元(开工项目8个，总投资15.40亿元；竣工项目4个，总投资3.50亿元)，涉及生物制药、机电制造、新材料、基础设施等多个产业和领域，项目建成投产后，年新增产值22.20亿元，创税2.50亿元。

广西和桂集团源生堂化妆品南宁生产基地项目竣工投产 1月9日，广西和桂集团源生堂化妆品南宁生产基地竣工投产，总投资1亿元，建筑总面积4.20万平方米，主要生产生发、养发、黑发系列中草药产品和厨房、家居清洁系列产品。

研祥集团暨全国工商联科技装备业商会东南亚总部集群项目开工 12月17日，研祥集团暨全国工商联科技装备

8月30日，南宁经开区与研祥高科技控股集团签订研祥集团暨科技装备业商会东南亚总部集群项目投资协议 南宁经开区信息中心提供

业商会东南亚总部集群项目开工。项目由研祥集团牵头发起，整合全国工商联科技装备业商会合力打造科技装备业总部集群。计划总投资30亿元，规划建筑面积约50万平方米。

中恒(南宁)生物医药产业基地项目开工　12月17日，中恒(南宁)生物医药产业基地项目开工。计划总投资约30亿元，建设内容主要是中药产业、化学制药产业、生物制药产业、保健食品产业、科研基地及药包材—玻璃瓶生产基地。

【招商引资】 2013年，南宁经开区围绕生物制药、轻工食品、新材料、机电制造等产业开展招商引资，以引进世界500强、中国百强企业为主要目标，着力引进行业龙头企业和重大项目。引进项目92个，总投资158亿元。引进的重大项目有：中国特种计算机行业龙头企业研祥集团装备制造项目，总投资30亿元；中恒药业项目，总投资30亿元；海王集团保健品项目，总投资21亿元；神冠生物制药项目，总投资18亿元；科创医药产业园项目，总投资5亿元，“百会”药业项目，总投资3.70亿元；柳州药业中药饮片项目，总投资2亿元。全年实际到位内资72.28亿元，完成年度任务65亿元的111.20%，比上年同期增长9.18%。实际利用外资（广西全口径）6350万美元，完成年度任务6300万美元的100.79%，增长14.52%。

【产业发展】 2013年，南宁经开区扩大企业筹融资渠道，为企业搭建筹融资平台，为15家企业争取到贷款3.20亿元；增强企业“造血功能”，拨付企业发展扶持金5500万元；组织企业申报各级扶持，有39个项目获扶持资金2186万元。继续组织工业企业开展生产竞赛，鼓励企业快增长、扩规模、上台阶，对完成年度任务好、质量高的企业给予奖励。推进企业科技创新，制定《关于鼓励高新技术企业认定及创建研究技术中心的暂行规定》，推进企业科技创新。新增规模以上工业企业18家，新增亿元产值企业8家。

【大型企业落户园区】 2013年，南宁经开区以引进世界500强、中国百强企业为主要目标，引进行业龙头企业和重大产业项目。引进项目92个，总投资158亿元。其中投资额在亿元以上重大产业项目38个。

企业家博士园项目　4月24日，南宁经开区与南宁企博园投资有限公司签订企业家博士园项目投资协议，计划总投资9亿元。项目选址南宁经开区吴圩空港经济区，主要打造新能源新材料科技产业园、有机农业与食品安全生态产业园、南洋产业园、科技研发中心“三园一中心”，将吸引国内外从事经济、科技、金融等领域管理工作的博士专家等人士参与投资建设和经营管理。

中恒(南宁)生物医药产业基地项目　6月20日，南宁经开区与南宁中恒投资有限公司签署中恒(南宁)生物医药产业基地项目合作意向协议书。

丰业·百会品牌系列中成药、西药生产项目　7月18日，南宁经开区与广西丰业投资有限公司签订“百会”品牌系列中成药、西药生产项目投资协议。计划总投资3.70亿元。

研祥集团装备制造项目　8月30日，南宁经开区与研祥高科技控股集团签订研祥集团暨科技装备业商会东南亚总部集群项目投资协议。

神冠生物制药生产项目　11月1日，南宁经开区与广西神冠投资有限公司签署神冠集团生物制药生产项目投资协议。计划总投资18亿元。是神冠集团在南宁市投资的首个项目。

科创医药产业园项目　11月6日，南宁经开区与四川华海国药集团有限公司签署华海国药南宁医药产业园项目投资协议。总投资5亿元，建设华海国药南宁医药产业园项目，拟建设生产线6条，产品剂型6个(冻干粉针、注射液、片剂、胶囊、颗粒剂、口服液)，生产科创集团旗下的31家生产企业的部分独家非专利品种和专利药品27个。

海王集团保健品项目　12月2日，南宁市与深圳海王集团股份有限公司签署战略合作框架协议，在南宁打造以百亿元规模海王集团生产项目为核心的全产业链项目。其中，海王集团保健品项目落户南宁经开区，计划总投资15亿元以上，主要投资生产“海王”系列保健品及生物医药。

柳州药业中药饮片项目　总投资2亿元。建设中药饮片生产基地项目，生产中药饮片浓缩配方颗粒、中药超微饮片、中药保健品等。

【征地拆迁】 2013年，南宁经开区完成征地346.67公顷，拆迁53.80万平方米。其中完成吴圩机场扩建、机场高速公路延长线项目征地97.27公顷，机场扩建工程征地工作至此全面完成。

【“美丽经开区”专项整治】 2013年，南宁经开区安排专项资金9300万元，开展“美丽南宁·整洁畅通有序大行动”和“美丽南宁·清洁乡村”活动，实行一条道路由一名管委会领导负责的“路长制”；组建“美丽南宁·整洁畅通有序大行动”监督员队伍，由30名老年志愿者负责对辖区重点路段开展巡查，劝导不文明行为；公开招聘“美丽南宁·清洁乡村”保洁员735名，购买垃圾桶2.20万个、保洁三轮车510辆、后驱农用车12辆，在村坡建设垃圾池477座，在5个村坡开展“美丽南宁·清洁乡村”示范点建设。查处违章行为3.60万起，罚款170万元，新设置机动车停车位1800个、非机动车停车位2450个，清理清运垃圾约5万吨。组织实施“两违”(违法用地、违法建筑)专项整治行动51次，清理违法占地76.87公顷，拆除违法建(构)筑物面积26.80万平方米。

【民生建设】 2013年，南宁经开区加大教育基础设施投入，开工建设经开区第一小学，筹备建设经开区第二小学(森林假日小学)；继续开展圆梦大学行动，资助235名辖区企业符合条件的青年农民工、失地农民攻读大专、本科。推进保障性安居建设，年内基本建成公共租赁住房110套，分配入住公共租赁住房196套，实际新开工建设保障性住房172套。强化农村基础设施和公共服务，投入农村基础设施建设资金1497万元。举办“春风行动”招聘会，50多家企业提供就业岗位近4000个，与企业达成初步就业意向的农民工和其他各类求职人员800多人次。组建南宁经开区巡防大队，健全社会治安整体联动防控体系；开展信访积案化解攻坚活动，妥善处理来信来访事项，排查调解矛盾纠纷和不稳定因素89起。推进企业安全生产标准化建设，有48家规模以上企业达到市级安全标准化标准。　（冯梅丽）

广西—东盟经济技术开发区

【概　况】 2013年，广西—东盟经济技术开发区(简称“东盟经济开发区”)总面积180平方千米，人口约7万，其中归侨侨眷7400多人，是全国归侨侨眷最集中的聚居地之一，成立后先后安置印度尼西亚、越南、柬埔寨、老挝、缅甸、泰国、马来西亚、新加坡、菲律宾等东南亚9个国家的归、难侨1.20万人。东盟经济开发区实行三块牌子（广西—东盟经济技术开发区、南宁华侨投资区、广西国营武鸣华侨农场）一套人员管理模式，行使市级经济社会管理职能。实现工业总产值143.93亿元，比上年增长12.35%，其中规模以上工业总产值142.68亿元，增长29.20%；规模以上工业增加值34.74亿元，增长25.70%；全社会固定资产投资97.72亿元，增长28%；财政收入5.02亿元，增长35%。社会消费品零售总额2.62亿元，增长14.08%。外贸进出口总额完成9176万美元，增长27.64%，其中出口额5345万美元，增长0.23%。3月，国务院批准东盟经济开发区升级为国家级经济技术开发区，“南宁—东盟经济开发区”更名“广西—东盟经济技术开发区”。

【投资环境建设】 2013年，东盟经济开发区编制旅游度假区、宁武越南风情小镇、供热、垃圾处理4个专项规划，优化城市空间布局和功能分布；与武鸣县签订同城化发展框架协议，推进县、区一体化发展；开工建设名都山庄等星级酒店，引进建设银行等金融服务机构，筹建东南亚小商品市场，建成大帽山公园、大帽山城市广场、小帽山美食广场公共休闲娱乐场所，城市管道燃气投入使用；打造房产东盟板块，嘉华城、华天茗城、现代阳光城等10个商品住房项目同时建设；实施“绿满园区”工程，完成道路绿化16.30千米；新建健康绿道18千米，总长30千米；开工建设主给水管道8条，长约15千米，总投资2800万元；建成田园生化电力主干线路和改造建兴线，解决沿线企业用电问题；建设双回电力线路，满足双汇、百威、皇冠等重点项目生产用电需求；制定开发区弱电管廊建设管理办法，与移动、电信、广电等通讯单位签订三方协议，加快推进开发区弱电管廊建设。建立企业服务超市，引进社会中介机构，为企业提供法律、税务、融资等多领域服务，协调解决征地拆迁、土地出让、管线迁移等重点、难点问题90多件，协助双汇食品、珠江啤酒等48家企业获得银行贷款12.13亿元，广明药业、康晨力食品等15家企业通过“两台一会”（以南宁市中小企业服务中心为统贷平台、以南宁市南方融资性担保有限公司为担保平台、通过企业信用协会构建风险分担机制）融资平台融资1.09亿元。

【安居工程】 2013年，东盟经济开发区建成保障性住房和棚户区改造住房2828套；新增发放廉租住房租赁补贴45户；完成分配入住保障性住房和棚户区改造住房884套；新开工棚户区改造项目3个1092套住房。

【项目建设】 2013年，东盟经济开发区建立项目建设前期统筹推进工作机制、项目协调服务机制、企业服务联络机制、服务企业一次性告知制度、水电问题协调工作机制、项目并联审批工作机制、征地拆迁联动机制等7个服务企业工作机制，印制《服务企业联系卡》《项目建设指南手册》《项目服务工作日志本》等。开工建设百威啤酒、粤玻玻璃、嘉吉饲料等32个项目；竣工投产伊利冷饮、王老吉饮料、中铁地铁管片等24个项目；在建项目有高中阀门、创跃化工、品冠食品等23个。

广西伊利冷冻食品有限公司冷饮项目 1月20日，建成投产。伊利集团在东盟经济开发区设立广西伊利冷冻食品有限公司，总投资约4亿元，其中固定资产投资3亿元。项目一期用地10公顷。建设生产线8条，日产冷冻食品200吨，主要生产雪糕、冰淇淋、棒冰，代表产品巧乐滋系列、冰工厂系列、伊利牧场系列等。至年末，实现工业产值1.65亿元。

广药集团王老吉罐装凉茶项目 8月27日，竣工投产。位于东盟经济开发区华强产业孵化园内，租用6栋标准厂房，面积1.20万平方米，总投资5000万元。由广西壮方生物科技有限公司代工生产。

百威英博啤酒（南宁）有限公司百威英博啤酒项目 8月29日开工建设。百威英博（南宁）啤酒有限公司是世界500强企业美国百威英博公司下属的外资企业，位于东盟经济开发区食品产业园内的里建大道与永兴南路交叉口西南侧，总投资6.50亿元，用地面积33.33公顷。一期工程建设规模为年产百威啤酒30万千升。

广西“太和·自在城”体验中心项目 位于东盟经济开发区内，规划用地433.33公顷，总投资107亿元。广西“太和·自在城”被列为广西社会养老服务产业示范基地、自治区重大旅游项目、自治区层面统筹推进重大项目、南宁市重点旅游项目。10月9日开工建设，计划2015年完工。

中铁二十三局集团南宁轻轨配套项目 11月20日，南宁轻轨配套项目建成投产。由中铁二十三局集团第五工程有限公司投资建设，总投资6000万元。主要生产地铁管片、钢支撑、钢模具等轨道钢结构配套。

南宁双汇食品有限公司高、低温肉类食品加工生产项目 南宁双汇食品有限公司高、低温肉类食品加工生产项目分2期建设，其中一期项目主要建设高、低温肉制品生产车间，设计日生产高、低

2013年，水培蔬菜试种在东盟经济开发区获成功

东盟经济开发区信息中心提供

温肉制品300吨;二期为生猪屠宰项目,设计年产高温火腿肠6.60万吨、中西式低温肉制品3.30万吨,建设1万吨冷库、区域物流及商业连锁中心、研发检测中心、污水处理设施及其他相关配套设施。计划总投资15亿元。12月16日,一期项目高、低温肉类食品加工生产线竣工投产;至年末,二期屠宰项目完成土建,进行设备安装。

广西大海阳光药业有限公司制药异地改造项目 2013年开工建设。用地面积4公顷,总建筑面积5.22万平方米,总投资1.60亿元。项目投产后将形成集片剂、散剂、软膏剂、胶囊剂、颗粒剂、原料药、新特药及中药提取等综合性的中西药生产基地。

广西恒拓仁源制药有限公司中成药制造生产项目 2013年开工建设,建设期3年。总投资1.70亿元,规划用地面积6.07公顷,建筑面积6.42万平方米。其中:厂房3.90万平方米,仓库6048平方米,办公楼5475平方米,职工宿舍1.10万平方米,化验楼2190平方米,其他附属建筑444平方米。项目主要对集团已投入生产的国药批准文号22个产品进行GMP制药生产异地改造,推动正在研究及申报中的13个新产品投入生产,形成片剂、颗粒剂、胶囊剂、糖浆剂4个药品剂型35个药号产业化生产。

南宁市东盟中学项目 9月16日,南宁市东盟中学(原"南宁二中东盟校区")建成并投入使用,同日举行首届高一学生开学典礼。为2012年9月东盟经济开发区率先在自治区实行幼儿园至高中15年免费教育之后,引进南宁市新民中学合作创办的一所全日制普通高级中学。学校位于东盟经济开发区狮山北路与长岗大道交界处东北侧,占地12公顷,建筑面积9.70万平方米,绿化面积5万平方米,总投资3亿元,主要建设内容包括行政办公楼、报告厅、教学楼、实验楼、多媒体信息综合楼及图书馆、运动馆、学生及教师宿舍、学生饭堂等建筑。2012年3月开工建设,设计规模48个教学班。2013年秋季,首届高中一年级招生4个班200名学生。

第二小学项目 9月9日,第二小学一期工程建成投入使用,首批6个年级13个班约600名学生正式在新校园上课。计划总投资6000多万元,总建筑面积2.10万平方米,建设规模24个教学班。一期工程于2012年11月开工建设,主要建设内容包括教学楼1栋(每间教室均配备数字投影机、智能平板一体机等辅助教学设备)、综合楼1栋、宿舍楼1栋,有宿舍94间、床位600个、学生食堂、200米跑道运动场。

武华大道扩建工程(杨丁至武鸣高速路出口段) 11月5日,武华大道扩建工程开工建设。总投资6000万元。扩建道路长2.97千米,路两边拓宽21.50米,增设侧分带、慢车道、人行道及绿化带,建成后路幅宽70米,慢车道路面结构为水泥砼路面。由东盟经济开发区管委会负责筹措建设资金,武鸣县人民政府负责征地拆迁,业主单位为南宁华侨投资区建设投资总公司。

【招商引资】 2013年,东盟经济开发区引进南宁中粮制罐有限公司铝制两片罐生产一期项目、金红叶纸业集团有限公司生活用纸及纸制品项目、王老吉饮料生产线项目、正大集团广西区公司鸡肉食品深加工项目等项目20个,总投资66.86亿元。其中:投资额超亿元项目15个;世界500强企业项目3个;内资项目17个(签约金额49.71亿元),外商独资项目3个(签约金额2.76亿美元);工业项目15个(总投资37.28亿元),配套项目5个(总投资29.58亿元)。在第十届中国—东盟博览会上签约项目12个,其中内资项目9个、投资总额21.10亿元,外资项目3个、投资总额2亿美元。实际到位资金57.30亿元,直接利用外资(广西全口径)4050万美元。

金红叶纸业集团有限公司生活用纸及纸制品项目 9月12日,东盟经济开发区与金光集团(金红叶纸业集团公司)签约。用地面积4.67公顷,总投资1.60亿元,年产生活用纸及纸制品3.50万吨。

新乡市信谊纸制品包装有限公司高端包装生产与销售项目 9月13日,东盟经济开发区与新乡市信谊纸制品包装有限公司签约。用地面积4.33公顷,总投资2亿元,建设配套可口可乐、百威、王老吉、红牛、蒙牛等知名食品企业外包装纸制品生产基地。

大枫纸业集团武汉玛丽文化用品有限公司一期纸品文具生产和销售项目 10月8日,东盟经济开发区与大枫纸业集团签约。一期投资5000万元,租赁厂房3000平方米,建设10条铁钉簿本、2条复印纸等纸品文具制造生产线。

三祥热电有限公司热电联产项目 1月16日,南宁三祥热电有限公司在东盟经济开发区成立,注册资本5000万元,计划投资4.50亿元建设燃煤热电联产项目(2012年12月签约)。

中粮包装项目 6月25日,东盟经济开发区与中粮包装控股有限公司在香港签约,成为落户东盟经济开发区第6家世界500强企业。计划投资1.18亿美元建设食品包装项目,其在开发区生产的产品主要配套供应已入驻开发区的百威啤酒、珠江啤酒等啤酒及饮料公司。

山水田园小镇项目 7月15号,东盟经济开发区与广西交通投资集团签订《南宁—东盟经济开发区山水田园小镇项目合作协议》。项目位于东盟经济开发区旅游度假区,总投资40亿元,占地700公顷。规划以农业发展为基础,开发打造

7月15日,东盟经济开发区与山水田园小镇项目业主签约

东盟经济开发区信息中心提供

集种植、加工、销售、旅游休闲度假、宜居主题小镇开发于一体的复合型农业产业综合体。

正大集团鸡肉制品深加工项目 12月17日，东盟经济开发区与正大集团签约，成为落户东盟经济开发区第7家世界500强企业。占地10.67公顷，总投资8亿元，建设屠宰加工厂、食品加工厂、羽毛粉加工厂各1座，年屠宰肉鸡约3000万只。其中：79%的屠宰鸡肉用于加工熟食品，年产肉制品6.33万吨；21%的屠宰鸡肉（含副产品）用于直接销售。

【产业发展】 2013年，东盟经济开发区有企业476家。其中：工业企业161家（投产企业122家、规模以上工业75家）；农业企业73家；商贸、房地产和其他企业242家。在建工业项目32个。新增规模以上工业企业10家。产值超亿元工业企业50家，其中超5亿元企业4家。园区工业产业主要分为食品加工、生物制造、机械制造、轻纺制鞋、家具制造等5大类，逐步形成以“食品加工、生物制造（含生物制药）”为支柱的特色产业格局，并形成产业基地和产业集群。有食品加工企业43家（投产企业35家，在建、待建企业8家）；规模以上企业18家，实现产值38.43亿元，占东盟经济开发区工业总产值26.70%。有轻纺制鞋生产企业8家（投产企业7家，在建、待建企业1家）；规模以上企业3家，实现产值4.06亿元，占2.82%。有生物制造企业32家（投产企业19家，在建、待建企业13家）；规模以上企业13家，实现产值27.29亿元，占18.96%，其中制药业有规模以上企业3家，实现产值5.60亿元，占3.89%。有电子机械生产企业35家（投产企业26家，在建、待建企业9家）；规模以上企业15家，实现产值45.33亿元，占31.49%。有家具制造企业12家（投产企业9家，在建、待建企业3家）；规模以上企业6家，实现产值8.91亿元，占6.19%。有纸品及其他产业企业30家（投产企业24家，在建、待建企业6家）；规模以上企业13家，实现产值18.67亿元，占12.97%。

【南宁国家高技术生物产业基地生物制造核心区规划】 2013年6月5日，《南宁国家高技术生物产业基地生物制造核心区规划》（2012－2020）获市政府批准实施。南宁高技术生物产业基地生物制造产业核心区规划布局在东盟经济开发区，面积6平方千米，重点发展微生物制造、糖醇酸制造、生物化工、生物环保、生物平台化合物、生物技术产品与企业孵化、生物技术研发与服务等，形成生物制造产业链及研究发展基地。

【农业生产】 2013年，东盟经济开发区完成农作物种植面积8573.33公顷，其中水果种植面积3653.33公顷、粮食作物种植面积1133.33公顷、甘蔗种植面积800公顷、蔬菜种植面积626.67公顷、其他作物种植面积2360公顷。通过贷款贴息支持农场职工大力发展农业大棚，建有农业大棚1万多个，大棚西（甜）瓜种植200多公顷，主要分布在宁武农场、武帽农场、正安农场、团结农场、民涵农场、茶叶公司农场种植户600多户。建设家庭农场，发展周末经济，有10个家庭农场获得执照。建设完成市级为民办实事项目6个。其中：“菜篮子”惠民工程种植项目1个，即博元蔬菜基地（建设年限为2011年至2013年），面积120公顷，总投资1500万元，2013年实际投资278万元（市财政补助资金105万元）；“菜篮子”养殖基地项目2个，分别为诚兴标准蛋鸡场扩建（投资480万元，其中市财政补助资金70万元）和桂兴罗非鱼一期养殖基地（投资480万元，其中市财政补助资金80万元）；生态标准化养殖基地项目3个，分别为港越猪场养殖基地一期（投资382万元，其中市财政补助资金40万元）、奥科乳业生鲜乳收购站（投资120万元，其中市财政补助资金20万元）、龟宝龟鳖生态养殖（投资300万元，其中市财政补助资金30万元）。完成极杰黑猪林下生态养殖基地建设（列为南宁市生猪标准化生态养殖基地），投资260万元（市财政扶持30万元）；完成宁武蔬菜基地建设，面积66.67公顷，投资1100万元。完成营造林面积53.33公顷，完成通道绿化20千米。签发木材采伐许可证34份，采伐林木蓄积1.26万立方米，面积143.30公顷。签发木材运输证5420份、11.24万立方米。年审木材经营（加工）企业（个体户）40家，其中通过年审24家。依法申报征占用林地1宗，涉及占用面积0.98公顷。建立畜禽免疫示范村，园区9个农业单位、153个村屯畜禽免疫覆盖率100%。生猪产地检疫3.75万头，禽类检疫12.65万羽，生猪屠宰检疫1.59万头。

【“十五年免费教育”实施】 2012年秋季学期起，东盟经济开发区创新发展“九年义务教育”，实行从学前教育到高中教育十五年免费教育。2013年，受益学生10066人。其中：幼儿园2951人、小学4549人、初中1836人、高中730人。拨付免费教育经费320万元。

【人事制度改革】 2013年，东盟经济开发区实行全员聘用制和分配机制改革，制定、完善人事管理制度办法、绩效考评管理办法、实体化薪酬办法、人事制度改革试点实施方案、双向选择竞争上岗实施方案、待岗学习管理办法，以及鼓励科级干部到企业干事创业的若干措施、调任科级领导工作方案、事业单位组织考核招聘方案、公开推荐选拔科级领导干部工作方案等，对机构设置、领导配备、控制数核定、人员进人、档案管理、职务晋升、薪酬确定、绩效考评、双向选岗、人员退出等进行详细规定。设置岗位517个。其中：正科岗位43个、副科岗位68个、工作人员岗位342个、协管岗位64个。年底，双向选择竞争上岗工作基本结束，正科岗位报名50人，确定正科岗位人选35名，岗位空缺8个，落选15人；副科岗位报名人数77名，确定聘任人选60人，落选17人，岗位空缺8个；工作人员确定拟聘人选291人，协管岗位拟聘55人，空缺60个岗位，落选9人（辞退、分流6人，待岗学习3人）。

【农场综合改革房屋搬迁试点】 2013年，东盟经济开发区农场综合改革房屋搬迁试点工作第一批涉及房屋搬迁的有28个村屯，包括正安、团结、武帽、宁武、里建5个农场。已签订《南宁—东盟经济开发区农场综合改革房屋搬迁补偿安置协议书》并抽到“华侨城”一期安置住房搬迁户有1106户，领取钥匙有1099户，已搬迁入住560户。5月，第二批农场综合改革房屋搬迁工作启动，涉及宁武农场、武帽农场、民涵农场、里建农场、正安农场、团结农场、茶叶公司农场及农科所、养猪场25个队1267户。

【民生事业】 2013年，东盟经济开发区民生领域支出3.16亿元，占公共财政预算支出75.29%。南宁市东盟中学、开发区第二小学投入使用，新建第二幼儿园以及华侨中学、中心小学等校园设施改造项目基本完成；社区卫生服务中心和5个卫生服务站投入使用；建立居民健康电子档案2.61万份，帮助1.20万名职工、居民办理城乡养老保险；资助612名家庭经济困难户参加合作医疗，农村合作医疗实现全覆盖。建成保障性住房2828套，在建1092套；新增发放廉租住房租赁补贴42户，分配入住631套。

（张向新）

广西良庆经济开发区

【概　况】 广西良庆经济开发区（简称“良庆经开区”）是2007年3月整合原南宁市大沙田经济开发区和南宁沿海经济走廊开发区而成立，属自治区A类工业园区，是国务院发展研究中心的研究基地和国家农业部确定的全国农产品加工创业基地。2013年，辖区面积46.89平方千米（含代管），其中南宁市中国—东盟国际物流基地银海大道西片区8.50平方千米、物流基地28号路以南片区2.79平方千米、国家发展和改革委员会核定到南宁经济技术开发区但属良庆区行政辖区范围的7.10平方千米、那马组团15平方千米，代管太安龙象工业集中区规划面积13.50平方千米。有入园企业345家，其中工业企业217家，规模以上工业企业61家，产值超亿元企业35家。规模以上工业总产值137.10亿元；规模以上工业增加值41.13亿元；全社会固定资产投资123.55亿元，其中工业投资26.30亿元；实际到位内资43.87亿元；直接利用外资（广西全口径）4390万美元；财政收入1.24亿元。获2012年度南宁市开发区（工业园区）发展三等奖。

【基础设施建设】 2013年，良庆经开区基础设施建设项目有东风南路（规划路—玉洞大道）道路，良庆区亮岭路、亮岭一街、亮岭二街等20个，其中在建项目4个、开展前期工作项目15个，工程概算总投资13亿元；标准厂房建设面积6.06万平方米（在建面积1.06万平方米、已建成5万平方米）。

【项目建设】 2013年，良庆经开区开工建设项目11个。其中竣工投产项目5个，即：广西南洋恒信混凝土有限公司年产100万立方米预拌混凝土搅拌站，总投资额4700万元，用地3.03公顷；南宁市嘉大混凝土有限公司年产120万立方米混凝土搅拌站，总投资额6000万元，用地1.96公顷；南宁市诚通管材有限公司年产1.50万吨新型管材项目，总投资额6000万元，用地2.28公顷；广西鼎昌盛混凝土有限公司年产150万立方米混凝土搅拌站，总投资额1.37亿元，用地4.54公顷；南宁凯源铁塔有限公司电力塔、通讯塔等钢结构加工项目，总投资1.58亿元，用地4.01公顷。

【招商引资】 2013年，良庆经开区招商引资引进项目1个，总投资10亿元。实际到位内资累计43.87亿元，直接利用外资（广西全口径）累计4390万美元。做好空闲土地、厂房清查和开展“腾笼换鸟”培育、“楼宇经济”等工作，盘活空闲厂房1.71万平方米，通过“腾笼换鸟”方式引进广西药材有限公司、同济建设工程质检南宁分站、广西南宁巨拓商贸有限公司等15个项目；引进广西泛海商贸有限公司和广西城投实业开发有限公司等“零地招商”项目，增加税收5726.26万元。

【产业发展】 2013年，良庆经开区入园企业有345家，其中工业企业217家，规模以上企业61家，年产值超亿元企业35家。税收500万元以上的工业企业有5家，实现纳税额6407万元；税收100万元以上工业企业17家，实现纳税额3732万元。出台《关于加快工业发展若干扶持政策（试行）意见》；重点扶持广西万寿堂药业有限公司、广西苏氏集团有限公司、广西石埠乳业有限责任公司等部分强优企业和重点产业扩能；对贡献大、增长性好的企业进行扶持，落实和兑现广西北部湾集团有限公司、广西城投实业开发有限公司等企业的扶持金和奖励金450多万元。对发展前景好的存量规模以下企业，从技改扩能、新产品研发、品牌打造等方面加强培育和扶持，促进企业提质增效，扩大规模经济总量，新增6家存量微小企业纳入规模以上统计。

（曾　慧）

南宁六景工业园区

【概　况】 南宁六景工业园区成立于2002年2月，12月升格为自治区级开发区；2010年1月列入广西北部湾经济区重点产业园区。2013年7月，横县那阳工业集中区整体并入六景工业园区。园区内设有两个火车站，湘桂铁路、黎（塘）钦（州）铁路过境；桂林至北海、南宁至广州、六景至钦州高速公路在此交汇；珠江水系的郁江流经园区，常年可通航1000吨级的船舶，南宁港六景港区岸线长8195米，规划建设作业区6个，有66个2000吨泊位，年吞吐量2640万吨；建成六景转运站、八联联营厂两个作业区，年吞吐量360万吨。2013年，园区建成面积20.12平方千米，其中六景片区开发面积16.57平方千米、那阳片区开发面积3.55平方千米；有企业116家，其中规模以上企业44家（年产值亿元以上企业33家）；规模以上工业总产值211.48亿元，比上年增长29.88%；完成固定资产投资62.07亿元；签约项目21个，项目实际到位资金38.27亿元；财政收入完成6.37亿元，增长40%。获2012年度南宁市开发区（工业园区）发展二等奖。

【项目建设】 2013年，南宁六景工业园区实施项目带动战略，采取领导联系服务、项目服务全程代办等多种保障机制，推动园区重点项目建设，促进重大项目的落地、开工、建设。开展金鲤水泥二期、万力隆皮业技改项目、劲达兴年产20万吨天然纤维素（竹木浆粕）项目、南宁港六景港区鹤笋作业区码头一期、南电二期和供热项目等一批重大项目前期工作；推进上峰纸业、骏彩纸业、嘉宝纸业二期、新久阳二期、汉普二期项目等重大项目建设；国铭码头、永凯码头开工建设；南宁港六景港区六景转运站、八联联营厂码头水工通过验收。德源冶金年产40万吨螺纹钢、云燕公司一期年产40万吨特种水泥建材、恒丰建材一期年产30万吨预拌干砂浆、劲达兴二期年产9.80万吨桑枝浆、天利恒木业年产300万平方米复合地板、永凯年产20万吨高级文化纸等工业项目相继竣工投（试）产。

【招商引资】 2013年，南宁六景工业园区引进世界最大白水泥生产商——阿尔博波特集团、中国500强企业——玉柴集团投资园区，促成长安精细化工、广西石化链、盟展科技产业园、万物楼综合物流中心项目、物豪矿业产业园等重大项目落地，包装策划中小企业产业园、钢材及装备制造产业园、茉莉花产业园等重大项目。签约项目21个，签约投资额38.24亿元，实际到位资金38.27亿元，实际利用外资3350万美元。

【产业发展】 2013年，南宁六景工业园区与那阳工业集中区合并，实现多方资源的优化整合，有企业116家，其中规模以上企业44家（年产值亿元以上企业33家），初步形成以电力、化工、制浆造纸、茧丝绸、机械制造、港口物流、食药品（农产品）加工业、轻工产业、建材产业、沿江产业、新兴产业等为主要框架的产业园。园区发挥龙头企业的带动、牵引作用，打造造纸生产基地、循环发展基地、现代港口工业区、新型产业园、茉莉花产业园、水泥建材生产基地，加快产业布局调整，实现产业集群发展。（韦凤洁）

南宁江南工业园区

【概　况】 南宁江南工业园区成立于2006年，为自治区级开发区。规划总面积41.03平方千米，其中沙井分区31.97平方千米、富宁经济园7.90平方千米、石柱岭铝加工产业园1.16平方千米。园区东至石柱岭一路，西至津江大道，南以白沙大道、南站大道为界，北至江南大道、锦成路。定位为具有一定规模、技术装备水平领先的铝加工基地和立足广西、面向东盟的电子产业集聚区，重点发展铝深加工产业、电子产业及商贸物流业、清洁能源产业及会展业。2013年，园区有建成投产企业240家，其中工业企业168家（含外商投资企业1家），商贸、物流等企业72家；规模以上工业企业38家，产值超亿元企业21家。实现工业总产值112.38亿元，比上年增长26.14%，其中规模以上工业总产值102.75亿元，增长27.33%；工业增加值30.46亿元，增长36.59%，其中规模以上工业增加值27.74亿元，增长37.38%；规模以上工业实现税收1.65亿元，增长44.64%。园区主导产业铝加工和电子信息产业实现工业总产值52.65亿元，占园区规模以上工业总产值51.25%。

【投资环境建设】 2013年，南宁江南工业园区推进建设市政基础设施项目25个，其中市政道路21条，以及凤凰江水系改造、马巢河连通渠水系改造等项目，实现基础设施投资6亿元。标准厂房建设已竣工面积24万平方米，在建面积18.35万平方米。

【项目建设】 2013年，南宁江南工业园区以铝深加工、电子信息、商贸物流等重点产业为核心，推进重大项目建设发展。

年产20万吨大规格高性能铝合金板带型材项目　位于石柱岭铝加工产业园内。规划总用地87.39公顷，总投资52.80亿元，生产铝合金中厚板、深加工铝带、大型挤压型材和精深加工产品。项目2010年8月开工；年内，完成投资3.44亿元，累计完成投资52.80亿元。至年末，大型材挤压车间挤压机生产线已陆续竣工投产，其他设备同步进行安装和调试，项目四期用地在办理出让。

富士康南宁（沙井）科技园项目　位于沙井分区内。规划总用地197.67公顷，总建筑面积146.30万平方米。主要生产电子书、智能手机、GPS、高端路由器、高端交换机网卡等高端电子产品。项目一期工程2011年6月开工建设，2012年11月5日投产；二期工程2013年10月25日开工建设，12月完成基础施工，开始进行一层主体建设，完成投资2.46亿元。

南宁华南城项目　位于沙井分区内。规划用地227.07公顷，总建筑面积488万平方米，总投资120亿元。项目主要由纺织服装、皮革皮具、化工塑胶、印刷纸品包装、五金工具机电配件、建材装饰、电子电器、医药与器械、日常用品等工业原料及相关产品专业物流市场及其配套设施所组成。年内，完成投资8.13亿元。至年末，累计完成投资44.78亿元，完成建筑面积136万平方米。其中，17栋配套住宅建成在售，1号物流广场AB栋在进行内部装修，4号物流广场开业营运，2号、3号物流广场开展招商。

广西海吉星农产品国际物流中心项目　位于富宁经济园内。占地40.40公顷，总建筑面积52万平方米，计划总投资13.40亿元。项目建设以集散交易、物流仓储、商业服务三大板块为主，拟建成国际化、现代化、多功能的大型农产品物流中心。项目一期2011年投入营运，项目二期2013年底启动前期工作。年内，完成投资1.44亿元。至年末，累计完成投资8.64亿元。

华电南宁华南城分布式能源项目　位于沙井分区内。项目利用燃气轮机燃烧天然气发电，经过能源的梯级利用，向项目所在片区的企业集中供冷、供热，达到更高能源利用率、更低能源成本以及更好环保性能。2011年10月18日开工建设，2013年12月竣工。累计完成投资12.60亿元。

【招商引资】 2013年，南宁江南工业园区招商引资引进项目2个（年产1000台系列挖掘机液压凿岩钻机项目、江南·熙园商业广场项目），总投资约5亿元。

【产业发展】 2013年，南宁江南工业园区依托富士康南宁科技园、年产20万吨大规模高性能铝合金板带型材项目、南宁华南城、广西海吉星农产品国际物流中心、华电南宁华南城分布式能源等重大项目建设，发展电子信息、铝加工、商贸物流、会展、新能源等主导产业。电子信息产业主要集中在沙井大道西侧的南宁光电产业园内，支撑项目为富士康南宁科技园项目；铝加工产业主要集中在

2013年，华电南宁华南城分布式能源项目　　范丽萍　摄

石柱岭铝加工产业园，支撑项目为年产20万吨大规模高性能铝合金板带型材项目；工业物流业主要集中在沙井分区，支撑项目为南宁华南城项目；农产品物流业主要集中在壮锦大道西侧，支撑项目为广西海吉星农产品国际物流中心项目；会展业主要集中在沙井分区，支撑项目为南宁华南城项目。（徐　昂）

南宁仙葫经济开发区

【概　况】 南宁仙葫经济开发区（简称“仙葫开发区”）2001年1月成立，为自治区级开发区，地处南宁民族大道东段。辖区面积75平方千米，重点开发面积11.30平方千米。2013年，辖社区6个，人口8.50万。驻区企业160家，其中规模以上工业企业10家（产值亿元以上企业4家）。实现工业总产值35.68亿元，其中规模以上工业总产值32.04亿元；全社会固定资产投资81.17亿元；招商引资实际到位资金12.50亿元；社会消费品零售总额4.17亿元；财政收入550万元。年内，青秀区委书记、区长分别兼任仙葫开发区党工委书记、管委会主任；伶俐工业集中区、二塘工业园、青秀区现代农业示范园并入仙葫开发区统一管理。

【投资环境建设】 2013年，仙葫开发区加快推进主干道建设的前期工作。五合片区6号路、7号路、五合扩建道路（南宁市第六职业技术学校—广西中医药大学段）和五合扩建道路（广西外国语学院—牛湾路口段）均已列入2014年市城建计划，完成项目建议书、勘察设计方案、初步设计评审、可研及环评报告等前期工作。五合片区23号、24号、25号道路的勘察、设计招投标已签合同，五合片区24号（下洲村边规划道路二期）道路的初步设计评审方案正在评审。

【项目建设】 2013年，仙葫开发区完成进厂道路征地12.27公顷，坝区征地20.33公顷。完成铁路项目和涉铁关联项目广西中医药大学仙葫校区涉及的27栋房屋拆迁。完成自治区、市重点推进的项目征地124公顷，其中市重点项目5个，项目用地47.80公顷，拆迁面积8269平方米。推进广西国泰粮食集团有限公司30万吨粮油食品精深加工搬迁技改项目建设，占地20.53公顷，总投资3.60亿元，累计完成投资3.10亿元，一期工程竣工投产，二期工程基本完工，年内实现产值超20亿元。南宁市第六职业技术学校占地19.67公顷，总投资2.26亿元，累计完成投资2.14亿元。

【招商引资】 2013年，仙葫开发区以发展粮油食品加工、印刷及高新技术产业等为主，扶持科技密集型项目，重点做好五合工业物流园区招商，推进工业项目建设和重点项目招商。完成广西景和停车设备生产项目用地招拍挂手续，并已开工。牵头组织城区有相关部门和专家召开广西卓航投资集团超滤水膜项目评审会，在规划、投资强度等方面进行分析研究，已做好项目的选址方案，加快推进前期工作。推进阿里巴巴与绿地香港集团强强联合，在仙葫开发区打造广西首个综合性电子商城。为上海斐讯南宁电子产品生产综合服务园区项目落户仙葫开发区提供服务。全年招商引资实际到位资金12.50亿元，比上年增长13%。

【平安仙葫建设】 2013年，仙葫开发区加大对非法传销活动的管控；加强“三车”（人力车含非法拼装、加装动力车辆，摩托车含发动机或电动驱动的二轮、三轮摩托车，非法营运残疾人机动轮椅车）整治，化解不稳定因素；调处劳资纠纷，解决民工工资400万元；调解牛湾半岛土地纠纷16起、面积3.47公顷，其他纠纷1起、面积2.47公顷。（蔡光燊）

广西南宁五象新区

【概　况】 广西南宁五象新区（简称“五象新区”）规划范围东至八尺江，南接那马，西邻水塘江，北起邕江，由175平方千米概念性总体规划面积和新增新兴产业园（30平方千米）、现代工业园（50平方千米）、龙象谷项目组成。整体规划包括总部基地·金融街、自治区重大公益性项目、中国—东盟国际物流基地、新兴产业园、现代工业园、广西体育产业城、广西文化产业城、台湾健康产业城、广西龙象谷等九大版块和蟠龙、龙岗、玉洞三大片区。2013年，合同利用外资3255.20万美元，实际到位外资5211.73万美元。重点建设项目完成投资额153.62亿元，比上年增长16.80%。建立项目共管资金制度，加强项目用地供后监管、提高土地开发利用效率，企业缴存共管资金6.50亿元。2月18日，中共广西南宁五象新区规划建设工作委员会和广西南宁五象新区规划建设管理委员会正式成立。

【投资环境建设】 2013年，五象新区完善新区规划，编制完成《总部基地城市设计》《总部基地金融街地下空间规划》，修编完成《蟠龙片区规划调整》《良庆区良庆镇总体规划》《邕宁区蒲庙镇总体规划》《五象新区公共服务设施专项规划》；制定《广西南宁五象新区建筑风貌和色彩管理暂行规定（试行）》；发布实施《广西南宁五象新区绿化技术导则（试行）》。协调推进市政道路及景观提升工程，解决建设中出现的施工方案变更、资金协调、施工进度控制、征地拆迁协调等问题，确保平乐大道D标、玉洞大道拓宽工程（一期）、凤凰路（二期）、南宁五象湖、广西体育中心周边环境及景观提升工程等重点项目按进度计划保质保量完成建设。创新工作方式方法，通过“提前介入”工作模式、推行“保姆式”服务和“并联审批”“缺项受理”“分项报建”等审批模式，提高项目建设审批效率，促进项目落地，带动宝能集团前海人寿总部项目、南宁绿地中心、合景·天汇广场项目等一批重点项目开工建设。

【招商引资】 2013年，五象新区推进招商引资，接待客商230余批次，引进重大项目近30个，其中总部基地新增落地项目17个，建筑面积约370万平方米，计划总投资近300亿元。合同利用外资3255.20万美元，实际到位外资5211.73万美元。上海绿地、广州恒大、深圳万科、广州合景泰富、广州雅居乐、广州富力、深圳宝能等世界500强、国内500强以及上市知名企业项目入驻新区；交通银行、兴业银行、民生银行、邮政储蓄银行、浦发银行、招商银行、太平保险、生命保险、前海人寿等金融机构集聚金融街，总投资约500多亿元；推进广州天誉528米的南宁新地标项目建设。

【项目建设】 2013年，五象新区完成征地1420公顷，完成59个项目338.73公顷的建设用地供应。“招、拍、挂”出让土地面积、征地完成量分别占市本级40%、50%。完成园博园、玉洞大道、平乐大道、

2月18日，五象新区规划建设工作委员会挂牌成立　　五象新区管委会提供

玉象路、凤凰路等基础设施项目建设，投资额52.23亿元。五象核心区开工房屋建筑类项目25个，总建筑面积近350万平方米，工程总造价约220亿元。新区重点建设项目完成投资额153.62亿元。

总部基地·金融街　是五象新区九大版块中重点打造的版块，是五象新区的核心区。总部基地包括企业总部和金融街两部分，是泛北部湾经济区企业总部的聚集地、面向中国—东盟自由贸易区的金融中心。其中，金融街规划面积1.35平方千米，业务以区域金融合作、货币结算、离岸金融、期货交易、中小企业融资、产权交易为重点。至年末，入驻总部基地的世界500强、国内500强以及上市知名企业近30家，入驻金融街的金融机构近10家。总部基地·金融街95%以上土地已落实项目。

五象湖公园　8月30日，南宁市五象湖公园正式开园。位于五象新区核心区自治区重大公益性项目用地的南部，东起平乐大道，南至凤凰路，西至玉象大道，北起秋月路，中间横穿玉洞大道。五象湖公园是大型城市综合性公园，同时也是第三届广西园林园艺博览会的展园。公园规划用地面积122公顷(陆地面积64公顷、水域面积58公顷)，由桂象湖、银象湖、金象湖、玉象湖、碧象湖5个人工湖组成。园区建有景点14个、桥8座、塔(五象塔)1座。8月31日至10月7日，第三届广西园林园艺博览会在五象湖公园举办，园博园的主题馆区、地级市展园区、经济强县展园区、国际友好城市展园区分别环绕在银象湖、金象湖、玉象湖的周围；入园参观216万人次。

五象大桥　是连接五象新区核心区与柳沙片区、中心城区的交通要道。南起建设中的玉象路—五象大道路口，北连英华路，全长1544米(主桥长872米)，桥宽39米，采用双独塔斜拉桥结构，总投资8.23亿元。年内，完成大桥下构、主塔、边跨吊装，主跨箱梁正在进行第二节段吊装准备；南岸引桥完成混凝土浇筑，北岸正在进行承台、墩身施工。

良庆大桥　是连接凤岭片区与五象新区的跨江通道。南起五象新区4号路(丰庆路)与23号路(弘良路)交叉口，北至南北向的青环路，全长3119米，其中越江桥梁总长约1250米，主桥长420米，双向6车道，桥型为单跨叠合梁悬索桥。估算总投资13.47亿元。10月开工建设。

玉洞大道　东接新外环高速，西起银海大道，全长约23千米，是五象新区“三横三纵”路网建设的重要部分。项目估算总投资28.20亿元。由银海大道—平乐大道段、平乐大道—龙岗大道段、八尺江—八鲤工业园段、玉洞大道八尺江大桥、八鲤工业园—新外环高速段5个部分组成。其中：银海大道—平乐大道段2011年建成；平乐大道—龙岗大道段、八尺江—八鲤工业园段、玉洞大道八尺江大桥均在2013年开工建设。年内，完成五象湖中桥—平乐大道部分的建设。

南宁博物馆　位于蟠龙片区，邕江南岸。规划净用地面积6.21公顷，总建筑面积3.08万平方米，总投资2.74亿元。2011年9月开工，2012年12月主体建筑封顶，2013年12月完成外装修、通暖空调主机安装、取水井沉井施工等。

广西体育中心三期　位于五象新区核心区，五象大道以南，体育中心一期、二期项目用地南面。项目用地34.20公顷，总投资22.90亿元，总建筑面积26.15万平方米，是第四十五届世界体操锦标赛的重要场地。包括综合训练馆、新闻中心、体育宾馆。至年末，综合训练馆主体结构封顶，室内装修工程施工收尾；新闻中心完成至20层主体结构施工；体育宾馆完成至17层主体结构施工。

农民安置工程　完成五象4号点、8号点，邕宁区A13、A14、A6、A7等4个点，良庆区6号点、3号点、4号点等12个安置房项目的土地出让，占地51.16公顷。

景观绿化工程　组织实施平乐大道、玉洞大道等7条道路的景观提升工程和五象—平乐边坡、宋厢路口三角地、自治区政协会馆门前3个景观节点的绿化工程，完成投资1.10亿元，新增街头和道路绿地面积20多万平方米，种植乔木1万多株、灌木近1万株、地被20多万平方米。　　(邢义波　罗　往)

2013年，建设中的五象大桥　　五象新区管委会提供

责任编辑　陆　靖

城市建设与管理

重点工程建设

【概　况】 2013年，南宁市分两期安排城建计划项目734个，计划投资302.58亿元。其中：建设项目(含续建和新开工项目)477个，计划投资289.04亿元；前期项目248个，计划安排投资3.50亿元；经费开支项目安排10.04亿元。主要重点建设项目涉及五象新区、水城建设及邕江两岸建设、“四化”(美化、绿化、亮化、彩化)、轨道交通、桥梁、道路、公共建筑、保障性住房及拆迁回建房、污水垃圾处置、市政配套设施、公交场站设施建设、专项计划等12大领域。城建计划建设项目(含续建和新开工项目)完成投资220.90亿元，完成年度投资76.42%，比上年同期增长16.44%。其中轨道交通、桥梁、污水垃圾处置项目超额完成全年目标任务。重点项目中，长堽路改扩建工程、凤岭南路(青环路—开泰路)、凌铁大桥、民主铁路立交桥、白沙—星光立交、白沙—友谊立交、白沙—壮锦立交、金湖路下穿民族大道地道工程等项目相继建成通车；为民办实事的30条小街小巷改造项目完成，完成投资27.46亿元；城市公用事业的供水供气项目，完成陈村水厂二期扩建工程；推进五象新区污水处理厂和三塘污水处理厂工程，完成投资2.12亿元；燃气管网完成固定资产投资1.44亿元，完成西气东输二线长输管线衔接工程，并投入使用。天然气汽车加气压项目建设正开展。以项目推进为工作主线，旧城改造完成新阳路292号、北湖路2号、南宁金刚水泥厂等20个土地熟化项目，启动“三街两巷”(兴宁路、民生路、解放路和金狮巷、银狮巷)旧城改造项目。

【民主铁路立交桥】 2013年7月31日主车道全线通车。位于民主路—园湖路路口与望州南路—民主路丁字路口之间。项目业主为南宁市城市建设投资发展有限责任公司，施工单位为贵州建工集团第三建筑工程有限责任公司。建设内容主要包括道路、桥涵、排(雨、污)水以及附属消防、照明、绿化、交通工程。概算总投资1.48亿元。2012年6月22日开工建设。立交桥设计长51.50米，宽22.70米，高8.60米，四孔钢筋混凝框架结构。桥梁两端道路按城市主干路Ⅱ级设计，道路红线宽度按40米规划，路幅形式三板式，车道为2米×14.50米，双向四车道。2012年12月，主体工程基本完工。因铁路改线工程还未完成，未能通行。根据设计要求，其线路改线改在新建的立交桥后，旧线才能废除。因该铁路立交桥处于市区的旧城区，施工难度较大，如地下管线错综复杂，数量庞大，对基础开挖和管线的迁移工作量较大，影响预定工期。

【白沙—星光立交桥】 2013年8月建成通车。位于江南区星光大道与快速环路白沙大道交叉路口。项目业主为南宁市城市建设投资发展有限责任公司，施工单位为广西壮族自治区公路桥梁工程总公司。主要建设内容包括道路、桥涵、排(雨、污)水以及附属消防、照明、绿化、亮化、交通工程。概算总投资3.54亿元。2012年12月正式开工，采用三层长条苜蓿叶互通立交形成，星光大道上跨白沙大道，桥下为井字形辅路系统；设计车速：白沙大道每小时80千米，星光大道每小时60千米，匝道每小时30千米，辅道每小时30千米；白沙大道跨线桥全长758米，星光大道跨线桥全长790米；包括两条主线及4个路基苜蓿叶式匝道，桥梁面积1.39万平方米；立交层净空5米，辅道层净空4.50米。总投资3.29亿元。

【白沙—壮锦立交桥】 2013年8月31日建成通车。位于江南区白沙大道与壮锦大道交叉处。项目另设人行天桥3座，分布于白沙—壮锦大道路口的南侧、西

8月31日，白沙—壮锦立交桥建成通车　　梁善锋提供

侧、北侧。项目业主为南宁市城市建设投资发展有限责任公司，施工单位为南宁基础工程总公司。主要建设内容包括道路、桥涵、排（雨、污）水及附属消防、照明、绿化、亮化、交通工程。概算总投资2.26亿元。2012年12月正式开工，为二层菱形苜蓿叶式互通立交桥，壮锦大道上跨白沙大道。白沙大道改造路线长1400米，壮锦大道改造路线长1360米，右转匝道长1108米，左转匝道长868米，壮锦大道跨白沙大道桥梁全长96米，桥梁面积6520平方米；白沙大道道路红线宽度60米，壮锦大道道路红线宽度60米。

【凌铁大桥】 2013年8月28日建成通车。大桥南起福建路，北接教育路，终点与桃源路相交，主干线全长2011.13米，道路等级为城市主干路Ⅰ级，概算总投资7.43亿元。项目业主为南宁市城市建设投资发展有限责任公司，施工单位为中铁二局第五工程有限公司。建设内容包括横跨邕江的主桥、东西两岸引桥、引道、江北连接线、匝道桥及排水、交通、照明、绿化等附属工程。2005年2月开工建设，原计划在2007年底竣工，后因沿线拆迁问题导致工程建设经历多次反复停工和复工，其中尤受征地拆迁影响，工程拆迁范围内有25家单位，其中房改房66户、公房356户、自建房111户，拆迁总面积14万平方米。

【金湖路—民族大道地下交通工程】 2013年8月28日建成投入使用。位于青秀区金湖广场、民族大道与金湖路的交汇处。项目业主为南宁市城市建设投资发展有限责任公司，施工单位为广西壮族自治区公路桥梁工程总公司。主要建设内容包括新建车行地道、人行地道及改建金湖环路地面道路，涉及道路、地道、排水、照明、监控、交通、绿化等工程。概算总投资1.81亿元。2012年11月8日全面施工。主要在金湖东环路和西环路分别设置下穿民族大道的地下道，项目全长1112米。其中：金湖东环路由南至北，起于金湖南路交叉路口，经汇东巷，下穿民族大道、文浦路，终于金湖北路交叉口，长556.23米；金湖西环路由北至南，起于金湖东环路终点处，经嘉湖巷、桂景巷，下穿民族大道、金洲路南一里，终于金湖东环路起点处，长556.23米。

【白沙—友谊立交桥】 2013年12月建成通车。位于江南区白沙大道与友谊路相交处。项目业主为南宁市城市建设投资发展有限责任公司，施工单位为中国建筑第五工程局有限公司。主要建设内容包括道路、桥涵、排（雨、污）水以及附属消防、照明、绿化、亮化、交通工程。概算总投资7.53亿元。2012年12月正式开工，采用半苜蓿叶与半定向匝道组合的三层全互通式立交形式，南建—友谊路上跨白沙大道，桥下为口字形辅路系统。桥梁长度2431米，总面积3.20万平方米，设匝道8个；立交层净空5米，辅道层净空4.50米；白沙大道路宽60米，友谊路路宽60米；设计车速：白沙大道每小时80千米，友谊路每小时80千米，环圈匝道每小时40千米，其他匝道每小时45千米。总投资7.13亿元。

【凤岭南路（青环路—开泰路）】 2013年12月底建成通车。起于青环路，终于开泰路。项目业主为南宁市城市建设投资发展有限责任公司，施工单位为中建五局土木工程有限公司。概算总投资2.35亿元。2009年开工建设，道路长2910米，宽40米，双向6车道。主要建设内容包括道路、排（雨）水征地拆迁、照明、交通、绿化工程。

【长堽路改扩建工程】 起于望州南路口，终于厢竹大道东侧。项目概算总投资6.57亿元。项目分三期实施。一期工程（望州南路—长堽火车站）起于望州南路口，终点至长堽岭火车站段。2008年2月开工，2009年底通车。项目业主为南宁市城市建设投资发展有限责任公司，施工单位为广西长长路桥建设有限公司。主要建设内容包括道路、排水（雨水）及配套绿化、照明、交通等工程。概算总投资2.02亿元。二期工程（长堽路火车站—那考河）起于长堽火车站，终点至那考河西侧，经沙江河段建设桥梁1座。2010年11月开工，后因征地拆迁原因，2011年3月起基本处于停工状态。2013年6月底恢复进场施工，12月31日主车道通车。项目业主为南宁市城市建设投资发展有限责任公司，施工单位为广西长长路桥建设有限公司。主要建设内容包括道路、桥梁、排水（雨水）及配套绿化、照明、交通等工程。概算总投资1.70亿元。三期工程（那考河—厢竹大道）起于那考河西侧，终点至厢竹大道东侧，经那考河段建设桥梁1座，经厢竹大道段建设立交桥1座。2013年3月开工；12月31日，至快环段主车道通车。项目业主为南宁市城市建设投资发展有限责任公司，施工单位为广西正地建设发展有限公司。主要建设内容包括道路、桥梁、排水（雨水）及配套绿化、照明、交通等工程。概算总投资2.85亿元。 （梁善锋 陈 琳）

“中国水城”建设

【概 况】 2013年，南宁市“中国水城”建设及邕江综合整治开发抓好“一江”

12月31日，长堽路改扩建工程至快速环道主干道通车　　梁善锋提供

(邕江)、“两库”(老口梯级水库、邕宁梯级水库)、“三湖”(五象湖、南湖、相思湖)、“五工程”(截污、补水、内河整治、邕江堤防及清淤工程)建设，完成投资50.05亿元，完成年度计划53.85亿元的93%;计划征地696.80公顷,完成227.87公顷；计划拆迁118.50万平方米，完成30.18万平方米。

【邕江综合整治开发】 2013年，邕江精品示范段工程完成投资2.23亿元，建成冬泳壁画、“邕”字碑、雕塑音乐喷泉广场、神话故事传说艺术长廊等景点。推进柳沙滨江公园、平西滨江公园、津头滨江公园、江南公园等精品绿化工程前期工作,启动柳沙滨江公园招标。3月29日，市政府与中国交通建设股份有限公司签订《南宁市邕江综合整治项目合作备忘录》,标志邕江两岸综合整治工程进入全面实施阶段，中国市政工程西南设计研究总院完成《南宁市邕江综合整治和开发利用工程（江南区亭子公园东侧—滨江丽景花园西侧和江北段东南亚美食街东侧—三岸大桥）园林景观工程方案设计》。邕江整治项目融资地块120公顷，完成土地签约13.47公顷。

【环湖水系建设】

五象湖环水系 2013年，五象湖公园完成投资8.47亿元，总投资完成率130.30%，实现开园和周边道路通车;良庆河、楞塘冲综合整治一期、二期、三期(五象湖工程)工程基本完成;大王滩农田水利灌溉渠(五象湖补水工程)项目通过蓄水前验收；八尺江综合整治工程一期方案设计、立项获批复;邕宁区防洪工程(一期)全面开工;蟠龙片区水系建设项目获立项批复。

南湖环水系 茶花园桥—茅桥西湖段工程进行河道及截污行钻孔灌注桩施工。竹排江应急排涝原站工程完成投资2047万元,完成年度计划102.40%。完成南湖—竹排江水系环境综合整治工程、红色之旅工程、三月花段截污管整改工程及南湖新建游船码头工程九拱桥、南岸码头建设。桂春路蓄水闸—邕江出水口段工程,河道截污完成工程量90%,完成投资2.62亿元,完成年度计划174.40%。竹排冲上游药用植物园段环境整治工程(茅桥湖—水南高速段)，完成投资3065万元,完成年度计划30.65%。

相思湖环水系 相思湖、明月湖一期及可心江工程基本完成，环线实现连通。可利江(相思湖)环境综合整治工程二期完成年度投资1.80亿元，完成年度计划90.20%。其中:相思·民族文化风情街完成土方工程64万立方米,土建工程完成52栋单体主体及装饰;相思湖公园综合楼主体完成95%，影楼主体完成30%；相思·风雨桥工程完成下部结构施工。明月湖欧洲风情小镇工程基本完工，护岸工程完成总工程量90%，总平及景观工程完成总工程量70%。

【工程建设】 2013年，南宁市“中国水城”建设及邕江综合整治和开发利用工作领导小组办公室按计划推进截污、补水、内河整治、邕江堤防及清淤5项工程建设。

截污工程 江北片区污水管网完成广西大学门口至明秀路口、明秀路口至城市碧园出入口段约600多米建设;完成科园东十一路、高新东三路等6条污水管及罗赖污水提升泵站施工招标,已进场施工。江北片区相思湖流域污水管网工程管线总长38.60千米,累计完成管线敷设长度33.30千米,完成投资9954.83万元。江南片区污水管网五一西路延长线污水管网工程开工建设。

补水工程 江北引水干渠总长25.56千米，其中老口—市委党校段、市委党校—可利江段、朝阳溪—竹排江段2标开工建设。江北环城水系(可利江—心圩江连通运河)一期工程河道、桥梁等工程竣工并投入使用，照明亮化、绿化提升、景观提升(除栏杆变更)、雨污排水管工程完成。

内河整治工程 黄茅坪冲沟及水库溢洪道下排洪渠河道整治工程（二期工程）基本完成项目建设，完成投资1842万元,完成投资计划102.30%。朝阳溪环境综合整治工程（重型机械厂—市第二十八中学段)景观方案设计获批复,其中一标段完成河道整治工程50%，完成投资3294万元,完成年度计划22%。二坑溪综合整治工程(康美新村—二坑口段)完成投资8041万元，完成年度计划160.80%，其余受征地拆迁影响未能实施,中尧桥完成改造并通车,新阳桥改造工程进行桩基础施工。凤凰江生态环境综合整治工程完成投资4650万元,完成年度计划93%。

邕江堤防工程 邕宁区防洪工程(一期)完成投资1.60亿元,完成率80.30%;完成防洪堤6.10千米，土石堤第一段1标1200米及2标、第二段征地拆迁,木器厂排涝闸及泵站主体建设。石埠堤工程完成8.50千米堤防建设,完成投资5310万元,完成年度投资计划106.20%。

清淤工程 投资433万元，完成凤凰江翠湖新城至富德闸段，心圩江支流黄泥沟秀厢大道至安吉大道段、竹排冲市第十七中学段、朝阳溪市第十三中学下游段，那洪泵站前池等多处城市内河淤堵河段清淤清障和设施改造。

（杨锦文）

①南湖—民歌湖夜景
②相思湖
③民歌湖酒吧街
④五象湖公园中的银象湖 杨锦文提供

轨道交通建设

【概　况】 2013年，南宁市轨道交通1号线完成投资32.60亿元,完成全线征迁工作,所有站点开工建设,其中21座车站完成围护结构施工,16座车站完成主体土方开挖并开始大规模主体结构施工；南湖站—金湖广场站区间、鲁班路站—广西大学站、白苍岭站—火车站区间3台盾构机成功始发，进场和下井盾构机16台;管片生产、储存约5000环。轨道交通2号线完成投资单位招标,确定项目管理模式,设计及审查14个站点主体围护结构施工图，部分站点已先期开展绿化移植、供电、燃气管线的迁改施工。11月19日,2号线工程（玉洞—西津）站点区域交通衔接规划设计成果获南宁市城市规划工作委员会审议通过。12月31日,2号线在安吉大道西津站项目现场正式开工,年内,完成投资2.05亿元,完成年度计划1亿元的205%。

【市轨道交通标志获商标注册】 2013年2月28日，南宁市轨道交通标志经工商行政管理总局商标局审核通过获商标注册证。蓝色朱槿花为南宁市轨道交通建设专用标志。标志极富南宁本土地域特色，主体结构取自南宁市市花——朱槿花。向上绽放的花形寓意轨道交通将助力南宁城市经济蓬勃发展；朱槿花的下半部分由南宁两个字母“N”构成，寓意南宁;交汇的线条既如树叶上的脉络,又如轨道，预示生态宜居的南宁未来发达的轨道交通网络。标志以蓝色为基调蕴含安全与科技元素,同时与泛北部湾、南宁水城建设理念一脉相承。标志已使用于1号线各建设站点围墙等。

【2号线工程(玉洞—西津)初步设计获批复】 2013年7月12日，南宁市轨道交通2号线工程(玉洞—西津)初步设计获自治区发展与改革委员会正式批复,标志该项目前期工作基本完成。2号线工程(玉洞—西津)是贯通南宁市区南北向的骨干线,联系良庆组团、江南组团、中心组团、城北组团,以解决城市中心组团与周边组团的南北向客流交通为主。批复明确同意南宁市轨道交通2号线线路自玉洞站为起点,沿银海大道、星光大道向北,下穿邕江至朝阳路,下穿火车站,转至友爱路、安吉大道向北到达终点站西津站,其中朝阳广场站至火车站区间与1号线并行。线路全长约21千米,均为地下线,设车站18座、综合基地1处、主变电站2座,与线网共用控制中心1座。12月31日,2号线工程正式开工。

【南车轨道交通装备基地项目签约】 2013年9月4日在南宁鑫伟万豪酒店举行签约仪式。南宁轨道交通有限责任公司与南车株洲电力机车有限公司共同出资成立南宁南车轨道交通装备有限公司。甲方代表南宁轨道交通有限责任公司党委书记、董事长苏拥军,乙方代表南车株洲电力机车有限公司董事长、总经理周清和参加项目签约仪式，标志南宁南车轨道交通装备基地项目进入具体实施阶段。根据合资合同,双方共同出资1.50亿元成立南宁南车轨道交通装备有限公司。其中:南车株洲电力机车有限公司出资60%，南宁轨道交通有限责任公司出资40%。南宁南车轨道交通装备基地项目总投资4亿元，项目地址在邕宁八鲤工业园。

【火车东站片区场地整理与配套道路项目开工】 2013年12月6日举行开工仪式。项目位于凤岭北路北侧，为凤岭北路、凤凰岭路、东环快速路、高坡岭路围合区域(南宁火车东站用地,南、北广场用地除外)。南宁火车东站片区场地整理及配套道路工程是服务火车东站枢纽的配套市政工程。场地平整面积119.67公顷,配套道路20条,包括18条支路、1条主干路、1条次干路,总长7473米,均采用沥青混凝土路面。项目概算总投资11.70亿元,工期12个月。主要建设内容有:场地平整、道路、排水(包括雨水、污水)、交通、绿化、照明等工程及其他管线管沟等。项目分2个合同段,施工单位为广西建工集团第一建筑工程有限责任公司和中铁隧道集团四处有限公司，监理单位为南宁品正建设咨询有限责任公司和广西华蓝工程咨询管理有限公司。

【南宁制造首台盾构机】 2013年12月18日，南宁中铁广发轨道装备有限公司中广轨道1号盾构机下线仪式在邕宁区八鲤工业区南宁广发重工集团有限公司新厂区举行。“中广轨道1号盾构机”是中铁工程装备集团公司、南宁广发重工集团有限公司、南宁轨道交通有限责任公司利用南宁中铁广发轨道装备有限公司平台,根据南宁地下地质条件,为南宁地铁1号线量身打造的装备。标志南宁市实现盾构机本地化生产，弥补南宁市盾构制造产业的空白。　　(朱振华)

市政基础设施建设

【概　况】 2013年，南宁市城市基础设施建设以打造“美丽南宁”为契机,着重抓好城市宜居环境和生态文明项目建设。建设项目主要有:1.实施绿化美化彩化三年行动计划,实施项目64个,计划投资28.60亿元。提升五象新区等城市主要干道和街区的园林景观效果，增加一

12月6日,南宁火车东站片区场地整理及配套道路工程正式开工建设

朱振华提供

2013 年,建设中的老口水库　　杨锦文提供

批城市园林景观大道;推进"绿满邕江"工程,做好邕江两岸滩涂绿地的美化,实现造林绿化美化 106.67 公顷。2."中国水城"项目建设,实施项目 69 个,计划投资 51.57 亿元。续建郁江老口航运枢纽等项目,开工建设邕宁水利枢纽等项目。加快六大环湖水系工程建设,重点推进五象环湖、南湖环湖等环湖水系改造,抓好内河环境综合整治工程,提升内河水质和景观水平。3.五象新区"双百"项目,实施项目 120 个,计划投资 161.62 亿元。加快规划建设广西文化产业城、广西体育产业城等九大板块,抓好新兴产业园、现代工业产业园、现代国际物流园等重点片区规划和实施。加快五象新区基础设施建设,五象、英华等跨江大桥建设,新区市政设施和配套公共服务设施建设。4.加快实施"三旧"(旧城镇、旧厂房、旧村庄)改造项目,完成投资 30 亿元以上。抓好南宁水街片区改造,重点抓好北湖片区、北际路片区、新阳路片区等旧城、旧厂房改造建设。加大对长堽村、秀厢村、陈东村等一批城中村和城乡接合部的整治力度。5.重大交通基础设施项目建设,实施项目 124 个,计划投资 205 亿元。轨道交通建设,全面推进地铁 1 号线建设,开工建设地铁 2 号线,做好 3 号、4 号线的前期工作,加快推进以南宁为节点的铁路通道建设改造和火车站综合交通枢纽一期工程等项目建设。推进南宁—钦州、南宁外环高速公路等一批高速公路项目。抓好吴圩国际机场新航站主体工程及进站高速连接线工程建设。

【道路桥梁工程】 2013 年,南宁市继续实施"畅通工程"计划,结合旧城区的道路改造,在抓好新区道路建设的同时,把打通断头路和拓宽延伸现有道路为重点,完成长堽路、佛子岭路、凤岭北路等干道的改扩建。继续抓紧在建的凌铁大桥、五象大桥、英华大桥等跨江(河)的桥梁建设,在快速环道上先后建成沙井—富乐、沙井—南站、白沙—友谊、白沙—壮锦立交桥;经过市中心的民主路铁路立交桥、明秀路铁路立交桥,以及金湖路—民族大道地下通道建成使用。停建多年的凌铁跨江大桥经复工后落成通车。至年末,南宁市已建成跨江大桥 12 座,在建 2 座。

佛子岭路扩建工程　2013 年列入为民办实事项目,起点接东葛路延长线,终点接外环高速道路,改扩建道路长 4.44 千米。总投资 1.97 亿元。8 月,盘龙路至凤凰岭路段的主车道完工;11 月底,凤凰岭路至外环高速路段主车道实现通车。

凤岭北路工程　3 月 28 日,一期工程开工建设,起点接建政东路延长线,终点至凤凰岭路以西处,呈东西走向。其中,新建凤岭北路—厢竹大道和凤岭北路—翠竹路两座立交桥。按规划设计,凤岭北路将成为南宁城市东西向快速路重要组成部分。一期工程全长 3.54 千米,道路红线宽 68 米,双向 8 车道,道路等级为城市快速路,设计车速每小时 80 千米。主线按城市快速路设计,辅路按城市次干道设计,道路横断面形式为 4 幅路。建设内容主要包括道路、桥梁、通道、排水、绿化、交通、照明工程等,总投资 14.95 亿元。

区域道路建设工程　即兴宁区的三塘镇和金桥区域内的兴工路及金桥农产品批发市场的配套道路。12 月 6 日,两条路同时开工建设。兴工路(三期)位于兴宁区三塘镇,主线工程起点接已建的兴工路,终点至规划的四路,道路等级为城市次干道Ⅰ级,长 1143 米,红线宽度 40 米;支线规划四路,起于兴工路,终点至规划三塘污水处理厂,道路等级为城市次干道Ⅰ级,长 456 米,红线宽度 35 米,工程概算总投资 1.04 亿元。金桥农产品批发市场一号路是市场配套道路,起点昆仑关大道,与三号路相交,长 735.50 米,宽45 米,呈南北走向。建设投资 5382.48 万元。

牛湾蒲津路工程二期　12 月 24 日开工建设。包括牛湾疏港大道和蒲津路,位于邕宁区蒲庙镇南部。总投资 10.94 亿元。牛湾疏港大道北接五合大桥,南至蒲北二级公路,长 5.78 千米,红线宽 50 米,为城市主干道Ⅰ级,设计行车速度每小时 60 千米;蒲津路(二期)工程西起邕宁区人民医院,东至五合大道引桥,长 4.73 千米,红线宽 68 米,为城市主干道Ⅰ级,设计行车速度每小时 60 千米。建设内容包括道路工程、排雨污工程、桥梁和涵洞工程、绿化工程、照明工程、交通工程等。

中尧桥工程　5 月建成通车。位于西乡塘区中尧路,横跨二坑溪,是新阳路进入中尧路的主要通道。建设投资 432.05 万元。2012 年 3 月开始施工。由于该桥梁处于老城区,地下管线比较复杂,施工难度较大,管线迁移时间较长。2013 年进入全面施工,4 月初完成桥梁主体工程,经过 1 个多月的桥梁保养期,5 月中旬经验收后通车。

北湖铁路立交桥　5 月建成使用。起于北湖南路铁路桥附近,终于北湖客车技术装备站(简称"北湖客技站"),起到连接南宁火车站和北湖客技站的作用。全长 2920.24 米,有高 1.50 米至 15 米的桥墩 104 个,跨过明秀、望州路北一里、虎丘西、皂角村、衡阳路东 5 个铁道口,是市区最长的铁路立交桥,为南宁铁路枢纽改造工程的控制性工程。南宁火车站至北湖客技站走行线始建于 20 世纪 70 年代,原为南宁冶矿厂铁路专用线,后成为南宁铁路局的铁路线。明秀路铁道口于 1998 年使用,行驶经过明秀道口的火车从南宁火车站到北湖客技站检修、保养、补给、打扫车厢卫生等,装备完后再开回南宁火车站上客,每天有几趟火车经过,且经过铁道口的时间不确定,铁道口的安全难以管理,加上其他的 4 个铁道口也存在安全隐患。为此，南宁铁路局2010年8月投资建设这条立交桥。它的建成使原有的走行线同时拆除，列车改从新建的立交桥上通行，有助于缓解北湖南路及明秀东路的交通压力，确保原5个铁道口的安全通行。

那平江大桥扩建　10月建成通车。位于青秀区仙葫开发区仙葫大道，是连接仙葫片区与邕宁片区的重要桥梁。建设投资3500万元。该桥梁为改扩建工程。过去的旧桥梁宽仅12米，因年久失修成了危桥。根据2012年城建计划要求，新的那平江桥2012年7月开始施工，应在2013年2月完成主体，但由于涉及高压设备、光缆、燃气、自来水、弱电等8家管线单位的管线迁移，工期推延。新建那平江桥项目路线长度260米，桥长128米，桥宽60米，为双向6车道，4条供非机动车通行的辅道及人行道，均各行其道，桥的上部结构为预应力混凝土宽心板桥，整个桥梁分成4幅独立的桥，有利于暴雨期间的排水。

望园路铁路立交桥　11月建设完成。下穿湘桂线立交桥，位于规划中的望园路北段延长线，投资1200万元。3月动工，立交桥从现有的铁路线下穿过，为4孔框架桥，中间两孔为机动车道，边上两孔为人行道和非机动车道，每孔宽10米，整桥宽40米。施工现场挖一个11米直径的基坑，框架桥在基坑内现场预制，采取顶进施工，一边挖一边把桥往里顶，下穿既有的铁路线。施工同时确保既有铁路正常通行。

中华铁路立交桥　8月1日封闭施工，位于中华园湖路口。项目投资4000万元，工程包括望州路和园湖路两座框架桥。望州路框架桥全长37米，园湖路框架桥全长52米，桥下均预留双向6条机动车道；桥上架起南广高铁（双线）和柳南客专（双线）4条铁路线并行。9月初正式动工建设，采用半幅施工法，分防护桩施工、土石方开挖、基底处理、主体框架结构施工4个阶段推进。施工期间要保证既有铁路线通行。根据设计要求，望州路、园湖路框架桥各有4孔涵洞，其中望州路框架桥顺线长37米，中间两孔涵洞为主车道，每孔3车道，净宽12米，旁边两孔涵洞中，靠近南宁站一侧的涵洞宽6.50米，靠近园湖路一侧的涵洞净宽11米。年末，望州路框架桥和园湖路框架桥的柳南半幅工程施工完毕，两座立交桥底板完成制作，框架桥的预板和边模一体浇筑成型。

【沙井—南站立交桥】　2013年12月6日开工建设。位于沙井大道与南站大道交汇处，计划总投资9.68亿元。形如一朵含苞待放的花蕾，为单苜蓿叶与半定向匝道组合式三层互通立交，南站大道主线长1808米，双向8车道，设计行车速度每小时80千米，位于顶层；沙井大道主线分离，长度1524米，设计行车速度每小时80千米，位于第二层；立交在东南角设置一条由西向北的环形匝道，其余匝道均为定向或半定向匝道，其中由东向南左转的匝道在南站路主线上西跨南站大道，为全桥最高点，高103米。项目建设包括主线桥7座、匝道桥14座、人行天桥4座及下穿铁路闭合框架桥3座，桥梁总面积3.52万平方米，其中：主线跨线桥长524米，匝道桥长2329米，下穿铁路框架桥长96米。

【沙井—富乐立交桥】　2013年12月6日开工建设。位于快速环道沙井大道与富乐路交叉处，是东西、南北越江交通流向重要的节点位置。计划总投资3.91亿元。设计为两层半苜蓿叶互通式立交，造型如同一只展翅欲飞的蝴蝶。两条主线均为双向6车道，富乐路位于上层，沙井大道位于下层，匝道上机动车和非机动车混合交通。立交线路总长5297米，其中，沙井大道1198米，富乐路1360米；匝道及辅道2739米。桥长总设计890米，桥梁总面积2.58万平方米。主要建设内容包括道路、桥梁，以及附属排水（雨水、污水）、交通、照明、绿化、景观亮化等工程。

【城市综合体项目】

宝能城市广场项目　2013年12月20日在五象新区龙岗片区开工建设。项目总建筑面积63万平方米，规划建设13万平方米的超大型购物中心1个、21万平方米的高端住宅、3.40万平方米的精品公寓及4.70万平方米的办公写字楼。

安吉万达广场项目　位于西乡塘区高新大道与秀灵路延长线安阳路交汇处。2013年12月16日举行项目奠基仪式，是万达集团在南宁投资建设的第三个重大项目。项目总建筑面积63.90万平方米，整个项目分为商业综合体和住宅两部分，主要由19万平方米的旗舰购物中心、13万平方米的写字楼、12万平方米的公寓、4.70万平方米的住宅和5.20万平方米的室外商业街组成。项目建成后将成为集购物、餐饮、文化、娱乐、办公、居住等功能于一体的配套最新最齐全的万达第三代城市综合体。

建筑管理

【建筑市场整顿与规范】　2013年，南宁市城乡建设委员会（简称“市城乡建委”）坚持动态与专项检查相结合，组织开展年度建筑市场秩序检查，从有形建筑市场、建筑节能、工程监理、施工质量安全、劳务用工、工程建材、廉政建设等7个方面对全市在建工程进行检查整顿，促使建筑市场进一步规范。

质量检测机构监管　市城乡建委定期会同市检测站对全市检测机构开展专项检查，主要检查检测机构的检测行为、内部管理情况、见证取样视频监控实施情况，抽取检测报告进行实体验证等。检查驻市43家检测机构，对存在问题的23家检测机构下发责令整改通知书。

企业资质动态管理　每月召开建筑业企业资质动态审查会审查企业新资质申请，研究处理企业在建筑市场的不良行为。开展建筑业企业资质动态核查，将不符合资质标准要求企业清出市场。对170家注册类人员不满足标准的企业下发限期整改通知书，整改合格企业16家，撤回9家企业资质证书，撤回1家企业的增项资质，提请上级撤回2家二级施工企业资质。

搭建诚信管理和信息发布平台　3月，市城乡建委对从事建筑行业的1700家企业和注册类执业人中约2万人的诚信库进行入库审核。年内，完成施工企业217家、监理企业42家、招标代理企业55家、检测企业19家的基本信息、人员、获奖情况和工程业绩审核入库，发放诚信卡6127张。利用行业信息管理平台，发布企业、执业人员基本信息和诚信行为信息，完成录入并发布企业（包括本地和外地）信息2887个、执业人员信息1.08万条、企业行为信息4189条。

劳务市场管理　重点对企业人员的持证及资质就位情况进行审核。通过准入登记的建筑劳务分包企业212家（新增24家）；受理劳务企业年审申请63家，通过51家；已办理准入登记的建筑劳务分包企业中，累计登记在册的各工种班组长1850人，全市有建筑劳务作业人员约7万人。对已办理建筑劳务分包合同登记备案的施工项目进行不定期专项检查,抽查项目131个,就检查中发现问题约谈劳务企业37家(次)。筹备成立南宁建设工程劳务协会,完成《南宁建设工程劳务协会的章程》草案编制和南宁建设工程劳务信息网建立等前期筹备工作。

从业行为规范　制定《南宁市建筑企业及人员资质动态记分管理暂行办法》,从企业的资质核查、施工现场质量安全执行、安全生产事故、政府投资工程施工进度和合同履约、建筑材料和机械设备使用,行政处罚、企业清欠行为和项目主要管理人员履职到位情况8个方面对企业及人员进行考评。

预拌混凝土优质优价评定管理　10月1日,《南宁市预拌混凝土优质品评定管理办法(试行)》正式实施。评出11家预拌混凝土企业取得预拌混凝土优质品生产资格。

【文明工地创建】 2013年,市城乡建委在建筑施工行业中开展提升文明创建活动,实行网络化监管,将市管建筑工地按区域划入每一个监管工作组,由各工作组对责任区域范围内的建筑工地进行拉网式检查和治理,结合巡查发现和社会举报逐一追踪落实处罚和整改完成情况。制定实施工地围挡管理、工地现场管理、施工扬尘治理三项新标准。对违反新规的工地及其项目施工、监理、建设单位进行通报批评;并通过新闻媒体进行曝光,载入企业及个人不良行为记录,责令施工单位所有在南宁市的项目停工、停验。试行引入市民监督员参与工程建设监督,市民发现工地未达到整治标准的,可通过电话或电子邮件的方式举报。各巡查组巡查工地逾5000个(次),下达整改通知书642份、停工整改46起,当场处罚339起,处罚金额33.90万元;停止申报验收监督企业225家,立案调查项目34个。

【工程招投标】 2013年,市城乡建设行政主管部门和建设工程招投标管理部门,继续规范工程招投标市场行为,对市第十八中学教学楼一期工程,市兴望中学工程,2012年排水设施改造工程,凤岭北区路网完善、排水工程,刘圩中学三校区教师周转房工程试行电子招投标。6月,试点转入正式运行。年内,完成10个工程项目电子招投标。市城乡建设行政主管部门对规定范围的国有投资房屋建筑和市政基础设施工程招投标实行预选承包商制度、合理定价随机抽取定标法两项招投标管理新举措,完成合理定价评审摇号随机抽取定标法项目50个。全年招投标工作监督办理完成单项交易650项,造价370亿元。其中:实行招标455项,工程造价260亿元;直接发包195项,工程造价110亿元。

【建筑科研】 2013年,市城乡建委联合深圳嘉力达实业有限公司共同中标建设南宁市可再生能源监测平台。推进"南宁市可再生能源建筑应用技术适应性战略研究""南宁市建筑墙体质量技术管理办法研究"课题。申报"建筑物防水隔热保温—改性聚氨酯—体化工程研究""新型复合保温管技术的开发"课题。与深圳嘉力达实业有限公司共同出资成立南宁市绿锐节能科技有限公司,开展建设领域节能减排。推广绿色建筑项目,按绿色建筑标准进行规划建设的工程项目14个,建筑面积191.70万平方米;与房产管理主管部门共同推动五象新区重大公益性项目片区保障性住房工程绿色建筑使用面积24.51万平方米,邕宁滨江幸福小区绿色建筑使用面积9.08万平方米。组织开展南宁市的医院、图书馆、文化馆、博物馆、商场等人员密集场所建筑抗震性能普查,完成拟普查的200个项目基本信息的收集、汇总。

【墙体材料改革】 2013年,南宁市落实绿色建筑项目14个,建筑面积191.70万平方米,并完成绿色建筑标准预审查,其中已通过自治区绿色建筑标识评审委员会评审7项;完成鼓励性推广的节能材料、产品备案17项,砖瓦及砼块工艺设备登记备案72项;核验476个单位工程建筑节能资料,建筑面积798.10万平方米;验收新型墙体材料项目109个,下发项目整改通知书15份,全市新建建筑执行节能设计标准50%以上。对257个新建工程项目民用建筑设计方案进行节能审查,出具《南宁市民用建筑设计方案节能意见书》,建筑面积1798.24万平方米。完成上级下达年度建筑节能目标13万吨标准煤的50.60%。经认定的新型墙体材料企业126家,总生产能力近100亿块标砖;实际生产新型体材料46亿块标砖,新型墙体材料应用比例75.09%,其中市区新型墙体材料应用比例95.43%。

【建筑可再生能源应用】 2013年,南宁市新建建筑可再生能源应用进入常态化监管阶段,建设单位和社会对可再生能源建筑应用的认识提高。在新建建设工程项目民用建筑设计方案节能审查阶段,落实设计太阳能热水系统建筑应用面积492.72万平方米,地源热泵技术系统建筑应用面积56.03万平方米,光伏发电技术系统应用1148.60千瓦,江水源热泵技术系统建筑应用面积16.11万平方米,污水源热泵技术系统建筑应用面积0.70万平方米。全市可再生能源示范项目已完工或基本完工项目131个,折合示范面积481.30万平方米;其中完成现场验收项目54个,折合示范面积216.23

2013年,南宁市开展文明工地创建活动。图为华润万象城工地
市地方志办公室资料

万平方米，占任务量45.50%。可再生能源建筑应用远程监测系统项目完成监测平台机房的完整建设和整套系统软件开发，并对130个项目进行实地勘察，实现能耗数据实时上传至可再生能源监测平台的项目50个，全部项目已进行验收。

【工程造价管理】 2013年，南宁市建设工程造价管理站加强本市造价咨询企业、执业从业人员和计价活动的监督管理。完成对驻市Ⅰ级造价咨询企业的资质初审核验3家，暂定级转正2家，资质延续17家；完成招标控制价备案120份、施工合同价备案412份、竣工结算价备案6份、预算价备案50份；办理造价人员注册和变更338人，新考造价注册1031人，已注册造价员验证1444人；参与组织工程勘察设计资质、施工图审查机构资质、造价咨询企业资质等企业资质审查。出版《南宁市建设工程造价信息》刊物10期。协调五象新区拆迁安置回建小区1号项目、江南区云贵铁路南宁枢纽(江南段)项目涉及南宁铁路工务段宿舍特殊装修分类评估等多个项目的造价、工期、合同纠纷的协调，调解纠纷51起。

【建筑管理监察】 2013年，南宁市建设建筑管理监察部门服务“美丽南宁”建设活动，治理工地乱象。出动监察人员8100多人次，巡查工地1700多个，责令整改271个，责令停工81个，立案查处违规行为114个；在查处违规过程中发现未取得规划许可证的工程违法线索及时移交相关城区城管部门查处。整治挂靠借用资质投标，违规出借资质行为。利用信息平台，落实执法联动机制，健全行业诚信管理体系，对8个重点监控企业的不良行为整改情况进行核查，提出处理意见。

【在建工程清欠】 2013年，市城乡建委继续抓好建设工程领域的工程款拖欠工作，办理307个在建项目农民工保障金缴纳手续。项目施工过程中，对工程款和农民工工资支付情况进行核查，办理无拖欠证明214份。项目竣工验收后，在退还建设单位农民工工资保障金前再次把关，办理95份退还建设单位农民工工资保障金申请。市清欠办建立24小时联动机制，受理清欠来信来电投诉1200多起，来人来访200多人次，召开专题协调会80次，协调处理涉及工资款6500多万元。通过由业主现行垫付农民工工资、聘请具有工程造价资质的第三方介入、建立共管账户等措施，解决相关项目纠纷。协调解决政府采购项目农民工工资保障金缴纳问题。通过专题协调会，确定政府采购项目可按照南宁市解决建设领域拖欠工程款问题协调领导小组办公室组织农民工工资保障金的规定：首次在本市承接单项工程造价在500万元以下的建筑业企业可申请按中标价的2%交存农民工工资保障金，但申请次数不得超过2次。做好重大节日前清欠工作。春节前，组织重大项目建设单位、建筑业企业、建筑劳务企业负责人约150人召开建设领域清欠工作布置会。中秋、国庆节前，印发《关于做好2013年“两会一节”、中秋节及国庆节期间建设领域清欠工作的紧急通知》，要求各项目开展自查，在重大节日前要筹集资金，制定工程款及工人工资支付方案，提前核算，及时支付。

村镇建设

【城乡风貌改造】 2013年，南宁市计划对横县、宾阳县、上林县、兴宁区、江南区5个县（区）、10个乡镇、14个行政村的22个村屯进行城乡风貌改造。编制《南宁市农村住宅推荐户型方案》《南宁市农民居住区建设管理办法(试行)》《南宁市农村住宅推荐户型奖励办法(试行)》等规章，做到责任同负责、工作同实施、分管同指导、严格同考评。根据村落的实际情况，开展实地调查，提出民宅户型改造方案，指导设计符合民意的户型，进行试点后全面推广。落实配套资金8283.80万元。其中：市本级5698.66万元，县(区)2585.14万元。年内，各县(区)累计开工房屋外立面改造2592户，占计划改造任务3129户的82.80%，竣工房屋外立面改造1313户，占计划改造任务3129户的42%。江南区江西镇扬美村、上林县大丰镇下水源村两个特色名镇名村建设完成投资1045万元。

【农村危房改造】 2013年，南宁市按计划开展农村危房改造，优先选取五保、低保、残疾和农村计划生育户，解决其危房改造问题；推行“三把关、两公示”工作机制，通过村民会议或村民代表会议民主评议，评选出“最危险、最贫困”的优先改造户；各县(区)成立“危改办”，对符合改造条件的农户进行逐户核查，对被评定的改造户名单进行公示，接受群众监督；公开工作政策咨询和监督电话，解答有关政策问题，对群众反映的情况及时进行调查了解，给予解决。市、县两级财政将改造配套资金纳入本级财政预算，保证各级财政补助资金足额到位。按照“渠道不变、投向不乱、集中使用、各负其责、各记其功”的原则，将发改、国土、民政等部门中地质灾害、水库移民、水毁民房重建等工作资金进行整合，发挥资金集聚效应，特别是对困难户积极动员其亲属进行帮建。年内，各县(区)累计开工6600户，占总任务9300户的71%；竣工3177户，占总任务9300户的34.20%。其中：武鸣县开工480户，竣工272户；横县开工730户，竣工540户；宾阳县开工690户，竣工311户；上林县开工930户，竣工400户；马山县开工1870户，竣工630户；隆安县开工400户，竣工200户；兴宁区开工225户，竣工103户；江南区开工270户，竣工136户；青秀区开工320户，竣工193户；西乡塘区开工235户，竣工144户；邕宁区开工260户，竣工150户；良庆区开工190户，竣工98户。完成自治区2012年底下达要求2013年6月前完成3458户农村危房改造任务。

【拆迁安置小区建设】 2013年，南宁市拆迁安置房建设计划完成投资10.78亿元。市城乡建设部门编制印发《2013年度南宁市拆迁安置房建设工作实施方案》，与各城区签订目标责任书。组织人员深入现场帮助建设业主推进项目建设，协调相关部门及时解决项目建设存在的具体问题。年内，拆迁安置建设完成投资13.30亿元，其中，五象新区拆迁回建1号项目和青秀区林里桥拆迁回建小区项目共完成投资7.60亿元，完成全年投资计划的169%。五象新区拆迁回建1号项目完成建设。 （陈　琳）

城市规划

【概　况】 2013年，南宁市规划管理局(简称“市规划局”)完成编制并获市政府批复的规划26个，涉及专项规划、控制性详细规划、城市设计、规划研究等。完成《南宁火车站综合交通枢纽规划》《南宁市中心城区公共文化设施布局规划》《南宁市电网专项规划（2009—2020)修编》专项规划3个；《南宁市南宁东站周

12 月 23 日，市规划局召开青秀山风景名胜区总体规划专家座谈会

吴晓丽提供

边地区控制性详细规划》《南宁市武鸣城市大道两侧用地发展控制规划》《广西体育产业城片区控制性详细规划》《南宁市兴宁区、江南区、西乡塘区、邕宁区(中心城区)配网管线控制规划(2012—2020)》控制性详细规划 4 个;《南宁市五象新区蟠龙组团西片区城市设计》《南宁市蟠龙小区(平乐大道—体强路)城市设计》《南宁市五象大道沿线（体育中心—八尺江桥段）城市设计》《南宁市龙岗大道城市设计》《南宁玉洞大道（银海大道-外东环)城市设计》城市设计 5 个;《南宁市大沙田湖片区概念性规划》《邕江综合整治和开发利用精品示范段绿道建设概念性规划》等概念性规划 2 个;《吴圩机场与南宁市区第二通道规划研究》《南宁市良庆区那马至龙象谷快速路规划研究》《竹溪青山—英华立交周边“口字形”改造规划研究》《玉洞大道改扩建规划研究》等规划研究 4 项;《五象现代产业园空间发展战略规划及南宁火车五象南站规划选址》《南宁火车东站北片区规划调整》《南宁市五象大道沿线关键交通节点方案研究》《南宁市凤岭南竹溪立交、凤岭南青山立交一体化改造研究规划》《吴圩空港综合交通现状调查》《南宁市金湖南路交通论证报告》《公交都市总体规划和建设规划》《南宁市综合交通年度报告》等规划 8 个。此外，为民办实事方面，完成朝阳—民生路人行天桥、凤岭南路青秀山西大门人行天桥等 13 座人行天桥项目规划及 91 项重大交通项目的规划审批和协调。

【南宁火车站综合交通枢纽规划】 2013 年编制完成。市规划局委托广西华蓝设计(集团)有限公司 2009 年 2 月开展编制。1.规划背景。根据国家铁路部门 2008 年 8 月调整完成的中国中长期铁路网规划，将南宁铁路枢纽定位为区域性国际城市交通枢纽。2.编制目的。将南宁市火车站打造成为布局合理、换乘便捷、运作高效、立体化、一体化的综合交通枢纽，同时通过周边商业及混合开发片区构筑轴线连通周边片区，塑造枢纽、商务、休闲功能的城市活力片区。3.推荐规划方案说明。近期方案:拆迁北面部分南宁铁路局宿舍楼房，扩建站台;保留既有站房和停车场;中华路高架，连接火车站二层进站;地铁站设置在中华路下方，在站前南广场一层修建公交换乘枢纽，二层为高架广场，重新组织地面交通。近期打通秀灵路接华强路，拓宽地洞口路，预留北广场高架路作为远期疏散通道。发展容量仅满足至 2020 年使用要求，7 台 14 线，站房面积 3.40 万平方米。总造价 4.50 亿元，拆迁量 1.70 万平方米。远期方案:按 2030 年发展需要，结合火车站北部片区的旧城改造，通过周边商业及混合开发片区构筑轴线连通周边片区，将南宁市火车站打造成为布局合理、换乘便捷、运作高效、立体化、一体化的综合交通枢纽。在近期方案基础上向北扩建站台，根据城市综合交通规划、铁路远期规划设置北广场，新建公交枢纽站和旅游客运站，新建北广场东西向站前路，连接友爱路至北大路，同时构建负一层交通网络，利用火车站出站通道，连接南北广场，有效组织地下和地面交通体系的衔接。远期方案满足远景 2050 年发展需求，11 台 22 线，站房面积 6 万平方米。总造价新增 10 亿元，拆迁量 10 万平方米。

【南宁东站周边地区控制性详细规划】 2013 年，市规划局组织编制完成。规划范围及规模:东至高速环东段(迁线段)，南至凤岭北路快速路，西至凤凰岭路，北至长堽路延长线，总用地面积约 2 平方千米，为南宁东站连接东南沿海和西南内陆重要的交通枢纽，是面向区域的商业、商务办公、贸易咨询及旅游服务中心，城市东北地区重要的公共服务中心。主要内容:在《南宁市城市总体规划(2011—2020)》《南宁东站综合交通枢纽规划》确定的用地架构基础上，细化站场地区相关服务、交通配套等相关设施布局，明确站场周边地区的用地功能及开发建设规模。以交通需求预测分析为基础，根据枢纽布局和各车种交通组织流线对车站周边道路网络进行优化调整，合理配置各种交通资源，协调多种交通方式，集约利用，明确相关交通设施位置、范围、各路段主要功能和红线宽度，合理规划站场周边地区的道路竖向和场地竖向，确定各种交通方式间的衔接方式，保障场站地区的交通畅通、合理、有序。根据站场周边用地布局和交通流量预测，结合交通流线组织方案，确定各地块开发强度指标，明确建筑后退控制线的位置、地块机动车开口位置等内容，进行建设用地开发控制。在城市市政专项总体规划的指导下，结合枢纽场站设计方案、规划用地及城市道路，进一步深化市政工程设施及管线专项规划。塑造特色城市空间形象。规划结构:“一轴两心三片区”。“一轴”：以站房中轴为基准的南北向景观轴;“两心”:南北广场两个公共中心;“三区”:北部配套功能区、中部铁路场站区、南部配套功能区。该布局结构借鉴虹桥枢纽等先进枢纽场站的交通规划，采用平行铁路的定向高架系统疏解进出东站的接送客交通以及“上进下出”的分层交通系统。分离到离枢纽的机动交通和到达场站区的城市日常交通(商业、办公活动产生的交通);减少高架接送客通道对场站区的空间切割，提高站区周边用地的开发价值。

【玉洞大道(银海大道—外东环)城市设计】 2013 年 12 月，市规划局委托南宁市城市规划设计院编制《南宁市玉洞大道(银海大道—外东环)城市设计》方案获市政府批复。规划范围:分两个层次。

其中，规划设计范围为玉洞大道(银海大道—外东环)两侧街区，西起银海大道，东至现状环城高速公路，直线距离9945米，规划总用地面积约1175公顷；规划研究范围扩大到周边重要区域，总用地面积约55平方千米。定位将玉洞大道沿线(银海大道—外东环)打造成山水融城示范、生态宜居新区、壮乡风情展廊、交通和谐典范。规划目标：强化玉洞大道(交通干道)两侧区域的风貌展示功能，形成以滨水休闲区、高档居住区、商贸办公区、生态绿道复合一体的城市风貌展示区。结合“中国水城”“中国绿城”建设，将玉洞大道沿线地区建设成充分展示“水城”“绿城”特色、体现现代都市风貌的形象大道，再造江南地区新“民族大道”形象品牌。依托区位优势、交通优势及环境优势，将玉洞大道沿线地区建设成为集休闲娱乐、商务办公、商业服务、生态宜居社区等功能复合的五象新区核心轴带。用地功能结构：“一轴一带一山两廊三心七区多节点”。“一轴”：玉洞大道发展轴，主要承担交通联系、形象展示等功能。“一带”：滨河绿带，生态、休闲、亲水功能复合的休闲轴。“一山”：五象岭(森林公园)。“两廊”：沿自治区公益性项目中轴线形成的南北向景观走廊和楞塘冲水系形成的南北向滨水景观走廊。“三心”：五象湖核心、楞塘冲核心、银海路口核心。“七区”：生态宜居区(西部)、行政办公区、休闲商业办公区、生态宜居区(中部)、体育教育区、休闲商务办公区、生态宜居区(东部)。

【五象新区蟠龙组团西片区城市设计】 2013年11月获市政府批复。市规划局委托广西华蓝设计（集团）有限公司2011年7月开始编制。五象新区蟠龙组团西片区用地面积131公顷。区域定位为以旅游、休闲活力为主的山水生态综合片区。设计构思：创造安全和舒适的街道、公共空间和步行环境；建立和强化区域的特征和特色；促进城市公共领域的活力，促进区域的经济发展。土地利用规划：分为二类居住用地、小学用地、商业金融业用地、文化设施用地、公园绿地、街旁绿地、道路用地等。将土地使用与土地开发策划结合，依托广西文化艺术中心建设，将主要商业金融业用地布局在文化艺术中心地块南侧，利用水系串联起来，提高未开发土地的价值，并通过聚集效应提升蟠龙组团西片区服务设施品质。功能结构：山水特色居住区——打通屏水廊道，突显场地的自然特征，营造生态；滨江文化休闲区——传承广西民族文化，彰显地区文化特质；商务活力区——丰富多彩的空间场所，带动片区商业活力。道路交通系统规划：依据城市道路交通系统规划，充分考虑规划区内不同功能地块的交通流特性和强度，结合现状道路进行规划设计，形成等级明确，结构合理的道路交通网络系统。规划将道路划分为主干路、次干路和支路3个等级。建立以行人为主的步行交通网络，步行线路串联起广西文化艺术中心、商业综合体、休闲文化艺术街区、滨江公园等空间节点及各个居住组团，减少车行流线与步行流线的混杂。结合大型公共建筑、滨江公园等主要交通集散点的地上空间配置停车场，地区中心、商业区、各个居住组团建议采用人车分流模式，设置地下停车库。

【城建档案管理】 2013年，南宁市城建档案馆接收工程类竣工档案、市政档案4.90万卷，比上年增加16.60%，接收市规划局、市城乡建委以及兴宁区、良庆区、西乡塘区等城区规划分局业务档案2.50万卷，使馆藏档案达53万卷。接待建设单位或个人电话咨询及查阅档案1.04万次，调阅利用档案8760卷。加强声像资料的基础性收集，重点拍摄五象新区、水城建设、城市跨江大桥等建设情况影像资料，拍摄照片1.55万张、视频552分钟；创新开展无人飞机航拍，完成航拍54架次，拍摄图片2070余张、视频440分钟；编辑制作城建视频短片12个、专题片3部。完成《南宁水城建设》《南宁城建百年图证》公开出版发行。实现档案规范化、数字化管理，档案电子目录全覆盖，完成23万卷档案扫描，电子目录与扫描件挂接，馆藏档案数字化率80%。8月28日，市城建档案馆位于桂花路6号的新馆投入使用，占地1.77公顷，建筑面积3.20万平方米，总投资1.56亿元。

【项目审批】 2013年，市规划局办理审批业务1942项。其中：核发工程设计红线207份，核发《建设工程规划许可证》742本，开工总建筑面积1121.52万平方米，总投资192.22亿元；核发《建设工程规划竣工验收合格证》670份，竣工总建筑面积723.44万平方米；核发储备蓝线图82份，收储面积2736.67万平方米；核发给市土地交易中心出让蓝线图51份，面积394.73万平方米；核发《建设项目选址意见书》141份，面积2260.47万平方米；核发《建设用地规划许可证》142份，面积774.47万平方米。上报市政府规划选址材料263份。

【违法案件处理】 2013年，市规划局受理违法建设投诉454件，立案查处537件，违法面积26.45万平方米，下达规划检查通知书691份、停工通知书169份、行政处罚告知书438份、行政处罚决定书430份，收缴违法建设罚没收入570.86万元。组织巡查939次，验灰线项目528个，验基础项目397个，竣工验收项目558个。

【信息化建设】 2013年，市规划局完成路网修正调整210余次，更新1:500地形图55.50平方千米、1:1000地形图131.25平方千米，并同步进行资料的收集、整理及数据入库等。完成日照分析项目36个304.50万平方米，日照校核项目178个2146.50万平方米，指标核算项目54个464.30万平方米，制作规划公示牌461个。完成南宁市规划信息共享服务平台建设、“南宁市控规数据规整入库”项目，利用互联网优势建立南宁规划信息港网上报建系统。完成《南宁文化观光手绘地图》《青秀山风景区50张导览图》专题制作。

【信访与提案办理】 2013年，市规划局受理信访件328件。其中：市长公开电话140件、群众来访来信135件、信访局等部门转办37件、网上信访16件，办理并跟踪办理结果。承办市人大代表建议34件、市政协委员提案28件，办复率100%。通过政民互动平台、局长信箱、网上舆情、群众满意度评价网等网络平台，回复信息187条，回复率100%。

乡镇规划

【概　况】 2013年，南宁市规划管理局开展良庆镇、大塘镇、南晓镇、武鸣县县城、那马镇、新江镇、五塘镇等7个乡镇总体规划的修编，其中大塘镇和南晓镇总规完成修编并获市政府批复，其他乡镇也完成初步的编制成果。长塘镇、伶俐镇和马山县县城总体规划完成报批；完成南宁经济技术开发区吴圩镇，兴宁区三塘镇，江南区江西镇，西乡塘区金陵镇河西工业物流片区、双定镇、坛洛镇，邕宁区蒲庙镇二期，青秀区南阳镇，良庆区南晓镇（龙象谷一期门户娱乐组团)9个乡镇(片区)控制性规划评审。开展2013年美丽乡村“精品村”规划编制，完成《南宁市良庆区坛良村坛板坡“美丽乡村”建设规划》编制，获市政府批复实施。组织编制《南宁市历史文化名村（黄氏“老城堡”)保护规划》，通过专家评审。制定并印发实施《南宁市乡镇规划技术导则》《南宁市村庄规划技术导则》，为南宁市乡镇、村庄规划编制工作指导和规范依据。制定完成《南宁市村庄规划编制技术指导意见》，完成“美丽南宁·清洁乡村”相关文件的征求意见。

【良庆区那马镇坛良村坛板坡“美丽乡村”建设规划】 2013年，市规划局对那马镇坛良村坛板坡开展“美丽乡村”规划建设。规划目标：对照新农村建设“生产发展、生活宽裕、乡风文明、村容整洁、管理民主”的要求，将坛板坡打造成为“南宁最好，广西甚至全国一流”的可持续发展的新农村建设示范点和现代农业示范点。规划区域产业定位：那马镇重要的粮食生产基地、特色食品深加工基地和主题旅游服务中心。建筑更新规划分析：规划对原有村庄建筑整治分三种类型，分别是保留原有建筑、建筑风貌整治、拆除建筑，同时选取两块区域作为今后集中新建村民住宅用地。北部新建住宅区域在原有破旧房屋拆除基础上，进行原址回建，最大程度保留原有村民的生活环境、生活习俗。南部新建住宅区域考虑到今后随着村民人口增加，新的居住需求逐渐增长，可作为今后村民集中建设住宅区。

【良庆区大塘镇总体规划(2012—2030)】 2013年，市规划局组织编制《南宁市良庆区大塘镇总体规划(2012—2030)》。规划年限：2012年至2030年，近期至2017年，中期至2020年，远期至2030年，远景展望2030年以后。规划区范围：大塘镇域管辖范围，总面积498平方千米。镇域空间结构规划：1.主要发展轴：沿南北一级公路，以大塘镇区为龙头，南荣、那团、那湾、太安、锦亮等行政村为骨干，形成镇域的南北向发展轴；2. 次要发展轴：沿大塘—渠黎二级公路，形成镇域的东西向发展轴。城镇性质：南宁市南部的中心镇，以工业、现代服务业为主导的区域性生态旅游型城镇。人口规模：规划至2017年，城镇人口规模6万人。其中：镇区2万人，现代工业产业园4万人。至2020年，城镇人口规模12.60万人。其中：镇区3.20万人，现代工业产业园6万人，龙象谷（大塘）片区3.40万人。至2030年，城镇人口规模23.20万人。其中：镇区6.50万人，现代工业产业园12万人，龙象谷(大塘)片区4.70万人。用地规模：规划至2017年，城镇建设用地规模13.30平方千米，其中：镇区2.60平方千米、现代工业产业园10.70平方千米。至2020年，城镇建设用地规模24.10平方千米。其中：镇区4.20平方千米，现代工业产业园15.20平方千米，龙象谷(大塘)片区4.70平方千米。至2030年，城镇建设用地规模42.30平方千米。其中：镇区7.10平方千米，现代工业产业园30.50平方千米，龙象谷(大塘)片区4.70平方千米。用地发展方向：镇区依托南北二级路，主要向西面、南面发展，适当往南防铁路北侧扩展；现代工业产业园则主要往西面、南面发展，东面跨越高速公路发展南钦高速铁路以西用地；龙象谷（大塘)片区主要发展屯六水库西北面用地。空间布局结构：规划形成“一轴三区”的空间布局结构。“一轴”：依托贯穿城镇的南北一级公路，形成城镇重要的空间联系轴。“三区”：指大塘镇区、现代工业产业园和龙象谷(大塘)片区。大塘镇区是全镇的政治、经济、文化中心，为城镇提供一切生活、配套服务；现代工业产业园重点发展钢铁、石化等与其相关的配套深加工、研发产业以及上下游产业，形成现代工业产业集聚基地；龙象谷(大塘)片区重点发展生态旅游、农业观光旅游、旅游地产、商贸金融、住宿餐饮及信息服务等产业，是良庆区乃至南宁和广西的生态旅游基地，国际知名的休闲旅游目的地。

【良庆区南晓镇总体规划(2012—2030)】 2013年，市规划局组织编制完成《良庆区南晓镇总体规划(2012—2030)》。规划期限：2012年至2030年，近期至2017年，远期至2030年。规划区范围：包括陵桂村的六炎屯、南骨屯，晓元村，南晓社区除团苏屯，派双村，总面积约59平方千米。镇村职能结构规划：形成“南晓镇区—中心村—基层村”的三级职能等级结构。1.南晓镇区：是全镇政治、经济、文化中心。2.中心村：雅王、台马，具有较强的行政管理职能和片区中心职能。3.基层村：陵桂、晓元、派双、同里、团城、福里、新民、团东、平朗、大满、那敏等村。城镇经济区规划：将全镇划分为南部、中部和北部经济区，在镇域范围内形成“一主一次”的镇村发展轴线。城镇性质：以旅游业、商贸业和农副产品加工为主导的旅游型城镇。规划至2017年，城镇人口规模5.89万人。其中：镇区0.89万人，龙象谷(南晓)片区5万人。2020年，城镇人口规模6.70万人。其中：镇区1.10万人，龙象谷(南晓)片区5.60万人。2030年，城镇人口规模10.20万人。其中：镇区2.40万人，龙象谷(南晓)片区7.80万人。城镇用地规模：2017年，城镇建设用地控制在707公顷内，其中镇区建设用地规模控制在81公顷内，人均建设用地控制在91平方米以内，龙象谷(南晓)片区控制在626公顷内；2020年，城镇建设用地控制在1202公顷内，其中镇区建设用地面积控制在110公顷，人均建设用地控制在100平方米以内，龙象谷(南晓)片区控制在1092公顷内；2030年，城镇建设用地控制在1332公顷内，其中镇区建设用地面积控制在240公顷内，人均建设用地控制在100平方米以内，龙象谷(南晓)片区控制在1092公顷内。城镇用地总体布局：镇区建设用地的主要发展方向为北面和西南面，重点建设河流以南、高速公路以西、林化厂以南、二级公路以东的用地。广西龙象谷(南晓片区)则结合地形，围绕屯六水库，利用优越的自然环境重点建设南北二级公路以西、南晓河以南的区域。规划形成“一轴两组团”的布局结构：“一轴”，指城镇空间联系轴，主要依托南北二级公路，形成镇区与龙象谷片区的空间联系轴，将组团紧密联系起来；“两组团”，即南晓镇区组团与龙象谷片区组团。

【青秀区伶俐镇总体规划(2012—2030)】 2013年，市规划局组织编制完成《青秀区伶俐镇总体规划(2012—2030)》。规划区范围：东至石桥村，南至王京村，西至长塘交界处，北至湘桂铁路。包括独岭村、石塘村用地和社区居委会所辖地区，规划区范围面积65.70平方千米。镇、村职能结构规划：第一类，镇区，全镇的政治、经济、文化和交通中心，第二类，中心村上王村，大力发展加工工业及第三产业；第三类，基层村，包括王京村、那樟村、沱江村、望齐村，大力发展养殖业、农林种植业等。规划全镇空间网络按“两廊、两区”发展。“两廊”，东西发展廊道：东西向沿邕江、桂海高速公路、湘桂铁路发展，形成镇村经济发展的主要廊道；南北发展廊道：南北向镇村经济发展廊道，连接南北两个经济区，贯穿独岭、伶俐、沱江和上王，在镇区与主廊道相交。“两区”，北部经济区：包括上王村、沱江村、那樟村、望齐村 4 个村；南部经济区：包括镇区、王京村。城镇性质：南宁市东郊化工及高新产业基地，具有山水生态特色的工贸型城镇。城镇规模：规划近期 2015 年，预测伶俐镇镇区人口 3.50 万人。控制人均建设用地 120 平方米内，建设总用地面积 420 公顷内。中期 2020 年，预测伶俐镇镇区人口 7 万人，控制人均建设用地 111 平方米内，建设总用地面积 800 公顷内。远期 2030 年，预测伶俐镇镇区人口 19 万人，控制人均建设用地 119.50 平方米内，建设总用地面积 2270 公顷内。镇区规划结构：形成"一带、三轴、两心、多组团"的规划结构。"一带"：沿邕江发展带，兼顾南北两岸协调发展。"三轴"：沿桂海高速公路东西横向轴线，及中心居住组团东西外沿两条纵向南北轴线。"两心"：行政商贸主中心，位于邕江南岸、桂海高速公路以南，主要布置商业服务、行政办公等大型公共设施，构建伶俐镇区的行政商贸中心，为镇区和工业集中区服务；行政商贸副中心：原邕江北旧镇区，镇政府驻地，继续发挥其行政职能，指导该片区建设生产，为整个镇区协调发展，配套服务。"多组团"：规划区由工业、公共设施及居住用地分片形成的多组团，包括 5 个工业组团、4 个居住组团。近期建设规划：建设年限 2012 年至 2015 年，镇区人口规模 3.50 万人，镇区建设用地 420 公顷，人均 120 平方米。近期建设对邕江北老镇区以控制为主，重点发展邕江南新区。规划新增高速公路出口东侧以北、以南地块，沿邕江南岸向东、西延伸布置。高速公路出口东侧以北（五四青年农场用地范围）发展二类工业和仓储业；高速公路出口西侧以北（伶俐果苗场部分用地）发展三类工业；邕江南岸、高速公路出口东侧以南（苗圃场四周）为生活、行政办公、商业服务。

（吴晓丽）

勘 测

【概　况】 2013 年，南宁市勘察测绘地理信息院（简称"市勘测院"）完成工程项目 3057 项，收入超 8000 万元。勘测成果合格率 100%，勘测资料归档率 100%，勘测产品数字化成图率 100%。承担城市测量工程项目 2548 项，包括控制测量、地形测量、工程测量、地下管线测量。完成软件著作《弧形建筑物立面图的获取方法研究》。科研成果《城市综合地下管线信息管理系统及其应用》《基于多视点影像的地理信息快速采集方法研究与应用》分别获 2013 年度南宁市科学技术进步二等奖、三等奖；《市数字城管系统地理信息数据更新普查》获中国地理信息产业协会颁发"中国地理信息产业优秀工程铜奖"。

【基础测绘】 2013 年，市勘测院主要用航空摄影测量和遥感的方法更新大比例尺的地形图和影像图。完成 120 平方千米 1:500（1:1000 或 1:2000）大比例尺的数字地形图（DLG）制作。开展小型无人机航空摄影的测绘生产应用试验，生产梧州市 4 平方千米的数字化地形图。

【地理信息数据生产】 2013 年，市勘测院完成 2013 年版南宁市六城区地图、南宁市六县六城区地图、南宁市中心城区图的更新换版。承接南宁市辖区内 64 处历史建筑测绘，涉及自治区级文物保护单位、市级文物保护单位及一、二级优秀建筑 200 余栋，完成 1:500 比例尺地形图测绘近 2 平方千米。承接南宁政务地理信息共享服务平台（二期）地理信息数据制作和建库项目，运用三维可视化技术及地理空间数据，制作南宁市 140 平方千米正南方向 2.5 维地图数据、200 平方千米数字正射影像数据和南宁市六城区二维电子地图数据。该项目的地理信息数据纳入南宁市政务地理信息共享服务平台数据库。

【工程地质勘查】 2013 年，市勘测院工程勘查专业承接工程项目 212 项，收入约 1130 万元，超额完成年度任务。承接南宁市重点项目勘查超过 8 项，主要有机场高速路延长线、南宁火车东站路网及场地平整工程、五象湖公园（南宁市园博园）、凤凰岭路改扩建工程、邕江综合整治和开发利用精品示范工程畅游阁段堤防边坡勘查、凤岭北路—高速环路立交桥工程、凤凰岭路—高速环路立交桥工程等。

（莫惠荃）

国土资源管理

【概　况】 2013 年，南宁市国土资源局（简称"市国土局"）落实新增建设用地指标 2847.31 公顷，是自治区下达计划指标的 1.35 倍。盘活存量土地 2305.18 公顷，完成年度任务 272.48%。用好用足"只征不转""区位调整"等政策，节省用地指标 64.77 公顷。开展城乡建设用地增减挂钩试点工作，申请周转指标 206.14 公顷。推进青秀区低丘缓坡荒滩等未利用地综合开发利用、武鸣县小微企业创业基地标准厂房建设用地试点工作，分别新增建设用地指标 28.28 公顷、12.87 公顷。审查上报 218 个批次（单独选址），项目建设用地 5222.51 公顷；获批 105 个批次（项目），项目建设用地 3403.23 公顷。完成征地面积 3666.62 公顷；拆迁面积 488.40 万平方米，比上年同期增长 127.96%；筹措储备资金 67.44 亿元，完成年度任务 217.55%，增长 102.89%。调拨 121 个批次用地，耕地占补指标 1511.14 公顷。完成 23 个土地整治项目工程的建设。收取矿产资源补偿费 810.18 万元，是年初自治区下达计划指标的 3.05 倍。推行"审管分离"制度，行政审批效率整体提速 58%。调处土地权属纠纷案件 10 起。

【建设项目用地】 2013 年，市国土局审查上报用地 218 个批次和单独选址项目，上报用地面积 5222.51 公顷，批复面积 3403.23 公顷。其中：中心城市建设用地获国土部批复面积 1597.71 公顷；单独选址项目取得用地批复 9 个，面积 878.13 公顷；城镇建设用地批次取得用地批复 94 个，面积 927.39 公顷；中心城市保障性安居工程用地获批面积 146.28 公顷。采取"只征不转"方式上报良庆河综合整治三期工程上、中、下游段工程（五象湖公园项目），节省用地指标 64.77 公顷。

【土地市场交易】 2013 年，市国土局完成土地出让收入 234.84 亿元，增长 35.37%，其中市本级 200.23 亿元，首次突破 200 亿元大关，增长 26.15%，完成年度任务 126.03%。实施国有建设用地使用权"招、拍、挂"活动 89 期，出让宗地 135 宗，出让面积 698.33 公顷，成交金额 193.82 亿元。其中：经营性用地 57 期，出让宗地 76 宗，出让面积 297.60 公顷，成交金额 176.93 亿元；工业用地 32 期，出让宗地 59 宗，出让面积 400.73 公顷，成交金额 16.89 亿元。

【征地拆迁】 2013 年，市国土局完成征地面积 3922.73 公顷、拆迁面积 488.40 万平方米。其中：市本级完成征地面积

10月11日，南宁市举行2013年第四十期国有建设用地使用权公开出让签约仪式 市地方志办公室资料

3076.05公顷、拆迁面积466.72万平方米；市辖六县及广西—东盟经济技术开发区完成征地面积846.68公顷、拆迁面积21.68万平方米。颁布实施《南宁市人民政府关于印发南宁市集体土地征收与补偿安置办法的通知》《南宁市人民政府关于集体土地征收与补偿安置人员认定有关问题的补充通知》等征地拆迁政策文件5份。答复信息公开申请16件，处理征地拆迁行政复议案件8件、行政诉讼案件5件。接待群众来信来访39件200人次，办结38件。整理完成62宗历年征地档案。

【耕地保护】 2013年，市国土局超额完成耕地保有量任务数和基本农田保护面积任务。连续14年实现耕地占补平衡，年度耕地保护责任目标履行情况考核优秀。调拨121个批次用地1511.14公顷耕地占补指标（使用市级新增耕地指标938.74公顷，获自治区调剂调拨572.40公顷）。完成补充耕地8472.31公顷，完成率371.59%。土地开发整理实施总面积1.98万公顷。组织审查并批复宾阳县9个土地整治项目规划设计变更方案，验收宾阳县13个土地整治项目，批复土地复垦方案报告表28个。

【地籍管理】 2013年，市国土局完成日常土地登记24011宗。其中：完成土地总登记177宗(国有土地93宗、集体土地84宗)；初始登记1944宗（国有土地1650宗、集体土地294宗）；变更登记1968宗（国有土地1653宗、集体土地315宗)；抵押登记1580宗，涉及抵押面积1845.39公顷，抵押金额490.76亿元；公有住房和商品房土地登记16440宗(公有住房5691宗、房改房2122宗、商品房2845宗、集资房882宗、经济适用房4480宗、市场运作房420宗)。市本级农村宅基地完成地籍测量和权属调查265平方千米，土地登记发证6149宗。完成53个街坊、1万宗地籍数据建库。完成航空摄影面积9154平方千米，完成比例尺为1:5000的DOM（域对象模型）和DEM(数字高程模型)数据制作。

【土地开垦整理】 2013年，市国土局实施开垦项目面积1.60万公顷，获自治区审批确认新增耕地面积8472.31公顷。实施土地整治项目29个，实施面积1.75万公顷，总投资6.59亿元，涉及六县六城区40个行政村。

【土地储备】 2013年，市国土局完成规划定点纳入政府土地储备库土地3027.83公顷，报批面积346.25公顷，储备用地收储面积571.31公顷。支付征地拆迁补偿等相关费用45.95亿元。移交储备用地31.96公顷，其中移交经营性用地21宗、面积201.12公顷给市土地交易中心办理出让手续。完成银行贷款46.34亿元，获市财政拨款29.11亿元。取得土地储备贷款授信额度295.05亿元，完成筹措储备资金75.45亿元，完成年度任务243.39%，同比增长126.99%。实施储备项目前期开发项目27个，支付工程款1.39亿元。出租土地16宗，面积19.64公顷，铺面25间，承租户20户，收取租金257.24万元，全额上缴市财政。出台《南宁市土地储备管理办法》《南宁市进一步加强政府储备土地一级开发整理的实施意见》。

【执法监察】 2013年，市国土局开展巡查7737次，出动巡查车8799辆次、2.79万人次，制止土地违法1269宗，涉及土地面积223.45公顷。出动执法人员6274人次、车辆1269辆次，封填煤窑224井次，遣散违法人员1216人次，查扣挖掘机、推土机和各种大型车辆188台(部)，收缴罚款270.50万元。处置闲置土地128宗，涉及面积72.33万平方米，征收土地闲置费36.44万元。土地矿产卫片执法检查实现“零问责、零约谈”。查处测绘违法首案——广西高路传媒有限公司擅自编制和出版地图案。配合开展查处违法占地、违法建设专项行动，出动执法人员16.50万人次，拆除清理违法占地、违法建设5248处，拆除违法建筑面积381.40万平方米，清理违法占地506.50万平方米。

【矿产资源管理】 2013年，市国土局有偿出让采矿权62宗，收取采矿权价款1704.64万元。其中：协议出让(延续和变更)45宗，收取价款677.70万元；挂牌出让17宗，收取价款1026.94万元。完成矿产资源补偿费征收入库810.18万元。通过网上公开出让采矿权8宗，总成交价款1174万元。依法追缴矿产资源补偿费254万元，采矿权使用费1000元。责令85个年检不合格的矿山限期整改。完成2个整合矿区范围划定。编制完成《南宁市市本级矿业权设置方案》。吸收专业技术人才42人，组建南宁市国土资源局地质矿产专家库。

【地质灾害防治】 2013年，南宁市发生地质灾害59起，实现“零死亡”。成功预报地质灾害1起。派出应急专家205人次，对地质灾害进行应急处置，紧急撤离受威胁人员662人次。全市553个地质灾害易发区和992处地质灾害隐患点建立县、乡、村、屯四级群测群防网络。完善应急专家库和专业应急队伍。获自治区补助资金1380万元，用于良庆区、邕宁区、上林县、马山县、隆安县等29处地质灾害点治理，消除2823人的地质灾害隐患威胁，保护财产3760万元。举行地质灾害综合演练16场。

【地质环境保护】 2013年，市国土局甄选优秀技术人员 61 人组建市地质环境专家库。市本级收缴矿山恢复治理保证金 1648.50 万元。坚持“谁开发,谁保护;谁破坏,谁治理;谁投资,谁受益”的原则开展矿山地质环境治理,实施矿山生态环境恢复重建工程,抓好中央、自治区资金补助的横县金矿莲塘垌矿区、上林县明亮镇塘马锰矿区、马山县大塘锰矿区 3 个国营废弃矿山治理。

【信息化管理】 2013 年,市国土局完成国土资源电子政务平台升级改造,搭建政务云平台。该系统已完成土地供应、土地征收、执法监察、矿产管理、档案管理和综合办公等业务领域的应用升级,完成国土资源“一张图”移动版开发及应用。完成五象行政审批办公室等数据分中心搭建。研发的南宁市国土资源信息系统获中国信息化(国土资源领域)成果二等奖,南宁市矿产资源信息系统获 2013 年广西测绘地理信息科学技术奖一等奖,南宁市宗地统一代码编制项目获 2013 年广西测绘地理信息科学技术奖二等奖。

【依法行政】 2013 年,南宁市制定《2013 年国土资源立法计划》,发布《南宁市集体土地征收与补偿安置办法》《南宁市工业用地公开出让管理办法》等规范性文件。8 月 1 日,市国土局在市政务服务中心设立行政审批办公室,开展审批业务 28 项。年内,市国土局办理案件 52 件,其中行政诉讼案件 33 件(市国土局作为被告的案件 2 件,代市政府、自治区国土资源厅诉讼案件 31 件)。复议案件 22 件。其中:市国土局作为复议机关案件 6 件,作为被复议申请人(含代市政府复议)案件 16 件。 (谭世明)

房产管理

【房屋登记】 2013 年,南宁市住房保障和房产管理局(简称“市住房局”)对房屋登记业务流程、申请材料进行全面清理和集中梳理,规范业务收件,优化业务流程,从 3 月 1 日起正式执行新的房屋登记业务规程。制定《房屋权属登记信息查询制度》《业务岗位责任追究制度》《业务信息保密工作制度》等,完善内部管理机制。抓测绘企业资质管理,开展诚信教育,从源头上防止测绘违规行为,降低房屋登记风险。在南宁国际会展中心设立房屋登记服务所,受理房产档案查询、房产交易、抵押类房屋登记业务。办结各类房屋登记 32.15 万宗,比上年同期增长 12.30%。其中:初始登记 785 宗,登记面积 140 万平方米;转移登记 7.31 万宗,登记面积 683.48 万平方米,交易金额 334.72 亿元;抵押登记 9.23 万宗,抵押房屋面积 1551.58 万平方米,抵押权利价值 1166.04 亿元。完成测绘成果备案 3375 份,备案面积 3001.05 万平方米,接待查档人数 20.63 万人次。

【住房信息系统建设】 2013 年,南宁市房地产市场信息系统 7 个子系统在测试,房屋安全鉴定管理信息系统由市房屋安全鉴定所开始使用,物业行业管理信息系统开发完成,预售资金监管子系统进入与银行业务联调阶段,白蚁所防治管理业务系统完成试运行,经济适用房上市交易及回购模块 8 月开始使用,保障性租赁房信息系统完成楼盘表管理、房源管理等主要功能模块和数据迁移等,房产监察执法联动子系统开展需求调研。完成六县廉租住房信息系统的部署及调试。开展二维 GIS 数据加工外业调查,对调查结果进行内业加工和检查入库,对三维 GIS 数据加工进行分期招标、采购并建库,将二维 GIS 数据、三维模型数据与住房保障数据、部分土地、规划数据集成开发形成三维 GIS 监控平台。完成系统项目落地约 1300 个,系统建筑物落地约 5400 栋。对全市房地产交易数据信息进行收集、统计、分析,做好房地产市场一天一报、十天一报、月报、季报、年报、专报等市场分析报告,报送住房和城乡建设部、自治区住房和城乡建设厅和市政府。

【执法监察】 2013 年,市住房局理顺行政执法程序,加强房地产市场行政执法监察,下发责令改正通知书 76 份,立案 16 件,下发行政处罚告知书 16 份,做出行政处罚决定 6 份。

【房屋安全鉴定】 2013 年,市住房局做好危旧房屋安全鉴定,开展办证前的房屋安全鉴定,加强房屋权属登记中的房屋使用安全管理。与城区、规划、公安、城管等部门联动整顿房屋装饰装修违规拆改结构行为。完成房屋安全鉴定建筑面积 23.17 万平方米。

【白蚁防治】 2013 年,市住房局承接新建房屋白蚁预防工程项目 302 个,面积 1559.93 万平方米;完成施工 184 个,面积 988.20 万平方米,其中廉租房项目施工 4 个,面积 18.66 万平方米;校园安全工程 12 个,面积 2.99 万平方米。发放办结证明 268 个。完成新建预防回访复查工程 499 个,面积 574 万平方米。承接白蚁灭治工程 529 个,实施现场监督 220 项,取样检验 125 项,经营部实现销售额 180 万元。白蚁所“小头钩白蚁的饵剂发明型专利”通过国家知识产权局初审,“高效复合型白蚁诱杀剂的研制及应用示范”课题通过自治区科技厅验收,南宁市白蚁防治质量检测中心成为全国白蚁防治行业第二家挂牌的第三方实验室。

【物业专项维修资金管理】 2013 年,市住房局归集房产资金 36.22 亿元,其中新建物业专项维修资金 7.79 亿元。归集建筑面积 995.38 万平方米,归集项目 351 个、房屋 1207 栋。2009 年 11 月至 2013 年,物业专项维修资金累计归集余额 26.78 亿元,归集项目 1210 个,建筑面积 4532.99 万平方米。

【房改资金监管】 2013 年,市住房局与市住房公积金管理中心完成房改资金交接,接收房改资金 5.81 亿元;归集房改房售房款 1895 万元、维修基金 487 万元;回拨售房款 1015 万元、维修基金 353 万元。审核发放住房补贴 1696 万元、经济适用房货币补贴金额 30 万元。

房地产市场

【房地产市场调控】 2013 年,南宁市贯彻落实国家宏观调控政策,出台《南宁市人民政府办公厅关于继续做好房地产市场调控的通知》等一系列文件,确定 2013 年度新建商品住房(不含保障性住房)价格控制目标并向社会公布。新建商品住房成交均价每平方米 6173.38 元,比上年同期增长 0.85%,房地产市场总体保持平稳发展。

【房地产市场监管】 2013 年,市住房局与税务、人力资源和社会保障、民政等有关部门建立信息共享机制和审核工作机制，做好购房资格审核，确保限购政策落实；商品住房预售许可审核220份，执行商品房销售明码标价、一房一价规定，按照申报价格对外销售；每月定期对住房交易价格变动进行分析，确保住房交易价格平稳。

【房地产开发投资】 2013年，市住房局对重大房地产开发项目进行重点跟踪服务，参加青啤海尔东盟物流城、华南城、研祥集团落户南宁等重大项目协调会；参与南宁市2013年广西(南宁)房地产博览会相关活动；组织开发企业参加第三届广西园林园艺博览会，宣传南宁市房地产建设成果；参与扶持鼓励类商贸服务产业项目用地的认定，加快出具《房地产开发项目建设条件意见书》，为项目招商做好服务，完成房地产招商引资和重点项目征收安置任务，招商引资到位内资5.70亿元，超额完成0.70亿元。全市房地产开发投资完成416.37亿元，同比增长14.79%；房屋新开工面积721.05万平方米，增长4.02%；新建商品房批准预售面积881.83万平方米，增长43.95%；成交面积738.38万平方米，同比增长42.31%；成交均价每平方米7080.48元，增长5.27%，低于全年控制目标；房地产企业上缴地方税收73.23亿元，增长19.30%，占地方税收41.25%。

【物业企业资质管理】 2013年，市住房局采取核对企业申报物业管理人员、专业技术人员是否真正到位，新办物业服务企业是否真正按规定购买社会保险，现场查验注册办公地址等办法，加强对新办物业服务企业的管理，控制新办物业服务企业无序增长。受理、核准三级(暂定)物业资质47家，三级(暂定)申报三级物业资质43家，三级物业资质到期换证126家，物业服务企业事项变更37家，异地物业服务企业备案15家。

【物业招投标与信用管理】 2013年，市住房局进一步规范和完善前期物业管理招标代理，重新聘请、补充评委专家库成员；指导市物业管理行业协会建立物业服务企业信誉评价机制，对影响行业形象、侵犯业主利益、群众投诉多、意见大的物业服务企业，在市场准入、参与投标、资质升级等方面予以限制。监督指导完成65个项目的前期物业管理招标、中标备案，所有项目进入市场交易。

(麦思克)

旧城改造

【概　况】 2013年，南宁市旧城改造本着“保护传承与改造建设并举”的原则，以改善人居环境与拉动经济增长并重为出发点，使旧城的格局与新城发展相适应，实现“双核齐兴、两区共荣”。一是推进历史文化街区的修缮和保护，按照“修旧如旧”“更新整治”“拆除改造”等形式进行“三街两巷”改造，使改造后的“三街两巷”成为具有鲜明地域特色和文化氛围的复合型历史文化街区。二是改造旧城区的居住条件，对中山路、共和路、朝阳路、新华街、高峰路、人民路、西关路等道路围合的市中心传统街区，分期分批打造具有岭南特色的街区。三是按政府引导，市场运作，村民自愿的原则，“一村一案”稳妥推进城中村改造。加快实施西乡塘区陈东村、位子渌村等城中村改造试点项目建设。完成“三旧”片区用地面积172.48公顷，拆迁面积179万平方米，总投资298.33亿元。完成土地熟化项目20个，新征集的土地熟化项目中完成拆迁房屋面积34.46万平方米，完成投资31.90亿元，完成年度任务106%；动工拆除旧片区项目12个，完成年度任务120%。

【城中村改造规划】 2013年，南宁市进一步完善和拟定新的城中村改造实施方案，明确用10年时间基本完成全市快速环道内城中村改造计划，要求3年至5年内基本完成邕江沿岸重点区域的城中村改造。明确城中村改造范围为市政府公布的建成区范围内的片区，农民居住区(村或组)。有多个村民组的自然村，应以自然村或村民组为改造单位，自然村内或村(组)的所有建设土地，应统一规划、统一改造，土地面积不满足改造需要的村(组)，可结合周边旧城区进行统一规划连片改造。将城中村改造成功能配套完善、和谐安康的现代化社区，成为环境优美、绿色环保的生态家园。年内，重点抓西乡塘区的陈东村、位子渌社区、西明村、上尧片区、永和村、雅里村等城中村(片区)改造，及开展江南区白沙村、富德村、淡村、平西村等片区改造，争取五年内取得阶段性成效。

【旧片区改造】 2013年，南宁市完成新阳路292号、北湖北路2号、南宁金刚水泥厂等20个土地熟化项目。完成房屋拆迁面积37.66万平方米，动工拆除广西高等法院旧址片区(西南商都三期)、南宁客车厂、维新街、水街(A4地块拆除并出让)、崇左市委党校、雅际片区一期、北际路二轻构件厂片区(二期)等12个项目。完成水街片区项目A4地块房屋征收补偿工作，确定项目前期投资人，并挂牌出让土地。完成北宁街(二期)征收补偿资金投资主体征集，项目A地块(市第七人民医院片区)已发布房屋征收预公告。“香港街”项目拆迁签约359户，强拆2户，完成签约面积3.93万平方米。陈东村项目完成城中村改造框架协议。对市区各类棚户区的情况进行摸底调查，上报编制改造计划。推进片区旧城改造和市政设施项目所征用的土地的房屋征收工作，完成征收面积60万平方米。其中：市政设施28万平方米，旧改项目32万平方米。

【“老南宁·三街两巷”改造】 2013年1月17日，南宁市举行“老南宁·三街两巷”(兴宁路、民生路、解放路，金狮巷、银狮巷)历史文化街改造项目启动仪式。规划用地面积18.67公顷，总投资100亿元。作为见证南宁百年商业繁华的老街区，“三街两巷”片区留下大量具有历史风貌的骑楼建筑，集中了南宁主城区60%的自治区级、市级文物保护单位，历史积淀丰厚，同时也是南宁商业文化的发源地。但因缺乏统一规划、科学布局，逐渐成“老、旧、乱”的地方，不少房屋仍然为20世纪50、60年代修建的砖木结构，年久失修。街道窄小，路面破损，无法承载巨大的人流、车流，有的街道历史建筑被改建成临街铺面，失去历史原貌；不少沿街房屋存在局部倒塌危险，卫生脏乱差等状况突出。为此，南宁市采取统一规划、分步实施的方式，以“修旧如旧，建新如旧”为原则，统一规划，分片实施；采用政府主导、市场运作的开发模式对其进行改造，结合现有人文特点，将其打造成为以明清岭南民居及近代骑楼为主的历史文化街区。改造范围为人民中路、解放路、当阳街、民族大道、朝阳路、新华路、高峰路二里等道路合围区域，规划用地面积约21公顷，涉及征收房屋总面积约35万平方米，总户数3003户。改造项目分三期完成，首期启动的是解放路沿线片区和西关路小学片区。12月，完成部分片区的房屋改建、装饰及沿街道路、骑楼的修整、铺设等工程。

(陈　琳)

住房保障

【保障房建设】 2013年，南宁市各类保障房新开工建设1.99万套，完成年度任务102.47%；基本建成1.79万套，完成年度任务122.30%；新增发放廉租住房补贴2568户，完成年度任务128.40%；分配入住保障性住房6295套，完成年度任务131.15%。

【保障房分配】 2013年，南宁市进一步完善住房保障信息系统综合平台，通过网络进行各类住房保障资格审核，强化复审、复核、抽查、入户调查力度，把好资格审核关，采取公开摇号方式确定选房、抽房顺序，邀请监察部门对保障房销售过程进行监督，及时公开各类信息。全年受理经济适用房申请家庭3592户，组织实施经济适用房公开销售活动7期、限价房5期，推出经济适用房房源1910套、限价房房源1006套。

【危旧房改造】 2013年，南宁市危旧房改住房改造新开工1449套，完成年度任务101.33%；新开工住房面积17.90万平方米，完成年度任务105.29%；投资3.22亿元，完成年度任务161.18%；基本建成住房509套，完成年度任务101.80%；基本建成住房面积6.13万平方米，完成年度任务122.61%。

【集资建房管理】 2013年，市住房局审批通过3个单位开展集资建房项目，总投资1614万元。指导11个单位出售全额集资建房216套，归集售房款3023万元；受理全额集资建房上市交易申请306套。累计审批通过经济适用住房上市交易申请118套，办结已购公有住房上市交易业务1177套，完成个人住房情况查档案约9000份。

【危旧直管公房与保障房安全管理】 2013年，南宁市拆除重建、翻修危旧直管公房门牌17个；开工建设门牌4个，续建门牌11个。引资建设门牌74个，已开工建设70个，竣工验收投入使用47个，完成投资约2792万元，改造危旧直管公房面积1.18万平方米。对大板结构公房进行维修加固，对保障房老旧电线进行专项整治，整治不规范配电箱254个。加强宣传和教育，向租户发放安全通知、消防安全宣传资料4.80万份，组织消防演练、防震演练各1期。 （麦思克）

住房公积金管理

【概　况】 2013年，南宁市住房公积金新增归集41.07亿元，完成年度任务110.54%，比上年同期增长16.74%。提取住房公积金22.42亿元，完成年度任务116.06%，增长23.85%。发放个人住房公积金贷款19.05亿元，完成年度任务167.15%，增长72.73%。实现住房公积金增值收益2.38亿元，完成年度任务106.45%，增长15.66%。提取廉租住房建设补充资金1.93亿元。南宁市发挥住房公积金互助性和保障性功能，开展利用住房公积金支持保障性住房建设项目贷款，发放项目贷款6000万元，为广西首批成功发放的住房公积金项目贷款。开通住房公积金12329服务热线。将住房公积金管理事项纳入南宁市征信系统。完善服务网点建设，增设良庆营业部，实现全市六县六区服务网点全覆盖。获自治区住房城乡建设系统记集体二等功。

【住房公积金归集】 2013年，南宁市将规模以上企业建立住房公积金制度作为住房公积金拓面工作重点，加大住房公积金宣传力度。新增归集住房公积金41.07亿元，完成年度任务110.54%，同比增长16.74%。全市7046个单位52.94万名职工建立住房公积金制度；累计归集254.41亿元。

【住房公积金提取】 2013年，南宁市继续做好骗提住房公积金的防范及处置，确保资金安全。探索开展冲还贷业务。严格做好特殊（大病）提取等事项审批，维护职工的合法权益。年内，提取住房公积金22.42亿元，完成年度任务116.06%，同比增长23.85%。累计提取住房公积金129.33亿元。

【住房公积金贷款】 2013年，南宁市梳理贷款业务流程，提高放款速度。发放个人住房公积金贷款19.05亿元，完成年度任务167.15%，同比增长72.73%；累计发放个人公积金贷款105.46亿元，向7.33万户家庭发放个人住房贷款。同时，开展利用住房公积金支持保障性住房建设项目贷款，发放项目贷款6000万元，用于支持南宁市中房·碧翠园B组团经济适用房建设项目。

【住房公积金缴存额度设定】 2013年，南宁市属单位住房公积金缴存比例为12%。根据统计部门公布的2012年南宁市辖区在岗职工年平均工资46717元，设定2013年单位和个人月住房公积金缴存额上限各为1402元，合计2804元。根据国务院《住房公积金管理条例》住房公积金最低缴存比例为5%的规定和自治区政府《关于调整全区职工最低工资标准的通知》，南宁市2012年职工最低工资标准为1200元，设定单位和职工住房公积金月缴存额下限各为60元，合计不低于120元。

【12329服务热线开通】 2013年，南宁市开通住房公积金12329服务热线，通过人工及自助语音两种方式向职工提供住房公积金业务办理指南、政策咨询、投诉建议等服务，并根据职工个人情况，以自助语音方式提供个人住房公积金余额及个人住房公积金贷款还款情况查询等扩展服务。

【住房公积金管理事项纳入南宁市征信系统】 2013年，南宁市将未依法建立住房公积金制度或未按时缴存住房公积金的单位，连续逾期3期（含3期）以上或累计6期以上（含6期）未偿还住房公积金贷款的、提供虚假材料“骗提骗贷”住房公积金的个人信用记录记入南宁市征信系统。 （马　剑）

城市防洪

【概　况】 2013年，南宁市邕江防洪排涝工程管理处（简称“市邕江防洪排涝管理处”）内设办公室、工程技术科、计划财务科、河道管理科、防汛科、自动化监控科6个科室，辖竹排冲、大坑、心圩、亭子、凤凰江5个管理所。有编制220名，年内，在职人员178人。其中：具有高级专业技术职务资格3人、中级29人、初级35人；管理岗位人员94人、工勤岗位人员84人。6月12日，南宁市组织邕江抗洪抢险应急演练。

【河道管理】 2013年，市邕江防洪排涝管理处按相关法规和制度开展河道堤防和滩涂管理。参加堤防、河道巡查3660人次，处理和纠正堤防河道滩涂上违章行为8起，发放违章通知书6份，处理违章违法案件8起。协助市水利局、市邕江两岸综合整治办公室做好在邕江市区段滩涂开发利用场地的单位及个体户拆迁撤离动员工作。拆除星岛号公司租用的场地附属构筑物房屋棚架及威宁公司等29家单位和个体户的违章构建、筑物5500平方米；完成邕江市区两岸7家汽车驾驶学校的搬迁。加强对重点河段的监控，抓扣非法偷采砂船，警告、教育和驱赶在禁采区河段非法滞留的采砂船主，抓获违法采砂船只18艘次，驱赶非法滞留的船只55艘次，教育违法船只工作人员80人次，处理群众电话投诉60件次。严格审查临河工程项目，完成临河报建项目初审11个，上报文件28份。每个临河工程项目基本情况造册登记，跟踪检查建设情况。

【防洪工程建设】 2013年，南宁市防洪工程主要有防洪体系完善江南堤路园7.20千米收尾及富德回建安置小区收尾。防洪体系完善投资2037.80万元全部完成，主要包括22个防洪设施完善及维修项目和津头泵站、中山、二坑、西明江泵站自动化更新改造等项目。沙江排涝泵站6月20日通过竣工验收，质量评定合格。将江南堤路园项目(三津—南站南侧路段)1、2、4、5标段向市市政工程管理处移交。完成江南堤路园(三津—南站南侧路段)项目拆迁回建安置富德小区分房，小区产业楼交付使用，44户拆迁安置户基本入住。

【防洪设施维修与保养】 2013年，市邕江防洪排涝管理处组织对所有防洪闸、排水闸、交通闸进行试关闭；完成水泵机组、启闭机、厂房吊车、电动葫芦等机械设备的维修、保养368台次；检测、维护高低压配电屏389面次；检测、摇测各类电动机绝缘阻值256台次；维护各类配电开关箱185个次；维护、检测各类电力变压器36台次；检测、摇测各类电动机绝缘阻值138台次；检修各泵站的照明线路，更换照明灯具一批。汛前、汛中坚持每周对具有盘机条件的机组盘机1次；每月对机械设备试运行操作1次。

【防汛信息化建设】 2013年，市邕江防洪排涝管理处推进防汛信息化建设和防汛信息设施、设备升级和维护。完成二坑泵站、西明江泵站、津头泵站、中山泵站4座排涝泵站的自动化控制改造，完成投资797万元。组织对网络、监控、信息及泵站自动化设备修理398次。协调代维公司进行网络维护153次。完成竹排冲防洪闸LCU闸门远程控制三级保护的设备完善和泵站自动化组态控制系统软件平台和信息管理软件平台升级。

【防洪排涝】 2013年，市邕江防洪排涝管理处编制防洪预案和防暴雨应急预案，统筹协调各重点排涝泵站的值班安排，实现防暴雨工作与防洪工作无缝对接。8月上旬至11月中旬，受热带风暴和台风的影响，邕江先后3次发生洪水，最高洪峰水位70.84米。3次防洪投入运行排涝泵站18座，累计运行机组194台次，运行时间710台小时，总抽排水量1038.20万立方米，关闭防洪闸48座次、交通闸6座次、穿堤管28处次，确保安全度汛。 (吴明全)

6月12日，南宁市组织邕江抗洪抢险演练。图为抗洪抢险演练部署会会场

谭祥友 摄

公用事业

【概　况】 2013年，南宁市以推进惠及民生和为民办实事项目建设为重点，加快供水加压设施建设，扩大供水范围，提高供水量；加紧燃气管道设施建设，扩大管道输气范围，“西气东输”取得新突破；从抓紧旧区管道改造入手，继续完善新区与旧区的管道联网，实施雨污分排的管道项目建设。年内，南宁建宁水务集团公司完成自来水供水售水量3.35亿立方米(含南湖排水)，比上年同期增长6.98%，实现主管业务收入9.09亿元，增长7.19%；实现工业总产值8.59亿元，增长8.93%；实现利润2.38亿元，增长12.26%；完成固定资产投资3.30亿元，完成年度计划108.70%。销售管道燃气8941万立方米，增长40.58%；销售瓶装液化气4000吨，与上年销量持平。供水与污水管道工程完成陈村水厂二期扩建工程，五象新区污水处理厂、三塘污水处理厂建设固定资产投资2.12亿元，完成污水处理量2.23亿立方米。4月，南宁市通过国家创建全国节水型城市现场验收组验收，正式通报命名为“国家节水型城市”。

【供水管理】 2013年，南宁建宁水务集团采取多种经营方式，开展对重点地段、竞争地段营销，开拓市郊三塘镇东山水库区等区域的供水市场，新增用户9489户，新增售水量795万立方米；加强对大口径水表的巡检和抄表监督，提高准确率和及时率，降低漏失率；加强水费催缴，水费回收率99.03%，提高市辖县的污水处理费价格，提高企业的经济效益。抓好企业上市工作，按照中国证监会对首次公开发行股要企业开展财务专项核查的要求，递交全套财务专项核查报告，与多家财经公司洽谈，从资质、业质、团队等多方面选择适合公司实际情况的财经公交公司；修改完善公司8个管理制度。拓宽融资渠道，筹措到位资金191.02万元。

【燃气管理】 2013年，市燃气管理处与燃气企业签订安全供气目标管理责任书。组织安全生产大检查，特别是重大节日的安全供气大检查，包括市辖各县的燃气储配站、供气网点、管道燃气工程、管道燃气小区实施拉网式安全大检查，检查燃气储配站75座（含管道燃气气源厂）、加气站4个、燃气供应点1140个，发现隐患42处，下发整改通知书15份，经复查已全部整改。组织燃气管理人培训班3期，培训450人。协助做好西气东输二线配套工程项目。违规施工造成的安全质量事故减少。

【供水设施建设】 2013年，南宁建宁水务集团公司统筹规划、突出重点推进项目建设，完成固定资产投资3.30亿元。供水项目建设方面，河南水厂改扩建工程完成投资3541万元，完成边坡和超越管道施工；推进五象供水加压站，邕武路供水加压站等加压站建设，完成列入南宁市为民办实事项目的长湖路供水加压站建设；配合新建、改建道路及涉及轨道项目供水管道的敷设和迁改，完成投资9176万元，敷设供水管道3万米。污水项目建设方面，完成三塘污水处理厂一期工程和五象污水处理厂一期工程主体建设，厂区内已具备通水试运行条件；完成五象大道33条道路污水管施工，完成投资1.85亿元，敷设污水管道2.96万米。加大对污水管道排查力度，打通部分断头管，实现重点区域和主要干线管网连通，打通江北污水干线和五一路污水管工程福建路关键节点。抓紧供水和污水处理设施技改和设备大修，投入4520万元对西郊水厂和虎丘供水加压站进行技术改造，已完成该项目的送水和取水泵房的改造。完成埌东污水处理厂一期低压配电柜技术改造、江南污水处理厂10千伏备用电源建设；完成凌铁水厂、西郊水厂、中尧水厂等部分供水机组和埌东污水处理厂一期进水泵、脱水机等设备大修。

【排污设施建设】 2013年，南宁建宁水务集团公司针对市政排水管网设施不完善，许多社区未纳入城市污水管网现状，加大污水管网改造。建设江北片区污水主干线，该干线位于大学路—明秀西路—新阳路—中尧南路—北际路—二坑溪下游两侧，全长13.80千米。南宁高新技术产业开发区罗赖污水提升泵站及出水压力污水管工程建成使用。开工建设沙井污水泵站，规划总规模每日33吨，可将相思湖新区和沙井片区收集的污水提升输送到江南污水处理厂处理，项目概算3000万元。南宁相思湖新区做出污水管网改造规划，投资1500万元，重新铺设污水管道38千米，实现雨污管道分流，为南宁市第一个雨污分流的新区。

【燃气设施建设】 2013年，南宁市中燃城市燃气发展有限公司加大投资力度，新增市政燃气主干支管88.87千米、小区庭院管174.14千米，主要敷设青山路、龙岗片区、江北大道、玉洞大道等17条干道、片区的燃气干管，敷设瀚林御景、海华东盟公馆、广西化工研究院兴东路以南小区等16个小区燃气管道。城区累计敷设市政燃气主干支管501千米、小区庭院管2768千米。自2012年启动西气东输西二线工程进南宁的高压燃气配套工程以来，已完成1座接收门站、4座高中压调压站、1座高压调压阀室、1座加气母站的建设和投产，南宁市城市管道燃气均使用上了长输气；西气东输工程配套天然气利用——南宁市天然气高压输配系统工程完成与专供管道接驳，年初开始为市区接入西气东输二线广南支干线天然气气源。加快南北两线高压管网及相应调压站建设。6月底，南线33千米直径500毫米高压管道及高岭调压站建成投产；12月，北线24千米直径500毫米高压管建成15千米，主要穿越工程如邕江穿越、高铁穿越、高速路穿越干道完成，数据采集与监视控制系统（ASCA-DA系统）完成32个实时视频（RTV）点安装，并通过系统的远程传输数据。启动GIS系统建设，完成300多千米市政燃气管线定位和数据整理。燃气管网技改方面，主要完成佛子岭路、枫林路、长福路等16条干道8750米管道的迁改，总投资1200多万元；配合市政道路“白改黑”阀井改造30多处，完成出地管技改525条，补埋标志牌2596块。发展居民合同用户11.82万户，上升26.70%；开发公共福利及商业用户280家，下降12.50%；开通居民用户5.61万户，增长6.89%；开通公共福利及商业用户300家，减少9家。

【中亚天然气工程】 2013年1月20日，来自中亚的天然气开始输入南宁市区部分居民家中，南宁市成为自治区第一个用上长输管道的西气东输天然气的城市。作为承接中国石油入桂天然气的唯一主体，广西中石油昆仑天然气有限公司于1月19日晚6时30分正式向南宁中燃城市燃气发展有限公司蒲庙门站分输供气。按供气设计要求，开始供气后的三个月属于试运行期，此后将根据试运行情况，以及南宁市用气需求，按照总调度安排，确定最终供气量。西气在昆仑天然气南宁末站经过除尘、调压、计量等调试后，输送至蒲庙门站，再经处理后，置换天然气管里的氮气，进入燃气市政管网与南宁中燃安吉、三塘气源厂输送的天然气汇合，输送到千家万户。根据设计送气能力，蒲庙站进站最大设计规模每小时7.20万立方米，出站市政中压最大供气每小时4.10万立方米。按规划设计，

南宁国际会展中心景观提升工程简介

南宁国际会展中心入口景观区是以朱槿花形状为设计原型的喇叭形广场，广场两侧设置博览会印章石，将博览会举办以来的每一届主题以书法篆刻的手法表现出来，将人文情怀融入景观之中，使入口独具特色。文化体验区以种植南宁特色的植物树阵为主，配以时花造型，以强化节点空间，作为整体景观的辅助。风貌展示区是中轴线景观的重点，东侧以树木为设计原型的城市荣誉墙向远方来客展示绿城南宁蓬勃发展、蒸蒸日上的时代画卷；西侧面是由11块整石拼装制作而成的景观卧石，底部篆刻中国传统抽象水纹，寓意中国和东盟国家山水相连，一衣带水，同水同源的邻里关系；南侧的跌水景观墙是整个中轴线景观的点睛之处，水池采用梯形，上窄下宽，象征“10+1>11”的博览会精神，同时也寓意博览会锐意进取，越办越出色；东盟博览会会徽图案通过浮雕的形式镶嵌在坡面上。会徽图案周围通过雕刻中国和东盟11国文字的“东盟博览会”字样，以增加异国友人的景观共鸣。

南宁天然气高压输配系统工程分南、东、北三条线路，首先完成通气的是东线工程，年内，南线和北线的通气线路均开通与市政管网对接。

【长湖加压站建设】 2013年4月动工建设。位于长湖立交桥下，占地90.50平方米，投资192.20万元。项目设计规模每日4万立方米，采用管道泵直接加压，将充足的水量送往佛子岭加压站，再由佛子岭加压站送往凤岭片区各小区。6月30日，工程竣工并投入运行。每台供水机组的能力为每日1万吨，平常只要开两台机组就能满足供水水压和水量。市水务部门为确保供水管网的输出量，同时开展管网改造，将原口径的管道改换适应输水的大口径管道，年内，基本完成厢竹大道至佛子岭路段管道的更换填埋。

【景观提升工程】

邕江示范段景观提升 2013年，主要完成江北大坑口至邕江大桥段标志性工程及铺装施工，完成“邕”字石刻、民生长街雕塑、毛主席冬泳邕江故事组画、雕塑喷泉、民生广场铺装、冬泳广场铺装等工程建设。8月底，3.47千米的邕江综合整治精品示范段主要项目基本完工，并开工建设畅游阁工程。年内完成投资1.70亿元。

南宁国际会展中心景观提升工程 位于会展中心前广场，与地铁会展站出口连接，是会展中心主要景观通道，兼具交通、文化展示、休闲娱乐等多种功能。总用地1.04万平方米，其中：绿地面积3454.50平方米，铺装面积6873.90平方米，水体面积68平方米；总投资1692.65万元。8月，会展中心中轴线景观绿化提升工程基本完工，完成投资1160万元。南宁国际会展中心景观提升工程以中心中轴线景观绿化为部局展开，工程分为入口景观区、文化体验区、风貌展示区三大区域，包括景观跌水、中国—东盟博览会会址景墙、博览会主题词印章石、南宁市城市荣誉墙、国旗台及景观绿化等内容。

【一渠两湖工程】 2013年，开工建设，为“中国水城”建设的主题渠湖工程。

江北引水干渠工程 5月，正式启动建设。上起邕江老口枢纽上游东岸约1.50千米处，下至竹排江上游沙江河，总长度17.50千米，其中：老口水库至可利江段13.40千米，主要为暗涵，采用自流形式补水，流量每秒17.50立方米；朝阳溪至竹排江段4.10千米，主要为压力管道，采用抽排形式补水，抽排流量每秒4立方米。工程建设年限2013年至2015年，总投资11.54亿元。干渠建成后，老口水库的水将通过江北引水干渠引入邕江上游水源，对市区江北片区的石灵河、石埠河、西明江、可利江、心圩江、二坑溪、朝阳溪、竹排江8条内河进行补水。年内，按计划完成部分前期准备及部分征地拆迁。

明月湖整治工程 8月，明月湖水质应急处理工程完工并蓄水。该项目是南宁市“中国水城”建设主题河湖公园之一。明月湖虽名为“湖”，但沿线湖面干涸，湖周边带有污水排入，湖边环境较差。南宁市按规划对西城区实施大型亲水美景建设，逐年对片区的内河（湖）进行治理，首先对污水进行截流，并经由可心江连通运河引水与相思湖——可心湖水系和邕江实现贯通，污水治理、水系连通双管齐下，优化湖水水质。由于明月湖每天的排污量有4吨~5吨，严重影响蓄水后的水质。为此，8月中旬进行蓄水后，即采用微生物生态净化治理方法缓解湖水存在的水质污染问题，改善水质。同时，进行沿湖的景观带建设，年内，湖上游半岛内的欧洲风情小镇13栋建筑物已完工、相思·红豆风情街基本完工。继续推进绿化美化工程布局的“一湖四区、两岸八园”工程，即沿岸分设4个功能区，由北至南依次为自然湿地生态区、保健养生区、娱乐休闲区、全民健身区；两岸与相对应的功能区分布4个不同的景观带，由北至南依次为“清源幽境”“夏语芳菲”“桃李芬芳”“锦扬春江”。经治理后的明月湖，达到预定水位后水面积115万平方米，比南湖水面积大一倍多。

贤宾湖整治工程 4月，开挖土方；10月初，完成湖区主体工程及一期绿化配套，并蓄水成湖。贤宾湖南临竹排江，东西两侧与滨湖路及规划路相接，总用地面积2.96万平方米。其中：陆地面积1.67万平方米，湖面1.29万平方米，设计水深1.50米。是南宁市城市水系总体结构“一百湖”之一。贤宾湖的景观命名为“绿屿迷踪”，与竹排江连通，和民歌湖连成一体，成为南宁市的重要旅游景点。环湖绿道同时建成并配有各种运动、健身、活动、休憩设施，设置2米宽亲水步道和亲水休憩平台，亲水步道与规划路间绿地彼面侧设置1.20米的游园小径。

（陈 琳）

2013年，邕江示范段喷泉广场 杨锦文提供

市政市容管理

【概 况】 2013年，南宁市城市管理局（简称“市城管局”）围绕“美丽南宁·整洁畅通有序大行动”“美丽南宁·清洁乡村”活动，开展市政设施综合整治、环卫保洁、照明亮化、依法行政、大桥和广场管理、重大活动保障、城管宣传等工作。年内，完成路灯维修7007盏次，景观亮化

灯维修6388套，路灯亮灯率98.60%。完成广场维修项目23个，改造泡沫公厕7座，保障各广场举办公益活动44场次。安装市区市政道路排水井防坠网1.81万个，安装后的防坠网至少可承受150千克压力，井盖、下水道等设施的抗风险能力增强。

【整洁畅通有序大行动】 2013年，市城管局开展“美丽南宁·整洁畅通有序大行动”，查处“五乱”行为158.40万起。其中：摊点乱摆（含跨门槛经营）32.58万起、车辆乱停放1.03万起、垃圾乱扔5.74万起、广告乱贴118.45万起、工地乱象5736起。“门前三包”责任状签订率96%。立案查处人行道违法车辆停放案件2.83万起。在六城区和南宁经济技术开发区14条街道设置24个点位1946个摊位作为临时摆卖摊区，自治区、市媒体及人民网、新华网、新浪网等主流网站做宣传报道。年内，在“两违”清理拆除中拆除违法建设面积381.40万平方米，清理违法占地面积506.10万平方米。

【清洁乡村】 2013年，市城管局推进“美丽南宁·清洁乡村”活动，重点针对示范村（坡）进行现场督查和指导，派出检查人员1699人次，检查道路、小街小巷、公共厕所、垃圾转运站等1.50万次。

【市政公用基础设施维护】 2013年，市城管局完成道路维修9.80万平方米，人行道维修5万平方米，下水道疏通9.60万米，清掏沙井6.50万井次，桥梁维修110座，城市家具维修122张。完成市政道路“白改黑”224条。市区易涝点由2005年75个下降至7个，市区未出现严重内涝灾害。

6月19日，市政工程管理处启动排水井防坠安全网的安装工程。图为工作人员在安装防坠安全网　董　强提供

2013年，南宁市强化对人行道车辆停放管理。图为7月20日工作人员划定人行道自行车、两轮电动车和摩托车停放范围　董　强提供

【环卫保洁】 2013年，南宁市有环卫工人9278人，果皮箱1.37万个、公厕196座、垃圾中转站48座（其中压缩垃圾中转站44座）、大型环卫作业车辆702辆。年内，道路清扫保洁面积4150.62万平方米；处理城市生活垃圾90.50万吨，日均处理2480吨，城市生活垃圾无害化处理率保持100%。10月，开始在市区10个住宅小区开展生活垃圾分类试点。2013年至2014年，市政府投入9748.16万元，按照“买一送一”的政策，采购、配备和更新一批环卫车辆和设备。全部投入使用后，将使城市道路机械化清扫保洁率从原来不足20%提高到80%。

【户外广告管理】 2013年，市城管局拆除违章户外广告设施430处，拆除面积6.22万平方米；劝说当事人自行拆除违章广告设施88处，拆除面积1.17万平方米；组织强制拆除违章广告设施342处，拆除面积5.05万平方米。完成公益宣传35次，社会氛围营造10次。

【建筑垃圾密闭化运输】 2013年，市城管局为5家5吨以上、8家5吨以下建筑垃圾运输车辆为主的运输公司办理建筑垃圾处置许可运输证。给运输企业5吨以上运输车辆配发运输证313张，5吨以下702张；核发建筑垃圾许可（排放）证148项，处置建筑垃圾138万吨；办理建筑垃圾处置许可（消纳）证2项。

【数字城管】 2013年，南宁市城市管理案件立案61.90万起，其中监督员上报案件60.89万件；受理媒体曝光及“12319”微博爆料案件4.42万起；“12319”城市管理服务热线接市民来电4.74万个。

【公共自行车租赁试运行】 2013年12月20日，南宁市公共自行车租赁项目投入试运行，在青秀区、兴宁区、西乡塘区设50个点位，投入自行车1000辆。市民可持有效证件到南宁市公共自行车服务中心办理公共自行车租赁卡，首次可免工本费办卡，每张卡押金350元，预存租金50元。14周岁以下、70周岁以上的市民不能办理租赁卡。　（董　强）

责任编辑　周　红

环境保护·园林绿化

环境保护

【概　况】 2013年，南宁市以改善环境质量和保障群众环境权益为目标，围绕"削减总量、改善质量、防控风险"，深化和扎实推进污染减排，全年安排的188个减排项目全面完成并投入运行，并通过国家环保部组织的年度污染减排现场核查。市政府印发《南宁市开展环境安全隐患整治专项行动实施方案》，开展环境安全隐患大清查大整治、环境安全大检查等专项行动，保障环境安全。推进大气污染防治和加强饮用水水源地保护，召开南宁市大气污染防治专题会议和城市饮用水水源地环境风险问题专题会，应对空气污染和雾霾天气，加强市区环境空气质量预测预警和联防联控。南宁市环境保护局牵头组织开展"美丽南宁·清洁水源"专项活动，推进农村环境连片整治和生态建设，南宁市环境质量保持平稳。按照环境空气质量新标准《空气环境质量标准》(GB 3095-2012)评价，南宁市空气优良率75%，达到市政府工作目标要求，在全国省会城市(包括直辖市)中排名第六。

【大气环境质量】 2013年，按《空气环境质量标准》(GB3095—1996)评价，南宁市区空气质量优良天数（空气污染指数API≤100)306天，比上年有所减少，占全年83.84%；出现轻微污染（100<API≤150)58天；出现轻度污染（150<API≤200)1天；未出现空气质量劣于轻度污染的天气。轻微污染日分别分布在一月(12天)、三月(4天)、四月(2天)、十月(14天)、十一月(4天)、十二月(22天)；轻度污染日出现在一月。市区环境空气中二氧化硫、二氧化氮、可吸入颗粒物年平均浓度分别为每立方米0.019毫克、0.038毫克、0.090毫克，均达到国家二级标准，其中二氧化硫与二氧化氮物年平均浓度达到国家一级标准；与上年度相比，二氧化硫持平，二氧化氮上升15.15%，可吸入颗粒物上升30.43%。市区环境空气中一氧化碳年平均浓度为每立方米1.155毫克，市区日均浓度每立方米0.599毫克~2.467毫克，均优于国家一级标准。二次污染物臭氧年均值每立方米0.044毫克，市区小时平均值每立方米0.003毫克~0.206毫克，全年出现5个小时值超过国家二级标准。南宁市辖六县环境空气二氧化硫、二氧化氮、可吸入颗粒物年均浓度均达到《环境空气质量标准》(GB3095—1996)年均二级标准限值。

按《空气环境质量标准》(GB3095—2012)评价，2013年南宁市区空气质量优良天数（空气污染指数AQI≤100)273天，占全年75%；出现轻度污染（100<API≤150)56天；出现中度污染（150<API≤200)23天；出现重度污染（200<API≤300)13天；未出现空气质量劣于重度污染的天气。空气质量超标日分别分布在一月(19天)、二月(3天)、三月(7天)、四月(3天)、九月(4天)、十月(19天)、十一月(12天)、十二月(25天)；其中，重度污染日出现在一月(4天)与十二月(9天)。市区环境空气中二氧化硫、二氧化氮、可吸入颗粒物、细颗粒物年平均浓度分别为每立方米19微克、38微克、90微克、57微克。其中，二氧化硫与二氧化氮年平均浓度达到国家一级标准，可吸入颗粒物与细颗粒物超过国家二级标准，超标倍数分别为0.29、0.63。市区二氧化硫、二氧化氮24小时平均第98百分位数浓度分别为每立方米52微克、85微克，其中二氧化硫达到国家二级标准，二氧化氮超过国家二级标准；可吸入颗粒物、细颗粒物、一氧化碳24小时平均第95百分位数浓度分别为每立方米209微克、135微克、1.70毫克，其中可吸入颗粒物、细颗粒物超过国家二级标准，一氧化碳达到国家一级标准；市区臭氧日最大8小时滑动平均值的第90百分位数浓度为每立方米125微克，达到国家二级标准。

南宁市区酸雨频率1.50%，比上年下降6.70个百分点；郊区酸雨频率为零，下降5.30个百分点。市区降水平均pH值6.03，酸化程度减弱；郊区降水平均pH值6.27，酸化程度减弱。武鸣县、横县、上林县、马山县及隆安县5个县城未监测到酸雨。宾阳县收集降雨样品数67个，其中酸雨(pH值<5.60)样品11个，酸雨频率16.40%，比上年有所上升，降水平均pH值5.60。

【水环境质量】

主要江河水质　2013年，南宁市监测江河断面8个，按年均值统计结果评价，所有断面水质均达到或优于三类水质。其中左江上中、武鸣河叮当、右江雁江、邕江老口4个断面水质评价均为二类，水塘江、蒲庙、郁江南岸、郁江六景断面水质评价均为三类。南宁市境内所监测的8个断面水质均能达到或优于三类水质，地表水源水质达标率保持100%。郁江南岸断面在5月、6月、7月，蒲庙断面在6月、7月，水塘江断面在7月分别因溶解氧超标评价为四类水质，其余断面各月水质均达到或优于三类水质。南宁市与上游、下游城市的3个出入境交接断面(与崇左市、百色市交界的左江上中和右江雁江入境断面）总体符合二类水质，与贵港市交界的郁江南岸出境断面总体达到三类水质的交接要求。

城市饮用水源质量　南宁市集中式饮用水源水质月报监测水源6个。其中，5个为邕江地表水源，自上游至下游的位置顺序依次为：三津、陈村、西郊、中尧、河南水源地；另1个是邕宁区清水泉地下水源。南宁市集中式饮用水源地水质达标率96.11%。其中邕江5个集中式地表饮用水源地水质总体保持良好，主要水质指标达标率100%；清水泉地下水源地水质受总大肠菌群指标超标影响，水质达标率相对较低。

城市内河水质　南宁市监测的18条主要城市内河中，除八尺江、四塘江水质评价为四类属轻度污染外，其余16条内河水质评价均为劣五类，属重度污染。影响水质的主要污染指标为氨氮、五日生化需氧量、总磷、化学需氧量和阴离子表面活性剂。

主要湖泊与水库水质　南湖主要受总磷及五日生化需氧量指标偏高影响，总体水质评价五类，综合营养状态指数62.60，属中度富营养状态，比上年略有下降，其综合营养状态指数变化趋势与南湖补水有密切关系。民歌湖水质评价为劣五类，综合营养状态指数74.90，属重度富营养状态。相思湖水质评价为劣五类，综合营养状态指数68.40，属中度富营养状态，比去年有较明显下降。峙村河水库水质评价为三类，大王滩水库水质评价为四类，天雹、龙潭、老虎岭、西津水库水质评价为五类，主要影响指标为总氮和总磷。按综合营养状态指数评价，大王滩水库49.40、西津水库51.70、天雹水库42.80、峙村河水库42、老虎岭水库49.70、龙潭水库52.70。除龙潭、西津水库属轻度富营养状态外，其余4个水库均属正常的中营养状态。与上年相比，除大王滩水库、天雹水库、西津水库的综合营养状态指数略有上升外，其他水库均有不同程度下降。

地下水水质　南宁市地下水水质监测项目36个。按《地下水质量标准》（GB/T14848-93）三类水标准对监测结果进行评价，有6个项目监测值出现超标现象，分别是pH值、铁、锰、氨氮、亚硝酸盐氮、锌。pH值全年超标率31.25%，铁全年超标率37.50%，锰全年超标率37.50%，氨氮全年超标率25%，亚硝酸盐氮全年超标率6.25%，锌全年超标率6.25%。采用单项污染指数法和国标《地下水质量标准》综合评价两种方法对地下水水质进行评价。单项污染指数法选取pH值、总硬度、溶解性总固体、高锰酸盐指数、铁、锰、氨氮、亚硝酸盐氮、硝酸盐氮、氟化物、铜、铅、锌、汞、酚等15项指标对地下水水质进行评价，地下水总污染指数6.39，比上年上升0.94，地下水超标组分为铁、锰，铁的单项污染指数值上升2.36，锰的单项污染指数值下降1.42，污染程度有所上升。

南宁市地下水质良好级占43.75%，分布面积19.30平方千米；较差级占56.25%，分布面积130.70平方千米。年内，按《地下水质量标准》综合评价，经对16处地下水点的年平均浓度综合评价，水质有良好、较差级，无优良、较好、极差级。良好级水点7个，占43.75%；较差级水点9个，占56.25%；良好级水分布于沙井片区的沙井新村，石埠片区的乐洲1队、乐洲4队、乐洲17队、上灵1队、上灵8队、和安大队；较差级水分布于石埠片区的部分地区和北湖、南湖、西郊、江南及沙井地区，水点有北湖片区的嘉泰水泥制品厂，西郊片区的动物园、甘蔗研究所，江南片区的南宁铝厂，沙井片区的三津大队、邕津大队、定秋，石埠片区的石埠电台、老口矿泉水厂。在较差级水中，有pH值、铁、锰、氨氮、亚硝酸盐氮、锌等项目超标。主要是因为南宁市盆地第四系土壤中的铁、锰含量偏高，在偏酸性雨水入渗补给地下水过程中，铁、锰溶解于地下水使浓度增加，或部分生活污水渗漏入地下水中造成的。

南宁市主要湖泊、水库水质综合营养状态指数

点位名称	2012年		2013年	
	综合营养状态指数	级别	综合营养状态指数	级别
南湖	62.80	中度富营养	62.60	中度富营养
民歌湖	73.00	重度富营养	74.90	重度富营养
相思湖	75.30	重度富营养	68.40	中度富营养
大王滩水库	48.50	中营养	49.40	中营养
龙潭水库	53.10	轻度富营养	52.70	轻度富营养
天雹水库	39.10	中营养	42.80	中营养
老虎岭水库	51.00	轻度富营养	49.70	中营养
峙村河水库	42.00	中营养	42.00	中营养
西津水库	47.20	中营养	51.70	轻度富营养

【城市声环境质量】

城市区域声环境质量　2013年，南宁市区域环境噪声昼间平均值53.60分贝，比上年上升0.90分贝，评价为较好。夜间平均值48.70分贝，评价为一般。城市区域声环境质量总体达到国家考核指标。城市声源构成仍以社会生活噪声、交通噪声为主，占南宁市声源构成87.90%。武鸣县、横县、宾阳县、上林县、马山县、隆安县六县县城区域环境噪声均小于60分贝，达到考核要求。与上年相比，除武鸣县、横县、上林县县城区域环境噪声略有上升外，宾阳县、马山县、隆安县均略有下降。

2013年南宁市城市区域环境噪声源构成

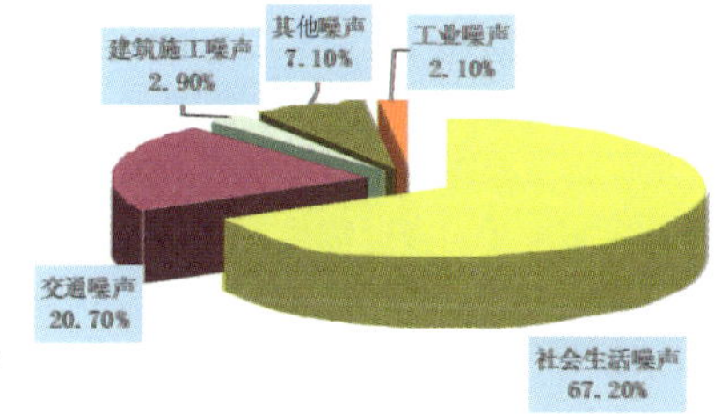

城市道路交通声环境质量　南宁市城市道路交通噪声昼间平均等效声级69.80分贝，比上年上升0.20分贝，评价为较好；监测路段超标率46.30%，上升5.70%。夜间平均等效声级65.80分贝，监测路段超标率100%。武鸣县、横县、宾阳县、上林县、马山县、隆安县六县县城道路交通噪声均小于70分贝，达到考核要求。与上年相比，除武鸣县、宾阳县、上林县道路交通噪声略有上升外，横县、马山县、隆安县县城道路交通噪声均有不同程度下降。

城市功能区声环境质量　南宁市1~4类城市功能区噪声昼间均达到国家标准。夜间噪声1类功能区和2类功能区达到国家标准，3类功能区和4类功能区超过国家标准。与上年相比，2类功能区和4类功能区昼、夜噪声均有所下降，声环境状况有所好转；1类功能区昼间噪

声有所上升,夜间噪声有所下降;3类功能区昼、夜噪声均有所上升,声环境状况有所下降。

【辐射环境质量】 2013年,南宁市辐射环境质量总体情况良好,环境电离辐射水平基本保持稳定,市区内29个监测点的γ(伽马)辐射空气吸收剂量率无异常变化;电磁辐射环境良好,市区10个监测点的环境电磁辐射综合场强监测值均低于《电磁辐射防护规定》(GB8702-88)在30MHz~3000MHz(兆赫)频率范围的公众照射导出限值。

【环保规划】 2013年,市环保局组织开展环境规划编制,完成《南宁市创建环保模范城市规划(修编)》《南宁市环境保护"十二五"规划中期评估》;完成《大王滩水库综合整治保护利用规划》,由市政府颁布实施;完成《南宁市市区饮用水规划中期评估》《南宁空港经济区生态环境保护规划》;启动《南宁市大气污染防治规划》编制。

【环保投资】 2013年,南宁市获中央、自治区下达专项资金3644.60万元,获市本级投入专项资金2375万元。下达2013年市本级环保专项资金39个项目2000万元资金,检查清理5个项目并重新调整下达454万元资金额度,其中市环保局获1048万元支持。有15个项目获资金支持360万元。组织南宁市24个项目上报申请2014年广西生态建设引导资金,有4个项目获广西生态引导资金支持,金额190万元。南宁市有3个项目获火电和水泥企业脱硝减排工程补助资金支持,金额105.60万元。南宁市电磁辐射监测仪器设备建设项目获自治区资金30万元。组织5个项目申报2014年中央重金属污染防治专项资金,获中央重金属专项资金支持1250万元。其中:2个污染防治类项目获支持资金800万元;广西—东盟经济技术开发区、武鸣县和马山县3个基础能力建设类项目获重金属污染防治专项资金支持450万元。获2013年度污染源自动监控设施社会化运行补助资金498万元,其中市环保局获117万元支持。农村环境连片整治示范资金获中央下达8203万元,自治区下达2321万元,县(区)落实配套3031万元。获中央资金支持国控重点污染源监督性监测运行费100万元。

【污染物排放处置】

废水污染物排放 2013年,南宁市废水排放总量3.65亿吨,其中工业废水排放量9752万吨、生活污水排放量2.67亿吨,比重分别为26.73%、73.16%。废水中主要污染物化学需氧量(COD)排放量12.29万吨,其中工业排放2.40万吨、生活排放6.22万吨、农业畜禽养殖业排放3.61万吨、集中式治理设施排放600吨,比重分别为19.53%、50.61%、29.37%、0.49%。废水中主要污染物氨氮排放量1.34万吨,其中工业排放1300吨、生活排放7900吨、农业畜禽养殖业排放4100吨、集中式治理设施排放100吨,比重分别为9.70%、58.96%、30.60%、0.74%。工业污染物中,化学需氧量排放量的98.07%来源于造纸和纸制品业,酒、饮料和精制茶制造业,农副食品加工业,化学原料和化学制品制造业,医药制造业等;氨氮排放量的97.35%来源于酒、饮料和精制茶制造业,造纸和纸制品业,农副食品加工业,化学原料和化学制品制造业,医药制造业等。全市重点污染企业有工业废水处理设施279台(套),年处理工业废水9500万吨。全市处于运行状态的城镇污水处理厂11座,处理污水2.52亿吨。

废气污染物排放 南宁市工业废气排放总量1421.92亿标立方米,比上年上升35.61%。废气中主要污染物二氧化硫(SO_2)排放量4.18万吨,其中工业排放3.30万吨、生活源排放0.88万吨,比重分别为78.95%、21.05%;氮氧化物排放量7.60万吨,其中工业排放3.48万吨、生活源排放4.12万吨(含机动车排放的4.01万吨),比重分别为45.79%、54.21%;烟(粉)尘排放量2.95万吨,其中工业排放2.10万吨、生活源排放0.86万吨(含机动车排放0.40万吨),比重分别为70.75%、29.25%。全市重点污染企业有工业废气处理设施835台(套),其中脱硫设施85台(套)、脱硝设施6台(套)、除尘设施627台(套)。工业污染物中,二氧化硫排放量的91.55%来源于造纸和纸制品业,酒、饮料和精制茶制造业,非金属矿物制品业,电力、热力生产和供应业,农副食品加工业等;氮氧化物的98.49%来源于非金属矿物制品业,电力、热力生产和供应业,造纸和纸制品业,农副食品加工业,化学原料和化学制品制造业等;烟(粉)尘排放量的93.88%来源于非金属矿物制品业,农副食品加工业,造纸和纸制品业,电力、热力生产和供应业,化学原料和化学制品制造业等。

工业固体废弃物排放 南宁市一般工业固体废弃物产生396.32万吨,综合利用量375.87万吨(含综合利用往年贮存量0.78万吨),处置量20.20万吨(含处置往年贮存量21吨),贮存量1.03万吨,工业固体废物综合处置利用率99.74%。

工业固体废物防治 南宁市工业固体废物产生量396.32万吨,增长11.17%,工业固体废物综合处置利用率99.74%,增长2.50个百分点。

南宁市城市功能区噪声监测结果

单位:分贝

功能区类型	1类区			2类区			3类区			4类区		
	昼间	夜间	昼夜	昼间	夜间	昼夜	昼间	夜间	昼夜	昼间	夜间	昼夜
2012年	43.60	40.50	42.80	57.00	52.40	55.90	61.20	57.80	60.30	67.00	61.80	65.80
2013年	46.60	38.70	47.40	54.80	47.60	56.00	64.20	61.30	67.90	66.80	59.00	67.70
变幅	3.00	-1.80	4.60	-2.20	-4.80	0.10	3.00	3.50	7.60	-0.20	-2.80	1.90
国家标准	≤55	≤45	-	≤60	≤50	-	≤65	≤55	-	≤70	≤55	-

南宁市工业固体废物产生与利用处置情况

工业固体废物	单位	数量
产生量	万吨	396.32
综合利用量	万吨	375.87
综合利用往年贮存量	万吨	0.78
处置量	万吨	20.20
处置往年贮存量	万吨	0.002
贮存量	万吨	1.027
倾倒丢弃量	万吨	0

城市生活垃圾及污水处理厂污泥处置　按照《生活垃圾填埋污染控制标准》的要求，市环保部门每年定期对已投入运营的生活垃圾填埋场进行监督性环境监测，确保填埋场渗滤液、废气及机械作业噪声等各项污染物排放指标达到国家相关标准要求。南宁市区生活垃圾产生量101.27万吨，增长24.15%，生活垃圾处理率100%。马山县、上林县、隆安县、横县生活垃圾填埋场投入运营，宾阳县生活垃圾转移到邻近的来宾市处置，武鸣县及市区内生活垃圾几乎全部集中在城南生活垃圾填埋场进行填埋处置，石西生活垃圾无害化处理厂仅处理极少量市区内生活垃圾，用于生物堆肥。南宁市城区及六县10家污水处理厂，均运行正常。污水处理厂污泥产生量8.88万吨，增长0.34%，污泥处置率100%。污泥绝大部分作为生产肥料的辅助原料进行资源化利用，极少部分直接用作农田肥料使用或由污水处理厂作为生物菌种使用。南宁市城市污水处理厂污泥主要用于制作生物肥料的辅助原料以及农用堆肥，其产生、运输、储存及处置利用均参照工业危险废物进行管理。定期检测表明，污泥各项指标达到《农用污泥中污染物控制标准》。

城市生活垃圾与污水处理厂污泥处置情况

项目	产生量（万吨）	处置量（万吨）	处置率（%）	主要处置方式
城市生活垃圾	101.27	101.27	100	卫生填埋、生物堆肥
污水处理厂污泥	8.88	8.88	100	生物制肥、生物堆肥

工业危险废物处置　南宁市工业危险废物产生量1.10万吨，综合利用量708.67吨，综合利用率6.47%，处置量6718.93吨，处置利用率67.76%，贮存总量3538.21吨，无倾倒丢弃情况。南宁市工业危险废物主要来自废弃电器电子产品拆解企业、有色金属冶炼行业、电镀行业、车辆维修业及化工行业，产生种类主要为含铅CRT（阴极射线管）锥玻璃、废印刷电路板、有色金属冶炼废渣、废矿物油、废酸、含铬废物、含汞废物等。南宁市有投入运营的危险废物经营单位4家。其中，广西神州立方环境资源有限责任公司为危险废物综合处置经营单位，目前尚处于试生产阶段，未取得危险废物经营许可证；南宁市安明油脂有限责任公司、南宁市绿峰环保科技有限公司、南宁市圣达净水材料有限公司分别为废物矿物油、废显（定）影液、废盐酸利用处置企业，持有由自治区环保厅核发的危险废物经营许可证。

工业危险废物产生与处置情况

工业危险废物	单位	数量
产生量	吨	10953.54
处置量	吨	6718.93
其中：处置往年贮存量	吨	0.90
综合利用量	吨	708.67
其中：综合利用往年贮存量	吨	6.42
贮存量	吨	3538.21
倾倒丢弃量	吨	0

医疗废物处置　南宁市实行医疗垃圾集中收运处置的医疗机构1296家（点），覆盖南宁市所辖六县六城区。收运、处置医疗废物6997.60吨，增长31.98%，医疗废物集中处置率100%，主要处置方式为焚烧处置。

电子废物处理　广西桂物资源循环产业有限公司为广西唯一正式运行的处理废弃电器电子产品持证企业，位于邕宁区。《废弃电器电子产品处理资格证书》批复处理类别及规模为：电视机每年70万台、电冰箱每年3万台、空调每年1万台、洗衣机每年5万台、电脑每年5万台。年内，拆解处理废旧CRT彩色电视机35.38万台、废旧CRT黑白电视机5.21万台、废旧洗衣机1.96万台，产生拆解产物8425.39吨。

【主要污染物减排】 2013年，南宁市将控制目标分解落实到重点行业、重点企业，加大城镇污水管网建设力度，提高已建成污水处理厂的运行负荷，推进农业畜牧养殖业的污染减排，加强对造纸、制糖、淀粉、酒精行业监管力度，把好季节性生产企业淀粉、制糖企业开榨预审核工作，保证减排项目的稳定正常运行，控制污染物排放量。经自治区核定，南宁市化学需氧量减排857吨，氨氮增加190吨，二氧化硫增加2424吨，氮氧化物增加4614吨。指导制糖企业进一步完善清洁生产管理、提高污水处理能力。全面推进水泥脱硝工程建设，推进广西武鸣锦龙建材有限公司、广西四合工贸有限责任公司、广西华润红水河水泥有限公司等水泥行业脱硝建设。加强对华润水泥（南宁）有限公司脱硝工程、国电南宁电厂脱硫脱硝工程等建成减排项目的运行管理，确保发挥减排效益。以国家环保部挂牌督办项目隆安达特洁污水处理厂的整改工作为契机，协同南宁市城乡建设委员会对南宁市污水处理厂进行全面排查和整改督办。加快推进已建成城镇污水处理设施配套管网建设和雨污分流改造，重点推进江南污水处理厂二期工程管网配套和六县污水管网的完善，提高污水收集率，发挥减排效益。推进五象污水处理厂、三塘污水处理厂和建制镇金陵镇污水处理厂建设，为减排保持后劲。推进以规模化畜禽养殖场（小区）畜禽养殖污染防治，安排畜禽养殖业减排项目154个。加强机动车排气污染管理，全年发放20万台机动车环保合格标志，推进机动车氮氧化物减排。开展加油站、油库和油品运输车辆油气回收。加大落后产能淘汰力度，制定《南宁市造纸行业整改工作实施方案》。按自治区环保厅的要求完成南宁市淀粉酒精行业的发展规划和规划环评编制，完成规划环评审查；指导武鸣县、宾阳县制定淀粉酒精行业和造纸行业整治实施方案，加快推进淀粉酒精行业、造纸产业转型升级和规模化发展。邀请国家环保部清洁生产中心专家设计，在武鸣县建成淀粉清洁生产示范线1条。开展南宁市造纸行业整治，要求各县（区）、开发区除淘汰不符合国家产业政策的落后生产工艺、装备和生产线外，还要积极引导现有企业搬迁改造，提升装备水平和产品质量，加快推进造纸产业科学整合，建立现代化的造纸和纸制品产业集群。国家环保部针对2012年度减排核查中发现的问题，对南宁市造纸行业和隆安县达特洁污水处理厂的整改工作实施挂牌督办。南宁市落实工作责任整治，宾阳县作为南宁市小型造纸企业主要分布区域，造纸企业数量由整改前45家下降至不超过12家；其他县(区)、开发区已经完成辖区内造纸企业环保整改；完成6家较大型的市管制浆造纸企业环保核查整改。整改后，隆安县达特洁污水处理厂运行稳定，能够完全处理县城污水，尾水稳定达标，杜绝污水直排现象。年内，南宁市通过国家环保部对挂牌督办项目的整改核查验收。

【污染防治】

水污染防治 2013年，南宁市召开城市饮用水水源地环境风险问题专题会，研究部署饮用水水源地保护和应急水源建设。按照自治区要求对南宁市饮用水水源保护区划定方案进行多轮修改完善，加快推进市区饮用水水源保护区划定。指导六县完成地级以下城市集中式饮用水水源环境状况评估报告编制和上报。组织对各县(区)政府上报的乡镇集中式饮用水水源保护区划定方案及划分技术报告进行技术审查。南宁市所辖六县六城区和1个开发区的86个乡镇完成乡镇集中式饮用水水源保护区划定。成立饮用水源环境监察大队，进一步加强饮用水源环境监管。继续开展市区饮用水水源地水质常规监测，开展饮用水源上游雁江、老口断面水质监测预警，市环保局联合市水利局等部门开展饮用水水源地综合整治，指导江南区、西乡塘区实施相关水源一级保护区隔离封闭工程。首次较大规模开展市区邕江及内河污染排查，摸清市区邕江河段入江排污口和18条内河支流及涉及的工业、农业、养殖业等污染源的基本情况。完成《全国城市饮用水水源地环境保护规划(2008—2020年)》南宁市实施情况中期评估。市环保局牵头组织与百色、崇左、贵港、来宾、河池、钦州等6市环保局签署《联防联控跨市江河流域突发环境事件合作备忘录》,合作内容涵盖跨市流域沿岸企业信息共享、监测数据共享、跨流域江河上下游联防联控、信息发布等方面，填补南宁市联防联控跨市流域突发环境事件的空白。

噪声污染防治 处理建筑施工噪声投诉1.19万件次，比上年增长51.10%；组织巡查建筑工地870余家，出动执法人员2365人次，实施立案处罚156件，处罚金额107万元。办理午间、夜间施工审批1389次，增长49%；组织召开建筑工地协调会、诫勉谈话会16次，化解矛盾隐患6起。

重金属污染防治 通过国家环保部对南宁市重金属规划2012年度考核。编制完成重金属“十二五”规划年度实施方案。配合有关部门推进电镀集中式工业园区建设。指导争取专项资金支持，加快推进重金属污染防治重点项目实施。南宁市有5个重金属污染综合防治项目和1个重金属监测能力建设项目获中央补助资金1550万元、自治区补助资金528万元。

清洁生产审核 南宁市清洁生产审核企业涉及化工、造纸、水泥、制糖、酒精、有色金属采选冶炼、电镀、环境治理等10多个行业领域。有近50家企业开展清洁生产审核，18家企业通过市环保局组织的清洁生产审核评估。举办2013年南宁市清洁生产审核实践教学培训班，提高企业对清洁生产审核工作的认识及审核工作质量；出台鼓励政策，对及时完成清洁生产审核任务和通过清洁生产审核验收的企业，在环保专项资金使用等方面给予优先支持和专项资金奖励，引导企业开展清洁生产审核。

环境污染治理设施运营管理 完成9家企业的环境污染治理设施运营资质年度考核，向自治区环保厅及申请企业出具初步审查意见；为2家企业申请延续运营资质审查以及9家企业新申请运营资质审查出具初审意见。

【雾霾治理】 2013年，南宁市召开大气污染防治专题会议，研究部署大气污染防治。启动大气污染防治规划编制和课题研究。加强市区环境空气质量预测预警，根据空气质量监测结果及时发布预警信息，全年发布环境空气预警预报75期、环境空气相关简报23期、专题分析报告18份。通过部门联防联动，按照扬尘联防联控方案要求，启动红色预警机制42次，组织联合执法人员对市区扬尘开展全面巡查督查，组织召开南宁市联防联控市区扬尘污染工作领导小组成员单位联席会议。编制《南宁市市区大气重污染应急预案》，修订《南宁市市区扬尘污染联防联控工作方案》。加强机动车排气污染管理，制定在用车环保检验合格标志分类管理制度，开展在用车定期环保检测和核发环保检验合格标志。南宁市19个工作站核发机动车环保标志超过20万枚，启动国家第四阶段机动车污染物排放标准；加快通过联合审批的新建机动车环保检测站建设进度，联合审批规划内的8家新建检测站完成建设并通过计量认证；机动车排气污染数据监控管理系统项目软件一期、二期工程开发，建成数据监控中心和监控软件系统，完成项目三期工程硬件设施的采购和软件系统的招标任务；完成南宁市机动车尾气排放超标治理技术路线研究及应用示范课题的申报和评审；南宁市机动车“冒黑烟”及尾气超标排放实时监控网络建设项目获市发展与改革委员会立项批复。南宁市加油站、储油库及油罐车的油气回收治理进入验收阶段。

【农村环境保护】 2013年，南宁市加强农村环境污染防治，在试点区域统筹推进农村污水处理和垃圾收集处理设施试点建设；承接自治区为民办实事项目——农村环境连片整治示范项目，上林县、宾阳县、青秀区、良庆区列入2013年农村环境连片整治示范县(区)，获农村环境连片整治示范资金预算1.36亿元，项目覆盖22个乡镇115个行政村。示范项目的实施使农村生活垃圾和生活污水得到有效治理，改善农村面貌；组织项目单位进行生态广西建设引导资金项目申报，包括生态循环和有机农业（种植、养殖及加工）、特色种养、农林废弃物资源化利用等多个示范基地建设项目获资金补助190万元。

【核与辐射安全监督管理】 2013年，南宁市有核技术应用单位319家，使用密封放射源333枚、射线装置661台(套)。市环保局加强核与辐射安全监管，在南宁市范围组织开展年度辐射安全监督检查，督促各核技术利用单位进一步规范核与辐射安全防护，依法送贮废弃、闲置放射源，切实防范辐射环境风险。南宁市核技术利用单位辐射安全许可证持证率100%，辐射环境质量保持良好水平，未发生放射源丢失、被盗、失控等事故。市环保局组织公安、卫生、交警、消防、城区政府等首次联合开展南宁市核与辐射事故应急专项综合演练，提高南宁市核与辐射事故应急工作队伍的组织协调能力、协同作战水平，以及南宁市对核与辐射突发事件的应对能力。市环保局强化对移动通信基站、高压输变电等电磁辐射建设项目的环境监管，加强公众宣传和科普教育，为群众释疑解惑，消除不必要的恐慌心理。市环保局受理辐射环境污染信访投诉案件 28 起，处理答复率 100%。

【环境监察】

环境风险防范　2013 年，市环保局与百色、崇左、贵港、来宾、河池、钦州等 6 市环保局签署《联防联控跨市江河流域突发环境事件合作备忘录》；开展市区邕江河段和内河河道污染排查整治，基本摸清市区邕江河段的入江排污口，18 条内河支流及沿岸工业、农业、养殖业等污染源基本情况，建立相关数据和影像等信息资料；开展代号“环境安全年”突击检查行动 4 次，出动执法检查组 75 个，检查企业 130 余家。加强全国“两会”、中共十八届三中全会、枯水期、汛期、榨季等 10 多个环境重要敏感时期的环境监管。举办南宁市环境安全形势培训班，找准各阶段环境风险防范重点。

环境监察专项行动　开展涉及饮用水源地、季节性生产行业、尾矿库、危化品、重金属、医疗机构、固体废物、危险废物、建设项目等领域和行业专项执法检查 30 余项，采用集中执法、联合执法、交叉执法、错时执法、突击执法等多种形式，依法严查环境违法行为和环境安全隐患。其中，开展“整治违法排污企业保障群众健康环保专项行动”，出动人员 6800 多人次，检查企业 3300 多家次，立案处罚 138 件，挂牌督办市、县级环境违法案件 9 件并完成整改验收。

市区扬尘和建筑噪声污染防控　启动空气质量红色预警机制 42 次，组织扬尘防控联合执法人员 970 余人次；处理建筑施工噪声投诉 8963 件次；组织召开建筑工地协调会、诫勉谈话会 16 次，部门联席会 2 次；检查建筑工地 870 余个，组织巡查 2365 人次。完成《南宁市市区扬尘污染联防联控工作方案》的修订完善；组织召开市区扬尘联防联控联席会议，落实检查、通报和督促职责；联合市城乡建设委员会、市城市管理局、市公安局交通警察支队开展市区扬尘污染联防联控工作执法检查，出动 20 多人次，检查主要道路 30 多段、工地 80 多个；编印环境空气质量科普手册发送有关单位、学校、社区，让各部门及广大市民更加了解和支持市区扬尘污染防控；开展为期近 2 个月的中考、高考前建筑施工噪声扰民和扬尘监管专项整治行动。

【环境信访】　2013 年，市环保局受理各级人大建议、政协提案 15 件，全部如期答复。受理环境投诉件 1.65 万件次，其中 12369 热线受理 1.61 万件次、市长热线 12345 受理 168 件次、自治区转来 127 件、来信投诉 80 件、来访 29 件、直接来电 44 件，受理率 100%，交办率 100%。

2 月 5 日，南宁市开展“环境安全年”1 号行动。图为监测员在企业污水排放口取样　市环保局提供

【排污申报登记收费】　2013 年，南宁市申报登记水污染物排放企业 260 家，申报登记大气污染物排放企业 763 家，申报登记固废污染物排放企业 100 家，申报登记建筑噪声污染物排放企业 252 家；市各级环境保护主管部门核准颁发排污许可证 1333 份。征收排污费 4389.23 万元。

【环境污染事件】　2013 年，市环保局接到南宁市各县（区）环保部门报送突发环境事件 7 起，均为一般突发环境事件。按事件类型分，均属水环境污染事件，其中 1 起涉及空气污染；按事件起因分，安全生产事故次生环境事件 3 起，企业违法排污引发环境事件 2 起，其他环境事件 2 起。

【环境应急管理】

应急预案与排查　2013 年，市环保局组织修订《南宁市突发环境事件应急预案》，进一步明确市各部门应对突发环境事件的职责，规范应急响应工作程序。成立环境应急与事故调查中心，明确市环保局从事应急工作的机构。印发《南宁市环境保护局关于贯彻落实自治区环保厅进一步加强突发环境事件应急预案管理有关工作的通知》，规范突发环境事件报告与应急处理。组织召开南宁市联防联控江河流域水污染事件联席会议，印发《南宁市联防联控江河流域水污染事件工作实施方案》，加强对邕江郁江流域的监控监测。落实自治区环境安全年专项行动的要求，联合多部门开展环境风险和安全隐患大排查，对发现的污染隐患进行整改。举办应急管理培训、开展突发环境事件应急演练，不断完善环境应急管理工作机制，提高应对突发环境事件的能力。

环境应急监测　南宁市环境保护监测站加强市区环境空气质量预测预警，根据空气质量监测结果，发布预警信息，为环境管理部门深入开展大气污染联防联控提供技术支持。继续加强环境空气和水环境质量的预警预报，对环境极端状况和异常情况制作环境快报 94 期，发送监测信息和预警预报短信1万余人次，完成各项污染应急监测任务。完成《南宁市环境空气污染应急预案》《南宁市环境空气质量应急分级机制》《南宁市环境空气质量预警方案》编制，发出南宁市环境空气质量预警快报72期。支援7月贺江镉污染事件应急监测样品分析，分析样品98个（水样85个、固体废样品13个），投入实验室分析人员27人次，运行经费2.60万元。4月至5月，完成郁江水环境污染的预警加密监测。组织人员开展2013年南宁市环境应急监测演练；参与2013年南宁市辐射事故应急演练，并负责演练中辐射环境监测、辐射污染调查和污染处置等；参加2013年突发环境事件应急演练暨应急监测分析测试技能考核演练等各项应急演练，参加“八桂·2013”反恐演习、2013年南宁轨道交通工程建设突发事故应急救援演练，提高预防和处置突发环境事件的能力。

【环境法制建设】 2013年11月22日，南宁市人大常委会审议通过《南宁市郁江流域水污染防治条例》《关于修改〈南宁市饮用水水源保护条例〉的决定》，并上报自治区人大常委会批准后施行。市环保局开展环境保护行政执法案卷评查，举办南宁市环保系统行政执法培训班2期、南宁市建筑施工噪声及扬尘污染防控规范管理培训班1期。各级环保部门实施环境行政处罚案件270件，罚款金额211.90万元。举行行政处罚听证会7次。市各级环保部门无行政复议和行政诉讼案件发生。

【环境影响评价】

规划环境影响评价 2013年，市环保局督促和指导规划组织编制单位开展城市建设相关专项规划、工业园区规划、南宁市“十二五”有关规划的环评。在自治区率先完成南宁市“十二五”专项规划所需要开展规划环境影响评价的规划环评。完成《南宁市木薯淀粉酒精产业发展规划（2013—2020年）环境影响报告书》《中国—东盟（南宁）林业产业物流项目控制性详细规划环境影响报告书》《广西龙门水都文化生态旅游景区总体规划环境影响报告书》等5项规划环境影响报告书的组织审查。

项目环境影响评价 南宁市完成建设项目环评审批1792项，完成建设项目竣工环保验收816项，配合自治区环保厅出具上级环保部门审批项目的验收核查意见25份。修订出台《南宁市建设项目环境影响评价审批豁免管理办法》，新增城建类、涉农类、社会服务类等类别豁免项目19项，环评审批豁免范围进一步扩大，拓宽环评审批“绿色通道”。按照“简政放权、便民高效、提速规范”原则，推进行政审批时限再提速，在上年承诺5个工作日内审批办结的基础上，总体再提速25.70%。为自治区环保厅出具自治区重大项目支持性初审意见5份，分别为南宁邕宁水利枢纽工程、华电南宁邕宁分布式能源一期工程、南宁港隆安港区宝塔作业区一期工程、机场高速公路延长线工程（至新航站楼）、南宁港区六景港区鹤笋作业区一期工程，均获自治区环保厅批复。

环境影响评价信息公开 市环保局组织市各级环保部门，按国家环保部《建设项目环境影响评价政府信息公开指南（试行）》对项目环评受理、拟审批决定、批复决定全文以及环评报告全本、竣工验收监测（调查）报告全本，进行规范化公开。

环境影响评价整治 指导武鸣县发展循环经济，推进木薯淀粉酒精企业产业结构战略性调整及改造升级。协调自治区环保厅相关处室出台淀粉酒精行业的环保指导措施和准入门槛；协调市工信委按自治区环保厅的要求完成南宁市淀粉酒精行业的发展规划和规划环评编制，指导市工信委、规划环评编制单位崇左市环科所编制完成《南宁市木薯淀粉酒精产业发展规划（2013—2020年）环境影响报告书》，并完成该报告书的组织审查；敦促武鸣县对淀粉酒精行业的发展进行科学规划，指导武鸣县以发展循环经济的理念为引领，以环境倒逼机制为指导，以行业产能整合、兼并整合、废水循环利用等方式为重要手段对木薯淀粉酒精企业进行产业结构战略性调整及改造升级，使企业从根本上解决环境问题，提高防范环境风险的水平，确保安全发展、科学发展和可持续发展。做好武鸣县皎龙、安宁两家酒精淀粉企业产业结构升级改造的环评编制、上报自治区环保厅审批的业务指导与服务。配合南宁市造纸行业存在问题的整治行动，暂停受理审批南宁市造纸类建设项目环评审批，对造纸行业存在的环保问题进行整改，下发《南宁市环境保护局关于暂停受理审批造纸类建设项目环境影响评价文件的通知》，暂停受理审批南宁市辖区范围内的造纸（含废纸造纸）类建设项目环境影响评价文件至整改完成，确保达到整改要求。强化重金属污染整治，指导隆安县涉重企业整改，通过强化项目环境准入制度、严格执法、联合督查等方式，指导隆安县凤凰银、福斯银两家企业的重金属污染防治整改。

【环保科研】 2013年，市环保部门完成的环保研究课题主要有国家环保部试点城市研究课题《南宁市环境与经济形势分析2012全年报告》《2011年南宁市环保产业调查》《南宁市节能减排指标预测预警系统研究》《南宁市“十二五”节能减排指标分解研究》《南宁市主要河流持久性有机污染物污染现状调查与控制对策》报告初稿，组织完成2013年市本级环保专项资金项目的申报。《南宁市机动车排气污染数据监控管理系统建设项目（三期）》《细粒子预警防治能力建设》《基于RS和地面监测的南宁市大气颗粒物（PM10、PM2.5）时空演变趋势研究、电磁辐射监测仪器设备建设项目配套资金》3个项目的市本级专项资金6月下达；完成《南宁市机动车“冒黑烟”及尾气超标排放实时监控网络建设项目（一期）》《西津水质自动监测站建设项目》《南宁市核与辐射环境监测、环境执法业务用房建设项目》《南宁市机动车尾气排放超标治理技术路线研究及应用示范》《三岸水质自动监测站旧机改造项目》5个项目市本级环保专项资金项目的申报。

实施的环保研究课题主要有《南宁市饮用水源地重金属污染现状调查、风险评价与预警体系研究》《南宁市交通环境大气污染特征及其防治研究》《南宁市城镇化发展的环境制约因素与重点问题分析》《南宁市大石山区石漠化的生态控制及治理技术研究》《南宁市糖蜜酒精废醪液资源化利用研究》，修改《南宁市市区饮用水水源保护区划分方案》《南宁市环境空气细颗粒物（PM2.5）污染成因与自动监测体系示范应用研究》《郁江（横县段）饮用水源地污染物调查与研究》《南宁市主要河流中抗生素污染的现状调查与风险评估》《南宁市主城区电磁辐射水平调查与研究》等。

【环境监测】 2013年，市环境保护监测站推进南宁市核与辐射环境监测、环境监察业务用房项目建设；完成《南宁市区域噪声自动监测系统和环境信息路边公示系统》本站点的大屏幕公示系统子项建设，系统运行正常，每日定时公示信息；完成2012年中央财政主要污染物减排专项资金国家环境空气监测网建设项目(一期)设备采购、开机调试和试运行；完成机动车排放污染数据监控管理系统一期、二期工程建设和机动车排气污染数据监控管理中心的装修和硬件设施的采购安装。开展南宁市环境空气质量预测预报系统建设前期调研；推进监测业务管理系统建设，环境噪声、振动和辐射的委托监测模块实现单轨运行，其余模块正在对存在问题进行整改和评估测试。

【环保信息化建设】 2013年，市环保局开展“智慧环保”项目建设，总结分析南宁市环境信息化建设现状，研究判断环境信息化发展趋势要求，完成《南宁市智慧环保建设方案》《南宁市“智慧环保”项目建议书》，并通过市发展和改革委员会立项审批。完善业务应用信息体系，为环境管理提供信息技术支持与服务。推进南宁市应急指挥中心建设，开展市环保局视频会议系统改造，开展“绿城环保”公共服务宣传平台项目建设。对市环保局网站进行全面改版和升级，网站信息更新量1.18万条，网站访问量46.65万人次，网站点击率353.05人次，网站访问量及点击率均创历史新高。

（市环保局编写组）

园林绿化

【概　况】 2013年，南宁市全面实施生态园林建设，完成第三届广西园林园艺博览会建园办展；推进创建国家生态园林城市、生态南宁增绿工程、服务“两会一节”基础设施建设和花卉布置、“美丽南宁·整洁畅通有序大行动”、重点公园绿地建设、“三优一满意”(优良环境、优良秩序、优质服务和游客满意)公园建设等城市园林绿化建设，南宁市城市园林绿化总体布局进一步优化。完成城市绿化及公园建设投资24.66亿元，新增绿地面积406.07公顷，建成区绿地率、绿化覆盖率、人均公园绿地面积分别为36.56%、42.09%、13.74平方米，比上年均有提高。

【“中国绿城”建设】

“中国绿城”提升工程 2013年为“中国绿城”提升工程三年行动计划的第一年，南宁市园林系统负责推进的“中国绿城”提升工程和服务“两会一节”绿化美化彩化提升项目有36个(不含第三届广西园林园艺博览会园博园建设工程)，完成投资2.30亿元。重点实施的精品线和重要景观节点有竹溪大道、民族大道、五象大道、白沙大道、会展路等15条市政主次干道，以及竹溪立交、青竹立交、白沙—友谊、航洋、锦春人行天桥等8座城市立交和人行天桥，会展中心边坡、南湖公园、人民公园、金花茶公园等13处重要景观节点。在竹溪大道(青竹立交—竹溪立交段)中分带、侧分带试行打造“花境”景观，持续营造四季花开不断的景观。对竹溪立交、越秀立交、青竹立交等8座立交桥通过在防撞护栏外侧增设花箱的形式，种植较耐贫瘠、耐干旱、耐修剪、花期长、花色艳的三角梅，在种植基质、花架制作、给排水设计上作严格要求，桥梁彩化效果明显。结合2013年“两会一节”花卉布置工程，在民族广场电子屏前花卉布置点试点采取鲜花摆放改为培土种植的形式，通过填土营造微地形种植花卉，丰富立面景观效果，避免搭架平台造成不必要的浪费，减少成本投入，鲜花下地后，水分和营养供给充足，花卉质量高，花期得到有效延长。在南湖湖面上选点建设生态浮岛3个，并对湖岸线实施示范段改造，生态野趣的浮岛和驳岸引来不少白鹭等鸟类及各种生物，水生植物在一定程度上起到净化水体的作用。

精品园林建设 打造五象湖公园。公园1月18日开工，8月30日竣工，为第三届广西园林园艺博览会园博园园址，东起平乐大道，西至玉象大道，北起秋月路，南至凤凰路，中间横穿玉洞大道。占地约122公顷(陆地面积64公顷、水域面积58公顷)，设计常水位86.50米。项目建设及办展计划投资约7亿元。园博园公共园区建设及周边配套工程涉及项目业主5个、建设项目17个，累计完成投资15.04亿元。自治区13个协办城市展园3月6日进场施工，8月30日前全部竣工。公园内规划功能分区6个：东入口景观大道区、北入口广场区、展园区、五象塔区、主展馆区、湿地展示区。规划设计景点14个。

【街道绿化建设与养护】 2013年，市园林部门完成接管沙井大道城市公园(旺达段绿化带)工程、东盟商务区内8条路工程等14个项目，新接管街道绿化11.68万平方米，包括乔木4677株、孤植灌木8329株、片植灌木地被5.92万平方米、草

2013年，五象湖公园景观　　市园林局提供

坪5.77万平方米。年内,完成南宁市精品线路"三化"(绿化、彩化、美化)示范工程、会展路边坡综合整治—绿化工程等20个工程,总产值6468万元。增种乔木2205株、孤植灌木4.02万株、片植灌木12.64万平方米、攀缘植物7652株、时花2.79万平方米、草皮2.84万平方米。完成乔木施肥4680株、孤植灌木施肥8.11万株、片植灌木施肥70.67万平方米;修剪乔木7.83万株、孤植灌木25.85万株、片植灌木230.53万平方米、草本地被37.66万平方米、草皮88.11万平方米;补种乔木3780株、孤植灌木7800株、片植灌木5.20万平方米、草皮5.92万平方米;砍伐死、危树548株,修枝截顶6862株,处理干枝、寄生枝3.39万枝,处理倒树断枝691株;打造示范道路5条、示范绿地5块。

【公园建设】

南湖公园　2013年11月20日至12月15日,举办南宁市第二届菊花展,展出景点23个、菊花和时花10.20万盆。获科技事业单位档案管理国家二级认证。年内,完成花卉生产布置任务100.20万盆,接待中央、兄弟省市有关部门及国际友人参观、考察南湖名树博览园82批1013人次。

人民公园　实施公园望仙坡山顶及山体北面基础设施完善项目提升改造工程(一期),铺设主园路5367平方米,完成绿化种植2万平方米及园林小品铺装399平方米;新建公厕1座,保安、售货亭2座。创建国家4A公园,自筹资金20多万元,完成4座公厕的整体维修改造,补植绿地面积约6200平方米。加强绿化养护管理,实施精品景区施肥、全园植物病虫害防护及局部区域景观改造;整治园区黄土露天现象,补植袋苗25万袋(株),完成种植野花花境改造约600平方米;完成白龙塘、天鹅湖水环境综合整治工程施工,清理淤泥3.50万立方米;砌驳岸挡土墙1030米,建沉砂池、给排水系统。年内,生产花卉60.50万盆,生产苗木1081盆(袋)。

动物园　展出动物210种3027头(只/条)。动物繁育取得较大突破,成功繁殖动物38种422头(只/条),其中白虎、丹顶鹤、蜂猴首次实现成功繁育,节尾狐猴首次诞下双胞胎幼猴,东北虎成功繁殖6只。提升公园绿化档次及景观效果,种植波斯菊30万株、地被植物1810平方米、草皮2.30万平方米。举办首届郁金香花卉展,展出郁金香8个品种约20万盆。全年接待入园游客约169万人次。

金花茶公园　完成第三届广西园林园艺博览会南宁园建设,总投资1200万元,是历年来南宁市参加全国各地博览会展园建设的最大投资。完成金花茶公园环境改造提升工程(续建),投资182万元,建成木亭2座、仿木平台3座,安装石桌凳9套,铺砌卵石路77平方米及透水砖路面400平方米,更换路缘石520米,增设茶花文化雕塑2座。种植大规格茶树37株、金花茶26株、香樟等乔木20株、灌木56株、地被300平方米、草皮600平方米。编制完成国际杰出茶花公园申报书。举办2013年"花香绿城·生态南宁"首届茶花文化节和中国广西(南宁)第三届金花茶国际学术论坛。

石门森林公园　投入资金51万元,铺设草皮4.85万平方米,补种袋苗4.75万袋,种植乔木233株。修剪草坪4次,面积38.13公顷;修剪绿篱6次,面积9295平方米;修剪环湖行道树8193株,孤植灌木2.75万株;进行病虫害化学防治6次,对园内新种乔木、草坪施肥2次。开展樱花科研攻关队伍的建设,建立樱花档案,进行樱花物候研究。全年完成鲜花种植7次,种植花卉6.15万盆,完成"两会一节"花街布置13.47万盆。

狮山公园　完成服务"两会一节"、南宁市"绿化美化彩化"提升工程及五象新区核心区秋月路(玉象路—平乐大道)绿化工程。完成南宁市园林系统勤廉文化建设工程,建成南宁市园林系统廉政教育基地;推进公园三期、四期工程建设,北大门及北大门区配套服务设施工程建设。推进南宁市竹文化科普基地项目,投入47.60万元,完成西大门天面、西大门内广场及健身设施软垫等基础设施维修改造。投入资金34.90万元,对园内1.60万平方米黄土裸露区域进行改造。

花卉公园　完成花卉生产和布置,生产花卉总量222万盆,比上年增长31.30%。年度完成投资2091万元。其中:地形平整标段完成投资81万元;景观及建筑标完成投资2010万元。完成总长3.20千米的竹溪大道分车带建设,首次将"花境"施工理念引入南宁市街道绿化建设。投入20万元完成4377.60平方米的露地花卉活动网平棚建设;投入16万元完成800平方米的5号温室大棚建设。承办"2013·南宁市迎春花会",举办室内名贵花卉展。

滨江公园　1月7日,滨江公园滩涂绿化提升改造工程完工。项目位于江滨休闲公园一期、二期工程的临江南面滩涂,面积3.34万平方米,总投资386万元。全年完成花卉生产15.70万盆。其中:鲜花下地3万盆,平时公园用花1.50万盆,"两会一节"用花11.20万盆。

新秀公园　完成黄土露天整治1.20万平方米,完成儿童游乐区彩虹长廊改造。对园内服务网点进行重新规划调整,新增设小卖部5个。对儿童乐园与绿墙一带空地进行硬化,增设临时停车场1个。全年完成盆花生产17.10万盆,完成春节、国庆、"两会一节"等节庆日的花卉下地及布置任务。

邕江滨水公园　实施"中国水城""绿满邕江"工程建设,开展柳沙滨江公园、津头滨江公园建设的前期工作。组织实施建设会展路、凤岭南路"三化"提升工程,分别完成投资144万元、225万元。全年完成鲜花下地约4万盆,种植龙船花9845株,搭建花墙572米,种植鲜花约6万盆,为服务"两会一节"和第三届园林园艺博览会种植和摆放鲜花33.80万盆。

凤岭儿童公园　完成科普园周边配套绿化景观建设,种植大树8株、乔木91株、孤植灌木327株、地被及草皮1420平方米。完成鲜花下地种植任务7次,种植海棠、太阳花等鲜花4.46万盆。全年开展公益、文体活动26次,开展扶贫帮困活动3次,接待来自上林县、武鸣县、隆安县等地约100名贫困、留守儿童及他们的家长,并捐赠一批文具。

体育休闲公园　完成公园C区综合整治项目,开展地灾评估、地质勘查、设计、边坡整治及绿化施工,临时拆除板房26栋。完成建设面积4.68万平方米,总投资427.37万元。其中:绿化工程总投资227.92万元;边坡支护工程总投资199.45万元。治理黄土裸露约120平方米。完成重大节庆活动花卉生产和布置,全年花卉生产布置57万盆。

五象湖公园　8月31日,五象湖公园正式建成开放。公园建成8栋单体建筑,建筑面积约5万平方米,完成外立面装饰及12.90万平方米的室外景观绿化。全园种植乔木1.40万株、孤植灌木8000株、片植灌木4.77万平方米;地被、草坪约4万平方米;孤植水生植物2350株、片植水生植物2.13万平方米;丛生竹640丛、散生竹6216平方米,布置花卉170万盆、景石1.20万吨、孤赏景石40组,打造"黄石飞瀑"等景点18个。

花花大世界　花花大世界苗圃经济总收入4541.09万元。其中:工程收入3007.32万元,花卉苗木收入956.91万元,其他收入576.86万元。生产花卉300.10万盆、各类型容器苗1.80万株、灌木55.02万株。进行园容园貌改造,对园容、办公区等重点区域布置一串红、矮牵牛等鲜花30万盆,对中轴线、拓展、餐厅周边补种草皮1500平方米,在天福池边种植花叶芦苇50株、旱伞草100株,改善园区黄土裸露状况,营造生态自然的山水园林景观。

【古树名木保护】2013年,市园林部门对所有古树都进行钻孔施肥、病虫害防治、引气生根、树洞修补等针对性复壮。移植004号、005号和007号古树。004号和005号从朝阳路移植到南湖公园,007号从朝阳路移植到荔园滨水公园,048号古树自然死亡。

【种植树木工程】2013年,市园林部门推进"绿满八桂"造林绿化工程城镇园林绿化建设,完成绿化面积128.37万平方米,占任务100.68%;完成种植株数1.59万株,占任务159.95%,其中邕江综合整治和开发利用精品示范工程(朝阳溪—邕江大桥段)完成绿化面积4万平方米,大帽山城市文化休闲广场园林景观绿化工程完成绿化面积1.50万平方米。

【园林法制建设】

完善法制体系　2013年,《南宁市立体绿化管理规定》《南宁市鼓励立体绿化实施办法》进入合法性审查阶段。完成《南宁市城市绿化条例实施细则》修订,完善城市古树名木保护管理制度,完成《南宁市古树名木损失评估办法》起草。

城市园林绿化行政执法　市园林部门实行教育引导与处罚相结合,有效预防城市园林绿化违规、违章行为。年内,调查处理单位庭院、居住区内绿化违法案件40件,作出行政处罚决定2件;协助城市管理综合执法部门调查处理道路绿化违章案件38件。

依法行政　市园林局受理行政审批事项749项。其中:移植、砍伐、修剪树木222项,临时占用绿地87项,改变绿地性质151项,园林企业资质申请48项,设计方案备案193项,竣工备案40项,绿地率低于标准4项,古树名木迁移4项,办结率100%。

下放审批权限　按照"依法合规、能放就放、责权统一、规范管理"的原则,市园林局授权南宁经济技术开发区审批权限7项,分别为:改变绿化规划、绿化用地使用性质审批;砍伐、移植、修剪城市树木审批;临时占用城市绿化用地核准;城市绿化工程设计方案备案;城市绿化工程竣工备案;买卖、转让古树名木备案;建设施工项目避让或保护古树名木措施备案。

4月24日,朝阳路古榕移植现场　　市园林局提供

【园林科研】2013年,市园林部门申请课题《南宁市满地黄金草坪杂草化学防除技术研究》;完成龙船花黄化病防治试验、红绒球控花技术试验等6个科技课题的结题验收;与广西农业科学院植物保护所共同承担的园林菟丝子发生危害特性及药剂防除技术研究课题结题。

【第三届广西园林园艺博览会】2013年8月31日至10月7日在五象湖公园举行。主题为"八桂神韵　绿色乐章",园内有5个湖泊首尾相连。在广西各地民族文化荟萃园中,自治区14个地级市充分挖掘各地浓厚特色文化。南宁国际友好城市展园则汇聚世界五大洲代表城市的生态文化景观。南宁园名为友园,占地8653平方米,总投资额约1200万元。设计构思以"邕城老友情"为文化核心,以岭南园林作为主题风格,结合掇山理水、筑阁建廊的造园手法,打造"老友邕情""情暖一家""街巷情长""同城共檐""情系友邻"5个主题景区。园博会期间,设生态文明建设成就展、园林艺术科普展、园林企业品牌展等13项专类展,举办开幕式、城市活动日、县(区)日活动、风情大舞台、绿色兑换、绿植认养、"挚爱园博"大型集体婚礼等23项大型活动,吸引208.18万人入园游览,并接待来自美国、波兰、泰国、韩国、老挝等国参观考察团204批次8000多人。入园游客人数创广西园博会历史新高。

【参展第九届中国(北京)国际园林博览会】南宁市展园名为邕园,占地2000平方米,总投资约450万元,用现代解构手法造园。展园建设工程2012年8月15日开工,2013年4月底完工,2013年5月18日开园。经国家住房和城乡建设部及组委会评比,获本届园博会室外展园综合奖金奖、室外展园设计奖大奖、室外展园施工奖优秀奖、植物配置奖优秀奖、建筑小品奖大奖等奖项。

(市园林局编写组)

责任编辑　梁　坤

国有资产监管与运营

国有资产监督管理

【概　况】 2013年，南宁市国资国企工作以贯彻落实市委、市政府《关于进一步推进国有企业改革发展的实施意见》为中心，以国企整合重组为重点，加快国资发展、深化国企改革、完善国资监管、加强国企党建、提升履职能力，提升国有经济增长质量和效益，确保国有资产保值增值。至年末，南宁市国有资产监督管理委员会监管企业资产额1365.96亿元、净资产463.13亿元、收入188.05亿元、利润22.39亿元，比上年同期分别增长19.30%、12.40%、13.70%、45倍。实现利税31.96亿元，国有资产保值增值率105.56%，均创10年来新高，提前两年完成市委、市政府下达的三年内总额超30亿元任务。

【国资国企改革与发展】 2013年，南宁市国资国企系统围绕企业改革发展任务，调整国有经济布局，优化资产配置，企业重组和改革并举，融资及招商引资并重，不断提升国有经济实力。

稳增长提效益　南宁市国资国企系统在科学确定考核指标、扭转工业亏损势头、化解上市公司经营风险上下功夫，力保国有经济稳步增长。通过科学制定、下达监管企业2013年经营业绩考核指标，并将经营业绩完成情况和企业领导人员薪酬挂钩，鼓励企业领导班子及成员积极作为。市国资委监管的28家企业中，11家企业超额完成营收任务，其中南宁糖业股份有限公司、南宁百货大楼股份有限公司、南宁城市建设投资集团有限责任公司、南宁建宁水务投资集团有限责任公司等6家企业收入超10亿元；22家企业实现盈利，其中南宁城市建设投资集团有限责任公司、南宁威宁资产经营有限责任公司、南宁建宁水务投资集团有限责任公司、中房集团南宁房地产开发公司等6家企业利润超亿元。市国资委按季度定期召开财务指标分析会议，指导企业特别是工业类企业做好经营及财务分析，扩销路、减成本、增效益，广西南宁凤凰纸业有限公司、南宁广发重工集团有限公司、南宁壮宁资产经营有限责任公司实现减亏，工业总体完成扭亏任务，累计盈利0.49亿元。提出化解南宁糖业股份有限公司、南宁化工股份有限公司、南宁百货大楼股份有限公司3家国有上市公司经营风险的意见，经南宁市委、市政府同意后实施，确保南宁百货大楼股份有限公司年度持续盈利，避免南宁糖业股份有限公司ST风险（股票退市风险），并将南宁化工集团有限公司国有股权划拨给广西北部湾港务集团，推动南宁化工股份有限公司的战略转型升级。

优化政策环境　市国资委做好顶层设计，研究制定国企改革发展3年至5年总体目标，明确发展定位、工作措施，出台支持政策，拉开国企加快发展的新一轮序幕。牵头起草《关于进一步推进国有企业改革发展的实施意见》，经市委、市政府审议通过实施，明确发展实现突破、指标实现倍增、实力实现提升三大目标，提出向国有企业聚集资源、加快国有企业整合重组、推动各类国有企业发展、完善国资监管体系、创新国有企业体制机制、加强国有企业领导班子建设等六大类22项重点工作。出台《南宁市推进国有企业改革发展的若干政策》，从盘活存量资产、注入资产资源、支持企业改革、鼓励兼并重组、扶持自主创新、剥离企业社会职能、建立长效激励机制等方面，给予国有企业改革发展22项政策支持，破解发展瓶颈。

整合存量资源　以内部整合、公司制改造为抓手，整合国有企业存量资产、突出国有企业功能定位、完善企业法人治理结构、妥善安置改制企业职工，国资国企整合效果初显。组建九大集团，整合重组国有企业存量资产。制定《南宁市国资国企整合重组工作方案》，经市委、市政府同意实施，将南宁市国资委监管的28家国有及国有控股企业，按照向关系国计民生和基础性、关键性产业和领域集中，向优势企业集中的原则，整合重组为南宁城市建设投资集团有限责任公司、南宁威宁投资集团有限责任公司、南宁建宁水务投资集团有限责任公司、南宁交通投资集团有限责任公司、南宁轨道交通集团有限责任公司、南宁产业投资集团有限责任公司、南宁大地飞歌文化产业集团有限责任公司、南宁农工商集团有限责任公司及南宁五象新区建设投资有限责任公司等九大集团，同时明确各集团公司功能定位，明晰发展思路，确定主营业务，有所为、有所不为，发展城市基础设施建设、公共服务、交通运输、工业产业、文化产业及农业产业等六大板块，发挥存量资产集群效应，为根本解决南宁市国有经济总量不大、集中度不高、支撑力不强等问题打下基础。发挥国有经济对现代产业的引导带动作用。南宁产业投资有限责任公司累计向南南铝加工项目注入资本金23.21亿元，南宁市打造“国内领先，国际一流”的铝加工基地初具规模。南宁城市建设投资集团有限责任公司累计投资24.78亿元，配套建设富士康项目26.57万平方米标准厂房及8.53万平方米职工用房，为富士康南宁公司2013年产值超150亿元打下坚实基础。南宁糖业股份有限公司退二进三稳步实施，制糖造纸分厂按计划完成关停工作。南宁轨道交通有限责任公司、南宁广发重工集团有限公司与南车集团、中铁装备集团合作，在南宁市合资设立轨道交通装备公司及轨道建设机械公司，第一台轨道交通建设盾构机成功组装下线。南宁产业投资有限责任公司发起设立创业投资基金和产业投资基金，扶持现代产业发展。南宁市南方融资性担保有限公司继续提供中小企业贷款担保服务，南宁威宁资产经营有限责任公司、南宁城市建设投资集团有限责任公司、南宁产业投资有限责任公司先后设立小额贷款公司解决小微企业贷款难问题。

【国有企业改革】 2013年，市国资委推动企业建立适应市场经济的企业法人治理结构，重点抓好非公司制企事业单位的公司制改造和转企改制，国立房地产公司、融通产权拍卖行改制为法人独资有限责任公司，南宁筑路机械厂、南宁市市场开发服务中心和南宁技术交流站等单位的转企改制稳步推进。开展困难国有企业的退出，对广西赖氨酸厂破产进行全面的清产核资，接收广西赖氨酸厂有关执照证件、财务账册及职工档案，审核发放职工待岗生活费。妥善安置企业职工。指导5家生产经营困难、城市拆迁及产业调整关停的国有企业开展职工安置，确保职工权益。重点开展好南宁机械厂职工分流安置，分流安置方案获得职代会审议通过。年内，继续落实国家关怀职教幼教退休教师政策，为市本级172名国有企业职教幼教退休教师发放生活补贴74.80万元。

【国资法规建设】 2013年，市国资委推动企业综合绩效考评、外派监事、企业“三重一大”决策制度的建立和落实，不断完善产权、投资、财务、审计、法规方面的多渠道、规范性监管。创新国有企业领导班子和领导人员年度综合绩效考核体系。出台《市属国有企业领导班子和领导人员年度综合绩效考核办法》，经市委、市政府审议通过，将国有企业划分为公益类、功能类和竞争类三大类实施分类监管，首次将经营业绩考核与民主测评相结合，通过定量评价和定性评价，对国有企业领导班子和领导人员经营管理和班子建设等进行全面、客观、科学的评价。评价结果作为绩效奖励、选拔任用、培养教育和管理监督的重要依据，强化综合绩效考核的激励约束作用。启动实施国有企业外派监事制度。起草《南宁市市属国有企业监事会暂行办法》，经市委、市政府同意实施，明确向国有独资企业派出监事会，向国有控股公司派出监事，建立以财务监督为核心，以事前、事中、事后监督为手段的监督机制，进一步增强监事会监督的独立性。全面落实企业“三重一大”决策制度。出台“三重一大”工作制度，督促、指导各集团公司制定贯彻落实“三重一大”决策制度的办法，规范企业重大问题决策、重要干部任免、重大项目投资决策和大额资金使用行为，实现企业决策的程序化、制度化。

【国资监管】 2013年，市国资委规范完善国有资产监督管理。产权管理方面，完成265家国有企业产权登记证重新核发工作，确保国有产权权属清晰。充实调整中介机构备选库，规范选聘中介机构程序，促进中介机构提高服务质量。落实资产评估审核备案、产权转让进场交易要求，核准备案资产评估金额13.53亿元，进场交易资产0.60亿元，审核处置不良资产金额0.14亿元，防止国有资产在退出环节流失。财务监督方面，由市国资委直接委托审计机构对企业各项指标完成情况进行审计，确保数据真实有效。严控企业领导人员职务消费，在2012年职务消费额度较前三年平均数下降46%的基础上，2013年继续大幅下降。投资管理方面，启动投资管理办法的修订，加强投资效果评价和责任追究，提高投资效益，发挥重大项目对企业转型升级、加快发展的支撑作用。审计及监事会监督方面，对38家企业进行年报审计、专项审计、经济责任审计，发现问题102个，完成整改74个，正在整改28个。继续加大企业内部监督机构建设，充实企业内审机构人员，开展业务培训，提高内审人员工作水平。产权代表报告工作方面，进一步明确、细化国有产权代表报告事项的内容、程序、要求，发挥产权代表制度在重大事项管理中的监督作用。任命13家企业39名国有产权代表，完成82项产权代表报告重大事项的审核备案工作，确保出资人意图有效落实。政策法规方面，对国资监管规范性文件进行梳理，针对性提出规范性文件修编计划并实施，年内新制定或修编规范性文件6个。履行出资人职责，启动监管企业公司章程全面修订，完成20家企业章程的制定和修订，确保国资监管政策、决策要求和程序细化落实到企业章程之中。

【国有企业党建】 2013年，市国资委完成8家企业党组织的换届选举和两委委员增补。吸收295名同志加入党组织，其中35岁以下党员占69.80%，大专以上学历党员占82.70%。发挥党组织和先进团队在国资改革发展中的先锋带动作用，完成南宁市国资委系统189个先锋示范岗、9个先锋示范单位、4个先锋示范队伍、3个党建示范点和2个党建示范品牌以及38个先锋示范班组、10个先锋示范

12月31日，在安吉大道西津站项目现场举行南宁轨道交通2号线开工仪式；自治区党委常委、市委书记余远辉（左三），市长周红波（左四）出席　　市国资委提供

营业厅、8个先锋示范柜组、3个先锋示范市场的评选命名表彰。南宁供电局、中国移动南宁分公司、南宁卷烟厂等市级双管单位不断完善党组织建设，调整更新两委委员，开展窗口服务行业企业示范活动，创建一批行业知名度高、示范效应强、群众评价好的先锋示范品牌。

【国有企业人才建设】 2013年，市国资委加强企业领导班子建设，为国企改革发展提供人才保障。组织开展31家企业，184名班子成员的年度考核，确定考核评定等次。完成15家企业44名领导班子成员的调整充实，其中提拔3人，调整充实34人，改非5人，退休2人。完成5家企业董事会、监事会的换届或董事、监事的增补，调整人员54人，配齐配好企业董事会、监事会及经营管理层。加大人才培养力度，组织15名企业正职领导赴上海人才金港研修，55名企业中层以上干部前往浙江大学培训；加大干部交流力度，配合组织部开展10名市管企业副职到县（区）挂职锻炼，10名县（区）及市直机关副职到市管企业挂职锻炼。

【党风廉政建设】 2013年，市国资委通过预防和惩治并举，筑牢反腐倡廉防线，维护国资国企系统风清气正。制定国资国企系统年度《党风廉政建设目标管理责任制考评细则》，并对落实情况进行年度考核。落实中央"八项规定"，对监管企业开展定期或不定期检查，杜绝违反职务消费、奢侈浪费、公款吃喝、变相旅游、违反规定配备装修办公用房等行为发生。加大案件查办力度，受理案件66件，审查决定初核35件，完成调查30件，正在调查5件。

【国有企业社会责任】 2013年，市国资国企系统履行社会责任，服务"绿、水、新、旧、通"五篇文章，投身城市建设，提供公共服务，发挥国企在城建和民生保障中的主力军作用。筹措资金支持南宁市基础设施建设。市国资委监管企业加大融资力度，获融资额度206.97亿元，到位资金115.19亿元；加上以前年度获批额度当年提款金额46亿元，融资总计到位资金161.19亿元。市国资委监管企业累计承担城建项目近400个，完成投资160多亿元。轨道交通1号线全面施工，2号线开工建设；五象湖公园工程于广西园博会开幕前顺利交付；白沙星光、白沙友谊、白沙壮锦三座立交桥于中国—东盟博览会前实现东西方向通车；城市道路"白改黑"工程全面铺开；良庆大桥顺利开工；五象污水处理厂一期及三塘污水处理厂一期工程完成主体施工。提供公共服务切实保障民生。南宁建宁水务投资集团有限责任公司年供应自来水、处理污水4.70亿立方米，合格率100%。南宁市公共交通总公司年行驶里程1.43亿千米，客运量4.70亿人次，无重特大交通安全事故发生。南宁城市建设投资集团有限责任公司公共自行车项目正式对外提供服务。南宁国际会议展览有限责任公司、南宁威宁资产经营有限责任公司、南宁大地飞歌文化产业集团有限责任公司完成服务"两会一节"相关任务。市国资国企系统投身"美丽南宁"活动，捐款200多万元，投入建设资金2000多万元，派出24个小组前往42个社区进行指导帮扶，开展志愿服务、走访调研、协查协防等相关活动近1000次。维护企业安全和谐的生产经营环境。抓好国资国企信访维稳及安全生产。年内，接访55批366人次，办理上级转办件45件；排查安全隐患2708处，整改2679处，限期整改29处，整改率98.90%。推进企业安全生产标准化达标建设，新增安全生产标准化三级企业22家。 （莫智兴）

南宁振宁资产经营有限责任公司

【概　况】 2013年，南宁振宁资产经营有限责任公司有子公司5家，授权企业4家，参股子公司2家（南宁美恒安兴纸业有限责任公司、南宁金浪浆业有限公司）。总资产29.30亿元，负债18.80亿元，所有者权益10.50亿元，资产负债率64.20%。主要经营国有资产投资参股、产权经营、房地产开发、物业管理、租赁业务、国内贸易和咨询服务等。完成营业收入18.38亿元，同比增长9.57%；利润3848万元，增长20.93%；固定资产投资3.80亿元，增长2.91%；招商引资4500万元；无死亡和重特大安全事故发生。公司被评为广西100强企业，名列第七十四位。

【公司改革】 2013年，振宁公司改革年轻干部的培养机制，探索选派年轻优秀专业人才下基层锻炼办法，选派一名年轻干部到南宁锦虹棉纺织有限责任公司挂职锻炼。组织举办清华大学培育企业核心竞争力首期培训班。培训打破以往由公司指定、各部门或子公司指派相关人员参加的方式，按照工作绩效，经过初审、笔试、审核等程序公开、公平、公正地考核选拔培训班学员，选派50名员工，8月18日至25日在清华大学培训。适时退出劣势企业，振宁公司所持的南宁振宁西南薄板钢管有限公司股份于1月转让；南宁美时纸业有限责任公司于6月解散。

【经营管理】 2013年，振宁公司面对严峻的经营形势和巨大的经营压力，坚持围绕发展抓项目、抓好项目促发展的思路，以提高效益和壮大规模为抓手，完成全年工作任务。

工业投资　推进锦虹棉纺织有限责任公司易地搬迁建设，总投资8.07亿元，建筑面积19万平方米，生产规模为24万纱锭及线锭。项目2009年初正式动工建设，2013年12月建成18.80万锭的生产能力。抓好锦虹产业链年产4200万米高档家纺、服装面料项目。至年末，高新区就项目的部分用地与南宁农工商集团公司协商并草拟拆迁补偿协议，完善项目规划总平图。

房地产开发　应对国家对房地产市场限购政策的不利影响，以推进项目保持房地产业务稳步发展。江南商贸园项目取得进展，3月，取得土地熟化投资人资格，11月获补偿，并进行房屋分类评估和备案工作。万力明秀地块（振宁新秀公寓）完成项目总平方案设计并出图及项目立项；万力江南地块（振宁·丽景新园）项目，9月，取得市房改委同意实施危旧房改住房改造的审核意见批文，项目总平图通过市规划局的审批，向自治区旧改办申请危旧房改住房改造。"振宁i时代"项目，采取多项措施，改移原有管线，清除影响项目建设的障碍，克服雨季频繁、白沙大道修建立交桥封路等困难确保工程进度，12月开盘。

商贸流通　拓宽钢材贸易思路，挖掘市场潜力，扩大客户群体和增加贸易额，与中国电信柳州工程项目合作，增加通讯监控杆的贸易业务；同时，开拓贸易新领域，多方寻找贸易增长点，先后洽谈矿产贸易、有色金属贸易、纸浆贸易以及白糖贸易等业务。完成营业收入 5.43 亿元，同比增长 51.86%。

物业管理　拓宽物业经营项目。规范电梯管理，延伸物业服务项目，与南宁市永和电梯公司合作，除电梯维保业务外，还承接 4 个电梯安装工程，经营收入 205 万元，利润 5 万元。利用物业小区的优势，成为农夫山泉系列产品一级经销商，与农夫山泉股份有限公司签订经销合同，完成收入 239 万元。寻找新的管理项目，4 月通过竞标，成功接管青秀山管委会办公楼物业管理，使物业公司从原来的住宅管理拓展到商务管理，为进入商务管理迈出第一步。（黄正斌）

南宁壮宁资产经营有限责任公司

【概　况】 2013 年，南宁壮宁资产经营有限责任公司下属企业 15 家，其中控股企业 8 家，参股企业 4 家，授权企业 3 家。资产 17.11 亿元，净资产 8.46 亿元；从业人员 1609 人。完成工业总产值 6.47 亿元，营业收入 6.99 亿元；固定资产投资 6641 万元。

【公司改革】 2013 年，壮宁公司继续推进南宁机械厂职工分流安置、广西建和新型建材有限公司关闭，以及南宁市水泥厂破产、南宁市伞厂歇业资产处置工作。3 月 8 日，南宁机械厂向全体职工公布《职工分流安置方案（征求意见稿）》，召开职工分流安置政策宣传座谈会 4 场，听取并收集职工意见。8 月 8 日，市企改办组织召开政策解答会，由专家组针对收集的 20 条意见，向 600 多名到会职工逐条进行政策解答。经市企改办审核批准，南宁机械厂职工分流安置基准日确定为 12 月 13 日。11 月 6 日，广西建和新型建材有限公司召开职工大会，审议并通过《职工分流安置方案》，完成债权申报以及与壮宁木材公司的资产分割。南宁市水泥厂破产清算程序，根据市中级人民法院有关《民事裁定书》要求提前终结，壮宁公司接收该厂破产管理人移交的所有档案资料。南宁市伞厂生产区土地收储工作按计划推进，进入土地确权阶段，生活区移交准备工作已完成，待与西乡塘区政府商定移交程度、内容。

4 月，同达盛混凝土搬迁改造项目竣工投产。图为混凝土搅拌站　　壮宁公司提供

【项目建设】 2013 年，壮宁公司继续实施重点项目建设带动战略。壮宁工贸园北区临建厂房项目，10 月竣工并验收交付使用，累计完成固定资产投资 182 万元。同达盛混凝土搬迁改造项目，于 4 月竣工并投入生产，进行项目验收相关手续办理，项目累计完成固定资产投资 3975 万元。新建两条 3 立方米预拌混凝土生产线，将原有的两条 2 立方米、一条 3 立方米预拌混凝土生产线改造为一条 3 立方米预拌混凝土生产线，形成年生产能力 70 万立方米的商品混凝土搅拌站，平均日产量 2200 立方米，最大日产量 4200 立方米，产能较项目实施前提升 75%。至年末，实现销售收入 1.11 亿元，同比增长 34.20%；实现利润 250 万元，增长 160.40%。农产品冷藏加工项目，正在进行施工建设。其中一标段于 5 月 15 日开始土建施工，完成基坑土方开挖，进行基础和地下车库施工；12 月 25 日，加工车间完成封顶，拆除管架、模板，东、西、南面围墙边回填；冷库 1、2、4、5、6 区地下基础已完成浇筑，开展地上主体结构施工；机房基础、冷库月台基础按设计变更和换填方案进行回填施工。二标段综合楼已封顶并进行部分装修施工；生产服务中心正进行土建基础施工，已完成二层顶板浇筑。累计完成固定资产投资 6184 万元。五菱桂花年产 2 万辆专用汽车技改项目，已获邕宁区规划分局签发的路网调整后的建设规划证，并申报总平规划。

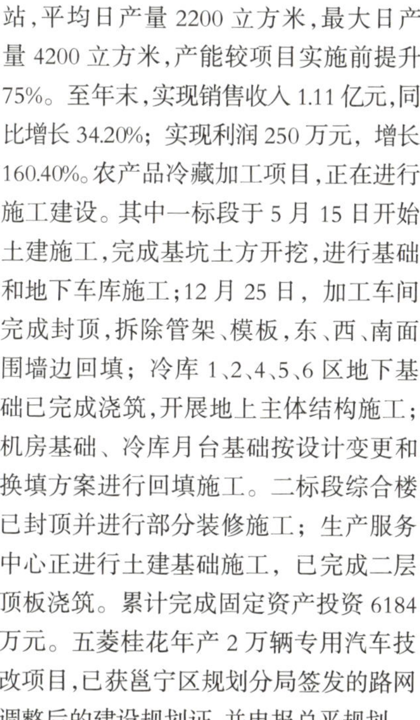

【科技创新】 2013 年，壮宁公司实施科技创新驱动战略，带领和指导所属企业开展产品研发、科技项目攻关、课题研究、产学研合作等科技创新工作。所属企业研发投入 1030.30 万元，占销售收入比重 2%。开发工业新产品 32 个，承担自治区、市科技项目 28 项，获项目扶持资金 595 万元。申请获得专利 60 项，其中发明专利 23 项，实用新型专利 36 项，外观专利 1 项。获自治区科技厅申报专利金奖 1 个。D1600 电动扫地机获南宁市科技局科技进步奖、“第二届广西发明创造成果博览会”金奖，《减少电动扫地机扫刷使用时硬触地次数》《提高 D1600 电动扫地机扫地垃圾进入箱内效率》课题获自治区优秀质量成果奖，南宁七彩虹印刷机械有限责任公司申报南宁市企业技术中心已获批，申报国家级高新技术企业已公示。（唐逢志）

南宁沛宁资产经营有限责任公司

【概　况】 2013 年，南宁沛宁资产经营有限责任公司主要对南宁市国资委授权范围内的国有资产及其收益统一经营，投资与资产管理，企业管理服务，产权交易，商品信息咨询，市场开发、建设、管

理,物业管理服务,房屋租赁等。授权管理的企业有36家,涉足酒店旅游、仓储物流、医药器械、医疗会展、商业物业、餐饮及副食品加工、建筑工程、劳务输出及对外工程承包授权经营等。总资产6.50亿元,净资产4.11亿元,固定资产2.84亿元。实现营业收入8635.30万元,同比下降18.24%;利润总额负340.06万元,减亏11.64%;应收账款周转率13.34,减慢16.99,完成固定资产投资54.86万元。

【公司改革】 2013年,沛宁公司多方协调,规范操作,做好企业改制、重组和职工安置分流等。推进蔬菜公司的兼并重组工作,以现金270万元收购华孚集团持有蔬菜公司464.90万元的股份;指导华园建安公司做好改制的后续工作和银河公司吸收合并南地电影公司工商登记等后续相关工作;推动吸收合并南宁市林运市场服务公司;指导蔬菜公司和市乡镇企业供销公司开展改制改组的前期调研分析;指导南地矿业公司做好特困企业职工分流安置;指导康乐公司做好国有股权转让及职工分流安置;指导银河公司依法依规做好职工分流安置,采取协商解除劳动合同和离岗待工的方式,分流179名富余职工,发放解除劳动协议经济补偿金1791万元。

【资产接收】 2013年,沛宁公司逐步接收运德公司位于共和路和北宁街的改制剥离非经营性资产;接收华园建安公司改制剥离非经营性资产468万元、北大北路28号的综合楼(使用面积2842平方米)及土地1.88公顷;做好大同街7栋资产权属界定及民族路13-1号资产的接收。

【资产经营】 2013年,沛宁公司利用改制企业的危旧房改造时机,创新思路,盘活"插花"土地,盘活机械施工公司生活区2709.21平方米,达尊食品公司生活区832.71平方米,收益130万元。

(杨　娟)

南宁威宁资产经营有限责任公司

【概　况】 2013年,南宁威宁资产经营有限责任公司以提高企业运营效率、促进国有资产保值增值为核心,推进企业改革重组、公共服务设施项目投融资及建设等重点工作,完成集团组建及各项目标任务。下辖控股公司、授权管理单位及参股公司18家(新增两家:南宁市融达小额贷款有限责任公司、南宁威宁捷信贸易股份有限公司)。实现营业收入6.48亿元,利润1.28亿元,应交税费9810万元,完成固定资产投资22.96亿元,资产总额100.69亿元。

【公司改革】 2013年,威宁公司完成威宁投资集团组建工作。2012年,威宁公司着手谋划在原有产业发展的基础上组建威宁投资集团,通过加强与市国资委、工商、税务、财政、国土等相关部门的对接,2013年7月,组建方案获市委常委会审议通过。11月,根据市委、市政府对南宁市国资国企整合重组的统一部署,公司修改完善《组建南宁威宁投资集团有限责任公司方案》,将威宁公司、沛宁公司、地产业公司、储备粮公司纳入集团范围。市财政为集团公司的组建注入1.50亿元资本金,12月23日,集团公司获营业执照,26日获集团登记证,31日完成集团总部的组建。2014年1月1日,正式揭牌运营。推进下属事业单位转企改革、全民所有制企业改制。4月,市分类推进事业单位改革工作领导小组同意南宁市市场开发服务中心转企改革。至年末,中心完成战略发展规划、组织架构及制度流程优化设计等工作,稳步推进清产核资、财务审计、资产处置及评估。威宁建设投资公司、融达小额贷款公司、威宁捷信商贸公司等新公司顺利组建;完成国立公司、正成公司由全民所有制企业改制为有限责任公司;推进桂泥公司改制。

【行政事业性国有资产管理】 2013年,威宁公司进一步加强阳光威宁租赁平台建设,举办资产公开竞租17期,出租商铺147间,商铺租金增幅33.80%。拓展竞租业务,将威宁系统内的经营性房产、土地等资产统一纳入威宁资产交易大厅实行公开竞租,并接纳农工商、振宁公司等企业单位资产进入威宁资产交易大厅公开竞租。至年末,有威润公司、市场开发服务中心部分资产通过威宁资产交易大厅的竞价平台达成交易,租金收入比竞租前平均提升16%。推进土地资产确权登记发证,进行资产接收、移交、确权办证、土地分割、分摊及换证等28宗。

【重大工程建设】 2013年,威宁公司承担建设重点项目24个,其中续建项目7个,新建项目8个,前期项目9个。至年末,开工建设项目8个,竣工项目2个,开展前期工作项目14个。为确保2014年世界体操锦标赛、2013年广西第三届园林园艺博览会的举办,公司重点推进广西体育中心配套工程、南宁市青少年活动中心、五象塔、五象湖配套工程建设。青少年活动中心项目按要求完成主体结构、外立面装修及室外绿化工程建设,五象塔项目完成钢结构主体施工及塔身的安装施工,五象湖配套工程(北区)完成主体结构及外立面装修、室外绿化及围墙施工,确保8月31日园博会开幕。园博会闭幕后,上述三个服务园博会项目立即复工进行室内装修装饰等施工。至年末,广西体育中心配套工程体育宾馆及新闻中心完成地下室及裙楼主体结构施工。综合训练馆主体工程、钢结构及屋面、外立面工程基本完成,推进室内装饰施工;南宁市规划展示馆完成布展工程施工,9月2日正式开馆。市国家档案馆完成重新选址,项目总平方案及用地预审获批复,单体方案设计已上报,对项目可研报告进行修改完善;市图书馆、江南区市政综合维护基地等各前期项目也在有序推进。

【经营项目】 2013年,威宁公司稳步推进房地产业开发。南宁奥园"悉尼组团"商品房销售成交面积3133平方米,9月1日,奥园小学交付使用,南宁奥园"卡萨布兰卡"组团成交面积2021平方米。科瑞·江韵小区项目一期完成地下室封顶及商业楼层主体建设,住宅部分建设完成至25层,成交面积9133平方米。完成明月湖大厦等项目招商。威宁大厦、防城港威宁商厦完成主体建设并进入装饰装修阶段。北海威宁房地产开发项目进入招商程序。凤岭片区三个邻里中心项目取得用地规划蓝线图。与五象管委会对接五象新区39个邻里中心项目选址。实现8家"宁家"便利店试业经营,利用公司商业网点优势拓展便捷连锁业务。为"美丽南宁·整洁畅通有序大行动"采购50辆执法车并以租赁方式提供给相关部门使用。推进与市卫生局合作采购医疗设备,改善南宁市医疗卫生条件,拓展设备租赁业务。融达小额贷款公司实现开业经营,营业业绩稳步上升。

【大型体育场馆运营管理】 2013 年,威宁公司加强广西体育中心基础管理。拟定《广西体育中心运营方案》,根据市政府的要求,按照相关部门意见进行修改完善。完成广西体育中心物业外包。抓住自治区财政厅与自治区体育局出台鼓励体育产业发展资金扶助政策的机遇,以"广西体育中心体育赛事表演的推广"为申报主题,获批体育产业发展引导资金 80 万元;向上级体育部门申报国家级青少年户外体育活动营地。年内,广西体育中心对外租赁面积 1.92 万平方米,新增租赁面积 7230 平方米,市政务服务中心、五象新区规划展示厅等单位以及银行、超市等商业行业陆续进驻,有效带动了广西体育中心的人气。成功举办"大地飞歌·2013 南宁国际民歌艺术节文艺演出""华丽之旅—2013 世界篮球明星赛"、第二届中越青年大联欢等大中型活动等,商业演出 45 场,明确订场的商演活动已安排至 2014 年 6 月 4 日;培育群众体育市场,通过将主体育场、训练热身场、五人制足球场按照"批发打包"的形式举办民间业余足球赛事 240 余场;5 月 1 日,二期场馆全线运营,陆续开展广告宣传、市场推广等工作,经营气排球、羽毛球、游泳、篮球、足球、网球等群众运动健身项目,每天均有顾客光顾体育中心订场健身;"六一"期间,举办游泳跳水馆亲子活动;"十一"期间,举行广西首届全民趣味"炸水花"大赛等取得较好的宣传效果。在商品展销方面,"汽车文化广场"(主体育场南、北广场)举办奔驰、宝马等多个品牌的汽车专门品牌展销活动 12 场次;举办首个年货展销活动,规划展销面积 10 万平方米,展销铺面约 1600 个。在第 45 届世界体操锦标赛组委会的领导下,做好广西体育中心场馆的配套设施建设和场地器材使用管理各项前期筹备。至年末,完成比赛场馆所有工作房间的信息数据,完成《房间分配方案》《场馆流线方案》,对接赛事转播工作的场地布置需求、场馆的物资配备和咨询服务等。

11 月 26 日,第二届中越青年联欢大会在广西体育中心举行;中共中央政治局委员、中国国家副主席李源潮,越共中央政治局委员、越南祖国阵线中央委员会主席阮善仁出席 威宁公司提供

【融资平台建设】 2013 年,威宁公司利用经营性资产为社会公共设施建设项目提供融资担保。有 5.21 亿元贷款到位用于青少年活动中心、五象湖配套工程、五象塔等城建项目建设,超额完成年度融资计划任务。拓宽投融资渠道。通过开展小额贷款、汽车租赁、连锁商贸等业务,集聚公司现金流,拓展融资担保业务。推进利用企业改革重组政策落实土地作价出资,放大公司有效资产总量,构建以产业为支撑的融资主体。

【下属单位经营管理】 2013 年,威宁公司通过强化资源整合和政策支持,下属单位经营管理均取得较好成绩。市场开发服务中心负责开发的飞凤—联发商业街项目完工并投入运营,单间铺面租金最高增幅 163.33%。南宁学院先后与市安监局、中兴公司、苏州高博教育集团开展校企合作,学校应用型人才培养模式的实效与特色日益凸显,被教育部批准为全国首批应用技术大学试点高校。南宁学院面向广西、广东等 10 个省(自治区)录取新生 5444 人,其中首次开展的本科招生新生报到率 70.76%,略高于同类院校;应届毕业生就业率 93.30%,比上年提高 1.2 个百分点。生态园公司转变经营方向,着力农产品的种植、销售以及大型活动策划,乡村休闲旅游的品牌效应日益扩大,通过自治区旅游局、自治区乡村旅游区等级评定委员会审定,获南宁市首家广西五星级乡村旅游区。市政源印刷厂投资 100 多万元,购置世界先进数码印刷设备,嘉宾路分厂正式投入使用,中标 2013—2014 年度自治区政府印刷采购,企业利润持续增长。

【履行社会责任】 2013 年,威宁公司履行企业社会责任,开展"美丽南宁·清洁乡村""美丽南宁·整洁畅通有序大行动"。组织下属单位在经营范围内开展环境卫生大整治,建立督查管控机制。出动人员 7.79 万人次,出动车辆 7006 辆次,清理垃圾 4591.80 吨,清除小广告 6889 张,清理违章建筑 100 个,投入资金约 122 万元。组织党员志愿服务队 300 余人次,到社区开展清洁整治活动 9 次,调配机械设备 5 台次,清理面积 3600 平方米,清运垃圾 300 吨,向"美丽南宁"活动捐款 10 万元,向社区捐助折合金额约 6 万元。为武鸣县结对帮扶贫困村送去新春温暖。组织系统员工为四川雅安地震灾区捐款 2.71 万元。参加广西第三届园林园艺博览会绿植认养活动,认捐 1.15 万元,建成"威宁青年林"。投入资金 16 万元,修建云灵村文化室、老年人活动室综合楼项目。为贫困村武鸣县仙湖镇渌雅村 2 个屯修通 2 条 5.20 千米的水泥道路,解决 100 多人的出行问题。

(罗春玉 黄 俊 覃海兰)

责任编辑 李敬江

工　业

综　述

【概　况】 2013年，南宁市工业和信息化委员会设科室22个，有二层机构3个，在编在职员工116人。南宁市推进结构调整和转型升级，抓好重点园区、重点企业、重点项目，发展战略性主导产业，培育发展战略性新兴产业，改造提升传统优势产业，工业经济保持平稳较快增长，呈现稳中向好的发展态势，对南宁市经济增长的拉动作用不断增强。全部工业增加值完成820.60亿元，比上年增长15.88%，占GDP比重29.27%，提高1.06个百分点，工业对GDP增长贡献率42.40%，成为推动南宁市经济增长的主要力量。工业投资完成728.13亿元，技改投资完成728.33亿元，总量分别列自治区14个地级市的第一位、第二位。富士康科技集团南宁科技园（沙井）一期工程、广西南南铝加工有限公司年产20万吨大规格高性能铝合金板带型材项目中厚板热轧中心、南宁顶津食品有限公司康师傅果蔬茶饮料、南宁双汇食品有限公司肉制品等35个投资亿元以上重大项目陆续建成投产。出台《关于进一步理顺开发区管理体制和运行机制的若干措施》及相关配套政策，全面推进开发区体制机制创新。南宁高新技术产业开发区（简称“南宁高新区”）、南宁经济技术开发区（简称“南宁经开区”）、广西—东盟经济技术开发区（简称“东盟经济开发区”）完成规模以上工业总产值1238.22亿元，平均增长24.60%，高于南宁市增速4个百分点，高于六县平均增速4.30个百分点，高于六城区平均增速13.90个百分点。南宁高新区升级为广西首个副厅级开发区，相思湖新区并入南宁高新区，东盟经济开发区升格为国家级开发区。三大开发区工业产值占南宁市工业总产值比重47.90%，提高2.50个百分点。食品工业、机械制造、铝加工、生物工程与制药、电子信息、清洁能源6个重点产业完成规模以上工业总产值1553.52亿元，增长23.13%，占全市规模以上工业总产值60.81%。其中电子信息、铝加工、清洁能源产业增速分别为47.48%、35.39%、29.36%，先进制造业、新兴产业得到率先发展。规模以上企业968家，产值超亿元企业548家，增加55家；其中10亿元以上企业36家，增加9家。亿元企业完成产值2344.59亿元，占全市规模以上产值91.77%，比重上升3.30个百分点；平均增速25.14%，高于全市4.51个百分点；对全市规模以上工业增长的贡献率107.47%，拉动全市规模以上工业总产值增长22.23个百分点。富士康科技集团产值157.20亿元，为全市首家产值超百亿元企业。实现规模以上工业税金135.05亿元，增长16.08%。工业税收占财政收入比重28.51%，提高1.03个百分点，占税收收入33.83%，提高0.72个百分点，对财政的贡献稳步上升。规模以上工业出口交货值203.15亿元，占自治区28.94%，提高5.30个百分点，增速25.13%，工业出口不断扩大。

研究制定铝深加工、机械装备制造、电子信息、生物医药、食品加工、清洁能源6个重点产业发展三年行动计划，引导产业结构优化升级。出台国家级开发区、县（区）工业园区（工业集区）工业发展考核评价办法，县（区）工业发展考核评价办法；完善强优工业企业奖励办法、优秀工业企业家奖励办法、技术创新奖励办法等扶持奖励政策措施。滚动安排工业用地储备资金7亿元，用于48个工业项目644.33公顷工业用地收储，安排3亿元专项资金用于工业园区基础设施，安排工业发展资金3.80亿元用于技改贴息补助、技术创新补助、节能降耗补助、中小企业融资等。列入南宁市的100个新开工项目、50个续建重点工业项目中，新开工75个、投产39个。富士康南宁科技园、南南铝加工、中恒（南宁）生物医药

12月16日，南宁双汇食品有限公司一期高、低温肉类食品加工生产线投产

市工信委提供

产业基地、研祥高科技控股集团总部集群项目、深圳海王集团股份有限公司南宁保健品产业园项目、神冠生物制药生产项目、科创医药产业园、柳州医药中药饮片生产基地等重大工业项目取得显著进展。突出引进铝加工、机械装备制造、电子信息等重点产业知名龙头企业和配套企业群。以强链、补链为切入点，围绕富士康南宁科技园、南南铝加工年产20万吨铝等重大产业项目加大招商引资力度，有11家富士康配套企业入驻南宁市，南宁南车轨道交通装备基地项目在南宁成立合资公司，铝加工产业链一批配套产业项目同时加快推进，龙头企业的集聚效应开始显现。研祥高科技控股集团、中恒集团股份有限公司、广西神冠投资有限公司、科创控股集团有限公司、深圳海王集团股份有限公司、汉能控股集团等一大批国内知名企业进驻南宁。集中资源重点推动富士康、南南铝业建成百亿元企业，引导中小企业向“专、精、特、新”方向发展。“两台一会”（以中小企业服务中心为统贷平台、担保公司为担保平台、信用协会为公示平台，利用政府组织协调优势，系统、批量地开展中小企业贷款业务）中小企业贷款平台累计直接解决中小企业流动资金贷款43.30亿元。南宁·东盟人才交流活动月期间，南宁市聘请首批重点产业发展专家，举行企业管理升级项目签约仪式暨专家“诊断式”服务企业活动。组织20多家企业参加重点产业发展专家服务的企业管理升级活动，创新服务企业模式。

【工业主要经济指标】 2013年，南宁市全部工业完成总产值2661.97亿元，比上年同期增长19.92%。有规模以上工业企业968家。按轻重工业划分：轻工业企业492家，重工业企业476家；规模以上工业企业完成工业总产值2554.75亿元，增长20.63%；全部工业实现增加值820.60亿元，增长15.88%，其中规模以上工业实现增加值777.52亿元，增长16.60%。实现主营业务收入2386.25亿元，增长20.13%；实现利税281.26亿元，增长11.81%；盈亏相抵实现利润146.21亿元，增长8.12%；规模以上工业企业从业人员平均人数23.82万人；工业经济效益综合指数326.40%，增长5.92个百分点；总资产贡献率19.49%，下降0.49个百分点；资本增值保值率113.76%，增长22.12个百分点；资产负债率57.32%，下降0.59个百分点；流动资产周转率3.21次，比上年快0.22次；成本费用利润率6.93%，下降0.90个百分点；劳动生产率每人31.54万元，增长2.65%；产品销售率95.70%，提高0.49个百分点。

【工业节能降耗】 2013年，南宁市规模以上万元工业增加值能耗0.79吨标准煤，比上年同期下降4.61%。淘汰落后产能水泥41万吨、造纸3.86万吨、铁合金0.70万吨、钒冶炼1000吨、富锰渣6.47万吨。宾阳县新宇工贸有限公司、广西鑫源陶瓷有限公司、南宁五星瓷业有限公司、广西亚欧瓷业有限公司4家企业完成年度实施清洁生产审核计划。3家自治区循环经济试点企业、16家糖厂、1家水泥企业完成上年度循环经济实施情况的评估考核，8家林板企业编制完成循环经济实施方案并通过自治区评审论证，广西农垦明阳生化集团股份有限公司被认定为第一批自治区工业循环经济先进企业。

【重点产业研究规划】 2013年，市工业和信息化委员会完成《南宁市工业和信息化发展“十二五”规划中期评估报告》《南宁市国民经济和社会发展十二五规划工业和信息化部分中期评估报告》，报告对“十二五”规划实施以来目标指标、重大任务、重大项目的完成情况及规划实施存在的问题进行分析，提出进一步推进规划实施的意见和建议。完成《南宁县域工业发展规划》，从推动南宁市县域工业跨越发展，促进城乡统筹的角度出发，明确未来南宁市县域工业的发展布局，提出8大重点任务和8项保障措施。完成《南宁新兴产业园、现代工业园产业研究》，通过借鉴国内外先进地区成功经验和做法，提出南宁市新兴产业园和现代工业园在产业定位、产业选型、产业布局方面的策略，并进行项目策划，为南宁市新兴产业和现代工业在未来的发展进行有益探索。编制《南宁西江经济带现代工业集群发展研究》，结合南宁市沿江工业布局、产业定位和资源禀赋，提出提升南宁西江经济带现代工业集群发展的主要目标和任务。编制《南宁工业地产发展研究》，研究将围绕南宁市中心城区存量工业（仓储）用地盘活利用以及工业园区在标准厂房、工业小区等方面的基础设施建设，就如何加强市场化运作引导社会资金投入，提出南宁市工业地产发展的路径和模式。

【技术改造投资】 2013年，南宁市完成工业投资728.13亿元，居自治区14个地级市第一位，比上年同期增长19.22%。技术改造投资累计完成728.33亿元，居自治区14个地级市第二位，增长23.08%。制造业投资累计完成630.43亿元，居自治区14个地级市第一位，增长21.03%。

【技术创新与新产品开发】 2013年，南宁市工业企业完成技术创新项目438个，完成技术开发总投入12.05亿元；认定南宁市工业新产品173个。新认定市级企业技术中心12家，累计54家；新认定自治区级企业技术中心3家，累计52家，居自治区之首；南宁富桂精密工业有

获自治区新产品优秀成果奖二等奖的广西玉柴专用汽车有限公司YCNG5163垃圾压缩转运站设备 市工信委提供

限公司等14家企业研发中心经认定成为首批自治区级研发中心。有6个产品获自治区新产品优秀成果奖，其中广西金雨伞防水装饰有限公司CPS反应黏结型湿铺防水卷材获一等奖，突破南宁市产品多年来没有获得一等奖局面；广西玉柴专用汽车有限公司YCNG2083垃圾压缩转运站设备及车厢可卸式垃圾车获二等奖，广西易多收生物科技有限公司草甘膦、南宁锦虹棉纺织有限责任公司竹纤浆维赛络紧密纺纱线、广西新晶科技有限公司缩合磷酸铝(APW型)、南南铝业股份有限公司电脑CPU用铝合金高倍数盒装散热器4个产品获三等奖；百洋水产集团股份有限公司水产品检测中心、广西博世科环保科技有限公司检测中心被国家认可委员会(CNAS)认定为国家认可实验室，南宁市累计有国家认可实验室的工业企业7家。南宁市重点围绕铝加工、电子信息、生物医药、机械、食品、新能源6大产业开展新技术、新产品开发，引进消化国内外先进技术。组织企业申报财政创新资金扶持，广西玉柴专用汽车有限公司YCNG2083垃圾压缩转运站设备及车厢可卸式新产品产业化项目等53个项目获自治区工业创新发展资金扶持，补助金额3700万元；安排市本级财政技术创新扶持项目计划57个，补助资金1440万元。

【工业招商引资】 2013年，南宁市以五象新区和三大国家级开发区为主战场，注重招大引强、选商择资，突出对港澳台地区的招商，引进工业项目125个，合同引进资金143.98亿元，到位资金185.16亿元。研祥集团、中恒集团、神冠集团、科创集团、海王集团、汉能集团等国内知名企业进驻南宁；以强链、补链为切入点，突出产业链招商，围绕富士康南宁科技园、南南铝加工年产20万吨大规格高性能铝合金等重大项目，有11家富士康配套企业入驻南宁市，南宁南车轨道交通装备基地项目在南宁市成立合资公司。

【百项工业项目建设】 2013年，南宁市选择100个重点新开工项目和50个重点续建项目列入“工业项目建设工程计划”，作为市级层面统筹推进的重点工业项目，集中服务资源促进项目加快建设。完成投资96.11亿元，累计完成251.66亿元，其中亿元以上投资项目104个，完成投资79.22亿元。富士康南宁科技园(沙井)一期工程、南南铝加工年产20万吨大规格高性能铝合金板带型材项目中厚板热轧中心、康师傅果蔬茶饮料、双汇肉制品等35个投资亿元以上重大项目建成投产。广西建工集团建筑机械制造有限责任公司生产基地整体搬迁、百威英博(南宁)啤酒有限公司年产30万吨啤酒、南宁南车交通运输铝材精密加工、中粮包装铝制两片罐等重大在建项目加快建设。中恒(南宁)生物医药产业基地、研祥集团总部集群等投资10亿元以上重大项目落户南宁并开工建设。海王集团南宁保健品产业园、神冠生物制药生产、科创医药产业园、柳州医药中药饮片生产基地等重大项目前期工作加快推进。

【亿元工业企业建设】 2013年，南宁市选择销售收入在8000万元以上的传统骨干工业企业和产值增速较快新兴重点工业企业进行培育发展，集中优势资源，在技改贴息、技术创新补助、融资推介、土地供给等方面给予优先倾斜和扶持；继续健全和完善服务企业和企业减负长效机制，全方位加大对亿元工业企业的扶持力度，帮助企业协调解决征地、拆迁、融资、煤电油运等方面的困难和问题，重点支持136家企业进入亿元企业行列。成立20个市领导为队长、副队长的市领导联系服务重大项目和重点企业服务队，走访和服务工业项目、工业企业122次，召开现场办公会或协调推进会84次，收集企业提出的问题和建议132项，办结128项，办结率97%。南宁市有产值超亿元工业企业548家，比上年增加55家，占规模以上工业企业56.61%。其中：产值50亿元以上工业企业3家，与上年持平；产值20亿元~50亿元工业企业10家，增加3家；产值10亿元~20亿元工业企业23家，增加6家；产值5亿元~10亿元工业企业58家，增加9家；产值1亿元~5亿元工业企业454家，增加37家。548家亿元工业企业完成工业总产值2344.59亿元，占南宁市规模以上工业总产值91.77%，平均增速25.14%，高于南宁市平均4.51个百分点，拉动规模以上工业总产值增长22.23个百分点。

【中小企业扶持】 2013年，南宁市工业中小企业完成产值2205.56亿元，比上年同期增长19.26%，占全部工业总产值82.85%。其中：规模以上工业中小企业完成工业总产值2098.34亿元，增长21.30%，占全市规模以上工业总产值82.13%；规模以下工业企业完成工业总产值107.22亿元，下降42.80%。南宁市继续实施“抓大壮小扶微工程”，扶持壮大强优企业，培育工业发展主力军。制定六大重点产业发展三年行动计划，引导产业结构优化升级。安排工业发展资金3.80亿元，用于技术改造贴息补助、技术创新补助、节能降耗补助、中小企业融资。开展由产业发展专家上门服务的企业管理升级活动。扶持成长型中小企业

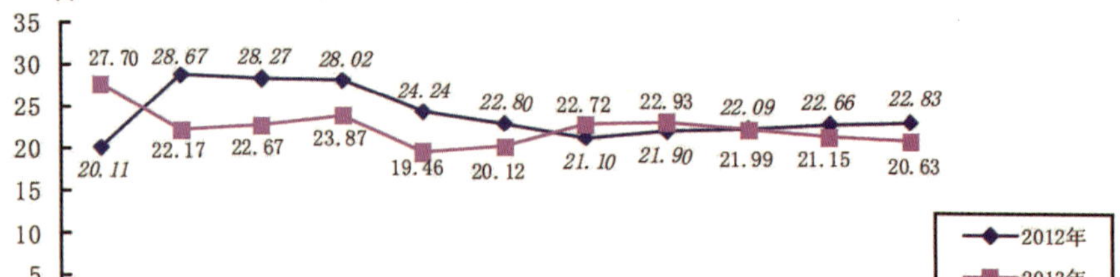

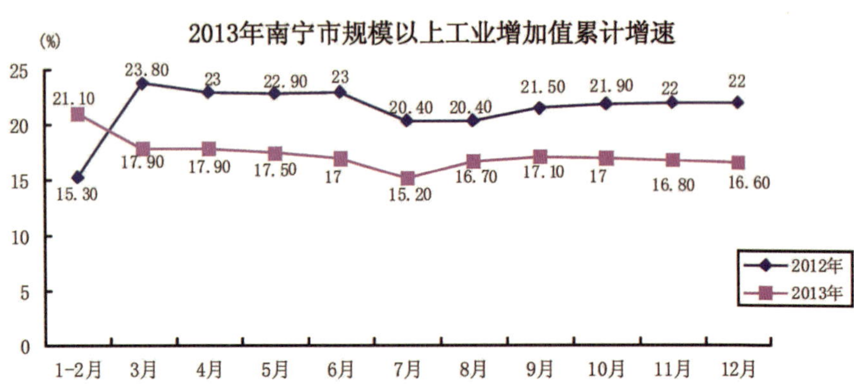

快速成为亿元以上企业，推动小企业成长为规模以上企业。南宁市规模以上工业企业968家，其中新办规模以上企业28家，从规模以下进入规模以上41家。建成南宁市中小企业集群网站，统一为南宁市1400家重点中小企业建设企业网站。南宁市中小企业集群网站和1400家企业二级域名网站，覆盖六县六城区，产品涵盖铝加工、机械制造、农产品加工、电子信息、生物制药、化工、建材、造纸8大重点支柱产业。

通过南宁市"两台一会"中小企业贷款平台累计解决中小企业流动资金贷款43.76亿元；"两台一会"贷款余额25亿元，增长162%，服务企业168家，增加22家，中小企业助保贷业务累计发生额5亿元。"两台一会"与交通银行、建设银行、中国银行、招商银行、北部湾银行等金融机构合作，组织企业召开银企座谈会16场，向银行成功推荐融资项目50亿元，通过"两台一会"平台合作机制，集中银行、担保、中小企业资源，整合政府及社会力量，以投入10%财政资金撬动90%银行贷款，并不断滚动持续发展，放大财政资金使用的社会效应，确保企业稳定运行。组织全市中小企业（担保公司、银行）申报国家工业中小企业技术创新成果转化应用项目、国家中小企业发展专项资金、自治区中小企业发展（农产品）专项资金、国家中小企业信用担保资金、自治区担保风险补偿金、自治区小企业贷款风险补偿金，审核推荐83个申报项目申请各项补助扶持资金1.48亿元。有40个中小企业项目获国家、自治区中小企业专项扶持资金4098.20万元。全市中小企业服务中心不断加强对中小企业的培训，完成中层干部综合管理能力提升训练、人力资源管理、财务管理、大客户销售与服务技巧、品牌创新与产品策划等16期培训班及清华大学总裁研修班，累计培训3200人。

食品工业

【概 况】 2013年，南宁市有规模以上食品工业企业240家。其中：农副食品加工业158家、食品制造业40家、饮料制造业40家、烟草制品业2家。从业人员平均人数5.28万人。形成粮油加工、制糖、屠宰及肉类加工、果蔬加工、乳制品制造、饮料制造、精制茶加工、卷烟制造等子行业较为齐全、具有一定规模的工业体系。主要产品有饲料、成品糖、乳制品、啤酒、软饮料、卷烟等。年内，南宁市规模以上食品工业企业完成工业总产值665.52亿元，比上年同期增长16.85%，占全市工业总产值比重26.05%；实现主营业务收入636.44亿元，增长13.28%；实现税金73.73亿元，增长8.65%；实现利润40.72亿元，增长3.38%。生产大米96.39万吨，增长8.50%；饲料477.82万吨，增长18.90%；成品糖145.52万吨，增长19.50%；鲜、冷藏肉9.81万吨，增长13%；乳制品16.23万吨，增长65.30%；冷冻饮品22.77万吨，增长97.50%；啤酒23.09万千升，下降2.40%；软饮料157.81万吨，增长57.70%；卷烟384.25亿支，增长2.10%。农副食品加工业完成工业产值414.21亿元，增长13.46%；实现主营业务收入375.66亿元，增长11.23%；实现税金10.34亿元，下降15.80%；实现利润14.32亿元，下降10.32%。从业人员平均人数3.13万人。食品制造业完成工业产值81.40亿元，增长22.46%；实现主营业务收入78.75亿元，增长21.44%；实现税金2.19亿元，下降8.18%；实现利润7.02亿元，增长24.10%。从业人员平均人数9200人。饮料制造业完成工业产值74.81亿元，增长4.20%；实现主营业务收入89.10亿元，增长15.61%；实现税金3.98亿元，增长0.43%；实现利润6.07亿元，增长1.75%。从业人员平均人数1.09万人。烟草制品业完成工业产值95.09亿元，增长43.63%；主实现营业务收入92.93亿元，增长13.08%；实现税金57.22亿元，增长16.22%；实现利润13.32亿元，增长12.79%。从业人员平均人数1400人。南宁市出台《南宁市食品工业产业发展三年行动计划（2013-2015年）》，引导产业结构调整、推进产业升级，并着力推进食品工业企业诚信体系建设，促进食品工业健康有序发展。广西皇氏甲天下乳业股份有限公司、广西壮牛水牛乳业有限责任公司通过食品工业企业诚信管理体系（CMS）认证。

【技术改造】 2013年，南宁市食品工业完成投资104.89亿元，比上年同期增长10.34%，占全市工业投资比重14.41%。主要投产项目有：广西中烟工业有限公司总投资12.89亿元的南宁制造部"十二五"技术改造项目；南宁双汇食品有限公司总投资12亿元的年屠宰加工200万头生猪及10万吨肉制品生产项目；南宁娃哈哈恒枫饮料有限公司总投资8亿元的饮料生产基地项目；广西北部湾弘信供应链管理有限公司总投资4亿元的南宁可口可乐白糖供应链及饮料生产基地项目（一期）；广西伊利冷冻食品有限公司总投资3.08亿元的新建日产200吨冷饮项目；南宁顶津食品有限公司总投资1.86亿元的年产13万吨果蔬、茶饮料热充生产线技改项目；广西品冠食品有限责任公司总投资6580万元的快速餐饮业配套食品加工项目；广西农标普瑞纳饲料有限公司总投资6000万元的宠物饲料生产加工项目；南宁青岛啤酒有限公司总投资5349万元的纯生易拉罐生产线技术改造项目；广西壮方生物科技有限公司总投资5000万元的年产8万吨王老吉凉茶项目；南宁诚意包装有限公司总投资4500万元的怡宝纯净水生产线扩能技改项目等。重点新开工项目有：美国波尔公司总投资6.96亿元的啤酒和饮料易拉罐生产线项目；百威英博啤酒（南宁）有限公司总投资4.91亿元的年产30万吨啤酒项目；南宁皇冠制罐有限公司总投资3.02亿元的饮料包装罐生产线项目；广西石埠乳业有限责任公司总投资2.20亿元的蛋白饮料、谷物饮料加工迁建项目；南宁统一企业有限公司总投资1.80亿元的统一食品二期系列产品生产项目；贵港瑞康饲料有限公司总投资1.60亿元的年产6万吨添加剂及30万吨乳猪奶粉项目；广西三洋食品有限公司总投资1.50亿元的年产6万吨冰糖项目；广东恒兴饲料股份有限公司总投资1.30亿元的年产24万吨畜禽饲料生产项目；广西格力特农牧有限公司总投资1亿元的年产24万吨饲料生产项目；南宁新食记食品有限公司总投资6000万元的食品加工二期项目；广西壮景食品有限公司总投资5300万元的罐头食品及壮家凉茶饮料生产项目等。

【技术创新与产品开发】 2013年，南宁市食品工业中列入市技术创新项目计划的有：南宁糖业股份有限公司的技术中心能力建设项目；广西恩度高科技股份有限公司的"泡果吧"冲调系列冻干果奶新产品开发项目；广西邕宁金泉食品有限公司的原味香蕉干关键技术研究项目；南宁市正麦食品有限责任公司的功能饮料山绿茶研发项目；广西皇氏甲天下乳业股份有限公司的益生菌grx19在酸奶应用中关键技术研究项目；马山壮乡黑山羊食品有限公司的黑山羊神酒研发项目。列入自治区技术创新项目的有:南宁东恒华道生物科技有限责任公司的复合生物酶嫩脆剂研发项目;广西皇氏甲天下乳业股份有限公司的超高温水牛奶产品研制与开发项目;南宁糖业股份有限公司的自治区级研发中心能力建设项目;广西中烟工业有限责任公司的检测中心 CNAS 实验室能力建设项目;广西农垦糖业集团股份有限公司的朗姆酒(RUM)生产工艺技术研究项目;广西恩度高科技股份有限公司的凉茶植物饮料生产技术产学研合作开发项目;广西汇华食品有限责任公司的特色系列调理肉制品深加工技术研究及产品开发项目;广西吉然糖业技术有限公司的糖厂自动中和循环式撞击流反应及 SO_2(二氧化硫)回收技术研发项目;广西农垦糖业集团金光制糖有限公司的甘蔗制糖酶法清净工艺技术开发项目;广西农垦明阳生化集团股份有限公司的木薯酒糟型热塑性木塑复合材料研发项目;广西中烟工业有限责任公司的定长切丝在卷烟生产过程中的研究与应用、多孔玉米淀粉颗粒的研制、卷烟条盒内水分迁移现象的研究、“真龙”(前程似锦)产品开发、“真龙”特色新型咖啡滤棒的研发、烘丝水分精度表征方法研究项目;广西商大科技有限公司的应用母猪系统营养技术生产预混料研究项目;广西武鸣县安宁淀粉有限责任公司的木薯生料发酵生产酒精技术研究项目;南宁市正麦食品有限责任公司的功能饮料山绿茶研发项目;广西邕宁金泉食品有限公司的原味香蕉干关键技术研究项目;广西宾阳县康佳龙农牧科技有限公司的激素替代型生物添加剂生产生态饲料技术研究项目。获市科学技术进步奖的有:南宁市泽威尔饲料有限责任公司的《饲料添加剂 富马酸亚铁》国际标准的起草研究与应用获二等奖;南宁糖业股份有限公司和北京达飞安评管理顾问有限公司的甘蔗制糖企业安全生产标准化规范的研究与编制、南宁市富庶淀粉有限责任公司和广西大学的淀粉工业废水生化处理新技术研究、南宁欣欣壮德农牧科技有限公司的山羊圈养秸秆颗粒饲料的研究与开发获三等奖。通过南宁市认定的企业技术中心有南宁吉然糖业技术有限公司技术中心;通过中国合格评定国家认可委员会(CNAS)认可的企业实验室有百洋集团公司水产品检测实验室。被认定为市级工业新产品的有:广西中烟工业有限责任公司的“真龙”(巴马天和)、“真龙”(一带山河)、“真龙”(福禄寿喜);广西南宁恒得润食品添加剂有限公司的 50E 水溶性辣椒红色素和 50E、100E、150E 辣椒红色素;广西恩度高科技股份有限公司的冻干红毛丹、冻干榴梿;广西石埠乳业有限责任公司的南瓜汁饮料、红枣花生奶复合蛋白饮料;南宁富莱欣生物科技有限公司的 B 族维生素片、蛋白质粉、多种维生素矿物质片(乳母期、孕早期、孕中期)、多种维生素片(女士型)、钙镁咀嚼片(成人型)、钙铁锌片、金维康儿童复合维生素咀嚼片、芦荟大豆膳食纤维胶囊、螺旋藻颗粒、天天素颗粒;南宁糖业股份有限公司的药用辅料蔗糖。年内,被认定为 2012 年度广西名牌产品的有广西五丰粮食集团有限公司的骏驰牌小麦粉(1 千克、2.50 千克、5 千克、25 千克)。获“广西著名商标”的有:广西金花茶业有限公司的“金花”牌茉莉花茶;南宁糖业股份有限公司的“大明山”牌白糖、红糖;广西武鸣县安宁淀粉有限责任公司的“安宁”牌木薯淀粉、食用淀粉;广西商大科技有限公司动物饲料的图形商标。

机械工业

【概　况】 2013 年,南宁市规模以上机械工业主要有金属制品业,通用设备制造业,专用设备制造业,汽车制造业,铁路、船舶、航空航天和其他运输设备制造业,电力机械及器材制造业,仪器仪表制造等 7 大类 166 家企业。其中:金属制品业 36 家,通用设备制造业 18 家,专用设备制造业 48 家,汽车制造业 16 家,铁路、船舶、航空航天和其他运输设备制造业 2 家,电气机械及器材制造业 39 家,仪器仪表制造业 7 家。产值在亿元以上的企业 99 家。其中:金属制品业 20 家,通用设备制造业 7 家,专用设备制造业 24 家,汽车制造业 12 家,铁路、船舶、航空航天和其他运输设备制造业 1 家,电气机械及器材制造业 30 家,仪器仪表制造业 5 家。主要产品有改装汽车、手扶拖拉机、摩托车及零配件、柴油机、矿山机械、建筑机械、水泥生产设备、制糖成套设备、水轮发电机组、导线、搅拌机、印刷机、减速机、压缩式垃圾专用运输车、压缩式垃圾中转站、环保设备、电器设备、仪器仪表设备、各种汽车零部件等。主要产品产量:起重机 13.48 万吨,采矿专用设备 3.80 万吨,混凝土机械 2601 台,环保设备 575 台(套),发电机组 0.76 万千瓦,变压器 46.07 万千伏安,小型拖拉机 15.44 万台,改装汽车 1054 辆,低速载货汽车 873 辆,摩托车整车 14.33 万辆,电力线缆 179.80 万千米。规模以上机械制造业实现工业总产值 394.90 亿元,比上年同期增长 20.13%,占全市规模以上工业总产值 15.46%;完成工业增加值 114.12 亿元,增长 21.03%,占全市规模以上工业增加值 14.68%。其中:金属制品业完成工业总产值 58.62 亿元,增长 13.58%;通用设备制造业 26.44 亿元,增长 10.75%;专用设备制造业 86 亿元,增长 7.87%;汽车制造业 55.49 亿元,增长 32.48%;铁路、船舶、航空航天和其他运输设备制造业 10.47 亿元,增长 0.51%;电气机械及器材制造业 147.30 亿元,增长 30.05%;仪器仪表制造业 10.59 亿元,增长 34.23%。机械制造业实现主营业务收入 367.70 亿元,占全市规模以上工业企业 15.40%,增长 18.81%。其中:金属制品业 58.20 亿元,通用设备制造业 26.80 亿元,专用设备制造业 76.30 亿元,汽车制造业 37.30 亿元,铁路、船舶、航空航天和其他运输设备制造业 10.42 亿元,电气机械及器材制造业 148.30 亿元,仪器仪表制造业 10.36 亿元。机械制造业实现税金 9.26 亿元,占全市规模以上工业企业税金 10.08%,增长 11.26%;利润 23.56 亿元,占全市规模以上工业企业利润 16.10%,增长-6.17%。盈利企业 155 家,亏损企业 11 家,亏损面 6.63%。资产总计 267.25 亿元,增长 32.01%。

【技术改造】 2013 年,南宁市机械装备制造业实施技术改造投资项目 500 个(新建 455 个、续建 45 个),完成投资 139.50 亿元,占全市工业投资比重 19.16%,累计完成总投资 167.46 亿元;新投产项目 395 个,累计完成总投资 111.39 亿元。主要投资项目有:南宁广发重工集团有限公司整体搬迁技术改造项目,累计完成投资 5.28 亿元;广西建工集团建筑机械制造有限责任公司整体搬迁技术改造项目,累计完成投资 4.10 亿元;广西地王投资集团有限公司新建直升机项目,累计完成投资 2.15 亿元;广西金帅生物科技有限公司车类零部件、机械模具及多功能拖拉机南宁生产基地,累计完成投资 1.97 亿元;广西森宝电动汽车制造有限公司建设新能源电动汽车电机控制器生产项目，累计完成投资1.78亿元。本年度新投产的机械工业项目395个，其中投资额较大的企业（项目）有：广西安捷讯电子科技有限公司光科技产业园项目，累计完成投资1.74亿元；广西景典钢结构有限公司年产5万号钢构、100万平方米维护材料项目一期工程项目，累计完成投资1.60亿元；南宁川青建筑构件有限公司地铁构件生产项目，累计完成投资1.58亿元；武鸣县新宇金属制品有限公司扩建年产50万吨铸造金属制品项目，累计完成投资1.15亿元；南宁凯莱投资有限公司年产5万吨铁塔铁件加工项目，累计完成投资1.15亿元等。

【技术创新与产品开发】 2013年，南宁市机械工业新立项的自治区级技术创新项目35个，总投资3.39亿元；市级技术创新立项项目19个，总投资1.67亿元。主要有：南宁桂格精工科技有限公司新型商务车N310灯具开发项目，总投资1300万元；广西宏发重工机械有限公司变频液力模振砌块成型机研发项目，总投资2000万元；广西玉柴专用汽车有限公司新型垃圾压缩转运站设备及车厢可卸式垃圾车新产品产业化项目，总投资920万元；南宁燎旺车灯有限责任公司五菱CN200型多功能跨界车系列灯具的研制开发项目，总投资580万元；南宁广发重工集团有限公司年产60万吨矿渣立磨生产线开发项目，总投资4200万元等。机械工业完成技术创新项目91个，实际总投资2.30亿元。主要有：南宁广发重工集团有限公司GZ995-WP-550灯泡贯流水轮机项目；南宁八菱科技股份有限公司新能源客车燃气发动机水冷散热器研制项目；广西恒日科技有限公司挖掘机的液压凿岩钻机的研发项目；广西建工集团建筑机械制造有限责任公司动折臂塔式起重机的研制项目；广西银钢南益制造有限公司正三轮摩托车国III新产品产业化项目；南宁南机动力有限公司太阳能电动扫地机项目；广西玉柴专用汽车有限公司YCNG2083垃圾压缩转运站设备及车厢可卸式垃圾车研发项目等。新产品开发21个，主要有：广西玉柴专用汽车有限公司YCNG5163垃圾压缩转运站设备、YCNH6082系列垃圾压缩转运站设备；南宁桂格精工科技有限公司五菱宝骏630轿车前组合灯GP5001等3项；南宁燎旺车灯有限责任公司五菱之光商务车前组合灯N11101等4项；广西南宝特电气制造有限公司非晶合金干式变压器SCBH15-2500/10等6项新产品。

化学工业

【概　述】 2013年，南宁市有规模以上化工企业136家，从业人员平均人数2.68万人。实现工业总产值314.43亿元，比上年同期增长21.18%，占全市规模以上工业总产值12.31%；工业增加值88.01亿元，增长21.58%，占全市规模以上工业增加值11.32%。其中，化学原料及化学制品制造业工业总产值201.23亿元，增长20.01%；橡胶和塑料制品业工业总产值108.83亿元，增长22.61%；石油加工、炼焦和核燃料加工业工业总产值4.36亿元，增长43.93%。主要产品产量：农用化肥（折纯）12.27万吨，增长-3.50%；烧碱6.96万吨，增长-41.10%；合成氨（无水氨）14.75万吨，下降6.20%；涂料8079吨，下降19.60%；塑料制品63.29万吨，增长4.30%。规模以上化工企业实现主营业务收入306.11亿元，增长22.90%，占规模以上工业企业主营业务收入12.82%；实现税金9.94亿元，增长27.40%，占规模以上工业企业税金总额7.37%；实现利润21.60亿元，增长39.30%，占规模以上工业企业利润总额12.31%。

【技术改造】 2013年，南宁市化学工业实施投资项目286个（新建239个、续建47个），计划总投资122.57亿元，完成投资66.80亿元，累计完成投资105.38亿元。完成投资额前5位的项目是：广西新久阳科技有限公司高密度聚乙塑料管材管件制品生产项目，完成投资1.97亿元；广西合众能源股份有限公司年产10万吨生物柴油项目，完成投资1.40亿元；广西新洋丰肥业有限公司年产60万吨专用配方复合肥生产项目，完成投资3.50亿元；广西万家康科技股份有限公司涂料生产基地项目，完成投资9000万元；广西比莫比科技开发有限公司新型锂离子电池材料及其他电池产品项目（二期），完成投资8800万元。投产的化学工业项目243个，累计完成投资65.33亿元。累计投资总额前5位的项目是：广西新洋丰肥业有限公司年产60万吨专用配方复合肥生产项目，完成投资3.50亿元；广西诺方储能科技有限公司高能环保电池及相关产品生产项目（一期），完成投资1.30亿元；广西隆侨化工有限责任公司过磷酸钙、复合肥硫酸生产项目，完成投资1.14亿元；广西万家康科技股份有限公司涂料生产基地项目，完成投资9000万元；广西比莫比科技开发有限公司新型锂离子电池材料及其他电池产品项目（二期），完成投资8800万元。

【技术创新与产品开发】 2013年，南宁市化学工业有自治区技术创新立项项目16个，项目计划总投资1.55亿元。主要有：广西田园生化股份有限公司新型抗病毒剂病毒星产业化项目，计划总投资4000万元；广西壮族自治区化工研究院创新能力建设项目、环保型高浓度三元复配草甘膦除草剂研发项目，计划总投资3628万元；南宁飞日润滑油有限公司合成型环境友好农业机械专用润滑油系列研发项目，计划总投资2050万元等。市级技术创新立项的项目10个，计划投资4112万元。主要有：广西易多收生物科技有限公司综合利用糖企有机废弃物制备高效环保型农药表面活性剂研发项目，计划投资1145万元；广西田园生化股份有限公司3%甲氨基阿维菌素苯甲酸盐水乳剂产业化开发项目，计划投资1000万元等。南宁市化学工业企业有国家重点实验室1家（明阳生化公司非粮生物质酶解国家重点实验室），千亿元产业研发中心1家（广西田园生化股份有限公司生物农业研发中心），自治区产学研用一体化重点培育企业1家（南宁飞日润滑油有限公司），自治区级研发中心重点培育企业2家（广西华锑化工有限公司、广西田园生化股份有限公司）；有南宁市广西工程技术研究中心6家、南宁市工程技术研究中心5家、自治区认定的企业技术中心11家。年内，27个产品被评为南宁市工业新产品，主要有：启仲化工（广西）有限公司大型汽配注塑件生产中熔体流动性改善之专用润滑剂EPL-33产品；南宁飞日润滑油有限公司防水卷材料融合剂等2项产品；南宁市德丰富化工有限责任公司2%春雷霉素水分散粒剂等7项产品；广西田园生化股份有限公司研发的1%甲氨基阿维菌素苯甲酸盐乳油、15%噁霉灵水剂等12项产品。

建材工业

【概 况】 2013年，南宁市规模以上建材工业企业88家，其中亿元以上产值企业51家。全行业从业人员平均人数2.07万人，实现工业总产值179.50亿元，比上年同期增长27.40%，占全市规模以上工业总产值7.03%。其中：非金属矿物制品业完成工业总产值174亿元，增长28.47%；非金属矿采选业完成工业总产值5.48亿元，增长1.21%。完成工业增加值52.77亿元，增长27.28%，占全市规模以上工业增加值6.78%。主要产品涉及水泥、水泥制品、平板玻璃、镀膜玻璃、玻璃纤维、砖、砂、石材、黏土矿、排水管、水泥压力管、水泥电杆、水泥枕轨、商品混凝土、建筑陶瓷、高温耐火材料、防水卷材等。主要产品产能：水泥1569.51万吨，增长17.80%；商品混凝土1758.80万立方米，增长7%；瓷质砖1.14万平方米，增长34.50%；平板玻璃638.14万重量箱，增长5%；卫生陶瓷制品424万件，增长3.90%；防水卷材776万平方米，增长4.30%。规模以上建材工业企业完成主营业务收入159亿元，占全市规模以上工业企业6.66%，增长24%。实现税金8.49亿元，增长32%。实现利润15.78亿元，增长70%。建材工业资产132亿元，增长5%。亏损企业13家，亏损面14.70%，亏损总额2684万元，下降26%。

【技术改造】 2013年，南宁市建材工业实施技术改造项目399个。其中：新建项目369个，续建项目30个。计划总投资118亿元，年度计划投资82.80亿元，完成投资83.30亿元，占全市工业投资比重11.44个百分点。新投产项目330个，完成投资66.55亿元，累计完成总投资70.95亿元。重大新投产项目有：南宁粤玻实业有限公司年产18万吨玻璃瓶生产与销售项目，总投资4亿元；广西马山县集新水泥有限公司日产2500吨熟料水泥生产线项目，总投资2.98亿元；广西华美企业管理有限公司年产50万立方米环保节能新型建材项目(三期)项目，总投资1.25亿元；广西新辉投资建设有限公司市政建材系列产品一期项目，总投资1.02亿元；南宁市伊岭绿园节能建材有限公司扩建年产80万平方米节能建筑建材生产项目，总投资9600万元。

【技术创新】 2013年，南宁市建材工业新立项的自治区级、市级技术创新项目3个，总投资4200万元。自治区级立项的是广西金雨伞防水装饰有限公司轻型、薄型、节能型反应粘高分子湿铺防水卷材的开发项目，以及广西云燕特种水泥建材有限公司硫铝酸盐基海洋工程水泥的研制与开发项目，总投资3000万元。市级立项的是广西武鸣启行陶瓷有限公司数码高清喷墨木瓷石与微晶石仿古地板砖生产技术研究项目，总投资1200万元。完成新产品开发3项，主要有广西彬伟装饰材料有限公司开发的桉木芯制作画框、相框条产品，桉木芯制作踢脚线、聚苯乙烯树脂(PS线条)等。

【散装水泥生产与应用】 2013年，南宁市完成散装水泥供应量617万吨，比上年增长15.50%，散装率62%。预拌混凝土供应量950万立方米，增长6.70%。预拌砂浆取得零的突破，供应量1680吨。因推广使用散装水泥节约标准煤13.70万吨，减少粉尘排放量30.36万吨、二氧化碳排放量37.45万吨、二氧化硫排放量0.12万吨，实现综合经济效益3.98亿元。散装水泥专项资金征收2290.78万元，增长37.37%。投入推广散装水泥、发展散装水泥设施设备及各类专项资金补助累计约1193万元，其中设施设备价值355万，各类专项资金补助838万元。淘汰武鸣县武港水泥厂、宾阳县黎塘新万星水泥有限公司、广西马山汉邦水泥有限公司5条机立窑。重新调整南宁市水泥生产布局，支持有条件的中小水泥企业改建成水泥粉磨企业，通过等量置换支持广西马山汉邦水泥有限公司、广西华宏水泥股份有限公司新建2条年产60万吨水泥的粉磨生产线。强化农村推广散装水泥工作，确定广西武鸣锦龙建材有限公司、广西四合工贸有限责任公司为南宁市农村推散示范企业。

铝加工业

【概 况】 2013年，南宁市有规模以上铝加工业企业19家。其中：铝生产和深加工企业6家，电线电缆企业13家。实现规模以上工业总产值137.50亿元，比上年同期增长35.39%，占全市规模以上工业总产值5.38%。其中，电线电缆企业完成工业总产值98.40亿元，增长31.87%；铝生产和深加工企业完成工业总产值39.10亿元，增长45.40%。规模以上企业实现主营业务收入116.77亿元，占全市规模以上工业企业4.89%，增长31.80%；实现税金总额2.43亿元，增长111.60%；实现利润总额4.22亿元，增长-24.60%。主要产品为铝型材、电线电缆、日用铝制品、汽车散热器、包装4大类；主要产品产量：铝材1.13万吨，增长49.20%；电力电缆20.28万千米，增长25%；汽车散热器182.56万套，增长11.18%。

【技术改造】 2013年，南宁市铝加工行业有工业投资项目34个(新建12个、续建22个)，计划总投资69.14亿元，完成工业投资16.24亿元，占全市投资数2.23%；累计完成总投资68.23亿元。年度实际完成投资额居前的项目主要有：广西南南铝加工有限公司年产20万吨大规格高性能铝合金板带型材项目，完成投资3.44亿元；南宁银杉电线电缆有限责任公司新建车间和更新生产线项目，完成投资9980万元；广西万乡河贸易发展有限公司特种电线、电缆及机电生产二期项目，完成投资8520万元；广西南南铝箔有限责任公司以铝代钢应用于建筑围护领域的新兴产业推广项目，完成投资8500万元等。投产的铝加工业项目10个，累计完成工业投资56.26亿元。其中累计完成投资总额较大的项目是：广西南南铝加工有限公司年产20万吨大规格高性能铝合金板带型材项目完成投资52.80亿元，该项目于2009年年底启动建设，一期工程——熔铸制造中心、挤压制造中心已建成投产，扁锭、圆锭、铸造板、工业材、交通材等产品开始销往意大利、中国台湾等地，二期工程——中厚板热轧中心已投产，冷轧制造中心及南车铝材精密加工项目2013年12月基本完成设备安装，计划2014年6月建成投产；广西浩天实业有限公司铜铝母排线生产和环保低压电缆生产项目，完成投资1.13亿元；南宁银杉电线电缆有限责任公司新建车间和更新生产线项目，完成投资9980万元等。

【技术创新与产品开发】 2013年，南宁市铝加工业企业有国家认可试验室1家（南宁八菱科技股份有限公司测试中心）；有自治区千亿元产业研发中心1家（南南铝业股份有限公司广西铝产品加工研发中心），自治区级企业技术中心3家（南南铝业有限公司技术中心、南宁银杉电线电缆有限责任公司技术中心、南宁八菱科技股份有限公司技术中心）。完成技术创新项目9个，主要有：南南铝业股份有限公司的商业智能（BI）应用平台建设、新型大功率铝合金散热器技术研究及产品开发、节能环保铝天花制造关键技术与产品开发项目、广西南南铝箔有限责任公司铝裙产品的研究开发、高性能铝及铝合金片产品研究与开发等，总投资6878万元。被评为市级认定新产品有：铝合金散热器FF11711、铝合金散热器FG11861、铝合金散热器FG11862、铝合金散热器FG11871、铝合金把手HCK041、铝合金把手HCK042。

造纸工业

【概 况】 2013年，南宁市有规模以上制浆造纸及纸制品企业69家，从业人员1.23万人。完成工业总产值166.80亿元，比上年同期增长18.14%；实现主营业务收入142.33亿元，增长17.81%；实现税金4.03亿元，增长22.59%；实现利润7.18亿元。造纸行业主要产品的产能为纸浆71.10万吨，纸及纸板101万吨。由于文化用纸市场价格低迷，部分企业主动调整产品结构，转向生产利润率相对稳定的生活用纸，生活纸生产成为投资主要方向。卫生用纸产量24.50万吨，增长46.40%。南宁凤凰纸业有限公司、华劲集团南宁生产区等企业实施搬迁改造，实现技术升级，谋求新的发展空间；南宁市按“淘汰一批、停产一批、整合一批、整改保留一批”的原则，主动对造纸企业进行清查，对造纸行业存在环保问题的企业进行整改，并对属于淘汰类落后产能纳入淘汰计划，关停淘汰。年内，纸制品市场需求依然不旺，国内市场依旧复杂多变，纸制品市场仍然竞争激烈。亏损7家，减少5家，亏损面10.14%，下降8个百分点。

【技术改造】 2013年，南宁市造纸工业完成技术改造投资31亿元，占全市工业投资比重4.30%，其中新开工项目108个，续建项目21个。列入南宁市2013年“工业项目建设工程”重点工业项目的广西永凯大桥纸业有限公司技术改造提升项目，投资7450万元，已竣工投产。

电子信息产业

【概 况】 2013年，南宁市电子信息产业发展加快，增长显著，主营业务收入首次突破306亿元。其中电子信息产品制造业实现收入230亿元，软件业实现收入76亿元。电子信息产品制造业的产值、税金增速超过40%，位列全市六大重点产业之首。在电子信息产业实现的产值、税额中，电子信息产品制造业的贡献超过80%，实现的产值、税金、利润较上年均有所提高，主要得益于富士康等大项目投产后产能的正常发挥。南宁富桂精密工业有限公司、丰达电机（南宁）有限公司、南宁富泰宏精密工业有限公司分别以139.67亿元、33.95亿元、17.49亿元居南宁市电子信息产品制造业企业的前三位。软件产业实现收入76亿元，比上年同期增长36.54%。新增软件企业31家，有76个软件产品获南宁市新产品认定。主要软件企业有：广西博联信息通信技术有限责任公司、广西慧云信息技术有限公司、广西一铭软件股份有限公司、南宁市平方软件新技术有限责任公司、南宁维新软件科技有限责任公司、南宁天梯网络科技有限公司、南宁超创信息工程有限公司、广西综讯科技有限公司、广西昊华科技股份有限公司、广西宏智科技有限公司等。产品主要以应用软件为主，包括系统集成、税控系统、智能车牌识别系统、城市应急联动系统、现代通信技术、软件中间构件、海量图文数据处理系统等。年内，国家工业和信息化部发布国家首批信息消费试点市（县、区）名单，南宁市成为68个首批国家信息消费试点市之一。

【技术改造】 2013年，南宁市电子信息产业开展技术改造项目125个，完成总投资35.51亿元，比上年同期下降12.26%；开展工业投资项目67个，完成投资17.10亿元，下降14.81%，占全市比重2.35%。其中：通信设备、计算机及其他电子设备制造业实施技改项目45个，完成技术改造投资12.21亿元，下降33.57%；信息传输、计算机服务和软件业实施技术改造项目80个，完成技术改造投资23.30亿元，增长5.48%。有4个续建项目和2个新开工项目列入2013年南宁市“工业项目建设工程”重点工业项目。新开工的广西金奔腾汽车科技有限公司汽车故障远程智能终端生产建设项目完成投资1亿元；广西阳光电线电缆有限公司年产2500吨电缆桥架、母线槽生产项目完成前期工作，正在进行厂房基础施工；城建集团有限公司和富士康集团有限公司共同建设的富士康南宁科技园一期项目完成投资25亿元，B厂区一期4栋主厂房和13栋附房内部装修基本完成，部分生产设备完成安装和投产，主要生产电子书、智能手机、GPS导航仪、高端路由器、交换机等电子产品；中国移动通信集团广西分公司“广西移动通信信息产业园”项目完成投资1亿元，物流中心已竣工验收，1号通信生产楼及信息处理中心完成报建；广西领华数码科技有限公司的“领华数码南宁科技园”完成投资1亿元；广西科友通信科技有限公司的“数字通信特种多芯多纤产品生产线项目”完成投资3500万元，部分设备到场安装调试，初步进入生产阶段。

【技术创新】 2013年，南宁市电子信息产业有35个项目获2013年广西信息服务业发展专项资金支持，获945万元自治区财政资金补助；有22个项目获南宁市信息产业项目计划立项，获475万元市财政资金补助，包括精细化工企业信息化系统建设与集成、面向物联应用的海量数据存储与处理平台研发及产业化、南宁市中小企业人力资源公共服务平台等项目。广西大学、南宁博海软件科技有限公司开发的“基于视频分析和网络的智能监控系统产品开发”，广西卡西亚科技有限公司、广西经济管理干部学院、广西西江开发投资集团有限公司开发的“黄金水道航运北斗/GIS智能管理系统关键技术研发及应用”2个项目获广西科学技术进步奖三等奖；广西申能达智能技术有限公司的“智能控制水温分层整体平移的中央空调蓄冷系统”，广西宏智科技有限公司、广西宏智信息技术有限公司、广西华盛集团廖平糖业有限责任公司联合开发的“糖厂无线调度指挥系统”2个项目获2013年度南宁市科学技术进步奖二等奖。南宁市平方软件新技术有限责任公司的“面向中国—东盟自由贸易区的汉越泰智能辅助翻译平台”，南宁市公安局交通工程科学研究所、南宁博海软件科技有限公司的“开放式视频监控平台”，南宁市勘察测绘地理信息院、广西大学“基于多视点影像的地理信息快速采集方法研究与应用”3个项目获南宁市科学技术进步奖三等奖。博联信息运维系统软件、创展科技家具厂仓库管理软件、译畅Java版汉越网页划词翻译系统软件、博海工业过程实时数据集成系统、云生态人力资源管理系统、海微多功能投影电视软件、龙鑫汉老双语互译词典软件等76个软件产品被认定为2013年南宁市工业新产品。

生物医药工业

【概　况】 2013年，南宁市生物医药工业有规模以上企业50家，全部从业人员平均人数1.18万人，比上年同期增加300人。规模以上医药制造企业实现工业总产值106亿元，增长7.12%，占全市工业总产值比重4.15%，其中：化学药品原料药制造业5.57亿元，增长13.75%；化学药品制剂制造业8.88亿元，增长15.35%；中药饮片加工业19.91亿元，增长58.19%；中成药制造业43.80亿元，增长5.38%；兽用药品制造业6.05亿元，增长5.76%；生物药品制造业6.48亿元，增长0.79%；卫生材料及医药用品制造业7.21亿元，增长14.75%；医疗仪器设备及器械制造业8.10亿元，下降41.21%。实现主营业务收入90.09亿元，增长16.09%；实现税金3.19亿元，下降10.58%；实现利润6.48亿元，下降2.82%。生产化学药品原药5375吨，增长16.90%；生产中成药4.01万吨，下降3.90%。出台《南宁市生物医药产业发展三年行动计划（2013-2015年）》，引导产业结构优化升级，鼓励支持企业进行产品和技术结构调整，加快实施医药制造企业新版GMP（药品生产质量管理规范）改造。以南宁经济技术产业开发区生物医药产业园为平台，引进深圳海王集团股份有限公司、中恒集团股份有限公司、丰业投资·南宁百会药业集团、科创控股·四川华海国药集团、广西神冠投资有限公司、柳州医药股份有限公司等行业龙头企业，推动产业集聚发展。

【技术改造】 2013年，南宁市生物医药工业完成投资32.53亿元，比上年同期增长11.97%，占全市工业投资比重4.47%。通过技术改造，中成药新增年生产能力3200吨。主要投产项目有：广西恒拓医药投资集团有限公司总投资1.80亿元的清川仁源制药生产基地项目、广西英美特生物技术有限公司总投资6000万元的新型血液透析（过滤）机等医疗设备生产项目。重点新开工项目有：南宁中恒投资有限公司总投资30亿元的生物医药产业及相关配套项目；北京强寿老年病研究院、广西强寿药业集团有限公司总投资2.40亿元的丸剂、片剂、胶囊、颗粒剂、袋泡茶、保健食品等生产基地项目；广西大海阳光药业有限公司总投资2.40亿元的药品生产异地技术改造项目；广西柳州医药股份有限公司总投资2亿元的中药饮片生产基地项目；南宁富莱欣生物科技有限公司总投资2亿元的保健食品生产项目；广西迪泰制药有限公司总投资8500万元的核酸、核苷酸及聚肌胞等药物生产项目；广西一举医疗电子有限公司总投资6834万元的年产5000台套医用诊断X射线高频高压发生器及医用诊断高频X射线机项目。

【技术创新与产品开发】 2013年，南宁市生物医药工业列入南宁市技术创新项目计划的有：广西博科药业有限公司的技术中心创新能力建设项目；广西威利方舟科技有限公司的全凭静脉三通监控自动注射系统研发项目；培力（南宁）药业有限公司的灵芝、云芝等七味药用真菌产品加工新技术开发项目；广西中医药大学制药厂的抗类风湿药钻痛痹颗粒研究项目；广西忠宁制药有限公司的独家民族药小儿夜啼颗粒开发项目；广西方略药业集团有限公司的痛肿灵贴膏研制项目；广西古方药业有限公司的尿路通胶囊高效制备产业化项目；广西中医药研究院制药厂的芪元益气补血口服液质量标准提升研究项目；广西健丰药业有限公司的中药益心健脾胶囊研发与质量标准研究项目。列入自治区技术创新项目计划有：广西桂西制药有限公司的妇血康滴丸新产品开发项目；广西博科药业有限公司的复方非洛地平琥珀酸美托洛尔缓释片临床前研究项目；广西昌弘制药有限公司的双花草珊瑚含片新工艺研究项目；培力（南宁）药业有限公司的灵芝、云芝等七味药用真菌产品研发项目；南宁市三科医疗器械有限责任公司的新型便捷式特定电磁波治疗器开发项目；南宁市品迪生物工程有限责任公司的壮医药治疗子宫肌瘤脚贴新技术开发项目；广西方略药业集团有限公司的痛肿灵贴膏研制、曲昔派特肠溶微丸胶囊研制项目；广西盈康药业有限责任公司的九味补血口服液关键技术研究项目；广西南宁合众生物工程有限公司的抗对虾白斑病毒助长免疫调节剂研发项目；广西壮族自治区化工研究院的特微分子右旋糖酐铁注射液制备工艺研究、医药手性中间体不对称合成研究项目。市级企业技术中心有：南宁富莱欣生物科技有限公司技术中心、广西圣宝堂药业有限公司技术中心、广西昌弘制药有限公司技术中心。认定为自治区级企业技术中心的有：广西北斗星动物保健品有限公司技术中心。市级工业新产品的有：广西桂西制药有限公司的妇血康颗粒（无糖型）、山绿茶降压胶囊；广西博科药业有限公司的汇科牌足爽露；培力（南宁）药业有限公司的紫花地丁配方颗粒、葛根配方颗粒、蒲公英配方颗粒；南宁富莱欣生物科技有限公司的多种维生素片、钙镁咀嚼片、钙铁锌片、芦荟大豆膳食纤维胶囊、螺旋藻颗粒等。

制糖工业

【概　况】 2013年，南宁市有糖厂16家，分属6家制糖企业公司（集团）。其中：国有及国有控股糖厂7家，民营投资及控股糖厂9家。南宁市日榨蔗能力9.85万吨。主要产品有白砂糖、赤砂糖、酒精、蔗渣浆、机制纸、纤维板、碎粒板、复合肥等。7月，在第25届全国食糖产品质量评比会上，南宁糖业股份有限公司伶俐糖厂“云鸥”牌、东江糖厂“古府”牌一级白砂糖分别获碳法、亚法质量评比第一名。

南宁市2012/2013年榨季制糖生产自2012年11月3日南宁糖业股份有限公司明阳糖厂开榨，至2013年4月21日上林南华糖业有限公司收榨，历时163天，与上榨季相等。2012/2013年榨季，南宁市糖料蔗种植面积略有增长，食糖产量增幅较大，累计榨蔗量和产糖量均创历史第二高，但全球食糖供大于求，国际食糖市场价格低迷，进口食糖和非法走私食糖继续冲击国内食糖市场。受国际国内糖市大环境的不良影响，南宁市食糖价格持续走低、市场低迷，加上生产成本居高不下，制糖企业生产成本与产品售价倒挂，该榨季南宁市大部分制糖企业食糖销售状况严峻，资金周转压力大增，更多制糖企业加入亏损行列，行业效益持续下滑。南宁市16家糖厂机制糖产量130.64万吨，增加24.81万吨，增长23.44%，其中白砂糖产量128.51万吨，增加25.12万吨，增长24.30%；平均白砂糖单位产品生产成本每吨4354.18元，降低270.91元，下降5.86%；白砂糖单位含税成本每吨5809.34元，降低408.13元，下降6.56%，含税平均售价每吨5542.08元，降低947.54元，下降14.60%，白砂糖单位含税成本与平均售价每吨倒挂了267.26元。南宁市制糖业实现工业总产值65.85亿元，减少0.13亿元，下降0.20%；实现工业增加值9.72亿元，减少6.16亿元，下降38.82%；完成工业销售产值65.36亿元，增加4.73亿元，增长7.80%；实现利税总额-0.36亿元，减少6.44亿元，下降105.92%；万吨蔗税利-3.20万元，减少73.17万元，下降104.57%；实现利润总额-3.27亿元，减少5.43亿元，下降252.56%；全市16家开榨糖厂只有2家盈利，亏损面从上个榨季的25%提高到87.50%。百吨蔗耗标准煤4.53吨，减少0.23吨，下降4.83%；吨蔗耗电量33.94千瓦时，降低0.99千瓦时，下降2.83%；生产安全率99.34%，与上榨季基本持平。

【糖料蔗生产收购】 2013年，南宁市有武鸣县、横县、宾阳县、隆安县、上林县、邕宁区、江南区、良庆区、西乡塘区9个县(区)列入广西33个糖料蔗优势发展区域县(区)。2012/2013年榨季，南宁市糖料蔗生产克服成本增加、糖料蔗与其他经济作物比较效益不高、其他经济作物与糖料蔗争地矛盾突出等不利因素影响，糖料蔗种植面积较上榨季略有增长，进厂糖料蔗量和单产增幅较大，蔗农收入保持稳定增长。2012/2013年榨季，南宁市有119个乡镇种蔗，蔗区分布在全市六县六城区、南宁经济技术开发区、广西—东盟经济开发区、金光农场、龙头乡和廖平糖厂陶邓蔗区，蔗农24.60万户118.18万人；糖料蔗种植面积15.63万公顷，增长4.52%，进厂糖料蔗1117.22万吨，增加247.98万吨，增长28.53%；平均工业单产每亩4.77吨，增长22.62%；甘蔗平均含糖分13.34%，下降4.44%。平均甘蔗成本合计每吨521.01元，降低31.45元，下降5.69%；平均甘蔗价款每吨478.98元，降低28.72元，下降5.66%；蔗农售蔗总收入53.66亿元，增加9.53亿元，增长21.60%；蔗农人均种蔗收入4540.42元，增加1519.89元，增长50.32%。糖料蔗主要优良品种有粤糖93/159、粤糖00/236、粤糖60号、桂柳2号(柳城03/1137)、桂糖29号等，高产高糖新良种面积占南宁市糖料蔗种植总面积84.88%。

2012/2013年榨季，南宁市糖料蔗收购价格执行自治区统一普通糖料蔗收购首付价政策，采取蔗糖价格挂钩联动、二次结算的管理方式。每吨普通糖料蔗收购价格475元与每吨一级白砂糖平均含税销售价格6580元挂钩联动，食糖销售价格超过每吨6580元的部分，在糖料蔗收购首付价的基础上，蔗糖挂钩联动价格按6%的联动系数进行二次结算；当食糖销售价格低于每吨6580元时，蔗价不再进行二次结算，蔗农也不需将多得的蔗价款退还制糖企业。糖料蔗实行优良品种加价、劣质淘汰品种减价政策，在普通品种糖料蔗收购首付价的基础上，粤糖93/159、粤糖00/236、粤糖60号、桂柳2号(柳城03/1137)、福农39号5个优良品种每吨加价30元，台糖98/0432、桂糖12号、桂糖16号、里建1号、工氏1号5个劣质淘汰品种每吨减价20号。各制糖企业在糖料蔗进厂1个月内按自治区统一确定的普通糖料蔗收购首付价将蔗款和优良品种的加价款兑付给蔗农。根据2012/2013年榨季南宁市食糖销售价格运行情况，该榨季南宁市糖料蔗价款不再进行二次结算，各制糖企业收购的普通糖料蔗按每吨475元与糖料蔗生产者结算蔗价款。

【技术改造】 2013年，南宁市制糖业全年完成技改投资3.22亿元，技术改造项目21个，全部投产的项目18个，主要有：总投资8600万元的横县冠桂糖业有限公司变频技术节能改造技改项目，是年完成投资2827万元；总投资4000万元的南宁糖业股份有限公司东江糖厂生产线扩建技改工程项目，是年完成投资4000万元；总投资1787万元的广西农垦糖业集团良圻制糖有限公司2013年设备技改项目，是年完成投资1787万元；

2012/2013年榨季南宁市主要制糖企业情况

企业名称	工业总产值(万元)	工业销售产值(万元)	利税总额(万元)
广西永凯糖纸集团有限责任公司宾阳大桥分公司	74852.13	59280.49	5504.75
广西华盛集团廖平糖业有限责任公司糖厂	38080.37	43935.95	4351.95
南宁良庆冠桂糖业有限公司	40524.54	40524.54	1480.16
广西农垦糖业集团良圻制糖有限公司	30698.44	30698.44	1171.73
上林南华糖业有限责任公司	23536.00	30267.50	1115.40
广西农垦糖业集团金光制糖有限公司	39186.00	37546.00	967.78
广西南宁东糖新凯糖业有限公司	28083.22	28083.22	-785.64
马山南华糖业有限责任公司	11140.73	11140.73	-926.59
隆安南华糖业有限责任公司	40894.67	39689.08	-1092.03
南宁糖业股份有限公司	257834.43	258784.90	-5686.15
横县冠桂糖业有限公司	73684.11	73684.11	-9681.27

总投资1238万元的广西农垦糖业集团金光制糖有限公司甘蔗制糖酶法工艺技术生产线建设项目，是年完成投资1238万元；总投资1200万元的南宁良庆冠桂糖业有限公司汽轮机、压榨机冷油系统技改项目，是年完成投资1200万元等。

【技术创新】 2013年，南宁市制糖业列入市技术创新项目计划表的项目有：南宁糖业股份有限公司技术中心能力建设项目、广西卡西亚科技有限公司糖业北斗/GPS终端与地块GIS智能管理系统研发项目、广西力源宝农林科技发展有限责任公司白糖自动化高速码垛机的开发项目。列入自治区工业创新发展项目表的项目有：南宁糖业股份有限公司自治区级研发中心能力建设项目、广西力源宝农林科技发展有限责任公司白糖智能化高速码垛机开发项目、南宁吉然糖业技术有限公司糖厂自动中和循环式撞击流反应及SO_2(二氧化硫)回收技术研发项目、广西农垦糖业集团金光制糖有限公司甘蔗制糖酶法清净工艺技术开发项目、广西田园生化股份有限公司新型甘蔗增糖增产剂的研制与开发项目、广西田园生化股份有限公司防治甘蔗害虫热雾剂的研制开发项目、广西大圆机械设备有限责任公司白砂糖冷却干燥设备开发项目。年内，南宁糖业股份有限公司自治区级研发中心列入自治区级研发中心名单，南宁吉然糖业技术有限公司列入市级技术中心名单。

【药用辅料糖生产】 2012年9月南宁糖业股份有限公司在下属的伶俐糖厂启动药用辅料生产项目，投入200多万元对装包车间进行改造，增加空气洁净设备和设施，新建微生物检验室；12月项目竣工。经改造后，伶俐糖厂洁净包装间及更衣室、消毒间、洗手间空气洁净度达到10万级，微生物检验室洁净度达到1万级，各项指标均符合药典的标准要求。2013年3月19日，南宁糖业股份有限公司伶俐糖厂获自治区食品药品监督管理局核发的药用辅料生产许可证和药用辅料注册证，获准在伶俐糖厂生产和出售药用辅料糖，伶俐糖厂成为国内制糖行业及广西第一家获准在生产线上直接生产药用辅料糖的糖厂，标志着国内甘蔗制糖循环经济产业链首次向药用领域延伸。

【糖料蔗种植保险试点】 2013年6月19日、9月6日，自治区财政厅印发《关于开展2013年糖料蔗种植保险工作的通知》《关于2013年政策性糖料蔗种植保险工作的补充通知》，进一步扩大推广政策性糖料蔗种植保险试点。2013年试点范围由原来"农垦集团+6个试点县区"扩大到"农垦集团+10个试点县区"，南宁市的武鸣县和横县被列入试点地区。政策性糖料蔗种植保险保费由投保人(即投保农户和企业)和中央、自治区、县(区)三级财政补贴共同承担，种植期间保额按每亩800元确定，每亩保费30元，蔗农自行缴纳部分为每亩7.50元，糖料蔗种植大户享受保险经办机构给予的优惠后自行缴纳部分为每亩5.50元。

纺织工业

【概　况】 2013年，南宁市有规模以上纺织工业企业26家，从业人员平均人数0.89万人。完成工业总产值43.84亿元，比上年同期增长16.14%；完成工业增加值11.46亿元，增长9.95%。其中：纺织业企业20家，从业人员平均人数0.78万人，完成工业总产值40.41亿元，增长17.28%，完成工业增加值9.28亿元，增长10.70%；纺织服装、鞋、帽制造业企业6家，从业人员平均人数0.11万人，完成工业总产值3.43亿元，增长4.19%，完成工业增加值2.18亿元，增长7.10%。主要产品产量：纱2.72万吨，下降7%；布458万米，下降3.46%；蚕丝5197吨，增长16.19%；蚕丝及交织机织物361万米，下降25.50%；蚕丝被12万条，下降28%。年内，南宁市的棉纺织业主要产品产量总体略有下降，主要是受市场持续低迷、原材料价格波动的和运输成本高位维持等因素影响，致使整个棉纺织及印染精加工行业总体经济经营情况比较困难。南宁市有茧丝加工企业17家，还处于原料初级加工阶段，企业实力相对较弱，研发能力普遍不强，缺乏核心竞争力，产品多以桑蚕丝为主，部分生产蚕丝被，少量生产织绸，产业链后续环节基本空白。丝绸深加工产品生产技术要求高、信息、资金及销售渠道等是制约拉长南宁市茧丝绸产业链的困难和问题。

【技术改造】 2013年，南宁市纺织工业完成技术改造投资18.07亿元，增长97.40%。主要建设项目有：宾阳县昊辉针织有限公司化纤针织一体化生产项目、南宁锦虹棉纺织有限责任公司易地搬迁建设技术改造项目。纺织工业主要技术创新项目有：上林金鑫丝业有限公司的夏茧丝清洁、洁净工艺技术创新，计划总投资280万元，市财政补助25万元；广西百大丝绸集团有限公司的实验室检测能力升级建设项目，完成后新增销售收入4000万元；南宁锦虹棉纺织有限责任公司的低扭矩负压集聚式赛络紧密纺纱线产业化项目，新增清梳联1套、进口并条机2套4台、自动粗纱机1台、负压紧密纺设备2.50万锭、赛络纺设备2.50万锭、低扭矩纺设备2.50万锭，进口自动络筒机2台，将低扭矩负压集聚式赛络紧密纺纱扩大到年产3000吨规模，完成后新增销售收入9060万元；横县桂华茧丝绸有限责任公司的鲜茧缫丝加工关键技术研究项目，完成后新增销售收入5040万元。南宁锦虹棉纺织有限责任公司技术中心试制和投产新产品5个，公司获自治区新产品优秀成果奖1个。

印刷工业

【概　况】 2013年，南宁市列入统计口径的印刷生产企业34家，比上年增加1家。从业人员0.54万人，增加3.10%。实现现价工业总产值39.64亿元，增长5.84%；实现工业增加值12.56亿元，增长4.20%；实现主营业务收入38.96亿元，增长5.86%；实现利润2.94亿元，下降12.45%；实现税金1.06亿元，下降23.98%。有亿元以上产值企业16家，增加1家。亏损企业6家，亏损面17.65%。

【技术改造】 2013年，南宁市印刷工业完成技术改造投资17亿元，占全市工业投资比重2.30%。新开工项目77个，续建项目9个。列入南宁市2013年"工业项目建设工程"重点工业项目的有：南宁诚意包装公司扩能技术改造项目完成投资4500万元，已竣工投产；广西民族包装有限公司大工业包装项目完成投资3600万元。

(市工业和信息化委员会编写组)

卷烟工业

【概　况】 2013年，广西中烟工业有限责任公司内设24个部室、中心，下设南宁、柳州两个非独立法人资格的卷烟厂，有广西中烟天成投资管理有限责任公司、广西真龙实业有限责任公司、广西真龙物流有限责任公司3家全资子公司及广西真龙彩印包装有限公司、广西甲天下水松纸有限公司2家控股子公司。公司总资产143.07亿元，其中流动资产98.85亿元。固定资产（原值）54.38亿元，资产负债率16.24%。从业人员3287人（在岗员工2939人、其他从业人员348人）。公司获中国设备管理协会授予第九届“全国设备管理优秀单位”称号；南宁卷烟厂在第十一届全国TnPM（全面规范化生产维护）大会上获一等奖2个；公司技术中心检测中心实验室获中华全国总工会授予“全国五一巾帼标兵岗”称号。

【卷烟生产经营】 2013年，广西中烟工业有限责任公司生产卷烟（不含出口卷烟）768.50亿支（153.70万箱），比上年增长1.99%，其中合作生产卷烟424亿支（84.80万箱），增长8.16%。生产一类烟17.20亿支（3.44万箱），增长53.43%；二类烟115.76亿支（23.15万箱），增长32.30%；三类烟442.22亿支（88.45万箱），增长9.89%；四类烟134.96亿支（26.99万箱），下降19.05%；五类烟58.36亿支（11.67万箱），下降31.88%。销售卷烟（不含出口卷烟）758.78亿支（151.76万箱），增长0.09%；卷烟销售收入187.69亿元，增长12.95%。实现卷烟税利总额144.17亿元，增长15.35%，其中利润27.11亿元，增长11.15%。生产出口卷烟100万支（20箱），销售出口卷烟100万支（20箱）。卷烟生产万元产值综合能耗11.14千克标准煤，万支卷烟综合能耗2.83千克标准煤；平均消耗烟叶每万支6.86千克、滤棒每万支2097.60支、盘纸每万支593.80米、水每万支94千克、电每万支7.33千瓦时。公司自主品牌为“真龙”“甲天下”2个品牌27个规格卷烟产品。生产“真龙”系列卷烟263.53亿支（52.94万箱），增长22.50%；销售“真龙”系列卷烟263.83亿支（52.77万箱），增长21%，其中自治区内销售206.67亿支（41.33万箱），自治区外销售56.86亿支（11.37万箱）。生产“甲天下”系列卷烟79.57亿支（15.91万箱），销售“甲天下”系列卷烟81.20亿支（16.24万箱），其中自治区内销售77.93亿支（15.59万箱），自治区外销售3.27亿支（6500箱）。合作生产卷烟品牌有南京、利群、大红鹰、双喜、雄狮。生产总量424亿支（84.80万箱）。其中：二类烟92.50亿支（18.50万箱）、三类烟320.50亿支（64.10万箱）、四类烟11亿支（2.20万箱）。广西市场“真龙”占有率进一步提高，每包8元以上“真龙”卷烟销量在同价位市场占有率超过22%，提高5个百分点，销售“真龙”千箱县（区）有59个，增加25个。自治区外重点培育“真龙（巴马天成）”覆盖率，覆盖32个省（直辖市）、133个地市，年销10箱以上的市场13个。8月，与中国免税品有限公司签约，将“真龙”卷烟打入中国免税品市场。12月，“真龙（海韵）”“真龙（佳韵）”成功推向国际市场，出口20箱，实现广西本土品牌卷烟出口“零突破”。

【技术改造】 2013年，广西中烟工业有限责任公司实施技术改造项目35个（续建项目30个、新启动实施项目5个）；累计完成投资4.34亿元。重点工程项目包括：南宁制造部“十二五”技术改造项目，项目中的动力中心已投入使用，制丝工房完成主体施工，新制丝线在完成全线联动调试后，进行品牌配方烟叶的转产调试和测试；柳州卷烟分厂“双喜”卷烟品牌专用生产线技术改造项目，完成12.84公顷新征用地，初步设计方案获国家批复；购置公司仓储科技园及4个中心项目用地。5月，《广西中烟工业有限责任公司检测中心CNAS实验室能力建设》项目正式纳入由自治区工业和信息化委员会、自治区财政厅联合实施的广西2013年第一批企业技术改造项目计划，获自治区财政资金扶持150万元，是自治区级研发中心、产学研合作及平台建设项目组获资金扶持最高的项目。

【原料保障】 2013年，广西中烟工业有限责任公司新增云南大理洱源凤羽和重庆奉节太和2个国家级烟叶基地单元，公司国家级烟叶基地单元数累计6个，年调拨量1.50万吨（29.90万担），国家级基地单元烟叶供应率48.20%，比上年提高23.30%。投入科研经费1930万元，与科研院校联合开展《实用型“散叶烘烤”技术体系研究》等15项科技课题攻关。与烟叶产区共同在烟叶基地单元推进GAP（优质农业规范）管理，强化“绿色、优质、生态、安全”理念，维护和保持植烟区生态特色；加大田间不适用鲜烟叶处理，优化烟叶结构；推行专业化分级、散叶收购先进生产方式，提升基地单元烟叶质量。采购自主品牌烤烟3.10万吨（62万担），其中云南烟叶1.59万吨（31.70万担）。上等烟叶调拨量2.01万吨（40.14万担），占调拨总量64.70%，增加4.20%；中部烟叶调拨量2.05万吨（40.97万担），占调拨总量66.10%；采购进口烟叶1500吨（2.89万担），增加300吨（5300担）。推进仓储差异化、安全精细化管理，加强原料养护过程质量跟踪，适时调整烟叶养护措施，年度烟叶总损耗率4.08%，降低0.03%；库存烟叶质量正常率96.50%，提高0.90%，库存烟叶质量持续提升。

【科技创新】 2013年，广西中烟工业有限责任公司开展科技项目研究79个，承担和参与《卷烟主流烟气中氯乙烯的测定气相色谱—质谱联用法》等9项行业标准修订，《广西烟叶天然抗氧化剂角鲨烯的生态累积与减害研究》获中国烟草总公司立项；组织实施《多孔玉米淀粉颗粒的研制、规模化生产及卷烟应用》等4个广西科学研究与技术开发计划项目。国家专利局受理申报专利42项（发明专利28项、实用新型专利14项），授权专利19项，包括《一种咖啡复合颗粒的制备方法及其在卷烟滤嘴中的应用的制备方法》等5项发明专利和《密集烤房烟叶挂烤箱专用上炕机》等14项实用新型专利；在EI（《工程索引》）、SCI（《科学引文索引》）等期刊发表科技论文34篇。开发出“真龙”（龙天下）、“真龙”（中国龙）、“真龙”（起源）、“真龙”（致青春）、“真龙”（前程似锦）、“真龙”（娇子8毫克）等独具特色的新产品，完成“真龙”（祥云）、“真龙”（娇子）、“真龙”（软娇子）、甲天下（山水）等老产品的提质改造。检测中心通过中国合格评定国家认可委员会（CNAS）监督和扩项评审，认可能力扩展到卷烟、烟用香精香料、滤棒、烟叶4个产品38个指标；制定和完善质量管理和检验标准，以检测质量参数标准偏差和产品质量优等品率为质量控制的方法和手段，不断提升产品质量管理水平。卷烟成品一级、二级站抽检合格率100%,卷烟成品监督抽检合格率100%。11月,广西中烟工业有限责任公司技术中心被认定为自治区级研发中心。

【多元化经营】 2013年,广西中烟工业有限责任公司将广西真龙彩印包装有限公司、广西真龙实业有限责任公司、广西甲天下水松纸有限公司、北海永丰房地产有限公司4家公司的股权划转到广西中烟天成投资管理有限责任公司,建立“广西中烟—天成投资—多元化企业”的资本纽带关系。完善组织架构、制度建设、理顺机制,规范多元化企业的经营管理。优化投资区域与布局,抓住效益中心,强化利润增长点,通过优化产业链,配合主业的强劲发展,提升多元化企业的核心竞争力,实现主业与多元化企业“1+1>2”的协同效应。公司所属多元化企业11家,实现利税总额4.08亿元,其中利润3.16亿元。

【企业管理】 2013年,广西中烟工业有限责任公司全面推行卓越绩效模式,开展“管理创一流”活动,发挥企业管理在“卷烟上水平”中的支撑作用。建立企业目标识别系统逻辑框架,包含经济效益、品牌销量、结构提升、技术研发、市场拓展、成本费用控制、卓越队伍建设7个模块,覆盖公司所有部门33项一级指标、237个二级指标。公司32项一级对标指标中,进步15项,卷烟工厂各项创建指标数据持续向好。公司主持制修订行业标准发布2项,参与制修订行业标准发布7项,增加6项;获国家授权专利19项,增加10项;获国家级企业管理现代化创新成果二等奖1项;增收节支项目产生直接经济效益达亿元。优化财务机构,在市场营销中心、后勤服务中心、南宁卷烟厂、柳州卷烟厂分设4个财务科;通过POS机无卡报账付款,简化报账流程,确保资金安全;实现财务分析 & 移动分析管理系统,为公司决策层实时获取企业经营状况和决策信息。以优化存款品种组合为抓手,为公司增加资金收益2007.84万元;以预算为依据强化资金收支管理,实现重点费用同比减少1491万元。安全管理岗位配备专职安全员38人,其中注册安全工程师17人、受聘4人;通过专家授课、播放教育片、发放宣传资料,开展安全生产月、“安康杯”竞赛、119消防周、应急演练等活动组织多种形式安全教育和培训,培训5300人次,培训率100%;以抓好污染物达标排放为重点,在工业园区内开展“三废”(废水、废气、固体废弃物)环保监测,严格控制“三废”排放,经环保监测部门检测,各项排放指标符合国家及行业标准。集中开展安全生产大检查,无重特大安全生产责任事故,轻伤率控制在1.50‰目标内,无职业病发生。4月,通过安全生产标准化达标评审和审核认证,实现企业安全生产二级达标。

【信息化建设】 2013年,广西中烟工业有限责任公司开展信息系统全面梳理、诊断和加固,完成《计算机网络安全管理标准》等9份制度修订,新发布《信息安全管理制度》等14份标准,并根据等级保护要求对应用系统进行定级;加强重点项目推进,开发、实施信息资源主数据管理和数据交换系统,已完成重点项目有:29项主数据的梳理和编码工作、形成主数据管理维护模型、主数据管理平台和企业服务总线采购项目进入上线测试阶段;8月,两项工作内控和投资管理系统(第一部分)进入实施阶段,实现计划管理功能模块与行业投资管理系统对接;工商协同项目完成数据交换平台项目的开发、实施及验收;南宁、柳州、桂林、北海、来宾、贵港、西安7市新商盟系统在工业园区推广应用;完成小型机虚拟化项目的实施和验收;完善财务核算、预算系统,NC5.0移动分析项目上线试运行全面通过验收;完成行业卷烟生产经营数据统计应用项目终验、物资采购平台的开发和上线试运行;南宁、柳州园区安防监控改造拼接屏建设安装和验收。申报专利8项(实用新型专利3项、发明专利5项),3项实用新型专利已颁发专利证书。《会议室集成控制系统的研制》课题获第七届“海洋王”杯全国成果发布会一等奖。

【人力资源管理】 2013年,广西中烟工业有限责任公司举办公司级培训班100余期,培训5500余人次,选送员工参加行业内、外举办的培训1000余人次;南宁、柳州两个卷烟厂分别组织开展车间级员工培训4.70万人次。培训内容涵盖干部培训、新员工职前培训、转岗人员培训和生产技术(维修与操作)、生产管理、标准体系、安全生产、检测检验、设备操作与维修、行业职业技能鉴定等;加强特殊关键工序人员培训及持证上岗管理,确保持证上岗率100%。选送17名管理骨干和技术骨干参加行业在职研究生学位教育;1名员工参加行业卷烟调香方向工程硕士研究生学习;实施中级专业技术资格评审,12人参加国家局高级专业技术资格评审,对聘期届满的18名专业技术职务人员实施考核;选派14名技师以上人员到烟机设备厂家参加现场跟班装配技术培训及业务进修班学习。编写鉴定实施过程关键环节有关制度文件14份,优化鉴定工作管理流程。组织开展特有工种职业技能鉴定4批次。其中:生产领域特有工种鉴定2批次,营销师(卷烟商品营销)职业资格鉴定2批次,合格率分别为32.47%、40.68%。通过送外培训鉴定,培养行业特有工种技师12名;推荐4名烟机设备修理技师参加高级技师鉴定申报,1人通过申报项目现场评估考核,获参加鉴定的资格;1人参加烟叶分级高级技师试点鉴定。举办“真龙杯”公司第二届职业技能竞赛,竞赛范围包括生产领域行业特有工种和社会通用工种等11个工种,96人参赛。

【广西中烟工业有限责任公司南宁卷烟厂】 2013年,南宁卷烟厂有从业人员1253人(在岗员工1018人、其他从业人员235人)。生产的卷烟品牌有“真龙”“甲天下”“雄狮”“利群”等。生产卷烟384.25亿支(76.85万箱),比上年同期增长2.07%。其中:一类烟17.14亿支(3.43万箱)、二类烟83.53亿支(16.71万箱)、三类烟117.08亿支(23.42万箱)、四类烟110.20亿支(22.04万箱)、五类烟56.30亿支(11.26万箱)。万支卷烟生产综合能耗2.64千克标准煤,万支卷烟平均消耗烟叶6.88千克、滤棒2097.55支、盘纸595.45米。

(周丽霞)

供电业

【概　况】 南宁供电局是中国南方电网公司直辖、广西电网公司所属特大型供电企业,担负南宁市六县六城区和百色市平果县的电网运行及电力供应。2013年,设职能部室15个、专业管理所(中心)9 个、供电分局 5 个,用工 2176 人;有县级供电企业 8 个,用工 4165 人。用电总户数 74.24 万户, 客户设备装见容量 1768.28 万千伏安。有 500 千伏变电站 1 座、220 千伏变电站 15 座、110 千伏变电站 48 座、35 千伏变电站 9 座;35 千伏以上输电线路 3598.49 千米, 配电线路 4642.52 千米, 输电变压器容量 1093.36 万千伏安, 配电变压器容量 1102.25 万千伏安。城市综合电压合格率 99.80%,城市供电可靠率 99.91%。完成供电量 177.41 亿千瓦时,比上年同期增长 6.79%, 完成售电量 169.52 亿千瓦时,增长 7.15%,综合线损率 4.45%。客户年平均停电时间每户 8.60 小时(剔除限电因素),减小 1.50 小时,第三方满意度 79 分,位居自治区同行业第二。实现主营业务收入 84.85 亿元。

【电网规划】 2013 年,南宁供电局会同城市规划管理部门,按照远景规划开展目标网和兴宁区、西乡塘区、江南区、邕宁区电力管线专项研究,将电网规划变电站和配套服务设施用地及电力线路通道资源需求纳入城市总体规划、土地利用总体规划和控制性规划,12 月 12 日获市政府批复。开展《市"十二五"配电网规划项目库优化报告》编制,12 月获广西电网公司批复。明确市内 2013 年至 2015 年新建、改造 110 千伏变电站容量 1157.50 兆伏安,新建、改造 110 千伏线路 383.40 千米;新建、改造 35 千伏变电站容量 154.90 兆伏安,新建及改造 35 千伏线路 571.10 千米; 新建 10 千伏线路 382 回路,新建及改造 10 千伏线路 1534.34 千米;新建配电变压器 5033 台,容量 103.25 万千伏安。电网总投资 35.33 亿元的县城网和农网规划为:2013 年至 2015 年, 规划建设 35 千伏电网项目 84 项,投资规模 4.20 亿元;10 千伏及以下电网项目 6567 项, 总投资规模 21.30 亿元 (县城网投资 12.70 亿元,农网投资 8.60 亿元)。南宁供电局修编《中低压客户接入技术原则》,印发《中低压客户接入管理工作实施细则》。市政府印发《关于印发南宁电网建设绿色通道实施办法工作手册的通知》《南宁电网建设绿色通道实施办法》。

【电网建设】 2013 年, 南宁供电局完成电网建设投资 14.82 亿元。主网投运变电站 3 座,投产线路 264 千米,变电容量 33 万千伏安,110 千伏"N-1"通过率由年初 94.80%提升至 97.20%。邕州—林村一期、二期和南宁东牵线路等自治区、南网重点工程按期投运;10 千伏及以下配网投产项目 297 项,投产线路 304 千米,变电容量 7.30 万千伏安, 市区环网化率由年初 90.50%提升至 94.60%,可转供率由年初 82.60%提升至 84.40%。完成两个批次的配网项目前期工作, 其中县城网项目可研批复及核准 99 项, 总投资 7900 万元。农网改造升级工程完成三个批次的项目前期工作, 获可研批复及核准 1586 项,总投资 8.89 亿元。

8 月 4 日,南宁供电局集办公、电力调度为一体的凤岭调度中心投入使用

南宁供电局提供

【供电保障与服务】 2013 年,南宁供电局完成保供电任务累计 1561 项,为 1290 个单位提供保供电服务, 涉及 35 千伏及以上输网线路 103 条次,10 千伏配网线路 2561 条次, 完成 "两会一节" 等 10 项特级和 161 项一级保供电任务。全市电力供应安全、稳定、正常,没有发生安全事故和大面积停电事故。通过"强机制、补短板、建体系"开展满意度改进提升,重点组织针对第三方客户满意度 15 个关键短板指标成立专项工作小组,以"试点+推广"的模式开展专项改进提升,组织规范快速复电等 7 项业务流程,深化居民报装"快通电"服务品牌, 客户平均报装接电时间缩短 50%,实施居民(散户)"快通电"2240 户,通电时间缩短 60%。在南方电网公司 "同心杯"为民服务创先争优 500 千伏超高压输电线路带电作业技能竞赛中,获个人项目一等奖。在 2013 年南宁市窗口服务行业创城达标竞赛中再次名列 32 个行业 58 个测评单位榜首,是南宁供电局五年中第十次获此殊荣。制定《客户全方位服务体系实施方案》,将客户满意度意识有效融入规划、建设、生产、经营各个领域各个工作环节,客户需求得到有效传递和关注。推出以"阳光工程"为载体,建立和完善以客户需求为导向的优质服务决策、执行、监督完整的管理体系。发放阳光卡 2.20 万份,收集到建议或意见 135 条,为客户解决问题 89 个。对故障抢修、停(复)电管理、业扩报装等 8 大业务抽样稽查 4.81 万份,发现或消除服务隐患 297 起,将服务监督关口前移。

【用电管理】 2013 年,南宁供电局强化计量装置检定的监督考核,按照广西电能计量检测中心要求做好管理体系内审。自治区质量技术监督局对南宁供电局计量标准装置建标的现场考核,抽检的电能表合格率 100%。南宁供电局继续获得电能表检定的授权资质。制定《电能计量装置故障处理及电量追退补管理实施细则》, 明确计量装置故障异常处理工作的职责和工作流程,以及计量故障损失电量追退补计算标准。编制《2013 年有序用电方案》,包括《2013 年南宁电网常态错避峰预案》《2013 年电力供应专项应急预案》《2013 年紧急避峰预案》《2013 年度市超计划用电限电序位表》《2013 年南宁电网卡脖子错避峰预案》等。发布《2013 年电力需求侧管理工作方案》，完成电力需求侧节约电量 7168.12 万千瓦时，其中客户侧节能 2548.50 万千瓦时，增长 27.90%。开展节能诊断户数 98 户，签订节能改造合同 7 户，出具节能诊断报告 53 份、节能告知书 449 份，实现所有客户力调电费总和“由罚转奖”，由上年力调电费总惩罚 161.44 万元转变为奖励 296.44 万元。开展节能培训交流 4 期、节能宣传 46 次，发放节能宣传手册 1.36 万份。完成 8000 户“城中村”居民低压接户线改造。城市电缆及架空线路故障停电率下降 32%，故障停电平均隔离时间下降 5%，开展带电作业 750 次，客户年平均停电时间每户 8.60 小时，减少 1.50 个小时，供电可靠性取得较大提升。

【电费电价管理】 2013 年，南宁供电局电费电价按自治区物价局出台的文件执行。主要有《广西壮族自治区物价局关于小水电机组上自治区主电网电价的通知》，1 月 1 日起，经地方电网平衡后的小水电电量直接上自治区主电网，不分丰枯季节实行最低保价每千瓦时 0.22 元；《广西壮族自治区物价局关于 2013 年 7-12 月部分市暂时恢复执行丰枯水期季节性电价的通知》，7 月 1 日至 12 月 31 日，南宁、柳州、桂林等 10 个市范围内由自治区主电网供电的城市工业用电（除化肥、蔗糖生产用电外）暂时恢复执行丰枯水期季节性电价；《广西壮族自治区物价局关于调整我区发电企业上网电价有关事项的通知》，9 月 25 日起，可再生能源电价附加标准由每千瓦时 0.80 分钱提高至 1.50 分钱；《广西壮族自治区物价局关于规范部分销售电价选用范围的通知》，2014 年 1 月 1 日起，城乡居民住宅小区公用附属设施用电（不包括从事生产、经营活动用电）执行居民合表电价；农业排灌用电类别归并农业生产用电类别，执行宿业生产用电价格。《广西壮族自治区物价局关于广西新建居住区供配电设施建设维护费有关问题的通知》明确新建居住区供配电设施建设维护费的实施范围、收费标准等问题；2 月 1 日起执行，试行 2 年。

【营销稽查】 2013 年，南宁供电局开展专项安全检查 3.67 万户（专变 1 万户、低压客户 2.67 万户），向客户出具《检查通知书》告知其存在问题，并督促客户整改。完成 94 户重要用户“一户一档”档案资料收集。累计完成内稽样本 10.50 万份，发现并处理计量故障 102 起。发布《2013 年全面推进用电营业普查专项行动提升方案》《2013 年用电营业普查专项行动实施方案》。查处电价执行、计量故障、违约窃电 4076 宗，追补电量 2242.50 万千瓦时，补收电费 1620.20 万元、违约使用金 250.51 万元。

【安全生产】 2013 年，南宁供电局优化全面风险管理体系总体框架，形成由 8 个管理单元、33 个管理要素构成的体系构架，搭建“风险管理委员会—风险管理监督工作组—风险管理专业工作小组—风险管理岗位”的四级工作网。组织 16 个专业工作小组对各业务领域的风险进行识别、评估，识别出风险 2.67 万项，编制《风险管理手册》《风险数据库》，发布《局 2013 年重大重要及重点风险管控表》，梳理出重大重要风险 18 项、重点风险 5 项，强化风险辨识和闭环管控，实现“计划+作业表单”的系统化、信息化。发现并整改隆安站、仙湖站等多项设备重大安全隐患，化解五级及以上电网风险 33 次。没有发生二级及以上人身、电力安全和设备事件，实现 3 个百日长周期，连续安全生产 2768 天。南宁供电局 2013 年安全生产风险管理体系评审结果得分 81 分，钻石等级为四钻一星，是广西电网行业最好安全生产等级。

【科技创新】 2013 年，南宁供电局建立“一表两图四分”（一表：基层单位/班组创先指标表；两图：思维导图、创先工作计划横道图；四分：分类、分层、分要素、分单元）创先工作法，重点打造“指标、计划、绩效”3 个体系和“可靠性、阳光服务、绿色电网”3 大精品工程，搭建“全面风险、资产全生命周期、综合计划”3 大先进管理体系；完善“技术支撑、人才支撑、文化软实力”3 大支撑保障体系。与佛山供电局签订《贯彻落实南方电网公司中长期发展战略全面交流合作协议》，建立信息交换、定期交流、跟班学习、对标学习成果推广应用等长效机制，组织 2 批 32 名创先优秀骨干赴佛山供电局跟班学习，多项学习成果进入转化阶段。推进合同能源管理，为 255 家客户提供节能诊断服务，推动 5 家企业完成节能技术改造并获得政府节能改造奖励资金，节约电量超 6500 万千瓦时。在江南区沙井大道西侧华南城项目旁建成广西首座热电冷三联供循环分布式能源站——华电南宁新能源公司 110 千伏江南能源站。南宁供电局电能计量中心承担的“即插即用智能计量关键技术及系统开发与应用研究”“插座式电能表研发”两项科技项

11 月 7 日，南宁供电局带电作业中心在 110 千伏沙井变电站成功完成首例旁路法带电更换变压器演练　　南宁供电局提供

目获广西电网公司科学技术进步一等奖。11月29日，南宁供电局输电所负责实施的公司“高压电缆在线监测预警系统研发”科技项目通过验收。南宁供电局被评为年度全国质量管理小组活动优秀企业、广西质量管理小组活动优秀企业；获“广西电力行业继电保护工技能竞赛”团体一等奖、“自治区电力行业变电检修工技能竞赛”团体一等奖；信息中心IT（信息技术）运维服务QC（质量控制）小组被评为全国优秀质量管理小组。

（苏维富）

二轻集体工业

【概　况】 2013年，南宁市二轻行业（纳入自治区二轻工业联社统计口径）企业有23家，其中规模以上企业6家，包括钟表加工、小家电、纸类包装、塑料等行业，实现工业总产值1.81亿元，营业收入1.48亿元。南宁市二轻联社直属管理的企业有南宁市手表厂、南宁市制鞋厂2家。

【南宁市手表厂生产经营】 2013年，南宁市手表厂根据市场需求调整产品结构，生产市场需求的特色产品，加强对新产品的研发力度，做好6系等新产品的研发；对6802表图纸作整理、修改，部分零部件重新进行测绘和结构的设计；对7003表、7004表的设计、试制、样机装配，达到预期设计要求；完善7005表机芯图纸。投入223万元购买设备。完成工业总产值5422万元，比上年同期增长10.69%；实现销售收入5347.15万元，增长4.09%；实现利润872.75万元。市手表厂被评为自治区厂务公开民主管理先进单位。

【工艺美术行业管理】 2013年7月31日，南宁市机构编制委员会明确市二轻联社对南宁市工艺美术行业的管理职能。市二轻联社召开南宁市工艺美术座谈会，组织开展南宁市工艺美术产业调研，初步摸清南宁市传统工艺美术产业的基本状况：有各类工艺美术企业（工作室）400多家，恢复工艺美术职称评审。组织南宁市工艺美术企业参加自治区相关展会，获第二届广西工艺美术作品展预展“八桂天工奖”49项。其中：金奖8项、银奖12项、铜奖13项，优秀作品奖16项，市二轻联社获优秀组织奖。获广西第二届发明创新成果展手工业板块创新成果奖2项。有47件作品入选第二届广西工艺美术作品展。（梁荃启）

11月14日，市二轻联社到宾阳县大儒毛笔厂调研　　梁荃启提供

饲料工业

【概　况】 2013年，南宁市饲料工业持续稳步发展，饲料产量产值继续创新高，进一步调整产品结构，饲料生产形成专业化、集团化、科技化发展。有饲料获证企业163家，其中配合料、浓缩料企业102家，添加剂预混料企业61家。主要分布在江南区、西乡塘区、兴宁区、良庆区和隆安县。有职工1.20万人。饲料生产总量477.83万吨，比上年同期增长18.10%。其中：配合饲料448.02万吨，占93.76%；浓缩饮料22.31万吨，占4.67%；添加剂预混饲料7.50万吨，占1.57%。实现工业产值173.80亿元，在全市工业门类排名前列。饲料加工产业逐渐形成包括饲料原料、饲料加工、饲料机械、饲料添加剂以及饲料支持服务体系在内的门类比较齐全、功能比较完备的产业体系。

【饲料安全监管】 2013年，南宁市加强对饲料产品质量安全的监管和对生产企业的检查，出动车辆293辆次，执法人员1032人次，检查饲料生产企业435家次、经营企业74家、畜禽养殖场（户）68个，印发《饲料和饲料添加剂管理条例》5000余份。查处饲料生产和经营企业违法行为8起，立案4起，责令企业整改，罚没金额3.80万元。饲料产品和原料抽样检测样品302份，总体合格率98.68%；其中三聚氰胺、瘦肉精、苏丹红等违禁添加物检测结果全部合格。根据农业部制定发布的《饲料和饲料添加剂生产许可管理办法》《农业部办公厅关于贯彻落实饲料行业管理新规推进饲料行政许可工作的通知》全面推进饲料生产许可换证发证。全市配合饲料、浓缩饲料、单一饲料、精料补充料生产企业取得新证9家，递交换证申请材料25家；68家企业对加工设备及生产工艺进行改造，完善相关标准条件。（市水产畜牧兽医局编写组）

民政工业

【概　况】 2013年，南宁市有民政福利企业28家。市民政局和南宁市国税局相关业务科室一起对全市28家社会福利企业进行资格认定及年检，合格率100%。南宁市社会福利企业安置残疾职工521人，完成产值5.87亿元。

（市民政局编写组）

责任编辑　梁　坤

农　业

综　述

【概　况】 2013年,南宁市实现农林牧渔业总产值577.27亿元,比上年增长4.70%。其中:农业产值311.57亿元,增长5.72%;林业产值29.08亿元,增长0.27%;畜牧业产值184.95亿元,增长2.48%;渔业产值22.60亿元,增长7.35%;农业服务业产值29.06亿元,增长11.43%。占农林牧渔业的比重分别为:农业53.97%,比上年上升1.07个百分点;林业5.04%,上升0.02个百分点;畜牧业32.04%,下降1.44个百分点;渔业3.91%,上升0.10个百分点;农业服务业5.03%,上升0.24个百分点。第一产业增加值349.93亿元,增长4.80%。

粮食种植面积44.28万公顷,增长0.18%;糖料蔗种植面积15.62万公顷;油料作物种植面积4.77万公顷,增长4.58%;蔬菜种植面积17.79万公顷,增长1.83%;木薯种植面积4.93万公顷,减少5.30%;西(甜)瓜种植面积4.05万公顷,增长1%;茶园面积1925公顷;桑园面积4.32万公顷,增长3.57%;水果面积9.43万公顷。粮食总产量223.44万吨,增长3.86%;油料总产量13.94万吨,增长11.65%;糖料蔗总产量1126万吨,增长4.93%;蔬菜总产量395.92万吨,增长5.33%;水果总产量170.51万吨,增长7.97%;木薯总产量54.50万吨(干片),减少2.80%;西(甜)瓜总产量104.36万吨,增长3.10%;干毛茶总产量3486吨;鲜茧8.26万吨,增长2.91%。肉类总产量65.56万吨,增长1.62%,其中猪肉产量38.52万吨,增长2.89%。生猪出栏523.31万头,增长2.63%;家禽出栏1.41亿羽,减少1.09%,存栏5849.22万羽,增长8.34%。水产品总产量23.30万吨,增长7.14%。禽蛋总产量3.12万吨,增长5.87%。牛奶总产量4.90万吨,增长4.90%。

农民人均纯收入7685元,增长13.40%,扣除物价因素,实际增长10.70%,增长率高于城镇居民3个百分点。农民收入结构优化,家庭经营收入4384元,增长9.50%,呈平稳增长态势;工资性收入2660元、财产性收入265元、转移性收入376元,分别增长18.40%、22.10%、20.50%。　(梁克非)

【优势产业工程建设】

“菜篮子”工程蔬菜基地建设　2013年,南宁市投资5013万元,建设蔬菜基地13个,面积486.67公顷,完善蔬菜基地基础设施和生产设施建设。其中:在武鸣县双桥镇、城厢镇建设蔬菜标准化生产基地2个,面积103.33公顷,总投资697万元,市财政投入252万元;在武鸣县、横县、隆安县、西乡塘区、邕宁区、广西—东盟经济技术开发区等新建、改造蔬菜生产基地8个,面积316.67公顷,总投资3911万元,市财政投入1460万元;在横县马岭镇、马山县古零镇、隆安县城厢镇建设蔬菜新品种新技术示范推广基地3个,面积48.67公顷,总投资405万元,市财政投入130万元。　(黄兰芳)

农产品标准化建设项目　市财政安排扶持资金1000万元,在隆安县、宾阳县、上林县、青秀区、广西—东盟经济技术开发区建设特色水果、优质蚕桑、桑枝栽培食用菌、有机稻生产加工与贮运、淮山粉垄栽培标准化基地、瓜果大棚水电配套设施等建设项目,示范面积475.33公顷,总投资5382万元。　(周冠群)

【农产品开发】 2013年,南宁市组织开展水稻、玉米新品种引进、试验和示范,筛选市场需要的、符合优质高效农业发展的、适合南宁市生态条件种植的水稻、玉米新品种,有针对性地引进种子新品种。将与南宁市相近或同一生态区表现突出的、个别性状优越的新品种纳入南宁市品种引种,扩大引种面的范围。开展水稻、玉米新品种比较试验。在上林县大丰镇建立农作物新品种试验基地1个,试验面积20公顷,参展种业21个,早造水稻品种51个、玉米品种21个、晚造水稻品种50个、玉米品种16个。重点加强超级稻新品种的试种试验。以“看禾选种、助农增收”活动为载体,组织相关种子企业、农民到试验基地现场观摩。早造水稻新品种小区试验结果:亩产量在600千克以上的有科玉08、Y两优136、裕优

南宁市菜篮子工程直通车　　梁克非提供

130、特优 831、华两优 338、Y 两优 087、特优 365、深优 9583、深优 9516、五优 613 等 10 个品种。晚造水稻新品种示范试验结果：产量较高、抗性较好，综合表现较好的品种有永丰优 888、兆两优 7213、Y 两优 087、内 5 优 39、绮优桂 99。在示范过程中，水稻品种万良优 1204 在始穗及扬花授粉期受低温阴雨气候原因的影响，考种数据如千粒重、理论产量出现偏低现象，没有体现出该品种的实际产量和该品种的特性。玉米品种试验结果：参试品种理论亩产在 603.90 千克~844.80 千克，比对照种正大 619（CK）增产的有金玉 506、瑞恒 889、万玉 368、南校 969 等 4 个品种；参试品种有华优 168、桂单 0810、兆和丰 788、全玉 506、桂单 162、瑞恒 889、宝玉 099、亚航 0919、万玉 368、YH670、瑞单 228、亚航 689 等 12 个品种，成熟期青侏腊秆，抗逆性较好。（马秋莹）

【农业抗灾】 2013 年 3 月 13 日 22 时 30 分左右，受强对流天气影响，南宁经济技术开发区、良庆区部分乡镇、街道遭受罕见暴雨冰雹大风袭击，袭击范围集中、风力强、密度高、冰雹个头大、受袭时间长、覆盖面积大，农作物大面积受损，造成农业直接经济损失 9417.50 万元。5 月 19 日 8 时至次日 8 时，受西南季风云系和弱冷空气的影响，南宁市普降大到暴雨，最大降水出现在邕宁区蒲庙镇那路村，降雨量 123.80 毫米，那路村、华康村水田受淹 15.33 公顷，那路村蔬菜基地 8 个大棚顶部薄膜损坏。7 月 1 日晚 20 时至 7 月 3 日 7 时，受第 6 号热带风暴“温比亚”影响，邕宁区、良庆区、武鸣县、隆安县东部、宾阳县南部和横县大部分出现大暴雨，降雨 100 毫米以上的有 44 个站，50 毫米~99.90 毫米有 89 个站，25 毫米~49.90 毫米有 54 个站；最大降雨量出现在横县南乡镇板路，为 221 毫米，邕宁区中和镇降雨 183 毫米，青秀区长塘镇降雨 108 毫米，兴宁区八塘镇降雨 108 毫米，良庆区那马镇降雨 100 毫米，江南区江西镇降雨 60 毫米，隆安县丁当乡降雨 146 毫米，马山县林圩镇降雨 81 毫米，宾阳县思陇镇祥华村降雨 124 毫米；横县出现 7 级阵风，南宁市大部分地区出现 4 级至 5 级大风；7 月 3 日上午 12 时，横县、宾阳县、隆安县受灾，其中横县农田受淹 6.67 公顷，宾阳县水稻受淹 9.33 公顷；隆安县受淹香蕉 26.67 公顷、甘蔗 20 公顷。农业部门到受灾的村坡，调查核实灾情，指导农民做好防灾和灾后补种。（梁克非）

【“清洁田园”专项活动】 2013 年，南宁市开展为期 2 年的“美丽南宁·清洁乡村”活动。“清洁田园”专项活动是其中的三大专项行动之一，以清除田园地头农业生产废弃物和清理农作物秸秆，推进农业清洁生产技术，防治农业面源污染为目标。全市组建清洁田园工作队 1158 个，抽调工作队员 9313 人，落实村屯保洁员 1.50 万人，制定村规民约 1.14 万个；组织开展田间农业生产垃圾集中清捡大活动 68 次，参与农民 201 多万人次，清捡田园面积 35.87 万公顷，清理田间农药瓶 179.40 万个，清捡包装袋、秧盘、地膜等农业废弃物 3600 吨。各县（区）示范点和城乡接合部、大镇大村周边、主要道路两旁、主要河流两岸等生产基地和其他区域的农业龙头企业、专业大户、家庭农场、农民合作社等生产基地的田间生产废弃物得到清除。大力推广“清洁田园”十大主推技术，其中推广应用农作物病虫绿色防控技术（大面积释放赤眼蜂防治甘蔗螟虫）、统防统治技术、水肥一体化技术、测土配方施肥、水稻水气平衡栽培技术、土壤有机质提升技术、秸秆还田技术等，推广面积 39.07 万公顷，占耕地面积 74.54%。开展清洁生产技术培训、举行推广和现场展示观摩会等，培训人员 133 万人次。

（梁克非 卢亭君）

【新农村建设】 2013 年，南宁市整合新农村示范建设专项资金、统筹城乡专项资金、先锋示范城专项资金，加快社会主义新农村建设和先锋示范城市创建，在六县六城区各选择一个农业产业优势明显、具备打造观光农业和乡村旅游条件、能起示范带动作用的自然村屯，打造综合性、示范性、辐射带动作用强的综合示范村。市财政预拨 9200 万元，重点推进 12 个综合示范村建设。2013 年南宁市重点示范村——良庆区那马镇坛良村坛板坡，推进基础设施建设，完成土地流转 266.67 公顷，引进农业龙头企业 4 家，开发红龙果、柑橘、大棚瓜菜、中药材石槲等特色农业产业。坛良村项目投资概算 2.40 亿元。其中：政府投资 1.53 亿元，包括坛板坡坡内村委综合楼、坡内道路（排水）、巷道硬化、公厕、人畜分离、垃圾污水处理、风貌改造、拆迁回建等建设项目投资 6490 万元，教育及提升村级服务项目投资 2382 万元，农村危房改造投资 364 万元，坛良村及周边片区人饮、农田水利、通村通屯道路、土地整理等项目投资 6060 万元；企业投资 8000 万元；群众自筹 480 万元。年内，道路工程方面，新江至那马路面大修工程基本完成水泥路面浇筑，通村路进行路基的软土换填和挡土墙施工，村屯南路水泥混凝土路面完成 90%，北路的排水和路床工程完成过半。风貌改造方面，有 65 栋房屋开工建设，竣工 40 栋，新村雏形初步显现。公共服务设施方面，村委综合楼完成基础施工，中心广场和戏台完成场地临时排水管铺设和第一层土方夯实，坛良小学完成项目立项和选址；农村人饮工程铺设管路完成 65%；农业高效节水灌溉工程和土地整治项目进行招标公示；村屯环境整治基本完成施工图设计。拆迁安置方面，累计拆除核心片区（含中心街区及坡上）需拆迁房屋及危房 58 栋 6880 平方米，猪、牛栏、杂物房 26 户 2275 平方米；27 栋临时安置活动板房均建成并投入使用；启动建设中心街区 12 户农民拆迁回建房；办理农信社建房贴息贷款入户调查及手续的有 15 户，给 5 户发放贷款合计 15 万元；土地内分完成坛板坡 266.67 公顷地测量内分及现场地类复核等工作。产业发展工作方面，11 月 8 日坛板农业专业合作社与南宁振企农业科技开发有限公司、广西桂洁农业开发有限公司、广西百圣美川农业科技有限公司签订约 220 公顷的土地流转协议，用于发展优质柑果、红龙果、大棚蔬菜等现代农业生产。（梁克非）

【农业综合执法】 2013 年，南宁市 12 个县（区）实现农业行政综合执法机构全覆盖。市、县（区）农业行政综合执法机构核定编制人数 154 名，实有执法人员 127 人；农业行政执法工作投入经费 85.09 万元，其中市本级预算经费 43.09 万元、上级补助经费 42 万元。开展农资监督抽检与农资打假专项治理，出动执法人员 9745 人次，整顿市场 806 个次，检查企业 5193 家次，抽查农药样品 76 个、肥料样品 232 个、种子样品 22 个。立案查处农业违法违规案件 62 件，结案 62 件，涉案金额 159.30 万元，其中移交司法机关案件 2 件，涉案金额 85.80 万元，罚没款 22.17 万元。受理涉农投诉 73 起，依法调解纠纷案件 68 起，挽回经济损失 159.70 万元。开展农业行政执法宣传教育活动，印发宣传资料 11.28 万份，接受现场咨询

2.70万多人次，悬挂宣传横幅211条，报刊宣传24次，利用多媒体信息应用平台编发网络信息312条，发送宣传短信6000多条。加强种子市场监管，对重点市场、重点区域、重点季节的水稻、玉米、蔬菜等种子进行执法检查，维护用种农民权益。出动车辆42辆次、执法人员152人次，检查25个乡镇、193个种子经营部，查处种子违法案件10件，涉案种子1.22万千克(没收种子22千克)；受理群众举报种子质量问题纠纷15次，协调种子纠纷5次，挽回经济损失8.02万元。强化种子质量监督管理，保证农业用种安全。不间断地开展种子质量监督抽查，对种子质量不合格的企业和个体零售商进行立案查处。年内，未发生大的种子质量事故。在上林县大丰镇试验基地建立水稻品种纯度鉴定圃，鉴定水稻品种早造40个、晚造32个；做好"双杂"制种花检，提高"双杂"种子质量。

(韦悦妮　梁克非)

【农业对外合作】 2013年3月，南宁市与国内最大中央农业企业——中国农业发展集团有限责任公司签署共同推进南宁现代农业发展合作框架协议，在南宁市甘蔗品种选育研发"一中心一基地"。年内，在广西—东盟经济技术开发区团结农场建设甘蔗良种繁育基地43.33公顷，在兴宁区五塘镇建成组培车间5000平方米、玻璃温室5000平方米、隔离网室5000平方米，年产甘蔗健康组培苗1000万株。(梁克非)

【农业招商引资】 2013年，南宁市整合涉及农业企业、项目建设、产业扶持、招商展会等资源，通过服务企业、实施项目、政策引导招商引资，完成到位内资1亿元；种植业固定资产投资年度任务9.10亿元，实际完成17.90亿元。

(韦晓毅)

【农产品流通】

搭建农产品销售平台　2013年上半年，受春节前气温低、雨量多和市场需求的影响，南宁市冬春瓜菜生产和销售受到影响，产销矛盾时有显现。市农业部门对农产品销售情况实行实时监控，实地考察农产品销售情况，搭建农产品销售平台；编制《南宁农业优势特色产业介绍》宣传画册，推介南宁市优势特色农产品。4月27日，南宁市农业信息网、广西农业信息网共同举办南宁兴宁区2013年五塘苦瓜节暨农产品网上交易会，销售苦瓜750吨，交易额375万元，辣椒、茄子、节瓜、新型马铃薯等其他农产品交易量约750吨，交易额280万元；帮助农产品生产企业(合作社)联系对接北京华联等超市建立产销关系；向新加坡果蔬考察团推介南宁市农产品，拓展新加坡市场。做好"菜篮子"工程平价直销车，推进一周厨品与农产品生产基地建立长期产销关系。(韦晓毅)

香蕉滞销　南宁市蕉类种植面积4.20万公顷，产量130万吨。由于雨水充沛，香蕉上市集中时间在9月至11月，比上年提前30天。7月至9月24日，香蕉均价保持在每千克2.40元~3.60元，最高每千克5元。9月25日，由于气温比往年较高，加快香蕉成熟进程，短期内大量集中上市，导致香蕉收购价跌至每千克1.20元~1.60元。9月25日至10月15日，西乡塘区出现局部、短期香蕉价格下跌现象。超过七成熟的香蕉，因无法远销，销价跌至每千克0.60元。市农业部门利用各种平台广泛发布销售信息，组织企业、商会、协会、香蕉经纪人联系外销。10月15日，气温下降，减缓香蕉成熟速度，缓解香蕉集中大量上市的销售压力，香蕉销售价格逐步稳步回升。

农业展会　4月28日，第六届广西(南宁)春茶节在南宁市开幕。自治区农业厅、南宁市政府共同主办，市农业局、南宁华南城、天鹰茶城(中国—东盟茶叶交易中心)承办。春茶节设展位600余个，其中免费展位230个；设茶产业区、茶文化展区、茶具区、根艺区、专题活动区等，经营面积4万多平方米，邀请自治区内外约400家茶叶生产流通企业参展；主要有春茶节开幕式、各地名茶大展销、广西第九届桂茶杯名优绿茶评比及获奖产品拍卖、茶企业产销对接座谈会、茶艺表演、2013年全民饮茶日、饮茶达人赛、万人评茶、家庭现场制茶等系列活动。南宁市组织40多家茶企业参展。期间，吸引10万多人参加，现场交易金额1256万元，签订投资、经营、加工等合同金额4.30亿元。8月15日至17日，南宁市以"绿城南宁，绿色食品"为主题组织10家龙头企业、20个品种的农产品赴香港参加第四届广西名特优农产品(香港)交易会，为南宁市农产品首次进入港澳地区。接待采购商2760人次，现场销售5万多元，意向签约34笔，意向交易2510吨，意向交易金额5490万元。期间，举办南宁—香港农产品贸易暨招商引资洽谈会，达成意向投资3笔，拟在南宁市建设供港蔬菜基地80公顷、5万吨液态生物肥厂等投资项目，总投资6600万元。12月27日至31日，南宁市组织12个县(区)和市级农业龙头企业的农业优势产品、特色产品以"依托优势呈亮点　绿色发展创品牌"为主题参加第五届广西(百色)名特优农产品交易会，设展位36个，参展品种40多种，约230个产品860吨，现场商品销售额3222.18万元。邀请来自新加坡、上海、湖北、深圳及自治区内的农副产品采购商50多名，举办产品推介活动20多场次，签订农业投资、农产品购销协议和意向总金额3.16亿元。

(梁克非)

【农产品质量安全】 2013年，南宁市农业部门加大"三品一标"(无公害农产品、绿色食品、有机农产品，农产品地理标志)工作力度，完成16个产地环境评价检测。其中：蔬菜产地9个，水果产地5个，粮食产地1个，茉莉花产地1个。进行36个产品检测。其中：蔬菜产品22个，水果产品11个，粮食产品2个，茉莉花产品1个。隆安昌隆农业科技开发有限公司、广西南宁绿瀚农业有限公司、邕宁区那云韭菜合作社等8家企业(合作社)生产基地通过现场检查。南宁市有效期内的无公害农产品产地11.75万公顷，认证无公害农产品52个，其中兴宁区山外山农牧有限公司新获无公害农产品认证产品11个；通过绿色食品认证企业7家，认证种植业绿色食品10个；通过国家农业部中绿华夏中心认证企业3家，认证种植业有机食品7个；通过质监部门认证的地理标志保护产品5个。15个县级、110个乡级农产品质量安全监管服务机构建立农产品质量安全监管制度，涉农乡镇(街道)聘任村级农产品质量安全协管员1354名，基本实现南宁市农产品生产基地质量安全监管服务全覆盖。自治区农业厅和自治区食品安全委员会办公室为每个涉农乡镇(街道)配置摩托车、电脑、检测仪等设备，110个涉农乡镇(街道)全部完成仪器设备采购，大幅度改善乡镇检测设备缺乏或老化的问题，提升基层农产品质量安全监管公共服务能力。各级农业部门对生产基地、农贸批零市场上

南宁市种植业无公害农产品产地名录

产地	产品	证书编号	规模（公顷）
宾阳县蔬菜生产基地	叶菜、瓜类、块根、块茎类、茄果类、菜豆类、莲藕	WNCR-GX05-10068	5667.00
广西无公害宾阳县廖平油梨示范园	油梨	WNCR-GX11-10012	53.00
广西无公害王灵农场蔬菜产地	胡萝卜、辣椒、西瓜	WNCR-GX09-10016	189.70
广西宾阳县无公害稻谷生产基地	稻谷	WNCR-GX08-10001	8070.00
广西宾阳县宾州镇无公害蔬菜产地	青瓜、彩椒、水瓜	WNCR-GX13-10040	20.00
横县优质稻生产基地	稻谷	WNCR-GX05-10070	27483.67
横县水果生产基地	荔枝、龙眼、柿子、香蕉、李	WNCR-GX05-10069	9070.00
广西无公害横县润达蔬菜产地	豆角、青瓜、丝瓜	WNCR-GX13-10027	114.00
广西南宁华侨投资区无公害西(甜)瓜产地	西(甜)瓜	WNCR-GX09-10004	17.60
南宁市江南区蔬菜生产基地	叶菜、豇豆、瓜类	WNCR-GX04-10025-4	2593.00
南宁市江南区西瓜生产基地	西瓜	WNCR-GX04-10026-4	5726.65
南宁市江南区江西镇蔬菜基地	四季豆、黄瓜、辣椒、甜玉米、紫糯玉米、香葱	WNCR-GX06-10053	1400.00
南宁市江南区优质谷生产基地	稻谷	WNCR-GX05-10007-5	804.00
南宁市良庆区菠萝生产基地	菠萝	WNCR-GX07-10001	1176.70
南宁市良庆区蔬菜生产基地	叶菜、瓜类、豆类、茄果类、根茎类	WNCR-GX07-10002	1866.00
南宁市良庆区蔬菜生产基地	大白菜、瓜类、豆角、茄子	WNCR-GX04-10025-6	837.00
广西无公害南宁市良庆区南晓镇荔枝产地	荔枝	WNCR-GX09-10017	800.00
南宁市良庆区优质谷生产基地	优质谷	WNCR-GX05-10007-7	1999.30
隆安县雁江镇福颜村蔬菜生产基地	瓜类、叶菜类、四季豆	WNCR-GX06-10022	140.00
隆安县水果生产基地	板栗、蕉类、荔枝、龙眼、柑橙	WNCR-GX05-10067	9874.50
广西无公害隆安优质米产地	大米	WNCR-GX13-10012	106.60
马山县乔利乡蔬菜生产基地	四季豆、法国豆、苦瓜、番茄、菜椒、叶菜类	WNCR-GX04-10049	860.00
青秀区无公害水果生产基地	龙眼、荔枝、柑橘、葡萄	WNCR-GX09-10006	362.00
青秀区无公害蔬菜生产基地	结球甘蓝、东升南瓜、香芋、番茄	WNCR-GX09-10009	170.00
广西无公害南宁市青秀区稻谷生产基地	稻谷	WNCR-GX09-10020	560.00
南宁市青秀区优质谷生产基地	稻谷	WNCR-GX05-10007-6	1751.60
广西无公害上林县稻谷产地	稻谷	WNCR-GX07-10016	6487.00
广西无公害武鸣县森蕾草公司蔬菜产地	苦瓜、丝瓜、毛节瓜、黑皮冬瓜、辣椒等	WNCR-GX12-10004	40.00
武鸣县龙眼生产基地	龙眼	WNCR-GX04-10055	5000.00
广西武鸣县陆斡镇桥东村蔬菜基地	菜心、南瓜	WNCR-GX07-10008	200.00
武鸣县粮食生产基地	稻谷、玉米	WNCR-GX06-10052	13760.40
武鸣县双桥镇蔬菜生产基地	茄果类、白菜类、瓜类、豆类、芥菜	WNCR-GX05-10032	500.00
广西无公害武鸣县蔬菜产地	辣椒、番茄、苦瓜、黄瓜、豇豆、蕹菜、菜心、白菜、芥菜、生菜	WNCR-GX12-10002	80.00
广西武鸣县太平镇番茄产地	番茄	WNCR-GX07-10009	600.00
广西南宁市武鸣无公害小皇后柑橘生产产地	皇帝橘、砂糖橘、马水橘	WNCR-GX13-10038	40.00
广西南宁市无公害葡萄提子产地	葡萄	WNCR-GX13-10039	30.00
广西南宁市无公害蔬菜产地	菜心、芥蓝、学斗、白菜籽	WNCR-GX13-10025	90.00
南宁市金陵镇三联村蔬菜生产基地	菜心、白菜、芥菜、芥蓝、茄瓜、苦瓜、蒲瓜、豆角、辣椒	WNCR-GX04-10018	200.00
南宁市蔬菜研究所蔬菜生产基地	四季豆、毛节瓜、野菜、甜瓜等	WNCR-GX04-10030	3.33
南宁市兴宁区优质谷生产基地	稻谷	WNCR-GX05-10007-2	969.70
广西南宁市兴宁区三塘无公害南瓜生产基地	南瓜	WNCR-GX10-10013	200.00
南宁市兴宁区三塘镇蔬菜(西瓜)生产基地	叶菜类、瓜类、豆类	WNCR-GX04-10048	783.67
南宁市兴宁区五塘镇蔬菜(西瓜)生产基地	叶菜类、瓜类、豆类、西瓜	WNCR-GX04-10025-3	843.67
广西无公害南宁市嘉和城碧湾园农产品产地	白菜、菜心、菠菜等	WNCR-GX13-10026	6.67
广西无公害南宁市那楼淮山产地	淮山	WNCR-GX12-10005	666.70
南宁市邕宁区蔬菜生产基地	叶菜类、豆角、瓜类	WNCR-GX04-10025-1	1077.00
南宁市邕宁区优质谷生产基地	稻谷	WNCR-GX05-10007-1	4211.30

市蔬菜、水果等农产品采用快速检测法进行农药残留监测，监测农产品155.27万批次，合格率99.78%，没收销毁超标蔬菜、水果4.66万千克。（韦悦妮）

农业产业化

【产业化项目建设】 2013年，南宁市安排农业产业化经营项目扶持资金3000万元，重点扶持桑蚕、食用菌、家禽类产业，优先扶持市级以上农业产业化重点龙头企业。获扶持的农业产业化经营项目23个。其中：桑蚕产业项目8个，扶持金额1100万元，主要用于横县、宾阳县、上林县等桑蚕优势产区茧丝加工龙头企业保价收购鲜茧所需流动资金贷款贴息、桑蚕茧加工技术改造等；食用菌产业项目6个，扶持金额710万元，主要用于新建菌种生产、加工、冷藏生产示范基地等；家禽类产业项目8个，扶持金额980万元，主要用于家禽养殖示范基地建设；农民专业合作社项目1个，扶持金额180万元。（廖　芹）

【龙头企业】 2013年，南宁市有农业产业化重点龙头企业163家，比上年增加16家。其中，自治区级37家，占自治区21%，居自治区第一；国家级14家，占自治区45%，居自治区第一。农业产业化重点龙头企业实现产值410多亿元。上市企业有南宁糖业股份有限公司、广西皇氏甲天下乳业股份有限公司、百洋水产集团股份有限公司、广西黑五类食品集团有限责任公司、广西丰林木业集团股份有限公司5家，成为国家级重点龙头企业中的明星企业。广西金穗农业投资集团有限责任公司建成全国最大的香蕉标准化产业基地。以广西洋浦南华糖业集团股份有限公司、南宁糖业股份有限公司为龙头的糖蔗加工业，以广西皇氏甲天下乳业股份有限公司为龙头的牛乳加工业，以横县桂华茧丝为龙头的茧丝加工业，以百洋水产集团为龙头的水产养殖及加工业，以广西华劲集团股份有限公司为龙头的造纸业，以广西金穗农业投资集团为龙头的水果种植及加工业，以广西富丰集团有限公司、广西金陵农牧集团有限公司为龙头的养殖及加工业，以广西明阳生化科技股份有限公司为龙头的生物能源加工业，以广西黑五类食品集团有限责任公司为龙头的食品加工业，以广西国泰粮食集团有限公司、广西五丰粮食集团有限公司为龙头的粮食加工业，以广西丰林木业集团股份有限公司、自治区国营高峰林场为龙头的林业及加工业的产业集群基本形成。（吕校成）

【农民专业合作社】 2013年，南宁市有农民专业合作社1685家，新增338家。市财政安排专项补助资金扶持农民专业合作社项目发展，经审核确定，扶持符合申报条件的农民专业合作社项目30个，金额550万元。（陆爱洪）

【产业联结机制】 2013年，南宁市产业化组织与农户的联结机制中，合同关系352个，合作方式394个，股份合作方式134个，其他方式444个。农户与龙头企业之间的利益联结方式进一步规范，在合同关系中，订单关系137个，占合同关系39%，订单总额86亿元，履约订单成交额80亿元，订单合同履约率93%。（廖　芹）

【农村土地承包经营权确权登记颁证】 2013年，南宁市出台《南宁市农村土地承包经营权试点登记颁证工作实施方案》《南宁市农村土地承包经营权确权登记颁证试点工作规程（试行）》《南宁市农村土地承包经营权流转管理暂行办法》等文件，确定兴宁区五塘镇维新坡、良庆区那马镇坛板坡、经开区吴圩镇茶柳坡3个市级农村土地承包经营权确权登记颁证试点，南宁市农村土地承包经营权确权登记颁证试点正式开展。年内，全市土地承包经营权流转面积6.67万公顷，比上年增加1.07万公顷。修订出台《南宁市农村土地承包经营权流转专项补助资金管理暂行办法》，92个农村土地承包经营权流转专项补助资金项目获扶持。其中：农村土地流转规模经营项目80个，扶持金额1182.26万元；村级农村土地流转服务站建设项目12个，扶持金额6万元。

【农村集体“三资”清产核资】 2013年7月，南宁市农村集体“三资”（资金、资产、资源）清产核资（2012年5月下旬开始）全面完成。经自治区农村集体“三资”清产核资工作小组办公室考评验收，南宁市获优秀等次。全市6个县、6个城区、2个开发区，123个乡镇（街道），1522个村委（社区），30438个自然村（屯、小组）开展农村集体“三资”清产核资，统一制定“三资”管理制度。52个乡镇（街道）、581个村实行“三资”会计委托代理服务。清理前全市农村集体资产总额67.63亿元，清理后资产总额92.08亿元，分别为货币资金25.58亿元、固定资产65.75亿元、应收账款0.74亿元；清理前负债总额1.60亿元，清理后负债总额1.63亿元，分别为短期借款6100万元、应付款项1300万元、长期借款及应付款8900万元；清理前所有者权益总额66.03亿元，清理后所有者权益总额90.45亿元；清理前资源总量129.33万公顷，清理后资源总量131.20万公顷，分别为农用地122.40万公顷（耕地39.27万公顷）、建设用地2.73万公顷、未利用地6.07万公顷；经济合同1.80万件，涉及金额1.50亿元。（陆爱洪）

农业科技

【农业科研】 2013年，南宁市围绕“四新”（农业新品种引进、新技术推广、新办法服务、新型农民培训）工作，落实科技兴农战略。开展农业科技研发，实施“新农村科技服务体系建设和能力提升”项目28个，完成农业科技攻关和技术提升专项项目68个，获科技部国家农业科技成果转化和国家建设现代化农业产业技术体系广西创新团队建设项目4个。实施《百万亩超级杂交水稻示范推广》项目，获南宁市科技重大贡献奖；《香蕉节本高效栽培综合配套技术集成研究与示范》《籼粳杂交水稻新品种甬优6号示范与推广》2个项目分别获2013年度南宁市科学技术进步奖二等奖；“放心菜检测科普活动资源包”被中国科学技术协会评为全国优秀科普资源包。建成良种培育中心12家、农业标准化生产技术示范基地17个。示范推广农村实用新技术23项、农业新品种57个，直接受益农民27万余人。提升农业良种良法应用水平。在上林县大丰镇建立农作物新品种试验基地1个，试验面积20公顷，引进试种水稻品种101个、玉米品种37个。建设间套种示范基地1333.33公顷，实施农作物间套种技术的推广应用10.67万公顷，实现农作物增产20%，效益增加30%以上。推广香蕉错季种植、葡萄一年两收、火龙果防寒、香蕉脱毒组培苗、柑橘无病毒繁苗、果实套袋、适时无伤采收、预冷贮藏保鲜、产品采后处理等实用先进技术；研发农产品加工新技术13项，转化为农产品深加工新产品22个。实施香蕉产业3年升级计划，开展南宁市"香蕉产业升级关键技术研究与示范推广"科技项目研究，抓好香蕉新品种、香蕉节本增效、提质增效技术引进、示范，提高香蕉产业整体效益。农业科技贡献率62%。主要农业生产综合机械化水平44.60%。依靠现代高科技手段开展的气象、水文、防汛等预测预报预警的质量提高，农业抗灾、防灾、避灾水平提升。

【农技推广体系建设】 2013年，南宁市继续推进基层农技推广体系改革与建设，完成12个县(区)乡镇农技推广站设置。乡镇农技推广站实行"县乡共管，以县为主"，"三权"(人、财、物)归县的管理模式，完成乡镇农业技术推广站人、财、物交接手续和89个乡镇农业技术推广站业务用房新建、修缮(改扩建)及办公仪器设备购置等条件建设。 (黄永贵)

【农业科普宣传】 2013年，南宁市在全国、广西科技周活动和广西"十月科普大行动"、全国科普日期间，开展科普活动3次、科技培训24次、技术指导47次，接受群众咨询5800人次，发放农产品安全、农业技术资料2.39万份。利用生产示范基地、科普教育基地的条件开展新品种新技术示范推广，接待县(区)农民群众参观3批240人次；开放科普教育基地，接受青少年学生参观，组织开展菜蔬认养活动、科普活动12批次1100人次。开展科技下乡活动，举办农业实用技术培训256期，培训和接受农民群众技术咨询6.75万人次，发放技术资料15.73万份。开展科普进广场活动3场次，宣传和接受市民咨询4620人次，发放农产品质量安全、防灾救灾科普资料1.39万份。开展科普进社区活动3次，发放科普资料5120份，参与群众2300人次。开展科普进机关活动2次，开展科普讲座2场次，参加人员120人次，发放农产品质量安全、防灾救灾科普资料530份。

【新技术新品种引进与推广】

良品推广 2013年，南宁市推广超级稻种植11.97万公顷，其中早稻6.03万公顷、中稻546.67公顷、晚稻5.88万公顷；主推品种有准两优527、准两优1202、Y两优1号、两优0293、丰源优299、中浙优1号、特优航1号、天丰99、天丰优998、两优培九、培杂泰丰、Ⅱ优航1号、甬优6号等。马铃薯推广品种主要有中薯1号、紫花K3、东农303、中薯213、大西洋、合作88、早大白等。实施"优茧工程"，加大"桂蚕一号""桂桑优62"等桑蚕新品种示范推广。

农业技术人员指导农民释放赤眼蜂 李亦菁 摄

良法推广 推广水稻免耕抛秧技术9.48万公顷。推广玉米免耕技术4.66万公顷，其中春玉米免耕2.17万公顷、秋玉米免耕2.52万公顷。推广稻田马铃薯免耕栽培技术3206.67公顷。推广间套种技术7.99万公顷，主要以甘蔗、木薯、玉米、果树等为主栽品种，其中套种西(甜)瓜1.59万公顷、套种花生1.73万公顷、套种大豆2.07万公顷。推广水稻好气栽培8173.33公顷，经田间测产验收，平均亩产577.90千克，平均亩比对照增产8.40%。推广应用桑树育苗水肥一体化技术、小蚕共育、大蚕省力化饲养、升降式方格蔟营茧等先进实用技术。

(毕晓磊)

【蔬菜新产品研发与试验】 2013年，南宁市有桂特1号当归叶、桂特1号大叶一点红2个野菜新品种和五子椒、白玉椒2个观赏辣椒新品种通过品种审定。引进收集番茄、辣椒、茄子、豆角、苦瓜、菜心等蔬菜良种52个，其中番茄品种36个、辣椒品种4个、茄子品种2个、豆角品种4个、苦瓜品种3个、菜心品种3个。首次引进东北油豆角。试验确定具有推广价值的蔬菜品种8个，引种确定其中6个品种作为有价值进行品比观察的蔬菜品种。推广蔬菜新品种面积2133.33公顷，继续大力推广传统优良品种，如农一892毛节瓜、211丝瓜、红姑娘小番茄、象牙四季豆等。加大力度推广新选育的蔬菜优良品种如白兰、甜豆角、野菜新品种一点红、菊花脑等，推广面积533.33公顷。引进、推广国外优良品种，如小番茄新品种夏阳、红吉宝、红吉星等推广面积500公顷，种植面积有较大幅度增加。赛福1608圣比利等大番茄在武鸣县、宾阳县、横县、西乡塘区、兴宁区等县(区)推广种植266.67公顷。推广五大类蔬菜20个品种，种植面积3333.33公顷，其中番茄813.67公顷、瓜类作物1533.33公顷、豆类蔬菜453公顷、其他叶菜蔬533.33公顷。 (梁克非)

【病虫害防控】 2013年，南宁市农作物病虫草鼠害发生面积181万公顷(次)，总体呈中等发生程度。其中，稻飞虱发生面积17万公顷(次)，稻纵卷叶螟发生面积10.40万公顷(次)，三化螟发生面积5万公顷(次)，稻纹枯病发生面积15万公顷(次)，稻瘟病发生面积6.20万公顷(次)，玉米螟发生面积3.20万公顷(次)，甘蔗螟虫第一代、第二代累计发生面积9万公顷(次)，农田鼠害发生面积18.60万公顷(次)。实施农作物病虫害防治面积162万公顷(次)，占发生面积90%。防治效果92%，挽回作物产量损失110.68万吨，其中挽回稻谷损失51万吨。实施绿色防控示范面积1万公顷，统防统治面积2.93万公顷。结合"美丽南宁·清洁城乡"大行动中的清洁田园技术，推广应用频振式杀虫灯、害虫性诱技术、黏虫黄板等多种绿色植保技术。完成"南宁市大面积释放赤眼蜂防治甘蔗螟虫项目"研究，春季在武鸣县开展利用天敌昆虫赤眼蜂防治甘蔗螟虫的行动，实施面积3300公顷，有效降低实施区域甘蔗螟虫的总体密度，减少农户使用农药量，为大规模利用天敌昆虫控制害虫起导向作用。9月，在上林县开展示范性无人直升机与多种机动药器械在防治水稻病虫害的对比活动。（徐盛刚）

【土壤肥力改造】

测土配方施肥 2013年，南宁市实施测土配方施肥46.03万公顷，其中主要作物水稻22.27万公顷、玉米6.75万公顷、甘蔗8.55万公顷。项目采集土壤样品5007个、植株样品274个，化验样品1.26万个（包括需增加化验项目的往年样品），完成大、中微量元素等检测项目6.73万项（次）；完成各类肥料试验78个，其中“3414”类小区（指采用氮、磷、钾3个因素，4个水平，14个处理方案设计的试验）试验23个、对比示范等其他试验55个。举办技术培训班329期，印发施肥卡、培训资料等21.76万份，为技术骨干、农民、营销人员等提供技术培训或技术咨询服务8.28万人次。初步完成耕地地力评价，形成耕地地力评价技术报告及相关的图件、专题报告等。采取农业部门提供施肥配方，企业按方生产和销售配方肥的合作方式，落实农（农业部门）企（企业）合作推广配方肥，在25个乡镇启动国家测土配方施肥项目终端配肥仪式和相关的活动。在上林县试运行土配方施肥触摸屏查询系统。国家测土配方施肥资金补贴项目实现全市覆盖，测土配方施肥实施项目超额完成自治区农业厅下达的42.67万公顷任务。

沃土工程 南宁市以加强耕地质量建设为重点，实施沃土工程。实施中低产田改良、推广秸秆还田、积制优质有机肥、大力恢复和发展绿肥，提升土壤有机质，培育高产稳产农田。武鸣县、宾阳县、隆安县、上林县、横县五县继续承担国家农业部土壤有机质提升项目。全市完成秸秆还田54.14万公顷，其中水稻24.16万公顷、玉米6.45万公顷、其它作物23.52万公顷，还田总量204.78万吨。完成冬种绿肥面积8354公顷，其中专用绿肥3667公顷（紫云英2980公顷、苕子687公顷）、兼用绿肥4687公顷（油菜2667公顷、蚕豌豆1853公顷、黑麦草167公顷）。

中低产田改造 南宁市中低产田面积23.36万公顷，占耕地总面积58.48%。主要分为干旱灌溉型、渍潜稻田型、盐碱耕地型、坡地梯改型、渍涝排水型、障碍层次型、瘠薄培肥型、酸化耕地型8种。通过采取增施有机肥、秸秆还田、冬种绿肥、配方施肥、深耕深松、聚垄耕作、开沟治潜、节水灌溉、坡改梯、地膜覆盖等改良措施，实施中低产田改良面积5.54万公顷，其中瘠薄培肥型改良3.22万公顷、干旱灌溉型改良1.74万公顷、渍潜稻田型改良3600公顷。（何明菊）

【农业职业教育与技能培训】 2013年，南宁市围绕农业农村经济发展和广大农民的培训需求，以种养大户、家庭农场、农民专业合作组织、农业社会化服务体系的骨干农民为重点对象，结合“粮棉油糖高产创建”“菜篮子”“病虫害统防统治”“农技推广体系改革与建设补助”等农业项目资源，加强务农农民从业技能和综合素质培训。完成农民培训24.38万人次，农村中等专业实用人才招生1101人，村“两委”（村民委员会、党支部委员会）干部培训903人，农村青年转移就业技能培训、创业培训、种养技能培训5400人。农村劳动力培训阳光工程培训3972人（农业专项技术培训2522人、农业职业技能培训1400人），完成任务100.60%。其中：武鸣县完成粮棉油糖高产创建项目实施区骨干农民培训500人，“菜篮子”产品生产基地骨干农民培训500人，农业职业技能培训800人，农村创业青年50人；横县完成粮棉油糖高产创建项目实施区骨干农民培训501人，“菜篮子”产品生产基地骨干农民培训521人；上林县完成农业专项技术培训500人，农业职业技能培训完成7个专业培训600人。（黄永贵）

【农业科技队伍建设】 2013年，南宁市实施“人才小高地”工程，以市蔬菜研究所为主阵地，设立“南宁市安全、优质蔬菜产业人才小高地”团队，有成员40人。其中：博士1人、硕士7人、本科32人；农业推广研究员1人；高级职称15人，中级职称17人；团队柔性引进专家4人。实施科研和人才培养项目近10项。继续做好高层次农业科技人才推荐和管理。开展农业系列职称评审，有60人取得农业系列中级专业技术资格，其中农艺师23人、兽医师26人、畜牧师4人、水产工程师7人。（兰张红）

【农业科技信息网络建设】

农业信息服务体系建设 2013年，南宁市紧扣服务“三农”重点，捕捉农业发展信息要点、热点、亮点、难点问题，加强农业信息采集发布。在南宁农业信息网发布信息2238条；在广西农业信息网发布信息2844条，在自治区14个地市中位列第六。每周2次对淡村市场、北湖市场、白苍岭市场、津头市场等25种主要农产品的价格行情采集上报，在南宁农业信息网发布农副产品价格行情报告59期，形成46期价格分析汇总上报。加强本地农产品销售信息的搜集，了解本地市场和农产品输出市场价格行情，强化农产品流通销售信息服务。5月，依托网络平台举办“2013年兴宁区五塘苦瓜节暨农产品网上交易行”“2013年南宁市春夏季蔬菜瓜果网上交易节”，浏览人数分别有为1988人次、1961人次；发布当季本地农产品流通情况，分析农产品的供求趋势，为农户从事农业生产提供信息服务。以南宁农业信息网为平台，开展“农业信息服务进企业”活动，帮助企业拓展农产品销售渠道，与广西香蕉产业协会100家香蕉企业达成服务合作协议，通过网站、手机平台等多种方式为企业提供实效的农业信息服务。

农业信息化建设与应用 南宁市加强中心系统网络管理，坚持网络运行日常巡查制度，成立信息安全自查工作小组，指定信息安全专员与第三方维护公司共同自查，整改完善中心基础网络保护。对南宁农业信息中心现有的“一网站三系统”进行备案、定级，其中一级系统2个、二级系统2个。开发维护市农业局项目管理信息系统，6月正式上线运行，完成2013年秋冬种示范基地建设项目、良种“育、繁、推”一体化工程项目、农村基础设施建设投资项目、南宁市综合示范村农业产业备选项目在线申报、审核。对南宁农业系统OA办公自动化系统进行升级改版，强化行政协同、公文处理、短信群发、即时通讯等功能，12月基本完成。升级改版南宁农业信息网，新版网站进入最终定版阶段。完成南宁市农产品农药残留检测监控系统新版短信服务器应用开发。（李亦菁）

种 植 业

粮油作物

【粮食安全工程】 2013年，南宁市把保障粮食安全作为首要任务，全面实施粮食自给工程。开展粮食稳定增产行动，在武鸣县双桥镇和横县百合镇等11个乡镇开展水稻万亩粮食高产创建示范片建设，在武鸣县陆斡和隆安县那桐等6个乡镇开展玉米万亩粮食高产创建示范片建设，在武鸣县宁武、双桥等乡镇开展马铃薯万亩粮食高产创建示范片建设，推进高产创建示范片与龙头企业、种子企业、农民专业合作社和各种社会化服务组织相结合，实现超级稻推广新突破。抓好高标准基本农田建设，实施土地整治项目29个，实施面积1.75万公顷，总投资6.59亿元，惠及行政村40个；重点抓好超级稻推广种植，超级稻推广面积12.69万公顷，比上年增加7260公顷，增长6.07%，累计新增粮食904.96万千克。创新间套种栽培模式，重点推广莲藕套种超级稻、香芋套种超级稻、甘蔗间套种大豆（玉米）、玉米间套种木薯（大豆）等栽培模式；抓好高产创建示范、测土配方施肥和水稻旱育及抛栽技术、病虫害综合防治技术、水稻机收及秸秆还田技术等良种良法推广。结合“美丽南宁·清洁乡村”“清洁田园”工程实施，加大稻田秸秆快速腐熟还田技术试验示范和冬种绿肥示范建设力度，推进农业清洁生产。把提高粮食综合生产能力、亩产吨粮和万元增收工程当作农民增收的主要措施，实现粮食生产再获丰收目标，粮食生产呈现出“面积稳、单产升、总产增”的良好局面。粮食播种面积44.28万公顷，增长0.18%；单产每公顷5045.25千克，增长3.64%；总产量223.44万吨，增加8.24万吨，增长3.86%。粮食生产连续八年增产，面积和总产均居自治区第一。南宁市连续3年被自治区政府评为粮食生产先进市。

【稻谷生产】 2013年，南宁市大力推广种植优质稻，扩大优质稻种植规模，调整优质稻品种结构，提高单产，推广应用“稻—灯—鸭”“稻—灯—鱼（蛙）”生态模式和有机稻生产技术，培育粮食生产专业合作社、粮食加工龙头企业、粮食生产种粮大户，培育和打造“绿色优质谷”“优质有机米”品牌，提高种粮效益和产业化经营水平及加工能力。优质稻生产基地主要分布在武鸣县、上林县、青秀区等县（区）。水稻播种面积28.73万公顷，总产量183万吨，其中优质稻25.85万公顷，占水稻播种面积90%以上，产量161万吨，占水稻总产量88%，保持面积、产量均为自治区第一；粮食加工转化率45%以上，保持自治区领先。

【玉米生产】 2013年，南宁市玉米播种面积11.12万公顷，比上年增长1.16%；单产每公顷4972.05千克，增长2.75%；总产量55.29万吨，增长3.94%。在武鸣县、横县、宾阳县、上林县、马山县、隆安县六县开展玉米万亩高产创建示范片，推广作物秸秆覆盖地表技术、地膜覆盖技术、玉米免耕栽培技术、玉米水肥一体化等技术。推广玉米套种大豆、玉米套种木薯、玉米套种花生等应用模式。玉米主推品种有正大619、正大818、迪卡007、亚航639等高产多抗杂交种。

【豆类生产】 2013年，南宁市豆类播种面积2.49万公顷，比上年增长2.57%；单产每公顷1617千克，增长3.06%；总产量4.03万吨，增长5.71%。豆类生产主要有大豆、绿豆。大豆主要分布在隆安县、马山县、武鸣县、上林县，种植面积2.17万公顷，产量5.97万吨；绿豆在南宁市12个县（区）均有种植，种植面积2333.33公顷，产量6300吨。

【薯类生产】 2013年，南宁市薯类播种面积1.90万公顷，比上年减少1.56%；单产每公顷3250.05千克，增长6.42%；总产量6.17万吨，增长4.78%。薯类生产主要有红薯、马铃薯。红薯主要分布在宾阳县、横县、马山县、上林县，种植面积1.36万公顷，产量6.53万吨；马铃薯主要分布在武鸣县、马山县、上林县、宾阳县、横县、青秀区、邕宁区，种植面积8733.33公顷，产量4.58万吨。

【油料生产】 2013年，南宁市油料生产保持平稳增长，以武鸣县、青秀区等县（区）为重点，发展高产优质油料新品种。其中：在武鸣县建立万亩花生良种繁育基地，确保武鸣县国家产油大县地位；在武鸣县、青秀区等县（区）开展花生万亩高产创建示范片，推广花生高产栽培、垄作双行加地膜覆盖栽培、花生测土配方施肥，花生平衡施肥等良种良法技术，花生良种覆盖率80%以上。推广品种有桂花17号、梧油7号、粤油79、中花4号。全市油料播种面积4.77万公顷，比上年增长4.58%，其中花生延续上年增长态势，花生播种面积4.65万公顷，增长3.93%；油料总产量13.94万吨，增长11.65%，连续5年突破10万吨大关。油料播种面积和总产均列自治区第一。

（田乙凤）

经济作物

【蔬菜基地建设】 2013年，南宁市投入5013万元建设蔬菜基地13个，面积468.67公顷，主要建设项目是完善蔬菜基地基础设施和生产设施建设。其中：建设蔬菜标准化生产基地2个，面积103.33公顷，总投资697万元（市财政投入252万元），项目位于武鸣县双桥镇、城厢镇；新建和改造蔬菜生产基地8个，面积316.67公顷，总投资3911万元（市财政投入1460万元），项目位于武鸣县、横县、隆安县、西乡塘区、邕宁区、广西—东盟经济技术开发区等县（区）、开发区；蔬菜新品种新技术示范推广基地建设3个，面积48.67公顷，总投资405万元（市财政投入130万元），项目位于横县马岭镇、马山县古零乡、隆安县城厢镇。

市农业局食用菌展位吸引大批游客和客商参观　　李亦菁　摄

【蔬菜生产】 2013年，南宁市蔬菜播种面积17.79万公顷，比上年增加3200公顷，增长1.83%；总产量387.37万吨，增长3.05%。蔬菜种植面积和产量均位居自治区首位。市政府将“建设4000亩蔬菜基地”项目列入2013年为民办实事项目，加大力度扶持蔬菜基地基础设施建设，促进蔬菜产业向规模化、标准化发展。食用菌生产面积1632万平方米，增加172万平方米，增长11.78%；总产量14.89万吨，增加1.94万吨，增长14.98%。主要推广蘑菇工厂化种植，蘑菇“二次发酵”栽培、桑枝等作物秸秆种植食用菌、林下套种食用菌等实用技术。食用菌主要种植品种有蘑菇、平菇、凤尾菇、秀珍菇、鸡脚菇、金福菇、金针菇、茶薪菇等，种植规模最大的是双孢蘑菇，种植面积1527万平方米，约占总面积90%。横县年种植双孢蘑菇1525万平方米，为南宁市及自治区双孢蘑菇种植面积最大的县。

【糖料蔗生产】 2013年，南宁市糖料蔗种植面积15.62万公顷，总产量1126万吨，比上年增产4.93%，其中新植蔗面积6.13万公顷。主要种植品种有新台糖22号、新台糖25号、台优、粤糖93/159、粤糖94/128号、粤糖60号、桂柳2号等。有111个乡镇34.54万户种植糖料蔗，其中种植3.33公顷以上的有2162户、种植13.33公顷以上的有288户、种植33.33公顷以上的有62户。武鸣县、宾阳县、横县、邕宁区、良庆区、江南区等县(区)糖料蔗总产量超过100万吨。

(黄兰芳)

【木薯生产】 2013年，南宁市木薯种植面积4.93万公顷，比上年减少5.30%；总产量54.50万吨(干片)，减少2.80%。木薯种植面积和产量减少的主要原因是农村土地经营权流转和近年来木薯收购价格持续低迷，承包者和农民改种其他经济作物。南宁市木薯种植面积和产量仍居自治区首位，主要产区为武鸣县、隆安县、西乡塘区，其中武鸣县木薯种植面积2.42万公顷、产量28.50万吨，是全国最大的木薯生产县。木薯主要栽培品种为华南205、南植199。推广木薯种植间(套)种玉米、花生、西瓜、甜瓜、南瓜等栽培模式，推广面积2.17万公顷；推广木薯秸秆清洁生产技术，木薯秸秆机械化粉碎还田作绿肥总量18万吨，还田面积8000公顷。

【茶叶生产】 2013年，南宁市茶园面积1925公顷，采摘面积1888公顷。干毛茶总产量3486吨。其中：绿毛茶3268吨，占茶总产量93.70%；红毛茶144吨；其他茶74吨。茶叶生产主要集中在横县、武鸣县、上林县，其中横县干毛茶产量2500吨，占全市总产量71.70%。主要栽培茶树品种有南山白毛茶、福云六号、福鼎大毫、水灵1号、桂绿1号等优质高产树种，有毛茶加工企业和农民专业合作社茶30多家、精制茶加工企业180多家，茶叶加工有绿茶、红茶、黑茶、乌龙茶等品种，主要以绿茶加工为主。主要茶叶品牌有：“圣种”牌南山六堡茶和白毛茶、“金花”牌六堡茶、“古鼎香”牌六堡茶、“周顺来”牌茉莉茶等。

【茉莉花生产】 2013年，南宁市茉莉花种植面积4369公顷，产量5.50万吨，产值10亿元，全部产自横县。横县作为南宁市茉莉花主产区，是“中国茉莉之乡”，有花农6.80万户、33万人，有花茶加工企业80家，年加工花茶6万吨，加工产值28亿元，茉莉花产业总产值38亿元，茉莉花茶产业综合总产值（含交通、餐饮、宾馆、旅游等第三产业）45亿元。横县茉莉花产量和花茶产量占全国总量80%以上，占世界总产量60%，成为全国最大的茉莉花生产基地和茉莉花茶加工基地。8月23日至25日，第八届中国茉莉花茶交易会、2013年中国国际茉莉花文化节在横县举办。

【西(甜)瓜生产】 2013年，南宁市西(甜)瓜播种面积4.05万公顷，比上年增长1%；产量104.36万吨，增长3.10%。其中西瓜面积3.59万公顷，产量95.44万吨，分别占西（甜）瓜面积、产量的88.70%、91.50%。西(甜)瓜主要产区在江南区、西乡塘区、横县、良庆区、邕宁区、青秀区、武鸣县、宾阳县、广西—东盟经济技术开发区。江南区吴圩镇和苏圩镇种植西瓜面积1.20万公顷，是全国大型西瓜生产基地之一；广西—东盟经济技术开发区采用大棚栽培模式种植厚皮甜瓜150公顷，是广西最大的大棚厚皮甜瓜生产基地。西瓜主要栽培品种为小麒麟、麒麟王、黑美人、新红宝、墨童、广西3号无籽西瓜等；甜瓜主要栽培品种为黄金甲、农甜1号、农甜2号，其中厚皮甜瓜主要栽培品种为北海1号、金凤凰等。南宁市90%以上的西瓜采用地膜覆盖和嫁接栽培技术，厚皮甜瓜主要采用大棚栽培模式，西(甜)瓜种植重点推广膜下滴灌等先进技术和间套种栽培模式。

(周冠群)

【桑蚕生产】 2013年，南宁市桑蚕业保持稳健发展，桑园面积4.32万公顷，比上年增加1486.67公顷，增长3.57%；发蚕种222.15万张，新增19.66万张，增长9.71%；产鲜茧8.26万吨，增加2300吨，增长2.91%。鲜茧收购价格平均每千克40.85元，增幅16.15%。农民售茧收入33.74亿元。小蚕共育率79%，方格蔟推广普及率56%。有种桑养蚕专业合作协会74个，协会农户8324户，协会年收入1.03亿元。主产区主要分布在横县、宾阳县、上林县、武鸣县、邕宁区，面积分别为1.28万公顷、1.10万公顷、0.77万公顷、0.43万公顷、0.38万公顷，合计3.96万公顷，占全市总面积91.77%。

桑蚕标准化项目 横县、上林县、宾阳县、武鸣县在2012年开始实施的4个桑蚕标准化基地项目建设完成并通过市发展和改革委员会、市财政局、市农业局联合验收；实施完成武鸣县蚕沙资源综合利用试验示范农业科技创新项目，并通过自治区农业厅专家会议验收。3月29日，南宁市质量技术监督局发布南宁市地方标准DB450100/T7-2013《小蚕共育技术规程》，4月29日实施。

蚕茧加工 南宁市有缫丝加工企业19家，比上年增加1家；缫丝机组6.90万绪，年加工干茧能力2万吨，生丝产量4703吨，分别增长8.56%、15.91%、15.81%，生丝质量基本达到4A级以上。产值上亿元的缫丝企业有6家，增加1家，分别是广西华冠茧丝业有限公司、横县桂华茧丝绸有限责任公司、广西横县鸿达茧丝绸有限公司、广西上林县斯尔顿丝绸有限公司、南宁市桂合丝业有限公司、广西天景山丝绸有限公司。通过市财政项目扶持和引导建立南宁市第一家桑枝菌业生产企业——上林县明珍源桑枝菌业有限公司。 (宋桂荣 梁克非)

【优果工程】 2013年，是实施自治区政府“优果工程”升级行动五年规划(2009-2013年)建设的最后一年，南宁市按照基地规模化、生产标准化、经营产业化、产品品牌化的思路，科学调整水果品种结构，合理发展早、晚熟品种，使果品均衡上市；优化水果区域化布局，发展特色水果产业，加快品牌培育；推广水果标准化生产技术，创建绿色和无公害水果生产基地，确保果品安全；加强果品采后预冷贮藏及商品化处理包装，提高质量和市场竞争力；加强产前、产中、产后服务，全方位做好大宗水果促销，促进果农增产增收。水果面积9.43万公顷，总产量170.51万吨，总产值33.14亿元，名列自治区第二。农民人均种果收入645元。

香蕉种植　南宁市香蕉种植面积4.21万公顷，产量120.70万吨，产值21.30亿元，分别占水果总面积、总产量、总产值的45.10%、72.70%、63.10%，占自治区香蕉面积、产量、产值43.10%、44.70%、48.30%，名列自治区和全国地级市第一，国内市场占有率11.62%。实施“香蕉节本高效栽培综合配套技术集成研究与示范”项目，获2011年至2013年度全国农牧渔业丰收奖三等奖、2013年南宁市科技进步二等奖。位于隆安县的广西金穗农业投资集团有限责任公司建立广西香蕉育种与栽培工程技术研究中心和广西金穗香蕉产业技术创新中心，并牵头成立广西香蕉产业协会，使南宁香蕉在自治区和全国香蕉行业中具有风向标作用，产业地位显著提升。“绿水江”“金纳纳(kinana)”“洛洛香”“甜弯弯”“一鸣红”“壮乡美”等品牌香蕉畅销北京、上海等中心城市，辐射全国市场；“绿水江”“金纳纳(kinana)”香蕉出口俄罗斯及中亚地区；“绿水江”“甜弯弯”牌香蕉获国家绿色食品认证。

荔枝种植　南宁市种植荔枝面积1.21万公顷，产量4.43万吨。主要品种有黑叶荔、三月红、香荔、禾荔、鸡嘴荔等，主要分布在横县、良庆区、邕宁区、隆安县等县(区)。6月至8月上市。

龙眼种植　南宁市种植龙眼面积1.82万公顷，产量9.13万吨，名列自治区第一。主要品种有石硖、大乌圆、储良、良庆1号等。7月至9月上市，主要分布在武鸣县、横县、良庆区、邕宁区等县(区)，其中武鸣县建成广西无公害龙眼生产基地县，有“灵水”“官山”等品牌。

柑橘种植与特色水果种植　南宁市种植柑橘面积5233.33公顷，产量12.63万吨。主要分布在武鸣县、隆安县、良庆区等县(区)。以砂糖橘、杂交柑、马水橘、红江橙等品种为主，每年11月至次年3月上市，产品出口东南亚。其他特色水果种植有火龙果、菠萝、葡萄、枇杷、杨梅、草莓、大青枣、李、梅等，其中火龙果、菠萝产量居自治区第一。

（粟继军　梁克非）

渔　业

【概　况】　2013年，南宁市水产养殖面积2.77万公顷，比上年增长0.09%。其中：池塘养殖面积1.11万公顷，增长2.59%；山塘、水库养殖面积1.49万公顷，增长0.09%；河沟养殖面积1543公顷，减少0.58%；其他养殖面积101公顷，减少22.31%。大水面养鱼网箱2.50万个、面积51.40万平方米，减少11.20%。淡水产品产量23.30万吨，增长7%，其中捕捞产量1.66万吨、养殖产量21.64万吨，养殖品种主要以四大家鱼(青鱼、草鱼、鲢鱼、鳙鱼)及罗非鱼为主。淡水产品产量居自治区14个地市第一。2012年12月，南宁市西乡塘区成为自治区首个出口罗非鱼产品质量安全示范区。

【产业化生产】　2013年，南宁市渔业获中央财政扶持资金3580万元，用于扶持优势水产品产业(罗非鱼)生产发展，扶持建设标准化水产品养殖基地69个，改造面积1099公顷；罗非鱼产量5.48万吨，比上年增长5.80%，产值超6亿元。

【水产品安全监测与管理】　2013年，南宁市打击养殖过程中违法行为，完成水产畜牧产品安全监测4.88万批次，其中水产品例行监测140份、快检500份。加强水产品质量安全管理，重点开展水产品禁用药物和物质问题专项治理，抽检水产品2050份，合格率99.80%，其中罗非鱼检测合格率100%。

【技术培训与新品种推广】　2013年，南宁市强化水产养殖科技成果转化，围绕龟鳖庭院养殖、罗非鱼健康高效养殖等关键技术开展培训。推广新品种、新技术，推动产业优化升级。重点推广“百桂一号”罗非鱼等水产新品种。开展《罗非鱼越冬养殖新模式研究与示范》等新项目试验示范，组织实施“广西罗非鱼创新团队项目”，建立罗非鱼新品种示范推广养殖基地2个，开展生长性能对比试验基地2组；协助完成本区域罗非鱼主产区链球菌病等主要疾病的流行病学调查研究，建立罗非鱼高效健康养殖示范2个。实施“珍珠鳖繁育与健康养殖示范”“养殖龟鳖重大疾病防控技术研究及应用”，建立健康养殖示范户10个。创新龟鳖庭院养殖技术，开展龟鳖工厂化养殖技术研发，探索龟鳖全“封闭”、仿生态的工厂化健康养殖模式，南宁桂海野生动物养殖有限公司建设7000平方米的标准化龟鳖仿生态养殖车间，实现工厂化养殖。

【休闲渔业】　2013年，南宁市优化渔业结构，拉伸延长渔业产业链，提高渔业的经济效益，加强对休闲渔业示范基地的监管和指导，强化休闲渔业发展的政策引导和支持，推进休闲渔业示范基地建设。康佳龙生态农庄被农业部评定为全国休闲渔业示范基地。

【渔业用油油价财政补贴资金】　2013年，南宁市符合渔业用油油价补贴的渔船2508艘，总功率27614.86千瓦，获中央财政2012年度渔业用油油价财政补贴资金2450.59万元，并按规定完成发放。

【珠江水系禁渔期】　2013年，南宁市实施禁渔期制度，期间开展宣传、巡江、监管等工作，组织在邕江、大王滩水库、上林县大龙湖等地放流草鱼、鲢鱼、鳙鱼140万尾。

（黄剑锋）

畜 牧 业

【概　况】　2013年，南宁市大牲畜出栏22.74万头（匹），年末存栏72.53万头（匹）。其中：牛出栏22.53万头，存栏71.05万头；马出栏0.21万匹，存栏1.48万匹。生猪出栏523.31万头，存栏429.40万头。羊出栏22.82万只，存栏25.43万只。家禽出栏1.41亿羽，存栏5849.22万羽。肉类总产量65.56万吨，比上年增长1.62%；禽蛋产量3.12万吨，增长5.87%；牛奶产量5.70万吨，增长4.20%。奶牛养殖量和奶产量分别占自治区50%以上，生猪、家禽养殖量居自治区第二位；有饲料生产企业164家，年产饲料478万吨，占自治区总产量50%以上。畜牧水产养殖业实现总产值207亿元，其中牧业产值184.30亿元。

【养殖业产业结构调整】　2013年，南宁市有27个畜禽规模养殖场被列入农业部畜禽标准化示范场；广西柯新源集团原种猪有限责任公司、广西农垦永新畜牧集团有限公司良圻原种猪场、广西桂宁(集团)原种猪场入围全国37家生猪核心育种场。加强畜禽养殖标准化生态养殖，鼓励引导种养结合、生态养殖等生态循环经济方式，广西凤翔集团畜禽食品有限公司以"公司+农户+基地"形式养殖叮当鸡，负责回收冷鲜深加工，由专卖店统一销售，有"叮当"牌鸡专卖店50多家；广西皇氏甲天下乳业股份有限公司、广西石埠乳业有限责任公司、广西壮牛水牛乳业有限责任公司、广西农垦金光乳业有限公司、南宁童乐乳业有限责任公司等乳业龙头企业，带动养殖农户360多户，养殖奶牛9600多头。

【清洁养殖】 2013年，南宁市组织编报"美丽南宁·清洁养殖"建设项目，对新建、改建大中型规模养殖场、"人畜分离"养殖小区的粪便污水处理设施和病死畜禽无害化处理设施建设进行扶持，通过实施生猪标准化和市财政养殖业建设项目，安排4500万元用于建设沼气池、化粪池、排污沟、粪污固液分离系统等粪便污水处理设施及化尸池等病死动物无害化处理设施。实施畜禽养殖减排项目154个。制定畜禽养殖禁养区、限养区划定方案，划定畜禽养殖区域和养殖规模，引导养殖结构和产业布局调整。

【标准化生态示范场】 2013年，南宁市实施畜禽生态标准化示范工程，组织18家养殖场参与自治区级标准化示范场创建，其中生猪养殖场12家、肉鸡养殖场1家、奶牛养殖场4家、肉牛养殖场1家。有13家养殖场完成创建工作并通过验收。

【生猪养殖】 2013年，南宁市生猪养殖实现结构调整，农村散养户大幅度减少，从上年约占总量70%减少至39%，规模养殖场和规模养殖户大幅度增加，从上年30%增加至65%。生猪规模场(小区)养殖生产出栏比例提高，年出栏100头以上生猪的1.14万个，年出栏500头以上生猪的1158个，年出栏1万头以上的58个。全市生猪出栏523.31万头，比上年增长2.63%；生猪存栏429.40万头，增长7.91%，其中能繁母猪存栏44.33万头，同比增长-7.20%。生猪饲养量居自治区第二。猪苗销往全国除台湾、西藏之外的29个省(自治区、直辖市)，生猪苗种产值10亿元左右。

【家禽养殖】 2013年，上半年受H7N9(禽流感的一种亚型)禽流感疫情和部分城市禁止活禽上市的影响，南宁市家禽养殖业行业低迷，市财政补助1000万元资金稳定家禽产业发展，保障"公司+农户"收益，保障市场供应和农民增收。其中：安排560万元保种资金用于重点种禽龙头企业4月15日至5月15日期间种禽生产的维持性补贴，帮助稳定种禽基本保有量，确保恢复生产的能力；安排393万元用于"公司+农户"生产的重点养殖龙头企业4月15日至5月15日期间肉禽生产的维持性补贴，确保企业按照"公司+农户"合约保价回收所有合约出栏肉禽，保障广大农户利益；安排47万元作为家禽养殖加工重点龙头企业补贴，用于4月1日至6月30日期间家禽屠宰加工企业响应政府号召，对市场滞销的大量活禽进行收购、屠宰加工并冷储而造成的库存及周转资金压力，帮助企业恢复和稳定生产。全市家禽出栏1.41亿羽，比上年同期增长-1.09%；家禽存栏5849.22万羽，增长8.34%。蛋鸡存栏508.47万羽，禽蛋产量3.11万吨，增长5.87%。

【大牲畜养殖】 2013年，南宁市大牲畜出栏22.74万头(匹)，年末存栏72.53万头(匹)。其中：牛出栏22.53万头，年末存栏22.53万头；奶牛存栏1.02万头(其中水奶牛存栏0.49万头)。牛奶总产量5.70万吨，增长4.20%。50头以上规模奶牛养殖场(小区)21个，分布在12个县(区)，存栏奶牛2.13万头。其中存栏黑白花奶牛1.19万头、产奶奶水牛4966头，奶牛规模化养殖比重超过75%。

【山羊养殖】 2013年，南宁市草食动物养殖快速发展，上林县、马山县推广黑山羊林下生态养殖，利用林下空地和坡地发展林下种草、种植饲料树，增加饲草来源，节约饲料成本，促进粮牧林三方发展。羊出栏22.82万只，比上年增长6.14%；存栏25.43万只，增长8.30%，其中种公羊4761只；羊改杂交6.03万窝(次)，生产羔羊5.90万只。

【生鲜乳管理】 2013年，南宁市有生鲜乳收购站(点)16个、规模奶牛养殖场21家，奶牛存栏1.02万头，乳品加工企业7家。经过建设整改，16个生鲜乳收购站(点)全部获得生鲜乳收购许可证。开展生鲜乳生产、收购和生鲜乳运输的质量安全检查，出动人员426人次，检查奶牛养殖场123家次、生鲜乳收购站165家次、生鲜乳运输车90辆次。完成生鲜乳监督抽样1086批次，其中自治区抽样34批次、市本级抽样52批次、县(区)快速检测1000批次，主要检测生鲜乳中的三聚氰胺、β-内酰胺酶、碱类物质、皮革水解物、硫氰酸钠等违禁物质和β-内酰胺类、四环素类药物残留情况，检测结果全部合格。

【"菜篮子"惠民工程】 2013年，南宁市"为民办实事项目"中水产畜牧的"菜篮子"惠民工程，主要任务是建设标准化养殖基地30个，改造鱼塘200公顷。其中：建设生猪标准化养殖基地7个、家禽标准化养殖基地9个、草食动物养殖基地7个、水产养殖基地7个。标准化养殖基地项目累计完成投资1.41亿元，其中市财政资金1690万元、自筹资金1.25亿元；完成栏舍标准化改造17.10万平方米、青贮池1205平方米、沼气1630立方米、化粪池800立方米、排污沟2490米、氨化池2000立方米，微生物处理池2500立方米及其配套防疫设施。水产养殖基地完成低产池塘改造201.13公顷。

【畜禽强制免疫】 2013年，南宁市开展重大动物疫病突击免疫活动，出动人员约8000人次，免疫生猪口蹄疫351.18万头、牛口蹄疫66.62万头、羊15.36万只；免疫鸡禽流感4694.53万羽、鸭禽流感1009.69万羽、鹅禽流感24.88万羽，其他家禽禽流感78.11万羽；免疫生猪猪瘟374.84万头、猪蓝耳病347.11万头；免疫家禽鸡新城疫4649.90万羽。疫苗购进13609万毫升（万头、万羽份），发放13971万毫升(万头、万羽份)。发放消毒药16.91吨。各种重大动物疫病免疫率100%，没有发生重大动物疫情，12个县(区)、3个开发区的部分规模场、散养户采集检测畜禽血清5640份，检测血清抗体合格5348份，免疫合格率94.80%。

【动物疫病监测】 2013年，南宁市从定点活禽市场及各农贸市场、养殖场户采集棉拭子和血清样品3308份，平均抗体合格率88.10%。采集猪鼻拭子、猪组织样品、猪粪便等样品1300多份送自治区动物疫病预防控制中心进行检测，均未监测出重大动物疫病。

【人畜共患病监测】 2013年，南宁市对牛羊"两病"(布鲁氏菌病、结核病)监测，采取"对新建场和检出阳性的养殖场每半年监测1次，对以往监测结果阴性的养殖场每年集中监测1次”的办法，完成牛羊布鲁氏菌病监测4715头(只)次、结核病监测1805头，检出牛羊布鲁氏菌病阳性21头，已按国家有关规定扑杀并监督进行无害化处理。发放狂犬病疫苗36.40万(只)份，免疫29.99万只，免疫密度98.23%。向自治区动物疫控中心送检犬血清500份、犬组织样95份，检验结果血清狂犬病抗体阳性率78.60%。耕牛血吸虫病监测是动物防疫工作的重点项，在横县、宾阳县按GB/T 18640-2002采用“顶管孵化法”，监测400头耕牛血吸虫病，检验结果均为阴性。

【动物检疫】 2013年，南宁市动物检疫完成产地检疫猪270.18万头、牛5.21万头、羊2.51万只，禽类6032.95万羽；检出并无害化处理病猪488头、羊47只，禽类1.40万羽。116个定点屠宰场(点)屠宰检疫猪229.52万头、牛羊6.97万头(只)、禽类44.97万羽，检出并无害化处理病猪853头。

【动物防疫条件审查】 2013年，南宁市全面铺开动物防疫条件审查，审核发放《动物防疫条件合格证》300多本，改善动物养殖和屠宰加工场所的防疫条件，提高养殖、屠宰从业人员的动物防疫意识。

【水产畜牧产品安全监测】 2013年，南宁市打击养殖过程中添加瘦肉精、苏丹红等违禁药物的违法行为，重点监测标准化养殖示范区、健康养殖示范场、规模养殖场、地理标志产品登记产地等。完成水产畜牧产品安全监测4.88万批次。其中：水产品例行监测140份、快检500份；畜禽产品监测4.45万份；风险监测3700份，合格率99.98%以上。

【兽药安全监管】 2013年，南宁市监督、指导企业规范生产、经营、使用兽药，打击使用违禁药物和有毒有害物质行为。出动执法人员1132人次，检查兽药生产经营企业、动物诊疗机构及养殖场1586家，整顿重点区域23个，查处案件25件，罚没金额2.60万元。

【新技术与新品种推广】 2013年，南宁市强化科技成果转化，重点开展肉鸭旱养、肉鸡倍增养殖等关键技术培训，举办水产畜牧养殖培训班800期，培训5.90万人次，发放资料20多万份。推广新品种、新技术，推动产业优化升级。推广水产畜牧新品种13个、肉鸭旱养等水产畜牧新技术7项。开展《广西主要农作物秸秆在发酵床养猪中资源化利用关键技术研究与示范》《种猪品种改良关键技术研发与应用》等农业科技创新项目试验示范，组织实施《广西畜禽规模养殖粪污处理技术集成示范与应用》项目，建立不同粪污处理模式相对应的示范场4个。推广肉鸭旱养技术，在龙头企业“公司+农户”模式的带动下，采取在栏舍顶棚下加泡沫隔热板，降低夏天鸭舍内温度，解决南方旱鸭养殖度夏技术难题，带动旱鸭养殖农户625户，饲养旱鸭1100万羽。推广肉鸡倍增养殖技术，采用倍增养殖技术养殖户增至305户，发挥养殖业助农增收作用；技术应用推广辐射到温氏集团、金陵集团、富凤公司、正大公司等肉鸡养殖龙头企业。

【养殖加工企业】 2013年，南宁市养殖加工业形成以饲料加工为基础，乳制品加工、罗非鱼加工、家禽加工、猪肉深加工共同发展的五大加工产业链条，有规模加工企业42家，年产值200亿元，其中国家级、自治区级、南宁市级龙头企业15家。有饲料生产企业164家(多为中小规模)，年生产饲料478万吨，年产值174亿元。水产品加工业以广西南宁百洋食品有限公司为龙头，该公司有罗非鱼加工线5条，年加工处理水产品能力4.50万吨，为自治区最大的水产加工企业；全市加工出口成品1.42万吨，创汇6000万美元。乳品加工业以广西皇氏甲天下乳业股份有限公司(上市公司，证券代码：002329)为龙头，全市乳品加工企业有7家，奶牛存栏1.02万头，年产鲜奶5.70万吨，占自治区鲜奶产量59.62%。家禽加工企业以汇华、华兴、巨东、杨翔富丰为龙头，有多条鸡、鸭屠宰加工线，年加工鸡3000万羽、鸭2000万羽。肉猪加工企业以双汇、汇华、五丰行为龙头，年加工生猪300万头。以龙头企业为带动作用的养殖加工业发展延长养殖产业链，增加产业效益。达尊食品、汇华、杨翔富丰、新食记、晨康力等龙头养殖企业的深加工产品逐步形成规模，形成生产、销售为一体综合企业，产品外销港澳地区；广西南宁百洋食品有限公司建成30多个经自治区进出口检验检疫局登记备案的养殖基地，产品出口美国、日本、以色列、俄罗斯、墨西哥；皇氏乳业、汇华食品、杨翔富丰等龙头企业的产品进入上海、北京、广州等大城市市场。

【水产畜牧产品质量安全监管示范市创建】 2013年，南宁市续建水产畜牧质量食品安全示范县(区)1个(武鸣县)；食品安全示范街道办事处(乡镇)2个(西乡塘区华强街道办事处、青秀区伶俐镇)；示范单位20家(户)，其中禽畜17家、水产品3家、屠宰场1家。

(陆国现　许丽丹　李开鹏　邓积斌　李葆泓)

农业综合开发

【概　况】 2013年，南宁市、县(区)农业综合开发办公室(简称“农发办”)设在财政局，为财政局的职能部门。南宁市农业综合开发各级财政资金收入总额2.17亿元，比上年减少115.30万元，下降0.53%；土地治理项目财政投入1.42亿元，增加916万元，增长6.90%；农业综合开发产业化经营项目财政投入资金6156万元，减少469万元，下降7.08%。南宁市农业综合开发项目148个，其中土地治理项目24个、农业产业化经营项目118个、科技示范项目6个。

【中央财政立项农业综合开发项目】 2013年，南宁市农业综合开发获国家立项项目无偿资金9985万元(含中央项目自治区财政配套资金)，比上年增加1416万元，增长16.52%。获国家农业综合开发立项的土地治理(存量)项目8个，总投资8240万元，其中中央财政资金5150万元、自治区财政资金2305万元、县级财政配套资金270万元、自筹资金(含投工投劳折资)515万元，涉及武鸣县、横县、宾阳县、上林县、隆安县、邕宁区、西乡塘区等7个国家农业综合开发项目县(区)。这批项目(扣除上林县农民专业合作组织实施土地治理试点项目160万元)同时列入2013年自治区人民政府为民办实事项目。获国家农业综合开发立项的农业产业化经营贴息项目9个，中央财政资金投入980万元，项目分别为广西南宁东糖新凯糖业有限公司蔗糖生产流动资金贷款贴息项目、广西横县鸿达茧丝绸有限公司年产600吨白茧丝财政贴息项目、横县冠桂糖业有限公司原料蔗收购贷款贴息项目、广西海盈酒精有限责任公司日处理800吨木薯加工贷款贴息项目、南宁市13万亩(8666.67公顷)桉树速生林基地建设贷款贴息项目、南宁市收购6万亩(4000公顷)林木地资源贷款贴息项目、南宁市油茶加工流动资金贷款贴息项目、南宁市10万吨粮食收储贷款贴息项目、南宁市西乡塘区年产金陵肉鸡鸡苗15050万羽贷款贴息项目。获财政补助项目1个,中央和自治区财政资金投入120万元,为南宁市上林县260吨白厂丝加工新建项目。获国家农业部门项目3个。其中:国家农业部门土地治理项目2个,财政资金930万元,分别为武鸣县的广西恒茂水稻良种繁育项目、隆安县广西金穗香蕉标准化种植项目;国家农业部门产业化项目1个,财政资金150万元,为隆安县广西汇生牧业发展有限公司优势特色种养示范项目。

【自治区财政立项农业综合开发项目】2013年,南宁市获自治区农业综合开发土地治理(增量)项目1个,项目涉及宾阳县,总投资420万元。其中:自治区财政资金350万元,县级财政资金35万元,农民自筹资金35万元。

【市级立项农业综合开发项目】2013年,南宁市立项农业综合开发项目126个,市本级财政预算安排农业综合开发公共财政预算资金1.08亿元。其中:土地治理项目资金4440万元,科技示范推广项目1000万元,农业产业化经营项目4906万元(含农民专业合作社产业化项目550万元),机构运行440万元。

土地治理项目　市级立项农业综合开发土地治理项目13个,总投资5152.80万元。其中:市财政投入4500万元,县(区)配套332.50万元,项目区农民自筹320.30万元。项目涉及兴宁区、江南区、西乡塘区、邕宁区、良庆区、武鸣县、宾阳县、横县、上林县、马山县、隆安县和广西—东盟经济技术开发区等12个县(区)、开发区。

农业产业化经营项目　市级立项农业产业化经营项目107个,财政资金总投入4906万元,扶持内容包括农业产业化经营企业规模化标准化基地建设,农产品流通、加工,农民专业合作社产业化项目。项目涉及西乡塘区、邕宁区、江南区、良庆区、青秀区、兴宁区、广西—东盟经济技术开发区、宾阳县、横县、上林县、马山县、隆安县、武鸣县等13个县(区)、开发区。

科技示范推广项目　市级立项农业综合开发科技示范推广项目6个,财政资金总投入1000万元。项目涉及武鸣县、横县、隆安县、江南区、兴宁区、广西—东盟经济技术开发区等6个县(区)、开发区。

【资金管理】2013年,南宁市、县(区)农发办设立农业综合开发资金财政专户,实行国库集中管理,并入同级国库集中管理模式。项目实施完成并通过验收合格以后,按照规定的程序和手续办理报账和资金结算。无偿资金实行县级财政报账制。实行限时拨款、限时办结制度,国家和自治区财政资金到达市农发专户之日起,10个工作日内拨给项目实施的县(区)财政农发专户,市级项目的财政资金是自批复之起5个工作日内拨出。加强监管,根据《国家农业综合开发资金和项目管理办法》《国家农业综合开发资金和项目管理工作质量考评办法(试行)》《广西壮族自治区农业综合开发竣工项目验收考评实施办法(试行)》,下达《关于进一步加强南宁市农业综合开发市级土地治理项目管理的通知》《关于进一步加强南宁市农业综合开发资金管理的通知》,实施《南宁市农业综合开发项目资金绩效评价和先进评比办法(试行)》,严格资金管理,确保财政资金高效安全运行,充分发挥应有的效益。

【监理单位招标】2013年,南宁市对2013年至2015年农业综合开发项目监理单位实施政府公开招标。有25家监理单位参加2013年至2015年度农业综合开发土地治理项目监理单位采购的竞标,经公正、公平、公开考评,择优选取7家监理单位为中标单位,分别为南宁品正建设咨询有限责任公司、广西城建咨询有限公司、广西南宁建科工程监理有限责任公司、广西南宁信达惠建设监理有限责任公司、广西恒基建设工程咨询有限公司、河南宏业建设管理有限公司、广西华蓝工程咨询管理有限公司。

【项目验收】2013年,南宁市按照《国家农业综合开发资金和项目管理办法》《国家农业综合开发竣工项目验收考核评分试行标准》对2012年度各级立项的农业综合开发项目进行竣工验收考评。检查验收结果:各级农业综合开发项目实施情况良好,各项建设任务和主要技术经济指标基本完成,资金管理和使用较为规范,工程质量和管护达到有关要求;没有发现县级财政配套资金不足额到位的情况,没有滞留、挤占、挪用财政资金的现象,但工程施工和项目实施进度缓慢、不按时竣工结算的情况比较普遍,尾欠工程较多。项目经验收合格后办理竣工手续,依照审计报告、监理报告和其他相关资料进行工程资金结算,按规定提取工程管护资金,明确工程管护主体,办理移交手续。管护主体建立运行管护制度,明确职责,管好用好建成项目,长期发挥效益。

【委托会计师事务所验收核查项目】2013年,南宁市委托具有资质的会计师事务所对2012年国家立项农业综合开发项目和2010年至2012年市级立项农业综合开发项目进行验收核查。定向聘请6家具有资质会计师事务所,签订相关委托验收协议,分别负责相关县(区)的项目验收核查。进行市级验收核查项目58个,包括国家立项土地治理项目和产业化项目、市级立项土地治理项目和科技推广项目。其中:2012年国家项目15个,2010年市级立项土地治理项目9个,2011年市级立项土地治理项目16个(甘蔗良种示范项目4个),2012年市级立项土地治理项目18个(甘蔗良种示范项目6个)。到12月底,完成37个项目验收核查并提交验收核查报告,完成验收核查任务64%。

【项目成果】2013年,南宁市国家农业综合开发土地治理项目(存量)总投资8240万元,项目建成后,将建设高标准农田2260公顷,改造中低产田1826.67公顷,初步测算项目实施完成后将实现粮食增产885.74万千克,糖料增产1178万千克,蔬菜增产2029万千克,促进项目区农民收入增加1560.01万元。市级土地治理项目总投资5152.80万元,项目建成后将实现改造中低产田2906.67公顷,初步测算项目实施完成后将实现粮食增产660.30万千克,糖料增产533万千克,蔬菜增产1319万千克,促进项目区农民收入增加1424.53万元。国家和自治区农业综合开发产业化经营项目,扶持10个项目,财政资金投入1100万元,项目直接带动农户13.90万户,受益农民48.65万人,直接带动农民增收1.19亿元。市级农业综合开发产业化经营项目扶持农业产业化龙头企业60家,市级财政资金投资

4465万元，项目直接带动农户5.97万户，受益农民17.77万人，直接带动农民增收2.12亿元。市级农业综合开发农民专业合作社项目扶持农民专业合作社48家，安排财政资金投入910万元，项目直接带动农户5219户，受益农民2.55万人，直接带动农民增收3083万元。

（李燕妮）

扶贫开发

【概 况】 2013年，南宁市有国家扶贫开发工作重点县3个（马山县、隆安县、上林县），自治区扶贫开发工作区1个（邕宁区）；贫困村224个，贫困人口64.39万。投入财政扶贫资金2.65亿元，其中贫困地区基础设施建设资金1.31亿元、产业化扶贫资金1.02亿元、扶贫培训资金1099.88万元。建成贫困村屯级路410条、487.74千米，在贫困地区发展百香果、中药材、桑蚕等产业面积6866.67公顷。2013年贫困村农民人均纯收入5051元，减少贫困人口13.76万。

【扶贫建设项目】 2013年，南宁市投入基础设施建设的财政扶贫资金1.31亿元。其中：中央和自治区投入6748.40万元，市本级财政投入4534万元，城区对口帮扶资金1810万元。建成贫困村屯级路410条，487.74千米（其中屯级砂石路67条，110千米，升级硬化屯级路343条，377.74千米），解决贫困地区29万人行路难问题。

自治区第一批财政扶贫资金基础设施建设项目　5月29日，南宁市扶贫办、市财政局联合下达县（区）。主要包括：屯级砂石路62条99.73千米，升级硬化屯级路155条136.81千米，独立桥、涵洞12座106.94延米，小型人饮工程1处，挡土墙2处645立方米，水毁修复2处2千米。总投资6145.90万元，其中财政扶贫资金5802万元、地方配套4.90万元、其他资金（包括群众自筹和投工投劳等）339万元。至年末，完成项目建设任务，受益农户3.72万户16.02万人。

自治区第二批财政扶贫资金基础设施建设项目　11月30日，市扶贫办、财政局联合下达县（区）。实施期至2014年6月30日。主要包括：屯级砂石路15条19.35千米，升级硬化屯级路27条20.07千米，独立桥1座12延米，小型人饮工程1处，蚕房建设1500平方米。总投资1024.70万元，其中财政扶贫资金946.40万元、行业部门资金5万元、地方配套资金7万元、其他资金（包括群众自筹和投工投劳等）66.30万元。受益农户5567户2.35万人。

市本级财政贫困村通屯道路建设项目　4月26日，市发展和改革委员会下达县（区），列入市政府为民办实事项目。项目主要包括：通屯水泥路151条189千米。总投资5333万元，其中市财政资金4534万元、县（区）配套380万元、群众自筹（含投工投劳）419万元。至年末，完成项目建设任务，受益农户2.20万户9.22万人。

城区、开发区对口帮扶基础设施建设项目　实施期至2014年6月30日。兴宁区、江南区、青秀区、西乡塘区、南宁高新技术产业开发区、南宁经济技术开发区、广西—东盟经济技术开发区7个较发达城区、开发区落实基础设施建设帮扶资金1810万元，建设贫困村屯级砂石路5条10.46千米，升级硬化屯级路37条51.90千米，独立桥2座，电变压器1台，受益农户4773户2.04万人。其中：青秀区、经开区帮扶马山县500万元，建设升级硬化屯级路12条15.20千米，独立桥梁2座30延米；高新区、西乡塘区帮扶隆安县500万元，建设升级硬化屯级路9条16.80千米；江南区、兴宁区帮扶上林县500万元，建设屯级砂石路1条2千米，升级硬化屯级路11条14.48千米，挡土墙1处150米；高新区、广西—东盟经开区帮扶邕宁区310万元，建设屯级砂石路4条8.47千米，升级硬化路5条5.43千米，变压器1台。

【产业化扶贫项目】 2013年，南宁市投入产业化扶贫资金1.02亿元，其中：中央和自治区财政资金4411.60万元、市本级财政资金4000万元、城区对口帮扶资金1760万元。在贫困地区发展百香果、中药材、桑蚕等产业面积6866.67公顷，其中百香果1000公顷、中药材2933.33公顷、桑园2600公顷、园林绿化苗木333.33公顷，带动5万户以上贫困户发展增收产业。通过建立产业化扶贫示范基地，实施广西“十百千”产业化扶贫工程项目、“百村千户能人（大户）”示范带动工程，走“公司+基地+专业合作社+农户”发展路子，加快贫困地区农民脱贫致富步伐。

广西“十百千”产业化扶贫工程项目　南宁市实施广西“十百千”产业化扶贫工程项目（即：到2015年末，建成10片以上产业化扶贫示范基地，扶持100家以上扶贫龙头企业，通过产业化扶贫示范基地和扶贫龙头企业带动1000个以上贫困村成为产业化扶贫示范村）4个，分别为马山县百香果种植项目、隆安县栀子中药材种植项目、上林县桑菇配套种植项目、邕宁区园林绿化苗木种植项目。投入财政扶贫资金1220万元，发展种植百香果66.67公顷、栀子套种穿心莲110公顷、培育桑菇棒120万个、园林绿化苗木66.67公顷。

自治区第一批产业开发扶贫项目　6月20日，市扶贫办、市财政局联合下达县（区）。实施期至2014年5月。投入财政扶贫资金1988万元。主要包括：发展种植百香果174.10公顷、中药材647.13公顷，种桑养蚕397.57公顷，种植园林花卉73.52公顷，培育桑菇32.85万棒、茶树菇99万袋，养殖竹鼠100组。项目覆盖12个县（区）贫困地区群众9049户3.55万人。

自治区第二批产业开发扶贫项目　11月30日，市扶贫办、市财政局联合下达县（区）。实施期至2014年6月。投入财政扶贫资金1203.60万元。主要包括：发展种植百香果77.87公顷、中药材256公顷，种桑养蚕310公顷，培育桑菇25.50万棒，培育菇农400户。项目覆盖12个县（区）贫困地区群众4673户1.83万人。

市本级财产业化扶贫项目　11月14日，市扶贫办、市财政局联合下达县（区）。实施期至2014年5月底。投入财政扶贫资金4000万元。主要包括：发展种植百香果597.87公顷、中药材711.53公顷、火龙果66.67公顷，种桑养蚕280公顷，种植园林花卉138.93公顷，培育桑菇45.33万棒、蘑菇4.76万平方米，种植铁皮石斛1.32万平方米。项目覆盖12个县（区）贫困地区群众1.37万户4.63万人。

城区、开发区对口帮扶资金产业化扶贫项目　实施期至2014年6月30日。8个城区、开发区（青秀区、经开区、西乡塘区、高新区、兴宁区、江南区、广西—东盟经济开发区、相思湖新区）落实产业化扶贫帮扶资金1760万元。主要包括：帮扶发展种植百香果60公顷、中药材213公顷，种桑养蚕486.33公顷，种植园林花卉85.85公顷、铁皮石斛1万平方米，培育桑菇30万棒，建桑菇棚5个。项目覆盖贫困地区群众5845户2.40万人。

【扶贫贴息贷款项目】 2013年，南宁市投入项目贷款贴息资金2批498万元，扶持广西华夏本草医药有限公司、广西马山县远洋工贸有限责任公司、南宁市富庶淀粉有限公司、广西立盛茧丝绸有限公司、上林县明珍源桑枝菌业有限公司等10家扶贫龙头企业，发展中药材种植及保价收购、高产优质木薯种植及保价回收、扩建百香果示范基地、桑蚕基地低产改造及保价收购、桑枝配套种植食用菌生产基地等项目。覆盖106个贫困村、1.69万户贫困户，受益人口当年单项人均纯收入966元。投入财政扶贫资金贴息到户贷款2批9700万元，贴息资金505万元，覆盖隆安县、上林县、马山县、邕宁区、西乡塘区等5个县(区)(其中马山县作为小额贷款奖补试点县，年利率按7%的标准来贴息)，发放贷款7122.37万元，获贷农户5898户，主要扶持农户发展百香果、中药材和种桑养蚕等生产项目。

【扶贫培训】 2013年，南宁市和县(区)扶贫部门以"十二五"整村推进贫困村群众为主要对象，采取农户课堂培训、异地培训、现场培训等方式，举办农业实用技术培训班，培训农民1.68万人次，发放培训资料2.76万份。指导南宁市中等职业技术学校、广西高级技工学校、南宁运德汽车运输职业学校、马山县职业学校、上林县职业学校等扶贫培训基地开展劳动力转移就业培训，培训4150人，其中短期技能培训2900人、学历班1250人。在马山县开展"雨露计划"试点工作，培训1764人，其中培训扶贫干部230名。

【社会扶贫】

定点帮扶贫困村 2013年，南宁市落实249个单位(中央单位3个、区直单位27个、市直单位219个)定点帮扶224个贫困村，每个贫困村派驻一名党组织第一书记。各定点帮扶单位深入贫困村开展帮扶工作1844人次，投入帮扶资金4458.53万元，其中投入基础设施建设2017.21万元、产业开发项目663.95万元、教育1322.30万元、文化活动183.02万元、赈灾救济慰问96.34万元、基层组织建设90.42万元、培训30.96万元。

城区、开发区对口帮扶贫困县(区) 青秀区、经开区、西乡塘区、高新区、兴宁区、江南区、广西—东盟经济技术开发区、相思湖新区(2013年6月合并进高新区)8个较发达城区、开发区落实帮扶资金3570万元，用于贫困村基础设施建设与产业开发，并纳入财政扶贫资金管理渠道。实施硬化村屯路37条51.90千米，发展百香果种植60公顷，发展金银花种植166.70公顷，种桑养蚕486.30公顷，中药材46.30公顷，桑菇培育30万棒，修建桑菇棚5个7500平方米，建设中药材铁皮石斛种植大棚1.40万平方米、苗床1万平方米，扶持贫困户650户种植铁皮石斛1万平方米，技术培训550人次。

南宁市对口帮扶百色市那坡县、靖西县 落实帮扶资金每县300万元以上，打造南宁市对口帮扶示范村。投资318.77万元帮扶靖西县魁圩乡平巷村大利屯编制村庄规划，修建篮球场、文化活动室、戏台、集中圈养房、垃圾场、宣传栏，进行巷道硬化、村庄绿化、亮化工程等，实施种植百香果25.33公顷、铁皮石斛0.08公顷，开展农民培训2次、培训200多人次；投资388万元帮扶那坡县坡荷乡弄耀村弄耀屯进行村庄规划，种植山豆根3.33公顷、铁皮石斛0.13公顷、艳红桃3.33公顷，产业培训人数200多人次，民房立面装修104户，危房改造下地基3户，基本完成屯内5条小巷道和排污沟硬化建设，维修村头水塘，拆除电泵站旧房，屯内进行美化、亮化，种植花草等。 (谭春兰)

农业机械化

【概 况】 2013年，南宁市有农机机构44个，在岗职工409人。其中：参公事业单位21个，分别为市、县(区)农业机械化管理局13个，市农机安全监理所和六县农机安全监理站7个，市农机技术推广服务站1个；教育培训机构6个，分别为市农机校和武鸣县、宾阳县、上林县、马山县、隆安县的农机校；农机技术推广机构9个，分别为市农机技术推广服务站和武鸣县、宾阳县、横县、上林县、马山县、隆安县、邕宁区、良庆区的农机技术推广服务站；自收自支事业单位3个，分别为市农业机耕队(自收自支企业化管理)、武鸣县农业机耕队、武鸣县油料供应中心；企业机构5个，分别为武鸣县农机供应公司、马山县农机供应公司、南宁市农机化服务公司、南宁市丰腾农机供应服务公司、南宁奔腾农机有限责任公司。市农业机械化管理局(简称"市农机局")辖市农机安全监理所、市农业机械化技术学校、市农业机械化技术推广服务站、市农业机耕队、市农机化服务公司、南宁市丰腾农机供应服务公司、南宁奔腾农机有限责任公司。

年内，南宁市农机总动力为455.68万千瓦，比上年增长5.39%；有拖拉机13.89万台，其中大中型拖拉机7100台、小型拖拉机4.71万台(小型多功能拖拉机3.01万台)、手扶拖拉机8.47万台；耕整机4.30万台；水稻联合收割机3170台；水稻插秧机2569台。新增主要农机装备1.50万台。农机原值34.54亿元，增长4.20%；农机作业总值55.60亿元，增长7.99%；农机作业服务纯收入13.91亿元。机耕面积74.48万公顷，占全市农作物总播种面积75.98%；机插(种)面积11.61万公顷，占12.67%；机械收获面积25.74万公顷，占28.42%。蔗地深耕面积11.83万公顷，深松面积5.80万公顷。农业生产耕种收综合机械化水平44.90%，主要农作物水稻耕种收综合机械化水平67.03%、甘蔗耕种收综合机械化水平42.34%。

【农机技术推广应用】 2013年，南宁市县农机部门组织召开农机技术现场演示会34场，示范推广水稻机械化育秧插秧、甘蔗机种机收、甘蔗中耕培土、木薯机种和秸秆粉碎还田、香蕉秸秆粉碎还田、马铃薯机种机收等新机具新技术，到场观摩的群众5149人次，推广水稻插秧机械、甘蔗收获类机械、培土机、玉米脱粒机、种子处理机、旋耕机、抽水机、投饵机、喷雾喷粉机等20种适用农机具9879台。推广水稻生产全程机械化技术，实施甘蔗机种机收示范区建设项目和万亩水稻机械化育插秧示范区建设项目，建立千亩水稻生产全程机械化示范基地、木薯生产全程机械化示范基地、马铃薯生产机械化示范区。

水稻生产全程机械化技术示范推广 推广水稻机械插秧7.04万公顷，新增水稻插秧机256台；机收面积21.81万公顷，新增水稻联合收割机469台。重点在宾阳县古辣镇建立"万亩水稻生产全程机械化示范区"，任务为建立中心示范区早稻、晚稻各333.33公顷，示范带动1333.33公顷；在横县建立"千亩水稻生产全程机械化示范区"，任务为建立核心示范区1个，面积18.67公顷，示范带动66.67公顷。在武鸣县伊岭村建设水稻育种工厂 1 家。推广水稻机械烘干装备 16 台(套),累计有水稻机械烘干装备 46 台(套)。

万亩水稻生产全程机械化示范区项目　自治区农业机械化管理局(简称"自治区农机局")下达项目。市农机局在宾阳县古辣镇实施,建立中心示范区面积 1045.80 公顷,示范带动古辣镇机械插秧 3866.70 公顷。开展不同育秧基质育秧、机械插秧与人工插秧(人工抛秧)、不同行距(30 厘米与 25 厘米)、等离子体种子处理与传统种子处理等 4 种内容 3 个重复的对比试验,探索分析农机农艺融合的最优技术模式与集成的水稻生产栽植技术模式;召开水稻生产机械化作业现场会 2 次,举办技术培训班 9 期,培训 1500 人,编印水稻生产全程机械化技术培训资料 1 套,发放宣传技术资料 7500 份。经验收,机械插秧水稻平均公顷产量 5108.10 千克,比对照人工抛秧每公顷增产 438.90 千克,增幅 9.40%。

水稻工厂化育秧中心建设项目　自治区农机局下达项目。1 月 24 日,市农机局与广西亚航农业科技有限公司签订水稻工厂化育秧项目合作协议,在武鸣县双桥镇伊岭村建设 1200 平方米播种生产车间、1200 平方米床土粉碎车间、1500 平方米温室大棚,购置台湾产全自动播种流水生产线 1 条、浙江小精灵 25 厘米行距水稻插秧机 36 台等设备投入水稻工厂化育秧。召开水稻工厂化育秧暨机械化插秧现场会 2 次。水稻工厂化育秧中心早稻育秧 2.60 万盘,完成供秧面积 80 公顷;晚稻育秧 8 万盘,完成供秧面积 266.67 公顷。上、下半年分别开展水稻机插不同行距(30 厘米与 25 厘米)与株距、机插秧和手插秧与抛栽不同栽插方式等 2 个对比试验。晚稻对比试验 11 月 15 日进行田间测产验收,实产验收结果:机械插秧每公顷产量 4327.50 千克,人工抛秧每公顷产量 4173 千克,人工插秧每公顷产量 4055.55 千克。

横县千亩水稻生产全程机械化示范区建设项目　自治区农机局下达项目。市农机局在横县横州镇建立示范区,示范面积 66.90 公顷,以横州镇种粮大户承包的 18.67 公顷水田为核心示范区。编印水稻生产全程机械化技术资料 1 套,重点是育秧和机插技术;到横县乡镇集市、田间地头开展技术宣传,发放技术资料 1200 份,引导农民应用水稻生产机械化育插秧技术;召开水稻育秧和机械化插秧作业演示会 2 次;举办水稻机械化育插秧技术培训班 2 期,培训 280 人;开展育秧、水稻机插现场示范演示,对农民进行水稻生产机械化育插秧现场技术培训及技术指导。11 月 29 日,市农机局在项目区横县横州镇上淇村开展水稻机械插秧与人工抛(插)秧对比试验测产验收,验收有代表性的机械插秧高、中、低三类田块各 3 块,面积 0.66 公顷,总产干稻谷 2958.50 千克,平均公顷产量 4482.58 千克,比对照人工抛秧每公顷增产 457.50 千克,增幅 11.46%。项目示范带动横县推广应用水稻机械化插秧面积 9500 公顷,增产稻谷 433.10 万千克,以市场收购价每千克 2.60 元计,农民增收 1126 万元;推广水稻生产全程机械化技术,每公顷节约开支 1650 元,节约开支 1562 万元。

4 月 2 日,在武鸣县双桥镇伊岭村召开南宁市工厂化育秧技术现场培训会

陆凤婵提供

甘蔗生产全程机械化示范推广　自治区农机局下达项目。市农机局继续在武鸣县实施"甘蔗生产全程机械化项目",在示范区开展甘蔗机械化种植、机械收割技术推广,甘蔗机械种植和人工种植、不同行距机械种植(110 厘米、120 厘米、130 厘米)、机械收获与人工收获等内容的对比试验。示范区完成甘蔗机械种植 174.93 公顷,机械收割甘蔗 141.67 公顷。培训群众 1289 人,印发资料 2400 份。1 月 9 日,组织专家现场验收,示范区机械种植甘蔗单产每公顷 9.40 万千克,甘蔗蔗糖分 12.64%,每公顷产糖量 1.19 万千克;人工种植甘蔗单产每公顷 9.14 万千克,甘蔗蔗糖分 13.37%,每公顷产糖量 1.19 万千克。机械种植甘蔗单产比人工种植每公顷增产 2641.50 千克。

马铃薯生产机械化示范推广项目　市农机局自选项目,实施时间 2012 年 11 月至 2013 年 3 月。在横县建立 27.33 公顷"马铃薯生产机械化示范基地",其中校椅镇 12 公顷、石塘镇 15.33 公顷,在示范基地内实施马铃薯种植机械化技术和收获机械化技术的作业示范,开展马铃薯机械盖膜种植、人工盖膜种植、机械不盖膜种植的对比试验。3 月 12 日,市农机局在横县校椅镇召开马铃薯生产机械化收获现场会,农业部农业机械化技术开发推广总站总工兼推广处处长徐振兴、自治区农机推广总站站长陈世凡等领导,各县(区)农机局、推广站及马铃薯种植大户和农机专业合作社等 105 人参加现场会,发放宣传资料 105 份。使用青岛洪珠农业机械有限公司生产的 2MB-2 型马铃薯播种机、4U-90 型马铃薯收获机进行马铃薯机械化播种、布管、覆膜和收获现场作业演示,机械种植效率是人工的 40 倍,机械收获效率是人工的 60 倍。3 月 20 日,南宁市科学技术局组织专家组对试验进行现场验收。对比试验田验收结果:机械盖膜种植马铃薯单产每公顷 2.96 万千克,商品薯率 95.10%,比人工盖膜种植单产每公顷减产 1258.50 千克,减产 4.10%;机械不盖膜种植马铃薯单产每公顷 2.87 万千克,商品薯率 90.60%,比人工盖膜种植单产每公顷减产 2191.50 千克,减少 7.10%。

木薯生产全程机械化技术研究与示范项目　市科技局下达市农机推广站的部门预算项目。由市农机推广站、武鸣县农机推广站联合广西大学共同实施。在太平镇庆乐村建立木薯生产机械化示范区80公顷，中心示范区面积6.67公顷。开展机械化种植与人工种植、机械化收获与人工收获对比试验。推广应用木薯杆粉碎还田机、木薯收获机、木薯种植机、木薯起垄覆膜机进行机械化作业。示范带动武鸣县农民投入木薯杆粉碎还田机3000台，机械化粉碎木薯杆还田面积8000公顷。召开现场会1次，组织农户现场观摩以及技术培训，培训人数200人，其中培训机手50人、专业技术人员150人，发放宣传资料3000份。对比试验结果：木薯机械种植效率为每台每天1.40公顷，每公顷成本750元；人工种植效率为每人每天0.01公顷，每公顷成本1200元；机械起垄覆膜效率为每台机每天0.67公顷，每公顷成本705元。人工种植、机械化种植和机械起垄覆膜种植每公顷单产鲜薯分别为3.40万千克、3.60万千克、4.62万千克。按当年每千克0.50元进厂价计算，综合效益人工种植每公顷总收入17012.30元，每公顷纯收入15812.30元；机械化种植每公顷总收入17983.50元，每公顷纯收入17233.50元；机械起垄覆膜种植每公顷总收入23099.30元，每公顷纯收入22394.30元。机械收获效率为每台机每天收木薯1.67公顷，成本每公顷900元；人工收获效率每人每天收0.07公顷，每公顷成本1200元。机械收获相对人工收获效率提高24倍，每公顷节约成本300元。

【国家购机补贴】 2013年，南宁市继续把农机购置补贴列入为民办实事项目之一，首次实行"全价购机、县级结算、直补到卡"补贴方式，发放农机购置补贴指标通知书1.49万份，补贴机具1.59万台，受益1.41万户，使用国家补贴资金5795.45万元、自治区补贴资金784.82万元，直接拉动农民投入（购买农机）资金2.57亿元。

【农机安全管理】 2013年，南宁市继续开展农机"安全生产年"活动，坚持常态化的农机安全生产执法检查、隐患排查治理，全市无立案农机事故发生，农机安全生产继续保持平稳态势。市政府与各县（区）政府、南宁经济技术开发区管委会签订农机安全生产责任状13份，与市农机局签订责任状1份；市农机局与下属单位签订责任状7份。政府层面逐级签订责任状529份，农机部门逐级签订责任状118份，农机部门与驾驶人签订责任书4.50万份，明确各级政府、农机部门的农机安全职责。严格按照国家农业部的规定和标准进行安全技术检验，杜绝不符合安全技术规定的拖拉机及超标车入户，杜绝代考、假考、不考等行为，把拖拉机的年检审工作纳入目标考核管理。完成拖拉机年检3.24万台，新机入户6314台（大型拖拉机439台、小型方向盘式拖拉机4137台、手扶拖拉机970台、微型拖拉机491台、其他拖拉机277台）。新考拖拉机驾驶人3922人，其中G证3542人、H证300人、K证80人。开展农机文化乡村行活动，召开机手会议、印发宣传资料、组织宣传车下乡巡回宣传、举办农机安全文艺演出、放映农机安全题材的电影及录像、组织山歌对唱、组织农机安全知识抢答竞赛，以及利用电台、电视、报纸、互联网等媒体宣传农机安全法律法规。以"平安农机"创建活动为契机，组织开展宣传教育活动，分别在各县（区）文化中心广场、乡镇集市设置宣传咨询台，向群众宣传农机安全生产知识和提供安全咨询服务，制作播放《建立长效管理机制，构建"平安农机"》电视宣传短片，组织农机监理人员到"平安农机"示范村及中小学校上"平安农机"知识课。开展以"强化安全基础、推动安全发展"为活动主题的"安全生产月"活动。开展农机安全宣传活动993次，发放宣传资料18.39万份，受教育群众76.13万人次。继续开展"平安农机"创建活动，邕宁区获"2013年度全国平安农机示范区"称号。开展农机安全生产大检查和专项整治活动，严厉查处拖拉机违法载人、非法改装、无牌行驶、无证驾驶、超速超载等违法行为；加强对拖拉机运行安全检查，排查出事故隐患374项（均为一般事故隐患），完成治理374项，整改率100%。开展打击农机非法违法生产经营、治理纠正违规违章的"打非治违"专项行动，出动执法人员1.03万人次，检查农业机械3.05万台次，打击非法违法生产经营、治理纠正违规违章行为3538起。10月30日，市农机局与横县人民政府在横县举行农机事故应急救援预案演练现场会，自治区农机局副局长李一洪、自治区农机安全监理总站总站长黄卡林及市政府应急办、市安监局、市公安局交警支队和市县（区）农机局、农机安全监理所（站）部分领导、干部职工200人到场观摩。开展农机监理"为民服务　创先争优"示范窗口创建活动，邕宁区农机安全监理站被评为自治区示范窗口。

【技术培训】 2013年，南宁市培训各类农机人员2.85万人。其中：培训拖拉机驾驶员5117人；农机管理人员977人；农机技术人员1053人；农机监理人员128人；"阳光工程"1850人；村"两委"干部农机手109人；其他农村实用技术培训1.92万人。

【农机服务】 2013年，市农机局召开工作专题会4次，把农业"双抢"（抢收、抢种）和秋收冬种农机化工作任务逐级下达分解到各县（区），开展农机产

4月10日，隆安县雁江镇红良村机械插秧现场　　陆凤婵提供

品销售市场专项检查整治和农机安全生产专项整治活动，组织农机干部和农机专业技术人员下乡开展技术指导1.30万人次，组织农民检修保养各种农机具6.30万台(套)，组织农机维修服务队56个、水稻机收服务队63个。春耕生产期间，南宁市投入各类农机具近17万台，完成机耕面积30万公顷，机械插秧面积2万公顷，推广新机具1.80万台，组织由大中型拖拉机组成的农机作业服务队160个，为农民提供有偿作业服务面积1.20万公顷；年检(审)各类拖拉机1.73万台，检修保养农机具4.37万台套，投入春耕生产的农机具完好率95%。

【产品质量监督管理】 2013年，市农机局组织农机执法人员到县(区)乡镇圩场、农机经销市场开展农机产品质量宣传活动，出动宣传车200辆次，农机执法人员550人次，挂宣传横幅250条，张贴标语2100条，发放宣传资料1.25万份，接受群众咨询1800多人次。春季，开展农机产品检查活动40场次，出动检查车辆71辆次、执法检查人员403人次，检查企业233家、农机产品7016台套，产品货值5719.21万元；秋季，开展农机产品证书证章检查活动，检查生产销售企业41家、机具2866台(套)，货值2720.16万元，其中发现有问题的企业23家、机具742台（套），货值1256.78万元，责令存在问题的企业限期整改。

【农机专业合作社】 2013年，南宁市有农机专业合作社157家（武鸣县32家、横县21家、宾阳县20家、上林县16家、马山县19家、隆安县16家、兴宁区4家、江南区4家、青秀区5家、西乡塘区6家、邕宁区3家、良庆区8家、经开区3家)，合作社农机从业人员1492人，机具数量3789台(套)。其中，隆安县信发农机专业合作社、良庆区坛板农机专业合作社为年内新注册成立的2家农机专业合作社。市农机局结合自治区农机局开展百强明星农机合作社建设的契机，利用自治区财政资金20万元、市财政资金100万元，重点扶持建设南宁市级示范合作社4家(隆安县信发农机专业合作社、宾阳县永盛农机专业合作社、横县迪联农机专业合作社、邕宁区孟连农机专业合作社）和自治区级示范合作社2家（隆安县雁江镇开垦农机专业合作社、武鸣县南糖农机专业合作社)，扶持的资金主要用于补助库房库棚基础设施建设和办公设备购置。农机专业合作社完成水稻机犁耙、机插秧、机收等综合作业面积11.93万公顷，甘蔗机械耕、种、收综合作业4.87万公顷，参与土地治理平整106.67公顷，其他作业生产4.60万公顷。（陆凤婵）

农工商企业

【概　况】 2013年，南宁农工商集团有限责任公司(简称“南宁农工商集团”)有南宁市柳沙企业有限责任公司、南宁市石埠实业有限责任公司、南宁市路东养猪场、广西秀宁房地产有限公司、广西北湖工业投资有限责任公司、南宁市罗文实业有限责任公司、南宁市秀成置业投资有限责任公司、南宁共圆房地产开发有限责任公司等全资子公司8家，南宁壮业房地产开发有限责任公司、广西云景房地产开发有限公司、广西众想房地产有限公司、广西伴山源房地产开发有限公司、南宁市照辉房地产开发有限公司、广西南宁联创房地产开发有限公司等参股子公司6家，南宁市金谷隆粮油购销有限责任公司、南宁市名优水果业发展中心、南宁市扶贫开发中心等授权管理企业3家，受政府委托代管集体性质园艺场2个(罗文坡园艺场、三屋园艺场)。生产经营涉及农业综合开发、建筑材料、房地产开发、农贸市场、房屋租赁、商铺、酒店、城市道路施工等。实现营业收入1.75亿元，比上年下降18.84%；实现利润871.60万元，与上年相比实现扭亏为盈；实现税金1641万元，增长1.36%；完成固定资产投资6.87亿元，增长14.37%。

【生产经营】 2013年，南宁农工商集团加快处理合作项目遗留问题，使生产经营活动进入正常轨道。制定“东方皇城”“云景路A地块”“青湖中心”“上东国际”“山水花都”“罗文70亩”“罗文60亩”“罗文25亩”合作项目遗留问题的处理方案，报市政府工作领导小组审定，最大限度挽回损失，加快重启合作项目。与“美泉1612”项目合作方北京大鹏公司进行多轮谈判，废止原有的合作合同、协议，重新签订《云景路B地块“美泉1612”项目合作合同书》《云景路B地块项目产业用房建设协议》，全面履行土地“招拍挂”设定的各项条件，挽回流失的巨额国有资产，完善项目公司法人治理结构，加强对合资公司的管理，维护国有股东权益。

三产物业经营　南宁农工商集团规划开发“青湖中心”“上东国际”“美泉1612”等14个合作开发项目，并独立开发建设金富盈酒店、罗文农贸市场等自建项目，坚持走自主开发和合作开发相结合的多元化发展道路；加强招商租赁管理，创新招商引资方式，提高物业管理档次，经营性物业15.08万平方米，出租率99.60%，经营性物业收入2200万元。8月，提前终止与东风农贸市场原经营户的租赁关系，收回自主经营。自主经营的农贸市场有罗文农贸市场、东风农贸市场、屯里农贸市场。

工业开发建设　南宁农工商集团探索开发以广西北湖工业投资有限责任公司作为投资主体的工业项目。5月，与南宁高新技术产业开发区管委会(简称“高新区管委会”)就南宁农工商集团北湖工业管理区186.67公顷土地的征地拆迁和开发建设等问题达成共识，原则同意将北湖工业集中区约186.67公顷土地交由高新区管委会统一开发建设，高新区同意按照所征北湖工业管理区的土地总面积预留10%作为北湖工业管理区的三产用地，同时原则同意通过提供配套基础设施建设方式，解决北湖工业管理区果脯厂2.87公顷重建地在土地“招拍挂”出让时存在的价差问题；与南宁纵横时代公司就补征北湖工业管理区道路零星边角用地合作事宜达成共识，由广西北湖工业投资有限责任公司与南宁纵横时代公司签订合作协议书，租赁南宁纵横时代公司征用南宁农工商集团土地的50%建设标准厂房。

农业开发经营　南宁农工商集团逐步改变农用地仅靠对外发包土地收取租金的单一模式，对于租约已经到期或即将到期的菠萝良种场、红星个体奶牛场、石埠奶牛场等大面积土地不再续签租赁合同，收回土地后进行农业项目策划，开展场地清理，发挥土地、区位、资源优势，着力调整产业结构，通过自主开发或合作开发的经营方式，加快现代观光农业、休闲旅游业建设步伐。在路东养猪场现有土地上，以南宁市“十里花卉长廊”项目的总体规划为主线，计划将路东养猪场打造成为一个集智能农业博览、水耕文化体验、生态养生休闲为一体的国家

级现代农业产业示范园区——南宁国际水生花卉智能农业孵化园，委托四川师范大学成都王者规划管理有限公司编制项目设计方案，方案报市国有资产监督管理委员会备案；规划改造罗文坡集中居住区，在罗文管理区高速环城公路以北（罗文水库周边）规划用地面积约346.80公顷、建设用地面积约100公顷，利用土地资源引进社会资金，打造集医药研究、科普养生、旅游健身为一体的综合开发项目——广西国际健康养生城，项目建议书由广西大学设计研究院编制完成。

【招商引资与项目建设】 2013年，南宁农工商集团项目招商实际到位资金8000万元。加快项目的开发建设，"美泉1612"项目开工建设面积25.81万平方米，完工面积19.26万平方米，完成销售面积5.26万平方米，完成销售额5.72亿元，交付房屋183套，完成固定资产投资4.87亿元。9月，柳沙职工全额集资房项目开工建设；11月，柳沙江南一号回建点项目办理移交住房手续，进入分房阶段。

【企业改制】 2013年，南宁农工商集团撤销项目开发部，其人员全部进入广西秀宁房地产有限公司；撤销工业发展部，成立投资发展部；增设法律事务办公室。加强对金谷隆公司改革改制的指导，出台方案以金陵粮所为主体吸收合并金陵粮油贸易中心、那龙粮所、那龙粮油贸易中心、双定粮所、双定粮油贸易中心，作为一个整体共同开展征地拆迁和职工安置补偿；加快推进柳沙企业有限责任公司的改革改制，采取被征地农民安置与企业改革职工安置相结合的方式，以产业用地作为入股经营载体，设立股份公司搭建经济发展平台的工作思路，对柳沙公司及所属子公司职工、柳沙征地范围非职工人员实施整体安置，统筹解决历史遗留问题。 （陆锡健）

林 业

【概 况】 2013年，南宁市林业系统(含六县六城区)有林业干部职工2.30万人，各县设林业局，各城区为农林水利局。市林业局机关有内设机构8个：办公室(行政审批办)、人事科、政策法规科(市山林纠纷调解处理办公室)、营林科(首府绿委办)、林政科（市林权制度改革办公室)、产业科、防火科(市森林防火指挥部办公室)，工作人员76人。市林业局有下属单位11个，其中：行政单位1个，为市森林公安局；事业单位10个，分别为市农村能源工作站、市乡镇林业工作站、市林政稽查大队、市森林病虫害防治站、市林业科学研究所、市五象岭森林公园、市种苗管理站、市野生动植物保护站(市野生动植物救护中心)、市造林管理站、市丁当林场。局系统在职人员550人，在编人员418人，其中公务员(含参公人员)162人，事业单位技术人员173人，林业工人158人；离退休人员227人。年内，南宁市完成植树造林1.63万公顷，退耕还林1333.33公顷（配套荒山荒地造林666.67公顷、工程封山育林666.67公顷)，义务植树1023.39万株。石漠化治理8086.67公顷（人工造林233.33公顷、封山育林720公顷、植被管护7133.33公顷)。森林抚育4万公顷。林业用地面积110.28万公顷，绿化总面积104.77万公顷，其中有林地面积74.25万公顷、疏林地面积0.31万公顷、灌木林地面积24.70万公顷、未成林造林地面积1.02万公顷、无立木林地面积5.44万公顷、宜林地面积2.47万公顷。自治区级以上公益林面积33.26万公顷。森林覆盖率47.36%。活立木蓄积量4388万立方米。森林采伐蓄积量243.44万立方米，实际完成采伐232.02万立方米，出材183.85万立方米。森林火灾受害率控制在0.057‰。林业有害生物防控目标指标达标，成灾率0.96‰。新建沼气池6123座。完成固定资产投资101亿元。实现林业总产值472亿元（含林业深加工及林业相关产业产值)。林权抵押贷款余额16.08亿元。

【植树造林】 2013年，南宁市投入造林绿化资金9.01亿元，其中财政投入7.46亿元、整合带动社会资金投入1.55亿元。完成新造林1.63万公顷；"千万珍贵树种送农家"活动种植珍贵树种118万株；乡镇建成区绿化5个(马山县金钗镇、上林县巷贤镇和塘红乡、西乡塘区双定镇、武鸣县马头镇)，村屯绿化130个，通道绿化20千米(广西—东盟经济技术开发区定标路口至雪花加油站段13千米，广西—东盟经济技术开发区宁武路至里建大道段1.60千米，广西—东盟经济技术开发区上平路至宁武小镇段5.40千米)。新增城镇园林绿化面积128.37万平方米。参加义务植树人数120多万人，完成义务植树1023.39万株。

【林业产业】 2013年，南宁市有木材经营(加工)企业(含个体)4374家(自治区级现代林业龙头企业14家；新增年生产能力3万立方米及以上胶合板加工企业33家、年生产能力15万立方米纤维板加工企业2家)，其中经营销售企业1370家、生产加工企业2769家，从业人员8.06万人。实现林业总产值472亿元，其中木材加工和造纸工业产值205亿元、人造板产量395万立方米。产值超亿元企业6家。其中：南宁凤凰纸业有限公司实现工业产值4.63亿元，年产8.60万吨纸浆、生活用纸；广西丰林木业集团股份有限公司(上市公司)实现工业产值2.20亿元，年产15.50万立方米中密度纤维板；国营武鸣县朝燕林场实现工业产值3.10亿元，年产松香1.17万吨、松节油1200吨、单板5万立方米、木片8000吨；广西东正集团有限公司实现工业产值10.47亿元，年产中密度纤维板21.12万立方米；广西横县丽冠人造板有限责任公司实现工业产值2.16亿元，年产中密度纤维板16.10万立方米。推进中国—东盟林业产业物流园建设，完成征地27.20公顷，落实用地指标19.87公顷；推进规划建设面积200公顷的横县木材集散中心建设，引进胶合板、旋切单板企业41家。

【林下经济】 2013年，南宁市发展林下经济面积16万公顷，实现产值30.20亿元。实施林下经济示范项目16个(自治区级3个、市级13个)，获自治区专项资金270万元、市级专项资金300万元。鼓励支持龙头企业采用"公司+农户"的形式，带动农户发展林下种养业，其中邕宁区580户林农与南宁市广东温氏畜禽有限公司合作养殖，出栏肉鸡620多万羽，产值1.50亿元，户均获利3.80万元。花卉苗木种植面积1.36万公顷，其中茉莉花基地6666.67公顷、绿化花卉苗木种植面积6900公顷，实现产值44亿元；协调自治区林业厅投入花卉产业建设资金320万元，推进兴宁区"十里花卉长廊"(林科院至三塘九曲湾沿路12千米)、南宁台湾花卉产业园（位于江南区吴圩镇)、横县中华茉莉花园建设。

【林业招商引资】 2013年，南宁市围绕花卉苗木、林产品加工、林下经济、森林旅游等林业产业重点领域，以发展林业产业化集群为主线，以产业化龙头企业为重点，开展林业招商引资活动。新引进项目38个（1亿元以上项目3个、1000万元以上项目25个、1000万元以下项目10个），协议投资金额15.77亿元。其中：开工建设18个、竣工16个，协议投资金额14.12亿元；续建项目4个，计划投资9.80亿元，实际到位资金11.99亿元。

【森林资源与林地管理】 2013年，南宁市下达森林采伐限额及商品材生产计划蓄积量243.44万立方米，完成林木采伐238.20万立方米，占任务310万立方米的76.84%。国家林业局和自治区林业厅批准南宁市建设项目占用征收林地79宗，面积718.02公顷。南宁市列入自治区级以上重点公益林补偿面积33.26万公顷。其中：国家级33.03万公顷，自治区级2346.67公顷；签订管护合同28.77万公顷，完成年度任务86.49%。

【自然保护区】 2013年，南宁市已建成的森林和野生动物类型自然保护区有6个，总面积5.16万公顷，分别为广西大明山国家级自然保护区、广西龙虎山自治区级自然保护区、广西龙山自治区级自然保护区、广西三十六弄—陇均自治区级自然保护区、广西弄拉自治区级自然保护区、南宁市良庆区那兰鹭鸟市级自然保护区。推进大王滩申报2013年国家级湿地公园，申报已获初步认可；2月26日，国家林业局同意横县西津国家湿地公园试点工作，横县西津国家湿地公园试点建设将进入实质性阶段。在马山县新建自然保护小区20个，已完成规划、村规民约签订、宣传碑牌树立等工作。开展自然保护区规划项目报审，完成武鸣县小陆公路通过上林县龙山自然保护区实验区项目、古零到加方35千伏输电线路经过马山县弄拉自然保护区实验区项目、大明山国家自然保护区的修编和生态旅游总体规划项目的报审。

【森林资源保护】 2013年，南宁市开展"湿地日""爱鸟周""生物多样性日""关爱秀美山川志愿者服务""野生动植物保护宣传月"等保护野生动植物宣传活动，向南宁市中小学发放保护野生动植物倡议书3042份，向建成区内的农贸市场、花鸟市场、古玩市场发放保护野生动物宣传海报1000多份。市林业局与林业系统干部职工签订"禁食野生动物六条禁令"714份，与县（区）林业局签订保护野生动植物管理目标责任书。开展候鸟等野生动物疫源疫病监测防控，采样150份进行H7N9禽流感病毒检测；救护野生动物7000余头（只、条）。开展"冬季破案攻坚战""春季破案战役""天网行动""夏季破案战役"、边境地区打击走私濒危野生动植物等专项整治行动，破获刑事案件187件（其中重特大案件51件），抓获违法犯罪人员231人，其中逮捕177人；查处涉林行政案件1472件，行政处罚476人，收缴木材5157立方米，收缴非法所得205.42万元，补征林业费20.54万元；查获国家一级保护野生动物48只（头、条），国家二级保护野生动物2500余只（头、条）。

【国有林场】 2013年，南宁市有国有林场10个，分别为南宁市丁当林场、武鸣县朝燕林场、横县镇龙林场、横县石塘林场、宾阳县黎塘林场、马山县永州林场、马山县光明山林场、上林县龙山林场、隆安县礼智林场、良庆区南州林场。10个林

国家与自治区级现代林业企业名录

序号	企 业	地 址	级别类型	认定时间
1	广西华劲纸业集团有限公司	南宁市良庆区良庆镇	国家农业产业化龙头企业和自治区现代林业产业龙头企业	2008年1月8日
2	广西丰林木业集团股份有限公司	南宁白沙大道22号		2008年1月8日
3	广西高峰林浆纸业（集团）有限责任公司	南宁市东葛路107号	第一批自治区现代林业产业龙头企业	2008年1月8日
4	广西天利恒种业有限公司	南宁市金湖路26-1号东方国际商务港A座13层		2008年1月8日
5	广西全通投资集团有限公司	南宁市金凯路12号南宁经济技术开发区工业园内	第三批自治区现代林业产业龙头企业	2009年2月24日
6	广西世银农林资源开发有限责任公司	南宁市民族大道铭湖经典大厦	第四批自治区现代林业产业龙头企业	2010年1月22日
7	南宁良凤江国家森林公园	南宁市友谊路78号良凤江		2010年1月22日
8	国营武鸣县朝燕林场	武鸣县城厢镇五海路朝燕林场贮木场	第五批自治区现代林业产业龙头企业	2010年12月30日
9	广西绿桂林业资源开发有限责任公司	南宁市桂春路1号建银花园一区351室	第六批自治区现代林业产业龙头企业	2011年12月13日
10	广西东正集团有限公司	南宁市民族大道143号		2011年12月13日
11	广西乐林林业开发有限公司	隆安县华侨管理区富侨大道		2011年12月13日
12	广西盟展鳄鱼科技开发有限公司	横县六景镇景园7号		2011年12月13日
13	广西华峰林业股份有限公司	南宁市西乡塘区邕武路13号	2012年广西现代林业产业龙头企业	2012年8月29日
14	广西洲际林业投资有限公司	南宁市青秀区中越路东盟财经中心B座	2013年广西现代林业产业龙头企业	2013年11月22日

场经营面积 4.71 万公顷，其中有林地面积 3.28 万公顷、活立林蓄积量 225.10 万立方米；木材产量 7.86 万立方米；经济林（八角、剑麻、甘蔗、橙子）收入 883.70 万元。市属国有林场（丁当林场）职工人数 88 人，经营管理面积 686.67 公顷，有林地面积 200 公顷、活立林蓄积量 1.14 万立方米、速生桉木材 1238 立方米，橙子收入 70.42 万元，总收入 669 万元，纯利润 54.62 万元。

【山林纠纷调处】 2013 年，南宁市开展涉林公开大接访活动 4 次，接访群众 102 人次，转办信访件 45 件；开展信访专案调查 1 次、山林纠纷问题排查 3 次，调处跨县（区）山林纠纷案件 47 件，跨市山林纠纷案件 46 件，调处率 100%。组织县（区）政府处理山林权属纠纷问题 11 宗次，其中调处跨市权属争议 2 起、跨县（区）权属争议 5 起，主持质证辩论 2 次，提出涉林纠纷问题处理意见 3 个。

【森林防火】 2013 年，南宁市发生森林火灾 15 起，火场总面积 109.53 公顷，其中受害森林面积 42.97 公顷，森林受害率控制在 0.057‰以内，无重大、特大森林火灾和人员伤亡事故发生。市林业部门做好防火项目建设与申报，完善森林防火行政领导负责制、部门负责制、法人负责制、群防群治责任制，强化野外火源管理，严格用火审批制度。划定高速公路、铁路两侧各 2 千米，国道、省道公路干线两侧 1 千米的地带以及以吴圩机场为中心 10 千米半径的区域为禁火区，禁止林区野外用火；县（区）在高火险时段，停止一切野外用火审批。组织乡（村）干部和护林员深入林区加强巡山护林，对重点林区、景区、坟墓区域入口设卡检查，严防死守。加强宣传森林防火法律、法规和政策，针对清明节和“三月三”上坟用火多的特点，用往年森林火灾典型案例进行警示教育，号召市民开展送花、种树等文明祭祀活动。加强业务培训，举办森林防火指挥员、业务骨干培训班，培训 150 多人。10 月 6 日，武鸣县与上林县交界处的大明山龙头峰一带重点林区出现森林火灾，市森林防火指挥部指挥森林防火力量迅速扑救，及时控制火情，有效减少损失。马山县、上林县、隆安县列入国家发展和改革委员会《全国森林防火中长期发展规划（2009-2015 年）》重点治理范围，并根据调整后的重点火险范围编写完成《广西壮族自治区环大明山重点火灾区综合治理工程项目可行性研究报告》，上报国家林业局待批。

【森林病虫害防治】 2013 年，南宁市有森防检疫站 8 个，专职检疫员 57 名；有测报站点 8 个，其中国家级中心测报点 4 个，有基层测报员 237 人。林业有害生物分布面积 1.53 万公顷次，其中低感面积 9544.67 公顷次；发生面积 5749.87 公顷次，新发生面积 4163.53 公顷，上升 63.40%。其中：以松毛虫、桉袋蛾、桉大扁蛾、油桐尺蠖等为主的虫害发生面积 5625.87 公顷；以桉树青枯病为主的病害发生面积 124 公顷。林业有害生物实际成灾面积 619.73 公顷，成灾率 0.96‰。市财政局安排市森防站部门工作预算经费 30.28 万元，其中防控业务专项经费 23.10 万元。市森防站安排 1 万元专项经费开展重点预防区域松木枯死清理。

【森林旅游】 2013 年，南宁市有森林公园 6 个，分别为广西横县九龙瀑布群国家森林公园、广西南宁良凤江国家森林公园、南宁市五象岭森林公园、南宁市老虎岭森林公园、广西金鸡山森林公园、南宁石门森林公园。开展森林旅游业务的单位 4 家，分别是大明山国家级自然保护区、横县九龙瀑布群国家森林公园、隆安龙虎山自然保护区、南宁市五象岭森林公园。森林旅游接待人数 588 万人次，旅游收入 3.15 亿元，直接带动其他产业产值收入 7543 万元；林业疗养与休闲收入 2.08 亿元，直接带动其他产业产值 4434 万元。

【农村能源建设】 2013 年，南宁市农村沼气池建设项目列入自治区“为民办实事”项目，新建农村沼气池 6123 座，总投资 2908.43 万元。其中：中央预算内资金 654.96 万元，自治区财政补助 563.52 万元，市财政配套资金 130.83 万元，县（区）财政配套资金 96.10 万元，业主自筹 1463.02 万元。累计建池 50.76 万座，适宜建池农户入户率 71.50%。通过开展“养殖—沼气—种植”三位一体的沼气综合利用生态农业循环模式，推广沼气综合利用，每年可增收节支 12.70 亿元，受益农户 50.76 万户，可减少二氧化碳排放 777 万吨，减少甲烷排放 6300 吨，节约薪柴 101.50 万吨，保护林地 6.77 万公顷。

【集体林权制度主体改革查缺补漏整改】 2013 年，南宁市印发《南宁市集体林权制度主体改革“回头看”查缺补漏整改工作方案》《关于加快推进集体林权制度主体改革查缺补漏整改工作的通知》，召开林改查缺补漏整改推进工作会。年内，完成勘界确权面积 87.09 万公顷，完成打证面积 83.46 万公顷，林权证发证到户率 50%。其中：宾阳县、邕宁区、西乡塘区的“查缺补漏”工作基本完成，林权证发证到户率 90%以上；横县林权证发证到户率 50%、武鸣县 40%、江南区 43%、兴宁区 30%；良庆区、青秀区、上林县、马山县、隆安县的整改工作有不同程度进展。

【农民林业专业合作社】 2013 年，南宁市扶持和培育林业专业合作社和专业协会等中介组织，提高林业经营组织化程度和专业化经营水平。累计建立农民林业专业合作社 85 个，入社农户 6009 户。其中，宾阳县是国家林业局确定的首批全国农民林业专业合作社示范县，累计建立农民林业专业合作社 23 个，入社农户 2686 户。农民林业专业合作社涉及珍贵树种、桉树、松树、茶叶、葡萄、龙眼、柑橘、林木种苗、花卉、绿化苗木等的种植与销售，林下种植中草药、食用菌，林下

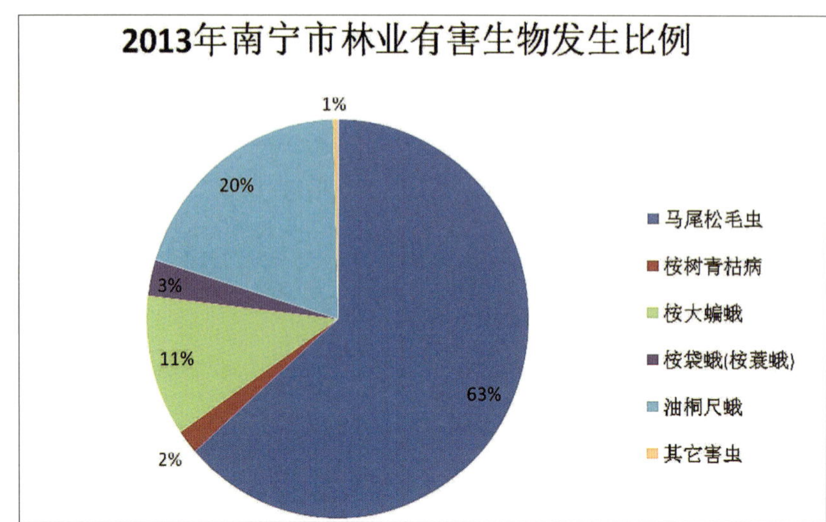

养殖家禽、家畜、特种经济动物，开发森林旅游、竹编藤编等项目。

【政策性森林保险试点】 2013年，南宁市兴宁区被列为自治区政策性森林保险试点县(区)，自治区下达给兴宁区的政策性森林保险试点任务为3966.67公顷。年内，兴宁区完成投保面积3966.67公顷，参保农户数58户，保险金额4760万元，落实政策性农业保险财政保费补贴资金9.99万元。 (罗海涛 梁惠萍)

水 利

【概 况】 2013年，南宁市筹措水利建设资金21.60亿元，完成投资13.38亿元。完成小型病险水库除险加固138座，解决37.07万人饮水安全问题。完成渠道防渗738千米，新增有效灌溉面积1340公顷，改善和恢复有效灌溉面积4.64万公顷。全市有水库748座〔大型水库3座、中型水库26座、小(1)型水库207座、小(2)型水库512座〕，水库总库容32.95亿立方米，有效库容16.55亿立方米；水闸工程903座(规模以上234座)，其中大型水闸2座、中型水闸27座、小型水闸874座；电灌排涝站189座(处)；泵站工程2249处，塘坝工程7800处，小水电站96座；灌区5234个。建成每秒0.10立方米流量以上渠道1.05万千米，硬化5283千米，占渠道全长50.20%，全市平均灌溉水利用系数0.42。总灌溉面积23.78万公顷，耕地有效灌溉面积23.32万公顷，园林草地等有效灌溉面积4560公顷。灌溉面积(耕地有效灌溉面积+园林草地有效灌溉面积)50亩以上的灌区5234个，总灌溉面积21.71万公顷，占全市总灌溉面积90.73%。有堤防工程439段，总长度233.62千米，其中规模以上(5级及以上)的堤防工程40段，总长度91.28千米；穿堤建筑物276处。市区建成防洪堤45.42千米(江北堤21.40千米、江南堤24.02千米)，其中五十年一遇堤防38.75千米(江北堤21.40千米，江南堤17.35千米)，二十年一遇堤防(白沙堤)6.67千米；建成排涝泵站17座(江北12座、江南6座)，总装机3.16万千瓦/93台，总排涝流量每秒316.25立方米；建成附属设施有防洪闸18座、交通闸28座、穿堤管37条、护岸19.37千米。战胜“尤特”“潭美”“海燕”等9次台风和灾害性暴雨天气，减免受灾人口180.56万，减免受灾农田9.82万公顷，减少直接经济损失22.28亿元。

【水利项目建设】 2013年，南宁市筹措水利资金21.60亿元，比上年增加2.83亿元。其中：中央资金7.84亿元，自治区资金3.49亿元，市本级资金5.83亿元，县(区)资金3.48亿元，群众自筹及其他9600万元。安排水利建设项目1460个。市财政安排3431.20万元用于前期工作，提取1.10亿元土地收益用于农田水利建设。完成水利固定资产投资13.38亿元，占自治区下达年度任务13亿元的103%，占市政府下达年度任务9亿元的148.70%。

水库除险加固工程 下达小型水库除险加固计划254座，计划总投资4.35亿元。其中：重点小(2)型水库(即总库容在10万立方米以上100万立方米以下的水库)下达计划162座，投资3.11亿元；一般小(2)型水库下达计划92座，投资1.24亿元。实际完成投资3.22亿元，完成年度计划74.16%；开工243座，完成年度任务95.67%，完工138座(全部是重点小(2)型水库)，其中完成下闸蓄水验收115座。下达中型水库除险加固计划2座，分别为马山县大朗水库和隆安县布良水库，计划总投资4261万元，实际完成投资2513.95万元。其中：大朗水库完成投资1045万元，布良水库完成投资1468.95万元。下达水闸除险加固任务2座，其中武鸣县明秀水闸完成投资1180万元、西江水闸完成投资1500万元。

农村饮水安全工程 南宁市农村饮水安全工程分中央预算内投资和市本级财政水利建设项目投资两批，总投资2.19亿元。其中：中央预算内投资1.23亿元，自治区补助资金2814万元，市级补助资金2786.31万元，县(区)财政配套及群众自筹4072.01万元。计划兴建农村饮水安全工程502处，解决37.07万人的饮水问题。其中：农村居民31.84万人，农村学校师生5.23万人。所有项目全部完工并发挥效益，其中列入自治区为民办实事农村饮水安全解困项目完成工程495处，完成投资1.84亿元，解决农村饮水不安全人口33万。

中央财政小型农田水利重点县建设项目 武鸣县、宾阳县分别列入2013年度中央财政小型农田水利重点县建设第三批、第四批计划，投资计划分别下达3775.60万元、2048.60万元，要求2013年底前分别完成建设任务的50%。年内，武鸣县完成投资1925万元，占计划51%；宾阳县完成投资1026万元，占计划50.08%。8月28日，自治区财政厅、自治区水利厅在南宁市召开第五批中央财政小型农田水利重点县广西竞争立项会议，从30个申报并通过资格审查的备选县(市、区)中遴选确定23个推荐县，南宁市的横县、上林县、马山县、隆安县入选，分3年实施，每年每县计划投资为3600万元，2013年任务未下达。

冬春水利建设项目 2013年至2014年度650个项目冬春水利建设全部开工，完成投资7.98亿元，占计划79.85%。完成水库除险加固50座，解决农村饮水不安全人口30.18万；渠道防渗486千米，渠道清淤4200千米；新增恢复灌溉面积8446.67公顷，改善灌溉面积2.59万公顷。

防洪工程建设项目 配合南宁交通投资有限责任公司、南宁高新技术产业开发区管理委员会推进邕宁区防洪工程、石埠堤工程建设。邕宁区防洪工程(一期)工程总投资约10.60亿元，2010年6月开工，分五段建设，其中第一、二、三、四段已开工，第五段在修改初步设计；2013年，完成投资1.61亿元，占年度计划80.33%，累计完成投资8.15亿元，占总投资76.92%；工程完成土石混合堤800米、土堤2.10千米；泵站土建2座、排涝闸3座。护岸200米、连通渠道1000米。石埠堤防洪工程原项目概算2.10亿元，由于超出概算，计划投资3.40亿元，2013年完成投资2.80亿元。

中小河流治理建设项目 南宁市有5个项目列入《全国重点地区中小河流近期治理建设规划实施方案》项目(自治区有178个项目)，分别为横县蒙江河幸福河段农田防护工程、江南区群益河整治工程、青秀区青龙江农田防护工程、青秀区伶俐镇伶俐江防洪堤工程、宾阳县南河防洪治理工程。下达总投资2336万元。完成加固堤防710米，新建堤防230米，清淤170米，新建护岸5.24千米。列入《广西2013—2015年中小河流治理项目》(自治区有328个项目)的项目17个，其中14个项目通过自治区水利厅的审查，完成82.35%，其余3个项目正在实施。

【抗洪救灾】 2013年，南宁市先后遭受9次台风和强降雨影响，其中第6号台风“温比亚”、第9号台风“飞燕”、第11号台风“尤特”、第12号台风“潭美”、第16号台风“玉兔”、第30号台风“海燕”影响

7月25日,南宁警备区、武警南宁市支队、武警水电一总队三支队等官兵参加市政府在民生广场举行的邕江抗洪抢险应急演练 市水利局提供

较大;超强台风“海燕”影响最大,具有影响时间晚、强度强、风雨大等特点。台风“海燕”带来的强降雨是南宁市有历史记录以来同期最强的一次降雨。8月以前,邕江水势基本平稳,8月24日起受台风“潭美”影响,郁江南宁站水位起涨水位66.64米,8月27日2时出现洪峰,洪峰水位71.22米,洪峰流量每秒6800立方米;11月11日起受台风“海燕”带来的强降雨影响,13日14时,邕江南宁水文站水位69.43米,14日7时左右,邕江出现70.06米洪峰水位,相应流量每秒5860立方米,洪峰持续约3小时后缓慢下降,22时左右下降至69.34米。2月中旬春耕开始后至4月下旬,全市748座水库有效蓄水量8.24亿立方米,为年内最低值;9月上旬12.99亿立方米,比历年同期多3.45亿立方米,为年内最高值。8月20日,全市748座水库有52座超汛限,有24座出排洪,为全年最高值。强降雨天气导致13个县(区)、开发区受灾,受灾人口约52万,因灾死亡7人(江南区1人、良庆区1人、横县4人、邕宁区1人,均为溺水身亡)、失踪2人(均在横县境内失踪,横县籍1人、宾阳县籍1人),紧急转移安置1796人;农作物受灾面积4.13万公顷,其中成灾面积1.19万公顷、绝收285公顷;倒塌农房957间,直接经济损失1.23亿元,其中农业损失9769万元。

南宁市立足“防大汛、抗大旱、抢大险、救大灾”的原则,完善“预警到乡、预案到村、责任到人”防汛体系建设,3月20日,市防汛抗旱指挥部办公室对各级防汛抗旱指挥部专储、民储抢险物资进行清查,查遗补缺。其中,市本级储备麻袋5.25万条、编织袋29万条、冲锋舟17艘、橡皮舟8艘、铁丝9500千克、发电机组4台、救生衣7700件、救生圈300个等。组建由城区民兵和武警官兵组成的4000人基本抢险队伍,各县(区)分别组建不少于500人的基本抢险队伍。3月20日至21日,举办南宁市防汛行政首长培训班。4月底,完成748座水库应急预案的修编,并将723座小型水库行政责任人和技术负责人名单刊登在《南宁日报》,接受社会监督。5月上旬,市防汛抗旱指挥部下达中型水库的汛限水位。7月9日至12日,在大王滩水库举办抢险冲锋舟驾驶技术培训演练,80多名冲锋舟驾驶员学员参加演练。7月25日,在民生广场举行邕江抗洪抢险应急演练,参加演练300余人。强降雨天气期间,各级防汛和水利部门实行领导带班及24小时值班制,严格执行汛期调度运用计划、突发险情灾情报告制度,及时组织户外大型广告牌、灾害易发区、学校、农村弱势群众和低洼易涝区群众转移,全力避免人员伤亡。全市减免受灾人口185.60万,减淹农作物面积9.82万公顷,减少直接经济损失22.28亿元。

【水土保持管理】 2013年,南宁市强化水土保持“三同时”(水土保持方案与主体工程同时设计、同时施工、同时投产使用)制度,加大水土保持执法检查。3月至4月,集中力量对南宁市周边的重点开发建设区进行执法检查。执法检查220多次,检查开发建设项目203个,查处水保违法违规案件2件。配合水利部珠江水利委员会和自治区水利厅开展水土保持执法专项检查。督促武鸣县做好坡耕地综合治理验收资料、邕宁区新江小流域综合治理二期工程前期工作。强化水土保持方案审批制度,完成市政府组织的联合审批活动6次,现场办结审批项目26个。征收水土保持规费约100万元。

【水资源管理】 2013年,南宁市推进落实最严格的水资源管理制度基础性工作,编制《南宁市中小河流水功能区纳污能力核定试点方案》,计划分2年完成。印发《2012南宁市水资源公报》;协助自治区水利厅完成《广西地下水开发利用红线管理》《左江水量分配方案》的编制。严格实施水资源论证制度,完善取水许可审批管理,完成南湖名都广场水源热泵工程、良庆河二期工程(3个子工程)、良庆河三期工程(5个子工程)、武鸣县伊岭水厂供水工程等10个项目的水资源论证及其中9个项目(除武鸣县伊岭水厂供水工程)取水许可的审批,完成西乡塘区金陵镇污水处理厂入河排污口设置的审查。加强计划用水节约用水管理和取用水的日常监督检查,市本级依法征收水资源费62万元(不含广西绿城水务股份有限公司),全市单位GDP用水量逐年下降。推进应急备用水源建设,委托市泽邕水利建设有限公司负责开展龙潭水库至三津水厂农灌渠改造工程和天雹水库放水设施工程的前期工作;宾阳县重点备用水源建设项目——清平水库补水工程,计划总投资2.05亿元,2013年计划投资7000万元,1月30日开始施工,完成投资7100万元,占年度计划101.40%。推进饮用水源地保护工程建设,下达市本级饮用水源地保护工程或保护规划前期工作经费376万元,其中市财政补助经费148万元、县(区)财政配套及业主自筹228万元;安排项目22个。其中:横县1个、宾阳县3个、隆安县4个、兴宁区2个、青秀区1个、江南区3个、西乡塘区3个、良庆区1个、邕宁区3个、南宁经济技术开发区1个。实施完成横县陶圩镇圩地、牛研、盛村饮用水水源地保护工程和青秀区南阳水厂水源地保护工程、长塘水厂水源地保护工程、邕宁区英雄水库水源保护工程等4个市本级财政补助项目,完成投资248.34万元(市财政补助186万元)。横县石塘镇三岔、水燕水库饮用水水源保护工程与隆安县屏山乡屏山水厂饮用水源地保护工程等2个自治区级财政补助项目正在实施。12

月 20 日，市政府办公厅印发《南宁市“十二五”节水型社会建设实施方案的通知》，明确到 2015 年全市用水总量控制在 38.69 亿立方米以内，万元工业增加值用水量降低到 70 立方米以下，农田灌溉水有效利用系数提高到 0.45 以上，重要江河湖库水功能区水质达标率提高到 86%以上；出台《南宁市实行最严格水资源管理制度实施方案》，确立水资源开发利用控制、用水效率控制、水功能区限制纳污 3 条红线，以期实现水资源持续利用；印发《南宁市实行最严格水资源管理制度考核办法的通知》，明确各县人民政府是实行最严格水资源管理制度的责任主体，政府主要负责人对本辖区水资源管理和保护工作负总责，市政府对各县政府落实最严格水资源管理制度情况进行考核。

【全国水生态文明建设试点申报】 2013 年 2 月，南宁市根据国家水利部《水利部关于加快推进水生态文明建设工作的意见》《水利部关于开展全国水生态文明建设试点工作的通知》，启动全国水生态文明市创建活动，召开全国水生态文明建设试点工作实施方案编制会议；3 月，提出《南宁市水生态文明建设试点实施方案》初稿，市政府、自治区水利厅联合成立南宁市水生态文明建设试点工作领导小组。3 月 29 日，市政府、自治区水利厅联合向水利部递交《南宁市人民政府广西壮族自治区水利厅关于申请将南宁市列为全国水生态文明建设试点的请示》。7 月 31 日，南宁市被水利部列为全国 45 个水生态文明建设试点城市之一，也是自治区唯一试点城市；随后，水利部组织对《南宁市水生态文明城市建设试点实施方案》进行审查。根据国家水利部审查意见，明确南宁市水生态文明城市试点建设期为 2013 年至 2015 年，巩固提升期为 2016 年至 2020 年，试点建设范围为南宁市所辖全部行政区，试点建设项目 13 类，以水城建设、清洁乡村水利建设(农田水利节水改造、人饮工程建设、水源地保护等)为重点，围绕水管理、水安全、水生态、水景观、水文化 5 个方面开展水生态文明建设。估算总投资 619.45 亿元，其中，试点期投资 417.89 亿元，巩固期投资 201.56 亿元。

【水行政执法】 2013 年，市水利局牵头组织开展水行政执法、基层水利服务体系建设调研，研究探讨水行政执法工作的长效管理机制。规范水行政许可工作，将 22 个行政审批项目权限下放至各县（区），办理审批业务 440 件，办理完成 399 件，完成率 90.68%。完成《南宁市饮用水水源保护条例（修订报审稿）》《南宁市水库管理条例（送审稿）》的报送。市水利局与公安、海事、交通等部门协作，建立联系会商机制，开展邕江非法采砂联合执法行动 4 次，劝离、驱赶运输船、采砂船 108 艘次，依法取缔非法经营砂场 10 个、处置非法采砂船 14 艘，处罚 27 万元，非法采砂案件大幅下降。禁止渔业船舶进行任何形式的捕捞作业，劝离、驱赶 渔船 45 艘次，竹排、泡沫排 29 艘次，暂扣渔船 2 艘；清理“水上人家”餐饮趸船 3 艘；劝离南宁市外籍渔船、涉渔船 91 艘次。妥善处置南宁市星岛号旅游船有限责任公司拆迁工作。争取自治区水利厅配备 40 万元的执法船 1 艘，在太阳岛至水塘江出水口建立邕江河道监控系统，在邕江、老口枢纽至邕宁水利枢纽建设水政执法站 3 个。重新启动邕江河道采砂经营权招标。对 748 座水库、502 个农村人饮工程、5 个中小河流治理项目等重点工程以及 86 家建筑施工企业、138 家其他企业单位进行安全检查；派出工作组 84 个（次）、1860 人次到各级水利部门进行督查，责令改正、限期整改、停止违法行为 567 起，责令停产、停业、停止建设 229 家次，关闭非法违法企业 138 家次。开展水利工程项目现场监督检查活动 252 次，签发现场整改通知 216 份，发文整改 25 份，纠正不良质量与安全管理行为，工程施工质量和施工安全基本处于受控状态，未发生重大质量与安全事故。

【第一次全国水利普查】 2013 年 3 月 26 日，《第一次全国水利普查公报》发布；5 月 21 日，南宁市第一次水利普查成果与《广西壮族自治区第一次水利普查公报》同步发布。第一次全国水利普查为期 3 年，从 2010 年 1 月至 2012 年 12 月。普查结果：南宁市辖区范围内有 757 座水库(大型水库 9 座、中型水库 27 座、小型水库 721 座，其中包括电力、航运等其他部门水库，如百龙滩电站水库、金鸡滩水电站水库工程等)，总库容 97.69 亿立方米，兴利库容 23.11 亿立方米，防洪库容 10.04 亿立方米，设计灌溉面积 20.41 万公顷，设计年供水量 20.50 亿立方米；有水电站工程 100 座(规模以上 50 座)，其中中型电站 4 座、小型电站 96 座，总装机容量 72.49 万千瓦，规模以上(装机容量 500 千瓦以上)的总装机容量 71.23 万千瓦，总保证出力 27.42 万千瓦，总机组 144 台，多年平均发电量 23.44 亿千瓦时；清查出水闸工程 903 座（规模以上 234 座），其中大型水闸 2 座、中型水闸 27 座、小型水闸 874 座，其中 5 立方米每秒以上(泄)洪闸 55 座、节制闸 74 座、排(退)水闸 67 座、引(进) 挡潮闸 38 座。南宁市普查区范围内有堤防工程 439 段，总长度 233.62 千米，规模以上(5 级及以上)的堤防工程 40 段，总长度 91.28 千米；穿堤建筑物 276 处。南宁市辖区范围内有泵站工程 2249 处，规模以上泵站工程 353 处（装机流量每秒 1 立方米以上或装机功率 50 千瓦以上）；总装机流量每秒 627.10 立方米，总装机功率 12.35 万千瓦。南宁市有灌溉面积的行政村 1401 个，总灌溉面积 23.78 万公顷，耕地有效灌溉面积 23.32 万公顷，园林草地有效灌溉面积 4562.67 公顷。总灌溉面积(耕地有效灌溉面积+园林草地有效灌溉面积)50 亩（3.33 公顷）以上灌区 5234 个，总灌溉面积 21.71 万公顷，占全市总灌溉面积 90.73%，其中五化灌区为大型灌区，位于上林县与宾阳县。南宁市有跨县灌区 3 个(五化灌区、大王滩灌区、那齐电灌区)，跨市灌区 2 个(茶山水库灌区和云表水库灌区)。

南宁市有面积大于 30 万亩(2 万公顷）的大型灌区 1 个，30 万亩（2 万公顷）～5 万亩(3333.33 公顷)的中型灌区 16 个，5 万亩（3333.33 公顷）～1 万亩(666.67 公顷）的中型灌区 39 个，1 万亩(666.67 公顷）～0.2 万亩（133.33 公顷）的小型灌区 89 个，0.2 万亩（133.33 公顷）～0.05 万亩(33.33 公顷)的小型灌区 4773 个。规模以上灌区的灌溉渠道 2837 段，总长 7811.90 千米、渠系建筑物有 1.29 万座；灌排结合渠道 267 段，总长 1115.90 千米、渠系建筑物 4537 座；排水沟有 139 段，总长 360 千米，渠系建筑物 414 座。有地下水取水井 19.59 万眼，其中规模以上机电井 3630 眼、规模以下机电井 6.42 万眼、人力井 12.81 万眼，实际供水人口 187.50 万。农村供水工程 18.82 万处，供水人口 536.02 万。其中：集中式供水工程 1.16 万处，供水人口 419.02 万；分散式农村供水工程 17.67 万处，供水人口 117 万。塘坝工程有 7800 处，总容积 1.26 亿立方米，总灌溉面积 3.56 万公顷，总供水人口 9.71 万。窖池工程有 1.41 万处，总容积 96.13 万立方米，总灌溉面积 876.67 公顷，总供水人口 11.49 万。取水口有 2816 个。其中：农业取水口

12月17日，南宁市启动大王滩水库环境综合整治。图为依法拆除水库岸边违章建筑　　市水利局提供

2533个、非农业取水口283个；规模以上取水口865个，规模以下取水口1951个。全市2011年总取水量30.71亿立方米。南宁市河湖取水口供水人口442.77万，灌溉面积16.40万公顷。普查城镇及乡村集中供水的水源地，地表水水源地有73个。入河湖排污口清查对象597个，其中废污水排水量每天300吨或每年10万吨以上的排污口有118个，排污量2.89亿吨。治理保护河流（河段）116段，总长3875.16千米。其中：已治理河段长度58.58千米，治理河段达标长度37千米；未治理河段长度703.44千米，占总长度18.15%。水蚀野外调查工作完成单元调查221个（勾绘调查单元底图的地块边界221张、2367块地块；拍摄景观照片2412张；填写上报水蚀野外调查表格435份）。根据自治区水利普查办发布的数据，南宁市水蚀面积5501.94平方千米，其中轻度侵蚀2367.19平方千米，占43.02%；中度侵蚀1662.75平方千米，占30.22%；强度侵蚀915.42平方千米，占16.64%；极强度侵蚀459.96平方千米，占8.36%；剧烈侵蚀96.62平方千米，占1.76%。

【大王滩水库环境综合整治】　2013年12月4日，市政府决定全面开展“美丽水库·清洁水源”大王滩水库环境综合整治活动，整治重点为水面垃圾、库区船舶、库区违法违规捕鱼、岸上养殖、库叉拦坝、库区旅游休闲项目、入库污染源、农业种植面污染源、水源林改造恢复9个任务。计划投入3812.62万元，全面消除水库水源污染问题，改善水库饮用水水源环境，促进水库生态文明建设，确保水库水质2015年底前达到《大王滩水库综合整治保护利用规划》确定的《地表水环境质量标准》(GB3838—2002)Ⅲ类标准。12月13日，市政府印发《大王滩水库环境综合整治工作方案》；17日，全面启动大王滩水库环境综合整治，拆除岸上养殖场5处，面积3825平方米，对水库+副坝附近的一处坝顶宽5米、距水面高约5米、长47.10米的违规库叉拦坝进行爆破拆除。

【“美丽南宁·清洁乡村”水利行动与“美丽南宁·整洁畅通有序大行动”】　2013年5月至6月，市水利局出台《“美丽南宁·清洁乡村”水利行动工作方案》《“美丽南宁·清洁乡村”水利行动指导工作方案》《全市水利行业开展“美丽南宁·整洁畅通有序大行动”工作实施方案》，召开专项动员会，结合2013年度水利工程建设任务、江河水库、渠道的整治细化活动任务，组织力量对河道分段拦截、清理垃圾，同时推进灌区节水改造、中央财政小型农田重点县高效节水灌溉工程、农村人饮、病险水库除险加固等水利工程建设。成立12个指导检查组分别对联系县（区）、局属单位加强指导检查，促进活动的开展。水库系统各单位开展“美丽家园”“清洁水源”“清洁田园”活动，组织职工对单位办公区、生活区、水库大坝、水库周边、泵站等开展环境卫生大整治，清理批垃圾和卫生死角，改善环境面貌。全市水利系统投入4.63万人次，发放宣传资料4.47万份，悬挂横幅8268幅；清理乱堆放726处、卫生死角245处，清运垃圾9848.68吨，清理面积2.06万平方米，新购置垃圾桶2.25万个，建设垃圾池252个；清洁水源506处，清理渠道2536千米，清洁田园1.67万公顷。　（卢明发）

【水库移民】　2013年，南宁市涉及移民搬迁的大、中型水利水电工程48座（处），有大、中型水库移民11.75万户，47.07万人。其中：搬迁移民6.38万户，25.50万人；淹地不搬迁移民5.38万户，21.57万人。分布在六县六城区和南宁高新技术产业开发区、南宁经济技术开发区，涉及乡镇96个、村民委员会478个、村民小组3037个。实施大中型水库移民后期扶持政策，发放大、中型水库移民后期扶持补助资金2.40亿元。

库区维稳　市水库移民工作管理局处理群众来信来访40件。其中：来信8件，来访32批72人。比上年减少31件，下降43.60%，办结率100%。办理上级交办信访案件9件，办结率100%。无水库移民集体上访和突发群体性事件，库区和移民安置区社会保持稳定。

水库移民安置　完成老口航运枢纽工程建设征地移民安置工作已淹没涉及实物指标复核、分解、公示，实物指标分解1704公顷，签订土地补偿协议面积359.20公顷，发放补偿金额2.50亿元。开展邕宁水利枢纽工程可研阶段建设征地移民安置规划项目移民安置规划报告审查。

水库移民新村与基础设施建设　完成自治区10件为民办实事项目水库移民新村建设工程项目129个，总投资6760.40万元，受益3.60万人，其中移民3.27万人。市本级财政投入水库移民基础设施建设工程项目65个，投资2500万元，完成64个，完工率97%(剩余1个项目已打井，但无水源，正在找水源)。

水库移民教育培训　培训水库移民1.16万人，培训移民干部143人、移民骨干289人，完成水库移民劳动力转移就业892人。

水库移民增收工程　争取自治区和市本级财政专项资金819万元，实施移民增收工程项目14个，均已完成基础设施建设，受益移民4835人。扶持微型企业31个，落实扶持移民微型企业发展资金93万元。

（覃　梦）

责任编辑　陆　靖

交通运输与邮政业

铁路运输

【概　况】 2013年，南宁市境内铁路有湘（湖南）桂（广西）、黎（塘）湛（江）、南（宁）昆（明）、南（宁）防（城港）、黎（塘）钦（州）、柳（州）南（宁）客专、南（宁）钦（州）7条通车线（湘桂、黎湛、南昆线为国家铁路，南防、黎钦、柳南客专、南钦线为合资铁路）。境内总里程555.40千米（不含复线）。其中：湘桂线境内全长175.40千米，为准轨铁路，设和吉村、黎塘、稔竹、沙江、六景、伶俐、邕宁、天潭、玉洞、屯里、南宁、南化、南宁南、金鸡村、江西村、维罗16个车站，通往凭祥方向；黎湛线境内全长12.50千米，为准轨铁路，设凤鸣站，通往广东湛江方向；南昆线境内全长75千米，为准轨电气化铁路，设扬美、南武康、定顿、那桐、双邓、连安、隆安、雁江8个车站，通往云南昆明方向；南防线境内全长75.50千米，为准轨铁路，设那罗、吴圩、大王滩、宁村、大元、那铺、百浪、大拟8个车站，通往防城港方向；黎钦线境内全长44.60千米，为准轨铁路，设横州、大崇、飞龙、王洞岭4个车站，通往钦州方向；柳州至南宁客运专线境内全长106.10千米，为双线电气化高速铁路（简称"高铁"），设黎塘西、五塘、南宁东3个车站；南钦线境内全长66.30千米，为高铁，设五象南、大塘2个车站，通往钦州方向。铁路职能机构、单位有：南宁铁路局机关行政部门32个、党群部门8个、公安部门驻南宁2个（公安局、公安处）。铁路局机关附属单位驻南宁39个。铁路局局属单位驻南宁25个，其中运输单位11个、运输辅助单位3个、非运输单位11个。广西宁铁多元投资集团有限责任公司所属公司驻南宁8个。年内，境内国铁运输单位发送旅客1295.99万人，比上年增加246.29万人；发送货物986万吨，增加378.20万吨；到达货物1975.38万吨，增加1253.38万吨；完成客货运输收入23.28亿元，增加4.48亿元。南宁铁路局（本部）、南宁站、T5/6次列车继续保持全国、自治区"文明单位"称号。南宁客运段的T5/6次、189/190次、2571/2572次、K537/538次、K949/950次列车继续保持全路"红旗列车"称号。

【高铁动车组开行】 2013年12月30日，南宁铁路局开行南宁至桂林动车组7对，南宁至防城港北动车组1对，加上桂林至北海动车组1对，南宁火车站始发、终到和途经的动车组有9对。

【客货运输】 2013年，南宁站做好站改施工、东站介入和货运改革，克服因铁路建设、恶劣天气导致列车大量停运和大面积晚点等困难，强化应急处置，组织发送旅客974.50万人，比上年增加3.90万人。1月至3月（4月后停办货运业务），发送货物11.66万吨，货物到达49.88万吨；运输收入10.88亿元，减少0.55亿元。年内，南宁客运段担当49对旅客列车值乘，其中普速列车40对、动车组9对。按车底属性分：空调列车37对，非空列车4对，动车组车底8组。按列车等级分：特快列车8对，快速列车25对，普快列车6对，普通旅客列车1对。按列车属性分：示范列车1对（T5/6次），"三进"（进京、进沪、进穗）及国际列车12对，非"三进"空调列车24对，非空调列车3对。完成客车工作量45.93万千辆千米，减少96万千辆千米。运送旅客4928.69万人次，减少208.01万人次。车补收入1.06亿元，增收200万元。餐售收入1.24亿元，增收877万元。南宁车务段发送旅客321.49万人，减少30.51万人；客运收入1.27亿元。货运业务改由南宁货运中心管理。南宁货运中心5月31日成立，主营货物运输代理、仓储服务、装卸服务、流通加工、配送等。完成货物发送986万吨，完成计划132%；装车16.48万车，完成计划135%；日均装车451车，完成计划134%；货物到达1975.38万吨，日均卸车902车，完成计划120%；完成运输收入16.18亿元，其中货运收入12.82亿元。

【机车运用与检修】 2013年，南宁机务段配属机车506台，其中电力机车186台、内燃机车320台，日均支配机车377

2013年南宁市境内国家铁路火车站运输完成情况

项目 车站	旅客发送量（万人）	货物发送量（万吨）	货物到达量（万吨）	运输收入（万元）
南　宁	974.50	11.66	49.88	108808.40
南宁南		264.03	387.99	61256.57
黎　塘	74.40	164.74	78.94	17264.12
六　景		20.05	24.40	3177.48
邕　宁		12.89	3.24	1179.05
屯　里		33.45	31.07	2715.18
金鸡村			2.63	1.69
隆　安		9.89	14.73	1437.89

南宁年鉴

台。担负南宁—桂林、防城港北、北海动车组列车，南宁—柳州、柳州—玉林旅客列车，南宁—凭祥客、货列车，南宁—威舍客、货列车，玉林—贺州客、货列车，玉林—湛江客、货列车，玉林—茂名货物列车，玉林—茂名东旅客列车，田东—靖西货物列车牵引任务；南宁动车组和南宁、百色、兴义、品甸、郑屯、安龙、崇左、凭祥、黎塘、贵港、贺州等车站调车作业任务；中越国际联运凭祥—同登客、货列车过境任务。牵引里程动车组 629 千米、客运 1692 千米、货运 1394 千米。机车牵引总重 690.60 亿吨千米，完成计划 89.90%。机车总走行 5021.10 万千米，完成计划 93.20%。货运机车 462 千米/台日，完成计划 98%，货运机车日产量 109.10 万吨千米/台日。技术速度 48.80 千米/时，完成计划 100%。平均牵引总重 3083 吨/列，完成计划 97.50%。完成电力机车中修 20 台、小修 215 台、辅修 225 台；内燃机车小修 504 台、辅修 403 台。机车整备 5.50 万（其中内燃 4.10 万、电力 1.40 万）台次。综合能耗完成 644.05 段标煤，低于计划 13.60%。新鲜水实际消耗 45.96 万吨，低于计划 16.20%。化学需氧量排放量 3674.17 千克，低于计划 21.40%；二氧化硫排放量 288.58 千克，低于计划 54.40%。

【客车运用与检修】 2013 年，南宁车辆段新增配属客车 180 辆（新造 DV600V 供电客车 106 辆、25T 型车 66 辆、其他 8 辆），客车保有量 1820 辆。配属客车结构发生较大变化，特别是 25T 型客车投入运用检修，标志南宁铁路局普速客车种类和型号达到全国铁路普遍水平。该段担当图定旅客列车 40 对、动车组 9 对运用任务。年内，段修和段部整体搬迁（友爱南路 17 号迁至秀厢大道 71 号），该段统筹客车段修停产、搬迁、复产工作，调整生产组织，提高检修效率，实现“段修任务不能减、客车安全不出事”目标。完成客车段修 744 辆、发电车中修 25 辆、客车辅修 2156 辆、A1 修 379 辆。客车交车计划兑现率 93.28%，一次交验合格率 99.60%，均高于铁路局考核指标。运用生产方面，完成客车走行 5.63 亿辆千米，与上年基本持平。客列检通过修 47.14 万辆次，库列检检修 25.92 万辆次。轮对修理 5810 条，运用换轮 2236 条。运用残车率控制在局定范围内，客车运用率 82%。开行临客及旅游专列 337 列、军运任务 200 列，加挂客车 1.80 万辆次，临修客车 3371 辆次。

【货车检修】 2013 年，南宁南车辆段担负湘桂、南昆、黎湛、益(阳)湛(江)、河(唇)茂(名)等干线货车检修，安全管辖里程 1508 千米，安全保证区段 3158 千米。完成国铁货车段修 7300 辆，临修 2245 辆，钩尾框改造 1773 辆，圆销改造 5363 辆，罐车普洗 2471 辆。列检工作量完成 12.16 万列 594.90 万辆，TFDS（铁路货车运行故障动态图像检测系统）检测 1.58 万列 76.54 万辆。完成自备车厂修 32 辆，段修 1024 辆，辅修 173 辆，圆销改造 676 辆，K 改 5 辆，折角塞门改造 5 辆。完成破损车修理 818 辆。

【工务维修】 2013 年，南宁工务段管理正线 891.52 千米，站特线 465.67 千米，道岔 1404 组，专用线 58.12 千米，桥梁 280 座、2.15 万延长米，隧道 10 座、1.06 万延长米，涵渠 2282 座、4.89 万横延米。完成正线重点保养 136.14 千米，道岔重点保养 196 组。组织大机维修正线 111.95 千米、到发线 29 股道 30.75 千米。轨检车检查正线 59 次 8725.57 千米，其中优良 8394.09 千米，占 96.20%，无失格公里，线路设备整体稳定。开展道岔专项整治 50 组，更换重伤轨 394 根、发展伤钢轨 1014 根、叉心 242 组、尖轨 346 根、基本轨 194 根、护轨 72 根、新木枕 848 根、再用混凝土枕 9665 根。加装轨距杆 6495 根，更换胶结绝缘夹板 44 付，成组更换混凝土岔枕 13 组，木枕改水泥枕 84 组，更换 P60 维修新轨 10.90 千米，正线更换再用轨 10.88 千米，到发线更换 P60 再用轨 24 股道、15.64 千米。完成桥梁维修保养 59.50 座，其中钢梁桥单根抽换桥枕 163 根，更换护木 120 米，护轨改造 1 座。完成隧道保养 1 座、涵洞维修保养 212 座，清理排水设备 9.70 千米。完成预抢、防洪及水害复旧工程 44 件。

【电务维修】 2013 年，南宁电务段信号设备换算道岔数 4.21 万组，管辖铁路线 2080.89 千米，站(场)180 个，道岔 3185 组，信号机 5569 架，轨道电路 5279 个区段，微机监测设备 152 个站，TDCS（覆盖全路的调度指挥管理系统）设备 132 个站。整治分路不良区段 171 个，整改尖端铁工艺缺陷道岔 236 组，整治 119 个站(处)1925 芯、1.65 万米不良电缆线路。成立 4 个高铁电务车间，组织技术骨干对管内 21 个车站进行联锁仿真试验和现场模拟、连挂开通试验，确保高铁开通接管设备联锁关系正确。南宁通信段担负中国铁路总公司、铁路局长途通信网及铁路局行车组织指挥信息大通道、客票大通道、列车无线调度通信、GSM-R 移动通信系统、数据网通信系统、综合视频监控系统、事故应急通信系统等通信设备维护。完成标准机房 111 个、标准区间 89 个建设。整治长途光电缆光电特性 27 个区间，合格率由 93%提高至 93.80%。整治 800M 机车设备 182 台，整治 CIR（机车综合无线通信设备）设备 178 台。完成 13 次防洪、防台风应急响应。做好施工区域、城乡接合部等光电缆径路核准和光电缆标、警示牌加密工作，新埋设电缆标 1.11 万个、警示牌 906 个。完成铁路新线通信线路、传输与接入网系统、GSM-R 移动通信系统等 11 个通信分系统建设。新增衡柳、柳南、南广长途通信干线光缆 1721 皮长千米、GSM-R 无线移动基站设备 176 套、直放站设备 220 套、通信铁塔 278 座、传输设备 264 套、接入网设备 147 套、数据网设备 21 套、数字调度通信 FAS 设备 28 个站点。

【水电供应】 2013 年，南宁供电段担负南昆、南(宁)凭(祥)、黎湛、河茂、益湛、田(东)靖(西)线 1758 千米运营里程的牵引供电及生产生活供水供电。完成牵引供电受电量 4.33 亿千瓦时，供电量 4.30 亿千瓦时，比上年分别下降 6.58%、6.16%。牵引供电损失率 0.84%，低于局定指标 0.01%。功率因素 0.92，上升 0.01%。完成电力受电量 1.71 亿千瓦时、供电量 1.57 亿千瓦时，分别下降 0.15%、增加 1.07%；力率 99.99%，下降 0.01%；负荷率 70.12%，上升 0.09%；变压器利用率 32.34%，上升 0.04%；电损率 8.10%，下降 1.11%；供水损失率 19.78%，下降 0.17%；净水合格率、消毒水合格率均为 100%；扬水耗电量 641.49 万千瓦时，增长 0.96%；路外售电收入 4158.20 万元、路外售水收入 1518.50 万元，水电费回收率 99.13%。完成大修工程 26 项、更改工程 31 项，完成与铁建挂钩工程项目 1100 万元。

【物资保障】 2013 年，南宁物资供应段落实保供责任，采购 1.79 万种编号物资，完成物资供应 4.69 亿元，供应兑现率 99.82%，物资质量合格率 100%。物资采购节约金额 1886 万元，节约率 4.38%。完成招标采购申请 87 宗、1.75 亿元。供应道砟 19.90 万立方米，供应防洪石料

6722立方米，其中片石3854立方米、碎石2868立方米。按时、动态、足量储备片石、碎石、道砟，下达常用防洪物资储备计划，实行动态管理，保证防洪抢险物资供应。

【安全生产】 2013年，南宁铁路运输生产单位和运输辅助单位开展安全风险管理年活动，推进管理规范化和作业标准化，安全生产保持有序可控。除南宁车务段8月发生1件一般事故外，其余单位均实现全年安全生产。至年末，14个单位无责任行车事故天数分别为：南宁站7873天、南宁供电段4604天、南宁车辆段3775天、南宁电务段3650天、南宁物资供应段1777天、南宁客运段1351天、南宁南车辆段1088天、南宁机务段1040天、南宁房产生活段915天、南宁通信段753天、南宁工务段743天、南宁林管所646天、南宁车务段130天、南宁货运中心(新组建单位)109天。

【信息技术应用与开发】 2013年，南宁铁路局信息技术所认真做好信息系统维护，全年无责任事故，信息系统无重大故障，实现客票、调度、货运电子商务等100多个运输单位信息系统和铁路局综合计算机网络设备安全稳定运行目标。参与沿海、柳南、南广等高铁联调联试工作。配合做好新线各信息系统安装调试、新线IP地址规划分配，完成信息专业相关项目检查、验收、评估。完成新线建设与信息技术相关的设计、招标、施工等方案审查39项。完成“新线调度台TDMS4.0系统”，沿海、柳南、南广、衡柳高铁“联调联试环境建设”等新线信息系统建设项目7个。完成“货运服务中心信息系统”“铁路局物资采购商务平台”等信息系统更新改造项目12个。完成“货运中心网络”等运输生产办公网络升级改造项目4个。

【铁路建设】

南广铁路 2013年，南宁至广州铁路工程建设完成投资39亿元，开工累计完成投资365.50亿元，占设计总量86%。路基工程开工累计完成设计总量99.20%；桥梁工程开工累计完成92.50%；隧道工程开工累计完成99%；接触网工程开工累计完成66.40%；正线铺轨开工累计完成67%；房建工程开工累计完成71.20%。至年末，该线广西段货线顺利开通。

云桂铁路 云桂(昆明至南宁)铁路工程建设广西段完成投资39亿元，开工累计完成投资164.10亿元，占设计总量52.90%。路基工程开工累计完成设计总量78.90%；桥梁工程开工累计完成70%；隧道工程开工累计完成75.40%；接触网工程开工累计完成11.40%；正线铺轨开工累计完成16.10%；房建工程开工累计完成28.20%，实际交付永久用地671.54公顷，占计划87%；交付临时用地596.56公顷；拆迁房屋9.38万平方米，占计划22.50%。

柳南客运专线 柳州至南宁客运专线完成投资23.76亿元，开工累计完成126.04亿元，为设计总量94.50%。路基土石方工程开工累计完成2449.60万立方米，为设计总量98.40%。隧道工程开工累计完成2.19万成洞米，为设计总量99.70%。桥梁工程开工累计完成5.86万延长米，为设计总量98.70%。涵洞工程开工累计完成1.06万横延米，为设计总量的93.80%。

南黎铁路 新建南宁至黎塘铁路完成投资8.50亿元，开工累计完成62.14亿元，为设计总量91.10%。路基土石方工程开工累计完成479.60万立方米，为设计总量95.60%。隧道工程开工累计完成2.06万成洞米，为设计总量99.80%。桥梁工程开工累计完成3.75万延长米，为设计总量95%。涵洞工程开工累计完成1329横延米，为设计总量93.50%。

南钦铁路扩能改造工程 南宁至钦州北铁路工程开工累计完成投资89.10亿元，占设计总量100%。路基工程开工累计完成1517万立方米，桥梁工程开工累计完成3.38万延长米，隧道工程开工累计完成1.46万成洞米，涵洞工程开工累计完成7786横延米，铺轨工程开工累计完成206.20正线千米，均占设计总量100%。永久征地完成483.58公顷，占总量97.40%；临时用地办理完成100%；拆迁完成17.79万平方米，占总量100%。正线全长98.79千米一级双线高铁基本建成，12月30日正式开行动车组。

黎钦铁路扩能改造工程 黎塘至钦州铁路扩能改造工程完成投资8.50亿元，开工累计完成27亿元，占投资总量84.70%。永久征地完成250.13公顷，占总量100%；临时用地办理完成100%；拆迁完成3.50万平方米，占总量71.90%。路基工程开工累计完成868万立方米，占总量94.90%。桥梁工程开工累计完成1.17万延长米，占总量98.30%。隧道工程开工累计完成1367成洞米，占总量100%。涵洞工程开工累计完成6538横延米，占总量99.50%。铺轨工程开工累计完成170正线千米，占总量97.80%。

南宁铁路枢纽 南宁铁路枢纽工程建设指挥部围绕实现高铁入桂入邕目标，克服困难，科学有序推进工程建设。柳南客运专线和南黎、云桂铁路引入南宁枢纽工程完成投资51.60亿元，开工累计完成129.95亿元，为设计投资总量84.10%。路基工程完成1465.60万立方米；桥梁工程完成7093.10延长米；涵洞工程完成3657横延米；铺轨工程完成114.10千米。四电工程完成电力高压电缆敷设62.60千米、低压电缆敷设68.50千米、投光灯塔安装27座、灯桥安装6座、箱变安装12座、FAS(火灾报警)系统安装4套、接触网线架设156.50千米、长途通信线路铺设154千米、站场通信光缆线路敷设43.40千米、基站设备安装11站。完成新征永久用地42.31公顷，办理临时用地1274公顷，拆迁房屋建筑2450万平方米。

南宁东客站工程 南宁东客站工程

南宁铁路枢纽在屯里建有8座高铁大桥，桥群紧锁南广、柳南、南钦等高铁“咽喉”，是所有高铁列车进出南宁东客站的必经之路 徐维春提供

建设完成投资11亿元。开工累计完成投资18.56亿元,占总投资70.82%。站房主体工程完成下沉式广场主体结构浇筑、出站通道结构及防水施工、站台屋顶板结构施工、屋面钢网架(B区)整体提升、雨棚钢结构施工、雨棚金属屋面及封檐口板施工。12月14日,四电用房,综合值班室,雨棚及1、13、16、19、20、23道站台交工验收。南宁东客站工程建设指挥部代建的东西高架桥、南北廊桥工程完成投资1.63亿元,占合同金额63.50%。东西高架桥主体部分施工基本完成。南北廊桥东西南北4个角的结构基本完成,南廊桥和北廊桥完成桥基承台和墩柱施工。代建的地铁南北换乘厅及地下通道工程完成投资2700万元,占合同金额64.33%。地铁北换乘厅完成主体结构施工,南换乘厅完成桩基施工。(徐维春)

公路管理

【概 况】 2013年,南宁市公路总里程1.22万千米,比上年增加378千米。其中:等级公路1.13万千米(高速公路567.10千米,一级公路65.80千米,二级公路1156.70千米,三级公路856.20千米,四级公路8619.20千米);等外公路929.60千米。南宁市交通运输局负责管辖农村公路总里程9346.10千米,包括:县道养护示范路30.96千米,一般县道1407.20千米,乡道及专用道2481.50千米,村道5426.50千米。1394个建制村已通畅建制村1311个,已通达未通畅建制村83个,建制村通畅率94.05%。在自治区公路管理局开展的广西2013年度农村公路建设和管理养护检查评比中,南宁市农村公路建管养获总分排名第二,建设管理评比第一名。

【农村公路建设】 2013年,自治区下达南宁市的农村公路工程建设项目167个,路线建设总里程508.23千米,桥梁总长度506.78延米,计划总投资3.64亿元。其中:石漠化地区农村公路县乡联网沥青(水泥)路计划项目2个48.60千米,累计完成投资1690万元;农村公路县乡联网沥青(水泥)路计划项目2个8.20千米,累计完成投资1872万元;石漠化地区通建制村沥青或水泥路项目29个148.44千米,累计完成投资8083.40万元;通建制村沥青或水泥路项目20个120.10千米,累计完成投资7341万元。新建桥梁项目1个65延米,累计完成投资210万元;林业系统通林场总场通沥青(水泥)路项目1个2千米,累计完成投资80万元;农场分场通沥青(水泥)路项目18个28.19千米,累计完成投资757万元;连通工程以奖代补项目77个129.30千米,累计完成投资4561万元;路网结构改造(危桥改造)项目7个441.78延米,累计完成投资1237万元;路网结构改造(安保工程)项目3个,处治里程65.50千米,累计完成投资434万元;中央预算内投资项目7个23.40千米,累计完成投资1720万元;零星小项目3个9.60千米,累计完成投资58万元;续建项目3个,建设里程20.70千米,桥梁400延米,累计完成投资2154.98万元。

年内,南宁市为民办实事项目村通畅工程项目26个,建设里程115.80千米,累计完成投资7303万元。为民办实事项目危桥改造工程项目20个747.10延米,累计完成投资2655万元。

【农村公路养护】 2013年,南宁市创建农村公路养护示范乡镇10个,养护示范路53条392千米。县道、乡道、村道经常性养护率分别为100%、56%、41%。县道中等路以上比例79%,乡道中等路以上比例72%,村道中等路以上比例70%。县道优良路率47%,乡道优良路率38%、村道优良路率21%。

年内,推进农村公路管理养护体制改革。按照“一年试点先行,两年整体推进,三年全面深化”的思路,在全市推广2012年良庆区、武鸣县开展的农村公路管理养护体制改革试点经验。至年末,南宁市12个县(区)已下发养护管理体制改革方案,全市大部分乡镇政府建立农村公路管理机构,配备养护机械和人员。市交通运输局在本局部门预算中安排补助资金900万元并争取市财政局在市级财政预算中安排补助资金900万元,用于村道日常养护和专项养护,将符合接养条件的3291条7200千米的村道纳入日常养护范围。基本实现等级以上公路“有路必养”的目标。

【路政管理】 2013年,市交通运输局以加强法制建设,严格依法行政为切入点,推进路政管理,开展公路执法及治超工作。依据《中华人民共和国行政许可法》,实行行政许可首问负责制、限时办结制、责任追究制等制度,确保行政审批合规顺畅。全年受理路政许可申请85件,办结率100%,行政相对人对窗口服务评价满意率100%。各县(区)路政管理部门加强执法工作力度,坚持路政巡查制度,做到县道全覆盖巡查2次以上,乡道1次以上,并做好巡查记录。针对公路超限运输反弹问题,各县(区)保持严管态势,开展联合专项执法2次。组织开展治超专项行动,查处超限运输案件1094件。通过集中整治,集中对辖区公路的违法超限运输进行不间断治理,遏制超限运输势头。路政管理部门组织6次开展“打非治违”专项行动,全面排查公路桥涵安全隐患,确保桥梁安全畅通。以“美丽南宁·整洁畅通有序大行动”为抓手开展公路清洁行动,市路政管理部门清理公路上的堆积物145处1167平方米,清理临时搭棚17处270平方米,疏通公路水沟3390米,拆除公路控制区内违法建筑19处884平方米,清理非公路标志64块。

【公路安全生产与应急管理】 2013年,市交通运输局继续开展“平安工地”“平安校园”、隐患排查等专项公路安全生产监督检查,保障安全生产。深入辖区危桥改造工程施工现场、公路工程施工现场(含南宁至扶绥公路工程)检查7次,发现隐患29处,整改28处,整改率96.50%。不间断上路巡查,发现和指导排除公路安全隐患,制止和协助处理涉路违法行为1600多起。在元旦、春节、“两会一节”、防洪汛期、安全生产月等重大节假日及重点保障期间,开展安全大检查14次,发现并排除安全隐患301处,确保辖区公路有序畅通。推进危桥改造及安保项目建设,完成为民办实事危桥改造项目20个、公路安保项目78.60千米。继续完善应急管理体系,开展公路防汛应急演练,针对汛期农村公路被冲毁等情况,实行市、区联动,在青秀区组织开展全市公路防汛应急演练。组织承办2013年农村公路市县联动防汛应急救援演练。

道路运输

【概 况】 2013年,南宁市有道路客运企业28家(不含子公司、分公司),其中国家一级资质客运企业4家、二级6家、三级8家;有营运客车4119辆,座位约15万个;各级汽车客运站53家,其中国家一级客运站5家、二级12家。六县有营运客车551辆,座位约1.60万个。有各级汽车客运站46家,其中国家二级客运站10家。全年完成客运量6867万人、客运周转量117.83亿人千米。有货运经营业户4000多家,其中危险货物运输企业41家,专业普通货运企业502家(100辆以上车辆的企业有205家),物流企业305家,其余为经营货运的各厂矿企业和少数的个体经营户。登记在册的货运从业人员12万余人。营运货车9.62万辆,完成货运量2.79亿吨,比上年增长6.49%;货运周转量426亿吨千米,增长9.66%。

【道路运输市场监管】 2013年,市交通运输局组织开展对客货运输、驾驶员培训、车辆维修、公共交通行业的质量信誉考核工作和对公交车、出租车行业的服务质量考评,采取措施加大对道路运输市场的监管力度,依法查处非法营运、违法(章)车辆6925辆次。其中:非法营运残疾车(含电动两轮车、三轮摩托车、人力车)1341辆,两轮摩托车526辆,面包车(含出租车)541辆次,违章营运客车1106辆次,货车3411辆次。非法经营业户(企业)731家次。配合城区政法委开展非法营运"三车"综合执法,查扣非法营运"三车"1648辆次,其中两轮摩托车793辆次,残疾车855辆次。

【运政投诉处理】 2013年,南宁市运政投诉中心接到群众投诉381起,其中立案受理的投诉212起,处理完结率100%。在受理立案的投诉中,投诉事实成立127起,行政处罚53起,其余以教育为主。营运客车投诉率比上年减少34%,出租汽车投诉率减少44%,为乘客挽回经济损失9万余元,接到乘客电话表扬34人次。陈诉申辩室运政法规咨询岗接待来访咨询群众1500多人,处理申诉666起。

【驾驶员培训】 2013年,南宁市有合规驾驶员培训机构96所(一级7所、二级61所、三级28所),有教练员5531人,教练车3514辆。有10.40万名学员取得机动车驾驶员培训记录签章。全年组织1.40万人参加道路运输驾驶员从业资格证考试,其中合格1.19万人,双科合格3342人,道路货物运输证合格8419人,道路旅客运输证合格129人,合格率84.45%。

【春运旅客运输】 2013年春运期间,南宁市日均投放客车4225辆,累计发送32.92万班次(加班车1.05万班次、包车1100班次);运送旅客839.76万人次,客运周转量13.44亿人千米,客运总收入2.88亿元,分别比2012年春运增长5.10%、6%、5%;日均投放出租车5670辆、公交车2764辆,运送旅客6666.29万人次。春运期间,南宁市未发生明显旅客滞留现象。

【站场基础设施建设】 2013年,南宁市建便民候车亭27个,其中自治区运管局项目10个(地点在横县、隆安县、上林县,业主为各县运管所),市交通运输局项目17个。货运南站、中国—东盟国际物流园区分别累计完成固定资产投资8100万元、6200万元。基本做到货运车辆不进入主城区,尽量避免车辆的交汇。货运线路通达全国各地。

【南宁市道路客运联网售票系统(一期)项目建设】 2013年,南宁市道路运输管理处组织协调项目开发商与市内各大汽车客运站对接,监督项目工程进度,2月2日上线试运行,并在春节前正式投产运行。实现南宁市道路运输信息中心与各汽车客运站企业售票业务系统平台的数据交换、实时掌握营运信息等功能,建立南宁市交通运输局和南宁市运管处客运联网售票行业监管信息数据库。

【道路运输安全生产与应急管理】 2013年,市道路运输行业继续开展"安全生产年"活动,召开专题会8次;组织开展专项安全大检查7次,检查企业732家次;与企业签订各类安全与稳定责任状617份;组织安全应急保障演练1次;培训企业人员7339多人次;发放宣传资料7000多份;排查纠正安全隐患388处,约谈相关单位10家次,督促企业处理违法驾驶员8627人次,停工教育6807人次,解聘存在多次违法驾驶行为的驾驶员172人。全年发生伤亡事故73起,比上年减少37.07%。死亡92人,减少36.11%,受伤32人,减少77.46%。市运管部门制定《南宁市货运行业突发群体事件应急预案》《南宁市货运行业道路货物运输事故应急救援预案》《南宁市货运行业道路危险货物运输事故应急救援预案》《南宁市道路运输行业重要物资保障运输工作方案》,组建拥有100辆车的应急保障运输车队,派出20辆车参加自治区运管局开展的应急保障运输演练,锻炼和提高市属企业处理突发情况的能力。

【交通行业节能减排】 2013年,市道路运输管理处督促客运企业推广节能驾驶技术,提高驾驶员的节能意识。宣传周期间,开展多种形式的节能技术培训及节油经验推广,改变驾驶员的不良操作习惯。旅客运输生产经营方面,根据旅客的流时、流量、流向合理调整发班时间与发班班次,提高车辆客位的使用效率,减少空驶率。同时在干线上投入客位数多的大座位车,投入低耗能车辆,配合开展液化天然气(LNG)大客车的铺开使用,投入使用低碳清洁能源客车,投入国际流行的无污染、零排放的LNG环保车型,逐步覆盖到重点目标城市范围内的客运班线,从源头上实现节能减排。全年有5家客运企业参加2012年节能达标考评,经抽样考评3家客运企业,全部通过认定,节约83.90吨标煤。驾驶员培训方面,引进并推广汽车驾驶模拟器290台,有94所驾培机构采用汽车驾驶模拟器进行培训,使用比例98%,减少尾气对环境的污染。市属8家机动车综合性能检测机构共核查新办或转籍车辆燃料消耗量达标车辆7144辆次,完成营运车辆二级维护备案车辆17.47万辆次,确保维护后的营运车辆尾气排放符合国家标准。

城市公共交通

【概　况】 2013年,南宁市有公交企业6家,公共汽车2705辆(折合3536.90标台),公交车保有量每万人15.90标台,营运线路148条,线路总长度2523.45千米,线网密度每平方千米7.11千米;中心城区站点500米覆盖率90%以上,日均客运量142.40万人次。有出租汽车企业11家,出租汽车总量5970辆,驾驶员1.30万名,出租汽车日均行驶里程每辆车338.56千米,日均有效里程每辆车250.38千米,实载率74%,日实际载客次数每辆车39.67次。

【公共汽车营运与管理】 2013年,南宁市根据征集到的市民意见和建议,结合城市道路改扩建、轨道交通建设及交通组织管理,编制年度公交线网优化方案,优化调整公交线路62条,并首次开通微循环公交线路(华南城—江南客运站)。

建设"网络更发达、布局更合理、乘坐更便捷"的公交服务体系。针对春运、春节黄金周、清明节、五一节、中秋节及"两会一节"等节假日期间群众出行需求量大的特点,南宁市交通运输局组织公交企业通过合理安排运力投放与调度、增开临时公交线路、延长公交运营时间等措施,做好节日期间公交运输组织保障。制定《南宁市公共交通管理系统建设工作方案》,完成系统平台搭建。为民办实事项目新购300辆空调公共汽车,建设完成公交候车亭391座,完成改造旧公交候车亭41座,增设公交候车凳393张。

【出租汽车营运与管理】 2013年,南宁市新投放出租汽车300辆,出租汽车总量5970辆,从业人员1.35万人。构建驾驶员四级管理体系,开展出租汽车行业经营行为整治活动,针对出租汽车拒载、拼客、提前打表宰客、议价多收费、中途甩客、故意绕道及交通违法等现象,通过畅通投诉渠道、设立有奖投诉、建立驾驶员考核评分制度及出台《南宁市出租汽车驾驶员经营行为考核办法》、对违规驾驶员实行三级处理制度、强化客运站等重点场所驻站值班管理和对企业二级管理考核等具体措施对出租汽车企业、驾驶员进行管理,进一步规范南宁市出租汽车驾驶员经营行为。市交通运输局发动广大出租汽车驾驶员提供套牌车的车牌号、常出没地点等信息,并协调行业协会组织开展打击套牌车专项整治活动,查扣套牌、冒牌出租汽车156辆。

【城市公共交通安全生产与应急管理】 2013年,南宁市公交企业开展"安全生产月"活动,举行应急演练22场次,参加人员2478人次,驾驶员通过实际操作,掌握必备的应急救援知识和技能,活动达到预防事故和降低伤害的预期效果,推动公交行业应急救援体系的不断完善和落实。同时,安全生产月期间,各公交企业开展安全生产自检自查,出动检查人员432人次,检查车辆2842辆次。行业管理部门出动检查人员32人次,检查16个公交车场及300余辆公交车。针对自检自查和行业检查中发现的问题,各公交企业均采取措施进行整改。

【城市公共交通基础设施建设】 2013年,南宁市投入建设资金970余万元,建成西乡塘公交接驳站一期地面硬化工程、洪运公交停车场一期地面硬化工程、高新东车场培训驾校改造工程、南宁学院公交首末站工程、五合大学城公交首末站工程。

【"美丽南宁·整洁畅通有序大行动"城市公共交通行业专项治理】 2013年,市交通运输局成立公交行业路检路查队伍,有20人组成,分成5个小组,对148条公交线路2.30万辆次公交车进行明察暗访。发现存在问题的公交车辆2375辆次,并责成各公交企业落实整改措施,整改率100%。组织各出租汽车企业管理人员,进驻机场、火车站、五大汽车客运站等"5+2"重点场所值班,实行值班二级考核制度。对驾驶员实行三级处理制度,出租汽车企业实行三级警示制度。开展市出租汽车行业先进典型驾驶员表彰活动和"十佳最美的士司机"评选活动,展示出租汽车行业的良好形象和司机的文明素养、高尚品质。

【南宁市民卡工程】 2013年12月20日,南宁市民卡实现首发。该卡优化原公交IC卡系统,具备"交通一卡通"综合功能,实现刷卡优惠、一卡多用、覆盖多种交通方式,并结合信息化技术提高公共交通的服务水平。

【2013年无车日和公交出行宣传周活动】 2013年,市交通运输局组织开展城市无车日和公交出行宣传周活动。营造全社会关心公交、支持公交、选择公交的良好氛围,培育"低碳交通、绿色出行"的城市公共交通文化,形成城市公共交通优先发展、科学发展的新局面。期间,根据《2013年度公交线网优化方案》研究成果,优化调整70路等10条公交线路。开展"公交开放日"活动,组织热心市民参观公交运营调度中心、应急指挥中心、公交场站等公交运营场所。开展"文明乘车"活动,在南宁市主要公交站点,引导乘客自觉排队、为老弱病残孕乘客主动让座等导乘服务。举行100辆天然气公共汽车投放和微循环公交线路开通仪式。在亭洪星光路口至亭洪石柱岭路口段设置"无车"路段。

【城市公共交通行业节能减排】 2013年12月20日,市公交企业开展公交车尾气污染专项治理,投入资金200余万元对409辆冒黑烟的公交车进行专项治理,并进行达标验收。市出租汽车行业有双燃料运营车辆695辆,该行业继续推进"油改气"项目,并完善天然气供应方气源及加气站建设。

水路运输

【概 况】 2013年,南宁市有水路运输企业52家、港口企业34家、服务企业31家、船舶管理企业4家;运输船舶1577艘,总载重吨94.76万吨位、载客量9790客位。完成全社会货运量3238.73万吨,比上年增长8.58%;货物周转量119亿吨千米,增长9.47%;集装箱运输量9083TEU(20英尺标准货柜),增长26.84%;完成港口吞吐量1291.89万吨,增长11.88%。

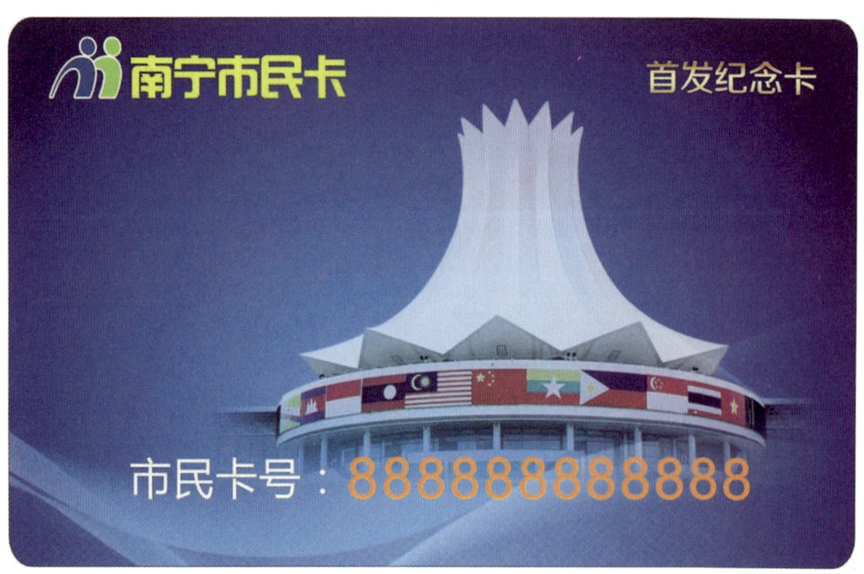

12月20日,南宁市民卡实现首发。图为首发纪念卡卡样

宋正兴 黎 健提供

【水运基础设施建设】 2013年，南宁市西江黄金水道交通建设项目完成建设投资27.20亿元。其中:港口码头工程项目完成4.78亿元；广西郁江老口航运枢纽工程完成13.44亿元;船舶技术改造完成2.04亿元；南宁至贵港Ⅱ级航道工程完成1.82亿元;邕宁梯级工程完成1.51亿元;疏港交通共完成1.45亿元;护岸绿化工程完成2.16亿元。广西金鲤水泥厂专用码头建成并投入运营。南宁港牛湾作业区一期工程、六景港区八联联营厂作业区、六景港区六景转运站作业区完成码头主体建设，预计运行后，港口吞吐能力增加1369万吨。市交通运输局为民办实事项目建造便民码头8座，改造标准化客圩渡船8艘，更新改造老旧客圩渡船60艘。

【水路运输行业监管】 2013年，市水路运输行业监管部门严把港航企业、船舶准入关，优化发展大型船舶，加强水路运输服务企业管理，维护正常经营秩序。年内，对全市水路运输企业进行资质核查，核查水路运输企业48家，核查船舶1246艘。定期开展运政大检查，出动执法人员530人次，检查运输企业315家次、运输船舶700多艘次。联合海事等部门开展综合执法2次，查处违法违章行为5起，进一步规范水运市场。《中华人民共和国国内水路运输管理条例》1月1日施行。水路运输服务业审批制改为备案制，全年市水路服务企业由14家增加至31家，港航部门采取应对措施，保持行业稳定发展。通过加强运单管理系统监控，严控哄抬运价或恶意低价等恶性竞争行为，发现问题及时解决，保证水运市场的繁荣稳定。水上交通协会组织召开港航企业协调会，协调港口装卸与水路运输业主之间的利益矛盾，控制水运无序压价竞争现象，净化经营市场，促进行业自律。

【水路运输安全生产与应急管理】 2013年，市港航部门通过完善安全机制，健全安全管理措施，签订安全责任状，签订率100%,安全工作例会每季度召开一次。开展行业安全主管人员培训，开展大规模培训4次，增强行业安全意识，提高防灾减灾应急救援及自救技能。同时根据时段特点，开展安全月、重大节假日、台风、防洪等专项检查和重点督查活动，确保辖区水运安全形势持续稳定。开展行业安全标准化工作，有2家企业按要求实施并上报相关材料等待验收。开展“平安工地”活动，实现行业连续20年无安全生产责任事故。开展港口突发事件、防洪等应急演练4次；承接防洪应急拖船、趸船建造和日常管理维护工作，配齐配强应急救援人员和船舶，提高应急能力。修改《港口防自然灾害预案》《水运基础设施建设突发事件应急预案》等预案7个，为应急保障提供政策依据。

【水路运输行业节能减排】 2013年，市水路运输行业采取推广高效节能新技术、新工艺、新产品设备和新材料，加强节能减排工作宣传、举办港航系统节能减排培训班、发展标准化运输船舶等措施，加强行业节能减排。至年末，有104艘运输船舶完成《运输船舶油耗信息管理系统》设备及GPS安装，实现对船舶动态实时监控、能源消耗实时监测汇总的目标，提高企业管理船舶的能力。

（宋正兴　黎　健）

民用航空

【概　况】 2013年，南宁机场新增南宁—昆明—拉萨、南宁—福州—哈尔滨、南宁—杭州—大连、南宁—泸州—西安、南宁—珠海—台州、南昌—南宁—新加坡等25条航线，执行航线120条，其中国内航线88条、地区航线7条、国际航线25条；通航城市73个，其中国内城市52个、地区城市6个、国际城市15个。保障飞机起降7.15万架次，其中运输机7.08万架次，比上年分别增加9615架次、9476架次，分别增长15.56%、15.43%;完成旅客吞吐量815.70万人，增加112.50万人，增长16%。完成年度任务(800万人)的102%；完成货邮吞吐量8.69万吨，增加8815.20吨，增长11.29%,完成年度任务(8.60万吨)的101.05%。南宁吴圩国际机场被评为自治区和谐企业、自治区卫生先进单位。

【市场经营】 2013年，南宁机场落实广西机场管理集团“运力引入”战略，坚持“走出去、请进来”的营销策略，紧抓国内、国际两个航空市场，从多方面着手，想办法、抢时间、创条件，增加航线航班。春节期间，吸引南航40个沈阳—普吉的包机航班经停南宁，增加机场旅客吞吐量和经济效益。2月，争取到中国民用航空中南地区管理局领导对南宁机场用2年时间使旅客吞吐量突破千万目标任务的支持。8月1日，上海航空公司开通南宁—浦东早班航线，新增停场飞机1架，吸引旅客在上海转国际航班。8月，东航开通南宁—昆明—拉萨航线。11月21日，机场公司再次与南航广西分公司进行会谈，双方就2014年夏秋航季开通南宁—西宁航线达成共识。12月1日，机场公司与南方航空黑龙江分公司协作恢复南宁—哈尔滨航线。12月11日，协作深圳航空恢复所有南宁—广州航班。厦门航空开通南宁—福州—哈尔滨、南宁—杭州—大连航线，停场飞机增至3架；天津航空新开通南宁—西安—鄂尔多斯、南宁—长沙—济南、南宁—昆明等航线；东方航空云南公司开通南宁—昆明—拉萨航线，停放1架驻场飞机。全年国际地区旅客吞吐量52万人，比上年增加11.40万人，增长28.10%。提供增长点的

2013年，南宁吴圩国际机场旅客吞吐量突破800万人次　　卢景林提供

航线主要有东方航空新增的南昌—南宁—新加坡航线，每日一班的南宁—澳门航线、南宁—吉隆坡航线，东方航空执飞的南宁—万象、仰光、金边等航线，南宁—台中航线。同时赴泰国、韩国旅游热，也是增长因素之一。

【机场基本建设】 2013年，南宁机场加快推进建设项目。业务用房四期工程，项目批复投资3334.40万元，完成投资1140.90万元。7、8号楼已交付使用，9、10号楼正在施工中。为满足新航站区使用前过渡期间的需求，机场公司对现航站楼、停机坪及货运库等设施进行应急扩建，完成26万平方米的停机坪，1万平方米的货运库及配套停车场、货物分拣场等。应急停机坪扩建后，可新增停机位36个，加原有的27个停机位，南宁机场可同时停放63架中大型飞机。

【机场安全管理】 2013年，南宁机场推进持续安全战略，严格落实规章标准，加强安全风险管控，规范安全监管形式，深化安全专项治理，提高安全综合保障能力，确保南宁机场持续安全发展。制定《南宁机场危险源辨识、风险评价及风险控制管理程序》，修订南宁机场SeMS(航空安保管理体系）和SMS（安全管理体系）手册，持续开展危险源辨识和风险管理，对发现的危险源进行识别、评估和整改，提高机场风险管控能力。制定迎审方案，建立迎审工作机构，修订机场航空安保方案，开展内部隐患排查治理，经中南局审计组对南宁机场航空安保后续审计，结论为符合。全年组织各单位约3000人开展安全培训。制定《南宁吴圩国际机场安全监察管理规定》，持续开展日常安全隐患排查治理。进行安全检查54次，下发整改通知单16份，整改建议书1份，涉及整改项目27项，下发安全提示3份。处理局方整改通知书(含建议书)19份，涉及整改项目46项。配合航空公司进行代理人检查7次，整改安全建议17项，整改工作已全部落实。通过完善应急处置预案、强化员工培训、开展应急演练等工作，提升应急管理综合能力。开展模拟航空器非法干扰事件应急处置桌面推演、“候机楼火警疏散”应急演练，以及针对个人极端暴力行为应急处置演练。通过演练，进一步检验机场公司应急预案的可操作性，提高机场应急处置能力的整体水平。制定《南宁机场2013年安全绩效管理工作实施方案》，全面部署安全绩效管理。通过确定机场安全绩效管理项目和目标、制订行动计划、签订《南宁机场安全绩效管理协议》及安全绩效管理责任书，开展安全绩效评估等措施，促进南宁机场安全管理效能的提升。经过民航广西监管局年度考核，南宁机场2013年安全绩效管理工作评定为达标。

【机场服务】 2013年，南宁机场重点打造以一流保障能力、一流运行效率、一流出行环境，让旅客体验温馨空港服务规范的魅力。针对投诉建议多的薄弱环节进行整改。在旅客值机方面，新增1条行李传送带和8个托运行李值机柜台，采取环形隔离带规范旅客排队秩序，缩短旅客排队等候时间。在旅客登机服务方面，通过增加隔离护栏延长蛇形排队路线，以及对旅客候机座椅位置进行调整，规范登机秩序。通过与中国电信合作在自治区内机场率先实施候机楼免费WIFI(无线保真，将电子终端以无线方式相互连接的技术)全面覆盖。在停车场服务方面，新增停车场免费摆渡服务，解决旅客往返2号4号停车场与候机楼间步行不便问题。在出租车管理方面，实行“一车一卡”制度，面向全市的出租车开放运营权，对出租车进行登记备案、统一管理，打击机场出租车不打表和黑车猖獗的现象。机场各单位通过在服务现场设立展板、台签的形式“亮标准”，全体员工按照规定佩戴党徽、团徽、胸卡、工作牌及精品标识牌的形式“亮身份”，制作承诺墙“亮承诺”，开展技能比武、标兵评比、岗位练兵等系列活动“比技能”，推广阳光服务、微笑服务、全程代办服务、上门服务及提前预约服务等模式“比作风”，通过绩效考核“比业绩”，实施当场议问题、集中评效果、整体抓落实等程序进行“领导点评”，通过召开座谈会的形式邀请“航空公司评议”，设置意见箱、开展顾客满意度调查等办法进行“旅客测评”。南宁机场执行机关服务基层，后台服务前台，管理者服务员工。5月至9月，机场公司开展强化规章制度建设专项行动，通过完善制度、组织学习、对照查摆、监督检查、总结提高五阶段循序推进，使员工严格执行规章制度意识普遍提高，落实规章制度，增强岗位责任感，规范工作程序，提高工作质量、工作效率和服务水平。南宁机场建立应急联动工作机制，处理多次因航班延误造成的负面事件。6月21日，南宁机场通过民航中南地区航班延误服务专项检查，其中在候机楼播放航班延误宣传片的举措获得检查组的高度肯定。台风“尤特”“海燕”等恶劣天气对机场运营造成不良影响，由于机场公司准备充分、靠前指挥、组织有序、措施得当，圆满完成机场运行安全保障。

【新航站区转场工作】 2013年，为确保新航站区在2014年“两会一节”前投入使用。9月29日，南宁机场召开新航站区搬迁启动大会，成立以总经理刘丹、书记刘春元为组长的南宁机场新航站区搬迁工作领导小组，设宣传动员组、生产运营组、安全保障组、招投标组、监督审查组、后勤保障组6个工作小组负责具体工作。10月24日，南宁机场召开第一次转场搬迁领导小组成员会议，会议介绍重庆、长沙、杭州机场在转场搬迁工作中的经验和做法，要求各单位根据实际情况制定转场搬迁方案，讨论新航站楼商业招租事项。针对在转场过程中出现的问题，由各单位收集、整理、分析、汇总后向机场领导小组汇报，形成处理措施。机场公司与指挥部对接并落实整改。为避免因旅客不熟悉新航站楼的布局和服务设施的功能，不了解新航站区环境和登机流程，造成旅客在候机、登机过程中的不便，在新航站区启用前，机场职能部门通过媒体、机场大巴、报架等平台，向旅客发布新航站区的服务指南、注意事项等，组织青年志愿者，为旅客提供乘机便利。（粟　妮）

邮　政　业

【概　况】 2013年，南宁市邮政局辖邮政营业网点189个，代理金融网点118个，员工3000多人，服务面积2.20万平方千米，服务人口704.26万，邮路总长度(单程)1.95万千米。有一级干线邮路6条，省内干线邮路12条。城市投递段道324条，路线长度(单程)7703千米。农村投递路线370条，路线长度（单程)1.22万千米。覆盖乡镇117个、村1382个。全年累计投入资金1583.69万元，重点加大网点改造,生产场地建设。全年改造网点54个,面积7503.86平方米。装修改造生产场地5处,面积1986平方米。新增投递汽车8辆、摩托车38辆、电动三轮车37辆。有汽车投递段40条,投递汽车65辆(含备用车),大客户汽车投递量占85%。市邮政局被中国质量协会、全国用户委员会评为全国实施用户满意工程先进单位、用户满意企业。

【邮政金融】 2013年,市邮政局加大网点改造,增加离行式ATM、助农取款机布放,推进市县网点转型,强化风险防控。储蓄余额新增21.70亿元,点均余额跨入自治区亿元"俱乐部"行列。继续发展电子银行、电话银行,代发代付业务。加大集即时转账、账户查询、消费结算于一体的"商易通"推广力度。

【函　件】 2013年,市邮政局继续服务"三农"、服务中小企业、服务民生。收寄函件2548.53万件(国内2544.79万件、国际3.74万件)。累计处理平信1561.10万件、挂信141.80万件、平刷554.90万件。根据政府机构针对县域和农村人群进行政策、信息传达需求,成功研发"政讯通"函件媒体产品。推广"同城小包"业务。

【包　裹】 2013年,市邮政局收寄普通包裹13.53万件,做大爱心包裹、军营包裹、特产包裹、校园包裹项目规模。

【报　刊】 2013年,市邮政局挖掘校园市场,开展日常报刊收订、第三方订阅项目,收订报纸2658.35万份,期刊233.56万份。

【电子商务】 2013年,市邮政局电子商务航空票务出票6.06万张,在中国邮政集团与TOM集团携手开发的购物网站"邮乐网"上,开展产品销售和"邮乐特色产品"广西馆的招商工作。"邮乐网"在线有效商品1550个。便民服务站加盟点927个,加载代收水费、电费、移动、电信、联通话费及代售游戏点卡、支付宝充值等服务项目。

【分销业务】 2013年,市邮政局推进渠道建设,畅通配送网络,强化农资商品监管,服务农户增产增收,提升服务"三农"水平。成功运作"邮政助力春耕　真诚服务三农"项目,有"三农服务站"245个,其中直营网点标准店113个、加盟店132个。丰富配送产品种类,开拓邮政农资"示范田"125块、"示范县"5个,配送化肥4200吨、农药175吨。举办农业技术知识讲座105场,发放识假辨假宣传资料3万余份,受益群众6万余人次。

【邮政速递】 2013年,市邮政局完成代理特快专递邮件76.29万件(国内75.76万件,国际0.53万件)。推出"区内限时递物品型邮件客户回馈活动",策划运作"旅游快递"、便民服务站搭载速递业务等项目。

【邮政实物传递网】 2013年,市邮政局以邮件时限为中心,推进各项流程优化工作。加大对营业网点装修、改造和建设力度,推进乡镇空白网点补建项目建设,科学调整邮路,强化网络运营能力,强化时限监督,推广使用网运信息系统拖车单元化作业功能。在邮区中心局推行生产场地"6S"管理、平信双手分拣,深入开展分拣、转运前置、业务外包工作。通过调整投递段道、优化普邮网、完善商务投递队伍,满足账单及高值函件业务投递需求。

【客户服务】 2013年,市邮政局以创建"用户满意企业"为契机,加强邮件全程时限监控和管理,组织开展邮件全程时限达标管理"强管控、稳时限、创优服"专项活动。科学安排常规、突击和专项检查,开展社会监督和社会评价,在前台窗口人员中广泛开展南宁邮政星级班组、星级服务人员评比活动,规范邮件收寄验视操作流程。年度用户综合满意度得分85.12分。完成中共十八届三中全会、"两会一节"期间邮政安全生产任务,无机要邮件总包失密丢损。　(毛　骏)

【南宁邮事】 2013年,市集邮协会有会员1.34万名。1月5日,南宁市举办《癸巳年》特种邮票首发式,同时举办有关生肖、民族文化、山水风光等内容的集邮展览。2月26日,广西集邮协会成立三十周年纪念大会暨"广西集邮文化先进城市"授牌仪式在南宁市举行,南宁市获"广西集邮文化先进城市"称号。4月12日至13日,东盟国家主题邮展在广西国际商务职业技术学院(南宁市大学东路168号)举行,展出东盟十国大使签名封、东盟国家精品等邮集9部20框。5月19日至21日,第三届东亚集邮展览在广东珠海举行。南宁市黄斗的"人民邮政华中区普通邮票(1949年7月—1950年8月)"传统邮集获大镀金奖。6月2日,广西驻邕大中专院校集邮联合会第七次会员代表大会在广西中医药大学召开。6月25日,广西青少年集邮活动示范基地授牌仪式在广西国际商务职业技术学院举行。7月12日至14日,广西集邮协会在南宁市举办广西集邮协会秘书长、工作人员培训班和广西青少年集邮辅导员培训班。8月15日,第十届中国—东盟博览会、中国—东盟商务与投资峰会携手共进20天启动仪式暨《中国—东盟博览会》特种邮票首发仪式在南宁市举行。8月23日,"我的中国梦,美丽广西行"巡回邮展在横县启动。11月16日,南宁市集邮协会和广西集邮协会在市金浦路邮政营业大厅共同举办纪念毛泽东同志诞生一百二十周年暨邮票赏析会。　(卢景林)

1月5日,南宁市举办《癸巳年》特种邮票首发式。图为吴冠英设计的票样

卢景林提供

责任编辑　卢景林

南宁年鉴

信　息　业

信息化建设

【概　况】 2013年，南宁市以建设“网上南宁”“智慧南宁”，打造面向东盟的区域性信息交流中心为目标，实现南宁市数字化、信息化建设快速发展。入选国家第二批智慧城市试点，开展信息惠民试点、信息消费试点申报。住房信息系统、社区医疗、智能交通、肉类蔬菜流通追溯等智慧应用建设加快。建成中国—东盟国际信息服务展示中心（一期），提升面向东盟信息服务能力。乡村通信基础设施建设加快，乡村手机信号覆盖率99%，完成五象新区仿真移动基站试点建设。完成政府办公自动化升级、政府门户网站升级改版，启动政府视频会议系统建设。加快南宁市政协数字化平台建设，提升人大、政协信息化水平。加快数字南宁第六空间框架建设，完成项目立项，进入初步设计阶段。加快市民卡工程建设，发放首批市民卡。完成“智慧社区”建设规划，启动“智慧社区”试点建设；加快农民工服务平台、农村基础数据库等涉农信息化建设，实现城乡信息化统筹发展。信息安全实现规范化管理，加强政府信息系统和政府网站安全建设和监管。南宁市政府门户网站中文版在第十二届中国政府网站绩效评估中，名列全国5个自治区首府城市首位、西部11个省（自治区）省会（首府）城市第四；外文版在年度政府网站绩效评估中，名列全国5个自治区首府城市首位、西部11个省区市省会（首府）城市首位、全国省会及计划单列市第三。

【城市信息化建设】

智慧南宁　2013年，南宁市组织申报国家智慧城市第二批建设试点，成立南宁市智慧城市试点创建工作领导小组，组长、副组长由市政府领导担任。8月5日，入选住建部2013年度国家智慧城市试点。组织开展“智慧南宁”建设总体规划编制；10月18日，总体规划通过专家评审。

通信信息基础设施　南宁市电信、移动、联通等三大电信运营商加快推动通信网络基础设施建设。“光网城市”建设加快，小区光网络覆盖建设，城市光缆到达率100%，光缆到达行政村率96%，新增城区光网覆盖住户25万户，城区住户数光网覆盖率超过92%（具备接入带宽达到20M以上能力）；电信3G移动通信网络全面覆盖市区、县城、乡镇、行政村和重点交通干线、开发区和旅游区。“无线城市”初具规模，移动2G、3G实现市区和县城覆盖率100%；4G完成市区民族大道全覆盖，主要城区和重点高校部分覆盖。家庭宽带网络覆盖小区约1200个，覆盖客户约75万户。中国联通南宁国际通信业务出入口项目一期建成，中国联通南宁总部基地规划建设加快，南宁国际直达数据专用通道项目投入使用，大大提升面向东盟通信信息网络能力。

仿真环境移动通信基站　南宁市在五象新区实施仿真环境移动通信基站试点工程。9月12日，南宁市信息基础投资有限公司在南宁市金浦路16号汇东国际E座28楼正式开业。五象新区“双百工程”仿真环境移动通信基站试点建设完成，并通过专家验收。

【电子政务工程】 2013年，南宁市继续推进电子政务内、外网络平台建设，完善机房制冷、供电系统、防病毒、安全认证设施。加快推进电子政务网络平台整体迁移及升级改造、电子政务公共业务机房项目等工程建设。电子政务机房累计处理电子政务网络故障125起。新托管市物价局、市司法局、市文化新闻出版局等单位的应用系统6个，新部署服务器等设备54台。

电子政务网络平台整体迁移及升级改造（一期）　南宁市投资200万元，完成电子政务网络平台整体迁移及升级改造（一期）建设。电子政务外网核心设备升级及安全审计系统升级改造，电子政务外网平台实现新旧核心的平稳迁移，消除旧设备超期服役的安全隐患，平台的总体性能进一步提升。

电子政务公共业务机房（一期）　投资150万元，完成电子政务公共业务机房（一期）建设，建设信息化大楼8楼电子政务IDC机房预留区，新增标准机柜18个以及配套UPS、精密空调等基础设施，缓解南宁市电子政务项目的托管压力。

政务网站　南宁市政府门户网站（www.nanning.gov.cn）正常运行。市政府门户网站更新信息2.77万条；县（区）、开发区、各部门网站信息更新43.08万条，比上年增长35.14%。依托市政府门户网站，新建五象新区管委会、市重点项目建设办公室网站，对市城乡数字化建设办公室、市科学技术协会、市机关党建网、市纪检监察网等部门网站进行升级改版，市属部门网站建设100%。新建“美丽南宁·清洁乡村”、青少年群体服务管理、“两会一节”、讲文明树新风公益广告宣传等8个重大活动专题网站。11月28日，在第十二届（2013）中国政府网站绩效评估结果发布会上，南宁市政府门户网站以41.60分在全国27个省会（首府）城市中排名第十五，比上年提升4位，在西部11个省区市省会（首府）城市排名第四，在5个自治区首府城市中继续排名首位。12月6日，在2013中国智慧政府发展年会上，南宁市政府门户网站英文版(english.nanning.gov.cn)以 75.80 分在省会及计划单列市政府网站评估中排名第三,比上年提升 2 位,位列宁波市、广州市之后,连续 6 年在全国 5 个自治区首府城市中排名首位,在西部 11 个省区市省会(首府)城市中排名首位。

市政府门户网站软硬件升级与安全等级保护(一期)　投资 150 万元,对网站服务器等基础设施进行整体更换,升级网站群管理系统,部署防篡改、防攻击等安全防护设备。9 月 30 日,完成市政府门户网站改版上线,改版后市政府门户网站设置"走进南宁""信息公开""在线办事""民生服务""互动交流"五大类栏目,市民、企业、旅游三大频道,有一级栏目 9 个、二级栏目 105 个。加强网站政府信息公开建设,实现与自治区政府信息公开统一平台信息无缝链接,完成信息公开投诉、社会组织信息公开专题建设。通过政策法规、规范性文件公开公示,让群众了解政府的第一手信息。建设网上办事大厅,提供个人办事服务 265 项,提供企业办事服务 621 项,提供 55 个部门办事服务 1156 项。提升服务民生的功能,设立 13 个领域的民生服务专题,涵盖教育、社保、就业、住房等服务,提供的服务类别 145 个;提供 139 项在线查询、常用电话,提供交通公告、实时公交、快递、医保、公积金、水电费、公交、航班、列车、快巴等查询,还提供主要医院的预约挂号服务。服务"美丽南宁·整洁畅通有序大行动",整合市交警部门服务资源,提供实时路况、车辆出行线路、路况地图等服务功能,增强网站实用性。

网络问政　开展"政风行风面对面"网上访谈 20 期,邀请市交通运输局等 22 个单位(部门)主要领导上线与市民面对面互动。通过政府网站举行南宁消费购物节、南宁市第十届少数民族传统体育运动会、南宁国际民歌艺术节、上半年南宁市经济运行情况等新闻发布会网络直播 20 场。政民互动平台回复市民咨询投诉信件 4918 件,办结 4759 件,占 96.77%;正在办理 159 件,占 3.23%;在规定时间内信件办结回复率 98.70%。每月平均受理 410 件,月平均受理量比上年下降 24.21%。

内网办公自动化系统升级　投资 250 万元,完成公文传阅无限转发、公文交换补发、文件格式自动转换、安全审计、手写设备支持等新功能模块的开发,完成框架结构和业务逻辑改造等业务功能升级,以及系统安全、office 在线插件等建设。

市政府视频会议系统(一期)　投资 1600 万元,建设政府视频会议系统(一期),工程项目包括 1 个主会场、47 个分会场、电子政务网络升级改造、会议管理应用系统建设以及配套的安全系统和机房建设等。

2013 年南宁市政民互动平台来信办理情况

单位:件

来信类型	件数	占来信总数比例(%)	回复(件)	回复率(%)	回复信件公开(件)	公开率(%)
办事咨询	2848	57.91	2796	98.17	1494	53.43
效能投诉	647	13.16	612	94.59	342	55.88
单位信箱	1206	24.52	1146	95.02	618	53.93
申请公开	217	4.41	205	94.47	43	20.98
(合计)	4918	—	4759	96.77	2497	52.47

【领域信息化建设】

市财政局数据灾备项目　2013 年,投资 400 万元,建设南宁市财政局集中存储及远程数据灾难恢复系统。构建财政业务数据集中存储、集中备份、集中管理的异地备份体系,提升财政业务系统抵御灾难和防范系统故障的能力,完成项目采购。

实名制信息核查系统　投资 180 万元,推进市公安局南宁市社会实名制信息核查采集系统(一期)建设。完成部分数据库服务器和 100 多个信息采集终端安装与部署,及数据同步系统、共享与应用服务系统、轨迹分析系统等软件的开发,建设 70 多条数据传输线路,完成项目采购。

流动人口管理信息共享交换平台　7 月,完成南宁市流动人口管理信息共享交换平台初步设计。整合人口计生、公安、流动人口管理等相关政府部门的应用系统和信息资源,建立跨部门的全员流动人口信息管理共享与交换平台,实现流动人口"一数一源、业务协同、动态监控、实时更新、综合分析、决策科学"。

政务地理信息共享服务平台(二期)　投资 200 万元,完成 2.5 维地图制作、Flex 服务接口的开发等建设内容,增加南宁市主城区 140 平方千米 2.5 维地图、2012 年南宁市建成区 200 平方千米数字正射影像图、二维电子地图及规划路网图等地图数据。

地震局远程地震视频预警监测系统　投资 195.11 万元,完成市地震局远程地震视频预警监测系统项目建设。建成前端视频图像采集子系统、图像传输线路、预警监测系统管理后台,使动物宏观观测实现网络化、现代化。

城市公交管理与规划决策支持系统　投资 160 万元,通过对南宁市交通出行调查数据与 GIS 地理信息数据进行建模、分析,构建交通出行决策原始数据库,开发可跨系统调度交通出行数据、公交管理数据、地理空间数据的决策支持系统,实现为公交路网与线网规划提供数据定量分析及展示的辅助决策功能,完成项目采购。

警务网上服务平台　依托互联网和公安信息网,集成信息化手段,整合现有资源,实现公安机关各警种业务和社会服务职能在互联网上的统一管理、统一发布、统一运行,提供公安行政服务、网上办事、便民查询、警民互动等服务。年内,平台建成并投入使用,第一批推出便民服务事项 108 项。

农民工综合信息服务平台　南宁市农民工综合服务信息平台项目立项,将建成连接市、县(区)、乡镇(街道、社区)三级综合服务平台体系,整合南宁市教育、住房、计生和司法等方面的信息资源,实现"一站式"服务,为农民工提供法律援助与法律服务、计划生育和公共卫生服务、流动人口居住登记和居住证办理、劳动争议调解仲裁、就业服务、教育培训、社会保险、文化娱乐、党团组织管理(含工会)、公共信息咨询等多项服务事项办理,并提供网上查询,解决农民工办事难的问题。

【信息化示范建设】

机关绩效综合管理信息平台　2013

年，南宁市完善绩效平台对全市重点工作重大项目在线“问责问效”功能，实现对重点工作重大项目进行实时在线监控，提高监管的实效性。加强青秀区等试点县(区)绩效平台建设指导，完成市级绩效平台二级接口，实现与青秀区绩效平台“二级联动”部署调试，为县(区)推广应用数字绩效平台积累经验。

数字化城管系统　推进数字化城管平台升级和应用，整合现有视频监控资源，实现数字城管视频系统与应急联动中心“图像中心”的双向整合共享，为“美丽南宁·整洁畅通有序大行动”提供技术支撑。

民生资金监管系统　12月26日，南宁市民生资金监管系统上线运行。实现民生资金流转全程跟踪、全局监察管理、群众反馈管理和信息分析查询等多项功能，并配套建设南宁市民生资金监管网，确保民生资金高效、规范、安全运行，有助于南宁市惠民政策落实到位。

政协数字化平台　南宁市加快推进政协数字化平台建设，平台包括“一库、二网、六平台”，即：构建政协资料数据库，包括委员信息库、参政信息库、提案资料库、档案资料库、会议视频库、政策法规库等资料中心；建设政协门户网站和机关办公网；搭建政协宣传平台、政协委员知情平台、政协委员履职服务平台、政协委员社情民意交互平台、政协会议管理平台以及办公自动化平台等。

市民卡工程　南宁市出台《南宁市市民卡工程建设工作实施方案》，加快推进市民卡工程建设，开展市民卡工程设计和建设、公司组建、项目融资等工作。完成项目前期设计。完成南宁市市民卡信息服务有限责任公司组建，开展项目融资；完成市民卡服务中心建设，加强市民卡工程的建设和推广。12月20日，南宁市民卡正式发卡。

社会管理监控报警联网系统　投入2.68亿元，开展南宁市社会管理监控报警联网系统二期工程建设，安装高清视频监控摄像头5068个，建成一级监控中心1个、二级监控中心10个、三级监控中心30个，以及配套的管理平台、传输网络、存储空间、智能分析应用系统等，在自治区率先实现对主城区的高清视频监控点的全覆盖。

肉类蔬菜流通追溯平台　南宁市建设城市肉菜流通追溯管理平台，包括生猪屠宰企业、肉类批发市场、蔬菜批发市场、产销对接企业、农贸市场、连锁超市、团体采购、肉类专卖店8个追溯子系统，以及相应的工作支撑系统，完成项目采购，基本完成建设，覆盖市区生猪屠宰厂7家、蔬菜批发市场3家、连锁超市门店60家、标准化农贸市场20家、学校食堂9家等120个流通节点。

防汛应急指挥决策支持系统二期第二阶段　基本完成南宁市防汛应急指挥决策支持系统二期第二阶段项目建设，完成南宁市防汛应急决策支持系统开发、重点防汛点视频监控系统升级、扩建南宁市本地视频会议系统，搭建南宁市防汛办会议视频会议系统，提升南宁市防汛指挥的信息化水平。

部门业务系统信息化建设　推进金保工程平台升级项目、南宁市建设行业业务管理平台、南宁市农村小学教学点数字教育资源全覆盖项目、南宁市“两会一节”气象服务平台、南宁市社区矫正信息化管理平台、南宁地税网上税务局、南宁市旅游培训系统、南宁规划信息港网上报建系统、“绿城环保”公共服务宣传平台、南宁市市级林业有害生物防治信息系统、南宁市国税局工作标准化应用平台、南宁市卫生监督信息平台和社区卫生服务“双向转诊”平台(试点)等项目建设，开展南宁市食品安全信息平台、南宁市“智慧环保”、南宁市市政设施信息管理系统、“智慧党校”信息化系统等项目的前期工作。

【信息化人才培训】　2013年，南宁市加强信息化专业人才建设，开展信息系统等级安全培训、信息网络知识等专题培训，培训信息化业务骨干；组织完成地理信息平台、公务员绩效管理考评系统、涉税信息管理系统、政府网站等信息化系统的应用培训，保障建成信息系统的及时应用。培训人数超过600人次。

【农村信息化】　2013年，南宁市组织电信、移动、联通等通信企业，实施100人以上自然屯实现手机信号覆盖、互联网连通，推进乡村信息基础设施建设。

乡村手机通讯　南宁市电信、移动、联通等企业加大乡村、偏远地区信号基站建设，对市区、县城城区进行基站技术升级建设，兼顾农村弱信号区域及城区高话务区域深度覆盖。完成手机信号基站建设457处(2G基站106个、3G基站351个)。3G信号网络乡镇覆盖率100%，手机信号网络农村覆盖率99%。

行政村宽带和乡镇光网　南宁市电信、移动、联通等企业推进光纤到村、电脑入户，让广大农民以较低成本享受互联网服务。南宁电信完成102个乡镇的光网升级改造，光网覆盖率97%，有线宽带网络覆盖行政村1158个；南宁移动完成对102个乡镇主街道有线宽带覆盖，建设超过100个乡镇企业(或企事业乡镇网点)的专线接入；南宁联通完成六县86个小区1.97万个宽带端口建设。

12月20日，南宁市民卡实现首发　冼就毅　摄

【县(区)信息化】　2013年，南宁市指导

县(区)以信息技术应用为手段,推动县(区)信息化建设,提升行政管理、农业、经济发展等领域发展应用。年内,兴宁区建成广西法院首个网上服务平台——"南宁市兴宁区法院网";江南区投入100万元完成电子政务内网局域网建设并投入使用;青秀区投资完善机房设备、磁盘列阵,提升机房管理水平;西乡塘区成立农贸市场整治监控中心,利用数字化信息管理平台和"电子信用档案"系统,监管农贸市场41个;邕宁区投资18万元对城区政府网站进行改版升级;武鸣县县域数字城管系统建成投入运行;隆安县投入78.85万元,建设隆安三中、隆安民族中学、隆安中学校园数字监控系统并投入使用;南宁高新经济技术产业开发区推进高新区科技管理系统,为园区企业登记备案、申报和管理科技项目提供更优质服务。

【社区信息化】 2013年,南宁市编制《南宁市社区信息化建设总体规划》《南宁市社区信息化建设实施方案》,10月31日通过专家评审,市政府审定印发。南宁市社区信息化试点建设项目完成前期工作,开展项目采购,选取南宁市青秀区新竹社区、西乡塘区万力社区作为试点社区开展试点建设。

【区域性信息交流中心】 2013年,南宁市投资200万元,完成南宁东盟国际信息服务展示中心(一期)建设,完成南宁东盟国际信息展示中心的门户网站、展示中心装修、成果展示大屏建设。通过建设南宁东盟国际信息服务展示中心,构建中国—东盟间综合性一站式信息服务与展示平台,为东盟客商提供权威的、规范的双边贸易、投资、文化、教育和旅游等信息服务,集中展示服务东盟的信息化成果,促进南宁市和东盟各国间的交流与合作。

【信息安全】 2013年,市数字化办、市公安局、市保密局多次组织对全市信息系统和政府网站的安全管理、等级保护建设、信息公开保密审查等内容的检查,定期开展全市重点领域信息安全专项检查。举办"南宁市2013年重点领域信息安全检查工作专项培训班""2013年南宁市网络与信息安全防护培训班",加强信息安全维护人员业务培训。加快重点信息系统和网站等级保护建设,完成市政府门户网站系统软硬件升级改造及安全等级保护(一期)建设,完成市政府网站安全防护项目前期设计。将信息安全列入南宁市绩效考评检查内容。

【"无线城市"应用门户】 南宁市打造"无线城市"应用门户(wxcs.cn),向广大市民提供"手机官网""办事指南""出入境证件"等多项政务应用以及"掌上公交""预约诊疗""交通视频"等多项应用。应用涵盖政务信息、旅游资源、生活资讯、便民信息、娱乐资讯、移动业务等与民生相关的应用超过120项,注册客户数超100万。 (冼就毅)

通信业

【概　况】 2013年,南宁市有中国电信股份有限公司南宁分公司、中国移动通信集团广西有限公司南宁分公司、中国联合网络通信有限公司南宁分公司3家通信运营商。各大运营商加快推动网络基础设施建设,"光网城市"建设加快,城市光缆到达率100%,行政村光缆到达率96%。电信3G移动通信网络全面覆盖市区、县城、乡镇、行政村和重点交通干线、开发区和旅游区;"无线城市"初具规模,移动2G、3G实现市区和县城覆盖率100%;4G完成市区民族大道全覆盖,主要城区和重点高校部分覆盖;中国联通南宁国际通信业务出入口项目一期建成,南宁国际直达数据专用通道项目已投入使用。

电信、移动、联通等通信企业,推进全市乡村信息基础设施建设。完成手机信号基站建设457处;3G信号网络乡镇覆盖率100%,手机信号网络农村覆盖率99%。南宁电信完成102个乡镇的光网升级改造,光网覆盖率97%;南宁移动完成对102个乡镇主街道有线宽带覆盖;南宁联通完成六县86个小区1.97万个宽带端口建设。 (方　明)

【中国电信股份有限公司南宁分公司】

概　况　2013年,中国电信股份有限公司南宁分公司(简称中国电信南宁分公司),是中国电信股份有限公司广西分公司的下辖公司。下辖南宁市兴宁、江南、青秀、西乡塘、邕宁良庆5个区域分公司,武鸣、横县、宾阳、上林、马山、隆安6个县分公司。实现营业总收入18.29亿元,净利润4.47亿元。发展天翼移动电话用户63万户,用户总数114.30万户;发展互联网接入(宽带)用户33.50万户,用户总数116.30万户;发展固定电话用户33.50万户,用户总数116.30万户;全面完成自治区分公司下达的各项考核指标。

网络建设　年内,中国电信南宁分公司重点建设移动电话网络、光网城市宽带接入网、无线南宁。建设宽带项目

5月31日,南宁市工业和信息化委员会与中国电信南宁分公司签订合作协议
许辉坚　摄

3537个,新增宽带端口36.26万线,城区FTTH/B(光纤到户/到楼道)覆盖小区2740个。20M覆盖率95%。推出100兆宽带进家庭业务。农村宽带建设完成全部102个乡镇光网覆盖,光网覆盖率97%。无线网络建设完成商用入网室外基站82个,覆盖铁路沿线专项基站20个。C网室内分布系统建设完成34个,WiFi建设完成102个热点、491台AP开通。建成开通4G基站81个。

客户服务　中国电信南宁分公司继续向社会推出市话详单查询、固定电话、宽带安装预约服务、网上营业厅、8886666报装热线、建立重要客户和VIP客户的服务体系等服务。向社会提出"宽带、固定电话新装机、移机2天完成,故障查修不超1天"的承诺。10000号人工接通率维持在87%以上;固定电话、移动电话业务客户满意率97%;宽带业务客户满意率95%;装移机一次预约成功率81%;全网2天装机及时率87%,1天修机及时率90.67%,装机基本能实现12点前的工单当天处理完毕。

企业信息化战略合作协议　5月31日上午,市政府与中国电信广西分公司《智慧城市建设暨"十二五"信息化战略合作框架协议》签字仪式在中国电信南宁分公司举行。南宁市工业和信息化委员会主任陈世平、中国电信南宁分公司总经理陈卫红,以及市中小企业服务中心、经开区经发局、高新区经发局和各城区经信局等11个单位的领导、嘉宾和企业家代表200多人出席签约仪式。市工信委落实《智慧城市建设暨"十二五"信息化战略合作框架协议》,做出建设"智慧企业"的战略决策,推出"智慧企业"信息化解决方案。利用中国电信网络、技术和服务方面的资源,结合不同企业需求,整合光纤宽带、企业网关、信息化应用以及智能终端,形成固移融合的整体解决方案,帮助企业节约资金投入,提高管理效率,开拓市场。

电话通信资费同城化改造　4月,自治区政府批准《广西北部湾经济区同城化发展推进方案》,北部湾经济区内南宁、北海、钦州、防城港4个城市将实现通信、交通、产业、城镇体系、旅游、金融、教育、社保、口岸通关等九大领域的同城化建设。市政府安排通信行业率先启动同城化改造。中国电信南宁分公司成立北部湾经济区通信同城化项目组,移动

12月9日,市委常委、常务副市长吴炜(右)与中国电信广西分公司副总经理刘小宁(左)一起触碰水晶屏启动"爱城市·智慧南宁"公众平台　　许辉坚　摄

电话计费软件程序,对在用电信设备进行调测、计费对账。7月1日零时,中国电信移动电话在南宁、北海、钦州、防城港4个城市之间实现同城化,取消通话漫游费和长途费。10月1日零时,中国电信固定电话在南宁、北海、钦州、防城港、崇左5个城市之间实现同城化,取消通话长途费,通话按本地通话费标准执行。

垃圾短信专项治理　11月19日至12月31日,中国电信南宁分公司开展垃圾短信专项治理。11月21日,关停除10000、10001、95、96、118等主要服务类短信之外的所有商业性广告短信端口。在重新梳理客户协议后,再予以开放。中国电信自有的服务号码,如发生商业短信行为,一经查实,严肃处理。加大垃圾短信处理问责力度。

"爱城市"公众门户网站运行　12月9日,中国电信南宁分公司举行南宁市"爱城市"公众门户网站开通发布会。"爱城市·智慧南宁"公众平台按照"城市门户、城市名片"的定位进行开发,已开发并提供政务、产业、民生三大领域的78个栏目的应用服务,涵盖政务、新闻、交通、民生、娱乐、便民、生活、旅游、就业等众多领域。用户在手机上下载"爱城市"小软件,就可上该网站,就能享受到网站带来的信息化便利服务。

4G基站建成开通　12月18日,中国电信南宁分公司第一座4G基站建成开通。经测试,上行速率120Mbps、下行速率60Mbps。中国电信南宁分公司公布4G移动业务名称"天翼4G",口号"天翼4G,更快更好"。　（农荣生）

【中国移动通信集团广西有限公司南宁分公司】

概　况　2013年,中国移动广西南宁分公司负责经营南宁市所有中国移动通信业务。辖东区、西区、南区、邕宁、武鸣、横县、宾阳、上林、马山、隆安10个分公司。自有渠道150个,社会渠道4529个。员工2023人。在网用户超过500万户,网络覆盖率99.90%。中国移动广西南宁分公司被评为中国移动二星级企业文化示范单位、广西工人先锋号、先进基层工会女职工委员会、广西区质量管理小组活动优秀企业。

业务经营　公司拥有"全球通""神州行""动感地带"等著名品牌。服务网号139、138、137、136、135、134、147、159、158、150、151、152、182、183、188、187。除提供基本话音业务外,还提供彩信、彩铃、来电提醒、随E行、飞信、手机报、手机悦读会、139手机邮箱、新华掌媒、手机导航、手机动漫、宽带服务、GPRS、WLAN、宜居通、无线城市行业应用、I万家业务、M部落、无线局域网接入多项增值业务,对集团客户提供M2M(物联网)、MAS、ADC企信通、校讯通、集团专线、集团彩信、IDC、移动商务平台APP、集团彩信、移动400集团业务。开通24小时网上营业厅,移动客户足不出户就可以享受话费查询、缴费记录查询、积分查询、业务

办理、短信天地、服务厅导航、手机归属地查询等服务。

4G公交体验专线开通　11月22日，公司在南宁市举行4G网络公交体验专线开通仪式。广西移动极速4G网络正式面向公众开放体验，标志着南宁市正式步入4G时代。首次4G公交体验开放线路是3辆704路公交车，车上装载4G TD-Fi设备，该设备可将4G网络信号转换成WiFi信号。乘客持具有连接WiFi功能的手机、PC或平板电脑等终端，即可免费体验4G高速网络，每位客户每月有10小时体验时长。

集团信息化　加大重点行业及领域信息化项目的拓展，打造农信社远程视频监控联网系统项目、南宁市城市肉类蔬菜流通溯源体系项目、南宁市四级医疗卫生信息专网建设项目、南宁供电局综合办公一体化项目、广西电大"语音教室"项目、广西南城百货电子商务应用项目及数字校园等一批重点行业信息化应用精品工程。

网络运营　改善和提升网络服务，加强四网协同，深化网络布局。完成GSM16.2期、GSM17.1工程、TD-LTE工程、GSM18.1期工程和TD六期一、二阶段工程建设，全年建成LTE基站超过1000个，率先实现民族大道全段、东盟商务区、重点高校LTE网络覆盖，开展校园热点区域4G演示活动及公交车专线体验活动，人均体验流量100M。

客户服务　坚持"客户为根，服务为本"，改善客户感知。分析解决网络、资费、促销活动、营业厅、宣传等投诉热点问题。通过显性化宣传、"10分满意"移动资讯推广等，持续开展移动优秀服务举措的推广及传播；对内开展"10分满意　服务在行动"系列劳动竞赛、"微改革　微创新"流程穿越；建立宣传效果评估机制、服务感知问题反馈沟通机制，推进业务服务流程完善、优化。为提升客户对网络质量的感知，从网络覆盖、网络容量、网络质量及网络优势宣传四个方面，开展端到端网络质量客户满意度专项提升及三期网络质量专项提升，重点针对GSM网络、TD网络、WLAN热点使用感知进行改进及整治。落实手机实名登记，治理垃圾短彩信、手机淫秽色情、骚扰电话，开展网络与信息安全攻坚行动，推进社会关注的焦点问题的解决。

综合管理　编制市场营销费用年度使用规划及运营收入完成进度监控计划，成立公司运营管理虚拟监控小组，完善战略预警及决策支撑常态化机制，监督各项工作计划和举措落实。开展基站租金和水电费专项管理整治，提高用车管理效率，实施精细化物业用电模式。推进廉洁文化、务实文化建设，搭建员工荣誉积分平台、员工激励超市计划，开展"最美移动人"主题宣传活动。创新实施南宁公司人才梯队式培养计划，建立人才蓄水池。完善量化绩效薪酬，保证生产一线的高效和稳定。推进"职工小小家"建设。持续开展创新班组、质量班组建设。公司超越自我QC小组、制高点QC小组获"全国优秀质量管理小组"称号。　（黄　英）

【中国联合网络通信集团有限公司南宁分公司】

概　况　2013年，中国联通南宁分公司以"渠道突破、集团拓展、客户服务"为重点，实现南宁联通规模效益发展，通信服务收入比上年同期增长23.40%；内部收入份额29.40%，提升度位居自治区第一，外部收入份额19%，同比提升2.30个百分点，实现三年收入翻番，连续三年综合绩效自治区排名第一，获中国联通集团公司授予"2013年中国联通集团先进集体"称号。

业务经营　南宁联通围绕以"市场份额与收入规模"双提升为核心，以全业务经营为主导，以3G业务发展为龙头，针对不同的用户群体，采取"多管齐下"的策略，适时开展多样化的主题营销活动，实现3G业务的发展，新增用户比重在全自治区最高，特别是中高端客户的发展比重占据主要地位；在宽带业务方面，发挥FTTH全光纤高清宽带优势，加大固移捆绑和OTT互联网电视应用业务推广力度，开展宽带提速、沃家庭、沃校园等活动，拓展渠道，创新渠道发展模式，优化渠道布局，强化自营渠道、核心渠道、集客渠道三个主渠道的作用，提升渠道的运营能力，发展高带宽用户。

网络建设　南宁联通围绕WCDMA网络建设，新增237个3G基站，实现102个乡镇100%的点覆盖，城区覆盖率95%以上；县镇覆盖率94%以上；机场高速公路覆盖率97%、跨城高速公路覆盖率94%以上、省内高速公路覆盖率95%以上。进行WCDMA网DC升级工程扩容2187个载扇，DC区域3G下载峰值速率从28Mbps提升至42Mbps。室内覆盖新建工程109个站点，其中重点场所国际会展中心朱槿花厅、华南城4号馆、广西人民会堂、自治区政协新办公大楼、广西体育中心综合馆等按时完成覆盖。

客户服务　南宁联通强化服务督办管理，建立分级督办及评估制度，注重服务问题解决的实效性，有效落实"处理一个投诉，解决一类问题，同类问题零复发"的"1+0"纠错机制。推进服务授权双向延伸，分析影响投诉处理速度的瓶颈环节与授权需求，有针对性的加大前后台的服务授权力度，提高客户问题一次性解决率，快速响应客户需求。加大服务瓶颈整治，开展服务短板攻坚，将短板指标与责任部门绩效挂钩，深化服务协同，推进短板问题源头治理。提升KEI综合服务、客户服务评价、营业厅满意度月均值、重复投诉率、投诉处理及时率等主要服务指标。

社会公益活动　南宁联通在注重自身发展的同时，遵循"履行企业责任，感恩回报社会"的企业行为准则，参与南宁市社会公益事业和活动。主要有与《南宁晚报》在相思湖畔开展"为南宁再添一抹绿"公益植树活动；协办第九届"中国水城"南宁国际龙舟邀请赛；配合广西青年联合会组织香港大学生来桂实习活动，接收2名香港大学生到公司进行为期一个月的实习；组成"南宁联通志愿者服务队"，参加金湖社区开展的"美丽金湖·清洁家园"环境卫生整洁活动；开展扶贫帮困活动，向马山县永州镇龙角村村委捐款1.60万元，捐送村委空调机4台、捐送学校空调机10台；为第十届中国—东盟博览会、第十届中国—东盟商务与投资峰会和2013年南宁国际民歌艺术节提供通信保障。　（曾建强）

无线电监管

【概　况】2013年，南宁市无线电管理处科学配置与合理利用无线电频谱资源，完成国家工信局统一部署的台站规范化管理。建立和完善专用频率保护机制和台站管理沟通制度，保障无线电安全,维护空中电波秩序。进行无线电监测13304小时,受理干扰申诉8起,受理34家单位的频率台站申请,审批频率25个(组),核发电台执照315个,注销无线电台站281个。查处非法设台、打击“假电台”和“伪基站”取得进展;建立健全保护航空、铁路和公用移动通信基站的长效保障机制；加大无线电管理基础设施和技术设施建设，促进信息化和工业化深度融合。获自治区工信委无线电管理局通报表彰。

【无线电监测】 2013年，市无线电管理处采用固定监测站和移动监测站相结合的办法开展日常监测和专项监测。按时完成辖区内航空无线电导航和通信、对讲机频率、第三代移动通信、广播电视、2.5G频段固定业务、集群通信、点对多点微波、卫星无线电导航等重要业务和频段的监听监测，及时对监测数据进行分析和比对,一经发现不明信号,及时安排人员进行甄别和查找。9月下旬,监测人员在对全市无线电信号进行监测扫描时发现一个非法电台信号，在有关执法部门配合下，在某住宅小区一出租房内端掉使用非法广播电台进行假药宣传的窝点。截至11月30日,利用固定站、小型站和移动站进行无线电监测13304小时，按时上报无线电频谱监测统计报告11份。受理干扰申诉8起,其中移动通信基站受干扰3起、卫星测控受干扰1起、民航通信导航业务受干扰1起、对讲机受干扰1起。

【无线电频谱资源管理】 2013年，南宁市有25个用户单位提出用频需求,涉及铁路、交通、民航、物业等行业,同时结合台站规范化管理，对450M频段进行清理，清退占用450M频段作为对讲机业务频段的用户28家,收回频率30个。根据国家有关频率规划，推进数字对讲机业务的发展。帮助华润物业公司(南宁市第一家采用数字对讲机业务的用户)根据企业自身的通信需求和组网状况,依法设台、科学用频。

【重点工程与项目频率协调】 2013年，广西铁路的重点工程新建柳南客专和南宁枢纽南环线两条新建线路的列车调度系统均使用GSM-R系统。由于铁路的GSM-R系统和中国移动的EGSM系统存在频率共用问题，市无线电管理处首先安排进行GSM-R工程的频率保护测试,根据测试结果,有步骤地对移动公司在南宁市辖区内占用的GSM-R频段进行清退,并跟进相应的清退环节。

【台站规范化管理】 2013年,市无线电管理处根据《工业和信息化部关于开展全国无线电台站规范化管理专项活动的通知》要求,开展无线电台站规范化管理专项活动。完成台站数据库数据完整性、准确性校验。完成各设台单位台站资料收集,完善和修正电信、移动、联通三大运营商10000多台站信息的数据，核对修正台站数据库400余条台站参数。

在用设备检测 对三大运营商的GSM、CDMA、WCDMA、T-SCDMA基站,广电的广播发射设备,气象、民航等部门的雷达设备,公安、应急联动等部门的专业通信设备四大类台站进行技术指标抽测。测试运营商基站109个，广电电视台站6台，雷达设备2台，固定专业通信设备27台,完成率100%。

B库台站清理 根据自治区无线电管理局下发的B库汇总表,南宁市有B库台站556个。通过清理,保留3个,加注转入A库台站389个,撤销不符合设台条件的台站163个,B库台站数据清理完成率100%。

受理申请审核与查处案件 年内，受理南宁经开区城管执法大队、民航广西空管分局、广西振海船务有限公司、深圳华润物业南宁分公司、武鸣县交通局等34家单位的频率台站申请，审批频率25个（组)、船舶电台呼号14个，核发电台执照315个,注销无线电台站281个。查处非法设台案件7起。其中属于影响较大的案件5起,包括非法广播电台案件3起,“伪基站”案件2起。

【业余无线电爱好者管理】 2013年,市无线电管理处定时召集业余无线电爱好者召开座谈会,宣讲国家政策法规,听取他们的相关情况以及意见和建议。在设备和经费上给予帮助，支持业余无线电爱好者参加各类竞赛和演练，提高业余无线电活动的能力和水平。南宁市业余无线电爱好者在市无线电管理处的支持下,先后组队参加10月在梧州市举行的BY7SH 2013 CQWW国际远程通信大赛以及11月在北海市举行的北海、南宁、柳州、钦州、贵港、防城港六市业余无线电爱好者应急演练。

【公众通信基站联席会议制度建立】 2013年，市无线电管理处建立南宁市公众通信基站管理联席会议制度。3月份,先后走访电信、移动、联通三大运营商,提出建立公众通信基站管理联席会议制度具体设想。4月,召开首次“南宁市公众通信基站管理联席会议”,通过《南宁市公众通信基站管理联席会议制度》,明确由无线电管理处组织，各联席会议单位各负其责，推进辖区内在用和新建公众通信基站的管理。

【无线电安全保障】 2013年,在全国人大、政协“两会”、第十届中国—东盟博览会、第十届中国—东盟商务与投资峰会、2013年南宁国际民歌艺术节及中共十八届三中全会等重大会议及活动期间,市无线电管理处出动人员30人次，移动监测车9辆次，启用技术设备16台(套),监测560小时,做好无线电安全保障。配合有关部门,防范和打击重大考试中的无线电作弊行为。为全国硕士生招生统一入学考试、高考、全国司法考试、国家公务员录用考试等各类考试提供无线电安全保障任务18次,保障考点139个,派出人员118人次,车辆36辆次,启用技术设备34台(套),完成监测186个小时,发现作弊信号4个,查获作弊案件2起，抓获作弊嫌疑人员2名,收缴作弊设备2套,实施无线电压制2起。

【基础与技术设施建设】 2013年，市无线电管理处继续进行基础和技术设施建设。武鸣县、马山县小型站机房已经交房,装修和设备购置正在同步进行。机场小型站设备安装完成。南宁市重点区域网格化监测试点工作启动，并搭建试验网进行检验。配置手持式微波定向天线、短波天线、短波单边带电台、数字中继台、车载数字等设备。 （覃 巍）

责任编辑 方 明

商业贸易

商贸服务业

【概　况】 2013年，南宁市商务局应对全球经济复杂多变和需求严重不足带来的挑战，各项工作实现6个“新”：社会消费品零售总额再创新高。完成社会消费品零售总额1450.84亿元，比上年同期增长14.01%，高于全国增速0.91个百分点、高出自治区增速0.40个百分点，在连续6年提高的基础上再提高0.74个百分点。全市新增限额以上企业154家（市委、市政府下达新增100家任务），累计实现消费品零售总额664.30亿元，增长17.73%，比全国增速（11.6%）高出6.10个百分点。对外贸易再上新台阶。进出口额44.21亿美元，增长6.60%，外贸总额居自治区第二位，对东盟国家进出口额12.07亿美元，增长54.10%。“走出去”迈出新步伐。全市境外投资企业18家，总投资4.32亿美元，增长58%，完成自治区商务厅下达目标任务216%。口岸发展呈现新优势。南宁空港口岸出入境人员52.68万人次（增长29.02%），出入境飞机4980架次（增长20.64%）。内贸流通开创新局面。南宁口岸外贸进出口货物23.09万吨，增长37.69%。南宁空港口岸获全国口岸管理先进单位；市商务局连续两年获自治区商务管理工作先进单位。（吴少鹏）

【社会消费品零售】 2013年，市商务局贯彻落实市委、市政府关于促消费、扩内需工作部署，抓好促消费活动和新增限额以上企业工作，消费品市场运行情况良好，增长较快。全市实现社会消费品零售总额1450.84亿元，比上年同期增长14.01%，增速高出全国平均水平（13.1%）0.91个百分点，高出自治区平均水平（13.60%）0.41个百分点，总量稳居自治区第一，是排名第二城市的1.91倍，首位度28.54%，比上年提升0.74个百分点，连续6年稳步提高。

（杨户芬　冯筱斐）

【农贸市场建设】 2013年，市政府安排资金500万元，完成市中心城区农贸市场升级改造项目建设10个。其中：秀厢市场、凤岭市场、延安果蔬市场、新济南东农贸市场和四塘农贸市场5个项目全部完工并通过市级验收；广西淡村商贸城农贸区、邻里中心市场和正佳综合农贸市场3个项目基本完工，待验收；荣宝华农贸市场和飞凤农贸市场2个项目按计划进行。（黄祥杰）

【酒类市场经营管理】 2013年，市商务部门根据国家商务部《酒类流通管理办法》要求，执行酒类流通备案制度，履行酒类流通监督管理职责。分别在市、县

2013年南宁市消费品市场主要特点

限额以上单位增势强劲 全市有新增限额以上企业154家，实现消费品零售总额664.30亿元，增长17.73%，占全市社会消费品零售总额比重45.79%，提升2.58个百分点。限额以上企业消费品零售总额对全市社会消费品零售总额的贡献率56.12%，提升6.20个百分点，拉动全市社会消费品零售总额提升7.86个百分点。

县（区）消费协调发展 全市15个县（区）、开发区中，南宁高新技术产业开发区、南宁经济技术开发区、南宁华侨投资区3大开发区发展加快，全年实现社会消费品零售总额116.76亿元，增长14.12%，占全市社会消费品零售总额9.18%，提升1.48个百分点；贡献率9.25%，提升1.62个百分点。12个县（区）占比和贡献率均出现小幅回落。其中：6个城区社会消费品零售总额占比下滑1.23个百分点，贡献率下滑1.30个百分点；6个县社会消费品零售总额占比下滑0.25个百分点，贡献率下滑0.32个百分点。

农村市场增长领跑城镇市场 全市农村市场实现社会消费品零售总额85.39亿元，增长15.39%，增速高于城镇市场1.47个百分点，增长13.92%。

六大类商品成新消费热点 中西药品类商品、金银珠宝类商品、粮油食品饮料烟酒类商品、家具类商品、化妆品类商品、石油及制品类商品零售额分别增长70.54%、54.52%、32.53%、29.79%、26.53%、20.29%；汽车类商品、书报杂志类商品、家用电器和音像器材类商品、体育娱乐用品类商品零售额增速分别为18.06%、16.02%、14.68%、12.08%。

促销活动繁荣消费品市场 全市开展2013南宁消费购物节、2013南宁消费购物季、2013南宁名品推广周大型综合类促销活动和南宁市暑期信息产品、“幸福团圆　金秋大惠”——百货、超市、家电零售业专题促销活动、2013南宁消费美食季专题促销活动各6场。各县（区）、开发区举办特色促消费活动70余场，各商家举办促销活动300余场，激发居民消费热情，繁荣消费品市场。

商贸龙头企业发展加快 全市亿元以上限额以上企业有137家，增加24家，实现零售额569.87亿元，增长18.89%，拉动全市社会消费品零售总额提升7.15个百分点。其中10亿元以上企业新增4家，实现零售额239.23亿元，增长18.90%，增速在20%以上企业5家。

中高端住宿与餐饮市场销售低迷 面对中高端住宿、餐饮市场销售低迷现状，企业转变经营策略。限额以上住宿业全年营业额下滑7.74%；餐饮业1月至3月、7月至8月出现正增长，下滑5.16%。

居民消费价格温和上涨 全市居民消费价格涨幅2.10%，上涨收窄0.80个百分点，在构成居民消费价格指数8大类商品和服务类商品中，呈现“三降五升”格局。其中，烟酒及用品、医疗保健和个人用品、交通和通讯类商品3大类分别下降1.10%、0.30%、1.30%；食品、服装、家庭设备用品及维修服务、娱乐教育文化用品、服务居住类商品5大类分别提升3.90%、4.70%、1.30%、0.50%、2.30%。

(区)、开发区行政审批大厅设立专门窗口，严格按规定办理酒类流通备案登记证。新办酒类流通备案登记证1550本。引导酒类批发经营企业严格执行购销台账制度、酒类流通随附单制度，把好《随附单》发放、领取、登记、保管、核销等环节。年内，酒类批发企业使用酒类随附单1892册。开展酒类流通执法工作，重点对酒类流通经营户持证经营情况以及落实随附单制度情况进行检查，打击转让、买卖、租赁、涂改酒类流通随附单非法行为。出动执法人员495人次，查扣酒类产品693瓶。开展酒类批发企业从业人员培训，培训195人。（黎　剑）

【成品油市场经营管理】 2013年，南宁市有成品油批发企业11家，成品油零售企业368家(座)。其中：管理性公司10个；加油站358座(中石化南宁分公司加油站157座，中石油南宁分公司加油站55座，其他国有控股成品油企业加油站26座，社会办加油站120座)。成品油销售量116.66万吨(汽油47.53万吨、柴油69.13万吨)，比上年同期下降3.98%。（兰　贞）

【市场运行监控】 2013年，市商务局按照国家商务部、自治区商务厅部署，加大市场运行监测力度，确保市场运行平稳。召开2012—2013年南宁市市场运行监测工作培训会，总结南宁市市场运行监测工作，表彰市场运行监测先进单位和先进个人，部署2014年市场运行监测工作。做好市场运行监测，提升市场运行监测能力和水平。健全市场运行监测体系，按照“结构合理、代表性强”要求，对监测样本结构进行优化。至年末，全市有生活必需品监测样本企业40家，重点流通监测系统样本企业119家，重要生产资料监测样本企业8家，应急监测系统样本企业15家，新增监测样本企业13家，百县农村市场监测单位1家，信息泵企业2家。城乡市场信息服务体系监测范围扩大到21大类600种消费品和11大类300种生产资料，样本企业涉及批发、零售、餐饮、住宿等主要流通行业，以及超市、百货店、专卖店等零售业。监测地域覆盖全市15个县(区)、开发区。加强市场运行分析，研判形势、研究对策，做到月月有分析，季季有报告。启动生活必需品日报制度，确保节日市场供应充足，价格平稳，满足群众需要。加大信息员队伍培训力度，利用召开全市市场监测工作会议对全市160多名信息员进行培训。选取南宁市百货大楼股份有限公司等10家销售规模位居前列的商贸流通企业作为南宁市纳入自治区商务厅信息员队伍，加强信息员队伍建设。推进“商务预报”子站建设。在开通市级商务预报自助建站的基础上，推进市辖12个县(区)的商务预报自助建站建设。各县(区)确定1名工作人员作为商务预报自助建站建设联系人，负责“商务预报”系统的开通、维护和相关信息的发布等工作。加强对猪肉承储单位的监督检查，完成自治区下达储备任务和应急商品供应体系建设。加强对生活必需品企业和应急商品数据库企业监测，完善《南宁市生活必需品市场供应突发事件应急预案》，开展应急商品储备调查研究，做好应对突发事件、自然灾害的应急物资供应准备，确保市场运行平稳。（杨户芬　冯筱斐）

【市场体系建设】 2013年，市商务部门重点做好农贸市场升级改造、“农超对接”及农产品批发市场建设等工作。其中，广西华联农超对接冷链系统南宁保利城点项目、利客隆超市农超对接分拣中心项目等获市财政专项资金支持。继续推进南宁玉洞交通物流中心（南宁—中国东盟国际物流园区）、广西海吉星农产品国际物流中心、东盟·川桂商贸物流园、南宁大商汇商贸物流中心、南宁华南城、南宁金桥农产品批发市场、青秀万达广场等重点商贸项目建设，带动周边商业发展。出台《关于进一步加强农贸市场建设管理工作的若干意见》《南宁市农贸市场设置及建设技术规范》《南宁市城区农贸市场三年建设升级改造计划》《南宁市农贸市场建设管理办法》等农贸市场规划、建设、管理等系列档案文件。（黄祥杰）

【消费购物活动选介】

香港时尚购物展·南宁　2013年1月11日至15日，香港贸易发展局、广西壮族自治区商务厅和南宁市政府联合主办的“香港时尚购物展·南宁”(简称“购物展”)在南宁国际会展中心举办。展览面积近1.50万平方米，汇聚150家香港企业超过260个品牌，包括“周大福”“金至尊”“德国宝”“海马”“雅芳婷”“自然派”“EDO”“摩米士”“家得路”“真滋味”、太兴饮食集团等，参展展品包括潮流服饰、珠宝钟表、家庭用品、时尚精品及礼品、食品及美容产品等。连续5天的购物展，吸引超过25万人次入场参观购物。期间，香港贸易发展局向800名参观人士进行问卷调查，有超过4成受访者的消费额在500元人民币以上，而消费额在1000元以上的占20%，最受欢迎的商品类别依次为食品、服装、家庭用品。

2013南宁消费购物节　4月28日至6月30日，市商务局、南宁日报社和市广电局联合开展“2013南宁消费购物节”活动。期间，限额以上企业累计实现消费品零售总额114.03亿元，比上年同期增长24.95%。汽车行业5月零售额22.77亿元，增长28.53%；6月零售额25.11亿元，增长25.65%。

2013南宁消费美食季　6月10日

1月16日，南宁市武鸣县明亮镇农村电子商务网建设　市商务局提供

至8月11日，市商务局主办、广西乐享广告传媒有限公司承办的“2013南宁消费美食季”在南宁举办，历时62天，参加活动商家280家。其中：餐饮业180家，酒店70家，酒吧30家。消费人数100万以上，在餐饮业下滑的形势下，各商家营业额比上年同期增长27.90%。

2013南宁名品推广周　11月23日至27日，市商务局、市工信委和市农业局主办，南宁国际会议展览有限责任公司承办的“2013南宁名品推广周”在南宁国际会展中心举办，参展企业240多家，展品涵盖农副产品、纺织服装、轻工食品等1000种，人流量25.30万人次，现场总销售额900多万元，订单290万元，其中南宁市嘉利丝有限公司单笔176万元，广西泰通农林专业合作社签订红豆杉树苗合同60万元，横县顺来茶叶有限公司45万元等，达成合同意向金额700多万元。

2013南宁欢乐消费季　2013年11月23日至2014年2月5日，市商务局、南宁日报社和市广电局以“辞旧迎新乐购南宁”为主题共同举办“2013南宁欢乐消费季”活动，调动各种资源，涵盖圣诞节、元旦、年终大促销、春节等重要消费热点。组织县（区）、开发区开展特色、专题展销两大活动，百货、超市、餐饮、汽车及相关用品、家电、信息产品6大主题活动，2013—2014南宁跨年狂欢抽奖活动，参与商家120多家。期间，全市限额以上企业实现消费品零售总额200.57亿元，比上年同期增长16.41%。

【主要商业街区】

百货与超市街区　2013年，南宁市城区百货、超市街区主要集中在朝阳商圈、埌东—凤岭商圈及民族宫商业街区，即市中心百货大楼、民族宫、七星路、埌东金湖广场一带，构成服务相对完善的百货销售网络。主要商业零售企业有南宁梦之岛百货、广州友谊商店、南宁百货以及南宁万象城等主要经营高中档次百货商品为主；北京华联、深圳南城百货、沃尔玛、人人乐、华润万家等百货、超市经营中档次百货商品，交易场、和平商场等经营大众化百货商品。

美食商业街　有中山路小吃一条街、长湖路餐饮一条街、民歌湖酒吧一条街、青秀山东南亚美食街、东门海鲜国际美食广场、厢竹海鲜城、江北大道酒吧一条街、淡村美食城、邕州老街文化旅游美食一条街、水街特色小吃街、明秀路青岛啤酒吧一条街等。中山路小吃一条街，位于市中心朝阳商圈，北起朝阳路五岔路口，南至桃源路，长948米，是南宁传统的美食一条街，云集南宁各老字号餐馆、饮食店，汇集南宁人最爱吃的老友粉、八珍粉、粉饺、鸭红、海鲜烧烤、酸品、甜品等传统美食。

商业步行街　兴宁路、民生路步行街是南宁市历史传统商业街，包括兴宁路和民生路西段，两侧骑楼沿街立面具有“南洋建筑”风格，主要经营服装、餐饮、鞋帽、眼镜、箱包、工艺品等商品。

装饰材料一条街　位于人民路，从人民—解放路口至人民商厦距离约600米，1985年，初步形成人民路装饰材料一条街。

电子科技信息一条街　位于星湖路，西起七星路，东至园湖路，全长1200米，是广西最大的电子信息产品集散地。主要经营电脑、服务器、交换机、打印机等一系列硬件设备以及MP3、数码相机等产品，形成以南宁电子科技广场、永通电脑城、星湖电脑城等专业市场为核心，集计算机销售、电子产品销售及其耗材销售、网络系统集成、软件应用研究与开发、电子元器件制造为一体的电子产品制造、销售、技术服务商业街区。

通信商品一条街　位于东葛路，长1271米。是南宁市手机及配件、电话机等通信产品销售企业、维修店最密集街道，汇集有王者数码通信手机城、三明通信广场、蜂星电讯（南宁总店）、中仁通信、海印电器、通信总汇南宁分场、鑫辉通信手机卖场。

汽车一条街　位于白沙大道，是自治区规模最大的汽车销售一条街，集奔驰、宝马、捷豹、陆虎、丰田、本田、三菱、日产、别克、海南马自达、捷达、富康、宝来、大众等国内外著名汽车销售品牌，面向广西、辐射西南周边乃至越南汽车市场。

10+1（东盟10国与中国）商业大道　位于亭洪路，全长2860米，有楼房39栋，建筑面积13万平方米，具有东南亚风情特色和具备现代化商业服务配套设施的多功能商业街，集商贸、商务、物流、餐饮、文化、休闲、娱乐、旅游、运动、购物十大功能。其中，10+1商业大道B、C区以成品茶叶批零为主，同时经营茶具和与茶相关的工艺品及茶叶包装设备，是广西最大的成品茶批发零售专业市场。

唐人文化园　位于唐山路36号。利用20世纪70年代修建的原南宁市手扶拖拉机配件厂、汽车配件三厂和柴油机配件厂的厂房和库区兼并改制和重新改建而成。园区内有店铺350家，经营古董字画、根雕艺术、红木家具、瓷器杂项、古玉铜器、香茗咖啡、主题酒吧、餐饮娱乐、文化培训等。

南宁·中国—东盟国际商务区商业街　位于南宁·中国—东盟国际商务区内的东盟各国商务联络部（办事处）基地园区内，有越南园、老挝园、印尼园、文莱园、日本园、泰国园、新加坡园、缅甸园、韩国园及马来西亚园10个国家风格的住宅和商务服务设施商业建筑群，称为“一心五街十二园区”（联络基地的商业核心和5条步行街以及12个建筑博览园）。2011年10月建成使用。南宁·中国—东盟国际商务区商业街成为经营东盟10个国家和日本、韩国12个国家特色商品、餐饮、旅游及文化娱乐和开展国际商务活动的交易平台。　（黄祥杰）

【主要商贸项目】

南宁华南城项目　由华南国际工业原料城（深圳）有限公司（深圳华南城）全资开发，位于江南区沙井大道西侧，总投资120亿元，占地227.10公顷，总建筑面积约488万平方米。2009年10月18日开工建设。项目立足南宁、服务西南、辐射东盟，将成为品种齐全、现代化程度高的工业原料及产品展示交易中心、现代综合商贸物流中心和高端生产服务业基地，填补南宁市没有大型生产资料专业交易市场的空白。至年末，开工和竣工的项目有2号、3号、4号物流广场，会展中心，仁和路、华南大道及配套的住宅等，建筑面积100多万平方米。其中4个物流广场经营项目：1号物流广场——建材家具，2号物流广场——五金机电，3号物流广场——纺织皮革，4号物流广场——东盟特色小商品已建成。

广西海吉星农产品国际物流中心项目　深圳市农产品股份有限公司旗下子公司广西海吉星农产品国际物流有限公司投资兴建。位于市江南区壮锦大道旁江南工业园区内，总投资15亿元，占地46.67公顷，总建筑面积约60万平方米。建设综合农产品交易仓储区、蔬果加工配送区、东盟农产品加工配送区、花卉交易城、土特产交易城和综合配套服务区六大功能区域，建成含食糖、茧丝绸、粮油、水果、蔬菜、副食品、花卉等品种、集批发交易、加工、配送、进出口贸易及电子商务为一体的商贸物流中心，项目建成后年交易规模可达500万吨，其中水果、蔬菜350万吨。

大嘉汇·东盟国际商贸港 由广西桂嘉汇房地产集团开发建设，位于南宁市快速环道与昆仑大道交汇处，占地200公顷，总建筑面积300万平方米，计划投资86亿元；为面向东盟的现代商贸物流项目。建设内容以采购、批发、仓储、物流4大设施为主，将建成辐射大西南、面向东盟的专业酒店用品、儿童用品、玩具、工艺礼品、美容美发用品、建材家具6个一级批发市场及广西名优产品中心、东盟产品展示中心、价格信息中心3大中心。项目建成后将具备商品展示、商贸洽谈、批发零售、电子商务及运输、储存、包装、流通加工、配送和信息处理9项功能，不但能够发挥小商品基地优势，而且可以支持本地企业进入国内国际市场，发展成为"南宁义乌城"。

南宁金桥农产品批发市场项目 2006年获自治区发改委批准立项，是自治区层面统筹推进新开工重大项目。项目规划占地98.27公顷，建筑面积约76万平方米，总投资超过15亿元。建成立足广西、服务全国、辐射西南、连接东盟的大型农产品综合批发市场。属西南地区面积最大的农产品批发市场，是广西首个大型农产品加工物流园区，也是南宁市首个一站式数字化运作农产品批发市场。项目建成后预计年货物交易量约500万吨，年交易额约100亿元。市场采取批发交易、大宗物流、农产品深加工、城市配送以及农产品网络交易模式相互结合的经营方式，将打造成首个创净菜集中配送、农产品大宗物流及网上交易等多种流通模式相结合的现代农产品流通平台。

南宁华润中心项目 是华润置地继深圳市、杭州市、沈阳市、成都市后在全国复制发展的第5个都市综合体项目。位于南宁城市发展规划版图的核心——南宁·中国—东盟国际商务区核心区，总建筑面积约120万平方米，总投资逾100亿港元，累计上缴税收已逾3.50亿元。项目建成以"万象城"为核心，集购物中心、写字楼、超五星级酒店、高尚住宅等诸多功能于一体的大规模、综合性、现代化、高品质的标志性商业建筑群。其汇聚国际奢侈品名店、世界各地特色美食、奥赛水准冰纷万象真冰场、百盛百货以及专营高端进口商品的超市、含全球第5块巨幕影厅的沃美影院，将购物、餐饮、娱乐、休闲、文化诸多元素融于一城，包罗万象，应有尽有。至年末，万象城店铺300多家1000多个品牌销售额突破20亿元，接待客流量2200万人次，获中国连锁经营协会颁发的2013年度"CCFA购物中心金百合奖"。 （黄祥杰）

社会服务

【概　况】 2013年，南宁市有社会服务业32.19万家，其中新开业5.69万家(个体社会服务业4.31万家，私营社会服务业1.34万家，内资企业社会服务业301家，外资企业社会服务业101家)。主要涵盖批发和零售业，交通运输、仓储和邮政业，住宿和餐饮业，信息传输、软件和信息技术服务业，金融业，房地产业，租赁和商务服务业，科学研究和技术服务业，水利，环境和公共设施管理业，居民服务和其他服务业，教育和社会工作，文化体育和娱乐业13个行业。按经济性质划分：内资企业1.06万家（企业法人4257家），外资企业985家；私营企业7.48万家，投资者18.78万人，雇工87.43万人；个体工商户23.55万户，从业人员54.85万人。

【信息传输、软件和信息技术服务业】 2013年，南宁市信息传输、软件和信息技术服务业新开户660家。其中：个体经营户79户，从业人员157人；私营企业560家，投资者1096人，雇工2360人；内资企业7家(企业法人1家)；外资企业14家，投资总额8122万美元。至年末，信息传输、软件和信息技术服务业有3925家。其中：个体经营户622家，从业人员1318人；私营企业2608家（分支机构169家），投资者4811人，雇工1.31万人；内资企业544家(企业法人92家)；外资企业151家。

【租赁和商务服务业】 2013年，南宁市租赁和商务服务业新开户3889家。其中：个体649家，从业人员1814人；私营企业3173家，投资者6656人，雇工17949人；内资企业50家(企业法人6家)；外资企业17家。至年末，租赁和商务服务业有1.26万家。其中：个体经营户3177家， 从业人员8408人；私营企业8327家（分支机构941家），投资者2.14万人，雇工5.89万人；内资企业918家(企业法人532家)；外资企业156家。

【居民服务、修理和其他服务业】 2013年，南宁市居民服务、修理和其他服务业新开户3632家。其中：个体经营户3284家，从业人员8804人；私营企业340家，投资者558人，雇工1422人；内资企业7家(企业法人2家)；外资企业1家。至年末，居民服务、修理和其他服务业有2.72万家。其中：个体经营户2.32万家，从业人员76159人；私营企业3553家(分支机构623家)，投资者6979人，雇工1.91万人；内资企业418家（企业法人264家)；外资企业13户。

【卫生和社会工作】 2013年，南宁市卫生和社会工作新开户262家。其中：个体经营户247家，从业人员720人；私营企

广西海吉星农产品市场全景　　　　市商务局提供

业15家,投资者30人,雇工89人。至年末,卫生和社会工作有1687家。其中:个体经营户1594户,从业人员3902人;私营企业81家(分支机构11家),投资者158人,雇工414人;内资企业12家(企业法人11家)。

【文化体育和娱乐业】 2013年,南宁市文化体育和娱乐业新开户932家。其中:个体经营户799家,从业人员1522人;私营企业127家,投资者288人,雇工768人;内资企业6家(企业法人1家);至年末,文化体育和娱乐业有2082家。其中:个体经营户999户,从业人员2819人;私营企业956家(分支机构55家),投资者2035人,雇工5900人;内资企业116家(企业法人76家);外资企业11家。 (潘文启)

【拍卖业】 2013年,南宁市辖区内有合法拍卖企业88家,其中新增企业9家,注销企业8家;取得公物拍卖资质12家,取得文物拍卖资质1家。企业员工932人、拍卖专业从业691人(其中取得拍卖从业资格562人、拍卖师129人),相关专业从业444人(房地产评估师46人、旧机动车估价师35人、其他专业技术人员363人)。主要经营项目有工商行政管理、海关和司法机关等罚没的物品以及抵债物品、生活资料、无主物品、闲置物品、积压物品、文物和艺术品、房地产、无形资产、银行不良资产、土地使用权、生产经营权、股权等。年内,举办拍卖会1144场次,拍卖成交额81.25亿元,上缴营业税金567.63万元,取得佣金9937.88万元。

【典当行】 2013年,南宁市辖区内有合法典当企业50家(分公司1家),比上年同期增加10家。实收资本56.71万元,业务笔数2885笔,典当总额7.95亿元(动产2.20亿元,房地产4.99亿元,财产权利0.77亿元);典当余额31.52亿元,从业344人,上缴税金498.32万元,实现利润631.37万元。盈利33家,亏损17家。 (黄祥杰)

住宿与餐饮业

【概　况】 2013年,南宁市住宿和餐饮业新开户4341家。其中:个体经营户3471家,从业1.10万人,注册资金2.75亿元;私营企业840家,投资者1335人,雇工2900人,注册资金6.16亿元;内资企业5家,注册资金600万元;外资企业25家,投资总额55.92万美元,注册资(本)金42.28万美元(外方34.47万美元)。至年末,住宿和餐饮业有3.13万户。其中:个体经营户2.91万家,从业人员10.28万人,注册资金10.06亿元;私营企业1913家(分支机构287家),投资者3229人,雇工8821人,注册资金15.75亿元;内资企业247家(企业法人116家),注册资金3.12亿元;外资企业100家,投资总额1.26亿美元,注册资(本)金9042.28万美元(外方8931.47万美元)。 (潘文启)

【桂菜经营】 2013年,南宁市餐饮业经营的桂菜系列主要由桂北风味菜、桂东南风味菜、桂西风味菜、滨海风味菜和少数民族风味菜,以及各种风味小吃组成,形成桂菜微辣、带甜、有酸、新鲜特色,风味独特。南宁、梧州、玉林等地方风味菜讲究鲜嫩爽滑、用料多样,常以岭南瓜果入菜,如玉林三宝(牛巴、牛腩、牛肉丸)、菠萝焗饭,梧州纸包鸡,南宁腰卷、邕州鱼角、猪肚鸡,荔浦芋头鸭等;少数民族风味菜多采取就地取材,讲究实惠,制法独特,具有浓郁的乡土气息,如客家皇蒸鸡、壮乡田螺猪手等;桂北风味(桂林、柳州等地)品味醇厚、色泽浓重,擅长以山珍野味入菜,如桂林黄焖鸡、酿三宝等。桂菜原料采用鱼、鸡、虾、蟹、猪、牛、羊等,素料有芋头、马蹄、莲藕、竹笋等,在佐料上采用豆腐乳、辣椒酱、白酒、黄皮酱、柠檬等,烹调方式采用扣、蒸、炖、酿、焖、炒、炸,成为以清甜、鲜香、脆嫩风味特色。成菜讲究粗物细作,形量协调,香气蕴藉,色彩清丽的广西风味菜。代表菜有巴马烤香猪、苗家竹板鱼、侗乡竹笋肉、瑶山泥巴鸡、壮家粉芭肉、毛南烤香猪、京族花衣蛰皮、脆皮扣肉、脆皮狗肉、白切狗肉、纸包鸡等。以明园新都大酒店、西园饭店、南宁饭店、凤凰宾馆、南宁肥仔饭店等为代表的宾馆、饭店、酒店经营桂菜。

【桂菜"三名工程"评选】 2013年,根据自治区商务厅《关于开展"餐饮树品牌酒店上星级"活动工作》精神和部署,广西烹饪餐饮行业协会成立桂菜名店、名师、名菜"三名工程"初评工作领导小组和评定专家组,依据广西桂菜评定管理办法,评定出广西桂菜示范店(名店)10家、名师20名、名菜20道;广西桂菜名点(名小吃)20个、大席(桂菜核心菜谱)5台。

【旅游美食节】

2013南宁东南亚国际旅游美食节 2013年8月31日至9月6日在江南区华南城美食广场举行,由市政府主办、市旅游局、江南区政府承办,分为美食活动、文化活动、旅游推广、休闲活动4个板块,主要内容有旅游美食节开幕仪式、推出以"南宁味道"为主题的2013年东南亚国际旅游美食节开幕式晚会、东南亚风情广场文艺表演、啤酒美食音乐晚会、"美食之最——绿色健康美食大比拼""西游降魔之万人共品龙宝猪""万人共品黑芝麻糊"、挑战美食吉尼斯世界纪录的"万鸟归巢——世界第一大卤锅"、最具异域风味的"泰国风情烤全鳄鱼"、媒体记者美食品尝、中外美食大联展、美食评比、华南城旅游推介会、旅游宣传展示推广活动、啤酒欢乐大世界和童趣欢乐大世界15个。突出"南宁味"和东南亚国家和地区的特色美食展位118个。

西乡塘区香蕉文化旅游美食节 9月24日至10月7日在唐人文化园举行;西乡塘政府举办,设唐人文化园主会场和石埠"美丽南方"分会场。以"2013西乡塘区香蕉文化旅游节暨第五届南宁唐人文化艺术节"为主题,在友爱广场举行开幕式和"蕉王争霸"擂台赛,评选出"西乡塘区十大香蕉生产企业(农户)""10大重量奖""十大质量奖";举办西乡塘名特优农产品展示会和陶瓷精品、翡翠精品、红木等的收藏与鉴赏技巧知识讲座及以"唐人梦　中国梦"摄影展为主题等活动。在石埠"美丽南方"分会场举行平话山歌演唱、乡村舞蹈等极具地方特色的文艺活动和沙滩气排球比赛、钓鱼比赛、剥玉米比赛、运南瓜比赛等趣味活动以及本地土特产展销会。 (陈天皓)

【传统食品】

老友面(粉) 南宁传统小吃。据说,在20世纪30年代,有一位食客经常去中山路一间小吃店就餐,久而久之,客主成了朋友。有一次,食客外感风寒卧床不起,店师傅听说后便给食客做了一碗面,放上酸笋、辣椒、豆豉、姜、葱等,食客吃完后大汗淋漓,全身感觉舒畅放松,连打一串喷嚏后风寒痊愈,高兴之下给小吃店送去"老友常来"牌匾。"老友面"从此得名。制作方法:先将精面粉加适量水和鸡蛋反复搓揉,用竹杠反复压打成面片,精切成细条(现在用机压榨成湿面条,极少再有人工制作),再以爆香的蒜泥、豆豉、辣椒、酸笋、碎肉、醋、骨头汤等配料与之烹煮而成。其特点是酸、辣、咸、香味兼备,有祛风散寒、通窍醒食、兴奋精神的作用。主料用米粉称“老友粉”。50年代起,一直由南宁第二饮食公司主营老友面(粉),其中以位于中山路的中山饮食店最为著名,老友面又称“中山老友面”,香港《文汇报》、广东《羊城晚报》和《南宁晚报》等媒体曾对其作专题介绍。该公司制作的老友面1997年12月在首届全国烹饪协会举办的中华名小吃比赛中被认定为“中华名小吃”,同年在广西传统美食比赛中被评为广西大众化优良风味小吃。2008年11月,南宁老友粉被列入第二批自治区级非物质文化遗产名录。

米　粉　南宁传统食品。清末民初,粤商来邕兴办餐饮业时从广东引进,称沙河粉。制作方法:选用大米淘净浸透加水磨浆,掺入用开水冲兑的适量熟浆拌匀(或用适量米饭与米一同磨浆),放入金属托盘(米浆仅铺过盘底),蒸成薄片,折叠切成条,叫作切粉;在舀米浆入托盘后加入碎肉、葱花、香菇末、碎虾米等配料,蒸煮后卷成筒状称卷筒粉,在梧州及广东一带叫肠粉;将用布滤干成粉团的米浆煮至五成熟,放在石臼中舂成软硬适度有韧性的稠浆(现代多用机械搅拌),用粉榨器就着沸水锅压榨入锅煮熟成线的叫生榨粉,因从桂林引进,又称桂林米粉。切粉、生榨粉在食用时用沸水烫热加入骨头汤称汤粉,配以肉类的称肉粉,不配肉称素粉。肉粉又依据不同肉类称为猪肉粉、牛肉粉、鸡肉粉、牛腩粉、鸡杂粉、杂烩粉等。用油炒的称炒粉。

干捞粉　南宁传统小吃。兴于清末民初,因其食用时仅以叉烧、卤水凉拌,不加入汤水而得名。制作方法:取切粉置于捞篱内放入开水锅中氽一下,装碗后加入叉烧或牛锅烧、焯过水的绿豆芽、炸黄豆或炸花生仁,淋上用10多种配料熬成的酸甜卤水及少许熟花生油拌匀即可食用。味道鲜美、清滑可口。

炖粉糕　广东、广西传统小吃。南宁水上居民和沿江居民流行。制作方法:将大米淘净,兑水磨成米浆,分成几盆调入可食用的红、黄色素,用浅陶盆置锅中分层勺入米浆,先蒸一层原色米浆,待第一层蒸熟后,再依次分别加入黄色、红色米浆,反复依次加入各色米浆,每层约0.20厘米厚直至蒸满盆,在面上洒入些碎肉、花生仁、葱花即可,称夹层炖粉糕。如在蒸煮各色米浆至中间层加入绿豆沙再依次加入各色米浆蒸煮,则称夹心绿豆炖粉糕。中间加入芋头碎粒,则称芋头炖粉糕。色泽美观、软滑可口、老少皆宜。

宾阳酸粉　宾阳传统小吃。制作方法:精选上好的晚稻大米,经24小时浸泡并淘洗,用土制的石磨磨浆。经过7天时间反复的漂浆,期间,根据气温的不同进行不定时换水。蒸制时采用大铛木盖浮托法蒸米粉,蒸熟一条折叠一条并抹上一层花生油。配菜有叉烧、炸波肉、炸牛肉巴、炸灌风肠、炸花生或黄豆和腌制的新鲜黄瓜。调味品主要是将陈皮、八角、葱条等10多种香料用纱布包好,加水、盐、蚝油、味精等加温煮制卤水。再用糖、盐、米醋调制糖醋至酸甜适口。切好米粉放在碗内,叉烧等配料平摊在米粉上,再放些鲜红的生辣椒和蒜茸、香菜,浇上卤水及糖醋,加些花生油即成。爽滑可口、酸甜适中、柔嫩香脆。

凉　粉　南宁传统消暑小吃。制作方法:将凉粉果中的白色粉粒加工榨出液体,加热冷却后形成晶莹透明的晶体,将熬过的红糖水加入,捣碎晶体作凉拌吃。清凉甜爽。

粉　虫　南宁传统小吃。始于清代。制作方法:用黏米洗净浸透、磨成稀稠适宜的米浆,滤成湿粉团置锅内煮至半熟,起锅揉搓至软硬适度有韧性的粉团,然后搓成条状,扯下小段在专用竹箕背搓几下,成虫状,置于蒸笼蒸熟。如搓粉时加入少许可食用色素,如花米红、姜黄等,则做出的粉虫色彩好看又诱食欲。配以猪肉、牛肉或杂烩做成“炒粉虫”“粉虫汤”。形似虫草,食之韧软。

粉　饺　南宁传统小吃。清末民初面市。南宁解放前以“粉角九”的粉饺最出名。制作方法:选用黏米浸透磨成稀稠适度的米浆,滤成湿粉团置沸水中煮至半熟,加入适量薯粉(生粉),将粉团反复搓揉至有韧性,搓成条状擀成薄片饺皮,包入拌食盐、香油、味精、五香粉的碎猪肉、虾米、香菇、马蹄或凉薯末合成的馅心,置托盒蒸熟。食用时配以黄皮酱、海鲜酱、豉熟油及少许葱花、芫荽之类的佐料。饺皮韧软、爽滑,馅料鲜甜味美。

粉　利　南宁季节性传统食品。始于明末清初。民间以其寓意“吉利”,故在冬至、春节期间最为旺销。制作方法:将浸透的大米加水磨成浆,滤成湿米粉,搓揉成团,放入沸水锅蒸至半熟,置于案板揉搓至有韧性,搓成直径4.50厘米的圆条状,切成段,置笼屉蒸熟。蒸熟的粉利须入水保存,以防干裂。食用时切成片,配以各种肉类制成“炒粉利”“粉利汤”,亦可打火锅“烫粉利”。粉韧爽口,味道鲜美。

油炸粽　南宁传统小吃。始于清末民初。尤以亭子雷四婆的油炸粽最出名。制作方法:将糯米淘洗浸透,捞起沥干,取100克至150克加少许绿豆,用粽叶包成长12厘米、宽7厘米、厚5厘米扁形粽子,置锅中煮熟,然后捞起晾干,剥去粽叶,放到烧滚约180度的油锅内炸至外皮色泽金黄即可。外皮酥脆、色泽金黄、内部松软、香脆可口。

蕉叶糍　南宁传统小吃。相传始于宋朝。民间多在中元节制作。制作方法:选用糯米淘浸透磨浆,用布袋滤干成湿粉团,经搓揉捏成长条状,用经热水烫软洗干净并刷上食油的芭蕉叶把粉团包好,置蒸笼蒸约20分钟即可食用。可制成咸甜两种。做甜味的方法是:将糖煮成浓浆,加入猪油与湿米粉搓匀;咸味的即在湿粉中加入些许盐搓匀,或包入炒干的横县头菜末、碎猪肉、花生之类的咸馅。蕉叶清香、糍粑软韧、清甜可口。

艾　糍　南宁传统小吃。也称艾粑粑,一般多在清明前制作。民间有“吃了野艾糍,春耕倍添劲”的说法。艾糍是由艾草或白头翁草制作而成,艾草长在田边或房前屋后的空地上,容易找。用白头翁草做出来的粑糍颜色比艾草做的浅,味道更清香且有韧性。制作方法:摘下野生的艾草或白头翁草嫩叶用石灰和水泡浸两三天以去污(白头翁草洗净即可),然后洗净捞起剁碎(越碎越好),加入赤砂糖和水,煮艾叶或白头翁草碎成糊,将其和入糯米粉中,艾糍外衣即成;炒花生舂碎后拌入赤砂糖和炒过的白芝麻(味甜而不腻且香)作馅;将馅包入已和好的艾叶糊的面团中(像包汤圆一样)压扁,把摘来的新鲜柚子叶或芭蕉叶剪成巴掌大小洗净(再放些油入热水中煮煮更好),再给每个包好的艾糍附上一小片柚子叶或芭蕉叶,环状放入蒸笼蒸15分至20分钟即可食用。艾草味辛,气味特别,具有较多功效。《本草纲目》记载:艾草性味苦、辛、温,入脾、肝、肾;艾以叶入药,性温、味苦、无毒、纯阳之性、通十二经,具回阳、理气血、逐湿寒、止血安胎等功效,被称为“医草”。因此常吃艾糍有利健康,尤其适合女性食用。白头翁草具有清热凉血、解毒的功效,且气味比艾草清香,适合肠胃湿热的人食用。

凉　粽　中国传统夏令小吃。古称角黍,《初学记》引晋周处《风土记》载:

“仲夏端午，烹鹜角黍。”“进筒粽，一名角黍，一名粽。”《续齐谐记》载：“屈原五月五日自投汨罗而死，楚人哀之，每逢至日，以竹筒贮米，投水祭之。”说明最迟在晋代，民间已有端午节包角黍之俗。大约在清代传入南宁并从角锥体改为圆柱体，从角黍改称凉粽。现仍流传于南宁市各地。制作方法：将糯米浸透，拌入少许枧水，用几张竹叶包成条状，用细线捆扎牢，置沸水锅煮熟。食用时除去竹叶，蘸以糖浆。粽身晶透，入口脆滑有竹叶清香。

猪肉绿豆粽　南宁传统风味食品。始于唐宋时期。制作方法：将去皮肥猪肉洗净切条，加入佐料腌制半天待用；绿豆磨碎淘洗去皮，选用大糯米淘净沥干，将粽叶若干张洗净摊开，放上适量糯米，在中间开凹沟，放入绿豆和一条腌制猪肉，再盖一层绿豆，加一层糯米覆盖好豆、肉，然后包起，中部微突隆，用粽绳扎牢，置沸水锅中煮半天左右即可。其特点是软、沙、香。民间在春节吃的粽子称大粽，品种多，一般每个重0.25千克，大的重几千克甚至10多千克，称枕头粽；品种根据所包裹配料的不同，有板栗肉粽、绿豆肉粽、饭豆肉粽、虾米粽、蟹肉粽、腊肠粽、牛肉粽等。

五色糯米饭　传统食品。制作方法：分别将旱米果、香饭花或姜葱、枫叶或枫树皮、红蓝草捣烂加水加热制成大红色、黄色、黑色和紫红色液体，将糯米分别浸泡在各色液体中，待米粒通体染上颜色后滗去余汁，分别入甑蒸煮，出甑后再将各色熟饭放入大铁锅中搅匀，便呈黑、红、黄、紫、白5种色彩。饭色油光鲜亮，互不沾染。饭质嫩软，气味清香。

黄花饭　壮族食俗。一般在农历2月至3月，特别是二月初二春社节祭社时制作。制作方法：先将黄花树的黄花置锅中加水煮沸，水变黄，滤去渣，留水蒸饭即成黄花饭。此时天气回暖，细菌繁殖，易得病，吃黄花饭，对预防肠胃疾病有一定作用。

豆蓉糯饭　传统食品。民国初年，南宁早市常见卖糯米饭的小摊设在街头，供人们“食过早”(即吃早餐)。制作方法：摊档主将大口陶盆放在箩中，盆内盛满糯米饭，饭旁放着绿豆蓉；不论冬夏，盆底均置一炭炉，盆上放着一钵油炸糯米锅巴，另一钵则放着一块块卤熟的半肥瘦肉或腊肠。出售时档主用双手将糯饭捏好，夹入绿豆蓉、油炸锅巴或猪肉或腊肠在糯饭中间，捏成饼状，沾上香酥芝麻、葱花、生晒豉油，放在一块清洁的荷叶上，顾客即可拿着食用。味清淡可口，柔软香甜，油而不腻，可谓色香味俱全。

瓦煲饭　传统食品。传说由广东传入后形成南宁特色。制作方法：选优质米入沙煲，采用转炉煮饭，炉的一半有火，一半无火。先用猛火烧沸，然后转到无火焗饭。由于瓦煲较厚受热散热较慢，受热均匀，故煮出来的饭不硬、不烂、不焦，饭香纯正。焗饭时，将配好佐料的肉类菜蔬，铺陈于饭面，饭熟菜熟，味道鲜美。有香菇瘦肉饭、鱿鱼猪肉饭、猪肝饭、排骨饭、腊味饭、虾仁米饭等10余种，饭热菜香。

卷筒粉　风味小吃。制作方法：用上等的白米经浸泡淘洗磨成浆，将米浆放入托盘摊匀，撒上半肥瘦碎猪肉、上好的大头菜末、花生末、葱等佐料蒸熟，出托时卷成圆筒状。入口柔韧、香滑、清爽。

八仙粉　风味小吃。制作方法：选用带有韧性的新鲜切粉，煮粉前先在热锅里盛入大半碗猪骨熬成的上汤，汤沸后放入鱼饺、肉片、熟鹌鹑蛋、香菇、黄花菜、鱿鱼、鸡肉丝、瘦猪肉片、鱼片、新鲜嫩蔬菜等各两三件，猛火煮沸片刻，再倒入200克切粉，待锅中汤水再沸后加少许香葱、香油、盐、味精等调味，即可装碗食用。配料多、营养丰富、合理搭配、粉韧爽口、味道鲜美。

八宝饭　风味小吃。制作方法：选用优质的香糯浸洗后用竹箕滤干水，置蒸笼或饭甑蒸熟，倒在盘里加些猪油、白糖拌匀，然后将少许蜜枣、杏仁、莲子、冬瓜糖、桂圆肉、葡萄干、蜜饯等干果放入碗内摆好，再将一些干果拌入饭中，盛入碗里压实，中间压成窝状，放些豆蓉馅，再用糯饭盖住压平，重新置蒸笼内蒸三四十分钟即可。食用时把碗里的八宝饭扣于碟中，浇上少许用糖和菱粉调制的芡汁，饭软味甜，食而不腻。

酿苦瓜　特色家常菜。制作方法：选用中粗直的青嫩苦瓜，洗净切成每节长2寸的瓜筒，掏出瓜瓤，将猪肉与花生仁剁成肉泥，与浸透的糯米、盐、猪油、香葱、香料拌匀作馅，填入瓜筒中，置锅中蒸熟即可上碟食用。既有苦瓜的清香，又有肉馅的鲜美，味道甘甜可口。

炒田螺　传统风味小吃。流行于南宁城乡。制作方法：将田螺置清水盘中养数日，常换水，让田螺吐尽泥污，然后洗净外壳的泥苔，用刀敲碎螺尾顶尖，剥去螺盖后入锅，加入少许食油、盐、姜、酒等配料爆炒片刻，以除去腥味，再加些水煮至熟透，最后加入紫苏、假蒌、香葱、蒜苗、酸笋、啤酒及适量油、盐调味拌匀，便可上桌食用。多在夜市小吃档供应，食客享用时用口吸吮，有声，别有情趣，民间谓之吮田螺。螺肉滑脆，汤味鲜美，诱人食欲，并有滋阴降火的功效。

粥　品　传统食品。南宁人喜欢吃粥，而料粥相传于清末民初从下江(梧州以下)引进。过去，常有商人用小船游弋在河面上兜售用河鲜为主料烹制的粥品，称“艇仔粥”。在市面上则以“谟觞粥”店最出名。制作方法：选用上好大米，明炉微火煮至米烂待用。食用时可根据口味，明火现煮配制成猪肉粥、牛肉粥、鸡肉粥、鱼片粥、猪杂粥、鸡杂粥、皮蛋瘦肉粥、三鲜粥、猪红粥等，上碗时加入姜丝、葱花、胡椒粉即成为美味粥品。粥品稠滑、味道鲜美。

鱼　扣　邕宁区蒲庙镇那路村一道传统的特色菜肴。制作方法：选择500克左右的鲮鱼做原料。将活鱼洗净，去头、去皮，取鱼肉，把鱼肉剁成泥(也可用绞肉机绞)后，倒入盆里摔打20分钟(以把一小块鱼泥投入水中能浮上来即可)，然后加入适量的食盐、胡椒粉，拌均匀后待用(用作包鱼扣的皮)。接着制作鱼扣的馅。鱼扣的馅使用瘦猪肉、虾米、香菇、马蹄、花生、芝麻、头菜、葱等8种材料。把花生、芝麻用文火炒香，把其他馅料剁碎，加入适量的生粉和少许鱼肉泥(使蒸熟的鱼扣切开时馅不容易散开)及舂碎的花生、芝麻，搅拌均匀后即成鱼扣馅，把馅包入先前制作好的鱼肉泥中即制成鱼扣(包好的鱼扣形状像只大包子)，再把鱼扣放入烧开的锅里煮30分钟，待鱼扣从锅底浮到水面即可捞起，趁热滴上几滴老抽抹匀，冷却后，将鱼扣放入油锅里炸至表面金黄后捞起冷却，切成片状装盘，再放入蒸笼蒸20分钟即可以上桌(蒸得越软越好吃)。因鱼扣采用鱼做主料，有着“年年有余”的寓意，又因它的形状是圆形的，有“团团圆圆”的象征，是该村逢年过节必备的菜肴。

脆皮扣　良庆区、邕宁区一带的特色菜肴。制作方法：选上好皮薄的五花肉1000克，清洗干净，改刀切成500克一块的大块，取干净的锅，放入改刀后的五花肉，加入冷水，放入姜块葱条和酒，猛火烧开，改小火煮20分钟，捞出放在盘中，然后在肉皮上均匀地抹上盐和大红浙醋；取炒锅，垫上锅箅，将抹好醋的肉皮向下放到锅中箅子上。然后倒入花生油，至泡到猪皮但不超过猪皮为好，盖上锅盖，大火烧制，待油发出爆炸声后，关至中小火，炸40分钟，待皮炸到金黄时即可捞出。脆而有韧性，肥而不腻，遇汤皮亦不变软。

高峰柠檬鸭　起源于武鸣县一带的一道特色菜，尤以武鸣县高峰境内酒家饭店最优故得名。制作方法：将鸭宰后洗净、去内脏切成块，入锅用猛火炒至六成热，再将切成丝的酸辣椒、酸姜、酸柠檬、醋头、酸梅、生姜、蒜泥等佐料入锅同炒，拌匀后改文火至八成熟后加入豆瓣酱同炒至熟透，淋上适量香油即可出锅上碟。味道酸辣适度，肉质鲜嫩入味爽口。

横县鱼生　横县传统食俗。制作方法：将1.50千克~2.50千克重的活鲩鱼杀死去皮，把鱼两侧面的肉削除出来，用卫生纸包好吸干水分，将鱼肉切成“双飞”薄片，摆在盘里。然后用冷开水将生姜、紫苏、鱼腥草、柠檬叶、大头菜、洋葱等佐料洗干净，甩干水分后切成细丝，指天椒、蒜瓣、酸头等切成片。将酱油、花生油、酸醋、胡椒粉等放入小碗搅匀作调料。食用时各取少许青料、姜丝、花生米和酸头，连同蘸了调料的鱼生片一起吃。其特点是味鲜可口。卫生部门检查发现，鱼生片有生虫，食者易患肝吸虫病，提倡不食鱼生。但横县不少群众食鱼生已成习惯。

酸　肉　壮族传统食品。流行于隆安县邕天（南宁至天等）公路南面的都结、同乐、普权、新风、达利、平养、平荣、荣朋等村屯壮族聚居区。制作方法：把猪肉（最好是五花肉）的皮面置锅中煮成金黄色，加入蒸熟的玉米粉（小米粉更好）、精熟盐（每千克猪肉掺60克~70克以不太咸为宜），经反复搓揉，至肉变软后置瓷罐中密封，两个星期后肉即变酸，便可吃用。开罐后，要在三五天内吃完，否则时间长了，酸肉会变质生虫。放装罐时，用小罐为好，也可用小食品袋来装，装量以一餐吃完为宜，用绳子绑好袋口密封。可把若干袋一起放进一个大罐里腌制，吃用时按量取出即可。酸肉有两种吃法：一是切片后即吃，这种吃法能保持原味，稍酸，多吃不腻；二是把黄豆或玉米炒熟和酸肉一起吃，这种吃法香味可口，食欲倍增。用酸肉下酒或佐玉米粥，风味独特。一般家庭逢年过节时宰一头肥猪，把猪肉全部腌酸，作为常备肉食。如有贵客光临，就用酸肉来招待。

羊　酱　又叫“羊精”“羊瘪”。马山县东部山区瑶族的一道特色菜肴。制作方法：羊杀好后，将羊的一段细嫩的小肠割下，分绑两头，入锅用油煎至小肠爆裂、黄熟，内溶物溢出后，加水煮10分钟，将小肠捞起滴水沥干，切成小块，再放入锅中，配以适量的羊血和剁碎的羊肉、羊杂以及盐、姜、辣椒等佐料制成。羊酱汤，汤色幽绿，其味甘苦。因羊吃百草，小肠内溶物为羊分解草料后尚未吸收的养分，据说有健胃的功效，民间称之为医治疾病的“百草药”“长寿药”。

羊　红　传说此菜肴为环大明山地区周边各土司的宴席菜。制作方法：用刚宰杀的黑山羊鲜血和炒好的羊内脏（俗称“羊下水”“羊杂”），加上香菜、花生等佐料制成，装盘后样子像一盘红“豆腐”，味鲜美异常。

清水羊肉汤　马山特色菜。制作方法：将黑山羊羊肉砍块，放入有清水的锅中烧开去除血水，沥水后用清水洗净，再倒进放有枸杞、花菇、红枣、生姜等开沸的锅中煮熟后，蘸料汁即可吃。蘸料配方是羊肉店独特配制的秘方，并以新鲜香椿嫩芽为主料，使蘸料具有山野清香的风味。肉香浓郁，无膻味。

腊　肉　南宁传统风味食品。制作方法：冬天腊月时人们把买来的猪肉搓适量的盐放在盘里腌到二月，用菜叶清洗除去肉表里油腻盐质，然后串挂起来，风干即成腊肉。人们选择腊月做腊肉是因为天气比较寒冷干燥，猪肉不易变质腐烂。

糯米血肠　壮族普遍喜爱的传统食品，壮语称为“捞棒”。制作方法：把蒸到半熟的大米或糯米趁热拌上鲜猪血以及各种香料，紧紧灌入洗干净的猪肠内封口蒸熟即成。食用时可切成片，或用油煎炸，或用甑蒸热。色泽油亮，异香扑鼻，味道鲜美，脍炙人口。　（书　弄）

茶　业

【概　况】2013年，南宁市有10+1商业大道茶叶批发市场、横县西南茶城2个成品茶叶批发零售专业市场。主要经营名优绿茶、茉莉花茶、六堡茶、普洱茶、黑茶和全国各地的著名紫砂制品乃至东南亚锡制品、瓷器和玻璃器皿等茶具以及茶床、茶台等木制、根雕工艺品。

【10+1茶叶批发市场】“南宁10+1茶叶一条街”又称广西南宁茶叶批发市场，是自治区内最大的成品茶批发零售专业市场。位于亭洪路10+1商业大道B、C区，占15栋楼的一、二层商铺，其中首层经营与茶叶有关商品的商铺465间，经营面积2.65万平方米；二层大开间商场建筑面积2.76万平方米。以经营成品茶叶的批零为主，同时经营茶具、与茶相关的工艺品、茶叶包装设备等。市场汇集茶叶6大系列近100个品种，包括中国茶王—大红袍、福建安溪铁观音、云南普洱、浙江龙井、台湾红茶、乌龙茶、信阳毛尖、湖南黑茶、广西本地的六堡茶、横县茉莉花、凌云白毫茶、昭平将军峰、西山茶、三江茶、灵山茶、西林茶、覃塘毛尖及越南茶、斯里兰卡红茶等。2013年，销售额约6.90亿元。

【横县西南茶城】又称横县城北市场，位于“中国茉莉花之乡——横县县城。西南茶城由茉莉花交易市场、茶叶市场和成品茶市场组成，占地4.70万平方米，建筑面积2.20万平方米。成品茶市场占地1.70万平方米，有店铺150间，原产地茶商入场经营，直销横县茉莉花茶、安溪铁观音、云南普洱茶和全国各地名茶；茶叶市场占地1.70万平方米，有店铺150间、经营户300多户，主要用于横县茉莉花茶加工基地供应的花茶茶胚、绿茶茶胚交易，茶商来自福建、云南、贵州、湖北、浙江等全国各地。2013年，成交量3.10万吨，成交额8.50亿元；茉莉花茶交易市场占地1.30万平方米，有摊位120个，经纪人2000多个，市场主要用于交易茉莉花。市场成交量3.70万吨，成交额4.30亿元，平均每千克11.62元，日最高成交量350吨，最高成交价每千克28.80元。是国内最大花茶专业交易市场，全国绿茶（茶胚）吞吐量最大的茶叶专业市场。

【天鹰茶城】2013年，南宁市新开业大型茶叶交易中心——天鹰茶城，营业面积4万平方米，集中国名茶、茶具、红木家具及奇石古玩收藏的经营、品玩、鉴赏为一体的综合性商业平台。主要引进全国各地品牌茶商，有大益茶业、福今普洱、梧州茶厂、广西农垦茶业集团、八马茶业、久扬茶业、肖鸿茶业、新功电器、鑫阳光茶具批发中心、弓艺苑（广西最大的大板根雕批发直销中心）、天佐茶具批发中心（广西最大茶具批发中心）、天一包装等100余家知名茶企入驻。9月至12月，中国—东盟博览会轻工展试营业，平均月销售额1000多万元。举办过两届茶叶节：4月28日至5月2日，自治区农业厅和南宁市政府共同主办“第六届广西(南宁)春茶节”;9月3日至6日,江南区政府主办“天鹰茶城中秋茶文化节”。

(黄祥杰)

2013年,南宁市肉类蔬菜流通追溯体系建设工作部署暨培训会在市委、市政府会议中心召开　　市商务局提供

肉食品商业

【生猪屠宰管理】 2013年,市商务局继续将市区生猪定点屠宰厂(场)屠宰活动监督管理行政执法权下放给市商务综合行政执法支队,委托其对市区生猪定点屠宰厂(场)进行监督和检查,对市区生猪私屠滥宰违法行为进行查处。发挥南宁市肉类食品协会作用,加强行业培训和自律。加大对肉类食品安全质量监管力度,开展生猪定点屠宰厂(场)规范化管理,规范屠宰行为;在生猪定点屠宰厂(场)实行统一制度上墙、统一台账登记等规范管理工作,全面规范和提升生猪定点屠宰厂(场)管理水平,督促屠宰企业加强生猪宰前宰后检疫和肉品品质检验,做好生猪产品的溯源工作,出厂(场)猪肉必须有“两章两证”(检验合格章、检疫合格章,检验合格证、检疫合格证),确保出厂肉品质量安全。各级商务部门与屠宰企业签订猪肉质量安全责任状,落实肉品质量安全责任,严厉打击生猪私屠滥宰违法行为。制订《南宁市商务部门打击生猪私屠滥宰保障肉品质量安全专项整治工作方案》,组织和指导县(区)商务部门开展执法工作。市商务综合行政执法支队采取加大生猪私宰窝点打击力度和频率、强制拆除私宰窝点,保持对生猪私屠滥宰等违法行为打击的高压态势。年内,出动执法人员9979人次,打击生猪私宰窝点86个次,查获待宰生猪187头、私宰肉和病害肉3.84万千克,强制拆除生猪私屠滥宰窝点10个,面积约2000平方米。移交公安部门立案查处加工病死猪肉案件1起,逮捕犯罪嫌疑人3人。组织开展联合执法行动。商务部门牵头组织有关部门配合县(区)开展对影响肉品质量安全突出问题进行治理整顿。开展联合执法行动及检查16次、出动执法人员555人次,检查农贸市场、学校等用肉单位26个次,查获淘汰种猪肉等没有经过检疫的肉品9100千克,打击销售和使用私宰肉、问题肉的违法行为;各级商务部门检查屠宰厂、场(点)923个次,平均每个屠宰厂(场)检查6.70次,发现问题责令限期整改。加强对食品从业人员的培训教育,组织117人参加自治区食品协会举办的屠宰技术和肉品品质检验培训班。畅通商务领域举报投诉渠道。12312商务举报投诉服务中心在工作时间外,将“12312”热线电话办理呼叫转移,确保工作时间外的举报投诉得到及时的登记、处理;受理私屠滥宰等商务领域违法行为举报投诉。接受各类商务领域举报投诉110起、受理咨询数量1500余人次,其中生猪私屠滥宰举报58起,兑现举报奖励资金6.66万元。12月31日,根据国务院机构改革和职能转变方案的要求,市商务局向市水产畜牧兽医局移交生猪屠宰监管职能。

2013年,自治区商务厅副厅长韦朝晖(左二)了解南宁市农贸市场肉菜流通追溯系统建设情况　　市商务局提供

【生猪屠宰加工】 2013年,南宁市依法设定生猪定点屠宰厂(场、点)139家,其中机械化生猪定点屠宰厂(场)67个、半机械化生猪定点屠宰场43个;从业人员1.55万人。8月,第一家按5A级建设的广西汇华食品有限责任公司生猪定点屠宰厂建成通过验收并开始投产。全市生猪进点屠宰量244.36万头,比上年同期增长12.97%。其中:城区进点屠宰量145.63万头,增长17.60%;六县进点屠宰量98.73万头,增长6.78%。供应市中心区猪肉的大中型机械化生猪屠宰厂有南宁五丰联合食品有限公司、南宁市江南

肉类联合加工厂、南宁市大沙田生猪定点屠宰场3家，日宰生猪分别为1000头、900头、600头；小型生猪定点屠宰场有邕宾、谢树河、城关、仙葫4家。

【生猪定点屠宰资格审核清理】 2013年，市商务局按照《自治区商务厅转发商务部办公厅关于做好生猪定点屠宰资格审核清理总结收尾工作的通知》要求，开展屠宰厂（场）规范化管理、投入整改资金和督促检查、审核等工作。组织各县（区）商务部门和屠宰企业对2012年不符合标准的83家屠宰厂、场（点）进行整改，屠宰企业投入整改资金351.50万元。至年末，基本符合审核清理标准的屠宰厂、场（点）53家，不符合审核清理标准需要继续延期整改的屠宰厂、场（点）28家。

【猪肉项目建设】 2013年，市委、市政府将肉类蔬菜流通追溯体系建设项目列入为民办实事项目。供应市中心城区猪肉的南宁五丰联合食品有限公司、南宁市江南肉类联合加工厂、广西汇华食品有限责任公司和南宁市大沙田、邕宾、谢树河、城关、仙葫8家生猪定点屠宰厂、场纳入追溯体系流通节点，确保肉类流通各阶段信息连续性，解决肉类流通的双向追溯问题，实现肉类“来源可追溯、去向可查证、责任可追究、数据可分析”目标；强化政府公共服务、行业自律和消费者监督相结合的长效管理机制，提升肉类食品质量安全保障能力。（黎　剑）

食盐商业

【概　述】 2013年，南宁盐业分公司（南宁盐务管理局）设沙井配送中心，辖黎塘支公司；在职职工50人。负责南宁市区及武鸣县、横县、宾阳县、上林县、马山县、隆安县、扶绥县（崇左市辖县）的食用碘盐和食品加工用盐、小型工业用盐的供应和管理。主要经营“桂山”牌精制盐、日晒精盐、海晶盐和腌制用盐，开发和销售绿色海藻碘盐、低钠盐、加碘精纯盐以及沐浴盐、浴足盐、洗涤盐等多品种盐。坚持增收节支，加大市场管理和盐政执法，规范企业内部监控，实现盐品销售6.97万吨，其中食盐5.29万吨，小工业用盐4445吨。

【盐品销售】 2013年，南宁盐业分公司响应国家卫生部号召，倡导“少吃盐，吃好盐”健康消费理念引导市场消费，推进低钠盐、海藻盐上市进柜；开展整治和规范食盐市场专项行动，配合物价部门查处违法涨价行为，维护广大消费者合法权利；理顺供需关系，实现盐品销售结构转换和稳步推进。落实食盐专营政策，统一品种盐供应宣传口径；加强与各大超市采购主管的沟通，科学安排食盐配送，确保食盐市场供应；组织片区经理加大访销力度，开通24小时热线电话，接受社会监督；严格进货管理，配合物价部门依法查处违法购进食盐客户，恶意囤积食盐、哄抬食盐零售价格客户，有效维护食盐零售价格稳定、消费者和食盐零售商的合法权益，规范进货渠道。结合实际情况进行网络资源整合，重新划分销售片区，分片包干，明确职责，落实任务到点，责任到人。与辖区各零售商重新签订食盐零售终端配送协议书，明确双方的责、权、利，进一步健全食盐营销网络。做好各片区市场巡查、访销、接收订单等常规工作，建立和完善客户台账，进一步细化终端管理，形成常态化管理机制，有效提升网络运行质量。

【盐政执法】 2013年，南宁盐业分公司坚持“查、打、控”相结合，重点监控市场重要部位。加强联合执法，切实维护食盐价格稳定。组织春季、夏季专项行动和重点专项检查等5次。以转变盐品供应结构为契机，转变盐政稽查方式，增调人员充实到重点销区的盐政稽查一线，派出盐政执法人员1000多人次，检查食盐零售店、餐饮店、学校机关食堂等1000多家，现场开展半定量碘盐检测1000余次。每日安排盐政执法人员深入农贸市场和餐饮企业进行检查，杜绝监控死角。针对大包装盐冲销小包盐市场问题，加强对食品加工用盐企业的稽查和跟踪，建立盐政市场检查登记表，逐一检查，逐一记录，严防食品加工用盐流入食盐市场。加强盐业法制宣传，提高盐政执法的社会影响力。结合“3·15”“5·15”等有利时机进行盐业知识宣传，提高盐政执法的威慑力；联合疾控中心开展宣传活动，推广食用低钠盐和海藻盐；发放各种碘盐知识宣传资料1000多份，接受群众咨询超过1000人。广发私盐举报联系卡，动员社会力量关注食盐市场动态。加强与当地政府有关职能部门合作，形成齐抓共管良好局面。针对部分食盐零售商哄抬价格的违法行为，与当地物价部门到食盐市场开展联合执法，对屡教不改，囤积食盐，乘机擅自抬高食盐价格的违法行为暂停对其配送食盐。查获涉盐案件160件，涉案盐品4.76万吨。（市盐务管理局编写组）

烟草商业

【概　况】 2013年，南宁市烟草专卖局（公司）辖12个县（区）烟草专卖局（营销部），从业人员959人。销售卷烟129.23亿支（25.85万箱），比上年同期增加0.71万箱、增长2.81%；实现销售收入52.18亿元，增长12.29%；实现税利12.36亿元，增长16.24%；实现利润6.64亿元，增长14.50%。卷烟单箱销售额2.35万元（含税），增加1998元、增长9.28%。企业总资产16.44亿元，增加1.65亿元、增长11.13%。

【营销网络建设】 2013年，市烟草专卖局（公司）提高科学分析市场能力和营销水平，抓牢“规划、监测、调控”3个关键环节，实行月度均衡投放策略，让市场保持“稍紧平衡”状态；聚焦“市场价格”“社会库存”2个指标，建立分层分级市场信息监控体系，为调控市场提供科学依据。将品牌培育作为提升结构和效益增长的核心，坚持品牌培育“四三制”（强化三个机制、狠抓三个环节、构建三个网络、把握三个特性），合理搭建分类培育架构，落实宣传引导、整体联动、督查激励3项措施，构建线上、线下立体协调互动营销体系，为实现品牌结构提升提供支撑。实现一、二类卷烟销售6.38万箱，比上年同期增长29%，一、二类烟比重24.70%，增长5.10个百分点。突出真龙品牌培育，销售8元以上“真龙”卷烟4.21万箱，完成年度计划104.30%。关注低焦油卷烟品牌发展。通过目标管理和过程监督来扩大辖区低焦油品牌覆盖面，提升培育成效。全年销售8毫克以下低焦油卷烟2.07万箱，增长29%，其中销售6毫克低焦油卷烟2039箱，增长59%，完成自治区烟草专卖局下达任务。终端建设工作有序推进。学习推广柳州、贵港终端建设经验，以“分类指导，先硬件后软件”工作思路，持续开展系列评比，通过落实“四个到位”（宣传、培训、指导、督导），促进终端整体形象和客户素质提升，通过自治区烟草专卖局(公司)年度终端检查验收。注重信息化与营销工作深度融合，推进四网合一(网上订货、网上配货、网上结算、网上营销)，网上订货率98.60%,网上营销参与率81%,网上结算率38%。服务体系得到优化。搭建以“问题库—原因库—策略库”为支撑客户分析模型和客户服务流程,推行增值服务和亲情服务,辖区办理贷记卡客户5613户,有效降低客户经营成本。物流运行效益和效率进一步提升。探索“3+1”(以“发展、改革、规范”工作为主线,以“中华”品牌“百万千亿”工程为核心)分拣线整合，推行AB岗工作制和弹性用工制,加快线路优化,推进城网大弹性配送、农网块状配送,整合线路53条,减少物流用工人员38人，减少送货车8辆,单箱物流费用下降0.78%,人均配送效率增长23.53%，单车日均配送量增长16.62%。

【卷烟专卖与市场管理】 2013年，市烟草专卖局开展市场专项整治行动，加强重点地区监管力量，抽调县局稽查人员到城区开展“鹰眼”和“三重治理”(重大项目决策、重要干部任免、重要项目安排)专项行动,对假烟储藏、分销窝点等货源供应环节和外省籍名烟酒店制售假烟行为进行重点治理。查处涉烟违法案件3318件(国标网络案件2件),其中查获5万元以上案件44起;查获非法卷烟2115.46万支，烟叶61.93吨，罚没款36.98万元;移送公安机关处理70人,刑拘38人,逮捕20人,判刑6人。完善联合执法长效机制，与各级政府签订责任状,将市场清理整顿、卷烟销售、无证户查处和非计划种植烟叶铲除4方面内容纳入各县(区)政府绩效考核指标,着力构建“打击严厉、管理到位、疏导及时、服务周到”市场监管体系；与工商部门协作,开展工商入驻烟草办公,简化材料移交环节,提高无证案件的处罚率。移交工商处理案件2361件,结案1551件,实现处罚率65.69%，比上年同期增长249.30%;罚款57.20万元,增长166.21%;构建“政府主导、部门联合、多方参与、密切协作”打假打私体系,坚持“露头就打”原则，遏制涉烟违法犯罪活动。查获“12.14”“12.16”国标网络案件2件,抓获涉案人员28人,涉案金额6000多万元。

【企业管理】 2013年,市烟草专卖局(公司)加强预算管理、质量管理体系建设、绩效考核、信息化建设、企业文化建设等管理工作，加强预算控制管理和费用定额体系建设。重新设置预算框架、流程，提升预算编制科学性和透明度；建立和健全定额体系，以物流费用环节为突破口,对费用定额指标进行分析对比,控制市局(公司)成本费用。统筹推进质量管理体系建设,将52项管理目标细分到岗位,形成全面覆盖、层级支撑“三层四级”目标管理体系，完善目标管理长效机制和数据分析系统对标模块，定期开展目标分析，建立管理目标与考核指标相融合的绩效考评机制，推动目标体系有效运行；通过全员劳动竞赛对质量体系文件进行全面修订，精简优化管理体系文件；文件修订评审与综合管理平台电子流程紧密融合,实现规范与效率双提升。完善考评分离的绩效考核模式。新增机关职能部门难度系数设置。信息化建设以经营管理为导向，以系统升级维护为基础,以项目建设为活力,以信息安全为保障,全面提高信息化管理水平、应用水平和服务水平。综合管理平台建设工作重点围绕“手机移动办公、预算管理模块、物流管理模块”进行,四网合一项目获自治区烟草专卖局(公司)科学技术进步一等奖。企业文化建设呈现生机活力。建立完善慰问帮扶制度，开展树典型和以“改作风、学先进”为主题运动会、征文比赛、演讲比赛、艺术节、文艺会演等文化活动,调动员工在“管理创一流”活动中的积极性和创造性。规范管理开展“两项工作”(宣传促销　项目管理)监督管理机制,全面落实办事公开、民主管理,保障员工知情权。推行安全生产标准化、信息化和企业安全生产文化建设，安全生产标准化建设通过自治区二级评定，并获国家烟草专卖局检查组肯定。

（黄建超）

石油商业

中国石油化工股份有限公司广西南宁石油分公司

【概　况】 2013年，中国石油化工股份有限公司广西南宁石油分公司(简称“南宁石油分公司”)隶属中国石化广西石油分公司,辖武鸣县、横县、宾阳县、上林县、马山县、隆安县6个县级石油分公司,是南宁成品油市场供应主渠道。主要经营汽油、柴油、润滑油及以便利店形式经营日用百货、食品、卷烟等。有加油站162座，油库2座；公司从业人员1351人,总资产27.18亿元;成品油销售86.78万吨，营业收入90.26亿元，利税总额2.47亿元（税金1.22亿元)。公司名列2013年广西100强企业第二十三。

【成品油市场供应】 2013年,南宁石油分公司开展市场调研、走访客户活动。针对新价格机制调价频率高的变化,在增值服务上推陈出新,加大市场信息搜集与分析，提高直分销市场预判准确度，为重点大客户做好“理油专家”服务。对加油站进行挖潜改造、提量改造和维修、维护,实现成品油总量持续增长。新增投入营运加油站11座,改造加油站点18座站、便利店28家。全面推广自助加油,自助加油业务占在营站的70%以上,IC卡联网站覆盖率97%。年内，成品油销售调价15次:2月25日,3月27日,4月25日,5月10日,6月7日,22日,7月6日,20日,8月31日,9月14日,30日,11月1日,15日,29日,12月13日。年末，每升油品零售价格：E90号每升汽油7.04元、E93号汽油每升7.55元、E97号汽油每升8.15元、E98号汽油每升8.59元、0号柴油每升7.36元。

【非油品业务发展】 2013年，南宁石油分公司优化消费环境，加大非油品门店改造,推广商品陈列和销售技巧,举办小型专项品鉴会等营销方式，促进非油品经营规模发展壮大。累计营业便利店156家,非油品营业额比上年同期增长38%。

【加油站网点建设】 2013年，南宁石油分公司抓好网建发展，加快项目落实进度，完善加油站服务功能。年内完成新建、续建、迁建加油站8座、加气站2座。

【中石化加油IC卡发行】 2013年,南宁石油分公司持续开展加油卡进社区、进车展,与保险公司、移动公司开展交叉营销和充值送保险及优惠返利等活动,引导客户养成自助加油习惯，形成区域市场自助加油氛围;配合媒体,正面引导舆论宣传,促进加油卡业务发展。全市有中石化IC卡联网加油站158座,在营发卡

充值点152座,IC卡联网站覆盖率97%;发行IC卡35万张,比上年同期增长19%,持卡消费增长12%。 (陈启慧)

药品商业

【概　况】 2013年,南宁市辖区有药品经营法人批发企业145家,非法人批发企业6家;药品零售企业2401家,其中药品零售连锁企业(总部)27家。在药品零售企业中,药品零售连锁门店1689家。其中:城区1365家,六县324家(武鸣县112家、横县31家、宾阳县36家、上林县38家、马山县63家、隆安县44家);药品零售店712家。其中:城区187家,六县525家(武鸣县70家、横县176家、宾阳县184家、上林县40家、马山县15家、隆安县40家)。医疗器械经营企业1551家。

【药品安全管理】 2013年,南宁市食品药品监督管理局(简称"市食品药品监管局")加大专项检查和案件查办力度,打击食品药品安全违法违规行为,捣毁无证生产经营窝点9个,立案违法生产、经营、使用药品、保健食品、化妆品、餐饮食品案件228件,行政处罚25件,罚没款148多万元,销毁药品生产、经营企业在库过期失效药品6000多件,货值880多万元。对26家国家基本药物生产企业、22家广西增补基本药物生产企业、11家基本药物配送企业进行日常监督,从源头和流通环节确保基本药物全程质量安全。出动执法人员134人次,检查覆盖率100%。经抽查,企业均能按药品GMP要求生产基本药物品种,批生产记录基本齐全、规范,抽查基本药物品种均能按批准的处方和工艺生产157个,成品均经检验合格后放行销售。

【药品经营监管】 2013年,市食品药品监管局受理许可证申请782件,进行药品营销人员诚信备案登记5060多人次。

药品生产与流通领域整治　全市通过修订药品GMP认证企业15家,完成年度计划100%。开展药品安全"两打两建"(严厉打击药品违法生产、严厉打击药品违法经营、加强药品生产经营规范建设和加强药品监管机制建设)专项行动,交叉检查药品生产企业60家,下达限期责令整改通知书36份;检查中药制剂及中药饮片生产企业40家,检查覆盖率100%;责令整改9家,行政处罚7家,立案2件,对30家重点企业存在的10余类突出问题进行分门别类、逐一解决。注重打击和规范并重、短期目标和长效机制并重,形成行之有效的企业监管制度。全市收到药品不良反应报告3159例,完成任务率100%。结合特殊药品和含特殊药品复方制剂专项检查与基本药物专项检查、经营企业日常监管,重点检查含特殊药品复方制剂的经营管理情况,规范全市含特殊药品复方制剂的经营秩序,排查可能存在的含特殊药品复方制剂流弊事件和案件。开展"基本药物配送批发企业""含麻黄碱复方制剂""终止妊娠药品"等专项整治,检查药品批发企业和连锁总部120家次,检查覆盖率100%。认证、审核、公示药品零售企业新版GSP认证30家。对辖区疫苗经营企业进行突击检查,包括质量管理人员在岗履职、冷链管理、疫苗质量保证体系、购销渠道及产品资质、计算机信息管理系统运行、实施药品电子监管情况6个方面。打击"两非"(非医学需要的胎儿性别鉴定、人工终止妊娠行为)专项检查与其他专项检查、日常监督检查紧密结合,重点检查药品批发企业是否违法将终止妊娠药品销售给药品零售企业或者未获得施行终止妊娠手术资格的医疗机构和个人、药品零售企业是否违法销售终止妊娠药品等内容。

示范药店创建　市纠正行业不正之风领导小组办公室、市食品药品监管局联合开展创建"安康工程"示范药店活动,通过"六规范(规范开业标准、规范购销行为、规范经营类别、规范营业条件、规范药学服务、规范公示服务)、十统一(统一服装、统一佩戴胸卡、统一悬挂《中华人民共和国药品管理法》和《医疗器械监督管理条例》挂图、统一使用药品和医疗器械购销记录、统一使用价格标签、统一悬挂规章制度、从业人员统一健康证、统一持证上岗、统一药品分类、统一商号标识)"标准验收,评出"安康工程"示范药店9家。

【药品进口备案】 2013年,市食品药品监管局办理进口药品备案8件,中药材800吨。

【药品远程监控】 2013年,市食品药品监管局全面启动药品电子远程监控系统对药品批发企业、药品零售连锁企业总部的基础数据进行采集,覆盖率100%。全市所有药品生产企业的基本药物品种全部实现电子监管,督促增补基本药物品种生产企业及时进行电子监管技术改造25家,基本药物生产企业入网率100%。探索网络监管模式,开发"千里眼"食品药品远程视频监控系统,将远程监控推广到零售药店,15家零售药店安装摄像头,实现对零售药店经营行为的实时监控。 (梅　倩)

粮食流通

【概　况】 2013年,南宁市归口粮食部门管理的独立核算国有粮食企业92家,从业员工983人。有符合储粮要求的仓房容量39.86万吨,总资产11.81亿元,总负债10.73亿元,资产负债率90.86%。年内,国有粮食企业总购进粮食25.95万吨(原粮,下同),销售粮食25.78万吨。至年末,粮食库存22.42万吨;国有粮食企业实现粮油商品(产品)销售收入7.36亿元。武鸣县粮食局获国家粮食局授予"全国粮食流通监督检查先进单位"称号。

【粮食安全保障】 2013年,市粮食局做好粮源的筹措、调拨、运输、加工和供应,增加市场粮食投放量,适时轮换销售储备粮,平抑市场粮价,通过加强粮食的内购外采,满足市场需求,保障粮食安全。国有粮食企业和重点非国有粮食经营企业年内总购进粮食313.30万吨,总销售粮食285.50万吨,实现总量、购销、品种供求平衡,保证市场供应和粮食价格基本稳定;加强市本级储备成品粮、成品食用油储备安全管理,成品粮油储备账实相符、质量良好,储存安全;实施"粮安工程"(粮食收储供应保障工程),粮食流通基础设施建设项目5个,完成投资额3100万元,设计新建粮食仓容3万吨,增加有效仓容。维修改造粮食仓容8.45万吨,完成粮食流通其他基础建设投资1500万元,重点解决粮仓隔热、防潮、密闭性能,安装电子测温、环流熏蒸、机械通风设备等，保证储粮安全。

【粮食库存检查】 2013年，市政府根据国家发展和改革委员会、国家粮食局、财政部、中国农业发展银行《关于开展2013年全国粮食库存检查工作的通知》要求，制定《2013年南宁市粮食库存检查工作实施方案》，成立南宁市粮食库存检查工作领导小组，对市辖县（区）级储备粮和国有粮食企业商品粮库存进行全面检查。4月1日至12日，开展粮食库存检查的储粮企业自查、市级检查。领导小组按照检查程序对全市33个国有粮食收储企业的99个存粮点的库存粮食进行全面检查，邀请市人大代表、市政协委员到检查现场进行监督。经市级普查，国有粮食企业的粮食库存实物总量19.30万吨（原粮，下同），检查时点统计库存与检查时点粮食库存账实相符，储粮性质、品种和实际库存数量相符。经过市级检查核实认定：市辖区内国有粮食企业的地方储备粮以及国有粮食企业的商品粮库存数与保管账、统计账、会计账相符，库存数量真实准确。库存粮食质量良好，无发热粮、霉变粮以及严重虫粮、高水分粮等情况。粮食品质良好，地方储备粮质量合格率、品质宜存率均符合国家规定要求。安全防范措施落实到位，仓储作业安全防护设施符合技术要求，储粮药剂管理严格遵守有关制度规定；市、县（区）级储备粮的轮换均按上级相关部门批文进行，轮入的粮食质量符合要求，轮出、轮入数量持平并能及时、规范做好账务处理。粮食企业占用农业发展银行的各项粮食信贷资金流向清楚，库贷挂钩一致，没有挪用农发行贷款现象；申报财政补贴款项计算合理，依据正确，数据真实。

【粮食直接补贴政策实施】 2013年，自治区政府下达南宁市对种粮农民实行直接补贴与储备粮订单收购挂钩的收购任务计划11.75万吨。其中：武鸣县1.65万吨、横县1.95万吨、宾阳县4.20万吨、上林县1.70万吨、隆安县0.55万吨、邕宁区1.70万吨。收购任务由县（区）政府分解到乡镇，乡镇政府再分解到村，由村委会根据农户种粮面积、粮食产量、商品量等情况，将订单计划分配落实到农户。落实到农户的粮食数量每户在500千克以上，对有订单计划的村屯单户售粮不足500千克的，允许周边农户联合推选1户代表与村委会签订售粮计划，明确各单户售粮数量，每个联合户不宜超过5户。村委会将落实到农户的储备粮订单粮食收购计划张榜公示7天，接受群众监督。粮食直接补贴标准：对列入直补订单收购计划的粮食（不分品种），在自治区公布的收购价格基础上，统一按每千克0.24元进行补贴，售粮农户的粮食直补资金由乡镇财政所通过农补网“一折通”直接兑付给农户。收购粮食品种为普通稻（包括普通早、中、晚籼稻）、专用稻（指珍桂稻品种）、优质稻（包括早、晚籼优质稻）。年内，粮食部门累计收购农民订单粮食11.39万吨，完成年度任务97%。签订粮食直补订单收购合同的6.61万户农民获国家粮食直接补贴款2476.78万元。

【“放心粮油”工程实施】 2013年，市粮食局完成自治区粮食局下达“放心粮油店”建设任务25家，投入资金86.50万元。至年末，累计建成“放心粮油店”206家。其中：青秀区26家、西乡塘区23家、江南区22家、兴宁区18家、邕宁区13家、良庆区12家、南宁高新技术产业开发区7家、南宁经济技术开发区3家、广西—东盟开发区3家、武鸣县14家、横县17家、宾阳县18家、上林县10家、马山县9家、隆安县9家、市直单位2家。

【粮食产业化经营】 2013年，市粮食企业发展粮食产业化经营，开展粮油精加工、深加工，实施创品牌战略。名优粮油品牌有南宁市储备粮管理公司“桂井”、市军粮供应站“万田”、宾阳县“富健”、武鸣县“伊岭”、上林县“明山”、隆安县“蝴蝶”系列优质粮油6个。粮食部门参与粮食产业化经营种植面积11.25万公顷（签订“订单”面积2.50万公顷），收购优质稻4.19万吨，加工销售优质米3.92万吨。全市国有粮食购销企业以市场为导向，通过粮食产业化经营实行生产、收购、加工、销售一体化的粮食产业链的做法，实现利润1252万元。市储备粮管理公司采取“公司十科研十基地十农户”经营模式，继续与自治区农科院水稻研究所合作，投入科研经费10万元开展贺穗有机稻、荷花香稻、桂香油粘稻、福稻银针丝苗等“桂井”牌新品种系列种植推广。在青秀区建立优质稻种子基地12.50公顷，青秀区、武鸣县、良庆区、西乡塘区建立绿色食品优质稻基地666.70公顷，横县、象州县建立有机稻种植基地35公顷。上林县实现利润176万元。武鸣县开展粮油精深加工，生产的“伊岭”牌系列优质米、优质花生油，实现利润32万元。市军粮供应站开展粮油科技创新，加工生产“万田”牌系列优质粮油市场销路好，实现利润74万元。隆安县实现利润17万元。横县实现利润11万元。良庆区、青秀区、江南区分别实现利润16万元、5万元、3万元。

【彩钢板组合粮仓使用】 2013年，市粮食局根据国家《“十二五”农户科学储粮专项建设规划》和《广西壮族自治区农户科学储粮专项实施方案》，按照农户自愿申请，由农户自筹和国家配套资金的方式实施。农户在享受中央财政和地方财政补贴后，支付90元得到市场价450元的标准“彩钢板组合粮仓”1个。新型粮仓材料牢固、质量保证、绿色环保、大小适中、拆装使用方便，既不怕虫害、鼠害，又防潮、防霉变，对粮食和环境无污染，能够层叠安装和收拢，适用于储存稻谷、玉米、花生、黄豆等，储存量800千克，正常使用年限不少于15年。全年为7600户农民每户配置1套“彩钢板组合粮仓”。其中：宾阳县2200户、上林县2600户、马山县1500户、隆安县1000户、良庆区300户。使用新型粮仓农户，储粮损失率从9.70%下降至3%。

【粮油食品饲料加工】 2013年，南宁市纳入市粮食局日常统计范围的粮油加工企业有93家。其中：大米加工业58家、食用植物油加工业5家、饲料加工业30家；按企业性质类型分国有及国有控股粮食企业7家、外商及港澳台商投资企业3家、民营企业83家。粮油加工年生产能力482万吨，其中大米生产加工能力82万吨，食用植物油生产加工能力10万吨，饲料生产加工能力390万吨。实际生产加工粮油产品产量379万吨，其中大米加工产量22万吨，食用植物油加工产量3万吨，饲料加工354万吨。粮油加工业资产总值47.61亿元（国有及国有控股粮食企业2.54亿元、外商及港澳台商投资企业3.30亿元、民营企业41.77亿元）。实现工业总产值130.10亿元（国有及国有控股粮食企业2.65亿万元、外商及港澳台商投资企业12.23亿元、民营企业115.22亿元）。产品销售收入127.80亿元（国有及国有控股粮食企业2.40亿元、外商及港澳台商投资企业10.89亿元、民营企业114.51亿元）。实现利税4.19亿元（国有及国有控股粮食企业0.06亿元、外商及港澳台商投资企业

0.41 亿元、民营企业 3.72 亿元）。

【粮食政策法规宣传】 2013 年，市粮食局组织开展《中华人民共和国食品安全法》、国务院《粮食流通管理条例》《南宁市粮食流通管理办法》和国家粮食直补订单收购政策等粮食政策法律法规宣传，投入宣传经费 17.30 万元。开展宣传活动 48 次，发放粮食政策法规、粮油食品安全宣传资料 2.38 万份，悬挂宣传横幅 251 幅，出版宣传板报 30 版。6 月，会同自治区粮食局在青秀区英华路广西“放心粮油”大观天下经销店举办“放心粮油”宣传系列活动，开展“产品展示、粮油食品安全知识咨询服务，向市民传授大米、面粉、食用植物油质量感观鉴别常识，增强市民的粮油食品安全防范意识。

【粮食流通监督检查】 2013 年，市粮食局开展国家政策性粮食竞价销售出库监督检查、粮食收购资格专项检查、储备粮直补订单收购政策落实情况专项检查、国家粮油库存专项检查、社会粮食供需平衡调查和社会粮食流通统计执法检查、军队粮油质量安全专项检查。投入 12 万元，组织粮油科技人员深入到六县六城区 61 个乡镇，对收购农民早稻、晚稻粮食样品进行抽样检验 108 份，把好粮食质量安全关。加强对粮食收购市场监管，将具备粮食收购资格的 359 家经营企业名单在《南宁日报》上予以公告，让全社会参与监督，举报无证收购粮食的行为。出动粮食行政执法人员 376 人次，检查粮食经营企业（户）210 家，查处涉粮案件 48 件。其中：责令改正 21 件，取消粮食收购资格 18 件，经济处罚 4 件，移交有关部门处理 5 件。 （陆兆强）

供销合作社

【概　况】 2013 年，南宁市供销合作联社（简称“市供销社”）设机关党委、理事会办公室（保卫科）、人事科、财会审计科、综合业务科、社有企业管理科、合作指导科、纪检监察室和监事会办公室 9 个科室；辖武鸣县、横县、宾阳县、上林县、马山县、隆安县、邕宁区、良庆区供销合作联社；有南宁冠昌资产经营有限责任公司、市桂果香果品有限公司、市冠腾综合贸易公司、市冠邕农资有限责任公司、市鸣欢烟花爆竹有限公司、市国欢日用杂品有限公司、市万拓再生资源有限责任公司、市供达贸易有限责任公司、市第二日用杂品公司、市第二物资回收公司 10 家直属企业。县级社属企业 23 家，基层供销合作社 89 家，全系统在职职工 2622 人，其中市供销社 28 人。至年末，完成综合经营总额 150.83 亿元，比上年同期增长 22.21%；完成商品总购进 45.69 亿元，增长 23.65%，其中农副产品购进 7.39 亿元，增长 26.11%；完成商品总销售 53.58 亿元，增长 23.77%，其中日用消费品销售额 24.25 亿元，增长 20.59%；实现农产品市场交易额 41.39 亿元，增长 18%，盈亏相抵后盈利 1636 万元，增长 14.33%。指导和发展农民专业合作社 71 个，入社农户 1.28 万户，拥有注册商标 4 个，直接或间接帮助农民实现收入 41.11 亿元；推进“新网工程”项目建设 40 个（竣工 35 个，在建 5 个），总投资 1.24 亿元。完成改造建设百货超市 10 个、物流配送中心 3 个、专业市场 2 个。在自治区 2013 年供销合作社系统综合业绩考核评比中，市供销社获特等奖。

【基层供销社土地出让】 2013 年，市供销社为城区基层供销社协调、理顺国有划拨土地出让收益支付企业改制职工身份置换费用问题，指导青秀区刘圩供销社、伶俐供销社、南阳供销社和西乡塘区北区供销社、那龙供销社按照市政府批复文件要求补办土地出让手续。至年末，有 3 个基层供销社与市国土局签订土地出让协议，并按规定程序向市财政局申请返还土地出让金用于支付职工改制涉及的相关安置费。北区供销社、那龙供销社正在组织土地评审、地价核定等工作。

【农资商品供应】 2013 年，市供销合作社系统发挥农资商品供应主渠道作用，履行供销社在“美丽南宁·清洁乡村”活动、“美丽南宁·清洁田园”活动中的责任分工，组织优质、高效、低毒、低残留的农业生产资料支持、满足农业生产用肥需要。坚持“为农服务、信誉至上”经营理念，参与和配合农业、公安、工商、质监等部门开展农资市场专项整治，指导本系统农资专业市场和各个农资经营单位依法经营，把好商品质量关，杜绝假冒伪劣农资产品进入市场，在保障市场供应，平抑市场价格、维护农民权益上发挥重要作用。至年末，市供销社系统完成农资销售额 20.47 亿元，比上年同期增长 24.08%；化肥销售量 70.84 万吨，增长 7.80%；农药销售量 5565 吨，增长 13.04%；农膜销售 1373 吨，增长 20.76%。

【农副产品购销】 2013 年，市供销合作社系统以专业合作社（协会）为载体，开展农副产品的购销业务，收购桑蚕茧、木薯、辣椒等农产品价值 7.39 亿元，帮助农民解决“卖难”问题，促进农民增收。发挥农业产业化龙头企业和农副产品交易市场销售平台作用，实现农产品市场交易额 41.39 亿元。

【再生资源回收】 2013 年，南宁市万拓再生资源有限责任公司回收市场 3 个，公司与部门签订任务目标责任书，落实各部门任务目标及考核办法。各部门根据自身特点，利用所属经营场地、网点开展购销工作。结合“美丽南宁·清洁乡村”活动，开展再生资源回收体系建设，完成废旧物资回收 6163 万元，比上年同期增长 165.53%。

【“新网工程”项目建设】 2013 年，市供销合作社系统建设“新网工程”项目 40 个，完成投资 1.24 亿元。其中：自治区财政资金扶持项目 4 个，扶持资金 125 万元；市本级财政扶持项目 15 个，扶持资金 300 万元；市供销社系统通过招商引资等方式建设项目 21 个，自筹资金 1.20 亿元。年内，累计建有农资和日用消费品配送中心 17 家，农资、农贸及果蔬专业市场 3 家、商场超市 47 家、农家店 1401 家。全市基本形成市县有配送中心，乡镇有商场超市，村屯有农家店的发展目标；以骨干企业为龙头、配送中心和专业市场为支撑、基层经营网点为终端，构建覆盖市县乡村的现代商品流通体系。发挥乡镇超市和村级农家店的网络优势，抓好传统经营业务，保障市场供应，方便和丰富农村节日市场。完成日用消费品销售额 24.25 亿元，比上年同期增长 20.59%。

【农业产业化经营】 2013 年，市供销合作系统围绕优势资源和特色产业，采取多种方式创办专业合作社，开展规模化种养、标准化生产、品牌化经营和一体化服务，提高农产品质量安全和市场竞争力。至年末，累计发展农民专业合作社 71 个，经工商登记注册 39 个，入社农户 12793 户；有注册商标 3

个（武鸣县合美西红柿专业社和府城绿皇龙眼专业社的灵水牌商标、上林县覃排清水河种养发展合作社的覃排清水河牌商标、南宁市南庄蜂业专业合作社的玉宝牌商标）；综合服务社3个，均使用“中国供销合作社”标识；发展行业协会33个，有会员6788人；建立村级综合服务站967个，帮助农民实现收入41.11亿元。

【烟花爆竹经营管理】 2013年，南宁市鸣欢烟花爆竹有限公司以“新网工程”建设为契机，加大基础设施建设力度，投资近200万元用于仓库硬软件设施改造扩容建设。形成以烟花爆竹储存仓库为配送中心，在城区、乡镇建立配送联系点，以点带面、上下连锁联通的服务体系。市鸣欢烟花爆竹有限公司、横县、宾阳县、隆安县4家烟花爆竹配送中心销售烟花爆竹收入5732万元，比上年同期增长132.35%。

【资产管理】 2013年，市供销社加强对社属企业的指导和管理，贯彻执行市政府出台的《关于印发加快南宁市供销合作社系统土地确权工作方案的通知》《南宁市供销合作联社社有资产监督管理实施办法》，加强对全资、控股、参股企业预决算的审议；推进供销合作社土地确权登记，维护供销合作社的合法权益。至年末，有土地(房产)约182.29万平方米。其中，已确权登记约108.83万平方米，未确权登记约73.46万平方米，占土地(房产)总面积40.30%。市联社直属企业盈利1558万元，比上年同期增长13.81%，上交税费1165万元。 （王娅萍）

物　流　业

【概　况】 2013年，南宁市推进“流通领域现代物流示范城市”建设，落实《关于进一步加快现代物流业发展的若干规定》及相关配套措施，利用区位、交通和产业优势，继续发展第3方、第4方物流，优先发展城市统一配送、电子商务物流、冷链物流、港口物流、国际物流和保税物流。完成货物运输总量3.36亿吨，比上年同期增长12.80%。其中：公路货运量2.99亿吨，增长14.02%，占货运总量88.86%，公路货运占南宁市物流总量80%以上；水运货运量3239万吨，增长8.57%，占货运总量9.64%；铁路货运量500.12万吨，下降18.82%；航空货运量4.90万吨，增长16.67%。南宁市获“2013中国物流中心城市杰出成就奖”，南宁国际综合物流园有限公司、广西桂华物流有限公司获“2013中国物流业品牌价值百强企业”称号。

【物流园区】

中国—东盟国际物流基地　位于良庆区。规划用地2911万平方米，规划为综合性物流园区。已入园的重点建设项目有南宁保税物流中心、南宁国际综合物流园、南宁—东盟钢铁物流配送中心，南宁玉洞交通物流中心、南宁中央直属储备糖库、南宁大型粮食交易市场等。其中南宁保税物流中心项目于2009年末建成，2010年7月26日封关运营。加快推进南宁综合保税区规划范围征地拆迁，完成征地签约62.27公顷，占任务总量62.22%，房屋拆迁签约1.93万平方米，占任务总量的100%。协调市土地储备中心，加快综合保税区围网内140公顷、综合服务区和产业配套区300公顷，共计土地440公顷（含路网）的收储工作。南宁保税物流中心二期新建6号冷库招投标手续完成。保税中心电子信息平台二期建设通过验收并投入使用。总投资10亿元、占地37.40公顷的三期西南超市仓储配送中心开工建设，将按照国际标准，集中建造高端标准化的现代化大型超市配送中心，吸引各类供应商和商贸流通企业、电子商务物流企业入驻，形成西南首个超市、零售行业的区域配送中心，西南超市配送中心枢纽。园区还引进广西方舟建材综合城、南宁（南宁—东盟）医药物流中心、广西珠光汽车物流中心、南城百货物流配送中心、南宁市现代建材仓储配送基地、南宁—东盟钢铁物流配送中心、英特康医药物流配送中心、现代医药物流配送中心、药业供应链等物流项目。

金桥综合物流园区　位于兴宁区东北部，占地1000万平方米。东至三塘镇，西至快速环道，南至三塘总部基地，北至邕武路。建设成为集建材、汽车、农产品、副食品、医药、电子电器、日用品、花卉、旅游产品为一体的物流园区，提供仓储、加工、分拣、包装、运输、配送等综合物流服务，配套建设商住项目，打造成为广西重要物流园区。有金源国际汽车城、东盟川桂物流园、南宁金桥农产品批发市场、广西快环建材装饰市场、南宁花鸟市场、南宁市长旺建材装饰市场、青啤—海尔东盟物流园、苏宁电器南宁配送中心、辉越物流配送中心、玉柴南宁国际物流中心、奔驰汽车城11个大型商贸物流项目落户园区。年内，重点推进电器物流城项目，苏宁电器南宁配送中心、辉越物流配送中心等项目已挂牌出让，青啤—海尔(东盟)商贸物流中心完成征地签约。打造汽车物流产业园，重点引进汽车及配件仓储配送、汽车主题文化公园等汽车服务项目，广汇汽车城项目已完成企业注册地址变更手续，东盟(南宁)国际汽车文化城项目通过项目备案，征地工作已完成。培育农产品物流聚集中心，金桥农产品批发市场(二期)项目建设进展顺利，引进东盟农产品物流中心和广西湘鄂情中央大厨房、食品冷链物流产业园项目。重点续建项目稳步推进。其中，东盟川桂物流园占地28.67公顷，总投资9.50亿元，完成投资近9亿元；酒店用品市场一、二期、小商品市场、大嘉汇·美博城、儿童用品批发城、大嘉汇·东盟国际建材城建成营业，配套建设商业住宅。市场内拥有酒店用品生产知名厂商、经销商600多家，300多家经营全国一、二线家居建材品牌的商家进驻。南宁金桥农产品批发市场总投资12.30亿元，完成投资11.50亿元。项目一期占地14.19公顷，2011年7月10日试业，建设有综合交易大楼、信息网络中心、办公楼。二期建设内容包括5万吨大型冷库、7万平方米高标仓库、1.80万平方米交易大棚、配送车间、综合服务建筑、车板交易区、大型停车场以及农产品检测中心等基础设施。

安吉综合物流园　位于南宁市高新三支路以东，安源东路以北，北湖北路延长线以西，环城高速公路以南，总面积553万平方米，占规划建设用地面积的40%。规划为贸易服务型和货运服务型物流园区。园区主要物流企业有：吉运物流、德运通物流、南广物流、亚迅物流、现代物流、玉柴物流、南宁市虎邱城北钢材市场、广西南大物流市场、南宁市荣宝龙钢材物资批发市场、大商汇、广西区邮电配送中心及正在兴建的广西东盟工业产品物流中心等12大项目。其中，南宁市虎邱城北钢材市场入驻企业408家，广西南大物流市场入驻企业108家，南宁市荣宝龙钢材物资批发市场入驻企业46家，吉运物流入驻企业170多家，德运通物流入驻企业34家，南广物流、亚迅物流共入驻企业120家。园区内还有广西最大汽车市场、家具卖场和机电产品卖场。为加快园区的升级改造,计划引进重点项目有:广西虎邱东盟钢铁交易中心项目总投资6.30亿元;中国—东盟(南宁)农产品集散交易中心总投资12.30亿元;南城百货物流基地项目总投资6亿元;纳入南宁市重点项目利客隆仓储物流中心总投资8000万元。

江南综合物流园　位于江南区江南街道及沙井街道片区,规划用地面积540万平方米,以大型专业批发市场、运输配送、代理分销、连锁配送为优势业务的组合式物流园区,集合仓储、运输、第三方物流等企业。园内重点建设项目有南宁华南城和广西海吉星农产品国际物流中心。南宁华南城计划用地227.07公顷,总建筑面积488万平方米,总投资120亿元;分两期建设,一期项目建筑面积230万平方米,完成建筑面积136万平方米。会展中心投入使用,1号物流广场AB栋已封顶正在进行内部装修,2、3、4号物流广场A栋已竣工。4号物流广场已营业,2、3号物流广场正在组织招商。17栋配套住宅已建成在售,金融商务区正在进行总平面图设计。二期用地已完成土地收储前期工作,完成登记备案、取得储备蓝线、通过用地预审和取得征地预公告,正在实施征拆。年内,成功举办第十届中国—东盟博览会轻工产品展览会,邀请来自15个国家和地区980家单位参展,设有1696个标准展位。展会客流量96.30万人次,增长55.32%;现场零售总额8000万元。广西海吉星农产品国际物流中心项目计划用地37.88公顷,建筑面积约55万平方米,计划总投资25亿元。项目一期水果交易区于2011年6月20日正式开业,日均销量3500吨。2013年,引进干杂、粮油、副食品、蔬菜等交易品种。至年末,交易量近80万吨,交易额32亿元。南宁一级水果批发市场占有率保持在98%以上。

【南宁保税物流中心】　位于五象新区西南端,距市中心约22千米,距南宁吴圩国际机场约30千米。是南宁市中国—东盟国际物流基地的核心建设项目。南宁保税物流中心依托南宁及自治区内外大型产业基地的保税物流服务需求,建设“无水港”口岸港区,成为延伸沿海港口功能,联系西南地区和东南亚地区间的广西北部湾经济区保税物流体系的核心枢纽和连接海港、空港和边境口岸的大型物流商贸基地。2013年,建成保税仓库3.04万平方米,预留保税仓库用地1.78万平方米;建成堆场5.90万平方米(其中保税区堆场2.86万平方米、集装箱堆场3.04万平方米),集装箱堆场安装有40.50吨龙门吊2台;建成查验仓库2400平方米。与20多家企业正式签订合作协议,企业类型包括物流、外贸、金融、制造和报关行等,业务范围涵盖一般贸易通关、保税仓储、冷链物流、信息与金融服务、国际采购和配送等。在配套服务方面,有13家企业已签订在南宁保税物流中心开展办公的相关协议,中国银行、中国建设银行、中国工商银行3家银行已在保税物流中心开展业务。南宁保税物流中心以向综合保税区转型升级为目标,与南宁海关现场业务处、广西检验检疫局南宁保税物流中心办事处和园区业主广西北部湾国际港务集团公司密切合作,抓住南宁保税物流中心的独特功能和核心优势,以自治区内外大型加工贸易企业、高新技术企业为重点客户,采取“保姆式服务”,为企业解决运营有关问题。南宁保税物流中心办理报关单5987票,比上年增长4.39%,总货值6.52亿美元,总货运量16.40万吨,其中办理保税业务报关单2373票,增长34.37%;出入园区货物总重8110.84吨,增长43%;总货值3.35亿美元,增长1%。

金桥农产品批发市场　　市商务局提供

【现代物流企业】

广西超大运输有限责任公司　是自治区唯一一家同时拥有客运、货运双一级资质的道路运输大型综合民营企业,资产总额20亿元,生产占地7.64万平方米,拥有下属企业及客、货运输站场70多家,出资控股广西防城港超大公司、广西梧州超大金晖公司。公司以客、货运输为主、多种经营为辅。经营范围涉及国际货代、货物配载、汽车维修、租赁、宾馆、广告、旅游、物业、公交、出租车、驾驶员培训、汽车销售等30多个领域。拥有一级货运站2个,二级货运站2个,物流基地5个;货车2300多辆,吨位1.76万吨,全年货运量360万吨。物流业务网络覆盖广西,通达全国各省。业务涵盖物流园区服务板块、产供销一体化第四方物流服务板块和公路、铁路联运及货物代理服务3大板块。服务项目涉及仓储、停车、修理、安检、保险代理、加油站、餐饮住宿、工厂内装卸运输一体化服务、危化品运输、跨省区干线公路运输、公铁联式运输、火车接发货物总包代理、危化品运输专项资质等20余项。公司所推行的制造业与物流业联动试点项目取得较好的经济效益和社会效益,是国家发改委和税务总局联合认定的全国物流重点企业。企业先后获中国服务业企业500强、全国交通企业100强、中国道路运输企业100强、中国物流企业100强、中国国际货代物流企业100强、中国物流诚信企业、中国物流诚信品牌建设最佳贡献奖、广西国际货代协会优秀会员单位、建国以来广西60最具影响力品牌、广西企业100强等45个国家级、自治区级、市级荣誉称号,是交通部确立的重点联系物流企业。

广西运德汽车运输集团有限公司　前身是成立于1952年的国营南宁汽车运输总公司,2002年改制为民营企业并称现名。具有交通部一级客运资质,系国家大型二类企业。2005年、2007年、2010年分别成功收购北海汽车运输总公司、北海市客运中心,梧州龙船冲客运中心，投资控股越南山德汽车联营公司、柬埔寨运德国际旅游有限公司、香港运德运贸有限公司、澳门运德运贸有限公司后，已拓展成为横跨南宁、北海、崇左、梧州、贺州、百色、防城港7市15县，延伸到越南、柬埔寨、香港、澳门的大型跨境跨国运输集团。公司总资产26.49亿元，下辖汽车客货服务总站29家和直属单位35个，有A级汽车检测站5家，甲类保修厂6家，乙类保修厂14家；独资经营广西运德集团北海汽车运输有限公司、北海和信客运中心有限公司，控股广西运德集团南宁凤之岭汽车运输有限公司等企业33家，参股经营广西通港旅运有限公司、桂龙国际运输有限责任公司等7家企业，在职人员6185人。业务经营有跨国客货运输、国内道路客运、旅游客运、城市公交、的士出租，各类货物运输，大型仓储、装卸、物流配载信息，运输服务、国际货运代理、人身意外保险代理、机动车辆保险代理、货物运输保险代理，各类汽车、摩托车施救、检测、修理，汽车、燃油料、零配件销售，汽车技术培训，商贸，旅游，宾馆餐饮，广告、装潢，房地产开发、物业管理、木器家具生产等。至年末，有营运客货车2627辆，其中客车2472辆、货车155辆，货运量36.12万吨。

南宁国际综合物流园有限公司 2008年12月成立，注册资本1亿元，是广西北部湾国际港务集团有限公司（自治区直属国企，简称北港集团）的全资子公司，以物流设施的投资、开发和运营管理为主营业务，出资建设并独立运营的南宁国际综合物流园，陆续开展保税物流、冷链物流、商贸物流及金融物流等多个领域的仓储物流业务，成为北港集团打造广西“无水港”和冷链物流基地之一。其中，南宁保税物流中心2009年底建成，2010年7月26日封关运营。2011年，玉洞冷库1号—4号独立的钢构框架式冷库相继竣工并投入使用，仓储能力6万吨；5号库于2012年底建成，建筑面积1.12万平方米；2013年开工建设的6号冷库将建成3层的混凝土冷库，建筑面积2.50万平方米，仓储能力6万吨。建成后的玉洞冷库，将成为西南地区最大的冷库群之一。中国—东盟进出口大宗商品展示交易中心占地2.13公顷（展示大楼占地4230平方米，建筑面积3.90万平方米），拥有800个车位的停车场，2012年12月18日举行揭牌仪式，北部湾华诚商品交易中心及惠民码头超市（玉洞店）正式入驻展示中心。2013年10月，物流园三期项目——西南超市仓储配送中心项目签订土地出让合同，拥有37.40公顷的三期项目，将建成西南地区首个集超市、零售行业的区域配送中心，成为西南超市配送的中心枢纽。项目总投资10亿元，建设内容包括标准化电商物流配送仓库，商务配套、生产配套设施等，总建筑面积44.94万平方米。

广西海吉星农产品国际物流有限公司 深圳市农产品股份有限公司（简称农产品公司，股票代码：000061）控股组建，2008年9月19日成立，注册资金2.50亿元。公司投资兴建的广西海吉星农产品国际物流中心位于江南工业园区内，占地37.88公顷，建筑面积约55万平方米，计划总投资25亿元，分别集散交易、物流仓储、商业服务3大功能区，包括水果、蔬菜、粮油、副食品、花卉、食糖、蚕丝等品种，集批发交易、加工、配送、进出口贸易及电子商务为一体大型物流中心。2011年6月水果交易区正式营业。2013年，引进干杂、粮油、副食品、蔬菜等交易品种。至年末，交易量近80万吨，交易额32亿元。项目建设完成后，将为广大农产品经销商提供专业化的农产品交易平台，通过物流中心的中转功能实现广西优势农产品流通国内，促进区域农业产业化进程和农民增收。

广西桂华物流有限公司 民营物流企业，位于竹溪大道26号，成立于1995年，注册资金300万元，是自治区最早从事零担运输和进入广东物流供应链市场的物流企业之一，是少数通过ISO9000质量体系认证的民营物流企业、广西物流2A级企业和自治区试点甩挂运输企业。公司发起成立广西物流联盟，联合广大中小型企业通过长途甩挂运输、仓配一体化、物业小区、电子商务打造物流业的“新桂系”，实现“走遍广西”的海陆空物流网络平台。“甩挂运输”项目获自治区交通厅指定试点单位，“城市货运的士”是自治区商务厅重点扶持项目，并获得商务部关注；是南宁市物流协会和56（物流）俱乐部会长单位、广西物流联盟的发起单位。公司建成以南宁为中心，辐射广西全境的快速物流网络体系，在广西地级市设有分支机构14个，市、县代理机构75个。以珠江三角洲至广西的零担运输、广西城际长短途运输、仓储、城市配送为主营业务，开展广西至广东省、云南省、四川省、上海市、浙江省、福建省的甩挂运输、快递、电子商务、第三方物流等综合型物流服务项目。2013年，公司正式员工235人，营业总额1278万元，上缴税金70万元。

广西玉柴物流集团有限公司 成立于1998年。是自治区唯一一家5A级综合服务型物流企业。注册资金6700万，有员工2000多人，为国有法人独资企业。总部于2009年9月从玉林市迁至南宁市。公司是中国交通运输部重点联系的道路运输企业和中国道路运输协会会员及中国物流与采购联合会常务理事会员单位，是多家汽车品牌的广西总代理，有轿车品牌4S店3家。公司率先在道路运输行业内通过ISO9001:2000标准的质量管理体系认证。“让客户满意，让社会满意，让自己满意”为企业的服务宗旨。2013年获中国交通运输协会评为广西唯一一家“2012年度全国先进物流企业”称号、被中国国际品牌推进委员会评为“中国十大影响力品牌”。公司走“以运联贸，以贸促运”多种经营道路，以物流业务、汽车销售、车队管理、汽车维修4大经营业务板块为企业支柱。公司名下拥有各种货运汽车3000多辆，在全国各省、市设立有子公司40多家，为客户提供“门到门”的优质配送服务。2013年，营业总收入30.10亿元。借助东盟及泛北部湾经济开发区发展有利时机，发挥企业获得国际道路货物运输的资格，通过道路营运车辆可直达越南、老挝、缅甸、泰国、柬埔寨、马来西亚、新加坡等东南亚各国进行道路货物运输优势，开发煤炭、矿石砂、整车、机械配件等进出口贸易和无船承运业务。推进重大项目包括玉柴物流玉林物流园区项目和玉柴物流南宁市电子商务运营中心项目等建设。

【城市共同配送试点】 2013年，市商务局主动与试点企业沟通，协助企业与市财政局、物价局、工商局、城管局、农业局、交通局、交警支队等相关部门对接，推进项目建设，组织2013年城市共同配送试点申报工作。广西九州通医药有限公司现代医药物流中心项目、金桥农产品批发市场标准化配送中心项目建设完成并投入运营，广西宅配通配送有限公司城市货运的士项目完成中期建设，分别通过项目终验和中期验收，总计拨付项目补助资金935万元。（刘秋勇）

责任编辑 陈天皓

对外经济贸易

对外贸易

【概　况】 2013年，南宁市进出口贸易总额44.21亿美元，比上年增长6.63%。其中：出口23.53亿美元，下降6.52%；进口20.68亿美元，增长26.95%。贸易顺差2.85亿美元。有进出口业绩711家，其中出口100万美元以上的企业187家，进口100万美元以上的企业79家。按企业性质分，私营企业566家，占79.61%；国有企业75家，占10.55%；三资企业70家，占9.85%。

【出口贸易】 2013年，南宁市出口贸易23.53亿美元。出口额较大的商品有耳机、有线数字通信设备、耳塞、网络通信设备、调制解调器、光通信设备、重晶石、电视接收装置、罗非鱼、计算机主机板、锑的氧化物等。主要出口美国、越南、日本、韩国、泰国、加拿大、马来西亚、俄罗斯等国家和香港地区。

【进口贸易】 2013年，南宁市进口贸易20.68亿美元。进口额较大的商品有石油沥青、用作处理器及控制器的集成电路、硬盘驱动器、锰矿砂及其精矿、煤油制品、集成电路、胶片、褐煤等。主要进口自印度尼西亚、德国、新加坡、日本、韩国、泰国等国家和台湾地区。

【来(进)料加工贸易】 2013年，南宁市加工贸易进出口20.14亿美元，比上年增长0.15%。其中：出口11.97亿美元，下降2.60%；进口8.17亿美元，增长4.48%。进料加工贸易19.87亿美元，来料加工装配贸易0.27亿美元。加工贸易保持较高增值水平，产业溢出效应明显。加工贸易增值46.51%，直接带动加工贸易出口3.80亿美元。

【机电产品进出口】 2013年，南宁市机电进出口贸易持续增长，成为工业品进出口的重要引擎。全年机电产品进出口24.90亿美元，占进出口比重56.32%。其中，机械及设备类产品进出口4.96亿美元，比上年增长7.14%；光机电一体化技术产品进出口1.13亿美元，增长52.94%。出口额较大的商品有电器电子配件(耳机、耳塞、电脑零配件)、铝板铝型材、柴油货车、起重机等。

【化工与相关工业产品出口】 2013年，南宁市化工产品出口2.73亿美元，比上年下降3.19%，占全市出口额11.60%。出口额较大的主要商品有不饱和无环一元羧酸及其衍生物、糊精及其他改性淀粉、硝酸铵、三氯异氰尿酸、甲硫氨酸、钛的氧化物、双甘磷、糖精及盐等。主要出口美国、越南、韩国、日本、印度尼西亚、马来西亚、比利时等国家和香港地区。

【轻工业品与工艺品出口】 2013年，南宁市轻工业品与工艺品出口3.09亿美元，比上年增长0.98%，占全市出口额13.13%。出口额较大的主要商品有木衣架、铝箔、皮革制品、牙刷、皮革手套、酚醛树脂、纸制品、圣诞节用品、塑料制其他家庭用具及盥洗用具、卫生巾、卫生纸、未搪瓷钢铁餐桌、钢铁制螺纹制品、草编制的篮筐。主要出口美国、韩国、英国、德国、日本、越南、加拿大等国家和香港地区。

【纺织品与服装出口】 2013年，南宁市纺织品与服装出口1.08亿美元，比上年下降11.48%，占全市出口额4.59%。出口额较大的主要商品有未漂平纹布、未漂白与聚酯短纤混纺的锻布、纤维纺制的其他线、棉制针织或钩编的女式上衣、精梳多股纱线、合成纤维制毯子及旅行毯等。主要出口越南、意大利、美国、吉尔吉斯斯坦、墨西哥、法国等国家和香港地区。

【食品与土畜产品出口】 2013年，南宁市市属食品与土畜产品出口2.69亿美元，比上年增长10.70%，占全市出口额11.43%。出口额较大的主要商品有冻罗非鱼片、木衣架、麻黄浸膏粉、皮革手套、未漂白与聚酯短纤混纺的锻布、冻猪肉、小白蘑菇(洋蘑菇)罐头、卫生纸、竹笋罐头、甜玉米、猪肉及杂碎。主要出口美国、越南、韩国、日本、德国、英国等国家和香港、澳门地区。

【五金矿产品与建材出口】 2013年，南宁市市属五金矿产品与建材出口1.82亿美元，比上年增长54.24%，占全市出口额7.73%。出口额较大的主要商品有重晶石、钢铁结构体及部件、铝箔、未搪瓷钢铁餐桌、铝制结构体及部件、钢铁制螺纹制品、铸铁管及空心异型材、贱金属雕塑像及装饰品、钢铁制品、铝制门窗及其框架、涂盛装物料用钢铁容器、焊接的圆形截面钢铁管、钢铁制脚手架、装物料的钢铁容器等。主要出口泰国、日本、美国、荷兰、越南、沙特阿拉伯、英国、西班牙、菲律宾等国家和香港地区。

【参加广交会】 2013年，市商务局组织124家企业参加第113届、114届广交会，设展位214个，意向合同成交额9200万美元。参展的商品有机电产品、建材、日用品、工艺品等。 (石敏洁)

2013年南宁市进出口商品国家(地区)总值

单位:万美元

国家(地区)	出口额		进口额		进出口额	
	金额	比上年增减%	金额	比上年增减%	金额	比上年增减%
亚洲	143332	2.19	162328	38.73	305660	18.81
北美洲	63400	3.41	7357	17.29	70757	4.70
欧洲	15632	14.28	21821	6.34	37453	9.52
非洲	4639	21.40	7180	-33.91	11819	-19.52
南美洲	4630	78.27	5659	156.15	10290	114.07
大洋洲	3636	37.09	2502	-40.30	6138	-10.30

(石敏洁)

2013年南宁市主要出口企业情况

单位:万美元

序号	企业名称	出口额	累计同比增减%	主要出口商品	主要出口国家(地区)
1	南宁富桂精密工业有限公司	76420	5.22	其他有线数字通信设备、有线或无线网络通信设备、调制解调器、其他有线光通信设备	美国、中国香港、加拿大、日本
2	丰达电机(南宁)有限公司	31631	-15.27	耳机、耳塞、传声器零件、线圈绕线机	中国香港、越南
3	广西南宁百洋食品有限公司	5702	22.76	制作或保藏的罗非鱼、罗非鱼	美国、以色列、哥斯达黎加
4	广西日星金属化工有限公司	4413	-52.48	锑的氧化物、未锻轧锑	美国、荷兰、阿根廷、香港
5	南宁富宁精密电子有限公司	3836	-20.46	计算机主机板、风机、风扇	中国香港、美国、新加坡
6	五矿桂翔矿产贸易公司	3010		天然硫酸钡(重晶石)、滑石粉	美国、沙特阿拉伯、日本、印尼
7	广西丰润进出口贸易有限责任公司	2803		猪、瓷餐具、鸡、甜玉米罐头、水果罐头、米粉干	中国香港、美国、俄罗斯、澳门、德国
8	广西农垦明阳生化集团股份有限公司	2703	84.33	糊精及其他改性淀粉、谷物加工机器	韩国、越南、日本
9	广西越洋化工实业集团有限公司	2656	-11.50	多磷酸、食品级磷酸	美国、马来西亚、俄罗斯、加拿大
10	广西南宁市怡凯进出口贸易有限公司	2502	-1.11	木衣架、塑料制其他家庭用具、未搪瓷钢铁餐桌等家用具	英国、日本、西班牙、俄罗斯
11	广西澳宁电线电缆有限责任公司	2423	100.71	电缆	澳大利亚
12	广西南南铝箔有限责任公司	2319	-18.03	铝合金板、铝箔	泰国、哥伦比亚、印度、阿联酋
13	胜美达电机(广西)有限公司	2295	19.49	变压器、电感器	中国香港、日本、美国
14	大赛璐(南宁)食品添加剂有限公司	2194	25.26	不饱和无环一元羧酸及其衍生物	美国、印尼、日本、爱尔兰
15	广西东方伟业进出口有限公司	1960		面包房用烤炉及烘箱、锡兰肉桂、茴香油	美国、法国、安哥拉、约旦
16	南宁赢创美诗药业有限公司	1874	7.58	氨基酸、甲硫氨酸(蛋氨酸)、乙内酰脲及其衍生物	比利时、日本、德国、美国
17	南宁东矿贸易有限责任公司	1817	556.10	天然硫酸钡(重晶石)	美国
18	南南铝业股份有限公司	1682	-2.74	铝制散热器、铝制门窗及其框架、铝制型材	墨西哥、英国、瑞典、加拿大
19	南宁利通树脂有限公司	1569	2.72	松香和树脂酸衍生物、松香精、初级形态的酚醛树脂	韩国、马来西亚、印度
20	广西吉天贸易有限公司	1528		套头衫、开襟衫、扫帚、婴儿服装	意大利、美国、尼日利亚

(石敏洁)

对外经济合作

【概　况】2013年，南宁市申报境外投资企业17家(合资企业4家，独资企业12家，办事处1家)，总投资4.32亿美元，完成自治区商务厅下达对外投资目标任务2亿美元的216%；投资地分别为柬埔寨、塞拉利昂、安哥拉、墨西哥、刚果、缅甸、越南、美国等国家和香港地区，主要从事进出口贸易、农业种植、国际贸易、电视网络设备、木薯加工、新能源、汽车维修、工程机械销售及维修、矿产开发、房地产等投资项目。“两会一节”期间，组织广西三丰集团有限公司、广西九洲房地产开发有限公司、广西中投创新能源科技有限公司“走出去”，完成对越南、美国投资项目签约3个，总投资2.85亿美元，比上年增长106.50%，涉及房地产、新能源、生活垃圾焚烧发电等领域。

（廖翠彬）

【南宁产品出口东盟】2013年，南宁市市属企业对东盟国家出口4.08亿美元，比上年增长6.25%。其中：越南2.74亿美元；泰国5464万美元；印度尼西亚3491万美元；马来西亚2295万美元；柬埔寨578万美元；菲律宾524万美元；新加坡510万美元；缅甸357万美元；老挝111万美元；文莱54万美元。出口额较大的商品有铝合金、未漂平纹布、车辆零附件、柴油货车、尿素、制糖机器、多磷酸、三氯异氰尿酸、机织品、谷氨酸钠、柴(汽)油型轻型货车、纱线、钢铁结构体及部件、电力、塔式起重机、车辆用减震器、荧光灯、柴油机械零件等。

2013年广西(泰国)商品博览会　7月11日至13日在泰国曼谷诗丽吉皇后国家会议中心举行。南宁市有广西桂花机械进出口有限责任公司、广西森宝电动汽车制造有限公司等12家企业43人参加博览会，展品包括新能源汽车整车与制造技术、医疗生化检验设备、甘蔗收割机、水稻联合收割机、旋耕机、户外家具、日用品、工艺品等。期间，参展企业接待来自泰国当地及周边国家的客商和观众500多人次，合同成交额3万美元，意向成交额15万美元。

2013年广西（柬埔寨）商品博览会　12月15日至18日在柬埔寨金边钻石岛国际会议中心举行。南宁市有11家企业参加博览会，展品包括建筑用螺杆/紧固件、碾米机、粉碎机、甘蔗种植机，水稻收割机、水轮发电机等。期间，达成意向成交额40万美元。

（石敏洁）

9月4日，第十届南宁——东盟博览会国际经济合作项目集中签约仪式在南宁举行。图为广西三丰集团有限公司与越南三丰红河投资发展公司签署“河内生活垃圾焚烧发电BOT项目”合约，总投资约2.38亿美元；总裁潘仁山(前右三)与越方总经理阮历(前右二)在签约台　卢景林提供

利用外资

【概　况】2013年，南宁市合同利用外资完成2.30亿美元。在自治区排名前列，直接利用外资广西全口径5.80亿美元(商务部口径1.56亿美元)，完成自治区年度目标108.05%，完成年度任务102.29%(年度任务5.67亿美元)，比上年增长15.31%。

【利用外资主要特点】

大项目带动投资明显　2013年，全市新批企业（含增资）合同外资在1000万美元以上(含1000万美元)的项目由上年6家增至9家，合同外资额2.26亿美元，约占全市合同外资额98.26%。其中：广西德泰置业有限公司4766万美元；广西荣桂有机农业有限公司1935万美元；波尔亚太(南宁)金属容器有限公司1680万美元；南宁诺博科技有限公司2800万美元；广西亚太现代农业开发有限公司1593万美元；南宁中粮制罐有限公司3000万美元；广西中威管道燃气发展集团有限责任公司2453万美元；南宁普桂仓储设施有限公司1075万美元；广西凯富伟业发展有限公司3255万美元。大项目是外资到位的有力支撑。外资到位1000万美元以上的大项目有：华润置地(南宁)有限公司、南宁祈顺纸业有限公司（原南宁劲达兴纸业有限公司)、广西德泰置业有限公司、广西阳鹿高速公路有限公司、广西丰林木业集团股份有限公司、广西荣和建设开发有限公司、广西桂台房地产开发有限公司、南宁双汇食品有限公司、丰达电机(南宁)有限公司、百威英博啤酒(南宁)有限公司、广西南宁玉柴马石油润滑油有限公司11个项目,合计4.63亿美元,占外资到位79.83%。全年引进中粮集团、马来西亚国家石油有限公司(马石油)、香港嘉里集团、法国迪卡侬、台湾润泰集团(大润发)、上海绿地集团6家世界500强企业。

港资仍占利用外资主导地位　南宁市合同利用外资的来源地呈现多元化的发展势头,但仍以亚洲国家和地区为主。1月至12月,来源地为亚洲各国和地区的合同外资1.44亿美元,约占全市合同外资总额63.61%。排位在前的依次为香港地区、台湾地区、日本、新加坡。其中香港有27家,合同外资额1.48亿美元,占合同外资总额64.35%。实际到位资金3.33亿美元,占到位外资57.41%。实际到位资金排位在前的依次为英属维尔京、马来西亚、台湾地区、澳门地区、塞舌尔、美国、丹麦、日本、毛里求斯、新加坡。

外资利用多元化　外商直接投资除传统的外资、合资、合作外,还出现外资股权并购、投资性公司投资等投资方式。马石油润滑油中国有限公司并购设立广西南宁玉柴马石油润滑油有限公司,引进合同外资953万美元。新批投资性公司投资企业5家,合同外资额4106万美元,比上年增长263.04%。随着跨国公司在我国战略布局的不断推进,以投资性公司投资将成为直接利用外资的新热点。

各产业合同外资各具特色　第一产业合同外资额增长迅速,由上年163万美元增至4395万美元,占全市合同外资额19.11%,主要涉及广西荣桂有机农业有限公司和广西亚太现代农业开发有限公司的内陆养殖及蔬菜种植业。第二产业合同外资额9801万美元,与上年基本持平,合同外资额占第二产业的72.50%,其中制造业仍是第二产业的支柱产业。第三产业合同外资由上年1.39亿美元下降至1.05亿美元,占合同外资总额的比重由上年58.58%下降至45.56%。资金投向依次为批发零售贸易业,合同外资额6096万美元;房地产业,合同外资额4268万美元;交通运输、仓储和邮政业;合同外资额1075万美元。三产以房地产为主,实际到位资金2.87亿美元,占到位外资49.48%。实际到位资金排位在前的行业依次为制造业、交通运输业、批发和零售业、电力、水供应业、农林牧渔业、信息传输和软件业、住宿和餐饮业、体育场馆、租赁和商务服务业。

外商投资呈良性增长势头　新批准设立外商投资企业49家,比上年增加32%;合同外资额2.30亿美元。其中第一产业新批企业3家、增加200%,合同外资额4395万美元、增加2596%;第二产业新批企业9家、增加12.50%,合同外资额9801万美元、减少0.30%;第三产业新批企业37家、增长32.10%,合同外资额8857万美元、减少36%。

(梁韵泓　杨　青　李　兴　何伟洁)

华润置地有限公司开发的南宁华润中心项目地处南宁东盟商务区核心区域,占地9.80万平方米,总建筑面积120万平方米　卢景林提供

【外商投资企业生产经营概况】　2013年,南宁市外商投资企业联合年检392家,其中投产开业359家、筹建29家、停业4家。企业营业收入385.30亿元,比上年增长24.18%;实现利润33.57亿元,增长13.79%;缴纳税费24.48亿元,增长7.56%;从业人数6.78万人,增长6.14%;新增就业人数1.23万人。企业营业收入大于10亿元的有5家,小于10亿元大于5亿元的有26家,小于5亿元大于5000万元的有89家,小于5000万元大于1000万元的有159家。利润总额大于1亿元的有10家,小于1亿元大于5000万元的有22家,小于5000万元大于1000万元的有60家。纳税总额大于5000万元的有11家,小于5000万元大于1000万元的有50家,小于1000万元大于500万元的有73家。部分企业存在亏损,主要原因有企业经营刚起步,行业竞争激烈;原材料市场价格涨幅较大,用工成本增加,生产成本提高;受经济大环境影响,订单少,销售收入下降;补缴历年土地增值税,数额较大;房地产项目在建或预售,收入尚未结转。

【南宁市与东盟国家合作】　2013年,东盟国家在南宁投资企业74家,投资总额10.80亿美元;注册资本5.13亿美元;外商出资额4.14亿美元;实际利用外资3.14亿美元。其中:新加坡企业33家,投资总额2.15亿美元;注册资本1.82亿美元;外商出资额9566万美元;实际利用外资5440万美元。行业以制造业、房地产、商贸业为主。马来西亚企业14家,投资总额7.98亿美元;注册资本2.89亿美元;外商出资额2.88亿美元;实际利用外资2.32亿美元。行业以制造业、餐饮业、商贸业为主。泰国企业9家,投资总额3866万美元;注册资本2199万美元;外商出资额1709万美元;实际利用外资

1528万美元。行业以制造业、房地产、农牧业为主。印度尼西亚企业6家,投资总额1524万美元;注册资本852万美元;外商出资额661万美元;实际利用外资575万美元。行业以房地产、仓储业、制造业为主。越南企业4家,投资总额64万美元;注册资本64万美元;外商出资额33万美元;实际利用外资13万美元。行业以商贸服务业为主。文莱企业3家,投资总额249万美元;注册资本180万美元;外商出资额170万美元;实际利用外资170万美元。行业以房地产为主。柬埔寨企业2家,投资总额187万美元;注册资本131万美元;外商出资额38万美元;实际利用外资66万美元。行业以房地产为主。菲律宾企业2家,投资总额667万美元;注册资本667万美元;外商出资额341万美元;实际利用外资339万美元。行业以房地产为主。缅甸企业1家,投资总额167万美元;注册资本129万美元;外商出资额32万美元;实际利用外资32万美元。行业以房地产为主。

3月22日,副市长眭国华(右)为南宁市CEPA(港澳)企业服务中心揭牌

邓 玲 摄

【外资审批与管理】 2013年,南宁市新批设立外商投资企业49家,办理外资企业设立及变更审批事项223项,外资审批工作没有发生超时限办结和被企业投诉、申请听证、行政复议、行政诉讼等情况。市投资促进局在外资审批管理工作中严格执行首问负责制、限时办结制、责任追究制三项制度,外资企业设立与变更办理时限为3个工作日,在此基础上,挖掘提速空间,对符合要求的非重要变更申请事项(如企业名称变更、企业地址变更、股东名称变更等)实行即时办结,当场取件。改进审批服务工作,在审批材料拟定后股东签字前先为企业进行材料审核,对材料进行修改完善后再由企业交股东签字,减少企业往返办理事项的次数,缩短审批时间,优化审批流程。重新制定《政务服务指南》《行政审批事项八公开》《一次性告知材料》《行政审批操作规范和审批流程图》《南宁市外商投资审批工作手册》(2013版),加强审批事项的公开透明度。执行窗口接待企业办事工作规范,窗口办事人员在接待企业、基层单位办理审批事项和业务咨询时,做到主动热情、服务周到,言行规范,文明礼貌,诚信守诺,坚决杜绝“门难进、脸难看、事难办”。建立和编制外商投资企业办理事项程序3大类44项及21项材料参考格式,通过南宁市招商引资网及市政务服务中心网站等形式,向企业公示办理事项的内容、范围、形式、程序,以及企业办理事项所需提供的材料清单等,实行阳光政务。推进网站信息的规范化。组织相关人员参加国家商务部外资司及自治区商务厅的有关业务培训,及时了解国家对外资审批业务的最新政策。指导各县(区)、开发区外资审批业务,提高外资审批基层干部职工的外资审批业务能力。加强对外资审批行政执法人员的管理,选派一名局外资审批年轻干部参加自治区行政执法人员资格培训和考试,获行政执法资格证书。每半年对由南宁市投资促进局服务窗口已办结的外资企业设立、变更审批事项,抽取20%的档案进行检查,重点审查报批材料是否齐全完整、合同章程是否符合外资法律法规、是否存在超权限审批事项等,组织开展行政执法案卷评查,以达到规范行政执法行为的目标。同时,由于县(区)基层招商部门没有发证权,对县(区)审批办理的外资企业审批事项,在发放外商投资企业批准证书前,市局都对每一个县(区)办理的外资审批事项都进行严格的行政执法案评查,以进一步规范基层外资审批行政执法行为。3月,南宁市CEPA港澳企业服务中心在市投资促进局挂牌成立,为港澳服务提供者提供一个能和南宁市直接对接的平台,有利于推动南宁与港澳在投资、贸易等领域的合作。办理港澳企业设立及变更事项84项。

【外企管理与服务】 2013年,市投资促进局采取有效措施,确保利用外资工作目标任务的完成。按照市政府工作报告提出的增长15%的目标任务,确定2013年广西全口径利用外资5.67亿美元,把目标任务分解到全市各责任单位,形成合力,落实利用外资任务。年初对已批的尚有资金存量的外资项目进行分析和筛选,摸清家底,明确年内可进资的项目及资金存量,做好实际利用外资预测,采取有效措施跟踪督办资金到位。走访企业20多家,深入了解企业的生产经营情况、存在的困难和问题及增资扩股动态等,为企业增资扩股做好服务。全年增资项目8个,到位金额2.76亿美元,占全年外资到位47.65%。牵头组织市国税、地税、财政、统计、外汇管理、工商六部门,对外资企业生产经营状况进行联合年检,督促尚未到资的企业按时按规定进资。

(李 兴 何伟洁)

责任编辑 卢景林

旅游业

综述

【概　况】 2013年，南宁市有旅行社83家，其中出境游组团社20家、一般旅行社63家。有英、日、法、越、朝鲜、泰等国语种及中文普通话持证导游员3088人。有星级饭店62家(五星级3家、四星级11家、三星级30家、二星级18家)。接待国内游客5840.26万人，比上年增长14.07%，国内旅游收入469.64亿元，增长19.45%，接待入境游客35万人，增长16.06%，国际旅游收入1.37亿美元，增长28%；旅游总人数5875.26万人，增长14.22%，旅游总收入477亿元，增长18%。各项指标均创历史新高，占自治区四分之一强。无重大旅游投诉事件、重大旅游安全责任事故发生。南宁市获2013中国最佳休闲城市称号，在10个“中国最佳休闲城市”中排名第三。

【招商引资】 2013年，市旅游主管部门招商引资实际到位内资5000万元，直接利用外资350万美元；完成风景名胜及游览景区等旅游项目固定资产投资13亿元。

旅游资源

【概　况】 2013年，南宁市有旅游景区景点100多家，其中国家4A级景区12家、国家3A级景区14家、全国农业旅游示范点5家、全国工业旅游示范点1家、广西农业旅游示范点16家、广西工业旅游示范点2家、广西星级乡村旅游区6家、广西星级农家乐36家。有旅游咨询服务中心4个。

河流湖泊与水景　流经南宁市域的有邕江、左江、右江、红水河四大河流，两岸风光秀丽，部分河段具有开发潜力和开发价值。许多短小溪流因山地落差较大，形成瀑布景观，以大明山龙尾瀑布、横县九龙瀑布群较有名。人工水库遍布南宁市，具有丰富的湖泊景观资源，如南湖、凤凰湖、金沙湖、大龙湖、西津湖、龙潭等。其中大龙湖水库是世界十大岩溶水库之一，湖边奇峰突兀，造型各异，14个岛屿点缀湖中，十分秀丽。

流水侵蚀地貌与喀斯特地貌景观　流水作用所形成的侵蚀剥蚀低山丘陵，主要有青秀山、五象岭、昆仑关等，多栽种松树、杉树及绿阔乔木林，形成绿色森林植被景观。喀斯特地貌主要有伊岭岩、金伦洞等溶洞。其中金伦洞是广西喀斯特地貌最长、最大、最深的原始石谟山洞，穿越12座山腹，河穿岩中过，水自洞中流，游程10千米，洞内的石钟乳、石柱、石幔千姿百态。　　（周思伶）

温　泉　主要有九曲湾温泉、嘉和城温泉、那马温泉。九曲湾温泉、嘉和城温泉位于兴宁区，距市区12千米，交通便捷；泉水来自地下1200米~1300米深的地层，水温常年53°~69°，含多种微量元素矿物质，对人体有良好保健作用。那马温泉位于良庆区，距市区20千米，泉水来自1200米地下的深层地热，温度最高38°，是一种淡温型医疗矿水。

动植物景观　南宁气候温和，适于动植物繁衍生息。广西药用植物园是亚洲最大的药用植物园，现存植物3000多种，其物种比明代李时珍的《本草纲目》记载的中草药多出1000多种；金花茶公园拥有世界最大的金花茶基因库，种植有20多种中国一级重点保护植物金花茶。大明山自然保护区有维管束植物2023种，包括中国一级保护植物钟萼木；有国家保护动物如黑叶猴、飞虎(鼯鼠)、苏门羚、原鸡、大小灵猫等38种。另有龙虎山风景区、良凤江国家森林公园、老虎岭森林公园、五象岭森林公园、横县九龙瀑布群森林公园。

古遗址与文物　主要有新石器时代

上林县三里洋渡风光　　周家志　摄

的顶蛳山贝丘遗址、豹子头贝丘遗址、灰窖田贝丘遗址、唐智城垌古城垌遗址，以及始建于南明的兴陵、清代的新会书院、两湖会馆、粤东会馆、思恩府试院、邕江防洪古堤等。

宗教建筑与古塔　寺庙主要有青秀山观音禅寺、水月庵，明清伏波庙，宋代应天寺，清代五圣宫、北帝庙等。还有天主教堂、基督教堂、清真寺等。古塔有始建于明代的龙象塔（20世纪80年代重修），清代的秀峰塔、文江塔、承露塔等。

近现代文物遗址与当代城市建筑　主要有中共广西省“一大”旧址、共青团南宁地委旧址、昆仑关战役旧址、桂南战役阵亡将士纪念亭、昆仑关战役博物馆、邓颖超纪念馆等，这些文物遗址同时是爱国主义教育、革命传统教育基地。南宁国际会展中心、南湖水幕电影综合水景、广西人民会堂、民族广场、江北大道、民族大道、朝阳路、万达商业广场、地王大厦、广西体育中心等充满现代都市气息。其中，南宁国际会展中心为南宁市标志性建筑；民族大道全长12千米，栽种树种5万多株，为自治区最长、最宽、最亮丽的园林生态大道。

古代摩崖石刻与古碑石刻　主要有唐代智城碑和六合坚固大宅颂碑石刻、青秀山摩崖石刻、青龙崖石刻、明代灵水石刻、清代起凤山石刻、凿字山石刻、六公祠碑刻、雷婆岭摩崖石刻等，具有较高的历史文化与观赏价值。其中唐代六合坚固大宅颂碑从侧面反映当时少数民族地区政治、经济、文化状况以及激烈的阶级斗争，是广西较早用汉文记载少数民族文化生活事件的碑刻，对研究壮族历史、文化具有重要意义，被誉为岭南第一碑。

壮族风情与地方文化习俗　南宁是一个以壮族为主、多民族聚居的首府城市，广西博物馆、广西民族博物馆有“壮乡辞典”之誉，壮族的风土人情、生活习俗、服饰装束、文化艺术等均保留着本民族的特色。“三月三”歌圩、炮龙节、春牛舞、师公戏、抢花炮、打扁担舞、农具节、达努节、邕州老街庙会、蒲庙开圩纪念日、关公磨刀诞、壮族三声部民歌等具有鲜明的地方民族文化特点。南宁的杧果、波罗蜜、菠萝、荔枝、龙眼、红龙果、西瓜等各色水果，横县茉莉花茶、上林香米、马山黑山羊、隆安板栗，以及南宁老友粉、绿豆粽、粉虫、粉饺、蒲庙生榨米粉、吴圩牛杂、灵马鲶鱼、高峰柠檬鸭、宾阳酸粉等特产与地方小吃极具特色，吸引着众多游客。（梁一家）

旅游景区开发建设

【概　况】2013年，南宁市旅游主管部门重点推进青秀山、东盟国际旅游风情小镇、上林县云里湖等28个旅游项目的建设，协调解决重大旅游项目推进过程中的相关问题；指导和推动青秀山创建国家5A级旅游景区，完成各项创建工作，通过国家旅游局主办的资源评价会；推进南宁“十里花卉长廊”、上林县大龙湖、马山县红水河、横县宝华山、武鸣县大明谷、武鸣县千艺大观、宾阳县宾州古城、宾阳县“荷香人间”、隆安县布泉等项目的开工建设。广西龙门水都文化生态旅游景区投资2亿多元建设旅游配套服务设施、旅游餐饮等设施；广西渔牧生态园景区投资7000多万元建设休闲钓鱼池、游道、旅游休闲长廊、餐厅等项目；上林县金莲湖综合旅游景区投资1.30亿元建设景区游道、餐厅、主题景点等项目；上林县三里·洋渡旅游景区与周边乡村旅游联动打造，推进村庄容貌与道路改造，配套建设游道、餐饮、旅游码头等旅游项目。（周思伶）

【青秀山风景名胜旅游区】

概　况　位于南宁市区东南部邕江北岸，总面积13.54平方千米。景区以森林为主体，包括青山、凤凰岭等十几座山峦，群峰起伏、林木青翠、岩幽壁峭、泉清石奇，被誉为“绿城翡翠、壮乡凤凰”，是南宁市著名的风景区，2000年被评为国家首批4A级旅游景区，也是广西十佳景区、广西生态旅游示范景区、全国绿化先进单位。青秀山历史悠久，景区内有古寺、名塔、古道、董泉、箫台等丰富的人文景观；有见证中国与东盟各国友好往来的友谊园、纪念林、首脑名树林、友好城市雕塑园、国树国花园等东盟元素景观景点；有千年苏铁园及全国规模最大的城市亚热带植物群落，包括雨林大观、棕榈园和香花园等精品园林景观景点。

2013年1月1日，《广西壮族自治区南宁青秀山保护条例》正式实施。市政府重新赋予青秀山管理委员会城市管理综合行政执法、房屋征收补偿和征地拆迁、建设工程质量监管职能。青秀山管理委员会着手对风景区范围内的违法占地、违法建设情况进行全盘排查、摸底，开展拆除违章建设行动10次，拆除违章构（建）筑物56栋4.70万平方米。年内，景区财政收入8691万元，完成年度任务102.25%；全社会固定资产投资2.08亿元，完成年度任务104.17%；核心景区购票入园游客210万人次，实现经营收入5320万元。10月9日，国家旅游局审查通过青秀山创建国家5A级旅游景区的申报材料和旅游资源价值评价。

景区建设　年内，青秀山创建国家5A级旅游景区提升改造工程列为自治区领导联系推进重大旅游项目。项目分青秀山北门区工程、青秀山凤凰阁改造工程、青秀山森林植物园工程、青秀山营

4月27日至5月30日，青秀山风景旅游区举办“五·一”玫瑰花展。图为花展现场
青秀山管委会提供

造林工程4个子项目,计划总投资53.46亿元,年内完成投资7240万元。其中,青秀山北门区工程占地31.67公顷,计划投资3.37亿元,主要建设大门区、停车场、游憩服务中心及文化展示风情街等,年内完成投资2510万元,基本完成北门西区停车场建设,新增停车位约900个;青秀山凤凰阁改造工程项目位于青秀山凤凰岭顶部,占地20公顷,完成投资856万元,已完成前期工作并拆除原塔;青秀山森林植物园工程占地458.47公顷,计划投资42.40亿元,主要建设四季花园、百果园、森林养生园等植物专类园,以及服务中心、科普馆、展示棚等,已完成投资1870万元,正开展项目征地拆迁,累计种植木棉、美丽异木棉、黄花风铃木、假苹婆等苗木1.17万株,建设临时道路3千米;青秀山营造林工程占地92.67公顷,计划投资5.26亿元,主要项目为营造林工程、灌溉管网工程建设等,年内完成投资2004万元,完成部分道路、管网、水体、基础绿化的建设,采购约3000吨水彩黄蜡石,种植2.40万株乔木、86.70万株花灌木。景区围绕创建国家5A级旅游景区目标,全面提升核心景区的景观品质和服务设施。完成20千米的绿道标线与19千米彩色防滑路面铺设及西门区2号、3号门驿站亭廊建设;完成核心景区主干道环线8.60千米沥青改造;完成凤岭南路人行天桥工程;完成生态保护工程的竣工验收结算审定支付;完成景区观景平台和亭廊建设,以及花梨道、沉香路等路段的路面及绿化改造提升;完成凤翼路的路面改造和菩提步道的建设,打通北门至观音禅寺的快捷通道,启动兰园和广西珍贵树种展示园建设;建立观光车停靠站8个,新配备环保型观光车;完善景区导览图、景点解说牌、游步道指示牌、安全警示牌等旅游标识系统;在景区大门增加景区邮政、银行等窗口服务项目;完成东盟园11个国家吉祥物制作安装、东盟元素文化提升工程的雕塑小品制作安装;制作植物介绍牌1600多块,开展林相改造和植物群落营造,引进红枫、山楂植物新种853个。完成核心景区、北坡生态保护区600多公顷的绿化养护管理。景区植物种类有6200多种。种植乔木14.02万株、花灌木97.42万株。生产花卉苗木138.02万盆。其中:高档花卉7.69万盆、时令花卉53.83万盆、花灌木12.16万盆、阴生植物及盆景等61.40万盆、乔木1.34万盆、兰花1.60万株(盆)。

2013年春节系列活动　2月9日至25日,青秀山风景区以新春牡丹花展、东盟文化、快乐青秀山、登山祈福走大运为主题,在各主要景点布置园林小品,烘托节日氛围,开展丰富多彩的节日主题活动。期间,购票入园游客量15万人次,比上年同期增长13.58%。

青秀山风景区第十九届桃花节　2月23日至3月24日举办。期间,举办东盟服装秀、"东盟友谊桃花情"植树活动、青秀山桃花艺术嘉年华、2013青秀山桃花艺术节交友活动、"桃花节最美瞬间"精彩图片评选等活动。购票入园游客量32.50万人次。

"五一"玫瑰花展　4月27日至5月30日举办。期间,举办东盟文化书画展、东盟文化表演及互动、东盟特色美食展。采用玫瑰花花艺布置手法,营造出多彩之花、炫丽之花、花的海洋等主题。购票入园游客量7.70万人次,增长76.90%。

"两会一节"活动　为迎接第十届中国—东盟博览会、广西第三届园博会开幕、中秋小长假,9月14日至10月9日,青秀山风景区举办2013大型彩蝶花展、组织2013南宁·东南亚国际旅游美食节、中国—东盟博览会联欢分会场演出活动。

"十一"兰花艺术展　9月26日至10月20日在青秀山友谊长廊举办。利用廊内博古架及各大节点,展示各种兰花品种,并通过插花艺术造型,以插花手法为主,兰花造景组合及盆栽等形式为辅。期间,购票入园客流量14.56万人次,增长33.22%。　(青秀山管委会编写组)

【大明山风景旅游区】

概　况　大明山位于南宁市东北部,地处上林、马山、宾阳、武鸣四县交界处,距南宁市区76千米,北回归线横贯中心,面积980平方千米,平均海拔1200米,主峰龙头山海拔1761米,为桂中南第一高峰。1999年纳入联合国人与自然生态保护圈名录。2002年7月,经国务院批准为国家级自然保护区。保护区总面积1.70万公顷,有林面积1.60万公顷,森林覆盖率与绿化率98.90%,负氧离子平均每立方厘米含量10万个以上,最高达19万个以上,以多样性山地森林生态系统及珍稀濒危特有动植物资源为主要保护对象。大明山具有物种多样性、生物代表性、生物稀有性等特点。有维管束植物209科764属2023种,分别占广西植物区系列科、属、种的73.90%、43%、28%。2023种植物中,有中国一级保护植物钟萼木1种,中国二级保护植物桫椤、格木、白豆杉、福建柏、观光木、马蹄参、紫荆木等18种,中国三级保护植物9种,特有种88种,仅局限于大明山的特有种30多种。有野生脊椎动物31目90科294种。其中:鸟类151种,哺乳类动物60种,爬行类动物42种,两栖类动物19种,鱼类动物22种。294种野生脊椎动物中,有中国一级保护动物黑叶猴、金钱豹、林麝、蟒4种,中国二级保护动物34种,国家濒危动物物种48种,国家保护有益动物196种。有大峡谷33个、瀑布108条。春花、夏瀑、秋云、冬雪是大明山四季景观的缩写。山上盛夏时月平均气温21.9°C,是消夏避暑的理想之地;冬季又常形成北回归线上罕见的积雪雾凇景观。主要景点有:龙头山、橄榄幽谷、锦绣峡谷、望兵山、水陈峰、迎客奇峰、镆鎁神女峰、将军峰、夕照石林、层峦叠翠、仙女下凡、仙人台、莲花台、金龟戏水、壮乡田园等。大明山是中国野生动物保护科普教育基地、中国—东盟博览会接待基地、中国东盟形象大使培训基地、广西生态学教学基地、广西最好玩的十个地方之一、南宁最具休闲养生特色景区。2005年,市委、市政府批准成立南宁大明山风景旅游区。2008年,经国务院批准,大明山被列入泛北部湾经济区重点旅游区。2009年,"大明山夏至养生旅游节"被国家旅游局列入当年生态旅游年的主要节庆活动之一;9月,国家旅游局《北部湾旅游发展规划》明确将南宁大明山国际山地生态度假旅游区列入2009年至2012年北部湾旅游发展重点突破阶段的重点地区;12月,被评为国家4A级旅游景区,被国际生态合作组织命名为国际生态安全旅游示范基地。2010年,被评为南宁市十佳景区。2011年6月,举办首届大明山国际山地养生旅游节;是年,被中华中医药学会授予首个"中华特色养生名山"称号。2012年12月,南宁大明山国际山地生态养生旅游节获中国节庆创新论坛组委会颁发"2012节庆中国榜·最佳绿色生态人文旅游节庆"称号。2013年11月,在中国最美森林旅游景区系列评选活动中,被评为中国最具网络人气最美森林旅游景区;年内,策划《大明山旅游目的地营销策划项目》,制定《大明山景区经营单位管理办法》,规范景区内经营单位的规划建设、经营服务等行为。2013年,大明山景区接待游客11.31万人次,门票收入495.68万元,旅游总收入1452.48

万元。

景区旅游设施建设　2013年，新建及维修(护)的基础设施建设项目35个，累计投资2000多万元。竣工的有总投资450万元的建设旅游发展资金项目工程、总投资270万元的黑叶猴人工繁育与野外放归一期工程、总投资140万元的上山公路维修工程、总投资115万元的大明山风景旅游区标识系统项目一期工程等7个项目；正在施工的有总投资600万元的大明山北回归线科普广场建设项目、总投资550万元的天坪广场—飞鹰峰道路路面硬化工程、总投资250万元的森林浴场游览步道及配套设施工程、总投资200万元的吊钟花苑游览步道及配套设施工程等13个项目；正在开展前期工作的有总投资3156万元的入口区游客服务中心项目、总投资2000万元的三宝区至天坪区公路改造工程、总投资1900万元的天坪供水管道工程、总投资1500万元的龙母峡谷游道改造工程、总投资1000万元的预警监测系统工程、总投资400万元的峡谷景区游览步道工程、总投资300万元的保护区山门及门禁监控系统工程等15个项目。

项目规划　2013年5月，启动《广西大明山国家级自然保护区总体规划》修编。11月，完成《广西大明山国家级自然保护区综合科学考察报告》《广西大明山国家级自然保护区总体规划》《广西大明山国家级自然保护区生态旅游规划》成果文件，并通过自治区级专家评审会，正筹备向国家林业局报批。制定《大明山旅游发展三年行动计划》，明确今后三年旅游发展目标。

资源保护　总投资100万元的广西2011年林业国家级自然保护区补助资金项目——北回归线生态科普园和大明山保护区宣教能力提升项目，已结题，等待验收；黑叶猴人工繁育与野外放归一期工程和黑叶猴人工繁育与野外回归实验项目，完成回归地考察、野外资源调查、种植黑叶猴食物等前期工作，并从广西梧州市黑叶猴研究所引进已选好并配对的黑叶猴2家庭单元6只黑叶猴；申报2013年林业资金补助项目——《信息管理系统建设项目》《生物本底资源调查项目》，获国家林业局下达的200万元项目建设资金。2013年，大明山公益林管护率和保持率100%，建设工程项目征占林地和毁林开垦面积均为零，森林病虫害成灾面积为零，防治监测率100%。保护区无森林火警、火灾发生，连续度过第25个无火灾年。森林覆盖率与绿化率由1999年93.20%上升至98.90%。

景区旅游节庆　4月13日至5月5日，举办2013广西大明山杜鹃花旅游节，历时23天，是广西最大规模的杜鹃花花展。主题为“山花烂漫　锦绣明山”，有杜鹃花旅游节开幕式、“锦绣明山”杜鹃花展、“魅力明山”摄影大赛、“杜鹃花仙子”大赛、大明山土特产美食展销等主题活动。花展以大明山大门广场为主要展示区，结合景区沿途自然景观进行布展，分迎宾区、科普区和观赏区，花卉布置面积4000平方米，布置杜鹃花6万盆、时花2万盆、精品杜鹃盆景30盆、园林景点9个。

10月1日至7日，举办2013大明山国际山地养生旅游节。主题为“回归养生源，享‘寿’大明山”，开展明山独创养生药膳宴，“大美明山·微创意”摄影比赛，情系明山、同心许愿，漫步明顶、踏山寻宝，“有缘养生源”音乐派对等系列活动，推出“畅玩、游赏、健养、美食、珍酿、优购”新派养生六大理念。　(邓金春)

4月13日，广西大明山杜鹃花旅游节开幕。图为开幕式现场　冯保翠　摄

【昆仑关旅游风景区】

概　况　昆仑关位于兴宁区与宾阳县交界处，距昆仑镇北约3千米的暗探山和领兵山的山隘上，距离南宁市区56千米。是中国十大名关之一，具有险要的地理位置和深厚的历史文化资源。昆仑关景区以昆仑关为中心，由昆仑山、抵宝山、领兵山、之堪山、大象山、草帽山合围而成，面积约70公顷。昆仑关战役遗址文物保护范围：以纪念塔为中心，北、西、南三面至旧邕宾公路外侧，东面以昆仑古道为基线外延50米范围内。包括抵宝山和暗探山，面积17.75公顷，主要有南牌坊、北牌坊、纪念塔、将士墓、纪念碑亭、古关楼、古驿道、中村正雄墓等文物建筑。

1939年11月，日本侵略军发动入侵广西的战役，史称桂南会战。昆仑关战役1939年12月18日至31日打响，击毙日军少将旅团长中村正雄，歼敌5000余人，夺回昆仑关。这是中国军民抗击日本侵略军的一场惨烈的攻坚大捷，与台儿庄大捷、平型关大捷同为抗日名战。战后，杜聿明将军于1940年春派工兵营在山上修建“陆军第五军昆仑关战役阵亡将士墓园”，墓园内有纪念塔、阵亡将士墓、纪念碑亭、碑记、南北牌坊、日军少将旅团长中村正雄墓等，在墓园的各个建筑上，完好地保留着15位国民党军政要的题词、题联或书刻碑文。昆仑关战役旧址为全国重点文物保护单位、全国首批国防教育示范基地、国家3A级旅游景区、广西爱国主义教育基地、广西民族团结进步教育示范基地、南宁市最具历史纪念意义景区、南宁市“十佳旅游景区”。2013年，接待游客逾25万人次，门票收入比上年同期增长25%。

昆仑关民俗文化旅游节　农历五月十三为流传于昆仑关民间传统的“关公磨刀诞”，是昆仑关周边群众最为隆重的节日之一，被列入自治区非物质文化遗产。2013年，南宁昆仑关民俗文化旅游节于6月19日至23日在昆仑关风景区举行，以“祈福圆梦、守礼明责”为主题，是南宁市月月旅游节活动之一。活动期间，在昆仑关风景区开展2013南宁昆仑关民俗文化旅游节开幕式、关公文化暨海峡两岸书画展、歌舞晚会、粤剧精品曲目展示、广场文艺展演、民俗风情展示和美食一条街等民俗文化旅游活动。首次加入祈福圆梦、好兄弟成人礼，游客参与的竞技比赛、讲故事、户外拓展等活动内容。期间，接待市内外游客10万人次，创下景区单日接待游客人次的最高纪录。

接待参访　景区先后接待第四届台湾大学生研习营、台湾花莲县参访团、台湾台南市盐水区交流团等到昆仑关景区参观考察。做好南宁、柳州、桂林三地黄埔军校同学会，澳门黄埔协进会，南宁学院师生及抗战将领吕旃蒙将军之女吕玲、昆仑关战役阵亡将士韦灿后裔李茜玲等在昆仑关举行的清明祭奠抗日先烈活动。

文物修复与征集　景区与广西文物考古研究所签订石质文物维修保护施工协议。对南牌坊旁坍塌路基维修加固；对在保护区范围内的违章搭建饮食店和违法圈占坟地进行拆除平整、恢复原貌。更换博物馆入口处损坏的电子显示屏；对临时展厅采光窗安装防盗网。博物馆购置专门的书画作品收藏盒100个，做好百余幅书画珍贵作品防潮、防虫保护；在临时文物库房安装铁质防盗门，为广场上展出的2架退役军用飞机、2门大炮安装防护隔离栏，杜绝游客乱触摸及攀爬；修复1架退役军用飞机及博物馆展厅内的坦克主炮、大炮、机枪等受损的模型展品。年内，征集军刀2把，民国时期“士兵证明”1张，进一步丰富昆仑关战役博物馆馆藏文物。

景区基础设施建设　加快推进昆仑关景区一期配套工程建设进度，完成博物馆新安装的灯光、空调、监控等设备。继续做好草帽山遗址修复及盆景园工程，完成上山道路铺装、盆景园区苗木种植，景区又添一处景点。协调兴宁区政府，做好14户农户思想工作，使历经4年的景区重要区域（南门区）征地拆迁完成。完成计划投资8846.30万元的《昆仑关景区营造林项目》策划和立项。增加一批游客休憩设施及景区参观指示牌，在景区安装石凳、石椅10套，在博物馆安装游客休息长条凳10张；恢复使用昆仑酒家；启用游客接待服务中心，提高景区的接待能力。在博物馆入口处设置警务值班岗亭和安装伸缩电动门，进一步规范景区管理。开展项目策划，有5个项目被国家文化部列入文化产业项目库；将昆仑关抗战产业园和《血战昆仑关》3D影片2个项目申报自治区和国家文化产业资金扶持。完成整个景区规划调整和建设基础设施的前期工作；投入200万元的东广场边坡支护工程项目正在施工。对影响景区观瞻的关帝庙周边环境实施整治提升，拆除施工板房及违章搭建的工棚500平方米。对景区卫生间新装大容量的水箱；对卫生间破损的门、隔框进行更换。增添更换景区的指示标识牌。集中开展清洁景区大整治活动5次，集中人员150人（次），对景区周边、公路沿线、办公区域及村屯垃圾进行清理，购买环卫垃圾桶30个。协调景区所在地宾阳县思陇镇做好当地村民的环境卫生，帮助村民清理陈年堆放的垃圾15车（次），出资为当地村民建设垃圾焚烧炉，对景区内影响观瞻的乱搭乱建的建筑物进行拆除，改变景区环境卫生面貌。

爱国主义教育基地建设　举行纪念昆仑关大捷74周年暨建设广西抗战文化长廊座谈会。广西农业职业技术学院将昆仑关定为爱国主义教育基地，在景区挂牌。申报全国爱国主义教育示范基地的材料上报自治区党委宣传部和中宣部。　　　（昆仑关管委会编写组）

旅游市场开发

【市场交流合作】　2013年，南宁市组织召开2013年北部湾旅游联盟工作会议。在2013南宁·东南亚国际旅游美食节和2013年中国国际旅游交易会上，北部湾旅游联盟以整体形象进行联合促销，统一宣传和推介北部湾旅游线路和产品，进一步提升北部湾旅游形象。通过开展各城市旅游网站互挂，落实北部湾旅游联盟工作经费，逐步推进广西北部湾经济区旅游同城化合作。坚持“请进来”，扩大旅游开放合作。接待重庆市政协考察团考察南宁市部分景区，宣传、推介南宁旅游；邀请南方电视台在南宁市拍摄《美在广西景　长寿养生行》旅游专题片，全面宣传南宁市长寿养生新形象。做好“美丽中国·休闲城市”全国记者采风行活动，让媒体记者对南宁市有全方位的认识和良好的印象，全面宣传南宁市的旅游形象。

【旅游促销】　2013年，南宁市在缅甸、柬埔寨开展宣传促销活动，举办南宁旅游推介会2场。开展“南宁旅游大篷车走进贵州”促销活动，举办南宁旅游推介会4场、交流会1场。市旅游主管部门参加2013中国国内旅游交易会、第十六届海峡两岸旅行业联谊会、第52届韩国牙山英雄李舜臣庆典、2013台北两岸观光博览会、2013广东国际旅游博览会、2013桂林国际旅游博览会、2013中国国际旅游交易会、第八届海峡两岸台北旅展等各类境内外旅游专业会展活动，推广、促销南宁市的旅游产品及精品线路。在中央电视台综合频道、中文国际频道播出南宁市旅游整体形象宣传广告；在广西电视台、南宁电视台、香港亚洲电视、广东南方卫视播放南宁旅游专题宣传节目；继续利用户外LED广告屏宣传南宁

7月26日至28日，2013“美丽中国·休闲城市”全国记者采风行活动在南宁市举行。图为记者团游览广西药用植物园　　市旅游局提供

市各大旅游景区(点);在北京火车站、北京西站、上海火车站、大连火车站的33座电视屏幕墙投放南宁市旅游宣传短片;在公交移动频道播放南宁市旅游宣传短片;在主要报刊开设南宁市旅游整版宣传,出版《南宁旅游》杂志;在香港和台北市城市公交巴士车身投放南宁旅游整体广告;组织驻邕媒体记者每月对旅游节庆活动进行专题报道和现场报道;拍摄宣传短片,更新、制作新版南宁市旅游系列宣传品;做好广西旅游信息屏的布设、维护。

【节庆活动】

2013"南宁月月旅游节" 2013年,市旅游主管部门整合推出由42个旅游节庆活动和主题活动构成的2013"南宁月月旅游节"系列活动。主要是一月的"2013中国海洋旅游年"南宁活动暨"2013南宁月月旅游节"启动仪式,二月的南宁花花大世界第五届南宁山水桃花节,三月的上林油菜花节,四月的2013广西大明山杜鹃花旅游节、嘉和城温泉谷"泰囧"万人泼水节、武鸣"三月三"歌圩暨骆越文化旅游节,五月的2013年"中国旅游日"广西主会场活动暨上林生态旅游养生节,六月的2013昆仑关民俗文化旅游节,七月的龙虎山水上嘉年华,八月的第八届全国茉莉花茶交易博览会暨2013年中国国际茉莉花文化节,九月的2013南宁·东南亚国际旅游美食节,十月的良凤江第十五届金秋欢乐节,十一月的第四届南宁东南亚国际温泉养生旅游节,十二月的南宁乡村休闲旅游节暨马山第七届文化旅游美食节,做到月月有活动、节节有亮点,为市民及游客提供丰富多彩的旅游产品。

2013年"中国旅游日"广西主会场活动暨上林生态旅游养生节 5月19日至25日在上林县举行。以"休闲惠民·美在广西,生态上林·长寿福地"为主题,推出"万名霞客登山活动""霞客万里行 眷恋在上林"自驾游、环大龙湖自行车越野赛等一系列休闲旅游活动,还推出养生太极、书法祝寿、养生讲座、养生美食评选等有关养生的活动。

2013南宁·东南亚国际旅游美食节 8月31日至9月6日在华南城举行。美食节分美食活动、文化活动、旅游推广、休闲活动4个板块,涵盖媒体记者品尝美食活动、中外美食大联展、美食评比活动、旅游美食节开幕仪式、旅游美食节开幕晚会、东南亚风情广场文艺表演、啤酒美食音乐晚会、华南城旅游推介会、旅游宣传展示推广活动、啤酒欢乐大世界(论坛)及童趣欢乐大世界11个主题活动。南宁·东南亚国际旅游美食节知名度大幅度提升,百度"南宁美食节"搜索达400万条结果。 (周思伶)

2013东盟风情美食节 10月25日至31日,在广西—东盟经济技术开发区小帽山美食广场举办。以"天天美食节·夜夜风情夜"为主题,由开发区管委会主办,民间资本运作,以越南、泰国以及本土美食、本地生产性企业产品为主,突出侨区独特浓厚的异国风情和民族风俗。美食节以小帽山广场80多家固定美食店铺为主,另设标准展位132个、特装展位4个。吸引游客38万余人次,实现销售额1000多万元。 (张向新)

【第三届"南宁礼物"征集大赛】 2013年4月至8月在南宁市举行,由市旅游局、广西工艺美术协会主办。征集到实物类作品409件、设计类作品320件,类别包括锡类、绸缎类、陶瓷类、竹木工艺品、布艺类、农产品类等。经评审,有49件作品获奖。评出实物类获奖作品25件,分别为金奖2名、银奖5名、铜奖8名、优秀奖10名;创意设计类获奖作品24件,分别为金奖1名、银奖5名、铜奖8名、优秀奖10名。获得本届大赛实物组金奖的是"繁花似锦"时尚生活系列提包和上林养生茶;银奖是壮锦木韵、美丽南宁·提梁壶组、美丽南宁铜鼓、"南宁茗茶"大礼盒和壮锦系列购物袋;美丽南宁三件套(办公用品)等8件作品获铜奖;壮族香囊等10件作品获优秀奖。创意设计组获金奖的是壮乡浓情(茶壶茶杯等);获银奖的是虹桥酒架、壮乡鼓音、不倒翁香水瓶、红豆杯和"南宁印象"茶具;南宁邮集、绣球镜子等获铜奖;壮锦风手机壳等10件作品获优秀奖。 (海 明)

旅游行业管理

【旅游饭店管理】 2013年,市旅游主管部门指导高星级饭店开展服务提升。借助甄选第四十五届世界体操锦标赛参赛人员接待宾馆工作之机,全面提高四星级以上的高星级饭店涉外服务接待水平,完善西餐厅、商务中心、房务中心的服务设施及服务功能,强化培训接待人员的英语会话能力,提高高星级饭店接待外宾的服务质量。推动四星级以上饭店开展wifi无线宽带网络开通工作,南宁市四星级以上饭店全部开通该项服务,实行免费使用。引进最佳西方、万豪、洲际皇冠假日、喜达屋豪华精选、香格里拉、费尔蒙等国际知名品牌酒店集团落户南宁市。对阳光国际大酒店、荣荣大酒店、金旺角大酒店、金钻国际大酒店、相思湖国际大酒店、艾美酒店、邕州饭店7家已投入运营并有评星意向的饭店,做好星评指导和服务。对宾阳花园大酒店、宾阳金世纪大酒店、宾阳黎塘黎都大酒店、恒川商务酒店等饭店开展星级评定,年内新增3家星级酒店。与南宁市人力资源和社会保障局联合举办2013年南宁旅游饭店服务技能大赛,有47家单位选派189名选手参赛;同时,组织获奖选手参加自治区旅游饭店服务技能大赛决赛,获鸡尾酒调制第一名、中式宴会摆台第二名、中式铺床三等奖及团队三等奖、优秀组织奖。

【旅行社管理】 2013年,市旅游主管部门进一步加大推进旅行社责任险统保示范项目工作力度。南宁市有84家旅行社投保旅行社责任险,其中73家投保统保示范项目,统保率86.90%。全面推行国内组团社和地接社合同范本及"一日游"合同范本,提高旅行社对旅游产品质量的掌控能力,保障游客利益。开展旅游行业价格专项检查,出动检查组8个、检查人员528人次,检查旅游经营单位132家,对不规范收费行为进行提醒告诫,并要求限期整改。查处旅行社违规行为,给予2家违规经营的旅行社分别处以10万元的罚款。新设立广西南珠国际旅行社有限公司等3家旅行社,推动南宁市桃源国际旅行社有限责任公司等3家旅行社升级为出境游组团社,推动广西运德国际旅行社有限公司等3家旅行社增加中越边境旅游业务,成为中越边境游组团社。

【旅游安全管理】 2013年,市旅游主管部门开展春节、五一劳动节、中秋节、国庆节、民歌节等旅游假日安全生产大检查,进一步明确旅游安全各项工作制度和责任,敦促企业做好旅游交通安全排查和整治,预防旅游交通事故发生。加强旅游饭店、旅游餐饮娱乐场所、旅游景区

7月25日至26日，市旅游局选派的南宁市代表一队、代表二队在2013年广西旅游饭店服务技能大赛中获佳绩。图为参赛选手在比赛　　市旅游局提供

（点）等公共聚集场所消防安全管理；加强滑道、游船等景区（点）游乐设施设备的检修保养；加强大型旅游节庆活动和其他公众聚集活动的安全管理，避免事故发生。年内，市旅游局联合市安全生产监督管理局、市消防支队、市卫生局、市公安局、市食品药品监督管理局、市质量技术监督局、市交通运输局、市商务局等相关部门，组成督查组16个，出动检查人员76人，分别到南宁市160家旅游企业开展安全督查。

【旅游市场专项治理】 2013年，市旅游主管部门开展旅游市场专项整治大检查。抽查旅行社20家，未发现重大违法违规现象；清查旅行社缴存质量保证金情况，督促未按规定缴存的4家旅行社在限期内缴存；清查旅行社责任险缴纳情况，对没有按规定缴纳责任险的9家旅行社责令改正。强化落实公告制度，对旅行社设立及注销、行政处罚等政务实行一事一公告。开展旅行社业务专项大检查，针对国家旅游局所反映的南宁市普遍存在违法报价行为的问题，市旅游局会同南宁市旅游质量监督管理所派出检查组3个，对23家旅行社开展旅行社业务专项大检查，下达整改通知20份，要求违规旅行社立即进行整改，纠正旅游企业存在的安全隐患和市场违规行为。年内，接到旅游投诉案件141起，受理85起，除7起正在办理外，其余案件全部在规定时间内办结并达成和解协议，为投诉人挽回经济损失31.35万元。受理行政审批事项2225件，所有申请件均按照行政审批流程办结，群众满意率100%，市旅游局服务窗口被评为2013年第一季度、第二季度优质服务岗。

【旅游教育培训】 2013年，市旅游主管部门加强教育培训，提高旅游管理、从业人员的素质。开展南宁市12个县（区）“农家乐”经营者培训活动，培训1000人；组织开展导游人员年审培训4期，培训1700人；开展岗前培训2期，406人参训。年内，市旅游局完成导游年审2042名。完成2013年出境旅游、边境旅游领队培训报名，接受20家出境旅行社及分社报名，报名总人数988人，申办领队总人数比上年增长40%。

【旅游文明素质教育】 2013年，市旅游主管部门开展创文明城工作。做好“讲文明树新风”公益广告刊播，南宁市星级饭店、旅行社累计张贴悬挂各类“讲文明树新风”公益广告招贴画800多张，每天不间断滚动播出“讲文明树新风”公益广告口号28条，累计播出时间超过1.26万分钟。通过在A级旅游景区悬挂横幅、播放宣传口号、发放小折页等方式，营造文明旅游氛围。印制《文明旅游出行指南》等资料发放到游客手中，引导广大市民文明出游。推进旅游行业“道德讲堂”建设。在明园饭店和青秀山道德讲堂总堂举行旅游行业道德讲堂活动2场，南宁市新华大酒店、沃顿国际大酒店、银河大酒店组织本企业开展“道德讲堂”活动。年内，市旅游主管部门在行业内开展“我们的节日”主题活动，组织南宁中国旅行社、红林大酒店等旅游企业志愿者在埌东汽车站开展“红红火火过大年”主题活动，安排志愿者及时到岗到位，提供志愿服务。　　（周思伶）

2013年南宁市主要旅游景区（点）

国家4A级旅游景区：南宁青秀山风景名胜旅游区、南宁嘉和城景区、南宁九曲湾温泉度假村、广西现代农业技术展示中心（八桂田园）、南宁动物园、广西药用植物园、南宁大明山风景旅游区、广西科技馆、广西民族博物馆、南宁乡村大世界、武鸣县伊岭岩风景区、南宁良凤江国家森林公园

国家3A级旅游景区：南宁人民公园、南宁金花茶公园、横县西津湖景区、昆仑关旅游风景区、隆安县龙虎山风景区、横县九龙瀑布景区、宾阳县蔡氏书香古宅、大王滩景区、南宁凤凰谷生态景区、南宁海底世界、马山县金伦洞、南宁市金湖广场云顶观光旅游景区、南宁市华南城景区、宾阳县白鹤观旅游景区

全国农业旅游示范点：广西现代农业科技示范园（希望田野）、广西现代农业技术展示中心（八桂田园）、南宁乡村大世界、南宁扬美古镇、南宁坛洛镇金满园休闲观光果园

全国工业旅游示范点：横县西津水力发电厂

广西农业旅游示范点：上林县三里·洋渡生态农业旅游点、上林县不孤村生态农业旅游点、横县石井生态农业旅游点、西乡塘区石埠“美丽南方”忠良村、武鸣县纳天山庄、横县木祥生态园、宾阳县古辣镇蔡氏书香古宅、武鸣县下渌村、青秀区伶俐镇渌口坡村、青秀区长塘镇加踏坡、广西药用植物园、隆安县绿水江仙缘谷景区、侯哥花果山、南宁凤凰谷生态景区、南宁花花大世界、良庆区蚂蚁庄园

广西工业旅游示范点：南宁青岛啤酒有限公司、广西珠江啤酒有限公司

广西星级乡村旅游区：乡村大世界（5星）、花花大世界（4星）、康佳龙生态农庄（4星）、怡景生态园（4星）、侯哥花果山（3星）、百果苑生态园（3星）

责任编辑　梁　坤

综 述

【概 况】 2013年，南宁市有南宁国际会展中心、广西展览馆、广西博物馆、广西科技馆、南宁华南城会展中心5个可供展览的专业场馆，总面积21万平方米；举办专业会展105场。主要展览有第十届中国—东盟博览会、第十七届南宁国际学生用品交易会暨中国·东盟(南宁)国际教育展览会、南宁名品推广周、香港时尚购物展等；会议及其他活动有第十届中国—东盟博览会系列论坛、第十届中国—东盟商务与投资峰会、2013中国—东盟矿业合作论坛、第九届两岸经贸文化论坛等。每年定期举办的中国—东盟博览会、中国—东盟商务与投资峰会、南宁国际学生用品交易会，使南宁与东盟乃至世界各国的交流合作进一步深化，南宁城市知名度和影响力进一步提升。会展消费成为拉动全市市场消费的重要力量。随着中国—东盟博览会的举办，南宁市的办展能力，服务水平大幅提高，涌现出南宁国际会议展览有限责任公司、南宁大地飞歌文化传播有限责任公司、南宁华南城有限公司等专业化、市场化、高水平的会展组织。

(钟 情)

【南宁国际会议展览有限责任公司经营】 2013年，南宁国际会议展览有限责任公司(简称“会展公司”)承接展览展示活动74场、会议461场；经营收入比上年同期增长10%。完成第十届中国—东盟博览会、第十届中国—东盟商务与投资峰会、第十七届南宁国际学生用品交易会暨2013年中国—东盟(南宁)国际教育展览会等展会服务，实现安全生产零事故、消防安全零事故、设备运行零故障。6月，会展公司通过ISO9001:2008质量管理体系认证，成为中国西部地区第一个通过认证的展览场馆；被中国—东盟博览会秘书处授予“十载支持，十届辉煌”中国—东盟博览会10周年优秀现场服务商奖。

(马 骁)

商业展览

【香港时尚购物展·南宁】 2013年1月11日至15日，香港贸易发展局、自治区商务厅、南宁市政府联合主办的“香港时尚购物展·南宁” 在南宁国际会展中心举办。参展香港企业约150家、品牌260多个，展品包括潮流服饰、珠宝钟表、家居用品、食品及美容产品等；观展25万人次。期间，开展消费问卷调查800人，消费额在500元以上的超过320人，1000元以上的约160人。最受欢迎的商品类别依次为食品、服装、家庭用品。 (梁 槟)

【2013北部湾(南宁)第十届汽车展】 2013年4月11日至14日，中共南宁市青秀区委员会、青秀区政府，广西汽车流通协会主办的北部湾(南宁)第十届汽车展在南宁国际会展中心前广场举行。展区面积3万多平方米，参展汽车经销商112家、汽车品牌81个、车型600余款。活动主题为“魅力广西·驾驭梦想”。一汽大众、长安福特、通用别克、东风雪铁龙四大品牌以特装展区参展。期间，举办车展开幕式、评选形象大使、品牌新车发布会等活动10场，其中“与爱同行”山区孩子喜看南宁新变化启动仪式、广西电台私家车930魅力主播喜乐会爱心活动2场。广西汽车经销商向南宁市“希望工程”捐款25万元。

【2013年广西(南宁)房地产博览会】 2013年4月29日至5月1日，广西日报传媒集

1月11日至15日，“香港时尚购物展·南宁”在南宁国际会展中心举行。图为一对一商贸配对会现场 市工商联提供

团主办的第12届广西(南宁)房地产博览会在南宁国际会展中心举行。展览面积4万多平方米。参展楼盘110多个、房地产企业40余家,家装企业约10家。同期举办2013广西(南宁)房地产博览会旅游地产高峰论坛,国内知名专家、业界精英围绕国家新政策、新形势下房企转型和旅游地产发展进行深入讨论;举办2013年广西(南宁)房地产博览会颁奖典礼,评选出2013年度影响广西的房地产服务机构、2013年广西刚需精品名盘、2013年度广西价值投资名盘、2013年度影响广西的房地产名盘企业等12个奖项,荣和集团、盛天集团、云星地产集团、嘉和城、金源城、保利置业等榜上有名。南宁市住房保障和房产管理局首次参展,展示南宁市已建、在建及拟建保障性住房的总体规划图、布局图、配套设施规划图等,为市民提供住房保障等相关问题的法规咨询。

【第十七届南宁国际学生用品交易会暨2013中国·东盟(南宁)国际教育展览会】 2013年7月5日至7日,南宁市政府、中国国际贸易促进委员会广西分会主办的第十七届南宁国际学生用品交易会暨2013中国·东盟(南宁)国际教育展览会在南宁国际会展中心举行。展览面积3.50万平方米,展品包括教学仪器设备、文体用品、数码产品、教育出版物、学生装、学生保健品、校车等。参展企业600多家,观展约7万人。同期举办教育专题讲座、学生食品安全研讨会、动漫展、青年创意市集、品牌服装展等系列活动。澳大利亚皇家墨尔本理工大学、新西兰联合理工大学、美国爱达荷大学、英国埃克塞特大学等20所国外院校亮相教育展。 (钟 情)

【2013南宁名品推广周】 2013年11月23日至27日,南宁市商务局、南宁市工业和信息化委员会、南宁市农业局主办,南宁国际会议展览有限责任公司承办的2013南宁名品推广周在南宁国际会展中心举办。开幕式举行首批“广西老字号”企业授牌仪式,南宁贺欧食品有限公司、南宁市酱料厂等27家企业被授予“广西老字号”称号。展会配套有“南宁风尚·民俗风情天天演”“南宁味道·美食节”“消费赢大奖·好运转不停——幸运转盘”等活动。展览面积1.50万平方米,参展企业240多家,展品涵盖农副产品、纺织服装、轻工食品等千种消费产品,观展25.30万人次,现场销售额900多万元,达成合同意向金额700多万元。 (梁 槟)

【第六届中国—东盟(南宁)国际汽车展】 2013年12月5日至9日,南宁市政府、自治区商务厅、中国汽车流通协会、中国汽车工业国际合作有限公司、尚格会展股份有限公司主办的第六届中国—东盟(南宁)国际汽车展在南宁国际会展中心举行。车展启用南宁国际会展中心一、二层馆,15个展厅,室外前广场及二楼外侧平台,展出面积近7万平方米。参展汽车品牌87个。展品包括各类乘用车、商用车、汽车金融、汽车改装、汽车音响、汽车维护、二手车等,多个品牌汽车试驾体验活动在室外广场同期举办。

大型会议

【2013中国—东盟矿业合作论坛】 2013年5月10日至12日,自治区政府、中国国土资源部、中国商务部、中国国际贸易促进委员会共同主办,以“加强矿产技术合作,推动矿业科学发展”为主题的2013中国—东盟矿业合作论坛在南宁市举行。5月10日,开幕式在南宁国际会展中心举行。自治区主席陈武在开幕式上致辞,中国国土资源部副部长汪民在开幕式上作重要讲话。中国贸促会副会长于平、自治区副主席林念修、自治区政协副主席梁胜利、老挝矿产能源部副部长宋本·拉沙松本、柬埔寨驻南宁总领事馆总领事尹索飞、印度尼西亚驻广州总领事馆总领事甘多索里、马来西亚自然资源与环境部矿产资源司司长扎拉克、缅甸矿业部第三矿业集团总经理塔昂、泰国工业部初级工业矿产司司长山何·尼友泰、菲律宾地质矿产局副局长埃尔默、越南工商会副司长阮文海出席开幕式,国土资源部规划科技合作司司长姜建军主持开幕式。本届论坛举办中国—东盟矿业企业高峰论坛、中国—东盟矿业合作论坛第三次联络官会议,同期开设勘查技术论坛、采选技术论坛、矿业投融资论坛、珠宝玉石论坛、铁矿专题论坛等分论坛5个。来自中国和东盟国家有关官员和嘉宾800多人参加论坛。签约地质矿产合作项目15个,总金额51.90亿元。

【第九届两岸经贸文化论坛】 2013年10月26日至27日在南宁市举行。本届论坛的主题为“扩大交流合作、共同振兴中华”,围绕推进两岸经济科技合作、加强两岸文化产业合作、深化两岸教育交流合作3项议题进行研讨。中共中央政治局常委、全国政协主席俞正声,中国国民党荣誉主席吴伯雄出席论坛并致词。国共两党有关方面负责人,其他党派代表,两岸经济界、科技界、文化界、教育界等方面人士和专家学者约350人出席。两岸有关部门主管人士作为特邀嘉宾和特邀专家出席论坛。论坛提出共同建议19条。

公益展览

【第三届广西园林园艺博览会】 参见“环境保护·园林绿化”类目“园林绿化”分目。

【首届中国—东盟艺术双年展】 2013年12月14日至2014年1月30日,由自治区党委宣传部主办,知名独立策展人、艺术家罗苤策展的首届中国—东盟艺术双年展在南宁市东盟文化广场中心展厅举行。设特别展、主题展、新锐展、影像艺术展4个板块。特别展邀请方力钧、叶永青等数十位代表中国当代艺术三十年进程中各个阶段卓有成就的艺术家作品参展;主题展集合中国和东盟国家及欧美等国家和地区共20余名艺术家作品参展;新锐展集中展示30余位中国青年新锐艺术家作品;影像艺术展展映中国及东盟国家20余部优秀纪录片、剧情片和实验短片。蔡青(德国)、苍鑫、罗氏兄弟、孟小为、南溪、彭湘、丁世伟、方力钧等近百名艺术家300余件作品参展,总值近2亿元。双年展是国家或地区艺术最高成就的学术展览。南宁成为继广州、上海、成都、北京之后第5个举办双年展的城市。 (钟 情)

责任编辑 覃庆梅

个体私营经济

个体经济

【概 况】 2013年，南宁市个体经济持续稳步发展。新开业个体工商户4.39万户，从业人员10.03万人，注册资金23.57亿元。至年末，有个体工商户24.84万户，从业人员59.24万人，注册资金136.56亿元。港澳居民个体工商户新开户2户，从业人员12人，注册资金6万元；有港澳居民个体工商户14户，从业人员36人，注册资金197万元。台湾居民个体工商户新开户16户，从业人员59人，注册资金187万元；有台湾居民个体工商户20户，从业人员78人，注册资金249.80万元。

【个体工商户结构】 2013年，南宁市个体工商户24.84万户结构如下：按地域分，城镇19.86万户，从业人员32.01万人，注册资金102.42亿元，分别占总数79.98%、53.99%、75%；农村4.97万户，从业人员27.18万人，注册资金34.14亿元，分别占20.02%、46.01%、25%。按产业分，第一产业2608户，从业人员7877人，注册资金3.83亿元，分别占0.83%、1.33%、2.80%，户均注册资金14.68万元；第二产业9845户，从业人员6.43万人，注册资金6.64亿元，分别占3.96%、5.78%、4.86%，户均注册资金6.74万元；第三产业23.59万户，从业人员55.09万人，注册资金126.09亿元，分别占95.21%、92.89%、92.34%，户均注册资金5.50万元。

【个体贸易】 2013年，南宁市个体贸易业新开户3.27万户，从业人员6.63万人，注册资金15.60亿元。至年末，从事个体贸易业15.43万户，从业人员31.88万人，注册资金76.53亿元。其中：城镇个体贸易业12.34万户，从业人员17.22万人，注册资金57.40亿元；农村个体贸易业3.09万户，从业人员14.66万人，注册资金19.13亿元。

【个体社会服务】 2013年，南宁市个体社会服务业新开业4.31万户，从业人员9.33万人，注册资金23.62亿元。至年末，从事个体社会服务业23.55万户，从业人员54.84万人，注册资金154.41亿元。按地域分，城镇18.84万户，从业人员29.61万人，注册资金94.05亿元；农村4.71万户，从业人员25.23万人，注册资金60.36亿元。按行业分，批发和零售业15.43万户，从业人员31.88万人，注册资金76.53亿元；交通运输、仓储和邮政业2.19万户，从业人员3.23万人，注册资金24.03亿元；住宿和餐饮业2.91万户，从业人员10.27万人，注册资金10.05亿元；信息传输、软件和信息技术服务业622户，从业人员1318人，注册资金0.49亿元；金融业4户，从业人员12人，注册资金25万元；房地产业29户，从业人员77人，注册资金242万元；租赁和商务服务业3177户，从业人员8408人，注册资金2.07亿元；科学研究和技术服务业611户，从业人员1618人，注册资金3041万元；水利、环境和公共设施管理业18户，从业人员52人，注册资金202万元；居民服务、修理和其他服务业2.31万户，从

2013年南宁市个体经济行业分布情况

行业	个体工商户		
	户数	从业人员(人)	注册资金(万元)
合计	248359	592842	1365680
农、林、牧、渔业	2608	7877	38291
采矿业	129	550	2771
制造业	9253	32352	61097
电力、热力、燃气及水生产和供应业	32	91	1042
建筑业	431	1041	1486
批发和零售业	154294	318826	765346
交通运输、仓储和邮政业	21900	32370	240362
住宿和餐饮业	29071	102770	100528
信息传输、软件和信息技术服务业	622	1318	4872
金融业	4	12	25
房地产业	29	77	242
租赁和商务服务业	3177	8408	20748
科学研究和技术服务业	611	1613	3041
水利、环境和公共设施管理业	18	52	202
居民服务、修理和其他服务业	23179	76159	84387
教育	23	122	1016
卫生和社会工作	1594	3902	8318
文化、体育和娱乐业	999	2819	25016
其他	385	2483	6890

业人员 7.62 万人，注册资金 8.44 亿元；教育 23 户，从业人员 122 人，注册资金 1016 万元；卫生和社会工作 1594 户，从业人员 3902 人，注册资金 8318 万元；文化、体育和娱乐业 999 户，从业人员 2819 人，注册资金 2.50 亿元。

私营经济

【概　况】 2013 年，南宁市私营经济继续保持快速发展，在国民经济和社会发展中的地位作用进一步增强。新登记 1.67 万户，投资者 3.05 万人，雇工 7.62 万人，注册资金 228.02 亿元，比上年分别增长 26.86%、26.03%、13.56%、81.02%。至年末，有私营企业 9.23 万户(其中分支机构 1.06 万户)，投资者 21.97 万人，雇工 67.14 万人，注册资金 1148.83 亿元，分别增长 20.18%、12.90%、15.01%、24.22%。私营企业发展呈以下特点：投资规模和生产经营进一步扩大，全市私营企业户均注册资金 124.44 万元；有限责任公司仍是企业主导形式，全市有私营有限责任公司 7.91 万户，占总数 85.66%，私营股份有限公司 962 户，占 1.04%，私营独资企业 5996 户，占 6.49%，私营合伙企业 634 户，占 0.69%。

【私营企业结构】 2013 年，南宁市有私营企业 9.23 万户。按企业类型划分，独资企业 1.16 万户（其中分支机构 232 户），投资者 1.14 万人，雇工 3.60 万人，注册资金 127.99 亿元；合伙企业 634 户(其中分支机构 29 户)，合伙人 3053 人，雇工 4901 人，认缴出资金额 10.39 亿元，实缴出资金额 9.35 亿元；有限责任公司 7.91 万户（其中分公司 9340 户），投资者 20.41 万人，雇工 62.75 万人，注册资金 996.47 亿元,实收资金 986.50 亿元,其中自然人独资 5655 户，投资者 5655 人，雇工 1.88 万人，注册资金 57.48 亿元，法人独资 341 户，投资者 341 人，雇工 2119 人，注册资金 19.19 亿元；股份有限公司 962 户(其中分公司 951 户)，投资者 1217 人，雇工 2975 人，注册资金 13.98 亿元，实收资金 13.44 亿元。按地域划分，城镇私营企业 5.26 万户，投资者 10.33 万人，雇工 25.51 万人，注册资金 320.67 亿元，分别占总数 43%、52.70%、62%、72.08%；农村私营企业 3.97 万户，投资者 11.64 万人，雇工 41.63 万人，注册资金 828.16 亿元，分别占 57%、47.30%、38%、27.92%；按产业划分，第一产业 6532 户（其中分支机构 690 户），投资者 8961 人，雇工 2.54 万人，注册资金 98.07 亿元，分别占 7.15%、4.11%、3.79%、8.58%；第二产业 9898 户(其中分支机构 1097 户)，投资者 2.14 万人，雇工 6.85 万人，注册资金 208.51 亿元，分别占 10.84%、9.81%、12.26%、18.25%；第三产业 9.13 万户（其中分支机构 1.03 万户），投资者 18.78 万人，雇工 57.43 万人，注册资金 835.84 亿元，分别占 82.01%、86.18%、85.95%、73.17%。第三产业私营企业中，科学研究、技术服务成投资热点，有企业 5906 户，比上年增加 1135 户，增长 23.79%；批发和零售业发展扩大，有企业 4.61 万户，增加 1.10 万户，增长 31.30%；金融业增长势头强劲，有 288 户，增加 129 户，增长 81.13%；其他行业也有一定增幅，住宿和餐饮业 1913 户，增加 747 户，增长 64.06%；房地产业 3045 户，增加 420 户，增长 16%；水利、环境和公共设施管理业 286 户，增加 70 户，增长 32.40%；教育业 176 户，增加 53 户，增长 43.09%；卫生和社会工作 81 户，增加 18 户，增长 28.57%；文化、体育和娱乐业 956 户，增加 245 户，增长 34.46%。由于发展不平衡，受政策面的影响，小部分行业比上年下降，交通运输、信息传输、软件和信息技术服务业 1635 户，减少 793 户，减少 32.66%；租赁和商务服务业 8327 户，减少 2138 户，减少 20.43%；居民服务、修理和其他服务业 3553 户，减少 95 户，减少 2.60%。　（潘文启）

2013 年南宁市私营企业行业分布情况

行业	私营企业				
	户数	其中分支机构	投资者（人）	雇工（人）	注册资金(出资金额)万元
合计	92317	10552	219747	671358	11488304
农、林、牧、渔业	6532	690	8961	25353	980659
采矿业	413	21	667	1945	83576
制造业	5542	363	12044	44049	971261
电力、燃气及水的生产和供应业	215	74	779	848	66209
建筑业	3728	639	7921	21690	964096
批发和零售业	46070	5378	123443	400762	2022313
交通运输、仓储和邮政业	1635	161	3942	7808	257357
住宿和餐饮业	1913	287	3229	8821	157484
信息传输、软件和信息技术服务业	2608	169	4811	13114	472861
金融业	288	51	867	2092	423736
房地产业	3045	464	6913	19886	1182464
租赁和商务服务业	8327	941	21370	58872	2184853
科学研究和技术服务业	5906	312	13529	34842	1124431
水利、环境和公共设施管理业	286	24	737	1894	81453
居民服务、修理和其他服务业	3553	623	6479	19087	330805
教育	176	31	327	759	15347
卫生和社会工作	81	11	158	414	6272
文化、体育和娱乐业	956	55	2035	5900	99007
其他	1043	258	1535	3222	64120

责任编辑　李敬江

财政·税务

财　政

【概　述】 2013年，南宁市财政局设科室22个，下设二层机构12个；辖区（区）财政局12个，开发区财政局5个。全系统干部职工1854人（市财政局786人）。面对复杂多变的宏观经济形势，紧紧围绕南宁市委、市政府对财政工作的总体部署和提升首府财政首位度目标，坚持“稳中求进”的总基调，继续实施财政政策，推进“现代产业、五象新区、重大基础设施、民生保障”四大建设，做好“绿、水、新、旧、通”五篇文章，发挥财政职能作用，在推进全市经济社会发展的同时，财政收支实现平稳良好运行。全市组织财政收入473.66亿元，完成南宁市十三届人大四次会议批准的收入计划472.66亿元100.21%，增长12.24%。财政总收入468.55亿元，财政总支出436.58亿，收支相抵，年终滚存结余31.97亿元，其中专款结转25.09亿元，净结余6.88亿元。

【财政收入】

财政总收入　2013年，南宁市财政总收入468.55亿元。其中：公共财政预算收入256.25亿元，完成预算100.37%，增收26.52亿元，增长11.54%；转移性收入212.30亿元（上级补助收入163.89亿元，政府债券收入10.21亿元，上年结余收入（含专款结转）38.20亿元）。

公共财政预算收入　公共财政预算收入256.25亿元，在公共财政预算收入中，税收收入完成181.79亿元，完成预算100.84%，增收23.74亿元，增长15.03%。其中：增值税收入15亿元，完成预算114.73%，增收3.06亿元，增长25.60%；营业税47.86亿元，完成预算100.13%，增收7.28亿元，增长17.95%；企业所得税24.40亿元，完成预算94.13%，增收3.04亿元，增长14.21%；个人所得税6.55亿元，完成预算99%，增收0.76亿元，增长13.10%；资源税6020万元，完成预算91.60%，减少446万元，下降6.90%；城市维护建设税15.33亿元，完成预算100.32%，增收2.50亿元，增长19.46%；房产税7.99亿元，完成预算104.84%，增收1.96亿元，增长32.56%；印花税4.15亿元，完成预算102.23%，增收6424万元，增长18.32%；城镇土地使用税2.80亿元，完成预算87.56%，增收3110万元，增长12.52%；土地增值税22.24亿元，完成预算88.68%，减少1.78亿元，下降7.40%；车船税3.09亿元，完成预算99.75%，增收5633万元，增长22.33%；耕地占用税10亿元，完成预算144.87%，减少1.25亿元，下降11.14%；契税21.78亿元，完成预算103.86%，增收6.75亿元，增长44.88%。

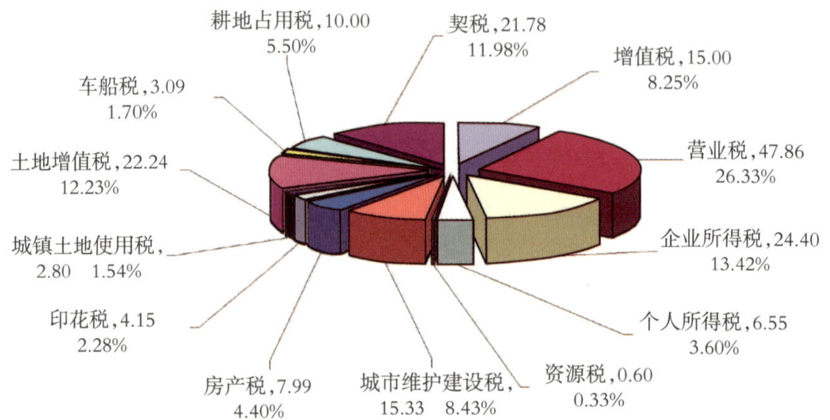

非税收入完成74.48亿元，完成预算99.26%，增收2.78亿元，增长3.87%。其中：专项收入7.34亿元，完成预算96.56%，增收9837万元，增长15.48%；行政性收费收入12.11亿元，完成预算

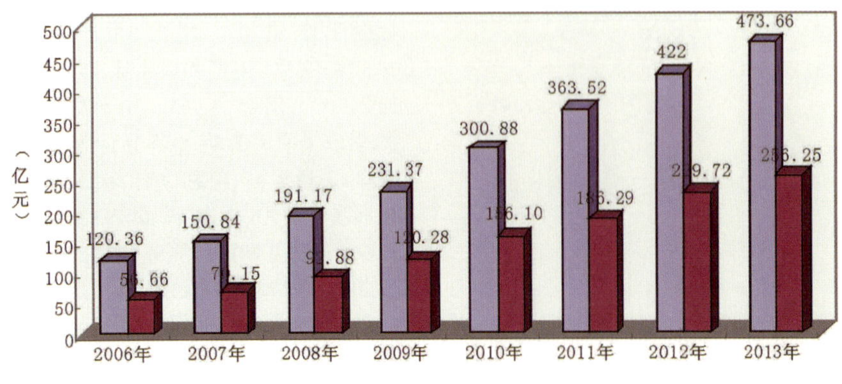

97.03%,减少 6.25 亿元,下降 34.05%;罚没收入 2.34 亿元,完成预算 96.16%,减少 1.5 亿元,下降 39.06%;国有资本经营收入 17.02 亿元,完成预算 115.67%,减少 4.98 亿元,下降 22.65%;国有资源(资产)有偿使用收入 30.33 亿元,完成预算 94.61%,增收 17.15 亿元,增长 130.11%;其他收入 5.34 亿元,完成预算 92.94%,减少 2.62 亿元,下降 32.94%。

市本级财政总收入　2013 年,南宁市本级财政总收入 338.47 亿元,其中:公共财政预算收入 136.73 亿元,完成预算 101.98%;转移性收入 201.73 亿元(上级补助收入 163.89 亿元,政府债券收入 8.98 亿元,下级上解收入 5.01 亿元,上年结余收入、包括专款结转 23.85 亿元)。市本级组织财政收入完成 208.90 亿元,增加 11.54 亿元,增长 5.85%。

市本级公共财政预算收入　市本级公共财政预算收入 136.73 亿元,在市本级公共财政预算收入中,税收收入完成 103.49 亿元,完成预算 101.73%,增收 10.82 亿元,增长 11.68%。其中:增值税 6.88 亿元,完成预算 106.24%,增收 1.19 亿元,增长 20.88%;营业税 21.28 亿元,完成预算 107.77%,增收 3.34 亿元,增长 18.59%;企业所得税 12.08 亿元,完成预算 87.40%,增收 1.42 亿元,增长 13.30%;个人所得税 3.17 亿元,完成预算 103.13%,增收 3675 万元,增长 13.12%;城市维护建设税 7.01 亿元,完成预算 94.51%,增收 6271 万元,增长 9.82%;房产税 3.73 亿元,完成预算 105.48%,增收 6732 万元,增长 22.05%;印花税 2704 万元,完成预算 99.34%,增收 394 万元,增长 17.06%;城镇土地使用税 2.05 亿元,完成预算 92.59%,增收 443 万元,增长 2.20%;土地增值税 18.73 亿元,完成预算 93.34%,减少 2.94 亿元,下降 13.58%;车船税 2.83 亿元,完成预算 101.41%,增收 5198 万元,增长 22.51%;耕地占用税完成 6.05 亿元,完成预算 109.79%,减少 2605 万元,下降 4.13%;契税 19.40 亿元,完成预算 115.46%,增收 5.85 亿元,增长 43.16%。

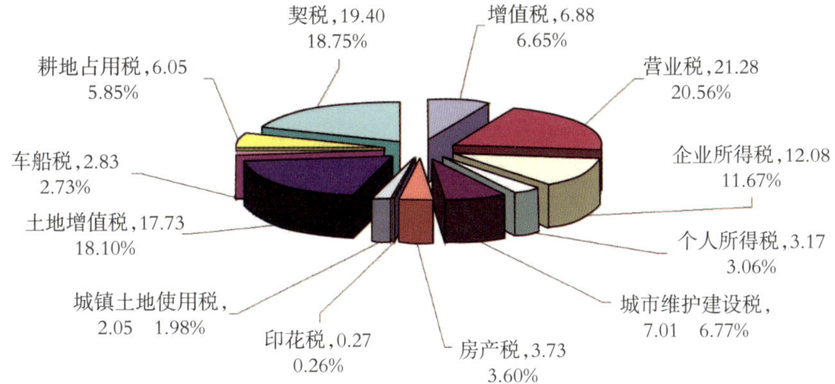

非税收入完成 33.25 亿元,完成预算 102.77%,减少 3.94 亿元,下降 10.58%。其中:专项收入 3.23 亿元,完成预算 100.07%,增收 1229 万元,增长 3.96%;行政性收费收入 3.89 亿元,完成预算 91.95%,减少 6.91 亿元,下降 63.95%;罚没收入 5106 万元,完成预算 106.38%,减少 1.24 亿元,下降 70.78%;国有资本经营收入 7.48 亿元,完成预算 177.36%,减少 4.68 亿元,下降 38.48%;国有资源(资产)有偿使用收入 13.70 亿元,完成预算 84.09%,增收 9.94 亿元,增长 264.59%;其他收入 4.43 亿元,完成预算 113.64%,减少 1.18 亿元,下降 20.98%。

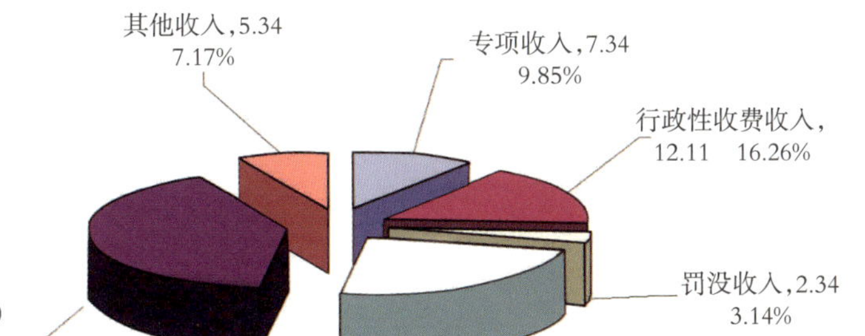

【财政支出】

财政总支出　2013 年,南宁市财政总支出 436.58 亿元。其中:公共财政预算支出 419 亿元,完成预算 94.35%,增加 42.54 亿元,增长 11.30%;转移性支出 17.58 亿元(上解上级财政支出 13.58 亿元,调出资金 2.50 亿元,安排预算稳定调节基金 1.50 亿元)。

公共财政预算支出　南宁市公共财政预算支出 419 亿元。其中:一般公共服务支出 49.95 亿元,完成预算 95.49%,增加 4.86 亿元,增长 10.78%;国防支出 8209 万元,完成预算 99.84%,减少 4916 万元,下降 37.46%;公共安全支出 26.54 亿元,完成预算 96.55%,增加 8.52 亿元,增长 47.24%;教育支出 70.32 亿元,完成预算 97.74%,增加 4.25 亿元,增长 6.43%;科学技术支出 6.21 亿元,完成预算 95.19%,增加 1.05 亿元,增长 20.43%;文化体育与传媒支出 5.77 亿元,完成预算 94.63%,减少 8600 万元,下降 12.97%;社会保障和就业支出 42.61 亿元,完成预算 94.18%,增加 6.22 亿元,增长 17.11%;医疗卫生支出 35.90 亿元,完成预算 93.07%,增加 1.49 亿元,增长 4.32%;节能环保支出 7.62 亿元,完成预算 84.90%,增加 2.12 亿元,增长 38.56%;城乡社区事务支出 51.71 亿元,完成预算 98.27%,增加 12.52 亿元,增长 31.94%;农林水事务支出 37.32 亿元,完成预算 95.63%,增加 4.99 亿元,增长 15.44%;交通运输支出 16.25 亿元,完成预算 93.75%,减少 1.25 亿元,下降 7.15%;资源勘探电力信息等事务支出 32.24 亿元,完成预算 91.57%,减少 2.50 亿元,下降 7.20%;商业服务业等事务支出 3.02 亿元,完成预算 90.44%,减少 1.05 亿元,下降 25.89%;金融监管等事务支出 1744 万元,完成预算 88.14%,减少 3205 万元,下降 64.76%;国土资源气象等事务支出 2.84 亿元,完成预算 82.40%,减少 4477 万元,下降 13.60%;住房保障支出 12.75 亿元,完成

2013 年南宁市本级非税收入结构 单位：亿元、%

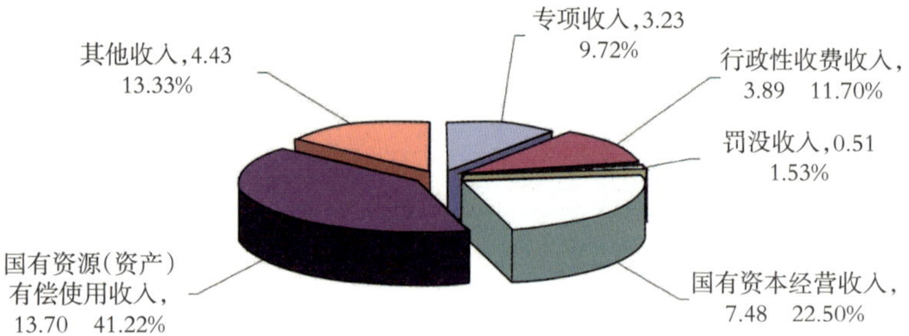

预算 93.26%，减少 1.91 亿元，下降 13.05%；粮油物资储备管理事务支出 4344 万元，完成预算 96.95%，减少 65 万元，下降 1.47%；国债还本付息支出 5761 万元，完成预算 91.20%，增加 1118 万元，增长 24.08%；其他支出 15.95 亿元，完成预算 81.39%，增加 5.25 亿元，增长 49.12%。按财政部口径计算，2013 年南宁市财政民生支出 292.74 亿元，增长 12.96%，占当年南宁市公共财政预算支出的比重为 69.87%，比上年提高 0.4 个百分点。其中：公共财政预算支出 159.69 亿元，完成预算 90.29%，增加 5.70 亿元，增长 3.70%；转移性支出 151.77 亿元(体制上解支出 4 亿元，专项上解支出 9.58 亿元，补助下级支出 134.19 亿元，调出资金 2.50 亿元，安排预算稳定调节基金 1.50 亿元)。

南宁市本级财政总支出 南宁市本级财政总支出 311.46 亿元。

南宁市本级公共财政预算支出 2013 年，南宁市本级公共财政预算主要支出项目：一般公共服务支出 12.17 亿元，完成预算 88.74%，增加 1.77 亿元，增长 17.02%；国防支出 5353 万元，完成预算 96.02%，减少 5491 万元，下降 50.64%；公共安全支出 14.03 亿元，完成预算 96.08%，增加 6.87 亿元，增长 96.05%；教育支出 19.60 亿元，完成预算 95.83%，增加 1.15 亿元，增长 6.22%；科学技术支出 3.16 亿元，完成预算 96.62%，增加 2700 万元，增长 9.35%；文化体育与传媒支出 3.81 亿元，完成预算 91.03%，减少 1.23 亿元，下降 24.40%；社会保障和就业支出 12.83 亿元，完成预算 94.46%，增加 1.44 亿元，增长 12.64%；医疗卫生支出 8.74 亿元，完成预算 92.21%，减少 1.38 亿元，下降 13.66%；节能环保支出 2.39 亿元，完成预算 52.62%，增加 6518 万元，增长 37.59%；城乡社区事务支出 22.46 亿元，完成预算 96.69%，增加 1699 万元，增长 0.76%；农林水事务支出 11.74 亿元，完成预算 95.77%，增加 1.04 亿元，增长 9.75%；交通运输支出 10.62 亿元，完成预算 93.51%，减少 3.45 亿元，下降 24.53%；资源勘探电力信息等事务支出 21.29 亿元，完成预算 93.86%，减少 2.73 亿元，下降 11.38%；商业服务业等事务支出 1.16 亿元，完成预算 75.78%，减少 4975 万元，下降 29.96%；金融监管等事务支出 1441 万元，完成预算 93.15%，增加 39 万元，增长 2.78%；国土资源气象等事务支出 1.61 亿元，完成预算 76.95%，增加 483 万元，增长 3.09%；住房保障支出 4.96 亿元，完成预算 62.29%，减少 3674 万元，下降 6.90%；粮油物资储备等管理事务支出 1395 万元，完成预算 95.03%，减少 393 万元，下降 21.98%；其他支出 7.94 亿元，完成预算 78.47%。

【政府性基金】

南宁市政府性基金 2013 年，南宁市政府性基金预算总收入 284.12 亿元。其中：当年基金收入 230.93 亿元，增长 35.41%；上级补助收入 16.92 亿元；调入资金 2.50 亿元；上年结余收入 33.77 亿元。南宁市政府性基金预算总支出 214.63 亿元，其中：当年基金支出 204.83 亿元，增长 37.48%；上解上级支出 9.80 亿元。收支相抵，年终滚存结余 69.49 亿元。

南宁市本级政府性基金 南宁市本级政府性基金预算总收入 254.55 亿元。其中：当年基金收入 210.23 亿元，增长 33.42%；上级补助收入 16.92 亿元；调入资金 2.50 亿元；上年结余收入 24.90 亿元。南宁市本级政府性基金预算总支出 198.34 亿元。其中：当年基金支出 178.81 亿元；上解上级支出 9.80 亿元；补助下级支出 9.73 亿元。收支相抵，年终滚存结余 56.21 亿元。

【财政改革】 2013 年，南宁市财政局继续深化部门预算改革，推进预算绩效管理，选取市本级 7 个部门的 7 项重点支出开展绩效评价试点。推进财政信息公开工作，实现市本级 119 个一级预算单位部门预算公开、409 个部门预算单位(含基层预算单位)决算公开和本级“三公”经费信息公开。强化非税收入征管，正式启用非税收入收缴管理系统，在市直各部门推行财政票据电子化管理系统，实现非税收入收缴信息及时、完整和准确。加强财政管理制度建设，提请市政府印发关于统筹城乡发展、文化产业发展等多项专项资金管理办法。推进政府购买服务，通过合同、委托等方式引入竞争机制，结合实际研究完善政府采购、预算科目、会计处理等具体政策，结合推进事业单位分类、行业协会商会脱钩等相关改革，促进政府职能转变。盘活财政存量资金，研究建立结余结转资金定期清理机制，盘活财政专户存量资金，加强国库资金管理，减少新增财政存量资金沉淀。

2013 年南宁市公共财政预算支出结构 单位：亿元、%

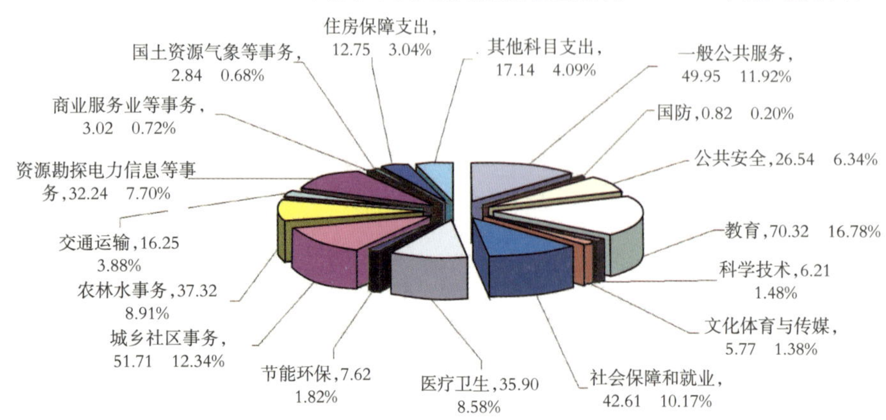

2013 年南宁市本级公共财政预算支出结构　　单位：亿元、%

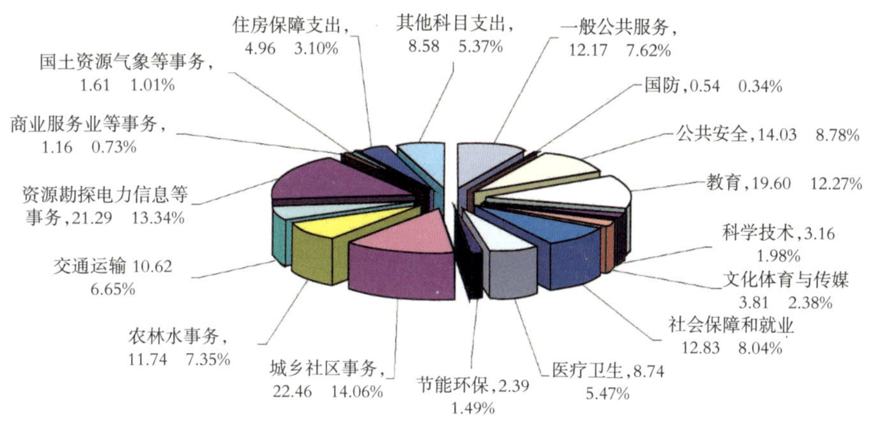

【财政监督】 2013 年，南宁市财政局严格财政监督，强化重大政策落实和民生资金管理使用情况监督检查，重点加大对社保、教育等民生资金的检查力度，加强财政部门内部监督以及基层财政监管能力建设。加大项目投资评审力度，开展对“小金库”、公务用车、专项资金等专项治理监督检查。成立专门的领导小组，采取上下联动的方式，对南宁市计生、交警系统开展会计监督专项检查。采取自查和重点检查相结合的方式加强内部监督检查，重点检查部门的预算编制、预算执行、预算调整和决算等管理情况、部门及所属单位的预算、资产和财务管理情况、财政专项资金管理情况。加强县乡财政监督检查联系点的工作要求，强化基层财政监督职能，推进基层财政科学化精细化管理。

【经济发展拨款】 2013 年，南宁市财政安排工业发展资金 3.80 亿元、工业用地储备滚动使用资金 7 亿元、工业园区基础设施建设滚动使用资金 3 亿元、铝加工补助资金 2.40 亿元，支持铝加工、电子信息、轻工食品、现代装备制造等现代工业及工业园区的基础设施建设。安排航线培育资金 4000 万元，支持南宁市国际航线培育，促进首府南宁与东盟各国的经济贸易往来。安排专项资金 4.10 亿元支持物流业、金融、总部经济、涉外贸易、会展、旅游等现代服务业发展，夯实财源基础。安排新办微型企业资本金补助资金 1800 万元，鼓励和支持微型企业健康发展。推进南宁市 “两台一会”(借款平台、担保平台、信用协会)中小企业融资担保体系建设，拨付中小企业服务中心“两台一会”配套资金 1 亿元，直接拉动中小企业贷款 25 亿元，放大财政资金使用效应。安排农林水事务支出37.32 亿元，比上年增长 15.72%，支持农业科技创新，推广农业标准化生产。筹集农业综合开发专项资金 1.42 亿元，支持南宁市农业产业化和农民专业合作社发展。

【新农村建设拨款】 2013 年，南宁市财政落实行政村畅通工程项目建设资金 5000 万元，农村公路危桥改造工程建设资金 1613 万元。实施农村危房改造工程，改造工程六县六城区市本级配套资金 1395 万元。拨付本级水利项目工程款 4274 万元、农田水利建设项目资金 1.40 亿元，用于五化灌区、西津电灌总站、龙门水库、天雹水库除险加固、渠道修改、硬化改造等工程项目。拨付 13 万元建设“万村千乡市场工程”，用于新建和改造配送中心 5 个、日用品农家店 45 个、农资农家店 150 个。安排 300 万元建设“新网工程”，主要用于供销合作联社农业生产资料经营服务网络、日用消费品经营服务网络、农副产品现代购销网络、再生资源回收网络等 16 个项目建设。投入 9534 万元，支持贫困村基础设施和产业扶贫，是历年来市本级财政投入扶贫资金最多的一年。落实各项支农惠农政策，发放农资综合补贴 4.50 亿元、种粮农民直接补贴 2760 万元。筹措农村“一事一议”财政奖补资金 1.87 亿元，完成村级公益事业建设项目 2138 个，创新“一事一议”财政奖补的工作机制，调动广大农民参与农村公益事业建设的积极性，村民事，村民议，村民定，村民建，村民管，逐步构建起“政府资助、农民参与、社会支持”的村级公益事业建设投入新机制，使“一事一议”财政奖补政策日益成为一条破解南宁市农村公益事业建设难题、推进新农村建设和统筹城乡发展的途径。

【社会事业拨款】 2013 年，南宁市财政民生支出 292.74 亿元，比上年增长 12.96%，占全市公共财政支出 69.87%，保障“三农”、教育、医疗、社会保障、住房等民生领域支出需要。市财政筹措并拨付资金 58.12 亿元，确保自治区 10 大为民办实事工程及南宁市 20 件为民办实事项目的完成。支持发展教育事业，教育支出 70.32 亿元；农村义务教育学生营养改善计划投入 2.33 亿元，惠及学生 40 万人，受益面扩大至六县；投入 1650 万元，推进 3 所广西中等职业教育示范特色学校和 6 个广西中等职业教育实训基地建设。加大对城镇低收入群体补贴力度，筹集城乡低保资金 2.40 亿元，惠及 19.42 万名困难群众；安排社区惠民资金 3520 万元，完善公共卫生医疗体系。加强三级医疗卫生和农村基层医疗卫生服务体系建设，加快城市社区卫生服务中心建设；新型农村合作医疗参合率 99.38%；人均基本公共服务经费标准提高到 30 元，基层医疗卫生机构免费向群众提供 10 项公共卫生服务；强化疾病预防控制，启动市疾控中心(三期)工程和广西艾滋病治疗关怀中心(南宁)项目建设。支持文化事业发展，财政投入 4500 万元完成 129 个村级公共服务中心项目，市群众艺术馆、市民族艺术基地、市博物馆等重大公共文化设施项目进展顺利；投入 5000 万元专项资金扶持文化产业加快发展，中国—东盟创意乐园、广州励丰“文化立方体”项目顺利推进，成功举办 2013 年南宁国际半程马拉松比赛、南宁国际龙舟赛等 5 项国际赛事，第 45 届世界体操锦标赛筹备工作有序开展，广西体育中心配套工程加快建设。

【城建项目拨款】 2013 年，南宁市财政局多方筹措财政性城建资金 295.78 亿元，增长 16.52%，支持“中国水城”、五象新区、重大交通基础设施等重点项目建设，做好“绿、水、新、旧、通”五篇“文章”。深入开展国家生态园林城市创建工作，城市绿化、美化、彩化三年行动计划初见成效。“中国水城”建设步伐加快，邕江综合整治和开发利用示范段工程等项目竣工，邕江地表水质达标率 100%，民歌湖、相思湖、明月湖等环城水系进一步提升。加快推进五象新区开发建设,玉洞大道、平乐大道建成通车,总部基地95%的土地已落实项目,大企业大项目加速集聚。推进旧城改造,水街片区旧城区改建、老南宁三街两巷旧城改造项目顺利推进。轨道交通1号线全线25座车站进入土建施工阶段,2号线顺利开工,南桂、南柳及南宁至钦北防高铁相继开通,城市道路“白改黑”工程完成224条,白沙大道三座立交桥、民主铁路立交桥、金湖广场下穿民族大道等城市立交桥如期建成通车。利用国外贷款2.42亿元,支持城市环境改善、水环境整治等多个项目加快推进。支持推进“美丽南宁·清洁乡村”和“美丽南宁·整洁畅通有序大行动”活动开展,多方筹措整合资金52.84亿元,为清洁乡村活动和整洁畅通有序大行动提供坚实的财力保障。拨付节能环保资金7.62亿元,支持城市生态文明建设。

(李　宁　黄志红　邓小阳　陈国栋　马利芳)

国家税务

【概　况】2013年,南宁市国税局设科室15个、直属机构2个(稽查局、车辆购置税征收管理分局),下辖第一、第二、第三稽查局,设信息中心、机关服务中心、票证中心3个事业单位,辖县(区)国税局12个,开发区国税局3个。全系统在职人员1587人。市国税局税务登记户17.46万户(单位纳税人8.62万户,个体纳税人8.84万户)。增值税纳税人16.39万户,一般纳税人2.02万户,非个体小规模纳税人5.58万户,个体小规模纳税人8.79万户。缴增值税的纳税人11.81万户。消费税纳税人200户,企业所得税纳税人5.16万户。年纳税额1亿元以上的有13户、5000万元以上的33户、1000万元以上的187户。市国税获“广西五一劳动奖状”、2012年全国级“职工书屋”示范点、第三批自治区“和谐邻里”小区称号。

纳税金额前10名的企业:广西中烟工业有限责任公司(108.92亿元)、广西壮族自治区烟草公司南宁市公司(6.22亿元)、广西北部湾银行股份有限公司(4.35亿元)、广西电网公司(3.90亿元)、广西壮族自治区农村信用社联合社(2.16亿元)、华润置地(南宁)有限公司(2.04亿元)、中国移动通信集团广西有限公司(2亿元)、广西电网公司南宁供电局(1.85亿元)、中国石油化工股份有限公司广西石油分公司(1.42亿元)和交通银行股份有限公司广西壮族自治区分行(1.34亿元)。

【国税收入】2013年,南宁市国税局不断深化税源分类管理,严格日常申报管理。对年度纳税额2000万元以上的80户支柱企业逐户进行上门服务,对年度纳税额50万元~2000万元的1643户重点企业采取分行业与分税种相结合的管理方式,形成管理股、县(区)局、市局三级监控架构,对小型企业税收和个体税收采取以票控税和综合治税相结合的管理办法,做到“抓大、控中、定小”,掌握税源发展变化趋势,确保组织收入,税收收入预测准确率98%,比上年提高0.90%,组织各项税收入库197.45亿元,增收22.44亿元,增长12.82%,收入总量、增量均居自治区各市首位,收入总量占自治区国税总收入23.65%,收入增量占自治区国税增量36.33%。其中:自治区国税局计划考核口径税收入库178.22亿元,增收19.10亿元,增长12%;市政府考核口径税收收入177.28亿元,增收18.74亿元,增长11.82%。

【税收征管】2013年,南宁市国税局征管质量主要指标保持在99%以上,全局平均准期申报率98.74%%,税款入库率99.83%,按金额计算滞纳金加收率100%。

大企业管理　为大企业提供个性、优化服务。主动为签订税收遵从协议的大企业提供涉税咨询服务、预约服务,举办专题培训,参训部分企业及其分支机构财务人员400多人。创新大企业风险管理手段,探索推行项目制的风险评级方式,针对9个风险项目筛选出83户高风险企业名单下发基层单位核查。对石油、天然气等大型企业集团深入开展税务风险评估,发现石油石化行业企业涉税风险点285项,促进石油石化行业企业完善税务内控机制。组织烟草、银行、电力3个税务审计工作团队,对相关企业开展税务审计,发现涉税风险点23个,涉及应补企业所得税1.81亿元。

发票管理　全面推广普通发票网络开具。根据国家税务总局提出“简并票种、统一式样、建立平台、网络开具”的普通发票管理要求,进一步扩大网络发票使用范围,压缩手工发票,将网络发票从万元版扩大到千元版,要求全市47户大型商场、超市统一使用网络发票和卷式发票,提升普通发票管理的规范化和信息化水平,并满足公众发票真伪鉴别和税务机关监管仲裁需要。建立发票开具信息与纳税申报情况比对分析机制,逐步实现从“以票控税”向“信息管税”的转变,进一步强化税源监控。对一般纳税人停止供应手工版普通发票。使用网络发票的1.78万户,通过网络发票系统开具发票166万份,开具金额224亿元。

纳税评估　完善纳税评估流程,制作流程图、规范评估表证单书,设置案头审核、约谈举证、实地核查、评估结果4个环节,按照部门责任明晰、操作简便易行、文书统一规范的原则,完善纳税评估程序。借助第三方信息拓宽纳税评估监控领域,重点对房地产、中石油、中石化、建材、汽车等行业企业开展纳税评估,评估入库6643万元,调减亏损2.30亿元。

货物和劳务税管理　做好增值税一般纳税人认定管理,认定一般纳税人资格435户,取消资格339户。对556户纳税人固定资产进项税额抵扣和增值税留抵税额进行核查,核减固定资产进项税额837万元,核减留抵税额2463万元。对2012年连续12期零负申报且每期应税销售额均大于零的131户增值税一般纳税人进行核查,补缴增值税和滞纳金6.64万元。对异常海关完税凭证和运输发票1261份进行核查,发现不符要求7份,缺联463份,作废791份,遏制虚开虚抵税款行为。采集上报1883份海关缴款书电子信息,涉及税款5.84亿元;相符的海关缴款书有1837份,占全部需比对海关缴款书97.50%,不符合要求1份,缺联25份,滞留20份。对制糖行业税负异常情况进行核查,采集12户制糖企业2010年至2013年7月纳税申报等涉税有关数据进行统计分析,对异常指标开展纳税评估,核实应补缴增值税1003万元。

所得税管理　探索实施“规模+行

业+特殊事项”的企业所得税管理模式，提升所得税征管质量。根据企业经营规模、建账情况、税收贡献、纳税信用等级等标准，对纳税人进行科学分类，确定有针对性的征管及服务方式。对经营规范、纳税信用等级高的企业，加强企业所得税申报管理和财务指标案头分析，开展评估工作。对少数经营规模较大，核算水平不够高的企业，从日常核算、季度申报和年终汇算等方面纳税辅导力度，提高企业参与自核自缴、自行调整纳税申报的准确性。对账证不健全的中小企业，核定征收，从饲料、餐饮、娱乐服务等行业入手，推进核定征收方式；在此基础上，督促纳税人建账建制，逐步由核定征收向查账征收过度。对盈亏不定、微利申报或“长亏不倒”的企业实施重点监督管理。根据纳税人经营规模及经济性质，开展分类评估。对重点税源纳税人，实行“辅导式”评估，侧重对企业所得税法与会计处理差异事项调整方面的评估；对经营规模中等的纳税人，实行“解剖式”评估；对生产经营规模较小的纳税人，实行“规范式”评估。利用信息数据，强化季度预缴管理。在引导纳税人对财务报表信息实行网上申报的基础上，利用报表数据与申报数据进行比对，对差异额在100万元以上的企业，由市局督办，100万元以下由基层局督办。经数据比对督促企业及时更正申报，追补税款500多万元。对取得财政性资金企业涉税情况开展专项清理，发现涉及大于100万的财政性专项资金148笔，涉及企业96户，涉及制造业、零售和批发业等9类行业。查清10户企业做到专款专用、独立核算，符合要求，24户企业未将财政性收入作为免税收入，4户企业被要求限期整改，补税13.68万元。重点对自治区人民政府投资的大型集团公司、房地产行业企业、取得财政性资金企业、营业收入额大却亏损(微利)的企业、资产损失项目、权益性投资收益与转让项目的63户企业开展企业所得税纳税评估，评估入库税款及滞纳金3130万元，调减亏损2.10亿元。做好西部大开发税收优惠、高新技术企业、资源综合利用企业等到税收优惠后续管理及督促检，对检查中发现的问题及时反馈并整改，针对自2013年起，北部湾经济区部分企业免征地方分享部分所得税政策到期的情况，加强对北部湾企业入库税款监控，预防出现中央税款挤占地方税款的混淆入库级次行为。利用工商变更登记信息及2012年度申报信息，提取企业股权转让、营业外收入及资产损失等数据清单，对22户企业开展股权转让所得申报情况及资产损失等专项核查，发现平价或亏损转让股权15户，转让方失踪无法核查3户。抓好企业所得税汇算清缴，2012年度参加企业所得税汇算清缴企业38109户，汇算清缴面100%，企业所得税预缴率81.73%，入库税款53.60亿元，增加49.69亿元，增长7.89%。

车购税管理　10月21日，在江南机动车服务中心建设车购税办税服务厅，形成“一南一北”两个车购税征收网点。服务中心成为全市唯一可办理车辆购置、缴纳车购税、车辆保险、过路过桥费、车辆检测、上牌入户、违章车处理、汽车加油、车辆美容等“一条龙”业务的网点。至年末，受理纳税申报车辆117469辆，增加20574台，增长21.23%，征收车购税16.36亿元，增加3.11亿元，增长23.48%。

出口退税管理　南宁市在国税部门办理出口货物退(免)税认定手续的出口企业1661户，其中外贸企业1045户、内资生产企业294户、三资企业74户、小规模出口企业241户、其他特殊退税企业7户，比上年增加69户。年内出口退税申报544户，办理退税11.46亿元，增加79万元。举办出口退税专题培训班13期，培训退税企业财会人员580多名。完善出口退税绩效考核管理办法，定期开展对未正常流转退税单证进行跟踪督办，完善出口货物退税受理申报及内部传递交接等各环节台账登记，提高出口退税单证的审核质量和效率。强化征退衔接管理，通过广西进出口税收管理业务网及时向各基层征收单位下发出口视同内销数据，全程实时监控提醒，确保政策执行到位。对出口企业增值税专用发票抵扣情况以及出口免税货物涉及进项税转出情况进行检查，督促出口企业及时规范填报增值税纳税申报表。加强出口退税风险防控，建立出口退税风险防控部门联动工作机制，对出口退税实行全方位、多角度防控，对服装、电子产品、汽车配件、五金、棉布、人造革、织带等出口产品开展退税专项检查。加强出口货物税收函调工作，发函1209份，涉及退税额1.87亿元，涉及供货企业866户；复函723份，涉及金额10.18亿元，税额1.72亿元。加强与海关、稽查及税源管理部门协调联系，建立防范打击出口骗税管理机制，严查涉嫌骗税行为，核查国家税务总局下发的出口退税企业检查线索涉及相关企业312户，涉及出口退税42个批次，查处广西中海世纪贸易有限公司取得虚开增值税专用发票涉嫌骗取出口退税案，案值423万元。

【税收征管改革】　征管资料管理　2013年，南宁市国税局本着规范、简化、便捷的原则，对原税收征管资料管理办法进行修订，并开发相应的资料管理软件，对纸质及电子税收征管资料档案的采集、整理、移交、归档、保管、销毁进行细化规范。在兴宁区国税局试点运行资料管理软件。市国税局整理3大类63项税收优惠政策进行广泛宣传，简化审批流程和手续。为自主创新、西部大开发、循环经济、对外贸易、小微企业以及新办企业等各类纳税人办理减免退税31.47亿元，办理固定资产进项税抵扣9.96亿元，为6.30万户企业免收发票工本费1785万元，减免税总额居自治区各市首位。

“营改增”试点　8月1日，在交通运输业和部分现代服务业试点营业税改征增值税。市国税局加强与财政、地税等部门的联系，做好相关资料交接和测算；设立“营改增”服务专区，成立“营改增”应急服务队，增设专岗，配置相关设备，做好征管系统的各项测试和试运行工作，为纳税人提供税务登记证、税种录入、发票领购、金税卡发行和网上申报等“一条龙”涉税服务，纳税人在办税服务厅即可一次办理完所有“营改增”业务。采取多种形式开展政策宣传辅导，发放“营改增”办税指南及办税指南光碟8700多份，引导纳税人到各办税厅办理涉税业务；开展专题培训，培训“营改增”纳税人7500多户(次)。广西电视台和广西外运公司分别开出南宁市现代服务业和交通运输业第一张增值税专用发票，标志着“营改增”工作正式上线运行。市国税局接收“营改增”试点纳税人近1.80万户，其中交通运输业1459户，现代服务业16437户，邮政业13户，认定增值税一般纳税人2234户。9月至12月，“营改增”

企业纳税3.05亿元，纳入“营改增”1.80万户纳税人减税面超过90%，整体减税7000多万元。

【依法治税】 2013年，南宁市国税局抓好依法行政示范单位创建工作，江南区、高新区、经开区、武鸣县国税局4个单位取得自治区国税局的创建资格。提速税务行政审批，对市政府要求公开承诺提速的税务审批事项，提速11项，提速面55%。抓好依法行政综合绩效考核工作，明确一级指标10项、二级指标40项任务，实施动态分析和跟踪督促管理。加强执法服务，接受6户企业的税务行政复议申请及应诉工作，化解纳税争议。实施督察审计，防范行政管理风险。组织人员对系统各单位2011年至2012年贯彻组织收入原则、结构性减税政策落实、税务师事务所、房地产及建筑安装企业、金融保险行业5项税收管理情况开展执法检查。改变检查方式方法，对5个县(区)局开展“税收执法监察、执法督察、财务审计、领导干部经济责任审计”四结合的“四审合一”审计，查出管理不规范问题87个，提出整改建议34条。落实税收执法过错责任追究办法，对30人次进行责任追究，其中批评教育15人次，责令做出书面检查15人次，经济惩戒15人次，惩处金额2640元。创新督查内审手段，打造执法风险防控体系。探索依托疑点信息库为远程执法督察、动态执法督察提供决策支持；推行“清单式”督察审计、督察内审报告专家审理制度和“介入式”审计，进一步优化和完善督察内审工作方式方法。依托财务内审软件、综合征管软件、税收执法管理系统、税收征管资料等各种数据信息，尝试多层次利用信息化手段强化案头分析，确保督察审计有的放矢。

【税务稽查】 2013年，南宁市国税局对税务稽查案件实行分级集中审理，统一审理工作标准，严把案件审核关。开发应用“稽查信息指挥体系”，强化对各类案件的跟踪监控。检查纳税户578户，发现问题565户，追缴入库3.30亿元，比上年增加1861万元，增长6%；稽查选案准确率、结案率和入库率100%。

大案要案检查　以行业分析为突破口，开展大要案检查。通过对行业经营特点和税负指标进行分析，掌握行业经营规律和税负情况，并据此采取相应检查措施，做到有的放矢。组织对广告、煤炭、医疗、电力设备等4个行业开展大案要案检查，立案检查企业237户，符合重大税收违法案件标准的案件13件，查补税款总额500万元以上案件2件，100万元以上案件7件，查补税款1.39亿元，滞纳金4201万元，罚款7130万元。

税收专项检查　对药品医疗器械生产经营、成品油批零、房地产及建筑安装、资本交易、食糖生产批发和“营改增”试点6个行业企业开展税收专项检查，通过企业自查补报和国税稽查，追缴入库2.28亿元；查处非法取得发票企业92户，涉及增值税普通发票3025份，涉票面额1.31亿元。对重点税源企业进行专项检查，立案23户，查结18户，查补税款1624.90万元；组织119户企业开展自查，企业自查有问题98户，自查追缴入库4234.73万元。对农产品加工企业、矿产品采选企业开展区域性税收专项整治工作，立案检查18户，查结18户，查补税款452万元；组织19户企业开展自查，企业自查有问题6户，自查补税656万元。

打击发票违法活动　加强税警协作，联合制定《南宁市打击整治发票违法犯罪专项行动方案》，对227户发票违法企业进行查处，查实非法发票5076份，涉及金额3.80亿元，查补税款、罚款及滞纳金6694万元，移送公安机关查处案件5件。配合公安部门开展制售假发票“卖方市场”打击整治，公安机关破案115件，抓获犯罪嫌疑人101人，移送起诉案件28件，端掉制假窝点5个，缴获作案机器21台，假发票168.19万份。查处虚开增值税专用发票行为，通过对中石油南宁分公司2009年至2011年客户资料及相关提货、收款、开票资料进行核查与公安机关联合，查获南宁市3家公司虚开增值税专用发票案，被列为自治区公安厅、自治区国税局联合督办打击的整治发票违法犯罪专项行动重大案件，对涉案人员批捕2名、取保候审涉嫌虚开增值税专用发票嫌疑人19名。

金税协查及举报案件查处　接受来人来函协查案件265户，其中来函协查175户，来人协查90户245人，涉及协查发票1254份。向异地发函77件。受理金税协查193起、45户（次）、1532份增值税专用发票，涉及金额1.86亿元，税额3117万元。受托协查增值税专用发票1286份，其中有问题发票128份。受理、处理检举、投诉352件，直接协调处理发票违章投诉227件，转办案件111件，移送公安机关、地方税务局查办各5件，查结案件90件，查补税款、滞纳金、罚款433万元。

【税收信息化建设】 2013，南宁市国税强化信息安全管理，安装上网行为审计系统，规范办公楼互联网使用行为。完善工作标准化应用平台，通过工作标准化指引模块可方便的检索、添加、修改172个相应的工作职责、工作流程图和关键点说明表，实现单点登录直观链接，并具有电子书功能。研发税源监控一体化预警软件、国际税收征管监控软件，对税源管理中存在的风险点进行实时预警监控；推广应用个体税收信息管理系统，税收管理效能得到进一步提高。研发、完善政府采购管理软件、预算管理软件、固定资产管理软件、干部教育培训管理系统、会议管理软件，提高行政管理效率。深化数据应用，完成个体双定户银税一体化扣款81784笔，税款7770万元；各项涉税数据查询和税收分析271项（次），查询分析的主要项目包括税收集中度分析、发票分析、收入分析，根据地税局提供的营业税申报数据对纳税人企业所得税年报7个指标进行比对分析。推进税收执法信息化，依托税收执法管理信息系统开展日常监督，按事前预警、实时监控、事后纠改的要求，将税收执法风险环节和风险点作为执法督察重点，确保日常税收征管行为上机操作准确规范，全年监控税收执法行为26万余次，执法正确率99.79%。运用手机短信信息平台加强与企业沟通，提供提醒服务，宣传出口退税新政策要求，提高企业执行出口退税政策的准确性。

【纳税服务】 2013年，南宁市国税局推进纳税服务标准化、专业化、信息化建设，制作标准化服务电子书，完善纳税人呼声处理机制、部门协作机制、纳税人信息维护制度。开展“真诚服务看国税”主题活动以及“办税便利通”品牌建设，开通覆盖全市6个办税服务大厅和部分超市百货的自助办税服务终端和“24小时办税自助服务厅"的服务项目，自助办税终端系统承担全市办税服务厅80%以上的认证业务量，认证专用发票46万份，抄报税近5万户，缓解前台税务人员压力，为纳税人提供快捷服务。坚持纳税人需求导向，推行标准服务，开展"国税服务纳谏日"，现场解答疑难245条；举办"定制式培训"61期，培训纳税人6450人次；继续加强大企业跟踪服务工作，加强事前、事中、事后三位一体的全程跟踪服务，支持重点税源企业做大做强，服务重大项目40个，大企业142户；发放"纳税服务联系卡"9350张，方便纳税人咨询和投诉、监督，进一步密切了征纳双方联系；加强12366纳税服务热线建设，受理来电23.60万人次，当场答复率95%，受理办结率100%；向纳税人发送政策宣传、风险提醒短信105万条。在年末自治区国税局组织实施的年度纳税人满意度调查中，市国税局以84.23分位居自治区第二名。

【社会管理】 2013年，南宁市国税局加强政府信息公开制度建设，制定市局政府信息公开工作年度报告制度、工作监督检查办法以及保密审查工作规程等，坚持依法依程序，做好政务公开工作，主动公开政府信息1556条，没有收到政府信息公开申请，没有收取任何依申请公开信息的费用，未发生针对政府信息

2013年南宁市国税收入分项目情况

单位：万元

项　目	2013年	2012年	增减额	增减%
收入总计	2051129	1789371	261758	14.63
税收合计（总局口径）	1974527	1750148	224379	12.82
税收合计（自治区局口径）	1782169	1591218	190951	12.00
税收合计（市口径）	1772763	1585408	187355	11.82
一、国内两税	1239471	1092168	147303	13.49
1.国内增值税	813553	707933	105620	14.92
（1）工业增值税	446927	388566	58361	15.02
卷烟	110787	91224	19563	21.45
啤酒	2957	3414	−457	−13.39
机糖	23809	37185	−13376	−35.97
纺织	3445	3867	−422	−10.91
造纸	8772	8512	260	3.05
化工	8712	10578	−1866	−17.64
医药	11193	10715	478	4.46
建材	48133	35038	13095	37.37
其中：水泥	12580	9775	2805	28.70
有色金属	3725	5461	−1736	−31.79
机械	9032	8003	1029	12.86
电力	62868	76812	−13944	−18.15
其中：发电	5495	5027	468	9.31
供电	57373	71785	−14412	−20.08
（2）商业	366626	319367	47259	14.80
2.国内消费税	425918	384235	41683	10.85
卷烟	388717	350594	38123	10.87
啤酒	5279	5426	−147	−2.71
二、二小税（总局口径）	557971	513801	44170	8.60
二小税（自治区局口径）	542698	499050	43648	8.75

续表

项　目	2013 年	2012 年	增减额	增减%
1.企业所得税（总局口径）	557920	513653	44267	8.62
企业所得税（自治区局口径）	542647	498902	43745	8.77
其中：①批发零售业	85292	89140	−3848	−4.32
②制造业	72219	56627	15592	27.53
③金融业	166545	131178	35367	26.96
其中：银行业	112825	94639	18186	19.22
证券业	1918	7449	−5531	−74.25
其他金融业	13159	13189	−30	−0.23
④信息传输业	41601	49828	−8227	−16.51
其中：广西移动	30372	43156	−12784	−29.62
⑤房地产业	96305	97958	−1653	−1.69
（1）内资企业所得税（总局口径）	451631	432305	19326	4.47
内资企业所得税（自治区局口径）	436358	417554	18804	4.50
（2）外商所得税	106289	81348	24941	30.66
2.利息所得税	51	148	−97	−65.54
三、车辆购置税	177085	144179	32906	22.82
四、海关代征两税	23165	25369	−2204	−8.69
五、其他收入（行政性收费收入、罚没收入）	53437	13854	39583	285.72
六、专员办退税	−8680	−5662	−3018	
附：1.涉外税收	239930	181747	58183	32.01
2.个体税收	20592	20547	45	0.22
3.出口退税	−114474	−114508	−34	−0.03
其中：（1）出口退增值税（中央和地方共享）	−61916	−79898	−17982	−22.51
（2）免抵调库	−52501	−34509	17992	
4.中央企业所得税固定收入	15273	14751	522	
5.防洪保安费	0	10337	−10337	
6.已办理退税（不含出口退税）	−17395	−16727	668	3.99
7.在途税金（专业行扣款未到国库）	594	0	594	
8.卷烟两税	499504	441818	57686	13.06
9.啤酒两税	8236	8840	−604	−6.83

注：1.收入总计＝税收合计（总局口径）＋海关代征两税＋其他收入

2.税收合计（总局口径）＝国内两税＋三小税（总局口径）＋车辆购置税

3.税收合计（自治区局口径）＝税收合计（总局口径）－中央企业所得税固定收入－车辆购置税

4.企业所得税（自治区局口径）＝企业所得税（总局口径）－中央企业所得税固定收入

公开事务的行政复议和行政诉讼。探索建立主动收集处理民意舆情来化解矛盾、回避管理风险的方法，发现9条涉及市国税局干部的负面信息，由于监控及时，处理得当，均未演变成为网络热点问题。

【税收宣传】 2013年，南宁市国税局与市地税局、广西新闻摄影学会、广西民俗摄影协会联合联合举办"税收与美丽"广西摄影大赛，收到来自自治区内作品962幅，评出一等奖5名、二等奖10名、三等奖20名，优秀奖30名以及入围奖40名。开展"真诚服务看国税"活动，分别邀请不同类型、不同性质的纳税人，有针对性地举办税企座谈会，广泛听取纳税人意见和建议，为纳税人排忧解难，全面提升纳税人满意度。利用各级纳税人培训学校，举办纳税人培训辅导班50多期，培训纳税人8000多人次。多渠道加强媒体宣传，在《广西日报》《南宁日报》作题为《南宁国税：将税收优势转化为助推地方经济转型的驱动力》的整版宣传；在广西电视台发布为期1个月的税收公益广告；在《南宁日报》开辟为期1年的"创先争优·国税先行"的专栏宣传；在南宁电台开设为期1年的"国税之声"宣传栏目。各基层单位也分别借助各种媒体平台，开展形式多样、内容丰富的宣传活动。4月，第22个全国税收宣传月期间，市国税系统组织税收文艺演出6场，召开税企座谈会35次，印发宣传资料3万多份，出版宣传板报53期，悬挂宣传横额86幅，张贴宣传画600多幅；在各级新闻媒体发表税收宣传文章160多篇，在各级电视台播放税收新闻30多条；开展税法宣传进学校16次，参与人数3500多人；开展税法宣传进军营3次，参与人数400多人。发送税收宣传短信6万多条。 （邓有侃）

地方税务

【概　况】 2013年，南宁市地税局设科室（中心）13个、直属机构10个（稽查局3个，税务服务中心1个，直属税务分局1个，开发区局5个）、城区局6个、县局6个，税务所（税务分局）64个。全系统有给员1602人。其中：在编职工1247人（干部1164人，工人83人），助征员162人，退休人员193人。获国家级奖项1项，广西"五一劳动奖状"、全国税务系统先进集体等省部级奖项6项。

4月2日，纳税人在安装使用"绿城地税"手机客户端软件　　卢玉山　摄

纳税金额前10名的企业有：广西中烟工业有限责任公司（5.51亿元）、南宁青秀万达广场投资有限公司（3.72亿元）、广西荣和企业集团有限责任公司（3.32亿元）、广西荣和置业开发有限责任公司（2.23亿元）、中房集团南宁房地产开发公司（2.02亿元）、南宁市城市建设投资发展有限责任公司（1.99亿元）、南宁新技术产业建设开发总公司（1.77亿元）、南宁交通投资有限责任公司（1.70亿元）、南宁城市建设投资集团有限责任公司（1.69亿元）、南宁港昌房地产有限公司（1.43亿元）。

【地税收入】 2013年，南宁市地税局组织财政收入178.86亿元，占自治区地税收入的21.40%，总量继续保持广西第一，比上年增收20.43亿元，增长12.90%，其中南宁市政府考核收入177.52亿元，占全市财政收入37.48%，增收20.16亿元，增长12.81%。全市纳税超过百万元以上企业1568户，缴纳各项税收125.05亿元，占全部税收69.90%；纳税前50名的重大工程项目实现税收入库7.49亿元，占建筑业全部税收收入29.40%。其中跨境铁路项目入库2.38亿元；外环高速公路入库0.25亿元；南宁市轨道交通有限责任公司入库0.33亿元。代收地方教育附加、工会经费、文化事业建设费等收费、基金8.79亿元，增加0.83亿元，增长34.45%。其中：代收工会经费完成1.69亿元，增加0.29亿元，增长20.49%；残疾人就业保障基金0.81亿元，增收0.27亿元，增长49.31%；地方教育附加3.46亿元，增收0.45亿元增幅14.77%；文化事业建设费0.28亿元，减收0.059亿元，减幅17.25%；水利建设基金1.64亿元，增收0.83亿元，增幅102.78%；代收价格调节基金0.90亿元，增长113.88%。

地税收入的主要特点：1. 收入规模再创新高，继续保持平稳增长。全市地税收入178.86亿元，首次突破170亿元，收入规模创新高，收入总量比2009年翻一番，连续5年收入增长10%以上，一季度税收增幅14.05%，第二、第三季度回落到7.84%、8.99%，第四季度增长12.90%。2.主体税种贡献突出，土地相关税种"一升二降"。营业税、企业所得税和个人所得税三大主体税种收入101.06亿元，税收贡献率58.28%，与上年同期提高3.48个百分点。期房、二手房交易活跃，契税实现收入19.67亿元，增收6.22亿元，增长46.24%；土地增值税和耕地占用税收不可比因素影响，分别减收3.69亿元、1.24亿元，下降16.92%、

11.06%。3.三产税收贡献大，房地产业税收突破百亿元。第三产业实现税收收入128.73亿元，占全部地方税收72%，增收14.17亿元，增收贡献率69.36%；建筑业和房地产业实现税收收入106.75亿元，首次突破百亿元大关，增收18.47亿元，增收贡献率94.19%，拉动整体税收增长12.03个百分点。4.重点企业、重点项目税收贡献稳定。纳税超过百万元以上企业1568户，缴纳各项地方税收125.05亿元，占全部税收69.90%；纳税前50名重大工程项目实现税收入库7.49亿元，占建筑业税收29.40%。其中自治区层面的重大工程项目实现入库2.10亿元，市级层面的重大工程项目实现入库2.09亿元。重点企业与重大工程项目对地方税收的支撑力度与拉动作用稳中有升。5.各征收单位增长不均衡，部分征收单位收入总量实现新跨越。分区域看，直属局和6个县局税收平均增幅分别为50.04%、14.24%，5个开发区、6个城区平均增幅11.67%、9.61%。西乡塘区地税局收入总量突破20亿元，江南区地税局和高新区地税局收入总量突破10亿元，武鸣县地税局收入总量突破5亿元，相思湖区地税局、华投区地税局和隆安县地税局收入总量突破2亿元。管辖20.97万纳税户，其中单位和企业纳税户10.06万户，个体户10.91万户；国地税管户13.58万户，地税纯管户7.39万户；缴纳地方税10万元以上企业8515户，其中千万元以上企业207户，亿元以上为15户。

【税收管理】 2013年，南宁市地税局进一步强化征管，加强税源管理。突出征管重点，重点抓、抓重点，全市2371户重点税源户实现税收101.54亿元，占同期全市地税收入56.80%；9月下旬，开展税收征管“六个二”专项行动，通过盯土地，评房产，结工程，清欠税，核实税款近13亿元，入库税款近8亿元。做好存量房征管工作，使用评估系统评估存量住宅7792套，征收税款2.05亿元；开展户籍专项清理，核查漏征漏管户1.70万户，补缴入库税款3000余万元。注重工作协调，通过推进社会综合治税，利用各成员单位提供协税信息数据15.86万条，入库税款20亿元；通过加强与发改委、重大项目办的沟通，及时掌握跨境铁路、外环高速公路项目、轨道交通1号线等重大项目情况，入库税款2.96亿元；通过市、县两级法院代扣代缴拍卖房产、土地税收1000余万元；与公安、国税部门联合打击涉税违法行为，查补税款622.34万元。强化对社会综合治税工作的组织、协调、检查和指导，各单位提供协税信息数据14.80万条，涉及税收17亿元。

【信息管税】 2013年，南宁市地税局加强信息化建设，信息管税水平提升，在自治区率先推广应用广西地税网上税务局系统，入库税款28.90亿元，登录使用网上税务局纳税户7.10万户；全面推广网络发票，已上线网络发票逾2万户，开票1136万份，开票金额319亿元；在自治区地税系统首次开发应用网络发票票税比对模块，该模块推送异常数据13799条，应对分析税款约2.64亿元，查补入库税款约1亿元。

【依法治税】 2013年，南宁市地税局贯彻执行国家出台的关于保增长、调结构和惠民生有关政策，服务于首府关于加快开发区建设、加快产业升级转型和企业改组改革，服务于“两会一节”工作。稳步推进“营改增”试点，移交1.17万户纳税户，涉及税款3.80亿元；执行取消发票工本费政策，向纳税人免费提供发票1.95亿份，免收发票工本费2432万元；依法办理契税优惠和减免税2.90亿元，惠及3万户纳税人；不折不扣地落实各项结构性减税政策，为5131户纳税人办理减免(退)税2.88亿元；依托12366纳税服务热线、“绿城地税”纳税服务手机软件、新闻媒体等载体，向纳税人提供政策服务，通过12366和地税网站向广西纳税人提供各类涉税服务事项21.20万件。

【税务稽查】 2013年，南宁市地税局加大稽查力度，打击涉税违法行为，以查处大案要案为重点，深入开展重点税源检查、专项检查和交叉检查，检查企业532户(含企业自查)，入库税款4.60亿元；继续保持打击整治发票违法犯罪行为的高压态势，查处发票违法企业260户，涉及金额0.62亿元，查补税款600多万元。

【纳税服务】 2013年，南宁市地税局以深入开展“三亮三评三创”(亮身份、亮标准、亮承诺，单位自评、群众测评、领导点评，创岗位标兵、创纳税人满意服务厅、创优质服务品牌)活动为契机，完善办公、办税业务工作规范，开展“十佳办税服务厅”“办税服务标兵”评选活动和纳税人满意度和需求调查；制定《办税服务厅业务管理规范》，统一72项涉税业务的办理流程和时限，细化217种不同情形下纳税人应负材料标准；年内，办理“免填单”业务计12万份；在自治区率先推广应用广西地税网上税务局系统，入库税款28.90亿元，登录使用网上税务局纳税户7.10万户，占应用推广企业户数8.45万户的84.50%；全面推广网络发票，已上线网络发票逾2万户，开票1136万份，开票金额319亿元；成功试点运行自助办税终端，先后投入120多万元用于购进办税自助终端设备，500多万元用于更新办税电子设备，改善办税条件和环境。

【税收宣传】 2013年，南宁市地税局开展“三亮三评三创”活动，研发完善“绿城地税”纳税服务客户软件，依托道德讲堂、12366纳税服务热线、纳税人学校、新闻媒体等载体，为纳税户提供及时、便利的咨询服务。加强和规范政府信息公开，提高地税工作的透明度，政府信息服务水平逐步提升；加大税收政策文件的清理和公布力度，下放行政审批和行政许可事项办事指南进行重新梳理和公布。4月，在全国第22个税收宣传月期间，为纳税人推出了自己组织研发的智能手机客户端，客户端具有计算地方各税种、查验发票真伪和快速查询办税服务厅地址等功能，为纳税人随时查询地税信息提供方便。推出的“绿城地税”智能手机客户端项目获全国第22个税收宣传月优秀项目奖。 (孙炳清)

责任编辑 唐祯麟

南宁市城市建设档案管理处（馆）

2013年8月28日，南宁市城建档案馆新馆竣工启用

智能型档案密集架库房

档案信息化工作用房

南宁市城市建设档案馆成立于1986年2月，1999年经南宁市机构编委批准成立南宁市城市建设档案管理处，2008年被批准为参照公务员法管理副处级事业单位。主要职能：监督、指导、检查、接收、管理全市范围的建设工程档案；为城乡规划、建设和管理工作提供重要法律依据；为各企事业单位和市民提供档案查询利用服务。2013年南宁市城建档案馆目前馆藏档案52万卷。

近年来，南宁市城建档案馆重点抓好馆库建设、制度建设、业务建设和信息化建设等方面工作，全面提升档案服务水平，促进城建档案事业快速发展，开创市城建档案事业新局面。

2013年是南宁市城建档案馆取得丰硕成果之年。馆库建设方面，可容纳未来30年至50年档案量的新馆大楼8月竣工启用，标志着南宁城乡建设档案事业步入全新的发展时期。新馆配备国内先进的智能型档案密集架系统、超高压细水雾喷淋系统、24小时监控管理系统等，一楼大厅配置无障碍设施的一站式服务大厅，档案保护条件及档案服务水平全方面提升。制度建设方面，建立健全内部规章制度，管理科学化、规范化，推动工作向前发展。业务建设方面，南宁市城建档案综合管理系统研发成功并投入运行，提高工作效率，档案接收及档案查询利用呈现跨越式增长；探索利用无人飞行器航拍声像资料取得阶段性成果，公开出版《南宁城建百年图证》《南宁水城建设》图册，职工公开发表论文10余篇。档案信息化方面，完成档案数字化扫描42万卷，扫描率80%，实现电子目录覆盖率100%，档案数字化及异地备份工作走在全国省会城市前列等。

南宁市城建档案馆将秉着“承载 服务 创新 奉献”的文化理念，再接再厉，加快实现“管理一流、技术一流、队伍一流、服务一流”的工作目标，跨入全国一流城建档案馆行列，为首府南宁经济社会发展做出更大贡献。

宏伟大气的南宁市城建档案馆新馆大楼

南宁市公安消防支队

NANNINGSHIGONGANXIAOFANGZHIDUI

2013年7月30日，自治区主席陈武（左二）视察市公安消防支队

广西公安消防总队政委王东海（中）到南宁消防训练基地检查项目建设

2013年，南宁市公安消防支队在广西公安消防总队、南宁市委、市政府和市公安局的正确领导下，加压奋进，各项工作干在实处、抓出成效、跨入前列，南宁市消防工作和部队建设迈上新台阶。

建强班子，党委规范化建设成效显著。8月22日，广西公安消防总队在支队召开两级党委班子规范化建设现场会，支队两级党委班子规范化建设经验在全区消防部队介绍推广。支队党委被总队评为2013年先进党委。

政府主导，基层基础建设突飞猛进。全市消防经费2.70亿元，比上年同期增长23%；市财政分两年拨付1.84亿元一次性购置城市主战消防车等33辆进口消防车和大批尖端装备，实现消防装备由国产化向进口高、精、尖转化的大跨度飞跃；广西南宁消防训练基地全面开工建设，全市有36个消防站立项，邕宁蒲庙消防站建成投入使用，新建12个消防站列入2014年市政府为民办实事项目。

从严治警，部队正规化管理成效彰显。支队深化“五无”创建活动和安全管理专项整治，引导部队牢固树立安全发展和廉洁自律意识，部队保持安全稳定。支队被评为全国消防部队“安全工作先进单位”、自治区公安现役部队“廉政文化建设先进单位”，邕宁大队“三个经常性工作”确定为自治区部队正规化管理达标创优示范点。

树立形象，队伍作风建设效果明显。认真开展党的群众路线教育实践活动和“坚定信念、铸牢警魂”主题教育活动，发放调查问卷400多份，落实整改意见283条，支队会风、政风、文风有了很大的好转。优化消防行政审批，支队连续4个季度被市政务服务中心评为优质服务窗口。政治教育取得显著成果，连续两个季度获自治区消防部队思想政治教育考评第一名，获自治区消防部队“我的广西消防梦”主题演讲比赛第一名、“南疆卫士之光”书法美术摄影比赛中绘画作品一等奖。

创新管理，火灾防控能力明显提升。《南宁市消防条例》完成第一次审议，更加严格的地方消防技术标准——《南宁市民用建筑消防设计规范》通过专家评审。11月26日，全国“消防知识进学校”工作推进会在南宁市举行，南宁市学校消防教育新模式向全国各省教育厅、消防总队推广。建设消防安全管理示范单位135个，推动社会消防安全管理创新。持续开展“除火患、保平安”大排查大整治活动，检查单位14.10万个，整改隐患15.80万处，责令“三停”单位278家，罚款780万元，拘留240人。全市发生火灾672起，死亡10人，受伤5人，直接财产损失1165.80万元，未发生较大以上亡人火灾，死亡人数和直接财产损失同比分别下降9%、30%，火灾形势保持平稳，支队被总队评为消防安全大排查大整治优秀支队。

打造铁军，灭火救援担当重任。接警

2013年11月26日，全国“消防知识进学校”工作推进会在南宁市青秀区仙葫小学举行，南宁市学校消防教育新模式向全国各省教育厅、消防总队推广

出动4103起，抢救被困人员1235人，抢救和保护财产价值9.25亿元，完成2013“两会一节”、第九届两岸经贸论坛、中越青年大联欢等重大活动消防安全保卫任务。在抗击台风“海燕”时，宾阳消防大队9个战士利用一条安全绳，救出新桥镇43名被困群众，得到当地党委人民群众的赞誉。八一建军节，自治区政府陈武主席到支队视察慰问，对消防部队给予高度评价和充分肯定。

敢于争先，部队综合实力显著增强。支队代表广西消防总队勇夺全国消防部队第二届搜救犬技术比武团体总分第六名，创造了南宁乃至广西参加全国消防比武的最好成绩；在自治区灭火救援铁军比武、文艺汇演、后勤装备技能比武、防火监督执法4项岗位练兵比武竞赛中取得团体冠军3项、团体亚军1项，支队被总队评为2013年自治区先进支队。自治区党委常委、市委书记余远辉、市长周红波对支队官兵取得的成绩作出重要批示，鼓励官兵继续发扬敢于拼搏、勇于进取的精神，为建设美丽南宁和服务人民再立新功。

支队深入学习贯彻十八届三中全会精神，着力构建规范化部队管理、社会化火灾防控、专业化灭火应急救援、多元化后勤保障“四大体系”，切实提升班子统领、部队管理、火灾防控、灭火救援和综合保障“五个能力”，确保火灾形势和部队安全“两个稳定”，继续向“广西第一、全国一流”目标迈进，为南宁市打造面向中国与东盟开放合作的区域性国际城市、宜居的壮乡首府和具有亚热带风情的生态园林城市创造更加良好的消防安全环境。

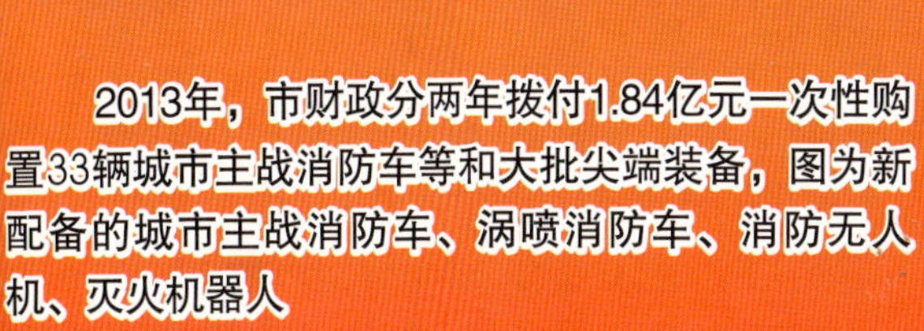

2013年，市财政分两年拨付1.84亿元一次性购置33辆城市主战消防车等和大批尖端装备，图为新配备的城市主战消防车、涡喷消防车、消防无人机、灭火机器人

2013年，支队在自治区灭火救援铁军比武、文艺汇演、后勤装备技能比武、防火监督执法4项岗位练兵比赛中获团体冠军3项、亚军1项

中国人民武装警察部队南宁市支队

2013年1月7日，市长周红波（前左一）视察支队

2013年8月5日至9月6日，支队组织配属的友邻单位官兵完成“两会一节”警卫任务

2013年，支队在总队党委、首长的坚强领导下，始终坚持以国防和军队建设主题主线为统揽，坚持把“学习贯彻党章、弘扬优良作风”作为打造合格党委班子的目标，重点在科学决策、强化素质、改进作风、增强团结、树立形象上狠下功夫，一手抓党委机关风气建设，一手抓经常性基础性工作落实，高标准实现“两个确保”，部队全面建设取得喜人的成绩。支队党委被武警党委评为“先进师旅团级单位党委”，支队被总队表彰为“基层建设先进支队”，司令部、政治部、后勤部三大部门被评为“机关建设先进部”。

坚持以先进军事文化为统领，狠抓官兵思想政治教育，实现官兵绝对忠诚、绝对纯洁、绝对可靠。深入学习党的十八大精神，结合特殊时期、针对特殊人员，开展特殊教育，把网络文化、安全文化贯穿到经常性教育之中。组织开展“读好书、写周记、练书法、学技能”活动，组织在职培训和士兵职业技能培训，抓好人才队伍建设。建成新机关警史馆、文体活动中心、图书阅览室、300米文化长廊等场所和开展“1+X”特色文化活动，进一步丰富部队文化生活。扎实开展经常性思想工作，扎实开展“深知兵、真爱兵、诚育兵”和心理、法律、卫生服务到基层活

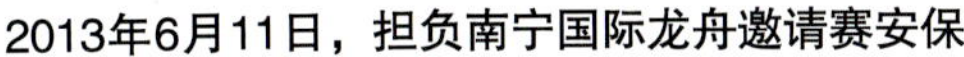

2013年6月11日，担负南宁国际龙舟邀请赛安保

2013年10月30日，新兵授衔

动，官兵总体思想稳定。

着眼提高基于信息系统的执勤处突体系能力，始终把保中心作为大事来抓。扎实抓好机关信息化和看守目标“四防一体化”建设，实现对勤务智能化管控和实时化指挥。结合形势发展需要，坚持分类指导。在议勤上，采取“分类议”“实地议”“培训议”的措施，各类勤务确保万无一失。在治理软隐患上，注重掌控执勤官兵思想，组织力量对近年来支队处置的执勤事例进行汇总分析，做到一勤一策、一岗一策，强化官兵执勤能力。协调联络，全面打通信息闭塞的瓶颈，率先与南宁市已建成的城市道路监控信息系统实现资源共享，提高部队遂行多样化任务能力。

严格落实依法从严治警指示要求，倡导“用一万个心思防万一”的安全工作理念。严密组织“条令学习月”活动，将条令贯穿于经常性的各项工作，官兵条令意识得到增强。严密组织安全大检查、执勤隐患大排查、“百日安全”竞赛和新兵“三查一除”活动，形成人人想安全、安全工作人人抓的浓厚氛围。建立大队党委“三下一上”“一过三评”制度，制定《干部队伍履职尽责问责办法》，建立“日人员思想分析和安全隐患排查”机制，坚持每季度组织安全隐患鉴定和排查治理，严格制度、严守纪律、根治侥幸，部队安全发展根基不断夯实。

严格贯彻《纲要》《三十条》，坚持全面建整体上。注重建强支部，分期分批逐个党支部考察帮建，深入开展“双争”和“创先争优”活动，激发内在动力。注重改进作风。注重解难帮困。连续8年每年投入200余万元为基层和官兵办十件实事，发展不平衡的问题得到较好解决。2个大队被总队表彰为先进大队、1个中队为基层建设标兵中队、8个中队为基层建设先进中队、1个中队荣立集体三等功。

严格按照“面向基层、加强管理、深化改革、提高效益、服务中心”的总体要求，不断加强后勤规范化管理。探索现代后勤保障模式，全力推进财务管理、军械技防、车辆管理、远程医疗等信息化建设，提高保障效益。在总队率先建成车辆网上派遣系统，实现“五位一体”的管控模式，支队被总队表彰为“车辆管理先进单位”。注重加强经费管理，严格执行公务卡结算制度，管理效益明显提高，所属单位均达到规定家底限额标准。严格落实应急保障训练计划，加强各项后勤课目训练，后勤应急保障能力提高。

2013年2月24日，支队官兵参加植树造林

官兵训练风采

中国人民解放军广西南宁警备区

2014年，警备区司令员沈彪（右一）到基层调研

2014年春节前夕，警备区政委杨文件（右一）慰问困难军属

2013年3月，首长机关到南宁市廉政教育基地参观学习

2013年，中国人民解放军广西南宁警备区各级党委机关认真贯彻军委、总部和两级军区党委决策部署，围绕警备区党委年初确定的工作思路，扭住根本、聚焦打赢、改进作风、狠抓落实，完成年度各项任务，部队和民兵预备役建设呈现稳步发展的良好局面。一是思想政治建设成效明显。重点抓好党的十八大精神、强军目标重大战略思想、十八届三中全会精神的学习理解，党的创新理论武装不断深化，官兵高举旗帜、听党指挥的思想基础更加牢固。二是军事斗争准备不断深化。修订完善各类作战方案和处置突发事件预案，扎实抓好人武部日常战备工作落实，高标准完成作战值班视频指挥系统建设，战备秩序进一步规范；坚持从难从严从实战需要出发，常态落实首长机关体能、技能训练，部队训练基础进一步夯实。三是依法从严治军扎实有效。全面推进部队正规化建设，部队“四个秩序”更加正规，严密组织作风纪律教育整顿和安全大检查、枪支弹药管理清查整顿活动，保持了部队安全稳定；结合更换新式军车号牌，加大城市警备工作力度，缴获假冒军车号牌103副，公开销毁假冒军车21台、假冒军车号牌380副，维护部队良好形象。四是党管武装、国防动员和后备力量建设创新发展。认真落实党管武装工作制度，协调地方党委政府制定出台团职军转干部安置、随军家属就业和军人军属优待等措施办法，组织党管武装工作绩效考评，强化地方各级领导国防意识和党管武装观念；推进民兵组织建设调整改革，完成基干民兵应急、支援、储备3类队伍726个分队的调整改革，市国防后备力量队伍建设质量不断提高。五是后装保障能力不断提高。深入贯彻广州军区“南宁会议”精神，全力推进民兵武器装备仓库正规化达标建设，完成206.50吨民兵报废弹药调运销毁任务。六是机关作风建设取得初步成效。突出抓好“四用”“五治五力”专项整治，各级党委机关工作更加规范，行动更加自觉，作风更加务实。

2013年3月12日，部队官兵义务植树

2013年，双拥慰问活动

2013年9月，欢送新兵入伍

2013年5月，着眼“能打仗、打胜仗”，首长机关练指挥、练谋略

2013年11月，开展“考、比、拉”活动，强化备战打仗意识

2013年6月，组织大学应届毕业生上站体检

2013年清明节期间，部队公祭革命英烈

2013年5月，开展防汛演练，提升遂行多样化军事任务能力

广西陆军预备役步兵师高射炮兵团

广西陆军预备役步兵师高射炮兵团，成立于1999年4月8日，团部位于安吉大道，兵员主要分布在南宁市五区六县。该团主要担负支援地方建设、抢险救灾、社会维稳等急难险重任务及战时遂行作战任务。至2013年先后被评为全国民兵预备役政治工作先进单位、全面建设先进团、从严治军先进单位、军事训练先进单位、保密工作先进单位、国防教育先进单位、花园式单位等称号，所属单位有27个单位立功受奖，其中1个单位立集体二等功、4个单位立集体三等功。

2013年，中央军委广西陆军预备役步兵师高射炮兵团按照习主席“三个牢记”的要求，坚持以《军队基层建设纲要》为指导，全面贯彻落实科学发展观，瞄准“一流窗口团队”标准，秉承“铸魂固本、军民融合、精武强能、砺剑苍穹”的团训，攻艰克难谋发展，开拓创新抓落实，全面塑造团队威武之师、文明之师的光辉形象，部队全面建设再上新台阶。预备役高炮团抓住根本方向，着力加强和改进部队思想政治建设，按照“开展大项教育，解决突出问题，提升思想境界”的思路，深入开展“学习贯彻党章、弘扬优良作风”专题教育和“坚定信念、铸牢军魂”主题教育活动，官兵面貌焕然一新。始终围绕使命和任务需求，扭住打赢谋发展，把军事斗争准备作为各项工作的龙头，在广州军区预备役部队基础科目抽点式考核中，参考课目取得全优的成绩，受到两级军区通报表彰，被广西军区评为“军事训练一级团”“全面建设先进团”。预备役高炮团抓好部队整组、战备系统综合整治，基层建设扎实，促进党管武装工作落实。加强团党委班子能力建设、思想作风建设、党风廉政建设、民主集中制建设，班子坚强、组织落实、政治合格、制度健全、设施完善、关系顺畅。先后成建制组织部队完成“两会一节”服务保障、“美丽广西·清洁乡村”“美丽南宁·整洁畅通有序大行动”以及植树造林、修水利保春耕等活动，广泛开展创建“文明卫生军营”“爱国卫生月”活动，组织全团官兵、职工和家属无偿献血10200毫升。

2013年7月31日，市委副书记李泽（前左四）慰问官兵

2014年3月19日，政委黎海燕（右一）向上级首长介绍营连部建设情况

2014年4月23日，团长韦辉（右二）、政委黎海燕（左二）陪同师参谋长魏仕清（左三）走访编兵单位

2013年2月24日，组织官兵参加植树造林

官兵参加政治教育，打牢思想基础

赴湛江参加年度实弹战术演习

2013年3月13日，组织干部、战士、职工家属义务献血

2013年2月3日，营以上干部到武鸣县陆斡镇联合村建立扶贫联系点

南宁市食品药品监督管理局

NANNINGSHISHIPINYAOPINJIANDUGUANLIJU

2013年8月27日，市食品药品监督管理局党组书记、局长黄明瑞（右一）陪同市长周红波（中）现场观看食品药品监督管理部门远程电子监控视频

2013年8月27日，市食品药品监督管理局党组书记、局长黄明瑞（左一）陪同常务副市长吴炜（左三）在南宁市第三中学学校食堂查看果蔬农药残留检查记录

南宁市食品药品监督管理局前身是南宁市药品监督管理局，成立于2002年2月7日，实行省以下垂直管理。2004年8月31日，增加食品安全综合监督、组织协调和查处食品安全重大事故三项职能，组建新的南宁市食品药品监督管理局。2010年2月，由自治区垂直管理划归南宁市政府管理，列为南宁市政府工作部门。2013年11月18日，市政府办公厅印发《南宁市改革完善食品药品监督管理体制实施方案的通知》，整合划入市质量技术监督局承担的食品生产环节监督管理职责和市工商行政管理局承担的食品流通环节监督管理职责，同时设立市食品药品稽查支队、市食品药品检验所、市食品药品监督管理局认证审评中心和市食品药品安全信息与监控中心4个直属二层单位。2013年12月30日，市政府办公厅印发《南宁市食品药品监督管理局主要职责内设机构和人员编制规定的通知》，明确市食品药品监督管理局机关行政编制70名，其中局长（市食品安全委员会办公室主任）1名、副局长4名（其中2名兼任市食品安全委员会办公室副主任），设1名副局长兼任市卫生局副局长，配备食品安全总监（副处长级）、药品安全总监（副处长级）各1名，5名正科级食品药品稽查专员，设14个职能科室以及机关党组织和纪检监察室。自2002年成立以来，南宁市食品药品监督管理局狠抓食品药品安全监管，坚持依法行政、开拓创新，切实保障南宁市广大人民群众的饮食用药安全。2007年获人事部、国家食品药品监督管理局授予“全国先进集体”称号，2009年获卫生部授予“全国先进集体”称号，2011年被评为南宁市行政执法先进单位，2012年被评为自治区行政审批制度改革先进单位、南宁市行政执法先进单位，2012年、2013年连续获“南宁市安全生产目标管理先进单位”称号。

2013年10月26日至27日，市食品药品监管部门完成第九届两岸经贸文化论坛餐饮服务食品安全保障

2013年12月23日，市食品药品监督管理局召开2013年宣贯实施新修订GSP经验交流座谈会

南宁市质量技术监督局

2012年10月28日，市质监局局长李善钦（左四）陪同市长周红波（右一）检查中国—东盟博览会布展情况

2012年4月24日，自治区质监局总工程师石国怀（中）在市质监局副局长万江明（左二）陪同下，到南宁动物园检查特种设备安全

南宁市质量技术监督局（简称“市质监局”）依法履行综合管理和行政执法两大职能，负责南宁市行政区域内产品质量监督检查、实施“名牌战略”“标准化战略”、标准化、计量、食品相关产品安全监管、特种设备安全监察、认证认可、质量技术监督行政执法等工作，设有办公室、法规监督科、质量科、标准化科、计量科、特种设备安全监察科、科技认证科、人事科、开发区办事处等内设机构，另设纪检组、监察室、机关党委。下辖武鸣、宾阳、横县、上林、隆安、马山6个县局。市局下设4个直属行政机构：市质监局稽查局、南宁经济技术开发区质监分局、广西－东盟经济开发区质监分局和南宁国家高新技术产业开发区质监分局。全市质监系统有干部职工200多人。

2013年市质监局狠抓质量主线，把好安全底线，抓基础，抓技术，抓队伍，各项工作成绩喜人：

一是“两个安全”有力保障。重点围绕元旦、春节和“两会一节”等重要节日或重大活动开展专项安全监察，实现全年特种设备和食品质量安全零事故。

二是质量兴市渐入佳境。《南宁市贯彻国务院〈质量发展纲要（2011－2020）〉实施方案》《南宁市市长质量奖管理办法》由市政府分别印发实施；有效期内广西名牌和优质农产品总数46个，居自治区第二；全市696家规模以上企业启动质量兴企活动。

三是技术标准成效喜人。红龙果栽培标准化示范区被评为“全国农业标准化优秀示范区”；市质监局推荐的广西地方标准《里当鸡养殖技术规程》《制糖企业能源计量器具配备和管理要求》被自治区政府评为“年度全区重要技术标准奖励”项目；“横县茉莉花茶”获批准实施地理标志产品保护。

四是窗口服务频传佳音。市质监局驻市政府政务服务中心质监窗口获全国组织机构代码系统“文明服务窗口”称号，并连续四个季度蝉联市政务服务“红旗窗口”。

五是机关党建工作备受肯定。认真抓好“十大先锋行”“四走四促四满意”“美丽南宁·清洁乡村”等活动，机关党建工作取得长足进步，被评为2013年度市直机关党建目标管理工作“十佳党委”。

市质监局获2013年第四季度红旗窗口，连续4个季度蝉联市政务服务“红旗窗口”。图为副局长张德林（左四）领奖

2013年5月18日，市质监局组织开展计量服务进社区活动

南宁市法制办公室

（南宁市行政执法监督局）

2013年7月24日，市委举办学习习近平总书记重要讲话精神辅导报告会，中国政法大学副校长马怀德畅谈法治中国建设

2013年5月22日，市政府举办2013年常务会议专题学法讲座，邀请同济大学环境科学与工程学院副院长、联合国环境署-中国科技部非洲水行动专家组组长李风亭教授讲授"中国水城建设与环境保护法律法规"知识，市长周红波主持

南宁市法制办公室（南宁市行政执法监督局）是市政府的工作部门，主要负责推进全市依法行政、政府立法、规范性文件审查、行政执法监督、行政复议和应诉，政府法律事务等工作，是市政府的参谋、助手和法律顾问。2013年，市法制办公室坚持以党的十八大、十八届三中全会精神为指针，紧紧围绕自治区党委、政府的工作大局和全市的中心工作，推进依法行政和法治政府建设，为服务全市推进现代产业、现代生态文明、重大基础设施、民生保障"四大建设"，做好"绿、水、新、旧、通"五篇文章和"美丽南宁·整洁畅通有序大行动"提供坚实的法治保障。年内，市法制办公室的绩效考评成绩连续五年获全市优秀等级，依法行政、计划生育、政务公开、机关党建、就业创业、学用政策等方面工作获市级表彰，被市直机关工委命名为"市直机关廉政文化建设示范点"，推动市政府获自治区"2011-2012年度依法行政先进市县"表彰，南宁市依法行政考核成绩自2009年以来连续四年获自治区第一。

2011-2012年度

自治区依法行政先进市县

广西壮族自治区人民政府
二〇一三年十一月

朝气蓬勃、充满活力的法制、仲裁团队

2013年5月3日至7日，市委组织部、市法制办在中央党校举办"2013年南宁市领导干部依法行政能力培训班"，市、县（区）政府及政府部门法制工作分管领导74人参加培训

南宁市政务服务中心

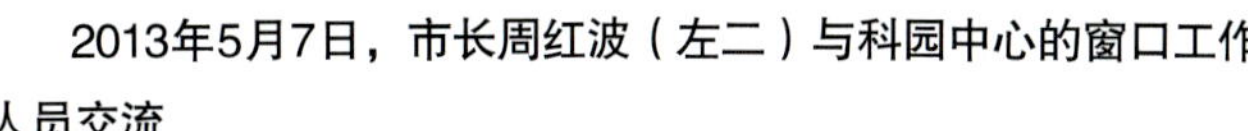
2013年5月7日，市长周红波（左二）与科园中心的窗口工作人员交流

2013年5月3日，市纪委书记雷永达（中）到科园中心检查指导

南宁市政务服务中心是在2002年1月4日成立的南宁市行政审批办证大厅的基础上扩大服务功能而构建，于2007年8月14日正式挂牌运行，2013年7月1日从科园东五路搬迁至广西体育中心C区开展工作，原科园东五路旧址作为科园分中心，继续提供社会管理和民生服务。2013年，南宁市本级具有行政审批职能的54个部门全部纳入政务服务中心管理范畴，进驻率100%；纳入政务服务中心受理的行政审批事项643项，事项进驻率96%。南宁市政务服务中心自成立以来，为群众、投资者和企业办理审批事项近530万件，人均办理3.50万多件，批件有效率100%，满意率99%以上。

南宁市政务服务中心总部位于南宁市五象新区的广西体育中心C区，办公面积5908平方米，为敞开式大厅设计，环境宽敞明亮，有27个涉及建设项目和经济发展审批服务的单位及五象新区管委会设立办事服务窗口，210名工作人员为群众办理行政审批服务事项369项，日办件量1300件以上；此外，会计代理等中介服务机构同步进驻中心总部。市级政务服务中心另设科园分中心，位于南宁高新区科园东五路6号，有30个涉及社会管理和民生服务的单位设立办事窗口，109名工作人员为群众提供许可、非许可和服务事项293项。

至年末，南宁市12个县（区）、3个国家级开发区均已经建立政务服务中心，同时，全市98.30%的乡镇（街道）和43.90%的行政村（社区）也建立政务服务中心，为群众和法人提供政务服务和便民服务。市委、市政府高度重视政务服务政务公开政府信息公开工作，致力于营造良好的政务服务环境，着力将南宁市政务服务中心打造成为畅通政务的平台、执政为民的窗口、依法行政的典范、行为自律的阵地、优质服务的赛场，初步树立便民助商、廉洁高效的政府窗口形象。

2013年10月17日，市纪委书记雷永达（左一）到位于广西体育中心的市政务服务中心总部检查指导

2013年1月22日，市政府秘书长刘志烈（中）到科园中心检查指导

南湖公园远眺

南湖公园

NANHUGONGYUAN

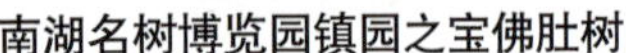

南湖名树博览园镇园之宝佛肚树

雾森仙境

南湖暮色

南宁市南湖公园位于南宁市中心，地域广阔，地理位置优越，总面积192.20公顷，其中陆地面积85.20公顷，水体面积107公顷；南湖是南宁市城区内最大的内湖，北面毗邻自治区党委，南宁市委、市政府座落于南湖东边。随着城市的发展，以南湖为核心的南湖区域已成为南宁市新的行政、办公、商住中心，形成现代化南宁的一个缩影。南湖公园是一座以湖水为依托、以观赏园林植物为主的具有广西民族特色和亚热带风光的现代化综合性公园。园内有名树博览园、韦拔群李明瑞革命烈士纪念馆、九拱桥、盆景园、水幕电影综合水景、南湖亲水步道等主要景点，满园青葱翠绿，景色迷人，每年接待中外贵宾、游客1000万人次。2013年接待单位179批次、13.78万人次。4月3日，接待胡锦涛同志；11月27日，接待香港特首梁振英。

2013年南湖公园不断加大园容园貌的综合整治力度，提升园林养护和管理水平。深入开展创建“全国文明城”“国家卫生城市”“三优一满意”公园和“美丽南宁·整洁畅通有序大行动”活动，狠抓安全生产和社会综治管理，全力营造平安、和谐的公园环境。完成南湖三个生态浮岛及生态驳岸示范段改造、南宁市勤廉文化进公园等工程项目。完成花卉生产布置100.20万盆，举办南宁市第二届菊花展，展出景点23个，菊花、时花10.19万盆，期间游客100万人次。2013年南湖公园档案室通过“科技事业单位档案管理国家二级”认定。

南湖公园不仅是广大游客观光游览、休闲娱乐的好地方，也是重大节日举行游园文化活动的重要场所，不仅充分展现绿城风采，也是绿城南宁一张靓丽的名片。

南湖生态驳岸工程

南湖全景

南宁住房公积金管理中心

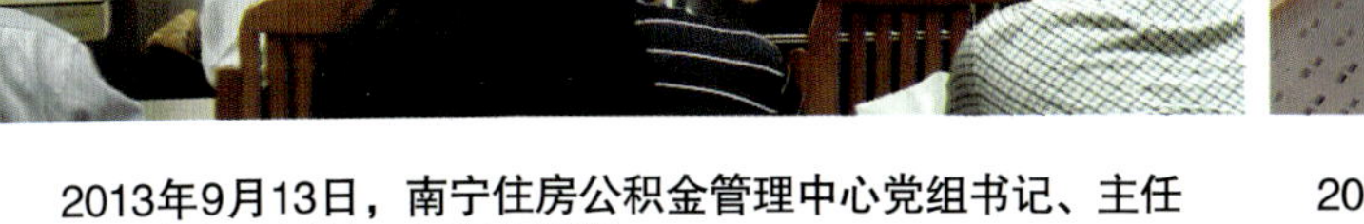

2013年9月13日，南宁住房公积金管理中心党组书记、主任王林一给单位干部职工上廉政党课

2013年12月26日，南宁市住房公积金12329服务热线开通

2013年，南宁市住房公积金新增归集41.07亿元，增长16.74%。提取住房公积金22.42亿元，增长23.85%。发放个人住房公积金贷款19.05亿元，增长72.73%。实现住房公积金增值收益2.38亿元，增长15.66%。提取廉租住房建设补充资金1.93亿元。开展利用住房公积金支持保障性住房建设项目贷款工作，发挥住房公积金互助性和保障性功能。年内，发放项目贷款6000万元，是广西首批成功发放的住房公积金项目贷款。南宁市开通12329服务热线，进一步提升住房公积金服务质量。加强管理，将住房公积金管理事项纳入南宁市征信系统。加快完善服务网点建设，增设良庆营业部。至年末，南宁市实现“六县六区”服务网点全覆盖。南宁住房公积金管理中心获自治区住房城乡建设系统记集体二等功。

2013年7月25日，铁路分中心到南宁铁路局所辖铁路沿线单位中国铁通北海分公司现场办公

2013年3月12日，组织干部职工到定点扶贫村开展植树活动

南宁市妇幼保健院

NANNINGSHIFUYOUBAOJIANYUAN

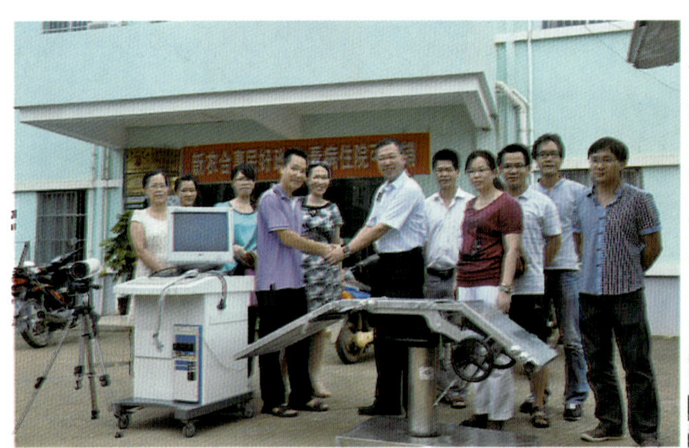

2013年7月30日，院长邱宝强（中）给对口帮扶的双定镇卫生院赠送医疗设备

2013年1月16日，院党委书记商昌友（握手右）慰问医院对口扶贫的横县南乡镇高义村困难党员

2013年，南宁市妇幼保健院门诊量60多万人次，住院量1.60万人次。有1名党员被授予南宁市第二批先锋示范岗，4名党员被评为南宁市卫生系统先锋示范医疗卫生标兵，新生儿科被评为南宁市卫生系统先锋示范医疗卫生科室，妇保科盆底中心被评为南宁市卫生系统先锋示范品牌。南宁市妇幼保健院在“美丽南宁·清洁乡村”活动中赞助马山县、宾阳县、横县贫困村和燕子岭社区8.50万元用于购置垃圾车（箱）。院领导班子多次带队到扶贫帮扶点横县南乡高义村、宾阳县中华镇、双定中心卫生院、兴宁区燕子岭社区开展帮扶活动，走访慰问群众和党员64人，义诊8次，慰问演出1次。手术麻醉科副主任劳诚毅设计《孕妇助步车》获国家专利并获“南宁市第七批优秀青年专业技术人才”称号；市妇幼保健院举办全国盆底功能障碍防治项目理论与技术研讨班、自治区《健康教育能力建设》培训班；开展儿童认知功能检测、C呼吸试验检测幽门螺杆菌新技术新项目。妇产科和妇女儿童保健科被批准为南宁市重点学科，《促血管生成素与反复自然流产的相关性研究》获广西适宜技术推广三等奖，《南宁地区儿童手足口病病原学及临床研究》《南宁市城乡儿童幽门螺杆菌感染流行病学及临床研究》《尿液可的宁测定在儿童哮喘防控中作用的临床研究》《椎管内阻滞分娩镇痛对女性盆底功能影响的临床研究》和《助产士门诊服务模式对促进自然分娩的临床研究》等5个科研项目获市科技局立项。门诊楼项目和南宁市儿童医院项目获市发改委立项。

2013年12月15日，自治区卫生厅调研员陈树珍（前左四）、院长邱宝强（前左六）与上海优生优育专家合影

广西南宁水利电力设计院

GUANGXINANNINGSHUILIDIANLISHEJIYUAN

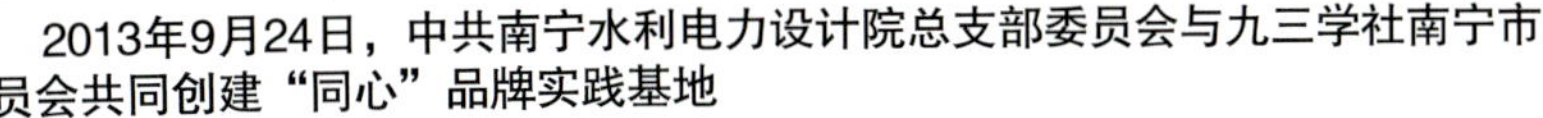
2013年9月24日，中共南宁水利电力设计院总支部委员会与九三学社南宁市委员会共同创建"同心"品牌实践基地

2013年6月21日，开展"美丽南宁·清洁城乡"活动

工 程 设 计

资 质 证 书

广西南宁水利电力设计院成立于1964年5月，是国有勘察设计单位，院址位于南宁市友爱北路17号。现有职工205人，其中高级工程师51人，工程师70人(含一、二级注册建筑师5人，一、二级注册结构师5人，注册造价师9人)，各类专业技术人员138人。设有地勘、测绘、规划、水工、机械、电气、金结、土建、施工、造价、环评、水库移民、咨询和招标等主要工程技术专业25个。持有水利(水库枢纽、城市防洪、灌溉排涝)甲级资质证书，设计资质证书及电力(水力发电)、水利(河道整治)、农林(土地规划)、水土保持、工程勘察、建筑等乙级资质证书、水利水电总承包资质证书。可承担大中型水利、水电工程、中型工业与民用建筑、交通、市政工程的勘测设计和工程项目建议书、预可研、可研、招投标等咨询工作。2004年7月通过ISO9001：2000标准的认证。建院以来，先后完成300多座大、中、小型水利水电工程，100多项民用建筑工程、市政、交通工程的勘察设计，获国家、科技进步奖及优秀设计奖30多项。

2013年南宁水利电力设计院开展"美丽南宁·生态水利"建设，完成水利项目150多个。

南宁水利电力设计院党总支与南宁市委九三学社共同打造"同心"品牌，倾力"同心"实践，开展一系列"亮点工程"，广大党员和九三学社社员立足本职岗位发挥作用，围绕水利水电勘察设计中心工作，深入基层提供技术咨询服务，为基层群众解决实际困难。把九三学社的"同心"实践和深化创建先锋示范城工作，开展"岗位党旗红""十大先锋行""四走四促四满意"活动以及"美丽南宁·清洁乡村"活动融合起来，深入到参政议政、服务社会的各层次和各环节，延伸到服务全面建设小康社会的工作中。通过联合西乡塘区统战部、九三学社南宁市各级组织开展一系列主题活动，打造出一个联系企事业单位、参与南宁水利电力设计院行政管理、反映社情民意、投身社会服务的实践平台,打造出一个增进政治共识、夯实多党合作事业思想基础和加强"同心"教育引导的实践平台。9月24日，中共南宁水利电力设计院总支部委员会与九三学社南宁市委员会共同创建"同心"品牌实践基地在南宁水利电力设计院正式挂牌。

为隆安县良一村人饮工程建设提供技术咨询服务

金鸡滩水利枢纽（总库容2.309亿立方米、装机容量72MW,1000t级船闸）由南宁水利电力设计院设计

2012年10月，相思湖新校区开工仪式举行

学生参加2011年全国护理大赛获团体一等奖

2013年9月10日，学校通过国家改革发展示范校建设验收

南宁市卫生学校隶属南宁市卫生局，由南宁市卫生学校和南宁市第二卫生学校于2009年6月合并而成，是一所公办全日制国家级重点中等职业学校、首批国家中等职业教育改革发展示范学校和广西中等职业教育示范特色学校。拥有南宁、黎塘两个校区，设有附属医院、口腔医疗中心、医学美容中心、口腔义齿制作加工中心、推拿按摩中心等五个集“产、教、研”三位一体的实训机构。学校以全日制中职学历教育为主，联合多家高校开办专科、本科在职学历教育，开设有护理、助产、口腔修复工艺、药剂、中医康复保、医学检验、医学影像技术、农村医学等8个专业，其中护理、口腔修复工艺、药剂（药品营销方向）、医学检验等4个专业为自治区级示范性专业。2013年在校生总数11749人，其中全日制中职在校生9391人、高职在校生2358人，近三年毕业生就业率98%，护理专业学生参加全国执业护士资格考试通过率74%。

学校占地46.71万平方米，校舍建筑面积17.40万平方米，实训场地面积5.60万平方米，教学设备总值7077.19万元，校内实训基地数12个，实训室数187个，实训工位数4043个；省部级以上重点支持建设的实训基地5个，校外顶岗实习单位80个，图书馆藏书23.56万册，电子读物7.28万册，专业期刊372种。现有专任教师242人，其中专业理论课教师212人，高级职称53人，中级职称122人，“双师型”教师158人，“双师型”教师占专业理论教师86.34%。

学校办学历史悠久，治学严谨，管理科学，在社会上享有较高的声誉；学校办学实力和师资力量雄厚，在示范校建设过程中深化课程体系改革，完善深度校院（企）合作，构建工学结合一体化的人才培养模式。在历届全国护理教学改革成果展示赛中多次获团体奖第一名和多个单项第一及最佳教学创新奖；学校多次被评为自治区、南宁市职业教育先进单位、“五四”红旗团委，是全国中等职业学校德育工作先进集体，连续三年被评为全国中等职业学校“文明风采”竞赛活动优秀组织单位，2013年获全国“文明风采”竞赛活动“卓越组织奖”。

2012年10月，政府投资近10亿元、占地22.10公顷，集教、科、研为一体的学校相思湖新校区动工，同时学校附属医院即相思湖医院获立项建设。建成后的新校区将是一个建筑面积20万平方米，可容纳1万名师生工作、学习和生活的现代化生态校园，借助国家现代职业教育改革的东风和广西民族医药的特色资源，学校不断提升综合实力，为广西经济社会发展输送更多实用型卫生技术人才，更好地发挥国家改革发展示范校的辐射引领作用。

相思湖新校区总平面鸟瞰图

南宁市卫生监督所

南宁市卫生监督所于2002年7月正式成立，为副处级参照公务员法管理单位，是在南宁市卫生局领导下，依法承担公共场所、饮用水卫生、职业卫生、放射卫生、学校卫生、传染病防治以及医疗机构、母婴保健机构执业活动、医疗广告等的卫生监督和行政执法职责，实施重大活动的卫生安全保障工作；负责全市卫生监督信息收集、管理、统计上报及对县（区）卫生监督机构进行业务指导和人员培训等工作。设领导职数5名，职能科室17个，编制119名。现有人数102人，具有大专以上学历91人，其中研究生学历18人，大学本科学历54人，大专学历19人；具有中级以上职称48人，其中高级职称8人，中级职称40人；具有硕士学位7人，学士学位42人。

建所以来，南宁市卫生监督所树立“在监督中服务、在服务中监督”的理念，开展整顿和规范卫生领域市场经济秩序的工作，涵盖食品安全、生活饮用水与涉水产品、消毒产品与消毒服务机构、公共场所、职业卫生与放射诊疗、学校卫生、传染病防治、医疗机构、母婴保健、血液安全等十大领域卫生执法专项行动，依法查处各类违法案件，保障市场经济建设健康有序的发展。

近年来，市卫生监督所卫生监督员完成社会公共卫生、健康相关产品、医疗服务、重大活动卫生安全保障等各项工作，赢得社会赞誉。2007年被自治区卫生厅授予“全区卫生监督先进集体”称号，2010年获卫生部、国家食品药品监督管理局、国家中医药管理局授予“全国医药卫生系统先进集体”称号，被市政府多次授予“先进集体”称号；一批卫生监督员分别受到卫生部、自治区卫生厅的表彰，获“全国优秀卫生监督员”“全区卫生监督先进个人”称号。

①2013年5月7日，市长周红波（左二）在南宁市政务服务中心卫生局窗口视察卫生行政许可

②2013年11月26日，市卫生局党委书记、局长汤晓斌（左一）在南宁市政务服务中心卫生局窗口检查南宁市卫生行政许可

③2013年1月7日，市卫生监督所党总支部书记隆邦臻(右二），副书记、所长冯少雄（左一）带领党员代表，到新农村建设对口支援单位横县马山乡向旺村慰问困难党员和村民

④所领导班子集体照。所长冯少雄（中）、书记隆邦臻（右二）、副所长刘学锋（左二）、副所长乔凯（右一）、副所长何秋玲（左一）

⑤2013年11月5日，市卫生监督所参加自治区卫生监督系统在南宁乡村大世界举行的卫生应急处置演练

南宁市环境保护监测站

2013年11月12日，中国环境监测总站副站长王业耀（左一）检查南宁市环境保护监测站空气质量新标准实施情况

2013年12月11日，副市长魏凤君（左二）视察南宁市环境保护监测站机动车排气污染数据监控管理中心

南宁市环境保护监测站环保实验大楼

南宁市环境保护监测站成立于1975年，是南宁市环境保护局下属的参照公务员管理公益性事业单位，全国环境监测网络二级站，2007年12月、2011年11月分别增挂“南宁市核与辐射安全监督管理站”“南宁市机动车排气污染管理中心”牌子。主要职能：承担国家、自治区、南宁市涉及水、气、噪声、振动、降水、土壤、核与辐射等常规监测任务、污染源监测任务、机动车排气污染物监测任务和突发环境事件应急监测任务；为南宁市污染减排、环境管理开展监测服务工作，同时还为在邕举办的中国—东盟博览会等重大会事提供环境质量监控和应急监测服务；负责南宁市辖六县环境监测机构的技术指导，开展社会性委托监测等工作。2012年通过国家环境监测站西部地区二级站标准化验收。

2013年，有编制99名，在编86人，专业技术人员占90%。拥有先进的监测分析仪器设备389台（套），其中包括气相色谱—质谱联用仪、液相色谱—质谱联用仪、电感耦合等离子发射光谱—质谱联用仪等各类大型实验室分析仪器。通过自治区级计量认证的测试能力362项，涉及水、气、声、振动、土壤、固体废物、机动车排放污染物、辐射等12大类。南宁市环境保护监测站运行管理水质自动监测站6个、环境空气自动监测站9个、环境噪声功能区噪声自动监测站7个、温室气体自动监测站1个和环境外照射自动监测站1个。2012年12月24日正式实施国家环境空气质量新标准并对外发布环境空气监测数据和空气质量指数（AQI）。近年来，南宁市环境保护监测站先后获“九五期间全国先进环境监测站”“广西壮族自治区优质实验室”“全区环境监测工作先进集体”等称号。

2013年，按照国家及自治区相关要求，继续做好环境空气质量新标准监测工作，改进和优化AQI信息发布系统，6月5日完成改版并正式启用，使公众更容易、更全面了解南宁市环境空气质量状况。加强市区环境空气质量预测预警，及时发布预警信息，为环境管理部门深入开展大气污染联防联控提供技术支持。推进机动车排气污染管理工作，完成机动车排放污染数据监控管理系统一、二期工程建设，完成机动车排气污染数据监控管理中心的装修和硬件设施的采购安装，为标志发放管理和车主就近领标提供便利。

南宁市环境保护监测站多年来始终秉承科学、公正、准确、高效、服务的质量方针，加强自身能力建设，逐步建设成为一个拥有现代化的监测技术手段、优秀的专业人才队伍和完善的质量管理体系的环境监测机构，每年向各级部门和社会提供

南宁市空气质量自动监测站

南宁南机动力有限公司

NANNING NANJI ENGINE CO., LTD.

抢抓发展机遇又好又快发展

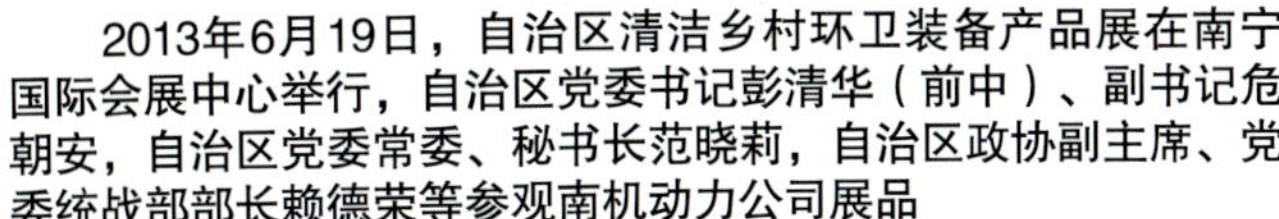

2013年6月19日，自治区清洁乡村环卫装备产品展在南宁国际会展中心举行，自治区党委书记彭清华（前中）、副书记危朝安，自治区党委常委、秘书长范晓莉，自治区政协副主席、党委统战部部长赖德荣等参观南机动力公司展品

2013年8月31日，第三届广西园林园艺博览会在南宁五象新区开幕。自治区主席陈武，自治区党委常委、市委书记余远辉，市长周红波等同乘南机动力公司的电动观光车游览园博会

2013年11月22日，市国资委党委书记、主任傅隆政，党委副书记、副主任江国波到南机动力公司检查“美丽南宁·清洁乡村”工作

2013年，南宁南机动力有限公司以自治区党委、政府开展“美丽广西·清洁乡村”活动为契机，抢抓发展机遇，各项工作继续保持良好发展势头，经济指标持续攀升，实现既定的中长期发展目标，生产经营保持四年持续盈利的喜人。

在公司领导班子的带领下，全体员工认真贯彻和落实公司工作方针，真抓实干，开拓创新，全年实现工业总产值1.31亿元，同比增长30.18%；实现营业收入1.20亿元，增长31.83%；实现净利润45.16万元，增长25.33%，连续四年盈利；在岗职工人均年收入同比增长19.76%。

公司注重“低碳、节能、环保”理念，先后研发“新型纯电动三轮保洁机”“新型电动垃圾转运车”“23座电动观光车”等新产品9款，并投放市场，取得良好经济效益；全年向国家知识产权局申报专利8项，获国家正式授权7项，公司累计有国家授权专利12项；履行社会责任，先后向各地政府部门、乡镇捐赠环卫装备共计27万元。加大产学研力度，与广西大学机械工程学院、电子工程学院成立科企联合工作站，广西军械装备维修保障动员中心在公司揭牌成立。

网址：www.nnnjdl.com

2013年11月29日，第三届广西发明创造成果展览交易会在桂林市开幕，自治区副主席黄日波（前右）到南机动力公司展位了解新产品研发

2013年12月31日，广西军械装备维修保障动员中心在南机动力公司挂牌成立。图为广西军区副司令员张桃祥讲话

中国电信 CHINA TELECOM
世界触手可及

中国电信股份有限公司南宁分公司

中国电信股份有限公司南宁分公司是南宁市的主导电信运营商。2013年分公司做好固定电话、移动电话、宽带互联网接入等业务普及，落实和市政府签订的《智慧城市建设暨“十二五”信息化战略合作框架协议》，与市工业和信息化委员会推出“智慧企业”信息化解决方案，启动宽带大提速行动，推广100兆宽带进家庭，开始4G网络建设。着力于以信息化服务南宁市的经济与社会发展。2013年初，全市有固定电话用户104万户，天翼移动电话用户93万户；宽带互联网接入用户108万户。已经建成有线、无线全方位、一体化的高速网络，南宁城区（含6县城）FTTH/B（光纤到户/到楼道）覆盖占比实现城区95%以上的光网覆盖，办公、商务楼宇、专业市场实现100%光网覆盖；乡镇区域实现95%光网覆盖达；实现99%以上小区、楼宇、工业园区“百兆进户、千兆进楼、T级出口”的超高速“光网城市、智慧南宁”基础网络建设目标；

2014年，分公司将按南宁市委、市政府的部署，推出4G天翼业务；发展城市高速宽带用户，增加信息化应用；实施光纤进村屯，农村宽带提速工程，缩小城乡信息化差距。

①中国电信南宁分公司领导班子：总经理陈卫红（左三）、副总经理覃世宁（右二）、副总经理王会贤（左二）、副总经理颜文（右一）、副总经理罗东（左一）

②2013年1月18日至19日，中国电信集团公司董事长、党组书记王晓初视察南宁分公司

③2013年12月9日，南宁市“爱城市”公众门户网站开出发布会在中国电信南宁分公司举行。图为市政府常务副市长吴炜（右）与中国电信广西区公司副总经理刘小宁（左）一起触碰水晶屏，启动“爱城市·智慧南宁”公众门户网站开出

④2013年5月31日，南宁市工业和信息化委员会在中国电信南宁分公司举办南宁市“智慧企业”发布会，推出“智慧企业”信息化解决方案。南宁市工信委主任陈世平（后左二）、中国电信南宁分公司总经理陈卫红（后右二），以及南宁市中小企业服务中心、市经开区经发局、高新区经发局和各城区经信局等11个单位的领导、嘉宾和企业家代表200多人出席发布会

中国联合网络通信集团有限公司南宁市分公司

2013年，中国联通南宁分公司实现3年再造一个南宁联通的工作目标，综合绩效保持自治区领先的地位，获“中国联通集团先进集体”称号

2013年，南宁联通机场贵宾厅获“2013年度广西质量信得过班组”“2013年度广西优秀质量管理小组”“2013年全国优秀质量管理小组”“中国联通2013年通信行业优秀质量管理小组”称号

中国联合网络通信集团有限公司南宁市分公司（简称“中国联通南宁分公司”）是中国联合网络通信集团有限公司在南宁的分支机构，接受中国联合网络通信集团有限公司广西分公司的直接领导，承担中国联通在南宁业务区的电信建设与业务经营及向南宁业务区用户提供各种电信业务的服务。公司下辖西乡塘、兴宁、青秀区城北、青秀区城南、江南、五象新区和院校等7个分公司及武鸣、横县、宾阳、上林、马山、隆安6个县分公司。目前，南宁已经成为中国联通继北京、上海、广州之后的第四个国际通信业务出入口、中国联通七大总部基地之一，是中国联通在西南地区的信息枢纽。

2013年中国联通南宁分公司落实广西联通各项工作部署，按照“抓机遇、扩规模、调结构、上水平”的总体工作要求，持续推进“四个三”发展战略和“211”能力工程实施，坚持“规模发展、强化执行、创建和谐”为主线，以“渠道突破、集团拓展、客户服务”为重点，加大市场拓展力度，增强支撑保障能力，夯实企业基础管理，推进企业和谐建设和发展，实现南宁联通规模效益发展再创新高，连续三年综合绩效自治区排名第一。

2013年12月25日，南宁联通工会和团委携同青秀区民政局，组织员工到南宁市康宁敬老院慰问驻院老人

2013年7月12日，中国联通南宁分公司派出员工20多人，组成“南宁联通志愿者服务队”，参加金湖社区开展的“美丽金湖·清洁家园”环境卫生整洁活动

2013年8月21日，南宁联通启动马山县永州镇龙角村扶贫项目落地工作，为村委和学校赠送空调14台

广西中烟工业有限责任公司
CHINA TOBACCO GUANGXI INDUSTRIAL CO.,LTD.

广西中烟柳州工业园区

公司高度自动化卷包车间

广西中烟工业有限责任公司是直属中国烟草总公司的国有大型企业和重点卷烟工业企业，也是全国少数民族地区唯一的省级中烟工业公司。是“全国500强企业”“全国纳税100强企业”“广西强优工业企业”，自成立以来一直是广西第一纳税大户。公司设南宁、柳州2个非独立法人资格卷烟厂，同时投资设立广西真龙实业有限责任公司、广西真龙物流有限责任公司2家全资子公司及广西真龙彩印包装有限公司、广西甲天下水松纸有限公司2家控股子公司，公司总部设在南宁。

2013年广西中烟卷烟生产规模超150万箱，拥有总资产143亿元，主辅业实现销售收入200亿元，实现税利总额148亿元，上缴税金122亿元，是广西唯一税利总额和上缴税金双双突破100亿元的企业。在职员工3000余人，其中博士12人，硕士88人，在读硕士300余人。拥有行业级、省级技术中心，国家博士后科研工作站和国家级实验室，实施“4444”管理模式，导入六西格玛、TPM管理、卓越绩效管理等先进企业管理模式，通过ISO9001（质量）、ISO14001（环境）、OHSAS18001（职业健康安全）、ISO10012（测量）管理体系“四标一体”认证和4A级标准良好行为企业认定，是6S现场管理、QC活动、知识分类编码等8个行业标准的制定单位。公司拥有“真龙”“甲天下”两个品牌，其中“真龙”品牌获“中国驰名商标”称号，属于国家烟草专卖局重点鼓励发展品牌，销售区域覆盖全国各省市及东南亚等地区。

广西中烟南宁工业园区

南宁中燃城市燃气发展有限公司

NANNINGSHIZHONGRANCHENGSHIRANQIFAZHANYOUXIANGONGSI

南宁中燃客户服务中心

南宁中燃3311111服务热线人员

南宁中燃调度中心

南宁中燃城市燃气发展有限公司（原南宁管道燃气有限责任公司，简称“南宁中燃”）成立于1996年，是中国燃气控股有限公司的全资项目公司。

南宁中燃获南宁市政府授予市管道燃气特许经营权，独家承担南宁市区（包括六城区、高新技术产业开发区、经济技术开发区、青秀山风景名胜旅游区在内，共6559平方千米）管道燃气设施的投资、建设与经营。

2014年3月，南宁中燃总资产13亿，建成高压输配系统工程门站1座、加气母站1座、高中压调压站4座、绕城高压管线67千米、阀室4座和一套数据采集及监控系统（SCADA系统），年输气能力5.60亿立方米；建成市政中压管520千米、小区管网2850千米，管网覆盖南宁市现有建城区域；拥有安吉、三塘两座LNG气化站，总库容1200立方米，应急供气能力为每天50万立方米；在用居民用户34.80万户；商业公福用户1287家；工业用户18家;年供气超过1亿立方米。

公司自投产运营以来，健全完善管道燃气安全、生产、输配、服务等制度体系，形成规范、有效的管理体系。公司遵循“用户第一，服务至上”的理念，建立客户信息管理系统及3311111客户服务热线对用户实行咨询、投诉、报装、开通、安检、维护、抢修一站式服务，开设6家营业服务厅，开通南宁中燃公共微信号，将优质服务贯穿管道燃气安装、使用全过程。

目前，南宁中燃的工业用户涵盖了金属及金属制品、烟草、食品、造纸、制药、化工、机械等行业，其代表性用户包括南南铝加工、广西中烟、南宁可口可乐、顶津食品（康师傅）、凤凰纸业、培力药业、利通树脂等。

城市燃气管道抢险队伍

南宁中燃三塘气源厂

集团办公大楼

2013年10月31日，董事长范治勋获首届“服务道路运输行业终身荣誉奖”

广西超大运输集团

GUANGXICHAODAYUNSHUJITUAN

国家一级客运站——南宁江南站停车场一角

高档、豪华客车“欧洲之星”整装待发

广西超大运输集团在改革开放的大潮中，发扬“团结，勤俭，敬业，忠诚”精神，至2013年，拥有国家客、货运输双一级资质，总资产20亿元，年均上缴国家税费8500多万元。从最初仅有资产3000多万元的民营企业发展成为广西现代化大型综合百强企业。

在诸多荣誉面前，广西超大运输集团不骄不躁，居安思危。在企业实力增强，社会效益、经济指标逐年攀升，各项管理机制取得科学化、规范化推进的前提下，2014的“双代会”上，公司董事会提出“二次创业”的口号，在企业“三年规划”的前景下，重整旗鼓，更新思路，挖掘潜力。以科学管理为准则，信息化发展为目标，重视网络平台的构建，开拓新的经济增长点，想方设法化解高铁开通、市场疲软以及“营改增”等企业所面临的难题和市场危机，以求提升企业的核心价值观和使命感。

“雄关漫道真如铁，而今迈步从头越”。“三年规划”是广西超大集团前进的动力。在企业持续发展的道路上，广西超大运输集团将以出色的表现，顽强的精神，优质的服务，赢得社会的认可、大众的赞誉。一个平安和谐，生机勃勃的新超大，必将再以一个全新的风貌立足交通之林、立足于八桂大地。

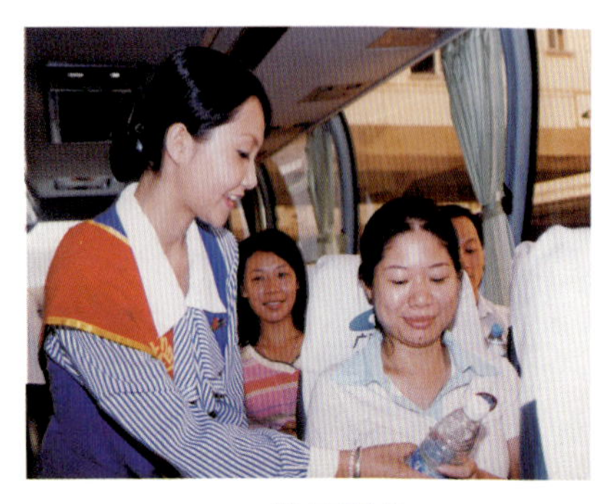

微笑服务

南宁糖业股份有限公司
NANNING SUGAR INDUSTRY CO., LTD

缔造品質南糖　分享甜蜜生活

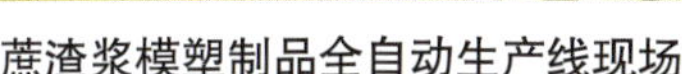

蔗渣浆模塑制品全自动生产线现场

药用辅料糖生产线装包现场

南宁糖业股份有限公司成立于1996年7月，1999年5月改制上市(股票代码：000911)，辖直属厂7个、控股子公司9个，员工6500多人。公司主营机制糖、各类文化用纸、生活用纸制品、蔗渣浆、酒精、复合肥等产品的制造和销售，具备日榨甘蔗3.20万吨、年生产机制糖70万吨、年产机制纸6万吨、蔗渣浆9.80万吨、食用酒精2万吨的生产能力，年产糖量约占广西食糖总量8%、全国食糖总量5%，年销售收入超40亿元。是一家以甘蔗为原料走循环经济、发展多种经营的大型企业，目前国内制糖行业最大的国有控股上市公司。

南宁糖业成立10多年来，通过一系列的产业结构调整，不断优化制糖生产结构，发展综合利用产业，构建资源-产品-再生资源的循环经济生产模式，实现循环经济产业链的格局，延伸产业链。公司于2002年整体通过ISO 9000质量管理体系认证，生产的白砂糖连续多年在全国同行业质量评比中名列前茅，被中国绿色食品发展中心认定为绿色食品A级产品。2013年2月率先生产出药用辅料蔗糖，成为国内首家在生产线上直接生产药用辅料蔗糖的制糖企业。公司拥有“中国名牌产品”2个及“广西名牌产品”8个，先后获“全国轻工业卓越绩效先进企业”“国家农业产业化重点龙头企业”“广西农业产业化十大龙头企业”“广西优秀企业”“广西企业100强”等称号，2010-2013年连续入选“中国轻工业制糖行业十强企业”。

在新的起点，南宁糖业确立“存量做优、增量做大、总体做强”的企业发展战略，“向先进者看齐，与先进者同行”，打造成为主业领先、优势突出、多元经营的龙头企业。

公司所辖蔗区的万亩高产甘蔗示范区

南宁百货大楼股份有限公司

南宁百货大楼朝阳店北楼新姿,单店年销售超20亿元

南宁百货新世界店位于西乡塘区广西大学旁，是西乡塘区集超市、家电、百货、饮食、影院等现代购物中心

南宁百货大楼位于南宁市最核心的朝阳商业区，地理位置得天独厚。公司创立于1956年，1993年2月改制为股份有限公司，1996年6月公司股票“南宁百货”（600712.SH）在上海证券交易所上市发行，是广西第一家商业类上市公司，也是广西唯一获国家商务部评选的“中华老字号”商店、“金鼎百货店”双称号的商业企业。

58年来，南宁百货历经风风雨，但在社会各界的热心关怀下，规模不断壮大，发展势头一路领先。至2013年，公司在南宁、贺州、贵港等地开设多家百货类直营门店，涉及主题百货、家电、超市三个业态，经营面积超过18万平方米，销售额突破30亿元！2014年，公司将继续完成在广西其他地级市的门店布设，经营面积将突破35万平方米，年销售额将突破80亿元大关，公司将发展成为立足南宁、布局广西、辐射东南亚的具有较强影响力和竞争力的综合性商业企业！

公司将继续以“引领生活，创造幸福，永续经营”为使命，秉承传统，突破创新，除继续做大做强传统百货业态外，还致力于发展电子商务、汽车销售、奥特莱斯、商业地产等业态，形成多业态齐头并进、共同发展的格局！同时，公司还将着力于改革经营模式，加快推广现代零售技术，尽快完成简单增长模式向成熟增长模式的转型，全面提升公司的综合竞争力！

南宁百货女子鼓乐队

2011年南宁百货成立55周年暨股票上市15周年庆典活动，南百员工集体朗诵《南百赋》

南宁富莱欣生物科技有限公司

南宁富莱欣生物科技有限公司成立于2004年8月，位于南宁国家高新区科园西十路19号，是一家专业从事保健食品、功能新资源食品研发、生产经营的高科技企业，先后获“广西著名商标”“南宁市企业技术中心”“重合同守信用企业”“承诺制售放心食品先进企业”“南宁市生物工程及制药人才小高地示范单位”“广西打假扶优信息协会副理事长单位”“工业生产竞赛优胜企业”“食品卫生等级A级单位”“企业科技发展理事会理事单位”“工业企业纳税大户”“南宁高新区综合实力二十强企业”等称号。

南宁富莱欣生物科技有限公司为广西大学“产学研”合作基地，自2009年以来通过科技攻关自主研发新产品并申报21个，获保健食品批文12个；从发达地区通过技术转让引进产品35个，进行产品技术创新；获南宁市工业新产品证书37个；拥有专利申请保护48项，其中技术发明专利4项，外观设计专利44项，获国家知识产权局授权的发明专利2项，外观专利44项；经国家版权局著作权版权登记1项（登记号2012-F-053705），注册商标5个；广西科技厅成果登记1项。

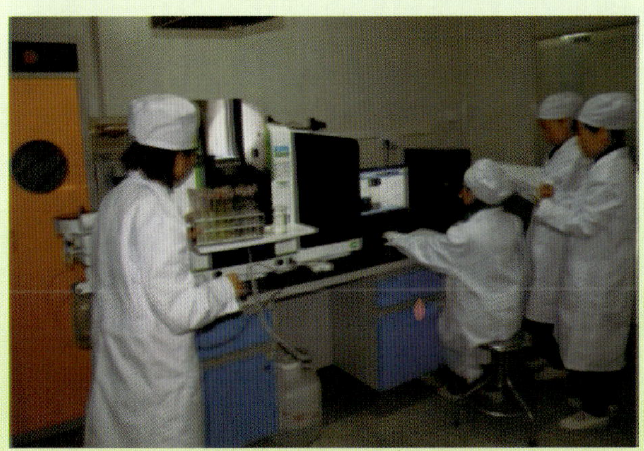

美国PE公司目前最高配置900T的原子吸收光谱仪

2013年5月8日，富莱欣公司参加首届中国（上海）国际技术进出口交易会，自治区商务厅副厅长马继宪（左二）关注公司新产品开发

2012年12月，南宁市名品展，副市长眭国华（右二）到公司展位，关注公司发展

南宁五象新区建设投资有限责任公司

南宁五象新区建设投资有限责任公司（简称“五象投资公司”）是南宁市政府组建成立的国有独资公司，于2010年1月注册成立，注册资本10亿元，公司隶属南宁市政府，由市政府授权广西南宁五象新区规划建设管理委员会履行出资人职责，公司主要负责南宁市五象新区城市基础设施及相关配套设施项目的投资、开发、建设和经营，土地开发，房地产开发，广告等业务。2013年公司完成投资4.57亿元，实现利润494.36万元，上缴税金3204万元，资产总额11.20亿元。现有员工51人。

五象投资公司完成总部基地2.60平方千米路网工程、场地平整工程和核心区道路工程的建设任务；开展项目前期工作28项，城建项目建设15项；11月28日，建设规模20万平方米的五象总部大厦正式开工建设，该项目的建成将改善五象新区投资环境，提升南宁的现代化城市品位。

五象投资公司将继续以“服务五象新区建设”为宗旨，不断提升自身实力，以改革创新的精神加快推进五象新区开发建设，为实现首府现代化建设新跨越和五象新区发展目标提供有力保证。

2013年12月12日，公司党委书记、董事长刘为民（前右一），总经理符春平（前左一），陪同市人大常委会主任谢寿堂（中）视察良庆镇初级中学迁建工程建设

2010年2月4日，公司成立揭牌仪式

五象总部大厦（效果图）

2013年11月22日，公司党委中心组集中学习

吴圩镇

南宁吴圩国际机场

吴圩镇位于南宁市的西南面，与良凤江国家森林公园、大王滩水库旅游风景区相毗邻，西侧临近吴圩国际机场，是南宁市南向重要门户地区和交通枢纽中心。距南宁快速环道18千米，是南宁吴圩空港新城所属重要地区。交通便利，区位优势明显，南防铁路、南友（322线国道）公路、邕钦公路、南友高速公路穿境而过。辖吴圩、明阳2个社区和平丹、平垌、那德、定宁、康宁、祥宁、永红、坛白、那备、新桥10个行政村。镇区内驻有南宁国际机场、自治区玉米研究所、明阳淀粉厂、明阳糖厂、台湾花卉产业园、南宁—东盟花卉博览园、国营七坡林场、明阳农场、明阳工业区、广西师范学院师园学院等单位30多个，是南宁市城市发展规划建设的城市卫星镇之一。粮食和经济作物种植以水稻、甘蔗、西瓜、蔬菜等为主，是自治区最大的西瓜集散地和西瓜苗培育、销售基地。辖区东西最大距离28千米，南北最大距离33千米，总面积394平方千米，其中耕地总面积约7700公顷，林地总面积约5340公顷。镇政府驻博济街27号。

2013年吴圩镇按照“稳中求进、好中求快”的工作思路，推进“征地拆迁、项目建设、民生事业、社会管理创新”，力促经济社会持续平稳发展，全面完成经济社会各项任务。社会固定资产投资完成14.30亿元，同比增长7.10%；工业总产值完成24.49亿元，增长48%；规模以上工业总产值完成18.31亿元，增长36.54%；财政收入2.36亿元，农民纯收入9248元，增长12%。各项综合指标在南宁市各乡镇前列，2011年、2012年相继获“南宁市十佳乡镇”称号。

吴圩空港商贸中心

吴圩镇新农村

广西明阳糖厂制炼车间分蜜工段

江南区延安镇

2013年5月18日，延安镇召开清洁乡村动员会

改造后的延安镇果蔬市场

江南区延安镇位于南宁市西南部，东与那陈镇相连，西南与上思县那琴乡、扶绥县山圩镇交界，北与苏圩、吴圩镇接壤。境内有南宁至北海旧公路经过。镇政府驻地延安街，距南宁市53千米。总面积132平方千米。2013年辖社区1个、行政村5个，自然坡75个，总人口28323人，主要民族为壮族和汉族，以壮族人口居多。

延安镇是典型的农业镇，主要种植甘蔗、西瓜、蔬菜等，年甘蔗种植面积3333公顷，西瓜种植面积3333公顷，蔬菜种植面积666公顷。2013年，完成一般预算收入868.26万元；全社会固定资产投资7040万元；农业总产值5.40亿元；农民人均纯收入8130元。

以“美丽延安”为目标，以开展“清洁乡村”活动为抓手，全面推进生态文明建设。活动开展以来，全镇配备垃圾桶2.50万个，垃圾转运车21部，人力三轮车64辆，斗车55辆，建设垃圾池38座，垃圾屋7间，垃圾堆放场4处。聘请村保洁员88名，镇保洁员21名；村坡成立村民理事会，制订村规民约。日常垃圾做到日产日清，农村环境卫生明显改进，营造天蓝地绿水洁净的优美生产生活环境，群众的幸福指数不断提升。

土地整理方面，完成投资4500多万元的天堂水库西灌区733公顷土地整理项目和那齐村一期933公顷土地整理项目；交通方面，实现村村通硬化路，坡屯通硬化路95%，各村坡可通汽车；水利方面，完成镇内4个水库的除险加固工程；市场建设方面，完成投资150万元的镇果蔬市场的改造工程、集镇停车场建设，镇区安装路灯126盏。2010年以来，完成“一事一议”项目建设33个，总投资629.076万元。其中：道路建设19条、19.62千米，投资422.28万元；人饮工程14个，投资206.80万元。

2011年以来，延安镇各项经济社会建设得到长足的发展，社会进步，人民群众安居乐业。2011年作为自治区新农保第三批试点先后获2012年南宁市科学发展“十佳乡镇”评比进步奖、南宁市第六次全国人口普查工作先进集体、“全市新型农村和城镇居民社会养老保险工作先进单位”等称号。

延安镇延安社区坡娄新坡示范点干净整洁的巷道

延安镇街道一角

金　融

银　行

【概　况】 2013年，南宁市辖区有政策性银行2家、国有商业银行5家、股份制商业银行7家、城市商业银行3家、农村信用联社8家、村镇银行5家、外资银行3家、非银行金融机构3家、资产管理公司4家；邮政储蓄银行广西区分行1家，自治区农村信用联社1家。至年末，市辖区银行业总资产12293.67亿元，负债11984.20亿元，存款6548.98亿元，贷款6443.91亿元，实现净利润156.63亿元。不良贷款43.54亿元，不良率0.68%。营业网点1019个，从业人员2.18万人。

存　款　各项存款余额6548.98亿元，比年初增加853.33亿元，增长15.19%，比上年同期下降3.96个百分点。单位和个人存款增量平稳增长。金融机构本外币单位存款余额3930.54亿元，增加466.75亿元，增长13.62%；个人储蓄存款余额2169.62亿元，增加296.89亿元，增长15.63%，下降2.19个百分点。财政性存款余额134.73亿元，增加5.34亿元，增长4.13%，少增31.86亿元，下降36.24个百分点。

贷　款　各项贷款余额6444.06亿元，比年初增加597.78亿元，增长10.49%，下降5.29个百分点。贷款期限结构以中长期为主，票据融资全年负增长。受房地产和基础设施投资增长拉动，至年末，南宁金融机构境内本外币中长期贷款余额4741.44亿元，增加422.44亿元，增长9.78%，上升2.32个百分点；新增中长期贷款占全部新增贷款额的70.67%，上升28.99个百分点。短期贷款余额1441.48亿元，增加186.50亿元，增长16.17%，下降24.60个百分点。票据融资余额45.98亿元，减少45.69亿元，下降49.85%。单位中长期固定资产贷款增加131.64亿元，增长5.77%；银团固定资产贷款增加223.69亿元，增长39.33%；南宁单位短期经营贷款增加154亿元，增长15.61%；个人中长期消费贷款增加109.70亿元，增长13.13%，上升2.16个百分点。

新增贷款注重对商业、交通运输业、房地产业、批发和零售业、仓储和邮政业、租赁和商业服务业的投入。至年末，新增贷款比年初增加438.54亿元，占总贷款73.36%。开展普惠金融工作，重点支持中小微型企业、涉农企业、安居工程建设、青年创业等项目，有51.63%新增贷款投向中小微企业，31.23%投向涉农领域。境外贷款比年初增加19.71亿元，增长11.52%，下降70.93个百分点。

经营效益　全市金融运行效益持续提高，利息净收入、中间业务收入大幅增长，金融机构实现本外币利润总额169.50亿元，增长19.71%。　（陈　鹤）

【中国人民银行南宁中心支行】 2013年，中国人民银行在南宁市有分支机构7个。其中：省会中心支行1个，宾阳县、横县、武鸣县、马山县、上林县、隆安县支行6个。

金融创新　中国人民银行南宁中心支行（简称“南宁中心支行”）向全国人大

2013年南宁金融机构本外币信贷收支情况

单位：亿元

项目	余额	项目	余额
存款	6548.98	个人贷款及透支	203.43
单位存款	3930.54	其中：个人消费贷款	32.73
活期存款	1698.51	单位普通贷款及透支	1130.63
定期存款	1190.50	经营贷款	1129.50
通知存款	110.75	固定资产贷款	0.37
保证金存款	335.07	银团贷款	0.62
个人存款	2334.57	贸易融资	106.80
储蓄存款	2169.62	中长期贷款	4741.44
保证金存款	10.20	个人贷款	1118.44
结构性存款	154.76	个人消费贷款	945.03
财政性存款	134.73	单位普通贷款	2838.00
临时性存款	5.49	经营贷款	203.01
委托存款	9.68	固定资产贷款	2635.00
其他存款	133.97	普通并购贷款	13.90
贷款	6444.06	银团贷款	769.46
境内贷款	6253.34	固定资产贷款	769.46
境外贷款	190.72	票据融资	45.98
短期贷款	1441.48	其中：贴现	45.98

提出建立广西北部湾金融综合改革试验区建议，协助人民银行总行设计、完善《云南省广西壮族自治区建设沿边金融综合改革试验区总体方案》。试验区正式启动后，协助自治区政府制定出台《广西壮族自治区人民政府关于建设沿边金融综合改革试验区的实施意见》。联合自治区人社厅、住建厅等部门签订合作框架协议，率先启动“民生金融　富民强桂”工程，推出安居、创业、支少和扶旅四个子工程，民生金融发展实现增量扩面。签署落地项目合作协议 24 个，合作意向金额 158 亿元。推进“民贸民品贴息倍增计划”，审核发放民贸民品贷款贴息 3.59 亿元，同比增长 2.62 倍。创新开展个人信用报告属地查询管理和网上查询试点。制定《广西个人信用报告属地查询管理暂行办法》，在全国率先试行个人信用报告属地查询管理；成为互联网个人信用信息服务平台全国试点地区。

金融调控　南宁中心支行加强信贷政策引导，促进金融支持实体经济发展。用好差别准备金动态调整措施，引导地方法人金融机构加大增资扩股力度。首次将信贷政策导向效果评估结果纳入“两综合、两管理、一保护”(综合执法检查、综合评价，开业管理、营业管理，保护金融消费者权益)和“银行业金融机构综合评价”考核。用活再贷款、再贴现政策，全市再贷款、再贴现余额 18.80 亿元，金融对实体经济特别是“三农”(农村、农业、农民)支持效率进一步强化。南宁中小微企业贷款比年初增加 308.62 亿元；涉农贷款余额比年初增加 186.71 亿元，增长 14.74%，高于全部贷款增速 4.25 个百分点。发展债券直接融资，有效改善区域融资结构；推出融资倍增计划，取得到区域私募发行的试点资格。采用区域集优模式解决中小企业直接债务融资难题实现零突破。

金融管理　南宁中心支行首创金融支持旅游业统计制度并落地试点。推进流通中货币净化工程，假币“零容忍”工作成效和经验在全国推广。第二代支付系统成功上线，实现支付服务行政村全覆盖，支付系统连续 6 年保持 100%安全运行。成立人民银行南宁中心支行法律事务处(金融消费权益保护处)，全面推进金融消费权益保护，处理满意度 97.60%。南宁市建成 4 个金融 IC 卡小额非接触式受理示范商圈，发行金融 IC 卡突破 213 万张，增长 3.79 倍。配合推进广西非税收入电子化缴库试点，推广上线运行国库会计数据集中系统(TCBS)。协助人民银行总行、自治区政府举办第五届中国—东盟金融合作与发展领袖论坛。

外汇管理　南宁中心支行推进服务贸易外汇管理和资本项目简政放权改革，“打热钱、控流入”成效明显。启动“外汇服务承诺示范区”建设工程；率先开展个人跨境人民币结算试点，发布《广西边境个人跨境贸易人民币结算管理办法》并在东兴率先实施，广西成为边境地区第一个启动试点的省(区)。至年末，全市跨境人民币业务结算 65 亿元。其中跨境贸易人民币结算 36 亿元，增长 1 倍。

金融稳定　南宁中心支行建立健全稳定监测和评估指标 675 个，先后对南宁市金融机构进行稳健性现场评估 2 次。收回广西地方政府借款 20 亿元，对广西邮政储蓄银行系统、农业银行系统和北部湾银行系统等南宁辖区机构网点实施综合执法检查 17 个，对 27 家金融机构开展洗钱风险评估试点，配合自治区纪委等部门就毒品等 47 个洗钱上游犯罪线索开展行政调查 323 次，协助破获姜某特大传销案，保障区域金融稳定。

(陈恒丹)

【中国银行南宁市邕州支行】 2013 年，中国银行南宁市邕州支行本部设部门 5 个，管辖经营性网点 29 个，员工 480 人。至年末，人民币各项存款余额比上年增加 24.45 亿元，增幅 20.52%。其中：对公存款余额增加 15.16 亿元，增幅 21.81%；储蓄存款余额增加 9.29 亿元，增幅 18.71%。人民币各项贷款余额增加 13.66 亿元，增幅 11.98%。个人业务方面，坚持以客户为中心的服务理念和发展策略，加强客户基础。通过公私联动，为企事业单位开展代发工资金融服务；通过与重点单位发行联名 IC 卡、发展长城商户通等方式，夯实客户基础；抓好与证券公司、保险公司的联动，把金融知识送进社区、学校、企业、单位；发挥外汇业务优势，提供专业化外汇服务；设立专业理财经理团队，以多种形式为客户提供专业的金融理财服务。调整产品结构，推动非住房类贷款产品；采取多种营销形式，发展车位卡分期、汽车卡分期贷款及微型企业贷款等业务，实现个人贷款多元化发展。公司业务实施以重点市场、重点行业、重点客户和重点项目为核心重要营销策略，把握贷款政策走向，拓展重点区域公司授信业务，以国家重点扶持中小企业发展的政策为导向，重点推进中小企业授信业务的发展。加大投行业务发展力度，创新产品种类，继续保持中行在国际结算业务市场中的竞争优势；广西分行首笔远期结售汇挂单交易业务成功叙做，标志外汇业务结售汇领域实现新突破。邕州支行营业部再次获“2013 年度中国银行业文明规范服务百佳示范单位”称号。

(肖秋梧)

【中国农业银行股份有限公司广西区分行营业部】 2013 年，中国农业银行股份有限公司广西壮族自治区分行营业部(简称“农行广西区分行营业部”)辖 14 个一级支行(城区 8 个、县域 6 个)，员工 2400 多人；对外营业网点 158 个(城区 95 个，县城 29，乡镇 34 个)。农行广西区

9 月 1 日，南宁市开展“金融知识进万家”宣传服务活动　　广西银监局提供

分行营业部实施积极的财政政策和稳健的货币政策，围绕中国—东盟自贸区经济建设重点，主动加强银政、银企合作，推进地方经济发展，至年末，存款余额825亿元，同比增长10%；贷款余额600亿元，增长9%。累计投放贷款262亿元。保持信贷风险评价A类行。

业务发展　农行广西区分行营业部围绕本部科学发展三年规划（2013－2015），突出城区行龙头带头效应，围绕自治区、南宁市重大产业布局，明确城区行业务发展重点；加强系统联动，跟踪涉农财政转移支付资金动向，确保财政资金不外流，跟踪集团性和系统性客户的资金投放划拨信息，通过现金管理平台、网上银行等结算手段，促进其结算金在农行的体内循环。加强与自治区发改委、自治区国资委、自治区招商局、自治区税务局等职能部门沟通，及时捕捉市场信息，培育稳定对公存款客户资源。抢挖信息源头，从政府网站、拍卖网站、拍卖公司和报刊拍卖公告第一时间获取信息，抢抓市场先机，开展各种面对面营销活动。通过钢材贸易企业迎新春联谊会、房地产客户新春座谈会等活动加深与重点高端客户关系；开展个人贷款“百强千优”营销活动、个贷产品“三进”（进市场、进客户、进物流）活动。加强三级财政系统和教育、卫生、出版、社保、公积金、部队等重点行业系统客户的营销。开展优良中小企业业务和票据业务管理和客户目录管理，发挥票据业务调节资金和规模的杠杆作用。加快产品创新，实现新产品新业务营销零突破20个。其中：实现广西分行零突破10个、营业部零突破10个。创新国际贸易融资业务和外汇产品，拓展国际市场。跨境参融通、NRA账户开立、境外同业合作、对公理财产品质押开证业务等业务办理，完善农行国际贸易融资业务和外汇产品体系，提升农行服务外贸型公司的能力。

服务三农　农行广西区分行营业部按照6个县支行服务“三农”三年发展规划，推进“三大工程”（121工程、十百千工程、惠农通工程）建设，激发县域经营活力，其中推进“121工程”（在全国范围内选取100家重点发展的支行，200家重点推进的支行，100家重点帮扶的支行和100家重点监测的支行），鼓励重点县域支行优先发展，对武鸣东盟工业园重点项目、重大工程、优质企业给予优先支持；通过“公司+农户”方式重点推进隆安宝塔工业园医药行业发展；发挥小企业简快贷款优势，重点帮扶黎塘工业园中小企业。提高“十百千工程”（重点服务县域10项民生工程、重点支持广西100家以上国家级、自治区级优质农业产业化龙头企业、重点扶持广西1000家以上县域重点中小企业）对县域业务的综合贡献度，重点拓展县域中高端客户，加大对县域龙头企业、特色产业群、农业示范区支持，通过龙头企业高效渠道网络，优化网点布局，推进物理网点“调、转、改、增”建设。转变客户服务方式，对贵宾客户维护落实名业、产业群带动其上下游链，增强县域对公业务价值的创造力。

金融服务　农行广西区分行营业部合理分配资源，统筹推进零售业务转型二次升级。掌握重点客户最新情况，严格执行客户回访制度，每月对VIP客户进行1次以上回访；做好存量个人贵宾客户资金留存工作，为贵宾客户提供增值服务，组织辖内贵宾客户参加私人银行部贵宾客户活动。办理一项个人业务，联动营销银行卡、网上银行、保险、理财等产品。开展创建“中国银行业文明规范服务百佳示范单位”“百佳”网点等活动，提升网点服务品质。被农总行确认为运营基础管理先进单位1个、运营基础管理“三铁单位”网点21个，增加9个，增长75%。（曾　敬）

【中国工商银行股份有限公司广西区分行营业部】　2013年，中国工商银行股份有限公司广西壮族自治区分行营业部（简称“工行广西区分行营业部”）辖一级支行10家，经营性网点119个，员工2405人。至年末，本外币存款余额845.92亿元，比年初增加11.58%。其中：储蓄存款余额416.94亿元，增长14.74%；对公存款余额428.97亿元，增长8.70%，本外币贷款余额735.69亿元，增长5.85%。

业务发展　个人业务方面，2013年是“个人金融项目发展年”，工行广西区分行营业部参与市民卡、工会卡、校园一卡通等民生领域项目建设，为农民工和蔗农打造建筑灵通卡和甜蜜卡。开展“工行进市场　服务进商户”专项活动，上门为市民提供借记卡、信用卡、电子银行、个人理财等产品相结合综合性服务。加大对个体私营业主、个体工商户支持力度，提供便捷优惠结算产品方式。公司业务方面，应对市场流动性偏紧带来的影响，了解市场信息，锁定地方“十二五”重点项目、基建项目、民生工程等作为重点支持对象，在交通、电力、城建、糖业、现代服务、文化产业、林业等领域投放贷款64.82亿元。加大小企业“网贷通”等业务推进力度，探索“供应链”等融资业务，服务地方小企业成长，发放小企业贷款30.56亿元。提升国际业务服务水平和服务能力，构建全方位产品网络，跨境人民币结算、贸易融资等业务保持快速发展，其中，国际结算同比增幅42%，贸易融资增幅32%。推进商户网络拓展，适应市民消费热点，拓展POS装机、分期付款新领域。

服务和内部管理　工行广西区分行营业部通过整改排队问题严重网点、优化业务办理流程、推广大堂经理服务标准化、投诉管理精细化等措施实现服务质量提升。桃源支行、星湖支行通过中国银行业文明规范服务千佳示范单位验收；江南支行营业厅、江南邕宁营业厅获广西百佳示范单位公示。全年装修改造营业网点6个，新增离行式自助银行8个。强化全面风险管理，把资产质量管理放在更突出位置，贷款质量持续优良。关注针对银行盗窃、抢劫、外部欺诈等侵财犯罪案件，加大案件查防工作力度，将案件风险消除在萌芽状态。（尹湘竹）

【中国建设银行广西区分行】　2013年，中国建设银行广西区分行有机构网点368个，员工7309人。至年末，全口径存款余额2060亿元，比上年增加247亿元，增长13.70%。各项贷款余额1496亿元，增加166亿元，增长12.50%。中间业务收入17.69亿元，增长18.90%，比上年提升1.70个百分点；中间业务净收入占主营业务收入22.68%，提升0.65个百分点。不良贷款余额1.62亿元，下降0.20亿元；不良率0.11%，下降0.03个百分点；回收贷款本金4.50亿元，资产质量保持建行系统第一。

业务发展　企业存款余额1080亿元，新增107亿元。对公有效客户新增5402户，单位结算账户新增1.36万户。个人存款余额951亿元，新增140亿元，个人客户金融资产新增170亿元，个人有效客户新增27.80万户。对公非贴贷款余额958亿元，新增102亿元，增长11.90%；个人贷款余额511亿元，新增70亿元，增长15.90%。支持自治区政府推进重大基建项目、水利、能源、产业升级、保障房、节能环保、中小企业、“三农”、民生、个人等领域建设，投放贷款760亿元，增加115亿元；通过融资租赁、资产收益权理财、股权投资类理财、债务融资工具等一揽子金融服务，为客户直接融资110亿元。国际业务全口径外汇存款余额2.87亿美元，比年初新增7618万美元，增长36.19%。国际结算突破60亿美元，新增21%。跨境人民币业务取得多项突破，承办自治区首笔跨境人民币债权回收及跨境人民币外商直接投资业务，在系统内及广西同业中首先试点与第三方支付机构合作进行跨境人民币支付业务，办理跨境人民币结算189亿元，增长32%。

服务创新　推进网点"三综合"(综合性功能、综合柜员、综合营销队伍)建设，网点综合化率85%；新设网点15个，购置网点20个，新增自助设备438台，新增离行自助点104个，新增POS(销售终端，一种多功能终端，安装在信用卡的特约商户和受理网点中与计算机联成网络，实现电子资金自动转账、消费、预授权等功能)商户4096户，新增EPOS(银行卡电子支付系统)商户7978户，渠道服务能力有效提升。完成产品创新32项、流程优化8项。"票融通"项目、"客户业务办理预填单创新优化""工商验资业务流程优化"项目获建设银行产品创新奖和流程优化奖。第一家推出广西区域金融市场信贷业务全流程电子化操作，投放网络银行贷款4109万元。

内部管理　优化南宁区域运行机制，组建小企业业务部，成立信息中心，调整工程造价咨询管理模式；推进风险管理体制改革、信贷机制调整和授信流程优化，完成信贷审批的职责调整；推进前后台分离，加大反洗钱工作力度，开展案件防控专项活动，实现498个网点和自助区24小时监控守护，建立和完善各类应急预案466个，连续4年无新案件和重大风险事项发生。

(孙继锋　牟保春　彭瑞娟)

【广西北部湾银行】　2013年，广西北部湾银行坚持"立足广西、立足中小、立足社区"战略定位，发挥本土银行优势，各项业务稳健发展，规模实力不断增强，结算网络不断完善，成为服务广西社会经济建设重要金融支柱。至年末，存款余额571.41亿元，同比增加15.79亿元；贷款余额369.76亿元，增加17.00亿元；剔除利息支出、手续费支出后营业收入39.50亿元，增加3.73亿元，增长10.43%；实现拨备前利润24.63亿元，增加1.88亿元，增长8.26%。银行成立5年来，投放贷款1938.20亿元、实现净利润29.93亿元、计提拨备34.43亿元、上缴税金23.79亿元。

业务发展　重视发展金融市场业务，新增主要投向自治区内重点企业、项目和中小微企业的本币投放信贷资金54亿元。至年末，资金运营资产总额527.77亿元。发展投资银行业务，支持地方经济建设。通过信托、融资、租赁等多种渠道融资43.82亿元。支持广西重点项目建设，通过银团贷款发放贷款7.09亿元。先后与南宁市、柳州市、钦州市等城市签订全面业务合作协议，加大对自治区保障性住房建设等民生领域支持力度。做大做强中小微金融业务，研发推出为中小微企业、非公企业、个体经营者量身定做的新产品。推出小微企业金融服务产品业务涵盖食品、服装、医药、日用品等重要民生行业，扶持小微企业4万多户，发放贷款新增56.25亿元；帮助自治区超过110万人实现就业。小微企业金融服务旗舰产品"北部湾微贷"被中国银行业协会评为"2013年服务小微企业二十佳金融产品。"通过业务创新方式继续支持平果亚洲铝业、桂林电线电缆等区内企业拓展东盟市场。全年完成国际结算量14.49亿美元，其中边贸结算量2.50亿美元，在自治区内国际业务排名第六位。研究参与滇桂沿边综合金融改革试验区建设和促进广西战略支点建设等重大发展战略，服务广西经济社会发展。

网点建设　强化对传统城市市场渗透，积极实施社区金融战略，在南宁市布局设立离行式自助银行80家，形成传统银行网点、离行式自助银行、电话银行、网上银行、手机银行等多种渠道、全方位服务网络服务，为社区居民提供便捷金融服务。顺应市场需求，依托自身灵活机制，整合国内同业投研优势，从渠道先行、资产优化、专业服务、稳健审慎4个方面进行理财设计的优化和创新，利用总分行联动机制，快速捕捉市场信息及客户需求，推出适合客户需求的理财产品。设计发行理财产品近200款，发行量突破260亿元。"富桂宝"系列理财产品与本地其他银行理财产品相比优势明显，在广西本土市场和客户群体中树立良好口碑和信誉，品牌效应日益凸显。

内部管理　北部湾银行重点管控信用风险，严守信贷资产质量生命线。总行出台《2013年信贷政策及制订法人客户经济资本系数方案》，引导分支机构从高资本占用业务向低资本占用业务转型和发展，持续做好银行承兑汇票、微贷、法人贷款、投行业务、资金交易等重点业务风险限额管理和表外信贷业务、自治区外承兑汇票、钢贸类业务的压降。开展表内外资产五级分类大排查。累计收回不良贷款(含垫款)本息合3.65亿元，其中收回银行承兑汇票垫款1.47亿元，确保信贷资产质量。

(唐群凤)

证　券

【证券经营】　2013年，南宁市有基金管理公司1家(国海富兰克林基金管理有限公司)，证券分公司6家(招商证券股份有限公司广西分公司、大通证券股份有限公司广西分公司、海通证券股份有

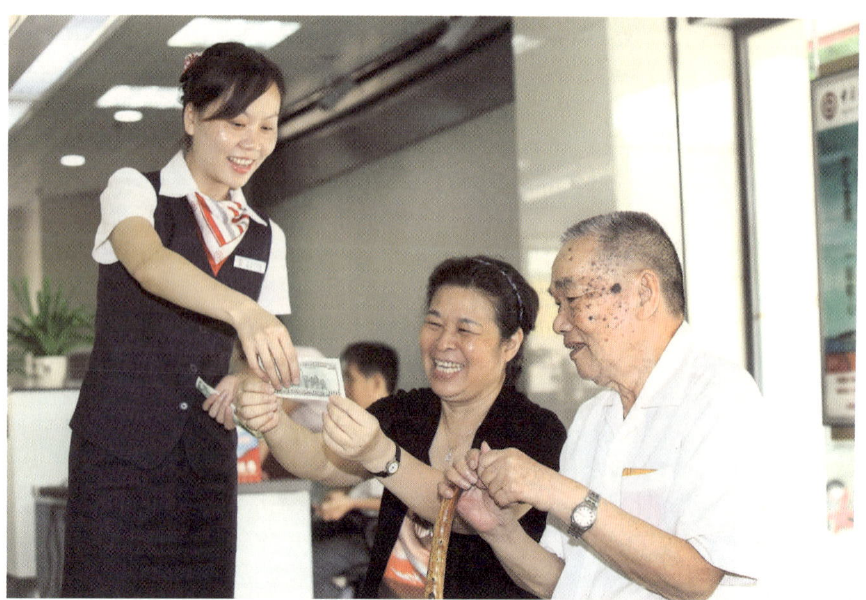

中国银行南宁市邕州支行营业部大堂经理向客户讲述外币真伪识别技巧

中国银行南宁市邕州支行提供

限公司广西分公司、国泰君安股份有限公司广西分公司、宏源证券股份有限公司广西分公司，中国银河证券股份有限公司广西分公司尚在筹建中)，证券营业部44家，其中筹建2家。市证券营业部代理证券交易总额5434.06亿元，比上年同期增加50.25%。其中：A股4199.45亿元，B股3.32亿元，基金44.80亿元，债券18.97亿元，债券融资回购交易37.99亿元，债券融券回购交易1118.17亿元，其他证券11.36亿元。投资者开户79.52万户，增加20.10%；证券营业部托管市值393.71亿元，增加14.43%；已开业42家证券营业部全年实现净利润2.23亿元，增长305.45%。至年末，基金管理公司资产总额5.42亿元，增长7.53%；净利润0.63亿元，增长12.50%。新发行3支基金，旗下有基金15支。其中：股票型基金7支，混合型基金3支，债券型基金3支，QDII基金1支，货币市场基金1支；基金总份额142.64亿份，资产净值总额145.33亿元。

【期货经营】 2013年，南宁市有期货营业部24家，代理期货交易量2753万手，比上年同期减少4.08%；成交额24467亿元，增加10.54%；投资者开户2.42万户，增加15.79%；实现营业收入8874万元，减少7.15%；实现净利润595万元，减少63.18%。

【上市公司】 2013年，南宁市有上市公司10家（广西桂冠电力股份有限公司、广西五洲交通股份有限公司、阳光新业地产股份有限公司、南宁糖业股份有限公司、南宁百货大楼股份有限公司、南宁化工股份有限公司、广西丰林木业集团股份有限公司、百洋水产集团股份有限公司、广西皇氏甲天下乳业股份有限公司、南宁八菱科技股份有限公司)，总资产600.71亿元，总股本58.78亿股，总市值301.09亿元，分别占自治区全部上市公司总资产、总股本、总市值31.53%、29.73%、22.02%；实现净利润10.58亿元，平均每股收益0.18元。

（证监会南宁办事处编写组）

保　险

【概　况】 2013年，南宁市各保险公司实现原保险保费收入89.95亿元，比上年同期增长16.61%，占自治区总保费比重32.65%。其中：财产险公司保费收入44.01亿元，增长24.40%；人身险公司保费收入45.94亿元，增长10%。财产险公司方面，车险业务是保费增长的主要动力，车险保费收入31.84亿元，增长24.65%，业务占比72.34%。农业保险和信用保险实现增长，保费收入分别为3608万元和6933万元，增幅分别为128.52%、87.49%。人身险公司分红险保费收入33.56亿元，增长3.89%，业务占比73.05%；普通寿险保费收入4.68亿元，增长41.74%。投连险、万能险保费收入440万元、4900万元，分别增长11.76%、33.38%。人身险公司意外险、健康险保费收入2.14亿元、5.03亿元。南宁保险业支付赔款和给付保险金26.35亿元，增长16.66%。其中：财产险公司支付赔款和给付保险金19.50亿元，增长20.89%；人身险公司给付各类保险金6.85亿元，增长6.09%。

自治区首家法人保险机构——北部湾财产保险股份有限公司在南宁开业。新增保险专业中介机构13家。至年末，全市有法人保险公司1家，自治区级保险分公司33家(财产险公司19家、人身险公司14家)；保险公司地市级分公司和中心支公司12家，支公司及营业部80家，营销服务部201家；保险代理公司法人机构17家、分支机构25家，保险经纪公司分支机构16家，保险公估公司法人机构1家、分支机构5家，保险兼业代理机构1438家。

【保险监管】 2013年，中国保险监督管理委员会广西监管局（简称“广西保监局”)。

风险防范　加强风险排查，严防满期给付与退保风险。持续推进寿险公司客户回访，率先开展客户信息补正，各寿险公司回访保单14.11万件，信息保全变更4.24万件次，发现涉及代签名、销售误导等问题保单1.42万件。加强防范体系建设，严防保险中介市场风险。建立专业中介机构、保险公司、保险行业协会三级风险监测防控体系，提高风险识别能力；建立专业中介机构经营情况定期分析制度，发现异动情况，准确把握潜在的风险隐患；开展清理整顿，促进中介市场健康发展。加强案件风险管理，严防保险重大案件风险。联合公安部门建立“政府主导、执法联动、公司为主、行业协作”四位一体反保险欺诈合作框架体系和工作机制；组织行业对近3年车险欺诈风险进行全面排查。

机制创新　创新工作机制，开展综合治理，推进车险理赔流程的简化和索赔单证资料精简；完善并实施车险查勘理赔人员持证上岗制度；指导广西保险行业协会组织查勘理赔人员开展军事化训练；联合自治区总工会、人力资源与社会保障厅开展保险理赔员(车险查勘定损)职业技能竞赛活动，对一等奖获得者按程序向自治区总工会申报“广西五一劳动奖章”，对一等奖、二等奖获得者由自治区人力资源与社会保障厅授予“广西技术能手”称号；创新车险理赔服务机制，建立轻微道路交通事故快速处理机制；实施《广西人身保险客户回访办法》，从源头上防范寿险销售误导。制定服务标准，提高保险服务质量。联合自治区有关部门制定出台政策性农房保险、政策性森林保险和甘蔗保险相关查勘定损标准，使涉农保险理赔做到有标准可依。出台《广西保险公司经营城乡居民大病保险基本服务规范（试行)》《广西人身保险退保与满期给付基本服务指引》。指导广西保险行业协会出台《广西保险行业道路交通事故人身损害调处理赔统一标准(试行)》，减少交通人伤案件赔偿标准纠纷。加强教育引导，提升消费者维权意识。优化保险消费提示制度，提高消费提示的针对性和有效性；结合首个全国保险公众宣传日活动，开展“保险让生活更美好”主题宣传；开通“广西保监微新闻”微信宣传平台，在门户网站上开设“保险消费者教育”专栏，扩大保险知识宣传受众面。

【保险市场管理】 2013年，广西保监局加强重点整治，规范市场秩序。派出21个检查组152人次对辖内33家保险机构及中介机构开展现场检查，针对现场检查发现的违法违规行为，对22家保险机构及中介机构实施行政处罚，其中对1家保险专业中介机构做出吊销许可证处理，对21家机构罚款356万元，对33名责任人进行处理并处罚款77.50万元。加强制度建设，堵塞违规漏洞。联合有关部门制订《关于加强2013年政策性农业保险委托协办工作的通知》，明确各项农业保险工作经费的支付对象、标准及要求。联合银监部门实施“银保1+1”制度。开展保险分支机构清查，对长期无业务、无负责人的机构下发风险提示函，指导公司做好机构撤并；印发《关于加强广西辖区保险公司分支机构管理的通知》，强化省级分公司对分支机构的管控责任。加强行业自律，辅助市场监管。组织开展行业自律协议清理，提高行业自律行为的合规性。处理好监管与行业组织的关系，将该由行业协商解决的问题交由行业协会通过自律机制解决，发挥行业自律辅助监管的作用。

【拓展业务】 2013年，广西保监局扩大服务覆盖面，完善涉农保险体系。自治区政府专门召开农业保险工作会议，成立自治区农业保险工作领导小组，出台加快农业保险发展的实施意见。广西保监局协同自治区财政厅等有关部门大力推进甘蔗保险、水稻保险试点扩面，首次开展育肥猪保险。自治区推进农业保险发展的做法得到国务院汪洋副总理的肯定。开展大病保险试点，完善社会保障体系。会同有关部门在柳州市、钦州市推进城乡居民大病保险试点，推动自治区大病保险扩大至7个市。承保公司支付大病保险补助金1.45亿元，受益群众2.70万人次。发展责任保险，完善社会管理体系。会同有关部门制定《广西壮族自治区医疗责任保险实施细则(试行)》，将医责险覆盖到自治区所有公立医院；与广西质量监督管理局签订战略合作备忘录，探索成立共保体在自治区范围内推行电梯安全责任保险；校园方责任保险实现全覆盖，自治区741万中小学生获保险保障。 (何腾华)

2013年驻南宁市保险公司名录

财产保险公司(28家)

北部湾财产保险股份有限公司 中国人民财产保险股份有限公司广西分公司 中国太平洋财产保险股份有限公司广西分公司 中国平安财产保险股份有限公司广西分公司 华安财产保险股份有限公司广西分公司 天安保险股份有限公司广西分公司 中国大地财产保险股份有限公司广西分公司 安邦财产保险股份有限公司广西分公司 都邦财产保险股份有限公司广西分公司 阳光财险保险股份有限公司广西分公司 渤海财产保险股份有限公司广西分公司 太平财产保险有限公司广西分公司 永诚财产保险股份有限公司广西分公司 华泰财产保险股份有限公司广西分公司 鼎和财产保险股份有限公司广西分公司 天平汽车保险股份有限公司广西分公司 中国人寿财产保险股份有限公司广西分公司 中银保险有限公司广西分公司 紫金财产保险股份有限公司广西分公司 中国出口信用保险公司南宁营业管理部 中国人民财产保险股份有限公司南宁市分公司 安邦财产保险股份有限公司南宁中心支公司 中国大地财产保险股份有限公司南宁中心支公司 中国太平洋财产保险股份有限公司南宁中心支公司 中国平安财产保险股份有限公司南宁中心支公司 永诚财产保险股份有限公司南宁中心支公司 鼎和财产保险股份有限公司南宁中心支公司 阳光财产保险股份有限公司南宁中心支公司

人寿保险公司(17家)

中国人寿保险股份有限公司广西分公司 中国太平洋人寿保险股份有限公司广西分公司 中国平安人寿保险股份有限公司广西分公司 新华人寿保险股份有限公司广西分公司 泰康人寿保险股份有限公司广西分公司 平安养老保险股份有限公司广西分公司 太平人寿保险有限公司广西分公司 中国人民人寿保险股份有限公司广西分公司 信诚人寿保险有限公司广西分公司 民生人寿保险股份有限公司广西分公司 合众人寿保险股份有限公司广西分公司 生命人寿保险股份有限公司广西分公司 阳光人寿保险股份有限公司广西分公司 泰康养老保险股份有限公司广西分公司 中国人寿保险股份有限公司南宁分公司 中国人民人寿保险股份有限公司南宁分公司 中国太平洋人寿保险股份有限公司南宁中心支公司

2013年南宁市人身保险公司保险业务情况

单位：万元

公　司	保费收入							赔付支出			
	人寿保险					意外伤害险	健康险	赔款	死伤医疗给付	满期给付	年金给付
	小计	普通寿险	分红寿险	投资连接保险	万能保险						
中国人寿保险股份有限公司广西分公司（含集团业务）	129067	15106	113961	0	0	4203	9068	3078	3549	20638	4974
中国太平洋人寿保险股份有限公司广西分公司	32101	7393	24680	0	27	3949	2855	380	788	323	1354
中国平安人寿保险股份有限公司广西分公司	67258	10009	52441	252	4556	1428	15111	430	4115	7295	3490
新华人寿保险股份有限公司广西分公司	36962	2872	34089	0	1	731	2920	581	586	409	846
泰康人寿保险股份有限公司广西分公司	23523	637	22629	3	254	2423	2481	547	507	82	1193
平安养老保险股份有限公司广西分公司	0	0	0	0	0	5965	9396	7494	0	0	1
太平人寿保险有限公司广西分公司	46905	5092	41814	0	0	620	2830	75	370	1	1344
中国人民人寿保险股份有限公司广西分公司	18225	2318	15881	0	25	610	1653	394	737	724	1
信诚人寿保险有限公司广西分公司	5682	1864	3613	185	20	220	1805	162	209	45	0
民生人寿保险股份有限公司广西分公司	5499	64	5435	0	0	56	1126	29	83	0	422
合众人寿保险股份有限公司广西分公司	10596	304	10290	0	2	74	565	65	120	0	472
生命人寿保险股份有限公司广西分公司	7059	785	6273	0	0	380	263	7	29	413	0
泰康养老保险股份有限公司广西分公司	21	0	21	0	0	0	0	0	0	0	0
阳光人寿保险股份有限公司广西分公司	4821	329	4477	0	15	720	260	7	57	73	0

注：平安养老保险股份有限公司广西分公司和泰康养老保险股份有限公司广西分公司成立后，原分别归属中国平安人寿保险股份有限公司广西分公司和泰康人寿保险股份有限公司广西分公司经营的业务仍未分离核算和统计。

责任编辑　陈天皓

经济管理与监督

宏观经济管理

【经济调节与监测预测】 2013年，南宁市做好经济调控、经济运行监测分析和运行态势监测预测。组织编制全市年度经济和社会发展计划，制定、下达并组织实施城市建设投资计划、农村建设投资计划、市本级财政预算内教育基本建设投资计划、基本建设项目前期工作计划等专项计划，将具体目标分解给县（区）、开发区、有关部门及单位。加强对国家宏观调控政策实施效果的跟踪、检查、分析，加强经济社会发展情况检查和经济预测、分析，动态跟踪宏观经济、微观经济走向，对经济社会发展的形势进行分析研判。每季度开展经济分析会，每月对投资情况进行分析和预测，定期对南宁市与全国36个大中城市的主要指标进行比较，不定期对国家宏观政策调整进行分析研究，提出相关对策意见，并针对存在的主要困难和突出问题提出对策建议。编印《发展改革要报》105期。

【年度计划编制】 2013年，南宁市结合实际编制年度经济和社会发展计划，主要预期目标：地区生产总值增长11%；财政收入增长12%；全社会固定资产投资增长20%；规模以上工业增加值增长20%；社会消费品零售总额增长16%；进出口总额增长16%，其中出口增长15%，外商直接投资增长15%；万元生产总值能耗、化学需氧量减排量、二氧化硫减排量、氨氮减排量、氮氧化物减排量按自治区下达的目标完成；城镇居民人均可支配收入增长12%，农村居民人均纯收入增长13%；居民消费价格总水平上涨幅度控制在4%左右；城镇新增就业人数7.20万人，城镇登记失业率低于4.50%；人口自然增长率低于9.10‰。

【专项规划编制】 2013年，南宁市完成市本级“十二五”规划，落实《国务院关于进一步促进广西经济社会发展的若干意见》和《广西北部湾经济区发展规划》中期评估工作，完成《南宁市主体功能区规划》等3项重点规划，加快编制《南宁市空港经济区重点产业发展规划》等2项规划。

【国民经济和社会信息化发展规划】 2013年，完成《南宁市战略性新兴产业发展规划(2013—2020)》《南宁市生物产业三年行动计划(2013—2015)》《南宁市电子商务发展规划(2013—2018)》，完成规划前期课题《对东盟贸易电子商务发展策略研究》，编制实施《关于加快南宁市生物能源和循环经济发展的实施方案》。

【国民经济和社会发展计划执行】 2013年，南宁市经济社会持续平稳健康发展，地区生产总值2803.54亿元，比上年增长10.30%；财政收入473.66亿元，增长12.24%，高于预期目标0.24个百分点；全社会固定资产投资2475.01亿元，增长23.40%，高于预期目标3.40个百分点；规模以上工业增加值777.52亿元，增长16.60%，基本实现预期目标；社会消费品零售总额1450.84亿元，增长14.01%，实现预期目标；居民消费价格总指数上涨2.10%，控制在上涨4%左右的目标范围以内；外商直接投资（广西全口径）5.80亿美元，增长15.45%，高于预期目标0.45个百分点；万元生产总值能耗0.68吨标准煤，下降2.70%，各项减排指标控制在目标以内；农村居民人均纯收入7685元，增长13.40%，高于预期目标0.40个百分点；城镇新增就业人数8.60万人，高于预期目标1.40万人；城镇登记失业率3.01%，控制在4.50%的目标以内；人口自然增长率8.37‰，控制在9.10‰的目标以内；生态建设、城镇化、社会保障各项指标实现预期目标。

【重点项目管理】 2013年，南宁市重点项目收录4764个、年度计划投资2957亿元；整理、策划“十二五”后三年建设规划项目共5类项目847个、总投资7495.12亿元。年内，全市联合审批活动10次，协调审批项目326个，其中现场办结109个，各审批环节的综合审批率60%；实施自治区层面和市级层面统筹推进的重大项目559个，年度计划投资758.51亿元，分别比上年增长112.50%、90.37%；定期举行重大项目集中统一开竣工活动，推进重大项目建设。市发改委牵头组织成立20个服务队对82个重大项目、44个企业开展针对性服务，加快建设进程。

【重点项目推进】

重点城建项目 2013年，安排两期城建计划，完成投资220.90亿元，完成率76.40%。建成重大城建项目有：凌铁大桥、长堽路、民主立交桥、白沙—壮锦立交桥、金湖路下穿民族大道隧道工程等。

综合交通体系项目 南宁市实施连接市内外综合交通体系重大交通基础设施建设项目48个，完成投资202.89亿元。其中：铁路项目完成投资104.90亿元，柳南客运专线、湘桂、南钦高铁开通运营；公路及运输站场项目完成投资56.14亿元，南宁火车东站环城高速公路改移全线完工，来宾经马山至平果高速公路、南宁至大王滩一级公路、龙象谷快速路加快推进；民航项目完成投资14.85亿元，新航站楼主体工程封顶；邕江航运项目完成投资27亿元，形成1366万吨的港口吞吐能力，老口枢纽船闸和发电厂房主体基本封顶，邕宁水利枢纽工程开工建设；市内轨道交通1号线工程进入盾构挖掘阶段，完成年度投资32.58亿元，完成率109.75%；2号线工程启动建设。

【中央预算内投资项目建设管理】 2013年，南宁市获上级预算内投资资金项目覆盖保障性安居工程、农村民生工程和农村基础设施、医疗卫生、教育文化等社会事业发展等六大领域34个专项726个项目，其中中央预算内投资9.89亿元自治区配套资金1.43亿元。至年末，开工项目706个，开工率97.24%；完成投资4.14亿元，完成率41.86%。

【财政性资金投资项目管理】 2013年，南宁市财政性资金投资计划15个，项目1771项，资金3711.27亿元；完成财政性投资3673.97亿元，完成率98.99%。

【资金筹措】 2013年，南宁市争取到中央预算内资金9.80亿元，落实国家开发银行土地储备、轨道交通等项目授信贷款额度211亿元，发行城投公司2013企业债券9亿元，获外国政府贷款额度1.28亿美元。

【开发合作】 2013年，南宁市加快国家内陆开放型经济战略高地建设，进一步加强与东盟、珠江—西江经济带、广西北部湾经济区及桂黔、粤桂、桂湘、桂闽、桂深等各方区域合作。加强与北海、钦州、防城港合作，实现通讯、银行服务收费同城化；落实桂黔、粤桂、桂湘、桂闽、桂深等合作框架协议，引进万科、海王药业等一批重大项目；加快南宁北海钦州防城港玉林崇左百色市区域一体化发展，签署旅游、物流、交通一体化合作框架协议；进一步深化与东盟合作，举办第十届中国—东盟博览会、商务与投资峰会、第二届中越青年大联欢等重大活动，对东盟投资1.80亿美元、增长63.90%，双边贸易额超过10亿美元、增长45%。

（黄凯婧）

统　计

【概　况】 2013年，南宁市统计工作以服务经济发展、服务社会民生为核心，以深化统计方法制度改革、提高数据质量为根本，以大型国情国力调查为重点，加快建设面向党委政府、面向社会、面向调查对象的现代化服务型统计。完成统计分析文章240篇，编辑出版统计资料44期2万多册，开展统计新闻发布4次，发行《南宁市情手册》《南宁统计年鉴》1500多册。加强统计人才队伍建设。组织统计继续教育培训11期，培训2356人；组织参加全国统计从业资格培训考试1次，设考场35个，报名考试965人；组织开展统计专业技术资格考试1次，设考场30个，考生947人；组织市统计局科级以上干部和业务骨干参加的业务培训班20多期。全市专业技术资格考试人数、从业资格考试人数、继续教育培训人数比上年同期增长80%以上。

【第三次全国经济普查】 2013年，南宁市按照国家和自治区的工作部署，坚持机构到位、方案到位、经费落实到位、“两员”选聘培训到位、工作准备到位和宣传动员到位“六个到位”，从市、县、乡各级“美丽办”选择400人兼任经济普查员，组织开展第三次全国经济普查各项工作。年内，完成普查区域划分；完成全市5万多家企业单位名录的清理整顿和信息更新；抓好单位核查底册生成和普查电子地图绘制；开展普查综合试点，召开试点工作经验现场交流会；开展较大规模的宣传发动，制作悬挂宣传横幅500条，印制发放宣传单5000份，宣传画3000份，在市区32个大型LED屏、500个楼宇电视滚动播放经济普查广告，在重点路口制作高杆广告牌3个，在3条线路、5辆公交车制作宣传广告，在地铁施工围墙张贴宣传广告11处，在《南宁日报》、南宁电视台、南宁广播电台等新闻媒体连续选播或刊登有关宣传内容；开通南宁市第三次经济普查网站；编发经济普查宣传简报20期。

【专项统计调查】

专业定报、年报和抽样调查　2013年，南宁市开展全面建设小康社会统计监测，完成国民经济核算。实施各项农业调查，推行村级农业调查数据联网直报。继续规范工业统计基础工作，抓好上规模工业企业入库申报，开展规模以下工业抽样调查。进一步规范能源“一套表”联网直报相关工作，加强节能降耗指标的跟踪监测，确保统计数据质量。推进服务业制度方法改革，建立健全交通运输业、服务业统计地方统计制度，抓规模以上服务业企业国家网报系统的建库、填报，确保服务业统计数据质量。开展固定资产投资、房地产开发、建筑业、保障性安居工程数据统计，对基层统计人员进行业务培训，提高投资统计数据质量。建立健全贸易统计工作机制，建设限额以上企业名录库，促进贸易统计工作。实施城乡住户调查一体化改革，探索并建立住户调查“一体化”局队合作新机制。做好人口变动、劳动工资、R&D资源清查及科技统计等统计，展示南宁社会发展和科技进步的新成就。

“三上企业”入库审批　审批入库“三上”企业（规模以上工业企业、限额以上批发零售住宿餐饮企业、资质以内建筑企业和房地产开发企业）552家，同时完成企业单位名录的清理整顿。对全市名录动态库中的5万多家企业单位名录进行全面的实地核查，进一步核准全市基本单位名录中企业法人单位的真实性和准确度，提升信息质量。

2012年全国投入产出调查　开展大规模调查工作人员集中培训4次，完成643家调查单位的调查，集中对调查单位上报的数据进行审核，对投入产出调查进行总结。

中国—东盟博览会重点行业影响调查　中国—东盟博览会期间，市统计局对交通、旅游、住宿、餐饮、商贸等重点行业开展中国—东盟博览会重点行业影响调查，形成调查翔实的资料，为了解展会期间人流、物流的情况提供决策参考。

【统计服务】 2013年，南宁市围绕中心工作和经济运行中的热点、难度问题，拓展统计数据服务的外延和统计分析的范围，完善专业之间、城市之间、部门之间主要经济、社会指标数据交换汇总机制，加强对经济总量、农业、工业、能源、固定资产投资、城乡居民收入等方面数据的统计监测、调查分析和统计咨询服务，每月编辑出版《南宁经济动态月报》《南宁工业动态月报》《南宁投资动态月报》《广西区辖各市信息交流月报》等统计资料，每季定期召开经济形势分析会，形成统计分析文章，定期或不定期完善统计信息内网和南宁政务信息网统计局网站信息。全年撰写统计分析文章240篇，编辑出版统计资料44期2万多册，发布《南宁市国民经济和社会发展统计公报》，开展统计新闻发布4次，在统计门户网站公开统计信息979条，受理公开数据咨询500多次，为各种重要报告、会议提供及核对数据上万笔，发行《南宁市情手册》《南宁统计年鉴》等统计公共产品1500多册，满足市委、市政府科学决策，各类经济会议、绩效考评、督查工作及各有关部门对统计数据和分析服务需求。

【统计法制化建设】 2013年，南宁市开展企业联网直报“三查”工作，检查单位2721家。其中：工业企业796家，建筑业和房地产业1199家，批零住餐业508家，重点服务业218家。检查内容包括名录库单位基本情况，核查“一套表”联网直报数据质量和“四大工程”建设落实情况。开展对全市完成的93件统计违法案件进行评查，对不合格案卷进行逐个评审并要求改正后才能上报，年度统计执法案卷合格率100%。开展普法宣传活动，参加“南宁市政务公开日”现场咨询活动，“南宁市百名科长上南宁电台”热线活动，组织全市统计系统及乡镇领导干部参加《统计法》《全国经济普查条例》知识竞赛，参加人员1077人。

【基层基础统计】 2013年，南宁市组织开展2012年度全市“十佳乡镇”及乡镇“经济发展进步奖”测评，市统计局抽调检查小组对有关乡镇进行实地调查，核实各乡镇经济指标数据质量及基础资料，提出“十佳乡镇”及乡镇“经济发展进步奖”初选名单报市委、市政府审定、表彰。同时，市统计局加强对各县区统计基层基础建设、主要经济考核指标进行检查测评，对年度重要统计工作进行监督检查，避免基层单位出现弄虚作假、虚报浮夸现象。

【统计信息化建设】 2013年，南宁市统计局对全市统计信息网络以及局本身局域网络进行进一步调整、优化，添加核心交换机作为备份，优化统计信息网络带宽结构。同时，采用应用性能管理器APM、虚拟安全平台VSP和广域网优化产品WOC，通过单臂、旁路的部署方式，加强信息网络内部监控智能预警能力，通过整合防火墙、入侵防御系统(IPS)、网闸等网络安全设备，进一步强化统计信息网络的安全管理，提高网络的服务质量。 （李鸿宽）

审　计

【概　况】 2013年，南宁市完成审计项目213个，查出违规金额3.38亿元、管理不规范金额49.06亿元，通过上缴财政、减少财政拨款及归还原渠道资金等促进增收节支7.27亿元，核减工程造价12.39亿元，向司法、纪检监察机关和其他部门移送案件线索和事项7件，提出审计建议517条。市审计局提交审计信息、要情、专报33篇，被采用和市领导批示45篇次。

【县(区)审计】 2013年，南宁市审计机关完成县(区)审计项目149项。其中：预算执行情况审计55项；专项资金审计35项；行政事业审计36项；固定资产投资审计17项；企业审计3项；社保类审计2项；财政决算审计1项。审计查出违规金额1.18亿元，管理不规范金额22.60亿元，应上缴财政2685万元，核减工程投资金额5.79亿元。审计移送处理1件，涉及金额218万元。

【预算执行审计】 2013年，南宁市两级审计机关审查预算编制、执行、调整、决算和公开等环节，完成本级预算执行审计和财政决算审计项目87个，揭示财政超收及分配、管理、使用中存在的主要问题，查出主要问题金额30亿元。

【政府投资工程审计】 2013年，南宁市坚持边审计、边整改、边规范、边提高，加强对政府投资项目跟踪审计和工程结算审计。其中：对政府重大投资项目跟踪审计重点是污水处理、轨道交通工程等重大工程，查出违规资金近2000万元，管理不规范资金4亿多元；对政府投资工程结算审计重点是严查高估冒算等行为，审结单项工程结算项目8295个，审结项目送审金额104.90亿元，核减工程价款、挽回损失和节省投资12.39亿元。

【行政事业审计】 2013年，南宁市结合经济责任审计和专项资金审计，开展行政事业审计44项，涉及教育、医疗、公共服务等事业单位和部分行政机关，审计查出问题金额3.74亿元，市审计机关对相关单位财务管理进行规范指导。

【农业与资源环保审计】 2013年，南宁市加强对农业、资源环保专项资金使用的监督，开展宾阳县农村土地整治重大工程建设资金审计、“美丽南宁·清洁乡村”活动专项资金审计等专项工作，开展琅东污水处理厂三期工程项目、江南污水处理厂二期工程项目、三塘污水处理厂一期工程项目、五象污水处理厂一期工程项目、六景工业园污水处理厂一期工程项目等跟踪审计，督促、规范项目资金的合理、有效使用。

【经济责任审计】 2013年，南宁市开展经济责任审计84项，审计发现违规金额1.72亿元，管理不规范金额8.76亿元，提出审计意见和建议163条，督促被审计的单位加强内部控制管理，强化相关单位及人员的经济责任。

【地方政府性债务审计】 2013年，南宁市两级审计机关协助国家审计署完成市本级债务审计，独立完成市属12个县(区)及102个乡镇的政府性债务审计，调查摸清全市政府性债务的规模、结构及增减变化情况、存在的债务风险隐患，研究提出加强债务管理、规范债务资金使用、防范债务风险的意见和建议。

【社会保障资金审计】 2013年，南宁市社会保障资金审计重点是市本级与县(区)城镇保障性安居工程跟踪审计，审计发现保障性住房建设资金在管理使用中存在的普遍性、倾向性和宏观管理等方面的问题。

【审计整改】 2013年，南宁市强化审计整改，加强跟踪检查和督促落实，督促整改责任单位按照要求上缴国库、归还原资金渠道、补缴税款、调整账目等，整改涉及金额9.61亿元，整改率98.46%。

【审计质量建设】 2013年，南宁市继续加强审计工作质量，审计执法和审计廉政保持“零诉讼”“零复议”“零案件”的态势。市审计局实施的“某机关下属某事业单位2011年度预算执行情况审计项目”被评为2012年度广西优秀审计项目二等奖，“南宁市贫困县义务教育学生营养改善计划经费管理使用情况专项审计调查”被评为2012年度广西优秀审计项目三等奖，“XX单位2011年度预算执行情况及决算审计AO应用实例”获2012年度全国AO应用实例应用奖。 （吴丽霞）

物价管理

【概　况】 2013年，南宁市运用价格调控手段和价格政策，促进经济结构调整，推进价格改革，保障和改善民生，规范市场价格秩序，保持价格总水平基本稳定。

【价格调控】 2013年，南宁市加强价格调控，将居民消费价格总指数涨幅控制在4%左右。

调控目标与价格走势　实行居民消费价格总指数涨幅控制目标责任制，将调控目标任务分解到各县(区)政府和物价、商务、工商、粮食、农业、水产畜牧、财政等部门，定期对控价目标完成情况进行通报，不定期召开市场价格调控部门联席会议和价格形势会商会，及时研判市场价格运行情况，将居民消费价格总指数涨幅控制在4%左右。年内，南宁市居民消费价格指数基本保持平稳运行，1月至12月各月比上年同期涨幅分别为2.4%、2.6%、0.9%、0.5%、1.0%、1.7%、1.5%、1.7%、2.7%、3.5%、3.4%、3.3%,各月环比涨幅分别为0.7%、0.9%、-1.2%、0.4%、0.3%、0.1%、-0.1%、0.9%、1.3%、-0.1%、-0.2%、0%；年度居民消费价格总指数同比上涨2.1%,低于全国平均0.5个百分点，低于自治区平均0.1个百分点，低于全年价格涨幅控制目标1.9个百分点，涨幅在全国36个大中城市中排倒数第1位，在自治区14个市中列第9位。构成居民消费价格总指数的8大类商品和服务价格中，衣着类价格上涨4.7%，食品类价格上涨3.9%，居住类价格上涨2.3%，家庭设备用品及维修服务价格上涨1.3%，娱乐教育文化用品及服务类价格上升0.5%，交通和通信类下降1.3%，烟酒类价格下降1.1%，医疗保健和个人用品价格下降0.3%，呈现5升3降的格局。其中，食品类价格上涨3.9%，拉动价格总水平上升1.3个百分点，占总指数72%。构成食品类价格指数的16种商品中，除淀粉及制品价格同比持平外，干鲜瓜果、蛋、水产品、菜、干豆类及豆制品，分别上涨10.3%、6.6%、7.4%、5.9%、5.1%，其余10种商品价格涨幅基本在5%以内。

价格监测　对原有的监测点及监测品种进行扩充调整，农贸市场由5家扩至15家，品种增加至粮、油、肉、禽、蛋、菜等42种生活必需品，重点加强对30多种生活必需品价格进行日常监测、数据分析和价格预测。开展生猪、西红柿、粮油、房地产价格等影响经济社会发展的专项调研，形成专项调查报告及对策意见。加强突发价格事件的预警。4月，展开H7N9禽流感相关药品的价格监测，对复方板蓝根等商品短暂脱销现象，提出具体对策建议。年内，市物价部门上报价格形势分析报告12篇、专题价格调研分析报告14篇、价格监测信息26篇，向国家发改委、自治区物价局上报价格监测数据325个品种2万条。

价格引导　构建以南宁价格信息网为主阵地，网络、电视、平面媒体、手机短信等多形式、多平台、覆盖广的价格信息发布和宣传渠道。每周一、周四在《南宁晚报》《广西新闻网》《新闻夜班》《当代生活报》等主流媒体，公示与群众生活密切相关的猪肉、蔬菜、水果等居民副食品的批发价格和零售价格，每周通过短信平台向基层的种养大户、乡镇干部等群体发送服务"三农"短信，内容涉及农资、生猪、蔬菜、粮食、农村收费等。至年末，发送到各媒体价格公示100期1600多条数据，发送服务"三农"价格短信近10万余条次。

价格调节基金征收　征收入库价格调节基金1.69亿元，用于平价商店建设补贴约630万元，用于牛肉限价补贴19.20万元，用于燃气补贴278.20万元，合计927.40万元，发挥价格调节基金在稳定物价、保障民生的作用。武鸣县、宾阳县、马山县、上林县和隆安县建立价调基金制度，其中武鸣县、宾阳县分别实现价格调节基金征收入库260万元、220万元。

农副产品平价销售　加强对平价商店的规范管理，研究制定《平价商店建设规范》《关于经营平价商品实行目录管理有关问题的通知》《南宁市农副产品平价商店考核管理办法》《南宁市农副产品平价商店资金补贴暂行办法》等管理制度。拓展农副产品平价销售点建设，设立农副产品平价专营区26家、平价直销车20辆，销售平价蔬菜500余万千克，减轻群众负担约1000万元。1月30日至2月28日，南宁市在北京华联超市承办的四家平价专营区(大学路店、友爱桥店、盛天公馆店、江南店)设立平价清真牛肉销售点，限量平价销售清真牛肉，并使用价格调节基金给予经营者销售差价补贴3.37万元，缓解牛肉价格过快上涨给群众带来的生活压力。推出"一元菜"限时限量限价销售，品种包括生菜、芥菜、西洋菜、卷筒青等，每个品种销售价格均为每500克1元，每人每天最高可购买每个品种4斤，每家商店每天每个品种最高销售量限定100千克，保证重大节日期间做好蔬菜的"保供稳价"。

2013年南宁市居民消费价格指数变化情况

(基数为100)

月份	居民消费价格指数		
	全国	广西	南宁
1月	102.0	101.8	102.4
2月	103.2	102.3	102.6
3月	102.1	101.2	100.9
4月	102.4	101.2	100.5
5月	102.1	101.1	101.0
6月	102.7	101.7	101.7
7月	102.7	101.8	101.5
8月	102.6	102.4	101.7
9月	103.1	103.2	102.7
10月	103.2	103.4	103.5
11月	103.0	103.2	103.4
12月	102.5	103.2	103.3
全年	102.6	102.2	102.1

2013年南宁市居民消费价格指数

（基数为100）

项目名称	累计比(以上年同期为基期)	项目名称	累计比(以上年同期为基期)
居民消费价格总指数	102.1	3. 鞋袜帽	103.4
一、食品	103.9	4. 衣着加工服务费	100.9
1. 粮食	101.4	四、家庭设备用品及维修服务	101.3
2. 淀粉及制品	100.0	1. 耐用消费品	100.3
3. 干豆类及豆制品	105.1	2. 室内装饰品	99.8
4. 油脂	103.1	3. 床上用品	105.6
5. 肉禽及其制品	103.2	4. 家庭日用杂品	99.9
6. 蛋	106.6	5. 家庭服务及加工维修服务	104.8
7. 水产品	107.4	五、医疗保健和个人用品	99.7
8. 菜	105.9	1. 医疗保健	100.0
9. 调味品	102.6	2. 个人用品及服务	99.0
10. 糖	100.4	六、交通和通讯	98.7
11. 茶及饮料	100.6	1. 交通	99.4
12. 干鲜瓜果	110.3	2. 通信	97.7
13. 糕点饼干面包	100.9	七、娱乐教育文化用品及服务	100.5
14. 液体乳及乳制品	105.5	1. 文娱用耐用消费品及服务	91.1
15. 在外用膳食品	101.2	2. 教育	104.7
16. 其他食品	102.9	3. 文化娱乐类	99.9
二、烟酒	98.9	4. 旅游	101.1
1. 烟草	100.0	八、居住	102.3
2. 酒	98.1	1. 建房及装修材料	100.8
三、衣着	104.7	2. 住房租房	101.8
1. 服装	105.3	3. 自有住房	102.5
2. 衣着材料	100.0	4. 水、电燃料	103.0

【价格管理】 2013年，南宁市强化价格管理，确保价格稳定。

涉农价格监管　严格执行广西规定的每吨475元普通糖料蔗收购首付价与每吨6580元一级白砂糖平均含税销售价格挂钩联动政策，对2012/2013榨季糖料蔗收购价格实行提前联动，及时公布糖料蔗普通品种收购价与食糖销售价格挂钩联动政策和糖料蔗良种加价水平，下达糖料蔗二次结算价格。落实稳定蚕茧收购价政策，根据自治区2013年广西蚕茧收购仍实行政府指导价的要求，桑蚕鲜茧标准品（干壳量8.6克，上车茧率100%）无税收购中准价格每50千克为1800元±10%。

医药价格改革　2月，南宁市实行县级公立医院综合改革，市辖6县19家公立医院取消药品加成（武鸣县从9月取消）。同时，提高医院的30项医疗服务收费标准，对因改革提高部分的医疗服务费用，由医保报销。推进乡村卫生室"一体化"管理，全年有1320个村推行"一体化"管理，910个村卫生室推行"一元钱"看病，分别占全市总数95.37%、65.75%。

出租汽车运价结构　自3月20日起，实施出租汽车运价结构调整，起步价（起步里程2千米内）：白天（6:00—23:00）为9元，夜间（23:00—次日6:00）为11元；车公里价为每千米2元；行驶中停车等候或车速低于12千米每小时行驶超过3分钟，实行时距并计收费；加收回空费，停止收取出租汽车燃油附加费。

客运票价　执行全市客运班线上限票价和实际执行票价的规定，核定西乡塘客运站、那马客运站、明阳客运服务中心客运服务收费以及西乡塘客运站、那马客运站、金桥客运站和明阳客运服务中心的道路班线客运票价。

公交线路票价　批复公交线路票价11条。包括：1路、9路、10路、18路、23路、38路、55路、72路、99路、218路，以及朝阳广场至五象湖公园临时公交专线票价。

非农业用水价格　审批大王滩水库非农业用水价格2次。

五到污水处理费调整　针对武鸣县、宾阳县、横县、上林县、马山县污水处理成本提高的情况进行调查，11月对5县污水处理费进行调整。其中：武鸣县、马山县、宾阳县污水处理费每立方米0.80元调整至1.15元；上林县、横县（除六景工业园外）污水处理费每立方米0.80元调整至1.05元。

管道天然气价格　6月1日起，实行新的管道天然气销售价格政策，实行容量气价和计量气价两部制价格管理。容量气价用于对燃气企业投入固定资产成本的补偿，标准为每户800元；计量气价用于对燃气企业运营成本的补偿。工业用气最高限价每立方米4.20元，商业及其他用气最高限价每立方米4.80元，居民生活用气（含学校、幼儿园、养老院、福利院等社会公益单位的生活用气）价格每立方米3.86元。

罐装液化石油气价格　对罐装液化石油气零售价格由原实行差率控制和调价备案管理，调整为由价格主管部门指导、各燃气经营企业根据市场供求和经营成本等实际情况自主定价，特殊时期由价格主管部门实行临时价格干预措施相结合的价格管理方式，严格控制企业调价频率、调价过高及其他扰乱市场的行为，并对17家燃气经营企业2012年10月25日至12月31日执行价格干预期间政策性亏损经营情况进行审核，核发亏损补贴278.19万元。

农业生产用电价格　对全市生猪、蔬菜生产用电执行农业生产用电价格，农产品批发市场、农贸市场用电执行一般工商业电价。

保障性住房价格　审核5个保障性住房项目销售价格和政府回购价格，面积102.76万平方米，建设成本7.01亿元。

民用爆炸物品价格　核定南宁市七星民用爆炸物品有限责任公司经营的民用爆炸物品最高销售价格。

景区门票价格　落实"五一"、国庆期间实施门票价格优惠措施政策，对马山县金伦洞景区"五一"、国庆期间执行门票优惠，门票价格由每张80元降至72元，减轻游客负担4.94万元。

【收费管理】　2013年，南宁市制定或重新调整多项收费项目，明确收费标准，规范收费行为。

收费年审　对全市行政事业性单位2012年度行政事业性收费情况进行年审。审验收费单位127家，其中年审合格95家，合格率74.80%，比上年下降16.50个百分点；审验涉及收费项目87个，审验收费金额9.54亿元，比2011年10.64亿元减少11.53%。对未按规定办理服务性收费许可证、未参加2012年度收费审验的39家服务性收费单位，列入"收费诚信黑名单"，在南宁市诚信信息平台公布。组织开展收费员上岗资格培训，培训682人。

清费减负　全年分4批次降低、取消、免征29项行政事业性收费和1项服务性收费。包括：税务发票工本费、城市房屋安全鉴定费、户籍管理证件工本费、采矿登记费、企业注册登记费、个体工商户注册登记费、已生产药品登记费、企业年度检验费、制造和修理计量器具许可证证书费、计量标准考核证书费、计量授权证书费、计量认证合格证书费、绿化费、利用档案收费、水生野生动物资源保护费、机动车抵押登记费、因丢失要求补发因私护照收费、公证收费、国内植物检疫费、卫生专业技术资格考试考务费、独生子女病残儿童医学鉴定费、节育手术并发症医学鉴定费、报名考试费、土地证书年检费、医疗机构评审会、卫生监督管理费、卫生培训学费、农机培训业务管理费、拖拉机特殊检验费、人事关系及档案管理费等，减少收费7764.04万元。

行政审批权限下放　10月1日，南宁市将纳入《广西定价目录》的商品、服务价格（收费）定价中由市物价局实施的22项非行政许可审批权限，全部下放各开发区价格主管部门实施。

机动车停放服务差别化收费　3月1日，对全市城市道路机动车停放服务试行差别化收费，一类区域采用智能设备停车管理系统（咪表）电子计时收费，最低收费标准30分钟每辆3元，不足30分钟按30分钟计；二类区域采用智能设备停车管理系统（咪表）电子计时收费或人工计时收费，电子计时的最低标准30分钟每车2.5元，不足30分钟按30分钟计。采用人工计时的最低收费标准为30分钟每辆2元，不足30分钟按30分钟计；三类区域采用人工计次收费，收费标准白天每次3元，晚上每次5元；特殊时段道路收费标准每次每辆5元。

道路救援服务收费　重新规范全市城市道路救援服务收费政策，规定救援服务机构实施车辆救援服务时，必须遵循就近和自愿的原则，主动向委托人出示价格主管部门规定的收费项目和标准，不得自行增加收费项目、扩大收费范围或提高收费标准，自觉接受价格主管部门的监督检查。

交通教育培训收费　出台强制性交通安全宣传教育培训收费政策，规范执法部门的执法行为和收费行为，引导市民自觉遵守交通规则。出台驾驶员继续教育培训收费政策。制定道路运输驾驶员网络远程继续教育培训收费标准。

教育收费　规范幼儿园收费管理，加强中小学教材价格管理，适当调整教育收费。核定、调整兴宁区永华学校等50所教育机构的学费或热水费收费标准；规范高等院校、中等职业学校服务性收费和代收费管理，进一步明确全市高等院校、中等职业学校服务性收费和代收费的范围、项目及标准。规定高等院校、中等职业学校服务性收费仅能收取上机、上网、语音室使用、琴房使用服务费，校园网络入网、使用费，档案资料查证及翻译费，信息检索查询、资料复印（制）费，借阅图书滞还费，学生宿舍热水费，补办证（卡）工本费，学校医院或医务室收费，车辆以及场馆等设施使用服务费、校园停车收费，培训费等11项；代收费仅能收取教材费、军训服装费、公寓用品代收费、专业服装及用品费、超定额水电费、有关职能部门统一组织的各类考试需由学校代收的报名及考试费、城镇居民基本医疗保险费、体检费和在学生自愿的前提下符合规定的其他代收费用等9项。全日制民办幼儿园保教费标准最高为每人每月1800元，最低每人每月70元，民办幼儿园的保教费平均标准为每人每月384元。

供配电设施收费　出台新建住宅项目供配电设施统一建设维护费正式收费标准，规定新建住宅项目供配电设施建设维护费计入建设项目总成本，由开发建设单位向供电部门统一交纳，开发建设单位不得在房价外加收新建住宅项目供配电设施建设维护费。具体收费标准：商品房类全电缆入地建设维护费每平方米148元，架空与电缆相结合建设维护费每平方米139元；廉租住房、公共租赁住房、经济适用住房以及拆迁安置住房、危旧房改房改造、棚户区改造、农民回建房全电缆入地建设维护费每平方米119元，架空与电缆相结合建设维护费每平方米114元。

土地资源收费　制定全市国土资源交易中心矿业权交易服务收费，明确矿业权招标、拍卖和挂牌出让、转让收费项目和收费标准，重新制定全市土地闲置费收费标准。

绿化用地面积补偿费　将全市城市绿化用地面积补偿费转为正式收费标准，明确要求园林部门严格向建设项目绿化用地指标达不到规定要求的工程建设项目，以及占用或改变现有绿地使用性质的单位或个人依法足额征收绿化用地面积补偿费。

生猪屠宰服务费　对谢树河屠宰场生猪定点屠宰服务费进行调整，由每头26元调整为38元~40元。

资产评估收费　制定出台全市资产评估收费标准，规范全市资产评估服务收费行为。

经营性公墓收费　批复四夏岭墓园经营性公墓收费标准，重新核定占地费、公共设施费和管理维护费等四项具体收费项目标准。

房产中介服务收费　调整全市房屋买卖代理和房地产价格评估两项房地产中介服务收费标准，并对全市房地产中介服务收费管理有关问题进行重新规范。

强制性安全培训学费收费　重新调整全市安全生产管理协会强制安全培训学费收费标准。

旧机动车市场交易服务收费　对旧机动车市场交易服务费及服务项目等内容进行明确。核定广西二手车市场、南宁市昆仑桥二手车市场交易服务费收费标准。

【价格监督检查】 2013年，南宁市推进重点领域专项整治，开展涉农价格和收费、旅游行业价格行为、木材生产和运输环节收费、教育收费专项检查。处罚医疗服务类案件36起，落实经济制裁总额115万元，其中对2家拒不配合执法的乡镇卫生院，没收违法所得，并分别罚款5万元、3万元。对朝阳广场、金湖广场及星湖路等商业区及繁华路段开展行业价格检查，答复处理群众举报1770件。化解物业服务收费纠纷，退还业主违规收取装修管理费等60余万元。制止武鸣县洗车行业串通涨价事件、普罗旺斯小学周边学生托管机构串通涨价事件，对举报保温板企业涉嫌串通涨价事件进行调查。制止市区及个别县部分食盐经营户擅自提高食盐的价格违法行为，规范淡村、陈东、五里亭和华西路等市场食盐经营户及摊点销售食盐价格行为，查处2家经销商提价销售食盐案件，罚款1300元。出台新的物业收费政策实施细则，明确规定小区产权归属开发商的停车场所停车收费纳入政府定价范畴。整顿部分小区未备案的收费行为，退还消费者29万元。协调处理涉嫌违规收取管理燃气初装费行为，责令开发商退还业主多收价款409.90万元。至年末，全市查处价格违法案件86起，落实经济制裁314.34万元，其中退还36.66万元，没收违法所得236.34万元，罚款41.34万元；协调处理群众投诉退款87件，退款金额1357.81万元。

【价格服务】 2013年，南宁市开展价格服务进农户、进社区、进企业、进学校、进医院、进商场、进景区等服务活动，提供价格政策指导、价格信息引导服务，通过电视、报刊、短信等方式及时发布农产品供求及价格变化信息，南宁价格信息网年点击量100多万人次。强化价格认证工作服务社会能力。办理价格认证业务3151宗，鉴定标的6.29亿元。其中：涉案刑事案件的价格鉴定2742宗，标的6953.01万元；行政执法类案件价格鉴定22宗，标的4498.19万元；涉税财物价格鉴定386宗，标的5.15亿万元；其他单位和个人委托的价格评估、价格认证1件，标的1.80万元。开展生猪、肉鸡、奶牛、西红柿、黄瓜、茄子、菜椒、桑蚕茧、甘蔗、花生10个农产品成本专项调查。加强对垄断行业、公用事业、涉及民生领域价格和收费的成本监审。完成对南宁市道路清障施救服务成本、宾阳县黎塘自来水供水成本、武鸣县市场开发服务中心牲畜定点屠宰服务成本、南宁市大王滩水库原水供水成本、横县运德公共交通有限公司公共汽车客运成本、南宁市出租车运营成本、南宁市青秀山景区运营成本、物业管理等项目成本监审。核减成本3613.86万元，核增成本34.37万元。

（严晔炜）

工商行政管理

【企业登记管理】 2013年，南宁市规范工商登记注册，编印《南宁市企业个体登记注册业务指导意见》，规范操作标准，减少审批环节，根据需要将服务大厅工作人员从8人～38人。

内资企业登记管理　全市新登记企业365家，注册资本（金）38.85亿元。其中：国有企业17家，注册资金145万元；集体企业9家，注册资金63万元；公司制企业323家，注册资本37.52亿元；其他企业16家，注册资金225万元。本期注销415家，其中：国有企业56家，集体企业174家，公司制企业151家，其他企业34家。至年末，全市实有内资企业1.33万家，注册资本（金）650.06亿元。按企业性质分：国有企业1507家，集体企业1816家，公司制企业9048家，其他企业960家。按产业分：第一产业420家，占总数3.15%，注册资本（金）14.62亿元，占2.25%；第二产业2055家，占15.42%，注册资本（金）174.47亿元，占26.84%；第三产业1.09万家，占81.43%，注册资本（金）460.98亿元，占70.91%。

外商投资企业登记管理　南宁市实行提前介入与跟踪服务、加强外资企业联系与工商联络员制度、重大项目配套企业上门服务、鼓励股权出资出质或债权增资等办法，吸引外资。年内，全市新登记外资企业111家，总投资4.18亿美元，注册资本1.78亿美元。本期注销27家。至年末，实有外资企业1288家，总投资59.27亿美元，注册资本24.77亿美元。按企业类型分：中外合资218家，总投资19.46亿美元，注册资本10.78亿美元；中外合作（法人）企业35家，总投资3.13亿美元，注册资本2.45亿美元；外商独资企业377家，总投资36.68亿美元，注册资本21.55亿美元。按产业分：第一产业45家，总投资2.48亿美元，注册资本1.41亿美元；第二产业258家，总投资25.49亿美元，注册资本12.83亿美元；第三产业985家，总投资31.30亿美元，注册资本20.53亿美元。

私营企业登记管理　全市私营企业新开业1.67万家，雇工人数7.62万人，注册资本（出资金额）228.02亿元；本期注销1223家，注销资本（出资金额）4.02亿元。至年末，全市实有私营企业9.23万家，雇工人数67.14万人，注册资本（出资金额）1148.83亿元。按企业类型分：独资企业1.16万家，雇工人数3.60万人，注册资本（出资金额）127.99亿元；合伙企业634家，雇工人数4901人，实缴出资金额9.35亿元；有限合伙企业40家，雇工人数752人，实缴出资金额3.09亿元；有限责任公司7.91万家，雇工人数62.75万人，注册资本996.47亿元；股份有限公司962家，雇工人数2975人，实收注册资本13.44亿。按产业划分：第一产业6532家，雇工人数2.54万人，注册资本98.07亿元；第二产业9898家，雇工人数6.85万人，注册资金208.51亿元；第三产业9.13万家，雇工人数57.43万人，注册资金835.84亿元。

小微型企业登记管理　南宁市培育微型企业，培育创建微型企业孵化园、创业基地8个，引入微型企业92家，新发展微型企业2961家。至年末，全市有小型、微型企业1.49万家，注册资本（金）

中秋节前夕，邕宁区蒲庙工商所工商执法人员检查月饼市场

市工商局提供

84.30 亿元，总资产 594.45 亿元，营业收入 276.60 亿元，从业人员 10.75 万人。其中：小型企业 4691 家，注册资本（金）75.86 亿元，从业人员 5.54 万人；微型企业 1.02 万家，注册资本(金)8.43 亿元，从业人员 5.21 万人。按组织形式分：国有企业 398 家，注册资本(金)2.45 亿元，从业人员 4149 人；集体企业 518 家，注册资本(金)1.34 亿元，从业人员 5487 人；有限责任公司 4730 家，注册资本(金)65.14 亿元，从业人员 4.20 万人；合伙企业 126 家，注册资本(金)1.07 亿元，从业人员 1868 人；个人独资企业 8980 家，注册资本(金)12.63 亿元，从业人员 5.24 万人；其他企业 45 家，注册资本（金)1.66 亿元，从业人员 479 人。

农民专业合作社登记管理　全市新登记农民专业合作社 368 家，出资总额 5.71 亿元。至年末，全市有农民专业合作社 2824 家，出资总额 22.96 亿元。按业务范围分：从事农业生产资料购买 341 家，从事农产品销售 302 家，从事农产品加工 18 家，从事农产品运输的 10 家，从事农产品贮藏 15 家，从事农产品生产经营有关技术、信息等服务 379 家，从事种植业 484 家，从事养殖业 262 家，从事其他业务 1013 家。按成员类别分：农民成员 9440 家，非农民成员 264 家，企业单位成员 16 家，事业单位成员 2 家，社会团体成员 4 家。按出资额分：出资额 100 万元至 500 万元 300 家，500 万元至 1000 万元 21 家，1000 万元至 1 亿元 12 家，1 亿元以上 1 家。

个体工商户登记管理　南宁市新开业个体工商户 4.39 户，从业人员 10.03 万人，注册资金 23.57 亿元。年末，全市有个体工商户 24.84 万户，从业人员 59.24 万人，注册资金 136.56 亿元。按产业分：第一产业 2608 户，从业人员 7877 人，注册资金 3.83 亿元；第二产业 9845 户，从业人员 6.43 万人，注册资金 6.64 亿元；第三产业 23.59 万户，从业人员 55.09 万人，注册资金 126.09 亿元。

【企业年检】

内资企业年检　2013 年，南宁市应参加年检内资企业 12977 家，实际参检 10463 家，参检率 80.63%。通过网上年检 10025 家，网检率 99.62%。2 家产能过剩企业被责令办理变更登记。

外商投资企业年检　应参加年检的外商投资企业 870 家，实际参检 784 家，参检率 90.11%，通过年检合格企业 784 家。其中：应参检法人企业 378 家，实际参检 302 家，参检率 79.89%；应参检分支机构 473 家，实际参检 467 家，参检率 98.73%；应参检在中国境内从事生产经营活动的外国(地区)企业 1 家，实际参检 1 家，参检率 100%。参检的 784 家企业全部属网上年检，网检率 100%。

个体工商户、私营企业年检　应参加年度验照的个体工商户(除高新区、马山县外)20.75 万户，验照 11.91 万户，实验率 97.10%，拟注(吊)销营业执照户数 8.48 万户，应验而未验 3546 户，占应验照户数的 2.9%。私营企业应参加年检 74463 家，拟注销 96 家，参检率 90.15%，网检率 100%

【市场监管】　2013 年，南宁市依法加强市场监管，在加强传统流通领域市场监管的基础上，探索包括网络市场、家居建材市场、汽车市场和房地产市场及快递服务市场等新领域的监管新模式。年内，在网络市场监管上开展专项整治，巡查电子商务网站(网店)1000 余家，现场检查 30 余次，查办涉网典型案件 11 起，关停违法网站网页 5 个，立案 11 起，结案 8 起，罚款 3.50 万元。对在本市备案的 9800 余家网站的信息进行纠错，指导电子商务企业在主页醒目位置公示营业执照信息，发放责令整改书 10 份。

家居建材市场监管　南宁市抓住建材市场的突出问题，开展木地板、瓷砖、家具定制、卫浴等 12 个种类的专项整治，梳理建材行业合同条款 520 多条，抽查建材行业销售协议、订单、合同 44 份，收集定金、保修、安装、售后等 4 种类型霸王条款，规范和纠正合同格式条款 73 条；查处建材行业各类经济违法案件 111 起，罚没金额 21.07 万元；查扣不合格铝型材 1100 条，案值约 10 万元，涉及的品牌有“南南”铝、“鑫平果”“致美”“高旺牌”等；查扣不合格电线电缆 50 捆案值 3 万元；查扣商标侵权涂料 178 桶，涉及的品牌有“立邦”“球盾”“黑豹王”等；查扣钢筋 19 扎案值约 12 万元。

汽车市场监管　南宁市举办“关注汽车三包新规、诚信自律共建和谐”汽车行业座谈会，解读三包新规，有 96 家企业参加。加强汽车展销会监管，审查品牌汽车经销商的主体资格和备案资格、车展广告发布行为，把好参展商资格，强化展会现场监管。全年查处汽车市场违法案件 21 起，结案 19 起，罚款入库 5 元，调解 1 件消费者申述因汽车销售商与多级代理商之间纠纷，为消费者挽回经济损失 5 万元。

房地产市场监管　南宁市通过建立媒体广告监测、行政指导、联动执法三项监管机制，加强对房地产市场监管执法，重点对房地产开发商销售活动进行监管。全年检查房地产企业 83 家，检查商品房销售广告 256 条，查处房地产广告案件 23 起，罚没金额 4.50 万元；调解新阳国际楼盘 3 号楼购房纠纷群体性申诉事件，案值 918 万元，维护 27 名消费者合法权益。

“三车”市场整治　市工商局充分发挥监管职能，强化对销售人力车(含非法拼装、加装动力车辆)、摩托车(含汽油发动机或电驱动的二轮、三轮摩托车)和残疾人专用车市场(简称“三车”市场)的综合治理，重点抓好电动自行车销售行为的规范、监管，对所售车型、品牌造册登记，加大对违法违规行为的查处，维护市场秩序和消费者合法权益。全年排查187家销售主体，涉及品牌186个、型号680个；工商执法人员召开15次行业会议，发宣传资料5000份，促成商家签订《诚信经营协议书》180多份；检查“三车”经营户1650户次，清理“三车”广告14家，责令改正33家，立案查处无照经营案件11起，责令2家门店停止销售涉案电动车130辆；依法查扣违法“三车”373辆，查处商标侵权案1起、销售质量不合格车辆案2起。

农资市场监管　南宁市推进“放心农资”工程，实施“红盾护农”工作。市工商局通过强化行政指导、依法监管、巡查监管、推进信用监管，规范农资市场经营秩序，加强农资市场监管。继续推行连锁经营模式，对有失信不良记录的予以警示、限期整改、列入重点监管对象、对多次违法违规行为依法严处。年末，全市农资连锁经营已扩大至560家。开展春耕、夏种、秋播重点季节农资打假行动，出动执法人员4076人次，执法车533辆次，检查农资市场328个，查处无照经营18户，超范围经营2户，捣毁制假窝点2个，立案查处涉及农资案件115起，案值53.78万元（查扣问题农资25.50吨），罚没金额25.21万元；受理投诉2起，为农民挽回经济损失1.06万元。

农贸市场监管　南宁市以农贸市场整治为切入点，对农贸市场实行市局领导—职能科室—基层工商局—工商所—驻场管理员的“五级包点网格责任制”，加强对农贸市场的监管。市工商局引导市场开办方投资1000多万元，改造、升级市场设施，整治“脏、乱、差”，营造“洁、齐、美”的市场环境。年内，全市工商系统开展现场宣传活动328次，发放宣传手册12.40万份，制作板报420块，横幅388条，新闻报道158篇；出动工商执法人员2.64万人次，执法车8515辆次，牵头开展综合执法356次，牵头市场联合整治小组开展工作1129次，查处假冒伪劣案、违法广告案等案件2725起，向市场经营户发出责令整改通知书2339份，向市场开办方发出责令整改、督办函338份，向有关部门发移送函188份，取缔无照经营1935户、处罚违规经营摊店4333户，纠正跨门槛经营1.83万处，规范乱摆乱卖1.32万处，依法清除违章广告1.52万条，查扣各类假冒伪劣商品35吨、私宰肉9700千克，罚款89.37万元。

【消费维权】　2013年，南宁市推进四级联动、一个平台，多点受理的维权便捷网络建设，发挥工商局作为12315行政维权体系的作用，强化市、县（区）工商局（工商分局）、工商所12315消费者申述举报中心(站)规范化建设，推进通讯、加油站、供水、供电、供气、银行、公共交通等公共企业设立“消费维权服务站”，通过建立维权互动合作权制度、建立“消费纠纷行政调解与司法调解衔接”机制，组建消费维权宣讲队、发放《消费维权法律法规、消费纠纷和解程序和技巧》工作手册、举办维权站人员培训讲座等形式，扩展消费维权服务。建立法院、工商局、消费者协会联合调解室11个，巡回法庭5个，建立12315“五进”消费维权服务站1703个，和解解决消费纠纷1486起，争议金额729.60万元；12315消费者申述举报中心（站）受理咨询4.18万件(夜间录音7382起)，受理申述1556起，调解1103起，为消费者挽回经济损失275.67万元；受理举报742起，立案27起，案值19.57万元，罚款12.49万元。10月12日，南宁市加入湘桂黔三省八地（南宁、桂林、贺州、遵义、铜仁、黔东南苗侗族州、邵阳、张家界）“旅游消费维权联盟”。

【双培双促】　2013年，南宁市以培训农村党员、经纪人为切入点，以提高农村经纪人素质为根本，以促进农民增收为目标，开展“红盾护农、经纪活农、合同帮农、商标富农”等活动，举办培训班50多期，培训农村经纪人1200多人，发放学习资料1.60万多份。

【合同管理】　2013年，市工商局运用行政指导机制，指导督促企业建立健全经济合同管理制度，推进诚信建设，对重点企业（行业）启动合同格式条款备案工作。将通讯、建材、医药及房地产销售等行业作为格式合同整治的重点，开展格式合同专项整治。对中国联合网络通信有限公司南宁市分公司利用合同格式条款排除消费者权利、免除经营者责任等问题进行立案调查；锁定5个申诉较多的建材市场，开展木地板、瓷砖、家具定制、卫浴等12个行业专项整治；对电子商务领域使用格式合同以及医药行业使用霸王条款进行查处。出动执法人员1220人次，检查经营户2005家，查处不平等格式合同162份，立案查处95起，罚款39.46万元。其中梳理建材行业各类合同条款520余条，规范和纠正合同格式条款73条，查办建材行业经济违法案件111起，占案件总数68.52%。组织专家

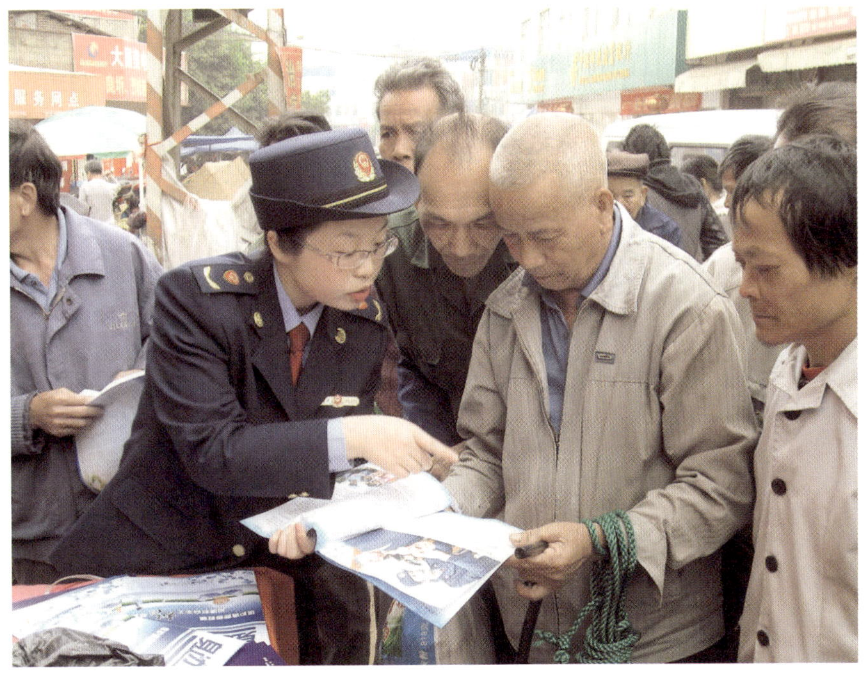

3月，横县局良圻工商所工作人员在向群众讲解维权知识

市工商局提供

召开合同条款点评会36次，纠正不平等格式合同条款122条。下发行政指导意见书36份，下发责令改正通知书48份，受理申诉举报7起，为消费者挽回经济损失1.52万元。在媒体发布揭露“霸王条款”的消费警示2期。

【动产抵押登记】 2013年，市工商局办理抵押登记350份，抵押登记金额55.42亿元。被担保的主合同（借贷合同）350份，借贷金额55.42亿元。其中：内资企业借贷合同332份，借贷金额55.05亿元；外商投资企业借贷合同2份，借贷金额1000万元；个体工商户借贷合同15份，借贷金额2630万元；农业生产经营者借贷合同1份，借贷金额50万元。办理动产登记抵押变更登记18份，变更主债权金额7.89亿元。办理动产抵押注销登记102份，注销主债权金额6.40亿元。其中：内资企业注销100份，注销主债权金额6.36亿元；外商投资企业注销1份，注销主债权金额100万元；个体工商户注销1份，注销主债权金额300万元。

【拍卖活动监管】 2013年，市工商局依法对全市拍卖企业的拍卖活动进行有效监督管理。受理拍卖企业申报拍卖备案371场，实施拍卖会现场监管128场次，备案拍卖标的委托书371份，标的货值金额2.91亿元，受理解决与拍卖活动相关的投诉举报13人次，调解拍卖纠纷8人次。

【“守合同重信用”企业公示】 2013年，市工商局恢复开展“守合同重信用”工作，深入开展“守合同重信用”企业公示活动，将“守合同重信用”企业公示活动纳入政府信用体系建设，推荐57家企业作为南宁市2012年度广西“守合同重信用”公示企业。

【商标管理】 2013年，市工商局加强商标培育和保护。开展商标法律法规及相关知识宣传，利用市区街道15块大型LED显示屏、300辆交通工具发布商标战略公益广告1万多条次，在各类媒体发布商标信息103条。加强商标培育，对有一定市场竞争力的商品和商标知名度高的企业进行跟踪服务，发放注册商标建议书1247份，驰（著）名商标申请建议书144份，推荐申报2013年广西著名商标74件。至年末，全市有效注册商标2.05万件，广西著名商标76件，中国驰名商标1件，地理证明标志商标1件。以品牌总经销、总代理、专卖店、商场为重点对象，以服装、家用电器、手机、汽车配件、装饰装修材料为重点商品，开展品牌专卖专营店专项整治，检查相关经营主体1.22万户次，检查市场1134个次，整治重点区域122个，查处商标违法案件151起，罚没58.47万元，销毁假冒伪劣商品总价值近200万元。

【广告监管】 2013年，南宁市工商局建立健全广告监管长效机制，强化行政指导，建立广告行业数据库，加强广告监管，对全市主要报刊、广播影视、网络等媒体发布的黄牌警告医疗、药品、保健食品广告实施24小时监测。至年末，全市登记注册的广告单位7032家，比上年增加18.60%，审批公交车体、高架广告牌、建筑物外墙、LED电子显示屏等户外广告699条，监测广告24.92万条次，发现违法广告3942条次。3月18日至9月30日，市工商局开展为期6个月的医疗、药品、保健食品虚假违法广告专项整治行动，立案查处违法广告案件359起，罚款173.61万元，查处未经批准擅自发布户外广告136起，罚款23.54万元。

【南宁广告产业园建成】 2013年，南宁市广告产业园建成，建设面积7.30万平方米，建筑面积1.13万平方米。9月，南宁广告产业园获批为自治区级广告产业园、中央财政支持的国家广告产业园试点园区。年内，引进美丽传说股份有限公司、北京昌荣传媒集团广西分公司等大型广告公司、创意机构38家。

【公平交易执法】 2013年，市工商局依法查处公用企业限制竞争、商业贿赂、“傍名牌”、虚假宣传、侵犯商业秘密等违法行为，维护公平竞争市场秩序。依法查处经济违法案件6665起，罚款1289.05万元。其中：违反《商标法》傍名牌、假冒商标案299起，违反《产品质量法》制售伪劣商品案134起，违反《广告法》虚假宣传误导消费案616起，违反《食品安全法》制售伪劣商品案659起，违反《经济合同法》涉及合同诈骗案122起，违反《反不正当竞争法》涉及垄断、商业贿赂等案件25起，违反《消费者权益保护法》案17件，违犯《公司法》虚报注册资本、虚假出资，抽资金案80起，走私贩私倒卖无合法来源进口商品案6起。查处无照经营案2339起，其他类型案件1038件，移送司法机关审理的案件237起，销案60起。

打击传销　开展“打传销　反欺诈　促和谐”执法行动和“打击传销规范直销专项整治”，加大对网络传销打击力度，创建“无传销社区”。全市检查传销活动场所3588个，捣毁传销窝点84个，遣散涉传人员3219人，查获涉传书籍3730余册，涉传酒类303瓶。6月4日，查处一个以青海籍人员为主要组织者的纯资本运作传销网络，捣毁传销据点4个，查获传销骨干人员28人，查封冻结涉案资金3060万元。该案涉及人员约2300多人，涉案金额1.60亿元。

规范直销企业　进一步健全直销监管机制，规范直销企业经营行为。年内，受理、监管入驻南宁市直销机构会议报备60次，更新直销企业名录17家，约谈直销企业28家次。

“扫黄打非”执法　市工商局以净化社会文化环境为目标，开展“扫黄打非”，重点清查出版物批发市场、民营出版物销售店、图书、电脑软件市场、旅游景点、零散书摊、车站等重要场所，收缴政治性非法出版物及淫秽色情、侵权盗版等非法出版物，坚决打击色情演出、迷信伪科学和兜售非法出版物的游商。加强对印刷、复制企业的监管和巡查，坚决取缔无证照从事印刷复制业务的企业，严厉查处承印复制政治性非法出版物及淫秽色情、侵权盗版等非法出版物的印刷复制企业，突出整治校园周边文化经营场所，营造未成年人良好健康的成长环境。出动执法人员2242人次，执法车701辆次，检查娱乐场所1716场次，检查网吧753家次，检查文化出版物经营场所610处，检查校园周边经营场所535处。综合整治学校周边环境，检查经营场所528处。查扣非法接收卫星信号设备18套，收缴非法及政治性出版物1730余册。

打击烟草制品市场非法经营行为　出动检查人员1266人次，从严打击假冒卷烟及无证经营烟草制品行为，查处涉烟案件1733起，罚款34.90万元。

（潘文启　廖成琇）

劳动与社会保障

【就业再就业】 2013年，南宁市实施就业优先战略，落实税费减免、岗位补贴、培训补贴、社保补贴和技能鉴定补贴等就业优惠政策，组织开展"大型双选会+毕业生专场招聘会+毕业生网络招聘会+校园招聘会"复合招聘平台，为大中专毕业生提供就业岗位8万多个；组织开展"就业援助月""春风行动""民营企业招聘周"等就业专项服务活动，举办专场招聘会150多场、提供就业岗位30万个次；开展创业带动就业和创业项目推介活动，落实小额担保贷款、创业补贴政策，年发放小额担保贷款3.38亿元，开展创业项目推介活动50场，推荐项目近万个次；发挥政府投资和重大项目建设带动就业的作用，配合富士康等重大项目招募员工，扩大就近就地就业；加强就业援助，妥善解决城镇就业困难人员、零就业家庭等群体就业问题，完善公共就业服务，为200个重点行政村配备网络设备和就业专干，将就业服务送到群众"家门口"。年内，南宁市城镇新增就业8.58万人、城镇失业人员再就业2.03万人、就业困难人员再就业5277人、农村劳动力转移就业新增9.86万人。城镇登记失业率控制在3.01%，比控制数低0.99个百分点。

【人力资源市场管理】 2013年，南宁市人力资源市场与南宁市人才市场实现信息整合，市、县（区）、乡镇实现就业信息共享。有人力资源服务机构59家。其中：公共就业服务机构14家，公共人才服务机构1家，经营性公共服务机构44家。举办专场招聘会127场，入场参加招聘单位2.53万家次，提供工作岗位114.25万个次。

【三支一扶】 2013年，南宁市组织招募49名"三支一扶"（高校毕业生到农村基层从事支教、支农、支医和扶贫工作）大学生，超额完成自治区下达的招募计划。有23人考入市、乡政府，事业单位及企业单位，其中2011年届服务期满29人，进入其他企事业单位26人，有3人未找到服务单位，就业率95.30%。

【劳动关系管理】 2013年，南宁市在岗职工49.02万人，签订集体合同企业7659家，签订合同45.13万人，劳动合同签订率为91.84%，其中农民工劳动合同签订率85.69%。启动劳务派遣行政许可工作，严格实施劳动合同制度和劳动用工备案制度。审批139家企业实行特殊工时制度，涉及职工4.44万人，按时办结率100%。南宁市最低工资标准由每人每月1000元提高至1200元，增幅20%。

【劳动保障监察】 2013年，南宁市推进县（区）劳动保障维权中心及县级"两网化"建设，全市进一步完善"统一指挥、两网管理、三级服务、四级辐射"大维权网络。开展农民工工资支付情况专项检查、清理整顿人力资源市场专项行动等，加强劳动监察执法力度，检查用人单位4.30万家，涉及劳动者50多万人；为劳动者追发工资待遇1.07亿元，其中农民工工资3076万元；劳动保障监察立案836起，结案750起，法定结案率100%。

【农民工权益保障】 2013年，南宁市以西乡塘区为基层试点，建立"一站式"农民工综合服务中心、所、站、窗等平台，构建市、县（区）、乡镇（街道）和村（社区）四级农民工综合服务体系，农民工维权等公共服务更加便捷。

8月15日，南宁市在南宁国际会展中心举行南宁·东盟人才活动月高技能人才技能大赛及技艺展示　　农　健　摄

【劳动人事争议仲裁】 2013年，南宁市狠抓基层调解组织建设，建立企业劳动争议调解委员会6758个、基层调解窗口195个，其中乡镇街道基层调解组织108家，组建率84.38%。建立人社、工会、妇联等多部门联通调解机制，加强裁审衔接机制建设，提高劳动人事争议处理效能，全市劳动人事争议仲裁立案4484起，结案4465起，结案率92.90%，其中调解率61.18%。在已经审结案件中，裁决结案1733起，调解、撤诉等方式结案2732起，调解率61.18%，比上年提高11.80个百分点。申报南宁糖业股份有限公司为全国第二批劳动争议预防调解示范企业、自治区第二家国家级示范企业。

【职业技能培训】 2013年，南宁市发挥驻地技工院校等资源优势，加大校企等合作，开展农村劳动力转移就业、失业人员再就业、微型企业创业等培训，职业培训5.06万人，就业资金补贴培训1.46万人，职业培训补贴资金支出2564.65万元。将"产业工人技能提升"纳入南宁市为民办实事项目，专项投入1640万元为2万多名产业工人开展技能提升培训。不断强化培训质量，"绿城南方月嫂"等技能培训品牌进一步提升。

【高技能人才队伍建设】 2013年，南宁市开展技能振兴专项活动，新增高技能人才5493人，其中高级工4707人、技师627人、高级技师159人。开展南宁东盟人才活动月、职工职业技能大赛等技能比武活动，参加首届广西农民工技能大赛，获一等奖4个、二等奖3个、三等奖2个。加强技能人才评价鉴定，核发国家职业资格证书5.82万份。推进技校教改研改工作，广西南宁高级技工学校获2013年全国技工教育和职业培训教学研究成果论文类二等奖。

【技工教育】 2013年，南宁市不断提升技工教育水平。广西南宁高级技工学校完成招收新生2825人，完成目标任务109%。毕业生当年推荐就业率100%。社会培训2719人次。新校区完成投资2.66亿元，完成建筑面积5575平方米。

【基本养老保险】 2013年1月，南宁市将城乡居民社会养老保险基础养老金标准在中央规定标准的基础上每人每月增加20元，各县(区)实际发放标准为80元~100元，超过自治区规定的每人每月75元。按时完成企业退休人员基本养老金调整，为全市26.31万名符合条件的企业退休人员调增基本养老金，企业退休人员基本养老金实现“九连涨”。全市城镇职工基本养老保险参保94.40万人(含退休人员)，完成年度任务101.65%；城镇职工基本养老保险费征缴收入45.57亿元，完成年度任务105.87%，城乡居民社会养老保险参保203.70万人（城居保3.94万人、新农保199.76万人)，参保率88.42%。

【城镇基本医疗保险】 2013年，南宁市建立退休人员医保待遇与企业脱钩管理机制，出台医保付费总额控制结算办法、医保举报奖励办法，进一步完善职工医保政策。继续扩大医保个人账户支付范围，进一步减轻参保人员的医疗费用负担，城镇职工基本医疗保险门诊大病月起付标准从每人每月300元降至200元，城镇居民基本医疗保险各级财政对参保居民的补助标准由人均每人每年240元提高至280元。全市城镇基本医疗保险参保172.83万人（职工医保75.81万人、居民医保97.02万人)，完成年度任务108.70%；城镇职工基本医疗保险征缴收入18.23亿元，完成年度任务125.72%。

【失业保险】 2013年，南宁市失业保险金最低月标准由700元提高至840元，最高月标准由990元提高至1188元。全市失业保险参保42.63万人，完成年度任务100.78%；失业保险费征缴收入4.03亿元，完成年度任务141.47%。

【工伤保险】 2013年，南宁市建立工伤认定简易程序，简易案件认定时限由42个工作日缩短至11个工作日。一次性工亡补助金标准由从上年度的每人43.62万元提高至49.13万元。年内，全市工伤保险参保50.39万人，完成年度任务100.78%；工伤保险费征缴收入0.81亿元，完成年度任务103.04%。

【生育保险】 2013年，南宁市生育保险平均待遇水平由每人每次6400元提高至7758元。全市生育保险参保43.84万人，完成年度任务100.78%；生育保险费征缴收入7499万元，完成年度任务120.95%。

【社保基金监管】 2013年，南宁市全面推行“阳光社保”，加强社保基金监管，在自治区率先推进“社保电子档案”建设，建立南宁市“业务建档与业务经办同步、业务建档与业务内控一体”的社保档案管理服务新平台。创建医疗服务“实时监控”平台，引入医保服务医师管理。推进城乡居民养老保险“代扣代缴”试点，推进“账在网上走，钱在银行流”管理。加强“明察暗访”和违规处理，中止18家定点机构的服务协议，拒付各类违规金额。

【社会保险经办服务】 2013年，南宁市继续加强社会保险信息系统平台建设，完善“南宁社保网上办事大厅”。加大与银行的合作力度，完善社保实时缴费系统，办理社保缴费扩大至40多家银行网点。全市建立城乡居民社会养老保险保费代扣代缴机制。协调指导县级社会保险经办机构整合和制度融合，将工伤、生育、失业保险以及部分养老保险的业务下延至市社保局6个城区管理部，横县、宾阳县、马山县、隆安县和武鸣县组建县级社会保险事业管理局。

【失业动态监测】 2013年，南宁市失业动态监测企业从64家扩大至75家，覆盖用工人数扩大至7.80万人，成为广西设立监测企业数量最多的城市。

（农　健）

质量技术监督

【概　况】 2013年，南宁市质量兴市工作在年度广西质量兴桂战略工作绩效督查考评中获满分，红龙果栽培标准化示范区被国家标准化管理委员会评为全国农业标准化优秀示范区，“横县茉莉花茶”获国家质检总局批准实施地理标志产品保护，市质量技术监督局(简称“市质监局”)驻市政府政务服务中心窗口获全国组织机构代码系统“文明服务窗口”称号。

【质量监督】

质量兴市(县) 2013年，南宁市加强质量兴市(县)工作，推广卓越绩效模式，推动全市696家规模以上企业开展“质量兴企”活动。6月，开展“广西质量强市强县示范县”创建活动。11月，出台《南宁市市长质量奖管理办法》，对获奖的企业或组织，由市政府进行表彰奖励，给予每个获奖企业或组织一次性奖励50万元。

品牌战略实施 南宁市对辖区内广西名牌产品及优质农产品进行检查和品牌效益跟踪，推动企业提升产品质量和经营管理水平。全市有7个产品获“广西名牌产品”“广西优质农产品”称号，其中“横县茉莉花茶”获批准实施地理标志产品保护，横县获国家质检总局批准筹建国家地理标志产品保护示范区。至年末，全市有广西名牌产品和优质农产品总数46个，总数在广西14个地市中排名第二。

产品质量状况分析 南宁市加强质量诚信体系建设，建立完善工业产品质量溯源系统数据库，对获得生产许可证生产企业建立溯源系统数据档案，实行“一企一档”，数据及时更新，资料及时分析。加强重点产品风险监测，建立重点产品质量安全风险预警分析报告制度，以复混肥等产品为重点风险监测产品，明确重点风险环节，有针对性地加强产品质量监督。采取抽查、定期监督检查、日常巡查等方法，加强对工业产品质量状况分析。开展定期监督检查抽检475批次，合格421批次，合格率88.60%；对29家安全检查机构进行检查，严禁无证、超范围、擅自新增检测线等违法检测行为。

【食品质量安全监管】 2013年，南宁市建立完善重要数据报送溯源全覆盖与现场查验相结合、企业信用分类管理、舆论监督、市场化质量保险相结合的社会化协作监督机制，重点督促企业建立质量管理体系，帮助规模以上食品企业建立ISO 22000食品安全管理体系，帮助有条件(规模以上)的食品企业通过HACCP体系认证2家，帮助食品企业通过HACCP体系认证25家。开展食品生产许可证年度审查，获证食品生产企业203家。开展食品和化妆品生产企业的专项安全生产大检查，出动执法人员442人次，检查获证企业171家，其中肉制品获证企业26家、食品添加剂获证企业11家、乳制品生产企业7家、饮料生产企业48家、果冻生产企业4家、冷冻饮品生产企业13家、饮用水生产企业21家、备案小作坊90家，查处违法企业5家，立案5起。

【计量监督】 2013年，南宁市加强“六类”强检计量器具检定，检定“六类”强检计量器具1.97万台(套)，其中：集贸市场衡器1.23万台（套)，医用三源409台

5 月 18 日，市质监局开展计量服务进社区活动　　市质量技术监督局提供

（套），配制眼镜用计量器具 471 台（套），收购农产品用汽车衡 118 台（件），检定出租车计价器 3896 台，燃油加油机 2443 台次。开展“免费检定计量惠民，促进城乡和谐发展”活动。对市区 48 家主要集贸市场和 43 家乡镇（城区）卫生院计量用具免费检定，检定衡器 1.23 万台（套）、医用三源 409 台（套）。开展定量包装商品净含量监督检查，抽查企业 47 家，抽查农药、涂料、电线电缆、汽车用润滑油、食用油、杂粮、洗发液、化妆品、小食品、方便面、包装饮用水、啤酒、罐头食品等 13 种定量包装商品 73 批次，净含量标注不合格 3 批次，净含量检验不合格 4 批次，净含量标注抽样合格率 95.90%，净含量检验抽样合格率 94.50%。开展商品包装计量监督专项检查，抽查生产企业 25 家，销售企业 6 家，抽查月饼、化妆品、茶叶、粽子等商品 34 批次，过度包装商品 3 批次，合格率 91.20%。开展居民住宅燃气表计量专项监督检查，抽查 8 个居民区及 78 块新表，合格率 100%。开展金银制品加工和销售领域专项计量监督检查，检查销售企业 12 家，处罚计量器具未进行强制检定企业 4 家。对全市 30 家重点用能企业实施监督检查和帮扶工作，帮助企业解决 17 个实际问题。开展“5·20 世界计量日”活动，联合广西计量院、南宁供电局、市妇幼保健院开展“计量服务进社区”“计量实验室开放日”等服务项目。

【标准化监督】

技术标准发展战略　2013 年，南宁市完成《外种瘦肉型猪仔猪超早期隔离断奶技术操作规范》《外种瘦肉型猪伪狂犬病清除与净化技术规程》《外种瘦肉型猪部分清群技术规程》《外种瘦肉型母猪测定背膘厚度定日粮喂量技术规程》《地理标志产品——上林大米》《木薯淀粉企业安全生产标准化规范》《剑叶龙血树树脂质量检测技术规程》《杧果病虫害监测技术规程第 5 部分：横线尾夜蛾》《杧果病虫害监测技术规程第 6 部分：杧果小齿螟》《杧果病虫害监测技术规程第 7 部分：扁喙叶蝉》10 项广西地方标准制定。其中，《木薯淀粉企业安全生产标准化规范》《地理标志产品——上林大米》2 项广西地方标准通过专家审定。DB/T 737—2011《制糖企业能源计量器具配备和管理要求》和 DB45/T 734—2011《里当鸡养殖技术规程》2 项广西地方标准被自治区政府评为 2011 年度自治区重要技术标准项目。国家级香蕉栽培标准化示范区、国家级红龙果栽培标准化示范区建设项目通过国家标准委考核验收，其中红龙果栽培标准化示范区被评为“全国农业标准化优秀示范区”。

企业产品标准备案　完成企业标准备案 370 个，其中市本级备案 327 个、六县局备案 43 个。

服务业标准化试点　帮扶企业建立健全符合自身发展需要的技术、管理等标准体系，不断提高企业标准化工作水平。组织开展广西南宁健千年旅游开发有限责任公司承担的国家级服务业标准化试点；开展南宁市凤岭儿童公园、台湾花卉产业园创建自治区服务业标准化试点。

创建标准化良好行为企业　发动企业创建标准化良好行为企业。举办南宁市创建标准化良好行为企业培训班；指导广西纵览线缆集团有限公司等 2 家企业申报创建国家级标准化良好行为企业；帮扶广西中医大学制药厂等 4 家企业创建自治区级标准化良好行为企业；指导南宁五菱桂花车辆有限公司开展自治区级标准化良好行为企业确认。广西中烟工业有限责任公司通过国家级标准化良好行为企业复审。

【特种设备安全监管】

特种设备安全监察　2013 年，南宁市开展特种设备现场监察和专项排查整治，出动安全监察人员 932 人次，现场监察特种设备相关单位 332 家次，监察特种设备 1954 台（套），发出安全监察指令书 86 份，安全隐患 131 个，立案 29 起，组织开展各类特种设备应急救援演练 12 次。加强特种设备行政审批和注册登记、安装告知业务的科学管理，办理特种设备注册登记业务 4496 台次，其中电梯 2467 台次、锅炉 164 台次、压力容器 834 台次、游乐设施 9 台次、起重机械 706 台次、厂（场）内专用机动车辆 316 台次，办理注销停用特种设备 160 台。新发（换）特种设备作业人员资格证 5230 本。全市特种设备拥有量 3.63 万台（件），其中锅炉 2629 台、压力容器 6775 台、电梯 1.94 万台、起重机械 6018 台、大型游乐设施 149 台（件）、厂（场）内专用机动车辆 1277 辆，在用压力管道 966.90 千米，各类气瓶 102.73 万只。全市特种设备整体安全状况良好，辖区内未发生特种设备安全责任事故。

特种设备安全约谈　南宁市试行对辖区内发生过特种设备安全事故、因特种设备违法行为受到处罚，或者未及时排除事故隐患等情况的单位负责人实行安全约谈制度，对 12 家气瓶检验单位、35 家气瓶充装单位、18 家电梯安装、维保单位的有关负责人和技术负责人进行安全约谈，落实安全责任和措施。

特种设备监管创新　创新开展重大活动特种设备安全验证性检验，邀请专门的特种设备安全检验机构对“两会一节”重要场所特种设备安全状况进行复查检验，评估特种设备安全状况。投入工作经费约 30 万元，出动执法人员 389 人次，检查相关单位 118 家，检查特种设备 836 台（套），下达安全监察指令书 24 份。

【认证认可监督】

实验室资质认定专项检查　2013

年，南宁市聘请不同行业实验室专家40人次。组成监督检查小组，开展实验室资质认定专项监督检查，检查食品、建材、电力、公路等实验室20个，建议撤销或暂停实验室资质认定资格3个。获证实验室230个，占广西获证实验室总数1/3。

强制性产品认证检查　南宁市对所辖区域内的CCC目录内产品生产企业进行摸底调查，初步建立CCC目录内产品生产企业档案20家，检查获证企业10家，涉及证书130张，涉及发证机构6家。

地理标志产品保护审查及效益评估　南宁市对市辖区使用横县茉莉花地理标志的生产企业进行监督检查，对企业使用地理标志保护产品标志进行效益评估。横县茉莉花茶地理标志通过国家质检总局组织的现场技术审查，上林红八角地理标志获得国家质检总局审批。

【质量专项整治】2013年，南宁市开展质量专项整治行动，严厉打击危害人民群众生命、财产安全的产品质量行为。

地沟油、食用油等专项整治　南宁市严厉打击"地沟油"行为，开展食用植物油专项执法检查，查处西乡塘区大学路、江南区吴圩镇、沙井街道办等地涉嫌"地沟油"的窝点。全年检查食用植物油生产企业20家，抽检样品12批次，合格率100%，未发现相关生产企业有使用废弃油脂、工业用油脂、泔水油、地沟油等作为食用油原料的违法行为。

米粉专项检查　南宁市对已取得食品生产许可证的米粉获证企业加大监督检查力度，检查企业28家次，抽检样品28批次，未发现"吊白块"等非食用物质。

肉制品质量安全专项整治　南宁市对肉制品生产企业和肉制品生产加工小作坊进行专项整治，检查肉制品相关生产企业64家次，相关生产小作坊70家，检查覆盖率100%，抽检样品31个批次，下达责令改正通知书7份，立案5起，其中无证生产1起，抽检不合格4起，未发现企业有重大违法违规行为，未发现企业使用病死禽畜肉品原料及非食品原料生产食品的行为。

开展重大活动食品安全专项整治　南宁市开展"两会一节"和"中越青年大联欢"等重大活动食品安全专项整治，启动应急预案、建立食品安全24小时值班制度，针对糕点、饮用水乳制品、米粉、大米、酱油、醋等重点食品进行专项监督检查，抽检肉制品15批次、乳制品17批次、食用油12批次、白糖4批次、米粉18批次、大米14批次，检查食品生产企业168家，合格率98.70%。

气瓶"两站"专项整治　开展气瓶充装站、检验站(简称"两站")的特种设备安全专项检查，对盛装易燃、易爆、有毒液化气体特种设备的检查，重点检查液氯、液氨、液化石油气储罐、压力管道，检查气瓶"两站"35家。

建材产品专项整治　针对辖区墙体材料生产企业开展墙体材料质量安全检查专项执法，严厉打击无证生产及制售假冒伪劣装饰装修材料的违法行为。对产品质量监督抽查不合格的企业进行立案调查，责令整改；对生产不合格产品的企业帮助查找造成原因，提高产品质量；对于无证生产企业，督促整改，具备办证条件后，及时申报生产许可证，避免"以罚代管"。出动执法人员154人次，检查企业76家，抽查送检样品36批次，查处人造板无证生产企业8家，立案查处制假生产防水卷材产品企业2家，查获违法生产防水卷材产品2875卷。

"黑心棉"专项整治　开展为期1个月的"阳光纤检进幼儿园"消费警示宣传活动，随机抽查幼儿园在用的棉胎、毛巾被、床单等絮用纤维制品7家，抽样送检2家；检查床上用品生产企业4家，抽样送检2家。

农资专项执法检查　抽取肥料样品32批次，查处农资违法案件16起，涉案货值20多万元，向其他省市发送农资协查函5份，向公安部门现场移交农资违法案件3起，移送涉嫌犯罪农资案件2起，配合公安机关查处案件6起。

"三车"综合治理专项检查　加强对非法改装、拼装"三车"的检查力度，出动执法人员2195人次，参加全市统一整治行动5次，检查"三车"生产加工单位35家次，巡查登记造册665家。

【打假治劣】2013年，南宁市12365投诉举报中心受理产品质量申诉和咨询总量1438起，处理1420起，其中受理举报投诉160起，立案查处违法案件查处各类行政执法案件160多起，向公安部门现场移交农资违法案件3件，移送涉嫌犯罪农资案件2起，配合公安机关查处案件6起，移交相关部门2起。

【执法监督】2013年，南宁市加强行政执法监督检查，强化法规监督，规范行政执法行为，提高行政执法案件办理质量和水平，开展办结案卷评查活动，按照不少于10%的比例进行评查，评查案卷73份，提高质监系统的执法水平，质监系统行政执法案件未发生行政复议和行政诉讼行为。

【质监进千村(企)】2013年，南宁市选取横州镇蒙村村委、宾阳县宾州镇基塘村委、武鸣县宁武镇大皇后村、上林县明亮镇亭亮村等33个村委设立服务站，开展"质监安农进千村"行动，现场宣传咨询，引导群众学法用法，提高识假辨假能力；赠送种养殖技术规范、农业生产规范、农产品标准及农业科普等书籍供农民免费阅读；开展农业标准化技术知识培训及农业标准化宣传、推广和普及；深入乡村、田间地头，开展"进千村，入千户，抽千样""农资打假下乡"行动。发放"质监安农"小册子及服务联系卡495份、宣传单近3000份，赠送书籍供农民阅读1950本，播放光盘578次，进村驻站开展咨询服务45次，接受群众咨询1351人次，免费发放优质肥料6吨。开展"质检邀您看企业·食品安全大家行"活动，邀请代表们参观业生产车间、原辅料仓库和化验室，近距离观摩食品生产加工流程，了解企业和监管部门对食品生产的监管情况。开展"名优产品展厅"活动，新增马山县、隆安县2个名优产品展厅，接受群众参观130多人次，展示的产品有旱藕粉、羊肾酒、白砂糖、木薯淀粉、金银花、马山黑豆等。

(黄　琴　谢应辉)

食品药品监督

【概　况】2013年，南宁市辖区内有食品生产企业1235家、餐饮服务企业9864家、药品生产经营企业768家、医疗器械生产经营企业1710家、保健食品生产经营企业751家、化妆品生产企业16家。加强食品药品监管体制改革，加大专项整治和案件查办力度，严厉打击危害食品药品安全的各种违法违规行为，开展专项整治活动10余次，妥善处置食品安全事件16起，开展重大活动餐饮食品安全保障活动30余次，指导创建9家示范学校食堂，捣毁违法生产经营窝点116个，取缔关停违法企业709家，立案查处餐饮食品药品案件304起，查获涉案有毒有害、不合格食品1000余吨、地沟油500余吨、假饮料1万多罐。

【食品药品监管体制改革】

加强本级食品药品监管体制建设　2013年，南宁市按照《南宁市人民政府办公厅印发南宁市改革完善食品药品监督管理体制实施方案的通知》，市食品药品监督管理局整合划入市质量技术监督局，承担的食品生产环节监督管理职责、市工商行政管理局承担的食品流通环节监督管理职责、市商务局承担的酒类流通监管职责，在保持原有市食品药品监督管理局编制和职数的前提下，增设1名副局长兼任市卫生局副局长，增配食品安全总监（副处长级）1名、药品安全总监（副处长级）1名，增设食品药品稽查专员（正科长级）5名；市食品药品监督管理局下属的食品药品监督所整体平移整合职能，组建新的食品药品稽查队伍；市科技局下属的轻工食品研究所整合组建新的市食品药品检验所；设立“南宁市食品药品监督管理局认证审评中心”“南宁市食品药品安全信息与监控中心”，承接并履行好食品药品监管新职能。

强化基层食品药品监管体系　市辖6个县在原有基础上重新组建新的食品药品监督管理局，市辖9城区（开发区）按照县的模式，撤销原城区分局，从市工商行政管理局、市质量技术监督局划转的86个行政编制全部用于充实城区，组建新的食品药品监督管理局，强化充实基层监管执法力量，县（区）、开发区的执法机构均按正科级设置；乡镇（街道）按照“一乡镇（街道）一所”的模式，建立食品药品监督管理所，配备专门人员3~5人，领导按副科级配备；每个村设置食品药品协管员，充实基层监管机构和力量。

【食品安全监管】

加强食品安全综合协调　2013年，南宁市进一步强化食品安全综合协调职能机制，提升食品安全应急联动能力，协调处置“毒生姜”“假牛羊肉”“超市使用臭鸡蛋制作蛋糕”、新西兰“肉毒杆菌污染乳粉”“病死猪肉”“走私牛肉、走私大米”“地沟油窝点”“毒豆芽”等食品安全事件16起，打击非法窝点34个，查获私宰肉3000余千克、其他不合格食品1000多吨、“地沟油”500吨、查扣生产地沟油设备3套、假饮料1万多罐、有毒有害化学品11个种类近6000支，抓获犯罪嫌疑人269人，刑事拘留88人，涉案金额5000多万元。

创建食品安全示范区　巩固青秀区长湖路、民歌湖酒吧街、航洋国际购物中心美食街、华润万象城、凤岭北社区和青秀区伶俐镇等餐饮食品安全示范区，创建6家示范学校食堂和3家营养改善计划示范学校食堂。

食品安全专项行动　组织开展食品安全专项行动。其中，以保障“两会一节”、中越大联欢、两岸经贸文化论坛等重大活动食品安全为目标，开展重大活动食品安全保障行动30多次，制订工作方案、预案20余套，严格实施驻点查验和全程监督，确保重大活动的顺利完成；以“整洁畅通有序大行动”活动为契机，采用疏堵结合，“拆、关、发”并举的办法，排查整治无证小餐饮，查处无证经营餐饮服务单位3600多家，依法取缔79家，关停621家，立案查处76家；以重大节日、重要活动和重点场所食品安全检查为抓手，深入开展“食品非法添加剂和滥用食品添加剂、农药残留和兽用抗菌药、乳制品等重点食品品种、食品小作坊、小摊贩、小餐饮、餐厨废弃物及废弃油脂、重点场所食品安全、进出口食品安全、旅游餐饮食品安全、生猪私屠滥宰及肉品质量安全和保健食品安全”等十大专项整治行动，查处案件469起，捣毁窝点82个，逮捕犯罪嫌疑人3人，罚款112.50万元。

【药品安全监管】

药品生产流通监管　2013年，南宁市加快推进实施新修订药品GMP，通过修订药品GMP认证企业15家，完成年度计划100%。开展“基本药物配送批发企业”“含麻黄碱复方制剂”“终止妊娠药品”等专项整治，检查药品批发企业和连锁总部120家次，检查覆盖率100%。进一步规范药品流通秩序，认证、审核、公示30家药品零售企业的GSP认证。进一步加强对药品广告的管理，监测药品广告110条次，约谈29家药品零售连锁企业总部和3家单体药店。加强对药品生产企业的基本药物品种的电子监管，督促25家增补基本药物品种生产企业及时进行电子监管技术改造，基本药物生产企业入网率100%。加大药品不良反应监测工作检查指导力度，收到药品不良反应报告3159例。

药品安全专项整治　开展药品安全“两打两建”、交叉检查和中药饮片、中成药生产企业专项整治活动。交叉检查药品生产企业60家，下达限期责令整改通知书36份；全面检查40家中药制剂及中药饮片生产企业，检查覆盖率100%，责令整改9家，当场行政处罚7家，立案2起；坚持打击和规范并重、短期目标和长效机制并重，集中整治存在各类突出问题的重点企业30家。

【医疗器械监管】　2013年，南宁市开展打击“三非”医疗器械活动，重点抓好“定制式口腔义齿生产使用”“医疗机构医疗器械（美容医疗器械及产品）”“植入材料和人工器官经营企业”等专项检查，责令整改38家、警告5家、立案查处5家、注销问题企业27家。开展南宁市医疗器械生产、经营企业安全信用等级评定，评定生产、经营企业1279家，其中守信企业689家，警告企业590家。全市收到医疗器械不良事件报告每百万人口上报122例。

【保健食品与化妆品监管】　2013年，南宁市开展打击保健食品“四非”专项行动，对辖区内的保健食品生产企业开展全覆盖的检查，严把保健食品生产质量关。在对保健食品经营企业进行地毯式排查的基础上，重点对伟康市场、中尧路市场、太华医药公司及周边经营保健食品相对集中的市场开展突击检查，检查保健食品经营企业773家，保健食品经营品种978个，扣押来源不明的保健食品37批次，下达责令限期整改企业83家，联合公安部门捣毁非法经营假冒保健食品窝点1个，查扣假冒保健食品货值金额82.70万元。对9家保健食品生产企业开展信用等级评定，强化保健食品生产企业诚信自律意识。全市收到化妆品不良反应监测报告48例。

【市场整顿】　2013年，南宁市通过食品安全专项整治规范食品药品企业经营秩序，严厉打击食品药品安全违法违规行为，对食品药品生产经营企业违法行为进行“曝光公示”，公示700多家；对违法生产、经营、使用药品、保健食品、化妆品、餐饮食品案件进行处理，查处取缔无证经营窝点88个，立案228起，当场行政处罚25起，罚款148万元，打击食品药品安全的违法违规行为，规范食品药品市场秩序。　（梅　倩）

安全生产监督

【概　况】　2013年，南宁市安全生产形势保持持续稳定局面，未发生重大以上安全生产事故或有重大影响的安全生产

9月，国家安全生产大检查工作督查组到南宁市南南铝业等企业督查安全生产
市安全生产监督管理局提供

事件，安全生产指标、重点统计六大行业（领域）事故死亡人数全部控制在自治区下达的指标范围。总控制指标实现“三下降”：事故死亡人数206人，比上年下降59.05%，比自治区下达年度控制指标少15人；重点行业领域事故稳中有降，煤矿、危险化学品、烟花爆竹、生产经营性火灾、农机、水上交通等行业领域未发生死亡事故；较大安全事故大幅下降，发生较大事故5起，比自治区下达年度指标少6起。南宁市获国家交通部、公安部、安全监管总局联合表彰为“2012年‘道路客运安全年’活动市级成绩突出单位”称号；获广西“2013年度安全生产工作优秀单位”称号；在广西年度安全生产工作职责和目标管理考核中，总分排名第一，综合评价第一。市安全生产监督管理局获“广西依法行政示范单位”称号，制定《甘蔗制糖企业安全生产标准化规范》（DB45/T807-2012）被确定为广西壮族自治区地方标准，获2013年度南宁市科技进步三等奖。

【安全生产基础建设】 2013年，南宁市通过层层签订安全生产责任状，将安全生产责任落实到各级各部门、企业、车间、班组和个人；通过安全生产目标管理，将安全生产“一岗双责”和安全生产控制指标任务细化、分解、落实，加强对控制指标的动态管理；通过安全生产“一票否决”制度，将安全生产作为干部任用的前提条件之一，强化安全生产责任与意识。对发生事故或超指标进度的单位、个人进行约见警示，警示约见开发区2个，涉及企业12家，约谈8个管理混乱、隐患整治不力、事故反复多发和日常管理缺位的施工单位负责人；参加评优评先对象（安全生产）审查1741个单位587人；出具安全生产事故责任意见14份，给予安全生产考核降级处理部门1个。4月24日，南宁市下发《关于县区（开发区）安全生产队伍设置问题的函》，在15个县区（含3个开发区）成立安全生产监察大队，每个县（区）配备8名~10名安监执法人员，加强基层监管能力和工作力量。

【安全生产标准化建设】

矿山监管　2013年，隆安白马露天煤矿达到煤矿安全生产质量标准化三级标准，上林祥龙矿业公司那良煤矿进行矿井技术改造，隆安凤凰山银矿及和昌公司横县芒硝矿等非煤地下矿山井下监测监控、人员定位、通讯联络、紧急避险、压风自救、供水施救“六大安全避险系统”基本建成并投入运行，全市采石场全面推行从上往下台阶式或分层开采，中深孔爆破、液压锤二次破碎、机械化铲装等安全标准化先进适用技术和工程措施。至年末，全市有360家非煤矿山企业（尾矿库）通过标准化最低等级，其中三级标准化矿山57家、四级31家、五级272家。整顿关闭88家。

危险化学品　推动危化品重大危险源自动化控制系统改造，启动23家23处，有4家完成并通过验收。

工贸行业　有354家工贸企业达标，达标数量在广西排名第一。其中一级标准化1家、二级11家、三级342家。南宁市制定《甘蔗制糖企业安全生产标准化规范》（DB45/T807-2012），成为广西地方标准，“淀粉生产企业安全生产标准化评定标准”成为广西地方规范标准。

烟花爆竹　通过市场手段促进宾阳县成为广西烟花爆竹主产区建设，抑制非法生产行为，加快企业机械化改造。有2家生产企业通过标准化达标考评，获“三级安全标准化企业”称号，20家烟花爆竹批发企业，全部达到三级安全标准化企业要求。

【安全生产大检查与专项整治】

安全生产大检查　2013年，南宁市开展安全生产大检查活动5次，全面排查所有涉氨企业，集中整治劳动密集型企业存在的安全问题，开展城市道路安全畅通整治大行动，全面开展环境安全风险大排查大整治，排查事故隐患1.86万个，完成整改1.85万个，整改率99%，停产停业26家，关闭取缔24家。

消防安全大检查　成立256个联合检查组，开展消防安全大检查，检查单位2.84万家，发现火灾隐患4.62万处，整改火灾隐患4.44万处，查封451家，责令“三停”184家，拘留106人。

道路交通安全专项行动　查处交通违法行为13.38万起，查处非机动车交通违法行为1.20万起，排查治理公共客用运输车辆安全隐患230处。

重点行业领域安全专项整治　重点整治煤矿、非煤矿山、危险化学品、烟花爆竹、道路交通、水上交通、火灾、建筑施工、特种设备、农机等重点行业和领域10个。

“打非治违”专项行动　开展巡查打击2960次，出动执法人员1797人，执法车402辆次，查扣大型盗采设备112台，罚款43.20万元，封填煤窑73口，遣散违法人员223人。

其他专项检查　开展城市轨道交通施工安全专项检查，强化对轨道交通建设工程的日常监管；开展大型游乐设施和暑期水上游乐活动安全检查，督促指导113台大型设施落实安全保障措施和应急预案；围绕重大节庆活动及汛期、高温雷雨天气等重要时段，开展安全生产大检查和督查活动，消除重大安全事故隐患，确保重大活动、重要时期不发生重大安全事故。

【重点隐患排查治理】 2013年，市级重点督促整改项目10项（矿山2项、危险化学品 3 项、火灾 1 项、道路交通 2 项、地质灾害 1 项、水利 1 项),县(区)级重点督促整改项目 93 项,乡镇(街道)106 项,村委(社区)97 项,合计 303 项。相关数据、台账资料全部录入南宁市安全生产隐患排查治理信息系统平台,并通过信息平台监督检查进展。完成整改责任、整改措施、整改经费、整改时限、应急预案"五落实",整改率 100%,完成安全技改项目等 15 个,投入资金 300 万元。

【宣传教育与文化建设】 2013 年 6 月 9 日,南宁市在邕宁区启动"安全生产月"启动仪式暨"宣传咨询日"活动,参加活动的单位代表和群众 400 余人,发放宣传资料 1500 多份。"安全生产月"期间,开展安全生产摄影大赛、用电安全服务"三个一"活动和安全生产警示教育周等活动,组织全市机关干部职工、企业员工,私营企业主等对象观看《生产安全事故典型案例盘点(2013 版)》警示教育片,到 73 个基层单位宣传用电安全知识,排查治理用电安全事故隐患 153 处,发放各类宣传资料 3 万余份,直接受教育群众 5 万余人。开展安全生产培训 2.03 万人次,比上年同期提高 17.05%。其中:电工、焊切、登高和制冷等 4 种特种操作人员 1.30 万人,新发上岗证 4441 本,年审 7093 本;厂长经理、安全管理人员、烟花爆竹、危险化学品和非煤矿山等安全管理人员培训 7315 人,新发上岗证 3178 本。开展安全生产文化建设,开展 2 个国家级安全社区、5 个自治区级安全社区建设,组织开展安全生产和职业健康知识"五进"(进企业、进学校、进乡村、进社区、进家庭)活动、"安全生产青年示范岗"创建活动。

【安全生产行政执法】 2013 年,南宁市对 1204 件行政许可事项、28 项事故调查报告进行合法性审查。处理、立案较大生产安全事故 29 起,结案 21 起,跨年度调查结案的 8 起。启动职业健康安全监管,对 32 家企业进行项目职业卫生"三同时"审核(备案),完成 83 家企业职业危害申报,完成 417 家企业职业危害网上申报。行政效能高,服务窗口按时办结率 100%,群众满意度 100%。

【安全生产应急救援】 2013 年,南宁市加强应急值守和信息报送,完善值班制度和记录台账,每次接到事故报告均能及时办理。至年末,接到安全生产事故报告 144 起(包括应急联动中心转达),其中:一次死亡 3 人以上较大事故 5 起。加强安全生产专业应急救援队伍建设,投入 23.38 万元,补充或完善广西矿山救援大队南宁中队和广西危险化学品事故应急救援大队南宁中队两支安全生产专业应急救援队伍装备及加强人员培训,进一步提升应急救援队伍装备水平和技术素质。继续加强安全生产应急预案体系建设,指导高危行业企业编制完善应急预案,全市高危企业应急预案规范编制率 100%,在市安全生产监督管理局备案的预案单位 12 个。9 月 26 日,开展液氨泄漏应急实战演练,参演单位 16 个,涉及市、县、镇、企业四个层面。

(马 瑛)

口岸管理

【出入境】 南宁吴圩国际机场空港口岸属国家一类口岸。2013 年,南宁机场开通 21 条国际(地区)航线,直飞香港、澳门、台北、台中、高雄、花莲,以及新加坡、吉隆坡、胡志明、雅加达、金边、万象、仰光、曼谷、首尔、济州、普吉、槟城、达卡、熊本、安克雷奇等国际(地区)城市。2013 年,南宁空港口岸出入境流量 58.40 万人次,首次突破 50 万人次,比上年同期增长 29.02%,其中入境 29.50 万人次,出境 28.90 万人次,分别增长 29.90%、28.13%;出入境航班 4980 架次,增长 22.30%,其中入境 2510 架次,出境 2470 架次,分别增长 21.67%、22.95%;南宁口岸进出口货物 23.09 万吨,增长 37.69%。(梁 勇)

【出入境检验检疫】 2013 年,广西检验检疫部门检验检疫出入南宁口岸的交通工具 5068 架次,检验检疫食品及化妆品 1839 批次,货物价值 9486 万美元,检验检疫植物及其产品 3706 批次,货物价值 1.57 亿美元,卫生除害交通工具 219 架次。

(温永毅)

海 关

【概 况】 南宁海关是国家设在广西口岸的进出关境监督管理机关,业务管辖范围为广西全境,面积 23.67 万平方千米。2013 年,关区监管口岸 26 个,其中一类口岸 14 个,二类口岸 8 个,边地贸口岸 4 个,监管边民互市贸易点 25 个。南宁海关下设 13 个隶属处级海关和 11 个缉私分局,派驻机构 3 个,总关机关设 18 个局、处、室,管理 3 个事业单位。关区干部职工 2030 人,其中海关关员 1441 人、缉私警察 589 人。南宁海关监管进出口货运量 9518 万吨,货值 432.86 亿美元,累计入库税款 247.70 亿元,审批减免税 3.96 亿元,立案查办各类走私违法犯罪案件 2246 起,案值 39.74 亿元。

【通关监管】

物流监控 2013 年,南宁海关强化监管场所管控效能管理,稳步推进水运舱单、公路舱单管理系统试点运行,细化落实运输工具操作规范,完善运输企业备案台账作业,创新优化查验监管机制,加大机动查验和复查复验比例,提高查验针对性和有效性。推进区域通关改革,巩固分类通关改革成果,扩大实施"属地申报、口岸验放"通关适用模式,开展部分海关特殊监管区域"两单一审"扩大试点,重点实施通关作业无纸化改革试点,实现无纸化报关单 2.29 万票,占总报关单 54.50%。深入推进"绿篱"专项行动,强化固体废物监管,全年立案查办监管区域固体废物违规案件 37 起,案值 3891 万元。强化武警海关执勤长效机制,深化关警"三共"活动,编制实施《南宁海关执勤手册》,提升执勤武警执勤能力。关区监管进出口货运量 9518 万吨、货值 432.86 亿美元,分别增长负 1.40%、5.40%,报关单量突破 20 万票,进出口查验率 8.54%、查获率 16.89%,完成总署"两率"指标。

行李邮递物品监管 南宁海关建立关区指挥推进体系,增补关员 16 名、X 光机 4 台,落实 100%过机、100%开包检查要求。完善旅检现场风险管理机制,定期发布风险提示、及时处置反馈,对来自毒源国家人员重点查堵毒品,对去往港澳地区的旅客重点查缉携带超量货币,对进出境运输工具及其服务人员、边民互市携带行李物品及互市交易货物强化监控检查。多形式加大宣传沟通,引导广大旅客自觉守法通关,与安检、铁路、外汇、银行等单位建立会晤合作制度。监管进出境人员 842.67 万人次,监管邮、快递 138.57 万件,现场查获走私毒品 12 千克,查获违禁印音制品 8382 件,违规携带货币案件 8 起、案值 300 万元;对 186 个批次、8.50 万件侵权嫌疑货物采取知

2013 年南宁海关主要业务数据统计

指标	单位	1 月至 12 月累计		
		2013 年	2012 年	比上年同期±%
进出口总值	亿美元	432.86	410.51	5.40
进口	亿美元	233.46	258.81	-9.80
出口	亿美元	199.40	151.70	31.40
边境小额贸易进出口总值	亿美元	115.10	83.49	37.90
进口	亿美元	10.38	11.01	-5.70
出口	亿美元	104.72	72.48	44.50
进出境人员	万人次	842.67	682.14	23.50
进境人员	万人次	421.79	341.46	23.50
出境人员	万人次	420.88	340.68	23.50
邮、快递总数	万件	138.57	47.92	189.20
其中：邮递物品	万件	27.98	26.27	6.50
快件	万件	110.60	21.66	410.70
税收入库	亿元	247.65	290.60	-14.80
关税入库	亿元	25.67	30.13	-14.80
进口环节税入库	亿元	221.98	260.47	-14.80
上缴罚没收入	万元	14684.00	11639.80	26.20

识产权海关保护措施，货值 437 万元。

加工贸易监管　南宁海关促进北部湾保税物流体系发展，支持指导北海出口加工区 B 区及钦州保税港区二、三期建设验收工作，推动开展贵港西江综合保税区规划，支持并跟踪落实中马钦州和马中关丹产业园区“两国双园”建设，健全关区海关特殊监管区域制度建设，推动北部湾经济区保税物流体系建设不断完善。加工贸易合同备案 232 份，备案金额 17.75 亿美元，比上年同期减少 16.80%、16.20%。

边境贸易监管　南宁海关加强边民互市贸易的监管制度体系建设，建立和实行互市贸易统计制度，实现信息化管理，健全互市渠道“三大风险”防范，实现规范有效监管和统一规范执法。持续推进互市监管场所建设，将其列入场所达标整改范围，建立“海关主导、政府推动、企业参与”整改模式，加强跟踪督办和实时指导，推动地方加大互市监管场所投入，累计金额 4000 多万元，规范建设东兴、弄尧、那花、布局、岩应互市监管场所；完善互市检查指导制度，采取定期检查、突击检查相结合的办法，多次赴互市点检查督促，出动 20 多人次、开展专题检查 4 次，检查 17 个互市点、召开座谈会 8 次、与现场关员谈话 20 多人次；推动地方加强综合管理，基本建立自治区、地方两级互市管理政府协调机制促使政府理解认同，海关的互市监管场所建设、设备配置、系统开发、人员配备、办公条件等得到地方支持和解决。南宁海关关区边境互市贸易量 271.93 万吨、货值 227.51 亿元，增长 53.29%、94.34%。

中国—东盟博览会进口展品及中越青年大联欢监管　南宁海关完善展品快速通关、集中担保、转关管理等便利措施，协商处理展品审价缴税、布展巡馆、手提行李监管等难点问题，组织现场做好通关验放、技能培训、对外宣传等。高质量监管展览品 431 票、展品 415.60 吨、价值 148.20 万美元，比上年略有增长；监管航班 217 架次，增长 32.62%；进出境人员 2.47 万人次，增长 56.71%；给予通关礼遇 46 次。做好第二届中越青年大联欢人员监管，为越方设置专用出入通道，对进境公共物品和演出服装等物资简化手续，活动当天驻点东兴、水口、凭祥现场协调，以“四个到位”为越南国家领导人及越方青年代表 3000 多人进出境提供优质通关服务。修订南宁海关《公路跨境客运车辆管理操作规程》，健全关区国际道路运输监管制度，明确有关国际运输企业、车辆注册，货物物品通关等管理事项，推进中越跨境汽车运输直通工作，做好 2013 中国—东盟汽车拉力赛进出境通关指导，监管进出境车辆 30 辆、人员 210 人。

风险管理、稽查和企业后续管理　南宁海关协助海关总署完成协作区 9 个海关 HZ2011 上线推广对口协助，在全国海关系统率先推进“由企及物”的企业风险评价指标体系建设，关区风险布控实体有效率 11.01%，高出全国平均水平 2.26 个百分点；稳步推进差别化稽查作业模式试点，办结稽查作业 229 起，稽核补税 4664.97 万元；加强企业基础信息实地巡查，巡查比例 10%；深化关企合作，与 35 家企业签订合作备忘录；培育高信用企业，评定 AA 类 4 家、A 类企业 58 家，分别增长 100%、38%。

【税款征收】　2013 年，南宁海关采取强化重点税源商品调研分析，优化重点生产型企业税收征管服务方式、建立综合治税联席例会制度，集中协调破解涉税疑难问题、加强复审补税和加工贸易内销征税以及以打促税，综合治税等手段，促进税收征管。入库税款 247.65 亿元，超额完成总署下达的“底线目标”，位列全国海关第 15 位、西部海关第 1 位。

【打击走私】　2013 年，南宁海关坚持破大案、打团伙，加强情报分析和态势研判，全面开展打击走私专项联合行动，加大重点监管区域案件查发力度，统筹推进北仑河缉私轮战行动和“两项专项行动”，遏制大米、汽车、冻品、烟酒、“洋垃圾”等非设关地重点商品走私行为。注重推动地方政府发挥打击走私基础作用，协调各方加强边境管控，助推广西与越南广宁建立跨境联合打私工作机制，深入开展“走村、进屯、入户，促和谐”反走私宣传活动，自治区“一线查缉、东西联动、二线拦截、全面防控”的反走私综合治理格局基本形成。立案查办各类走私违法犯罪案件 2246 起，案值 39.74 亿元，涉税 17.36 亿元，其中立案侦办走私犯罪案件 73 起，案值 35.15 亿元，涉税 16.99 亿元，侦办重特大走私犯罪案件 10 起，其中被列为总署一级督办案件 6 件、二级挂牌督办案件 2 件，在全国海关反走私绩效排名中，南宁海关一级考评绩效值连续两年列全国海关第一，连续 5 年列沿边海关第一。

【服务地方经济】　2013 年，南宁海关支持和服务广西“双核驱动”发展战略，多方位、深层次地参与广西新的战略支点建设、珠江—西江经济带战略、边境跨境经济合作区建设。围绕完善北部湾经济区保税物流体系建设，推动北海出口加工区B区、钦州保税港区二、三期的规划建设及验收准备工作，及时指导贵港西江综合保税区的规划及申报工作，跟踪落实中马“两国双园”建设项目。继续推动东兴国家重点开发开放试验区等重大项目建设，优质高效服务第十届中国—东盟博览会，支持广西口岸扩大开放，全力助推“兴边富民”。落实简政放权、转变职能要求，深化区域通关改革，扩大适用“属地申报、口岸验放”的企业范围，开展通关作业无纸化改革试点，推广海关特殊监管区域“两单一审”业务，推进12360规范化、标准化建设，通关便利化水平稳步提升。强化外贸跟踪预警监测，及时为地方党政建言献策。全年广西外贸进出口总值328.40亿美元，增长11.40%，首次跨过300亿美元大关，列全国第18位、西部地区第3位；边境小额贸易进出口115.10亿美元，增长37.90%，成为中国第二大边贸省区；边民互市贸易总值227.60亿元人民币，增长1.10倍。

（黄伟文）

海事管理

【概　况】 2013年，南宁海事局下设横县、邕宁、隆安、左江4个海事处和邕江、龙州2个办事处，负责南宁、崇左两市行政区域内的水上交通安全监督管理。南宁辖区内通航河流12条，通航里程1111千米；有船水库14座，渡口141道(其中南宁市83道、崇左市58道)，装卸客货码头(含自然坡岸)90个；航道上跨河桥梁55座，过江管线129条，船闸4座，取水口25处；有船县(区)15个、有船乡镇80个、有船行政村223个。从事水运生产企业54家。其中：海运公司6家，登记在册海船58艘；内河航运公司48家，登记在册内河船舶2954艘。南宁辖区主要港口有南宁港、邕宁港、横县港，港口年吞吐量2672.86万吨，其中散装化学危险品9.92万吨，砂石2242.95万吨，其他419.99万吨。

【通航监管】 2013年，南宁海事局坚持专项治理与长效管理相结合，加强水工项目管理，强化旅游船舶管理，实行公司和船舶双线管理制度，开展“船舶超载专项整治行动”“安全生产月”“渡口渡船专项整治回头看”“水上交通安全知识进校园”等专项活动，成功应对“贝碧嘉”“温比亚”“海燕”等台风。严格执行旅游客船开航前报备制度。全年审批枢纽、桥梁、码头、过江管道、架空跨江电缆等水工项目和大型水上活动16起，发布航行通告22次；完成巡航检查1415次，历时7332.15小时，巡航81661.82海里，出动人员5118人次；检查各类船舶6534艘次，渡口1405道次，水库84座次；检查水工项目241项次；纠正各类船舶缺陷4094项，单船安检缺陷率4.60；发现、处理各类水上交通安全违法行为757起；处罚金47.71万元；实施行政强制73件；发出行政许可2.90万件；利用手机短信平台发布预警信息30次，发送信息4.50万条次。

【船舶监管】

船公司管理　2013年，南宁海事局出台《南宁海事局辖区航运公司管理约谈制度》《南宁海事局辖区航运公司差异化管理制度》《南宁海事局辖区航运公司事故隐患督促整改制度》《南宁海事局辖区航运公司安全生产评估制度》《审核员挂点帮扶制度》《南宁海事局涉水工程施工作业单位诚信管理办法》，与五象、英华大桥等重点工程建设、施工单位签署共建平安水域合作备忘录，加强航运公司管理。受理航船公司安全体系审核申请及材料审查47次，调派审核员53人次。

船舶安全检查　南宁海事局以“四客一危”船舶、老龄船舶检查为重点，以提高船舶安全适航性能和安全防污染管理水平为目标，加强对船舶安全检查，进行船员实操能力考核。开展船旗国安全监督检查634艘次，及时纠正各类船舶缺陷2883项。

船舶登记　南宁海事局认真做好船舶登记初审、二审工作，按照船舶登记管理质量体系、船舶吨位丈量程序，规范船舶吨位丈量现场复核工作。办理船舶登记3151艘次，其中船舶所有权登记339项次，船舶国籍登记519项次，船舶抵押权登记136项次，船舶光船租赁登记22项次，船舶注销登记335项次，变更登记199项次，核发最低安全配员证书546份；开展船舶吨位复核受理455艘次，船舶识别号清查3078艘次，发放船舶电子标签1194张，发放船舶IC卡326张。

船舶进出港签证　南宁海事局办理船舶进出港签证44.81万艘次，比上年同期减少12.69%；货物吞吐量2962万吨，减少11.14%，客流量960.59万人次，减少32.09%。

【船舶防污染及危险品管理】 2013年，南宁海事局加强对航运公司的安全与防污染检查，进一步强化对船舶载运危险货物的现场监督管理，做好辖区组建内河水域污油污水回收公司的推进工作。辖区载运危险品船舶出港683艘次，危险货物出港9.43万吨，审批《船舶油污应急计划》《船舶垃圾管理计划》210艘次，完成航运公司安全与防污染检查41家，未发生危险品运输和污染事故。

【船员管理】 2013年，南宁海事局按照海事管理体系对船员考试、评估和发证质量进行严格管理，加强对船员服务机构和培训机构的监督管理，切实提高船员培训质量和船员素质。至年末，南宁辖区持证技术船员5487人，其中一类船员497人、二类船员1805人、三类船员3185人。发放船员各类证书、服务簿4997本；举办内河船员专业培训班5期，参加考试192人；举办五等驾机员、客渡船特培考试1期，参加考试123人；举办船员适任培训(换证消限)5期，船员无纸化适任考试1期，参加考试39人。

【水上应急搜救】 2013年，南宁海事局完善搜救应急预案，调整南宁市水上搜救力量，协调组织中心各成员单位开展水上搜救工作。接到水上报警16次，组织实施水上搜救行动14次，救助遇险人员70人，获救68人，人命救助成功率97.10%；救助遇险船舶14艘，获救13艘，船舶获救率92.90%。

【砂石船专项整治】 2013年，南宁海事局制定南宁辖区砂石船舶专项整治实施方案，与船检部门、补图公司等协调，掌握砂石船补图、审图等船检业务办理进度，完善基础数据台账。强化源头管理，通过联合南宁市、崇左市职能部门抓船舶修造厂(点)管理，规范砂场码头，规范河段采挖行政许可。加强现场巡航检查，做好宣传，提高船主、业主安全意识，通过联合港航等部门开展联合巡航检查。年内，539艘待整治船舶中，申请补图177艘，送审图纸114艘，审图并通过的砂石船完成所有权登记10艘。

（黄丽宁）

责任编辑　陈洪毅

教　育

综　述

【概　况】 2013年，南宁市有中小学校、幼儿园3045所，在校生126.84万人，专任教师6.23万人。其中：幼儿园1209所，在园人数24.43万人，专任教师8768人；小学1453所，在校生54.80万人，专任教师2.82万人；初中255所，在校生26.31万人，专任教师1.59万人；普通高中83所，在校生11.86万人，专任教师7194人；中等职业技术学校35所，在校生9.26万人，专任教师1859人；特殊教育学校10所，在校生1734人，专任教师352人。师生比例：幼儿园1:28，小学1:19，普通初中1:17，普通高中1:16，中等职业学校1:26。少数民族在校生比例：小学57.16%，普通初中55.73%，普通高中53.28%。校园面积、生均校园面积：小学1215.33万平方米、22.18平方米，普通初中601.44万平方米、22.86平方米，普通高中589.75万平方米、49.73平方米，中等职业学校280.11万平方米、30.23平方米。校舍面积、生均校舍面积：小学353.43万平方米、6.45平方米，普通初中244.92万平方米、9.31平方米，普通高中260.53万平方米、21.97平方米，中等职业学校71.92万平方米、7.76平方米。义务教育普及程度：小学学龄儿童入学率100%，毕业升学率100%；初中入学率100%，毕业升学率96%。

自治区驻南宁市中等职业学校49所，在校生15.96万人，毕业生4.96万人。市辖区内高等院校36所，在校生44.35万人。其中：普通高等院校31所（本科院校9所、独立学院4所、高职高专院校18所），在校生42.54万人；成人高等院校5所，在校生1.81万人。具有博士学位授予权的院校2所，硕士学位授予权院校7所；在校研究生1.50万人。

年内，南宁市教育经费总收入96.06亿元，比上年同期增加7.10亿元，增长7.98%，其中公共财政预算教育经费69.96亿元，增加3.11亿元，增长4.65%。教育经费总支出92.54亿元，增加9.91亿元，增长11.99%，其中公共财政预算教育经费支出60.95亿元，增加6.30亿元，增长11.53%。

【学校基础设施建设】 2013年，南宁市教育固定资产投资完成66.26亿元，完成年度任务110.43%。竣工各类中小学校单体建设项目695个。新建成市第二十一中学初中部新校区、市第六职业学校仙葫校区（二期）、青秀区柳沙小学，完成青秀区莫村小学、西乡塘区坛洛二中、良庆区玉洞小学、天桃实验学校嘉和城校区、兴宁区中兴小学、西乡塘区桃花源小学、江南区富乐新城小学、南宁经济技术开发区奥园小学、广西—东盟经济技术开发区第二小学9所中小学校扩建。新、改、扩建学前教育项目386个。开工建设周转房1484套及教师产权房2700套。

【队伍建设】

教师队伍建设　2013年，南宁市印发《关于加强中等职业学校非实名编制人员财政补助经费管理和使用工作的通知》，规范中等职业学校非实名编制人员管理；印发《南宁市教育局直属学校教职工绩效考核工作实施意见（试行）》及配套《南宁市教育局直属学校奖励性绩效工资计算指导意见》，建立教师绩效考评制度和分配激励机制；印发《南宁市教育局直属学校校长（书记）绩效考核与奖励性绩效工资发放实施办法（试行）》，建立学校校长（书记）收入分配机制；印发实施《南宁市中小学教师工作守则（试行）》，规范教师教育教学行为。推进南宁市教师综合管理信息系统建设，建设集信息录入、数据汇总、综合查询、网络审

8月23日至25日，市教育局组织市直属学校举办新任教师岗前培训

市教育局提供

批等为一体的市教师综合管理信息系统。启动“南宁市教师网络研修社区”建设工程，建立教学资源分享、交流平台。发放3.51万名原民办教师和代课教师养老保险财政补助资金，审核整理台账及政策解释。确认46名国企职教、幼教退休教师身份，核算补发差额绩效工资。

教师专业发展工程　开展教育教学交流活动48场，服务师生4000多名。开展市基础教育高端人才论坛，组织巡讲30场，听课教师约9000名。开展国家及自治区级培训项目19个，培训7951人次。其中：国家级培训项目11个，培训6448人；自治区级培训项目8个，培训1503人。年内，学校教师参训情况：幼儿园740人、小学3865人、初中2500人、高中815人、特殊教育学校31人；培训中小学校长76人、幼儿园园长71人、一线教师7720人、优秀教研员及管理者84人。与清华大学、浙江大学、西南大学等院校合作，举办教育行政管理干部培训班8期，培训中小学校长500多人；与东北师范大学、华中师范大学、广西大学、广西师范学院等院校合作，举办学科骨干教师高级研修班、信息化建设与应用高级研修班、班主任心理健康教育专题培训班、教务员素质提升培训班、德育干部专业发展研修班10期，培训学科骨干教师800多人；与广西师范学院合作，举办农村完小骨干教师培训班，培训语文、数学教师200多人。中小学、幼儿园和中等职业教育、特殊教育教师、校长参加市级及以上培训2.90万人次。印发《南宁市教坛明星学科带头人教学骨干管理办法》，实施“666”人才计划，评出首批教坛明星24名，学科带头人180名，教学骨干2429名。印发《南宁市特级教师教坛明星学科带头人示范引领作用实施办法（试行）》，助推名师队伍发展。教师队伍中，被评为自治区优秀教育工作者3人、自治区优秀教师19人、自治区中小学优秀班主任14人、八桂优秀乡村教师35人、南宁市“我最喜爱的老师”20人。

【教育督导】　2013年，南宁市教育局开展学习贯彻《教育督导条例》主题活动，完善市、片区、县（区）三级教育督导管理网络。实行中小学校责任督学挂牌督导制度，1454所中小学悬挂责任督学公示牌。开展2012年度县（区）政府及县级党政主要领导教育工作督导考核、义务教育均衡发展督导评估认定前期工作，完成各县（区）、开发区2012年义务教育均衡发展数据调查摸底、收集。开展市义务教育阶段学校执行课程计划情况督导检查，抽查27个乡镇的义务教育学校（教学点）80所。其中：初中27所、小学27所、教学点26个。完成青秀区17所学校全国义务教育阶段学生语言阅读与写作学习质量监测。开展市级示范幼儿园和示范性乡镇中心幼儿园评估，评出市级示范幼儿园和市级示范性乡镇中心幼儿园37所。

【语言文字工作】　2013年，市教育局制订《南宁市贯彻〈国家中长期语言文字事业改革和发展规划纲要（2012—2020年）〉实施方案》。武鸣县、横县、宾阳县、上林县、马山县、隆安县、邕宁区、良庆区通过国家三类城市语言文字工作评估，南宁市实现“普通话初步普及、汉字社会应用基本规范”目标。授予武鸣县城厢镇人民政府等64个单位“南宁市国家三类城市语言文字评估工作先进集体”称号，授予胡司苑等121人“南宁市国家三类城市语言文字评估工作先进个人”称号，并通报表彰。完成南宁百货大楼一带老城区街道、江南区和武鸣县、横县、宾阳县中国语言资源有声数据库建设；完成自治区语言文字规范化示范校评估5所。第十六届全国推广普通话宣传周活动印发宣传资料5000份；深入马山县周鹿镇开展“推普农村行”宣传，印发宣传资料500份；组织学生开展“啄木鸟”纠错字活动；举办进城务工人员普通话培训班，普通话测试5200人；参加普通话国培计划培训双语教师8人；参加省测试员业务培训120人，参加省测试员资格考试82人。组织各县（区）教育局、各学校开展中华经典诵读比赛，42个学校65个节目参加比赛，获学生组一等奖4人、二等奖10人、三等奖15人；获教师组一等奖3人、二等奖7人、三等奖8人；获集体组一等奖2个、二等奖7个、三等奖8个。选送15个节目参加自治区总决赛，获一等奖3个、二等奖2个、三等奖7个；南宁市语言文字工作委员会办公室获优秀组织奖。

【教育科研】　2013年，南宁市加强督促、指导市级“十一五”课题，提高结题率。拟定《南宁市微型课题管理办法》，推荐59个课题参加自治区“十二五”规划年度课题评审。开展《南宁市推进教育现代化策略的研究》，提出实现教育现代化途径、策略。完成《2012年南宁市教育发展报告》。在第三届广西教育科研先进集体、先进个人及“十一五”广西教育科学研究优秀成果评选中，南宁市教科所等5个单位获广西教育科研先进集体奖，5人获广西教育科研先进个人奖，《有效教学与教师发展的发展性研究》等10项成果获奖。

【课程改革】　2013年，南宁市开展高效

6月3日，中国语言资源有声数据库广西库建设南宁市武鸣县工作启动会现场
市教育局提供

课堂、综合实践、人文课堂、高中毕业会考备考、校本教研、课程改革、艺术生备考培优、普遍性备考培优等高中课改活动,推进高中课改进程。组织6个县及市直高中副校长83人参加市课改培训班;举办初中命题培训班,对初中3个学段、高中2个学段进行质量抽测,各学科完成命制期末试题19套。市音乐学科教研员到上林县进行新课标教学培训。组织教研员到市三十四中等9所自治区内(外)高中调研课改,完成体艺学科高中课改市级调研。在南京师范大学举办南宁市普通高中课改高级培训班。分别与银川、西宁、柳州、钦州等市展开科研课题管理、高考备考、四市同城中考命题、高中课改及义务教育课程标准(修订版)学习培训等交流。组织市高一、高二年级教师和学校管理人员参加自治区教育厅高中新课标解读和学校管理项目培训。召开市普通高中课程改革学校管理项目系列研讨会,印制《南宁市普通高中课程改革经验汇编(四)》。

【学科竞赛】 2013年,市教育局开展全市中小学班主任技能比赛,举办市小学习作课堂教学比赛。选派教师参加广西小学习作课堂教学比赛获特等奖;选派教师代表广西参加人民教育出版社小学数学课堂教学展示交流获一等奖;选派教师参加自治区中小学幼儿园教师教学技能赛、广西"七彩杯"教学赛、广西中职教师"创新杯"教学设计赛。组织教师参加广西小学品德学科优秀成果评审,130多名教师分获一等奖、二等奖、三等奖。举行市中小学美术教师课堂教学评比,47名教师参加,评出一等奖21名、二等奖26名。

【体育、卫生、艺术教育】 2013年,南宁市开展阳光体育活动,实施"体育、艺术2+1项目"(通过学校的课外体育和艺术教育活动,让每个学生能够较好地掌握2项运动技能和1项艺术技能),艺术课开课率100%。规范初中毕业升学体育与健康考试。开展食品安全、打击私屠滥宰肉专项整治活动,随机抽检中小学校(幼儿园)797所。开展应急急救、预防艾滋病知识培训,免费发放青春期及预防艾滋病宣传教材21.30万份。举办高雅音乐进校园活动6场,举办市第十五届中小学艺术节、市第十二届教育系统师生迎春艺术作品展各1场。承办广西第四届中小学生艺术展演,选送10个优秀节目代表广西参加全国第四届中小学艺术展演均获奖。其中:市秀田小学合唱《唱山歌》、天桃实验学校民乐合奏《壮娃乐》、市沛鸿民族中学舞蹈《成人礼·蓄发盘山》、市第四职业技术学校舞蹈《快乐的汽修工》4个节目获一等奖;市滨湖路小学合唱《迷人的壮乡》、市第十四中学管乐合奏《同一个梦》、市友爱路小学舞蹈《油菜飘香》、市青少年活动中心舞蹈《"豚"飞北部湾》、市第三中学舞蹈《晒裙子》、市盲聋哑学校舞蹈《舞语心声》6个节目获二等奖;市沛鸿民族中学、市盲聋哑学校获精神风貌奖;市教育局、西乡塘区教育局、青秀区教育局、隆安县教育局获优秀组织奖。开展高一新生入学军训和初一新生入学人民防空知识教育、逃生大演练,开展走进军营、少年军校、军事夏令营等课外活动。

【教育国际交流合作】 2013年,南宁市加强教育国际交流合作。市第四职业技术学校与澳大利亚班达伯格市州立中学缔结友好学校;入选年度中英职业教育"影子校长"项目学校,英方校长布拉德福德学院院长到校访问,市第四职业技术学校校长赴英国回访;选派学生参加第六十五届德国纽伦堡国际发明展中国区选拔赛暨第九届中国青少年创造力大赛,获金奖23个,获银牌1枚,铜牌6枚。

【校外教育活动】

读书教育活动 2013年,开展"学雷锋 做有道德的人"读书教育、"我的梦·中国梦"青少年书信文化暨暑假"好书伴我成长"活动,选送征文、绘画作品50篇参加自治区评选,获表彰"我的梦·中国梦"青少年书信文化活动先进单位8个、"好书伴我成长"书香校园7所。举办第四届"享受阅读 快乐成长"阅读表演秀邀请赛,开展"文学作家校园行"活动,邀请台湾著名作家管家琪和著名科学家、作家位梦华到市华强路小学等12所学校讲课。开展市中小学生优秀儿童文学作品征集评选。开展"我的中国梦·校园中华经典诵读"活动,65个节目进入市总决赛,评出一等奖10个、二等奖22个、三等奖33个,选送15个节目参加自治区决赛。

科普活动 9万多名师生参与"科技馆活动进校园"活动。举办市中小学生航空、航天模型比赛,1000多名选手参加10个项目20个组别。组织20支队伍33名选手参加在海南省海口市举行的第十四届"飞向北京—飞向太空"全国青少年航空航天模型教育竞赛总决赛,获一等奖2个、二等奖10个。举办市中小学生车辆、建筑模型比赛,1296名中小学生参加。选派26名学生代表南宁赛区参加第十八届"驾驭未来"全国青少年车辆模型、建筑模型教育竞赛,获一等奖8个、二等奖7个、三等奖4个。

文艺体育活动 举办市未成年人"洒扫应对"情景剧展演、第四届优秀童谣征集活动和戏剧教育讲座、市中小学"华蓝杯"围棋赛、市全民健身操(舞)

11月18日,南宁市第十五届中小学艺术节器乐比赛现场　　市教育局提供

赛、市青少年啦啦操赛、“童心向党”歌咏比赛、市中小学师生“洒扫应对”校园礼仪风采大赛。在全国全民健身操舞大赛总决赛中，良庆区大联小学、青秀区长堽小学获单项第一名，广西医科大学附属小学、北京大学南宁附属实验学校获单项第二名，西乡塘区秀灵小学、中尧路小学获单项第三名，市第三职业技术学校获3个单项第三名，市中小学校外教育活动中心获最佳组织奖、领导奖；在2013年全国啦啦操联赛总决赛中，良庆区五象小学获2个单项第一名，经开区平阳学校获得1个单项第一名和1个单项第三名，江南区平西小学和高新区西津小学获单项第二名，青秀区共和路小学和良庆区大联小学获单项第三名。

社会实践活动 组织3万多学生进行安全拓展体验。在南宁孔庙明伦堂开展“以身立教 践行师德”道德讲堂活动。各校设总讲堂，按“五个有”（基本组织健全有序、基本队伍精干有为、基本制度严谨有效、基本活动生动有趣、基本保障坚强有力）、“七个一”（组织领导体系、服务群众体系、宣传教育体系、民主自治体系、和谐稳定体系、激励保障体系、考核评价体系）规定开展讲堂活动。开展小记者团、生态、环保、摄影等活动。

【教育信息化建设】 2013年，南宁市推进中小学教育技术装备标准化建设。投入1.84亿元继续实施国家“农村义务教育薄弱学校改造计划”教学实验仪器、图书配备项目，实施自治区农村中小学课桌椅更新工程。投入资金4129万元为12个县（区）348所农村义务教育阶段学校28万名学生更新课桌椅28.58万套，学生受益比例44.86%。投入2257万元继续实施“农村小学教学点数字教育资源全覆盖”项目，为715所农村小学教学点配备数字教育资源、接收播放设备和市属高中每班一套“班班通”多媒体设备。举办信息化教学应用培训班29期，培训教师2768人次，开展“技术支教、理念支教”活动4次。年内，南宁市被评为“广西基础教育信息化建设与应用先进单位”，有2项经验在全国教育信息化工作会议上介绍，教师参加全国、自治区教育教学信息化应用评选活动，获奖成绩自治区第一。选送60多部作品参加第十届中国中小学校园影视奖评选，获金奖10个、银奖20个、铜奖22个。

【家庭经济困难学生资助】 2013年，南宁市完成学生助学（含奖、贷）资金支出4.80亿元，受助学生57.50万人次。其中：发放农村义务教育家庭困难寄宿生生活费补助1.48亿元，资助学生24.95万人次；市普通高中免学费项目金额2003.19万元，资助学生4.37万人次；市普通高中国家助学金4826.51万元，资助学生6.61万人次；市中等职业技术学校免学费项目金额7365.99万元，资助学生8.05万人次；南宁职业技术学院、南宁学院发放高校助学金2245.30万元，资助学生1.50万人次；发放家庭经济困难大学新生项目资助金600万元，资助学生3000人；家庭经济困难幼儿入园补助金1738.98万元，资助儿童3.84万人次；市本级财政发放困难家庭小学生、初中生生活补助600万元，资助学生2万人次；发放中职国家助学金1919.05万元，资助学生2.56万人次；发放自治区政府中职奖学金240.80万元，奖励学生1200人；市本级财政发放学费资助153.25万元，资助学生3000人次；发放自治区“大学新生路费生活费”项目274.70万元，资助学生4600人；发放中国教育发展基金会大学新生路费补助金78.80万元，资助学生1300人；发放生源地信用助学贷款1.11亿元，获贷款学生2.32万人。

【学校安全稳定】 2013年，市教育局按季度举行中小学（幼儿园）安全稳定研判暨安全知识培训会，防范溺水、校园洪涝、交通事故、火灾等情况发生，完善突发事件应急预案，提高安全防范水平。联合南宁市公安局在市沛鸿民族中学开展防范校园治安突发暴力事件应急演练；组织3万多名师生参加安全教育体验，开展“一月一主题”安全教育，每学期组织全体学生安全避险应急疏散演练1次以上；选送禁毒预防宣传教育微电影《三角梅》《海螺的乡闻》，获自治区禁毒办举办的“禁毒公益徽电影比较”三等奖。与市公安局联合构建中小学（幼儿园）校园安全“防护网”，形成“三防合一”（人防、物防、技防）校园安全保卫体系。市本级财政拨款756万元用于市属学校安全建设，市第二十一中学创建“校警联合构建平安校园”被中央综合治理委员会评为首届平安校园建设优秀成果奖；受理网上政民互动信息1449条，回复率100%；受理来信来电来访412件，接待来访人员34批77人次。

【教育收费监督】 2013年，南宁市加强安教工程和规范中小学教育收费工作和教辅资料管理，公办学校教育收费检查率100%；排查学校1339所，4所学校责任人收受书商回扣被司法机关立案

7月2日，南宁市人大代表、政协委员、社会各界人士参观中考阅卷

市教育局提供

查处,涉案金额17.10万元。与南宁市物价局联合对市直学校6所、城区学校12所、县属学校8所收费情况进行调研,形成专题调研报告。

【招生考试】 2013年,南宁市完成国家教育考试标准化考场二期建设。建设县级指挥中心6个及武鸣中学、武鸣高中、广西民族高中、马山中学4个考点298个标准化考场,市级对县级考务通讯指挥及普通高考考场完全标准化;自筹资金建设中考、会考标准化考点5个、考场196个。配备普通高考考试专用袋,签订《2013年南宁市招生考试工作》目标管理责任书,采购手持金属探测器和小型无线信号屏蔽器各1670个、无线隐形耳机探测器209个、便携式考生身份采集和验证设备794套。市高考、成人高考、自学考试考场实现国家标准化。

普通高考 报考4.98万人,录取4.21万人(本科1.92万人、专科2.29万人),占报名人数84.59%。其中:市区报名2.59万人,录取2.20万人(本科9494人、专科1.25万人),占市区报名人数84.79%;武鸣县报名5834人,录取5202人(本科3251人、专科1951人),占报名人数89.17%;横县报名4789人,录取4019人(本科1745人、专科2274人),占83.92%;宾阳县报名7034人,录取5873人(本科2848人、专科3025人),占83.49%;上林县报名2401人,录取1974人(本科702人、专科1272人),占82.22%;马山县报名2170人,录取1808人(本科666人、专科1142人),占83.32%;隆安县报名1621人,录取1245人(本科481人、专科764人),占76.80%。

成人高考 报考1.89万人,其中市区1.32万人、武鸣县1394人、横县846人、宾阳县1706人、上林县369人、马山县1026人、隆安县361人。

中 考 报考6.60万人,其中市区2.96万人、武鸣县5486人、横县1.12万人、宾阳县9000人、上林县4183人、马山县4020人、隆安县2549人。

自学考试 1月、4月、10月分别组织高等教育自学考试3次,报考1.08万人,报考科目2.32万个。

研究生考试 南宁市参加2013年招收攻读硕士学位研究生考试报名2488人。

基础教育

【概 况】 2013年,南宁市有基础教育学校3010所,在校学生117.57万人,专任教师6.05万人。其中:幼儿园1209所,在园幼儿24.43万人,专任教师8768人;小学1453所,在校生54.80万人,专任教师2.82万人;初中255所,在校生26.31万人,专任教师1.59万人;普通高中83所,在校生11.86万人,专任教师7194人;特殊教育学校10所,在校生1734人,专任教师352万人。全市学前3年毛入园率89.42%,小学入学率100%,初中入学率100%,义务教育巩固率94.56%,高中毛入学率91.62%。

【学前教育】 2013年,南宁市学前教育3年毛入园率89.42%,高于年度目标3.42个百分点。创建自治区示范幼儿园13所、市级示范幼儿园37所,分别超年度目标11所、13所,3年创建自治区示范幼儿园19所、市级示范幼儿园96所,分别超三年行动计划目标13所、24所。完成幼儿园建设项目386个,3年累计完成项目686个,超三年行动计划工作任务93个。配合自治区教育厅开展学前教育三年行动计划网络巡展,申报贯彻落实《3—6岁儿童学习与发展指南》自治区级实验区;广西大学二幼园长宋肖玲、广西教育厅幼儿园园长李淑娴获"宋庆龄幼儿教育奖"。提高学前教育管理信息化水平,收集整理市学前教育基础信息数据,将市1200所幼儿园管理信息录入全国学前信息管理系统。组织400名幼儿教师参加市级培训,完成三年行动计划培训1000名幼儿教师任务。开展学前教育宣传月活动,学习《3—6岁儿童学习与发展指南》,防止和纠正"小学化"现象。

【义务教育】 2013年,南宁市继续实施城乡免费义务教育,获国家、自治区下达农村义务教育公用经费专项补助资金5.59亿元,免费提供教科书资金0.69亿元,55.84万名农村义务教育阶段学生享受国家免除学杂费政策;国家、自治区拨付城市免学费补助资金0.96亿元,23.78万名城市义务教育阶段学生享受国家免除学杂费政策。劝导辍学初中学生返校2047人,市年度义务教育巩固率94.56%。调整农村义务教育学校布局,分别在市天桃实验学校、市第二十六中学举办市教育教学开放日活动,在市第十四中学等10所直属学校开展教学视导调研,参加教师3000人次,促进市区义务教育学校横向交流。市教育局直属21所初中学校与6个城区77所初中学校年交流活动156场次。开展"义务教育阶段学校减负万里行"活动,"减负"问题实现零举报。市小学计划招生9.26万人,实际招生10.14万人,完成计划109.50%;市初中计划招生8.86万人,实际招生9.03万人,完成计划101.91%。

【农村义务教育学生营养改善计划】 2013年,市辖6个县实施农村义务教育学生营养改善计划,武鸣县、横县、宾阳县、上林县、马山县、隆安县义务教育公办学校(含县城学校)纳入试点,惠及学生近40万人,超全市中小学生数三分之一。营养改善工程经费投入2.33亿元(中央专项资金0.71亿元、市本级投入资金1.62亿元)。各级财政投入农村义务教育学生营养改善计划膳食补助资金2亿元(中央资金0.48亿元、市本级资金1.52亿元)。

【普通高中】 2013年,南宁市召开普通高中课程改革研讨会14场,组织高中新课标解读和学校管理培训,邀请广州市、海口市课改专家来邕开展"同课异构"教育教学研讨。组织自治区课程改革样本学校和特色高中立项建设学校领导到江苏省海门中学等学校跟班学习。普通高中教师参加培训7616人次。加强普通高中毕业班教学视导管理,印发《关于进一步加强南宁市高中毕业班教学视导管理工作的要求》,组织示范性高中教师到普通高中上课。召开市高考备考研讨会和普通高中校长联谊会;开展普通高中毕业会考质量提升系列研讨会,提高各普通高中毕业会考单科一次性通过率。南宁市高考各批次上线人数列自治区第一,理科、文科总分600分以上分别为334人、99人,占自治区21.65%、28.13%。推进示范性高中与一般高中结对发展进程,实行自治区示范性普通高中新生成绩平均分班,促进普通高中教育公平。横县第二高中、市第二十六中学被评为自治区示范性普通高中，广西民族高中通过自治区示范性普通高中立项建设评估。年内，全市有自治区示范性普通高中21所，立项建设3所，居自治区第一。

【中考招生】 2013年，南宁市实行普通高中招生互联网报名录取方式，录取市区考生1.70万名，实现考生网上自主报名、报名录取排名情况实时查询、高中录取结果与电子学籍管理之间无缝衔接。自治区示范性普通高中指令性计划定向招生比例从35%上调到40%，有效遏制择校现象发生，倡导就学公平。

【进城务工子女就学】 2013年，南宁市保障进城务工人员随迁子女平等接受义务教育权益。市义务教育中小学校秋季学期接收进城务工人员随迁子女12.61万人。其中：小学9.61万人，初中3万人。进城务工人员随迁入学子女在评优评先、入团入队、课外活动等方面与普通市民子女享受同等待遇。

特殊教育

【概　况】 2013年，南宁市有特殊教育学校10所，在校生1734人，专任教师352人。

【教育教学活动】 2013年，南宁市投入30万元组织开展特殊教育教师专题讲座、特殊教育教师课堂教学大赛、特教学校校长和骨干教师到南京特殊教育职业技术学院跟班学习活动，举办蒙台梭利师资培训班。购买价值1.90万元特殊教育专业书籍送至各特教学校，推进各盲聋哑学校和市培智学校创建自治区示范性特殊教育学校进程。

民办教育

【概　况】 2013年，南宁市有民办中小学校、幼儿园1256所，学生28.38万人，占全市中小学生、幼儿园人数22.37%；专任教师1.21万人，占全市中小学、幼儿园专任教师人数19.42%。其中，幼儿园1122所，在园人数16.16万人，专任教师0.71万人；小学38所，在校生6.31万人，专任教师0.24万人；普通中学74所，在校生3.76万人(初中55所，学生2.79万人；高中19所，学生0.97万人)，专任教师0.21万人；中等职业学校22所，在校生2.16万人，专任教师0.05万人。

【民办学校办学行为规范】 2013年，市教育局、市工商局、市公安局联合开展文化教育培训学校办学大排查活动，打击超范围经营和违法办学行为，规范民办学校管理，促进培训市场健康发展。对民办学校进行2012至2013学年度工作检查，参加年检的民办中等职业学校22所，年检合格21所、不合格1所。草拟《南宁市关于落实民办学校优惠政策的实施办法》《南宁市关于明确非营利性民办学校法人财产权的实施办法》，鼓励、引导民间投资发展民办教育。

中等职业教育与成人教育

【概　况】 2013年，南宁市有中等职业学校35所(公办学校13所、民办学校22所)，在校生9.26万人，专任教师1859人。其中：国家中等职业教育改革发展示范校立项建设学校5所（市第一职业技术学校、市卫生学校、市第六职业技术学校、市第四职业技术学校、横县职教中心)；广西中等职业教育立项建设示范特色学校7所(市第一职业技术学校、市第三职业技术学校、市第四职业技术学校、市第六职业技术学校、横县职业教育中心、市卫生学校、广西南宁高级技校)。设专业78个，涵盖农业与林业、资源与环境、加工制造、交通运输、商贸与旅游、社会公共事务及医疗卫生等13个产业门类，毕业生就业率96.21%。

【中等职业学校内涵建设】 2013年，南宁市举行春季、秋季中等职业学校专业技能教学观摩交流研讨会，自治区、市属中职学校近600人次参加。举办市中职学校专业部负责人培训班，研讨中等职业学校专业教学管理；举办市中职校毕业生与企业双向选择洽谈会，158家大中型企业进场计划招聘1.29万人，约5500名中职毕业生参加招聘；132家企业与4163名中职学校毕业生达成就业意向。对中职学校申请增设专业进行审议，同意市第三职校等5所学校增设美发与形象设计等专业14个。

【实训基地建设】 2013年，南宁市配合广西中等职业教育实训基地、广西中等职业教育示范特色学校建设。市第四职校等3所学校、市第一职校会计专业实训基地等6个基地分别列入自治区中等职业教育示范特色学校、广西中等职业教育实训基地项目建设，投入经费1650万元。

【职业教育专业集团】 2013年，南宁市建立健全职业教育办学体制机制，开展中等职业教育专业集团调研；加强市商贸旅游、信息技术、交通运输、文化艺术体育、加工制造和电气技术职业教育专业集团建设。举办市中等职业教育专业集团教务处和科研处主任培训班，推进市中等职业教育专业集团化办学和中等职业教育人才小高地建设。

【校企合作】 2013年，南宁市开展“职业教育走进现代企业”活动，针对市重点企业开展技能人才“订单培养”，提升职业教育服务地方经济能力。配合富士康南宁公司招募员工，输送学生330人。11月29日，举行“富士康南宁公司与南宁市属职业院校校企合作”协议签约仪式，富士康南宁公司与南宁职业技术学院、南宁学院、市第一职校、市第三职校、市第四职校、市第六职校、南宁高级技校签订《校企合作定向培养人才协议书》。

【技能比赛】 2013年3月，南宁市承办广西中职学校学生技能演示及作品展示活动，近1000人参加。组织学生参加中等职业学校技能比赛，获一等奖32项、二等奖38项、三等奖16项；选送32名选手代表广西参加全国职业院校学生技能大赛，获一等奖1项、二等奖3项、三等奖9项。市第四职校学生获全国技能大赛汽车维修专业车身修复(钣金)项目一等奖，实现广西在全国技能大赛汽修项目金牌零突破。5月，举行南宁市参加全国中职学生专业技能比赛赛前技能训练展示交流会，近250名市中职学校教师参加；举办2013年南宁市中职学校“文明风采”比赛暨德育实践活动研讨会，邀请中国职教学会专家到场作专题讲座。

【招生送生】 2013年，自治区下达南宁市中等职业教育招生任务3.18万人（全日制2.08万人、成人在职1.10万人）。南宁市将中职教育招生、选送生任务纳入各县(区)党政主要领导年度考核目标和督政范围，加大职业教育办学成果、校企合作办学情况、毕业生就业情况、成才典型等宣传力度；组织近40所自治区、市属中等职业学校到39所乡镇初级中学开展“大篷车”招生宣传活动；印发《南宁市中等职业学校招生信息指南》7万册；编印中等职业教育宣讲提纲，要求各初中毕业班班主任在班会课宣讲；印发《南宁市中等职业学校学生资助政策宣传手册》11万册；在社区张贴《南宁市中等职业学校学生资助政策宣传海报》500份。年内，全市中等职业教育完成招生3.68万人（全日制2.29万人、成人在职1.39万人），完成任务115.67%。

【成人教育】 2013年，市教育局发挥南宁市职业教育攻坚工作领导小组办公室的统筹、协调作用，指导市区和县域内中等职业学校充分发挥自身教育培训资源的优势，面向社会开展各种短期职业培训以及农村劳动力转移职业技能培训。组织开展培训青年农民、进城农民、企业员工和下岗人员等群体约30万人次。

【社区教育】 2013年，南宁市构建终身学习“立交桥”(即形成中等职业教育——高等职业教育——技术本科教育的一轨；中等职业教育是基础，高等职业教育是重要枢纽，普通教育是支撑)，举办社区教育工作系列培训班5期。召开南宁市社区教育试点基地建设工作现场推进会，评估验收首批社区教育试点基地16个。其中：优秀社区教育试点基地8个、合格社区教育试点基地8个。举办全民终身学习活动周活动，约有20万人参加；印发《广西壮族自治区南宁市全民终身学习活动荟萃》。

（市教育局编写组）

高等教育

【南宁学院】

概　况　2013年，南宁学院有在校生1.20万人、教职工605人、专(兼)职教师515人，其中副高以上职称106人、研究生以上学历128人。学院设二级学院11个：农学院、机电与质量技术工程学院、土木与建筑工程学院、会计与审计学院、管理学院、信息工程学院、文学与艺术设计学院、交通学院、中兴NC学院、高博软件学院、继续教育学院；开设6大专业群：交通与物流、机电与信息、土木建筑工程、城市经营管理、艺术设计与文化产业、现代农业；涵盖工学、管理学、文学、艺术学、法学、农学6大学科门类52个本科、专科专业。教育部批准学院招收港、澳、台本科生。学院管理模式实行董事会领导下的校长负责制，为全国非营利性民办高等学校联盟盟员。学院制订《南宁学院建设全国一流应用技术大学三年行动计划》，入选国家教育部应用技术大学试点高校。全院教学科研仪器设备价值8125万元，有图书85.30万册。年内，中国教育电视台、广西电视台、南宁电视台、人民网、新华网、广西新闻网和《广西日报》《南宁日报》《南宁晚报》等媒体报道学院工作148篇。学院获“自治区卫生优秀学校”“全区高校安全文明校园”“全区普通高校毕业生就业工作先进集体”“广西高校安全保卫工作先进集体”等称号，被评为自治区直驻邕高校工会重点工作考评一等奖。

专业特色　学院培育校级特色（急需、优势）专业及课程一体化项目，创新专业人才培养模式，对建筑工程技术、会计、汽车技术服务与营销、计算机科学与技术4个广西民办高校重点专业进行建设；各工学专业均与广西优先重点发展的“14+10”产业(广西将优先重点发展14个千亿元产业，培育发展10大战略性新兴产业)对接。

人才引进　引进人才11名，其中正高职称5人、副高职称3人、研究生学历8人(博士学位3人)。聘请广西师范大学社会科学研究处长三级教授陈雄章任学院副院长；聘请上海交通大学教授、博士后韦平任科研处处长；聘请南宁市文化局原局长、国家一级编导陈晓玲任文学与艺术设计学院院长；聘请南宁市规划局原常务副局长黄恩厚任土木与建筑工程学院院长；聘请广西师范大学成人教育学院原院长、博士教授黄瓅任管理学院院长；聘请广西国际商务职业技术学院教授赵海鹰任会计与审计学院院长。

招生就业　学院录取新生5444人，报到4588人(本科926人、预科4人、专科3658人)，报到率84.28%，比上年同期提高4.77个百分点；毕业生2610人，落实工作2435人，就业率93.30%，高出自治区平均就业率近3个百分点。毕业生预征入伍报名83名。

教育科研　学院举办教师教学科研基本功讲座，开展教授培育工程建设活动，申请自治区级项目30个，获立项19个，其中17个获资金资助80万元。年内获立项科研项目：广西新世纪教改项目6个，广西人文社会科学项目2个，广西教育厅科学技术研究项目2个，广西教育科学“十二五”规划课题1个，广西教育

9月5日，南宁学院与泰王国9所高校签订合作协议　南宁学院提供

厅教育科学“十二五”规划课题 2 个，广西高校“党的十八大精神研究”专项课题(一般项目)1 个，广西高校大学生社会实践和志愿服务项目 1 个，广西哲学社会科学规划课题(一般项目)1 个；南宁市邕宁区第一批科学研究与计划开发项目 3 个。已公示待立项 4 个，申报待评审项目 13 个。提交邕宁区科学研究和技术开发计划系列项目建议书 8 个。校级科研课题立项 36 个，校级教授培育工程立项 13 个。公开发表论文 179 篇、核心刊物论文 18 篇；主编、参编教材 32 部，专著 1 部。年内，学院投入 2000 多万元资金打造轨道交通、建筑与材料检测、移动通讯、软件培训制作、安全生产类实验室等 10 个实验室，获建设资金补助 1291.50 万元。

思想政治工作　学院开展学生活动 100 多场，参与率 90%以上。发放奖学、助学金 1082.90 万元，增加 224.10 万元，其中发放给获国家奖学金学生 10 名、励志奖学金学生 222 名、自治区政府奖学金学生 66 名、国家助学金学生 3103 名，发放奖助学金覆盖率 26.38%；发放校长奖学金 73.74 万元，增加 37.84 万元。国家奖助学金评选保持零投诉。年内，全院勤工助学岗位由 2012 年 269 个增加至 405 个。7 月，思政部董艳教师的论文《高校大学生社会主义核心价值体系践行机制的内在意蕴》获广西思政工作“优秀奖”。学院代表队《我有祖国我有母语》节目获广西第六届中华经典诵读大赛暨 2013 广西校园中华经典诵读大赛集体组一等奖；学院获第五届驻邕高校礼仪风采大赛团体三等奖。

社会服务　学院承办第八届(2013 年)广西中等职业学校技能比赛、自治区直驻邕高校工会专职干部教职工气排球赛、全国职业院校技能大赛广西赛区比赛等活动；组织 1000 多名师生作为演员、志愿者服务南宁国际民歌艺术节、第二届中越青年大联欢等活动；组织师生慰问学院周边村屯、社区、特殊学校，提供卫生清洁、电器修理等无偿服务。

海外交流　学院开展国际交流合作活动，接待来自英国、马来西亚、泰国等国家和中国台湾、澳门地区 30 所高校代表团来访；与中国台湾中州科技大学、澳门城市大学、马来西亚成功礼待大学、英国普利茅斯大学及泰国的 17 所大学签订合作协议书。首次选派赴马来西亚交换生 8 名、中国台湾交换生 2 名。12 月，学院回访泰国 17 所高校，与多所泰国高校签订教师研修合作协议书。

合作办学　学院开展校企合作、校政合作、校校合作活动，培养各类专业人才。与广西平润建设工程有限公司合作培养土木与建筑工程人才；与广西—东盟经济技术开发区合作培养食品营养与检测人才；与大北农集团合作培养饲料方面人才。与南宁轨道交通有限责任公司共办城市轨道交通控制专业及城市轨道交通运营管理专业；与中兴通讯股份有限公司合作共建“南宁学院—中兴 NC 学院”，共办通信工程、物联网等通信类专业；与苏州高博教育集团合作共建“南宁学院—高博软件学院”，共办软件类专业；与市安全生产监督管理局合作共办工业环保与安全技术专业。

（韦超才）

【南宁职业技术学院】

概　况　2013 年，南宁职业技术学院设二级学院 10 个、管理机构 12 个。有全日制在校专科生 1.63 万人，非全日制在校生 5000 多人；生源来自 13 个省、市、自治区。有专(兼)职教师 900 多人，具有高级专业技术任职资格的专职教师占教师总数 33%，“双师型”教师占 73.08%。学院设高职专业 55 个，其中国家示范重点专业 6 个、中央财政支持专业 2 个、自治区特色专业及课程一体化建设项目 9 个、自治区优质专业 17 个。开设课程 1133 门，其中，《食品雕刻应用技术》《.NET Web 应用程序设计》《证券投资分析》《策划创意》《导游服务与技巧》《居室空间设计》《旅游越南语视听说》等课程通过国家教育部评审，获国家级精品资源共享课程立项。承担南宁市高职教育综合改革试验区项目建设，成为国家 22 个重点推进的试验区建设项目之一。5 月至 10 月，学院承建的《借用德国促进贷款南宁职业技术学院实训基地建设项目》通过自治区财政厅评审，上报国家财政部审批。新入选广西高等教育学会学生资助工作专业委员会常务理事单位。年内，南宁职业技术学院获国际级、国家级、自治区级奖项 261 项。7 月 12 日至 16 日，学院金葵花合唱团在香港中文大学参加第二届亚洲国际声乐（合唱)节，演唱《牧歌》《请你带走我的歌》，获合唱混声组决赛二等奖。学院被评为“自治区级节约型公共机构示范单位”“广西高校团干到基层团委挂职工作优秀派出单位”“第三批南宁市人才小高地载体单位”；获“广西高校大学生暑期社会实践优秀组织奖”、第十届(新加坡)国际市场营销大赛中国区一等奖、总决赛铜奖、全国职业院校技能大赛中机器人技术应用竞赛奖、2013 年广西高校校园文化建设优秀成果一等奖；项目《打造“金葵”文化　创造美丽南职》获国家教育部第七届全国高校校园文化建设优秀成果二等奖、2013 年广西高校校园文化建设优秀成果一等奖；图书馆获国馆际互借与文献传递服务优秀示范馆二等奖、全国虚拟参考咨询优秀示范馆二等奖；学院团委被授予“广西高校五四红旗团委”称号和“镜头中的三下乡活动优秀组织奖”；营销实践协会获“2013 年广西高校优秀大学生社团”称号；人文社会科学部获自治区高校工委、教育厅授予“先进集体”称号；自治区教师入围 2012 全国高校辅导员年度人物评选；商学院 2010 级营销与策划专业学生李东东同学入围 2012 中国大学生年度人物评选；教师邓启润通过 CCIE 认证（思科网络专家认证），学院成为广西第一所拥有 CCIE 资格专业教师高职院校。

校企合作　学院与美国通用电气 GE 智能平台、富士康科技集团、南宁铁路局、阿里巴巴(中国)教育科技有限公司、谷歌信息技术(中国)有限公司、深圳市讯方通信技术有限公司等企业开展校企合作项目；与南宁广开电气公司、桂林福达集团、富士康科技集团合作办学；与宝钢湛江钢铁有限公司、广西日报传媒集团、广西榜样传媒集团有限公司、广西和立集团等企业签订合作协议；与广西烁城产业投资有限公司举行成立广西铝业工业学院签约仪式。4 月 27 日，高新区企业专场招聘会在学院召开，参会企业 50 家，招聘岗位 800 多个，1000 多名学生参会求职。

科研成果　学院获地厅级以上课题立项 67 项，校级立项 49 项。申报国家发明专利、实用新型专利和软件著作权 9 项，发明专利进入实质审查 2 项，实用新型授权 1 项，软件著作权 5 项。教职工完成课题研究 47 项，发表学术论文 440 篇，其中在中文核心期刊发表 76 篇，EI

检索收录4篇,出版学术专著7部,发表论文164篇(约120万字)。"南宁职业技术学院学报"获"全国高职院校十佳学报"称号。

金葵奖项 学院设最高奖项——"金葵奖",用于表彰奖励学院师生员工在全国竞赛活动、教学科研、创新创意创造、社会公益活动等贡献突出的团体、个人;学院国家级精品资源共享公开课立项团队等6个团队获各类团体奖;蓝壮青等4名教授、教师获各类个人奖,学生揭思贤获"卓越技能奖"。

招生与就业 学院利用网上报名单独招生和对口招生8007人;参加现场确认、综合素质测试6800多人;录取新生6158人,报到5341人,报到率86.73%。年内毕业学生5804名,比上年同期增加1171名;提供1202个用人单位1.88万个岗位,有效供需比1:2.30,毕业生初次就业率91.61%。

国际交流与合作 学校接待泰国皇家技术大学、泰国曼谷北部大学等10多批考察团来访。以校际交流方式培养的88名学生获合作学校的本科毕业证及学士学位证。其中:泰语专业学生泰国曼谷北部大学14名,泰国那空沙旺皇家大学10名,泰国皇家技术大学38名,越南河内师范大学越南语专业学生12名,马来西亚史丹福学院国际经济与贸易专业学生12名获英国伦敦大学本科毕业证及学士学位证;马来西亚林登大学工商管理专业学生2名获英国东伦敦大学本科毕业证书及学士学位证书。7月,通过校际交流赴泰国、越南学生66名;聘外籍越南语、英语专业教师各1名。开设汉语言文化学习班,接收30多名泰国师生到校短期学习。与广西保瑞投资有限公司确定校企合作接收国外留学生就读方案。

社会服务 学院开展服务地方经济研究项目13个、技术服务26个、培训项目45个,举办电脑维修、汽车维修、服装设计、办公自动化等培训班29期,开展汽车维修、茶艺师、调酒师、餐厅服务员、面点师等鉴定培训44期,培训6000多人次,为企业输送毕业生2996人。年内,一次性推荐毕业生10人以上就业的企业8家,就业412人,其中南宁铁路局242人、(富士康)南宁富桂精密工业有限公司90人。

残疾人高等职业教育 2011年5月15日,学院与自治区残疾人联合会联合创办广西残疾人高等职业教育学院。年内,配备电脑艺术、装潢艺术、包装、服装、室内、环境艺术6个设计类专业教师36人。其中:教授2人、副教授11人、讲师12人、助教11人。教学、食宿、职业技能认证、就业纳入残疾人全日制职业教育机制;培训残疾人高技能职业人才1084人。学院助残工作获中国残联"长江新里程计划高科技助残就业项目"的"长江项目执行省市培训机构先进单位"奖;艺术工程学院获"长江项目残疾人就业安置工作先进单位"奖。黄春波教授获国家残联、教育部授予"交通银行特教园丁奖"称号;参加助残培训学员杨政、李志林被授予"长江项目受益残疾人就业创业明星"称号。

中国(广西)高校传媒联盟2013年会 4月20日,中国青年报社、共青团广西区委、南宁职业技术学院、中国高校传媒联盟主办,中国(广西)高校传媒联盟承办,学院《向阳花开》团刊执行的中国(广西)高校传媒联盟2013年会在南宁职业技术学院召开,自治区内20多家校园媒体代表参加。共青团广西区委副书记刘启玄等领导参加会议,表彰广西快乐学校优秀志愿者,通报广西校媒联盟换届选举、媒体发展趋势和记者业务培训情况。

校园建设 学院开展第二届科技文化艺术节、五四表彰大会暨演讲比赛,举办首届"营销文化节""校园十大歌手大赛"等活动。学院健美操队在2013年第十二届全国万人健美操大众锻炼标准大赛(南宁站)和全国啦啦操联赛暨中国啦啦之星争霸赛(南宁站)中,分别获技巧自选套路二级第一名、技巧规定套路三级第一名,大学组街舞规定动作第二名和第三名的好成绩。12月29日,学院在广西民族宫音乐厅举办"请你带走我的歌"金葵花之声新年音乐会,演绎壮族、瑶族、毛南族等民族音乐、中国古典合唱及东盟国家民歌作品,600多名观众到场观看。学院承办第三届全国高职高专越南语和泰语技能大赛,第四届广西高职院校技能大赛"中餐主题宴会设计""英语口语"(非专业组和专业组)、"西餐宴会服务"比赛,广西首届农民工职业技能大赛南宁市选拔赛,联合世界跨国公司——英国Delcam公司和美国CGTech公司举办广西首届数控五轴加工编程工艺技术培训会;承办全国高职物流专业骨干教师培训班、高职院校酒店管理专业教师职业教育教学能力培训班、第四届"蓝桥杯"全国软件专业人才设计与创业大赛南宁赛点工作;协办"中国梦·广西印象"首届广西微电影大赛。组织大学生心理健康教育团队参加联合国儿童基金会支教活动。通过全国第一批建设节约型公共机构示范单位评价验收、广西高校标准化学生食堂、学生公寓建设验收。

(苏华清 何 冰)

责任编辑 谢萍萍

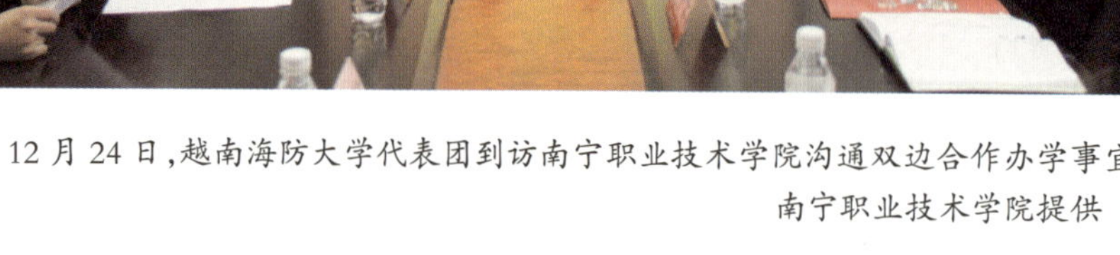

12月24日,越南海防大学代表团到访南宁职业技术学院沟通双边合作办学事宜

南宁职业技术学院提供

科学技术

综 述

【概 况】 2013年，南宁市科技投入持续增长，全社会研究与试验发展经费支出占地区生产总值1.98%;科技进步对经济增长的贡献率53%，综合科技进步水平居自治区第一。实施国家、自治区、南宁市创新计划项目326项,国家、自治区科技项目268项,市级科技计划项目303项,产业重大科技专项11项。新增自治区级工程技术研究中心4家，累计39家;新增市级工程技术研究中心5家,累计29家;院士工作站5家,博士后工作站4家。引进、开发工业新产品、新技术173项(个)。引进、试验、示范推广农业新品种57个、农村实用新技术26项,研发农产品加工新产品22个、新技术13项;重点建设或提升企业工程技术研究中心能力22家,新农村科技示范村11个;选派农村科技特派员15名。全市开工建设科技企业孵化器5家，认定市级国际科技合作基地9个。专利申请量5702件,专利申请量、授权量等多项指标连续4年位居自治区第一，每万人发明专利拥有量1.98件。取得科技成果2169项,比上年同期增长22.34%。完成技术合同认定登记209项,交易额1.14亿元。首次与欧盟国家开展科技合作，与欧盟森林研究院签署STAR TREE项目合作意向书。获“全国科技进步先进市”七连冠,南宁市、12个县(区)全部通过2013年全国科技进步考核。

【国家创新型试点城市建设】 2013年,南宁市继续开展“南宁市国家创新型试点城市配套政策及措施研究”“南宁市区域创新体系建设策略研究”等5个加快南宁市创新型城市建设课题研究。取得“南宁市国家创新型城市发展模式与路线图研究”等创新型城市建设软课题研究成果4项。厅市会商共同推进创新型试点城市建设重点项目3个。

【“全国科技进步先进市”七连冠】 2013年,南宁市12个县(区)全部通过全国科技进步考核,南宁获批“2013年全国科技进步先进市”，自1999年参加两年一评全国科技进步考核以来,连续14年7次获此称号。青秀区、西乡塘区、良庆区、邕宁区、武鸣县、横县获批“全国科技进步先进县(区)”,县(区)先进数量占自治区先进总数26%,为自治区最多。

【国家科技成果转化服务(南宁)示范基地建设】 2013年,南宁市建成国家科技成果转化基地（南宁）综合信息服务平台,开通门户网站。南宁市一批科技成果转化并产业化。引进北京航空航天大学“GK354拖拉机开发及应用”技术落地广西南宁澜光科技有限公司转化应用。广西恒煊生物科技有限公司引进转化中科院院士曾毅的专利技术，致力于肿瘤早诊早治的综合性生命科学研究，生产鼻咽癌早期诊断试剂盒,获国家科技部、卫生部科技成果认证、推荐和推广,并获国内外多项科技奖项；公司建立的院士工作站被认定为首批广西院士工作站,为孵化基地首个自治区级院士工作站。

【创新计划实施】 2013年，南宁市继续实施第五轮创新计划，实施国家、自治区、南宁市创新计划项目326个,其中南宁市新下达创新计划项目187个，总投资10.80亿元,科技拨款5730万元,项目年新增产值41.03亿元、利税1.37亿元、

1月7日,国家科技成果转化服务(南宁)示范基地揭牌仪式暨国家科技成果推介会在南宁市科技企业孵化基地举行。图为国家科技奖励办公室副主任张木(右二)、自治区科技厅副厅长李国忠(右一)、副市长眭国华(左二)、国家科技奖励办公室成果处处长姚昆仑(左一)为“国家科技成果转化服务(南宁)示范基地”揭牌

市科技局提供

节创汇2980万美元。实施产业重大专项11项，总投资1.51亿元，科技拨款890万元，项目年新增产值7.66亿元、利税1.95亿元、创汇200万美元。南宁市建设科技企业孵化器、培育高新技术企业、知识产权示范企业、知识产权试点县(区)等多项任务指标均超额完成，通过自治区创新计划2013年度检查。

【战略性新兴产业】 2013年，南宁市加快培育和发展现代装备制造、新一代信息技术、新材料、生物医药、新能源、节能环保等战略性新兴产业，组织实施战略性新兴产业项目35个，总投资7539万元，科技拨款815万元。

【工业科技创新】 2013年，南宁市组织实施工业科技项目85个，总投资3.60亿元，科技拨款4500万元。组织实施战略性新兴产业项目35个，开发工业新产品173个、新技术47个。其中，南宁八菱科技股份有限公司的“新型高效壁挂式燃气炉热交换器研制”技术达到国际先进水平。有新增高新技术企业41家，全市高新技术产业总收入950亿元，高新技术产业总产值突破860亿元。

【农业科技创新】 2013年，南宁市围绕粮食、蔬菜、畜牧、水产、林果等主要产业，组织实施重大农业科技专项和农业新品种引进、新技术推广、新成果应用以及关键技术研究与攻关等科研项目72个。研发农产品加工新产品22个、新技术13项。建设农业技术创新中心31家，2家农业科技企业被认定为自治区良种培育中心，7家企业被认定为自治区农业标准化生产技术示范基地。广西金穗香蕉产业技术创新中心被认定为广西乃至全国领先企业型的产业技术研究中心；南宁振企火龙果技术研究中心被评为省级技术研究中心，为全国首家火龙果产业研究中心。

【民生科技创新】 2013年，南宁市组织实施涉及健康惠民、人口和计划生育、艾滋病防治、教育教学、公共安全、安全生产、防灾减灾等领域民生科技项目79个，科技拨款1200万元。以开展民生科技创新服务先锋示范岗创建活动为载体，实施为民办实事科技惠民工程，组织实施民生科技新产品新技术、疾病预防诊疗技术研究开发等项目41个，总投资270万元。

【科技节能与减排】 2013年，结合开展“美丽南宁·清洁乡村”活动，引导企业利用科技提升环保产业的自主创新能力，重点支持企业研发适合市场的产品和技术。广西益江环保科技有限责任公司承担的郑州莲湖湿地改建工程，是中国与联合国开发计划署(简称UNDP)合作的水资源管理方案子项目，也是UNDP在全球实施的第一个“城市口袋湿地项目”。10月10日，项目通过验收，正式移交管理方——郑州市高新区管委会；广西玉柴专用汽车有限公司研发出一款适合乡村使用的小型垃圾收运车，投放垃圾方便、省力省时，又可避免垃圾运输过程中二次污染；南宁南机动力有限公司成功研发30多种节能环保新产品；广西三原高新科技有限公司“汽车尾气超标治理项目工程——智慧汽车健康体检”项目在保障安全行车的同时，可达到降低油耗与排放的功效。

【知识产权战略实施】 2013年，南宁市专利申请量5702件，比上年增长54.11%，其中发明专利申请量3482件，完成自治区下达任务124.36%；专利授权量2066件，增长22.68%。专利申请量、专利授权量及有效发明专利拥有量等多项指标连续4年位居自治区第一，每万人发明专利拥有量1.98件，增长48.67%。办理专利申请费用减缓证明1403件，办理专利申请资助1744件，发放专利资助金225.78万元。实施知识产权与专利领域科技计划项目23个，科技拨款900万元。制定《南宁市国家知识产权试点城市工作实施方案》，组织参加第二届、第三届广西发明创造成果展览交易会，全市有131个专利项目参展，涉及机械制造、电子信息、生物、制药、新能源、新材料、文化、旅游等领域，交易额3.20亿元，南宁市获“最佳组织奖”。协调、指导南宁高新区成功获批国家知识产权试点园区；江南区、南宁高新区、横县成为2013年广西知识产权试点示范县(市、区)。至年末，全市有自治区知识产权试点示范县(市、区)4个；专利侵权纠纷案件立案2件，查处假冒专利案件15件；引进知识产权代理机构8家。

【高新技术产业】 2013年，南宁市新增高新技术企业41家，有高新技术企业163家，高新技术企业实现产值306.47亿元，增加值82.61亿元，比上年增长19.05%；高新技术产业总收入953.82亿元，总产值867.26亿元，创汇5.81亿美元，利税47.36亿元。开工建设科技企业孵化器5家，建设面积约20万平方米；新增孵化企业83家，新增孵化项目89个。广西田园生化股份有限公司被认定为年度国家级工业品牌培育试点企业，为广西首家农业部重点实验室建设依托单位的企业及南宁市首家国家级工业品牌培育试点企业。

【科技中介服务体系建设】 2013年，南宁市进一步提升市、县(区)生产力促进中心联动服务体系服务能力，培训企业人员200多人，发展会员200多家，重点服务企业60家，联系服务企业150家。评审南宁市创新资金项目118个，立项53项，资金支持1000万元；包装、申报自治区级项目5个，市级项目9个；获国家立项44个、支持资金3010万元，自治区26个、支持资金395万元。推进中国—东盟(南宁)国际科技合作信息平台、中国绿城技术转移网建设，重点服务会员企业60家，发展企业会员200家，科学技术开发、技术转让、技术咨询和技术服务信息300条，完成技术合同认定登记209项，交易额1.42亿元，其中技术交易额1.14亿元，完成年度任务118%。

【区域科技创新体系建设】 2013年，南宁市科技企业孵化基地被国家科技部认定为国家级科技企业孵化器，是广西唯一新获认定的国家级科技企业孵化器，并被自治区认定为首批中国创新驿站广西工作站点。开工建设科技企业孵化器5家，建设面积约20万平方米，包括南宁市生物工程技术中心、广西—东盟科技企业孵化基地、广西申能达智能技术有限公司投资建设的申能达科技孵化器、南宁泛北城市信息技术有限公司投资建设的中盟科技园孵化器、广西诺斯贝电气有限公司投资建设的诺斯贝科技孵化园。全市新增入孵企业83家，新增孵化项目89项，促成3项国家优秀科技成果落地南宁企业转化。提升企业工程技术研究中心能力22家，新增自治区级企业工程技术研究中心5家，新建市级工程技术研究中心5家。继续推进南宁市重点推进科技文献共享与服务、中小企业创新科技服务、专利信息服务、制药业信息服务、生产力促进中心联动服务5大科技支撑服务平台和物流、商贸科技支撑技术平台建设。至年末，全市有自治区级企业工程技术研究中心39家，市级企业工程技术研究中心29家；院士工作站5家，博士后工作站4家。

【科技示范试点建设】 2013年，南宁市继续实施“科技特派员创新创业示范”项目，结合企业发展需求和当地农业特点，选派农村科技特派员15名开展服务活动。至年末，全市处于实施阶段的科技特派员项目25个，科技拨款累计250万元，其中2013年安排实施15个，科技拨款150万元，涉及粮食、蔬菜、经济作物、家畜养殖、特种养殖及农业废弃物处理等领域。有自治区农业标准化生产技术示范基地17个。通过实施“大宗农作物废弃物资源发展有机蔬菜关键技术研究与示范”等项目，引进和示范农村实用新技术23项，示范作物推广应用面积7.62万公顷，禽类生产3666万余羽，猪、牛高效健康养殖3.50万头。实施“新农村科技服务体系建设和能力提升”项目，科技拨款330万元，重点建设或提升新农村科技示范村23个，引进、示范和应用优良新品种18个，种植面积1046.67公顷；引进示范适用技术20项，推广应用面积1233.34公顷；良种覆盖率95%，建成示范基地30个，示范面积333.34公顷，新增收入1.05亿元。

【科技交流与合作】 2013年，南宁市组团参加第22届广西科技活动周，第16届北京科博会，第15届深圳高交会，第二、三届广西发明创造成果展览交易会等重大科技交流交易活动，签订科技合作项目14项，签约金额1.60亿元，南宁市获第22届广西科技活动周“最佳组织奖”，第二届、第三届广西发明展“最佳组织奖”。创建跨省域合作新模式，与昆明市科技局签订合作协议书，在新能源、新材料、生物医药、节能环保以及现代农业等领域开展交流与合作。支持企业与德国、美国、加拿大等欧美国家及越南、老挝、柬埔寨等东盟国家在有色金属深加工、电子信息、现代农业、生物医药、生物制剂、节能环保等方面开展合作；首次与欧盟国家开展科技合作，与欧盟森林研究院签署STAR TREE项目合作意向书，为促进南宁市林下经济国际科技合作奠定了基础。扶持12家企业申报国际科技合作项目，科技经费支持290万元。在自治区率先开展市级国际科技合作示范基地认定，组织评审认定9家企业建设南宁市科技合作示范基地。

【市校与校企合作】 2013年，南宁市企业加强与国内高校院所的产学研合作，与中国农业大学理学院、广西大学、广西师范学院等高校建立产学研合作专项34项，科研经费支持995万元。

【自主创新环境建设】 2013年，南宁市优化科技发展环境，制定《南宁市扶持人才特区科技企业孵化器建设实施细则》

3月20日，南宁市科技局、广西科学院与欧盟森林研究院共同签署STAR TREE项目合作意向书 市科技局提供

2013年南宁市市校合作项目情况

序号	课题	承担单位	科技经费（万元）
1	城中村面源生活污水处理及环境改善关键技术研究与工程示范	广西益江环保科技有限公司、广西大学	250
2	热带大型真菌基因资源的引进和开发研究	南宁中诺生物工程有限责任公司、广西大学	80
3	固定化微好氧菌群催化降解垃圾渗滤液关键技术研究及应用示范	广西华都环境投资有限公司马山县分公司、广西大学、广西环境监测中心站、马山县科学技术情报研究所、北京信诺华科技有限公司	80
4	远程无线监控大功率矿热炉高、低压动态节能补偿装置的研发与产业化	广西麦莎电气集团有限公司、广西大学	30
5	甘蔗生物农药和生物肥料的开发与应用	广西易多收生物科技有限公司、中国农业大学理学院	25
6	高矿化度和高Cl^-浓度复杂腐蚀体系中高效环保型钢铁缓蚀剂研发及其产业化	广西经正科技开发有限责任公司、广西大学、浙江大学	25
7	制糖机械非标零部件创新研制关键技术和信息服务平台建设	南宁市博威化工设备有限公司、广西大学	25

续表

序号	课题	承担单位	科技经费（万元）
8	全基因组关联分析猪繁殖性状基因多态位点及应用示范	广西柯新源原种猪有限责任公司、广西大学	25
9	南宁地区适栽线椒新品种的引进与示范课	广西百圣美川农业科技有限公司、广西大学	25
10	作物种业产学研合作示范	广西亚航农业科技有限公司、广西大学	25
11	广佛手园地中药材间(套)种关键技术研究与示范	南宁市江南区延安镇农业服务中心、广西大学	20
12	黑豚新品种选育及繁育新技术的研发应用	广西南宁达金生黑豚有限公司、广西大学	20
13	罗非鱼重大疾病防控技术研究及应用	百洋水产集团股份有限公司、广西大学	20
14	养殖龟鳖重大疾病防控技术研究及应用	南宁市水产畜牧兽医技术推广站、广西大学	20
15	邕江南宁市区段饮用水源地重金属和药物污染监控技术研究	南宁荣烁环保工程有限公司 广西大学	20
16	新复合型生物质煤生产研究及产业化示范	横县华能木糠加工场、广西大学	20
17	具有全景视频特色的分布式GIS南宁旅游地理信息管理平台的研发	南宁智洋软件有限责任公司、广西大学	20
18	依托两轮摩托(电动)车动力的水稻生产加工轻型机械研究和开发	南宁市耐驰机械制造厂、广西师范学院	20
19	白光LED用新型黄色荧光材料的研制	南宁市鼎光电子有限责任公司、广西大学	20
20	荔枝、龙眼郁闭树改造综合技术示范推广	武鸣县发展水果生产办公室、广西大学、南宁市邕宁区农业服务中心	20
21	木薯需水特性和节水高效灌溉技术研究与示范	武鸣县科学技术服务中心、广西大学	20
22	南方厚皮甜瓜嫁接标准化栽培技术的研究与示范	南宁华侨投资区绿野大棚蔬菜瓜果种植农民专业合作社、广西大学	20
23	合金型抗菌不锈钢在制糖机械中的应用研究	南宁市摩力特种合金铸造厂、广西大学	15
24	南宁市优势知识产权企业培育及扶助政策研究	广西大学、南宁市知识产权局	10
25	蔗糖硫酸酯金属盐作为杀菌消毒液,抗菌剂及抗菌材料的研发	广西百消净生物科技有限公司、广西师范学院	25
26	分层线性模型的贝叶斯统计理论及其在农民收入倍增计划中的应用研究	广西师范学院	10
27	"定制式"特色科普示范基地的建设、运行及推广研究	南宁市青少年活动中心、广西师范学院	10
28	基于SOA的南宁商贸物流信息服务平台建设	广西桂华物流有限公司、广西财经学院	25
29	离散制造业物联网(IOT)全生命周期管理系统(Discrete Manu-facturers PLM)研发	南宁市宣胜投资管理咨询有限公司、广西财经学院	20
30	南宁市知识产权投融资服务政策研究	广西财经学院、南宁市知识产权局	10
31	南宁市企事业单位知识产权试点及战略性中小企业知识产权推进现状研究	广西财经学院、南宁市知识产权局、南宁市统计局	10
32	促进南宁市企业R&D投入增长的相关政策研究	广西财经学院(信息与统计学院)	10
33	南宁市科技进步促进经济增长的实证研究	广西财经学院	10
34	南宁市科技金融发展路线图研究	广西财经学院	10

《南宁市人才特区国家重点科技成果转化应用高层次人才团队项目资助实施细则》《南宁市创新型企业认定与管理办法》《南宁市科技企业孵化器认定和管理暂行办法》《南宁市本级技术研究与开发经费管理办法》等文件，加大科技创新政策的支持力度。

【“美丽南宁·清洁乡村”科技攻关】2013年，实施“绿城特色园林建设关键技术研究”“农业废弃物清洁及综合利用关键技术研究与示范”“城中村面源生活污水处理与环境改善关键技术研究与工程示范”3个重大专项11个课题，科技拨款200万元，课题涉及园林绿化花卉和名贵树种的引进、培育和杂草的防控研究、主要农业废弃物再利用技术的开发以及城中村公共污水处理等内容。在废物利用方面，利用木薯加工废弃物开发出ZH-1、ZH-2、“润桂”生物有机肥产品3个，在武鸣县建立有机蔬菜栽培基地1个，面积6.67公顷，年处理木薯废杆5000吨；利用大宗农作物秸秆建成年产30万袋菌包的食用菌示范工厂1家，为解决南宁市主要农业废弃物因堆放或焚烧而造成的环境污染提供技术依托。

研究与技术开发

【概 况】2013年，南宁市实施国家、自治区科技项目268个，获科技经费支持8983万元，比上年增长160.22%。其中：国家创新基金项目59个，获科技经费支持3930万元；广西科学研究与技术开发计划项目181个，获科技经费支持4616万元，广西创新基金项目28个，获科技经费支持437万元。实施南宁市产业重大科技专项11个，市级科学研究与技术开发计划项目303个。其中：工业科技项目85个；农业科技项目72个；社会发展科技项目79个；知识产权与专利项目23个；其他44个。实施南宁市科技型中小企业技术创新资金项目53个。

【科学研究与技术开发计划项目实施】2013年，南宁市围绕工农业科技创新、民生科技发展、知识产权等，重点立项实施科技含量高、市场前景好的市本级科学研究与技术开发计划项目303个，总投资10.56亿元，科技拨款1.02亿元。按领域划分，组织实施工业科技项目85个，总投资3.66亿元，科技拨款4500万元。

2013年南宁市新增高新技术企业名录

序号	企 业	所属城区、开发区
1	广西巴马丽琅饮料有限公司	青秀区
2	广西昌弘制药有限公司	良庆区
3	广西绿地球能源科技有限公司	高新区
4	广西内联网络系统有限责任公司	青秀区
5	广西南宁黎工锅炉压力容器工程有限公司	青秀区
6	广西南宁市桃源兽药厂	青秀区
7	广西日海通信工程有限公司	青秀区
8	广西森合化工有限公司	青秀区
9	广西神达新能源有限公司	高新区
10	广西卫通汽车信息技术有限公司	高新区
11	广西一铭软件股份有限公司	高新区
12	广西益江环保科技有限责任公司	高新区
13	广西云燕特种水泥建材有限公司	横 县
14	广西卓越网络科技有限公司	高新区
15	南宁冠泰电子科技有限公司	高新区
16	南宁光波科技有限公司	青秀区
17	南宁金域医学检验所有限公司	高新区
18	南宁培匀医疗设备有限公司	高新区
19	南宁市亿丰节能科技有限公司	江南区
20	润建信息股份有限公司	青秀区
21	南宁劲源电机有限公司	西乡塘区
22	南宁世通琦明光电科技有限公司	高新区
23	南宁七彩虹印刷机械有限责任公司	高新区
24	广西中科附着升降脚手架有限公司	西乡塘区
25	广西南宁东创通用机械设备工程有限公司	高新区
26	广西中海环境工程系统有限公司	高新区
27	广西南宁德致药业有限公司	良庆区
28	广西聚九通信科技有限公司	西乡塘区
29	广西鑫百纳电气有限公司	高新区
30	广西驿途信息科技有限公司	高新区
31	广西应龙高科技有限公司	高新区
32	广西智瑞计算机技术有限公司	高新区
33	广西中和瑞联科技有限公司	高新区
34	广西中亚佳软件科技有限公司	高新区
35	南宁市博闻软件技术有限责任公司	高新区
36	南宁筑波智慧科技有限公司	高新区
37	广西综讯科技有限公司	高新区
38	南宁富莱欣生物科技有限公司	高新区
39	广西南宁环球汇狮新型建材有限公司	高新区
40	广西国创道路材料有限公司	青秀区
41	广西景典钢结构有限公司	青秀区

2013年南宁市新增获自治区认定的农业良种培育中心名录

序号	名 称	产业	建设单位
1	广西玉米良种培育中心	玉米	广西青青农业科技公司
2	广西山羊良种培育中心	山羊	广西咪咩波尔山羊有限公司
3	广西优质鸡良种培育中心	家禽	广西凤翔集团畜禽食品有限公司

2013年南宁市新增获自治区认定的农业标准化生产技术示范基地

序号	名　称	产业	建设单位
1	广西有机水稻标准化生产技术示范基地	水稻	广西力拓农业开发有限公司
2	广西绿色稻米标准化生产技术示范基地	水稻	横县中奇精米厂 横县永昌水稻种植专业合作社
3	广西柑橘标准化生产技术示范基地(西林基地)	水果	广西桂洁农业开发有限公司
4	广西蔬菜标准化生产技术示范基地	蔬菜	广西南宁市绿瀚农业有限公司
5	广西中草药标准化生产技术示范基地	中草药	南宁市千金子中草药有限公司
6	广西茶叶标准化生产技术示范基地	茶叶	广西横县顺来茶叶有限公司
7	广西花卉标准化生产技术示范基地	花卉	南宁市卉苑园林有限责任公司

其中：工业重大专项4个，总投资4532万元，科技拨款280万元；普通项目81个，总投资3.21亿元，科技拨款4220万元。引进、开发工业新产品、新技术173项(个)；实施农业科技项目72个，总投资3.16亿元，科技拨款2150万元；实施社会发展项目79个，总投资9279万元，科技拨款1200万元。按计划类别划分，实施科技攻关与新产品试制项目221个，总投资7.05亿元，科技拨款4950万元；实施科技成果推广与产业化示范项目22个，总投资1.23亿元，科技拨款510万元；实施科技创新能力与条件建设项目46个，总投资2.20亿元，科技拨款4080万元；实施科技合作与交流计划项目1个，总投资200万元，科技拨款30万元；实施软科学研究计划及其他项目13个，总投资655万元，科技拨款655万元。

【星火计划】 2013年，南宁市通过实施“高产抗病水稻新品种‘特优1683’选育和示范推广”“南方优质早熟水果型超甜玉米新品种的选育”“南宁地区适栽线椒新品种的引进和示范”等项目，引进、选育、示范农业新品种57个。其中：水稻新品种4个；玉米新品种4个；香蕉新品种2个；旱藕新品种1个；火龙果新品种3个；盆栽观赏茄果蔬菜新品种6个；辣椒新品种10个；甘蔗新品种4个；食用兼加型南瓜3个；畜禽新品种8个。通过实施“大宗农作物废弃物资源发展有机蔬菜关键技术研究与示范”“无人直升机防控水稻病虫害技术开发与示范推广”“甘蔗地高效间套种关键技术研究与示范推广”等项目，引进和示范无人直升机防治水稻病虫害的应用技术、玉米秆液体菌种栽培食用菌技术等农村实用新技术26项。通过实施“精制大米智能化、自动化加工技术的应用与示范”等农产品深加工项目，研发“帝之享”国色天香米、“贡都”皇族香米等农产品深加工新产品22个，优质大米精加工技术、冻干方便汤料加工技术等农产品加工新技术13项。

【工业科技项目实施】 2013年，南宁市组织实施工业科技项目85个，总投资3.60亿元，科技拨款4580万元。其中，组织实施工业重大科技专项4个，涉及高端装备制造、资源物流、食品加工、新型材料、农业生物、高效节能等领域，总投资4532万元，科技拨款360万元。总投资超1000万元的重大专项项目3个，其中南南铝业股份有限公司承担的“新型大功率合金散热器技术研究及产品开发”项目总投资1000万元，南宁燎旺车灯有限责任公司承担的“上汽通用五菱N111系列车型前、后组合灯研发及产业化”项目总投资1200万元，广西田园生化股份有限公司承担的“新型防治植物病毒病产品的产业化开发”项目总投资1600万元。组织实施战略性新兴产业项目35个，总投资7539万元，科技拨款815万元。

【农业科技项目实施】 2013年，南宁市组织实施“绿城园林建设关键技术集成”“清洁田园关键技术研究与示范”“青少年科普教育基地能力建设与提升”等农业科技项目72个，总投资3.16亿元，科技拨款2150万元。实施“绿城特色园林建设关键技术研究”“农业废弃物清洁及综合利用关键技术研究与示范”“城中村面源生活污水处理与环境改善关键技术研究与工程示范”3个重大专项11个课题，总投资9345万元，科技拨款200万元。涉及南宁市主要园林绿化花卉和名贵树种的引进、培育和杂草的防控研究、主要农业废弃物再利用技术的开发以及城中村公共污水处理等内容。引进、选育、试验、示范推广农业新品种57个，引进、试验、示范推广农村实用新技术26项，研发农产品加工新产品22个、新技术13项。提升农业科技重点创新和服务平台31个。实施“新农村科技服务体系建设和能力提升”项目，科技拨款330万元；实施“科技特派员创新创业示范”项目15个，科技拨款150万元。

【社会发展科技项目实施】 2013年，南宁市围绕制药产业、人口健康、计划生育、教育教学、公共安全、安全生产、防灾减灾、艾滋病防治等民生领域，组织实施民生科技计划项目79个，总投资9279万元，科技拨款1200万元。其中：实施民生重大科技专项1个；民生重点科技专项6个；中药民族药资源保护和中药民族药新产品开发与产业化科技专项项目18个；环保应用技术研究与示范项目6个；食品安全检测预防控制关键技术研究开发项目3个；安全生产关键技术及装备的研究开发项目2个、防灾减灾关键技术的研究开发项目1个；可持续发展实验区示范建设项目1个；交通管理优化关键技术研究开发项目1个；教育教学研究及应用技术开发项目2个；文化理论科学研究与服务技术开发1个；生物质能源产业化及应用关键共性技术开发项目3个；计划生育新技术开发项目2个；南宁市艾滋病防治科学研究与应用技术推广项目4个；常见病、多发病、妇幼病、老年疾病的预防诊治新技术研究开发项目28个。实施为民办实事科技项目41个。

【软科学研究项目实施】 2013年，南宁市实施“南宁市知识产权投融资服务政策研究”“南宁市优势知识产权企业培育及扶助政策研究”“促进南宁市企业R&D投入增长的相关政策研究”等市本级软科学研究项目11个，科技拨款130万元。

【产业重大科技专项实施】 2013年，南宁市组织实施产业重大科技专项11个，总投资1.51亿元，科技拨款890万元。其中：工业项目4个，总投资4532万元，科技拨款280万元；农业项目3个，总投资9345万元，科技拨款310万元；社会发展项目1个，总投资230万元，科技拨款120万元；专利产业化项目1个，总投资500万元，科技拨款60万元；国际科技合作重大专项1个，总投资250万元，科技拨款60万元；产学研合作示范重大专项1个，总投资200万元，科技拨款60万元。

【科技型中小企业技术创新资金项目实施】 2013年，南宁市实施科技型中小企业技术创新资金项目53个，涉及电子信息、生物医药、光机电一体化、新材料、新能源、资源与环境等领域，科技拨款1000万元。南宁市获国家科技创新基金立项59个，获科技经费支持3930万元。

【国家农业科技成果转化资金项目实施】 2013年，南宁市获国家农业科技成果转化资金立项3个，获科技经费支持220万元。其中：南宁五菱桂花车辆有限公司“基于作业分段式的小型甘蔗集成技术中试与示范”项目，获科技经费支持100万元；广西兆和种业有限公司“优质高产抗病耐瘠玉米新品种桂单0810示范”项目，获科技经费支持60万元；广西稻丰源种业有限责任公司“高产优质弱感光杂交稻新组‘美优796’中试”项目，获科技经费支持60万元。

【科学技术支出】 2013年，南宁市科学技术财政支出6.21亿元（含六县六城区）。其中，市本级科学技术财政支出3.16亿元，占全市本级财政一般预算支出1.98%。市本级科学技术财政支出中，应用技术研究与开发支出2.62亿元。

科学技术普及

【概　况】 2013年，南宁市科普工作围绕全市经济社会发展中心，实施“一个宣传”、用好“二类基地”、把握“四个重点”、开展“六进行动”的科普“1246”工程，投入科普经费3930多万元，比上年增长10%。开展科普活动2611期（次），技术培训1273期（次），发放科普资料61.59万份，参加人数126.64万人次。围绕提高广大青少年学生科学素质，开展青少年科普活动386期（次），开展国家级、省级及市级科技创新大赛及其他竞赛100多期（次），有27.64万青少年学生参与。打造青少年科技竞赛科普品牌活动，在全国机器人和航模比赛中获一等奖16个、二等奖19个、三等奖7个；在第65届德国纽伦堡世界发明展中获1银、1铜及4个世界创意节金奖，奖牌数为广西最多，其中所获银奖是广西代表团最高奖。结合“美丽南宁”活动，举办“童眼看环保”系列环保夏令营，开展农作物秸秆综合利用“清洁田园”十大技术培训，编印《环境空气质量科普知识手册》《低碳生活36计》等宣传材料，制作广西首部环保人偶剧《鲁鲁地球旅行记》。

【“三下乡”活动】 2013年1月15日，市政府主办，市科技局、兴宁区政府承办的南宁市科普活动暨南宁市科技、文化、卫生“三下乡”活动在兴宁区五塘镇举行。现场开展重大科普、专题科普、青少年科普、农村科普等系列活动，发放科普图书及技术资料1万多份，开展咨询服务500多人次，展出科普板报50多板。市科普工作联席会议成员单位向市农业技术推广部门、各县（区）赠送社会主义新农村科技致富丛书200多册，市科技局向五塘镇科技示范村赠送价值5000元的科技培训设备和肥料10吨，向南宁市“三农”科技信息网兴宁区五塘镇节点授牌并赠送电脑设备1套。广西田园生化股份有限公司等10多家企事业单位展示科技新产品、新成果。

1月广西科技活动周期间，南宁市部分县（区）开展系列“三下乡”活动。期间，西乡塘区在石埠街道文化广场开展专家咨询；免费发放农药、化肥试用；农药使用讲授等活动，发放宣传资料2000多册（份）。在南宁市第三十一中学举行知识产权宣传教育进校园活动。横县组织80多名科技专家和科技人员在陶圩镇陶圩社区开展科普一条街活动，展出宣传板报30多幅，发放各种科普资料1.70万多份，科技咨询8500多人次。

5月21日，由市政府主办，市科技局、邕宁区人民政府承办的全国科技活动周南宁市活动启动仪式暨大型广场科普活动在邕宁区新兴广场举行。出席活动的领导向邕宁区科技示范户赠送农村实用技术图书，向红龙果种植科技示范乡镇赠送农资。南宁市、邕宁区科普联席会议成员单位及10多家企事业单位现场开展农业新品种新技术、科技新产品新成果展示以及防震减灾、食品卫生安全、节能减排、家庭教育、科普教育、海洋生物等科普知识宣传等活动，发放科普宣传册及技术资料8000多份，开展咨询服务600多人次，展出科普板报50多幅。22日，武鸣县在太平镇举行科技、文化、卫生“三下乡”活动，现场开展技术咨询、养殖技术讲授、优良新品种展示、医疗卫生等活动，发放科技书籍1.20万册、宣传资料2.60万份，免费义诊212人次。

【科技培训】 2013年，南宁市以农业科技特派员项目形式开展农村科技创业行动，选派15名农村科技特派员下乡开展蔬菜、粮食高产安全、绿色、有机栽培新技术培训20场次，培训农民600人次；开展水果高产高效安全生产技术培训10场次，培训农民200人次；开展农废产品(桑枝、木薯杆)再利用技术7场次，培训农民145人次。以新农村科技示范村项目为依托开展农民工先进适用技术和技能培训，开展粮食高产安全有机栽培、蔬菜有机栽培和家禽高效健康养殖等新技术培训34场次，培训农民2100多人次；开展果蔬高产高效安全生产技术培训22场次，培训农民830多人次；开展农废产品(桑枝、木薯杆)再利用技术17场次，培训农民590多人次。

【科普示范基地】 2013年，南宁市重点扶持建设南宁气象科技园、都市菜园科普示范基地、海底世界科普示范基地、南宁市竹文化科普基地、金花茶公园科普示范基地、中小学微缩生态科普系统基地、广西南宁现代农业科技教育基地、南宁市白蚁防治技术科普示范基地8个科普示范基地，开展科普知识宣传活动59场，青少年参与3.71万人次，发放宣传资料8.70万多份。

重要科技活动

【参加广西科技活动周】 2013年1月7日至13日，南宁市科技活动周、第二十二届广西科技活动周暨广西新技术新产品交流交易会同期举行。南宁市围绕“创新驱动发展，科技促进跨越”主题，参加广西科技活动周开幕式、广西新技术新产品展示交流等活动，举行国家科技成果转化服务（南宁）示范基地授牌仪式、南宁市科普活动暨科技、文化、卫生“三下乡”活动、南宁市科普联席工作会议等活动。组织64家企业、64个项目及成果、162个产品参加广西新技术新产品交流交易会展示，签订科技合作项目6项，涉及新一代信息技术、生物技术、新能源等战略性新兴产业，签约金额7680万元。

【参加全国科技活动周】 2013年5月19日至25日，南宁市围绕“科技创新·美好生活”全国科技活动周主题，开展科普进广场、进社区、进农村等大型科普活动53场次，活动内容、数量位居自治区之首；展出科普展板750多版，发放科普书籍及宣传小册子3.50万册、科普宣传资料4.73万份，参与群众26.20万人次，培训农民1.39万人次；南宁市大型广场科普活动，南宁市人民公园蝴蝶谷生态旅游有限公司开展的“保护自然生态、建设美丽广西”科普活动，南宁市天桃实验学校等小学开展的“科技在身边，科技创造未来”科普进校园系列活动等6个项目获2013年全国科技活动周广西活动优秀项目奖。

【参加北京科博会】 2013年5月21日至26日，南宁市组团参加以“创新驱动转型发展”为主题的第十六届北京国际科技产业博览会，组织9个项目参展，展出高新技术产品10个，涉及电子信息、新材料、生物技术、节能材料等领域。意向签订科技合作项目6项，签约金额8200万元，比上届增长78.30%。签约项目包括“众选多功能节能门窗系统展示”“南宁发酵与酶工程技术研究中心”“一体化藕合式蒸汽对撞物质分解燃烧循环装置”“色码直读水表及远程抄表控表系统”“高分子湿铺防水卷材”“中药制剂生产线员工三维互动仿真培训系统和透明屏多媒体互动展示技术”。

【参加广西发明创造成果展览交易会】 2014年4月20日至23日，南宁市组织64个专利项目参加在柳州市举行的第二届广西发明创造成果展览交易会。期间，南宁市重点宣传专利工作成就、普及专利知识，参加发明创造成果展览、展示和产品销售，专利推介和对接洽谈，专利拍卖等活动，交易总额约1.90亿元、专利转让和合作项目签约成交额约1.50亿元。其中：产品销售约150万元；参加专利拍卖4项，意向成交额2785万元；技术转让与合作协议成交2项，成交额1380万元。在专利拍卖活动中，南宁市有4项专利公开竞拍，分别为南宁海汇新材料科技有限公司的“一种窗框断桥就能隔热的双层铝合金节能整体窗”、南宁市神华振动时效技术研究所的“游标卡尺振动时效装置”、郑文武的“香蕉茎秆的综合利用方法”以及南宁智汇通科技有限公司的“甘蔗汁和蜜糖生产复合型兰姆酒的方法”。11月29日至12月2日，南宁市组织68家企业(个人)、77个项目参加在桂林市举行的第三届广西发明创造成果展览交易会，交易总额约1.30亿元。其中:专利转让和合作项目签约6项，合同成交额8000万元；专利拍卖成交1项，意向成交额39万元；技术转让与合作协议、意向2项，成交额4740万元。

【参加深圳高交会】 2013年11月16至21日，南宁市组织科技经贸代表团参加在深圳市举行的以“坚持创新驱动发展，提高经济增长质量”为主题的第十五届中国国际高新技术成果交易会。组织12家企业、15个高新技术项目参展，展出实物展品17项。“‘好安节电’三相工业节电器”“活体水蛭反复多次提取天然水蛭素”“蛤蚧、穿山甲仿生态、立体化、自动化养殖项目”3个项目达成合作意向，签约金额410万元。

科技成果及应用

【科技成果登记】 2013年，南宁市获自治区级科技成果登记103项（工业54项、农业20项、社会发展29项)，比上年同期增长13.20%。其中:计划内科技成果85项，占82.50%；计划外科技成果18项，占17.50%。技术水平达国际领先水平的1项，国际先进水平的7项，国内领先水平的46项，国内先进水平的45项，自治区先进水平1项，其他3项。

【科技成果鉴定】 2013年，南宁市通过市级以上科技成果鉴定82项(含计划外项目18项)，其中工业34项，农业21项，社会发展27项。技术水平达国际先进水平的2项，国内领先水平的36项，国内先进水平的42项，自治区领先水平的1项，自治区先进水平的1项。

【科技表彰奖励】 2013年1月9日，广西科学技术奖励大会在南宁举行。南宁市获广西技术发明奖3项(二等奖1项、三等奖2项)，广西科学技术进步奖14项(二等奖4项、三等奖10项)。隆安县廖凤(女，雄桂种猪和生猪)、西乡塘区梁洁言(香蕉、柑橘)被授予“2012年度广西科技种养大王”称号；南宁高新区谭建林、韦民航，西乡塘区卢春能，上林县韦丽华(女)，宾阳县李庆东被授予“2012年度广西科技种养能手”称号。11月19日，市委、市政府召开科学技术奖励大会，对获2012年度南宁市科学技术奖的单位和个人进行表彰奖励。49项科技项目获表彰奖励。其中：南宁市科技进步奖46项(一等奖5项、二等奖13项、三等奖28项)；技术发明奖3项(一等奖1项、二等奖2项)。隆安县廖凤(女)、西乡塘区梁洁言、广西—东盟经开区杨承任、南宁高新区谭建林、上林县韦丽华(女)被授予

11月19日，南宁市科学技术奖励大会在市委、市政府会议中心召开

市科技局提供

"2012年度南宁市科技种养大王"称号，宾阳县李庆东、傅剑林、卢莹、黄忠亚，西乡塘区卢春能，隆安县黄琳峰、凌维利，南宁高新区韦民航、苏福松，江南区杨家礼、陈满球，兴宁区李勇，横县招有安，青秀区周国新、粟伟被授予"2012年度南宁市科技种养能手"称号。

【科技成果获奖】 2013年，南宁市获广西科技进步奖14项(二等奖4项、三等奖10项)，获广西技术发明奖3项(二等奖1项、三等奖2项)，获南宁市科学技术奖49项。其中：科技进步奖46项(一等奖5项、二等奖13项、三等奖28项)；技术发明奖3项(一等奖1项、二等奖2项)。获奖励的科技成果49项(工业23项、农业13项、社会发展13项)，在科学发现、技术开发、科技成果转化和产业化中具有创新性强、技术水平高、经济效益好和社会效益显著的特点；技术水平达到国际先进水平的1项，国内领先水平的24项，国内先进水平的24项。有14个项目获专利授权53件（发明专利15件、实用新型专利23件、外观设计专利15件）。获计算机软件著作权项目5项。2010至2012年实现新增产值51.64亿元、利税12.65亿元，实现收入超千万元的项目21项，其中超亿元项目10项。

【科技成果转化与示范推广】 2013年，南宁市组织实施科技成果推广与产业化示范课题11项，总投资3875万元，科技拨款260万元，涉及国际科技合作、科技交流合作等方面；组织实施科技成果转化与应用课题9项，总投资7660万元，科技拨款210万元，涉及国际科技合作、产学研合作、中药民族药新药产品产业化开发、科技成果转化示范企业建设等方面；组织实施科技成果转化与示范推广课题2项，总投资756万元，科技拨款40万元，涉及产学研合作、科技成果转化示范企业建设等方面。

（刘万娴　覃　燕　谢倚宁　李玉兰）

2013年南宁市获自治区技术发明奖项目

等级	序号	名　　称	完　成　单　位
二等奖	1	草甘膦水剂清洁生产工艺技术	广西壮族自治区化工研究院、广西三晶化工科技有限公司
三等奖	2	新型整合表达酶制剂的生产及科技兴贸	南宁邦尔克生物技术有限责任公司
	3	分布式密文全文检索系统研制	广西大学、广西南宁永凯实业集团有限责任公司、南宁新高新信息科技有限责任公司

2013年南宁市获自治区科学技术进步奖项目

等级	序号	名　　称	完　成　单　位
二等奖	1	香蕉防寒及其产期调节技术研究与应用	广西植物组培苗有限公司、广西壮族自治区农业科学院生物技术研究所、南宁市西乡塘区生产力促进中心
	2	罗非鱼综合加工关键技术的研究与应用	百洋水产集团股份有限公司、中国水产科学研究院南海水产研究所
	3	瘦肉型猪联合育种项目	广西壮族自治区畜牧研究所、广西柯新源原种猪有限责任公司、广西桂牧丁原种猪有限责任公司、广西柯莉莱原种猪有限责任公司、广西高真泰农牧有限责任公司、广西金德农牧有限责任公司
	4	基于"3S"的广西主要农业气象灾害监测预警技术研究与开发	广西壮族自治区气象减灾研究所、贵港市气象局、来宾市气象局
三等奖	1	高档铝合金家电零组件新产品开发	南南铝业股份有限公司
	2	速生桉化机浆生产技术研究开发	南宁金浪浆业有限公司
	3	中药配方颗粒标准化及新产品开发示范研究	培力（南宁）药业有限公司
	4	食用菌新品种金福菇栽培技术研究与示范	广西壮族自治区农业科学院微生物研究所、广西壮族自治区农业科学院生物技术研究所、南宁市青秀区刘圩镇农业服务中心
	5	种鸡高效繁育及肉鸡产业化关键技术研究与集成示范	隆安凤鸣农牧有限公司、广西壮族自治区畜牧研究所、广西南宁市富凤农牧有限公司、南宁市广东温氏畜禽有限公司、南宁正大畜牧有限公司
	6	瘦肉型猪健康养殖关键技术研究与应用	广西农垦永新畜牧集团有限公司良圻原种猪场、广西农垦永新畜牧集团有限公司、广西农垦永新畜牧集团格林饲料有限公司
	7	规模养畜场高效生态循环生产技术研究与示范	广西大学、广西山区综合技术开发中心、南宁培元基因科技有限公司、广西东园生态农业科技有限公司、广西百色壮牛牧业有限公司
	8	国产500kV交联聚乙烯绝缘电力电缆研制及应用	龙滩水电开发有限公司、河北新宝丰电线电缆有限公司
	9	基于视频分析和网络的智能监控系统产品开发	广西大学、南宁博海软件科技有限公司
	10	黄金水道航运北斗/GIS智能管理系统关键技术研发及应用	广西卡西亚科技有限公司、广西壮族自治区经济管理干部学院、广西西江开发投资集团有限公司

2013 年南宁市科学技术进步奖获奖项目

等级	序号	名　　称	完　成　单　位
一等奖	1	南宁轨道交通圆砾层地区明挖结构设计施工技术研究	南宁轨道交通有限责任公司、广州地铁设计研究院有限公司、同济大学、北京城建勘测设计院有限责任公司、广东省基础工程公司
	2	优质高产水稻新品种 Y 两优 087 的选育及示范推广	广西恒茂农业科技有限公司
	3	新型抗病毒剂病毒星原药合成技术优化与应用研究	广西田园生化股份有限公司
	4	国家级新品种－良凤花鸡（配套系）培育与推广示范	南宁市良凤农牧有限责任公司
	5	氧化锑生产过程集成智能化控制系统的研究与应用	广西华锑科技有限公司、广西大学自动化研究所、广西华锑化工有限公司
二等奖	1	电网操作票智能设计与开票系统	南宁邕科鼎科技有限公司、广西大学
	2	香蕉节本高效栽培综合配套技术集成研究与示范	南宁市水果生产技术指导站、广西金穗农业投资集团有限责任公司、广西桂洁农业开发有限公司
	3	鲜茧加工制造机制多孔高弹膨化蚕丝被的生产工艺技术研究	横县桂华茧丝绸有限责任公司
	4	智能控制水温分层整体平移的中央空调蓄冷系统	广西申能达智能技术有限公司
	5	反应黏结型绿黑交叉强力膜高分子湿铺防水卷材的产业化	广西金雨伞防水装饰有限公司
	6	糖厂无线调度指挥系统	广西宏智科技有限公司、广西宏智信息技术有限公司、广西华盛集团廖平糖业有限责任公司
	7	医防合作定点医院模式在结核病管理中的效果评价	南宁市疾病预防控制中心
	8	汽车灯具设计、生产、质量控制关键技术研究及系列产品研发	南宁燎旺车灯有限责任公司、南宁桂格精工科技有限公司
	9	城市综合地下管线信息管理系统及其应用	南宁市勘察测绘地理信息院
	10	《饲料添加剂 富马酸亚铁》国标的起草研究及应用	南宁市泽威尔饲料有限责任公司
	11	艾滋病高效抗逆转录病毒治疗中乳酸酸中毒临床研究	南宁市第四人民医院
	12	籼粳杂交水稻新品种甬优 6 号示范与推广	南宁市农业技术推广站
	13	学校甲型 H1N1 流感暴发疫情处置措施研究及卫生经济学评价	南宁市疾病预防控制中心
三等奖	1	甘蔗制糖企业安全生产标准化规范的研究及编制	南宁糖业股份有限公司、北京达飞安评管理顾问有限公司
	2	食用香椿新品种选育及矮化丰产栽培技术研究与应用示范	南宁市林业科学研究所、广西大学
	3	面向中国—东盟自由贸易区的汉越泰智能辅助翻译平台	南宁市平方软件新技术有限责任公司
		双花草珊瑚含片研究与产业化	广西昌弘制药有限公司
	5	低容量高工效农药制剂产品及配套药械研发与产业化	广西田园生化股份有限公司
	6	淀粉工业废水生化处理新技术研究	南宁市富庶淀粉有限责任公司、广西大学
	7	高产优质多抗玉米新品种桂单 589 试验示范	南宁市老口子农林业科技有限责任公司、广西壮族自治区农业科学院玉米研究所
	8	变应性疾病产妇的新生儿脐血中免疫调节特点与儿童哮喘预测	南宁市第一人民医院
	9	亚热带桑蚕优质原料茧产业化技术集成与示范推广	广西百大丝绸集团有限公司、广西大学
	10	超级稻新品种深优 9516 引进及配套栽培技术研究	广西恒茂农业科技有限公司

续表

等级	序号	名 称	完 成 单 位
三等奖	11	开放式视频监控平台	南宁市公安局交通工程科学研究所、南宁博海软件科技有限公司
	12	经脐无瘢痕阑尾切除术的动物实验和临床研究	南宁市妇幼保健院
	13	乙酰化蛋白/多肽分离纯化的免疫亲和填料（Agarose）制备技术的研发	南宁市蓝光生物技术有限公司、广西大学、广西医科大学
	14	基于多视点影像的地理信息快速采集方法研究与应用	南宁市勘察测绘地理信息院、广西大学
	15	农产品网上超市建设研究与应用	广西凯投网络有限公司、广西大学
	16	选择性激光小梁成形联合激光虹膜成形治疗闭角型青光眼的临床研究	南宁市第一人民医院
	17	拱形托架结构汽车注油管制造工艺研究	广西南星科技有限公司
	18	黄尾鱼的引进、繁育及养殖示范推广	南宁市珂嘉水产畜牧科技开发有限公司、南宁水产良种场、广西壮族自治区水产技术推广总站
	19	密闭式终池循环引流置换脑脊液治疗重度蛛网膜下腔出血	南宁市第三人民医院
	20	松节油催化异构合成莰醇的中试研究	南宁辰康生物科技有限公司
	21	山羊圈养秸秆颗粒饲料的研究与开发	南宁欣欣壮德农牧科技有限公司、广西大学
	22	社区监管对首次发作精神分裂症康复效果的研究	南宁市第五人民医院
	23	黄沙鳖重大疫病防治技术示范与推广	南宁市必兴龟鳖养殖农村专业合作社、南宁市青秀区伶俐镇水产畜牧兽医站
	24	改良贮存式自身输血在择期手术中的应用	隆安县人民医院
	25	基于遥感技术的南宁市甘蔗面积估算及产量预测研究	广西壮族自治区气象减灾研究所
	26	心脏不停跳慢性心房颤动外科治疗的临床研究	南宁市第三人民医院
	27	草鱼无公害网箱养殖技术示范与推广	南宁市青秀区南阳镇水产畜牧兽医站、广西南宁道源渔业开发有限公司
	28	促血管生成素与反复自然流产的相关性研究	南宁市妇幼保健院

2013年南宁市技术发明奖获奖项目

等级	序号	名 称	完 成 单 位
一等奖	1	环保型黄金选矿剂的研制开发及应用	广西森合化工有限公司
二等奖	1	YCNG2083垃圾压缩转运站设备	广西玉柴专用汽车有限公司
	2	仙黄胶囊研究与产业化	广西昌弘制药有限公司

气象工作

【概 况】 2013年，南宁市气象局辖武鸣、横县、宾阳、上林、马山、隆安县气象局及邕宁区气象局；内设办公室、人事教育科、业务科、行政执法办公室，下属市气象台、地面观测站、高空探测站、城区观测站、生态与农业气象观测站、信息与技术保障中心、财务核算中心及人工影响天气办公室；有干部职工122人，其中市局67人，县局55人。

全市年平均气温21.80℃，与常年持平；平均年降水量1621毫米，偏多222毫米，属偏多年景；年日照时数1652小时，偏多9%。汛期（4月至9月）全市平均总降雨量1155毫米，比常年偏多62.50毫米，属略偏多年景。有8个台风和1个热带低压影响南宁市，属偏多年份。1月至2月，有2次低温阴雨过程，1次寒潮过程；3月至4月，有3次强对流冰雹天气；10月中下旬出现寒露风天气过程；12月中下旬有1次霜冻过程。全年高温、大雾、雷暴日数偏少，霾、霜冻、暴雨日数偏多。主要天气气候事件：暴雨洪涝、台风。

【决策气象服务】 2013年，南宁市气象局发布《重大气象服务专报》9期、《气象服务信息》《天气快报》105期，向党政部门发送决策服务材料761期，发布农业气象专题材料99期，发布气象灾害预警信号542次，预警短信接收61.36万人次。南宁市气象灾害应急指挥部启动台风Ⅱ级应急响应1次，台风Ⅲ级应急响应2次,台风Ⅳ级应急响应1次,暴雨Ⅲ级应急响应1次，启动气象部门内部暴雨Ⅱ级应急响应1次,应急天数17天。

【人工增雨作业】 2013年，南宁市降雨时空分布不均,出现一定的旱情。为缓解旱情，在市人工影响天气指挥部的统一指挥和自治区人影办的指导以及驻桂空军的支持下，组织实施人工增雨防雹作业,围绕农业抗旱、粮食增产增收、森林防(灭)火、生态环境等重点任务开展人影作业服务,组织增雨作业18次,增加降水约2540万吨。

【重大活动保障服务】 2013年，市气象部门做好重要节假日和重大社会活动的服务保障,为“人大、政协两会”“两会一节”“第三届广西园林园艺博览会”“横县国际茉莉花文化节”以及春运、高考、国庆黄金周等提供专项气象服务信息158期,完成气象保障任务。

【公众气象服务】 2013年，南宁市气象局依托气象现代化建设成果，发布南宁市逐六小时精细化天气预报，准确率逐步提升。加强突发性灾害性天气的预警预报服务，加大预警的提前量，通过电视、电台、手机、街区电子显示屏、南宁气象官网微博等手段，及时发布预警信号和决策信息。对公众发布暴雨、雷电、冰雹、大风、大雾、高温等预警信号642站次（含各县)，暴雨红色预警信号22站次,台风蓝色预警信号10站次,雷电红色预警1次。发布预警短信621条,发布对象包括各级党政领导、各级部门领导、农村信息员、学校负责人、水库管理员、供电局、大明山管理处等,台风、暴雨、冰雹、雷电红色等重大预警信号短信通过绿色通道向全体手机用户免费发送。

【气象设施建设】 2013年，南宁市气象局下辖的上林、横县、吴圩3站建成新型自动站并投入业务运行;建成横县、马山高速公路自动站；成立南宁市级区域自动站校准实验室，开展区域自动站社会化保障服务；完成山洪非工程6县1区会商室平台建设、6县2区的6要素自动站安装运行、完成山洪保障工程13个4要素自动站安装运行，规范县级综合观测业务平台。市财政拨付50万元项目经费用于人工影响天气决策指挥系统建设。南宁市“两会一节”气象服务平台、“一键式预报预警信息发布平台”“基于GIS精细化预报制作人机交互平台”“基于GIS城市内涝预报系统”“基于GIS交通预报系统”等业务系统、南宁市农村气象信息综合服务系统等重大项目进展顺利。完成国家突发公共事件预警信息发布系统第二批地市级示范安装点任务。

11月11日，市长周红波（前左二）在市气象局主持召开紧急会议部署防御台风“海燕”　张　薇　摄

【气象科普宣传】 2013年3月21日,南宁市举办2013年防汛行政首长培训班,全市各县分管领导，农林水利局分管领导、防汛办主任、乡镇长、街道办主任，大、中型和部分小型水库、水电站的管理人员等300多人参加。3月23日“世界气象日”,南宁市气象科普园自治区首个气象科普主题园对外开放，接待市民1000人。南宁市气象局青少年科普教育基地,面向社会开放14次，接待青少年、教师和学生家长等2630人，发放科普材料4200余份。5月25日，市妇联带领100名贫困儿童到南宁市气象局，举行“气象科普进家庭”挂牌仪式及气象科普活动。利用“南宁气象”官方微博、气象综合电子显示屏等宣传渠道开展气象科普宣传。联系天气实况和未来天气预报,结合宣传气象科普知识和气象灾害防御知识,在重大科普宣传活动期间,用简短的微博博文配合相关图片，在官方微博开展微博科普互动。发布“气象小科普”、解

3月23日“世界气象日”，自治区首个气象科普园举行开园仪式　张　薇　摄

答市民提问、南宁科技活动周活动宣传及直播南宁市气象局开放日、"三下乡"科普活动等图文微博20余篇。

（江 雪）

水文工作

【概 况】2013年，南宁市水文水资源局（南宁市水环境监测中心）是参照公务员法管理的副处级事业单位，属自治区水利厅、南宁市政府双重领导。在编69人，其中高级工程师8人，工程师23人。设综合科（人事教育科）、计划财务科、建设管理科、水情科、站网监测科、水质监测科（水资源评价科），辖南宁、隆安、武鸣、上林、邹圩、镇龙、露圩7个国家基本水文站，四塘、五塘、那马、定珠、武鸣、大桥、狮螺、布泉、罗兴、新白石、炒豆、河渚、龙龚、邕宁、峦城、横县16个水位站，雨量站232个，水质监测站4个，泥沙站3个和蒸发站6个。有《水文、水资源调查评价乙级证书》《建设项目水资源论证乙级证书》和水质检测国家计量认证合格证书，主要承担南宁市辖区范围内的江河湖库的水文测验、水文情报预报、水文分析计算、水质监测以及水资源调查评价、建设项目防洪评价以及建设项目水资源论证等工作。

【水文测验】2013年，市水文局立足"防大汛、抗大灾"的指导思想，开展汛前准备，为确保在汛期开展水文测报工作打下基础；按照有关规范开展水位、流量、泥沙、降雨等项目的测验，完成中小河流水文监测系统新建4个水文站建设。开展广西壮族自治区界、南宁市界水资源水质、水量同步监测，为政府实施水资源管理决策提供依据。1月至3月，各江河主要控制水文站的降水量与历年均值比较属正常年景。汛期雨季来临时间正常，受30号台风"海燕"的影响结束时间推迟至11月中旬。4月至9月，辖区内各江河主要控制站降水量867.90~1333.70毫米。汛期降水总量与历年同期相比，除镇龙站与多年同期均值持平外，其余各站降水量均小于多年同期均值，属枯水年景。整个汛期，仅在8月下旬出现一场较大范围的台风降雨过程。其他时段强降雨影响范围较小，发生局地暴雨普遍。11月至12月，受30号台风"海燕"的影响，辖区内降水量明显多于历年平均值，属丰水年景。南宁市汛期洪水特点：1.洪水出现时间正常，结束较晚，除横县镇龙江5月下旬才出现明显涨水外，其余各河段5月上旬即迎来第一场明显洪水过程；受台风影响，11月中旬后，辖区内各江河罕见的出现一次较大洪水过程，各主要江河控制站出现的洪峰是历年同期（11月中旬）的最高值。2.洪水场次偏少，时间分布不均匀。整个汛期，右江隆安站有3场洪水，郁江南宁站9场、武鸣河武鸣站6场、宾阳县东班江露圩站5场、横县镇龙江镇龙站3场、清水河上林站10场、宾阳县邹圩站11场。3.大河站洪水水位偏低，变幅较小，小河站洪水比较正常。整个汛期，大河站隆安站和南宁站最高洪水位分别为79.05米、71.22米，均低于警戒水位和历年均值。上林、邹圩、露圩三站年最高洪水位分别超警戒水位1.04米、1.48米、0.27米，其他河段均未达到警戒水位。与往年相比较，各河段洪水变幅较小，除南宁站和邹圩站变幅超过5米外，其余河段洪水变幅均在5米以下。4.洪水受水利工程调节影响大。近年来，左右江干流上相继建起了不少的水利枢纽工程，这些工程具有调节洪水的功能。如左江干流的崇左及扶绥站，当出现中低洪水时，因受左江电站及山秀电站运行调度影响，洪峰传播时间往往少于正常时间等。入汛后，洪水在汛期出现正常，受30号台风"海燕"的影响结束时间推迟至11月中旬。洪水场次偏少，洪水水位偏低，变幅相对较小。整个汛期郁江未出现超警戒水位以上的洪水；清水河、东班江各发生一次超警戒水位洪水，其他河段均未达到警戒水位（各站汛期最大洪水统计详见附表）。辖区各主要河段5月均出现一次明显的洪水过程。各主要控制站年最高洪水位出现时间：镇龙江镇龙站、清水河上林站和邹圩站、东班江露圩站、武鸣河武鸣站等5个站出现在11月，右江隆安站、郁江南宁站出现在8月。

【水文资料整编】2013年，市水文局资料工作能做到"四随"（随测算、随发报、随整理、随分析），完成年度水文资料整编，收集水位资料19站年、流量资料15站年、泥沙资料6站年、降雨量资料88站年、水温资料8站年、蒸发量资料11站年、岸温资料6站年。向自治区水文水资源局提交完整的水文资料成果，资料质量为优良等级；完成年度水资源公（简）报资料统计、上报。

【水文情报预报服务】2013年，在南宁市辖区范围内出现59站次洪水，其中超警戒水位5站次，市水文局对出现的各场洪水均做出预测预报，发送水文服务信息5550条，预报准确率90.50%。完成隆安、南宁2站日常化洪水预报88场次，均达到合格等次。完成水情旬月报、简报和专报的编写55期，并发送到广西水情综合应用系统，为各级政府部门防汛抗

2013年南宁市汛期江河主要控制站月最高水位

单位：米

河 名	站名	月份 4	5	6	7	8	9	2013年最高水位	年最高水位多年平均值	2012年最高水位	警戒水位
镇龙江	镇龙	126.27	126.82	126.45	126.96	126.91	126.75	127.90	127.89	127.61	129.00
东班江	露圩	70.54	70.85	70.43	71.88	72.38	71.17	74.17	73.04	71.98	73.90
武鸣河	武鸣	96.54	97.34	97.42	98.30	98.06	96.54	99.03	101.90	100.68	103.10
右 江	隆安	73.97	75.23	75.17	74.78	79.05	76.27	79.05	84.46	81.86	85.00
郁 江	南宁	62.36	63.51	63.83	66.16	71.22	69.63	71.22	72.52	73.06	73.00
清水河	邹圩	85.18	87.27	86.47	86.53	87.40	85.61	89.48	88.95	88.73	88.00
清水河	上林	106.33	107.09	106.66	107.13	107.59	106.57	109.34	108.54	109.19	108.30

旱及水资源管理提供决策依据。完成全市辖区山洪灾害雨量预警信息对接及数据交换,参与国土、气象部门联合开展地质灾害预报并提供雨水情信息153份。做好水情系统管理以及水情技术服务,为老口水利枢纽、金鸡滩水电站和西津电厂运行调度提供水情服务。8月下旬、11月中旬2场洪水期间,为老口水利枢纽建设方抢救围堰内物资提供准确及时的预报,避免直接经济损失约300万元。

【水质监测调查】 2013年,按照《国家地表水环境质量标准》(GB3838-2002)对辖区内的郁江、左江、右江和清水河4条主要河流进行水质监测与评价。邕江从上游而下,南宁水文站河段每月监测1次全年12次,水质Ⅱ类的10次,Ⅲ类标准的2次。河南水厂河段每月监测1次全年12次,水质Ⅱ类的8次,Ⅲ类的4次。豹子头河段监测5次,水质Ⅱ类3次,Ⅲ类、Ⅳ类各1次。蒲庙河段每月监测1次全年12次,Ⅱ类标准的1次,Ⅲ类标准9次,Ⅴ~劣Ⅴ类2次。伶俐河段每2个月监测一次全年监测6次,水质Ⅱ类的1次,Ⅲ类的2次,Ⅳ、Ⅴ类各1次。左江跨市界(跨崇左市和南宁市行政区界)的智信断面每月监测1次全年监测12次,其中水质Ⅰ类的2次,Ⅱ类的8次,Ⅲ类的2次。右江跨市界(跨百色市和南宁市行政区界)的下颜断面每月监测1次全年监测12次,水质Ⅰ类的1次,Ⅱ类的6次,Ⅲ类的5次。清水河跨市界(跨南宁市和来宾市行政区界)的廖平断面每月监测1次全年监测12次,水质达Ⅰ类的2次,Ⅱ类的7次,Ⅲ类的3次。造成监测河段水质超过Ⅲ类超标的主要污染物为氨氮、溶解氧。造成水质超标的主要原因是由于非汛期降水量普遍偏少,河流流量偏小,致使河流的纳污容量变小,点源污染使河流水质变劣。

【水文基础建设】 2013年,市水文局的基础建设项目主要有南宁水文巡测基地大楼和中小河流水文监测系统水文站点的建设。南宁水文巡测基地办公楼位于西乡塘区石埠街道,楼高8层,建筑面积近5000平方米,土建合同价722万元,7月开工建设。中小河流水文监测系统项目建设的站点有11个,其中四塘站、五塘站、那马站、定珠站、大桥站、狮螺站、布泉站、罗兴站、武鸣(四)站、露圩10个为水位站,武鸣站为水文站。全年市水文局完成固定资产投资2118.66万元,其中南宁巡测基地办公楼1188万元,中小河流站点建设930.66万元。 (胡清凤)

防震减灾

【概 况】 2013年,南宁市地震局完成新建地震遥测台站3个,10个测震子台年平均运行率95%以上,监测到全球地震271次,发放防震减灾资料4500余册,接受咨询8000人次。1298所中小学校、28家100个床位以上的医院、20个500座位以上的大中型影剧院和建筑面积17000平方米以上的大型商场均制定专门的地震应急预案。获2013年全国地级市防震减灾工作综合考核先进单位、2013年度自治区防震减灾工作年度考核二等奖。

【地震监测台站建设】 2013年,完成大王滩、大龙湖、仙湖三大水库地震遥测台建设项目。新建地震遥测台站均为1亿立方以上的大型水库专用地震监测台,1月至3月台站进入试运行阶段,新建水库地震遥测台试运行率95%。4月,接入南宁市地震台网中心,正式投入使用。至年末,南宁市地震微观观测台站发展至10个。投资190万元的24个动物异常远程观测点项目建成,弥补南宁市对动物活动性与临震关系方面研究的空白,实现动物行为异常观测从宏观定性观察转向微观定量观测记录。

【地震监测预报】 2013年,南宁市10个测震子台平均运行率95%以上。九塘、石埠两个地震前兆台运行率98%以上。年内,南宁市地震监测台网中心监测到全球地震271次,其中:国外93次,国内84次,自治区内65次,市辖区29次。国外最大地震为9月24日19时29分(北京时间)巴基斯坦发生的7.80级地震;国内最大地震为4月20日8时7分四川省芦山县发生的7.0级地震;自治区内最大地震为2月20日田东、平果、巴马交界处发生的4.5级地震;市辖区内测到29次地震,震级均在2.5级以下,无震感。南宁市监测数据与国家、自治区正式发布的监测结果基本相符。在广西2013年度地震台站观测资料运行维护质量检查评比中,南宁市九塘、石埠前兆台地下流体观测,台网测震观测获二等奖。

【抗震设防】 2013年,南宁市投资250万元的五象新区88平方千米地震小区划项目正式完工;《南宁市五象新区地震小区划技术报告》通过国家地震安全性评价委员会评审,并形成技术成果投入使用。市本级有104项重大项目依法进行地震安全性评价,91项一般建设工程履行抗震设防要求行政许可。

【防震减灾宣传教育】 2013年,南宁市地震局在全国和南宁市科技活动周、"5·12"防灾减灾日、"7·28"唐山地震纪念日等重点时段,依托卫生、科技、文化"三下乡"活动,建立宣传点,派出专家队伍,开展防震减灾科普及法律法规宣传活动,发放防震减灾资料4500余册,接受咨询8000人次。借助电视和广播宣传载体,播放《平安中国》防震减灾宣传片向公众宣传防震减灾知识。协同市教育局、市科协、团市委联合制定《关于印发南宁市防震减灾科普教育基地相关认定管理工作的通知》,在市中小学生安全教育体育馆的基础上建立南宁市首个自治区级防震减灾科普教育基地。联合上林县政府组织县文化宣传队伍,编排以"参与防震减灾,构建和谐社会"为主题的防震减灾科普宣教节目,其中《八姐妹搞宣传》《地震前兆》《屋裂之争》《地震专家》等节目通过歌舞、快板、小品、相声等艺术表现形式向基层群众宣传防震减灾法律法规、科普知识、应急避险技能和群测群防知识。

【应急救援】 2013年,南宁市地震局加强抗震救灾专项资金和地震应急储备专项资金安排,落实本级财政预算救灾资金660万元。在市教育局、卫生局、文化新闻出版局、广电局的通力合作下,南宁市1298所中小学校、28家100个床位以上的医院、20个500座位以上的大中型影剧院和建筑面积17000平方米以上的大型商场均制定专门的地震应急预案。2月20日,田东、平果、巴马交界处发生的4.5级地震,南宁市隆安、马山、上林、武鸣县,西乡塘区有明显震感,造成武鸣县灵马镇一农户木瓦房顶坍塌,无人员伤亡。市地震部门向市委、市政府、自治区地震局报告相关情况,派出干部到武鸣县开展地震灾害调查、安抚群众。

(蒙泳杉)

社会科学

社会科学研究

【概　况】 2013年，南宁市社会科学院隶属南宁市政府，设办公室、经济发展研究所、社会发展研究所、城市发展研究所、农村发展研究所、东盟研究所、科研管理所、《创新》杂志编辑部8个所（部、室）；有在职人员38人。其中：具有高级专业技术职称12人，中级14人；博士6人，在读博士研究生1人，硕士13人。年内，完成年度重点课题8项，完成2项年度重大课题调查研究和文本撰写，完成自治区社科研究课题3项，院级课题10项。出版《创新》杂志6期，刊登文章165篇。编发《领导参阅》37期，获市领导批示27篇次。上报信息被采用37条次，获市领导批示3条次。接受新华社广西分社、《广西日报》《南宁日报》等媒体采访50余次。2名科研人员入选市第八批专业技术拔尖人才，5名科研人员入选市第七批优秀青年专业技术人才。市社科院被评为全国城市社科院先进单位。

【课题研究】 2013年，市社科院坚持“正学风、转作风、改文风”，加强课题调查研究，创新科研工作方法，提高课题研究质量，科研服务决策水平明显提高。

重大重点课题立项与研究　市社科院完成验收《南宁市统筹城乡综合配套改革研究》《南宁市构建现代产业体系研究》2012年度重大课题2项；完成《邕江沿岸产业开发对策研究》《南宁新兴产业园建设投融资对策研究》《南宁市未成年人思想道德建设研究》《南宁市农村居民养老对策研究》《南宁市文化与旅游产业融合发展对策研究》2012年重点课题5项。课题研究成果上报市政府。推进年度市社科重大重点课题立项及研究工作，经市政府常务会议决定，立项《南宁市全面建成小康社会对策研究》《南宁市农民收入倍增计划实施难点与实现路径研究》社科研究重大课题2项，《南宁市地铁运营管理研究》《网络及微博舆情的应对研究》《新形势下提升南宁与东盟贸易对策研究》《南宁市经济建设与生态文明建设协调发展研究》《南宁市增强创新驱动发展新动力研究》《南宁市法治政府制度建设研究》《提高南宁市城市管理执法成效对策研究》《南宁市实施工业化城镇化融合发展研究》社科研究重点课题8项。年内，8项年度重点课题均已完成，通过专家评审，课题成果上报市政府；2项年度重大课题完成调查研究和文本撰写。

课题研究　市社科院鼓励科研人员申报国家、自治区社科研究课题，承接各相关部门课题。获《广西加强和创新城市社区管理研究》《广西文化产业“走出去”与“文化保税区”的建设研究》《越南海洋经济发展研究》广西社科规划课题3项，数量为历年最多。完成《南宁市城乡户籍改革与保障性住房供需平衡对策研究》《南宁市生物产业发展十二五规划中期评估》《南宁市农村基础设施建设十二五规划中期评估》《南宁市科技事业发展十二五规划中期评估》《南宁市停车场管理办法》等横向课题10余项。完成《五象新区开发建设体制机制创新研究》《南宁市人口城市化发展战略研究》《南宁市提高农产品流通效率对策研究》《南宁市停车难问题对策研究》《南宁五象新区现代化新城建设研究》《深化南宁市事业单位绩效工资改革研究》《科研管理在科研工作中的作用研究——以南宁市为例》《南宁市学术期刊发展情况分析及对策》10项年度院级课题研究。

【编书办刊】 2013年，市社科院出版《创新》杂志6期，刊登文章165篇。其中，博士、副教授以上文章141篇，占文章总数85.50%。有5篇文章被《新华文摘》《人大复印报刊资料》转载，被索引篇数144篇，转载量创新高，索引量占总发稿数87%；在综合性人文社科类期刊中，复合类影响因子0.434，在全国642种同类期刊中位居二百零三位，在自治区位居第七位；在综合性经济科学期刊中，复合类影响因子0.509，在124种同类期刊中位居八十五位，比上年上升二位。

市社科院承担年度《南宁蓝皮书》编撰，在市各相关部门的配合协助下，《2013年南宁蓝皮书》（经济卷、社会卷）在2013年“两会”前如期出版并分送代表委员。与市委政法委、市法学会合作，首次编撰出版《南宁法治蓝皮书》。编辑出版图书《咨询与决策》，分送“两会”代表委员参阅。

【决策咨询】 2013年，市社科院推进科研成果转化，将研究成果通过建言内刊《领导参阅》报送市领导参考。编发《领导参阅》37期，获市领导批示27篇次。其中，《解决南宁市停车难问题对策建议》《华东三市网络舆情应对的经验及对南宁的启示》获自治区党委常委、市委书记余远辉批示，《对邕江综合整治与开发利用中存在“三大自然制约因素”与“六大突出问题”的思考与建议》《关于加快打造南宁“商对客”电子商务平台的建议》《构建社会管理创新的“南宁模式”》《南宁市战略发展思考与建议》《南宁市城中村改造存在的问题及相关建议》《有关南宁市地铁建设存在的问题及建议》等获市长周红波批示。完成党委、政府、宣传部信息报送，上报信息被采用37条次，获市领导批示3条次。

承担或参与的部分课题成果被市委市政府采纳，直接转化为文件，主要有《加强和创新南宁社区管理研究》《南宁市艾滋病防治科学研究与预防控制规划》等。参与的相关研究成果通过其他渠道报送市领导参考，《南宁市生物医药产业发展对策研究》《南宁市部分城市道路转变为公路管理改革研究》等获自治区党委常委、市委书记余远辉批示。

【理论宣传】 2013年，市社科院发挥理论研究基地作用，鼓励、组织科研人员围绕南宁市中心、重心、难点和重点工作，撰写理论文章，开展理论宣传。科研人员发表理论、学术文章70余篇，其中在报刊发表56篇。围绕党的十八大、十八届三中全会等重大理论和现实热点问题解疑释惑，引导舆论，累计接受新华社广西分社、《广西日报》《南宁日报》等媒体采访50余次。

【人才管理】 2013年，市社科院注重人才培养和队伍建设，激发科研人员干事创业热情。获2012年度南宁市专业化人才培养重点计划项目5项，获2012年度南宁市培养新世纪学术和技术带头人专项资金资助项目2项。申报的南宁市第一批特聘专家岗位“生产性服务业发展与南宁区域性国际城市建设研究”获批，1名特聘专家到岗开展工作，并发挥“传、帮、带”作用，加强学科带头人和中青年骨干科研人才团队培养。2名科研人员入选市第八批专业技术拔尖人才，5名科研人员入选市第七批优秀青年专业技术人才。开办多期“学术讲坛”，邀请有关专家就经济社会发展问题做学术报告。

（孙晋华）

2月6日，市委常委、秘书长杨维超(右一)慰问副院长余光辉　　市社科院提供

地方志工作

【概　况】 2013年，南宁市人民政府地方志编纂办公室围绕市委、市政府中心工作，改革创新，推动地方志事业科学发展。《南宁市志(1991—2005)》综合卷17部专志、政治卷19部专志送自治区地方志编纂委员会办公室终审。组织开展《南宁通史》编写提纲评审会，进一步完善编写提纲。编纂出版《南宁年鉴(2013)》《南宁新百年图录(2006—2010)》《南宁地情手册(2013)》等书籍。完善承报单位的地方志资料年报编写提纲，印发《关于开展2012年度地方志资料年报编写工作的通知》，编印《南宁市地方志资料年报选例汇编》。举办培训班2期，其中宁波大学培训班列入2013年南宁市干部教育“十二大工程”重点培训项目。市辖12个县(区)史志机构及《南宁市志》《南宁年鉴》各承编单位约200人参加培训。加强对县(区)督查指导，完成终审后《武鸣县志》付印前的最后审查把关；完成《南宁市城北区志》《邕宁县志》复审；指导《南宁市永新区志》通过自治区终审验收；指导《宾阳县志》《横县志》《上林县志》《马山县志》《南宁市兴宁区志》编修，形成《宾阳县志》《横县志》《上林县志》总纂稿，推动《马山县志》资料收集和《南宁市兴宁区志》资料进一步完善。

【《南宁市志(1991—2005)》编修】 2013年，市地方志办公室实施精细化管理，采取任务到组、任务到人、限时按质按量的办法，分4个编修小组分别负责文字总纂、资料补充、图片整理及数据核对，加快完成资料补充完善、编辑深加工及分纂、总纂，将综合卷、政治卷插图，并组织志稿样书打磨。12月，将综合卷17部专志、政治卷19部专志送自治区地方志编纂委员会办公室终审；完成经济卷8部专志、文化卷2部专志的资料补充。

【《南宁年鉴(2013)》出版】 2013年9月，市政府主办、市地方志办公室编纂的《南宁年鉴(2013)》由广西人民出版社出版。设类目39个，收录统计图表80个，随文配图650幅，180万字。设置中国—东盟博览会·峰会·民歌节、南宁与东盟等凸显南宁地方特色与年度特点的类目，增设“两会”新风、惠民工程、南宁·生态之城、南宁历史文化街区保护与利用、美丽乡村等彩页专版。随书光盘采用多媒体及全文检索技术，在南宁政务网及南宁地情网同步推出，并于第十届中国—东盟博览会期间赠予外国贵宾及客商。

【《南宁通史》《南宁简史》编纂】 2013年1月24日，市地方志办公室组织的《南宁通史》编写提纲评审会在南宁召开。评审会聘请自治区人大民族委员会副主任委员何龙群、广西社科院原副院长黄铮、自治区地方志办公室原副主任晏源源、自治区博物馆原馆长蒋廷瑜、中共南宁市委党史研究室刘家幸、南宁市博物馆黄云忠6位研究广西地方史的资深专家对提纲初稿进行审读，就通史体例、历史分期、地方特色、内容布局等方面提出修改意见。编写组成员根据评审专家意见，重新梳理南宁历史发展脉络，查找缺漏史实，完善编写提纲。3月11日至15日，专家组到隆安县君榜山、榜山文塔、大龙潭大石铲遗址，武鸣县明秀园、宁武故居，马山县古零镇灵阳寺，横县伏波庙、伏波滩、应天寺等历史遗迹遗存实地调研。8月27日至30日，专家组到自治区党史研究室、南宁市档案馆、南宁市政协文史委、南宁市党史研究室、南宁市社科院、南宁市图书馆收集资料、文献。

【《南宁新百年图录(2006—2010)》出版】 2013年10月，市地方志办公室与市社科院联合编纂的《南宁新百年图录(2006—2010)》由广西人民出版社出版。是继《南宁百年图录(1901—2000)》《南宁新百年图录(2001—2006)》出版之后第三部图录；设15章，收录图片1400多幅，以图片叙述为主，20万字，大16开精装；反映“十一五”期间南宁市自然、政治、经济、社会等方面新成就、新风貌。

【《南宁地情手册(2013)》出版】 2013年2月，市地方志办公室编纂的《南宁地情手册(2013)》由广西人民出版社出版。设16个板块，其中“两会参阅”继续收录上届人大、政协议案和提案目录等内容，为南宁市“两会”代表、委员参政议政提供方便；“美丽南宁”集中展现南宁市打造先锋之城、创新之城、绿色之城、生态之城、百湖之城、畅通之城、新兴之城、和谐之城、民歌之都的举措和成效。全书15万字，32开精装。

【《武缘县图经》(影印本)出版】 2013年12月，广西古籍丛书编辑委员会、自治地方志编纂委员会办公室、南宁市武鸣县史志办公室整理的《武缘县图经》(影印本)由广西人民出版社出版。该影印本所用底本为广西图书馆藏民国十年铅印本。该书记述上限溯及历代事类发端，下限至清道光末年，分地略上、地略中、地略下、政略、人略上、人略下、献略上、献略下6卷，内容涉及县境图二十二幅、图说、水道考、建制沿革、疆域、气候、山川、城署、庙祠、关隘、津梁、乡村、古迹、冢墓、户口、田赋、盐法、榷税、积储、经费、学校、兵防、邮政、水利、物产、官绩、官师题名表、武职题名表、士女、选举表、方技、卦赠表、寓贤、风俗、前事、艺文、杂记等37个纲目，共20万字。

【南宁地情网站建设】 2013年，南宁地情网站累计发布信息2600多条，累计访问量超过70万人次。年内，新发布信息1100多条，新增访问量超过56万人次。上传已出版的二轮志书《隆安县志》《武鸣县志》《江南区志》及《南宁年鉴》1996年卷至2001年卷、《南宁地情手册(2013)》《南宁新百年图录(2006—2010)》《南宁年鉴(2013)》等书籍。

【地方志编纂业务培训】 2013年，市地方志办公室加强地方志编纂业务培训，分别于6月21日至28日、12月18日，在宁波大学、南宁市举办培训班2期。其中，宁波大学培训班列入2013年南宁市干部教育"十二大工程"重点培训项目。市辖12个县(区)史志机构及《南宁市志》《南宁年鉴》各承编单位约200人参加培训。培训内容包括方志编纂基本理论与基本方法、年鉴编写基础知识、志鉴编纂的规范化、地方志资料年报的编写要求等专题。

【南宁市地方志资料年报】 2013年，市地方志办公室组成资料年报审查组，负责资料年报的催稿、按编写要求审查与反馈稿件，重点把好质量关。重新调整承报单位的地方志资料年报编写提纲，以南宁市地方志编纂委员会名义印发《关于开展2012年度地方志资料年报编写工作的通知》。编印《南宁市地方志资料年报选例汇编》500册，发各承报单位参考。至年末，全市报送2006年至2010年资料年报材料31份，2011年资料年报材料84份，2012年资料年报材料40份；审查后返回承报单位修改36份；承报单位完成修改返回稿件11份。 (覃庆梅)

党史资料征集出版与研究

【概 况】 2013年，中共南宁市委党史研究室对全市党史部门机构设置、人员编制、经费保障和改善办公条件等方面情况进行自查和督察，协调解决重点问题。党史业务除做好正史丛书编纂外，还启动2014年纪念百色起义、龙州起义85周年和2015年纪念抗日战争胜利70周年活动编研课题2个。参与全国纪念毛泽东同志诞辰120周年征文活动，组织全市党史系统撰稿，收论文14篇，其中市委党史研究室编写的《浅析毛泽东时代国家安全理论的特征》获广西优秀论文一等奖。举办大事记编写培训班1期，选派5名业务骨干参加上级举办的培训班。参与创建南宁历史文化名城、地区红色旅游文化、文物普查等工作，发挥党史文化服务社会作用。

【党史资料征集】 2013年，市委党史研究室完成《中共南宁历史》第二卷(1949—1978)送审稿。召开专家、作者内部审稿会2次，对书稿结构、内容作进一步的调整和修改，最终完成约30万字送审稿。完成编纂《南宁市大事记》(2012)卷定稿，25万字，配图190余幅。按照"当年大事当年记"的要求，广泛搜集2013年南宁市党史大事记资料。启动《南宁兵变》课题申报、论证，搜集基本资料约65万字。完成《南宁抗战》丛书资料搜集和初稿编纂，上下册约140万字。

【学习培训】 2013年3月28日，召开南宁市党史研究室主任会议，贯彻落实全国、自治区党史研究室主任会议精神。八县(区)党史研究室主任、市室全体干部参加会议。9月9日，召开《南宁市大事记》(2011)卷发行式和编纂业务培训会，各县(区)、市直机关、事业单位、大型企业党史工作联络员(编纂人员)100余人参加。11月13日，召开全市党史宣传工作会议，贯彻落实全区党史宣传工作会议精神。

【县(区)党史编纂出版】 2013年，宾阳县党史研究室编纂出版《中国共产党宾阳县历史》第二卷(1949—1978)，30万字，广西人民出版社出版。上林县党史研究室编纂出版《中国共产党上林县历史》第一卷(1921—1949)，20万字，广西人民出版社出版。邕宁区委党史研究室编纂出版《中国共产党邕宁区历史资料汇编》，46万字。武鸣县史志办公室编纂出版《中国共产党武鸣县历次代表大会简介》，50万字。在编书籍：邕宁区委党史研究室《邕宁大事记》(2005—2010)，横县党史研究室《中国共产党横县历史》第一卷(1921—1949)，上林县党史研究室《中国共产党上林县历届党代会文献汇编》，马山县党史研究室《马山县大事记》，武鸣县史志办公室《辉煌武鸣—武鸣改革发展纪实》《中国共产党武鸣县历史》(第二卷)、《武鸣大事记》，隆安县党史研究室《隆安百年大事录》。 (廖运山)

9月9日，市委党史研究室召开《南宁大事记》发行暨培训会 沈 强 摄

责任编辑 方 明

南宁年鉴

文　化

综　述

【概　况】 2013年，南宁市文化新闻出版局设11个科室，有编制人员47人。局属二层机构9个（市文化市场综合执法支队、市图书馆、市群众艺术馆、市少儿图书馆、市博物馆、南宁孔庙管理所、市民族文化艺术研究院、南宁书画院、市艺术剧院有限责任公司），人员570人，其中在编人员417人，聘用人员79人。有公共图书馆14家，其中市属馆2家，县（区）馆12家；市级群众艺术馆1座，县（区）文化馆12座，乡镇文广站102个，村级公共服务中心373个；文物保护单位236个。其中：国家级文物保护单位5个，自治区级文物保护单位20个，市、县级文物保护单位211个。有国家级非物质文化遗产名录4个，代表性传承人3人；自治区级非物质文化遗产名录65个，代表性传承人31人；市级非物质文化遗产名录151个，代表性传承人83人。有文化产业示范基地30个。其中国家级1个，自治区级11个，市级18个。有自治区特色文化产业示范县（区）2个，自治区特色文化产业项目示范县（区）2个。全市有文化经营单位3346家，其中艺术类表演团体20家，歌舞娱乐场所262家，网吧752家，报刊图书音像经营企业1105家。

（市文化新闻出版局编写组）

【文化惠民工程】 2013年，南宁市完成自治区村级公共服务中心建设129个、公共文化基础设施场所免费向公众开放、扶持百支文艺队、“送百戏下乡”200场、“儿童剧目进校园”81场等为民办实事项目。参加“千村万户文艺惠民工程”暨文艺志愿者服务活动文化惠民演出50场，“戏剧进校园”公益演出61场，观众约20万人。举办跨年晚会、音乐会、文艺演出、庙会、化装舞会、艺术大赛、文化艺术节等群众文化活动。组织公益性文化服务活动153场，参与20.17万人次。

（黎　红）

【重大文化项目建设】 2013年，南宁市加快推进市民族艺术基地、广西文化艺术中心、顶蛳山文化公园等项目建设和广西文化产业城各子项目建设。中国—东盟创意乐园（锦园）项目完成用地招标、拍卖、挂牌及基础工程工作；投资6002万元完成南宁博物馆项目建设；投资2535万元，建设市民族艺术基地。顶蛳山遗址保护设施项目通过自治区立项，获国家补助500万元。市群众艺术馆重建开工。建成市城乡一体化联合图书馆；组织14家图书馆参加全国开展第五次图书馆评估定级，被评为一级图书馆5家、二级图书馆9家。

（施　延）

【精品文化工程】 2013年，南宁市推出大型壮族歌舞剧《百鸟衣》、传统邕剧《三进士》、历史粤剧《冲冠一怒为红颜》《芦花河》等剧目。曲艺作品《天琴的传说》参加全国曲艺优秀节目展演获国家文化部曲艺优秀剧目扶持；“南国之光”残疾人艺术团鸽子组合《飞吧·鸽子》获全国第八届残疾人文艺会演二等奖；市艺术剧院有限责任公司三重唱组合《踩踩脚》获2013亚洲音乐舞蹈大赛金奖。举办第十五届南宁国际民歌艺术节等系列文化活动12期，包括“一声所爱·大地飞歌”2013新民歌音乐季，有6期节目收视率排全国前十名，收视率最高一期在全国省级卫视中排名第七位。

（黎　红）

【文化遗产保护】 2013年，南宁市推进

5月3日，市艺术剧院有限责任公司创编的大型壮族歌舞剧《百鸟衣》在南宁人民会堂首演　　市文化新闻出版局提供

毛主席纪念馆文物征集及陈列设计布展，维修、保护雷沛鸿故居、梁烈亚故居，升级改造邓颖超纪念馆陈列，建造吕仁雕像和邕字钱币。市非物质文化遗产保护中心完成第四批代表性传承人6名和第五批非物质文化遗产代表性名录项目及39个市级非遗名录申报工作，其中“壮医经筋疗法”是南宁市首次申报的传统医药类项目；整理冲刺国家级项目《广西粤剧》申报材料上报；完成《2013年度国家级非物质文化遗产名录项目——壮族歌圩保护补助资金》申报并获壮族歌圩保护经费100万元。整理《壮族歌圩》《邕剧》《壮族刺绣》《传统体育(游艺类)》申报材料报市科技局。组织、整理2014年度市科学研究与技术开发计划项目申报材料。编撰“南宁市非物质文化遗产丛书”通过市政府组织的专家评审，中央民族大学原副校长梁庭望教授为书籍作序时称丛书是“南宁区域文化的开拓之作”，被《南宁日报》等媒体报道。1月4日至6日，举办市非物质文化遗产保护学术研讨会(邕剧、壮族歌圩专题)，来自新加坡、北京市、贵州省、广州市等国家、省、市及驻邕院校专家、学者近90人参加，收集论文近40篇；举办小型粤剧《老鼠嫁女》、传统大型邕剧《三进士》研讨会。2月10日，市文化新闻出版局主办的南宁首届文化庙会非物质文化遗产专场演出在南宁孔庙举行，青秀区、邕宁区非物质文化遗产名录“壮族芭蕉香火龙”、邕剧、南宁壮族岳鼓、粤剧、壮族采茶戏、民间绝技“含火犁头过火炼”展演，观众1000人。6月8日，市文化新闻出版局、市非物质文化遗产保护中心与各高校合作开展第8个中国文化遗产日“爱非遗，随我行”宣传活动，发动市民参与非遗体验，选拔本土非物质文化遗产形象代言人10名，新闻媒体《南宁日报》《当代生活报》、南宁电视台、广西电视台、广西新闻网、南宁时空网组织报道。南宁育才学校旧址和横县伏波庙被国务院核定为全国重点文物保护单位。

（黎　红　潘雨茜）

【文化市场监管】 2013年，南宁市出动检查人员4.16万人次，检查演出活动51场次，经营单位83家次，艺术品经营单位78家次，游艺娱乐场所528家次，立案14件，罚款9.30万元；检查歌舞娱乐场所1232家次，立案3件，罚款2.40万元；检查网吧7715家次，立案94件，罚款29.90万元，责令停业整顿2家；检查广播电视、地面卫星接收设施经营单位9家次；检查书报刊经营单位1735家次，立案2件，罚款1万元；检查音像经营单位829家次，立案10件，罚款1.98万元，没收非法音像制品2.46万张；检查印刷经营单位1690家次，立案1件，罚款5000元。市文化市场综合执法支队制作的2份执法文书被国家文化部评为2012年至2013年度全国文化市场综合执法优秀案卷三等奖。

（黎　红）

【文化产业】 2013年，市政府出台《南宁市文化产业发展专项资金管理暂行办法》《南宁市文化产业示范基地命名管理办法》。全市有文化产业示范基地37家，其中国家级1家，自治区级14家，市级22家。7个动漫创意项目入选市动漫品牌建设和保护计划，民族原创动画片《阿米萝之歌海传奇》制作完成。多媒体歌舞秀《锦宴》“天天演”项目公演。建设文化产业公共信息服务平台，宣传文化产业政策，为推介南宁文化企业、文化产品、文化项目提供公共信息。整合南宁大地飞歌文化传播有限公司、南宁国际会议展览有限公司资源，成立南宁大地飞歌文化产业集团有限公司，负责市文化娱乐产业、大众传媒等投资经营。

（黎　红　施　延）

【对外文化交流】 2013年，南宁市组织大型粤剧《冲冠一怒为红颜》《芦花河》《目连救母》《龙象塔奇缘》赴泰国、加拿大、新加坡等国展演，参加澳大利亚班达伯格新春文化交流、越南海防市—红河三角洲地区国家旅游年开幕演出。将音乐剧《猫》(中文版)引入南宁国际民歌艺术节，举办首届中国—东盟(南宁)戏剧周，开展“邕抱今宵·友你友我”南宁澳门联谊晚会。市艺术剧院有限责任公司代表南宁市参加第二届中越青年大联欢“青春·友谊·梦想”文艺演出，近万名中越青年同台献艺。参加2013“欢乐南宁”国(境)外嘉宾联欢活动演出。

（黎　红）

2013年，国家文化产业基地——广西榜样传媒集团内景

市文化新闻出版局提供

群众文化

【概　况】 2013年，南宁市组织开展免费文化开放服务(辅导、培训、创作、调研)、公共文化服务、非物质文化遗产保护及重大群众文化活动。市群众艺术馆举办舞蹈、声乐、电子琴、钢琴、美术、书法等艺术培训班35场次，培训799人次；组织艺术骨干到虎邱村等6个艺术培训示范基地进行艺术辅导，推行艺术培训基地免费开放。新挂牌成立市海飞学校艺术培训基地，为外来务工子弟提供免费艺术培训，市艺术培训基地增至8个。举行南宁市“永远跟党走·迈向新辉煌”新年广场音乐会、“绿城欢歌唱和谐·红红火火过大年”广场文艺演出——

市迎春广场文艺演出、市首届文化庙会群众文艺演出专场、"我们的节日·欢度元宵大型广场化装舞会"等活动。举行"文化伴你行·情暖农民工"市农民工文化艺术节等7项活动，为农民工朋友慰问演出6场，举行送书活动8次、讲座4次。打造"百姓大舞台·想秀你就来"群众文化活动品牌：举办青春艺术大赛、少儿艺术节、社区文化艺术节、"夕阳秀"艺术大赛，全市近90个社区4000多名选手、2500个节目参赛，设奖项1000个。组织公益性文化服务活动："绿城讲坛"开讲60场，听众1.80万人次；"绿城展廊"展览34场，观众15.77万人次；"绿城舞台"活动17场，参与人数6647人次；"蒲公英"讲坛开讲42场，听众1.95万人次。选送郝芸自编自导自演的小品《望子成星》赴山东参加第十届全国艺术节"群星奖"比赛；馆内专业人员创作的文艺作品获国家级奖1个、自治区级奖9个、市级奖3个。4月，市群艺馆举办舞蹈创作培训班，各县(区)文化馆专业干部及市区舞蹈爱好者等150余人参训；启动"百姓广场"群众文化活动；举办"美丽南宁·整洁畅通有序大行动"专场文艺演出。8月11日至19日，市"南国之光"残疾人艺术团参加在湖南省长沙市举行的全国第八届残疾人文艺会演，参赛歌曲《飞吧·鸽子》、小品《夫妻》获湖南赛区二等奖，小品《春雨》获湖南赛区三等奖。

(黎　红)

【"华联杯"艺术活动】 2013年，南宁市群众艺术馆与北京华联公司联合举办"华联杯"群众文化系列赛事。4月28日，在市民族广场举行"青春华联·精彩未来"——2013年"华联杯"青春艺术大赛颁奖及部分优秀节目展演。大赛历时11天，设歌手、舞蹈、"青春之星"形象3个赛组，来自大中专院校、企事业单位、社区等近400名选手、200多个节目参赛。僚歌组合《蓝天广朗朗》、秦蕊《水姑娘》获歌手组一等奖；舞蹈《舞动青春》《爱重来》获舞蹈组一等奖；朱晨昕、黄凯、诸葛凤萍分别获"青春之星"形象赛组冠军、亚军、季军。7月13日，在南宁民族广场举行"华联杯"少年儿童艺术节优秀节目展演及颁奖仪式。艺术节设声乐、舞蹈、器乐、故事、相声、模特及美术书法比赛项目，900余名中小学生参赛，400人获奖。11月至12月，在江南区北京华联店举行市第十届"华联杯"社区文化艺术节，设歌手、舞蹈、综合才艺3个赛组。逾1000人、400个节目参赛。选手夏瑶、林晓红获歌手组一等奖；警营蓝湾艺术团、兴宁区凤凰艺术团获舞蹈组冠军；彩虹艺术团获综合才艺组冠军，76个参赛节目分别获二等奖、三等奖和优秀奖。

【"外来务工者之歌"歌手大赛】 2013年5月25日，市文化新闻出版局主办、市群众艺术馆承办的"唱响和谐·放飞梦想"首届"外来务工者之歌"歌手大赛在市五一东路嘉荟城百货店广场举行，110名外来务工人员参赛。李福才、梁慧琳获一等奖，黄旅辽等4位选手获二等奖，其余24名选手分别获三等奖、优秀奖、鼓励奖。

【绿城歌台】 参见"中国—东盟博览会·峰会·民歌节"类目"南宁国际民歌艺术节"分目。

【第六届"夕阳秀"展演】 2013年11月1日，市群艺馆主办的南宁市第六届"夕阳秀"展演在新竹社区举行，以舞蹈、快板、演唱、时装表演、粤曲、平话山歌、民间绝技、器乐演奏等多种形式表演，成为"百姓大舞台"群众文化活动的重要品牌。

【第四届乡村社区和谐文艺大展演】 2013年12月6日，市委、市政府主办，市委宣传部、市文化新闻出版局、市广电局、市文联承办，市群众艺术馆、市电视台协办的"南宁市第四届乡村社区和谐文艺大展演"晚会在南宁人民会堂举行，来自基层群众的62个节目参加演出；展演活动分音乐、舞蹈、小品、"中国梦·青春梦"文艺专场演出4类，历时8个月。在决赛中，《歌仙刘三姐》(西乡塘区代表队)等21个节目获一等奖，《园中芭蕉树》(武鸣县代表队)等26个节目获二等奖，《清水河恋歌》(宾阳县代表队)等26个节目获三等奖。在"中国梦·青春梦"文艺专场演出中，《雒田之舞》(青秀区代表队)等5个节目获金奖，《歌唱祖国》(兴宁区代表队)等10个节目获银奖。

【健康舞大赛】 2013年12月27日至29日，市群艺馆、自治区舞蹈家协会、市舞协联合举办"2013南宁市首届健康舞大赛"，队伍参赛40余支。新竹社区艺术团、华艺艺术团、市童心幼儿园获一等奖；古韵金凤艺术团、家家乐艺术团、警营蓝湾艺术团获二等奖；民族广场拉丁舞培训中心等团队获三等奖及优秀奖。12月29日，在民族广场举行健康舞大赛颁奖晚会，观众约1万人。 (姚　彧)

专业艺术

【概　况】 2013年，南宁市从事专业艺术的单位有：南宁市民族文化艺术研究院和南宁市艺术剧院有限责任公司。市民族文化艺术研究院保持市非物质文化遗产保护中心、市戏剧院两块牌子，主要进行艺术创作，出版新创刊物《南宁民族艺术》3期；在编人员80人，其中正高级职称3人，副高级职称8人，中级职称29人。市艺术剧院有限责任公司为专业艺术团体，在编人员200人，其中正高级职称4人，副高级职称18人，中级职称74人；开展专业演出299场次，观众34万人次，演出收入1107.70万元。

(市文化新闻出版局编写组)

【艺术成果】 2013年，市艺研院排演曲艺作品《天琴传说》在国家文化部、山东省人民政府主办的全国曲艺优秀节目展演中获"优秀曲艺节目奖"。在自治区文化厅主办的第五届广西戏剧青年演员比赛和第七届广西音乐舞蹈比赛中，市艺研院邕剧《魂断巴丘》(表演南派"吐真血绝技")获一等奖，粤剧《战马超》获三等奖，琵琶曲《山乡壮戏》获创作三等奖、独奏优秀奖，《彝族舞曲》获演奏优秀奖。器乐小合奏《渔帆》、粤曲独唱《梦贤》、粤剧《魂断巴丘》获桂东南五市粤剧粤曲团体比赛特等奖。市艺术剧院有限公司韦誉获第十五届全国青年歌手电视大奖赛南宁赛区选拔赛(民族唱法)二等奖。廖鸿飞、刘海旋、杨历川分别获第十五届全国青年歌手电视大奖赛广西赛区选拔赛民族唱法一等奖、流行唱法一等奖、流行唱法三等奖。韦丽萍、韦汶伽、李清影参加中央电视台音乐频道举办的"争奇斗艳—2013蒙藏维回朝彝壮冠军歌手争霸赛"决赛获壮族"优秀歌手"称号。廖鸿飞获第九届中国音乐金钟奖广西赛区金奖。话剧《我爱桃花》获第五届广西戏剧青年演员比赛个人表演三等奖(由自治

8月29日晚，首届中国—东盟（南宁）戏剧周大型粤剧《冲冠一怒为红颜》演出现场 市文化新闻出版局提供

区文化厅颁发）。三重唱组合《踩踩脚》获香港举办的“2013亚洲国际音乐舞蹈模特艺术大赛”声乐组金奖，市艺术剧院有限责任公司获优秀组织奖（由世界华人音乐舞蹈艺术总会颁发）。韦誉获广西魅力北部湾第一届北部湾青年歌手大赛一等奖（自治区文化厅颁发）。组队参加自治区文化厅主办的第七届广西音乐舞蹈比赛获舞蹈创作一等奖1名、二等奖3名、三等奖1名；舞蹈表演一等奖1名、二等奖3名、三等奖1名；歌曲演唱获一等奖2名、二等奖2名、优秀奖2名；歌曲创作获二等奖1名、三等奖2名。李清影、李佳分别进入2013年CCTV音乐频道《寻找刘三姐》全国八强、十六强（由中央电视台颁发）。舞蹈《和·鞋》获第二届广西舞蹈创作签约节目（由自治区文化厅办公室颁发）。

【演出活动】 2013年1月30日至2月5日，市艺研院粤剧《画皮》参加泰国曼谷大学与加拿大维多利亚大学联合主办的“全球在东南亚表演艺术的邂逅与碰撞”学术研讨会与艺术节演出。2月至4月，市艺术剧院承办宾阳县2013年百龙舞宾州炮龙节大型文艺晚会、2013年中国壮乡·武鸣“三月三”歌圩暨骆越文化旅游节歌王大赛、《壮乡欢歌》文艺晚会及开幕式文艺演出。5月至12月，市艺术剧院创编的大型壮族歌舞剧《百鸟衣》在南宁人民会堂演出6场，参加与市工商联、市红十字会联合举办的“大爱无疆 祈福雅安”赈灾义演专场，募捐爱心款物价值超300万元，用于四川雅安灾后重建；《百鸟衣》参与横县第八届全国茉莉花茶交易博览会演出。年内，市艺术剧院参加昆仑关民俗文化旅游节、“我的中国梦”广西青联迎“七一”走基层联欢会、世界旅游小姐中国广西赛区总决赛、“第三届广西园林园艺博览会”、中国东盟艺术品交易交流博览会开幕式、市红十字会“能帮就帮·爱在邕城”答谢茶话会演出。引进世界经典音乐剧《猫》中文版在南宁人民会堂演出8场、参加“南宁市十大阳光女孩”演出活动5场。到广西幼儿师范高等专科学校上演精品话剧《隐婚男女》，在民歌湖广场举行“我们的中国梦2013—2014年南宁市大型跨年文艺晚会”演出。赴各县（区）、乡镇、村屯“送戏下乡”演出153场，“儿童剧目进校园”演出20场，广场演出10场。5月11日，市艺研院参加在越南海防市举行的“2013年海防市—红河三角洲地区国家旅游年”演出。与广西演出有限责任公司联合举办“邕城粤韵”演出。8月，启动“粤韵精粹”月月演活动，演出场地由南宁剧场提供，市艺研院每月组织演出1场，内容包括大型粤剧及折子戏等。年前上演《冲冠一怒为红颜》《芦花河》《目连救母》、精选折子戏专场、《玉碎宫倾恨绵绵》等粤剧，观众人数约1万人次。组织开展“儿童剧目进校园”活动，编排《老鼠嫁女》《小蓝脸与小红脸》2个剧目进校园演出，在12个县（区）61所学校演出61场，观众5万人次。9月3日至14日，粤剧《画皮》赴加拿大参加蒙洛里耶国际戏剧节演出，并在加拿大多伦多约克大学交流演出2场。10月13日晚，参加市“孝暖邕城·感恩重阳”粤剧公益晚会演出，观众约1000人。10月20日，在市新竹社区，与澳门雀仔园福德祠土地庙值理会曲艺组的粤剧票友、新竹社区腰鼓队联合举办“邕抱今宵·友你友我——南宁澳门联谊晚会”，观众约1000人。11月19日，新编粤剧《一怒冲冠为红颜》、传统粤剧《目连救母》、粤剧排场大戏《芦花河》、古装粤剧《龙象塔奇缘》、折子戏专场前往新加坡开展传统戏剧文化交流。

【中国—东盟（南宁）戏剧周】 参见“中国—东盟博览会·峰会·民歌节”类目“南宁国际民歌艺术节”分目。

【歌王争霸赛暨壮族歌圩音乐节】 2013年7月22日至24日，市文化新闻出版局主办，市艺研院与横县文化广播影视和体育局承办的市歌王争霸赛暨壮族歌圩音乐节在横县县城举办，同期举行县（区）采风、歌手培训班、歌王争霸赛等活动。

【第二届中越青年大联欢演出】 2013年11月26日，第二届中越青年大联欢“青春·友谊·梦想”演出活动在广西体育中心举行，市艺术剧院演员和近万名中越青年同台献艺。自治区主席陈武主持大会，国家主席习近平和越南国家主席张晋创发来贺信。中共中央政治局委员、中国国家副主席李源潮，越共中央政治局委员、越南祖国阵线中央委员会主席阮善仁，自治区党委书记彭清华出席联欢大会并致辞。 （潘雨茜 韦思私）

电影放映

【概 况】 2013年，南宁市有电影放映单位30家（含县），其中市内放映单位22家，县级放映单位8家，农村电影放映队81支。有电影院20家。共有员工843人。全年放映电影20.86完场（其中送电影下乡放映1.92万场），观众人数819.36万人次，放映收入1.80亿元。

9月22日至28日,南宁市首次引进美国百老汇经典音乐剧《猫》(中文版),图为演出现场 市文化新闻出版局提供

【电影放映单位】

南宁民族影业文化娱乐有限责任公司 2013年,南宁民族影业文化娱乐有限责任公司有员工79人,其中在岗45人,待岗31人,内退3人;专业技术人员30人。回建的新民族影城经土建、消防工程竣工验收进入结算和竣工备案阶段;完成安装高低压配电设施、四周部分景观绿化配套、广场道路铺设和绿化任务、二层售票厅玻璃幕墙施工以及南北两侧各新增一部消防疏散楼梯施工,正待验收;完成客梯(除3号客梯外)安装、消防电梯安装、扶手电梯安装和检测工作;择优评选出地下室停车场车位引导系统工程方案。完成影厅装修工程立项、影厅装修设计及相关消防、空调、智能设计,通过装修施工图审查、施工备案登记审查、委托邀标合同签订、施工图深化与建设工程消防设计审核程序;与爱麦克斯(I-MAX)(上海)多媒体技术有限公司签订关于IMAX影院系统购买和销售、维护及商标许可协议。绿地地产集团确定进驻,劳斯莱斯品牌展厅开业。"五象健身""蒂丽雪斯""秀宴"、东南亚特色餐饮品牌"喜贡"和日本新兴娱乐品牌星际动漫反斗娱乐城签订场地租赁合同。年内,公司党支部获大地飞歌文化产业集团党建工作达标奖;公司工会获市总工会2012年度重点工作目标考核一等奖。

南宁万达国际电影城有限公司 万达集团投资建造的南宁万达电影城地处市兴宁区悦荟广场B座3层,面积4537平方米,设6个影厅(含IMAX影厅),影厅内高超9米,观影座位1361个;广西首家IMAX影厅,设IMAX放映机、IMAX银幕及数字环绕音响系统;阶梯式座椅排距1.20米,采用"wall to wall"整面墙式巨幅银幕。

南宁名翔影院经营有限公司 4月,南宁名翔影院经营有限公司位于南宁大学东路98号的星美国际影城南宁新世界店开业经营,影城座位860个;由南宁民族影业文化娱乐有限责任公司与星美国际影院有限公司合资成立。设总经理、驻店经理、人事行政部、财务部、市场部、运营部。有员工46人,其中专业技术人员5人。年内,放映电影6827场次,观众22.50万人次,票房及其他收入900多万元。星美国际影城新世界店获"市国有企业先锋示范班组(营业厅)"称号,2名党员获"市国有企业先锋示范岗"称号。

南宁沃美影院有限责任公司 北京长城沃美院线有限公司名下第3家影城的南宁沃美影城,总面积近6000平方米,有9个放映厅。其中巨幕厅1个(442个座位),次巨幕厅2个(253个座位/厅),VIP厅1个(35个座位),标准厅5个;2D厅2个,3D厅6个,双机3D厅1个,座位1777个。影城放映设备全数字化,使用金属银幕、新概念数字化传播设备及第二代REALD 3D设备,选用符合美国标准的数字放映机和数字音响系统,实现数字化放映、数字化预播及管理。2013年,南宁沃美影城创造票房4947.87万元,入场107.73万人次,播电影2.03万场次。

南宁永恒时代影院经营有限公司 2013年1月1日,南宁永恒时代影院经营有限公司(2012年12月成立,是广西永恒投资集团全资子公司)接管经营原南宁天恒电影有限责任公司旗下星湖电影院、中华电影院、江南影院3家南宁本土老牌影院,更名永恒·星湖影城、永恒·中华电影城、永恒·江南电影院。1月,超大银幕IMAX影城——永恒·晶钻国际影城开业,为中国第一家入驻豪华酒店的IMAX影院。5月,永恒影院公司斥资打造广西首家动感影厅—永恒·中华电影城,影厅8个。

南宁新星时代电影有限责任公司 南宁新星时代电影大世界位于市青秀区新民路与七星路交汇处华星时代广场5楼至6楼;总面积逾8000平方米,按国家五星级现代影院标准建设。采用全数字放映技术,比利时进口Barco数字放映机,美国Dolby、cp750数字解码器、JBL影院专用扬声器及数字还音系统。设贵宾观影厅(3D厅)1个、巨幕厅1个、国际标准3D厅8个,沙发座椅近1400个。2013年,放映影片127部,观影12.56万人次,票房收入373.24万元。

大地数字影院 大地数字影院是广东大地影院建设有限公司投资建设、连锁经营的影院。2013年,大地数字影院南宁淡村商贸城店设5个影厅760个座位,观影16.80万人次,票房收入485万元;大地数字影院南宁江南梦之岛店设4个影厅718个座位,观影15.10万人次,票房收入440万元。

南宁橙天嘉禾盛天地影城 2013年1月,南宁橙天嘉禾盛天地影城位于南宁市东盟商务区盛天地购物中心商圈内的影院重新开业,面积2640平方米,设6个全数字影厅和VIP情侣双座影厅2个,614个座位;放映1.29万场次,观众12.42万人次。 (市广播电影电视局提供)

公共图书与图书经营

【概 况】 2013年,南宁市有公共图书馆14家,其中:市级馆2家(市图书馆、市少年儿童图书馆);县(区)图书馆12家(青秀区图书馆、兴宁区图书馆、西乡塘区图书馆、江南区图书馆、良庆区图书馆、邕宁区图书馆、横县图书馆、宾阳县图书馆、上林县图书馆、马山县图书馆、隆安县图书馆、武鸣县图书馆)。在编人员81人,其中具有高级专业技术任职资格3人,中级37人。馆藏图书285万册,其中市本级95.70万册,县(区)189.30万册;接待读者353.30万人次。有新华书店7家,其中市本级1家(南宁市新华书店有限责任公司),县新华书店6家。销售各类图书115.30万册。

【南宁市图书馆】 2013年,南宁市图书馆有在编人员60人,其中具有高级专业技术职务任职资格1人,中级34人。阅览座位1258个,新增纸质图书1.20万种2.34万册、期刊1085种1892册、报纸120种500册;新增电子图书4.50万册、名家讲座视频3000集。征集反映广西、东盟国家等地方的经济、文化、民风民俗文献1064册,馆藏总量95.40万册。年流通160万人次,文献外借22.50万册次,办理借书证4189人次,解答咨询4655人次,举办讲座、培训、展览、读者活动166场,图书馆官方网站点击率突破250万人次。全年专项购书经费预算140万元。其中:纸质文献116万元,占购书经费82.90%;数字资源24万元,占17.10%。被中国图书馆学会评为2012年度“全民阅读”先进单位;组织参加第五次全国公共图书馆评估定级,被评为国家一级图书馆;获中国图书馆学会“第一届全国图书馆未成年人服务论坛”案例征集案件优秀奖;获南宁市“十月科普大行动”先进集体称号。

年内,市图书馆开展“绿城讲坛”公益讲座60场,听众1.80万人次。邀请澳大利亚言语治疗师迈克尔·伯顿、国际昆达利尼瑜伽研究机构资深导师Gurbachan S.Khalsa、中国著名家教作家东子、著名大型晚会导演章东新、台湾中华道教弘道协会主任陈寿展等国内外专家到场讲课。开展“道德讲堂”讲座、“七彩童年”青少年活动、“走进图书馆,快乐读书伴成长”阅读推广活动及“流动书香”基层文化服务等活动166场次,21.63万人次参加,南宁电视台等媒体报道新闻50条、61次。在图书馆官方网站、南宁政务网2个网站11个数据库发布图文信息920条,编采图片985张,馆藏电子图书下载、浏览1.79万人次。牵头实施“南宁市城乡一体化联合图书馆”项目。与自治区环保厅、市政协、市财政局、市那龙民族中学、自治区武警总队等5家流通站建立“跨行业联合图书馆”,与9个县(区)图书馆、5家流通站实行图书通借通还。6月,按照国家图书馆要求,启动数字图书馆推广工程,采购高性能服务器、磁盘阵列、VPN等设备,更换网络核心交换机、防火墙、IDS入侵检测、UPS不间断电源等设备并完成安装调试。

开通手机图书馆终端服务业务,将“馆馆通”移动图书馆与传统图书馆OPAC服务、网络和手机应用相结合,提供移动服务信息,助力读者访问移动图书馆资源,查看信息发布、图书借还提醒、参与读书活动沙龙网上互动等。开通微信公众平台,帮助读者使用手机等移动终端通过馆馆通和微信等APP应用随时随地查看市图书馆活动资讯,实现掌上查询、预约、续借,新书通报,图书荐购等目标。市图书馆建成53家流动分馆(流通站室),提供免费借阅流动书籍10万多册。汽车图书馆流动书车进工地、学校、社区、农村开展文化讲座和图书展送27次;给各图书流通站、图书室、图书沙龙配送图书6000册;结合“农家书屋”“职工书屋”建设,上门辅导、培训基层图书馆管理人员。 (杨粒彬)

【南宁市少年儿童图书馆】 2013年,市少年儿童图书馆有在编人员23人,其中具有高级专业技术职务任职资格1人,中级9人,初级9人。大专以上学历人员占总人数83%。馆内开设藏书、借书、阅读一体化的未成年人阅读中心、图书外借处、教学参考室、益智科普乐园和电子阅览室等读者服务窗口,阅览座席724个。被自治区妇联命名为2013年广西壮族自治区示范性“儿童家园”。

年内,市少年儿童图书馆加工分编入库图书9750种2.46万册,其中连环画691种2218册。馆藏书籍38.36万册,其中图书34.61万册,报刊合订本1.01万册,视听文献1.10万册,电子图书1.41万册,电子期刊2300种。接待读者78.10万人次,图书外借15.82万册。建成图书流通站5个,为流通站(分馆)配送图书20次、1.73万册,新办读者借书证2662个。印制、执行《南宁市图书馆少年儿童规章制度汇编》(含业务建设、读者服务和行政管理3大类66个规则、办法和制度)。完成南宁未成年阅读中心建设并对外开放、二楼中学阅览室改造成综合借阅室、加入市城乡一体化联合图书馆,开展与市图书馆总馆及其他分馆“通借通

2013年,市图书馆“启智书苑”少儿阅览室内景 市图书馆提供

还通试”运行。通过图书馆集群管理系统，将江南路小学图书流通站纳入市少儿馆分馆管理。以“绿城蒲公英讲坛”“绿城蒲公英舞台”等品牌活动为平台，开展阅读指导、科技、科普、读书竞赛、未成年人思想道德建设等公益性读者活动42次，参加人员1.95万人次。与市图书馆和城区图书馆联合举办农家书屋（社区图书室）管理员暨文化信息共享工程基层服务点管理员培训班3期；举办市中小学图书馆培训班1期、读者培训班5期、读者公益讲座14场、学习汇报会6场，参加人员3770人。（周　明）

【南宁市新华书店有限责任公司】 2013年，南宁市新华书店有限责任公司有员工302人。经营网点南宁书城新华店、金湖店、科园店、邕宁店4个。实现图书销售码洋2.46亿元，比上年增长11.30%；创利税总额增长13.08%；国有资产保值增值率106.20%。年内，组织开展市“迎春书市”“书香好礼迎新年”“好书伴我成长”“书香校园行”“书香绿城”读书节、芮成钢南宁读者见面会等活动10多次，邀请管家琪、位梦华等名家走进市小学校园举办讲座及签售活动。发行《中共中央关于全面深化改革若干重大问题的决定》等党政图书2.25万册、《新华字典(第11版)》1.22万册、《现代汉语词典（第6版）》6192册。销量300册~500册的图书1315种50.27万册；销量500册~1000册的图书687种46.15万册；销量1000册以上的图书388种75.55万册。开展社会公益活动，捐赠图书价值约3.80万元。开展“捐一本好书，为山区孩子的梦想插上翅膀”爱心活动，向百色市田林县高龙乡中心小学捐赠图书500多册，价值约1万元。

南宁书城新华店　经营图书16万多种、音像制品5万多种，销售总额增长3.87%。销售社科类图书1.20万种17.54万册；文学类图书0.98万种23.62万册；科技类图书1.55万种9.46万册；少儿类图书2.05万种54.80万册；文教类图书2.04万种132.08万册。

南宁书城金湖店　经营图书16万多种、音像制品5万多种，本年度销售总额增长3.75%。销售社科类图书1.16万种16.02万册；文学类图书1.03万种16.90万册；科技类图书1.17万种4.77万册；少儿类图书1.96万种36.89万册；文教类图书1.91万种52.04万册。

（谭继来）

文化市场管理

【概　况】 2013年，南宁市文化市场综合执法支队设综合科、执法一科、执法二科3个科室，有在编人员15人。年内，获“2012年度全国文化市场综合行政执法先进单位”称号；办理“南宁市九旭骏网软件科技有限责任公司未经批准擅自从事网络虚拟货币交易服务案”，被国家文化部评为“2012年度全国文化市场重大案件办案单位”，被广西壮族自治区文化市场管理工作领导小组办公室评为“2012年度全区十大文化市场综合执法案卷及办案单位”；办理“杨某擅自从事网络游戏虚拟货币交易服务案”，被国家文化部评为“2013年度全国文化市场重大案件办案单位”；办理“杨某擅自从事网络游戏虚拟货币交易服务案、南宁某公司未经批准举办涉外营业性演出活动案”两案卷获“2012年至2013年度全国优秀文化市场综合执法案卷”三等奖，市文化市场综合执法支队被国家文化部评为“2012年至2013年度全国优秀文化市场综合执法案卷制作单位”。

【文化市场专项整治】 2013年，市文化市场综合执法支队出动检查人员1686人次，检查文化经营单位512家次(演出活动1场次，游艺娱乐场所55家次，歌舞娱乐场所50家次，网吧296家次，书报刊经营单位34家次，音像经营单位8家次，印刷经营单位68家次)；立案调查49件(游艺娱乐场所21件，歌舞娱乐场所1件，网吧15件，网络文化经营单位1件，书报刊经营单位2件，印刷经营单位9件)，罚款15.36万元，责令网吧停业整顿1家，歌舞娱乐场所停业整顿1家。3月至5月，全市开展网络淫秽色情信息专项治理“净网”行动，整治网络文学、网络游戏、视听节目网站，巡查文化类网站720家次、信息1000多条。4月23日至26日，市政府成立督查组开展15个县（区）、开发区净化社会文化环境整治行动专项督查，检查网吧44家、学校31所，查处是否接纳未成年人进入场所、证照是否齐备、是否按规定在明显位置摆放未成年人禁入标志(含举报电话)和禁烟标识，检查结果总体态势良好，31所学校周边规定距离内无经营性娱乐场所，未发现非法出版物。6月至9月，开展网吧、歌舞和游艺娱乐场所等人员密集文化经营单位安全生产专项检查，检查受检单位规章制度是否齐备（有经营场所疏散平面图、消防应急疏散预案、安全生产管理制度、排查隐患制度、日常巡查制度），工作人员是否到位(有消防安全负责人以及安全员经培训合格持证上岗)，是否对员工进行安全消防演练等。6月至10月，开展扫黄打非“清源”专项行动，对出版物市场和数码产品市场等进行集中整治，监管图书批发市场、出版物集中交易市场，检查书报刊经营单位、音像店，查处取缔无证经营游商摊点，清缴淫秽色情书刊、光盘等，重点检查以未成年人为题材和传播对象的淫秽色情出版物。10月9日至18日，市文化市场综合执法支队联合公安、工商等部门对全市印刷企业进行大检查，检查印刷企业120余家，查办违法违规案件3起，查获违规承印非法出版物6万余册、PS板一批；开展全市网络文化市场监管，将网络文化市场划分15个网格，由15个县（区）、开发区各自组成综合执法机构，对本县（区）网络文化市场依法进行日常巡查、协助执法、网络舆情监管等。重点监管网络游戏、网络音乐、网络动漫、网络视听、网络文学及文化娱乐、演出经营等领域网站，监控网上文化类新闻信息、广告宣传、行业动态、产品内容、突发事件等网络舆情。对自治区和南宁市网站进行分类，按行业性质和风险系数确定巡查重点和频率，制定巡查计划，按图索骥巡查；推行巡查定期报告制，规定每周一，各县（区）、开发区组长上报上周巡查完成情况，填写《网络文化市场日常执法巡查周报表》报送市支队巡查小组复核。

【大案要案查办】 2013年，2月17日凌晨3时，南宁佰迪乐公馆娱乐城在禁止时间内营业，消费者在场所内斗殴致死。此事经网络及媒体报道后，通过网络巡查、立案调查，对该场所做出停业整顿1个月行政处罚。5月7日，按市“扫黄打非”办部署，联合公安部门，在上林市场二楼对8家音像经营摊点业主涉嫌非法经营音像制品依法进行突击检查，现场检查记录、登记保存、完整录像等相关证据材料收集，按程序依法对涉嫌淫秽色情音像制品428件、盗版光盘1.96万件、电脑主机3台进行证据保存，并将案件移交上林县文化广播影视和体育局组成综合执法小组进行查处。 （吴朝霞）

文物·博物

【概 况】 2013年，南宁市新增横县伏波庙和南宁育才学校旧址（越南中央学舍区）2处国家级重点文物保护单位；县级文物保护单位21处，其中宾阳县10处，武鸣县10处，隆安县1处。市博物馆、横县博物馆实行免费开放，年接待观众46万余人次，其中未成年人14万人次。邓颖超纪念馆被中共广西壮族自治区纪律检查委员会办公厅命名为第一批广西廉政教育基地。

【文物调查】 2013年，南宁市文物部门配合江南区调查江西镇扬美村及三江坡古建筑情况，登记扬美村260处390幢古建筑，三江坡45处69幢古建筑，形成《江南区扬美村及三江坡文化遗产调查报告》；调查隆安县原始稻作文化及遗迹，形成《南宁市博物馆关于隆安稻作文化资料收集情况报告》。对文物点那莲正码头进行清理、测绘，划定文物保护范围及建设控制地带；清理遭破坏文物点——市人民路双孖井，提出保护意见。配合广西文物考古研究所调查邕宁水利枢纽工程水淹区老口坝址至牛湾坝址段邕江及其大小支流，发现文化遗迹23处；调查全国重点文物保护单位顶蛳山遗址保护规划项目及遗址周围清水河、八尺江沿岸地区，了解遗址保护范围、文物本体保护现状及周边地形地貌，补充资料、照片等。配合自治区文物局调查花山岩画文化景观申报世界文化遗产涉及范围内文化遗迹，涉足龙州县、宁明县、崇左市江州区、扶绥县等县（区）境界，复查岩壁画69处，调查发现22处遗址；调查明广德公主流落武鸣县夏黄村情况。

【文物维修与保护】 2013年，南宁市获自治区文物经费50万元维修市级文物保护单位雷沛鸿故居。投入30万元维修市文物保护单位梁烈亚故居、投入近20万元维修市文物保护单位斑峰书院，投入20万元修缮宾阳县文物保护单位梁村革命烈士纪念碑，投入64万元修建隆安县文物保护单位榜山文塔通山石板路，投入1.20万元修缮上林县文物保护单位南陔革命旧址和黄忠立墓。维修市文物保护单位冬泳亭和横县文物保护单位承露塔。完成南湖南广场吕仁雕像制作安装，向市政府提出保护缸瓦窑村历史文化遗产建议意见；完成913件（套）民俗文物、牌匾、书籍、工业遗产文物及标本登记造册、测量、拍摄照片等工作。其中：民俗文物377件（套），雷沛鸿文物89件（套），匾额120件（套），古书籍类228件（套），工业遗产类99件（套）。完成青铜、纸质藏品修复42件（套）；清洁保护兴宁区派出所内石柱础1对和《重修县城隍庙碑记》，记录、拓印碑刻内容。继续完成石刻专项调查，巡查市辖6个城区碑刻34处，对部分碑刻进行拍照、测绘、记录和整理文字资料等，拓片12处。

【考古发掘】 2013年，市文物考古研究所（市博物馆）配合广西文物考古研究所对市文物保护单位三江口汉城遗址进行考古发掘2次，面积约500平方米；发现散水遗迹、建筑灰面、红烧土面、瓦片堆积面建筑遗迹。试掘三江口汉城遗址同一范围内的三江口大王庙大石铲遗址，面积约45平方米，出土部分石铲碎片。配合有关单位对龙州县沉香角岩厦遗址、宝剑山A洞洞穴遗址以及无名山遗址等3处遗址进行考古试掘，面积70多平方米，出土文化遗物700多件，其中琢边石器为广西桂南地区史前考古中少见。发掘邕宁水利枢纽工程水淹区调查发现窑址1处和贝丘遗址1处，出土大量文化遗物。4月，对隆安县丁当镇英敏村雷空屯邑帽石铲遗址进行抢救性发掘，试掘面积46平方米，出土大石铲22件，石铲碎片1200多片。11月，隆安县乔建镇鹭鹚村出土一批石铲，其中一把大石铲长77厘米、肩宽41厘米、厚2厘米，棱角对称、打磨光洁，经广西骆越文化研究会鉴定是6000年前的文物，是目前国内发现的最大石铲。

【文物征集与捐赠】 2013年，市博物馆接收书画家滕伟、罗修奎捐赠四川地震主题书法合作作品1幅；收藏家姚嘉康捐赠20世纪70年代与2011年版有关"越南战争"题材系列连环画30册。从桂林征购包括石器、铜器、陶器、瓷器、铁器、玉器、木器（含木雕、木家具）、银器、锡器、纸币、纸质票证等文物563件（套）；征集"红桂"牌缝纫机1台，1952年革命军人证书1张。

【陈列展览】 2013年6月10日至16日，市博物馆与广西博物馆合作，在广西博物馆一楼展厅举办"千年之花 苍劲铁力——广西明、清铁力木家具展"，展出由玉林市民间收藏家收藏100件明、清铁力木家具精品。

【博物馆建设】 2013年，市博物馆新馆主体工程通过验收；《南宁博物馆陈列内

11月24日，首届明式婚礼在南宁孔庙举行　　南宁孔庙管理所提供

容设计方案》通过市委、市政府和自治区文化厅评审。陈列布展装修工程通过市发改委立项并开始施工；至年末，完成天面吊顶、玻璃幕墙、镂空铝板装饰和水电、暖通空调主机安装，完成消防管道安装的10%、屋面防水、隔热防护90%，完成中庭拉索幕墙的50%、石材幕墙85%。办公区装修、智能化工程、室外景观设计正在调整和申报备案。《毛主席接见广西各族人民纪念馆陈列设计内容方案》通过市委、市政府及专家评审，转入陈列展览招投标阶段。恢复展览功能的"毛主席接见广西各族人民纪念馆"完成馆名始建、落成时间、历史名称和图片文史资料的调查和收集以及立项申报、经费申请等工作，市财政投入186万元进行项目改造。邓颖超纪念馆二期改造工程通过市发改委立项，邓颖超纪念馆改造工程项目中"广西高等法院办公楼旧址"维修设计方案通过自治区文物局审批，各项目报批报建。完成顶蛳山考古遗址保护规划项目绘制规划地形图设计的前期准备工作。

【第一次可移动文物普查试点】 2012年至2016年，国务院在全国范围内开展第一次可移动文物普查活动，市博物馆作为广西第一次可移动文物试点单位之一，7月至9月进行试点普查，从市博物馆馆藏文物中遴选出土文物、陶瓷器、玉器、金属器、杂项等500件（套）藏品进行文字信息录入、文物影像信息采集、照片筛选、称重、测量等。 （周梅清）

【南宁孔庙】 2013年，南宁孔庙管理所有在编人员15人。接待国内外游客45万人次，其中未成年人约16万人次。接待特别嘉宾、团体90余个（次）；接待马来西亚、泰国、老挝、新加坡、美国等国家和港澳台地区游客约1000人；接待区内外旅游团队20人以上规模逾100批次；接待北京国子监、玉林市博物馆、三亚市博物馆、柳州市文庙、恭城县文庙、四川省德阳市文庙等团体。在南宁周边地区和赴北京征集到清代文武官服补子、铜钟等文物11件。

首届新春文化庙会 2月，在南宁孔庙举行"南宁孔庙首届新春文化庙会"，举办100名孔子后裔祭孔、传统剧目展演、民间杂技展演、祈福体验、文化集市、历史文化展览与宣传、古礼体验等8个系列文化活动，接待市民和外地游客近10万人次。

传统文化活动 举办拜孔子、成人礼、开笔礼等传统文化活动10余场，首次举办拜师礼及传统明式婚礼。3月，南宁二中1170名高三学生、家长及老师开展"人生就是历练"6千米结伴徒步同行和"循先哲足迹 宏天下道义"祭孔活动。5月，举行"我是孝子记忆天才游学营"开营礼活动。7月，市天桃实验学校、市滨湖小学与天峨县龙滩顶茂希望小学携手在孔庙举行"游孔庙、拜孔子"夏令营活动；12月，华商书院500人举行祭孔仪式。

道德讲堂与同心讲堂 5月29日，市委统战部在南宁孔庙同心讲堂举行"成就梦想 你我同行"主题故事会。11月2日，全国政协副主席罗富和来南宁调研，在南宁孔庙"同心讲堂"观摩民进市青秀区综合支部主题生活会。市道德讲堂第二总堂设在南宁孔庙内，每月孔庙明伦堂举办2场道德讲堂，全年举办道德讲堂14场次。

陈列布展 完善大成殿、崇圣祠、明伦堂、东庑、西庑、东斋、西斋7个展厅的陈列布展，安装安防、广播系统，制作安装12哲、72贤铜雕。9月28日，举行"南宁孔子书院"揭牌仪式，在书院展示所藏国家级书法家论语作品。

文化遗产保护宣传月活动 举办以"人人参与文化遗产保护"为主题的文化遗产保护宣传月系列活动，结合国际博物馆日"博物馆（记忆+创造力）=社会变革"活动主题和文化遗产日"文化遗产与全面小康"主题，为市北湖北路学校2000名学生举办开笔礼、中考誓师大会、考前心理辅导讲座、儒学知识竞猜及民间剪纸展等活动，联合学雍国学堂举办传统技艺展示、古琴弹奏、汉服展演、经典吟诵、现场互动等文化活动。 （梅晓光）

2013年南宁市文物保护单位名录

级别	名称	年代	公布年份	位置（地址）
国家级	顶蛳山遗址	新石器	2001年	邕宁区蒲庙镇新新村九碗坡东面
	昆仑关战役旧址	民国	2006年	兴宁区昆仑镇昆仑村
	智城城址	唐代	2006年	上林县白圩镇爱长村下石检屯
	越南中央学舍区（广西南宁育才学校）总部旧址	1951年	2009年	西乡塘区心圩街道和德村九冬坡
自治区级	伏波庙	明清	1994年	横县云表镇站圩村东南3千米处
	豹子头遗址	新石器	1981年	青秀区柳沙园艺场（那坝村）
	灰窑田遗址	新石器	1981年	青秀区三岸园艺场
	中共广西省第二次代表大会旧址	1929年	1981年	青秀区河堤路雷屋
	青龙江口遗址	新石器	1981年	青秀区长塘镇定西村北面的青龙江口
	天窝遗址	新石器	1981年	青秀区长塘镇天窝村东面的邕江南岸
	共青团南宁地委旧址	1926年	1981年	兴宁区北宁街47号

续表一

级别	名称	年代	公布年份	位置(地址)
自治区级	革命烈士纪念碑	1956年	1963年	兴宁区公园路人民公园内
	新会书院	清代	2000年	兴宁区解放路42号
	石船头遗址	新石器	1981年	良庆区良庆镇那黄村北面邕江南岸
	明秀园	民国	2000年	武鸣县城西郊蒙村附近
	思恩府试院	清代	2000年	宾阳县宾州镇宾阳职业中专内
	宾州南桥	明代	2009年	宾阳县宾州镇南街与三联街交接处
	南宁魁星楼	清代	2009年	江南区江西镇扬美村希望小学内
	邕江防洪古堤	清代	2009年	青秀区邕江北岸距邕江大桥以东约300米处
	邕宁五圣宫	清代	2009年	邕宁区蒲庙镇团结街
	惠迪公祠	清代	2009年	隆安县南圩镇发立村积发屯
	镇宁炮台	民国	2009年	兴宁区公园路人民公园望仙坡西南
	广西高等法院办公楼旧址	民国	2009年	兴宁区朝阳路3-5号
	施恒益大院	民国	2009年	横县横州镇城司街东二巷
	广西省土改工作团第二团团部旧址	1951年—1952年	2009年	江南区江西镇锦江村麻子畲坡
市级	新华路水塔	1937年	1994年	兴宁区新华路南段
	望火楼	1953年	2001年	兴宁区新华路1号
	西关路铁桥	1934年	2001年	兴宁区西关路北段
	两湖会馆	清代	2001年	兴宁区解放路38-40号
	冬泳亭	1974年	2001年	兴宁区邕江一桥北端西南面
	邕州知州苏缄殉难遗址	北宋	2002年	兴宁区兴宁路西二里
	南宁商会旧址	清代	2002年	兴宁区解放路54号
	安徽会馆	清代	2002年	兴宁区石巷口12号
	董达庭商住楼	民国	2002年	兴宁区解放路35-1号、37号
	金狮巷民居群	清代至民国	2002年	兴宁区兴宁路西二里50、52、54、56、58、60、62、64、66、68号
	腾甫墓	宋代	1989年	兴宁区五塘镇沙平村
	南宁会议旧址	1958年	2002年	兴宁区新民路明园饭店内
	黄旭初旧居	民国	2002年	青秀区明德街53号
	邕宁电报局旧址	1922年	2002年	青秀区明德街55号
	桂南战役阵亡将士纪念亭	1941年	1996年	青秀区植物路自治区第一保育院内
	雷沛鸿故居	清代	2001年	青秀区河堤路雷屋16号
	陶公馆	1935年	2002年	青秀区河堤一街37号
	中共广西省委机关秘书处旧址(雷经天故居)	1929年	2001年	青秀区河堤路雷屋17号
	广西省体育场门楼	1954年	2002年	青秀区桃源路62号
	那北咀贝丘遗址	新石器	1989年	青秀区长塘镇五合村那窝坡南面邕江边
	凌屋贝丘遗址	新石器	1989年	青秀区长塘镇五合村
	斑峰书院	清代	1998年	青秀区刘圩镇刘圩街
	南宁古城墙	明、清	2007年	青秀区邕江一桥北端

续表二

级别	名称	年代	公布年份	位置(地址)
市级	青秀山摩崖石刻	明代	1983年	青秀山风景名胜旅游区内
	董泉	明代	1983年	青秀山风景名胜旅游区内
	凌铁水塔	民国二十三年(1934年)	2010年	青秀区植物路53号凌铁水厂内
	刘圩大寨屋	20世纪70年代	2010年	青秀区刘圩镇麓阳村新阳坡和启蒙坡
	宗圣源祠	明万历三十七年(1609年)	2010年	青秀区七星路一巷25号
	烟墩岭烽火台	明代	1996年	江南区烟墩脚村烟墩岭
	梁烈亚故居	清代	2001年	江南区江西镇扬美村解放路35号
	千人坟	1941年	1996年	江南区沙井街道乐贤村黄樟岭
	周家坡古建筑群	清末至民国	2010年	江南区江南街道东南村周家坡
	莫文骅故居	清道光十年(1830年)	2010年	江南区亭子莫屋角12号
	粤东会馆	清代	1982年	西乡塘区壮志路22号
	那龙恐龙出土点	中生代白垩纪	1996年	西乡塘区金陵镇大石村石火岭
	黄氏家族民居	清代	2001年	西乡塘区中尧南路东三里88号
	林氏祖屋	明、清	2002年	西乡塘区心圩街道四联村林屋
	罗文村韦氏祖屋	明、清	2002年	西乡塘区罗文村
	铜鼓陂水利	清代	2002年	西乡塘区安宁街道永宁村东北面
	老口村覃氏民居和宗祠	清	2010年	西乡塘区石埠街道老口村那告坡
	老口村李氏民居	清	2010年	西乡塘区石埠街道老口村建宁坡
	驮罕码头	民国初年	2010年	西乡塘区金陵镇龙达村龙江街
	驮罕炮楼	民国初年	2010年	西乡塘区金陵镇龙达村龙江街
	邕宁县第十三区政府旧址	1956年	2010年	西乡塘区石埠街道老口村贤湾街19号
	老口村黄氏宗祠	清代	2010年	西乡塘区石埠街道老口村三民坡
	刚德村卢氏民居	清同治年间	2010年	西乡塘区金陵镇刚德村大石坡154号
	那莲戏台	清代	1989年	邕宁区蒲庙镇孟莲村那莲街
	北帝庙	清代	1989年	邕宁区蒲庙镇孟莲村那莲街
	新江桥(皇赐桥)	清代	1989年	邕宁区新江镇新江街北端
	雷婆岭石刻	清代	1989年	邕宁区那楼镇那蒙村雷婆岭
	徐汉林烈士墓	1950年	1998年	邕宁区新江镇汉林村
	蕾帽岭摩崖石刻	清代	2010年	良庆区那陈镇那徐村委和平丙坡之间的蕾帽岭顶峰
	良庆五帝庙	清同治十二年(1873年)	2010年	良庆区良庆镇良庆街西二巷
	孔总桥	20世纪70年代	2010年	良庆区南晓镇团东村平朗坡
	雷般故居	清末	2010年	良庆区南晓镇晓元村达庄坡32号
	陵桂村钟氏民居	清光绪二十年(1894年)	2010年	良庆区南晓镇陵桂村大陵坡
县级	陆荣廷墓	民国	1983年	武鸣县城厢镇大皇后村
	葛阳文昌阁	清代	1983年	武鸣县太平镇葛阳村葛阳圩
	蜡烛山遗址	新石器	1988年	武鸣县双桥镇伏林村敢汉山附近
	邑勋贝丘遗址	新石器	1998年	武鸣县锣圩镇邑勋村水响龙水岸

续表三

级别	名称	年代	公布年份	位置(地址)
县级	文江塔	清代	1988年	武鸣县县城香山河与西江河汇流处
	坛李塔	清代	1988年	武鸣县罗波镇坛李村坛李屯西面
	剧院石狮	民国	1988年	武鸣县武鸣会堂正门前
	全才城岭石墙	明代	1988年	武鸣县西江镇公泉村全才屯城岭上
	虚白公暨其媳广德公主轶事丛拾石碑和夏黄村志石碑	民国	1988年	武鸣县城厢镇夏黄村小学校园内
	灵水石刻	1934年	1988年	武鸣县县城灵水湖岸边
	甲泉石刻	清代	1988年	武鸣县双桥镇伊岭村雅亭屯东面
	镇武桥	民国	1988年	武鸣县县城内西江河上
	仙山石刻	宋代	1988年	武鸣县双桥镇伊岭村广寺屯仙山西面
	起凤山庙及其石刻	清代	1988年	武鸣县城厢镇夏黄村西北面
	府城高中李彦章石刻	清代	1988年	武鸣县府城镇府城高中校园内
	“至圣先师孔子赞屏序”石碑	清代	1988年	武鸣县府城镇府城粮所院内
	罗波庙及其周围石刻	清代	1988年	武鸣县罗波镇罗波潭东岸
	元龙坡古墓群遗址	西周	2009年	武鸣县马头镇马头社区东面500米处
	安等秧坡古墓群遗址	战国	2009年	武鸣县马头镇马头社区南面1千米处
	葛阳戏台	1819年	2013年	武鸣县太平镇葛阳村葛阳圩
	文桐戏台	1830年	2013年	武鸣县陆斡镇文桐村谢桐屯
	都文宋代遗址	宋代	2013年	武鸣县宁武镇旧琴村都文屯西面300米狮子山东面和南面山脚
	高井兵寨遗址	元至清	2013年	武鸣县锣圩镇大扬村青山屯西面的三宝山上
	“阳明先生过化之地”石刻	明代	2013年	武鸣县府城镇喜庆村那浪屯西面900米处
	卧牛石李彦章石刻	清代	2013年	武鸣县府城镇府城社区四喜街
	“琴筑泉”石刻	清代	2013年	武鸣县罗波镇凤林村板龚屯西面1千米南潮泉边
	敏山“阳明洞”石刻	1930年	2013年	武鸣县陆斡镇苞桥村张岭屯南面200米敏山东面面半山腰
	岜孟山敢公司陆荣廷石刻	1921年	2013年	武鸣县宁武镇梁新村南面3千米处岜孟山敢公司内
	极星桥	1925年	2013年	武鸣县府城镇府城社区四喜街
	韦波村红泥岭	战国	1986年	宾阳县露圩镇韦波村红泥岭
	回风塔	1876年	1988年	宾阳县宾州镇城北合岭村
	秀峰塔	1834年	1988年	宾阳县大桥镇水美村
	革命烈士梁瀚嵩将军之墓	现代	1987年	宾阳县黎塘镇新梁村
	邓村烈士墓	1950年	1988年	宾阳县甘棠镇邓村
	白岩	宋代	1988年	宾阳县新桥镇白岩村
	安城古城门	明、清	1988年	宾阳县黎塘镇安城村
	领方古城址	汉代	2006年	宾阳县宾州镇古城村
	蔡氏古宅	清代	2006年	宾阳县古辣镇蔡村
	谭屋小洋楼	民国	2007年	宾阳县新桥镇林堡村
	老牌楼	民国	2007年	宾阳县宾州镇三联街378号
	施氏家庙	明、清	2008年	宾阳县中华镇施村

续表四

级别	名称	年代	公布年份	位置(地址)
县级	陈良佐旧居	近、现代	2008 年	宾阳县武陵镇白沙村
	陈氏宗堂	明、清	2008 年	宾阳县古辣镇义陈社区
	程思远故居	现代	2008 年	宾阳县大桥镇大程村
	那宁杨家大屋	清代	2013 年	宾阳县甘棠镇那宁村委那宁村
	梁翰嵩“小休楼”	现代	2013 年	宾阳县黎塘镇新圩村委梁村
	卢炎山故居	近代	2013 年	宾阳县黎塘镇黄茶村委
	廖氏民居	清代	2013 年	宾阳县新桥镇清平村委廖村
	廖村小洋楼	近代	2013 年	宾阳县新桥镇清平村委廖村
	武陵磨家大院	清代	2013 年	宾阳县武陵镇武陵村委高荣村
	梁村革命烈士纪念碑	近代	2013 年	宾阳县黎塘镇新圩村委梁村西面象山顶上
	太守抗日万人墓	近代	2013 年	宾阳县思陇镇太平社区
	蒙知州墓	宋代	2013 年	宾阳县宾州镇宝水村委大浪塘村西侧六羊岭
	六卢牌楼	近代	2013 年	宾阳县露圩镇百合村委六卢希望小学内
	舜婆山遗址	明代	1999 年	上林县白圩镇覃排社区
	九龙窑遗址	宋代	1999 年	上林县明亮镇九龙村
	韦厥墓	唐代	1999 年	上林县三里镇双罗圩北面
	张鹏展墓	清代	1999 年	上林县澄泰乡下江村外云屯
	通观桥	明代	1999 年	上林县三里镇三里村
	金鸡山石刻	1579 年	1999 年	上林县乔贤镇高祥屯金鸡岭
	汇水桥畔碑林	明、清	1999 年	上林县三里镇汇水桥畔船山
	平山石刻	清代	1999 年	上林县巷贤镇六联村留仙屯
	黄忠立墓	清代	1999 年	上林县澄泰乡澄泰村
	杨腾辉旧居	1933 年	1999 年	上林县大丰镇
	南陔革命旧址	1942 年	1999 年	上林县巷贤镇卢柱村大卢屯
	石南海遗址	新石器	2012 年	上林县塘红乡石门村
	南丹卫城址	明代	2012 年	上林县大丰镇皇周村
	厂圩冶炼遗址	清代	2012 年	上林县木山乡厂圩村
	鼓岩书院遗址	清代	2012 年	上林县白圩镇高长村
	黄忠立故宅遗址	清代	2012 年	上林县大丰镇东春村
	瓦窑古城	清代	2012 年	上林县白圩镇覃排社区
	宿岭桥	清代	2012 年	上林县三里镇大黄村
	鲤龙桥	清代	2012 年	上林县西燕镇覃浪村
	清秀山石刻	明代	2012 年	上林县三里镇云姚村
	明镜岩石刻	清代	2012 年	上林县三里镇黄楚村
	马湾石刻	明代	2012 年	上林县西燕镇覃浪村
	敢王洞石刻	清代	2012 年	上林县镇圩瑶族乡镇马社区
	巷贤抗日阵亡将士公墓	民国	2012 年	上林县巷贤镇高贤村

续表五

级别	名称	年代	公布年份	位置(地址)
县级	大丰抗日阵亡将士公墓	民国	2012年	上林县大丰镇皇周村
	海棠桥	清代	1983年	横县横州镇西郊
	横县六秀会议议址(中共广西省工委横县会议旧址)	1947年	1983年	横县陶圩镇六秀村
	天窟归云岩(青龙岩)	明代	1983年	横县横州镇谢圩村北面500米
	承露塔	清代	1983年	横县峦城镇高村西南2千米金龟岭
	南山应天寺	明、清	1983年	横县那阳镇宝华村南山林场场部
	龙王庙(龙母庙)	明、清	1983年	横县横州镇洪德社区居委会
	尹屋村宋窖及宋墓群	宋至元	1990年	横县横州镇尹屋村
	李萼楼大院	清代	2005年	横县马山乡翰桥村
	笔山花屋	清代	2012年	横县平朗乡笔山村
	王堂口苏宅	清代	2012年	横县峦城镇峦城社区王堂口15号
	天成大屋	清代	2012年	横县那阳镇溋塘村上村屯
	万尤府	清代	2012年	横县六景镇亭茶村西
	亭茶杨氏祖屋	清代	2012年	横县六景镇亭茶村东北部
	中国人民解放军粤桂边纵第八支队暨横县人民政府成立旧址	中华人民共和国	2012年	横县平马镇平马社区中心小学内
	秀林书院	清代	2012年	横县县城横县中学内
	鳌山寺	清代	2012年	横县百合镇百合社区鳌山山脚下百合中学内
	魁星楼遗址	清代	2012年	横县横州镇登高岭
	蒋上国夫妇墓	明代	1989年	马山县乔利乡白马山脚
	八仙板桥	明代	1989年	马山县周鹿镇东侧码头边
	石塘北帝庙址	清代	1989年	马山县周鹿镇石塘村北侧
	佛洞石刻	清代	1989年	马山县周鹿镇坛沙村伏下屯
	头零拱桥	清代	1989年	马山县古零镇乔老村头零
	苏渌拱桥	清代	1989年	马山县古零镇乔老村苏绿屯
	旧圩拱桥	清代	1989年	马山县古零镇扬圩旧街
	那崩山石刻	明代	1989年	马山县古零镇古统村动期屯
	扬圩书岩石刻	明代	1989年	马山县古零镇扬圩南面约1千米处
	下巴拱桥	清代	1989年	马山县白山镇大同村下巴屯
	"205"上坳石刻	清代	1989年	马山县白山镇上龙村六代屯
	卧云洞	清代	1989年	马山县县城北郊
	题诗岩石刻	明代	1989年	马山县永州镇西南3千米处
	五埂隘石刻	明代	1989年	马山县永州镇东面二埂隘
	罗汉山石刻	清代	1989年	马山县永州镇烈士塔西侧
	栖真洞石刻	清代	1989年	马山县县城伴雲山西面
	南屏山石刻	清代	1989年	马山县县政府南侧
	鳌鱼山石刻	清代	1989年	马山县县城西南
	中共那马中心县委旧址	近代	1998年	马山县永州镇平山村坡马屯

续表六

级别	名称	年代	公布年份	位置(地址)
县级	感应岩(第一革命大本营)	近代	1998 年	马山县永州镇平山村坡马屯
	思恩府城墙址	明代	1998 年	马山县乔利乡乔利街拉旧屯
	灵阳寺	宋代	2000 年	马山县古零镇荔枝岩
	群贤桥	清代	2011 年	马山县古零镇古零街东北面 500 米
	金华拱桥	明代	2011 年	马山县乔利乡乔利街西约 100 米
	乔利炮楼	清代	2011 年	马山县乔利乡乔利街上
	坛基交流桥	清代	2011 年	马山县林圩镇林圩村坛基屯
	六卓岭遗址	新石器	2011 年	马山县金钗镇独秀村那烂屯红水河右岸
	尚朗岭遗址	新石器	2011 年	马山县金钗镇独秀村红水河右岸
	索塘岭遗址	新石器	2011 年	马山县金钗镇独秀村那烂屯索塘岭
	古楼坡遗址	新石器	2011 年	马山县金钗镇乐江村上凌屯古楼坡
	拉如岭遗址	新石器	2011 年	马山县金钗镇乐江村九一屯拉如岭
	白马山石刻	明代	2011 年	马山县乔利乡东鸡村白马屯西北约 400 米处
	双涌泉石刻	明代	2011 年	马山县林圩镇甘豆村岜沓屯后山
	林朋石刻	明代	2011 年	马山县白山镇大同村下岭屯后山
	周鹿独秀山摩岩石刻	明代	2011 年	马山县周鹿镇周鹿街东北约 300 米
	那马临时革命委员会旧址	1929 年	2011 年	马山县周鹿镇周鹿街上
	徐泽长故居	民国	2011 年	马山县永州镇州圩街上
	韦成篇故居	民国	2011 年	马山县永州镇平山村江庄屯
	坡鉴革命烈士陵园	1956 年	2011 年	马山县永州镇州圩村坡鉴屯
	天鹅寨右江地委会议旧址	1948 年	2011 年	马山县永州镇亲爱村感锦屯南面山上
	古零革命烈士陵园	1958 年	2011 年	马山县古零镇上级村外官屯巴滚山
	苏绍普故居	民国	2011 年	马山县古零镇上级村外官屯
	六利胜利渡槽	1975 年	2011 年	马山县周鹿镇坛利村六利屯西北 50 米处
	罗明文进士故居	清代	2011 年	马山县百龙滩镇大隆村板龙屯
	大龙潭古遗址	新石器	1989 年	隆安县乔建镇博浪村
	保湾佛子石器遗址	新石器	1989 年	隆安县丁当镇保湾村
	陆岭石器遗址	新石器	1989 年	隆安县南圩镇灵利村
	定坤岜横石器遗址	新石器	1989 年	隆安县丁当镇定坤村
	三岗岭石器遗址	新石器	1989 年	隆安县那桐镇那桐社区
	龙床石器遗址	新石器	1989 年	隆安县那桐镇上邓村
	南圩红岭石器遗址	新石器	1989 年	隆安县南圩镇发立村
	榜山文塔	清代	1985 年	隆安县县城东 2 千米独秀山上
	潭荒孔明井	三国	1989 年	隆安县福颜村潭荒屯
	鸳鸯九门桥	明、清	1989 年	隆安县乔建镇鹭鹚村陆海屯
	白鹤岩	明代	1989 年	隆安县县城西北
	隆安烈士陵园	现代	1989 年	隆安县县城西南
	望朝摩崖题记	明代	1989 年	隆安县南圩镇望朝村多劝屯
	周氏宗祠(百朝岩)	近、现代	1989 年	隆安县南塘镇百朝村
	榜山	新石器时代	2013 年	隆安县乔建镇儒浩村东面 3 千米处

档 案

【概 况】 2013年，南宁市有综合档案馆13个，城建档案馆1个，房产档案馆1个，国土资源档案馆1个。13个综合档案馆挂牌更名“国家档案馆”。市各级国家档案馆加快馆藏纸质档案数字化工作，年扫描纸质档案503万页，59家市直机关完成档案目录数据移交进馆，县（区）国家档案馆移交电子档案数据418万条。利用馆藏档案开展专题编研35种，其中市档案局编辑《邕江档案》《档案法规文件汇编》等，兴宁区编写《东沟岭开发10周年画册》，西乡塘区编写《感动，就在身边——西乡塘区感动人物选集》，江南区编写《南宁市江南区非物质文化遗产项目汇编》，等等。

【档案接收与利用】 2013年，南宁市新增馆藏档案门类6种，接收文书档案1935卷9.63万件，重大活动照片档案2576张，实物档案185件。市国家档案馆开展企业名优（传统）产品档案征收，制定《南宁市企业名优（传统）产品档案征集工作实施方案（2013—2015年）》，接收36件名优产品档案进馆。收集全市性大型活动档案，接收2013年南宁国际龙舟赛、广西园艺园林博览会材料142件、2012年南宁市重大活动照片和底片5000张，征集市领导公务活动照片1650张，“两会一节”照片等10类活动352张。接收市创先办、市绩效办、市物价局等单位各类到期档案602盒8404件，接收沙井街道办知青档案16册。全市接待档案利用者约2.99万人次，提供档案资料7.36万多卷。市国家档案馆接待查档人数5857人次，提供利用档案1.01万卷及627件；现行文件6人次9册；资料10人次104册；复制档案、资料6785页，其中利用婚姻档案4899人次7565卷及284件，利用劳动人事档案699人次1045卷及294件。编写档案利用实例32例。

【档案安全管理】 2013年，南宁市国家档案馆完善档案安全管理等制度，开展安全大检查，防止档案安全事故发生。各级国家档案馆加大档案馆基础设施经费投入，新增或安装消毒杀虫机、去湿机、温湿度调控系统等设备。加强档案信息安全管理，测评档案信息系统安全等级，改版升级和优化档案管理系统。重新审核开放档案，对不属于开放范围的档案一律不开放，确保档案信息安全。

【机关档案】 2013年，市直机关单位参加年度检查116个，优秀率48.30%。组织机关及所属基层单位积极开展档案定升级达标工作，市政府办公厅、市工信委等6家综合档案室通过晋升级评审。对市2004年至2009年获等级13个机关综合档案室进行复查，均符合等级规定标准和要求。

【企事业档案】 2013年，南宁市企事业单位完成各类文件材料收集整理归档，有37家企事业单位档案管理通过达标认定，国有控股企业建档率100%。举办企事业档案管理培训班，市散装水泥办、横县供电局、市第十三中学和市国资委等28家监管企业及下属企业档案工作人员210人参加培训。

【农业农村与社区档案】 2013年，市档案局创建社会主义新农村建设档案工作示范县，青秀区申报国家级社会主义新农村建设档案工作示范（区）通过自治区预检。宾阳县、上林县、隆安县、兴宁区、江南区、西乡塘区、邕宁区、良庆区申报自治区级社会主义新农村建设档案工作示范县（区）。全市102个乡镇、23个街道办综合档案室达到合格以上标准，1391个村委会、1.16万名村级干部和173个农科单位建立档案。指导70个农民合作组织、专业大户完成建档工作。印发《南宁市村委、社区档案归档质量年度检查评分标准（试行）》，统一全市村级归档质量年度考核标准，加强村委、社区档案管理，宣传指导家庭建档。

【重大项目档案】 2013年，市档案局印发《关于做好南宁市2013年重大建设项目档案登记备案工作的通知》，监督、指导县（区）重大建设项目档案管理登记、备案。收到《广西壮族自治区重点建设项目档案管理登记表》208份。指导广西交投、城投公司、轨道交通工程等重大项目建设单位和西江航运干线南宁至贵港II级航道工程等重点工程有关人员档案整理业务。

【档案信息化管理】 2013年，市档案局印发《关于加强档案信息化建设的意见》，推进市电子文件（档案）备份中心项目建设，完成初步设计报告编制，落实年度建设经费150万元。继续开展电子档案数据采集，接收59家单位文书、业务、会计、声像、实物等档案目录数据15万条。对《南宁新闻》视频数据进行加工，制作市四大班子领导公务活动视频光盘74张。完成馆藏纸质档案扫描加工60万页，完成民国档案3.36万页扫描数据检查验收。加强档案信息网站建设，更新栏目信息，年发布更新信息512篇，图片217张。其中：市档案局信息128篇；图片45张；县（区）信息384篇，图片172张。网站公众访问量190万人次，位居自治区同行网站首位。网络实施现场答复业务问题、在线提供档案业务文件材料、解答档案业务咨询1000多人次。

【“国际档案日”宣传】 2013年6月9日，市档案局与自治区档案局联合在民族广场举行“国际档案日”宣传活动启动仪式、发放宣传资料、开展咨询活动和档案宣传板报展，350多人参加活动。

（市档案局编写组）

责任编辑 谢萍萍

新闻出版

报　纸

【概　况】 2013年，南宁日报社辖《南宁日报》《南宁晚报》、南宁新闻网、南宁日报社印刷厂。《南宁日报》周七刊，对开12版，彩色印刷，平均期发行量9万份，总印数3258万份，总印张9.77万千印张。《南宁晚报》周七刊，四开42版，彩色印刷，平均期发行量12万份，总印数4344万份，总印张26.06万千印张。南宁新闻网开设25个频道（300多个栏目、18个子网），推出100个专题，新闻和信息日更新量5000条以上；负责20个县（区）开发区、乡镇子网的日常更新；成立视频制作直播小组，搭建适合网络视频访谈、节目制作的演播室；推出南宁新闻网官方微信——“小新”。南宁日报社印刷厂获政府定点采购资质；投入25万元购置1组高斯图文印刷系统（中国）有限公司Magnum4II型十六开折页装置，投入8.10万元购置1台上海矩泰电机自动化有限公司ZLK4.5-R二次张力控制装置；通过质量、环境及职业健康体系认证，成为广西首家同时获三项认证的印刷企业。完成南宁日报社图片库管理系统建设，收集图片8000多张。启用第一套计分系统，初步实现报社电子化管理。报社有职工463人（新闻专业人员242人、经营管理人员112人、印刷厂109人，具有高级专业技术职务任职资格12人、中级42人、初级132人）。《南宁日报》《南宁晚报》分别被中国人民大学等10所大学联合评为“金长城传媒奖·2013年中国十大城市党报”“金长城传媒奖·2013年中国十大城市晚报”。《南宁晚报》获自治区新闻出版局授予广西“十强报纸”称号。

【南宁日报社重要宣传与专题报道】

自治区“两会”报道　2013年1月21日至27日自治区政协十一届一次会议，1月22日至29日自治区人大十二届一次会议（简称“自治区‘两会’”）在广西人民会堂召开。期间，《南宁日报》《南宁晚报》、南宁新闻网成立专门采编小组，对自治区“两会”进行全面深入采访报道，把会议的内容和精神传送到社会各阶层。

南宁市“两会”报道　2月19日至21日市政协十届三次会议，2月20日至22日市人大十三届四次会议（简称“南宁市‘两会’”）在南宁人民会堂召开。期间，《南宁日报》《南宁晚报》、南宁新闻网分别组织专门采访报道小组，采写编发大量的新闻稿件，将南宁市“两会”召开的情况和会议的决策精神传达到社会各个层面。

南宁投资环境宣传　《南宁日报》策划、组织对五象新区再掀开发热潮、产业园区县域经济不断壮大、宝能集团落户南宁、万科等地产大鳄入驻南宁等宣传，从产业结构调整到工业振兴战略实施进行全方位报道；自治区党委常委、市委书记余远辉，市长周红波，市人大常委会主任谢寿堂率团到深圳走访企业、推介南宁，将《南宁日报》作为南宁投资环境宣传资料。

“美丽南宁·清洁乡村”“美丽南宁·整洁畅通有序大行动”专题报道　《南宁日报》推出“美丽南宁·清洁乡村”“美丽南宁·整洁畅通有序大行动”350多个整版报道；《南宁晚报》推出700多个整版报道；南宁新闻网推出图文稿件数千条（篇）。《南宁日报》《南宁晚报》刊登3位初三女学生撰写“美丽南宁·整洁畅通有序大行动”调查报告，在社会各界引起强烈反响。《南宁晚报》刊登“十问公交”报道，推动公交行业行风的转变。

典型人物报道　《南宁日报》《南宁晚报》、南宁新闻网发挥宣传舆论主阵地作用，树立先进典型，刊播黄连冬、陈美杏、钟明生、南宁边检站集体、南宁市优秀青年文艺家等典型报道。《南宁日报》刊发《她们叫作“雷锋阿姨”》文章，刻画一群南宁市乐当雷锋不言谢的中年妇女；《水幕一台戏　水下一月功》讲述南湖水幕电影维修人员在低温中坚守岗位的故事。

社会主义新农村建设报道　南宁日报社记者深入基层采写《南阳村的新农村梦想》《记者做客上林新村村民家聊新农村建设经验“解放思想”才能解决问题》等报道，反映农村新貌、展现社会主义新农村建设成果。

宾阳“‘代理妈妈’助留守儿童健康成长”系列报道　《南宁晚报》刊登“52位妈妈代管421个孩子——宾阳‘代理妈妈’助留守儿童健康成长”系列宣传报道，引起社会关注，中央电视台深入宾阳县采访，并播出专题节目《代理妈妈》，宾阳县“代理妈妈”群体入选“中国好人榜”。

高铁开通专题报道　12月28日至30日，《南宁日报》《南宁晚报》、南宁新闻网连续采访报道桂林—北京及南宁至桂林、柳州、北海、钦州、防城港高铁开通系列报道。

第三届广西园林园艺博览会专题报道　8月31日至10月7日，第三届广西园林园艺博览会（简称“园博会”）在南宁五象新区园博园中心广场举行。《南宁日报》《南宁晚报》、南宁新闻网对园博会进行广泛深入报道，展示园博会“八桂精韵、绿色乐章”的主题精神。

“两会一节”专题报道　9月3日至6日，第十届中国—东盟博览会、第十届中国—东盟商务与投资峰会及2013南宁国际民歌艺术节（简称“两会一节”）在南宁市举行。《南宁日报》《南宁晚报》、南宁新闻网分别成立采访报道小组，开设“服务两会，办好一节”“十年博览会，改变一座城市”栏目、“第十届中国—东盟博览会魅力之城——南宁”特刊、“十年树木参天”特刊、“唱响民歌15年”专版等，全方位、多角度采访报道，刊发稿件、照片 3600 多篇(幅)。

【南宁日报社主题社会活动】

"比学赶超做贡献,爱岗敬业促发展"主题实践活动 2013 年,南宁日报社开展"比学赶超做贡献,爱岗敬业促发展"主题实践活动,引领报社发展。报社全员参与,开展"爱岗敬业"主题大讨论 30 多场,形成文字材料 20 多万字,举办主题演讲比赛 2 场,撰写征文 400 篇,提出建议 500 多条,修订、完善制度规定 20 多个。

记者节业务技能大赛 南宁日报社举办"2013 年报社记者节业务技能大赛"。大赛内容包括汉字听写、汉字注音、10 分钟短文写作、新闻取标题及挑错别字、"美丽南宁·我们在现场"摄影图片大赛等,提升新闻采编技艺技能水平。

第一届读者节 南宁日报社与南宁百货公司联合举办"第一届读者节"。期间,开展客户答谢会、地产年度颁奖、迎春庙会、南宁消费购物节、南宁首届大学生艺术节、第四届青秀区月饼节等活动 50 余场次,拉近党报与读者距离,树立报纸品牌形象,促进党报的发行及广告业务开展。

"冬日暖阳"活动 南宁日报社携手爱心企业,到宾阳县思陇镇昆仑村开展"冬日暖阳"活动。投入资金 77.57 万元,用于昆仑村改善村屯公路、饮水工程、科技扶持、教育资助及帮扶特困户,改善村里设施及村民生活水平。 (邓家全)

广播电视

【概 况】 2013 年,南宁市(含驻市)有省级广播电台 1 家,地级广播电台 1 家;省级电视台 1 家,地级电视台 1 家;县级广播电视台 6 家。市属有线电视用户(含六县六城区)99.56 万户。市辖区电视综合覆盖率 100%。市广播电视系统有员工 691 人(高级专业技术职务任职资格 23 人、中级 145 人、初级 277 人)。市广播电影电视局设办公室、人事科、宣传管理科、科技事业科、传媒机构和网络视听节目管理科、计划财务科;在编 62 人,其中高级专业技术职务任职资格 4 人、中级 26 人、初级 9 人;获"全国广播电视安全播出先进集体"称号、广西广电系统 2012 年度目标管理一等奖;局属各单位获省级以上(含省级)各类广播电视奖 120 个。

年内,市广播电影电视局围绕市委、市政府中心工作,把握导向、服务大局,为推动首府现代化建设新跨越提供强有力的舆论支持。南宁电视台、南宁人民广播电台开辟"学习十八大精神""美丽南宁·整洁畅通有序大行动"等专题专栏 60 多个,推出江南区劳动监察大队陈美杏、援非医生钟日胜、"美丽南宁·整洁畅通有序大行动"基层典型群体等 50 多人。安全播出 8.93 万小时,停播率每百小时 0.1 秒,没有发生一起重大安全播出事故。开展市级净化网络专项行动,出动执法人员 693 人次,收缴非法出版物及音像制品 9.39 万件,清查非法经营窝点 40 余家,拆除、收缴非法安装卫星电视接收设施、高频头类产品 2050 件,下达整改通告书 60 多份。组织六县开展非法卫星地面接收设施专项整治活动 67 次,出动执法人员 1129 人次,查处违法商铺 140 家,立案 7 件,收缴非法卫星地面接收设备 2503 个(件),拆除违法安装设备 321 套。"四名"(名播音员、名主持人、名记者、名编辑)人才培训班纳入 2013 年南宁市干部教育培训"十二大工程";5 月,广电系统 45 名业务骨干赴浙江传媒学院学习。8 月,举办第一期广播电视技术人才培训班,选派 36 名业务骨干到中国传媒大学进修学习。举办"广电大讲堂"系列专题讲座 462 场次,参加 1.28 万人次。投入 1744.61 万元,用于技术改造及科技创新:南宁电视台完成全景演播室配套项目改造,新增采购多套 3G 直播设备;南宁电台为第 4 套故事广播更换两台 10KW 调频发射机;五象新区南宁广播影视传媒中心建设项目筹备工作稳步推进;南宁电台四套频率登陆 i 老友手机客户端;老友网在自治区率先使用 CDN 全网分发与加速技术,节目收录量提高至 33 万条。完成横县、宾阳县、兴宁区、邕宁区的 7 个乡镇无线发射台站建设任务,新增广播电视农村覆盖人口 25 万人。全系统经营性总收入 2 亿元。

【南宁电视台】 2013 年,南宁电视台与市广播电影电视局为局台合一体制。设总编室、综合部、新闻综合频道、都市生活频道、影视娱乐频道、公共频道、节目部、广告部、大型活动部、互联网站部,管辖广西发扬文化传媒有限公司、南宁广电传播商务发展有限责任公司、南宁广播电视技术开发公司。有员工 359 人,其中高级专业技术职务任职资格 7 人、中级 63 人。3 月,南宁电视台及广西发扬文化传媒有限公司第一次全程参与完成黄子华栋笃笑《洗燥》南宁站的演出项目,首次独立涉水演艺市场。5 月 15 日,在南宁公共频道 20:00—22:00 开播"美丽南宁·整洁畅通有序大行动"大型直播节目。探索城市电视台合作新模式,牵头组织实施 26 个电视台参与的大型纪录片《城市的味道》全国城市台联播联制项目。玉林电视台、崇左电视台加入南宁电视台《潮涌北部湾》节目合作与播出台行列,《潮涌北部湾》实现广西北部湾经济区"4+2"六城同步播出。利用新媒体手段强化品牌推广,新浪南宁电视台成为广西首家媒体微博"粉丝"超百万的官方微博。成立南宁星锐微电影工作室,拍摄《中"标"》《红丝巾的秘密》微电影 2 部,开拓微电影的市场价值。投资拍摄的电视剧《推拿》《蓝蝶之谜》《尖锋》在中央电视台主要频道播出。10 月 19 日,电视剧《南宁兵变》在广东开平影视城正式开机。播发新闻稿件 9821 篇,被中央电视台采用 30 多篇。4 个频道占市场总份额 15.30%,其中新闻综合频道排名第二,影视娱乐频道排名第八。经营收入 1.07 亿元(含技术中心)。

【南宁人民广播电台】 2013 年,南宁人民广播电台与市广播电影电视局为局台合一体制,设总编室、新闻部、新闻综合广播部、交通音乐广播部、乡村生活广播部、FM89.5 故事广播、播出部、广告信息部。有员工 121 人,其中高级、中级技术职务任职资格 37 人。设新闻综合广播、交通音乐广播、乡村生活广播、故事广播电台频率 4 套,覆盖南宁市及周边 27 个县、市,覆盖人口超过自治区总人口三分之一。1 月 1 日,新闻综合广播电台定位为"民生新闻广播",全天 19 个整点推出"民生冷暖报时",在《1014 今早报》《新闻非常道》《政风行风热线》等栏目推出"我们传递正能量"大型民生新闻策划,设立民生新闻热线电话及联络站,开设《热线反馈》《曝光台》等民生新闻子栏目。4 月 28 日,故事广播电台与南宁三牛文化传播有限公司合作,推出精品广播"成功 895"。赛立信数据显示,交通音乐广播电台 7 月在广西地区综合收听率及车上收听率均排名第二。央视索福瑞数据显示,乡村生活广播电台 2 月收听率及收听市场份额在南宁排名第一。播出各类新闻稿件 9.18 万篇,被中央人民广播电台采用稿件 22 篇,全国新闻联播 5 篇。经营收入 2600 万元。

10月15日，以“南宁兵变”事件为历史原型的战争剧《兵变1929》开机新闻发布会在南宁举行。图为导演李依播(左三)携男女主演曹炳琨(右二)、何昊阳(右一)亮相发布会　　宋延康　摄

【南宁广播电视技术中心】 2013年，南宁广播电视技术中心设综合部、制作部、播出部、发射台4个部门，有员工98人，其中高级专业技术职务任职资格8人、中级15人。坚持把安全播出、技术保障放在首位，使全局采编播设备始终处于良好运行状态，保证优质安全播出，促进事业建设的发展。完成工程设备采购约4000万元，其中南宁电视台编辑制作系统设备更新2000万元、硬盘播出系统视频服务器升级改造225万元。完成《2013南宁国际民歌艺术节开幕晚会》《“美丽南宁·整洁畅通有序大行动”特别节目》直播及春节、全国“两会”、南宁市“两会一节”等安全播出。播出部完成安全播出3.22万小时，发射台完成安全播出4.01万小时。

【南宁广播电视报】 2013年，《南宁广播电视报》属南宁电视台主管主办，周刊，公开发行。10月，调整为双周合刊。出版报纸45期。

【大型活动与直播报道】

春天的旋律·2013——中马跨国联欢文化之旅　2013年2月8日20时35分，中国南宁电视台、马来西亚家娱频道联合主办的“春天的旋律·2013——中马跨国联欢文化之旅”在南宁电视台新闻综合频道播出。节目策划团队摒弃以往的晚会运作模式，两国联合摄制组走出演播厅，采取记录的手法，用真人秀与综艺娱乐相结合的表现形式，记录主持人及艺人们登到高山顶、钻入丛林中、走过大海边、潜到水面下的景象，带给观众别开生面的新春视听体验，展示中国及马来西亚丰富的年俗文化、旅游文化。节目在马来西亚家娱频道所覆盖的国家和地区同步播出。

“美丽南宁·整洁畅通有序大行动”直播　5月15日，在南宁公共频道20:00—22:00开播。节目综合运用新闻播报、嘉宾访谈、直播连线、微博短信互动等表现形式。至年末，累计播出时长440小时，播发公益宣传片675条次、新闻稿件4250篇、专题报道180篇、嘉宾访谈450人，外拍组随交警夜查并实时连线报道675次，通过游动字幕集中曝光违法违规车辆号牌5250个，演播室台网互动924次、播发观众短信948条次、微博1.41万条次、官方微博浏览量210万人次以上，创造南宁广电直播节目总时长新纪录。技术中心出动直播车164辆次，3G直播设备154次，技术人员952人次，为节目做好技术支持及保障。

【驻市广播电视机构】

广西人民广播电台　2013年，播出新闻综合广播、经济广播、教育生活广播、交通广播、文艺广播、北部湾之声6套节目。公共广播节目播出时间4.27万小时。其中：新闻资讯类节目9920小时；专题服务类节目8321小时；综艺益智类节目1.32万小时；广播剧类节目613小时；广告类节目4606小时；其他类节目6050小时。播出的节目中，转播中央人民广播电台节目时间1825小时，购买交换节目时间1554小时。

广西电视台　播出卫星频道、综艺频道、都市频道、影视频道、乐思购频道、资讯频道、公共频道、国际频道、科教频道9个节目。公共电视节目播出时间7.72万小时。其中：新闻资讯类节目1.16万小时；专题服务类节目7440小时50分钟；综艺益智类节目3846小时55分钟；影视剧类节目3.13万小时；广告类节目1.55万小时；其他类节目7507小时33分钟。播出的节目中，转播电视台节目212小时30分钟，购买交换节目4.66万小时。播出电视剧810部2.80万集，动画电视977小时12分钟。

中央人民广播电台广西记者站　参与跟进报道广西落实中央“八项规定”精神、开展“贯彻落实群众路线教育实践活动”“美丽广西·清洁乡村”活动。7月，制作播出《爸爸妈妈在远方——关注留守儿童》专题系列报道。8月，在《新闻和报纸摘要》栏目头条播发《广西林下经济发展迅速，成为百姓致富的新途径》。对南宁友爱立交群体性事件、贺江污染事件、上林人赴境外采金事件、桂平洪涝灾害、台风“海燕”等突发性新闻在率先报道事实的基础上，加强正面宣传和引导。采写内参15篇，其中《南宁基层外事民警身患绝症坚守岗位创新服务、管理模式　践行群众路线》得到国务委员、公安部部长郭声琨批示，成为公安战线的先进典型。

广西广播电视报　出版报纸52期，出版《视听》杂志12期。12月10日，与广西电视台总编室合作出版《视点》杂志。

(市广播电影电视局编写组)

新闻出版管理

【印刷发行】 2013年，南宁市通过年检的印刷企业399家、出版物(书报刊)零售单位924家、出版物(音像制品)零售单位118家。印刷企业完成工业总产值30.03亿元，实现利润1.43亿元，从业人数1.47万人。出版物(书报刊)零售单位销售收入3.26亿元，从业人员1998人。出版物(音像制品)零售单位销售收入1365万元，从业人员938人。

【农家书屋建设与管理】 2013年，建设

2013年南宁市广播电视系统业务获奖情况

获奖单位、名称(人员)、等级	授予时间	发奖单位
南宁人民广播电台《新闻非常道》(殷宇平、袁海月)获创优优秀栏目一等奖	2013年6月	中国广播电视协会
南宁人民广播电台《红丝带下的大爱天使——杜丽群》(吕茵、罗赞、王玲)获创优系列(连续)报道一等奖	2013年6月	中国广播电视协会
南宁广播电视技术中心《大地飞歌2012》(蒋鹏程、吴晓晴、许凯、罗珂、黄嘉嘉、林浩)获2013年度广播电视节目技术质量奖(金帆奖)三等奖	2013年11月	中国电影电视技术协会
南宁人民广播电台《绝症女大学生签下"生命之约"捐献眼角膜》(符蔚)获2012年度广西广播电视奖广播短消息一等奖	2013年6月	广西广播电影电视协会
南宁人民广播电台《超载粪车污染道路7.7千米　环卫工人紧急清理5个小时》(黄丽娟)获2012年度广西广播电视奖广播长消息一等奖	2013年6月	广西广播电影电视协会
南宁人民广播电台《小餐桌承载大文明》(罗妍)获2012年度广西广播电视奖广播新闻专题一等奖	2013年6月	广西广播电影电视协会
南宁电视台《居委会》(候长明、徐海彬、曾门新)获2012年度广西广播电视奖系列片一等奖	2013年6月	广西广播电影电视局、广西广播电影电视协会
南宁电视台《远山的爱》(覃露莹、杨昭、张小卫、何超、李文全、李龙)获2012年度广西广播电视奖短纪录片一等奖	2013年6月	广西广播电影电视局、广西广播电影电视协会
南宁电视台《俩蟊贼被困5小时民警改抓捕为营救》(谢玉凤、陈诚、覃露莹)获2012年度广西广播电视奖电视短消息一等奖	2013年6月	广西广播电影电视局、广西广播电影电视协会
南宁电视台《私宰肉流入连锁分店》(刘宁、麦志豪、韦业隆)获2012年度广西广播电视奖电视长消息一等奖	2013年6月	广西广播电影电视局、广西广播电影电视协会
南宁电视台《南宁新闻》(刘骁、马瑾瑾)获2012年度广西广播电视奖电视播音一等奖	2013年6月	广西广播电影电视局、广西广播电影电视协会
南宁电视台《春天的旋律2012——中马泰跨国连线春节晚会》获2012年度广西广播电视奖电视外宣作品一等奖	2013年6月	广西广播电影电视局、广西广播电影电视协会
南宁电视台《学习杜丽群　弘扬雷锋精神　为中国好人加油!》(黄丽娟、吕瑾莹)获2012年度广西广播电视奖网站新闻专题一等奖	2013年6月	广西广播电影电视局、广西广播电影电视协会
南宁电视台《2012月圆南宁　国际狂欢夜》(余伟、黎凯、班宁、黄安妮、黎晶、卢际名、房少强、贺清、廖贤斌)获2012年度广西广播电视奖文艺优秀作品电视综艺节目类一等奖	2013年6月	广西广播电影电视局、广西广播电影电视协会
南宁电视台《帮得行动　能帮就帮》(马灿珠、吴斌、罗富静、李阳)获2012年度广西广播电视奖文艺优秀作品电视广告片类一等奖	2013年6月	广西广播电影电视局、广西广播电影电视协会
南宁电视台《说文明话　做文明事》(徐海彬、马灿珠、陆雨鸣)获2012年度广西广播电视广告诚信播出活动优秀公益广告电视类评比一等奖	2013年5月	广西广播电影电视局

农家书屋1222个,完成农家书屋配套设施的采购,第一批农家书屋登记本等23万多册配送到位。

【2013年中小学教辅教材发行监管】 2013年,市文化新闻出版局与市教育局、市物价局联合印发《关于加强中小学教辅教材使用管理工作的通知》;与市纠风办、市教育局联合召开2013年进校教辅材料管理工作培训班,杜绝盗版及非法教材进校园。

【"讲文明树新风"公益广告刊播】 2013年,市文化新闻出版局组织、指导市属报纸期刊开展"讲文明树新风"公益广告刊播。《南宁广播电视报》刊播公益广告30个整版,《红豆》《创新》《中共南宁党校学报》《南宁职业技术学院学报》等期刊刊播公益广告14个整页。

【自治区属报刊驻邕记者站日常监管】 2013年,市文化新闻出版局完成《广西日报》《广西法制报》等报刊驻邕记者站2012年度核验登记的审核,完成市属新闻出版单位34名采编人员申领及补办新闻记者证的审核。

【内部资料性出版物监管】 2013年,市文化新闻出版局审查市属单位出版的报纸型、期刊型、图书型内部资料性出版物202种、454期(批)、80.95万册(份)。　　(黎　红)

责任编辑　覃庆梅

卫　生

综　述

【概　况】 2013年，南宁市辖区有卫生机构4773个(含计划生育服务站、村卫生室)，其中医院81个（公立医院52个、民营医院29个)，基层医疗卫生机构4516个(乡镇卫生院124个、社区卫生服务中心30个、社区卫生服务站52个、门诊部和诊所(医务室)2123个、村卫生室2187个)，专业公共卫生机构159个(疾病预防控制中心14个、专科疾病防治所1个、健康教育所1个、妇幼保健院9个、急救中心1个、采供血机构5个、卫生监督所14个、计划生育服务站114个)，其他卫生机构17个。南宁市市属医疗卫生机构4729个(含计划生育服务站、村卫生室)，其中医院65个，乡镇卫生院124个，疾病预防控制机构13个，卫生监督所13个，妇幼保健机构8个，社区卫生服务中心(站)82个，门诊部、诊所、卫生所、医务室2113个，村卫生室2187个，计划生育服务站114个，其他卫生机构10个。

市辖区医疗机构有床位3.41万张，其中医院2.56万张，卫生院5880张。每千人口床位4.70张。市属医疗机构有床位2.27万张，其中医院1.49万张。卫生院5880张。市辖区有卫生人员6.47万人(含乡村医生3509人、卫生员559人)；卫生技术人员4.96万人，每千人口卫生技术人员6.84人；执业医师和执业助理医师1.78万人，每千人口执业医师和执业助理医师2.45人；注册护士2.06万人，每千人口注册护士2.84人。市属医疗卫生机构有卫生人员4.41万人，卫生技术人员3.30万人。其中：执业(助理)医师1.24万人；注册护士1.28万人。全市乡镇卫生院有卫生人员7866人，乡镇卫生院有卫生技术人员6664人；全市1392个行政村，设村卫生室2187个，村卫生室有执业(助理)医师257人，乡村医生3509人。

【卫生基础项目建设】 2013年，中央投资卫生项目71个，其中重大疾病防控体系项目2个，农村急救体系项目4个，县级中医院项目1个，县级妇幼项目1个，乡镇卫生院标准化项目21个，周转房项目7个，保障房项目26个，村卫生室项目9个；总投资1.72亿元，其中中央补助9314万元。至年末，已开工项目70个，其中2个村卫生室项目完工，武鸣中医院在装修，其余主体施工，1个急救中心项目未开工。自治区投资卫生项目5个均已开工，为城市社区卫生服务中心标准化建设项目，建设面积8543平方米，总投资2241万元（自治区专项补助资金1260万元，市、城区配套资金981万元)。市本级财政建设卫生项目9个（竣工2个、基本完工2个、在建4个、未开工1个)。市第一医院门诊综合楼及市疾控中心辅助设施及配套工程2个项目竣工，投入使用；市第二医院外科医技综合楼项目、市第八医院门诊住院综合楼项目基本完工；市第四医院广西艾滋病临床治疗中心(南宁)完成主体施工，肝科实验楼改建项目、甲类楼一层负压病房改造项目正在改建施工；市卫校新址建设项目第一组团3栋学生公寓主体完成进入装修，其他单体正在主体施工，第二组团、二期亚行贷款项目均在前期工作；南宁中心血站业务副楼项目完成前期工作，因开展护坡支护论证等原因仍未开工。

【社区卫生服务】 2013年，南宁市有社区卫生服务机构90个(社区卫生服务中心38个、社区卫生服务站52个)，覆盖服务人口227.51万；有社区卫生服务人员1678人(全科医生536人、专职防保人员251人、社区护士532人)。兴宁区长堽社区卫生服务中心、西乡塘区秀灵南社区卫生服务中心获自治区示范社区卫生服务中心称号。南宁市整合资源，从

11月28日，南宁市第一人民医院新门诊综合楼正式启用　　何　胜　摄

2012年起分两期在社区卫生服务中心建立基本医疗系统（医院信息系统HIS），并与现有南宁市社区卫生服务信息化管理系统（健康档案系统）无缝对接，第二期18家社区卫生服务中心的系统建立与对接11月完成安装并通过验收。社区卫生服务机构开展健康教育讲座667次，居民接受健康教育4.11万人次，出版健康教育专栏772期，发放健康教育处方88.90万份，组织公众健康咨询活动936次；建立居民个人健康档案139.74万份；0岁~6岁儿童建证（卡）11.24万张，规范预防接种30.46万人；0个月~36个月儿童系统管理9.11万人，新生儿访视2.63万人；建立孕产妇保健手册2.41万册，孕产妇系统管理2.24万人；65岁以上老年人保健管理19.37万人；高血压、糖尿病等慢病专案管理7.56万人，特殊人群康复管理1.83万人；重性精神病患者健康管理2456人；门诊就诊165.82万人次，出诊0.83万人次，急诊抢救938人次。

【医疗服务】 2013年，南宁市辖区医疗卫生机构总诊疗4015.23万人次，比上年增加261.73万人次，其中医院总诊疗1675.73万人次。医疗机构住院119.68万人，增加13.84万人，其中医院住院79.92万人。市辖区医院病床使用率97.61%，出院者平均住院11日，医师人均日担负诊疗7.10人次，日担负住院2.60床。医疗机构门诊病人人均医疗费135.20元，住院病人人均住院费7141.20元。

【医疗服务质量】 2013年，南宁市卫生系统开展“三好一满意”（服务好、质量好、医德好，群众满意）活动督导检查1次，对市（县）13家二级医疗机构进行医疗质量检查。在二级以上医院，推行临床路径管理，有34家公立医院开展临床路径工作，有2000多个病种、5万多份病例纳入路径管理，完成率94.60%。病种数、入组管理病例数比上年增长200%以上。35家二级以上医院均推行预约诊疗服务和检验检查结果互认。

【卫生应急工作】 2013年，市卫生局完成“两会一节”、广西第三届园博会、第二届中越青年大联欢、南宁国际半程马拉松比赛、南宁国际龙舟邀请赛等32项重大活动医疗卫生保障。处置民歌节现场群体性食物中毒事件；在广西第三届园博会医疗卫生保障中，连续38天执行现场医疗卫生保障任务，为国内外考察团204批次8000多人和入园参观游客208.18万人提供全程医疗卫生服务。处置突发事件41起，紧急抢救伤病员360人。其中较大以上事件14起，一般事件27起。未发生由于处置不及时或抢救措施不得力导致危重死亡人数增加。重新调整和组建全市卫生应急队伍，实现3支卫生应急队伍（60名队员）常态化管理，主要承担大型突发事件紧急医疗救援、传染病防控、中毒事件处置及核化学辐射处置等工作。开展卫生应急大练兵活动。10月，举办全市县级医疗机构急救技能大赛，21个医疗机构42名医务人员参加，邕宁区医院获第一名。举行市政府专项演练（南宁市处置流感局部暴发流行应急演练）活动。11月15日，组织市食品药品、工商、公安、商务、水产畜牧以及武鸣县等20多个部门、300余人在武鸣县双桥第一初级中学举行全市流感局部爆发流行专项应急演练活动，自治区卫生厅、市领导等80多人，48个单位现场观摩。开展卫生应急队员专项拉练活动。12月10日至14日，组织南宁市卫生应急队30名核心队员赴靖西县、那坡县、右江区进行专项拉练活动，开展野外生存能力、20千米急速行军等项目拉练活动。开展创建国家卫生应急综合示范县工作，10月迎接国家卫计委组织的现场复核验收；12月，武鸣县获“国家卫生应急综合示范县”称号，为自治区首批2个国家卫生应急综合示范县之一。

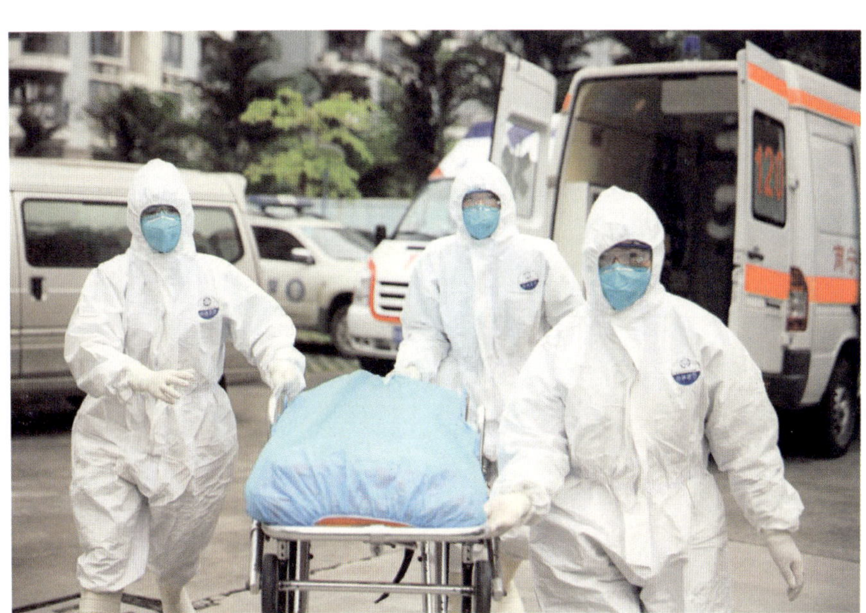

4月13日，市疾控中心开展人感染H7N9禽流感应急转运模拟演练

莫伟杰 摄

【巩固完善国家基本药物制度】 2013年，南宁市123个乡镇卫生院、1375个村卫生室、55个政府及公立医院举办的社区卫生服务机构继续实施国家基本药物制度，实行“零差率”销售。做好偏远、交通不便地区的药品配送服务，保证配送药品的质量，确保基本药物两天配送到位率90%以上，保证基层群众基本用药需要；加大对药品质量安全监管力度，依法查处违法违规药品生产企业，打击制售假劣药品行为，对基本药物实施全品种覆盖抽验和电子监管，提高对基本药物从生产到使用全过程的监管能力。

【基层医疗卫生机构综合改革】 2013年，南宁市123个乡镇卫生院按照综合改革要求，深化完善以“定编定岗不定人”的用人机制和“托低不限高”的分配机制为重点的人事分配制度改革，发放绩效工资，兑现基础性绩效工资7460.43万元；兑现奖励性绩效工资1.45亿元，其中96个乡镇卫生院绩效工资水平高于托低水平，27个低于托低水平。推进城市社区卫生管理体制改革，各城区、开发区落实社区卫生服务中心综合改革政策，城区举办的社区卫生服务中心与乡镇卫生院同步实施国家基本药物制度，实行人事分配制度改革，城区分别与辖区内的社区卫生机构举办医院签订卫生服务购买合同，用合同约定在社区卫生机构实行基本药物制度和开展基本公共卫生服务。

【基本公共卫生服务项目实施】 2013年，南宁市基本公共卫生服务项目服务679.08万人，实际到位项目补助经费1.98亿元。累计建立居民健康档案

591.30 万份，建档率 87.07%；累计建立电子健康档案 560.23 万份，建档率 82.50%。发放健康教育印刷资料 634 万多份，更新宣传栏 3176 期，播放音像资料 15.03 万次，播放时间 66.77 万小时；举办知识讲座 2584 次，听众 14.94 万人；开展公众健康咨询活动 2798 次，接受健康咨询 39.75 万人，接受个体化健康教育 20.72 万人次。为适龄儿童建证 14.49 万人，建证率 99.38%；一类疫苗累计接种剂次数 245.26 万次，疫苗接种率 97.83%。

新生儿访视 9.69 万人，访视率 98.81%；0 岁~3 岁儿童系统管理 31.75 万人，系统管理率 89.25%。孕产妇产前健康管理 9.57 万人，健康管理率 97.64%；产后访视 9.65 万人，产后访视率 98.39%；孕产妇系统管理人数 9.43 万人，系统管理率 96.18%。

高血压患者管理 30.70 万人，管理率 40.18%；规范管理 26.60 万人，规范管理率 86.66%。2 型糖尿病患者管理 7.25 万人，管理率 79.10%；规范管理 6.29 万人，规范管理率 86.77%。老年人健康管理 47.40 万人，健康管理率 87.25%。所有登记在册的确诊重性精神疾病患者数 1.53 万人，检出率 2.25‰。年内，完成规范管理 1.25 万人，最近一次随访稳定人数 1.13 万人，稳定率 73.71%。发生突发公共卫生事件并及时报告 11 起，及时报告率 100%。已设置卫生监督协管站 165 个，聘任卫生监督协管员 788 人。开展生活饮用水巡查 1991 次，发现并报告事件(线索)77 件(条)；学校巡查 4088 次，发现并报告事件(线索)21 件(条)；非法行医和非法采供血巡查 8240 次，发现并报告事件(线索)102 件(条)。新增中医药健康管理服务项目，老年人中医药健康管理服务率 32.15%，0 个月~36 个月儿童中医药健康管理服务率 27.97%。

【卫生行政立法】 2013 年，市政府出台《南宁市无偿献血者及其受益人临床用血费用报销管理办法》，规范报销手续，为无偿献血者提供便利。执行《广西壮族自治区规范性文件监督管理办法》，按规定开展规范性文件制定、备案。出台《关于开展医师多点执业试点工作的通知》，获市法制办备案。按照《南宁市社会急救医疗管理条例》《南宁市献血条例》等地方性法规的规定，启动地方性法规配套规范性文件制定。配合自治区、市人大、市法制办做好立法项目、立法调研项目有关工作。对《广西壮族自治区华侨捐赠条例》立法调研，对《南宁市城市供水节水条例》《南宁市消防条例》《南宁市城乡容貌和环境卫生管理条例》《南宁市社会保险反欺诈暂行办法》等征求意见稿，反馈修改意见和建议。

【卫生信息化建设】 2013 年，市财政投资 136 万元为 18 家社区卫生服务中心建设基本医疗信息化管理系统，分别配置独立的服务器、交换机、局域网，社区卫生服务中心的业务系统跟居民健康档案系统融为一体，解决健康档案"死档"的问题。社区卫生服务"双向转诊"平台(试点)项目启动，投资 100 万。进一步加强妇幼保健信息化建设，乡镇卫生院—县妇幼—市妇幼—自治区妇幼的信息网络基本建成，推进卫生与市计生的出生实名信息共享。

【卫生专网建设】 2013 年，南宁市医疗卫生单位的南宁市卫生专网建设启动，有 300 家医疗卫生单位接入南宁市卫生专网。举办 3 期卫生信息化管理和信息安全管理培训班，培训 200 人。贯彻落实《卫生部关于印发卫生行业信息安全等级保护工作的指导意见》《卫生部办公厅关于全面开展卫生行业信息安全等级保护工作的通知》等文件精神，加强对南宁市医疗卫生机构的信息安全等级保护，完成市属医疗单位的信息系统定级备案。

医政管理

【县级公立医院综合改革】 2013 年，南宁市六县 19 家县级公立医院以破除"以药养医"为关键环节实施综合改革，落实"一取消两同步"政策，即取消药品加成(药品零差利销售)，同步调整医疗服务价格，实施医保支付政策。医疗改革显现"两升四降"(门诊量和住院量上升，门诊和出院病人次均费用下降，门诊和住院病人次均药品费用下降)的效果。县级公立医院综合改革稳步推进，各县分别制定县级公立医院综合改革财政补偿方案，明确政府对医院的投入责任和资金补助范围，落实配套资金，建立财政补偿机制。武鸣县出台《武鸣县人民政府关于印发武鸣县县级公立医院人事制度改革实施方案的通知》《关于印发武鸣县 2013 年新农合住院基金总额预算控制实施方案的通知》，在全市率先开展人事制度改革和医保支付方式改革。各试点县级公立医院改革以来，医院运行平稳，医务人员积极性高，群众看病就医得到实惠，大部分医院收入略有增长。第四季度全市县级公立医院业务收入 12.17 亿元，财政补助收入 2954.41 万元，门急诊费用 2.95 亿元，门急诊 229.24 万人次，住院费用 9 亿元，住院 23.29 万人次。

医院专科能力建设 南宁市实施三级医院对口支援县级医院项目和县级医院急需临床专科能力建设项目，加强县级医院能力建设，为县级医院培训儿科、急诊科、血液透析、重症医学科医师 24 名。组织市一、市二医院派出业务骨干 85 人到县医院驻点工作，帮助建立新学科 2 个，开展新技术 16 项，开展手术 710 例，会诊及疑难病例讨论 978 次，接收进修生 22 人，培训医务人员 7514 人次。

12 月 6 日，南宁卫生专网项目启动会举行　　市卫生局提供

临床路径管理　南宁市二级以上医疗机构均开展临床路径管理工作，有2000多个病种，5万多份病例纳入路径管理，完成率94.60%，病种数、入组管理病例数较上年增长两倍，医疗机构临床诊疗进一步规范，控制医疗费用不合理增长。进一步优化医疗卫生资源配置，出台《南宁市医师多点执业试点实施方案》，促进优势资源合理流动。3月1日实施以来，170人申请办理医师多点执业。

【医疗安全管理】 2013年，南宁市各医疗机构均能依法执业，依据相关的法律法规，结合医院的实际情况，健全医院规章制度；各医院均健全医疗服务质量管理体系，制定医疗管理方案措施，开展质量检查、反馈，促进质量持续改进；所使用的设备、药品、试剂、医用卫生材料符合要求，有"三证"，无过期或劣质物品；临床用血全部来源于南宁中心血站，血液保存符合要求；有19家医院参加医疗责任保险，各医院设有医疗纠纷处理部门和专门人员负责接受医疗服务投诉、处理；建立并实施医师定期考核制度。

开展全市基层医疗卫生机构专项集中整顿，建立基层医疗机构数据库，对基层医疗机构的设置审批全面复核清理，对医疗质量管理、医院感染管理等进行监督检查。检查2166家基层医疗机构，下发限期整改通知书400多份，查处超范围行医70余家，取缔无证行医80多家，进一步规范基层医疗机构设置审批工作，促进基层医疗机构加强管理，提高医疗质量，保证医疗安全。指导并参与医疗机构的设置审批和执业校验工作，参与医疗机构设置审批与执业校验现场审查17家，提出设置意见14份。加强医疗机构日常执业行为的监管，组织卫生监督所检查医疗机构78家次，现场取缔无证行医3家次。开展医疗广告定期监测，监测辖区医疗机构违法违规发布医疗广告897条次，查处医疗机构17家，责令改正11家，警告10家，责令停业整顿1家，吊销3家医院相应的诊疗科目，对5家医疗机构法定代表人或负责人进行行政约谈，将违法医疗广告案件查处情况向社会进行公布，打击非法行医行为。

【医疗纠纷处置与医疗事故鉴定】 2013年，南宁市医学会受理首次医疗事故技术鉴定申请，接到医疗纠纷案件81件。其中：卫生行政部门移交27件；法院委托51件；医患双方共同委托3件。不符合鉴定条件不予受理的16件；受理65件（中止7件，终止3件，作出鉴定结论54件，组织鉴定1件）。属于医疗事故14件（一级甲等9件，主要责任3件、次要责任2件，轻微责任4件；二级乙等医疗事故主要责任2件、二级丙等医疗事故轻微责任1件，二级丁等医疗事故次要责任1件；四级事故轻微责任1件）。事故率27.50%

【医疗机构药事管理】 2013年，南宁市各医疗机构贯彻《处方管理办法》《抗菌药物临床应用指导原则》，促进临床合理用药，开展抗菌药物临床应用评价。加强医疗机构药品和器械不良反应信息报告与防范管理，建立健全各级医疗机构，健全药事管理体系，调整完善药品动态监控及超常预警机制，抓好处方点评及限额管理，每季度对全市二级及以上医院的中西药品使用进行动态监测。举办"麻醉药品临床使用与规范化管理"培训班5期，171家医疗机构约1032名医师、药师及护理人员参加培训，经考试全部合格并发放合格证书。

【医院感染管理】 2013年，南宁市卫生局根据《自治区卫生厅转发卫生部办公厅关于辽宁省丹东东港市丙肝感染事件通报的通知》精神，对医院重点部门、重点环节感染防控，医疗废物管理等医院感染管理进行现场检查。4月16日至22日，对全市医疗废物环境污染情况和消毒供应室情况开展检查。南宁市卫生监督所出动卫生监督员195人次，车辆38辆次，检查医疗机构57家（民营医院23家、门诊部9家、医疗美容诊所12家、口腔诊所13家）。重点检查各医疗机构基础规章制度建设情况；诊疗科目及服务项目是否符合相关卫生要求；排查医疗机构使用非卫技人员从事诊疗活动；严查手术室、口腔科、产房、注射室等重点部门的消毒隔离管理工作，特别是医务人员有无感染控制观念，是否熟练掌握消毒、隔离和无菌操作规范，注射操作是否做到"一人一针一管一用一消毒"。县（区）开展医院感染管理专项检查活动。12月，组织相关人员参加卫生厅举办的广西医疗机构消毒供应中心质量评价标准培训班。参与自治区医院感染监控信息管理系统开展现患率调查，与自治区医院感染管理信息的交流与互通。

【优质护理服务示范工程】 2013年，南宁市继续贯彻《广西实施〈中国护理事业发展规划纲要（2011—2015年）〉方案》。开展优质护理服务病区263个，三级医院及部分二级医院开展优质护理服务病区覆盖面100%，在门诊、急诊、手术室等部门开展优质护理服务，达到优质护理服务全覆盖的成效。二级医院开展优质护理服务病区覆盖面85%。

【护理培训】 2013年，南宁市卫生局分期分批派出专科护士到省级专科培训基地，接受专科准入资格培训。南宁市护理质量中心和南宁市护理学会加强与香港地区护理界的联系，选派护理骨干陆续到香港地区学习先进的管理理念和管理措施。调动各护理专业学组的引领作用，加强专科知识的培训。举办专科培训64期，培训2945人次。

【白内障患者复明工程】 2013年，南宁市确定3家综合实力较强的三级医疗机构作为"百万贫困白内障患者复明工程"项目定点医院。各定点医院按照卫生部《"百万贫困白内障患者复明工程"项目白内障手术操作规范及质量控制标准（2012年版）》对贫困白内障患者实施手术。医治白内障贫困患者400人。

【药品集中采购】 2013年，南宁市医疗机构药品集中采购工作继续实行以政府为主导，依照国家、自治区药品集中采购有关文件规定，按照属地管理原则，加强对医疗机构、药品配送商的监督管理，进一步规范采购行为。全市县级以上医疗机构36家（市级13家、县级23家）。药品集中网上采购总金额11.06亿元，占医院总采购金额95%以上，达到自治区90%的目标要求。市政府办基层医疗卫生机构有188家（乡镇卫生院123家、社区卫生服务机构65家），全部配备使用国家基本药物和广西增补目录，基本药物执行零差率销售。基本药物集中网上采购金额2.53亿元，基本药物两天金额到位率96%，两天品种配送到位率90%，平均配送到位率93%以上。

疾病预防控制

【传染病疫情报告】 2013年，南宁市无甲类传染病疫情。乙类传染病报告发病率322.44/10万，死亡率5.61/10万，病死率1.74%（发病2.18万例，死亡380人）。无传染性非典型肺炎、脊髓灰质炎、人禽流感、流行性出血热、乙脑、流脑、百日咳、白喉、血吸虫病和人感染H7N9禽流感的发病和死亡报告。乙类传染病报告发病率比上年略有下降(−4.50%),主要是新生儿破伤风、梅毒、猩红热、狂犬病、痢疾、伤寒+副伤寒、肺结核、钩体病、艾滋病、淋病和病毒性肝炎等病种发病率下降;死亡率也有所下降(−9.47%),主要是疟疾、病毒性肝炎、狂犬病和艾滋病报告死亡率下降。乙类传染病发病率居前五位依次为:病毒性肝炎、结核病、梅毒、淋病和艾滋病;病死率前五位依次为狂犬病、艾滋病、甲型H1N1流感、肺结核和病毒性肝炎。丙类传染病报告发病率915.10/10万,死亡率0.03/10万,病死率0.03‰(发病6.19万例,死亡2人)。丙类传染病占法定传染病总数73.94%,手足口病(发病5.01万例)占法定传染病总数59.82%。

南宁市有传染病诊疗机构235家,网络正常运行传染病诊疗机构235家,传染病诊疗机构网络正常运行率100%。报告传染病卡片9.31万张,及时报告9.31万张,及时报告率99.95%;及时审核9.31万张,及时审核率100.00%。突发公共卫生事件网报14起,均为一般事件,无较大、特别重大、重大事件发生。网络直报系统传染病自动预警信号4276条,排除4244条,疑似事件32条,通知相关业务部门处置。

【免疫规划】 2013年,南宁市常规免疫冷链运转12次。适龄儿童建卡13.85万人,出生上卡率19.41‰。基础免疫接种情况:卡介苗接种率99.66%,脊灰疫苗接种率99.53%,百白破疫苗接种率99.57%,麻疹疫苗(含麻疹、麻腮、麻风、麻腮风疫苗)接种率99.62%,乙肝疫苗接种率99.48%,乙肝疫苗首针及时接种率94.70%,乙脑疫苗接种率99.59%,A群流脑接种率99.52%,甲肝疫苗接种率99.45%。全年报告麻疹发病121例,发病率1.72/10万;狂犬病发病8例(马山县、武鸣县各2例、邕宁区、宾阳县、横县、上林县各1例),发病率0.11/10万;报告AFP病例21例,报告率1.69/10万,全市无脊灰野毒株引起的脊灰病例。武鸣县、横县于2013至2014年开展脊髓灰质炎糖丸强化免疫活动。第一轮强化免疫武鸣县服苗率96.10%,横县服苗率97.40%。完成190人次的预防接种副反应的调查处理,落实安全接种措施。

【结核病防治】 2013年,南宁市以乡镇为单位现代结核病控制策略(DOTS策略)覆盖率100%。登记活动性肺结核病人4894例,发现新涂阳肺结核病人1149例,治愈上年登记的新涂阳肺结核病人1416例,治愈率89.56%(1416/1581)。把传染性肺结核病人免费治疗纳入为民办实事项目,发现病人1330人,治愈上年纳入为民办实事项目肺结核病人1503人,治愈率91.53%(1503/1642),所有项目病人均享受市政府提供免费检查和治疗,投入经费75万元。

【手足口病防控】 2013年,南宁市报告手足口病发病5.01万例。其中重症176例,死亡2例,暴发疫情1起。手足口病病原学监测检测结果显示南宁市手足口病的病原以其他肠道病原为主。

【艾滋病防控】

疫　情　2013年,南宁市筛查234.92万人次(筛查率33.02%),比上年上升50.80%,报告艾滋病感染者(病人)2326例。艾滋病新发感染人数下降8.55%,病死率下降6.81%。性途径与注射吸毒是南宁市艾滋病传播的两条主要途径,经性传播途径传播所占比例逐渐增大并成为最主要的传播途径,新报告的艾滋病病毒感染者中异性传播比例逐年升高,其中经同性性途径传播数增加明显。青壮年仍为艾滋病疫情报告的主体人群,但60岁以上年龄组疫情上升趋势较为明显,农民(农民工)已成为南宁市艾滋病病毒感染的主体,疫情已由高危人群向一般人群扩散、城镇向周边农村地区扩散。

防治保障　南宁市(县)防艾办全部完成实体化,均落实人员编制,人员全部到位。“三个体系,一个机制”(即以市疾控中心为支撑的预防网络体系、以市第四人民医院为中心的治疗关怀体系、以市妇幼保健院为中心与民政相结合的婚育和母婴防治体系、以民政和医保为基础的关怀救助机制)建设基本完成并逐步完善。南宁市投入防艾专项经费1550万元,继续运行艾滋病职业暴露专项资金补助机制,对申请的21人均发放补助,保障工作人员职业安全。继续贯彻落实《南宁市艾滋病病毒感染者及病人管理工作实施方案》,巩固艾滋病病毒感染者和病人早发现、早管理、早治疗“三早”管理模式,建立自治区首个区域性艾滋病临床治疗关怀中心,建成“1+6+31”家市、县、乡镇级艾滋病抗病毒治疗机构组成的抗病毒治疗网络,出台《关于进一步加强南宁市艾滋病抗病毒治疗机构建设的通知》,推进艾滋病抗病毒治疗机构规范化建设,新增在治病人1699例,累计在治病人6409人。

综合医院、妇幼保健院全部建立艾滋病筛查实验室,94%的二级以上医疗卫生机构建立艾滋病筛查实验室,84.17%的乡镇卫生院建立艾滋病检测点,建立39个自愿咨询检测门诊,检测覆盖面持续扩大。利用结婚登记、婚前保健、产前检查等“一条龙”服务,对当年婚检11.88万人100%咨询,99.90%艾滋病抗体检测。继续落实《南宁市艾滋病致困人员救助实施方案》,卫生、民政部门加强信息共享与配合,建立艾滋病社会救助的快速通道,为966名提交申请的受艾滋病影响的感染者、病人以及儿童实施救助,保障资金135.90万元。投入14.60万元在娱乐场所、宾馆、小型旅店、物业小区等新安装安全套自取箱200个、自取架406个、自取盒755个,发放安全套354.81万只,宣传资料28.36万份。与市公安局联合制定《南宁市艾滋病防治工作信息共享与联防联控机制》,加强艾滋病经性途径传播联防联控工作,对监管场所符合治疗标准的艾滋病病人16人100%成功转介。

艾滋病防治相关科学研究　《南宁市50岁以上老年人艾滋病感染现状及影响因素研究》《南宁市部分重点县艾滋病疫情影响因素的研究》重点课题研究获立项,投入科技经费65万元,正在组织实施。加强基层艾滋病防治人员政策、措施制定及实施的整体水平,委托中国疾控中心于9月举办南宁市艾滋病防治管理人员高级研修班,来自各县(区)政府、疾控中心、市属有关医疗卫生单位60人参加研修。组织技术专家深入县(区)调研、督导20余次,为县(区)艾滋病疫情“把脉”,制定针对性的防治策略。把为首次入组治疗的艾滋病感染者及病人减免首次上药辅助检查和首次复查肝功能检查费用列入2014年为民办实事项目。

艾滋病防治宣传教育　南宁市通过制作动漫宣传片,在公交车、社区电影院中放映;在大部分小型饮食店张贴艾滋病镜框画;以娱乐场所点歌系统、水费单、出租车电子宣传屏、手机短信为载体,拓宽宣传渠道,开展大众宣传。编印《中老年健康·“性”福·长寿一本通》一书,融养生保健、常见病防治与艾滋病宣传教育为一体,宣传中老年性保健知识。利用各种节庆活动,开展“定制式”的艾

9月9日，南宁市艾滋病防治管理人员高级研修班在中国疾控中心举办

市卫生局提供

滋病防治宣传，围绕第26个“世界艾滋病日”主题，举办大型广场宣传活动及中老年人健康风采展示活动。通过宣传贯彻《广西壮族自治区艾滋病防治条例》，使“依法防治、科学防治、规范防治”的思想融入各项艾滋病防治工作中。探索在中小学开展“参与式的源头宣传”活动，引导孩子参与树立正确性道德观和家庭观的实践活动。通过《西乡塘区老年人艾滋病预防宣教项目》，总结老年人防艾宣传教育工作经验，制定适于推广的老年人宣教工作模式。

【碘缺乏病防治】 2013年，南宁市疾病预防控制中心完成碘盐监测3600份，合格率97.66%，合格碘盐食用率97.58%，碘盐覆盖率99.92%，无碘食盐率0.08%，达到GB5461－2000国家消除IDD（碘缺乏病）标准。5月15日，组织相关单位开展坚持科学布点，预防碘缺乏病为主题的宣传活动，发放防治宣传资料6.84万份，接受相关知识咨询6800人次。

【狂犬病防治】 2013年，市卫生系统落实《南宁市养犬管理条例》，加强在农村地区的防治知识宣传。举办狂犬病防控技术培训班2期，培训医务人员约300人，科学指导狂犬病防制措施的落实。狂犬病发病8例，发病率0.12/10万。

【血吸虫病防治】 2013年，南宁市连续25年无本地血吸虫病报告，武鸣县、横县、宾阳县查螺面积355.62万平方米，未新发现残存螺点和新螺点，灭螺面积7.97万平方米。人群查病2022人，未发现血吸虫病患者。

【重点疾病监测】

鼠疫监测 2013年，南宁市疾病预防控制中心采集鼠血400份，鼠疫F1抗体检测结果均为阴性。动物监测50份，结果均为阴性。鼠类内脏鼠疫杆菌培养212份，未培养出鼠疫杆菌。

霍乱监测 监测标本4536份，其中重点人群508份，医院腹泻病人3120份，外环境908份，所有标本检测结果阴性。

疟疾监测 完成未外出居民血检3.45万人次，未检出疟原虫阳性者。流动人口血检9898人次，检出疟原虫阳性1150例（间日疟82例、恶性疟1037例、三日疟4例、混合感染11例），所有病例得到全程治疗，无继发二代病例。

流感哨点监测 流感监测采集标本1749份，检出阳性236份。其中：甲型H1N1流感病毒阳性166份，B型流感病毒阳性46份，季节性H3N2流感病毒阳性24份。

出血性大肠菌O157监测 采集标本1324份。其中：腹泻病人粪便标本520份，动物粪便标本469份，苍蝇标本47份，食品标本288份。动物粪便标本检出阳性3份，其余标本均为阴性。

手足口病监测 监测手足口病轻症病例729例，检出阳性630例。其中：EV71型阳性42例，COXA16型227例，其他肠道病毒361例。

慢四病监测 在市辖区二级以上医疗机构首次就诊“慢四病”（高血压、脑卒中、糖尿病及冠心病）1.87万例。其中：脑卒中6858例，占36.60%；高血压5845例，占31.20%；糖尿病3781例，占20.18%；冠心病2252例，占12.02%。

农村卫生

【新型农村合作医疗制度建设】 2013年，南宁市新型农村合作医疗（简称“新农合”）参合农民502.30万人，参合率99.38%，完成市委、市政府提出参合率96%以上的目标任务。筹资标准由上年的每人每年290元提高至340元，其中各级财政补助标准由上年的每人每年240元提高至280元。民政、残联和计生等部门落实相关优惠政策，资助农村五保户、低保对象、残疾人、计生优抚对象等20.20万人参加新农合，资助个人缴费资金1214万元。新农合筹资总额17.08亿元。乡、县、县以上住院报销比例分别达到90%、70%~75%、55%~65%，最高支付限额提高到全国农民人均纯收入的8倍以上，而且不低于6万元。有726万人次参合农民获得医疗费用补偿，补偿基金近19亿元，基金使用率111%，住院人均获得补偿2710元。推进提高重大疾病保障试点工作，保障病种由上年20种扩大至24种。有8643名患者获得重大疾病保障，保障金额1.20亿元。12个县（区）全部建成新农合信息系统并投入使用。开展与定点医疗机构医院管理系统的对接，参合农民在县域内新农合定点医疗机构住院就诊，出院即可直接获得补偿，实现即时结报。市卫生局获2012年度自治区新农合基金编制预决算工作先进单位称号。

【基层医疗卫生机构标准化建设】 2013年，自治区下达南宁市21个中央投资乡镇卫生院项目建设，建设规模1.37万平方米，每个项目中央投资100万元，地方配套25万元。项目以垃圾污水处理、配电设备及业务用房建设为主，至年末，所有项目开工建设。经申请，乡镇卫生院职工周转房纳入保障性住房建设。下达南宁市乡镇卫生院职工保障性住房建设项目26个738套。全部项目开工建设。自治区下达南宁市城市社区卫生服务中心标准化建设项目5个。其中：新建3个；购置商住房1个；改扩建1个。总建设规模8543平方米，项目总投资2241万元（其中自治区专项补助资金1260万元，市、城区配套资金981万元）。至年末，5

个项目全部动工。

【基层医疗卫生人员培训】 2013年,南宁市加强基层卫生人才培养和队伍建设,继续实施基层医疗卫生队伍培养规划,通过集中面授、网络视频教学、临床进修等多种方式在岗培训社区卫生服务机构、乡镇卫生院、村卫生人员2733人,中央下达培训经费205万元。

【城市卫生对口支援农村卫生】 2013年,南宁市组织27家县级以上医疗卫生机构对口支援27家乡镇卫生院。通过人员培训、技术指导、设备支援、规范管理等多种形式对乡镇卫生院进行全方位帮扶,不断提高乡镇卫生院的综合服务能力。支援单位派出198人到受援单位驻点,其中副高以上职称25人,中级职称116人,初级职称55人;挂职卫生院副院长57人。赠送医疗设备26台(件),药品127种,设备、药品总价值22.41万元;培训人员2680人次。其中长期培训44人次,短期培训2636人次;专家诊治病人1.90万人次。开展手术治疗178例,开展适宜新技术49项;制定规章制度212项;投入23.90万元资金用于基础设施建设和环境改造。

【乡村卫生服务一体化管理】 2013年,南宁市根据卫生部《关于推进乡村卫生服务一体化管理的意见》和《广西乡村卫生服务一体化管理实施方案(试行)》,以"保基本、强基层、建机制"为目标,以农民群众"一元钱看病"为突破口,紧扣"三制、四有、五统一"主线,即实行乡村医生聘任制、绩效考核制、养老保险制;看病有登记、用药有处方、收费有票据、转诊有记录;药品器械统一、基本公卫项目统一、财务管理统一、人员调配统一、管理制度统一,继续推进乡村卫生服务一体化管理。至年末,各县(区)1376个标准化村卫生室实施一体化管理,在1224个村卫生室开展村级门诊统筹报销,实行"一元钱"看病,实现"小病不出村,一般疾病不出乡镇"的目标。

妇幼保健

【妇幼保健机构建设】 2013年,南宁市所辖六县及江南片妇幼保健院均成功建立地中海贫血筛查实验室,并通过市卫生局的评估。六城区目前还未建立妇幼保健机构。

【孕产妇保健】 2013年,南宁市分娩产妇12.47万人,活产12.53万人,其中南宁市户籍的分娩产妇9.75万人,活产9.81万人。建卡9.74万人,早孕建册率96.67%,超过自治区90%以上的目标要求。产前健康检查5次以上有9.57万人,产前健康管理率97.64%,超过自治区88%以上的目标要求。孕产妇系统管理9.43万人,系统管理率96.18%,超过自治区85%以上的目标要求。产后访视9.65万人,访视率98.39%,超过自治区90%以上的目标要求。住院分娩活产数9.80万人,住院分娩率99.95%,超过自治区95%以上的目标要求。9月12日至18日,市卫生局组织三甲医院医务科科长、产科、新生儿科、保健等相关专家和卫生监督员44人分7个组,对63个助产机构(县以上43个、民营医院2个、卫生院18个)开展医疗质量安全集中清理整顿专项行动,规范助产机构母婴保健技术服务行为,强化产科安全管理,保障母婴安全。

【儿童保健】 2013年,南宁本市活产9.81万人,新生儿访视9.69万人,访视率98.81%,0岁~6岁儿童71.01万人,健康管理65.65万人,管理率92.45%,达到自治区要求的90%以上。0岁~6岁儿童系统管理61.62万人,管理率86.77%。其中:城市儿童人数31.51万人,系统管理27.27万人,管理率86.56%;农村儿童39.51万人,系统管理34.35万人,管理率86.93%。均达到自治区要求的城市80%、农村大于72%以上的目标。婴儿死亡546人、死亡率5.57‰,5岁以下儿童死亡747人、死亡率7.62‰。没有新生儿破伤风发生。

【贫困危重孕产妇救助】 2013年,南宁市继续将救助贫困危重孕产妇列入为民办实事项目,通过加强孕产妇保健管理和健康教育,举办妇幼人员专题培训,建立健全城乡妇幼三级保健管理网络和产科急救网络等措施。抢救危重孕产妇1085人,死亡24人,抢救成功率98.34%,孕产妇死亡率24.48/10万,控制在自治区孕产妇死亡率平均低于25/10万的目标要求,救助贫困危重孕产妇70人,救助资金84.22万元,其中市财政救助经费42.11万元,县(区)配套资金42.11万元,资金到位率100%。良庆区孕产妇死亡率为零。

【降消农村住院分娩补助项目】 2013年,南宁市农村户籍产妇住院分娩活产7.47万人,住院分娩补助7.34万人,补助率98.22%,县(区)补助率达到自治区要求的80%以上,补助金额3011.66万元;完成年度任务7.92万人的92.68%。

【农村妇女增补叶酸项目】 2013年,南宁市新增免费叶酸应服用8.77万人,实际服用7.69万人,免费叶酸服用率87.74%,达到自治区要求的75%以上,完成年度任务11.31万人的68.02%;叶酸

3月25日,南宁市乡镇卫生院业务骨干合理用药培训班开班

市卫生局提供

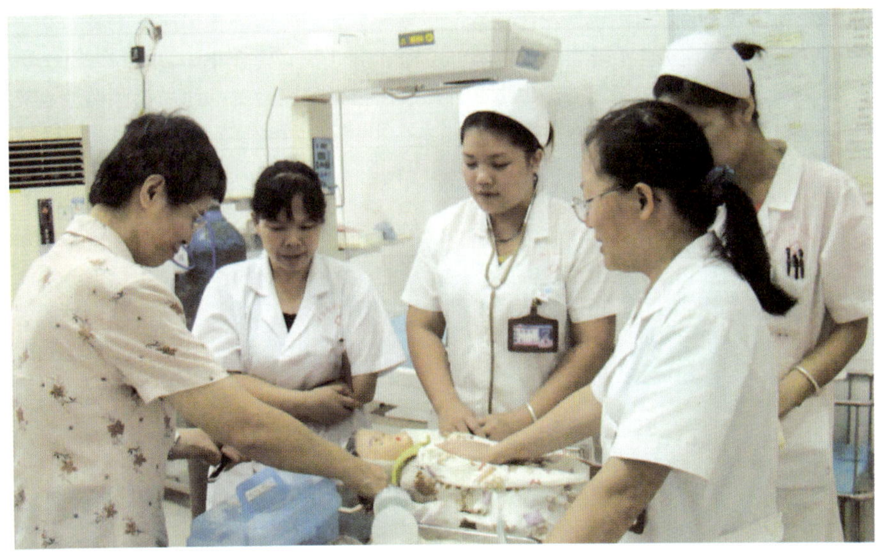

9月23日，南宁市卫生局开展产科质量安全清理整顿专项督查考核

市卫生局提供

服用依从7.11万人，依从率92.40%，达到自治区要求的50%以上，同比上升1.33%；增补叶酸知识调查3.17万人，知晓3.02万人，目标人群增补叶酸知识知晓率95.37%，达到自治区要求的80%以上；服用叶酸个案《广西妇幼卫生信息管理系统》录入率75.50%；围产儿中神经管缺陷26例，神经管缺陷发生率2.06/万，上升17.04%。

【农村妇女“两癌”普查试点】　2013年，马山县、邕宁区、武鸣县、上林县是南宁市“两癌”项目试点县。马山县宫颈癌筛查1.70万人，完成年度任务1.80万人的94.28%。其中阴道镜检查354人，病理检查117人。确诊宫颈癌17例，治疗17人。乳腺癌筛查1315人，完成年度任务1300人的101.15%。其中乳腺钼靶X检查19人，可疑阳性4人，病理检查4人，确诊乳腺癌3例，乳腺癌治疗3人。武鸣县宫颈癌筛查1.58万人，完成年度任务1.70万人的92.62%。其中阴道镜检查36人，病理检查35人。确诊宫颈癌7例，治疗7人。乳腺癌筛查1300人，完成年度任务1300人的100%，其中乳腺钼靶X检查6人，可疑阳性零人，病理检查零人，确诊乳腺癌零例。邕宁区宫颈癌筛查1.41万人，完成年度任务1.60万人的88.26%。其中阴道镜检查565人，病理检查37人。确诊宫颈癌9例，治疗3人，余6人进行追踪后表示2014年进行治疗。乳腺癌筛查1038人，完成年度任务1200人的86.50%。其中乳腺钼靶X检查5人，可疑阳性1人，病理检查1人，确诊乳腺癌1例，治疗1人。上林县宫颈癌筛查1.05万人，完成年度任务1.70万人的61.96%。其中阴道镜检查642人，病理检查134人。确诊宫颈癌1例，治疗零人，余1人进行追踪后表示2014年进行治疗。乳腺癌筛查完成乳腺手诊1200人，完成年度任务1200人的100%，其中乳腺钼靶X检查4人，可疑阳性零人，病理检查零人，确诊乳腺癌零例。针对检查出疾病的人员提出治疗性的指导意见、建议及跟踪随访等。阳性个案均已按要求录入《国家重大公共卫生服务项目妇幼卫生项目管理系统》。

【婚前医学检查】　2013年，南宁市结婚登记12万人，免费婚检11.88万人，免费婚检率98.91%。其中12个县（区）的免费婚检率均已达到自治区85%以上绩效考核要求。所有的婚检对象都进行地中海贫血、HIV、梅毒的筛查，婚检医师对检查中发现的84例HIV阳性、216例梅毒阳性、2878对地贫初筛双阳夫妇等各类患病人群给予个性化的保健指导、治疗建议和优生咨询，并开展追访。

【产前筛查与新生儿疾病筛查补助】　2013年，南宁市分娩产妇9.75万人，活产9.81万人，产前筛查的孕产妇7.01万人，筛查率71.89%，达到自治区55%以上的项目指标要求，其中农村户籍孕妇建卡71.68万人，补助3.99万人，补助金额45.91万元；新生儿疾病筛查9.13万人，筛查率93.10%，达到自治区70%以上项目指标要求，其中农村户籍住院分娩活产7.48万人，补助6.58万人，补助金额34.23万元。

【地中海贫血防控】　2013年，南宁市婚前检查中地中海贫血筛查11.88万人，孕妇地中海贫血筛查11.48万人，有2776对已孕双阳夫妇进行地贫基因诊断，有2564对符合基因诊断补助条件，有2504对夫妇获得地贫基因诊断补助，补助率97.66%，达到自治区要求70%水平，补助经费200.32万；有1203例符合产前诊断补助，有1201例获得补助，农业户籍补助率99.83%，达到自治区要求70%的以上，补助经费156.13万元。确诊为中间型或重型地贫胎儿250例，有231例进行终止妊娠，干预率97.34%。在出生缺陷监测

4月15日，自治区地贫防治办到武鸣县婚育综合服务中心督查地贫防控

市卫生局提供

种类排序中，地贫 2010 年排序第一位，2013 年排序第三位。重型地贫活产 9 人，比 2009 年下降 74%。

卫生监督

【卫生行政许可】 2013 年，市卫生局组织对卫生行政审批项目进行全面清理，将已取消的饭馆、公园、体育场馆等公共场所许可；公共场所新建、扩建、改建工程的选址和设计卫生审查及工程验收；母婴保健技术服务机构开展新生儿疾病筛查等许可项目予以删除，并完成病媒生物预防控制服务机构备案和公共食（饮）具集中清洗消毒服务机构备案 2 项非行政许可项目报备工作。为进一步理顺市与城区、开发区卫生管理权责关系，将部分医疗机构和公共场所的审批和监管权限下放城区和开发区，以此统筹全市卫生行政管理，明确监管职责，提升工作效能。在保证行政审批工作质量的前提下，进一步压缩行政审批事项的承诺办结时限，对 12 项行政审批项目承诺办结时限再提速 26%，不断提高审批效能，提升服务质量。发放许可证件 1.01 万份，现场接待群众或电话咨询 6000 余人次，受理事项 6349 件，办结 6233 件，所有受理审批事项全部在承诺时限之前办结，办结率 100%。南宁市卫生局卫生行政审批工作确定为市级第二批依法行政示范点，卫生局政务服务窗口连续四个季度获“优质服务竞赛流动红旗”，多名同志评为“优质服务标兵”“优质服务岗”。

【卫生行政处罚】 2013 年，南宁市卫生局组织开展执法案卷评查活动 2 次，评查行政许可、行政处罚案卷 66 份。通过自查自评、现场交叉评查等方式对行政执法案卷进行全面评查，并反馈评查意见，保证行政许可、处罚案卷质量。市局选送行政处罚案卷，获自治区卫生监督案卷评查一等奖、南宁市依法行政案件评查优秀奖。各级卫生行政部门办理行政处罚案件 362 件，没收违法所得 4.60 万元、罚款 84.50 万元，吊销行政许可证 2 件，无行政诉讼、行政复议败诉案件。

【食品安全检验监测】 2013 年，南宁市卫生局选定市妇幼保健院、市第一人民医院、市第二人民医院、市第六人民医院 4 家局属医疗机构作为市级食源性疾病监测哨点医院，建立较为完善的食源性疾病主动监测网络。在 12 个县（区）的 210 个采样点采集 45 类 1755 份食品药品进行 113 个食品相关项目的监测分析，对 201 例食源性疾病腹泻病例进行主动监测，食品安全风险监测总合格率 93.29%。在 8 家食品生产企业采集 34 个产品标签，开展《预包装食品标签通则》《预包装食品营养标签通则》跟踪评价。

【医疗机构监督】 2013 年，南宁市卫生局加强对医疗机构的监督检查，规范医疗机构执业行为，监督医疗机构 4566 家，覆盖率 90.40%。医疗机构环境空气、医疗用品、医用消毒剂、无菌器械保存液、医疗午睡、医疗污物抽检合格率均 100%。加强对采供血机构和医疗机构临床用血的管理，强化血液安全监督检查。继续加大对非法行医、非法采供血和非医学需要胎儿性别鉴定及终止妊娠手术等违法行为的查处力度，牵头计生、食药、公安、武警、警备区等部门对医疗机构、生活美容机构、零售药店、计生服务机构开展进一步整顿医疗秩序打击非法行医专项整治行动，以城中村、城乡接合部为重点区域实行巡回检查和实施联合打击，查处、取缔查处无证行医 217 户（次），行政处罚无证行医 79 户，移送案件 5 件。

【公共场所卫生监督】 2013 年，南宁市卫生局严格规范公共场所监督管理，加强对公共场所集中空调通风系统的监督监测力度，开展公共场所经常性卫生监督 1.41 万户次，合格率 93.66%；对公共场所进行抽样检测，产品样品监测合格率 100%，非产品样品监测合格率 95.35%。创建 11 个公共场所卫生管理示范，继续推进住宿场所、美容美发场所、游泳场所、沐浴场所卫生监督量化分级管理，确定卫生信誉度级别，量化分级管理率 82.18%。其中评审确定游泳场所卫生信誉度 A 级单位 17 家、B 级单位 8 家；住宿场所卫生信誉度 A 级单位 65 家、B 级单位 89 家。

【生活饮用水卫生监督】 2013 年，南宁市完成对 26 家市政水厂、90 家乡镇水厂、119 家自建水厂（含农村学校自建设施供水单位 56 个）、339 家二次供水单位的巡回检查，监督覆盖率 100%。将 6 个城区及宾阳县、武鸣县、马山县纳入国家饮用水卫生监测网络开展水质监测，设置监测点 120 个，监测水质样品 300 余份，监测合格率 85%以上。为掌握管道分质供水的卫生状况，在自治区率先开展公共场所、学校、医院管道分质供水卫生安全专项整治，及时分析管道分质供水管理中存在的卫生安全问题，建立管道分质供水卫生安全管理体系。

【学校卫生监督】 2013 年，南宁市推进中小学校卫生监督监测试点，强化校园及校园周边卫生安全的监督检查，开展以传染病防控、教室环境和饮用水安全的学校卫生监督执法，对学校开展经常性卫生监督 1154 所次，覆盖率 97.30%。开展学校课桌椅专项卫生监督和直饮

7 月 23 日，卫生监督人员对泳池水余氯进行快速检测　　市卫生局提供

水机使用状况专项检查，规范学校卫生管理。

【职业卫生监督】 2013年，南宁市构建职业病防治网络，对4家职业健康检查机构、2家职业病诊断机构进行巡回检查，覆盖率100%，完成对1起职业卫生突发公共卫生事件的调查处置，依法规范职业卫生技术服务行为。加大对放射诊疗单位的监督执法力度，检查放射诊疗机构320家次、射线装置144台次、放射诊疗工作人员253人次，覆盖率100%，规范放射诊疗工作单位许可证和放射工作人员证的动态管理。

【消毒产品卫生监督】 2013年，南宁市加大消毒产品和涉水产品监督监测力度，对消毒产品经营单位进行日常监督359家次，卫生用品抽样检测合格率100%。强化对公共餐饮具、公共用品集中清洗消毒单位的执法力度，对餐饮具集中消毒单位进行日常监督66户次，对公共用品清洗消毒服务机构进行监督64家次，在公共用品集中消毒行业推行卫生监督量化分级管理制度，努力提升消毒行业服务水平。结合保障消费者健康权益活动开展，对市区范围内经营和使用的筷子消毒机开展专项整治，依法查处违法经营消毒产品的经营单位2家，将"筷子消毒机"存在的卫生隐患予以曝光，规范消毒产品市场，保障食品卫生安全。

【传染病防治卫生监督】 2013年，南宁市卫生局组织监督监测医疗卫生机构580家次，进一步规范医疗废物的分类、收集、运送、贮存、处置，促进医疗机构的院感管理逐渐步入科学化、规范化的轨道。继续加强对医疗卫生机构病原微生物实验室及艾滋病检测实验室生物安全的监督管理，对从事病原微生物检验工作的市直属医疗卫生机构、疾病预防控制机构、采供血机构开展病原微生物实验室生物安全专项检查，覆盖率100%，提升实验室生物安全管理能力和水平。

【卫生监督应急保障】 2013年，南宁市坚持"预防为主、依法监管"的原则，完成"两会一节""中越青年大联欢"等重大节庆活动卫生监督任务。对重点接待宾馆、活动场馆开展公共场所、生活饮用水、消毒产品、传染病防治等卫生保障，采取提前介入方式实施驻点保障的方式，严格把关，确保突发公共卫生事件"零"的目标。加快市本级卫生监督应急体系建设，通过开展环境卫生、放射卫生、传染病防治等应急演练，提高应急处置能力。

【卫生监督协管】 2013年，南宁市在各乡镇、社区设立卫生监督协管站177家，聘任卫生监督协管员788名（专职卫生监督协管员91名、兼职卫生监督协管员697名）。基本建成覆盖乡镇、社区的卫生监督协管网络体系。

血液采供

【血液采集】 2013年，南宁市献血11.94万人次，比上年增加2832人次，增长2.43%。其中全血采集11.17万人次，增加3005人次，增长2.76%；机采血小板采集1.24万人份，减少212人份，减少1.69%。互助献血5.20万人次，占总献血人数43.52%，增长36.59%。团体招募1.87万人次，增加451人次，增加2.47%。血液采集总量22.84万单位（约45.08吨），减少3940单位，减少1.70%。其中全血采集17.30万单位，减少2841单位，减少1.62%；机采血小板采集4.94万单位，减少848单位，减少1.69%；互助献血量8.61万单位，增加2.08万单位，增长31.89%，占总采血量37.69%。采血招募中，城市居民献血占86.09%，增长0.67%；农村居民献血占13.91%，增加14.89%；团体献血占14.73%，增长2.80%；街头献血占27.84%，下降29.22%；固定献血者比例29.47%，增加6.20%；献200毫升率33.72%，献300毫升率21.60%，减少1.07%；400毫升采集4.92万人次，比例44.03%，减少5265人次，减少4.84%。

【临床供血】 2013年，市中心血站向临床提供红细胞16.70万单位，比上年减少1937单位，降低1.15%；血浆17.78万单位，增加1230.50单位，增长0.70%；机采血小板1.23万人份，减少187人份，降低1.50%；冷沉淀2.55万单位，减少2805单位，降低9.91%。

【血液检验】 2013年，市中心血站对12.14万份血液标本进行了HBV、HCV、HIV、TP、ALT检测，比上年增加2241份，增长1.88%，合格11.80万份，合格率97.17%，不合格3436份，不合格率2.83%。不合格项目中，HBsAg+0.50%，抗-HCV+0.15%，抗-HIV+0.16%，抗-TP+0.77%，ALT1.32%；核酸标本检测36671份，阳性65例；送检HIV初筛阳性标本195份，50份确证阳性，减少3例。

【血液制备】 2013年，市中心血站制备成分血27.79万袋。其中：去白细胞红细胞180.76万单位，比上年增长9.60%；新鲜冰冻血浆133.63万毫升，下降18%；普通冰冻血浆93.64万毫升，增长9.30%；冷沉淀2.49万单位，减少2978单位，下降10%；其他血液成分制备：冰冻加甘油保存红细胞264.50单位，冰冻解冻去甘油保存红细胞266单位，洗涤红细胞724

5月8日，CBA篮球运动员许钟豪出任南宁市无偿献血形象大使　史贝贝　摄

袋。血液隔离与放行、贴签、包装的正确率100%,无质量投诉。

【无偿献血宣传】 2013年，市中心血站组织人员到六县六城区、社区、高校、厂矿等地，利用节假日及特殊纪念日等开展各项活动宣传无偿献血知识，发放宣传资料20万余册，宣传海报300张，横幅100余条,宣传展板60块。在各大报纸、网站、杂志等媒体发表献血相关文章325篇次;在电台、电视台播报献血新闻59篇次。深入全市各中小学校及社区开展血液知识专题讲座，发放血液科普宣传资料2万份，血型趣味漫画5000本，接受咨询2000余次。在公交总公司、白马公交车公司的2000余部公共汽车上投放无偿献血公益广告，提高民众无偿献血意识。聘请CBA八一篮球俱乐部队员许钟豪出任“南宁市无偿献血形象大使”。通过“热血暖冬、情满绿城”大型捐血迎新春、“医务人员献血月”、“2·14情人节”你献热血我送花、“3·5学雷锋献血月”、评选南宁市十大“无偿献血爱心家庭”“6·14世界献血者日”“血站开放日”“公务员献血月”“七夕”浪漫留影、微博随手拍、纪念献血法实施十五周年献血等活动宣传无偿献血,扩大影响力。

【献血服务】 2013年，南宁市临床免费用血报账2649人次，比上年减少479人,下降15%;免费用血金额235万,减少25万元,下降10%。1月下旬,在南宁市第二人民医院正式启动用血费用医院直报,方便市民办理用血费用报销手续。回访3000多人，对1600多名ALT不合格献血者进行短信反馈,对1900多名其他不合格献血者进行电话反馈；有834人次发生轻度献血反应,9人次发生较重献血反应,对他们进行回访,每位献血者都恢复良好;完成“2011—2012年度全国无偿献血奉献奖”获奖证书邮寄;发送慰问、感激、献血间隔提醒等短信80万多条;组织机采成分血献血者联谊会。

【血液质量管理】 2013年，市中心血站完成对去白全血、悬浮红细胞、去白悬浮红细胞等9种血液成分1118袋次的质量抽检,抽检合格率96.69%,比上年下降1.88%。完成对血袋、机采耗材、检测试剂(ELISA、血型、ALT)、一次性使用卫生用品等160批次的质量抽检和资质审核，合格率100%。完成600台次贮血试剂冰箱、10台次成分用大容量冷冻离心机、104台次高压灭菌器、57台次紫外灯紫外线辐照强度、4台次百级净化台的质量监控，对日常监控时发现的不符合标准要求的情况及时反馈给相关科室，及时改进。完成131次采血室(车)、成分制备室环境菌落数培养,196台次贮血冰箱菌落数培养,116人次采血人员手指染菌数监测,12次血液辐照仪及周围环境的辐照强度监控,监测血液运输箱12台次,保障采供血环境的质量。完成128台次采血秤、25台次体重秤、209支次温度计/温湿度计、82支次微量加样器、62台次天平砝码校准。定期做好对采供血关键科室的日常巡检;编制质量月报11期,向各级卫生行政部门和用血单位通报血液质量运行情况;根据新的相关标准和规范要求完成2012版质量体系文件的修订。

医学科研与教育

【医学科研】 2013年,市第一医院申报的《香烟烟雾刺激下IL-27调控Th17/Th1免疫应答介导小鼠肺气肿发生的机制》获国家自然科学基金项目立项；全市医疗卫生单位获自治区级科研立项6项；获自治区卫生厅科研立项51项;南宁市级科研立项34项。全市医疗卫生科研课题获奖22项。其中:获南宁市科技进步二等奖3项、三等奖8项;自治区医药卫生适宜技术推广奖二等奖4项、三等奖7项。投入20万元对上年评定的第二周期7个市级重点学科、7个特色专科和1个重点实验室进行重点建设。

【医学继续教育】 2013年，南市卫生系统开展医学继续教育活动，组织全市性的日常定期学术活动，不断提高学术活动质量。完成自治区级医学继续教育项目44项；南宁市医药7大学会39个专业学组开展学术活动184场次，参加活动9200人次。规范麻醉药品的使用和管理，举办麻醉药品临床使用及规范化管理培训班3期,培训605人。

【输血医学科研】

临床检测服务　2013年，南宁市完成新生儿溶血病检测、血小板免疫学检测、HLA基因分型等标本检测3916例，比上年增长35.74%。开展亲子鉴定660例，增长139.13%。完成1000份标本HLA基因分型检测，整理骨髓库标本630份。

科研立项　5月27日,研究所“血小板免疫学实验室”通过市卫生局专家组的南宁市第二期医学重点学科(实验室)考评,评选为第二期“南宁市医学重点实验室”。9月,研究所获自治区、南宁市立项科研项目(课题)4个,其中广西自然科学基金项目1个，广西科技开发计划项目1个,南宁市重大科技项目1个,南宁市科技开发计划一般项目1个。4个项目获资助科研经费55万元。

学术研讨　3月29日，南宁中心血站邀请加拿大多伦多大学倪合宇教授到输血医学研究所开展学术交流。倪合宇教授在南宁中心血站16楼多功能厅作题为“血小板与血小板免疫学:血小板黏附分子与CD36的作用”的学术报告,中心血站和广西医科大一附院等单位120多人到会聆听交流。5月22日至24日，由南宁中心血站、南宁输血医学研究所主办的自治区级继续教育项目“为临床安全输血提供保障的现代输血医学技术”讲习班在桃源饭店举行,来自自治区各地医院、血站的专业工作者、驻邕医疗机构相关部门负责人等150余人参加。讲习班以吴国光教授带领的研究所专业团队为主要授课老师,并请来美国国立卫生研究院赵桐茂教授授课。2013年7月22日至2014年1月23日,研究所周燕同志应加拿大多伦多St. Michael-Hospital的Dr. Heyu Ni教授邀请，赴多伦多Dr. Heyu Ni教授实验室进行研修学习，主要研修CD36缺失型小鼠胎母同种免疫血小板减少症动物模型的建立。12月24日,南宁市科技局对南宁输血医学研究所承担的南宁市科学研究与技术开发计划重大项目“分子免疫血液和遗传重点实验室的建设”项目,进行课题验收及成果鉴定。由中国血液学权威、陆道培院士为首的专家组对项目进行评审，一致认为项目整体达到国际先进水平，在血小板免疫学领域达到国际领先水平。

【卫生人才队伍建设】 2013年,南宁市卫生局实施南宁市专业化紧缺人才培养重点计划项目67项，培养高层次卫生专业人才150人。引进副主任医师12名,医学硕士研究生84名。全市卫生系统申报晋升正高职称47人，副高职称432人。申报在市二医院挂牌成立骨科疾病研究所,在南宁中心血站实施自治区级人才小高地建设项目。市卫生系统获得2013年“南宁市第八批专业技术拔尖人才”称号8人，获“南宁市第七批优秀青年专业技术人才”称号20人，申报第八批自治区优秀专家医药卫生学科推荐人选19名。市直医疗卫生机构从业人员总计10032人（在编5512人、编外4520人），比上年增加7.50%。其中卫生技术人员8787人（含双肩挑人员），增加7.10%。取得高级、中级、初级职称的卫生人才分别为926人（正高119人，副高807人）、2724人、4626人，分别比上年增长17%、1%、10%。全市卫生人才中，具有博士研究生学历11人，硕士研究生学历440人，大学本科学历3608人，大学专科学历3549人，分别占0.11%、7.36%、35.96%、35.38%。具有博士研究生学历人数持平，具有硕士研究生学历人数增长26%，具有大学本科学历人数增长13%。

中医·民族医

【中医药基本情况】 2013年，南宁市有中医机构381家（不含驻邕区直单位和村卫生室）。其中：中医医院11家（含中西医结合）；中医类诊所370家（含中西医结合）。公立中医医院9家，民营中医医院2家。三级甲等中医医院1家、二级甲等中医医院6家、二级甲等中西医结合医院1家。中医医院开放病床2289张，业务用房总面积11.13万平方米，医疗设备总值2.77亿元。9所公立中医医院诊疗112.30万人次，出院7.99万人次。全市有中医药人员1839人。南宁辖区中医民族医开放床位5932张、中医民族医执业（助理）医师2905人，每万服务人口中医民族医开放床位8.19张、中医民族医执业（助理）医师4人。其中，市辖中医医疗机构开放病床2289张、中医民族医执业（助理）医师1187人，每万服务人口中医民族医开放床位3.16张、中医民族医执业（助理）医师1.64人。

【中医药服务能力建设】 2013年，南宁市有123家乡镇卫生院、30家城市社区服务中心、52家社区服务站和1384家村卫生室。100%乡镇卫生院和100%社区卫生服务中心开设中医民族医科，100%社区卫生服务中心、100%卫生院、96.10%社区卫生服务站和69.80%村卫生所能提供中医药服务，提前2年完成国家和自治区下达的十二五指标。南宁市被列入国家中医药管理局区域中医预防保健服务试点城市，中医健康管理首次列入国家基本公共卫生服务体系。累计为17.47万65岁以上老年人提供中医体质辨识、为9.01万3岁以下儿童提供中医调养服务，目标人群覆盖率分别为30.77%、27.45%。

【中医医院等级复审】 2013年，南宁市有8家二级中医类别医院，7家二级中医医院通过自治区二级甲等医院复评，覆盖率87.50%，中医医院管理水平整体提升。

12月23日，朱琏针灸国际研究基地二级基地合作单位签约　　市卫生局提供

【中医重点专科建设】 2013年，南宁市中医机构建成运行2个国家级、12个省级中医民族医重点专科和25个自治区扶持县级中医药服务能力提升建设重点中医科室，中医临床重点专科较“十一五”净增13个。新增建设3个国家级和9个省级中医临床重点专科。南宁市被列入国家中医药管理局区域中医预防保健服务试点城市，中医药预防保健和健康管理服务快速进入百姓家庭。2个国家级中医民族医重点专科分别是：市中西医结合医院的“针灸科”、市中医医院的“脑病科”。重点打造和传承发展南宁市“朱琏针灸”重点专科、中医医院脑病科和培育中医肿瘤专科，在县级中医院重点建设四大特色专科（中医医院壮医科、针灸推拿科、中医妇科、中医骨伤科）。

【中医人才培养】 2013年，首批22名广西中（壮）医临床优秀人才培养出师，58名中医类别全科医师转岗和90名“西学中”人员培训结业。新增17名广西中（壮）医临床优秀人才、36名中医临床技术骨干、45名广西基层县乡村三级中医师承和16名市级中医专家学术继承培养学员。有全国名老中医药专家1名（韦立富）、桂派中医大师1名（韦立富）、广西名老中医4名、广西乡村名中医13名、广西基层中（壮）医临床优秀人才22名。中国著名针灸学家朱琏嫡传弟子韦立富主任医师12月被自治区确定为全国第二届“国医大师”广西2名候选人之一。

【中医科研】 2013年，南宁市中医医疗机构科研课题立项18项。其中获自治区、南宁市中医药重大课题立项各1项。

【传统医药非物质文化保护】 2013年，首次评审确认“壮族经筋疗法”“壮族目诊”“壮族药物竹罐疗法”“龚氏痛症疗法”“封氏烧伤创疡治疗术”“壮族覃氏草药疗骨法”等6个传统医药非物质文化保护项目。

【朱琏针灸学术传承】 2013年，获自治区“朱琏针灸学术世界研究基地建设项目”及150万元专项资金，建成推广基地1个、二级推广基地7个、韦立富朱琏针灸传承工作室1个。与7个二级推广基地联合开展以朱琏针灸学术培训为主的人才培养和针灸服务能力建设工作。

【中医药文化科普】 2013年,南宁市卫生局组织实施“南宁市百场中医药壮瑶医药科普知识讲座和义诊活动”。组织全市54所医疗机构,297名医务人员,用2个月时间进村入户,走街入巷,贴近百姓生活,举办中医药科普知识讲座88场、义诊74场次,制作宣传展板81幅,接待群众1.54万人次,发放宣传资料3.43万份。

【中医药壮医药产业产值】 2013年,南宁市规模以上生物医药产值94.26亿元,其中中成药产值38.89亿元,中药饮片加工产值17.75亿元。中医药壮医药制造业(即中成药及中药饮片)占生物医药产业的60.01%,处于行业主导地位。通过GMP认证的中药生产企业有33家为,拥有“百会”等7个广西著名商标、15个中药材生产示范基地,中药材种植面积1.07万公顷,总产量3.15万吨,总产值3.10亿元。林下种植中药材6000公顷,产值约0.55亿元。其中金银花种植面积5133.36公顷,产值约0.45亿元。 (甘洪流)

爱国卫生运动

【国家卫生城市巩固】 2013年4月,南宁市创卫办、市文明办、市城乡清洁办召开会议,部署“每月一评”工作,通报“每月一评”的检查结果和存在的问题,部署整改。将每月对各城区、开发区检查发现的问题,通过发督办函来促进整改。年内,印发督办函1000多份,采编视频资料1810分钟,制作专辑91分钟,刊发月点评11篇。8月20日,自治区爱卫办组织专家组对南宁市巩固深化国家卫生城市情况进行年度监督检查。9月25日,南宁市召开首府南宁巩固国家卫生城市暨基层卫生创建工作会议。要求结合“美丽南宁·清洁乡村”活动“美丽南宁·整洁畅通有序大行动”,促进巩固国家卫生城市及基层卫生创建。10月15日,市委、市政府印发《中共南宁市委 南宁市人民政府关于给予在南宁市2009—2011年创建国家卫生城市工作中表现突出的集体和个人记功嘉奖的决定》,对在创建国家卫生城市工作做出突出贡献的集体和个人予以记功嘉奖,市爱卫办被市委、市政府记集体二等功,市卫生局局长汤晓斌等8名个人记二等功,市爱卫办副主任李作庆等20名个人记三等功,高志辉等99名个人嘉奖。11月上旬,市“美丽办”、市创卫办、市文明办、市城乡清洁办、市卫生局、市绩效办等部门召开专题会议,部署通过深入开展“美丽南宁·整洁畅通有序大行动”,强化巩固国家卫生城市、全国文明城市。

【健康教育与健康促进】 2013年5月,市爱卫办组织人员深入各县(区),督查11个县级医院、17个乡镇卫生院(社区医疗卫生服务中心、站)上半年医疗卫生系统控烟情况。组织5月31日“世界无烟日”活动,各县(区)、开发区悬挂“世界无烟日”宣传横额128条,制作“世界无烟日”知识展板89块,开展健康知识讲座23场次,发放宣传单1.80万份、宣传环保袋1万多个,参与咨询、接受义诊群众1.50万人次。9月30日,市卫生局召开会议,研究全市卫生系统健康教育特别是农村卫生知识宣传工作,要求市爱卫办、市疾病预防控制中心及时制订健康教育工作方案并编好《农村卫生知识读本》《农村卫生知识宣传挂图》,下发乡镇卫生院、村卫生所(室)供村民学习。10月9日,市卫生局组织召开基本公共卫生服务项目工作会议,明确健康教育工作由市爱卫办负责。10月15日至20日,南宁市组织开展以“养成良好卫生习惯,从正确洗手做起”为主题的系列宣传教育活动,印制6000份“讲卫生 防疾病 做美丽健康南宁人”主题日宣传海报,分发各级爱卫、疾控部门,在各路公交车的移动影像设备上进行洗手日的公益广告宣传。15日至17日,每车每日宣传播放10次。期间,南宁市各级爱卫办投入30多万元宣传活动经费,发放宣传资料7万多份,通过广场活动、媒体宣传和学校基础教育,影响20多万人参与活动并从中受益。10月30日,印发《南宁市2013年中央补助广西健康素养促进行动项目实施方案》,推进南宁市健康素养促进行动。11月12日,印发《南宁市卫生局、南宁市爱卫办“清洁乡村·健康同行”农村卫生常识宣传活动方案》,组织卫生部门开展健康教育“六个一”活动。

【爱国卫生月活动】 2013年4月3日,南宁市结合创建国家卫生城市及城乡环境卫生整洁行动,组织开展以“贯彻落实爱卫条例,巩固深化创卫成果”为主题的第25个全国爱卫月活动。各县(区)、开发区通过发放宣传资料、制作宣传板报和大型宣传广告、开展多种形式的健康教育活动。发放宣传资料3万多份、接受教育群众10万多人次,为群众义诊1万多人次,有9万多群众参加整洁卫生活动,清运垃圾1850吨,清理卫生死角3500处,疏通沟渠8900米,投放老鼠药93吨,其他消杀药品263吨,消杀面积100多万平方米。

【病媒生物防制】 2013年,南宁市开展除“四害”行动周4次,市本级投入除“四害”经费80万元,各城区(开发区)安排500多万元专项经费用于购买消杀药械及聘请专业消杀服务公司进行消杀;采购灭毒谷3300箱(90多吨),烟幕弹1.50万个,磷化铝116箱,喷雾剂1.80万瓶,其他除“四害”药品1.40万千克,消杀面积2500万平方米。组织街道、社区动员群众清理生活垃圾580多吨,出版除“四害”宣传板报78块,堵塞老鼠洞1.90万个,整治清理“四害”滋生地2.10万处,聘请病虫害消杀服务公司对市区广场等500多个单位进行除“四害”消杀。

【农村改厕项目】 2013年,南宁市实施中央补助地方农村改厕1.10万座。其中横县、宾阳县各1500座,武鸣县、上林县、马山县、隆安县、兴宁区、江南区、西乡塘区、邕宁区各1000座。中央财政补助的专项资金550万元,自治区财政配套资金220万元,市财政配套资金220万元,县(区)财政足额配套资金180万元,资金到位率100%。10月,全市县(区)改厕工作通过自治区、市两级考核验收。

【基层卫生创建】 2013年,市爱卫办、市“美丽办”联合印发《南宁市创建自治区卫生县城(镇)、卫生村工作实施方案》,以“美丽南宁·清洁乡村”活动为平台,推进基层卫生创建工作。有5个镇114个村创建成为自治区卫生镇(村),在自治区卫生镇创建方面实现零的突破。 (黄莹莹)

责任编辑 方 明

竞技体育

【概　况】 2013年，南宁市做好备战自治区第十三届运动会和第一届全国青年运动会(简称“两运动会”)的各项工作。继续以《奥运争光计划》为目标，实施“短、小、灵、水”优势发展战略，构建市、县级业余训练网络，以优势项目为突破口，提高竞技体育运动水平。年内，南宁市籍运动员参加国际体育比赛，获金牌15枚、银牌2枚、铜牌4枚；参加全国体育比赛，获金牌51枚、银牌37枚、铜牌37枚；参加自治区常规赛，获金牌203枚、银牌177枚、铜牌155枚。完成国家二级裁判员1125人、国家二级运动员50人的审批。11月22日，自治区政府给予南宁市运动员陈媛、黄小惠、王毅、王莹、王杜娟、王炳婧各记一等功1次；蒙珊珊、韦颖各记二等功1次；何宇翔、古柏森、黄熙、梁明声、覃义福、陈汉铭、张世鹏、黄文俊、覃发达、雷振瑞、韦日升、莫明东、刘宇、方海亮各记三等功1次；陈意婷、文亘华、欧阳梦佳、邓楚彬各嘉奖1次。市体育局获自治区体育局授予2009—2012年广西体育竞赛“竞赛最佳赛区”称号，葛猛、潘建辉、杨毅斌被自治区体育局评为2009—2012年广西体育竞赛“优秀竞赛干部”；自治区妇联授予南宁市运动员黄小惠、王炳婧、蒙珊珊、韦颖“广西三八红旗手”称号。

【参加国际体育比赛】 2013年4月6日至13日，2013年世界少年举重锦标赛在乌兹别克斯坦举行。南宁市运动员玉玲珑、林冰莲、孙有富入选国家队参加比赛。玉玲珑、林冰莲分别在女子48公斤级、53公斤级比赛中包揽抓举、挺举和总成绩金牌；孙有富在男子69公斤级比赛中获抓举银牌、挺举第四名、总成绩铜牌，成为南宁市首位在世界少年举重锦标赛中获得奖牌的男子运动员。8月16日至24日，第二届亚洲青年运动会在南京市举行。南宁吴数德举重学校学生林冰莲、莫博鸣入选中国代表团参加举重比赛。林冰莲在女子举重53公斤级比赛中，以188公斤的总成绩获冠军，成为南宁市运动员在亚洲青年运动会中夺得的首枚金牌；莫博鸣在男子62公斤级比赛中，以246公斤的总成绩获第四名。9月28日至30日，2013年蹼泳世界杯决赛在瑞士举行。南宁市籍运动员梁耀月参赛，获女子100米蹼泳、4×100米蹼泳接力比赛冠军。10月6日至15日，第六届东亚运动会在天津市举行。南宁市籍羽毛球运动员唐渊婷、体操运动员黄熙参赛，获金牌4枚、银牌1枚。

【参加第十二届全国运动会】 2013年8月31日至9月12日，第十二届全国运动会在辽宁省沈阳市举行。南宁市陈媛等7名运动员参赛。陈媛、王杜娟、王莹、王毅、王炳倩与其他队员一起获女子水球银牌；黄小惠获跳水女子个人全能银牌、女子10米跳台铜牌，并与队友韦颖合作，获跳水女子团体第三名；蒙珊珊获举重女子58公斤级铜牌。

【参加全国体育比赛】 2013年7月23日至28日、8月17日至19日，2013年全国青少年蹼泳锦标赛、2013年全国少年游泳锦标赛分别在北京市、南宁市举行。南宁市体育运动学校分别派出蹼泳队和游泳队参加比赛，获金牌10枚、银牌15枚、铜牌8枚。9月13日至22日，2013年全国后备人才基地锦标赛在河北省保定市举行。市体育运动学校派出16名运动员参加比赛，获金牌7枚、银牌5枚。

【参加广西青少年锦标赛】 2013年，南宁市组成代表队参加在自治区内举行的广西青少年锦标赛田径、水球、跳水、蹼泳、游泳、足球、柔道、武术散打、武术套路、艺术体操、蹦床、技巧、体操、跆拳道、摔跤、拳击、篮球、乒乓球、手球、网球、羽毛球、射击、射箭、举重等项目比赛。获金牌203枚、银牌171枚、铜牌155枚。

【参加2013中国—东盟国际汽车拉力赛】 2013年9月6日至27日，举办中国—东盟国际汽车拉力赛暨中国—东盟媒体汽车拉力赛。中国、越南、泰国、柬埔寨、马来西亚、新加坡的123名车手、26辆车参赛。南宁市派员参加赛事组织工作和比赛。9月6日，在南宁市广西体育中心发车，途经越南、老挝、泰国、马来西亚、新加坡、柬埔寨6国17个主要城市，全程约1万千米。比赛形式有集结赛、定速赛、卡丁车场地赛，同时还在沿途举办系列体育文化交流活动。

【备战“两会”】 2013年，成立“两运动会”南宁市代表团筹备机构，从思想、训练、保障、信息收集、宣传方面做好备战工作。明确各项目召集人，将训练任务细分到人，专人负责，不断完善项目设置和布局。结合项目选材渠道特点，与自治区队、各县体校、俱乐部、训练点加强沟通，全方位选才，引进优秀运动员，拓宽选才面。制定前期经费使用管理办法和相关方案，为做好训练保障奠定基础。总结南宁市代表团参加全国第七届城市运动会、广西第十二届运动会等参赛经验，为备战“两运动会”提供指导。举办足球、田径、游泳、幼儿体操等中学生比赛和青少年锦标赛，有2000多名运动员参加，推动训练与选才的开展。组织参加自治区举办的跆拳道、游泳、乒乓球、篮球、举重、田径等单项锦标赛，通过以赛促训，进一步提高运动员的竞技体育水平。

（朱庆邦　覃毓芹）

群众体育

【概　况】 2013年,南宁市举办群众体育运动会、单项比赛和健身活动300多项次,参与人数200多万人次,群众参与率49%,参加人群涵盖青少年、农民、职工、老年人等。有各级社会体育指导员1.59万人,晨晚练站359个,全民健身形成良好态势。南宁市体育局获国家体育总局颁发全国群众体育先进单位奖,梁桦中等80人获"全国群众体育先进个人"称号。11月,国家体育总局局长刘鹏、副局长冯建中到南宁市考察,对贯彻落实《全民健身条例》和《全民健身计划(2011-2015)》的情况进行调研。

【传统体育活动】

冬泳邕江活动 2013年1月1日在南宁市邕江大桥水域举行。市政府主办,市体育局、市体育总会、广西游泳协会、市冬泳协会承办。南宁市和周边市、县冬泳爱好者2000多人参加。

第五届广西体育节开幕式南宁主会场活动 8月8日在南宁市李宁体育园举办。自治区、南宁市400多名省、厅级领导,以及各界群众6000多人参加。组织进行武术表演、健身操、轮滑、自行车表演等体育项目展示。第五届广西体育节至11月8日结束。期间,举办健身走、健身舞、健身操、体育舞蹈、自行车、汽车越野、绣排球、气排球、羽毛球、篮球、台球、钓鱼、定向运动等20多个项目比赛活动。

2013年"中国体育彩票杯"南宁市五人制足球赛 10月在南宁市广西体育局江南训练基地等场地举办。市体育局主办,广西体育彩票管理中心南宁分中心、南宁市体育管理培训中心承办。业余足球爱好者自由组成64支队伍参加比赛。鸡王食品队获冠军。

南宁市第六届气排球联赛 8月至10月在南宁市老年人活动中心和南宁市第二十六中学体育馆举办。比赛分甲级、乙级男子组和女子组,76支队伍参赛。雨林队获男子甲级第一名,工行95588队获女子甲级第一名;贵糖皇月饼队获男子乙级第一名,雨林火兰妞队获女子乙级第一名。

【学校体育】 2013年,市体育局贯彻落实《全民健身条例》《学校体育工作条例》《中共中央国务院关于加强青少年体育增强青少年体质的意见》,配合南宁市教育局深入各学校指导开展各项体育活动。发动师生参加冬泳邕江、南宁解放日长跑、南宁市青少年无线电测向比赛、南宁市未成年人传统健身游戏大赛等活动。8月19日至23日,2013年全国青少年"未来之星"阳光体育大会在河北省秦皇岛市举办,国家体育总局、教育部、共青团中央共同主办。南宁市组成26人代表队参加。五人制足球获一等奖,三对三篮球获一等奖,拔河获三等奖,毽球获第16名,跳绳获第17名;市第四职业技术学校覃宝凤、市第一中学黄立龙获大会组委会授予"未来之星"称号。

【少数民族体育】 2013年10月25日至10月31日,南宁市第十届少数民族传统体育运动会在马山县举办。设珍珠球、毽球等8个竞赛项目和1个表演项目,共9个大项44个小项。各县(区)、开发区、管委会的16个代表团1400多人参加。经过比赛和评选,组委会颁发各项目奖牌132枚、优秀组织奖16个、道德风尚奖、先进集体29个,248名裁判员、运动员获"道德风尚奖先进个人"称号。马山县、武鸣县、青秀区分获总分前三名。年内,自治区体育局授予市第四十一中学、市沛鸿民族中学、隆安县文化广播影视和体育局"广西少数民族传统体育竞技项目训练基地"称号,项目分别为高脚竞速、毽球、龙舟。项目训练基地的命名和建设,对少数民族体育项目的传承和发扬起促进作用。

【农村体育】 2013年9月23日至29日,2013年广西"拔群杯"篮球赛决赛在河池市东兰县举行。通过预赛,南宁市武鸣县男子、女子篮球队,隆安县男子篮球队,马山县男子篮球队获参加决赛资格。经过角逐,武鸣县女子篮球队获第一名、武鸣县男子篮球队获第七名。6月至8月,南宁市组织参加第三届广西城乡万人气排球赛。赛事有5402支男子、女子气排球队5.13万名运动员、领队和教练员参加,进行1.55万场次比赛,观众9417.31万人次。最终,南宁市有男、女各2支队伍获参加8月24日至25日在广西体育馆举行的总决赛资格,男队获第三名和第四名,女队获第一名和第四名。

【老年人体育】 2013年,举办第七届南宁市老年人运动会、第二十九届南宁市老年人太极拳比赛、第四届"重阳节"长者健身展示联欢活动、南宁市老年人百人太极功夫刀团体赛、第四届中老年人门球甲级赛、南宁市老年人壮族健身操基础套路比赛等重大老年人赛事活动。"重阳节"期间,市体育局、市体育总会主办"中国体育彩票杯"南宁市中老年人"重阳节系列赛",老年体育爱好者踊跃参加,仅南宁市老年人民族健身操比赛就有237支老年健身队3302名运动员参赛。

【社团体育】 2013年,南宁市有体育协会24个、体育俱乐部59个。体育社团组织分别承办中国—东盟武术节、南宁市第三届甲级门球赛、南宁市迎春杯网球

11月27日,国家体育总局局长刘鹏(前右三)率检查调研组考察南宁市全民健身活动开展情况,市委常委、宣传部长、副市长吕洁(前左一)等陪同　　梁　凯提供

比赛、南宁市第三届“羽协杯”羽毛球节开心速配混合团体赛、第二十九届南宁市老年人太极拳比赛、南宁市第二十五届钓鱼比赛、南宁市第七届轮滑公开赛、第八届南宁国际桥牌邀请赛、南宁市超级足球联赛等，赛事活动规模大、影响广、社会反响热烈。年内，在完善社团组织管理的同时，加大社会体育指导员的培训力度，培训和审批二级社会体育指导员 260 名。南宁市大拇指足球青少年体育俱乐部、南宁市钟豪篮球青少年体育俱乐部、南宁市欧亚马自行车青少年体育俱乐部、南宁市星火健美操青少年体育俱乐部、广西历奇青少年体育俱乐部、南宁市润宁足球青少年体育俱乐部、广西希望之星青少年体育俱乐部、广西青秀山青少年体育俱乐部、广西围棋希望之星青少年体育俱乐部被自治区体育局命名为自治区级青少年体育俱乐部。

【社区体育】 2013 年 8 月 9 日至 9 月 8 日，第四届“光大银行杯”南宁市体育进社区气排球比赛分别在江南区沙井南社区，兴宁区长堽东社区、望州社区、邕武东社区，西乡塘区桃花源社区、明秀中社区、龙腾社区，青秀区河堤社区、金洲社区、新竹街道办建园社区举行。有青秀区、兴宁区、西乡塘区、江南区所辖 12 个社区组队参加，216 支队伍 2160 人参赛，人数为历届最多。比赛分公开组、单位组、客户组 3 个组别，南宁地铁队、广西日报社队、自治区人力资源和社会保障厅队分获公开组、单位组、客户组冠军。赛事活动使广大市民充分感受到“快乐运动在社区，健康生活在社区”。

【职工体育】 2013 年，南宁市各类机构根据各自的实际，组织开展形式多样、内容丰富的职工体育比赛和活动。11 月 5 日至 7 日，广西首届体育系统职工运动会在南宁市举行。运动会以“健康生活、快乐工作”为主题，设气排球、羽毛球、网球、拔河 4 个比赛项目，有 24 个代表团 800 多名干部职工参加。南宁市体育系统组成 50 人代表团参加全部项目的比赛。获第一名 4 个、第二名 1 个、第三名 1 个。

【城乡体育设施建设】 2013 年，南宁市加快推进广西体育中心配套工程、广西体育产业城建设。同时，投入资金 1309.85 万元，建设公共体育设施项目 247 个，建设面积 10.13 万平方米。具体为：自治区体育局下达的“雪炭工程”（利用彩票公益金援建综合性公共体育设施）项目 2 个、乡镇农民体育健身工程建设项目 11 个、农民体育健身工程暨“两项工程”村级篮球场建设项目 27 个、农民体育健身工程暨城乡风貌改造五期工程村级篮球场项目 2 个、农民体育健身工程暨村级公共服务中心篮球场项目 129 个、全民健身路径建设项目任务 15 条，以及南宁市为民办实事健身路径建设项目 60 条。做好健身路径的日常养护，做到专人负责，安全监管。年内，接数字城管报修事项 34 件，全部按时办结。配合城市建设需要，对部分健身路径器材进行调整再安装。

（姜碧英　赖超宇）

承办体育赛事

【第九届“中国水城”南宁国际龙舟邀请赛】 2013 年 6 月 11 日至 12 日，“中国体育彩票杯”第九届“中国水城”南宁国际龙舟邀请赛在南湖公园下湖水域举行。赛事设国际公开组 22 人龙舟 250 米、500 米直道竞速，国际公开组 12 人龙舟 250 米、500 米直道竞速，国际混合组 22 人龙舟 250 米、500 米直道竞速，国际混合组 12 人龙舟 250 米、500 米直道竞速，绿城组 22 人龙舟 250 米、500 米直道竞速，绿城组 12 人龙舟 250 米、500 米直道竞速 6 个组别 12 项竞赛项目。中国、加拿大、越南、泰国等国家的 56 支队伍 1131 名运动员参赛。泰国队获国际公开组 22 人龙舟 250 米直道竞速第一名；中国龙滩队获绿城组 22 人龙舟 250 米、500 米直道竞速第一名；广西隆安县震东村联队、广西隆安县渡忑精英队、广西隆安县花苏雄鹰队分获国际公开组、国际混合组、绿城组 12 人龙舟 250 米直道竞速第一名；广西民族大学相思湖学院队获国际公开组 22 人龙舟 500 米直道竞速第一名；广西宾阳县龙舟队、广西扶绥县天城龙舟 3 队、广西隆安县花苏雄鹰队分获国际公开组、国际混合组、绿城组 12 人龙舟 500 米直道竞速第一名。

【第九届南宁国际围棋邀请赛】 2013 年 9 月 8 日至 11 日在南宁明园新都酒店举行。设公开团体赛、公开个人赛，采用积分编排制，共赛 7 轮，以个人成绩决定团体名次。中国、泰国、美国、加拿大等国家和地区的 70 名棋手参赛。中国香港队、泰国队、中国澳门队分获团体前三名；中国香港队李卓良获个人第一名。

【第八届南宁桥牌国际邀请赛】 2013 年 8 月 31 日至 9 月 3 日在南宁浙商大酒店举行。设公开队式赛、名人双人赛、公开双人赛。中国、新加坡、泰国等国家和地区的 96 名选手参赛。泰国 1 队、中国住房和城乡建设部队、中国澳门队分获公开队式赛前三名；公开双人赛，王烈、黄伟明获南北方向冠军，Chaitad、Peeracha 获东西方向冠军；名人双人赛，Kirawat.Limsinsopon、Patnarin Kitchakarn 获南北方向冠军，刘建宏、谢秋季获东西方向冠军。

12 月 15 日，第四届南宁—东盟山地自行车越野公开赛在南宁市良凤江森林公园举行　　梁　凯提供

【第五届南宁象棋国际邀请赛】 2013年9月8日至11日在南宁明园新都酒店举行。设个人赛，采用《亚洲象棋比赛规例》和积分编排赛制，共赛9轮。中国、越南、美国等国家和地区的70名棋手参赛。广西队陈湖海、秦荣，美国队牟海勤分获前三名。

【2013年南宁—东盟业余羽毛球邀请赛】 2013年9月26日至28日，“中国体育彩票杯”2013年南宁—东盟友好城市业余羽毛球邀请赛在南宁市体育场手球训练馆举行。赛事以混合团体赛形式进行。中国、越南、柬埔寨、老挝等国家的16支队伍126名运动员参赛。北海昊海地产羽毛球俱乐部、南宁市欧亚飞羽俱乐部、南宁市2队分获前三名。

【“皇龙居地产杯”第二届南宁—东盟国际业余足球邀请赛】 2013年11月14日至19日在市体育场举行。中国、韩国、柬埔寨、越南等国家的6支队伍119名运动员参赛。广西南宁市润华足球俱乐部、广西皇龙居足球俱乐部、柬埔寨金边皇冠足球俱乐部分获前三名。

【首届南宁—东盟气排球邀请赛】 2013年11月23日至24日在南宁市举行。赛事以男、女混合赛形式进行。中国、泰国、越南、柬埔寨、老挝等15个国家和地区的18支队伍200多名选手参赛。越南高平广播电视台队、南宁市气排球协会队、越南驻南宁总领事馆队，以及广西医科大学、老挝、印度、柬埔寨联队获一等奖。

【第八届“万科杯”南宁国际半程马拉松比赛】 2013年12月7日，第八届“万科杯”南宁国际半程马拉松比赛暨第三十一届南宁解放日长跑活动在南宁市举行。设男、女半程马拉松，男、女10千米，4千米健康跑和老年人健身走4个项目。中国、埃塞俄比亚等8个国家的长跑爱好者9262人参加。埃塞俄比亚DEGEFA ABEBE NEGEWO、肯尼亚GLADYS CHEMWENO分获半程马拉松比赛男子组、女子组冠军；中国李少壮、越南VO BIEN THANH THU分获男、女10千米赛第一名。南宁市的王光燕在女子半程马拉松项目中获第12名，成为该项赛事举办以来唯一获得名次的东道主选手。

【第四届南宁—东盟山地自行车越野公开赛】 2013年12月15日在南宁市良凤江森林公园举行。比赛设男子大众组、男子公开组、女子公开组、国际交流组、男子壮年组5个组别。中国、美国、英国、泰国、印度尼西亚等国家的454名自行车爱好者参赛。黄世腾、封宽杰、邓湖平、梁伟平、荣盛光分获男子大众组、男子公开组、女子公开组、国际交流组、男子壮年组冠军。 （覃毓芹）

对外体育交流

【组团出访交流】 2013年5月，受国家体育总局棒垒球中心邀请，南宁手球训练基地派出6名人员赴武汉体育学院学习和观摩第十二届全国运动会女子手球预赛。9月3日至9日，市体育局派出以莫树森副局长为团长的10人考察团前往辽宁省沈阳市，考察观摩第十二届全国运动会，重点观摩举重和体操比赛，为举办大型体育赛事积累经验。9月28日至10月6日，第45届世界体操锦标赛组委会派出以南宁市委常委、宣传部部长、副市长吕洁为团长的南宁市代表团前往比利时安特卫普考察第44届世界体操锦标赛，并代表南宁市出席国际体联会旗交接仪式，接受第45届世界体操锦标赛会旗。

【来访与业务交流】 2013年10月9日，越南河内举重队到南宁吴数德举重学校，进行为期近两个月的训练。10月25日，包头市体育局考察组一行4人到南宁市，就社会体育指导员管理等工作进行考察交流。 （韦仕康 黄佳思）

体育产业

【体育彩票业】 2013年，南宁市体育彩票总销量2.74亿元，比上年增长13.80%，产生公益金1401万元，销售总额占自治区销售总额31%。2001年至2013年，连续13年，南宁市体育彩票销售总额均列自治区第一。

【本体产业开发】 2013年，市体育场接待市民健身、运动队训练等52万多人次，实现收入470万元，上缴税金40万元。南宁手球训练基地经营收入762万元，上缴税金51.40万元。

【社会体育产业】 2013年，南宁市继续加强对社会体育产业的指导和扶持，培植各种社会体育经营项目。有体育经营机构800多家，经营项目涉及溜冰、游泳、乒乓球、羽毛球、高尔夫球、保龄球、桌球、棋牌、竞技麻将、康体、健身、技能培训、体育器材、运动装备服装等。

（黄永铁）

责任编辑 李志楠

10月6日，在比利时安特卫普举行的第44届世界体操锦标赛闭幕式上，南宁代表团团长、市委常委、宣传部部长、副市长吕洁(左二)从国际体联官员手中接过体操世锦赛会旗 梁 凯提供

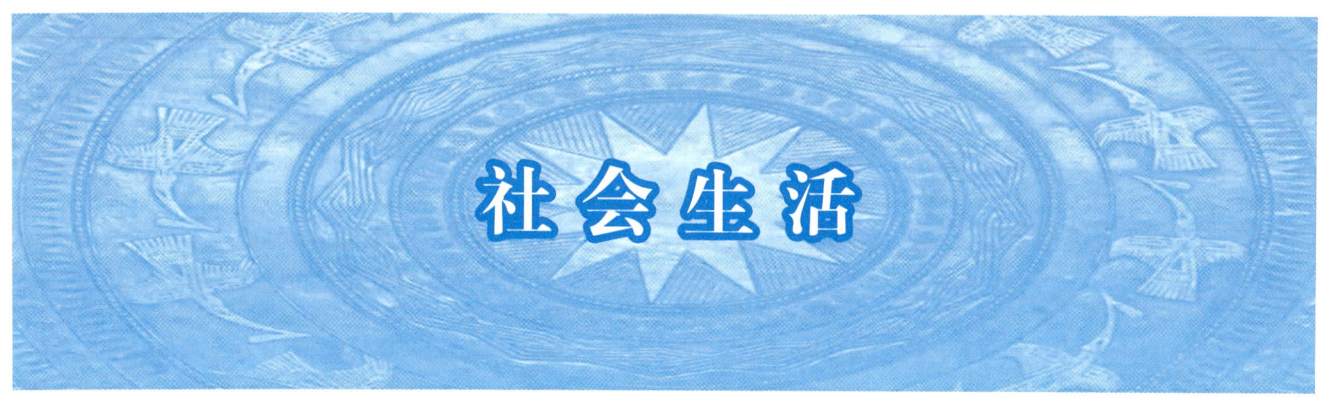

社会生活

城市应急联动服务

【概　况】 2013年，南宁市城市应急联动中心接听报警求助电话134.04万个，处理各类有效事件41.16万起。其中110事件23.58万起、119事件6384起、120事件4.62万起、122事件11.83万起。完成第十届中国—东盟博览会和南宁国际民歌艺术节、第二届中越青年大联欢活动、第九届“中国水城”南宁国际龙舟赛、2013年南宁市重大安全事故应急救援演练、2013年南宁市危险化学品泄漏应急救援演练、2013年南宁市核辐射应急演练、轨道交通应急演练行动、2013年突发公共卫生事件应急演练等通信保障任务15批次；为有关单位提供通信用对讲机1457台次，保证重大活动期间应急指挥调度通信的畅通。向市委、市政府办公厅上报应急信息493条，出版简报《联动信息周报》46期，制作《公安动态信息直报》358期。

【城市公共安全管理系统】 2013年5月24日，南宁市应急联动系统升级项目基本完成，南宁市重大事件指挥系统（市政府应急平台）完成终验，投入运行，南宁市各专项应急指挥部和县（区）、开发区、管委会通过应急平台向市政府报送各类突发事件信息。全年完善应急联动系统各项功能，与公安交警、公安打防控、防汛指挥、会展中心、市政府应急平台等相关部门无线调度和图像系统互联。

【应急管理】 2013年，南宁市继续深化基层应急管理规范化建设，指导各县（区）、开发区开展基层应急管理规范化建设，完善基层应急管理组织机构，督促全市15个县（区）、开发区成立应急管理组织机构；市直各相关部门已设立或明确一个职能科室负责本单位的应急管理；全市125个乡镇（街道）建立应急管理领导机构，市、县（区）、乡镇（街道）三级应急管理组织体系基本建立。

【应急知识普及】 2013年，南宁市采用应急知识宣传文艺演出下乡的形式开展应急知识宣传，赴12个县（区）开展应急知识宣传文艺演出14次，观众20万人次。　　（欧阳秋电）

婚姻·家庭

【婚姻登记】 2013年，南宁市办理结婚登记6.77万对（内地居民登记6.73万对，涉外登记391对），离婚登记1.23万对（内地居民登记1.23万对，涉外登记43对），补领登记1.10万件（内地居民1.10万件，涉外16件），出具婚姻（无）记录证明3.61万件，合格率100%。推动婚姻登记机关等级评定工作。指导南宁市婚姻登记机关有效应对每个登记小高峰婚姻登记服务；开展争创婚姻登记机关“双优”活动，加强培训和交流，提高婚姻登记队伍整体素质，增强婚姻登记服务的能力和水平。

【收养登记】 2013年，南宁市办理收养登记217例（内地居民收养216例，涉港澳台华侨收养1例），解除收养登记2例，合格率100%。配合有关部门，解决私自收养问题，规范收养登记。

【家庭文明建设】

“文明家庭”创建活动　2013年5月7日，市妇女联合会（简称“市妇联”）围绕“弘扬孝道、构建和谐”主题，举办“感恩祖国、感恩母亲”演讲比赛，经过层层选拔，有22个单位推荐的妇女和家庭成员进入决赛，比赛激发带动家庭成员的感恩之心。评选市级“美丽家庭”1000户、“美丽大嫂”1000名、“美丽阳台”50户，动员家庭参与清洁乡村活动。

科普知识进家庭宣传活动　围绕科技活动周主题，组织举办“科普知识进家庭”宣传咨询活动40场次，接待咨询群众3500人次，制作科普宣传板报23期，印发法律宣传资料2万多份。

【“母亲邮包”项目】 2013年，市妇联以“关爱贫困母亲邮寄一片爱心”为主题，组织发动社会各界爱心人士、各级巾帼文明岗等妇女组织，通过捐赠邮包的方式“一对一”资助母亲，为贫困母亲送去关爱。组织县（区）收集整理10万名贫困母亲名址信息，募集资金31.40万元，购买母亲邮包2368个，惠及2368名贫困母亲，项目的实施效果和发放数量都居广西首位，是自治区唯一被全国评为2012~2013年度“母亲邮包”项目优秀组织奖的组织。

【“母亲健康快车”项目】 2013年，市妇联努力提升妇女儿童的健康水平，积极做好“母亲健康快车”项目实施十周年调研的协调、准备工作，通过项目评估组对马山县、横县“母亲健康快车”项目需求的评估，为武鸣县、横县新争取“母亲健康快车”各1辆。至年末，南宁市有6个县（区）获赠“母亲健康快车”。

【“双合格”宣传活动】 2013年，市妇联坚持开展有特色的家庭教育实践活动，下发《南宁市2013年“争做合格家长——培养合格人才”家庭教育大讲堂八桂行活动方案》，举办以流动留守儿童家庭教育为主要内容的“争做合格家长培养合格人才”家庭教育报告会120多场次，受益家长3万多人。联合市文明办、市教育局等部门开展“童心向党——

歌咏比赛活动、"快乐暑期大行动"、第四届南宁市"十大阳光女孩"活动。

（黄家玉　黄宇翔）

人口和计划生育

【概　况】 2013年，南宁市人口计生工作围绕"广西人口计生工作先进市"工作目标，坚持一手抓基层基础工作，一手抓创新亮点建设，解决人口计生工作中存在的重点难点问题，推动南宁市人口计生工作的深入开展，完成年度人口计生目标管理责任制各项工作任务。南宁市出生人口99752人，人口自然增长率8.37‰，出生人口性别比116.11。

【目标管理】 2013年，南宁市进一步完善和落实人口计划生育工作目标责任制。市委书记和市长与14个县(区)、高新区、经开区党政主要负责人及36个相关职能部门的主要领导签订《人口和计划生育目标管理责任状》，实行计划生育"一票否决"。派出由市人口和计划生育领导小组成员单位副处以上领导担任组长、市人口计生委工作人员为组员的考核组，对14个县(区)、高新区、经开区党政线、计生线和36个签状部门进行考核评估，结果全部合格，并经自治区考核验收达标。市委、市政府授予青秀区、兴宁区、宾阳县、江南区、武鸣县、经开区"南宁市2013年人口和计划生育工作目标管理(党政线)责任制考核一等奖"，邕宁区、西乡塘区、横县、上林县、良庆区、高新区、隆安县、马山县二等奖；授予市编委办、市人口计生委、市委办公厅等28个单位"南宁市2013年人口和计划生育工作目标管理(部门线)责任制考核一等奖"，市住房局、市工商局、市文化新闻出版局等8个单位二等奖，宾阳县、江南区、经开区、横县、兴宁区、武鸣县、市编委办、市财政局、市扶贫办、市人社局、市妇联、市卫生局、市发改委、市食药监局、南宁日报社创新奖；授予兴宁区、青秀区、江南区、邕宁区、西乡塘区、横县6个县(区)人口与计划生育领导小组办公室"南宁市2013年人口和计划生育工作目标管理（人口计生线）责任制考核一等奖"，宾阳县、武鸣县、良庆区、经开区、上林县、马山县、隆安县、高新区8个县(区)、开发区二等奖。在2013年，自治区人口和计划生育目标责任考核中，南宁市党政线获"优秀履职奖"和"创新奖"，市级计生线获"优秀奖"；青秀区、兴宁区、江南区获"先进奖"，宾阳县、武鸣县、邕宁区、横县、良庆区、上林县、马山县获党政线"进步奖"，横县获县级党政线"创新奖"。西乡塘区、隆安县获"全国计划生育优质服务先进单位"称号。南宁市对高新区、经开区人口和计划生育工作进行独立考核，但自治区尚未对高新区、经开区进行独立考核，只考核12个县(区)党政线人口和计划生育工作。

【宣传教育】 2013年，南宁市拓展社会宣传和舆论宣传，利用宣传车、标语、横幅、广播电视、报刊、网络、电子屏等全方位、多层面的立体宣传，开展计生知识进农家、进社区、进企业、进校园活动。其中，投入80万元分别在西乡塘、埌东、江南、金桥等四个客运站建立计生公益宣传LED电子显示屏，播出计生公益宣传3.80万条次。1月27日，市人口计生委、市卫生局、市扶贫办等9个部门联合到青秀区南阳镇开展人口计生"三下乡"暨"爱在南宁·情满邕城" 流动人口计划生育宣传服务活动启动仪式，现场开展发放计生用品、卫生诊疗、健康检查、种养殖技术培训或咨询等优质服务活动，市政府副市长肖志钢等领导参加启动仪式并深入贫困计生家庭慰问。南宁市开展人口计生"三下乡"活动218场次，发放慰问金180多万元，宣传资料20多万份，珍贵树苗5000多株，化肥、种子等农用物质100吨。各县(区)围绕宣传贯彻条例、婚育新风、关爱女孩以及出生缺陷干预试点工程等主题，开展全方位、立体式、广覆盖的宣传教育和服务。西乡塘区给新婚夫妇发放"计生礼包"，武鸣县举办"深入学习十八大　计生山歌献给党"的山歌大赛，青秀区和江南区借元宵灯谜开展诚信计生宣传，上林县、良庆区开展漫画长廊话计生，隆安县举办"千副计生春联送乡亲" 活动，宾阳县、横县、邕宁区等县(区)开展"计生电影"、计生戏曲下乡等，南宁市开展人口计生宣传活动1530场次，受教育群众180多万人次。

【诚信计生】 2013年，南宁市认真实施《南宁市关于建立诚信计生工作长效管理机制的意见》，开展以"拓展利导、优化服务、强化管理、落实保障"为主要内容的诚信计生工作模式，进一步完善诚信计生利导政策，明确政府、诚信小组长及育龄群众等要素的权利和义务，规范各要素管理，推动诚信计生不断提质增效。各县(区)通过增加诚信计生家庭购买农机农具补贴、提高诚信计生家庭子女入学奖励标准等办法，进一步增强诚信计生的吸引力。推进诚信计生综合示范点建设，市县两级投入3000多万元，打造以江南区淡村、武鸣县下渌村等18个以"幸福家园"为平台、"诚信计生"为主线的人口计生综合示范点，市级命名表彰5个优秀示范点，13个达标示范点。南宁市1784个村(居)开展诚信计生活动，参加诚信计生小组的依法生育育龄妇女数75万多人。

【性别比综合治理】 2013年，南宁市认真落实《南宁市关于综合治理出生人口性别比偏高问题的特别奖惩规定》，保持打击"两非"高压态势和作用，加强部门联动和区域协作，通过孕情消失重点排查、视频监控记录比对、倒查和加大有奖举报力度，拓展案件线索，严厉查处"两非"大案要案。南宁市开展打击"两非"专项行动65次，查处36例"两非"案件，没收B超机5台、手术床5张、人流引产药品20箱；行政处理4人，拘捕1人，取保候审4人。南宁市落实出生实名登记与信息共享制度，加强孕期跟踪和中期以上人工终止妊娠手术审批管理。投入240多万元在南宁市公立医院B超室安装视频监控，严防孕情非正常消失。执行诫勉约谈和问责制度，对3个性别比治理滞后的县(区)党政分管领导、人口计生局和卫生局局长进行集体约谈。南宁市出生人口性别比116.11，同比下降2.75个比值。宾阳县查处"两非"典型案例获自治区通报表扬，并被评为"自治区打击'两非'综合治理出生人口性别比先进单位"。

【流动人口服务管理】 2013年，南宁市坚持以推动流动人口计划生育基本公共服务均等化为主线，以打造流动人口服务示范点为平台，创新服务管理新模式，为流动人口提供办理证件、就医、子女入学等"一站式""套餐式"均等化服务。市教育部门安排流动人口子女13.59万人(含六县六城区)就读公立学校；市公安部门把 "免费享受计划生育基本公共服务"纳入流动人口"居住证"制度试点工作服务当中。横县百合镇平福村"流出人口"和西乡塘区北湖街道万秀村"流入人口" 计生服务管理示范点获自治区人口计生委的肯定。至年末，南宁市已与自治区内外50多个市建立流动人口计划生育区域协作关系。深化流动人口计划生育主题宣传服务活动，联合卫生、民政、农业、林业、扶贫等9个部门开展“爱在南宁·情满邕城”流动人口计划生育宣传服务活动，慰问流动计生贫困家庭730户，赠送慰问物品800件，发放生产、生活物资1200件。开展流动人口药具服务年活动，进一步完善服务网络。9月13日，“广西流动人口药具服务年”启动仪式在西乡塘区举行。

【人口计生优质服务】 2013年，南宁市继续把国家免费孕前优生健康检查项目纳入市政府为民办实事工程。市级投入460万元实施国家免费孕前优生健康检查惠民工程，将地中海贫血筛查纳入项目，为3.48万对夫妇实施免费孕前优生健康检查，检查出有风险因素1.96万人，其中地贫高风险夫妇299对，实施优生优育咨询和跟踪率100%。6月份，参加全国免费孕前优生健康检查实验室质量抽检获得全优成绩。6月5日，自治区在横县召开广西免费孕前优生健康检查项目工作现场推进会，南宁市在会上作经验介绍。横县计生服务站成为自治区国家免费孕前优生检测培训和实习基地，承担自治区培训8期，培训技术骨干人员96人。开展“国优”创建以及“国优”、“区优”巩固提升工作，加强计划生育服务阵地建设，提升服务能力和水平。良庆区“一站式”婚育综合服务平台，被前国家人口计生委主任王侠喻为“内容最齐全、功能最完善、服务群众最便捷”的婚育综合服务平台。经开区率先在自治区探索计生卫生资源整合服务新模式，解决卫生医疗器械不足、计生服务所技术人员缺乏、农村计生卫生服务相对滞后的问题。

【层级动态管理】 2013年，南宁市认真落实《南宁市关于加强人口计生经常性基础性工作的意见》，重点抓好村民小组、村（社区）、乡、县、市“五级责任人”层级责任管理，落实和推进各级每季、每月、每周工作。市人口计生领导小组印发《南宁市村（社区）人口和计划生育工作规范（试行）》，指导县（区）、乡镇（街道）、村（社区）做好“三级动态”管理。各县（区）根据层级动态管理要求，进一步明确各分片干部工作职责、工作任务、完成时限等，并将各项工作进展情况及相关信息每月定期公开，接受监督，推动人口计生工作关口前移。将经常性基础性工作落实情况作为对县（区）考核评估的重要依据，市级组织4次对经常性基础性工作落实情况进行督查，每季度由市人口计生委分管领导带领科室到挂钩帮扶县（区）进行通报反馈，对存在问题及时督促整改落实。有44个乡镇（街道）、767个村（社区）获自治区“两无一提高”的命名表彰。

【人口计生定点帮扶】 2013年，南宁市继续坚持党政领导和部门挂点帮扶人口计生基础薄弱乡镇工作制度，市人口计生领导小组印发《南宁市后进乡（镇、街道）帮扶转化工作实施方案》，完善市、县（区）领导及部门挂点联系帮扶后进乡镇（街道）、村（社区）工作制度，明确要求乡级党政主要领导每个月要深入到村（社区）亲自抓计生后进转化整改工作。同时，在原有帮扶的基础薄弱乡镇和人口大镇的基础上，确定15个市级重点帮扶乡镇，市财政对每个市级重点帮扶乡镇补助10万元，各县（区）、开发区配套经费不少于10万元。8月13日，自治区党委常委、市委书记余远辉到良庆区计生服务站进行考察调研，参观“一站式”婚育综合服务大厅，指导良庆区做好后进转化工作；市长周红波结合日常工作，多次到挂点乡镇所在的宾阳县指导工作，协调落实诚信计生基金100万元；副厅级以上市领导分别到所挂点乡镇指导帮扶工作68人次，为基层解决问题78件。通过定点帮扶，南宁市39个基础薄弱乡镇人口计生工作得到转化和提升，其中宾阳县邹圩镇、良庆区那马镇等，后进乡镇各项工作指标完成情况位于所在县（区）的前列。

【人口计生行政执法】 2013年，南宁市开展社会抚养费征收等专项督查4次，举办执法人员培训班19期，培训1265人次，进一步规范行政行为。加大信访维稳督办力度，开展领导干部带案下访活动，化解信访案件113件。出台《关于统一规范南宁市〈计划生育服务手册〉〈独生子女父母光荣证〉申请办理指南、申请表等材料的通知》等系列文件，强化流动人口可以在居住地办理《计划生育服务手册》的规定，落实国家卫计委关于流动人口可以承诺制办理《计划生育服务手册》的要求，为流动人口办理证件提供便利，规范基层工作，下发《关于简化程序方便群众办证的通知》，进一步简化办事办证程序。邕宁区中和乡、宾阳县陈平乡、青秀区津头街道获第二批全国人口和计划生育依法行政示范乡镇（街道）称号。

【信息化建设】 2013年，南宁市投入280万元实施“金人工程”项目，对南宁市人口计生广域专网进行全面升级，研发南宁市与自治区全员人口信息管理系统对接平台、南宁市人口地理信息系统、市级药具库房自动恒温恒湿及乡级药具信息管理系统平台等软件。市财政投入97.20万元升级卫生机构广西妇幼卫生信息管理系统（龙骑软件），完善身份证录入、地址信息等功能，研发计生版出生实名登记信息系统，做到与卫生系统平台共享、直接对接、自动比对信息。在市人口计生服务中心九楼设置1间300平方米的教室和1间60平方米的展示厅，配备电脑、投影仪等教学设备，用于市人口计生系统信息化人员培训、展示信息化成果，弥补信息化培训场地缺乏的不足。武鸣县、宾阳县、上林县、良庆区等实施“百台电脑送基层”活动，进一步提升人口数据共享平台服务管理水平。兴宁区村级信息直报规范化建设走在自治区前列，实现村级信息直报100%。

【人口计生队伍建设】 2013年，南宁市认真落实《南宁市关于进一步加强人口计生队伍建设的意见》，全面加强人口计生行政管理、技术服务和群众工作“三支”队伍建设。市编办明确6县计生服务站机构副科级单位，解决县服务站站长的政治、经济待遇问题。市1748个村居委全部配备1名~2名计生专干，计生专干享受村委副主任待遇，基层队伍得到全面夯实。市级举办计生综合业务、科技、政法、流管、宣教、药具等培训班15期，培训2750人次。4月至12月，南宁市开展人口计生工作“十佳乡镇（街道）”“十佳服务所”“十佳工作者”评选活动，经过自下而上层层推荐，逐级审查，并报市人口计生领导小组审定，宾阳县武陵镇、江南区福建园街道、邕宁区中和乡、青秀区新竹街道、武鸣县仙湖镇、上林县西燕镇、良庆区那陈镇、西乡塘区华强街道、横县石塘镇、兴宁区朝阳街道10个乡镇（街道）被评为南宁市2013年度人口和计划生育工作“十佳乡镇（街道）”，宾阳县黎塘镇、武鸣县双桥镇、横县横州镇、邕宁区蒲庙镇、隆安县南圩镇、经开区吴圩镇、西乡塘区金陵镇、兴宁区五塘镇、上林县巷贤镇、良庆区大塘镇 10 个人口和计划生育服务所被评为南宁市 2013 年度人口和计划生育“十佳服务所”，评选出南宁市 2013 年度人口和计划生育“十佳工作者”。7 月，市人口计生系统集中 1 个月时间组织开展“机关思想作风集中教育整顿活动”，并结合实际，按照“责任化分工、程序化工作、规范化管理、标准化供应、绩效化考评”的要求，对机关管理及各项工作进行规范，形成制度，提高机关工作效能。

【生育援助“圆梦”幸福家庭】 2013 年，市计生协会与自治区生殖研究中心合作实施“生育关怀·圆梦工程”，投入 200 万元为 500 对贫困计生家庭不孕不育患者进行免费筛查，为 236 对农村贫困家庭不孕不育患者提供援助治疗，至年末，有 20 多对不孕不育患者圆了生育梦想。市计生协会还与南宁南国妇科医院合作，开展“生育关怀行动—医疗帮扶”系列活动，派出医疗小分队深入乡镇、农村，开展医疗巡回帮扶活动 55 场，受益群众 1 万多人次。 （蓝全祥）

城镇居民生活

【概 况】 2013 年，南宁市城镇居民人均可支配收入 24817 元，比上年增加 2256 元，增长 10.0%，扣除物价上涨因素，实际增长 7.70%；人均消费性支出 17128 元。在居民八大类消费支出中，消费支出均呈现增长：食品消费人均支出 6684 元，增长 11.50%；衣着人均消费支出 1209 元，增长 8.80%；居住类人均消费支出 1423 元，增长 10.10%；家庭设备用品及娱乐服务人均消费支出 1293 元，增长 15.20%；医疗保健人均消费支出 1029 元，增长 19.20%；交通和通讯人均消费支出 2864 元，增长 9.60%；教育文化娱乐服务人均消费支出 2197 元，增长 16.90%；其他商品和服务人均消费支出 428 元，增长 2.80%。居民消费价格指数为 102.10，其中食品类价格上涨 3.90%。

【收入构成】 2013 年，南宁市城镇居民家庭人均总收入 27429 元。其中：工资性收入 19191 元，经营净收入 1620 元，财产性收入(包括利息、红利、股息、保险收益、出租房屋、其他投资收入等)504 元，转移性收入(包括离退休金、社会救济、赔偿收入、保险收入、赡养收入、捐赠收入等)6114 元。

【实际支出与消费结构】 2013 年，南宁市城镇居民家庭人均总支出 21900 元。其中消费性支出 17128 元，财产性支出 151 元，转移性支出(包括交纳所得税、捐赠支出、购买彩票、赡养支出、非储蓄性保险等)1871 元，社会保障支出(包括个人交纳养老基金、住房公积金、医疗保险、失业基金)2241 元，购房与建房支出 509 元。在消费性支出中，用于服务性消费 4682 元。人均消费性支出构成：食品类 6684 元，占比（恩格尔系数）39.03%；衣着类 1209 元，占比 7.10%；居住类 1423 元，占比 8.30%；家庭设备用品及服务类 1293 元，占比 7.50%；医疗保健类 1029 元，占比 6.00%；交通和通讯类 2864 元，占比 16.70%；教育文化娱乐服务类年人均消费支出 2197 元，占比 12.80%；其他商品和服务类 428 元，占消费支出比重 2.50%。

【主要耐用消费品购买量与年末拥有量】 2013 年，南宁市城镇居民家庭平均每百户拥有摩托车 28 辆、助力车 80 辆、家用汽车 28 辆、洗衣机 97 台、电冰箱 94 台、彩色电视机 113 台、家用电脑 97 台、摄像机 9 架、照相机 48 架、中高档乐器 3 件、健身器材 3 套、微波炉 66 台、空调器 120 台、淋浴热水器 94 台、消毒碗柜 62 台、普通电话机 44 台、移动电话 230 台、接入有线电视网络的电视机 80 台、接入互联网计算机 67 台。

【居住状况】 2013 年，南宁市城镇居民人均拥有住房建筑面积 35.66 平方米。房屋产权状况：租赁公房占 4.90%、原有私房占 28.80%、房改私房占 35.10%、商品房占 20.20%、其他占 1.30%。住宅建筑式样：单栋住宅占 22.20%、四居室占 6.20%、三居室占 30.70%、二居室占 29.70%、一居室占 5.10%、普通楼房占 0.80%、平房及其他占 5.20%。独用自来水 95.60%。住房内有浴室厕所 96.40%。使用管道天然气、罐装液化气居民户分别占 18.40%、64.60%。 （方文焕）

【规模以下服务业企业】

资产规模 2013 年，南宁市从企业资产总计来看，南宁市调查的 303 家规模以下服务业企业资产总计 17.11 亿元，比上年增长 12.08%，户均资产 564.90 万元。

营业收入 南宁市调查的 303 家企业实现营业收入 8.39 亿元，比上年增长 16.56%，户均营业收入 276.74 万元。分行业看，水利、环境和公共设施管理业增长 92.80%；交通运输、仓储和邮政业增长 33.74%；租赁和商务服务业增长 17.93%。

劳动力需求 南宁市调查的 303 家企业从业人员总数 5160 人，增长 3.51%，家均 17 人。分行业来看，卫生和社会工作、科学和技术研究服务业、水利和物业管理与房地产中介服务业人数较多，分别为 44 人、24 人、21 人。劳动力需求量同比持平的企业占 55.40%，增加占 25.70%，减少占 18.90%。从影响用工量的因素看，“经济效益”“劳动力成本”和“订单变动”三个因素影响程度分别为 23.70%、29.60%、13.30%。

员工薪酬 南宁市调查的 303 家企业人均月薪(含工资、奖金、保险费、公积金等所有薪酬)2825 元，增长 13.02%。分行业来看，人均月薪最高为科学研究和技术服务业企业 4133 元，最低为居民服务、修理和其他服务业 1693 元。

企业纳税负担 南宁市调查的 303 家企业营业税金及附加比上年减少 3.36%，36.30%企业享受税收优惠政策，免税企业 63.70%。

产品价格 南宁市调查的 303 家企业销售（服务收费）价格持平的企业占 61.40%。分行业来看，居民服务、修理和其他服务业的价格持平企业近 8 成。从价格变动的影响因素看，“劳动力成本”“费用支出”分别占 34.40%、29.50%，“原材料价格”“其他因素”均占 16.40%，市场竞争占 3.30%。（王雪梅 陆贵远）

时尚习俗

【交友征婚】

网络征婚 2013 年，随着互联网的普及，现代生活已进入网络时代。通过网络聊天工具如 QQ、MSN、飞信等寻找另一半，成为很多人乐于接受的征婚、交友新模式。网上也专门开设有许多征婚交友频道，为寻找爱情的男女提供方便快捷的服务。只要将自己理想爱人的条件输入电脑，便可获得对方相关资料，进而再联系加深了解。一些知名网站还设有

"同城约会"之类的栏目,如珍爱网、百合网、世纪佳缘、南宁时空网等,有助于人们了解与自己同地的适龄人的情况。一些大型网站除提供网络交友平台外,还不时地举办线下相亲交友活动。在南宁市有很多人通过网络找到自己的另一半,有的通过国际性的交友征婚网站,在异国他乡找到知己。

大型交友会　2月14日(正月初五),在恒大苹果园东方之梦商业街2013年南宁市青秀区新春庙会活动现场,举行由共青团南宁市委、中共南宁市青秀区委、青秀区政府、南宁日报社主办的"幸福像花儿一样"大型青年交友活动,让单身青年在游戏互动中找到"合拍"的另一半。

父母相亲活动　南宁市部分青年男女因学业、工作、社交面狭窄等原因,暂时找不到对象。希望子女幸福的父母采取"相亲"活动,替代无暇顾及恋爱,或者是出于各种原因而消极应对婚姻的子女去相亲。南宁市媒体、相关机构举办的相亲交友活动现场,许多父母带着子女的资料照片,为子女选择合适的对象。此外,很多中老年人会在周日市民晨练结束后的人民公园,自发形成一个有规模的"爸爸妈妈相亲团"。　(汪　悦)

【城市雕塑】 2013年,南宁市有城市雕塑100多座,既有纪念性的,也有装饰性和主题性的。较具特点的有:步行街口的《跑堂工》、泰安大厦门口的《行进》、金湖广场的《五象泉》、民歌湖的《希望》、民生广场的《戏水》等,2004年建成的金湖广场《五象泉》雕塑是南宁市标志性雕塑。位于长堽路的广西烈士陵园被称为"南宁雕塑园",有邓小平领导百色起义等大型雕塑18座。建成的民歌湖有"红色之旅"雕塑群。

【健　身】

概　况　2013年,南宁市群众体育活动蓬勃发展,举办群众体育运动会、单项比赛、健身活动300多项次,参与人数200万人次,群众参与率49%,社会体育指导队伍1.58万人,社会健身网点351个。发展体育协会22个、俱乐部55个,涵盖篮球、气排球、足球、游泳等传统项目,以及轮滑、马术、台球、自行车等新兴项目。学校体育做好"两课一操"(体育课、综合活动课与眼保健操),开展课外体育活动;职工体育由各级工会牵头,开展工间操、气排球、篮球、羽毛球、乒乓球及趣味竞赛等活动;老年人则由老年体协组织拳、剑、舞、棋等竞赛;还有群众自发组织的自行车协会、冬泳协会、轮滑协会、信鸽协会、登山协会等,群众体育正形成自愿、多样、潮流化的全民健身模式。早晨,公园成为民俗健身的重要场所,人们或练着扇子功,或打着太极拳耍着太极剑,或踢着健身球。傍晚,在民族广场、朝阳广场、南湖广场、金花茶公园等处,许多市民自带音响设备,自由组合,跳着民族舞和交谊舞。一些年轻人喜欢玩街舞、滑板、自行车特技和赛车,或租场地踢5人制足球。群众性游泳活动甚为活跃,多以自发为主,冬季在邕江冬泳已成为南宁市传统体育活动之一。健身路径也在南宁市悄然兴起,市区广场、公园、住宅小区的健身路径处设有单杠、双杠、仰卧起坐台、梅花桩、平衡木、天梯、扭腰器、太空漫步机等健身器材。至年末,南宁市有体育场馆、设施1.44万个,体育商家企业300多家,经营项目涉及溜冰、游泳、乒乓球、羽毛球、高尔夫球、保龄球、桌球、棋牌、竞技麻将、康体、健身、技能培训、体育器材、运动装备服装等。体育服务经营单位550家,体育服务业年销售收入近3亿元。其中健身娱乐单位400家,年收入约1.51亿元,占体育服务业70%以上;从业人员3300余人,占体育服务业人数60%以上。健身娱乐业的经营主要有羽毛球、棋牌、乒乓球、游泳、体操(包括各类健身、健美操)、高尔夫球和网球等,比重依次为41.30%、27.10%、4.10%、12.30%、12.10%、2.10%、1%。根据营业收入对经营项目排序,依次为羽毛球、棋牌、游泳、体操、乒乓球。

游　泳　南宁地处亚热带,常年气温偏高,群众性游泳活动甚为活跃,每年到游泳场馆游泳的群众均超过20万人次。游泳活动以自发为主,游泳场馆是活动的主要场所,邕江两岸也是群众游泳的去处。至年末,南宁市持有卫生许可证的游泳场馆39家。邕江冬泳为南宁市四大传统体育项目之一。1958年1月,毛泽东主席冒着严寒在邕江畅游,激发市民的冬泳热情,冬泳运动也受到越来越多人的青睐。2013年1月1日,南宁市政府主办,南宁市体育局、南宁市体育总会、广西游泳协会、南宁市冬泳协会承办的冬泳活动在邕江大桥水域举行,首府各界及周边各县市冬泳爱好者2000多人参加。邕江的冬泳点由原来的邕江大桥2个点增加至包括西园、淡村、中兴大桥5个等冬泳点。

长　跑　早晨和傍晚,南宁市的公园、广场都有很多跑步的群众。每年12月4日举行的南宁解放日长跑活动已形成群众体育品牌。南宁市群众性长跑运动兴起于20世纪30年代,1933年广西省立第一中学率先举行环城赛跑,是南宁市最早出现的长跑比赛。2013年12月7日,中国田径协会、自治区体育局、南宁市政府主办,市体育局、市体育总会承办的2013"万科杯"南宁国际半程马拉松比赛暨第31届南宁解放日长跑活动在南宁市举行,来自埃塞俄比亚、肯尼亚、厄立特里亚、加拿大、越南、缅甸、爱沙尼亚、美国等国家以及中国部分省市自治区的专业队和长跑爱好者9262人参赛。

羽毛球　南宁市民喜爱的体育项目之一。从20世纪80年代的露天水泥场

1月1日,在邕江大桥水域举行2013年南宁市冬泳邕江活动　梁　凯提供

地到如今的室内木板球馆，从三五成群、茶余饭后的路边玩耍到有组织的大批业余爱好者，羽毛球运动在南宁市开展得越来越活跃。尤其是体育场馆向大众开放后，南宁市掀起羽毛球热，群众性比赛不断，参与者一般都在三五百人左右，多时近千人。1999年，南宁市对外开放的羽毛球馆仅5个。2013年，有羽毛球馆30多个，羽毛球场地1000多个。蓝天、飞羽、天空等由羽毛球爱好者自发组织的俱乐部10多个。城区120万常住人口中大约有10万人经常参与羽毛球运动。每年广西业余羽毛球赛均定期在南宁市举行。2013年9月26日至28日，“南宁·东盟业余羽毛球邀请赛”在南宁市体育场手球训练馆举行。以混合团体赛进行比赛，出场顺序混合双打、男子单打、女子单打、男子双打、女子双打。越南、柬埔寨、老挝等国内外16支队伍126名运动员参加比赛。

街头篮球　又称三人篮球。2000年以后出现并悄然兴起，偶尔会在室外街边篮球场上看见星星点点的两三个人在开展这项前卫、时尚、新潮的运动。2002年起，街头三人篮球赛每年均在南宁市各广场举行。2013年，已从开始的星星点点发展到正规街头篮球比赛、大型的街球聚会及商业演出等，深受市民尤其是青少年的喜爱。在广场、大型商场超市门口也兴起投币式街头篮球机，供行人休闲娱乐。街头三人篮球赛在南宁市已成为传统体育赛事之一。

足　球　南宁市有业余足球队约230支(包括女子足球队1支)，其中常年进行十一人制比赛约50支，其他150支球队常年进行五人制等其他比赛。每支足球队15人~30人，流动队员约20%，人数在6000人左右。足球队成员主要有社会人士、大学生、公务员，还有一些外国友人。年龄结构大约在17岁~45岁，青少年足球人数约占总人数15%。市区主要有新屋、空间、金花茶公园、广西大学、广西健兴足球场、广西足球俱乐部桂淞球场、李宁体育园7个足球场地。

健美塑身　南宁市的大众健身事业始于20世纪80年代末至90年代初期间。1998年后，设备齐全、项目繁多的健身俱乐部和与住宅小区配套的健身馆逐步兴起。2013年，南宁市建成健身路径56条，有超越健身馆、五象健身馆等综合型健身馆20多家，有国家舞蹈协会会员、广西资深教练担任健美操和形体训练的教练；客流量在全国名列前茅；装修、设备等硬件处于中上水平。许多市民到健身馆锻炼形体、练健美操和瑜伽等。

马　术　马术运动在南宁市始于21世纪初，大部分马场没有正规的跑马场和驯马师，大部分骑马者也只是把骑马作为一种休闲旅游方式。2008年起，市体育局每年举办马术公开赛，从最初单一的速度赛马逐渐转变为速度赛、障碍赛、绕桶赛、马球赛等较为全面的马术比赛。2013年，南宁市有跑马场约10家。除赛马外，马场设有餐馆、烧烤场、休闲屋、拓展区等为顾客提供各种娱乐活动和便利饮食服务的场所。　（梁一家）

气排球　随着南宁市第八届运动会结束，登上传统运动会舞台的气排球运动超越羽毛球，成为最受南宁市民欢迎的体育运动。气排球运动源自1984年呼和浩特铁路局济宁分局组织的一场老年人体育活动。其在无规则限制的情况下，组织离退休职工用气球在排球场上打着玩。由于气球过轻且易爆，便将两个气球套在一起，后又改用儿童软塑球。随后又参照6人排球规则制定简单的比赛规则，并将此项运动取名“气排球”。经过改良，现在的气排球由软塑料制成，一般为黄色，球体富有弹性，手感舒适，不易伤人，圆周75厘米~78厘米，重约120克~150克。比赛时，男子网高2.10米，女子网高1.90米，男女混合网高2.00米；采用羽毛球场地。球场长13.40米，宽6.10米，室内外均可开展；每队7人~10人，上场5人~6人。由于气排球运动对场地要求低、规则简单易懂、器材实惠方便、竞技化和休闲化兼备、老幼皆可参与的优势，逐渐成为一项南宁市的运动项目。目前，南宁市各大体育场馆里，都能见到气排球运动的身影。甚至露天场地上，也常常能见到市民拉网打球。　（汪　悦）

自行车骑行　自行车骑行成为年轻、健康、自信的一种时尚。2013年8月，南宁市首条自行车专用道完工并开放，为骑行爱好者提供专业车道。自行车专用道位于邕江北岸，宽2米、长3.47千米，两边划有白色保护线，以北大桥下的喷泉为起点，一直向东延伸，穿过民生广场、邕江大桥、桃源大桥，抵达凌铁大桥。自行车道铺有朱红色的颗粒橡胶，标有白色自行车图标和双向指示箭头。沿线景观包括：古邕石刻、雕塑喷泉、冬泳纪念广场、广西神话传说故事长廊等。边骑行锻炼边游览自然和人文景观，深受市民喜爱。

【饮食习惯】

无鸡不成宴　南宁人的节日食品和宴客菜肴首选白斩鸡（又称白切鸡），有“无鸡不成宴”之说。做法是将肥嫩的本地项鸡(未下过蛋的母鸡)或线鸡(阉鸡)宰杀，掏出内脏后，沥干，在腹腔内抹适量盐及少许切成片的沙姜，放入已烧开的锅内浸泡（水量以浸过整鸡为宜），待水再沸腾后熄火，20分钟后将鸡捞起，待凉后切块上碟，蘸上用沙姜、香葱、香菜、酱油、香油等调制的配料佐食，皮爽肉滑，味道鲜美。

饭前一啖(口)汤　南宁人素来喜欢饮汤。无论是丰盛的宴席或是家庭便饭，汤一般不可缺少，习惯先饮汤后进食，有“食饭先饮汤，胜过开药方”之说。汤依四季变化而不同，冬天为滋补抗寒，一般饮用带温补的汤，并多在汤中配少许姜片或补品；夏季为清暑解热，则放些海带、绿豆或清补凉(一般由沙参、淮山、枸杞、玉竹、红枣、桂圆肉等组成)等清凉性食物。有的汤略呈糊状，俗称“羹”。20世纪90年代后，酒家、茶楼推出随时向顾客提供各式汤水的服务项目，有的还设电话预约煲汤。

早餐一碗粉　清末民初，粤商来邕兴办餐饮业时从广东引进，时称沙河粉。此前，本地虽有民间蒸制，但质量不及沙河粉。人们选用大米淘净浸透加水磨浆，掺入用开水冲兑的适量熟浆拌匀（或用适量米饭与米一同磨浆），放入金属托盘（米浆仅铺过盘底），蒸成薄片，折叠切成条，叫作切粉；配上叉烧等配料，淋上调制好的糖醋叫酸粉；在舀米浆入托盘后加入碎肉、葱花、香菇末、碎虾米等配料，蒸煮后卷成筒状则叫卷筒粉（梧州及广东一带叫肠粉）；将用布滤干水成粉团的米浆煮至五成熟，放在石臼中舂成软硬适度有韧性的稠浆（现代多用机械搅拌），用粉榨工具压榨入沸水锅成线煮熟的叫生榨粉。切粉、生榨粉在食用时用沸水烫热加入骨头汤称汤粉，配以肉类的称肉粉，不配肉的称素粉。肉粉又依据不同肉类称为猪肉粉、牛肉粉、鸡肉粉、牛腩粉、鸡杂粉、杂烩粉。用油炒的称炒粉，配以叉烧、卤水相拌的称干捞粉。米粉成为南宁人常吃的一种食品，特别是习惯于早餐吃一碗粉。

热毒饮凉茶　南宁市气候比较湿热，每逢季节变换或偶食煎炸食物，人们比较容易上火(即热气),而凉茶清热祛湿,平时喝些凉茶也能起到防病的作用。南宁市的凉茶多用中草药配制而成,成分有金银花、野菊花、雷公根、茵陈、木棉花、地胆头、槐花、桑叶、夏枯草、水翁花、板蓝根、半边莲、淡竹叶、山芝麻、两面针等。不同的药材配方煲出不同的功效和味道。品种主要有王老吉、生地、雷公根、菊花茶、罗汉果、茅根竹蔗水等。其中生冲雷公根是南宁市的特色凉茶,做法是将黑墨草、雷公根、一点红、车前草几味药用人工臼溶,再用凉开水勾兑,尽可能保持原汁原味。南宁市的凉茶文化历史悠久,最初是一些中草药铺里的药师在店里摆个小凉茶摊,根据药理搭配出不同功效的凉茶,后来发展为一辆小推车、几个凉茶煲的流动摊。原永宁街万昌堂的老牌凉茶、南环路的南环凉茶是老南宁人熟悉的老牌凉茶铺。此外,一些家庭主妇也常常去中药铺买回凉茶的原料或到市场买些如雷公根、茅根、一点红之类的新鲜中草药回家自己煲凉茶。20 世纪 80 年代以后,南宁市的凉茶店遍布市区,郑记本草堂等连锁凉茶店也开进大街小巷,加上各种凉茶冲剂及包装凉茶的问世,给喜欢饮凉茶的南宁人带来很多方便。

闲时一杯茶　饮茶在南宁市不仅是一种生活习惯,也是一种文化传统。南宁人喜爱饮茶,也习惯以茶待客。有的在闲暇时间,自己或是约上几位亲朋好友,泡上一壶清茶慢慢品尝和聊天,有的习惯在餐后喝上一杯茶,借以清理口腔与肠胃。南宁人喜欢饮早茶。茶多为清茶和红茶。20 世纪 80 年代以后,南宁市茶市得到发展,人们也开始习惯去茶楼饮早茶,并由饮早茶进而发展为饮下午茶、夜茶。茶有花茶、普洱、铁观音、乌龙、龙井、香片等等,茶点有马蹄糕、糯米鸡、肠粉、冬菇滑鸡、烧鸭、烧鹅、凤爪、叉烧包、小笼包、水晶包、饺子、排骨、肚片和粥、粉等几十种。人们上茶楼饮早茶、夜茶,或是叙说友情,或是合家共聚,或是洽谈生意。90 年代中后期,南宁市开始出现充满闲情逸致、文化内涵丰富的茶艺馆,喝茶、品茗已经成为时尚。

瓜果蔬菜烤着卖　南宁市最常见也是南宁人最喜爱的吃法之一。除烤羊肉串、牛肉串、烤鱼、炭烤生蚝、青口螺等丰富的肉类烧烤外,韭菜、茄子、辣椒、玉米、韭黄、空心菜、菜心、凤尾菇等蔬菜瓜果也成烧烤之物。蔬果烧烤受欢迎,不仅因为其价位比肉类烧烤便宜,而且经过炭烤和烧烤酱料渗透的蔬菜味道更爽口、美味,可说是吃肉吃烧烤之余的开胃菜。南宁人对烧烤的热衷程度非同一般,除品种花样繁多,南宁人吃烧烤还不分寒暑昼夜,部分烧烤店如小福楼、阿里妈妈、O 记烤鱼等已实行连锁经营、全天候经营的模式,从过去单纯夜间经营改为 24 小时营业。在烧烤食客中尤以年轻人群体最为庞大,从中还诞生许多“觅食高手”,他们很清楚南宁市哪个角落有最好吃的烤生蚝和烤排骨等等。只要在网上搜索“南宁哪里有好吃的烧烤”,就有诸如“南宁烧烤精选推荐”“南宁特色烧烤指南”众多帖子、博客文章。中山路夜市、建政小巷、石巷口夜市、中华路、南铁夜市等,是南宁市烧烤的集中地。

行人难过酸嘢(品)摊　酸嘢,即腌(泡)酸食品。南宁人有吃酸嘢的嗜好,故有“行人难过酸嘢摊”之说。针对妇女对酸嘢的偏爱,又有“女人难过酸嘢摊”说法。选用本地所产木瓜、萝卜、黄瓜、莲藕、椰菜、芥菜、菠萝、凉薯、刀豆等时令果蔬,配以酸醋、辣椒、白糖等腌制而成。吃起来酸、甜、香、辣,味味俱到,脆爽可口,生津开胃。家庭可制作,街头有摆卖。　　　　　　(黄艳阳)

吃夜宵　许多南宁市民喜欢夜晚到开设在一些路边的饮食摊(店)吃夜宵。其中,中山路夜市是南宁市传统的美食一条街,云集南宁市各老字号餐馆、饮食店,汇聚南宁人爱吃的老友粉(面)、八珍粉(面)、粉饺、鸭红(血)、酸品、甜品和烧烤等食品。晚上九点以后,美食街上灯火通明,人声鼎沸,热闹非凡,成为南宁市一道独特的风景线。许多外地游客也前来品尝南宁市特色食品。也曾在中央电视台展播。

【休闲娱乐】

品　茗　20 世纪 90 年代中后期,随着人们生活水平的提高,充满闲情逸致、文化内涵丰富的茶艺馆开始出现。1998 年,南宁市第一家茶艺馆在新竹路开业,主要有普洱、乌龙、铁观音、龙井茶等,消费较高,仍很受欢迎。2013 年,茶艺馆发展到 500 多家,其环境、品质也发生较大变化,装饰、音乐更突出文化品位,茶艺更精更专业,价格步向大众化。此外,随着茶叶类型的多样化,茶艺馆也越来越细化,出现以专营某种茶为主的茶艺馆。以前,茶庄的顾客以中老年人居多;如今,越来越多年轻人的休闲娱乐方式也选择喝茶。喝茶、品茗已经成为时尚,在装点清雅的环境里,听着音乐,闻着茶香,或叙家常,或侃趣事,或谈生意。葛村路、鲤湾路、新竹路、碧湖路成为茶楼、茶庄密集地。

饮咖啡　喝咖啡是如今许多南宁人生活必不可少的休闲方式之一。同茶道相比,咖啡文化逐渐受到重视。咖啡店分布在市区的咖啡馆或具欧陆情怀,或富英式韵味,大都环境优美、摆设得体、席位舒适。在东葛路一带,有千寻咖啡、上岛咖啡、捷佳咖啡等。南宁市的小咖啡店往往注重专业的咖啡研磨和蒸煮,调制出较有特色的咖啡。规模大的咖啡店更像茶餐厅,兼卖中西式套餐。无限续杯的咖啡店,更是年轻人娱乐的好去处,三五成群的年轻人喜欢在店内聚集打“拖拉机”“锄大地”“斗地主”、玩桌游。

泡酒吧　南宁市的酒吧出现于 20 世纪 90 年代中后期。最早出现时,人们只是在里面喝酒聊天和跳迪斯科,地方较窄,座位拥挤,舞池很小,装修随意,却很受人欢迎。21 世纪初,酒吧文化成为一种急速发展的亚文化现象,开始受到社会的关注,并吸引不同年龄、不同阶层的人去尝试和参与。南宁酒吧也飞速发展,酒吧经营出现多元化,主要有校园酒吧、音乐酒吧和商业酒吧三种。分布在民族大道、桃源路一带的有好时娱乐城、乐巢酒吧、66 酒吧等。随着城市建设步伐的加快和政府部门的扶持,“酒吧一条街”开始出现并趋于兴盛,主要分布在南湖、民歌湖、邕州老街、河堤路一带。

唱 KTV　由最早的卡拉 OK 演变而来。南宁市的卡拉 OK 始于 20 世纪 80 年代末 90 年代初,兴于 90 年代中后期。如今唱 KTV 是时尚的休闲活动之一,成为现代人在紧张都市生活中放松体验的一种选择。KTV 娱乐有专门经营 KTV 的卡拉 OK 厅,有设 KTV 包厢的酒吧、咖啡厅,一些西餐厅、宾馆、酒楼也设有 KTV 设备。每家 KTV 都有一定的优惠时段或优惠制度。消费方式主要分两种,一种是按小时收包厢费,酒水另算;另一种是套餐消费制,消费达到最低消费额即免包厢费。大多数 KTV 娱乐场所均采用进口音响设备及卡拉 OK 电脑点播系统(VOD),操作简便。量贩式 KTV 迅速走红,其最大特点是内设食品超市,供应的饮料和自助餐价格低廉,包间费依每日时段、节假日的不同浮动,从几十元到几百元不等。如佰迪乐 KTV、好歌城 KTV 等。

泡温泉　20 世纪后期，南宁市周边距市区 20 千米~30 千米的地方相继发现 3 处地热(温泉)。温度和矿化度均达到国家医疗热矿水标准。21 世纪初，泡温泉的假日休闲方式已经悄然在南宁市民中升温。温泉这种不分季节的休闲、不分地域的健康、不分时空的文化已经成为生活的时尚元素。由于路程不远，花费不高，设施也较完善，对一些没有选择远足旅行但又想放松身心的都市人很有吸引力。2013 年，南宁市提供泡温泉服务的有位于三塘镇的嘉和城温泉谷、九曲湾温泉度假村及位于那马镇的绿都温泉度假酒店 3 处。

跳街舞　2000 年以来，南宁市的街舞爱好者呈发散式发展。过去，练习街舞的主要是十来岁的中学生，后不仅初中、高中学生参与，连大学生、社会人士也热爱街舞。在大学校园，学生街舞队已经有竞争，2013 年，南宁市有街舞队约 30 支，每支队伍少则 3 人~4 人，多则 30 人~40 人。活动场所多在步行街、各个大学校园附近、大型商场门前、住宅小区的空地上。其中 2003 年 9 月成立的广西大学御所人形街舞队，全部由广西大学热爱街舞的学生组成，有成员 300 多人，是广西最大的街舞社团之一。

广场舞　南宁市广场舞是一种自娱性和表演性为主要形式，以热烈欢快，特殊表演内容和娱乐身心以及锻炼身体为目的的集体舞，因其粗放、自由、随性，以及大众化、非专业性的特点，深受中老年人尤其是中老年妇女的喜爱，也称“大妈舞”。清晨、傍晚，一部录音机、一曲熟悉的旋律，即可在公园、广场、街边小区吸引一群大妈闻声起舞。广场舞的兴起，促进中老年人改变以前蜗居生活，形成交流互动、增强身心健康的时尚习俗。

【旅　游】 随着人们物质生活水平的提高和信息化时代的到来，“走马观花”式的观光游时代，逐渐走向休闲游时代。同时，旅游形式从程式化的团队包价向个性化旅游方向发展，旅游内容则从单纯观光向传统观光、休闲度假和商务会展等多样化转变。有自助旅游、随团旅游和预约旅游 3 种方式。随团旅游，游览行程由旅行社安排，一般较为科学合理，选择景点以最具有代表性部分或精华部分为基础，适当增减次要景点，基本上能满足大多数游客的要求。优点是省钱省心，是外出旅游的首选方式。自助旅游是一种时尚的旅游方式，“驴友”通过网络和熟人等，自主选择和安排旅游活动，且没有全程导游陪同，主要以休闲、度假、娱乐、健身、求知、探险和满足个人特殊爱好等消遣性目的为主。其中自驾车旅游是比较流行的出游方式。自驾车旅游多为亲朋好友结伴同行的休闲型家庭旅游，目的地主要是居住城市周边的景区(点)。双休日和公休假日是自驾车短途旅行的出游高峰。预约旅游，将个人的假期、旅游目的地提前做好安排，提早向旅行社报名，从而享受到提前预订的优惠价格。因其具有较强的计划性，未能被广泛接受，主要在国外旅游线路中推介。“微旅游”因其旅程短、费用低，独具特色的旅游方式，逐渐成为市民双休日、小长假休闲的别样方式。

【美容美发】 20 世纪 80 年代，南宁市的美容美发业逐步兴起。美容美发店一般规模较小，多数是个体户经营。大部分美发店均提供修剪发、洗发、吹烫发、染发、焗油、电离子美发及简单的头部保健按摩等服务。连锁美发机构，如尚艺等美发店，为客户提供发型设计、头发保养等服务。美容院则主要开展皮肤护理及保养、化妆美容、香熏美容护理、足疗保健按摩等专项服务，并按使用的设备、技艺、用料的品牌，划分消费档次和收费标准，满足各层次消费者的需求。传统美容院多以女士美容为主，随着生活质量的提高和社交活动的增多，部分男士也加入美容的行列。为适应男士的消费需求，一些女子美容院特设男宾部。2004 年 12 月开业的星湖路悠兰男士理容院，是南宁市首家专业男士特色保健美容院。（梁一家）

【拼车出行】 公车耗时、打车不够划算、养车成本较高，彰公车、的士、私家车之优点而摒其不足的“自驾拼车”，成为近年来南宁市民出行的一种新模式。通过拼车方式，可以最低的成本，成为“有车一族”，为市民交通出行提供一种性价比较高的交通选项。常见的有就近拼车，即在一个社区或是一片小的地标范围里(一般 3 千米以内)，具有相同目的地，或可以顺道路过的区域，这样便能够搭顺风车一起上下班或进行其他日常活动。规则是，有车者先设计出从出发地到目的地的一条行程路线，目的地为路过的区域或地段的邻居、朋友甚至不认识的人，一起搭就近车上下班，或是其他日常行为的拼车方法，参与拼车的人分摊一定油费等。就近拼车可用于接送孩子上学等活动，这就为附近的朋友、邻居节省每日出行费用及时间。还有拼车打的，如拼车打的去机场、回家过年过节、出行旅游等等。自助拼车响应政府“低碳环保”的政策，不仅可以减少环境污染，亦有利于缓解城市交通压力，顺应“绿色交通”的发展潮流，就此种意义而言，市民拼车出行，也为绿城南宁增加一道特别风景线。

【网上购物】 随着互联网的普及，现代生活已进入网络时代，人们的购物方式也有很大的改变，网上购物逐渐进入人们的生活。国内知名的购物网如淘宝、京东商城、亚马逊、凡客、唯品会等成为人们休闲购物新选择。在网上开店出售各类商品，也成为一种时尚。团购这种更为划算的网购方式也日趋流行，南宁市民亦会借助如糯米网、美团网、大众点评网等网上平台以更优惠的价格买到自己想要的商品。（汪　悦）

民政事业

【社会福利】

老年福利　2013 年，南宁市推进社区居家养老服务，解决社区居家养老服务用房问题，社区居家养老日间照料中心项目建设继续列入市政府为民办实事项目，市财政投入 400 万元在条件成熟的 9 个社区建立“社区日间照料中心”，12 月，完成项目建设。根据民政部《养老机构设立许可办法》要求，对南宁市办理社会福利证书的 29 家养老机构换发《养老机构设立许可证》；为符合条件的 126 家公办福利机构、光荣院、乡镇敬老院等养老机构核发《养老机构设立许可证》；引导企业单位个人投资养老机构，完成 3 家申报成立养老机构的审核，新增 700 张床位。同时，争取自治区福彩公益金 51 万元，资助南宁市 4 家民办养老服务机构。加大培训力度，提高养老机构从业人员素质，先后组织各公办民办养老机构管理人员 150 多人参加民政部、自治区民政厅、市民政局组织的各种养老机构培训班。

儿童福利　年内，市本级（不含六县）筹集孤儿保障金 765 万元。其中：中央补助 307 万元，自治区财政补助 197 万元，市级财政配套 261 万元。5 月，市政府下发《关于南宁市提高孤儿养育标准的实施方案》。从 2013 年 1 月 1 日起，南宁市孤儿每人每月提高保障金 200 元，提标后南宁市各级国办儿童福利机构抚养孤儿养育标准从每人每月 1000 元提高至 1200 元，社会散居孤儿养育标准从每人每月 600 元提高至 800 元。春节期间，自治区副主席陈章良、南宁市副市长肖志钢到南宁市儿童福利院慰问；在自治区首次开展春节慰问孤儿儿童寄养家庭活动，慰问 142 个寄养家庭，给每个寄养家庭送上慰问金 500 元。向社会各界争取资金 6 万元，为南宁市社会福利院和南宁市残疾儿童康复中心成功举办第一届残疾儿童运动会，让孤残儿童享受到运动的快乐。

福利项目　推进南宁市第二福利院项目建设，做好项目的前期准备工作；南宁市社会福利医院救助病房大楼项目建设、市福利中医医院综合业务大楼项目，南宁市儿童康复中心综合大楼、福利中医医院大楼工程稳步推进；横县社会福利院“蓝天计划”项目征地手续已经基本完成；宾阳县福利院维修改造项目顺利完工，横县、上林县福利院、邕宁区福利院等改造维修项目稳步推进。推进农村幸福院项目建设。按照自治区的要求，开展农村幸福院项目摸底调查，做好项目申报，经争取，南宁市被列为自治区首批连片农村幸福院项目建设试点市，获 165 个农村幸福院项目支持。

福利彩票发行　创新福利彩票销售机制和管理制度，至年末，销售 3.16 亿元，其中中福在线视频彩票增幅显著，销售 1.74 亿元，增长 7.19%，筹集福彩公益金 3160 万元。

【慈善事业】 2013 年，南宁市慈善总会接收捐款 943.48 万元（其中“南宁慈善日”捐款 435.98 万元）。开展“慈善情暖万家”“慈善拥军情　爱心进军营”“慈善助学、助老、助医、助苗、助孤、助残”救助活动及援助灾区等公益项目，发放救助金 707.67 万元。（丁振辉）

【医疗救助】 2013 年，南宁市完善《南宁市城乡医疗救助办法》，完成“一站式”医疗救助结算平台建设。有 20.91 万人次获医疗救助，救助资金支出 5422.58 万元。其中城市医疗救助 9324 人次，资金支出 962.26 万元，农村医疗救助 20.57 万人次，资金支出 4460.32 万元；并支出 60.84 万元资助城市低保、三无对象 5895 人参加城镇居民基本医疗保险，支出 1064.52 万元资助农村低保、五保对象参加新型农村合作医疗保险。（梁　敏）

【社区建设】 2013 年，南宁市城市社区总人口 190 多万人，有城市街道社区居委会 208 个，社区党组织成员 1203 人，社区居委会成员 1363 人，专职社区工作者（含社保、计生等专职人员）2011 人。社区居委会用房。将实施 40 个社区居委会用房项目列为 2013 年为民办实事项目之一，要求购买、新建、改建或扩建后的城市街道社区居委会办公用房面积不低于 400 平方米，40 个项目总投资 5314 万元，其中县（区）、开发区财政配套 2674 万元。惠民项目专项资金。南宁市审批 6655.40 万元，资金使用率 95%。开展“四位一体”社区服务管理创新试点。根据市委、市政府的研究部署，在兴宁区、青秀区开展“四位一体”社区服务管理创新试点，按照社区党组织、社区居委会、社区居务监督委员会、社区服务站“四位一体”组织构架，建立健全社区党组织、社区居委会、社区居务监督委员会、社区服务站，强化社区自治和社区服务管理功能，形成以社区党组织为核心、社区居委会为基础、社区居委监督委员会进行监督、社区服务站为平台的社区服务管理新格局。（何　文）

【老龄事业】 2013 年，经户籍核对南宁市有 60 岁以上老年人口 108.30 万，老年人口比例 14.90%。其中市区 60 岁及其以上老年人口 43.02 万，六县 60 岁及其以上老年人口 65.35 万。南宁市办理发放《广西老年人优待证》2.73 万本，其中 60 岁~69 岁 0.90 万本（绿证），70 岁以上 1.83 万本（红证），为 468 位外省户籍且长期居住南宁市的老年人办理发放《广西老年人优待证》。南宁市出台 80 岁以上老年人高龄补贴政策。开展《中国老龄事业发展“十二五”规划》执行情况中期检查评估工作。老龄工作立足基层、服务基层，重点开展基层老年人组织规范化创建，开展老年文体活动，重视老龄宣传，维护老年人合法权益，营造尊老、敬老、爱老的和谐社会氛围。市老年人活动中心场馆向社会开放。4 月 2 日，召开南宁市老龄办主任会议，各县（区）老龄办主任、各开发区、社会事业（务）局分管老龄工作负责人 20 多人参加会议，会议总结 2012 年老龄工作情况，对全年老龄工作进行部署。

老年人优待　市老龄办审批、发放百岁老人寿星津贴，监督检查各县（区）90 周岁~99 周岁老人寿星津贴发放工作。南宁市享受“寿星津贴”百岁老人 786 人，每人每月按 200 元标准发放。90 周岁~99 周岁高龄老人 1.22 万人，每人每月享受高龄津贴标准 50 元，全年发放寿星津贴 800 多万元。

8 月 1 日，在青秀区新竹社区文化广场举行广西《中华人民共和国老年人权益保障法》宣传月活动启动仪式　　梁玉军　摄

10月18日,市老龄办、市慈善总会联合开展“慈善助老·情暖夕阳”活动,走访慰问青秀区刘圩镇团黄村困难老年人家庭 梁玉军 摄

敬老慰问活动 南宁市、县(区)各级和各有关部门筹集资金,开展各项敬老慰问活动、元旦春节、“敬老月”期间以各种形式走访慰问高龄老人和特困老人。10月,市老龄办和市慈善总会联合开展“慈善助老·情暖夕阳”活动,从南宁慈善日“能帮就帮·慈善一日捐”活动捐款中拨款60万元,救助南宁市600名城乡贫、特困老年人家庭,解决生活等方面的实际困难。

基层老龄工作 南宁市获得自治区、南宁市财政扶持资金371万,创建75个自治区示范性村级老年人协会,并纳入市政府为民办实事督办项目;开展自查自纠、整改完善,通过自治区检查组的验收;举办南宁市示范性村级老协会长(或负责人)培训班,推进基层老年人协会建设进程;完成基层老年协会备案1008个、登记注册159个。

敬老月活动 10月,号召市老龄委各成员单位、各县(区)老龄委开展以“贯彻老年法·造福老年人”为主题的“敬老月”活动,南宁市各涉老单位参与,开展各项为老服务活动。市老龄办举办南宁市老年人文艺汇演,与市老年体育协会共同主办南宁市第四届“重阳节”长者健身展示联欢活动。南宁市、县(区)老龄部门开展“关爱老人送戏下乡”活动,演出60多场。

老年文体教育活动 市“绿城之声”老年艺术团参演50场次。与市体育局、市老体协等部门配合,共同做好南宁市第七届老年人运动会的启动及竞赛;组织各县(区)老龄部门及老年文艺团体向全国老龄办推荐征集2013年重阳节“红叶风采”文艺晚会节目。

老龄宣传 以学习宣传贯彻新修订《老年人权益保障法》为重点,在南宁市组织开展新《老年人权益保障法》宣传月活动,8月,南宁市承办广西《老年人权益保障法》宣传月活动启动仪式,活动现场举行了老年人法律知识问答、老年人文艺表演,开展法律咨询、义诊、义务理发等志愿服务,发放老年法宣传资料。在青秀区举办《老年人权益保障法》培训班1期。

(梁玉军)

宗 教

【概 况】 2013年,南宁市有佛教、伊斯兰教、天主教、基督教4种宗教,经市政府批准给予登记开放的宗教活动场所45个(含以堂带点6个),分布在除隆安县外的11个县(区)。目前信教群众约20万人,南宁市认定备案宗教教职人员90人。成立有南宁市佛教协会、南宁市伊斯兰教协会、南宁市天主教爱国会、南宁市基督教“三自”爱国运动委员会、南宁市基督教协会5个市级宗教团体。各宗教团体协助党和政府贯彻落实宗教方针政策和《宗教事务条例》等法律法规,坚持独立自主自办的方针,办好教务,自我管理,开展社会公益慈善事业,团结广大信教群众,爱国爱教,遵守国家有关法律法规和教义教规,过着正常宗教生活。

【宗教活动】 2013年,南宁市宗教工作按照“保护、管理、引导、服务”的理念,树立“宗教政策是否得到认真落实,宗教活动是否正常有序,宗教的作用是否得到有效发挥,宗教界人士和信教群众是否团结在党和政府周围”这一正确的宗教工作政绩观,贯彻落实各项宗教政策和法律法规,依法管理宗教事务,开展以“教风”为主题的和谐寺观教堂创建活动,引导宗教领域主动参与公益和慈善事业,南宁市宗教领域和谐稳定、安全有序,总体实现“大事不出,中事不出、小事少出,安全稳定”的目标。

【宗教活动场所】

佛教活动场所 2013年,南宁市佛教活动场所14个(含以堂带点1个),主要是青秀山观音禅寺、水月庵、泰国园(以堂带点),上林县三教寺、莲音寺、大明山法性寺、三里观音阁;马山县灵阳寺、观音堂、普陀寺、念佛堂,宾阳县黎塘龙岩寺;横县宝华山应天寿寺、横州佛教活动点。佛教活动场所中,青秀山观音禅寺、水月庵规模较大,建筑风格为仿唐宋及明清风格。其中,观音禅寺是广西最大的佛教寺院,也是南宁市佛教协会的办公场所。1983年被市政府列为文物保护单位;水月庵位于青秀山天池西侧。水月庵匾额为中国佛教协会原会长赵朴初所题,内有大雄宝殿、玉佛殿、观音殿、祖师堂、功德堂等。

伊斯兰教活动场所 南宁市伊斯兰教活动场所为新华街的清真寺。清顺治年间(1652年)建于仓西门外和尚仁里。清咸丰七年(1851年)毁于兵乱。1981年重建于新华街。2003年修缮。建筑为砖木结构,具有阿拉伯风格。两进4层。一楼作清真饭店,二楼作南宁市伊斯兰教协会作办公室、三楼作会议室、阿訇和部分职工宿舍。四楼作礼拜大殿。

天主教活动场所 南宁市天主教活动场所主要有:南国街天主堂(天主教主教府)、天主教修女院、康乐路天主堂、宾阳县的新宾天主教堂、武鸣县联新村六塘屯天主教堂。

基督教活动场所 南宁市经登记的基督教活动场所教25个(含以堂带点5个),市级活动场所主要是中山路教堂和共和路教堂。其他场所分布在除隆安县外的各县(区)。

【和谐寺观教堂创建活动】 2013年,南

2013 年，南宁市水月庵　　市宗教局提供

宁市开展以“教风”为主题的“和谐寺观教堂”创建活动，宗教工作部门发挥宗教团体、活动场所的主体作用，组织引导南宁市宗教教职人员潜心修持，持守本分，端正教风，以正信正见正行引导信教群众。12 月 12 日，召开南宁市“教风年”创建总结会，清真寺阿訇何春光在会上代表教职人员的发言赢得与会人员的认可和好评。出版“教风年”创建活动特刊《和谐宗教·同心共融》。通过“教风”创建活动，南宁市教职人员带头学习，内强素质，外树形象。

【宗教调研活动】 2013 年，南宁市开展宗教活动场所基本情况调查、宗教团体建设和民间信仰调研，开展宗教教职人员信息采集，通过专门的软件，建立宗教活动场所信息、宗教教职人员信息、宗教团体信息和宗教工作机构信息四个数据信息库。给南宁市的宗教活动场所、宗教教职人员、宗教团体办一个“身份证”，对进一步提高宗教事务管理的科学化水平提供可靠翔实的基本资料，为促进宗教和顺、稳定，引导宗教与社会主义社会相适应夯实基础。

【宗教政策法规学习月活动】 2013 年，南宁市组织开展多种形式的“宗教政策法规学习月”活动，推动宗教政策法规进宗教干部、进教职人员、进宗教场所、进信教群众。利用各县(区)宗教局、各宗教团体，组织统战干部、宗教干部、宗教界人士和信教群众 721 人参加自治区宗教局《宗教政策法规知识百题》答题竞赛活动，参赛人数居自治区各市之首。南宁市宗教局、青秀区宗教局、西乡塘区宗教局获自治区《宗教政策法规知识百题》答题竞赛活动优秀组织奖。利用网络宣传宗教政策法规有关知识。给南宁市宗教教职人员、宗教干部发送宗教政策法规知识短信 700 多条次；在市宗教局网站开设政策法规知识问答栏目。出台《宗教工作有关规定》，印发到各县(区)宗教局、市级各宗教团体。制作“宗教政策法规学习月”活动工作板报；给市四家班子领导、市级各宗教团体领导班子赠送《中国的宗教问题和宗教政策》《宗教政策法规文件选编》等学习用书 200 多册。

【依法管理宗教事务】 2013 年，南宁市按照“保护合法，制止非法，抵御渗透，打击犯罪”的要旨，依法管理宗教事务。会同国安局等部门依法取缔境内外传教徒蓄意在辖区内开展的各类非法宗教活动，在突发宗教事件处置上把握主动权。各县(区)依法处理非法宗教活动 20 多件次。

【宗教合法权益维护】 2013 年，南宁市宗教局协调处理涉及宗教的有关问题，维护宗教合法权益。对上林县莲音寺佛像定做合同纠纷案，给市中级人民法院发函，建议要充分考虑宗教问题的群众性、长期性和特殊复杂性妥善审理。并与办案法官多次面谈沟通协调，争取以调解方式维护莲音寺的合法权益。对待灵阳寺居士与寺院僧人的矛盾纠纷，在协助市信访局做好上访人员的接待及疏散工作的基础上，组织调研组深入灵阳寺与场所教职人员座谈了解情况，与马山县县委、县政府领导及马山县宗教问题协调工作组相关部门领导深入研判，使灵阳寺正常宗教活动基本稳定。配合市委市政府处理 3 起外地穆斯林群众因各种原因在南宁市死亡后安葬的相关事宜。

【公益慈善活动】 2013 年，南宁市引导宗教开展公益慈善活动，经过引导，在服务社会、惠及民生的实践中见证信仰，已经成南宁市宗教活动的常态。年内，南宁市宗教界为雅安地震灾区捐款、资助贫困学生，慰问孤寡老人、帮助学校建设图书室、参与“美丽南宁”建设等捐款推捐物，投入资金 70 多万元。

【宗教重点项目建设】 2013 年，南宁市恢复重建佛教“乌龙寺”，划拨项目用地；市领导联系推进涉及宗教内容的青秀山创建 5A 旅游景区、大明山国际山地生态休闲度假旅游区、上林县金莲湖综合旅游景区做好指导服务。指导列入广西打造特色旅游名县的上林县做好云里湖项目宗教文化祈福区的建设。

【宗教队伍建设】 2013 年，市宗教局组织举办 2013 年宗教干部培训班，培训县(区)宗教局局长、有关乡镇统战委员 60 多人。推荐宗教代表人士参政议政。推荐宗教界 4 人成为南宁市第八届青联会代表，推荐宗教界 4 人参加市委常委、市政府党员领导与党外代表人士联谊交友活动；推荐中国基督教第九次代表会议代表 1 人、自治区道教第一次会议代表 2 人，指导南宁天主教爱国会做好换届。推荐佛道教代表人士 4 人参加自治区佛道教代表人士读书班，推荐宗教干部 10 人(次)参加国家宗教局、市委组织部举办的业务培训班学习。开展评先表彰活动。开展第二届“和谐寺观教堂创建活动”先进集体和个人评选活动，推选 2 个集体、4 名先进个人参加全国、自治区评选。南宁市天主教爱国会谭燕全主教、南宁市清真寺阿訇何春光获第二届全国创建和谐寺观教堂先进个人奖。表彰 2012 年度宗教工作先进单位、先进个人。　（温　惠）

责任编辑　唐祯麟

兴宁区

【概　况】 兴宁区位于南宁市区东北部。东南起民族大道与青秀区相邻，南临邕江与江南区相望，西接解放路、华强路及铁路沿线与西乡塘区毗邻，北至广西林科院、广西高峰林场与武鸣县相连，东北至昆仑关与宾阳县接壤。面积751平方千米。辖区有金桥汽车客运站，朝阳路、中华路、友爱南路、人民路、民主路、望州路、厢竹大道、昆仑大道等128条20米以上的主要道路纵横交错，形成贯穿南北东西的交通路网。主要旅游景区（点）有广西药用植物园（国家4A级景区）、嘉和城温泉谷（国家4A级景区）、九曲湾温泉度假村（国家4A级景区）、南宁乡村大世界（国家4A级景区）、昆仑关战役遗址（国家3A级景区）、凤凰谷景区（国家3A级景区）、人民公园（国家3A级景区）、南宁海底世界（国家3A级景区）、狮山公园（国家3A级景区）、邓颖超纪念馆、新会书院、南宁侯哥休闲农庄、广西渔牧生态园等。主要矿产资源有黏土、花岗岩、页岩、高岭土、灰绿岩、煤、金、铜、铅、砂、矿泉水、地热等。主要农副产品有罗非鱼、苦瓜、优质米、茄子、甜瓜、淮山等。有三塘工业园区、五塘工业基地。2013年，辖镇3个、街道2个、村37个、社区34个。户籍总人口30.33万（农业人口13.24万、非农业人口17.09万）；流动人口6.73万。人口自然增长率12.90‰。耕地面积1.12万公顷（水田面积7446公顷）。有林面积3.65万公顷（含高峰林场兴宁区部分），森林覆盖率53.27%。地区生产总值288.48亿元；全部财政收入28.34亿元（公共财政预算收入6.43亿元），公共财政预算支出10.14亿元；城镇居民人均可支配收入27417元，农民人均纯收入8906元。被评为2011—2012年度自治区依法行政先进市县、自治区人口计生工作模范县（区）、2013年自治区安全生产月活动先进单位、自治区“五个民政建设年”活动先进城区、自治区第七次民族团结进步模范集体，被确定为2012年自治区招商引资项目大兑现工作示范区。

【经济发展】

第一产业　2013年，兴宁区实现农林牧渔业总产值14.62亿元。其中：农业产值7.68亿元；林业产值1.55亿元；牧业产值4.50亿元；渔业产值6700万元。农林牧渔服务业产值2200万元。第一产业增加值13.91亿元。粮食作物种植面积1.12万公顷，总产量5.63万吨。其中：水稻种植面积9100公顷，产量4.87万吨；玉米种植面积1688公顷，产量6888吨。经济作物种植面积4200公顷。其中：甘蔗种植面积1764公顷，产量12.36万吨；木薯种植面积828公顷，产量9286吨。水果产量6847吨；蔬菜种植面积8578公顷，产量17.49万吨。肉类总产量1.95万吨。水产品产量7241吨。完成人工造林面积338公顷。农业产业化经营规模扩大，新增土地流转95.81公顷，累计流转面积2546公顷；新增花卉苗木种植670公顷，累计2345公顷；新增蔬菜种植134公顷，累计8375公顷；新增市级以上农业产业化重点龙头企业1家（南宁市富凤农牧有限公司），累计3家。实施农业基础设施项目38个。发放各种支农惠农资金2555.39万元。

第二产业　有工业企业306家，实现工业总产值41.65亿元。规模以上工业企业31家（亿元以上产值企业9家），实现工业总产值33.99亿元，利税总额1.29亿元（利润4200万元）。第二产业增加值60.90亿元（工业增加值11.98亿元）。完成工业投资42.61亿元，技术改造投资

2013年兴宁区国民经济主要指标

项　目	单　位	实　绩	比上年增长(%)
地区生产总值	万元	2884833	9.50
第一产业	万元	139137	4.50
第二产业	万元	609036	12.90
工业	万元	119754	6.70
第三产业	万元	2136659	8.70
农林牧渔业总产值	万元	146237	4.50
粮食总产量	吨	56290	0.73
全社会固定资产投资	万元	1792880	24.68
实际利用外资	万美元	2960	17.00
社会消费品零售总额	万元	3285373	14.04
全部财政收入	万元	283366	18.66
公共财政预算收入	万元	64323	11.97
公共财政预算支出	万元	101433	1.23
城镇居民人均可支配收入	元	27417	10.30
农民人均纯收入	元	8906	14.00

36.92亿元。工业主要产品产量:配混合饲料5.46万吨、中成药956吨、人造板15.46万立方米、商品混凝土284.81万立方米、沥青和改性沥青防水卷材640.58万平方米、钢材(焊接钢管)13.61万吨。成立兴宁区产业园区管委会。

第三产业 有企业8696家(新增1201家);个体工商户2.71万户(新增4574户);市场51个(农贸18个,商场、超市33个)。实现社会消费品零售总额328.54亿元。第三产业增加值213.67亿元。完成房地产开发建设投资62.34亿元,商住房地产开发建设施工面积434.14万平方米(新开工面积42.19万平方米),竣工面积3.12万平方米,商品房销售面积10.35万平方米,销售额78.50亿元。城区社会消费品零售总额占南宁市22%。零售额超亿元的企业32家,其中超10亿元的企业3家;新增广西龙星行、骏源汽车等19家限额以上商贸业企业,其中超亿元企业5家;金桥农产品批发市场(二期)开业,实现交易额30多亿元;新增赛格电子广场、西关商业广场等大型商业卖场,总面积超过5万平方米。打造"时尚兴宁,休闲乐园"旅游品牌,"一景一节"旅游节庆活动成为特色旅游项目;推出"美丽兴宁""古巷十二谈"等文化旅游演出节目和温泉养生游、老南宁文物古迹游等文化旅游线路;凤凰谷景区、侯哥花果山庄、昆仑关战役遗址等重点旅游项目和广西药用植物园、嘉和城、九曲湾温泉等A级景区成为"南宁一日游"最佳线路;乡村大世界被评为南宁市首家五星级广西乡村旅游区。接待游客1013.04万人次,旅游总收入10.12亿元。

招商引资 重点围绕朝阳商圈和"三旧"(旧城区、旧城中村、旧厂房)改造项目、"十里花卉长廊"生态区、金桥家电物流城等开展央企招商、港企招商、民企招商活动。引进企业(项目)12个,实际到位内资55.56亿元,实际利用外资(广西全口径)2960万美元。与华润置地有限公司、中海地产、海尔集团、台湾蓝天电脑集团、苏州香山工坊建设投资发展有限公司等企业签约;苏宁电器物流配送中心、青啤—海尔(东盟)商贸物流中心、平里静脉产业园等项目落地;奔驰汽车城、金桥农产品市场二期建成竣工。

城乡建设 完成三塘镇国家级发展改革试点镇建设总体规划、土地利用规划修编;"十里花卉长廊"片区景观设计方案、邕武花街规划通过专家评审;"十里花卉长廊"片区主干道及休闲绿道工程全线施工;那安综合示范村产业和建设规划编制通过评审,采取"拆旧建新、一户一宅"的建设方式开工建设;新兴路、中兴一支路、利川北路等5条道路竣工验收;物流大道一期、中兴大道南段等主干道开工建设;金桥路、银桥路、金川路等建成通车。投资2187万元,完成22条道路"白改黑"(混凝土路面改造成沥青路面)工程。原市客车厂片区棚户区改造项目和高法片区旧改项目开工建设,完成投资4.20亿元;完成柳南广高速铁路、民主铁路平交道口改造工程。投入2666万元,开展"清洁乡村"活动,建立村屯长效保洁管理机制,各镇、各村人(保洁员)、车(垃圾清运车)、池(垃圾池)、桶(垃圾桶)全覆盖;投入专项经费2790万元,开展"整洁畅通有序大行动",重点整治车辆乱停、摊点乱摆、"三车"非法运营及行人和机动车交通乱象等违法违规行为,实施网格化责任制,树立朝阳民族交通路口和中华路等一批示范路口、严管街。打击"两违"(违法占地、违法建设)活动,查处"两违"案件1099件,拆除违法建设394处63万平方米。

【社会事业发展】

文明创建活动 2013年,兴宁区开展"中国梦"等主题社会宣传和教育活动,做好全国城市文明程度指数测评迎检工作,开展文明劝导活动,提升城乡文明程度。有自治区级以上文明单位30个、文明村(坡)5个;市级文明单位28个、文明社区24个、文明村(坡)6个。

科教文卫体事业 投入科技经费875万元,实施科技项目22个;通过上级验收市级科技项目5个;申报南宁市级科技项目获立项17个,实用新技术推广使用7项;举办科技培训班10期,培训1000人次。通过全国科技进步县(区)考核;新增广西企业工程技术中心1个,完成发明专利申请217件;广西金雨伞防水装饰有限公司获自治区新产品优秀成果一等奖1项。有幼儿园36所(属地管理公办园1所),在园幼儿8000人;小学46所(社会办学9所),在校生3.03万人;初级中学15所,其中九年一贯制学校7所(社会办学6所)、在校生9251人。十二年一贯制学校1所、在校生737人。有教职工1455人(专职教师1407人)。中兴小学、三塘第一幼儿园建成招生;兴旺中学新建工程、九曲湾中学续建工程开工建设。小学适龄儿童入学率100%,辍学率为零,小学毕业生升学率100%;初中阶段入学率100%,辍学率2%。投资1126.42万元,建成村级公共服务中心项目8个,建立基层文化活动基地16个、图书流通点7个;创办"老街讲坛"图书活动品牌,扶持基层文艺团队15个,推广新锐文化,创编优秀文化剧目参加南宁市乡村社区和谐文艺大展演。9月,成立兴宁区文联,建立三塘镇、五塘镇、昆仑镇文联。有医疗卫生机构229个。其中:国有医疗卫生机构11个(市级4个、乡镇5个);集体医疗卫生机构10个;村卫生所40个;个体医疗诊所167个。卫生技术人员4281人(城区属卫生技术人员440人);医疗病床3279张(市级医院1570张、乡镇卫生院190张)。参加新型农村合作医疗农民12.98万人,参

1月11日,兴宁区在澳华社区举办"爱在广西 情满八桂"流动人口宣传服务月文艺晚会 兴宁区地方志办公室提供

合率99.13%,缴费4414.63万元。人口出生4082人,人口出生率11.80‰。投资1200万元,完成农村卫生户厕建造1000座;完成朝阳社区卫生服务中心、九曲湾社区卫生服务中心、三塘卫生院业务用房建设。举办兴宁区第二届"迎春杯"农民篮球赛、首届妇女运动会、第二届农村气排球比赛等群众体育活动,组团参加南宁市第七届老年人运动会、南宁市第四届体育进社区"光大银行杯"社区气排球比赛、南宁市第十届少数民族传统体育运动会等。

民政工作　审批城镇居民最低生活保障对象1.88万人次,发放低保金534.76万元;审批农村低保对象3.68万人次,发放保障金405.50万元。发放各类优抚对象抚恤、定补金498.70万元,退伍义务兵家属优待金54.10万元;发放一次性退役士兵经济补偿金117.90万元;临时救济87人次、7.30万元;发放特困户、重灾民救济粮45吨(折款45万元),救济4803户、4803人;发放冬令救灾棉被344床、蚊帐164床、衣服384件(套);确定五保老人477人,发放五保供养定补金203.20万元。农村医疗救助318人、128.40万元;城市医疗救助230人、90.60万元。免费为3399对婚检对象进行婚检和地中海贫血筛查。办理结婚登记3399对,离婚登记643对。

劳动与社会保障　城镇新增就业9701人,下岗失业人员再就业1567人,帮助大龄困难人员再就业467人,帮助"零就业家庭"实现就业和再就业1户,城镇登记失业率3.01%。培训农村劳动力436人,农村劳动力转移就业新增3797人。提高城乡居民社会养老保险基础养老金,参加城乡居民养老保险5.66万人,征缴保费458.80万元,支出1843.11万元。劳动监察受理投诉案件330起,立案调查案件55起,结案55起,为劳动者追回服装费、押金及工资待遇956.83万元(追回农民工工资898.58万元)。

2013年兴宁区镇(街道)情况

名　称	土地面积(平方千米)	村民委员会(个)	社区居民委员会(个)	自然屯(个)	年末人口(人)	农林牧渔业总产值(万元)	粮食产量(吨)	城镇居民人均可支配收入(元)	农民人均纯收入(元)
三塘镇	271	13	5	79	77625	62938	18993		9625
五塘镇	288	13	1	444	66732	65752	25000		8235
昆仑镇	152	8	1	126	29025	15143	10695	7615	6884
朝阳街道	30	2	14	18	130000	2995		27412	8906
民生街道	10	1	13		90508				12000

(庞庆玉　陆冬英)

江　南　区

【概　况】 江南区位于南宁市区西南部,邕江南岸。东邻良庆区,南连防城港市上思县,西接崇左市扶绥县,北与兴宁区、青秀区、西乡塘区隔邕江相望。面积1154平方千米。湘桂铁路、黔桂铁路、南防铁路和桂柳高速公路、南宁至友谊关高速公路及邕江河道过境,南宁吴圩国际机场、南宁铁路南站坐落辖区内;港口有江南港、西江港、金鸡港,邕江大桥、中兴大桥、白沙大桥、清川大桥、永和大桥、葫芦鼎大桥、北大桥、桃源桥横跨邕江两岸。主要旅游风景区(点)有扬美古镇、江西镇智信村田园风光,广西皇氏锦江生态观光园、麻子畲中国文化名人旧居、木村名古树群。主要矿产资源有煤、石灰石。主要地方特产有扬美三宝(豆豉、梅菜、沙糕)、木瓜丁,特色农产品有西瓜、紫色糯玉米、木瓜、豆角。2013年,辖镇4个(吴圩镇由南宁经济技术开发区代管)、街道5个(那洪街道和金凯街道由南宁经济技术开发区托管)、村68个、社区28个、自然村(屯)587个,户籍总人口47.55万(南宁经济技术开发区户籍人口11.72万)。人口自然增长率8.95‰(含南宁经济技术开发区)。耕地面积34.80万公顷;林地面积4.22万公顷,(有林面积1.95万公顷),森林覆盖率35.64%。地区生产总值317.64亿元;全部财政收入18.39亿元(公共财政预算收入5.81亿元),公共财政预算支出10.46亿元;城镇居民人均可支配收入22987元,农民人均纯收入8842元。获2013年广西人口和计划生育工作先进奖,被评为自治区"五个民政建设年"活动先进县(区)。

【经济发展】

第一产业　2013年,江南区实现农林牧渔业总产值27.70亿元。其中:农业产值21.03亿元,林业产值6600万元,牧业产值3.99亿元,渔业产值1.07亿元,农林牧渔服务业产值9500万元。第一产业增加值17.90亿元。粮食作物种植面积1.37万公顷,总产量7.40万吨。其中:水稻种植9423公顷,产量5.46万吨;玉米种植3626公顷,产量1.80万吨。经济作物种植面积1.62万公顷。其中:甘蔗种植1.27万公顷,产量115.56万吨;木薯种植854公顷,产量7400吨。果园面积2529公顷,水果产量3.78万吨;蔬菜种植1.53万公顷,产量32.01万吨。肉类总产量1.48万吨。水产品产量1.13万吨。人工造林面积355公顷。新建蔬菜基地40公顷,常年蔬菜基地面积493.33公顷。实施生猪、优势水产品等规模化标准化养殖项目17个。完成连片开发种植油茶33.33公顷、百香果61.33公顷。土地流转390.67公顷。成立农民专业合作社7家,新增市级农业产业化重点龙头企业3家(南宁市农利来饲料有限公司、广西双胞胎饲料有限公司、广西一周餐饮责任有限公司)。

第二产业　有工业企业360家,实现工业总产值127.95亿元。规模以上工业企业53家,实现工业总产值120.85亿元,利税总额11.44亿元(利润6.54亿元)。第二产业增加值194.59亿元(工业增加值172.96亿元)。完成工业投资22.87亿元,技术改造投资32.66亿元。工业主要产品产量:饲料98.09万吨、电子元件1828.74万只、平板玻璃638.14万重量箱、塑料制品3.29万吨、中成药8396吨、大米3.04万吨、食用植物油3.35万吨、铝材11.73万吨、盐酸6.38万吨、烧碱 6.96 万吨、自来水生产量 3.35 亿立方米、水泥 14.49 万吨、商品混凝土 91.32 万立方米、预应力混凝土桩 14.95 万米等。南南铝年产 20 万吨铝板带、富士康南宁科技园一期项目投产，南宁华电江南分布式能源一期项目建成。

第三产业　有国有企业 48 家,集体企业 134 家,股份合作企业 1 家;私营企业 4153 家,从业人员 1.15 万人,注册资金 13.95 亿元;个体工商户 1.43 万户,从业人员 3.93 万人,注册资金 6 亿元。实现社会消费品零售总额 138.18 亿元。第三产业增加值 95.81 亿元。外贸进出口总额 3.20 亿美元。完成房地产开发建设投资 24.18 亿元,商住房地产开发建设施工面积 137.92 万平方米，商品房销售 47.79 万平方米,销售额 29.79 亿元。中国—东盟商品交易中心(南宁华南城)项目 4 号物流广场试营业；引进法国迪卡侬大西南总部、好百年家居等项目。第十届中国—东盟轻工展、南宁·东南亚国际旅游美食节、第六届广西(南宁)春茶节等商贸活动在南宁华南城会展中心举行,轻工展展会客流量 96.30 万人次。接待游客 396.51 万人次,旅游营业收入 43.85 亿元。

招商引资　签约引进项目 8 个,合同意向总额 186.40 亿元。实际到位内资 33.14 亿元,直接利用外资(广西全口径) 2100 万美元。广西国际农产品物流中心完成投资 1.44 亿元，南宁国际商业贸易中心完成投资 1.26 亿元，东盟国际工业原料产品物流城完成投资 8.41 亿元,五一中路 53 号商住房地产开发项目完成投资 4600 万元,华电分布式能源项目完成投资 2.68 亿元，保利江南城及商业街项目完成投资 4.72 亿元。

2013 年江南区国民经济主要指标

项　　目	单　位	实　绩	比上年增长(%)
地区生产总值	万元	3173849	12.70
第一产业	万元	269803	3.60
第二产业	万元	1945949	15.40
工业	万元	1729558	16.20
第三产业	万元	958097	9.10
农林牧渔业总产值	万元	276740	3.97
粮食总产量	吨	73957	2.47
全社会固定资产投资	万元	1282392	20.02
实际利用外资	万美元	2100	16.67
社会消费品零售总额	万元	1381800	14.05
全部财政收入	万元	183882	16.71
公共财政预算收入	万元	58069	20.86
公共财政预算支出	万元	104558	6.50
城镇居民人均可支配收入	元	22987	10.80
农民人均纯收入	元	8842	13.70

城乡建设　白沙大道沿线 3 座立交桥(白沙—星光立交、白沙—友谊立交、白沙—壮锦立交)、凌铁大桥建成通车。南宁至扶绥二级路基本建成通车。建设村屯道路 52 千米，改造农村危房 350 户，完成城乡风貌改造 289 户、11.60 万平方米;实施 6 座水库除险加固、27 项小型农田水利、24 项农村饮水安全等工程,改善灌溉面积 4380 公顷,解决人饮安全问题 1.63 万人。启动土地整治项目 16 个,涉及土地总面积 1.50 万公顷。完成那海村上江坡新农村示范项目建设，实施佳棉村朝阳坡综合示范村的村坡住宅外立面改造。推进涉及“清洁乡村”的生态建设，开工建设 11 个村坡生活污水处理、1 个 10 吨/日处理量垃圾焚烧炉、7 个规模化禽畜养殖场减排、452 个村坡垃圾池等项目。

8 月 28 日,广西南南铝加工有限公司 20 万吨铝加工项目热轧中厚板制造中心在江南区举行投产仪式　梁尚家提供

【社会事业发展】

文明创建活动　2013 年,江南区推进未成年人思想道德建设,开展“我的中国梦”“洒扫应对”“我们的节日”等系列主题教育活动;重点打造 4 个居民小区“种文化”宣传示范点。设立城区“道德讲堂”总堂和 72 个各级单位讲堂,举办道德讲堂 889 次；评上中国好人榜敬业奉献好人 1 名(江南区劳动保障监察大队副队长陈美吉)。开展“关爱他人、关爱社会、关爱自然”志愿服务活动,对 21 支志愿服务队进行命名,打造莫丽英志愿服务站等志愿服务品牌,坚持每个月第一个周六组织开展“志愿服务日”活动。加强农村精神文明建设,组织和指导文明单位与行政村结对共建，在 3 个镇、6 个行政村开展南宁市“星级文明户”试点村建设,涉及农户 1.70 万户,参评率 90%以上。

科教文卫体事业　投入科技经费 1138 万元。组织实施科技项目 30 个,实施到期通过上级验收的科技项目 12 个(市级 10 个、自治区级 2 个)。农作物优良品种覆盖率 98%，农村先进适用技术普及率 100%。举办科技培训班 45 期,培训 1.38 万人次。8 月,江南区被确定为自治区知识产权试点县(区)。有幼儿园 70 所(公办 2 所),在园幼儿 2.14 万人;小学 81 所（社会办学 17 所)，在校生 4.07 万人;初中 24 所(社会办学 13 所),

在校生1.09万人;高中2所,在校生986人。有教职工2098人。小学适龄儿童入学率100%,辍学率为零。小学毕业生升学率100%,初中阶段入学率100%,辍学率0.75%;初中毕业升学率90%。实施教育惠民工程,投入义务教育经费7365万元;推进学前教育三年行动计划,学前三年、学前一年毛入学率均为97%。保障4.99万名学生享受免费义务教育,九年义务教育巩固率83.10%。发放小学、初中寄宿生补助生活费7600人次、430.95万元;资助家庭经济困难中小学生1511人次、62.39万元。投入专项经费598万元,为学校购买课桌椅6000套、图书5万册、床架2000架,为34所学校安装安防系统。引进自治区示范性高中市第三十六中学进驻城区创办新校区。建设锦江村、那海村等7个村级公共服务中心,启动推进2个农家书屋建设,扶持业余文艺队7支。配合市粤剧团开展"送戏下乡"活动14场,开展"百姓小舞台·和谐大社会"主题系列活动1155场次、第四届乡村社区和谐文化大展演活动23场。电影公益下乡放映804场。举办"绿城·江南歌台"、菠萝岭元宵花灯节等活动。成立城区、乡镇两级文联组织。设立扬美古镇管委会。有医疗卫生机构382个,其中国有医疗卫生机构15个(乡镇5个)、村卫生所46个、个体医疗诊所239个;卫生技术人员3442人。乡镇卫生院医疗病床176张。江南区人民医院、江南区基层卫生服务设施综合楼项目开工建设。参加新型农村合作医疗农民24万人,参合率99.28%,筹集资金8201.73万元(农民缴费1440.21万元,财政投入6721.01万元)。人口出生6749人(南宁经济技术开发区2061人)、人口出生率12.97‰(含南宁经济技术开发区,不含南宁经济技术开发区为11.75‰)。组织参与及自办群体比赛和全民健身活动150多项次,投入资金100多万元,参与人数超过1万人次。开展迎新春体育比赛活动138场,举办江南区职工气排球比赛。组织参加2013年南宁市第七届老年人运动会,获象棋比赛第一、第二名,网球比赛女双甲组第二名、女双乙组第二名。举办扬美龙舟上水节暨扬美传统龙舟比赛。

民政工作 审批城镇最低生活保障对象1万人次,发放低保金301.83万元;审批农村低保对象1.99万人次,发放保障金205.63万元。发放抚恤金、定补金366.07万元,义务兵家属优待金64.58万元;安置退役士兵106人,发放自谋职业一次性补偿金37.01万元,发放自主就业地方一次性经济补助金158.23万元。发放特困户、重灾民救济粮63吨(折款30.50万元),救济1288户、2031人。发放冬令救灾棉被564床、蚊帐363床、衣服5323件套(折款63.20万元)。确定五保老人452人,发放五保供养定补金179.65万元。城市医疗救助156人次、54.85万元;农村医疗救助125人次、53.38万元。城区财政投入8.67万元,为2892名城乡低保、农村五保对象购买人身意外伤害综合保险。办理结婚登记3942对,离婚登记846对。

劳动与社会保障 城镇新增就业1.20万人,城镇失业再就业4212人,帮助大龄困难人员再就业1057人,城镇登记失业率3.01%。培训农村劳动力674人,农村劳动力转移就业新增4749人。为4148名农民工追讨欠薪4881万元。

(韦艳玲 梁尚家)

2013年江南区镇(街道)情况

名称	土地面积(平方千米)	村民委员会(个)	社区居民委员会(个)	自然屯(个)	年末人口(人)	农林牧渔业总产值(万元)	粮食产量(吨)	农民人均纯收入(元)
江西镇	214.00	10	–	103	42074	72066	24076	8521
吴圩镇	394.00	10	2	134	70131			
苏圩镇	223.00	15	1	120	68501	117714	36070	8636
延安镇	132.00	5	1	69	29325	57243	10530	8870
福建街道	22.20	4	13	27	142945			
江南街道	39.80	3	6	23	77760			
沙井街道	61.00	9	2	62	43151	21297	1500	9750
那洪街道	63.00	7	2	77	33403			
金凯街道	47.00	5	1	22	19904			

青 秀 区

【概　况】 南宁青秀区位于南宁市东南部。东邻宾阳县、横县,南接邕宁区,西、北连兴宁区,与良庆区、江南区隔邕江相望。面积865.26平方千米。是自治区、南宁市党、政、军机关所在地,是中国—东盟博览会会址——南宁国际会展中心所在地。湘桂铁路、桂海高速公路、邕江航道过境。铁路在辖区内设有邕宁、伶俐两个火车站。有埌东客运站。主要旅游景区(点)有南宁青秀山旅游风景名胜区(国家4A级景区)、广西民族博物馆(国家4A级景区)、广西科技馆(国家4A级景区)、金花茶公园(国家3A级景区)、云顶观光(地王大厦,国家3A级景区)、南湖公园、名树博览园、滨湖音乐广场、石门森林公园、邕江滨水公园、孔庙、广西民族文物苑、广西博物馆、广西烈士陵园等。主要矿产资源有煤、石英砂、重晶石、石灰石。主要地方特产有龙眼、荔枝、酸梅、竹笋等。有仙葫经济技术开发区、伶俐工业集中区、二塘工业园。2013年,辖镇4个、街道5个、自治级经济开发区1个、社区62个(城市社区58个、农村社区4个)、村46个。常住人口74.26万,其中:户籍总人口65.23万,流动人口21.76万。人口自然增长率8.80‰。耕地面积2.08万公顷(水田面积7957.73公顷)。有林面积4.76万公顷,森林覆盖率43.85%。地区生产总值584.21亿元;全部财政收入93.96亿元(公共财政预算收入20.26亿元),公共财政预算支出20.25亿元;城镇居民人均可支配收入31492元,农民人均纯收入9004元。被评为全国科技进步先进县(区)、全国科技进步先进城市、全国五好关工委先进县(区)、全国群众体育工作先进单位、全国网民留言办理工作先进单位、全国人民调解工作先进集体，被确定为全国社会组织建设创新示范区、全国社会主义新农村建设档案工作示范区、自治区招商引资项目大兑现工作示范县、广西人口和计划生育工作模范县(市、区)，获广西人力资源和社会保障厅劳动保障监察优秀案卷评查一等奖、广西招商引资工作先进县(市、区)一等奖。

【经济发展】

第一产业　2013 年，青秀区实现农林牧渔业总产值 29.01 亿元。其中：农业产值 12.03 亿元；林业产值 2.31 亿元；牧业产值 10.03 亿元；渔业产值 7300 万元；农林牧渔服务业产值 3.91 亿元。第一产业增加值 19.24 亿元。粮食作物种植面积 2.05 万公顷，总产量 8.90 万吨。其中：水稻种植面积 1.11 万公顷（超级稻种植面积 8666.67 公顷），产量 6.71 万吨；玉米种植面积 3559 公顷，产量 2.06 万吨。经济作物种植面积 1.44 万公顷。其中：甘蔗种植面积 6400 公顷，产量 55.20 万吨；木薯种植面积 784 公顷，产量 8700 吨。果园面积 1881 公顷，水果产量 1.40 万吨；蔬菜种植面积 5300 公顷，产量 13.20 万吨。禽类出栏 858 万羽，肉类总产量 3.48 万吨，水产品产量 6356 吨。建设养殖大棚 12 万平方米，建成标准化规模养殖小区 8000 平方米。完成人工造林面积 333.33 公顷。发展特色农业种植，推广种植葡萄 100 公顷、西(甜)瓜 2320 公顷、仔姜技术推广示范基地 5.33 公顷、有机米种植生产基地 133.33 公顷；农作物间套种完成面积 3200 公顷；完成秋冬种开发 6000 公顷，其中玉米、马铃薯等粮食作物 666.67 公顷，蔬菜等经济作物 4900 公顷，其他作物 433.33 公顷。水利建设投入 6322.18 万元，实施水利项目 168 个，完成水库除险加固 6 座，农村人饮水工程 10 处，渠道防渗 30 千米。累计投入"三农"资金 6.95 亿元。

第二产业　有工业企业 86 家，实现工业总产值 58.20 亿元。其中规模以上工业企业 27 家（产值亿元以上工业企业 7 家，其中广西国泰粮食集团公司产值超 20 亿元），实现工业总产值 47.48 亿元，利税总额 2.09 亿元(利润 1.35 亿元)。第二产业增加值 86.49 亿元（工业增加值 16.02 亿元）。完成工业投资 41.70 亿元，技术改造投资 41.72 亿元。出资 5000 万元，注入广西金融投资集团作为融资基金，为辖区企业特别是中小企业提供金融服务支持；与南宁供电局签订区域电网发展框架协议，充分保障辖区企业用电需求。增强工业投资，全社会工业基础设施投入 21.28 亿元；全社会工业技改投资 18.50 亿元。规模以上工业企业实现利润 2.30 亿元。伶俐工业集中区有工业企业 4 家(广西物宝农业科技有限公司、南宁市绿顺林产品有限公司、南宁市敏捷砂场、南宁市伶俐木业有限公司)，实现工业总产值 5000 万元，其中规模以上工业企业 1 家（南宁市绿顺林产品有限公司)，实现工业总产值 4660 万元。二塘工业园有工业企业 6 家（南宁龙普科技有限公司、南宁生源中药饮片有限公司、南宁雨卓建材有限公司、南宁东仔食品有限公司、南宁东旗近代食品厂、南宁金沙选矿机械有限公司)，实现工业总产值 1.65 亿元，其中规模以上工业企业 2 家、实现工业总产值 1.55 亿元。

第三产业　有企业 2.06 万户，注册资金 63.98 亿元；个体工商户 2.87 万户。新增年销售额超亿元的商贸企业 9 家，累计 90 家；商贸业商品销售额 1098.10 亿元，占南宁市商贸业商品销售额 28.40%。金融业增加值 116 亿元，占南宁市金融业增加值 46.50%。辖区税收超千万元楼宇有 19 栋，其中地王国际、航洋国际、金源 CBD 现代城 3 栋楼宇税收均超亿元。实现社会消费品零售总额 305.30 亿元。第三产业增加值 481.11 亿元。

招商引资　引进企业（项目)11 个，实际到位内资 78.20 亿元，直接利用外资(广西全口径)5400 万美元。其中，"两会一节"期间签约项目 2 个，金额 125 亿元(内资 45 亿元，外资 12.90 亿美元)。

城乡建设　完成石园路、金苹果路等 7 条市政道路 20 米次干道的"白改黑"沥青罩面改造，完成悦宾路、金浦二支路等 20 条道路沥青罩面改造；新增、更换主次干道、主要街区的果皮箱 2183 只；在 86 条道路的 1767 个检查井增设防坠网。完成征地 506.67 公顷，征收拆除房屋及地上附着物 144 万平方米。邕宁水利枢纽工程(青秀段)开工建设。对辖区内 55 个城市社区、8 个城中村、29 个农贸市场以及主次干道、超市(商场)、沿江、内河、沿湖等重点区域纳入网格化管理；将城区城管中队指挥管理权下放街道(开发区)，形成全天候 24 小时无缝对接的市容管理格局；开展城市管理联合整治大行动 147 次，查处违规违法行为 3.80 万次，罚款 30 多万元；查处违章"泥头车"682 辆、违章夜市 7000 多摊次、违法建设 68 项，拆除违法建筑 79.78 万平方米。开展"美丽南宁·清洁乡村"活动，新建村屯垃圾池 783 个，新增垃圾运转设备 2904 套，新配村级保洁员 1665 名，为农村家庭免费提供垃圾桶 5.70 万只；

2013 年青秀区国民经济主要指标

项目	单位	实绩	比上年增长(%)
地区生产总值	万元	6101186	7.71
第一产业	万元	192359	5.20
第二产业	万元	858806	8.75
工业	万元	512961	12.03
第三产业	万元	5050021	7.62
人均地区生产总值	元	90785	4.80
农林牧渔业总产值	万元	290086	4.89
粮食总产量	吨	89868	1.62
全社会固定资产投资	万元	5222125	22.07
实际利用外资	万美元	5400	14.89
社会消费品零售总额	万元	3053047	14.01
全部财政收入	万元	939650	19.93
公共财政预算收入	万元	202548	19.67
公共财政预算支出	万元	191815	19.75
城镇居民人均可支配收入	元	31492	10.20
农民人均纯收入	元	9004	13.80

长塘镇被评为南宁市"美丽南宁·清洁乡村"活动"十佳乡镇"。开展生态环境建设,辖区空气环境质量总体优良;刘圩镇团黄村被命名为自治区级生态村,长塘镇枫木村、伶俐镇王京村、伶俐村被命名为市级生态村,城区被列为自治区农村环境连片综合整治示范县(区);建成区绿化覆盖率47%,人均公园绿地面积32平方米。

【社会事业发展】

文明创建活动　2013年,青秀区组织开展"感恩""中国梦"主题教育活动,开展"讲文明、树新风"公益广告宣传活动、"书香青秀"全民阅读活动。开展网络文明传播活动,每个社区及辖区自治区级以上文明单位都建立3人~5人的网络文明传播志愿者小组;开展文明餐桌活动,推行"光盘行动",在辖区餐饮行业、机关食堂及至百姓家庭广泛宣传不剩饭、不剩菜的理念;开展"一星带九星,清洁促文明"主题活动,以新竹街道葛麻村为试点,开展"星级文明户"评选。建立学雷锋志愿者(义工)示范服务站点5个,在55个城市社区都建立1支老年志愿者(义工)服务队。有志愿者队伍300余支、志愿者8万多名,其中网上注册志愿者6万余人。获南宁市第八轮文明县(区)测评第一名。

科教文卫体事业　投入科技经费2312万元,组织实施科技项目62个。实施到期通过上级验收的科技项目38个,其中市级科技项目6个、自治区级科技项目2个。建成长塘农业高新技术集成基地、南阳镇新光村基层党员干部创先争优科技示范基地等12个。通过科技项目和科技示范基地推广台湾子姜、台湾农友精品西瓜、新台糖22号脱毒甘蔗种苗、荷兰15号马铃薯脱毒种等11个优质新品种和遮雨栽培、物理生物防病虫等8项技术。举办各种科技培训班240期,培训2.70万人次。被评为全国科技进步先进县(区)。有幼儿园71所(公办3所),在园幼儿2.17万人;小学84所(社会办学8所),在校生4.52万人;初中12所(社会办学1所),在校生8.87万人;特殊教育班3个,在校生29人。有教职工3460人(顶岗教师794人)。小学适龄儿童入学率100%,辍学率为零,小学毕业生升学率100%;初中阶段入学率100%,辍学率2.50%;初中毕业生升高中毛入学率82%。投入资金485万元,配置电脑室15间,办公电脑200台。食堂标准化建设投入设备类资金1280万元,新建、整改标准化食堂34所。投入资金240万元,资助农村家庭困难寄宿生5964人次,发放寄宿生困难补助3297人385.63万元;投入营养改善经费1459万元,惠及学生1.39万人。投入1.07亿元,新建长塘镇定西等幼儿园142个;完成南阳中学教师周转房等22个项目建设,总投资1.15亿元;投入2008万元,为城区学校及幼儿园配置多媒体及教学仪器设备、课桌椅、办公桌椅、图书设备等。承办中国(南宁·青秀)舞龙展演暨第十一届中国民间文艺山花奖·民间艺术表演奖评奖活动,有来自全国16个省、市、自治区的17支代表队参演,青秀区参赛的原生态芭蕉龙《平安芭蕉龙》获"山花奖"金奖;开展第四届乡村社区和谐文艺大展演活动,参加演出单位260个,参演1100人。文化馆、图书馆、乡镇文广站免费开放。购置新书1万册,累计总量28.80万册。实施"送百戏下乡"和"送电影下乡"文化惠民工程,完成"送百戏下乡"演出16场,惠及人数3.50万人;放映公益电影1212场,惠及群众25万人。扶持业余文艺队38支(扶持经费由上年的每支1万元提高到每支2万元),完成文艺演出1121场,惠及群众33.06万人;开展普及性文化艺术培训10期,培训1300人。有医疗卫生机构347家(含自治区直及市直属医疗卫生机构),其中医院18家、乡镇卫生院4家、社区卫生服务站中心(站)25家、门诊部(诊所、卫生所、医务室)282家、其他卫生机构17家。卫生人员1.82万人,其中卫生技术人员1.46万人。病床1.03万张,其中医院床位10020张(自治区属医院编制床位7298张,市属医院床位1396张,城区属镇、街道、社区卫生服务中心及卫生院床位2283张,其他床位281张)。参加新型农村合作医疗农民17.24万人,参合率99.14%。镇村卫生室实行"一元钱看病"制度。推广完善医保就医"一卡通"。免费为婚检对象进行婚前医学检查1.16万人。区间人口出生7693人,人口出生率12.60‰,被评为广西人口和计划生育工作模范县(市、区),获南宁市人口和计划生育工作(人口计生线)一等奖、南宁市人口和计划生育工作(党政线)一等奖。组织开展篮球、拔河、象棋、扑克牌、趣味体育竞赛等活动232场次,观众80万人次。获"全国群众体育先进单位"称号。

民政工作　审批城镇最低生活保障对象1.42万人次,发放低保金330.53万元;审批农村低保对象4.05万人次,发放保障金471.17万元。发放抚恤金、定补金967万元,退伍义务兵家属优待金193万元;安置退役士兵119人,发放一次性经济补偿金113万元。发放冬令救灾衣被8800件(套)、救济大米187.60吨,救助1.20万人;发放特困户、重灾民救济粮18.76万吨(折款221.70万元)。确定五保老人1.09万人,发放五保供养定补金415.04万元、五保户救济粮100吨(折款52万元)。农村医疗救助284人,发放医疗救助金80.65万元。为6名生活困难的城乡肺结核患者提供治疗。办理结婚登记8026对,离婚登记1916对。

10月27日,青秀区宣传部党支部、八桂义工到刘圩镇禄强坡开展"美丽青秀·清洁乡村"大扫除活动　孔德亮　摄

劳动与社会保障　城镇新增就业1.68万人；下岗失业人员再就业3621人；帮助大龄就业困难人员实现再就业1185人；农村劳动力转移就业5062人；城镇登记失业率控制在2.52%以内。培训农村劳动力4652人，农村劳动力转移就业新增5062人。累计采集用人单位2.27万个，劳动用工16.05万人。其中：私营企业1.58万家，劳动用工12.25万人；个体工商户6368家，劳动用工3.50万人；其他用工主体584家，劳动用工3005人。检查用人单位3917个，涉及劳动者4.15万人。为农民工追讨工资681.23万元。受理劳动保障监察举报投诉案件60起，立案60起，涉及劳动者592人，结案59起，立案涉及金额705.22万元。处理劳资纠纷群体性突发事件11起，其中10人以上群体性、突发性事件10起。参加新型农村社会养老保险5.68万人，符合待遇发放1.96万人，发放养老金23.08万人次、2809.87万元；参加城镇居民社会养老保险2324人，符合待遇发放1569人，发放养老金1.87万人次、231.41万元。

2013年青秀区镇(街道)、仙葫开发区情况

名称	土地面积（平方千米）	村民委员会（个）	社区居民委员会(个)	自然屯（个）	年末人口（人）	农林牧渔业总产值（万元）	粮食产量（吨）	农民人均纯收入(元)
长塘镇	265.00	8	1	85	31348	43972	15828	8340
伶俐镇	264.00	8	1	64	36354	56151	18106	9660
南阳镇	93.56	7	1	45	33363	53956	19910	8693
刘圩镇	159.00	14	1	46	55607	89472	31191	8312
新竹街道	8.50	1	15	–	200000	–	–	8700
中山街道	10.10	2	14	–	150792	760	–	7835
建政街道	10.10	1	7	5	108000	–	–	4750
南湖街道	36.40	2	6	–	138218	6914	566	5200
津头街道	65.00	3	10	3	98501	1954	–	92833
仙葫开发区	75.00	–	6	35	70000	8046	4692	8542

（蔡光燊）

西乡塘区

【概　况】 西乡塘区位于南宁市中西部。东邻兴宁区，南与江南区隔邕江相望，西连扶绥县、隆安县，北与广西高峰林场及武鸣县接壤。面积1298平方千米。湘桂铁路、南(宁)昆(明)铁路，南(宁)昆(明)、兰(州)海(口)高速公路，南宁市外环高速公路和快速环城路通过辖区；邕江和左江、右江航道过境。南宁高新技术产业开发区、市相思湖新区坐落在境内。辖区内有中、高等院校30多所和科研院所20多所。旅游景区(点)主要有相思湖湿地公园、明月湖湿地公园、民生广场滨江景观、南宁动物园(国家4A级景区)、广西八桂田园(广西现代农业技术展示中心，国家4A级景区)、南宁希望田野（广西现代农业科技示范园）、安吉花卉公园、坛洛金满园(广西甘蔗果树良种繁育中心)、心圩天雹水库(南宁圣天宝风景区)、龙门水都、石埠“美丽南方”景区、下楞民俗文化村、心圩越南育才学校总部遗址等。矿产资源主要有煤、石灰岩等。地方特产主要有“洛洛香”“甜弯弯”“桂姿”等品牌香蕉。2013年，辖镇3个、街道10个(心圩街道、安宁街道由南宁高新技术产业开发区托管)、村63个、社区77个。户籍总人口76.11万；流动人口23.44万。壮族人口28.16万，占常住总人口37%。人口自然增长率7.13‰。耕地面积1.70公顷；林地面积2.95万公顷（含国有林场），有林面积2.31万公顷，森林覆盖率27.08%。地区生产总值637.91亿元；全部财政收入33.32亿元（公共财政预算收入9.26亿元），公共财政预算支出17.92亿元。被评为全国科技进步先进城区、国家级出口食品农产品质量安全示范区、全国白内障无障碍县(区)、全国价格监测工作先进单位、自治区五个民政建设年活动先进县(区)、广西招商引资工作先进县(区)、全国计划生育优质服务先进单位；被确定为自治区首批特色文化产业示范县(区)。

【经济发展】

第一产业　2013年，西乡塘区实现农林牧渔业总产值32.82亿元。其中：农业产值21.85亿元，林业产值3014万元，畜牧业产值8.38亿元，渔业产值1.10亿元，农林牧渔服务业产值1.19亿元。第一产业增加值26.44亿元。粮食作物种植面积1.27万公顷，总产量6.56万吨。其中：水稻种植面积7633公顷，产量4.29万吨；玉米种植面积4326公顷，产量2.12万吨。经济作物种植面积1.12万公顷。其中：甘蔗种植面积4569公顷，产量37.31万吨；木薯种植面积3501公顷，产量3.75万吨。瓜果类种植面积5063公顷，产量9.85万吨（西瓜种植面积3549公顷，产量6.91万吨）；果园面积1.90万公顷，水果产量54.25万吨(香蕉种植面积1.73万公顷，产量51.39万吨)；蔬菜种植（含复种）面积1.12万公顷，产量24.48万吨。肉类总产量3.62万吨，禽蛋产量4283吨，水产品产量1.15万吨。新增农业龙头企业10家，累计76家；新建农民专业合作社15家，累计79家。依托龙头企业发展标准化种植养殖基地67个，打造香蕉、西(甜)瓜、蔬菜、家禽、罗非鱼、龟鳖和林下经济等农业优势特色产业。土地承包经营权流转新增面积637.73公顷，累计6500公顷。完成山上绿化造林780公顷，义务植树50.80万株；开展“百万株珍贵树种送农家”活动，向农民发送珍贵苗木18万株。实施水库除险加固9座；新建农村饮水安全工程37个、农田水利设施工程50个；完成农村通村、通屯水泥路建设188.20千米。

第二产业　工业企业有441家，实现工业总产值82.58亿元。规模以上工业企业40家（亿元以上产值企业21家），利税总额7.18亿元(利润4亿元)。第二

产业增加值350.40亿元（工业增加值293.66亿元）。完成工业投资43亿元,技术改造投资41亿元。工业主要产品产量:水泥454万吨、商品混凝土130.63万立方米、啤酒1.41亿升、配混合饲料12.95万吨。

第三产业　有国有企业37家,集体企业143家,股份合作企业1家;私营企业9971家,从业人员3.93万人。有市场(含农贸市场)80多个。实现社会消费品零售总额267.43亿元。第三产业增加值261.07亿元。南百新世界店、新梦奥特莱斯、大洋购物广场竣工开业,其中南百新世界店年销售额1.60亿元。辖区有四星级酒店6家。新增限额以上商贸企业22家,累计129家,其中亿元龙头企业12家。举办广西汽车交易会、南宁市第八届家居文化节、2013年香蕉文化旅游美食节、唐人文化节等各种商贸促销活动。完成房地产开发建设投资34.74亿元,商品房施工面积370.76万平方米（竣工面积34.66万平方米),商品房销售面积65.07万平方米,销售额43.87亿元。接待游客744万人次,旅游综合收入5.60亿元。

招商引资　引进大连万达、合景泰富等22个重大项目落户城区。实际到位内资61.52亿元,直接利用外资3905万美元。“两会一节”期间,签约项目10个,引进内资108.28亿元,外资8889万美元。

城乡建设　实施“三旧”(旧城区、旧城中村、旧厂房)改造项目23个,涉及用地面积180.67公顷,投资417亿元,新建房屋面积700万平方米。秀灵北路延长线建成通车。改建扩建国道324线、北际中尧南路、新阳路北三里等主次干道。完成19条城区级道路“白改黑”(混凝土路面改造成沥青路面)工程;新建人行过街天桥1座(未命名,位于衡阳路小学旁)。完成征地面积154.63公顷，完成国有土地上房屋征收30.29万平方米。清理违法占地78.63万平方米，拆除违法建筑57.09万平方米。开工建设保障房1421套,建成公共租赁住房284套,新增发放廉租房租赁补贴588户。完成《坛洛镇区一期中心镇控制性详细规划》《双定镇中心镇控制性详细规划》及141个村庄规划的编制并通过评审。投入2100万元推进金陵镇、坛洛镇、双定镇的镇区基础设施建设,完成农村危房改造300户,建设农村沼气池220座，农村户厕改造22户。投入8700万元开展“美丽西乡塘·清洁乡村”活动,聘用保洁员1846人,新建垃圾池(屋)799个,新增垃圾桶3000多个，购买垃圾清运车449辆。投入9650万元开展“整洁畅通有序大行动”,聘用协管员2546人,购买环卫车等设备。在农贸市场设立数字化监控中心，对辖区农贸市场进行实时监管，做法在自治区现场会进行推广。

【社会事业发展】

文明创建活动　2013年，西乡塘区开展以“道德讲堂”“志愿服务队”“公益广告宣传牌”“文明餐桌”“网络文明传播”“帮扶共建”为主要内容的“六个一”精神文明创建活动;结合“我们的节日”和“中国梦”“关爱他人、关爱社会、关爱自然”主题开展志愿服务活动；开展“2013年讲文明树新风”公益广告创作大赛和“种文化工程”建设,抓好未成年人思想道德建设;开展“洒扫应对”“认星争优”“日行一善”经常活动。依托各社区、文明单位、窗口行业建立“学雷锋志愿服务站”92个；建立社区志愿服务队214支、文明单位志愿服务队47支;网上注册志愿者突破6万人。在唐人文化园建立西乡塘区道德讲堂总堂。开展“西乡塘区第二届美德少年”评选表彰,评选出孝老爱亲、助人为乐、环保节约、诚实守礼等美德少年100名。组织学习宣传第四届全国道德模范提名奖获得者羊建明、刘小坚先进事迹。结合“美丽南宁·整洁畅通有序大行动”活动,开展“美丽西乡塘·交通文明新style”暑期主题宣传教育活动,南宁市第三十一中学的卢文婷、卢雪婷、陈慧彧撰写的《“美丽南宁·整洁畅通有序大行动”活动实施效果调查》得到市委书记余远辉的肯定和表扬，并在全市范围内掀起开展学习的高潮。在农村(城中村)开展“星级文明户”创建评比活动,评选出城区级“星级文明户”100户。创建自治区、市级生态文明单位16个。

科教文卫体事业　投入科技经费2038万元。实施管理自治区、南宁市、城区产业发展科技项目71个,其中首次获得国家科技富民强县计划项目1个。城区企业获自治区科技进步二等奖1项，市科技进步二等奖1项、三等奖2项;获广西第二、三届发明创造成果奖28项。专利申请3057件(其中发明专利申请量2093件),获专利授权1076件。举办科技培训104场,培训8936人次,发放资料2.80万份。开展“科技活动周”“科技下乡”等科普活动533场次，受科普人数41.01万人次,发放科普资料39.76万份。连续4次获“全国科技进步先进城区”称号。有幼儿园134所(公办5所),在园幼儿2.74万人;小学(不含市直属学校和高新区学校，下同)95所，在校生7.40万人;中学35所(普通初中13所，九年一贯制学校22所),在校初中生2.50万人。在岗教职工7502人。幼儿学前三年毛入园率98%,学前一年毛入园率99%;小学适龄儿童入学率100%，辍学率为零;小学毕业生升学率100%;初中阶段入学率99.85%,辍学率1.50%,初中毕业升学率

2013年西乡塘区国民经济主要指标

项目	单位	实绩	比上年增长(%)
地区生产总值	万元	6379078	12.30
第一产业	万元	264442	1.90
第二产业	万元	3503982	18.50
工业	万元	2936622	19.10
第三产业	万元	2610654	5.50
人均地区生产总值	元	84039	12.30
农林牧渔业总产值	万元	328181	4.22
粮食总产量	吨	65639	0.14
全社会固定资产投资	万元	2022274	26.10
实际利用外资	万美元	8889	150.52
社会消费品零售总额	万元	2674298	14.02
全部财政收入	万元	333209	17.28
公共财政预算收入	万元	92625	21.08
公共财政预算支出	万元	179249	26.29
城镇居民人均可支配收入	元	22299	10.50
农民人均纯收入	元	8203	13.50

89%。辖区(含市直属中学、高新区初中)九年义务教育巩固率100%。22所民办中小学、117所民办幼儿园管理规范。城区中考综合成绩排在全市各城区首位,升学率96.97%。建设教育基建项目59个,增添一批教学设备。农村义务教育家庭经济困难寄宿生生活补助阶段5774人、667.13万元;资助家庭经济困难学生408人、11.75万元;办理生源地信用助学贷款844人、502.63万元。城区教育局承担的历时3年的广西未成年人思想道德教育"学校、家庭、社区、网络"立体化实验区建设项目结题。坛洛中心小学成功申报为2013年中央彩票资金乡村学校少年宫。举办香蕉文化旅游节、第五届唐人文化节等活动,古傩戏《大酬雷》获中国首届社火艺术节比赛金奖和中国民间文艺"山花奖"等国家级奖项。有医疗卫生机构637个。其中:自治区、市、部队医院12家,城区直属卫生院10家,社区卫生服务中心(站、所)30家,村卫生室76家,民营医院(门诊)10家,个体诊所467家。城区直属卫生院有医务人员394人,医院病床3232张。新型农村合作医疗参合率99.86%。城区疾病控制预防中心、急救中心、妇幼保健院、卫生监督所等业务用房项目开工建设。免费为4421对新婚夫妇进行地中海贫血筛查,为40名生活困难的城乡肺结核患者提供治疗,为1名贫困高危孕妇提供救治。完成农村户厕改造1000座。金陵镇获"自治区卫生镇"称号,坛洛镇群南村定力坡等6个村屯获"自治区卫生村"称号。区间人口出生8730人,人口出生率9.09‰。组织举办乡村社区和谐文艺大展演等文化体育活动1012场次。

2013年,国家级农产品安全生产出口基地——西乡塘区罗非鱼养殖基地示范基地加工企业加工现场　黄伟铭　摄

民政工作　审批城镇最低生活保障对象6.21万人次,发放低保金1885.33万元;审批农村低保对象4.05万人次,发放低保金479.46万元。发放定补金、抚恤金、生活补助2770人、628万元。发放特困户、重灾民救济粮21.46万千克,救济3743户、7233人。发放冬令救灾衣被4027件(套)。临时救济7233人、119.10万元。确定五保老人4116人,发放供养定补金124.23万元。办理结婚登记7293对,离婚登记1933对。

劳动与社会保障　创建公共就业服务示范社区13个。城镇新增就业2.05万人,下岗失业人员再就业7010人,帮助大龄困难人员再就业1382人。城镇登记失业率控制在2.89%以内。培训农村劳动力1523人,农村劳动力转移就业新增5231人。参加城镇居民基本医疗保险11.20万人;参加新型农村社会养老保险9.21万人。受理劳动关系投诉案件85起,涉及692人,追回劳动者工资和押金759.02万元;处理拖欠农民工工资案件19起,追回拖欠农民工工资720.70万元。

2013年西乡塘区镇(街道)、农场情况

名　称	土地面积(平方千米)	村民委员会(个)	社区居民委员会(个)	自然屯(个)	年末人口(人)	农林牧渔业总产值(万元)	粮食产量(吨)	农民人均纯收入(元)
金陵镇	197.00	13	1	57	66963	90682	14918	9110
坛洛镇	335.00	19		160	75218	137685	29167	8812
双定镇	187.00	6		32	29831	57614	11275	7768
西乡塘街道	20.00	1	13	1	162589			9310
北湖街道	14.50	2	16	2	138831			
衡阳街道	4.50	2	13	2	112858			
华强街道	2.30		5		24913			
新阳街道	4.50	2	13	2	98403			
上尧街道	10.00	3	4	3	75344			10260
安吉街道	16.00	4	7	7	98868	6981	215	
安宁街道	28.00	6	2	37	49057			
石埠街道	128.00	11	2	69	45736	38613	10064	7743
心圩街道	19.00	8	1	39	103592			
金光农场					10866			

(张增清　陆寿成　黄　源)

邕宁区

【概 况】 邕宁区位于南宁市区东南部。东邻横县,东南连钦州市灵山县,南接钦州市钦北区、灵山县,西交良庆区,北与青秀区接壤。面积1255平方千米。有湘桂线黎(塘)南(宁)铁路南环线、南(宁)北(海)高速公路、省道101线和邕江河道过境;南宁五象大道东段、龙岗大道及在建的玉洞大道东段过城区;蒲庙大桥、龙岗大桥横跨邕江两岸连接青秀区;有邕宁至浦北二级公路。主要旅游景区(点)有蒲津公园、清水泉、顶蛳山贝丘遗址、灵龟山、雷婆岭摩崖石刻、五圣宫、那莲街古建筑等。主要矿产资源有石灰石、铜、铅、锌、重晶石、泥岩、黏土、河砂等。地方特产有甘蔗、桑蚕茧、淮山、水果等。2013年,辖镇4个(年内百济乡撤乡建镇)、乡1个、村65个、社区9个(城市社区4个)、自然村(坡)455个;总户数10.28万户,比上年减少0.27%;总人口34.81万人,其中农业人口30.14万人,非农业人口4.68万人;流动人口1.17万。壮族人口32.98万人,占总人口94.73%。人口自然增长率6‰。耕地面积4.51万公顷(水田面积1.38万公顷);森林面积4.11万公顷,森林覆盖率33.34%。地区生产总值54.38亿元;全部财政收入5.88亿元(公共财政预算收入2.28亿元),公共财政预算支出11.11亿元;城镇居民人均可支配收入21721元,农民人均纯收入7958元。被评为全国计划生育优质服务先进单位,获“全国科技进步先进县(市)”称号,被中国民间文艺家协会、自治区文化厅分别命名为中国八音文化之乡、广西民间文化艺术之乡;中和乡获“国家计划生育依法行政示范乡(镇)”称号。

【经济发展】

第一产业 2013年,邕宁区实现农林牧渔业总产值37.42亿元。其中:农业产值20.09亿元,林业产值0.97亿元,牧业产值14.89亿元,渔业产值1.08亿元,农林牧渔服务业产值0.38亿元。第一产业增加值20.09亿元。粮食作物种植面积2.74万公顷,总产量14.59万吨。其中:水稻种植面积2.22万公顷,产量12.46万吨;玉米种植面积3340公顷,产量1.74万吨。经济作物种植面积2.60万公顷。其中:甘蔗种植面积1.84万公顷,产量148.60万吨;木薯种植面积1168公顷,产量1.75万吨;桑园面积2705公顷,鲜茧产量5046吨。果园面积6391公顷,水果产量3.01万吨;蔬菜种植面积1.05万公顷,产量26.49万吨;西(甜)瓜种植面积0.21万公顷,产量6.65万吨。肉类总产量5.75万吨,水产品产量1.16万吨。完成人工造林567公顷。投入5821.50万元(不含邕宁邕江防洪堤工程),完成水利设施建设项目77个(跨年度水利项目53个)。建立香葱、韭菜、辣椒、椰菜、特色叶菜、食用菌生产示范基地8个。新成立农民专业合作社19个,累计有87个。其中蒲庙镇野猪养殖协会有会员410名,养殖种猪1650头,商品野猪出栏1.95万头。标准化养猪场3个,增加养殖优质瘦肉型猪2000头;肉鸡养殖小区3个,增加养殖优质肉鸡20万羽以上。投入产业扶贫开发项目资金975.87万元(财政投入,不含农民自筹),完成百香果种植47.70公顷、中药材种植72.65公顷、种桑养蚕209.20公顷。建成沼气池153座。完成土地流转393.33公顷。投入1000多万元,扶持“五个一”(一个果、一只鸡、一头猪、一棵菜、一株苗木)农业产业化发展。新种火龙果400公顷,累计面积1200公顷,成为广西最大的火龙果生产基地;温氏鸡养殖新增养殖户58户、肉鸭旱养养殖户70户,家禽养殖户累计1610户;引进广西一遍天公司投资1.20亿元,建设良种猪繁育科技产业园;引进广西山外山农牧有限公司建成优质蔬菜基地33.33公顷,扶持农民专业合作社新建优质蔬菜基地33.33公顷,辐射带动常年蔬菜基地发展333.33公顷;依托广西力臣公司发展园林绿化苗木种植329.33公顷,打造产业化扶持示范基地。引进广西力拓农业开发有限公司建设绿色优质水稻种植基地133.33公顷,建成年产2万吨优质米加工厂。获各级财政扶贫资金3186.15万元,自治区、市单位定点帮扶资金570万元,扶持园林绿化苗木、百香果等产业种植642.52公顷,修建贫困村通屯道路51条、62.61千米,培训农民3250人次。引进尚农科技公司与农民专业合作社合作建设大棚蔬菜项目,实现流转土地40公顷。发放扶贫贴息贷款1000万元;脱贫人口9268人,减贫率1420%。

第二产业 有工业企业1063家(含个体),实现工业总产值21.10亿元。规模以上工业企业10家(水泥2家、建材3家、纸制品3家、供电1家、木材1家),实现总产值14.12亿元,销售收入13.92亿元,利税总额1.05亿元(其中利润3511万元)。第二产业增加值12.60亿元(工业增加值3.90亿元,增长14.80%)。完成工业投资12亿元,技术改造投资14亿元。〔工业主要产品产量:水泥、混凝土产销量202万吨(方),售电量7.17亿千瓦时,硫酸10.53万吨,液碱7.89万吨〕。产品销售率98.77%。年内,规模以上工业企业正常生产经营的有7家;广西桂物资源循环产业有限公司投产。广西建机、一铭玻璃等工业项目开工建设。得恩塑业等工业项目竣工投产。

9月12日,2013年邕宁壮族八音文化旅游节开幕式在邕宁区新兴广场举行

潘 浩 摄

第三产业 有国有企业 27 家,集体企业 72 家,内资公司 92 家,私营企业 410 家,个体工商户 4290 户。市场(含农贸市场)13 个。实现社会消费品零售总额 14.86 亿元。第三产业总产值 19.60 亿元。外贸出口 36 万美元。完成房地产开发投资 5.50 亿元,商品房屋施工面积 70.65 万平方米,竣工面积 4.85 万平方米,销售面积 16.46 万平方米,销售额 5.57 亿元。接待游客 155.76 万人次。

招商引资 新签约中国南车等重大产业项目 15 个,意向总投资 132.40 亿元。实际到位内资 17.85 亿元,直接利用外资 987 万美元。

城乡建设 邕宁区完成筹资 20 亿元,推进城镇基础设施和产业园区续建路网项目建设,完成设计并备案 62 条,开工建设 22 条龙和蒲道路,邕大南路等 4 条道路竣工通车,重新铺设蒲庙镇、那楼镇、中和乡等乡镇政府所在地的街道。宝能城市广场、邕宁高中、邕宁区人民医院、合众人寿健康谷、金川集团房地产等项目开工建设。开展整洁畅通有序大行动,推行城镇网格化、门前“三包”联排共管、“疏导结合、引摊入市”等管理机制,增设八尺江桥底便民菜市等 5 个临时摆卖点、夜市。投入 2775 万元,修建农村道路 61 条、93 千米。投入 380 万元,修复蒲庙至镇龙三级公路。实施饮水安全、节水灌溉等水利设施项目 77 个,解决农村饮水不安全人口 4.33 万。投入财政奖补资金 1584 万元,实施“一事一议”财政奖补项目 189 个。完成项目征地 486.66 公顷、房屋征收 8.47 万平方米。以净地交付为标准,解决重点项目用地征收不完整、管线迁移、迁坟等制约问题。完成龙岗商务区 5 个临时安置点 304 套住房建设。建立“两违”(违法占地、违法建设)查处快速反应机制,清理违法占地面积 21.83 万平方米,拆除违法建设 26.39 万平方米。新江镇新江社区那蒙村综合示范村开工建设。投入资金 6112 万元,开展农村清洁环境卫生大整治活动,成立乡镇环卫站 5 个,聘请环卫保洁人员 1100 多名,配备环卫设备及保洁工具,建设村坡垃圾池 1291 座,全面清除村屯陈年垃圾,建立农村垃圾集中收集清运长效机制。

【社会事业发展】

文明创建活动 2013 年,邕宁区印发《关于在全城区农村开展“星级文明户”创建活动的方案》,开展“星级文明户”创建活动试点村,召开“星级文明户”创建活动推介会。开展未成年人中“知恩感恩报恩、爱党爱国爱民”主题教育活动,上报市文明办征文 17 篇;在汉林街举办“学雷锋便民惠民”一条街志愿服务暨学雷锋月活动启动仪式;在新兴广场开展青年志愿者服务“美丽邕宁·整洁畅通有序大行动”统一上岗仪式,400 多名志愿者进行宣誓。开展乡镇文明环境卫生“半月评”活动,并在《新邕宁》公示。对第一批至第二十六批市级文明村镇和文明单位及第一批至第十一批文明社区进行核定。新江镇汉林小学、屯亮小学、蒲庙镇仁福小学被命名为邕宁区第八批文明单位(村)。

科教文卫体事业 投入科技经费 1325 万元,引进和实施科技项目 51 项。组织实施教育基建项目 105 个,为乡村学校更新课桌椅 2.16 万套,实现中心校以上学校多媒体“班班通”。新建清泉中学。有幼儿园 42 所,在园幼儿 8600 人,教职工 382 人;小学 72 所,在校生 2.30 万人,教职工 1330 人;普通初级中学 11 所,在校生 1.60 万人,教职工 864 人;特殊教育学校 1 所,在校生 76 人,教职工 25 人。小学学龄儿童入学率 100%,辍学率为零,小学毕业生升学率 100%;初中毛入学率 110%,普通初中辍学率 1.74%,初中毕业生升学率 92%。九年义务教育巩固率 113%。实施教育基建项目 105 个,其中续建项目 16 个(建设面积 2.02 万平方米,总投资 4527 万元)、新建项目 89 个(建设面积 5.37 万平方米,总投资 7400.80 万元),至年末,有 74 个项目投入使用或竣工待验收。落实“两免一补”(免费提供教科书、免杂费,生活补贴)政策,农村中小学享受免费提供教科书学生 3.31 万人(小学 1.99 万人、初中 1.30 万人、特教学生 76 人),免除学杂费学生 3.78 万人(小学 2.26 万人、初中 1.51 万人、特教学生 76 人),补助金额 2592.11 万元。补助九年义务教育阶段农村家庭经济困难寄宿生生活费 1.65 万人、955.18 万元,城市家庭经济困难寄宿生生活费 1835 人、114.10 万元,家庭经济困难学生生活费 2072 人、65.38 万元。贫困孤儿学生获中华浩德资助 109 人、9.81 万元;城乡家庭困难幼儿获入园补助 702 人、30.02 万元;生源地大学生获国家开发银行广西分行助学贷款 592 人、350.485 万元。投入 81.98 万元,扶持村(坡)、社区业余文艺队 8 个,演出 254 场;送戏下乡演出 36 场,观众 3.60 万人次;农村公益电影放映 784 场次;建成村级公共服务中心 4 个。投入 168 万元,举

2013 年邕宁区国民经济主要指标

项目	单位	实绩	比上年增长(%)
地区生产总值	万元	543844	8.20
第一产业	万元	221873	4.00
第二产业	万元	126028	14.80
工业	万元	57590	9.40
第三产业	万元	195943	7.00
人均地区生产总值	元	15663	8.78
农林牧渔业总产值	万元	370249	3.98
粮食总产量	吨	145937	3.65
全社会固定资产投资	万元	676863	41.62
实际利用外资	万美元	987	3.89
社会消费品零售总额	万元	148607	14.07
全部财政收入	万元	58778	7.98
公共财政预算收入	万元	22766	−7.20
公共财政预算支出	万元	111122	17.99
城镇居民人均可支配收入	元	21721	9.90
农民人均纯收入	元	7958	12.80

办各种群众文化活动450多场，参加活动13万人次。有医疗卫生机构148个，其中国有医疗卫生机构9个，村级卫生所70个，个体医疗诊所49个，护理院1个，学校卫生室2个。卫生技术人员1382人（城区级医院卫生技术人员634人）；医院病床952张(城区级医院574张，乡镇卫生院378张)。参加新型农村合作医疗农民28万人，参合率98.78%。人口出生4831人，人口出生率14.78‰。建成村级篮球场4个。城乡举办体育竞技比赛108项次，参加9300人次，观众6.49万人次。

民政工作　审批城镇最低生活保障对象和生活补贴困难人员7800人次，发放保障金和困难补助金185.41万元；审批农村低保生活保障对象8.76万人次，发放低保金1110.45万元。发放优抚对象定期抚恤和生活补助金658.59万元，义务兵优待金88.02万元；接收退役士兵75人，安置75人(农村62人、城镇13人)。确定五保老人2.26万人次，发放五保补助金及各类补贴679.99万元。城市医疗救助58人次、30.11万元，农村医疗救助420人次、205.63万元。免费为3131对夫妇进行地中海贫血筛查。办理结婚登记3197对，离婚登记381对。

劳动与社会保障　城镇新增就业人员1711人，下岗失业人员实现再就业273人，大龄就业困难人员再就业73人。城镇登记失业率3.56%。农村劳动力转移就业引导性培训4016人，城乡劳动者转移就业职业培训518人；农村劳动力转移就业新增4022人。劳保举报投诉118起，受理立案14起，结案14起。追发劳动工资20.84万元，涉及66人。处理因劳资引发群体事件2起，追发劳动工资28.60万元，涉及44人。

2013年邕宁区乡镇情况

名　称	土地面积(平方千米)	村民委员会(个)	社区居民委员会(个)	自然屯(个)	年末人口(人)	农林牧渔业总产值(万元)	粮食产量(吨)	农民人均纯收入(元)
蒲庙镇	250	17	4	160	139533	99236	36198	7891
那楼镇	354	20	2	92	94173	130267	45779	8259
新江镇	165	8	1	61	32533	44820	13857	7656
百济镇	310	13	1	105	47103	53964	30878	7733
中和乡	176	7	1	37	34791	45323	19225	7621

（玉鼎艾）

良　庆　区

【概　况】　良庆区位于南宁市区南部。东邻邕宁区，南接上思县、钦州市钦北区，西连江南区，北隔邕江与青秀区相望。面积1379平方千米。南宁至北海高速公路、市外环高速公路、南宁至北海二级公路、南宁至防城铁路、湘桂铁路过境，设有良庆、那马、玉洞3个高速公路出入口，宁村、那铺、大拟、百浪4个火车站。处于南宁市城市发展"重点向南、重点建设五象新区、再造一个新南宁"发展战略的核心区域。主要旅游景区(点)有五象岭森林公园、大王滩风景区、凤亭湖、绿温泉、竹泉岛、那兰生态自然村(白鹭村)、蕾帽岭摩崖石刻。主要矿产资源有铁、铅、锌、铜、钛、重晶石、花岗岩、石灰石。地方特产主要有南晓土鸡、芝麻鸭、龙眼、荔枝、杧果、西瓜、红龙果、菠萝、柠檬、淮山、彩色蚕茧等。2013年，辖镇5个、街道2个、村57个、社区15个，自治级经济开发区1个（广西良庆经济开发区)。户籍总人口25.69万(农业人口21.73万)。人口自然增长率9.70‰。耕地面积1.66万公顷（水田面积1.09万公顷)；有林面积5.24万公顷，森林覆盖率38.28%。地区生产总值108.16亿元；全部财政收入10.22亿元(公共财政预算收入2.78亿元)，公共财政预算支出9.77亿元；城镇居民人均可支配收入21266元，农村居民人均纯收入8384元。被评为全国白内障无障碍区、2013全国县（市)科技进步考核先进县(区)。6月，良庆区被中国民间文艺家协会命名为中国嘹啰山歌之乡。

【经济发展】

第一产业　2013年，良庆区实现农林牧渔业总产值31.20亿元。其中：农业产值18.57亿元；林业产值2.87亿元；牧业产值8.32亿元；渔业1.18亿元；农林牧渔业服务业2900万元。第一产业增加值19.54亿元。粮食作物种植面积1.97万公顷，总产量9.95万吨。其中：水稻种植面积1.56万公顷，产量8.28万吨；玉米种植面积3000公顷，产量1.20万吨。经济作物种植面积4.66万公顷。其中：甘蔗种植面积1.73万公顷，产量115万吨；木薯种植面积1800公顷，产量2万吨。果园面积8400公顷，水果产量5.96万吨；蔬菜种植1.03万公顷，产量26万吨。肉类产量3.72万吨。水产品产量1.18万吨。完成人工造林面积347公顷。落实水稻、玉米良种补贴面积2.17万公顷，补贴资金430万元，引进超级稻新组合品种5个、瓜菜新品种11个；示范推广农业新技术面积2.50万公顷；培训农民7100人次；发放施肥建议卡2.14万份，测土配方施肥推广应用面积2.67万公顷。新建农民专业合作社7个。建设农村沼气池229座。投资6993万元完成农村饮水工程100个。争取扶贫资金480万元，修建村屯道路14条、17.66千米；扶持贫困村种植百香果15公顷。投资486万元，完成水库除险加固工程2个、小型农田水利项目建设32个。

第二产业　全部工业实现工业总产值142.07亿元。规模以上工业企业61家，实现工业总产值137.11亿元，利税总额9.18亿元(利润7.19亿元)。其中，亿元产值以上工业企业35家，实现工业总产值123.48亿元，利润6.89亿元；规模以上制药工业企业9家（生产中成药为主)，实现产值20.96亿元；农副食品加工业实现产值35.05亿元；金属制品业实现产值9.71亿元。第二产业增加值44.30亿元，其中建筑业增加值17.65亿元。完成工业投资30.27亿元，技术改造投资36.27亿元。规模以上工业增加值占城区

2013年良庆区国民经济主要指标

项　目	单位	实绩	比上年增长(%)
地区生产总值	万元	1081598	11.00
第一产业	万元	195495	2.60
第二产业	万元	619548	12.90
工业	万元	443033	10.70
第三产业	万元	266555	12.60
农林牧渔业总产值	万元	312396	2.60
粮食总产量	吨	99500	2.09
全社会固定资产投资	万元	1235520	32.50
直接利用外资(广西全口径)	万美元	4810	34.37
社会消费品零售总额	万元	254002	14.23
全部财政收入	万元	102205	23.33
公共财政预算收入	万元	27843	16.64
公共财政预算支出	万元	97718	13.69
城镇居民人均可支配收入	元	21266	10.10
农民人均纯收入	元	8384	12.70

GDP(国内生产总值)比重39%。工业主要产品产量:机制纸5.69万吨、配混合饲料71.83万吨、中成药1.48万吨、成品糖11.04万吨、纤维板49.05万立方米、服装37万件。竣工工业项目5个,总投资3.57亿元。良庆经济开发区累计进驻企业326家,其中工业企业203家(规模以上企业61家,亿元以上产值企业35家),形成有色金属、建材、制药、机械、轻工、食品、饲料等特色产业群;规模以上工业企业实现总产值137.11亿元,全社会固定资产投资111.31亿元,实际利用外资3800万美元,财政收入2.62亿元。

第三产业　有个体工商户1.19万户;从业人员2.6万人。有农贸市场24个。入驻有南城百货、人人乐、百佳华、利客隆、万佳5家超市。限额以上商业企业25家,年营业额169.82亿元。实现社会消费品零售总额25.40亿元。第三产业增加值26.66亿元。完成房地产开发建设投资4.50亿元,房屋施工面积205.95万平方米,竣工面积9.79万平方米,商品房销售50.52万平方米,销售额32.73亿元。那马竹泉乡村度假区、沃德星国际生态度假庄园等　6个项目列入南宁市“十二五”重点旅游项目库;那马镇列入南宁市首批10个特色旅游名镇创建单位。接待游客72.50万人次,旅游营业收入3760万元。

招商引资　围绕五象新区开发建设,打造产业集群和产业链,协助五象新区管委会引进深圳宝能集团前海人寿广西区域总部、广州合景泰富集团合景·天汇广场、中国太平保险集团南宁太平金融大厦、广州恒大集团城市综合体、绿地集团等18个项目。实施产业集群招商战略,引进现代机械装备制造、铝加工制造、电子、食品、医药、新能源、新材料等产业。引进的扬翔年产6万吨添加剂及30万吨乳猪奶粉、邦启水泥制品项目取得项目用地。苏氏科技、石埠乳业等7个项目通过五象新区指挥部办公室批准规划定点,珠光汽车物流中心、金马制药生产基地、广药新时代医药物流配送中心等18个项目获五象新区指挥部办公室的项目入区批准。盘活闲置土地0.67公顷、空闲厂房1.24万平方米,引进广西药材有限公司、上海同济建设工程质量检测站南宁分站、广西巨拓商贸有限公司等9个项目。以那马镇花柳坡“源泉乡村那马养生小镇”项目、南晓镇那兰坡蓝孔雀养殖基地生态旅游观光项目、“八尺江生态农业园”项目为突破口,引进社会资金参与统筹城乡发展,探索企业带动统筹城乡发展模式。新签项目(企业)7个[内资项目(企业)6个,外资项目(企业)1个],实际到位内资47.50亿元,直接利用外资4900万美元。

城乡建设　投资约7600万元,实施重点基础设施项目10个,其中城市基础设施项目6个:银海大道拓宽工程(龟背桥—平乐大道)、金象四区小区道路改造工程、金象三区和工业园区道路改造工程、建设路(吉象路—五象大道)、锦绣路东段延长线工程、南北二级公路改造工程(银海大道—那沙溪小桥)。公共服务设施建设项目4个:良庆区行政办公中心、良庆区人民医院、良庆区司法局行政业务用房、良庆区综合档案馆。开展“美丽良庆·整洁畅通有序大行动”,清运和焚烧垃圾309吨、填埋泥土160吨,拆除违章建筑330平方米,整治面积1.10万平方米。创建美丽和谐家园小区,发放宣传资料60万份,开展村庄大扫除5000多次,整治卫生死角8000多处。建成垃圾运转站3个、垃圾填埋场83座、垃圾焚烧炉168座、垃圾堆肥场80座。投入600多万元,硬化南北二级公路两旁居民房门前道路1万平方米,硬化乡镇、村屯道路139.98千米。

【社会事业发展】

文明创建活动　2013年,良庆区在14个文明村(坡)1100户农户中开展“星级文明户”创建活动。开展“三下乡”(文化下乡、科技下乡、卫生下乡)活动20场次,参与人数近1万人次,发放科普手册、挂图、书籍等5万多份。投入500万元,打造“美丽乡村”建设示范点13个。在城区50人以上的文明单位、窗口行业设立“道德讲堂”,举办“道德讲堂”12场次,参与人员1200人。网上注册志愿者近2万人,有5万多人次参与志愿服务活动;开展“温情暖人　爱心帮扶”志愿服务活动50多次,收到捐款100多万元。加强未成年人思想道德建设,开展“做一个有道德的人”“认星争优”“网上祭英烈”“童心向党歌咏”“我的‘中国梦’教育实践”“快乐暑期大行动”“我们的节日”等主题活动,组织文艺演出90场。

科教文卫体事业　开展广西科技活动周、全国科技活动周、十月科普大行动等活动。获国家、自治区、南宁市科技项目立项10个(国家级2个,自治区级1个,市级7个),科技补助经费284万元;本级社会发展科技项目申报审批27个,安排科技经费补助269.30万元。组织实施自治区、南宁市和城区本级科技创新项目24个。南宁市泽威尔饲料有限责任公司“新型安全高效饲料添加剂—蛋氨酸螯合微量元素开发与应用”项目获南宁市科技进步一等奖,广西万寿堂药业有限公司的“决明山绿茶的创制与产业化”项目获南宁市技术发明二等奖。申请专利106个,获专利授权42个。有幼儿园58所(公办5所),在园(公办)幼儿925人;小学66所(社会办学6所),在校生3.36万人;初中18所(社会办学11所),在校生1.35万人。有教职工 2462 人(社会办学教师 575 人)。小学适龄儿童入学率 100%,辍学率为零;小学毕业生升学率 100%;初中阶段入学率 100%,辍学率 1.60%;初中毕业生升高中毛入学率 92.30%。资助家庭经济困难学生 1.18 万人、660.45 万元。城区 5 个镇都举办中心幼儿园,秋月湖幼儿园被评为自治区示范性幼儿园。接收安排进城务工人员随迁子女接受义务教育 5015 人(小学 4108 人,初中 907 人),免收学杂费 1398.52 万元。“良庆壮族嘹啰山歌”“壮族毬丝歌会” 分别以民间文学类和民俗类别入选南宁市级非物质文化遗产代表性项目名录。开展“广场月月演”群众文化活动 31 场,组织开展“乡村社区和谐文艺大展演活动”10 场。落实文化惠民工程, 扶持大塘镇那湾村采茶剧团等 7 个业余文艺队。举办第五届“香火龙”民俗文化旅游节和那马竹泉岛首届“竹”文化旅游节、大王滩景区首届亲水纳凉节。那陈、南晓、大塘 3 个镇文化广播站被评定为全国乡镇综合文化站一级站。有医疗卫生机构 207 家。其中:公有医院 5 家,民营医院 5 家,卫生院 5 家,门诊部 1 家,社区服务机构 5 家,村卫生所 63 家,个体医疗诊所 123 家。卫生技术人员 1716 人。医院病床 1243 张(市级医院 1090 张,乡镇卫生院 153 张)。参加新型农村合作医疗农民 20.30 万人,参合率 99.20%;筹集资金 6902.21 万元。人口出生 4354 人,人口出生率 13.77‰。投入资金 15 万元,建成村级篮球场 8 个。开展各类民俗文化体育主题活动 100 多场次,参加 32 万多人次;投入资金 52 万元,开展群众性体育活动 38 项次,观众 8 万人次。城区运动员参加国际、国家、自治区、南宁市级比赛获奖牌 28 枚。

民政工作　审批城镇最低生活保障对象 3350 人次,发放保障金 106.85 万元;审批农村低保对象 5.92 万人次,发放低保金 662.75 万元;发放抚恤金、定补金 320.92 万元,退伍义务兵家属优待金 105.06 万元。发放特困户、重灾民救济粮 100 吨,救济 6300 人。发放冬令救灾衣服 2000 件套。确定五保老人 979 人,发放五保供养定补金 423.37 万元。农村医疗救助 6878 人次,发放医疗救助金 242.28 万元。办理结婚登记 2925 对,离婚登记 422 对。

6 月 20 日,良庆区被中国民间文艺家协会授予“中国嘹啰山歌之乡”称号

谭　毅　摄

劳动与社会保障　城镇新增就业 5169 人,下岗失业人员实现再就业 168 人,帮助就业困难人员再就业 41 人。对符合灵活性就业的 46 名大龄就业困难人员给予社保补贴。发放各类就业和再就业补贴 118.54 万元。城镇登记失业率 3.34%。农民职业技能培训 572 人,产业工人技能提升培训 1511 人,农村劳动力转移就业新增 3254 人。推进劳动合同签订,巡查用人单位 728 家,涉及职工 1.94 万人, 督促企业及个体签订劳动合同 1.88 万人,合同签订率 90%。查处劳动保障监察案件 39 起,办结 39 起;接待职工群众来访 267 起, 处理群体性事件 30 起。依法为劳动者追回工资、押金、经济补偿金 1114.02 万元。

【中共中央政治局常委、国务院总理李克强到那马镇考察】 2013 年 7 月 9 日上午,中共中央政治局常委、国务院总理李克强到良庆区那马镇考察调研。首先走访那马镇冲陶村的蔗农, 了解甘蔗种植情况, 又来到坛良村坛板坡察看水稻生长情况,了解水稻甘蔗种植、粮蔗价格变化波动、种粮补贴到位、农民家庭收入等情况; 在坛板村大榕树下与农民群众开展座谈交流, 强调蔗农和稻农工作的重要性, 表示政府一方面会在农资和补贴上帮扶农民,在价格上保护农民利益,另一方面农民也要自己想办法提高生产能力,多搞合作,降低成本,提高农产品的质量。并与在场的自治区、市党政领导探讨解决农村发展瓶颈问题方法, 最后到村中看望慰问低保户。

2013 年良庆区镇(街道)情况

名称	土地面积(平方千米)	村民委员会(个)	社区居民委员会(个)	村民小组(个)	年末人口(人)	农林牧渔业总产值(万元)	粮食产量(吨)	农民人均纯收入(元)
良庆镇	61	6	1	252	46700	43060	10800	8688
那马镇	168	7	1	211	28200	45088	32700	7727
那陈镇	295	15	1	264	35136	52488	15200	8399
大塘镇	498	13	1	411	49300	86988	30600	9820
南晓镇	294	13	1	404	43400	70170	22100	8158
大沙田街道	16	–	8	–	185000	4853	–	–
玉洞街道	47	3	2	112	68287		3400	

(潘艳明)

武鸣县

【概 况】 武鸣县位于广西中南部、南宁市北部。东与上林县、宾阳县交界，南靠南宁市兴宁区，西邻平果县、隆安县，北与马山县接壤。面积3378.36平方千米。县政府驻城厢镇。都(安)南(宁)高速公路、国道210线和省道20321线过境，有武鸣至南宁二级公路城市大道。主要旅游景区(点)有伊岭岩旅游区(国家4A级景区)、大明山风景旅游区(国家4A级景区)、灵水、明秀园、春霞园、黄道山、起凤山、三十六弄自然保护区、花花大世界园林区等。主要矿产资源有铜、锰、钨、金、铁、铅、锌、煤、磷等20多种，其中已探明铜矿储量2600万吨，占广西蕴藏总量30%。地方特产主要有“灵水”牌龙眼、“伊岭”牌香米、“疈阳”牌红橙、“石牛”牌干笋、“旋力威”牌辣椒、“锣皎”牌木薯淀粉和玉泉土鸡、灵马鲶鱼等。南宁华侨投资区(即广西—东盟经济开发区、武鸣华侨农场)、东风农场驻县内。2013年，辖镇13个、村198个、社区20个、自然村(屯)1796个。年末户籍总人口69.88万，其中非农业人口11.89万；壮族人口60万，占总人口86%。人口自然增长率8.01‰。耕地面积6.16万公顷(水田面积2.14万公顷)；林地面积15.49万公顷，其中森林面积14.04万公顷，森林覆盖率47.14%。地区生产总值243.76亿元；全部财政收入16.14亿元(县本级财政收入11.12亿元，公共财政预算收入10.26亿元)，公共财政预算支出22亿元；城镇居民人均可支配收入23568元，农民人均纯收入9042元。连续七年获全国生猪调出大县奖励，被评为全国科技进步先进县，获“中国妇女儿童发展纲要国家级示范县”“国家卫生应急综合示范县”称号，被中国文艺家协会命名为“中国歌圩文化之乡”；被评为广西科学发展十佳县，获“广西首批特色文化产业示范县”称号。

【经济发展】

第一产业 2013年，武鸣县实现农林牧渔业总产值108.43亿元。其中：农业产值61.05亿元，林业产值4.10亿元，牧业产值36.80亿元，渔业产值4亿元，农林牧渔服务业产值2.47亿元。第一产业增加值65.73亿元。粮食作物种植面积7.06万公顷，总产量36.90万吨。其中：水稻种植面积3.70万公顷，产量20.30万吨；玉米种植面积2.13万公顷，产量12.20万吨。经济作物种植面积6.17万公顷。其中：甘蔗种植2.52万公顷，产量191.80万吨；木薯种植2.42万公顷，产量11.20万吨（干片）。果园面积2.50万公顷，水果产量57.60万吨。蔬菜种植3.80万公顷，产量90.30万吨。肉类产量15.40万吨，水产品产量4.20万吨。推进农业农村“万千百十”工程(“万”即推进“吨粮万元田”“万羽养殖场”工程，实现农民人均纯收入突破万元；“千”即打造10个千亩连片标准化、规模化现代农业示范基地；“百”即打造100个特色村；“十”即发展十大优势特色农业产业，扶优扶强10个产值超亿元的农业产业化龙头企业)，推广良种良法，优质香米种植面积1.33万公顷，主要品种有油占8号、丰华占、桂华占、桂优香等，连片种植200公顷以上的有2个，主要农作物良种覆盖率95%。推进新农村“百村示范”工程建设，宁武镇伏唐屯等31个示范村建设顺利推进。开展土地流转集中连片经营，建成润宇莲藕、金富田甘蔗、绿瀚蔬菜等千亩万亩连片示范基地。有市级农业产业化龙头企业15家。其中：淀粉酒精生产企业6家，粮油加工企业3家，肉鸡食品加工企业1家，制药企业2家，花卉蔬菜园林生产企业2家，畜牧养殖企业1家。主要农作物综合机械化作业率58.80%。落实强农惠农政策，发放各种政策性补贴8891万元。投入1.20亿元，推进中央农田水利重点县建设，完成病险水库除险加固47座和小型农田水利建设。

第二产业 工业企业实现工业总产值367.60亿元。规模以上工业企业125家，实现工业总产值339.90亿元(县本级197.20亿元)，出口交货值1.95亿元，利税总额(县本级)15.10亿元(利润10亿元)；亏损额0.30亿元。第二产业增加值129.14亿元(工业增加值113.90亿元，其中县本级工业增加值75亿元；规模以上工业增加值104.20亿元，其中县本级规模以上工业增加值69.50亿元)。规模以上万元工业增加值综合能耗下降4.85%。新增产值超亿元企业17家。县本级规模以上工业主要产品产量：发酵酒精17.30万吨、配混合饲料15.20万吨、塑料纺织品5.70万吨、瓷质砖1.14亿平方米、水泥282.50亿吨、人造板103.50万立方米。伊岭工业园区入驻企业138家，实现工业总产值135.30亿元，其中规模以上工业企业74家，实现工业总产值134.34亿元，税收收入1.06亿元。

第三产业 有企业2427家，个体工商户1.57万户。有市场(含农贸市场)48个。实现社会消费品零售总额56.55亿元。第三产业增加值48.89亿元。完成房地产开发投资19亿元，其中住宅投资14.60亿元。房屋新开工面积80.70万平方米，其中住宅新开工面积69.50万平方米。商品房销售面积43.30万平方米。接待游客223万人次，实现旅游总收入2.60亿元。创建星级乡村旅游区，康佳龙生态农庄被评为广西四星级乡村旅游区，甘圩镇纳天山庄、双桥镇下渌村被评为广西农业旅游示范点。

4月12日至15日，武鸣县举行中国壮乡·武鸣“三月三”歌圩暨骆越文化旅游节。图为彩车巡游场景　　尹宗浩　摄

2013 年武鸣县国民经济主要指标

项目	单位	实绩	比上年增长(%)
地区生产总值	万元	2437600	9.34
第一产业	万元	657300	8.89
第二产业	万元	1291400	8.11
工业	万元	1138700	7.06
第三产业	万元	488900	13.36
人均地区生产总值	元	34880	7.93
农林牧渔业总产值	万元	1084300	8.55
粮食总产量	吨	369000	4.63
全社会固定资产投资	万元	2326600	0.15
实际利用外资	万美元	1670	15.17
社会消费品零售总额	万元	566000	14.18
全部财政收入	万元	161400	17.78
公共财政预算收入	万元	111200	24.50
公共财政预算支出	万元	220000	-6.54
城镇居民人均可支配收入	元	23568	9.60
农民人均纯收入	元	9042	13.29

招商引资　围绕资源、产业等优势，组织 5 批次招商小分队赴北京、天津、广州、河北、内蒙古、河南、贵阳等地开展专题招商活动，邀请和接待广西大造庆投资责任有限公司、香港森宝集团有限公司、内蒙古奈伦集团、新奥燃气有限公司、深圳华广集团、广东大华仁盛科技集团有限公司、凯宁(香港)集团投资有限公司等 20 多批公司及商会项目业主到县内投资考察。举办"三月三"歌圩暨骆越文化旅游节投资洽谈活动，邀请国内外知名企业 200 多名客商参会。引进企业(项目)29 个，总投资 50.79 亿元，实际到位资金 37.78 亿元（内资 36.73 亿元、外资 1670 万美元)。其中，工业集中区引进企业(项目)10 个，总投资 23.41 亿元，年内完成投资 20.88 万元。

城乡建设　投入 1055.40 万元，完成城南、城西出入口景观绿化工程；投入 275.47 万元，完成红岭大道延长线景观亮化工程；投入 881.44 万元，完成农坛路南段景观改造工程；投入 119.19 万元，完成绕城大道东段、西南段扩宽绿化亮化工程路灯安装及绿化种植；投入 592 万元，完成双武一级路绿化亮化美化工程；香山大道北段道路改造主体工程完工并验收，完成投资 2500 万元；农坛路道路改造工程实现单边通车，完成投资 2583 万元；投入 516 万元，完成县城城东大草坪绿化带建设，消防大队道路、民族路、建设街、兴武大道、灵源路等人行道盲道改造和路面沥青铺设、水泥路面改造；投入 100 万元，完成红岭社区路灯安装工程；污水处理厂一期工程配套建设污水提升泵站 5 个。有生活垃圾中转站 4 座，生活垃圾清运率 100%，无害化处理 100%。成功建设移动式生活垃圾焚烧处理专用炉，并获产品专利（专利号：530031)，在府城镇老杨屯、喜庆村凉粉亭屯等村屯试用。建成区绿地率 35.08%，绿地面积 111.73 万平方米，绿化覆盖率 39.63%，人均绿地面积 9.47 平方米。开展"美丽武鸣·清洁乡村"活动，投入 4366 万元，新建垃圾池 3828 个，添置垃圾桶 3037 个，清理各类垃圾约 9 万吨。保障性安居工程开工建设 644 套，实际建成 746 套，分配入住 824 套，廉租补贴完成 420 户。

【社会事业发展】

文明创建活动　2013 年，武鸣县开展"道德讲堂"主题活动和"种文化工程"等行动，在食品行业、窗口行业、公共场所等重点领域，针对诚信缺失、公德失范等问题开展道德领域突出问题专项教育和治理；打造城厢镇红岭社区等 20 个种文化示范点，扶持和引导 41 个自治区、市、县级文明单位开展"种文化工程"。开展志愿服务活动和谐建设在基层活动，有志愿服务队 80 余支、1500 余人，以仙湖镇连才村红星屯、陆斡镇坡班村板荷屯为清洁乡村文明和谐建设示范点。开展感恩教育活动，学校和单位举行"感恩教育"主题报告会、演讲、文艺演出等 110 余场次，参加人数 20 余万人。组建网络文明传播志愿者队伍 50 余个。组织开展"我推荐、我评议身边好人"活动，县农机化技术推广服务站站长莫清贵入选"中国好人榜"候选人。

科教文卫体事业　投入经费 3576 万元，组织实施科技项目 60 个。实施到期通过上级验收的科技项目 12 个，其中自治区级科技项目 1 个，即富民强县木薯产业开发与示范后续项目；市级科技项目 4 个。引进农作物新品种 109 个，示范推广优良品种 46 个，全县良种覆盖率 99%；推广农业先进技术 19 项。举办各种科技培训班 123 期，培训 2.50 万人次。获 2011—2013 年度农业部农牧渔业丰收奖二等奖 1 项（被评为全国市县科技进步考核科技进步先进县)、南宁市科技进步三等奖 1 项。有幼儿园 302 所，在园幼儿 2.17 万人；小学 138 所(社会办学 1 所)，在校生 3.40 万人；初中 20 所，在校生 1.84 万人；高中 5 所，在校生 9744 人；特殊教育学校 1 所，在校生 100 人；中等职业学校 1 所，在校生 3860 人。教职工 5088 人，其中专任教师 4668 人，职工 420 人。小学适龄儿童入学率 100%，辍学率为零，小学毕业生升学率 100%；初中阶段入学率 99.06%，辍学率 1.22%，初中毕业生升学率 93.8%。学前教育资助幼儿 3863 人次、191.10 万元。补助家庭经济困难寄宿生生活费 2.50 万人次、1530.93 万元；获南宁市初中、小学资助资金 28.45 万元，资助 947 人(次)。普通高中免学费 199 人次、10.36 万元；普通高中国家助学金资助 6990 人次、496.50 万元；免学费财政补助 1078 人次、71.25 万元；资助中等职业教育学费 1078 人次、35.47 万元。完成中小学课桌椅更新工程，配备符合国家标准的中小学生课桌椅 3.31 万套，调配旧课桌椅 1.79 万套，受益学生 4 万多人；投资 40 万元，完成"薄改计划"图书项目，发放图书 2.08 万册，受益学校 4 所。财政投入 250 万元，装备多媒体触控一体机 55 套，完成 52 个教学点"教学点数字资源全覆盖项目"的安装、调试、培训。新建校舍总建筑面积 5.78 万平方米，总投资 8493.18 万元。武鸣高中的《爱的传递》《和未来有约》在 2013 年全国校园电视节目评选活动中分别获金奖、银奖。武鸣高中学生队参加 2013 年世界教育机器人大赛中国锦标赛和信息学奥林匹克竞赛中国区比赛均获三等奖。投资506万元，建成村级公共服务中心20个；新建和装修公共服务综合楼20栋、面积6650平方米，篮球场20个，戏台20座。举办2013年中国壮乡·武鸣“三月三”歌圩暨骆越文化旅游节、中国壮乡歌王大赛等重大文化活动。举办文化演出35场，创建发展镇、村文化名节，打造罗波壮族庙会、锣圩“两英”庙会、马头骆越“四月四” 壮族祈丰节、太平壮民族文化传承节、双桥镇“五月五” 民俗文化节。被自治区文化厅授予广西特色文化产业示范县和广西民间文化艺术之乡称号。舞蹈《追梦》获第二届自治区群众基层文艺比赛二等奖。有医疗卫生机构393个，其中国有医疗卫生机构34个(县属8个，乡镇26个)，集体医疗卫生机构21个，村卫生所198个，个体医疗诊所138个，民营医院1个。卫生技术人员2743人(县属卫生技术人员1494人)。医疗病床2483张(县级医院病床1634张，乡镇卫生院病床797张)。投资300万元，完成农村卫生户厕建造1000座。参加新型农村合作医疗农民56.59万人，参合率99.82%，缴费3395.52万元。人口出生8912人，人口出生率13.54‰。投入经费约50万元，组织县级群体竞赛活动12次，参加活动人数近3万人次，观众30多万人次；参加南宁市第十届少数民族传统体育运动会获金牌8枚，总分列第二；参加广西“拔群杯”篮球赛，女队获冠军。

民政工作　审批城镇最低生活保障对象1.95万人次，发放低保金576.95万元；审批农村低保对象13.98万人次，发放保障金1574.43万元。发放抚恤金、定补金677.22万元，义务兵家属优待金9.75万元；安置退役士兵448人，发放地方就业补助金491万元。临时救济1.32万人次。发放特困户、重灾民救济粮198吨(折款79.60万元)，救济5972户、1.11万人。发放冬令救灾棉被1500床、被套1500床、解放鞋2000床、衣服3100件套。投入资金50万元，重建水毁民房11户、30间。确定五保老人1809人，发放五保供养定补金568.82万元。农村医疗救助1.47万人、283.50万元。免费为6569对新婚夫妇进行地中海贫血筛查。办理结婚登记6403对，离婚登记1159对。

劳动与社会保障　开展“就业援助月”“春风行动”“民营企业招聘周”等活动，举办招聘会18场(每月定期举办招聘会1场，举办专场招聘会6场)，182家进场企业提供就业岗位2万个，达成用工意向7025人。城镇新增就业3430人，城镇下岗失业人员再就业865人，城镇登记失业率3.40%。农村劳动力转移就业新增1.22万人；职业技能培训1906人次，培训合格1586人。参加基本养老保险4.54万人，征缴保险费1.30亿元；参加城镇居民社会养老保险30.91万人，征缴保险费1937万元；参加失业保险1.83万人，征缴保险费1532万元，失业人员失业保险金由最低700元提高到840元，最高由990元提高到1188元；城镇居民参加基本医疗保险6.38万人，征缴保险费7350万元；参加生育保险1.59万人，征缴保险费224万元；参加工伤保险2.32万人，征缴保险费456万元。各类企业签订劳动合同1.40万人；个体工商户劳动合同签订1214人。劳动人事争议仲裁立案70起，结案66起。实施农民工工资保证金制度，收取94家单位的工资保证金5903万元，按规定退还54家单位的工资保证金1233万元，余4670万元。

【中国壮乡·武鸣“三月三”歌圩暨骆越文化旅游节】 2013年4月12日至15日，中国壮乡·武鸣“三月三”歌圩暨骆越文化旅游节在县城举行。以“大展演、大巡游、大竞技、大研讨、大经贸”为主题，主要活动有20项。其中：文体活动11项、旅游活动5项、经贸活动4项。具体活动主要有开幕式、彩车巡游、千人竹竿舞、千人武术、千人广场舞展演、壮乡歌王大赛、壮乡歌海活动、乡村文艺会演、文化研讨会、骆越文化研讨会、旅游文化产业发展研讨会、文学笔会、书画摄影大赛、传统民族体育竞技（包括武术散打擂台赛、抢花炮、板鞋舞、抛绣球)、斗鸡斗鸟活动及斗牛大赛；“康佳龙” 乡村生态休闲游。经贸活动主要有重大项目开(竣)工仪式、“同城发展·宜居武鸣”房产交易会、投资环境说明会及项目签约仪式、“壮家美食·武鸣特产”展销会。与广西乐途印刷有限公司等9家企业签订项目投资协议，总投资额13.89亿元；参展的15家房地产公司成交额1660万元；“壮家美食·武鸣特产”展销会社会销售额820万元。

2013年武鸣县各镇情况

名　称	土地面积(平方千米)	村民委员会(个)	社区居民委员会(个)	自然屯(个)	年末人口(人)	农林牧渔业总产值(万元)	粮食产量(吨)	农民人均纯收入(元)
城厢镇	244.77	21	8	147	105841	123698	34829	10500
太平镇	359.95	12	1	155	39858	72710	23384	9183
双桥镇	204.18	15	1	129	57539	92577	34196	9558
甘圩镇	89.68	4	1	20	24882	42922	12289	8284
宁武镇	225.37	13	1	93	39573	100596	24026	9077
锣圩镇	379.11	25	1	228	66068	137020	44700	8510
灵马镇	191.37	13	1	135	52182	48102	20939	8081
仙湖镇	188.82	10	1	164	40937	72112	32667	8633
府城镇	267.36	23	1	215	60073	93088	29300	8695
陆斡镇	235.17	23	1	185	63975	109518	42400	8779
两江镇	198.75	14	1	133	42253	47161	30326	7655
罗波镇	161.42	13	1	101	38109	39315	18634	8148
马头镇	164.11	12	1	91	24502	43131	12263	6759

（黄孟乔）

横 县

【概 况】横县位于广西东南部，南宁市东部。东邻贵港市覃塘区，南接灵山县、浦北县，西界南宁市青秀区、邕宁区，北与宾阳县接壤。面积3464平方千米。县政府驻横州镇。湘桂铁路、黎(塘)钦(州)铁路、泉南高速、广昆高速、六钦高速、国道209线、省道101线和郁江河道过境。主要旅游景点有九龙瀑布群森林公园、西津湖旅游景区（国家3A级景区)、伏波庙旅游区、宝华山应天寺、六景泥盆系标准剖面保护区。主要矿产资源有金、铜、芒硝、膨润土、石灰石、三水铝等20多种，其中芒硝矿储量10亿吨，居全国第二。主要地方产品有茉莉花、蘑菇、香米、甜玉米、蚕茧、果蔗、大头菜、粽子、红薯、荔枝等，是“中国茉莉花之乡”；“横县茉莉花”获地理标志产品，并注册证明商标。有南宁六景工业园区(自治区级开发区)和那阳工业集中区。2013年，辖镇14个、乡3个、村276个、社区26个、自然村（屯)1747个；户籍总人口124.22万(农业人口110.82万、非农业人口13.40万)；流动人口0.45万。少数民族人口42万。人口自然增长率9.06‰。耕地面积11.06公顷（水田面积4.91万公顷)。森林覆盖率48.33%。地区生产总值247.25亿元；全部财政收入15.08亿元(公共财政预算收入10.58亿元)，公共财政预算支出31.41亿元；城镇居民人均可支配收入23118元，农民人均纯收入7981元。连续5次被评为全国科技进步先进县；被评为广西粮食生产先进县，被命名为广西知识产权示范县，广西特色文化产业项目示范县；被列为国家重点花文化示范基地。10月，获中国食用菌协会授予“中国双孢蘑菇之乡”称号。

【经济发展】

第一产业　2013年，横县实现农林牧渔业总产值99.09亿元。其中：农业产值58.05亿元，林业产值3.76亿元，牧业产值30.84亿元，渔业产值4.06亿元，农林牧渔服务业产值2.39亿元。第一产业增加值60.84亿元。粮食作物种植面积8.11万公顷，总产量42.75万吨。其中：水稻种植面积5.68万公顷，产量31.99万吨；玉米种植面积2.01万公顷，产量9.52万吨。经济作物种植面积3.67万公顷。其中：甘蔗种植面积2.50万公顷，产量210.99万吨；木薯种植面积0.31万公顷，产量2.78万吨。果园面积0.78万公顷，水果产量6万吨；蔬菜种植面积2.25万公顷，产量49.66万吨。肉类产量8.31万吨，水产品产量4.15万吨。完成人工造林面积1157公顷。新增农民专业合作社76家，累计404家，成员1.84万人，出资总额1.38亿元；被评为自治区合作社示范社8家；累计有国家级示范社1家，自治区级示范社14家。有市级以上重点龙头企业22家，其中国家级1家，自治区级3家。推广超级稻2万公顷，推广柳城系列、新台糖28号及脱毒新台糖22号等新品种。开展水稻、甜玉米等农作物新品种试验，建设水稻良种展示基地。研究桑枝栽培双孢蘑菇技术取得成功，并在冬种蘑菇中推广。实施“多播一斤种，增收百斤粮”工程，推广合理密植技术。推广测土配方施肥技术5.67万公顷，配方肥施用技术施用面积3万公顷，推广配方肥1.25万吨。推广应用小蚕共育、大棚蔬菜、水肥一体化栽培、节水灌溉、集中育秧、葡萄一年两收等先进实用技术。完成市级为民办实事项目“菜篮子”工程建设项目——校椅镇木力村大棚蔬菜基地和马岭镇华源蔬菜基地。朝阳大垌建设万亩水稻高产创建基地，在陶圩镇建立糖料蔗高产创建示范片2000公顷，在校椅镇建立糖料蔗高产创建示范片333.33公顷。水利建设投入1.96亿元，完成水库除险加固18座、水毁工程修复22处、农村人饮水工程44处、渠道防渗100千米。实施农村人饮工程32处，解决4.64万人饮用水不安全问题。

第二产业　有工业企业482家，实现工业总产值293.02亿元。其中，规模以上工业企业94家，实现工业总产值280.93亿元，利税总额40.04亿元。第二产业增加值121.27亿元（工业增加值98.75亿元)，完成工业投资77.99亿元，技术改造投资66.95亿元。工业主要产品产量：大米2.28万吨，成品糖22.90万吨，饲料14.60万吨，鲜、冷藏肉6.32万吨，食品添加剂2.31万吨，罐头7.70万吨，精制茶4.20万吨，蚕丝1169吨，绢纺丝385吨，蚕丝被12万条，轻革55万平方米，人造板71.70万立方米，纸浆(原生浆及废纸浆)83.40万吨，机制纸及纸板(外购原纸加工除外)65万吨，纸制品36万吨，中成药7728吨，水泥熟料437.97万吨，水泥320万吨，商品混凝土16.43万立方米，粗钢30.36万吨，钢材28.30万吨，民用钢质船舶1.87万载重吨；发电量77.80亿千瓦时(火力发电66.20亿千瓦时，水力发电11.60亿千瓦时)。广西桂威预拌商品混凝土搅拌站项目建成试产、北部湾现代农业有限公司新型食用菌综合开发项目完工。“圣种牌”南山六堡茶、“周顺来”牌茉莉花茶在北京国际茶业展上获银奖，“桂华牌”蚕丝被在第三届广西名特优农产品交易会上获金奖。

第三产业　外贸出口额1663万美元。实现社会消费品零售总额66.21亿元。第三产业增加值65.14亿元。铭鸿印象假日玫瑰花农庄项目开工建设。完成房地产开发建设投资14.52亿元，商住房地产开发建设施工面积120.10万平方米(新开工面积25.12万平方米)，竣工面积26.26万平方米，商品房销售31.74万平方米，销售额11.34亿元。接待游客106.90万人次，旅游总收入1.60亿元。

招商引资　举办第八届全国茉莉花茶交易博览会、2013中国国际茉莉花文化节横县投资贸易洽谈会；参加第十届中国—东盟博览会重大项目（国际合作

6月25日，自治区残疾人康复研究中心联合横县残联开展社区康复推进计划培训班　横县残联提供

与国内合作)签约仪式与2013年南宁市投资贸易洽谈会。其中,农业引进鸿铭印象假日玫瑰花农庄项目、北部湾现代农业有限公司新型食用菌综合开发项目2个,计划投资额10.80亿元;工业引进马来西亚白子却米较公司粮油产业化一期项目、广州长安精细化工产品项目、广西桂威预拌商品混凝土搅拌站项目等8个,计划投资额20.30亿元;第三产业引进延龙汽车六景园区汽车集散重镇项目、广西石化工业供销总公司石化供应链项目、广西地产集团平朗生态旅游项目、横县·福建城商业综合体项目等7个,计划投资79.75亿元。实际到位资金53.55亿元,直接利用外资任务3350万美元。招商引资在建项目累计71个,涉及投资163亿元,完成投资88亿元。

城乡建设　横县博物馆至横州大道校椅路口DN800供水管道安装工程开工建设。实施洪德路历史文化和特色民俗风情改造。完成兴六高速公路横县连线二级公路安装亮化一期工程,安装路灯592盏。完成横州镇茉莉花大道东段路面改造铺设沥青路面工程和横州镇柳明路路面改造铺设沥青路面工程。柳明新区太阳城、贵源城市新都等地产项目开工建设。六景工业城建设完成投资9.66亿元。六钦高速公路、石塘至良圻农场五分场三级公路建成通车,南宁至贵港二级航道工程基本完成,横县新汽车总站开工建设。建设完成建制村水泥路21条、113.50千米。开展"美丽横县·清洁乡村"活动。悬挂活动宣传标语3.85万条,粉刷固定宣传标语2.42万条,制作大型户外广告牌2980块,沿二级公路、乡级、屯级路树立小宣传牌7000多块,印发宣传海报22万份,发放宣传资料120万份,发送手机宣传短信21次173万条,制作宣传板报2万多块,发放有关清洁水源、清洁田园的宣传小册子10万册。开展"美丽讲坛"约1160场,演出"美丽戏台"200多场次,评比"美丽学校"40所、"美丽单位"44个、"美丽企业"8个、"美丽村屯(小区)"61个、"美丽家庭"194个、"美丽店铺"90个、"美丽大嫂"199名。全县1784个自然村(屯)全部制定村民规约和卫生保洁制度,开展集中清理整治活动4342次,发动干部群众开展清理家园垃圾约6.87万吨,新建乡镇垃圾中转站4座、污水处理池7座,配备垃圾桶(箱)34.80万只、垃圾清运车426辆,建设垃圾池1635个、焚烧炉711个,有保洁员3890名,宣传栏1000多个。调查饮用水水源地1669个,水体污染现状调查808个,整治规范禽畜养殖场所808个,清除、取缔污染源和排污口430个,清理小溪流、池塘、沟渠3865个(处),清除堆积和水面漂浮的生活垃圾9233吨。组建"清洁田园"工作队76个,培训人数36.90万人次,发动农民参与数20.71万人次,开展"田间地头顺手捡"集中行动126次,清捡田园面积7.94万公顷,回收农药瓶13.80万个,清理农业生产废弃物数量452吨。马岭镇获南宁市第一批"十佳乡镇"第一名。接待来自香港工会联合会、安徽肥东县等全国各地"清洁乡村"工作考察团20多批次,推介先进经验做法。

【社会事业发展】

文明创建活动　2013年,横县开展交通整治大行动、文明礼仪培训、"做谦恭有礼的横县人""美丽横县·整洁畅通有序大行动""讲文明树新风""道德讲堂""我们的节日""种文化工程"、学习宣传第四届全国道德模范候选人等主题活动;开展以"道德讲堂""志愿服务队""公益广告宣传牌""文明餐桌""网络文明传播""帮扶共建"为主要内容的"六个一"(一堂、一队、一牌、一桌、一传播、一帮扶)精神文明创建活动。举办"讲文明树新风"公益广告作品大赛;建立网络文明传播志愿者队伍,网上注册志愿者9415名。举办2013年迎春文艺晚会、"我的中国梦·2013年横县校园中华经典诵读"比赛、"和谐社会　建设新农村"大型群众业余文艺演出等活动。制定《横县文明村镇、文明社区、文明单位评选表彰管理办法》,对现有的164个县级文明村(社区)、203个县级文明单位进行抽查核定,对21个市级文明村、5个市级文明社区、55个市级文明单位进行复核。横县气象局、横县国家税务局六景分局被命名为自治区级文明单位。累计有全国文明村2个;自治区级文明单位20个,军(警)民共建精神文明先进单位2对。

科教文卫体事业　投入科技经费3564万元。组织实施科技项目55个。其中市级科技项目20个(含市级人才小高地项目6个)、自治区级科技项目7个、国家级科技项目2个。实施到期通过上级验收的科技项目18个。和昌(广西)化工有限公司与华南理工大学合作开发"水溶性多功能母料"新产品,广西云燕特种水泥建材有限公司与中国建材研究总院合作开发出"高强度灌浆料、海洋工程水泥"等新产品,广西桂华茧丝绸有限公司与浙江大学、苏州大学合作开发出"全自动绪绵技术",广西立盛茧丝绸有限公司与浙江湖州丝绸检验所、广西大学合作研发出"鲜茧缫丝生产高品位茧丝技术",横县南山白毛茶业有限公司与广西桂林茶叶研究所合作研发出"南山红茶、南山岩茶、南山黑茶"等优质茶叶新产品。广西永新畜牧集团良圻原种猪场研发的"瘦肉型健康养殖技术研究与应用"获2013年广西科技进步三等奖;横县桂华茧丝绸有限公司"鲜茧加工制造丝被工艺技术研发"获2013年南宁市科技进步三等奖。举办科技培训班19期,培训2500人次。有幼儿园105所,在园幼儿2.99万人;小学272所,教学点127个,在校生7.27万人,其中社会办小

2013年横县国民经济主要指标

项　目	单位	实绩	比上年增长(%)
地区生产总值	万元	2472515	10.70
第一产业	万元	608449	4.90
第二产业	万元	1212669	15.30
工业	万元	987456	16.30
第三产业	万元	651397	8.30
人均地区生产总值	元	28103	10.53
农林牧渔业总产值	万元	990874	4.62
粮食总产量	吨	427486	4.07
全社会固定资产投资	万元	1936215	20.04
实际利用外资	万美元	3350	-7.58
社会消费品零售总额	万元	662088	14.03
全部财政收入	万元	150843	10.61
公共财政预算收入	万元	105776	18.41
公共财政预算支出	万元	314125	11.00
城镇居民人均可支配收入	元	23118	10.00
农民人均纯收入	元	7981	13.40

学1所,在校生64人;初中32所,在校生3.66万人;社会办九年一贯制学校3所,在校生1758人(小学968人,初中790人);普通高(完)中6所,在校生1.47万人;中等职业学校1所,在校生3991人;特殊教育学校1所,在校生61人。有教职工7920人(公办学校7770人,社会办学校150人)。小学适龄儿童入学率103.20%,辍学率为零,小学毕业生升学率100.87%;初中阶段入学率110.81%,辍学率0.82%;高中阶段毛入学率88%。实施农村九年义务教育学生营养改善计划,涉及农村义务教育公办学校431所,受惠学生10.75万人,补助资金6447.96万元。落实中职免学费、中职国家助学金、中职国家奖学金、普通高中库区移民子女免学费、普通高中国家助学金、大学新生路费及短期生活费补助资助、家庭经济困难寄宿生生活费补助、学前教育入园补助金、生源地信用助学贷款等资助项目,资助学生7.68万人次,金额8696.70万元。实施农村中小学校舍维修改造、校舍安全工程、农村义务教育薄弱学校改造计划县镇扩容改造、农村义务教育食堂建设、学校标准化建设等教育专项工程346个,累计完成投资4234万元,占总投资24.10%;完成更新课桌椅5.54万套。县教育局获国家教育部2013年中国教育报事业发展贡献奖。开展文化科技卫生"三下乡"、科教文体法律卫生廉洁"五进社区"和送欢乐下基层等活动,举办各种培训班60多期,培训农民1.50万人次;送戏下乡演出50场次,观众10万人次;送电影下乡放映3351场,观众69.46万人次。扶持镇龙乡圣山文艺队等村屯文艺队8支,每支文艺队补助5000元。舞蹈节目《醉美山歌》参加第二届自治区基层群众文艺会演获一等奖。横县伏波庙列入第七批全国重点文物保护单位。有医疗卫生机构1014个,其中国有医疗卫生机构 23个(县属5个,乡镇18个),集体医疗卫生机构294个,村(屯)卫生所546个,个体医疗诊所151个。卫生技术人员3841人(县属卫生技术人员1539人)。医疗病床2235张(县级医院1277张,乡镇卫生院958张)。投资105万元,完成农村卫生户厕建造1500座。参加新型农村合作医疗农民104.80万人,参合率99.56%,缴费6288.14万元。人口出生17828人,人口出生率17.03‰。农村医疗救助(孕产妇住院分娩降消项目补助)1.64万人,发放医疗救助金670.04万元。免费为9643对婚检对象进行地中海贫血筛查,为246名生活困难的城乡肺结核患者提供治疗,为5名贫困高危孕产妇提供救治。举办乡镇篮球赛、庆五一节"金花杯"职工运动会、端午节"德品香"传统龙舟比赛,第五届广西体育节"体育彩票杯"横县系列体育活动。9月,横县籍运动员代表广西参加第十届全国运动会获举重63公斤级铜牌。

民政工作　审批城镇最低生活保障对象4.10万人次,发放低保金974万元;审批农村最低生活保障对象38.79万人次,发放保障金3557.90万元。发放抚恤金、定补金1395万元,退伍义务兵家属优待金301.67万元;安置退役士兵263人,发放一次性经济补偿金550.60万元。临时救济213人次,发放救济金11.62万元。发放特困户、重灾民救济粮220吨(折款109.74万元),救济1.27万人。发放冬令救灾棉被4060床、蚊帐2700床、毛巾被2700床、衣服7489件套(折款170万元),救济1.70万人。投入98.20万元,重建水毁民房70户、206间。确定五保老人5322人,发放五保供养定补金967.41万元,发放五保户救济粮967.41吨(折款451.46万元),食油补助款64.49万元。办理结婚登记10012对,离婚登记1644对。

劳动与社会保障　城镇新增就业5651人,下岗失业人员实现再就业718人,帮助大龄困难人员再就业231人。城镇登记失业率3.40%。培训农村劳动力6770人,农村劳动力转移就业新增1.48万人。参加基本养老保险企业548个、4.71万人,征缴保险费1.43亿元,支出4.38亿元,参加失业保险1.90万人,征缴保险费878万元,支出1800万元;参加基本医疗保险7.91万人,征缴保险费9261万元,支出7719万元;参加工伤保险1.67万人,征缴保险费357万人,支出138万元;参加生育保险1.34万人,征缴保险费113万元,支出127万元。年审用人单位960户,主动监察用人单位133

2013年横县乡镇情况

名　称	土地面积(平方千米)	年末人口(人)	村民委员会(个)	社区居民委员会(个)	自然村(个)	农民人均纯收入(元)
横州镇	182.24	167508	21	6	161	9962
峦城镇	77.55	58381	15	1	46	5479
南乡镇	342.17	96052	18	2	181	5014
六景镇	316.79	103954	27	2	105	6875
百合镇	184.17	108743	27	1	139	6390
那阳镇	139.95	66047	15	1	97	6509
莲塘镇	154.47	43610	11	1	49	6761
平马镇	144.09	38123	8	1	55	5185
新福镇	347.53	59094	16	2	149	3908
石塘镇	221.93	75420	15	2	88	6350
陶圩镇	184.48	89855	18	1	126	7180
校椅镇	248.84	107982	21	1	132	8933
云表镇	255.05	83098	13	1	120	7267
马岭镇	83.55	30630	12	1	32	7801
平朗乡	125.60	30559	13	1	52	5146
马山乡	130.03	63546	16	1	132	5015
镇龙乡	266.23	19623	10	1	83	4303

户,涉及劳动者2.26万人;受理举报、投诉37起,其中受理拖欠农民工工资34起、社保3起,追回拖欠克扣工资631万元,涉及农民工825人;追缴养老金45万元,涉及1200人;督促补签劳动合同2500余份;查处非法使用童工1起。

(李清俏)

宾阳县

【概　况】 宾阳县位于广西中南部,南宁市东北部。东邻贵港市覃塘区,南连横县、南宁市青秀区,西接南宁市兴宁区、武鸣县,北与上林县、来宾市兴宾区接壤。面积2308平方千米。县政府驻宾州镇。为桂中南重要交通枢纽,湘桂铁路、黎(塘)湛(江)铁路、黎(塘)钦(州)铁路在县内黎塘镇交汇,南(宁)柳(州)、南(宁)广(州)高速铁路在县内黎塘西站并轨;桂海高速公路、南(宁)梧(州)二级公路(国道324线)、南(宁)柳(州)公路(国道322线)过境,有宾阳至上林、宾阳至横县、忻城周安至宾阳新桥3条二级公路。主要旅游景区(点)有宾州古城文化景区、白鹤观竹海旅游度假区、程思远故居和陈列馆、古辣蔡氏书香古宅群旅游景区(国家3A级景区)、情人谷相思潭旅游风景区、昆仑关战役旧址(国家3A级景区)等。宾阳炮龙节列入第二批国家级非物质文化遗产名录,每年农历正月十一举办的炮龙节活动吸引众多游客前来观光旅游;游彩架、丝弦戏、宾阳壮锦、宾阳酸粉列入自治区级非物质文化遗产名录。主要矿产资源有钨、钼、铋、铜、铅、锌、三水铝、铁、金、石灰石、毒砂、花岗岩等。主要地方特产有瓷器、皮革、小五金、壮锦、莲藕、香米等。是全国商品粮生产基地县、广西"小五金之乡"。有黎塘工业园区(广西A类工业园区)。2013年,辖镇16个(5月,陈平乡撤乡改镇)、村192个、社区41个、自然村(屯)1742个。户籍总人口104.34万(农业人口89.98万、非农业人口14.36万)。人口自然增长率8.30‰。耕地面积5.47万公顷(水田面积3.43万公顷);林地面积7.65万公顷,有林面积9.39万公顷,森林覆盖率41.40%。地区生产总值150.17亿元;全部财政收入14.06亿元(公共财政预算收入9.60亿元),公共财政预算支出28.95亿元;城镇居民人均可支配收入22333元,农民人均纯收入8136元。黎塘"荷香人间"农业休闲观光园、宾州古城被列为南宁市重大旅游项目。评为全国粮食生产先进县、广西招商引资先进县。

【经济发展】

第一产业　2013年,宾阳县实现农林牧渔业总产值66.25亿元。其中:农业35.72亿元,林业2.72亿元,牧业22.76亿元,渔业3.62亿元,农林牧渔服务业0.85亿元,第一产业增加值40.27亿元。粮食作物播种面积7.01万公顷,总产量37.69万吨。其中:水稻种植面积5.67万公顷,产量30.85万吨;玉米种植面积9000公顷,产量2.97万吨。经济作物种植面积5.13万公顷。其中:甘蔗种植面积2.07万公顷,总产量155万吨;木薯种植面积2733公顷,产量6.50万吨。蔬菜种植面积2.46万公顷,产量62.50万吨;果园面积3267公顷,水果产量1.30万吨。肉类总产量6.55万吨。水产品产量3.54万吨。完成植树造林面积1370.40公顷。水利建设投资2.10亿元,完成水库除险加固7座,水毁工程修复15处,农村人饮水工程105处,渠道防渗工程95.30千米;投入370多万元,整治沙江等5条污染严重的河流。投入3.52亿元,围绕"两带"(宾州—黎塘特色农业示范带、宾州—甘棠现代农业示范带)建设,抓好以优质谷、糖料蔗、桑蚕、蔬菜、水产畜牧特色养殖等为重点的现代特色农业示范基地项目建设,重点打造包括"荷香人间"休闲观光农业、粮油高产创建、超级稻推广、稻藕套种、生猪标准化养殖、特色水产养殖等特色农业项目建设,推进特色农业发展项目26个(种植业20个、养殖业6个),生猪规模养殖场142个。开展粮食高产创建和"多播一斤种,增收百斤粮"活动,在宾州镇和武陵镇建立万亩粮食高产创建示范样板片2个,面积1400公顷;发展林下经济2.01万公顷,实现产值2.47亿元。新发展农民专业合作社31家,累计236家,其中新增市级规范化农民专业合作社2家,累计12家,投入564万元,对和吉镇华罗村、燕山村实施石漠化综合治理;投入370多万元。开展"百万珍贵树种送农家"活动,种植珍贵树苗17.45万株;开展"绿满宾阳"造林绿化工程,完成植树造林总面积1720公顷;开展"百万珍贵树种送农家"活动,种植珍贵树苗17.45万株。

第二产业　有工业企业620家,全部工业总产值146亿元。规模以上工业企业71家(新增3家),其中亿元以上产值企业32家(新增5家),规模以上工业实现工业总产值117.28亿元,利税总额12.09亿元(利润2.71亿元)。第二产业增加值55.75亿元(全部工业增加值39.61亿元,规模以上工业增加值28.06亿元)。完成工业投资67.46亿元,技术改造投资53.06亿元,科技兴企扶持资金2126.80万元。规模以上工业企业主要产品产量:大米30.77万吨、成品糖21.78万吨、人造板45.41万立方米、机制纸及纸板28.08万吨、水泥179.62万吨、钢材17.25万吨。被自治区列为新增的57个培育经济强县试点县之一。推进信息化与工业化融合,五丰集团年产2万吨挂面生产线技改信息化与工业化融合项目、永凯集团煮糖结晶生产过程综合自动化技术应用项目通过市级项目验收。芦圩工业

宾阳县工业集中区的标准厂房　　宾阳县史志办公室提供

集中区整体并入黎塘工业集中区，成立黎塘工业园区管理委员会。黎塘工业园区累计入园企业有200家，投产企业178家，实现工业总产值81亿元。总投资3395万元的园区服务中心竣工并投入使用；引进北京威尔森污水处理设备及新型市政排水设备生产等8个项目，计划总投资12.07亿元；黎塘园区饲料产业园入驻饲料生产企业8家，占地20公顷的粮食产业园启动一期项目建设。开展造纸业综合整治，依法取缔非法小造纸窝点95个；关停不符合产业政策的造纸企业43家，组织专家核查淘汰落后生产线和设备设施244台(套)。

第三产业　有国有企业28家，私营企业2634家(新发展731家)，从业人员1万人；个体工商户2.56万户（新发展4066户)，从业人员4.12万人。新发展微型企业444家(累计1196家)、农民专业合作社49个(累计236家)，新增限额以上商贸企业8家(累计42家)。民营企业有2634家，占企业总数83.80%。完成房地产开发建设投资12.14亿元，商住房地产开发建设施工面积86.24万平方米(新开工面积50.51万平方米)，竣工面积8.86万平方米；商品房销售35.14万平方米，销售额12.18亿元。实现社会消费品零售总额72.74亿元，外贸出口额658万美元，第三产业增加值53.66亿元。注册商标95件，被认定为“广西著名商标”10件；广西震铄木业有限公司的震铄牌胶合板、广西五丰粮食集团有限公司骏驰牌小麦粉被评为广西名牌产品。举办2013年宾阳炮龙节、“宾阳制造”特色商品暨年货展销等会展活动。7月，举办首届赏荷节。接待游客60万人次，旅游营业收入1.50亿元。

招商引资　组建县招商中心，招聘专人开展招商引资。开展“十团百亿产业大招商”活动，赴苏、浙、川等地招商。引进世界500强企业中建公司计划投资1.90亿元的铝合金模板生产项目、厦门德山精工机械有限公司计划投资1.30亿元的针织机机械及零配件生产加工项目等10个。与广西林业集团有限公司签订计划投资63亿元的《东盟林业产业园项目合作意向书》，实现由单个项目向产业链招商的突破。县级层面洽谈项目42个，其中洽谈计划投资上亿元的大项目有肇庆市恒华机电设备有限公司电机生产项目、金德管业集团管材管件生产基地建设项目等12个。签约引进项目8个，合同总投资17.49亿元；实际到位内资46.06亿元，到位外资1408万美元。

城乡建设　中等城市建设拉开新框架，县城城东新区凤凰湖水库综合治理工程完成投资4805万元；宾阳商贸中心(力沃广场)、力沃幸福里等24个房地产项目完成投资10.43亿元；县检察院办案技术综合楼完成投资1711万元；县人民法院审判业务综合楼完成投资700万元；启动黎塘黎西新区(站前广场片)、昆仑大道延长线县城入口片区控制性详细规划和修建性详细规划编制，完成300个村庄规划编制。计划投资2.05亿元的清平水库补水工程列入自治区层面统筹推进重大项目，累计完成投资7100万元；计划总投资24.45亿元的南宁市昆仑大道延长线(宾阳段)增补列入自治区层面统筹推进重大项目。昊辉针织一体化项目等14个计划总投资26.94亿元的项目列入市级层面统筹推进重大项目，累计完成投资9.29亿元；计划总投资76.51亿元的198个县级层面统筹推进项目，累计完成投资49亿元。黎塘镇入城路房屋外立面改造、龙岩公园文化娱乐设施、桂南林场垃圾中转站建设工程全部完成。投入275万元，绿化县城昆仑路、黎塘城区主要街道和黎西新区。完成县城小街小巷维修改造项目26个。宾阳县城市供水(一期)工程完成投资2559.60万元，与南宁建宁水务集团签订项目投资建设协议。与南宁供电局签订项目投资建设协议，争取到宾阳县电网建设资金4.50亿元。县城管道燃气日供气能力14.40万立方米，供气户数5600户。完成露圩镇过境公路建设；建设完成农村公路21条、88.90千米；实现村委100%通水泥路。建成保障性住房966套。投入1850万元，完成农村危房改造1000户，投入财政奖补资金4151万元实施农村“一事一议”项目建设，23个水库移民新村建设项目完成投资760万元。大桥镇两岸村被确定为市级新农村示范村，古辣镇水丽村被列为南宁市重点打造的综合示范村。投入2011.60万元，硬化屯级道路82条、73.66千米，独立桥2座，解决近4万人出行难问题。开展“美丽宾阳·清洁乡村”活动，实施网格化管理，开展环境综合整治活动，投入3.74亿元，整治自然村1715个，清理路段1.26万千米、池塘6683个、水渠河道1766千米、田园5.15万公顷，清运垃圾14.50万吨，建设垃圾转运站10处、垃圾池3433座、焚烧炉660个，购置集中式污水处理设施26套，各自然村都制定清洁乡村村规民约。

【社会事业发展】

文明创建活动　2013年，宾阳县开展“童心向党”歌咏比赛、“洒扫应对”“日行一善”为主题的经典诵读、“学习雷锋、做美德少年”“向国旗敬礼、做一个有道德的人”网上签名寄语、“我的中国梦”主题教育等系列活动。开展“道德讲堂”活动300多场。开展“我推荐、我评议身边好人”活动，李玉梅入选6月、“代理妈

2013年宾阳县国民经济主要指标

项　目	单　位	实　绩	比上年增长(%)
地区生产总值	万元	1501682	9.80
第一产业	万元	402744	5.10
第二产业	万元	558831	14.90
工　业	万元	396088	13.40
第三产业	万元	536567	6.10
人均地区生产总值(按户籍人口计算)	元	14421	9.70
农林牧渔业总产值	万元	656760	4.18
粮食总产量	吨	379078	6.32
全社会固定资产投资	万元	1558200	18.80
社会消费品零售总额	万元	727419	14.14
全部财政收入	万元	140572	10.98
公共财政预算收入	万元	95973	6.22
公共财政预算支出	万元	289512	5.14
城镇居民人均可支配收入	元	22333	9.90
农民人均纯收入	元	8136	13.20

妈"群体分别两次入选8月、11月"中国好人"候选人。开展"三关爱"(关爱他人、关爱社会、关爱自然)、"学雷锋·能帮就帮·志愿服务满绿城""美丽宾阳·清洁乡村"志愿服务等主题志愿服务活动8次。组建网络文明传播志愿者队伍,发表博文350篇,评论8500篇(条)。建立宾阳县国税局、县住建局等6个"种文化工程"示范点。开展"十星文明户"创建活动,评出"十星文明户"500户。建设中华镇兴隆村、古辣镇南阳村等县级"美丽宾阳·清洁乡村"农村精神文明示范点7个。

科教文卫体事业　投入科技经费2686.80万元,组织实施县本级科技计划项目49个;投入436万元,组织实施上级科技项目16个(市级13个、自治区级2个、国家级1个)。实施第五轮科技创新计划,通过国家科技进步考核。新注册商标95件,累计有效注册商标327件,被认定为"广西著名商标"10件;专利申请185件,其中发明专利申请77件;获专利授权73件。获自治区科技立项2个、南宁市立项13个,获科技经费支持285万元。实施农业综合开发项目3个(黎塘、新桥、大桥项目区各1个),通过市级结题验收项目2个,完成县本级项目结题17个。举办科技培训班13期次,培训2300多人次。有幼儿园261所(公办2所),在园幼儿3.08万人;小学203所(社会办1所),在校生6.56万人;初级中学31所(社会办2所),在校生3.88万人;高中9所(社会办2所),在校生1.81万人;特殊教育学校1所,在校生80人;中等职业技术学校1所,在校生709人;教师进修学校1所。有教职工7509人。小学适龄儿童入学率100%,辍学率为零,小学毕业生升学率100.82%;初中阶段毛入学率110.06%,辍学率0.91%;初中毕业生升高中毛入学率83.90%。补助就读普通高中的库区移民子女1170人次、54.31万元;资助家庭经济困难大学新生1935人次、291.62万元;资助家庭经济困难学生5.82万人次、3734.69万元(小学生3753人次、169.15万元;初中生4.17万人次、2595.44万元;高中生1.16万人次、877.05万元;中等职业学校学生1136人次、93.05万元)。安排财政预算教育经费6.34亿元。实施九年义务教育学校学生营养改善计划,受益学生10.08万人;投资1.12亿元实施中小学教育建设项目265个,县青少年校外活动中心大楼竣工验收。投入1383.39万元,为89所学校按国家标准要求进行薄弱学校改造计划项目教学仪器设备采购;为13个镇的113个教学点配备多媒体远程教学设备;投入632.03万元,为48所公办义务教育学校更新符合标准的课桌椅4.86万套。建成村级公共服务中心20个,村村通广播电视无线调频发射台站3个(黎塘镇、甘棠镇、陈平镇),扶持村(屯)社区文艺队8个、演出265场。投入200万元,扶持百支村屯社区业余文艺队、百支体育健身运动队;举办2013年南宁国际民歌艺术节"绿城歌台"宾阳文化广场文化活动;开展宾阳县第四届乡村社区和谐文艺展演,有126个文艺队参加演出;开展"千团万场"系列群众文化活动,演出1214场次,"送戏下乡"80多场次,观众32万人次。"宾阳炮龙节"获第十届中国艺术节项目类"群星奖"。县图书馆被评定为国家级一级图书馆;宾州等6个镇文化站被评定为国家级乡镇综合文化站。《四月八歌圩》《宾阳油纸伞》《封氏民族烧伤治疗技术》被列入南宁市非物质文化遗产名录。有医疗卫生机构430个,其中国有医疗卫生机构28个(自治区级1个,市级1个,县属6个,乡镇卫生院20个),村卫生所208个,个体医务室诊所198个。卫生技术人员3413人(县属专业技术人员948人)。医院病床2798张(自治区级医院80张,市级医院500张,县级医院1113张,乡镇卫生院1105张)。投资105万元,累计完成农村卫生户改厕建造2.61万座,其中有补助的1500座,改厕普及率86%。参加新型农村合作医疗农民85.96万人,参合率99.74%,缴费5157.74万元。人口出生14072人,人口出生率14.22‰。获自治区基本实现诚信计生县(区)、自治区打击"两非"综合治理出生人口性别比先进单位。组队参加市级以上体育比赛9次,举办全县性篮球比赛等体育竞赛活动20多次,参加各类健身活动群众300多万人次。

民政工作　审批城镇最低生活保障对象2.69万人次,发放低保金692.40万元;审批农村低保对象24.42万人次,发放低保金2534.88万元。发放抚恤金、定补金1627万元,退伍义务兵家属优待金510万元,安置城镇退役士兵21人,发放退役士兵自谋职业、自主择业一次性经济补助金595万元。发放特困户、重灾民救济粮102吨(折款51万元),救济2300户、6900人次。发放冬令救灾救济被、棉衣2.60万床(套),折款179.70万元。投入19万元,重建水毁民房14户、40间。确定五保老人2.67万人次,发放五保供养金608.46万元。农村医疗救助2.66万人次、888万元。为222名生活困难的城乡肺结核患者提供免费治疗;为6名高危孕妇提供救治。办理结婚登记9190对,离婚登记1548对,补领结婚证1353对。

劳动与社会保障　城镇新增就业4230人,下岗失业人员再就业781人,帮助大龄就业困难人员实现再就业232人。城镇登记失业率2.89%。农村劳动力转移就业培训862人,农村劳动力转移就业新增1.45万人。参加城乡居民社会养老保险35.41万人,征缴保险费2980.13万元,发放待遇10.15万人,支出9561.94万元;参加城镇职工基本养老保险企业472家、5.98万人,征缴保险费1.73亿元,支出4.79亿元;参加失业保险2.19万人,征缴保险费909.74万元,支出529.95万元;参加基本医疗保险9.64万人,征缴保险费9292万元,支出4905万元;参加工伤保险2.11万人,征缴保险费332.68万元,支出223.28万元;参加生育保险1.62万人,征缴保险费174.23万元,支出118.58万元。劳动保障监察受理26起、劳动争议受理57起,结案率分别为100%、95%。

【宾阳炮龙节】2013年2月18日至20日(农历正月初九至十一),在县城宾州镇举行。宾阳县委、县政府,南宁市旅游局主办。分文体、"宾阳一日游"、经贸三大活动,分别在县城各街道、县文化广场、县体校运动场、宾州古城开展。主要活动有大型炮龙文艺晚会、舞炮龙、炮龙表演比赛、优秀非物质文化遗产展演、文艺游行、庙会、商品展销会、宾阳美食街、投资推介签约会、书画摄影展、灯酒宴、武术擂台赛、南宁(宾阳)—台南(台湾盐水)双炮交流、宾阳(黎塘)狮王争霸赛、宾阳(露圩)首届壮乡山歌擂台赛、宾阳(露圩)壮乡武术表演15个。其中,2月20日(正月十一)18时58分,炮龙狂欢之夜百龙舞宾州正式开始,112条炮龙进行开光仪式后在县城各街道迎炮起舞。新华社、中新社、《广西日报》《南国早报》《当代生活报》《南宁日报》《南宁晚报》、广西新闻网、南宁新闻网、中央电视台、广西电视台、南宁电视台等区内外媒体60多家、记者200多人,采访报道炮龙节盛况,发稿5900多篇(幅)。期间,吸引游客57.50万人次,带动消费1.45亿元,与台湾台南县盐水区建立双炮交流合作关系;招商引资签约项目4个,总投资5.60亿元,其中广西彬伟装饰材料有限公司年产5000万米装饰木线生产项目计划投资2.58亿元、北京威尔森环保设备有限公司污水处理设备及新型市政排水设备生产项目计划投资1.22亿元、厦门市德山精工机械有限公司针织机械生产项目计划投资1.30亿元、南宁市亿资联米业有限公司亿资联米业(古辣)大米加工厂项目计划投资5000万元。2013年宾阳县炮龙节获国家级非物质遗产项目第十六届"群星奖"。

2013年宾阳县各镇情况

名　称	土地面积(平方千米)	村民委员会(个)	社区居民委员会(个)	自然屯(个)	年末人口(人)	农林牧渔业总产值(万元)	粮食产量(吨)	农民人均纯收入(元)
宾州镇	223.83	33	15	267	224196	79285	54822	10508
黎塘镇	219.51	14	9	79	121963	70899	32693	9130
甘棠镇	191.51	14	1	97	52886	41464	23577	7110
思陇镇	173.66	15	2	233	62416	15555	16172	7379
新桥镇	107.80	15	1	132	85664	27321	28352	8636
新圩镇	75.80	6	1	48	30450	27570	15737	8018
邹圩镇	143.92	14	1	112	49708	40798	26125	7056
大桥镇	114.68	16	1	128	77987	65074	36481	8059
武陵镇	158.41	13	1	104	62690	34922	24429	7338
中华镇	77.22	5	1	78	36891	30029	17153	8032
古辣镇	113.92	9	2	80	52890	54816	23384	7464
露圩镇	124.76	5	1	49	38737	30175	17856	6972
王灵镇	160.53	9	1	70	42863	36019	20245	6992
和吉镇	119.61	8	1	52	42676	37212	17408	8338

(卢洁芳)

上　林　县

【概　况】 上林县位于广西中南部,大明山东麓,南宁市东北部。东邻来宾市兴宾区,南连宾阳县,西南毗武鸣县,西北交马山县,北与忻城县接壤。面积1869.64平方千米。县政府驻大丰镇。有宾阳至上林、上林至马山、忻城周安至宾阳新桥3条二级公路。主要旅游景区(点)有大明山风景旅游区(国家4A级景区)、大龙湖风景区、三里·洋渡风景区、不孤村人文风景区、唐智城垌古城垌遗址、金莲湖莲音寺、东红湿地森林公园。主要矿产资源有金、煤、锰、滑石、水晶石、石英石、大理石、花岗岩、铁、铅、铜、锌、锑、磷等31种,其中五氧化二钒(石煤)储量3000万吨,属全国最大钒矿矿床之一。主要地方特产有优质米、茶叶、果蔗、八角。1月,"上林大米"被国家质检总局列入国家地理标志保护产品。有象山工业园区。2013年,辖镇7个、乡4个(瑶族乡1个)、村115个、社区16个、自然村(屯)1355个。户籍总人口49.00万(农业人口43.88万、非农业人口5.12万);流动人口1.10万。壮族人口38.21万,占总人口78.11%。人口自然增长率14.28‰。耕地面积4.82万公顷(水田面积1.20万公顷);林地面积6.26万公顷,有林面积5.22万公顷,森林覆盖率53.60%。地区生产总值44.08亿元;全部财政收入3.66亿元(公共财政预算收入2.59亿元),公共财政预算支出17.91亿元;城镇居民人均可支配收入18724元,农民人均纯收入5748元。上林县被确定为广西首批推进的特色旅游名县。

【经济发展】

第一产业　2013年,上林县实现农林牧渔业总产值29.92亿元。其中:农业产值12.33亿元,林业产值1.92亿元,牧业产值14.01亿元,渔业产值1.80亿元,农林牧渔服务业产值900万元。第一产业增加值17.77亿元。粮食作物种植面积3.87万公顷,总产量17.25万吨。其中:水稻种植面积2.68万公顷,产量13.10万吨(优质稻种植面积2.27万公顷,占水稻种植面积84.30%,产量13.27万吨);玉米种植面积8187公顷,产量3.54万吨。经济作物种植面积1.49万公顷。其中,甘蔗种植面积1.03万公顷、产量56.34万吨;木薯种植面积1113公顷、产量52.40万吨。桑园面积8510公顷,养蚕31.96万张,鲜茧产量22.86万担;果园面积631公顷,水果产量4677吨;八角林面积1万多公顷,干八角产量2770吨;茶园面积150公顷,茶叶产量360吨;油菜种植面积730公顷;蔬菜种植面积5896公顷,产量11万吨。肉类总产量3.80万吨。水产品产量1.91万吨。完成植树造林1653公顷。发展林下经济面积1.49万公顷;完成20公顷以上连片土地流转670公顷;有广西上林大染坊蚕丝绸有限公司、上林明珍源桑枝食用菌有限公司、广西上林县美人蕉粉业有限责任公司、广西穗达米业有限公司等10家农业龙头企业。建立水稻高产示范基地667.46公顷,玉米高产示范片668.27公顷,无公害蔬菜基地8个。发放粮食直补、良种补贴、农机具购置补贴6335万元。新建农民专业合作社19家,累计150家。建成农村户用沼气池1700座。农业基础设施建设投入9405.87万元,完成水库除险加固6座,渠道防渗等五小水利工程85处,农村人饮水工程111处,新建移民新村5个。

第二产业　有工业企业190家,实

现工业总产值25.34亿元。规模以上工业企业14家（新增产值超亿元企业2家，累计10家），实现工业总产值23.78亿元，利税总额1.06亿元（利润5000万元）。第二产业增加值10.42亿元(工业增加值6.79亿元)。发放重点企业、微型企业补助资金1680万元；新增微型企业185家，累计376家。完成工业固定资产投资和技术改造投资15.28亿元。工业主要产品产量：滑石5.23万吨、供电量2.22亿千瓦时、明山优质米1.29万吨、成品糖6.26万吨、白厂丝1920吨、水泥50万吨、松香9584吨。投资4700万元，完成技术创新和工业化、信息化融合项目5个，规模以上万元工业增加值能耗比上年同期下降17.20%。投资120万元，建设上林县星洲百货配送中心项目；投资342万元，完成上林县大丰家畜定点屠宰厂搬迁重建项目；投资5000万元(上林县斯尔顿丝绸有限公司3000万元、上林县中兴丝业有限公司2000万元)，实施斯尔顿公司、中兴丝业公司搬迁；投资3000万元，实施北京伟业八角香料加工项目建设。完成广西上林县贵和冶化有限公司的7000吨铁合金生产线及1000吨钒冶炼生产线建设并通过验收。象山工业园区新增企业4家，累计入园企业22家，投产企业18家，实现工业总产值12亿元，利税总额4500万元。

第三产业　有国有企业55家，集体企业37家，内资企业198家；私营企业1264家，从业人员7028人；个体工商户1.34万户，从业人员1.92万人。实现社会消费品零售总额14.48亿元。外贸出口额9万美元。第三产业增加值15.89亿元。完成房地产开发建设投资2.63亿元，商住房地产开发建设施工面积40.32万平方米(新开工面积21.41万平方米)，竣工面积8.47万平方米；商品房销售13.48万平方米，销售额3.95亿元。接待游客181.41万人次，旅游营业收入5.19亿元。

招商引资　实施"生态立县、绿色发展"战略，借助"两会一节"、2013年"中国旅游日"南宁主会场活动暨上林生态旅游养生节、中国长寿之乡·广西上林授牌仪式等平台，以工业园区为依托，以发展工业为重点，在生态旅游、生态农业、新能源、机械制造等领域开展招商。新引进企业(项目)3个(南宁汇吉源输电铁塔有限公司、广西鼓鸣寨旅游投资公司、广西金融投资集团有限公司)，合同总投资额7.80亿元，实际到位资金6.63亿元。

城乡建设　完善《县城总体规划(2011—2030)修编》方案；完成200个村镇规划编制。投资100万元，开工建设西燕镇污水管网；投资450万元，完成县生活垃圾卫生填埋场建设；投资152万元，完成大丰镇垃圾中转站建设。建设保障性住房棚户区改造住房728套，新开工建设保障性住房296套（教师周转房74套、卫生院周转房72套，其他公租房150套）。投资3200万元，实施农村危房改造1600户。开展"美丽上林·清洁乡村"活动，拆除违章建筑1.10万平方米，治理工地乱象185多处，清运建筑材料及建筑垃圾7500吨，取缔违章占道经营560起，查处车辆乱停放2755辆，清理广告乱贴4520起；投入598.20万元，给乡镇购置环卫车11辆、人力保洁车1179辆，修建垃圾池1192个。县城绿化覆盖率34.70%。投资6.87亿元，投入1366万元，建设"村村通"水泥路4条；投入2049万元，修建贫困村通屯道路59条、70.56千米（砂石路2条、3.96千米，水泥路57条、66.60千米)，小型人饮工程1处。

2013年上林县国民经济主要指标

项　目	单位	实绩	比上年增长(%)
地区生产总值	万元	440772	8.70
第一产业	万元	177700	4.90
第二产业	万元	104177	12.90
工业	万元	67928	6.40
第三产业	万元	158895	9.30
人均地区生产总值	元	9003	8.90
农林牧渔业总产值	万元	301464	5.00
粮食总产量	吨	172475	2.71
全社会固定资产投资	万元	441602	22.42
实际利用外资	万美元		
社会消费品零售总额	万元	144806	12.00
全部财政收入	万元	36640	8.84
公共财政预算收入	万元	25949	8.89
公共财政预算支出	万元	179065	10.01
城镇居民人均可支配收入	元	18714	9.20
农民人均纯收入	元	5748	13.10

【社会事业发展】

文明创建活动　2013年，上林县开展推荐"身边好人"、第四届"全国道德模范"推荐评选、"我们的节日""学雷锋能帮就帮　志愿服务满上林"志愿服务月、"文明交通引导"志愿服务行动、网络文明传播志愿服务活动；加强和改进未成年人思想道德建设，开展"洒扫应对"主题系列教育、"歌颂中国梦、描绘中国梦、放飞中国梦""认星争优""我的中国梦""网上祭英烈""学习雷锋　做美德少年""向国旗敬礼"等未成年人思想道德建设主题教育活动。继续开展文明社区、文明村镇、文明单位、小康生态文明示范村等群众性精神文明创建活动。三里镇获2013年度南宁市"美丽南宁·清洁乡村"第二批乡镇(街道)"十佳乡镇"；在自治区第三批"九大和谐"创建活动中，李守汉家庭被评为和谐家庭。大丰镇被命名为国家级生态乡镇，镇圩乡、西燕镇、明亮镇被命名为自治区级生态乡镇。

科教文卫体事业　投入科技经费130万元，组织实施科技项目4个，实施到期通过上级验收的科技项目3个（市级科技项目2个、自治区级科技项目1个）。举办科技培训班27期，培训5300人次；举办科普讲座、报告会3场；发放科技书籍7000册、科技资料2.50万份。完善西燕镇江卢食用菌、塘红中可小蚕共育、西燕江林"桂桑优12"种植等农业科技示范基地建设；完成"优质高效蚕业生产模式与关键技术集成示范""上林县八角农业专家大院建设与能力提升""上林县西燕镇寨鹿村旱藕科技示范村建设"3个项目结题。通过全国科技进步考核。有幼儿园83所(公办幼儿园5所，民办幼儿园78所)，在园幼儿1.60万人；小学111所，在校生2.70万人；初中15所，在校生1.50万人；高中4所（社会办1所），在校生6600人；特殊教育学校1所，在校生54人；中等职业技术学校1所，在校生4525人（全日制在校生98人,成人在职培训人员4427人)；教师进修学校1所。有教职工4184人。小学适龄儿童入学率100%,辍学率为零,小学毕业生升学率100%;初中适龄儿童少年入学率100%,辍学率1.40%;初中毕业生升高中毛入学率90%；九年义务教育巩固率86%。投入5116.30万元,建设教育基础建设项目51个,总建筑面积5万平方米。资助各类家庭经济困难学生10.98万人次(入园幼儿2410人次,小学生5.92万人次，初中生3.79万人次,特教学校学生54人次,高中生9402人次,大学669人次，中职学生156人次)、6524.21万元。办理大学生生源地信用助学贷款3207人、1912.79万元。实施农村义务教育学生营养改善计划，拨付专项经费2311.48万元,受益学生4.10万人。明亮镇中心学校教师李忠祥、镇圩初中教师韦富元被评为八桂优秀乡村教师；上林县中学教师磨英玲获“自治区优秀教师”称号;明亮镇第二初级中学教师覃净初获自治区中小学优秀班主任。实施文化体育惠民工程,举办迎春晚会、迎春音乐会、“先锋唱响”晚会、上林县第四届乡村社区和谐文艺大展演比赛、南宁国际民歌艺术节“绿城歌台”上林分歌台文艺演出、园博会上林活动日演出、上林壮族“三月三”山歌表演比赛、首届地方小戏小品比赛、“文化进乡村·共筑中国梦”系列文艺演出、纪念“6·5”世界环境日广场舞比赛、生态旅游养生节等活动。实施“千村万户文艺惠民工程”，新建村级公共服务中心7个，扶持农村业余文艺团队8个,文艺演出240场次;电影进村放映1380场次。上林壮族龙母节列入南宁市第五批非物质文化遗产保护名录;“上林傩戏”传承人陈铭忠(92岁)、“上林壮族八音”传承人王志新(75岁)、“上林壮族万寿节”传承人何茂权(90岁)、“猴鼓舞”传承人罗延武(52岁)、“上林瑶族山歌”传承人卢成(46岁)、“壮族师公戏”传承人周宗美(53岁)等6人被列为自治区第四批非物质项目传承人。县乡图书馆、文化馆(站)免费开放。县图书馆被评定为国家二级馆。创作《迎接客人到家来》获“放飞中华”第二届全国大型音乐展银奖;刘燕参加2013年广西宜州“刘三姐杯”全国山歌邀请赛获最佳风采奖;编排《汇水河畔巧绣娘》参加第二届广西基层文化会演获优秀奖。有医疗卫生机构224个,其中国有医疗卫生机构131个(县属5个,乡镇11个,村卫生所115所)、个体医疗诊所93所。卫生技术人员1364人(县属766人)。医院病床1122张(县级医院674张,乡镇卫生院428张,民营医院120张)。参加新型农村合作医疗农民41.27万人,参合率98.81%。完成农村卫生户厕改造1000座。农村饮用水质合格率75%。人口出生8410人,人口出生率17.18‰。建成全民健身路径2条;建成村级篮球场6个;举办迎春气排球赛、拔河比赛等群众性体育活动130场次。县体校女子手球队代表南宁市参加自治区青少年手球锦标赛获第一名。

5月19日,上林生态旅游养生节开幕　　上林县地方志办公室提供

民政工作　审批城镇最低生活保障对象4.54万人次，发放低保金1010.14万元；审批农村低保对象26.25万人次，发放保障金2391.80万元。发放“三属”抚恤金53户、38.43万元,老复退军人生活补助207人、138.06万元,残疾军人优抚金103人、114.24万元,带病回乡军人定补金31人、11.38万元,参战退役人员生活补助694人、245.67万元,参战民兵生活补助2307人、277.55万元。安置退役士兵205人，发放自谋职业补偿金199.40万元。有农村五保对象1693人(集中供养对象603人，分散供养对象1090人)。为31名残疾军人缴纳城镇居民医疗保险金、为1074名优抚对象缴纳农村新型合作医疗保险金6.44万元。参加农村住房政策性保险农户9.52万户，收缴保险费90.54万元。发放社会散居孤儿基本生活费69人、50.82万元。发放优抚对象医疗救助金15人、2.83万元。有敬老院13个，床位88个，入住老人46人,入住率52.20%。有五保村70个(新建11个,投资额253万元)。救济农村困难户3532户、1.13万人，发放救济口粮14吨;发放冬令救济棉被2000床、毛巾被2000床、蚊帐2000床、衣物7500件套(太空衣4500件)、鞋2000双、袜7500双,救助5144户、1.70万人。扶助因灾倒房恢复重建19户、53间。免费为7274名婚检对象进行地中海贫血筛查，为117名生活困难的城乡肺结核患者提供治疗,为100名白内障患者进行复明手术。办理结婚登记3986对，离婚登记599对,补办结婚登记509对。

劳动与社会保障　城镇新增就业2410人，下岗失业人员实现再就业372人,帮助大龄困难人员再就业133人。城镇登记失业率控制在3.04%以内。完成职业技能培训820人次，微型企业创业培训148人次，农村劳动力转移就业新增1.25万人。参加企业职工基本养老保险企业198个、1.06万人,征缴保险费4275万元，支出1.27亿元；参加失业保险9637人,征缴保险费382万元,支出554万元;参加基本医疗保险3.44万人,征缴保险费3755万元,支出3162万元;参加工伤保险8100人，征缴保险费163万元，支出143万元；参加生育保险4774人,征缴保险费57万元,支出29万元。参加城乡居民社会养老保险15.14万人,参保率85.16%，征缴保险费993.67万元,养老金发放率100%。劳动人事争议仲裁委员会处理各类劳动争议案件7起,结案率100%。

【2013年"中国旅游日"南宁主会场活动暨南宁后花园·上林生态旅游养生节】 2013年5月19日至25日,在上林县·洋渡风景区举行。市政府主办,上林县委、政府承办;以"休闲惠民、美在广西、生态上林、长寿福地"为主题。活动主要内容有开幕式、文艺晚会、万"寿"书法展、养生太极活动、万名霞客登山活动、环大龙湖自行车越野赛、"霞客万里行　眷恋在上林"自驾游活动、金莲湖祈福活动、养生长寿专题讲座、评选上林十大养生产品、十大养生美食等13项。期间,签约项目3个,签约金额7.80亿元(其中鼓鸣寨养生旅游度假基地项目签约资金6亿元)。商贸美食展设置展位225个,展销来自全国各地的农副产品、各地名优美食、品牌服装、旅游工艺品、床上用品、土特产品、皮具、百货及本地特色产品等,产品销售额近2500万元。新华通讯社广西分社、《光明日报》《广西日报》《南宁日报》《南宁晚报》、广西电视台、南宁电视台、南宁新闻网等自治区内外媒体派记者前来报道。

2013年上林县乡镇情况

名称	土地面积(平方千米)	村民委员会(个)	社区居民委员会(个)	自然屯(个)	年末人口(人)	农林牧渔业总产值(万元)	粮食产量(吨)	农民人均纯收入(元)
大丰镇	176	9	4	72	63431	33555	13273	6366
明亮镇	120	8	1	75	32330	20124	14418	5122
巷贤镇	172	12	1	92	45591	39119	19191	5782
白圩镇	234	17	2	172	81833	58853	41303	5655
三里镇	192	14	1	156	55007	24863	23847	5399
乔贤镇	126	7	1	92	36934	15440	5888	5309
西燕镇	292	11	1	131	44361	25274	14777	5548
澄泰乡	112	11	1	119	41941	24353	16732	5722
木山乡	124	6	1	72	20811	15506	3688	5534
塘红乡	181	10	2	242	42847	29667	10954	5327
镇圩瑶族乡	113	10	1	162	24935	7051	5974	4925

(樊守辉)

马　山　县

【概　况】 马山县位于广西中部略偏西,居红水河中段南岸,大明山北麓,南宁市北部。东邻上林县、忻城县,南连武鸣县,西与平果县、大化瑶族自治县相连,北与都安瑶族自治县隔红水河相望。面积2345.33平方千米。县政府驻白山镇。水任(河池)至南宁高速公路、国道210线过境,有马山—大化、马山—上林—宾阳二级公路。主要旅游景区(点)有金伦洞(国家3A级旅游景区)、弄拉生态旅游景区、马山红水河旅游景区、灵阳寺、永州永乐大地、金钗石林城堡、三潮水山庄、新景山庄、龙泉山庄、骆越风情园、小都白农庄等。主要矿产资源有煤、锰、铁、钨、铜、滑石、重晶石、方解石、叶蜡石、石灰石、高岭土等23种。主要地方特产有黑山羊、金银花、旱藕粉、八角、黑豆等。是中国黑山羊之乡,中国民间艺术之乡,中国会鼓之乡、国家生态示范区。马山三声部民歌列入国家第二批非物质文化遗产扩展项目名录。有苏博工业集中区、百龙滩工业集中区。2013年,辖镇7个、乡4个(瑶族乡2个)、村145个、社区6个。户籍总人口55.91万(农业人口51.55万、非农业人口4.36万);流动人口9.75万。壮族人口41.25万,占总人口75%。人口自然增长率15.22‰。耕地面积4.62万公顷(水田面积1.03万公顷);林地面积14.98万公顷,有林面积5.75万公顷,森林覆盖率62.60%。地区生产总值42.96亿元;全部财政收入3.26亿元(公共财政预算收入2.25亿元),公共财政预算支出17.91亿元;城镇居民人均可支配收入19274元,农民人均纯收入5497元。被评为自治区民族团结进步模范集体、自治区新型农村和城镇居民社会养老保险工作先进单位、2011—2012年度建设平安广西活动先进县。白山镇被命名为国家级生态乡镇。

【经济发展】

第一产业　2013年,马山县实现农林牧渔业总产值24.28亿元。其中:农业产值11.03亿元,林业产值1.92亿元,牧业产值10.23亿元,渔业产值1.05亿元,农林牧渔服务业产值679万元。第一产业增加值14.72亿元。粮食作物种植面积3.94万公顷,总产量17.71万吨。其中:水稻种植面积1.60万公顷,产量8.18万吨;玉米种植面积1.85万公顷,产量8.79万吨。经济作物种植面积8100公顷。其中,甘蔗种植面积3688公顷、产量22.05万吨;木薯种植面积1885公顷、产量1.89万吨。果园面积1928公顷,水果产量1.17万吨;蔬菜种植面积7561公顷,产量17.90万吨;金银花种植1135公顷,产量320吨。黑山羊出栏5.64万只,年末存栏5.82万只。肉类总产量3.99万吨。水产品产量1.11万吨。完成人工造林面积618公顷。新建古零镇乔老村小都白屯蔬菜生产示范基地,白山、古零"南藕一号"旱藕新品种种苗繁殖基地,古零、乔利标准化红薯生产示范基地，古寨瑶族乡本立村古朗屯金银花种植基地。推广黑山羊舍饲圈养示范，扩大里当鸡养殖规模；推进测土配方施肥补贴、金银花脱水干燥加工、食用菌生产、种桑养蚕、百香果、冬种油菜高产示范项目等。引进乔老爷农业开发有限公司在古零镇乔老村进行连片规模种植蔬菜、百香果、旱藕等经济作物。有农特产品深加工企业16家；新发展农民专业合作社31个，累计105个，辐射带动农户8000多户。水利建设投入1.48亿元，完成水库除险加固6座，水毁工程修复27处，渠道防渗27处、74.46千米；电灌站建设6处，山塘修复3座，其他工程3处，改善灌溉面积2173公顷；实施农村人饮水工程156处，解决3.77万人口饮水安全问题。投入397万元，建成沼气池794座。继续实施"五大扶贫"(基础扶贫、产业扶贫、智力扶贫、行业扶贫、社会扶贫)工程，采取"公司+基地+合作社+农户""异地扶贫"模式，发展种植百香果、桑蚕、金银花及养殖竹鼠等。投入2087万元，实施产业扶贫，桑苗种植面积746.67公顷、百香果种植面积419.87公顷、金银花种植面积100公顷，养殖竹鼠1000组；发放贴息贷款1500万元，扶持困难群众3万多名发展生产。投入107万元，实施扶贫技术培训、劳动力转移就业培训5900人次。投入6900多万元，实施生态功能区的保护建设和石漠化治理。推广"弄拉模式"，建成生态自然保护小区29个，弄拉石漠化治理展示馆建成投入使用。

第二产业　有工业企业759家，实现工业总产值19.03亿元。规模以上工业企业20家，实现工业总产值16.01亿元，利税总额2.03亿元。第二产业增加值6.78亿元(工业增加值5.57亿元)。完成工业投资11.51亿元，技术改造投资8.24亿元。规模以上工业主要产品产量：机制糖2.41万吨、纸浆3.66万吨、水泥33.98万吨、酒精3965.60万升、发电7.99亿千瓦时、铁合金1万吨。出台《马山县加快促进工业发展的若干意见》《马山县关于进一步加快苏博工业集中区建设和发展的若干意见》。完成汉邦水泥、和发强纸业、远洋工贸等企业技改，更新改造投资、工业投资分别完成8.24亿元、11.44亿元。落实南宁市关于工业园区管理体制改革的要求，升格成立园区管委会，完善园区运行机制。投入6580万元，实施园区基础设施和配套项目建设，新建园区道路3条、标准厂房1栋；推进广西马山县瑶桑茧丝科技有限公司、南宁市马山瀛泰服装有限公司等9家在建企业投资进度；集新水泥、托尼玩具等6个工业项目试产投产。支持非公经济发展，为50家微型企业融资1400万元，新发展微型企业185家，注册资金550万元，实现就业3600人。

第三产业　有内资企业317家，从业人员3500人；私营企业1123家，雇工人员8100人(微型企业621家，雇工人员3700人)；个体工商户1.28万户，从业人员1.30万人。有市场(含农贸市场)18个。实现社会消费品零售总额16.50亿元。第三产业增加值16.70亿元。广西冠业投资发展有限公司、北京华联综合超市股份有限公司等现代商贸企业进驻马山，新增限额以上商贸企业3家。在建房地产项目10个，总建筑面积66.08万平方米，总投资8.29亿元；完成房地产开发建设投资6.28亿元，商住房地产开发建设施工面积25.89万平方米(新开工面积15.73万平方米)，竣工面积12.40万平方米，商品房销售面积11.51万平方米，销售额3.17亿元。环弄拉生态旅游景区发展星级农家乐4家，旅游基础设施完成投资5116万元。以乡镇为主体，开展"2013广西南宁·马山美丽乡村欢乐年"活动，打开农村旅游市场；12月，举办第七届文化旅游美食节，推动文化旅游产业一体化、常态化发展。环弄拉生态旅游区招商引资，签约休闲旅游和生态农业项目6个，总投资7.31亿元。金融机构年末各项存款余额57.70亿元，各项贷款余额21.70亿元。接待游客135万人次，旅游营业收入8.43亿元。

招商引资　建立招商引资项目联合审批和县处级领导挂点联系招商引资项目制度，组队参加广州博览会、第九届泛珠三角区域合作经贸洽谈会、中国—东盟博览会等进行招商；组织招商小分队赴台湾、深圳、东莞、江门、贵州等地开展招商引资活动7次。举办第二届马山籍在外企业家座谈会，引导马山籍在外创业成功人士返乡投资建设项目3个，分别是入驻苏博工业园区的宁波震远电子科技有限公司LED照明及线缆项目、浙江金华托尼玩具有限公司橡胶弹力球项目、深圳益群服装服饰有限公司服装服饰加工厂。引进企业(项目)11个，合同引进资金5.54亿元，实际到位内资1.52亿元、外资320万美元。苏博工业集中区引进企业(项目)7个，总投资3.85亿元，完成投资1965万元。

城乡建设　完善县城总体规划修编。配合推进来宾至马山、马山至平果高速公路马山段，都安至武鸣二级公路马山段等交通项目建设。投入6700多万元，实施县城城西新区绕城30米、40米大道，姑娘江(西门桥至南门桥)两岸沥青路面修复，银峰大道延长线人行道阶砖敷设及景观绿化带，江滨九巷道路等市政项目9个；开展兴科供水、城西环城大道管网改造等；启动县城姑娘江两岸建筑物立面改造工程；在乡镇实施街道绿化亮化等工程。名厦地产、鸿福人家等商住项目开工建设。实施新农村示范点建设4个，重点推进小都白屯市级综合示范村建设，完成流转土地43.33公顷。

8月13日，马山壮族三声部民歌和扁担舞展演队应邀参加2013年维也纳金色大厅夏季音乐会演出　　马山县文广体局提供

投入7682万元，建成通村水泥路23条、117千米；扶贫开发投入2366万元，建设通屯水泥路61条、74千米，砂石路14条、19千米；投入436.10万元，实施大中型水库移民新村建设项目7个；投入5357.80万元，实施农村危房改造2830户；新建公共租赁住房340套、廉租住房100套、经济适用房和教师产权房200套。开展“美丽马山·清洁乡村”和“美丽马山·整治畅通有序大行动”活动，率先在南宁市六县实行严管重罚；在自治区首创成立乡镇城管监察中队，作为典型经验在南宁市推广；探索出“村收集—镇运输—县处理”农村生活垃圾的乔老模式和“屯主体—村管理—镇补助—县处理”林圩经验等。整合资金5.62亿元投入“美丽马山·清洁乡村”活动，清理垃圾5000多吨，清洁水源300多处，依法拆除违法占地、违章建筑面积9296平方米，新建垃圾池1687个，配备垃圾桶8万多个，新配置中型垃圾运输车11辆、小型垃圾收集车37辆、后推车5辆、人力三轮车22辆，以及清障车、扫路车、洒水车各1辆。

【社会事业发展】

文明创建活动　2013年，马山县开展“中国梦”、马山县美丽乡村欢乐年、学习雷锋、文明交通、文明用餐、文明祭祀、防灾减灾、声援雅安地震灾区、“六·五”环境日、“美丽马山·清洁乡村”“美丽马山·整治畅通有序大行动”等宣传。开展“道德讲堂”建设、“学雷锋、做有道德的人”“岗村结对共建”关爱留守妇女儿童、“三关爱”(关爱他人、关爱社会、关爱自然)志愿服务活动，组织“我们的节日”“我的中国梦”等系列诵读、演讲比赛，开展“美德少年”评比表彰等主题活动。举办首届“金银花”杯“讲文明树新风”公益广告大赛。成立学雷锋志愿服务队26个，青年志愿者注册2万多人；发展网络文明传播志愿者队伍56人，在马山县政府网站设立“文明视察”专栏。潘铿羽、黄利津、黄语晴、韦婷梅、覃静仪5名学生被评为南宁市第四届“美德少年”；敬业奉献模范陆荣艳、助人为乐模范黄美京、孝老爱亲模范张洁琼3名“身边好人”入选“中国好人榜”候选人名单参与全国投票评选；乔利乡三乐村、乐圩村东仁屯被确定为2012年至2013年度市级农村精神文明建设示范点；推荐马山县政务服务管理中心、地方税务局白山税务分局、文化广播影视和体育局3个单位，白山镇立星村、古寨瑶族乡民兴村、古零镇乔老村、乔利乡那料村4个村，百龙滩镇、古寨瑶族乡2个乡镇参加南宁市第二十七批文明单位、文明村、文明镇评比表彰。

科教文卫体事业　投入科技经费1259万元，组织实施科技项目7个(市级6个、自治区级1个)。推广应用新技术项目3个(即马铃中薯5号、兴佳2号、豫张薯12号，山葡萄，三叶青药材)。马铃薯稻草包芯栽培方式公顷产值5.94万元，马铃薯免耕覆盖栽培方式公顷产值4.62万元。举办科技培训班8期，培训1650人次。有幼儿园245所(公办幼儿园153所，民办幼儿园92所)，在园幼儿1.90万人；小学141所，教学点85个，在校生3.65万人；初中17所，在校生1.53万人；高中3所，在校生6372人；特殊教育学校1所，在校生86人；中等职业学校1所，在校生4627人(含培训)；教师进修学校1所。有教职工4410人。学前一年毛入园率96%，学前三年毛入园率99%；小学适龄儿童入学率99.80%，辍学率为零，小学毕业生升学率100%；初中阶段入学率99.80%，辍学率0.20%；初中毕业生升普通高中毛入学率51.90%。撤销小学教学点28个，涉及学生481人；撤销初中2所(周鹿石塘初中、古零杨圩初中)，涉及学生468人。推进贫困县农村义务教育学生营养改善计划，下拨营养改善计划资金2839.18万元，春季、秋季学期学生分别受益5.13万人、5.18万人。投入6960万元，建成义务教育学生食堂125个。资助家庭经济困难小学生、初中学生2078人、87.26万元，高中学生生活费6049人次、454.50万元，中职学生生活费69人次、5.18万元，大学新生生活费849人次、71.90万元；补助贫困寄宿生生活费1.35万人次、1459.46万元。免除高中学生学费6476人次、581.53万元，中职学生学费62人次、7.92万元。办理大学生生源地信用助学贷款3068人、1826.26万元。实施基础建设项目312个(含续建、改扩建项目)，改扩建建筑面积17.38万平方米，计划总投资1.85亿元，完成投资1.51亿元。县教育局获2013年中国教育报事业发展贡献奖。建成村级公共服务中心12个，公益电影放映1765场；巩固发展文艺团队8个；有文学协会、山歌协会、书画协会、摄影协会、音乐协会、舞蹈协会、钓鱼协会等12个，会员600多人；文化馆、图书馆、民俗文化展示馆免费对外开放。举办广西南宁·马山第七届文化旅游美食节、马山壮族赛鼓比赛、古寨瑶乡金银花节、百龙滩红水河·会鼓节、加方乡黑山羊文化节、里当瑶乡达努节、白山镇三潮水欢乐节、姑娘江风情夜、东盟国际民歌艺术节马山歌台等节庆活动。投入100万元，建成体现马山精神的城市文化群雕项目；在加方乡加方村建成壮族打扁担保护传承示范基地；实施“马山文化三宝”(壮族会鼓、三声部民歌、扁担舞)进校园活动；马

2013年马山县国民经济主要指标

项　目	单　位	实　绩	比上年增长(%)
地区生产总值	万元	429565	7.20
第一产业	万元	147197	5.00
第二产业	万元	119732	6.40
工业	万元	67841	−0.50
第三产业	万元	162636	9.60
人均地区生产总值	元	10790	4.60
农林牧渔业总产值	万元	242842	4.59
粮食总产量	吨	177054	5.31
全社会固定资产投资	万元	449400	22.70
社会消费品零售总额	万元	165020	14.30
全部财政收入	万元	32649	0.53
公共财政预算收入	万元	22459	−8.40
公共财政预算支出	万元	179077	6.70
城镇居民人均可支配收入	元	19274	9.00
农民人均纯收入	元	5497	13.00

山三声部民歌、马山壮族扁担舞参加在维也纳金色大厅举办的第四届“中国蒲公英维也纳夏季音乐会”国际交流展演活动，壮族会鼓队排演的《会鼓神舞》代表广西参加第三届全国新农村文化艺术展演。有医疗卫生机构252个，其中国有医疗卫生机构15个(县属4个，乡镇11个)，社会办医疗卫生机构2个，集体医疗卫生机构5个，村卫生室145所(含诊点)，个体医疗诊所85个。卫生技术人员1991人(县属卫生技术人员1232人)。医院病床1196张(县级医院608张，乡镇卫生院588张)。投资1025万元(含个人投资)，完成农村卫生户厕建造1.51万座，累计建成农村卫生户厕9.26万户，卫生户厕普及率82.86%。参加新型农村合作医疗农民48.97万人，参合率98.82%，个人缴费979.47万元。医疗救助20.09万人、1.67亿元。为7479名孕产妇人提供补助308.76万元，为160名贫困危重孕产妇提供救助。人口出生1.14万人，人口出生率20.40‰。获自治区人口和计划生育工作进步奖。建设村级篮球场2个；开展迎新春庆元旦登山健走活动、迎春老年人运动会、“三八”妇女节气排球比赛、马山美丽乡村欢乐年活动自行车骑游等群体竞赛活动。10月25日至31日，承办南宁市第十届少数民族运动会，马山县代表团获奖牌27枚(金牌8枚、银牌11枚、铜牌8枚)，总分和总奖牌排在南宁市16个代表团的第1名。

民政工作　审批城镇最低生活保障对象2.57万人次，发放低保金617.42万元；审批农村低保对象26.77万人次，发放保障金2482.35万元。发放“三属”(烈士遗属、因公牺牲军人遗属、病故军人遗属)抚恤金55人、428.52万元，复退军人生活补助定补金189人、130.21万元，退伍义务兵家属优待金392人、111.77万元；发放参战民兵生活补助1594人、210.40万元；安置退役士兵204人，发放一次性经济补偿金206.65万元。发放应急救灾物资折款77万元，救助受灾群众3027人；发放冬春救济粮140吨(折款65.08万元)，棉被4356床，毛巾被1800床，衣物5731件套，解决9018户、3.16万人冬春期间缺粮缺衣困难。投入47万元，重建水毁民房36户、90间。确定五保老人2592人，发放五保供养定补金628.35万元；有养老机构123个(敬老院13个，五保村110个)，床位1376张，入住五保老人517人。农村医疗救助1563人、638.30万元；城市医疗救助57人、33.85万元。免费为9382名婚检对象进行地中海贫血筛查，为110名贫困肺结核患者提供救助。办理结婚登记4687对，离婚登记577对；补发结婚681对，补办离婚登记14人。

劳动与社会保障　城镇新增就业2007人，下岗失业人员再就业430人，帮助大龄困难人员再就业113人，城镇登记失业率2.99%。职业技能培训957人，职业技能培训补贴资金109.35万元；开展产业工人技能提升培训250人；农村劳动力转移就业新增9998人。参加基本养老保险企业279家、8233人，征缴保险费5700万元，支出1.60亿元；参加失业保险8258人，征缴保险费653万元，支出567万元；参加基本医疗保险3.40万人，征缴保险费3669万元，支出2900万元；参加工伤保险7069人，征缴保险费84万元，支出20万元；参加生育保险4893人，征缴保险费64.60万元，支出55万元。受理劳动保障监察举报投诉58起，立案58起，结案率100%；受理劳动人事争议仲裁案件27起，结案26起。

【广西南宁·马山第七届文化旅游美食节】　2013年12月21日至2014年1月21日在县城举行。以“美丽乡村欢乐游，我们一起去马山”为主题，开展文体活动、运动休闲旅游活动、特色美食活动及商贸农特产品展销招商活动4大类22项：2013南宁乡村休闲旅游节暨马山第七届文化旅游美食节开幕式及文艺演出、2013马山民俗风情之夜活动、奇石书画摄影壮绣展、弄拉石漠化治理展示馆开馆、三潮水山庄授牌仪式、会鼓比赛、山歌擂台赛、民族体育项目表演、体育彩票(即开型)大卖场、马山县第二十四届“弄拉·白岫杯”篮球赛；环弄拉生态旅游区—美丽乡村二日欢乐游活动、环弄拉生态旅游区农特产品展销、环弄拉生态旅游区农家乐体验、里民湖首届钓鱼比赛、环弄拉生态旅游区民俗文化展演、第三届“黑山羊杯”环弄拉生态旅游区山地自行车巡游赛、弄拉山地养生健行活动、中国弄拉植树冠名认养活动；马山特色美食街、“千羊万鱼”鲜席宴、马山农特民俗产品展；马山县环弄拉生态旅游区项目招商推介会、马山籍在外企业家座谈会。首次推出环弄拉生态旅游区、开展美丽乡村欢乐游和农家乐体验活动、举行钓鱼比赛、马山特色美食“四个千”(千只羊蹄、千米猪龙棒、千碗旱藕粉、千杯百香果汁)、民族体育项目表演等亮点活动。期间，接待游客2500万人次，现货交易金额700多万元，旅游综合收入4000万元。

2013年马山县乡镇情况

名　称	土地面积(平方千米)	村民委员会(个)	社区居民委员会(个)	自然屯(个)	年末人口(人)	农林牧渔业总产值(万元)	粮食产量(吨)	农民人均纯收入(元)
永州镇	215.68	18		176	56547	32800	20087	5689
周鹿镇	336.62	19		221	95447	37008	31427	5136
林圩镇	306.24	19		240	96651	30553	30307	5763
乔利乡	172.75	10		111	41013	28095	17355	5663
白山镇	223.36	15	6	243	84603	25617	19532	6360
百龙滩镇	87.83	6		134	22237	14078	7143	6283
古零镇	255.49	14		190	57465	22695	20024	5384
金钗镇	126.03	8		267	31238	19622	8259	5192
加方乡	204.69	17		443	31261	12715	10443	5163
古寨瑶族乡	152.61	9		260	21334	9374	6885	4630
里当瑶族乡	145.85	10		295	21296	7486	5344	3690

(陆惠华)

隆 安 县

【概 况】 隆安县位于广西中部偏西南，右江下游两岸，南宁市西北部。东邻武鸣县和西乡塘区，南连崇左市江州区和扶绥县，西接大新县和天等县，北与平果县接壤。土地面积2277平方千米。县政府驻城厢镇。南宁至昆明铁路、南宁至百色二级公路、南宁至百色高速公路及右江航道过境。主要旅游景区(点)有龙虎山自然保护区、渌水江漂流、布泉河景区、雁江古镇。主要矿产资源有金、银、煤、水晶石，其中凤凰山银矿藏量居全国第三、广西第一。主要地方特产有板栗、荔枝、龙眼、香蕉、叮当鸡等，有“中国板栗之乡”之称。2013年，辖镇6个、乡4个、村118个、社区13个、自然村(屯)1239个。年末户籍总人口41.34万(农业人口37.11万、非农业人口4.23万;流动人口5.17万)。壮族人口39.78万，占总人口96.23%。人口自然增长率8.27‰。耕地面积6.24万公顷(水田面积1.25万公顷);林地面积10.49万公顷，有林面积4.50万公顷，森林覆盖率58.72%。地区生产总值54.67亿元;全部财政收入4.64亿元(公共财政预算收入29203万元)，公共财政预算支出147991万元;城镇居民人均可支配收入19332元，农民人均纯收入6008元。

【经济发展】

第一产业 2013年，隆安县实现农林牧渔业总产值35.14亿元。其中:农业20.90亿元，林业1.54亿元，牧业10.38亿元，渔业1.42亿元，农林牧渔服务业8987万元。第一产业增加值21.90亿元。粮食作物种植面积3.62万公顷，总产量15.13万吨。其中:水稻种植面积1.50万公顷，产量7.93万吨;玉米种植面积1.34万公顷，产量6.36万吨。经济作物种植面积2.33万公顷。其中:甘蔗种植面积1.29万公顷，产量70.47万吨;木薯种植面积6886公顷，产量7.65万吨。桑园面积113公顷，蚕茧334吨;果园面积14096公顷，水果产量30.74万吨;蔬菜种植面积1.11万公顷，产量23.60万吨。肉类总产量4.40万吨，水产品产量1.39万吨。水利建设投入1.08亿元，完成水库除险加固13座，水毁工程修复3处，农村安全饮水工程72处，完成渠道防渗工程83.43千米。完成荒山造林1860公顷;建立农村专业合作经济组织137个。扶持农业龙头企业发展壮大，推进粒粒谷生态园公司、广西金穗农业投资有限责任公司等企业的项目建设。其中:计划投资11.16亿元的粒粒谷生态园项目和光伏农业大棚项目完成土地租用320多公顷，完成备案批复并进场建设;计划投资2.12亿元的金穗公司华穗农产品物流园项目开工建设。帮助重点农业龙头企业争取资金扶持，金穗公司蔬菜基地建设项目获扶持资金300万元，粒粒谷生态园蔬菜基地建设项目获扶持资金40万元。农村土地流转面积1.57万公顷，占全县土地面积21.30%，其中新增流转土地2000公顷。推进“雁江米”333.33公顷基地及那桐镇龙江村66.67公顷大棚良种葡萄高产示范基地建设。推进肉鸡、黑山羊、生猪、肉牛、水产品等五大特色养殖，特色农业品牌“叮当鸡”“桂西牛”“沙树叶牌”为全国知名品牌。推进产业扶贫，种植中药材493.33公顷，百香果233.33公顷，茶树菇52万袋;采取“公司+基地+农户”和成立专业合作社等方式，发展桂西牛、黑山羊、肉鸡、生猪、庭院龟鳖等特色养殖。脱贫1.88万人，减贫率14%。

第二产业 第二产业增加值17.89亿元(工业增加值12.07亿元)。实现工业总产值54.19亿元，其中规模以上工业企业35家(产值超亿元企业17家)，实现工业总产值51.72亿元，利税总额3.23亿元(利润1.96亿元)。完成工业投资26.32亿元，技术改造投资21.52亿元。工业主要产品产量:成品糖7.70万吨、水泥127.30万吨、饲料47万吨、酒精13211千升、人造板27.07万立方米、发电量3.51亿千瓦时。华侨管理区入园企业113家，投产企业78家(正常生产企业65家，其中规模以上企业18家);实现工业产值36.44亿元(规模以上企业工业产值26.82亿元)，税收3285.65万元(工业税收2434.49万元)。宝塔医药产业园入园企业7家，其中投产工业企业1家，工业总产值1625万元。推进得力木业年产15万立方米地板基材及年产500万平方米强化地板项目建设，累计完成投资1.19亿元;鸿博药品生产基地等新签约项目开工建设。授权开发区行使县一级行政管理审批权力，盘活存量土地66.13公顷。宝塔医药产业园固体废弃物处理站简易工程项目建成，完成污水处理厂项目前期工作。有资质以上建筑业企业4家，完成建筑业产值11.74亿元，完成建筑业增加值5.82亿元，建筑业营业税4764万元。

第三产业 有内资企业260家;私营企业1405家，从业人员1935人(商贸流通私营企业11家，从业人员109人);个体工商户1.02万户，从业人员1.28万人。实现社会消费品零售总额13.80亿元。第三产业增加值14.49亿元。商品房预售427宗，建筑面积4.76万平方米，合同金额1.27亿元;房地产交易192宗，建筑面积2.17万平方米，成交金额3731.57万元;龙虎山风景区升级改造项目投入300万元，完成生态停车场建设、游客服务中心扩建、旅游标识系统整改、草坪青

2013年隆安县国民经济主要指标

项目	单位	实绩	比上年增长(%)
地区生产总值	万元	546655	7.30
第一产业	万元	218972	5.10
第二产业	万元	178856	9.20
工业	万元	120661	6.20
第三产业	万元	148826	7.30
人均地区生产总值	元	13353	8.94
农林牧渔业总产值	万元	351446	4.37
粮食总产量	吨	151334	1.69
全社会固定资产投资	万元	558866	22.24
社会消费品零售总额	万元	140162	11.64
全部财政收入	万元	46371	9.81
公共财政预算收入	万元	29203	10.64
公共财政预算支出	万元	147991	2.92
城镇居民人均可支配收入	元	19332	8.80
农民人均纯收入	元	6008	12.50

石板步道改造等；景区旅游被列入自治区重点推进旅游项目，创建国家4A级景区通过自治区验收。布泉山水旅游开发，完成屏山至布泉公路20.30千米建设，总投资1127万元。举办那桐“四月八”农具节和2013年中国·隆安“那”文化旅游节；完成榜山文塔修复。接待游客42.37万人次，旅游营业收入1.24亿元。

招商引资　围绕生物医药、银矿深加工、旅游开发、农产品深加工、机械制造等重点产业，组织招商小分队赴湖南、广东、上海、浙江、山东、江苏等地开展招商引资。邀请150多名国内外客商前来隆安进行投资考察。新签约项目13个(超亿元项目8个，实施项目8个)，合同总金额23.70亿元，实际到位内资28.30亿元(实际利用外资1230万美元)。“两会一节”期间签约项目11个(自治区层面1个，市级层面3个，县级层面7个)，合同总金额22.62亿元。年产120万台发电抽水机、鸿博药业异地升级改造等6个项目开工建设。

城乡建设　完成县城总体规划、土地利用规划修编；完成南圩镇等8个乡镇控制性详细规划编制、《广西龙虎山风景名胜区总体规划》修编、隆安县城乡建设“十二五”规划编制。隆安县土地储备中心获国家国土资源部批复同意实体运转，批准并开展收储土地273.33公顷。拆除违章建(构)筑物68宗、1.90万平方米。占地22.47公顷的县城新区一期开发25栋多层建筑完成主体施工，完成投资2.30亿元；投入435.70万元，完成污水处理厂整改；投资340万元，完成教育路、景山街片区的道路硬化和隆安商业街、疾控中心侧面排污改造、市政道路修补5.40万平方米；投入900万元，完成县城垃圾填埋场配套项目及“村收镇运县处理”3个垃圾中转站、9个垃圾收集站的建设，建成乡镇村屯简易垃圾池1.50万个、垃圾焚烧炉60多个；县城垃圾填埋场渗沥液处理站排水工程完工；完成县城蝶城路、国泰街等48条街道、1159盏路灯节能改造；新(补)植绿化树1.20万株；投资400多万元，升级改造县城农贸市场，新增棚内经营场所1500多平方米(累计经营面积5500多平方米)；建成县城区LNG(液化天然气)临时供气站。投入2032万元，修通屯路54条、75.41千米；投入416.27万元，完成农村人饮工程9处。开展“美丽隆安·清洁乡村”活动，投入资金2.79亿元。其中：专项活动资金2373万元(自治区625万元，市、县1618万元，捐赠现金收入130万元)；整合上级其他惠农项目资金2.30亿元；村民自筹资金及投劳2490万元；投入62.50万人次，清除垃圾3.25万吨，治理背街小巷1627个、城中村12个、农贸市场19个，清理河流、池塘、沟渠1446条(个)，绿化江河、渠道、塘坝123处，清理垃圾近1万吨；拆除乱搭乱盖铺面850多处，取缔占道经营、跨门槛经营摊点1670个，清理县城及城乡接合部违法用地、违法建设68宗，拆除违章建筑1.92万平方米，查处违章建房47户、右江县城河段非法砂场10家。那桐镇定江村定典屯、雷布屯清洁乡村示范列入南宁市综合示范村，城厢镇宝塔村邑稔屯列入南宁市统筹城乡示范点。

【社会事业发展】

文明创建活动　2013年，隆安县开展“中国梦”宣传教育，举办“与美丽同行，做谦恭有礼的隆安人”公务礼仪文明风采大赛和文明礼仪知识竞赛，开展文化科技卫生“三下乡”集中服务活动；在农村开展“十星级文明户”创建评比活动；开展以“道德讲堂”“志愿服务队”“公益广告宣传牌”“文明餐桌”“网络文明传播”“帮扶共建”为主要内容的“六个一”精神文明创建活动。设立隆安县“道德讲堂”总堂。开展“美丽隆安·整洁畅通有序大行动”社会治安大整治和“清洁乡村·万名干部回乡行”“进百村·走千屯·入万户”等主题实践活动，被评为广西2012年平安建设先进县。

科教文卫体事业　投入科技经费254.91万元，组织实施科技项目12个(自治区级5个、市级项目7个)。开发工业新产品3个，引进、开发工业先进技术2项，引进、培育和推广应用农业优良品种9个，引进、开发、推广种养新技术4项。举办科技培训班22期，培训1.05万人次。广西金穗投资有限责任公司的“香蕉节本高效栽培综合配套技术集成研究与示范”项目获市科技进步二等奖，隆安县人民医院的“改良贮存式自身输血在择期手术中的应用”项目获市科技进步三等奖。有幼儿园114所，在园幼儿1.74万人；小学125所(社会办学1所)，在校生2.85万人；初中13所(社会办学1所)，在校生1.06万人；高中3所(社会办学1所)，在校生4347人；特殊教育学校1所，在校生66人；中等职业学校1所，在校生1875人；教师进修学校1所，在校生9人。有教职工2768人。小学适龄儿童入学率99.74%，辍学率为零，小学毕业生升学率100%；初中阶段入学率123.02%，辍学率1.51%；初中毕业生升高中毛入学率91.60%。教育基础设施项目建设投入4915万元；教育信息现代化建设投入470万元；实施农村义务教育学校课桌椅更新工程，分配新课桌椅2.05万套、新讲桌440张，受益学校23所；投入885万元扩大农村学前教育资源项目；农村义务教育学校建设项目总投资420万元，建设面积4050平方米；发放各级各类学生资助资金4.28万人次、2406.27万元(其中补助农村义务教育阶段家庭经济困难寄宿生生活费2.17万人次、1227.42万元)，发放生源地家庭贫困大学生助学贷款1967人、1171.22万元；划拨学生营养改善计划资金2341.18万元，受益学生7.41万人次。获国家教育部颁发的“全国第四届中小学生艺术展演活动”优秀组织奖；获自治区授予的“国培计划”(2012)—广西农村中小学骨干教师培训项目“优秀组织单位”称号。开展文艺活动252场，观众22.85万人，其中开展迎春联欢晚会、首届广场舞大赛、庆“五一”职工文艺晚会、中国·隆安“那”文化旅游节、“以美丽同行，做谦恭有礼的隆安人”公务(校园)礼仪文明风采大赛、“美丽隆安·清洁乡村”为主题的系列文艺下乡宣传演出等大型群众文化活动17场；送电影下乡1396场，观众3.70万人；“送百戏下乡镇、社区”的文艺演出14场，观众2.50万人；制作播出《隆安“那”文化灿烂的地方》等15部专题片。以“那”文化为主题的创编无伴奏小合唱《神奇的稻乡》参加第二届自治区基层群众文艺会演获铜奖。隆安壮族散花婚俗、雁江粉利、南圩谭氏草药疗骨、更望湖歌圩4个项目列入南宁市第五批非物质文化遗产保护名录项目。6月，中国民间文艺家协会授予隆安县“中国‘那’文化之乡”称号。有医疗卫生机构368个，其中国有医疗卫生机构17个(县级5个，乡镇12个)、村卫生所131个、个体医疗诊所67个。卫生技术人员1305人(县属卫生技术人员804人)。医疗病床1750张(县级医院1298张，乡镇卫生院452张)。参加新型农村合作医疗农民36.13万人，参合率99.52%。投资85万元，完成农村卫生户厕建造1000座。完成地中海贫血筛查1.11万人，重症地贫儿出生数为零；为4名贫困高危孕产妇提供救治补助；免费为808对新婚夫妇进行地中海贫血筛查。人口出生6138人，人口出生率 15.46‰。选派 21 支龙舟队参加“中国体育彩票杯”第九届“中国水城”南宁国际龙舟邀请赛。县壮族舞狮团获百色市布洛陀民俗文化旅游节狮王争霸赛第一名。参加自治区级运动会获金牌 3 枚、铜牌 1 枚。

民政工作　审批城镇最低生活保障对象 3.16 万人次，发放保障金 758 万元；审批农村低保对象 21.48 万人次，发放保障金 2291 万元。发放优待抚恤金 71.45 万元，拥军优抚慰问金 144.72 万元，优抚定补金 90.80 万元；接收退伍军人 100 人，安置转业士官 2 人，发放退役士兵和复员士官自主就业补助金 229.05 万元。发放农村五保供养保障金 2.23 万人次、428 万元；发放灾民和困难群众、五保户救济粮食 380 吨，衣被 1.82 万套床，受益 2.64 万人。发放医疗救助 420 万元，受益 1183 人。办理婚姻登记 4218 对，离婚登记 281 对。

劳动与社会保障　城镇新增就业 2145 人，帮助就业困难人员再就业 147 人。登记失业率 3.05%。完成职业技能培训 1136 人，农村劳动力转移就业 8582 人。参加城镇职工基本养老保险企业 272 个，参保人数 2 万人，征缴保险费 5370.12 万元，支出 1.75 亿元；参加失业保险 1.04 万人，征缴保险费 608.14 万元，支出 184 万元；参加城镇基本医疗保险 4.68 万人，征缴保险费 3743 万元，支出 3647 万元；参加工伤保险 1.05 万人，征缴保险费 125.51 万元，支出 88 万元；参加生育保险 9300 人，征缴保险费 100.98 万元，支出 99 万元。监察用人单位 196 家，涉及劳动者 6130 多人，审查用人单位规章制度 63 件，书面材料审查 258 户，督促企业签订劳动合同 185 户、9000 余人，追发劳动工资待遇 337.70 万元；处理劳动争议 48 件，涉及劳动者 60 人、金额 357.70 万元。

6 月 20 日，隆安县获中国民间文艺家协会授予“中国‘那’文化之乡”称号

何宏生　摄

【隆安“那”文化旅游节】　2013 年 9 月 5 日至 7 日，隆安县举办南宁国际民歌艺术节“绿城歌台”暨中国·隆安“那”文化旅游节。内容包括“绿城歌台”隆安歌台暨“那”文化旅游节开幕式、“那”文化民俗座谈会、山水旅游节 3 个联谊载体，美食“那”条街、“那”产品展销会、投资洽谈活动 3 个经贸平台，“那”文化民俗表演、百米长卷摄影展、书画作品摄影展 3 个文化活动。参加活动人数 2 万多人，活动期间签约意向项目 11 个。

【隆安县那桐镇“四月八”农具节】　2013 年 5 月 15 日至 18 日，隆安县那桐镇举办“四月八”农具节。活动内容有山歌演唱、千人祭拜农具、敬牛仪式、千人特色巡游、拔河比赛、篮球比赛、家具买卖、美食一条街、商品展销等。参加美食商品展销活动的企业 273 家、美食商家 87 家，总交易额 5000 多万元。

2013 年隆安县乡镇情况

名称	土地面积（平方千米）	村民委员会（个）	社区居民委员会（个）	自然屯（个）	年末人口（人）	农林牧渔业总产值（万元）	粮食产量（吨）	农民人均纯收入（元）
城厢镇	386	14	3	192	71396	60600	22180	6347
南圩镇	311	18	2	190	67197	40349	21490	6249
雁江镇	128	9	1	86	27787	25425	15427	4995
那桐镇	187	11	1	124	57146	55653	27381	6283
乔建镇	217	14	1	70	43947	30072	17036	5324
丁当镇	269	10	1	107	36302	51776	10561	6175
古潭乡	108	6	1	56	26597	29651	3332	5430
都结乡	215	19	1	200	40681	19600	13000	4250
布泉乡	174	8	1	112	24073	9850	8933	3847
屏山乡	234	9	1	102	18280	10697	5718	3999

（黄东明）

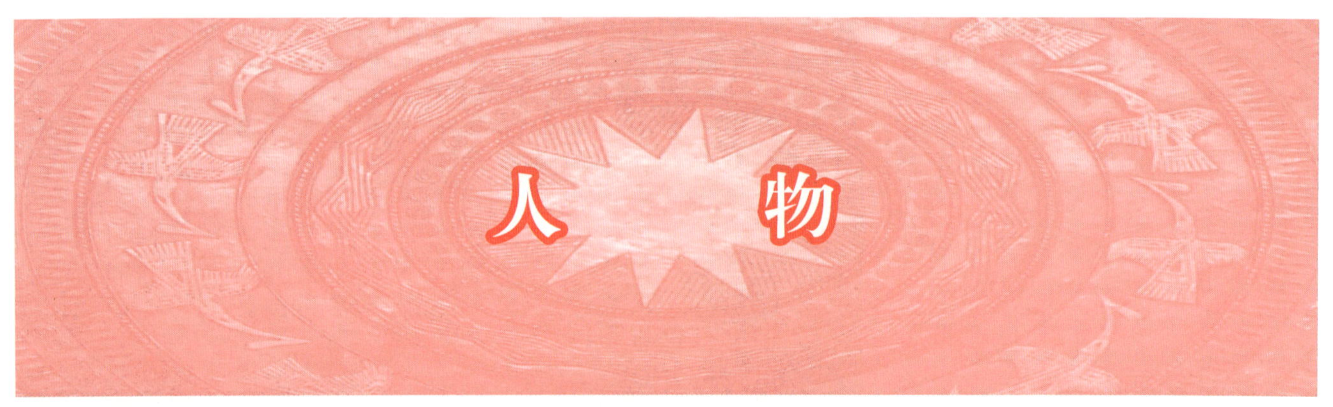

人物

新闻人物

全国援外医疗工作先进个人

钟日胜 壮族，南宁市第二人民医院副主任医师，中共党员，研究生学历，1970年4月生，1991年8月参加工作，广西崇左市人。2004年以来，钟日胜参加援非医疗工作2次时间长达4年，他用平凡善举书写下一段不寻常的国际援助故事，将“能帮就帮，敢做善成”的南宁精神从南宁传递到非洲大地。2004年11月，钟日胜作为中国援非医疗队第十三批队员奔赴尼日尔。作为当好医院（津德尔）麻醉方面唯一一名医生，他克服医疗设施简陋、药品严重短缺及疟疾、艾滋病、霍乱、麻疹等各种疾病肆虐的困难，与一名护士承担起整个医院的手术麻醉和危重病人的抢救任务。2005年，尼日尔爆发当地历史上最为严重的粮食危机，饥荒、疾病肆虐当地数百万人。钟日胜两次感染疟疾，但他没请过一天病假，他夜以继日地工作，一次因为劳累过度，在对一名感染艾滋病毒的男子进行手术时，不慎被接触过男子的针头扎破手指。钟日胜知道这意味着什么，他迅速用力挤压创口，尽量使可能存在的艾滋病毒随血液排出体外并用酒精消毒，然后，若无其事地继续给病人做手术。虽然日后检查没有被感染，但是危险时时存在，钟日胜将危险置之度外，把自己全部的中国抗疟药——青蒿酯片全部免费用于救治当地人，全身心投入到治疗尼日尔病人的工作中。在尼日尔两年时间里，他和同事诊治门诊病人3.60万人次，抢救危重病人700多人次，施行手术2900多例，获尼日尔共和国颁发“优秀医疗专家”称号，时任联合国秘书长安南视察尼日尔灾情时得知中国医疗队坚守灾区的先进事迹后，特别接见工作在饥荒一线的中国医疗队队员。2012年7月，钟日胜又一次踏上援非（科摩罗）之路，他用自己的专业技术，踏踏实实地为非洲人民做事。工作间隙及业余时间，钟日胜勤奋钻研业务，先后在省级、国家级核心期刊上发表专业学术论文11篇，在《健康报》《海外文摘》等报纸杂志上发表关于援非工作经历的文章多篇，获南宁市科学技术进步二等奖1项，三等奖2项，广西医药卫生适宜技术推广奖三等奖1项，他创作的纪实文学作品《非洲小城的中国医生》，全书33万字，2011年作为中非卫生国际合作会议参考书籍。2013年，钟日胜被人力资源和社会保障部、国家卫生计生委授予“全国援外医疗工作先进个人”称号。（甘洪流）

2005年8月23日，联合国秘书长安南（左一黄衣者）慰问在尼日尔津德尔国家医院援非的中国援非医疗队，与钟日胜（右一）等人握手

外事“110”——潘少锋

潘少锋 壮族，南宁市公安局出入境管理支队三大队副大队长，中共党员，本科学历，1974年12月生，1996年毕业于中国人民公安大学法语专业，1996年7月参加公安工作，广西武鸣县人。参加公安工作以来，潘少锋忠诚为民，忠于职守，自强不息，顽强拼搏，精研业务，热情服务，成为南宁的“外事110”。2004年10月，潘少锋作为中国首批、广西首名联合国维和警察远赴海地维和防暴，在当地树立起中国警察的良好形象。2005年1月，他与队友被联合国授予“联合国和平勋章”；4月，被公安部授予“中国维和警察荣誉章”。由于在海地维和期间长期超负荷工作，潘少锋出现低烧、四肢乏力、出虚汗的症状，维和任务完成回国后检查发现患上重症肌无力。面对这种治愈率极低的疾病，潘少锋一边治疗一边休养、锻炼。体力稍微恢复，就回单位上班。当时由于身体不适合出外勤，他主动编写《南宁市出入境基层培训手册》

联合国海地特派团警察指挥长给潘少锋（右一）授予“联合国和平勋章”

等材料，作为基层民警外管业务培训教材。2008年10月，潘少锋到北京接受手术治疗，期间，潘少锋将法文版《联合国维和民事警察手册》翻译成中文，用坚韧不拔的毅力和对事业的热爱，战胜病魔，创造生命"奇迹"。2009年2月，潘少锋身体基本康复，重返工作岗位。他所在的三大队只有4名民警，却承担着管理每年数十万旅游、留学或从事经贸活动的境外人员的职责，任务繁重。潘少锋指导市区有关派出所，在外国人居住集中的社区建立警务室，在主要高等院校建立"外国人高校服务站"，方便近距离为外国人提供便捷的服务，提高工作效率，提升服务质量。每年中国—东盟博览会、中国—东盟商务与投资峰会期间，东盟国家客商多，对小语种翻译人才需求大。针对此情况，潘少锋组建"南宁外事警务外语翻译人才库"，动员25名高校外语教师加入人才库，由出入境管理支队协调选派，随时为民警提供处理涉外案(事)件的翻译支持，将南宁出入境管理服务的工作语言范围覆盖到英、法、越、泰、缅、老、日、韩等9种语言。2012年，潘少锋被评为广西出入境处理涉外案事件能手，获"南宁市优秀人民警察""自治区优秀人民警察"称号。

传递正义正气正能量的"赤脚哥"

苏洁静 南宁市公安局巡警（便衣侦查）支队二大队副大队长，大专学历，1982年5月生，广西横县人，2003年9月参加工作。苏洁静热爱公安工作，业务能力强，练就一身反扒擒敌制胜的好本领。2012年以来，他带领"打飞抢小组"，破获"两抢"案件290件，打掉抢劫团伙80个，抓获现行飞车抢夺、抢劫案件45件，现行飞抢嫌疑人199人，严厉打击"两抢一盗"多发性犯罪活动，使全市街面两抢案件发案得到及时有效的控制，日均发案控制在15起以下。2013年7月9日，苏洁静因在闹市车流中赤脚勇追抢夺犯罪嫌疑人的视频在电视、网络上传播走红，被网民称为"赤脚哥"。2014年2月，苏洁静的事迹被中央电视台新春走基层栏目报道。苏洁静先后获自治区优秀人民警察、南宁市优秀人民警察等称号，并两次立三等功。

（黄俊杰）

模范人物

国家科技进步二等奖获得者

黄连冬 壮族，南宁市金花茶公园基因库主管，高级园林工程师，中共党员，大专文化，1955年3月生，1978年7月参加工作，广西南宁市人。参加工作以来，黄连冬一直在南宁市园林系统从事园林科研工作。34年来，他的足迹遍及广西、云南及越南等地，引种金花茶原生种苗30多种3000多株，培育出金花茶杂交新品种10个，将南宁市金花茶公园建设成为世界上种类最为齐全的金花茶基因库，成为"中国金花茶育种研究基地""广西青少年科技教育基地""南宁市青少年科技教育基地"；他指导当地中小学生开展科普活动，先后有4名学生获"全国青少年创新大赛二等奖"和"广西青少年科技创新大赛一等奖"；他撰写科研论文，先后在《中国花卉盆景》《北京林业大学学报》《广西林业科学》等学术期刊上发表学术论文19篇；先后获国家科技进步二等奖、北京林业大学科技进步一等奖、国家林业局科学技术进步一等奖等。（陆林翠）

"中国好人榜"敬业奉献好人

杜丽群 女，壮族，南宁市第四人民医院艾滋病科护士长、副主任护师，中共党员，大专文化，1965年5月生，1984年7月参加工作。近10年来，杜丽群始终工作在护理艾滋病患者一线岗位上，参与或指导护理艾滋病病人4000多人次。她关爱患者、耐心细致，尊重患者、医者仁心，以真诚、爱心消除病人的心理障碍，帮助患者树立重新面对社会和生活的信心；她团结友善、创新进取，带领护理队伍坚守在艾滋病护理的岗位上，没有一个人离开；她开展护理科研和新技术活动，参加广西卫生厅立项科研课题《艾滋病抗病毒服药依从性管理模式的研究》，参与3项护理科研，在省级刊物发表论文7篇，她所在的医院被国家相关部门列为国家级艾滋病临床治疗培训基地。近年来，杜丽群先后获艾滋病国际治疗倡导联盟中国区颁发的第二届"精忠奖"、全国医药卫生系统创先争优活动先进个人、广西第七次民族团结进步模范个人等称号。2012年12月，获人力资源和社会保障部、卫生部等多部委联合授予"白求恩奖章"。2013年4月，获全国五一劳动奖章；7月，获"全国医德楷模"称号；12月，入选"中国好人榜"敬业奉献好人。2013年2月，市委、市政府做出决定号召向杜丽群同志学习；9月，中共广西壮族自治区委员会做出关于开展向杜丽群同志学习活动的决定。

陈美杏 女，江南区劳动保障监察大队副大队长，中共党员，1961年7月生，1987年1月参加工作。1997年11月以来，陈美杏一直工作在劳动保障监察第一线，她始终把农民工当作亲人，做农民工的贴心人，心贴心、动真情、千方百计、不怕困难，保护农民工的合法权益，为众多农民工讨回工资。16年来，陈美杏为10万多名农民工追回3亿多元欠薪，农民工们亲切地称她为"陈姐"。2013年11月，陈美杏入选中央文明办主办的"中国

好人榜”敬业奉献好人。

第四届全国见义勇为模范提名奖

刘小坚 原南宁市九州出租汽车有限公司出租车司机。刘小坚对工作认真、细致,对乘客耐心周到、能帮就帮,对乘客遗失物品拾金不昧,积极协助调解纠纷。他在“的哥”这个平凡的岗位上做出不平凡的事,用文明、规范、周到的服务得到广大乘客肯定,用勇敢、大义、诚信、爱心生动地诠释南宁“能帮就帮”的城市精神,以个人的经历,参加广西“道德模范故事汇”基层巡演、广西“见义勇为英雄先进事迹”报告会、南宁市道德模范基层巡讲等活动,走进“道德讲堂”,发挥标杆作用,引领更多人向善向上,共同建设美丽社会。先后获“全国五一劳动奖章”“第八届‘昆仑奖’全国见义勇为英雄司机”“中国好人榜”见义勇为好人、第四届全国见义勇为模范提名奖等称号。

羊建明 广西新长江高速公路有限责任公司工程师,1977 年 9 月生。20 世纪 90 年代末,羊建明以“献血一袋,救人一命”的理念,开始无偿献血。14 年来,无偿献血 103 针次,献血量超过 7 万毫升。2005 年 6 月,羊建明等人筹建“红色爱心”无偿献血志愿者服务队并被聘为队长。8 年来,他发展服务队伍,宣传无偿献血,联系企业赞助公益事业,参加志愿服务 4500 多小时,把服务队发展成为 4000 多队员的“大军”,其中 1500 多人正式注册成为中国志愿者。在他的努力下,南宁市献血参与率、自愿献血率、街头献血率、献血者满意率、血液安全等方面走在全国前列,采供血量常年跻身全国前十位,南宁市连续八年四次膺全国无偿献血先进城市。羊建明被评为中国优秀志愿者,获第四届全国助人为乐模范提名奖、第四届全国见义勇为模范提名奖、第八届中国青年志愿者优秀个人奖、全国无偿献血志愿服务终身荣誉奖等。

(秦　愉)

全国五一劳动奖章

杜丽群 (事迹详见模范人物 “中国好人榜”敬业奉献好人)

舒志强 广西运德集团南宁客运总站快班司机,1964 年 8 月生,1984 年参加工作。30 年来,舒志强无论是驾驶货车、客车,他都特别爱护车子,注重做好车辆例保。每次出车前和收车回库,他都亲自参与清洁、维修师傅一道,清洗车辆、加油、检查轮胎和刹车系统、转向灯等,对车辆进行维护保养,发现问题及时报修,始终将车辆保持在良好状态, 随时都能够投入运输生产。驾驶过程中,舒志强把“安全生产”放在首位,把“优质服务”贯穿始终, 在平凡岗位上, 凭借对各地气候条件、路况和车辆性能的把握,熟练运用驾驶技巧,创下 30 年安全行车 287 万千米的好成绩; 他所驾驶的车辆在所在集团公司维修费用,燃、润油消耗和轮胎损耗等方面,低于公司规定的指标,节能减排工作在全体驾驶员中名列前茅。近年来,舒志强先后获自治区 “八桂工人之星”、南宁市先进生产(工作)者、南宁市交通运输行业春运工作先进个人、自治区交通运输行业安全行车百万公里优秀驾驶员、自治区劳动模范等称号。

(韦文宇)

全国三八红旗手

谢华娟 女,壮族,西乡塘区衡阳街道中华中路社区党支部书记,中共党员,1965 年 6 月生,广西崇左市人。她带领广大妇女参加“双学双比”“巾帼建功”“家庭文化建设”等活动,为妇女参政议政、维护妇女儿童合法权益、民族团结等做了大量工作。2006 年、2007 年、2008 年连续三年获南宁市先进生产工作者称号,获自治区、南宁市、西乡塘区党务工作者先进个人称号。2007 年,被评为南宁市“城乡清洁工程“活动先进个人。2008 年,被评为广西壮族自治区民族团结先进个人、获西乡塘区“八桂先锋行”先进个人称号。2009 年,获国务院民族团结进步模范个人称号。2010 年,获南宁市“三八红旗手”标兵称号、南宁市优秀人民调解员称号、西乡塘区朱传波式好干部称号。2011 年,南宁市优秀共产党员称号。2012 年, 获广西壮族自治区“三八”红旗手称号。

全国巾帼建功标兵

李　宁 女,南宁市财政局党组书记、局长,中共党员,1964 年 8 月生, 广西南宁市人,她在南宁市财政工作战线上屡创佳绩,2012 年以来, 她带领南宁市财政工作人员抓好财源建设, 加强财政收支预算执行,抓好投融资工作,抓好民生保障资金和项目建设资金落实,确保南宁市财政收支质量稳步提升。在她的带领下,南宁市筹集 30 亿元用于重点产业项目建设,落实 13.80 亿元资金推动电子信息、铝加工、机械装备等现代工业发展,推进 68 项农业产业化和现代化项目,扶持培育一批成长性好、带动力强的龙头企业; 加快专项资金的结转和审批速度,支出督促检查力度,调度资金,确保预算均衡执行; 协助南宁市城建集团与桂林银行 15 亿元信托融资资金、华夏银行 10 亿元信托融资资金募集到位,推进平台公司利用非金融企业债务融资工具开展融资业务; 协调推进南宁市政府与国家开发银行《“十二五”开发性金融合作备忘录》,市政府与中国农业发展银行 150 亿元新农村建设合作协议;推动国家开发银行轨道项目 120 亿元、郁江老口项目 17.15 亿元协议贷款资金落实到位,有力支持南宁铁路枢纽、高速铁路等一批重大交通项目建设。

全国维护妇女儿童权益先进个人

陈 尧 女，南宁市妇联党组书记、主席，中共党员，1968 年 9 月生，广西北流市人。她调动全社会各方力量维护妇女合法权益，构筑起社会化维权网络。指导开展平安建设“双维双促”活动，构建“岗站线团”立体化维权维稳工作新格局；发挥全市 93 个“妇女儿童维权岗”的优势，为妇女儿童维权提供优先快捷通道；依托综治信访维稳平台，建立 1745 个村社区“妇女儿童维权服务工作站”，将普法宣传、权益维护、爱心咨询、救助庇护等服务送到基层妇女身边；依托南宁市政府公共服务呼叫中心系统，24 小时开通 5503320 南宁市妇女儿童维权热线，促进社会和谐稳定；组建“南宁市妇女儿童维权热线志愿服务团”，为妇女提供维权服务、心理咨询、家庭教育等无偿服务。近年来，获首府南宁创建全国文明城市先进个人、广西实施 2001—2010 年妇女儿童发展纲要先进个人、2011 年全国岗位建功先进工作者等称号，2007 年至 2011 年连续 6 年度考核优秀，记公务员三等功 2 次。

全国农村科技致富女能手

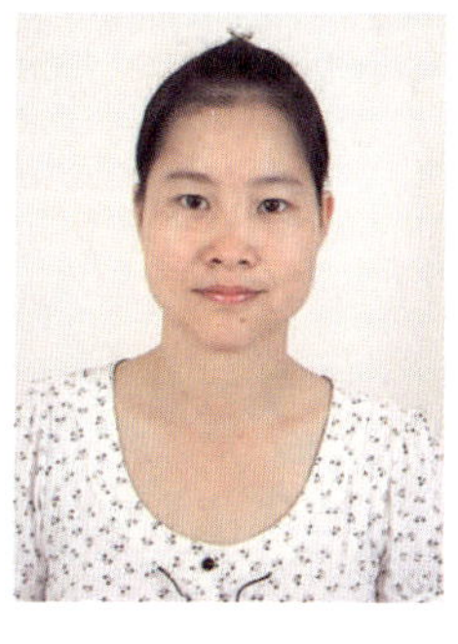

李玉红 女，广西南宁北部湾现代农业有限公司总经理，中共党员，1985 年生，广西横县人。2009 年，她自筹 3160 万元，成立广西南宁北部湾现代农业有限公司，在横县云表镇建设广西规模最大的奶水牛养殖基地——“横县摩拉菲尔奶水牛生态牛场”，养殖规模为 1000 头奶水牛；建设广西规模最大的草菇场——“横县马岭食用菌场”，建设广西规模最大的脚板薯生产基地，从事奶水牛养殖，食用菌生产、销售、脚板薯培育、蘑菇新品种栽培技术研究等。公司每年种植类面积 13.33 公顷以上，年产新鲜紫色脚板薯 500 吨以上；水产养殖面积 146.67 公顷以上；年产摩拉菲尔新鲜水牛奶 1000 吨以上，养殖大型牲畜年出栏 1000 头以上。公司举办 6 期农村实用技术培训班，培训妇女 1000 人，辐射带动增收致富妇女 1000 人。2013 年，被授予“南宁市城乡妇女岗位建功先进女能手、“全国巾帼科技辅导员培训班一级证书”“全国农产品女经济人培训班二级证书”。

韦翠兰 女，壮族，上林县西燕镇江卢村委会妇代会主任，中共党员，1971 年生，广西上林县人。韦翠兰同志努力发展桑杆有机食用菌、药用菌产业，延伸桑蚕业产业链，形成桑—蚕—菌—有机肥料—有机茶园的农业循环产业。2009 年 9 月，她的产品获南宁市第一个国家级食用菌有机产品认证书（达到欧盟标准）。2010 年，成立上林县明山菌业有限公司，生产榆黄蘑、姬菇、猴头菇、木耳、平菇、茶树菇等有机食用菌，为南宁市首家有机食用菌生产企业。目前，企业完成投资 270 万元，占地 13.33 公顷，2011 年生产有机食用菌 50 万筒，鲜茶叶 10000 斤，产值 160 万元。2012 年，建立食用菌广西首家智能化研究及新产品开发项目，新产品已经获得国家专利局受理。

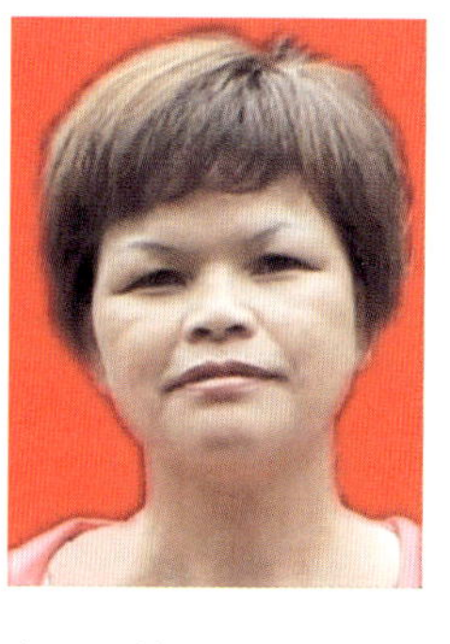

谢娇春 女，壮族，广西武鸣县大明山云彩桥食品饮料有限公司副总经理，中共党员，现年 48 岁。2001 年创业，投资建成云彩桥公司，组织或帮助农村妇女剩余劳动力转移。公司坚持以人为本，帮助农村妇女降低转移成本和就业风险，创造再就业机会，大胆进行技术革新，不断壮大企业，在就业、教育、帮助社会弱势群体等方面做出积极的贡献。

（黄宇翔 黄家玉）

全国农业先进个人

莫清贵 壮族，武鸣县农机化技术推广服务站站长，工程师，大学学历，1974 年 9 月生，广西武鸣县人。2009 年至 2012 年，莫清贵主持完成广西科技厅、南宁市科技局下达的机具研制项目 2 个，研发机具获得国家实用新型专利 2 项，项目成果分别鉴定为国际先进水平和国内领先水平。2011 年至 2013 年，莫清贵主持完成广西科技厅下达的农机化技术集成研究项目 2 个，成果鉴定为国内领先水平。近三年来，莫清贵在广西农机化专业期刊、广西职业技术学院学报等刊物独自或合著发表论文 4 篇，参与编写《广西壮族自治区拖拉机教员培训教材》一本。2013 年 12 月，莫清贵被农业部评为全国农业先进个人。

全国粮食生产特殊贡献农业科技人员

曾永跃 南宁市农机化技术推广服务站，高级工程师，大专学历，1958 年 5 月生，广西钦州市人。曾永跃从事水稻生产机械化技术研究和示范推广 30 多年，先后主持研制防滑轮、点播机、割晒机、烘干机、脱粒机（通过省级技术成果鉴定）等水稻生产机械。2012 年至 2013 年，曾永跃在宾阳县主持实施“广西水稻生产全程机械化生产示范”“水稻农机农艺融合试验”项目，作为技术负责人，主持方案制定、技术指导、示范培训等，建立中心示范区面积 846 公顷，示范带动 3867 公顷，节本增效 1200 万元，项目区水稻综合机械化水平 94.10%。

2012—2013年全国农机安全监理“为民服务创先争优”示范岗位标兵

韦东志 壮族，武鸣县农机安全监理站助理工程师，大学学历，1974年9月生，广西武鸣县人。韦东志深入村屯开展为民办理农机监理业务服务，带着感情办实事，不断改进作风，创先争优，为广大机手群众提供高效、优质、便捷的服务；对办理业务的群众努力做到一张笑脸相迎，一杯茶水暖心，一颗诚心办事，来有迎声，问有答声的文明优质服务。

莫恒威 邕宁区农业机械化管理局（邕宁区农机安全监理站）助理工程师，大学学历，1968年10月生，南宁市青秀区人。莫恒威政治立场坚定，作风正派，模范遵守国家及农机化法律法规，文明执法、热情服务，讲究服务快捷；严格执法，纠正违章，消除农机事故隐患；开展农机安全知识宣传教育培训，提高机手遵纪守法意识；创新执法检查，加强对机手的教育与解释工作，争取机手与农机监理部门互相配合，变管理为热情服务，推进农机监理工作的顺利稳步开展；深入开展创建“平安农机”活动，邕宁区被评为全国平安农机示范单位。

（陆凤婵）

全国十佳公诉人

宋　萍 女，南宁市人民检察院公诉二处副处长，中共党员，法学本科学历，1981年1月生，广西南宁市人。历任南宁市检察院公诉二处书记员、助理检察员、检察员，兴宁区人民检察院公诉科副科长，市检察院公诉二处副处长。2013年3月，参加第五届广西十佳公诉人暨第七届广西优秀公诉人业务竞赛，被自治区人民检察院授予“广西十佳公诉人”称号。2013年6月，参加第五届全国十佳公诉人暨全国优秀公诉人业务竞赛，被最高人民检察院授予“全国十佳公诉人”称号，并获优秀论文单项奖。

刘军辉 南宁市人民检察院公诉二处处长、青秀区人民检察院副检察长，中共党员，法律硕士，1979年7月生，湖北天门人。曾荣立个人二等功1次、三等功4次。2009年5月获自治区人民检察院授予的第四届“广西十佳公诉人”称号，2013年6月获最高人民检察院授予的“全国优秀公诉人”称号。

（蒙　旗）

全国优秀法官

蓝　彬 女，壮族，江南区人民法院民二庭副庭长，中共党员，1972年10月生。蓝彬长期坚持在法院审判一线，她认真履行法官职责，爱岗敬业，公正廉洁，致力于化解社会矛盾，她经手的案件无一矛盾激化和当事人上访，案件裁判正确率100%，结案率100%，人民满意度100%，实现社会效果和法律效果相统一。从2009年到2012年，她共审理民事一审案件1805件，审结1801件，以调解撤诉结案的案件有1001件，调撤率达55.6%，自动履行率达到99.6%，服判息诉率达到96.7%。蓝彬积极参与学术调研、裁判文书、"优秀示范庭审"等竞赛活动，多次获奖，其庭审在广西区高院30个"优秀示范庭审"评比中名列总分第三，她先后荣获广西先进工作者、"广西三八红旗手"、广西法院办案标兵、南宁市劳动模范等多项荣誉，荣记个人三等功2次。2013年2月，被最高人民法院授予全国优秀法官荣誉称号。

全国法院办案标兵

王　坚 女，兴宁区人民法院民二庭副庭长。2012年11月21日至2013年11月20日，王坚共收各类商事案件789件，结案783件，结案率99.23%，其中判决450件，调解48件，撤诉285件，调撤率42.53%，当庭宣判率95.25%，调解自动履行率100%，无一超审限案件，上诉案件4件，上诉率0.51%，全部驳回上诉，维持原判，改判和发回重审率为零，服判息诉率99.49%，办案法律效果和社会效果好。2009年以来，王坚她制作的商事裁判文书，入选广西法院年度"一百份优秀裁判文书"5份，获民事裁判文书评比一等奖2份；她主办的案件入选年度广西法院"一百件精品案件"2个，被最高人民法院评为"全国法院优秀庭审"1个。2013年1月，王坚被最高人民法院授予"全国法院办案标兵"称号，3月荣立广西区高院个人三等功。

（潘伟坚）

全国公安系统学雷锋先进个人

罗　萍 女，侗族，南宁市公安局兴宁分局兴宁派出所民警，中共党员，大专学历，1961年6月生，广西钟山县人。罗萍全身心投入社区警务工作，用热情服务赢得群众信任，用真诚沟通化解矛盾纠

纷，用文化感召促进文明和谐，深深感动和温暖老巷居民，帮助老城区百年老街巷重建平安和谐的生活环境。2013年4月，被评为“全国公安系统学雷锋先进个人”。

（黄俊杰）

第十届全国十大见义勇为英雄司机

田爱民　南宁市中鹿出租汽车有限公司出租车司机，1969年3月生。2013年4月18日凌晨，田爱民在南宁市祥宾金湖路口搭载一名从湖北省武汉市走失的年轻女孩，他在连续多次送达而女孩均不下车的情况下，尽力帮助女孩，在得知女孩家庭比较困难的情况后，田爱民免收女孩家人的打车费。田爱民还在长湖金湖路口与其他驾驶员合力抓获一名肇事逃逸分子，该名犯罪嫌疑人在南宁市实施多次入室盗窃，数额巨大，涉案金额30多万元。2013年，田爱民被中华见义勇为基金会授予第十届全国十大见义勇为英雄司机。

黄世国　广西万里出租汽车有限公司驾驶员，中共党员，1969年3月生，广西都安县人。五年来，黄世国秉承车行万里爱心随行的服务理念，尽心尽力地做好本职工作，先后被交通局、运管处评为“文明使者”“五个一百”星级服务出租汽车驾驶员、“先锋示范车”等称号。2012年12月27日凌晨，黄世国不顾自己患有胆结石不能做剧烈运动的危险，奋不顾身追赶一名实施抢包的歹徒，与南宁饭店值班人员一道追赶上千米，合力将歹徒制服。2013年，黄世国被中华见义勇为基金会授予第十届“全国十大见义勇为英雄司机”称号。

（傅荣华）

全国人民调解能手

宁　瑜　横县横州司法所所长

赖富贤　宾阳县新桥司法所所长

梁恒广　（壮族）邕宁区百济乡华灵村人民调解委员会主任

陆国宁　（壮族）西乡塘区道路交通事故人民调解委员会人民调解员

农武民　（壮族）良庆区大唐镇南荣村人民调解委员会主任

韦懿真　（女，壮族）青秀区联合人民调解委员会人民调解员

全国模范人民调解员

杨明红　江南区菠萝岭社会调解委员会调解员

黄丽萍　（女）青秀区道路交通事故人民调解委员会调解员

黄炳强　宾阳县黎塘镇人民调解委员会主任

（傅荣华）

全国工商行政管理系统优秀工商行政管理人员

周　明　市工商局高新技术产业开发区分局相思湖区工商所所长

谭　英　（女）西乡塘区工商局副主任科员

（潘文启）

广西劳动模范

贺建光　南宁康福交通有限公司司机

胡盛品　（壮族）南宁百货党委副书记、工会主席

黄　芳　（女）南宁市总工会职工技协办公室主任

黄　猛　（壮族）佛山佛塑科技集团股份有限公司南宁经纬分公司拉丝车间主任

黄启年　（壮族）南宁市中小企业服务中心主任

梁树华　南宁邦尔克生物技术有限责任公司副总经理

舒　燕　（女）中建五局广西公司党委副书记、工会主席

苏景昌　广西佳信企业投资集团董事长

玉燕玲　（女）南宁市西乡塘区环境卫生管理站清保公司质检员

（韦文宁）

广西巾帼建功标兵

杜丽群　市第四人民医院艾滋病科护士长

张　燕　南宁梦之岛德盛投资有限责任公司江南分公司收银员

广西维护妇女儿童权益先进个人

谭　靖　市妇联副主席

李　潮　江南区江南街道五一中路社区党委书记

梁飞燕　宾阳县司法局法制宣传股股长

黄秀芬　良庆区司法局副局长

陈华婕　青秀区人民法院立案庭庭长

朱茂灵　市人口和计划生育服务中心主任

刘春花　西乡塘区人民法院民一庭副庭长

张　燕　兴宁区法律援助中心主任

潘艳华　武鸣县人民法院民一庭审判员

钟喜红　市卫生局妇幼卫生科科长

广西农村科技致富女能手

覃丽娟　宾阳县露圩镇上塘村委支书、主任

蒙凤娇　武鸣县锣圩镇板新村村民

张念兰　马山县悦达养殖场总经理

广西妇女小额担保财政贴息贷款工作先进个人

梁德权　中国农业银行广西分行农户金融部副主任科员

蒋燕萍　市妇女联合会发展部副部长

苏幼明　宾阳县财政局行政政法股股长

广西农村妇女“两癌”免费检查工作先进个人

黎君君　市卫生局副局长

韦　敏　上林县妇女联合会副主席

谢雪花　武鸣县妇女联合会主席

（黄宇翔　黄家玉）

南宁市第八批专业技术拔尖人才

李晓明 南宁邦尔克生物技术有限责任公司副总经理

霍　力 广西机械工业研究院副院长，教授级高级工程师

熊维程 南宁飞日润滑科技股份有限公司董事长，高级工程师

傅其军 南宁金浪浆业有限公司副总经理，高级工程师

莫清贵 武鸣县农机化技术推广服务站站长，工程师

韦振雷 广西南宁化学制药有限责任公司政务部经理，高级工程师

代华兵 广西壮族自治区林业勘测设计院3S中心书记，工程师

卢玉南 广西华蓝岩土工程有限公司总经理总工程师，教授级高级工程师

曾祥新 南宁市勘察测绘地理信息院副主任，教授级高级工程师

杨　华 广西申能达智能技术有限公司项目经理，工程师

黄幼岩 南宁市第三中学校长，教授

吕健玉 (女)南宁市第二中学教师，中学高级教师

韦屏山 南宁市第三中学副校长，中学高级教师

辛相艺 (女)南宁市第十四中学教师，中学高级教师

梁晓红 (女)南宁市东葛路小学教研处主任，小学中的中学高级教师

诸小丽 (女)南宁职业技术学院教师，教授

凌小冰 (女)南宁市第四职业技术学校副校长，中学高级教师

耿春华 (女)南宁市教科所科研室、心理德育研究室主任，中学高级教师

蒙科祺 南宁市第三十一中学科研处主任，中学高级教师

谢　云 (女)南宁市第三职业技术学校校长，中学高级教师、烹饪营养技师

邝伟生 南宁市农业科学研究所党支部书记，农业技术推广研究员

黄柳春 南宁市植保植检站站长，高级农艺师

黄永利 南宁市林业科学研究所科长，高级工程师

李锦伟 南宁市农业技术推广站副站长、党支部书记，农艺师

韦志军 广西田园生化股份有限公司总经理，高级工程师

邓秀汕 广西力源宝农林科技发展有限责任公司董事长兼总经理，高级农艺师

甘文林 南宁市水产畜牧兽医技术推广站副站长，水产工程师

孙　宁 广西皇氏甲天下乳业股份有限公司生产总监，高级工程师

莫凯琳 (女)南宁市水果生产技术指导站科员，农艺师

罗金仁 广西农药剂型工程技术研究中心副主任，高级工程师

蒙永业 广西万寿堂药业有限公司董事长，工程师

黄绍标 南宁市第四人民医院艾滋病科(感染科)大科主任，主任医师

吴曙粤 南宁市第一人民医院副院长，儿科主任医师

李建民 南宁市第二人民医院院长、党委副书记，主任医师

周瑞仁 南宁市第一人民医院麻醉科主任，主任医师

徐永芳 (女)南宁市疾病预防控制中心艾滋病性病防治科科长，主任医师

黄宗贵 南宁市第一人民医院副院长，主任医师

李新萍 (女)南宁市第一人民医院副院长，主任护师

丘　映 (女)南宁市第二人民医院生殖医疗中心主任，主任医师

包国庆 广西桂西制药有限公司技术副总，主管药师

黄　刚 南宁市宣胜投资管理咨询有限公司首席专家，高级经济师、教授

文学军 南宁日报社副社长、党组成员，主任记者

丘晓兰 (女)南宁市《红豆》杂志社社长、主编

黄健春 南宁人民广播电台播出部副主任，工程师

余光辉 南宁市社会科学院副院长，副研究员

赵天宝 南宁市社会科学界联合会副主席，副研究员

钟日胜 南宁市第二人民医院医生，副主任医师

党　军 南宁电视台新闻综合频道副总监，一级播音员

谭和坚 宾阳县广播电视台副台长，助理编辑

林昆勇 南宁市社会科学院东盟所所长，副研究员

南宁市第七批优秀青年专业技术人才

刁守国 广西华锑科技有限公司生产部主管，助理工程师

温家凯 广西达译商务服务有限责任公司技术总监，工程师

马柳军 广西华锑科技有限公司品质部副经理，助理工程师

岑贤生 广西机械工业研究院信息化中心主任，高级工程师

兰　度 南宁市勘察测绘地理信息院精密测量和管线所所长，高级工程师

陆向明 南宁市勘察测绘地理信息院测绘所所长，高级工程师

廖宁飞 南宁飞日润滑科技股份有限公司技术总监，工程师

阮　明 南宁市勘察测绘地理信息院地理信息中心副主任，工程师

谭清华 南宁市勘察测绘地理信息院测绘技术研究中心副主任，工程师

刘　西 (女)广西华蓝设计(集团)有限公司副总建筑师、研究院副院长，高级建筑师

刘宝庆 南宁市环境保护科学研究所副所长，高级工程师

李媛媛 (女)南宁市环境宣传教育中心干部，工程师

梁少媚 (女)南宁飞日润滑科技股份有限公司技术部副主任，水环境监测工

丁红萍 (女)广西华蓝岩土工程有限公司质安部部长，工程师

杨崎峰 广西博世科环保科技股份有限公司常务副总经理，教授

陈　玉 广西华蓝设计(集团)有限公司研究院城市中心主任，高级规划师

许　国 广西华蓝岩土工程有限公司副总工程师，高级工程师

余　戈 南宁市环境保护局环境信息中心干部，高级工程师

付松锋 南宁市第二中学政教处副主任，中学高级教师

李　杰 南宁市第三中学科研主任，中学高级教师

黄 芳 (女)南宁职业技术学院教师,高级工艺美术师
王岩梅 (女)南宁市滨湖路小学教师,小学高级教师
刘方富 南宁沛鸿民族中学科研处主任,中学一级教师
覃彩莉 (女)马山县加方初级中学教师,中学一级教师
莫莎莎 (女)南宁市五象小学校长,小学高级教师
李丽红 (女)南宁市第五幼儿园党支部书记,幼儿园高级教师
张焕治 广西横县中学副校长,中学高级教师
刘 虎 隆安县隆安中学校长、书记,中学高级教师
谭 洁 (女)南宁市第二中学教师,中学高级教师
黄新迎 (女)南宁市天桃实验学校教师,小学高级教师
李海斌 宾阳县芦圩完全小学副校长,小学高级教师
覃丽青 (女)武鸣县城厢镇第三小学副校长,小学高级教师
马步方 (女)南宁市滨湖路小学科研处副主任,小学中的中学高级教师
曾东玲 (女)南宁市师范学校附属小学副校长,小学高级教师
韦 敏 (女)南宁市西乡塘区西津小学学校工会主席,小学高级教师
杨幸琪 (女)南宁市滨湖路小学教师,小学高级教师
李 德 (女)南宁市凤翔路小学教务处副主任,小学高级教师
梁 炎 (女)南宁市东葛路小学教导处主任,小学高级教师
邓嘉慧 (女)南宁市第二中学政教处副主任,中学高级教师
李春阳 南宁市第三中学教师,中学高级教师
闭道展 南宁市江南路小学副校长,小学高级教师
覃兆彬 (女)横县第二高级中学教师,中学高级教师
黎省元 南宁市邕宁区百济中学教师,中学一级教师
李雪贞 (女)南宁市红星小学副校长,小学中的中学高级教师
刘李平 (女)南宁市红星小学校长,小学中的中学高级教师
陈武树 西乡塘区兴贤小学教师,小学高级教师
谢 伟 南宁市第六职业技术学校机电专业部主任,中学一级教师
钟 蕙 (女)南宁市滨湖路小学教师,小学高级教师
黄桂香 (女)上林县大丰镇皇周小学教师,小学中的中学高级教师
吴雅洁 (女)南宁市上尧小学校长,小学高级教师
韦淇峰 广西丰林木业集团股份有限公司技术创新中心副主任,高级工程师
李常挺 隆安县动物疫病预防控制中心主任(副科级),高级兽医师
梁勇生 南宁市蔬菜研究所技术科副科长,农艺师
张文飞 南宁市农业广播电视学校校长、书记,农艺师
秦培钊 南宁市农业技术推广站干部,助理农艺师
卢亭君 (女)南宁市植保植检站干部,高级农艺师
臧延琴 (女)广西田园生化股份有限公司技术支持部经理,工程师
韦宏官 广西万寿堂药业有限公司副总监,高级工程师
岑 平 (女)南宁市疾病预防控制中心医生,医师
温庆伟 培力(南宁)药业有限公司质量研究部副主任,高级工程师
方跃平 (女)南宁市第四人民医院护士长,主管护师
李玉莹 (女)南宁市第一人民医院医生,主管护师
黄 河 广西桂西制药有限公司项目经理,中药师
蒋守念 武鸣县人民医院副院长,主治医师
周 吉 南宁市疾病预防控制中心慢性非传染性疾病防治科副科长,主管医师
韦柳迎 (女)南宁市第四人民医院护士长,主管护师
周 燕 (女)南宁中心血站医生,助理研究员、主治医师
杨 兰 (女)南宁市第二人民医院医生,主管检验技师
尚晓斌 南宁市第二人民医院医务部副部长,副主任医师
袁海涛 南宁市第一人民医院院办、医务部副主任,副主任医师
林 桦 (女)南宁市第一人民医院护士长,副主任护师
丁 可 南宁市第二人民医院放射科主任,副主任医师
苏国生 南宁市第四人民医院医生,主管技师
林健燕 (女)南宁市疾病预防控制中心传染病防治科副科长,副主任医师
徐 斌 南宁市疾病预防控制中心信息与科研管理科科长,副主任医师
劳诚毅 南宁市妇幼保健院麻醉科副主任,主治医师
范云燕 (女)南宁市疾病预防控制中心办公室副主任,主管技师
李恒聪 南宁中心血站所长助理,助理研究员、主管技师
蒙世远 横县人民医院医生,副主任医师
黄敏玲 (女)上林县妇幼保健院副院长,主治医师
马瑾瑾 (女)南宁电视台主持人,一级播音员
刘曙华 南宁市社会科学院科研人员,助理研究员
韦自露 (女)中共南宁市委党校党史党建教研部主任,讲师
谢如海 南宁广播电视技术中心综合部副主任,三级动画美术设计师
黄家兴 横县互联网新闻传播研判中心办公室主任,小学高级教师
周 青 南宁市社会科学院农村发展研究所副所长,助理研究员
班 宁 南宁电视台大型活动部副主任,记者
蒋 玉 (女)中共南宁市委党校法学教研部副主任,讲师
蒋春玲 (女)南宁市作家协会副主席(辛夷坞)
廖鸿飞 南宁市艺术剧院有限责任公司演员,二级声乐演员
王水莲 (女)南宁市社会科学院经济所所长,副研究员
宁 靖 南宁市民族文化艺术研究院演员,三级演员
刘 娴 (女)南宁市社会科学院城市所副所长,助理研究员
吴金艳 (女)南宁市社会科学院经济所副所长,助理研究员
何惠临 南宁市民族文化艺术研究院演员,三级演员
谢凌凌 广西巨玖文化产业有限公司商业经济学会培训部主任,副研究员
邹东华 南宁电视台记者,助理记者
罗春子 (女)南宁电视台节目部主任,

记者

梁瑜静　(女)中共横县委员会党校培训部副主任,讲师

农　丹　(女)南宁电视台记者,记者

（市委组织部）

第九届“南宁十大杰出青年”

陈玉萍　(女)兴宁区人民法院审判监督庭庭长

丁　可　(壮族)南宁市第二人民医院放射科主任、副主任医师

黄俊成　南宁市民族文化艺术研究院宣传策划展演部部长、南宁市戏剧曲艺家协会副主席

梁　春　(壮族)广西桂洁农业开发有限副总经理

梁晓红　(女,壮族)南宁市东葛路小学科研室主任、数学教师

马瑾瑾　(女)南宁电视台新闻播音员、南宁市广播电影电视艺术家协会副主席

农道勤　横县南乡镇蔡村村委会村支书、村委主任

苏桂榕　广西佳信企业投资集团执行总裁、南宁市政协委员、南宁市青年联合会副主席

韦　文　(壮族)广西中烟工业有限责任公司南宁卷烟厂电气技术员

朱　英　(女)南宁市公共交通总公司驾驶员

（蒋　娜）

南宁市巾帼建功标兵

杜丽群　市第四人民医院艾滋病科护士长

韦小菊　市公安局副局长

黄琳菲　广西壮家女家政职业学校武鸣好大姐服务部

陆灵峰　武鸣县财政局预算股股长

韦小光　横县教育工会主席、女工主任

陈燕萍　横县人民医院护理部副主任、工会副主席

陈振宁　宾阳县妇女联合会主席

颜　荣　宾阳县科学技术局副局长

石玉清　上林县妇联主席

覃美淑　马山县民族中学数学教师、教务处副主任

任　霄　隆安县第三中学教师

马小云　南宁市百佳汇商场管理有限公司董事长、总经理

黄　莹　兴宁区三塘镇农业服务中心主任

马亚丽　市国家税务局第三稽查局副局长

赵　炜　江南区国税局办公室主任

唐　琦　青秀区人民检察院侦查监督科副科长

滕　婵　青秀区国税局副主任科员

韦凤花　西乡塘区北湖南路社区党委书记

梁梅芬　邕宁区教育局女工主任

苏凤良　良庆区那马镇中心学校副校长

吴凤清　南宁经济技术开发区普罗旺斯小学校长兼书记

韦进进　市环境保护监测站生态监测科副科长

许　清　广西首府地方税务服务中心副主任

陈　琳　市国家税务局国际税务管理科

高国萍　市信访局接访科科长

唐向荣　市质监局机关党委专职副书记

易若新　市农业局副调研员

王灿华　市第九中学教务处主任

石　珊　市红十字会医院美沙酮门诊主任

陈　媛　市公安局交通警察支队三大队民警

岳　晓　电信股份有限公司南宁分公司存量运营中心总经理

许爱美　南宁高新市政环卫有限公司清扫保洁组十三组组长

梁敏聪　市直属机关妇工委主任

李永清　市妇联办公室主任

何　旻　市妇联组联部部长

南宁市城乡妇女岗位建功农村科技致富女能手

黄海莲　武鸣县府城镇社区农民

蒙凤娇　武鸣县锣圩镇板新村农民

李秋娜　武鸣县太平镇文溪社区农民

黄英莲　横县马岭镇振兴村农民

黄爱环　横县石塘镇古逢村农民

梁海凤　横县平马镇快龙村农民

覃丽娟　宾阳县露圩镇上塘村妇代会主任

戴小珍　宾阳县中华镇育才村委赖村农民

廖利英　宾阳县邹圩镇邹圩社区农民

方桂红　上林县巷贤镇长联村委会副主任

张念兰　马山县悦达养殖场总经理

黄瑞文　隆安县都结乡达利村妇代会主任

农少梅　兴宁区昆仑镇黄宣村村委委员

梁彩丽　江南区江西镇扬美村妇代会副主任

韦秀云　青秀区南阳镇新光村妇代会委员

吴少金　西乡塘区石埠办上灵村农民

林亮娟　南宁市金科食用菌专业合作社常务副主任

黄玉桂　邕宁区那路村村委会妇女主任

（黄宇翔）

逝世人物

（享受副厅级以上待遇）

宋承铮　(1937-05—2013-08-22),男,汉族,广西南宁人。1962年9月参加工作,1982年4月加入中国农工民主党。历任广西医学院附属医院外科医生、主治医师(其间赴非洲担任援尼日尔共和国医疗队主治医师),南宁市第一人民医院外科主任、主治医师、外二科主任、副主任医师,南宁市新城区人大常委会副主任,农工党南宁市委会主任委员,农工党广西区委会兼职副主任委员,南宁市政协副主席。2006年2月退休。

刘巨兴　(1921-11—2013-10-09),男,汉族,河北迁西人。1942年3月,参加革命并加入中国共产党。历任河北省迁西县兴城区西河南寨村党小组长、村党支部书记,河北省迁西县兴城区委宣传干事、宣传委员,河北省临榆县四区区委书记、县政府财政科长;南下广西后历任广西邕宁县苏圩区区委书记,广西崇左县副县长,广西省委农村工作部第五处手工业生产科副科长、科长,广西省委工业部干部处副处长,南宁化工厂厂长、党委副书记、党委书记,南宁化工设计院政治教导员兼院长,南宁市第一造纸厂革命委员会主任,南宁市革命委员会交通局副局长、党委副书记,南宁市化学工业局局长、党委书记,南宁市经济委员会副主任,南宁市进出口管理委员会副主任。1983年12月离职休养,离休后享受厅局级政治、生活待遇。1986年4月确认为副厅级。

郑万芳　(1930-04—2013-05-30),男,

汉族，黑龙江绥化人。1947 年 1 月参加革命，12 月加入中国共产党。历任东北骑兵师二团一连战士、师部政治部警卫员，解放军四十九军政治部警卫员、青年干校一中队二区队副区队长、政治部组织部工作员，南宁市公安局三科干事，南宁市公安局和平派出所副所长、所长，南宁市公安局水上分局分局长，南宁市公安局四科副科长，南宁市郊区公安分局分局长，南宁市郊区政法部部长、书记处书记，南宁市亭子大公社书记处书记，南宁市郊区沙井公社第一书记，郊区副区长兼市水电局副局长，郊区工作委员会副书记，郊区革委会生产组组长、副主任，郊区党委常委，南宁市蔬菜办公室主任，南宁市计划委员会公社企业科科长，南宁市永新区党委书记，南宁市经济体制改革办公室主任，南宁市兴宁区人大常委会主任。1991 年 5 月离休。1991 年 7 月享受厅局级政治、生活待遇。（市委组织部）

百岁老人

李少春　女，1912 年 11 月 8 日生，广西南宁市邕宁区人，五保户。住南宁市青秀区仙葫开发区德福村新村坡 B 区 2 号。

梁碧荣　女，1913 年 5 月 1 日生，广西南宁市郊人，村民。住南宁市青秀区新竹街道办葛麻村六组。

王福娇　女，1913 年 11 月 15 日生，海南省人，退休职工。住南宁市青秀区七星路南二里 9-3 号 2 栋 1 单元 202 号房。

王家睦　1913 年 12 月 17 日生，山东省淄博市人，大学教授。住南宁市青秀区双拥路 22 号 157 栋 6 室。

李青日　女，1913 年 6 月 6 日生，广西南宁市郊人，村民。住南宁市青秀区刘圩镇那乐村 95 号。

黄春桃　女，1913 年 8 月 19 日生，广西百色市田阳县人，居民。住南宁市青秀区长湖路 61 号 3 栋 3G309 号房。

易桂兰　女，1913 年 8 月 20 日生，广西南宁市隆安县人，居民。住南宁市青秀区七星路一巷 175 号。

鲁　源　1913 年 1 月 31 日生，山东省嘉祥县人，离休干部。住南宁市青秀区园湖南路 2 号 8 栋 2 号。

腾秀莲　女，1913 年 6 月 12 日生，广西南宁市兴宁区人，村民。住南宁市兴宁区五塘镇沙平村凰屋坡 1 号。

杨寿坤　女，1913 年 4 月 2 日生，广西南宁市兴宁区人，居民。住南宁市兴宁区友爱路 7 号 4 栋 3-8 号。

韦凤英　女，1913 年 5 月 25 日生，广西南宁市兴宁区人，村民。住南宁市兴宁区五塘镇沙平村沙平坡 66 号。

李群芬　女，1913 年 5 月 2 日生，广西来宾市武宣县人，退休职工。住南宁市西乡塘区衡阳路 38 号 10 栋 3 单元 309 号。

李秀清　女，1913 年 6 月 14 日生，广西南宁市西乡塘区人，村民。住南宁市西乡塘区金陵镇居联村花浮坡 22 号。

吴玉华　女，1913 年 2 月 2 日生，广西河池市罗城县人，居民。住南宁市西乡塘区明秀东路 238 号 68 栋 1 单元 302 号房。

马彩莲　女，1913 年 1 月 13 日生，广西南宁市西乡塘区人，村民。住南宁市西乡塘区坛洛镇富庶村旧圩坡 32 号。

石梅英　女，1912 年 11 月 09 日生，广西南宁市西乡塘区人，村民。住南宁市西乡塘区坛洛镇同富村坛民坡 37 号。

胡日芳　女，1912 年 8 月 26 日生，广西南宁市西乡塘区人，居民。住南宁市西乡塘区南铁北三区 79 栋 2-1 房。

陈带金　女，1913 年 8 月 27 日生，广西南宁市西乡塘区人，居民。住南宁市西乡塘区友爱路东一巷 414 号。

吴兰桂　女，1913 年 5 月 1 日生，广西南宁市隆安县人，居民。住南宁市西乡塘区唐山路 50 号 5 栋 2 单元 5282 号房。

施秀云　女，1913 年 4 月 14 日生，广西南宁市横县人，居民。住南宁市西乡塘区明秀东路 179 号东区 3 栋 1 单元 603 号房。

周文轩　女，1913 年 4 月 12 日生，广西南宁市人，退休职工。住南宁市西乡塘区明秀东路 179 号东 6 栋 1 单元 702 号房。

章雅勤　女，1913 年 2 月 10 日生，广西钦州市人，退休职工。住南宁市西乡塘区北湖路东二里 6 号 2 栋 4-309 房。

曾秀芳　女，1913 年 3 月 1 日生，广西南宁市人，居民。住南宁市西乡塘区衡阳西路 2 号 6 栋 1 单元 102 房。

叶素青　女，1913 年 5 月 1 日生，广西崇左市宁明县人，居民。住南宁市西乡塘区北湖北路 33 号 9 栋 1 单元 201 号房。

李德全　1913 年 10 月 20 日生，广西玉林市博白县人，居民。住南宁市西乡塘区新阳北三路 10-2 号 5 栋 3-508 号。

段文斌　1913 年 11 月 24 日生，山西省人，退休干部。住南宁市西乡塘区大学东路 188 号 8 坡 11 栋 221 号房。

林志新　1913 年 10 月 17 日生，广西玉林市陆川县人，居民。住南宁市西乡塘区明秀东路北四里 10 号明秀二区 34 栋 2 单元 104 号房。

梁春秀　女，1913 年 10 月 27 日生，广西南宁市西乡塘区人，居民。住南宁市西乡塘区双定镇英龙村龙山坡。

刘曾娇　女，1913 年 5 月 1 日生，广西南宁市西乡塘区人，村民。住南宁市西乡塘区和德村中赖坡 20 组 22 号。

吕迁喜　女，1913 年 3 月 26 日生，广西南宁市西乡塘区人，村民。住南宁市西乡塘区石埠街道办老口街 6 号。

吴　贞　女，1912 年 12 月 19 日生，广西南宁市西乡塘区人，居民。住南宁市西乡塘区大学东路 174 号旧 1 栋 3 单元 105 号。

陈贤贵　女，1913 年 2 月 14 日生，广西南宁市江南区人，村民。住南宁市江南区那洪街道办罗村坡 9 队 78 号。

周显阶　1913 年 2 月 12 日生，广西钦州市人，退休职工。住南宁市江南区尧头岭四巷 5 栋 402 号。

庞柏瑞 女,1912年12月12生,广西玉林市陆川县人,居民。住在南宁市江南区五一西路翠湖新城F1-1-102号。

李月彩 女,1913年4月11日生,广西南宁市郊人,村民。住南宁市江南区沙井街道三津村43号。

周八妹 女,1913年5月12日生,广西南宁市横县人,退休职工。住南宁市江南区五一中路42号D4栋2单元204号房。

韦秀珍 女,1913年8月15日生,广西南宁市上林县人,居民。住南宁市江南区五一路7号6-2-102号房。

黄惠明 女,1913年2月9日生,广西玉林市容县人,居民。住在南宁市江南区五一东路24号。

黄玉清 女,1913年7月28日生,广西南宁市郊人,村民。住南宁市江南区江西镇同江村杜屋坡1号。

奚月秀 女,1913年10月7日生,广西南宁市郊人,村民。住南宁市江南区苏圩镇幕村村欧村坡十四队55号。

吴家珍 女,1911年9月28日生,广西南宁市江南区人,村民。住南宁市江南区吴圩镇那备村那备坡23号。

覃巧云 女,1912年12月28日生,广西南宁市邕宁县人,村民。住南宁市江南区吴圩镇坛白村坛渣坡38号。

朱琼莲 女,1913年7月25日生,广西南宁市良庆区人,村民。住南宁市邕宁区供电公司宿舍。

黄美玉 女,1913年6月8日生,广西南宁市邕宁区人,村民。住南宁市邕宁区百济乡南华村南光坡16号。

赖洪叨 1913年10月15日生,广西南宁市邕宁区人,村民。住南宁市邕宁区那楼镇中山村屯赖坡150号

周熏宏 1913年9月17日生,广西南宁市邕宁区人,村民。住南宁市良庆区大塘镇那农村南来坡98号。

农月林 女,1913年10月11日生,广西南宁市良庆区人,村民。住南宁市良庆区大塘镇锦亮村六留坡21号。

李丽芳 女,1913年4月6日生,广西南宁市良庆区人,村民。住南宁市良庆区南晓镇雅王村坛全坡8号。

韦运筹 1913年3月21日生,广西南宁市良庆区人,村民。住南宁市良庆区那陈镇维坝村那花坡81号。

吴月池 女,1913年6月8日生,广西南宁市良庆区人,村民。住南宁市良庆区大塘镇那农村那榜坡7-110号。

梁汉箱 女,1913年1月10日生,广西南宁市邕宁区人,村民。住南宁市良庆区大塘镇南荣村那派坡40号。

韦汉英 女,1913年7月10日生,广西南宁市武鸣县人,农场工。住南宁市武鸣县南宁华侨投资区武帽农场高道屯10号。

黄巨娥 女,1913年12月21日生,广西南宁市武鸣县人,居民。住南宁市华侨投资区建百路20-21号。

马振荣 女,1912年12月1日生,广西南宁市武鸣县人,村民。住在南宁市武鸣县宁武镇梁新村12组。

韦清秀 女,1913年1月5日生,广西南宁市武鸣县人,退休职工。住在南宁市武鸣县城厢镇解放街68号。

苏　氏 女,1913年1月1日生,广西南宁市武鸣县人,村民。住南宁市武鸣县府城镇东江村濑柳屯43号。

黄金香 女,1913年1月15日生,广西南宁市武鸣县人,村民。住南宁市武鸣县太平镇均致村6组。

潘芹香 女,1913年3月12日生,广西南宁市武鸣县人,村民。住南宁市武鸣县太平镇新联村17组。

黄振英 女,1913年6月14日生,广西南宁市武鸣县人,村民。住南宁市武鸣县太平镇庆乐村坛审屯163号。

杨　氏 女,1913年9月9日生,广西南宁市武鸣县人,村民。住南宁市武鸣县宁武镇张朗村西香屯135号。

陆桥荣 女,1913年9月8日生,广西南宁市武鸣县人,村民。住南宁市武鸣县宁武镇张朗村可祥屯121号。

潘　氏 女,1913年12月3日生,广西南宁市武鸣县人,村民。住南宁市武鸣县仙湖镇中桥村土美屯38号。

韦乃元 1913年10月10生,广西南宁市武鸣县人,村民。住南宁市武鸣县两江镇福江村福禄屯9号。

张修安 1912年4月24生,广西南宁市武鸣县人,村民。住南宁市武鸣县灵马镇那龙村高穴屯49号。

黄凤阳 1913年10月10生,广西南宁市武鸣县人,村民。住南宁市武鸣县陆斡镇联合村17组。

覃日英 女,1913年8月12日生,广西南宁市武鸣县人,村民。住南宁市武鸣县府城镇西厢村金岗地屯17号。

姆　兴 女,1913年3月4日生,广西南宁市武鸣县人,村民。住南宁市武鸣县罗波镇宾武路275号。

曾美莲 女,1911年8月6日生,广西南宁市武鸣县人,村民。住南宁市武鸣县陆斡镇那羊村岜拔屯12-1号。

尹玉明 女,1913年5月19日生,广西南宁市武鸣县人,村民。住南宁市武鸣县府城镇府城村木山屯1号。

罗　氏 女,1913年3月26日生,广西南宁市武鸣县人,村民。住南宁市武鸣县双桥镇和美村1组.

周　氏 女,1913年4月13日生,广西南宁市武鸣县人,村民。住南宁市武鸣县双桥镇平陆村平洪5组。

苏桂花 女,1913年5月19日生,广西南宁市武鸣县人,村民。住南宁市武鸣县锣圩镇坂新村韦屯47号。

苏梅荣　女，1913年4月5日生，广西南宁市武鸣县人，村民。住南宁市武鸣县太平镇林渌村坡利下屯24号。

苏玉清　女，1913年4月8日生，广西南宁市武鸣县人，村民。住南宁市武鸣县城厢镇联兴村朝东屯37号。

陆锦绣　女，1913年5月5日生，广西南宁市武鸣县人，村民。住南宁市武鸣县双桥镇平陆村陆陈屯153号。

林祥焕　1913年5月28日生，广西南宁市武鸣县人，村民。住南宁市武鸣县太平镇文溪村头房屯9号。

罗　氏　女，1913年6月1日生，广西南宁市武鸣县人，村民。住南宁市武鸣县两江镇公泉村下岜屯77号。

黄锦方　女，1912年10月11日生，广西南宁市横县人，村民。住南宁市横县石塘镇禾塘村委禾塘村082号。

张桂芬　女，1912年6月6日生，广西南宁市横县人，村民。住南宁市横县校椅镇六味村委上韦屯4号。

农玉英　女，1913年1月10日生，广西南宁市横县人，村民。住南宁市横县石塘镇瑶埠村委石岭村114号。

韦家国　1913年1月20日生，广西南宁市横县人，村民。住南宁市横县马山乡六壮村委新岭村142号。

班维中　1913年2月10日生，广西南宁市横县人，村民。住南宁市横县南乡镇高义村委班屋村69号。

谢　桂　女，　1913年6月7日生，广西南宁市横县人，村民。住南宁市横县马岭镇振兴村委五队045号。

韦少梅　女，1913年9月15日生，广西南宁市横县人，村民。住南宁市横县云表镇大良村委郭祥村二十二队350号。

农桂香　女，1913年6月25日生，广西南宁市横县人，村民。住南宁市横县石塘镇逢村村委上逢村。

潘啟兰　女，1913年8月10日生，广西南宁市横县人，村民。住南宁市横县六景镇八联村委大村147号。

颜丽兴　女，1913年4月23日生，广西南宁市横县人，村民。住南宁市横县六景镇良村村委滑石村139号。

郭汝金　女，1913年3月20日生，广西南宁市横县人，村民。住南宁市横县马山乡太宁村委良泗村。

谢锦芳　女，1913年4月16日生，广西南宁市横县人，村民。住南宁市横县百合镇江口村委江口村151号。

肖炳燕　1913年3月24日生，广西南宁市横县人，村民。住南宁市横县百合镇平阳村委新平村474号。

何秀芬　女，1913年7月8日生，广西南宁市横县人，村民。住南宁市横县那阳镇洋塘村委上村155号。

覃可艺　女，1913年5月15日生，广西南宁市横县人，村民。住南宁市横县陶圩镇那良村十四队370-1号。

周　清　女，　1913年5月6日生，广西南宁市横县人，村民。住南宁市横县陶圩镇那良村十四队352号。

零爱侦　女，1913年5月17日生，广西南宁市横县人，村民。住南宁市横县校椅镇青铜村委新街17号。

邓爱群　女，1913年7月7日生，广西南宁市横县人，村民。住南宁市横县校椅镇罗村村上吴屯65号。

黄秀香　女，1913年7月15日生，广西南宁市横县人，村民。住南宁市横县横州镇大和村委高杨村233号。

李祖灿　1913年10月2日生，广西南宁市横县人，村民。住南宁市横县横州镇清江村委下水李村135号。

覃其才　女，1913年9月20日生，广西南宁市横县人，村民。住南宁市横县新福镇苷澁村委上洲村74-1号。

黄志桂　女，1913年4月2日生，广西南宁市横县人，村民。住南宁市横县甲俭村委甲塘村九队268号。

雷秋桂　女，1913年2月5日生，广西南宁市横县人，村民。住南宁市横县横州镇钱塘村11号。

雷时兴　女，1913年8月8日生，广西南宁市横县人，村民。住南宁市横县平朗乡下颜村委五队269号。

黎文广　女，1913年2月9日生，广西南宁市横县人，村民。住南宁市横县镇龙乡马兰村委上垌村26-28号。

黄均先　女，1913年6月14日生，广西南宁市横县人，村民。住南宁市横县峦城镇杨江村委崇德村4队146号。

陈　英　女，1913年4月13日生，广西南宁市横县人，村民。住南宁市横县峦城镇明新村9队38-1号。

雷桂芬　女，1913年3月23日生，广西南宁市横县人，村民。住南宁市横县校椅镇六凤村委马毕村177号。

杨少琴　女，1913年4月11日生，广西南宁市横县人，村民。住南宁市横县校椅镇韦村66号。

甘进英　女，1913年6月14日生，广西南宁市横县人，村民。住南宁市横县云表镇宿龙村委宿龙村211号。

张丽兴　女，1912年12月25日生，广西南宁市宾阳县人，村民。住南宁市宾阳县露圩镇百合村委长运村五队183号。

吕华均　女，1912年3月1日生，广西南宁市宾阳县人，村民。住南宁市宾阳县芦圩镇恭村委上河村256号。

吴春方　女，1913年2月13日生，广西南宁市宾阳县人，村民。住南宁市宾阳县新桥镇大仙村委东黄村247号。

罗凤归　女，1913年4月28日生，广西南宁市宾阳县人，村民。住南宁市宾阳县陈平乡义平村委那韦村32号。

曾宪华　1913年4月5日生，广西南宁市宾阳县人，村民。住南宁市宾阳县芦圩镇蒙村委新里村21号。

覃雪英　女，1913年3月24日生，广西南宁市宾阳县人，村民。住南宁市宾阳县新圩镇四塘村委大欧村 347 号。

彭秀珍　女，1913 年 7 月 15 日生，广西南宁市宾阳县人，村民。住南宁市宾阳县大桥镇三王村委东门村 27 号。

韦芳兰　女，1913 年 3 月 27 日生，广西南宁市宾阳县人，村民。住南宁市宾阳县和吉镇燕山村委炒岭村 273 号。

韦芳先　女，1913 年 2 月 11 日生，广西南宁市宾阳县人，村民。住南宁市宾阳县邹圩镇长安村委烟回村 120 号。

周武昌　1913 年 7 月 2 日生，广西南宁市宾阳县人，村民。住南宁市宾阳县邹圩镇龙塘村委田头村 26 号。

施启贞　女，1913 年 5 月 5 日生，广西南宁市宾阳县人，村民。住南宁市宾阳县中华镇蒙记村委文基村 206 号。

王绍兰　女，1913 年 9 月 15 日生，广西南宁市宾阳县人，村民。住南宁市宾阳县王灵镇黄兴村委下黄村 161 号。

林秀英　女，1913 年 2 月 15 日生，广西南宁市宾阳县人，村民。住南宁市宾阳县陈平乡陈平村委三虾村 26－1 号。

李帝天　1913 年 8 月 9 日生，广西南宁市宾阳县人，村民。住南宁市宾阳县宾州镇德明村委六流村 113 号。

何少英　女，1913 年 7 月 5 日生，广西南宁市宾阳县人，村民。住南宁市宾阳县王灵镇秀山村委新谢村 96 号。

王怀珍　女，1913 年 2 月 28 日生，广西南宁市宾阳县人，村民。住南宁市宾阳县甘棠镇邓村村委田六村 45 号。

覃桂清　女，1913 年 8 月 15 日生，广西南宁市宾阳县人，村民。住南宁市宾阳县宾州镇碗窑村委六周村一队 61 号。

钟树清　女，1913 年 4 月 16 日生，广西南宁市宾阳县人，村民。住南宁市宾阳县武陵镇北宁街 91 号。

唐平芬　女，1913 年 9 月 17 日生，广西南宁市宾阳县人，村民。住南宁市宾阳县思陇镇黄冠村委细黄村 23 号。

余利才　1913 年 8 月 7 日生，广西南宁市宾阳县人，村民。住南宁市宾阳县和吉镇惠良村委果粽村 75 号。

黄植连　女，1913 年 3 月 8 日生，广西南宁市宾阳县人，村民。住南宁市宾阳县甘棠镇那河村委木糖村 294－1 号。

李凤仙　女，1913 年 8 月 19 日生，广西南宁市宾阳县人，村民。住南宁市宾阳县甘棠镇洪信村委那洪村 103 号。

李英杰　女，1913 年 11 月 1 日生，广西南宁市宾阳县人，村民。住南宁市宾阳县甘棠镇那河村委望步村 120 号。

陆秀梅　女，1913 年 10 月 7 日生，广西南宁市宾阳县人，村民。住南宁市宾阳县邹圩镇白山村委龙排村 8 号。

丁英明　女，1913 年 9 月 9 日生，广西南宁市宾阳县人，村民。住南宁市宾阳县中华镇新塘村委下湴村 49 号。

王爱兰　女，1913 年 10 月 9 日生，广西南宁市宾阳县人，村民。住南宁市宾阳县甘棠镇那宁村委福逢村 230 号。

黄兰方　女，1913 年 7 月 14 日生，广西南宁市上林县人，村民。住南宁市上林县明亮镇罗勘村洋内庄 8 号。

韦登胜　女，1913 年 5 月 14 日生，广西南宁市上林县人，村民。住南宁市上林县三里镇黄镜村内琼庄 75 号。

蓝秀英　女，1913 年 8 月 25 日生，广西南宁市上林县人，村民。住南宁市上林县白圩镇石塘村石塘庄 5 号。

蓝洪昌　1913 年 1 月 15 日生，广西南宁市上林县人，村民。住南宁市上林县塘红乡万福街 124 号。

何玉桂　女，1913 年 8 月 1 日生，广西南宁市上林县人，村民。住南宁市上林县西燕镇江卢村外韦庄 26 号。

韦　彩　女，1913 年 5 月 14 日生，广西南宁市上林县人，村民。住南宁市上林县大丰镇云蒙村云蒙庄 251 号。

黄锦贵　女，1913 年 1 月 2 日生，广西南宁市上林县人，村民。住南宁市上林县巷贤镇木字村罗逢庄 72 号。

蓝秀光　女，1913 年 10 月 12 日生，广西南宁市上林县人，村民。住南宁市上林县乔贤镇龙头村贤按庄 68 号。

陈建英　女，1913 年 3 月 10 日生，广西南宁市上林县人，村民。住南宁市上林县白圩镇龙楼村弄连庄 61 号。

梁学青　女，1905 年 2 月 28 日生，广西南宁市上林县人，五保户。住南宁市上林县三里镇双罗村新圩庄 46 号。

周文金　女，1913 年 3 月 14 日生，广西南宁市上林县人，村民。住南宁市上林县乔贤镇龙保村外厄庄 6 号。

韦炳兰　女，1913 年 6 月 12 日生，广西南宁市上林县人，村民。住南宁市上林县乔贤镇横岭村大洪庄 92 号。

覃如秀　女，1913 年 5 月 8 日生，广西南宁市上林县人，村民。住南宁市上林县乔贤镇龙头村铁耕庄 16 号。

刘龙兴　女，1913 年 6 月 1 日生，广西南宁市上林县人，村民。住南宁市上林县乔贤镇龙华街 68 号。

张德海　1913 年 5 月 6 日生，广西南宁市上林县人，村民。住南宁市上林县乔贤镇乔贤村高祥庄 38 号。

王家兴　女，1913 年 5 月 6 日生，广西南宁市上林县人，村民。住南宁市上林县白圩镇繁荣村甘庄 40 号。

蓝日英　女，1913 年 3 月 9 日生，广西南宁市上林县人，村民。住南宁市上林县塘红乡万福村上房庄 9 号。

杨月光　女，1913 年 5 月 7 日生，广西南宁市上林县人，村民。住南宁市上林县乔贤镇六联村若庄 287 号。

韦兰花　女，1913 年 2 月 6 日生，广西南宁市马山县人，村民。住南宁市马山县林圩镇东庄村黄全屯 8 号。

韦庆棉　女，1913 年 2 月 10 日生，广西南宁市马山县人，村民。住南宁市马山县乔利乡三禾村百掌屯。

潘世光　女，1913 年 2 月 13 日生，广西南宁市马山县人，居民。住南宁市马山县白山镇四达街195号。

蓝美珍 女，1913年3月15日生，广西南宁市马山县人，居民。住南宁市马山县白山镇西华街106号。

李美连 女，1913年3月17日生，广西南宁市马山县人，村民。住南宁市马山县永州镇永久村旺高屯62号。

石必昌 1913年3月19日生，广西南宁市马山县人，村民。住南宁市马山县古零镇古统村动吉屯49号。

张秀英 女，1913年1月1日生，广西南宁市马山县人，村民。住南宁市马山县周鹿镇武平村双料屯。

覃妹齐 女，1913年7月26日生，广西南宁市马山县人，村民。住南宁市马山县周鹿镇里龙村六里屯151号。

黄艳英 女，1913年8月8日生，广西南宁市马山县人，村民。住南宁市马山县周鹿镇周永村周上屯33号。

蓝景荣 女，1913年10月4日生，广西南宁市马山县人，村民。住南宁市马山县古零镇新黄村全伴屯31号。

黄月芬 女，1913年10月22日生，广西南宁市马山县，村民。住南宁市马山县古零镇上级村内官屯40号。

黄兴民 女，1913年11月14日生，广西南宁市马山县人，村民。住南宁市马山县古零镇羊山村内环屯75号。

黄有辉 女，1913年6月15日生，广西南宁市马山县人，村民。住南宁市马山县永州镇造加村局侍屯16号。

徐美荣 女，1913年8月15日生，广西南宁市马山县人，村民。住南宁市马山县周鹿镇拨翠村龙房屯37号。

罗月明 女，1913年8月9日生，广西南宁市马山县人，村民。住南宁市马山县百龙滩镇勉圩村古日屯5号。

陆乃秀 女，1913年9月3日生，广西南宁市马山县人，村民。住南宁市马山县里当乡龙琴村下权屯7号。

蓝素英 女，1913年9月3日生，广西南宁市马山县人，村民。住南宁市马山县金钗镇独秀村那王屯9号。

唐美莲 女，1913年4月3日生，广西南宁市马山县人，村民。住南宁市马山县白山镇合作村板旧屯42号。

曾美光 女，1913年4月3日生，广西南宁市马山县人，村民。住南宁市马山县古零镇杨圩村拉刁屯91号。

罗月芬 女，1913年4月15日生，广西南宁市马山县人，村民。住南宁市马山县加方乡局仲村芒二屯24号。

谭秀吉 女，1913年4月6日生，广西南宁市马山县人，村民。住南宁市马山县古寨瑶族乡古棠村弄河屯3号。

韦三妹 女，1913年5月1日生，广西南宁市马山县人，村民。住南宁市马山县白山镇三联村地外屯7号。

韦　氏 女，1913年5月16日生，广西南宁市马山县人，村民。住南宁市马山县周鹿镇坛沙村下塘屯11号。

潘翠英 女，1913年5月15日生，广西南宁市马山县人，村民。住南宁市马山县里当乡内钱村钱上屯7号。

潘乃莲 女，1913年5月8日生，广西南宁市马山县人，村民。住南宁市马山县加方乡大陆村拉那屯41–2号。

黄桂金 女，1913年6月26日生，广西南宁市马山县人，村民。住南宁市马山县百龙滩镇大隆村上岭屯2号。

潘振伟 女，1913年6月27日生，广西南宁市马山县人，村民。住南宁市马山县古寨瑶族乡加显村加团屯6号。

蓝乃文 女，1913年6月27日生，广西南宁市马山县人，村民。住南宁市马山县古寨瑶族乡加显村加团屯。

许世发 女，1912年11月8日生，广西南宁市隆安县人，村民。住南宁市隆安县丁当镇定坤村旧咘噜屯6号。

何如良 女，1913年1月1日生，广西南宁市隆安县人，村民。住南宁市隆安县布泉乡布泉村板旧屯23号。

隆美清 女，1912年12月21日生，广西南宁市隆安县人，村民。住南宁市隆安县都结乡新风村陇或屯17号。

卢玉连 女，1913年3月24日生，广西南宁市隆安县人，村民。住南宁市隆安县那桐镇大滕村24组。

韦月英 女，1913年3月9日生，广西南宁市隆安县人，村民。住南宁市隆安县丁当镇英敏村榻楞屯11号。

陆锦秀 女，1913年4月10日生，广西南宁市隆安县人，村民。住南宁市隆安县城厢镇城西路25号3栋1单元402室。

方秋珍 女，1913年1月24日生，广西南宁市隆安县人，村民。住南宁市隆安县那桐镇那元村驮浪屯91号。

苏青秀 女，1913年2月4日生，广西南宁市隆安县人，村民。住南宁市隆安县南圩镇光明村那坝屯413号。

马秀兴 女，1913年4月15日生，广西南宁市隆安县人，村民。住南宁市隆安县南圩镇四联村多勒屯20号。

黄明新 1913年5月21日生，广西南宁市隆安县人，村民。住南宁市隆安县南圩镇帮宁村新民屯29号。

雷春花 女，1913年6月12日生，广西南宁市隆安县人，村民。住南宁市隆安县丁当镇红阳村古防屯1号。

方梅花 女，1913年6月17日生，广西南宁市隆安县人，村民。住南宁市隆安县城厢镇大林村潭那屯8号。

池彩莲 女，1913年3月4日生，广西南宁市隆安县人，村民。住南宁市隆安县乔建镇乔建村新乔街105号。

马增华 女，1913年8月16日生，广西南宁市隆安县人，村民。住南宁市隆安县古潭乡中真十一队。

彭翠连 女，1913年10月10日生广西南宁市隆安县人，村民。住南宁市隆安县丁当镇兴荣街26号。

韦月娥 女，1913年12月27日生，广西南宁市隆安县人，村民。住南宁市隆安县城厢镇大林村大林屯146号。

（谭邕生）

责任编辑　陈洪毅

专题调研与经济分析

经济稳中有升　调整压力犹存

——2013 年南宁市经济运行专题分析

林　洁

2013 年，面对复杂的国内外环境，南宁市各族人民在市委、市政府的正确领导下，以更大的力度推进现代产业、现代生态文明城市、重大基础设施和民生保障“四大建设”，做好“绿、水、新、旧、通”五篇文章，建设美丽南宁，全市经济社会发展稳中向好，但调整经济结构、转变生产方式的压力依然存在。

一、2013 年南宁市经济运行的主要情况

（一）总体规模不断扩大，增速稳中有升

1.经济总量不断增长。全市地区生产总值 2803.54 亿元，按可比价格计算，比上年增长 10.30%。按户籍人口计算，全市人均地区生产总值 38994 元，按平均汇率折算为 6396 美元。南宁市经济总量涨幅高于当年物价涨幅，二者涨幅趋缓（图 1、图 2、图 3）。

图1　2010年-2013年全市地区生产总值及增长速度

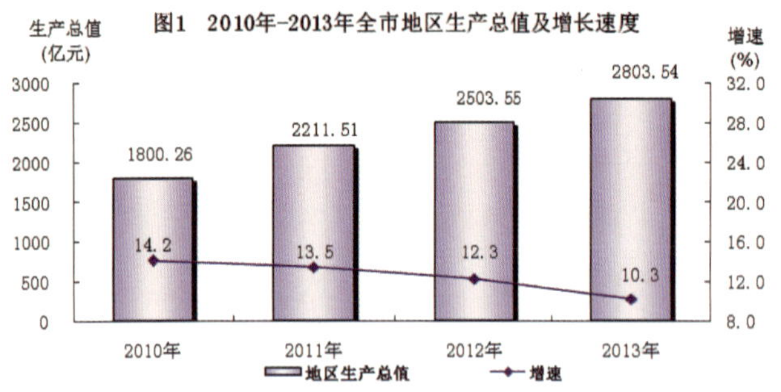

图2　2013年1-3季度南宁市与全国全区经济增速比较　单位:%

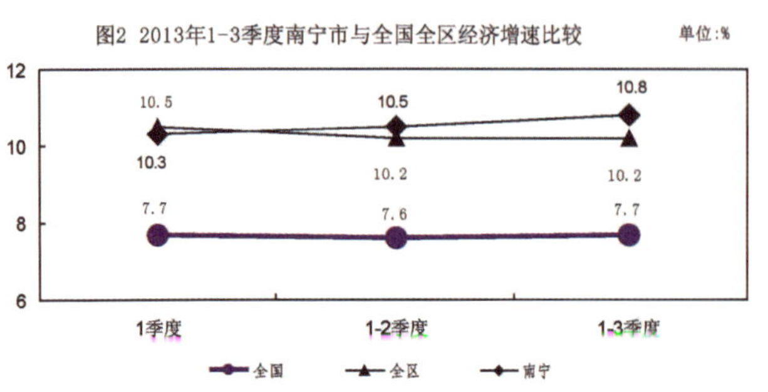

图3　2010年-2013年居民消费价格涨跌幅度

2. 二产拉动力增强。全市第二产业增加值占 GDP 的比重 39.62%，比上年提升 1.24 个百分点，其中工业比重提升 1.14 个百分点，建筑业比重提升 0.18 个百分点。工业对经济增长的贡献率达 42.40%，拉动经济增长 4.37 个百分点

3. 三产增速略有回落。全市第三产业增加值增长 8.1%，尽管在年内呈现不断回升的发展态势，但仍然比上年回落 1.5 个百分点。

（二）农业生产平稳，主要农产品保持增产

南宁市打造现代农业，发展特色农业，抓好农业示范园及基地建设，全市农业平稳增长。全年全市实现农林牧渔业总产值 577.27 亿元，比上年增长 4.70%。其中：农业产值 311.57 亿元，增长 5.72%；林业产值 29.08 亿元，增长 0.27%；畜牧业产值 184.95 亿元，增长 2.48%；渔业产值 22.60 亿元，增长 7.35%；农业服务业产值 29.06 亿元，增长 11.43%。农林牧渔业在第一产业中的比重分别为：农业 53.97%，上升 1.07 个百分点；林业 5.04%，上升 0.02 个百分点；畜牧业 32.04%，下降 1.44 个百分点；渔业 3.91%，上升 0.1 个百分点；农业服务业 5.03%，上升 0.24 个百分点。

1.粮食、蔬菜生产稳中有升。农作物播种面积 94.85 万公顷，增长 0.47%。其中：粮食种植面积 44.29 万公顷，增长 0.18%；经济作物（不含其他农作物）种植面积 27.46 万公顷，下降 0.28%；其他农作物种植面积 23.11 万公顷，增长 1.95%。粮食总产量 223.44 万吨，比上年增产 3.86%；蔬菜产量 387.37 万吨，增产 3.05%；甘蔗产量 1236.99 万吨，增产 9.45%；花生产量 13.10 万吨，增产 5.40%；木薯产量 54.52 万吨，下降 2.76%。

2. 水果产量快速增长。全市水果产量 170.51 万吨，增产 7.97%。其中 1-3 季度水果产量 79.64 万吨，同比增长 11.35%，增速比去年同期提高 1.85 个百分点。主要增产的类别中，葡萄产量增长 106.60%，蕉类产量增长 16.40%。

3.林木产品有所下降。木材产量 279.04 万立方米，比上年下降 2.72%。造林 8042 公顷。其中：用材林 6982 公顷，下降

30.78%；经济林151公顷，增长51%。当年幼林抚育作业面积2.49万公顷，下降41.14%。育苗面积1066公顷，增长516.18%。全市森林覆盖率47.36%。

4.畜牧业产量增速回落。肉类产量65.56万吨，比上年增长1.62%。其中猪肉产量38.52万吨，增长2.89%；全年生猪出栏523.31万头，增长2.63%；生猪存栏429.40万头，增长7.91%；禽蛋产量3.12万吨，增长5.87%；牛奶产量4.94万吨，增长4.90%；水产品产量23.30万吨，增长7.14%。由于生猪价格一直处于低位运行，生猪养殖业增速放缓，全市生猪出栏523.31万头，增长2.63%，比上年回落1.66个百分点。受H7N9禽流感影响，家禽养殖业增速明显回落。全市家禽出栏1.41亿只，下降1.09%，比上年回落4.59个百分点。

5.渔业生产加快。南宁市气温较为适宜，水产品死亡率明显低于去年同期。全市水产品产量23.30万吨，增长7.14%，增速比上年提高1.34个百分点。

（三）工业产值规模扩大，主要行业发展良好

南宁市发展主导产业和战略性新兴产业，改造提升传统优势产业，推动大园区建设、大产业发展和大企业培育，工业经济实现较快增长，全部工业总产值2661.97亿元，增长19.92%。全市35个工业行业大类中，有31个行业同比增长，其中20个行业增速快于自治区平均增幅，行业发展形势良好。

1. 规模以上工业企业增长快。全市规模以上工业总产值2554.75亿元，比上年增长20.63%。其中国有企业增长27.07%，集体企业增长21.99%，股份制企业增长18.68%，外商及港澳台投资企业增长31.05%。规模以上工业企业主营业务收入2386.25亿元，增长20.13%；利税总额281.26亿元，增长11.81%，其中，税金135.05亿元，增长16.08%；利润146.21亿元，增长8.12%；全员劳动生产率31.54万元/人，增长2.65%。全年规模以上工业产销率95.70%，提高0.49个百分点。

2.六大重点行业带动作用明显。全市农副食品加工业、计算机通信和其他电子设备制造业、化学原料和化学制品制造业、造纸及纸制品业、非金属矿物制品业、电气机械及器材制造业等六大重点行业完成工业产值1340.78亿元，占规模以上工业总产值52.48%，拉动规模以上工业总产值增长12.15个百分点。

3.亿元企业拉动强劲。全市有亿元产值企业548家，比去年增加55家，完成产值2345.11亿元，占全市工业产值91.79%，贡献率为92.69%，拉动全市工业产值增长23.32个百分点。其中南宁富桂精密工业有限公司、广西中烟工业公司南宁卷烟分厂等10家大型企业完成产值519.16亿元，同比增长134.39%，比全市增速高113.76个百分点，带动全市工业的快速增长。

4.重工业发展快于轻工业。全市规模以上轻、重工业总产值分别为1155.49亿元、1399.26亿元，分别增长14.66%、26.06%，重工业增速快于轻工业11.40个百分点。轻重工业产值比例为45.23:54.77，重工业产值比例高于轻工业9.54个百分点。

5.工业大县增长形势良好。横县、武鸣县（县本级）及宾阳县规模以上工业总产值同比分别增长37.67%、37.13%、35.01%，均大幅高于全市平均水平，对全市规模以上工业总产值贡献率34.19%。

6.一些主要产品产量保持较快增长。全市14种主要工业产品中，有10种产量保持增长，增长面71.43%。其中软饮料、铝材、发电量、机制纸及纸板、纸浆产品产量增长较快，同比分别增长58.86%、49.49%、47.04%、45.68%、40.08%。

（四）投资规模稳步扩大，发展后劲强

全市全社会固定资产投资2475.01亿元，比上年增长23.40%。按投资属性分，基本建设投资1109.74亿元，增长29.16%；更新改造投资728.33亿元，增长23.08%；房地产开发投资416.37亿元，增长14.79%。按投资主体分，国有经济投资794.04亿元，增长20.94%，占全社会固定资产投资比重的32.08%；集体经济投资49.34亿元，增长11.04%，比重为1.99%；私营个体投资822.52亿元，增长24.88%，比重为33.23%；其他经济投资809.11亿元，增长25.23%，比重为32.69%。按投资产业分，第一产业投资70.53亿元，增长66.09%；第二产业投资755.16亿元，增长21.16%，其中工业投资728.13亿元，增长19.22%；第三产业投资1649.31亿元，增长23.09%。全市固定资产投资主要集中在制造业、房地产业、信息传输、计算机服务和软件业、水利环境和公共设施管理等行业。（见表1）

表1　2013年分行业全社会固定资产投资及增长速度

行　业	投资额（亿元）	比上年增长（%）
全社会固定资产投资	2475.01	23.40
农、林、牧、渔业	70.53	66.08
采矿业	33.07	9.29
制造业	630.43	21.03
电力、燃气及水的生产和供应业	64.63	8.45
建筑业	27.03	114.99
交通运输、仓储和邮政业	131.45	53.27
信息传输、计算机服务和软件业	281.83	16.03
批发和零售业	55.31	−5.32
住宿和餐饮业	36.01	−9.97
金融业	23.58	613.27
房地产业	599.17	17.14
租赁和商务服务业	64.73	129.67
科学研究、技术服务和地质勘查业	25.01	107.72
水利、环境和公共设施管理业	246.17	18.58
居民服务和其他服务业	18.88	106.96
教育	66.26	34.30
卫生、社会保障和社会福利业	29.72	24.24
文化、体育和娱乐业	40.50	8.07
公共管理和社会组织	30.69	0.88

1. 民间投资贡献大。全市民间投资额1486.87亿元，增长30.98%，占全市固定资产投资比重的60.08%，对全市固定资产投资增长的贡献率为74.94%，拉动全市固定资产投资增长17.54个百分点。

2. 政府投资主导基本建设投资方向。全市基本建设投资1109.74亿元，增长29.16%，增速比上年提高7.81个百分点，占全部投资的比重较去年提高5.06个百分点。以政府投入为主导的行业增长较快，其中公路运输业投资增长56.27%，道路运输业投资增长47.01%，教育业投资增长34.3%。

3.新开工项目持续增多。全市本年新开工项目6032个，比去年同期增加1704个，增长39.37%。新开工项目实现投资额1316.46亿元，占全部施工项目投资额70.09%，增长28.44%，拉动全社会投资增长14.53个百分点。

4.房地产投资、销售双增长。南宁市房地产业逐渐走出低迷的态势，房地产投资和商品房销售呈现双增长的良好态势。全市房地产开发投资416.37亿元，同比增长14.79%；其中，住宅投资302.38亿元，增长19.06%。全市商品房销售面积702.60万平方米，同比增长11.70%。

（五）消费品市场平稳增长，外贸出口增速回落

全市社会消费品零售总额1450.84亿元，增长14.01%。其中城镇消费品零售额1365.45亿元，增长13.92%；农村消费品零售额85.38亿元，增长15.39%。在限额以上企业商品零售额中，汽车类零售额增长18.06%，家用电器和音像器材类增长14.68%，通讯器材类增长2.32%，体育娱乐用品类增长12.08%，文化办公用品类增长9.64%，家具类增长29.79%，建筑及装潢材料类下降29.22%，日用品类增长7.69%，粮油、食品、饮料、烟酒类增长32.53%，服装、鞋帽、针纺织品类增长4.41%，化妆品类增长26.53%，金银珠宝类增长54.52%，中西药品类增长70.54%。

1.限额以上企业比重不断提升。全市继续加大新增限额以上商贸企业工作力度，引导限额以下及个体户向限额以上企业发展，限额以上市场份额继续稳步提升。全市限额以上零售额634亿元，占全部零售额比重的43.70%，比2012年、2011年提高1.8及3.7个百分点，市场结构不断优化。

2. 乡村消费品市场增速高于城镇。全市乡村零售额85.38亿元，增长15.39%。乡村消费品市场增速高于城镇增速1.47个百分点，高于全市水平1.39个百分点。

3.新增企业、大型市场的拉动强劲。全市新增限额以上企业（含产业单位、大个体）实现零售额24.50亿元，占限额以上企业市场份额近4%，直接拉动限额以上零售额增长4.3个百分点。全年商品销售总额3734.49亿元，增长19.58%。全市拥有成交额超过亿元市场的34个，商品成交额483.04亿元，占全市社会消费品零售总额33.29%。

4.市区、县域协同发展。全市县（城区）及开发区消费品市场呈现出协同发展的良好态势。全市社会消费品零售总额增长14.01%，其中市区、县域分别增长14.04%、13.83%，市区增速仅高于县域0.21个百分点，县（区）发展趋于平衡。

5.外贸进口增长，出口下降。全年外贸进出口总值44.21亿美元，比上年增长6.60%。其中：出口总值23.53亿美元，下降6.54%；进口总值20.68亿美元，增长26.91%。

（六）能耗总量增长，万元GDP能耗回落

全市万元生产总值能耗0.68吨标准煤，下降2.07%，比上半年下降0.88个百分点。其中全市规模以上工业能耗总量431.73万吨标煤，增长19.81%。万元工业增加值能耗0.86吨标煤，上升2.34%，比上半年下降0.45个百分点。南宁发电有限公司、广西金鲤水泥有限公司等重耗企业及造纸行业充分释放产能，是全市能耗飙升的“主推手”，合计拉动全市规模以上工业综合能源消费量增长17.75个百分点。

（七）财政收入保持平稳增长，社会服务性支出增长快

全市财政收入473.66亿元，比上年增长12.24%，占全市生产总值16.90%，比上年提高0.04个百分点。其中公共财政预算收入256.25亿元，增长11.55%。公共财政预算收入中，税收收入181.77亿元，增长15.03%。全年公共财政预算支出418.40亿元，增长15.26%。财政支出中，投向节能环保、科技、交通运输及社会保障的资金增长较快。其中，节能环保支出7.63亿元，增长38.89%；科学技术支出6.21亿元，增长22.24%；交通运输支出13.47亿元，增长22.51%；社会保障和就业支出42.78亿元，增长21.33%。

（八）城乡居民收入持续增长，物价小幅上涨

1.农村居民收入增长快于城镇。全市城镇居民人均可支配收入24817元，比上年增收2256元，增长10%。全年农民人均纯收入7685元，增收908元，增长13.40%。

2.基本物价小幅上涨，主要消费品价格有升有降。全市居民消费价格指数为102.1，比上年上涨2.1%，按类别分，八大类消费价格指数呈“五升三降”。（见表2）

表2　居民消费价格指数

指　标	2013年	比上年涨跌（%）
居民消费价格总指数	102.1	2.1
食品	103.9	3.9
烟酒及用品	98.9	-1.1
衣着	104.7	4.7
家庭设备用品及维修服务	101.3	1.3
医疗保健和个人用品	99.7	-0.3
交通和通信	98.7	-1.3
娱乐教育文化用品及服务	100.5	0.5
居住	102.3	2.3

二、经济运行中存在的问题和困难

2013年，南宁市经济呈现稳中有进的良好态势，但调整压力仍然存在。全年全市10.30%的经济增长速度为十年来最低水平，也低于上年增速2个百分点。其中，一产、二产及三产增速分别低于上年0.4、3.5和1.5个百分点，全市经济仍在困难中运行。

（一）工业增长后劲乏力

1.新增企业规模小。全市新增规模以上工业企业28家，尽管与上年同期新增企业数相同，但全年完成产值28.05亿元，占全市规模以上工业产值的1.10%，总量比去年少35.86亿元，仅拉动全市工业增长1.32个百分点，比上年回落2.42个百分点，难以支撑全市工业快速发展。

2.开发区增速回落。作为拉动南宁市工业经济主力的三大开发区工业发展增速一直呈回落态势。东盟区、高新区及经开区规模以上工业产值增速分别比上年回落19.47、10.92及8.78个百分点，其中东盟区增速甚至低于全市平均水平8.21个百分点。

（二）投资增速回落

1.投资增速回落。全市全社会固定资产投资增长23.40%，比上年回落4.73个百分点。受经济下行风险加大的影响，全市固定资产投资增速从2011年起已连续3年出现回落态势。

2.工业投资增速明显放缓。全市工业投资728.13亿元，增长19.22%，比上年回落17.11个百分点。工业投资拉动全市投资增长5.85%，比上年回落3.56个百分点，对全社会投资增长的贡献率回落8.42个百分点。

3.亿元以上项目贡献不足。全市亿元以上项目投资589.86亿元，占全部项目投资比重的29.25%，低于全国亿元项目占60%的平均水平。从增速看，2013年全市亿元项目投资增长18.72%，低于全市投资增速4.68个百分点，未能带动全市投资增速。

4.资金到位率下降。全市在建项目到位资金 2939.30 亿元，增长 11.22%，低于投资增速 12.18 个百分点。从资金来源看，国内贷款增速比上年提升 11.22 个百分点，国家预算内资金、自筹资金和其他资金等三项主要项目资金来源渠道增速分别比上年回落 43.38、21.14 及 27.02 个百分点。

(三)消费品市场前景严峻

1.限额以上住宿餐饮企业经营形势严峻。受国家出台的“八项规定”等政策影响，市内一些高端餐饮、住宿企业营业额和相关商品销售增速大幅下滑。全市限额以上餐饮企业(含产业活动单位、大个体)营业额下降 6.30%，比上年回落 40 个百分点，限额以上住宿企业营业额下降 7.80 个百分点，比上年回落 21.70 个百分点。

2.传统商品零售增速放缓。全市服装类、日用品类、体育娱乐用品类、家用电器类、文化办公用品类、通讯器材类等六大类零售额 160.74 亿元，占限额以上零售市场总量的 25.20%，比上年同期回落 2.40 个百分点。六大类商品零售额增长 9%，低于全市增速 5 个百分点，低于上年 16.40 个百分点。

3.中小型企业和个体仍占主导地位。全市限额以上批发和零售、住宿和餐饮企业(含产业活动单位和大个体)980 多家，占全部商贸企业比重不足 10%。全年限额以上企业零售额占全市社会消费品零售总额的比重仅为 43.70%，零售主体仍以中小型企业和个体经营为主。

4.传统零售业面临电子商务分流冲击。当前南宁市零售业以传统零售业为主，电子商务方面的发展滞后，除苏宁易购、南百电子商务外，全市暂时还没有其他大规模的电子商务企业，全市传统零售业受到现代网络购物的冲击较为显著，部分购买力流失，难以适应网络购物的快速发展需要。

(四)第三产业发展不容乐观

全市第三产业发展遭遇到 23 年来最困难的局面，全年仅增长 8.10%，为近年来最低水平；三产占 GDP 的比重比去年回落 0.82 个百分点。从行业数据看，2013 年，除房地产业增速比上年提升 9.60 个百分点外，其余六大类增速均比上年回落。其中，金融业比上年增长 12.40%，住宿和餐饮业交通运输增长 4.50%，仓储、邮政业增长 5.50%，分别比上年回落 11.80、4.10 及 3.60 个百分点。全市三产较大幅度的回落，影响全市经济比上年回落 2 个百分点。

三、南宁市经济发展环境分析

从国际形势看，2013 年世界经济延续低速增长，全球对经济刺激政策的依赖程度略有降低，消费和投资对经济复苏的促进作用进一步增强，经济发展基础趋于稳固。国际货币基金组织估计，2013 年全球经济增长 3%，比上年放缓 0.10 个百分点。从经济主体看，美国房地产持续回升，就业形势转好以及美联储持续宽松货币政策；欧元区市场信心略有回升，但在失业率持续攀升、欧盟成员国家债务危机持续及经济改革措施难以顺利推行的形势下，欧元区经济仍然难以摆脱经济负增长的颓势；日本经济扩大公共开支、推行货币宽松化的政策，预计日本经济仍将维持低速增长态势；主要新兴经济体在经济结构调整及内需扩大的影响下，增速放缓态势有望扭转。从全球金融市场及商品市场需求形势看，2013 年，全球金融形势有好转趋势，但仍有部分区域动荡，国际大宗商品价格高位震荡、主要发达国家财政政策趋紧及货币政策继续宽松的政策，中国经济面临出口需求不足、贸易摩擦增多、通胀压力增大以及人民币升值带来的冲击等严峻挑战。

从国内形势看，党中央、国务院坚持稳中求进的工作总基调，稳定宏观经济政策，围绕调结构、稳增长、促改革，创新宏观调控方式，着力深化改革开放，加快推进转型升级，努力保障和改善民生，国民经济呈现稳中有升、稳中向好的发展态势。2013 年，全国经济增长 7.70%，其中三季度增长 7.80%，分别比一季度及二季度提高 0.10 及 0.30 个百分点，呈现出稳中有进的发展态势。但是，经济下行压力犹存，广义货币供应量 M2 流动性过大，房地产市场发展不均衡，进出口增速回落，部分行业产能过剩以及东中西部地区、城乡和城市内部二元差距过大等不利因素依然存在，宏观调控的任务依然相当艰巨而复杂。

南宁作为中国—东盟开放合作的前沿中心城市、广西北部湾经济区的核心城市，是广西规模最大、公共设施最完善、服务功能最完备的城市，具有较强的集聚辐射带动力。2013 年，南宁市以大力推进现代产业、现代生态文明城市、重大基础设施和民生保障“四大建设”，突出做好“绿、水、新、旧、通”五篇文章，积极建设美丽南宁，实现首府现代化建设新跨越；全市地区生产总值实现增长 10.30%，分别比全国、自治区快 2.60 及 0.10 个百分点，呈现稳中有升的良好态势。此外，工业增加值、固定资产投资、社会消费品零售总额等主要经济指标均呈两位数增长，经济形势逐渐趋好。但是，南宁市经济发展压力依然存在。全市地区生产总值、财政收入、规模以上工业增加值、社会消费品零售总额等多项主要经济指标增速分别比上年低 2、3.85、5.40 及 2.99 个百分点，经济发展仍面临着不小的调整压力。

四、加快经济发展的建议

(一)积极打造现代化农业

加快推进农业现代化建设，促进农业增产农民增收。一是加大标准化、规模化、生态化种植和养殖业示范推广力度，形成一批农业龙头企业，打造一批农业品牌，抓好一批生态农业示

12 月 17 日，南宁港六景港区覃寨村作业区永凯码头开工暨广西天利恒木业有限公司人造板项目(一期)竣工　　南宁市北部湾经济区和东盟开放合作办公室提供

范园或基地建设；二是发展新兴农业业态，扩大蔗糖、桑蚕、水果等特色农业产业规模，推广生态循环农业发展模式；三是积极落实农业政策，促进土地承包经营权流转，加大农业生产补贴力度，保障各项惠农帮扶政策，提高农民生产收入，增强农村发展活力；四是引导农业结构调整，加快农业新品种新技术转化应用，提高农业产业现代化水平。

（二）做强做大工业规模

以战略性主导产业和战略性新兴产业为主体，大力改造提升传统优势产业，推动大园区建设、大产业发展和大企业培育实现新突破。一要大力实施工业创新驱动发展，培育一批高新技术企业和创新型企业；二要继续实施“抓大壮小扶微”政策，实施“亿元工业企业工程”，加快培育一批亿元企业，推进一大批小型企业上规模；三要改造提升传统优势工业。加大用高新技术和先进适用技术改造，提升传统优势产业，促传统优势产业由粗放分散发展向集约集聚发展转变，由初级加工向精深加工发展转变；四要大力发展战略性新兴产业，加快培育和发展新一代信息技术、新能源、生物、新材料、节能环保等战略性新兴产业，形成新的经济增长点和发展优势。

（三）引导优化投资结构

以五象新区开发建设为契机，推进城市基础设施建设，加大城市现代化建设力度。一是突出抓好亿元及以上项目的重大投资项目建设，优化固定资产投资结构，保障全社会固定资产投资快速增长；二是做好重大项目跟踪服务，抓好项目储备，推动新开工项目尽快开工建设，形成新的投资增长点；三是加大工业投资力度，完善工业基础设施，完善园区建设，提升传统支柱产业的发展水平；四是正确引导投资导向，制定明确的支柱产业投融资政策，引导社会资金流向先进制造业和现代服务业，提高产业投资水平比重。

（四）提升第三产业水平

基于全市当前工业发展不足的现状，加快提升第三产业，发展具有较强带动力的服务行业。一是强化政府管理职能，通过政策法令等加以完善，做好行业发展规划和平台建设，促进行业健康发展，增强带动作用；二是拓展消费方式，加快发展网络购物等新兴零售业态，尽快建立和完善电子商务销售渠道，继续引导住房消费，扩大和带动相关消费，在提高传统消费的同时，培育文化、旅游、教育、培训、通讯、养老等新型消费热点；三是加快构建区域性现代商业金融体系，加大全市金融市场的开放程度，创新金融产品，提升金融业服务水平；四是加快培育和扶持信息服务企业，重点发展旅游、物流、电子商务等具有比较优势的行业性应用软件及传统企业信息化应用综合平台、东盟各国小语种软件、互联网增值服务等。

（五）扩大建筑业规模

目前，南宁市房地产、市政道路、机场等大项目多数由中建、中铁等央企及江苏、广东等外省建筑公司承建，本市建筑企业仅占全市建筑市场份额的三成左右。要根据全国统一的“在地统计”原则，加大对本地建筑企业的引导、支持、主动把握和提前预警预测。一是要针对市内建筑项目，适当给予本地企业一些扶持政策，提高全市建筑业企业的本市建筑市场份额；二是深化企业改革，提高竞争力，鼓励本地建筑业企业深度开拓国内外建筑市场，提升本市企业对外工程承包的市场份额；三是完善有关政策和措施，引进外省市资质等级高、综合实力强的建筑业企业落户南宁，注册为法人单位，提高全市建筑业的总量、规模和效益。

（六）提升产业招商的质量和水平

一是围绕税收贡献大的行业、企业开展招商，使土地、环境容量等有限的政府资源配置效益最大化，重点围绕食品、机械装备制造、医药、旅游、文化、体育、金融、现代商贸物流、电子商务、信息技术等产业开展招商；二是扩大产业招商内涵和外延，加强宣传南宁开放、创新以及对东盟战略中核心地位的城市形象，吸引国内外知名大企业大集团到南宁投资。通过大企业大集团落户南宁，充分发展其上下游产业，形成高效益的产业链，给经济和财政的快速增长提供强有力的支撑。

（七）助推民营经济快速发展

一是完善有关发展民营经济的政策法规，建立起规范有序的民营经济经营秩序；二是政府出台一系列助推民营经济快速发展的优惠条件，激励一大批民营企业在南宁生根发芽、茁壮成长；三是政府各有关职能部门要提高服务民营企业、服务项目的意识，为民营企业做好服务，提高工作效率，从而充分发挥民营企业的活力，为南宁市经济发展源源不断地注入新鲜的血液。（作者单位：南宁市统计局）

2013年—2014年南宁市社会发展形势分析与预测

（李　耕　陆　勤　周圣果　韦　娜
王　毅　毕　雯　何莉环　李　梅）

2013年，面对复杂多变的宏观经济形势，南宁市以科学发展观为指导，牢牢把握稳中求进、好中求快的总基调，以提高经济增长质量和效益为中心，着力稳增长、调结构、促改革、惠民生，加快健全基本公共服务体系，推动科技、教育、卫生、文化、就业、社会保障等民生社会事业发展，建设美丽南宁，经济社会保持平稳较快发展的良好势头，人民生活水平持续提高，全面建设小康社会事业取得重大进展。

一、2013年南宁市社会发展总体形势

（一）经济平稳增长，结构调整步伐加快

南宁市经济发展稳中有进，质量效益稳步提高，遏制下滑势头，前三季度生产总值增速分别为10.30%、10.50%、10.80%，全市生产总值2803.54亿元，比上年增长10.30%。财政继续跑赢经济增长，收入结构质量进一步优化，财政收入473.66亿元，增长12.24%；非税收入占公共财政预算收入29.07%，下降2.14个百分点。在外部环境、市场变化、原材料上涨等倒逼作用下，产业转型、结构调整步伐加快，三产比例从上年12.90:38.38:48.72调整为12.48:39.62:47.90，工业对经济增长贡献率稳步上升，工业对经济增长贡献率42%。服务业不断调整优化，现代服务业保持良好发展势头；农业现代化加快发展，优势产业规模化、集

约化、组织化水平进一步提升。第一产业增加值349.93亿元,增长4.80%;第二产业增加值1110.89亿元,增长14.60%;第三产业增加值1342.73亿元,增长8.10%,提高1.50个百分点,其中工业在生产总值中的比重比上年提高1个百分点左右,达29.20%。经济增长的能耗成本大幅降低,万元生产总值能耗0.68吨标准煤,下降2.07%。

(二)物价基本稳定,人民生活持续改善

全市居民消费价格总水平低位平稳运行,涨幅不大。1月、2月涨幅在2%以上运行,3月-8月涨幅在2%以下,9月涨幅增大并逐渐拉高,10月达到年内高位3.50%的峰值,全年呈现凹字型走势。食品类价格仍是推动CPI上涨的主要因素,其中影响食品类指数上涨的主要因素以干鲜瓜果、蛋、水产品、菜、干豆类及豆制品等为主,1月至10月分别上涨9.20%、7.20%、7%、6%、5.10%,其余商品价格涨幅趋缓,幅度在5%以内。城乡居民收入继续增长,农村居民收入增长快于城镇居民。城镇居民人均可支配收入24817元,增长10%;农村居民人均纯收入7685元,增长13.40%。社会民生支出275亿元,增长7.84%。民生支出比重增加,占全市公共财政预算支出66%。群众生产生活条件不断改善,民生保障水平进一步提高。

2013年,随着自治区内主要城市开通城际高铁,高铁成为南宁市联系自治区内主要城市的重要交通工具　　周家志　摄

(三)科技进步加快,自主创新能力不断加强

南宁市推进国家创新型试点城市、国家科技进步示范市、国家知识产权试点城市建设,完成《南宁市国家创新型城市发展模式与路线图研究》等4个创新型城市建设软课题研究成果,年内每万人有效专利拥有量1.98件,连续七年获“全国科技进步先进市”。江南区、南宁高新技术产业开发区、横县成为2013年广西知识产权试点示范县(市、区)。实施科技计划,共组织实施国家、自治区、市级创新计划项目326项,其中,市级创新计划项目187项,总投资10.80亿元,科技拨款5730万元;加快实施重大科技专项,下达涉及工业、农业、社会发展等领域产业重大科技专项11项,总投资1.51亿元,财政拨款890万元;有序实施科学研究与技术开发项目,下达市本级科学研究与技术开发计划项目285项,总投资9.06亿元,科技拨款9375万元。全市获广西科学研究与技术开发计划项目立项177项,获科技经费支持4412万元;获国家、自治区科技型中小企业技术创新基金立项支持79项,获资助经费4095万元。加快建设企业创新平台,完成企业工程技术研究中心能力提升22家,新增自治区级企业工程技术研究中心4家,新增入孵企业83家,新增孵化项目89个,投入科技经费2000万元支持东盟经开区建设科技企业孵化基地一期工程。优化自主创新环境,起草《南宁市创新型企业认定与管理办法》《南宁市科技企业孵化器认定和管理暂行办法》等政策性文件。

(四)城市规划和管理水平提升,生态宜居城市建设加快

1.城市规划和管理进一步加强

推进完善五象新区、外东环片区、南宁空港经济区等新区规划,加快民族大道延长线经济带概念性总体规划编制;城市管理水平进一步提高,起草《南宁市城市公共汽车客运管理办法(草案)》,将全市公共交通发展纳入法制化、规范化轨道;编制《公交都市建设发展规划》,确立公共交通主导的交通出行结构;调整优化62条公交线路,建成391座公交候车亭,加速以节能与新能源车型为主的空调公共汽车的更新升级;完成1.90万根灯杆编码标识、18万个井盖外业普查及内业数据整理工作;市区生活垃圾无害化处理率保持100%,市区污水集中处理率85%。

2.“智慧南宁”“中国绿城”“中国水城”建设取得新成就

南宁市乡村手机信号覆盖率99%,行政村宽带和乡镇光网覆盖率98%,各乡镇及自然村有线电视联网率100%;建设以政府网站安全升级、政府办公自动化升级、政府视频会议系统为代表的智慧政务工程,加快建设市民卡工程、社区信息化工程、乡村信息化基础设施建设、农民工服务系统、肉类蔬菜流通追溯系统为切入点的惠民利民工程,数字城管、防汛应急、智能交通等一批信息化系统建成、升级和应用;建设举办第三届广西园林园艺博览会,开展国家生态园林城市创建,实施项目37个,完成投资19.50亿元,完成植树造林1.63万公顷。全市森林覆盖率、建成区绿地率、绿化覆盖率、人均公园绿地面积分别达到47.79%、42.22%、36.64%、13.25平方米;实施水城建设项目70个,完成投资50亿元。其中邕江综合整治和开发利用示范段工程、可利江环境综合整治工程(一期)河道主体工程等项目竣工,江北引水干渠工程开工建设。邕江地表水水质达标率100%,环境空气质量(AQI指数)优良率75%。

3.推进旧城改造

完成新阳路292号、北湖北路2号等18个土地熟化项目,拆迁面积137万平方米;推进城中村试点项目,开展陈东村、位子渌村项目前期工作;开展“美丽南宁·整洁畅通有序大行动”重点专项整治行动,实现“100天新变化,200天新提升”的目标。

(五)教育优先发展,教育质量不断提升

1.教育投入持续加大

下达市本级教育基建投资15.70亿元(年内投资13亿元),安排项目164个;完成教育固定资产投资55.69亿元,比上年同期增长26.87%;实施标准化学校建设项目1195个,开工建设教师周转房1484套;争取上级资金9576万元,用于农村初中校舍改造、艰苦地区农村学校周转宿舍、中等职业教育基础能力建设、农村学前教育推进工程等53个项目。

2.发展九年义务均等化教育

下达农村义务教育公用经费专项补助资金3.59亿元、城市免学杂费补助资金0.96亿元,免除学杂费的城乡义务教育阶段学生79.62万人,享受免费教科书的农村义务教育阶段学生55.84万人;投入2.33亿元(中央资金0.71亿元、市本级1.62亿元),实施农村义务教育营养改善计划,覆盖六县中小学生近40万人,超过全市中小学生总人数的三分之一;解决进城务工随迁子女接受义务教育等问题,接收进城务工人员随迁子女义务教育学生12.60万人,约占自治区接收总数28%。全市义务教育巩固率94.56%。

3.学前教育、普通高中、职业教育、特殊教育和社区教育加快发展

南宁市完成学前教育三年行动项目593个,超额完成计划100个,创建自治区示范幼儿园6所,正在申报的11所,创建市级示范幼儿园76所,全市学前教育管理信息化水平和保教保育质量进一步提高,学前教育毛入园率89.42%;普通高中课程改革积极稳妥推进,培训普通高中教师7616人次,教育能力进一步加强;新增自治区示范性普通高中2所,通过立项建设评估的1所。全市高中阶段毛入学率91.62%,有自治区示范性普通高中21所;实施职业教育攻坚五年计划,推进职业教育内涵发展和基础能力提升,投入1650万元建设3所广西中等职业教育示范特色学校和6个广西中等职业教育实训基地,全市中职毕业生就业率96.30%;按照自治区特殊教育示范学校的要求打造市特教学校,安排30万元用于师资培训;广泛开展社区教育基地、社区教育学校建设,经过评估验收的社区教育试点基地16个。

(六)卫生事业全面进步,医疗保障水平提高

1.基本医保体系进一步完善

城镇基本医保覆盖面得到巩固,全市参加"新农合"的农民502.30万人,参合率99.38%;城镇居民医保和新农合政府补助标准由2012年每人每年290元提高至340元,各级财政补助资金14.06亿元,到位率100%;扩大重大疾病医疗保障范围达到24个病种;三级医疗卫生和农村基层医疗卫生服务体系建设进一步加强,城市社区、农村村级基层卫生服务中心建设加快,1302个标准化卫生室纳入一体化管理,1121个开展村级门诊统筹报销,实现"一元钱"看病。

2.医疗卫生服务体系建设进展顺利

市本级投入资金4100万元,建设卫生项目9个。其中,市二医院外科大楼项目、市八医院门诊住院综合楼项目投入使用;市妇幼保健院妇产妇幼综合楼、市六医院迁建、儿童医院、三医院门诊综合楼、疾控中心三期工程启动建设;争取上级资金9304万元,建设基层卫生项目51个,其中,完成1384个村卫生室规范建设项目,投入使用1318个,使用率95.20%;县级医院、农村急救体系、疾病预防控制体系、基层医疗卫生服务体系、社区卫生服务体系等项目加强建设。

3.医改工作进一步加强

基本公共卫生服务逐步向均等化发展,建立居民健康档案549.75万份,建档率77.61%;人均基本公共卫生服务经费标准提高30元,基层医疗卫生机构免费向群众提供10项公共卫生服务;县级公立医院综合改革取得新突破。横县、宾阳县、上林县、马山县和隆安县等5个县列入自治区第二批试点县,15家县级公立医院全部实行药品零差率销售;防治艾滋病攻坚工程取得积极进展,广西艾滋病临床治疗中心(南宁)项目加快建设,为孕产妇提供免费艾滋病咨询检测并减免阳性产妇部分住院费用;地中海贫血防治计划有效实施,地贫孕妇筛查率95.88%;中医药民族医药发展进一步加快,在建基层医疗机构中医民族医科98个、示范中医民族医科16个,全市社区卫生服务中心、乡镇卫生院中医科覆盖率100%,新建9个、巩固12个广西省级基层中医民族医重点专科。

(七)文化体育事业成果丰硕,文体产业蓬勃发展

1.公共文化服务设施更加完善

市本级财政安排资金7亿元,建设重点文化项目16个,其中,市民族艺术基地、孔庙迁建工程接近竣工;南宁博物馆、科技馆等项目完成主体建设;市群众艺术馆重建项目开工建设;中国—东盟创意乐园(锦园)一期工程、市图书馆、市国家档案馆等项目加快开展前期工作;投入4500万元建设129个村级公共文化服务中心,累计建成373个村级公共服务中心;建成南宁市城乡一体化联合图书馆,联合图书馆以南宁市图书馆为中心馆、12个县(区)图书馆为分中心馆、53家流通站为网点,实现数字资源共享、联合检索、信息互联。其中,市图书馆与9个县(区)图书馆、5家流通站实现通借通还。

2.文化遗产保护加强

南宁育才学校旧址、伏波庙被国务院核定为全国重点文物保护单位,顶蛳山遗址抢救性保护设施获自治区批复立项,扬美古镇保护性基础设施建设项目获中央资金500万元支持;启动南宁博物馆布展工程和文物征集,启动南宁东盟非物质文化遗产博览园项目建设方案策划,公布第五批39个南宁市级非物质文化遗产代表性项目名录和第四批25个南宁市级非物质文化遗产项目代表性传承人。

3.艺术创作成果显著

大型壮族歌舞剧《百鸟衣》完成首演,吸引新华社、中新网、人民网、《中国文化报》《广西日报》等媒体的广泛关注;曲艺作品《天琴传说》获全国曲艺优秀节目展演优秀剧目奖,实现南宁曲艺全国夺奖零的突破。

4.体育事业蓬勃发展

成功举办2013南宁国际半程马拉松比赛等5项国际体育赛事;体育竞赛成绩斐然,获世界级比赛金牌12枚、银牌1枚,铜牌1枚;获第十二届全国运动会银牌3枚、铜牌2枚;推进2014年第四十五届世界体操锦标赛筹备,完成会徽吉祥物发布、CI设计招投标、器材招商、会旗交接、一周年倒计时启动仪式等工作,广西体育中心配套工程加快建设。

5.文体产业发展态势良好

出台《南宁市文化产业发展专项资金管理暂行办法》,安排5000万元用于提高南宁文化产业整体实力;加快建设广西文化产业城、体育产业城。中国—东盟创意乐园(锦园)项目进入招拍挂阶段,广州励丰文化科技股份有限公司"文化立方体"项目落户五象新区;第十五届南宁国际民歌艺术节系列文化活动精彩纷呈,广西首台大型多媒体风情歌舞秀《锦宴》"天天演"项目正式公演;全市体育彩票完成销售收入2.73亿元,比上年增长13.30%,产生公益金1400万元,增长12.90%。

(八)就业形势总体稳定,城乡社会保障体系进一步健全

1.创业就业工作推进

加强对农业转移人口的就业援助,培训农民20万人次,引导就近就地就业;将"产业工人技能提升"纳入市政府为民办实事项目,投入专项资金1640万元开展技能提升培训;把高校毕业生就业和下岗再就业摆到突出位置,投入1162.24万元开展

职业技能培训；组织开展"就业援助月""春风行动""民营企业招聘周"等就业专项服务活动，举办招聘会150多场、提供就业岗位30万个(次)；进一步落实税费减免、岗位补贴、培训补贴、社保补贴和技能鉴定补贴等政策。全市培训职业技能人员4.80万人次，培训产业工人1.98万人次；发放小额担保贷款3.38亿元；城镇新增就业人数8.60万人，城镇登记失业率3.01%，控制在4.50%的目标以内。

2.社会保障工作加强

各项社会保险覆盖范围继续扩大，全市参加政策性社会保险人数599.40万人次(不含新农合)，社会养老金标准在中央规定标准的基础上每人每月增加20元，基本医疗保险待遇逐步提高，工伤、失业和生育保险待遇水平继续提高；建成贫困村屯级路599条合663.68千米，解决39.67万贫困地区群众行路难问题；投入产业化扶贫资金1.06亿元，发放信贷扶贫资金2.63亿元；投入扶贫培训资金1099.88万元、培训贫困地区干部群众2.42万人次；开工建设保障房1.99万套，完成年度任务102.52%，基本建成1.79万套，完成率122.66%；出台《南宁市人民政府关于加强拆迁安置房建设管理工作的实施意见》等文件，保障性住房管理制度化加强。

(九)民政公共服务能力增强，民政工作取得新进展

1.社会救助水平持续提升

供养和补助标准持续提高，城市低保标准从每人每月360元提高至400元，农村低保标准从每人每年2300元提高至2400元；城区、开发区农村五保供养标准提高到全部以货币形式发放每人每月不低于300元，六县农村五保供养标准适度提高；提高孤儿养育标准，公办儿童福利机构抚养孤儿养育标准为每人每月1200元，社会散居孤儿养育标准为每人每月800元；全年下拨城乡医疗救助资金4802万元，累计支出5257.79万元，救助23.20万人次。

2.惠民项目扎实推进

实施9个为民办实事项目，其中，五保村建设项目31个、敬老院维修改造项目50个，居家养老日间照料中心项目9个、社区居委会用房项目40个、乡镇干部周转房项目20个；126.23万户农村居民住房全部列入政策性保险范围；印发《南宁市免除城乡困难对象基本殡葬服务费用实施方案》，全面启动殡葬惠民工作，2013年办理免费手续795例，免费金额235万元；安排社区惠民资金7040万元。

3.救灾应急工作取得实效

投入2141.60万元资金用于冬春灾民生活救助和灾害应急救助，救助受灾困难群众16.11万人；投入应急救助资金214.90万元，紧急转移安置受灾困难群众1.14万人；加快推进救灾物资储备库建设和维修，开展市备灾中心项目前期，上林县、青秀区两个县级救灾物资储备库建设项目抓紧建设，投入79.50万元维修53个乡镇(街道)救灾物资仓库。

4.社会福利稳步提升

出台《关于加强孤儿保障工作的实施意见》，孤儿福利保障制度进一步完善，将1052名孤儿信息录入全国儿童福利信息系统，及时发放孤儿保障金；社会福利重点项目进展顺利，市社会福利医院救助病房大楼、市福利中医医院综合业务大楼、南宁市培智学校学生公寓楼等项目建设稳步推进；老年人福利体系建设加快，培育发展新办民办养老服务机构3家，新增养老床位500张；南宁市被列为自治区首批连片农村幸福院项目建设试点市，获165个农村幸福院项目；严格执行高龄老人寿星补贴政策，年发放寿星津贴800多万元；推进基层老年协会建设，首批83个村级老年协会示范点通过自治区检查组的验收。

(十)旅游事业加快发展，旅游发展环境优化

1.旅游收入增长较快

全年接待旅游总人数5875.37万人次，同比增长14.04%；旅游总收入478.15亿元，增长18.39%。其中，国内游客5840.26万人，增长14.07%，国内旅游收入467.64亿元，增长19.45%，接待入境游客35.11万人，增长14.07%，国际旅游收入1.37亿美元，增长28%。

2.加强旅游业发展软环境建设

出台《关于贯彻落实自治区旅游业发展文件精神推动我市旅游业跨越发展的若干意见》《关于印发<南宁市服务自治区领导联系推进重大旅游项目实施方案>的通知》《关于印发<南宁市创建广西特色旅游名县工作实施方案>的通知》《关于印发<南宁市领导联系推进重大旅游项目工作方案>的通知》、《关于印发〈南宁市重大旅游项目推进工作方案〉的通知》等5份文件，加强对旅游市场监管，全面规划部署旅游业发展。

3.旅游基础设施进一步完善

投资2.10亿元建设广西龙门水都文化生态旅游景区，投资7000万元建设广西渔牧生态园景区；上林县金莲湖综合旅游景区、马山县弄拉生态旅游景区加快建设并部分开放；最佳西方、万豪、洲际皇冠假日、喜达屋豪华精选、香格里拉、费尔蒙等国际知名品牌酒店集团落户南宁；青秀山风景区通过国家5A级旅游景区资源评价，龙虎山景区、民歌湖景区和广西规划馆通过国家4A级旅游景区评审。

4.乡村旅游加快发展

乡村大世界、康佳龙生态农庄、怡景生态园景区、百果苑、红振企等创建广西乡村旅游区，指导兰远山庄、龙泉湾度假村、杨李村农家乐、覃排鱼王生态农庄等15个乡村旅游点创建广西星级农家乐。

5.节庆活动助推旅游发展

举办2013年中国旅游日南宁主会场暨上林生态旅游养生节活动，推出"万名霞客登山活动""霞客万里行　眷恋在上林"自驾游、环大龙湖自行车越野赛等一系列休闲旅游养生活动，成功推介"上林——徐霞客最眷恋的地方"的县域新形象；承办2013南宁·东南亚国际旅游美食节，接待游客96.30万人次，实现销售额3000多万元。

二、2013年南宁市社会发展存在的主要问题

(一)经济下行压力较大，影响居民收入较快增长

在国内外经济形势影响下，全市工业、投资、消费驱动经济增长的动力不足，经济增长放缓，地区生产总值增速为10.30%，增速为"十二五"以来最低水平；市场需求不旺，工业品价格持续下滑，生产经营成本偏高，融资难、招工难等问题突出，部分企业停产半停产，工业企业生产经营困难；投资缺少大项目、新项目，亿元以上项目仅占施工项目6.32%、完成投资仅增长18%，资金筹措难、征地拆迁难、用地指标不足等仍然比较突出；消费市场增速放缓明显，缺乏新的增长点；经济增长放缓，影响就业的进一步扩大，居民收入增长压力较大，城镇居民可支配收入增长10%，略低于经济增速。

(二)财政收入增长放缓，民生支出压力较大

"十二五"以来，财政收入增速逐年降低，2013年财政收入473.66亿元，增长12.24%，完成财政收入"十二五"翻番、增加

300亿元的目标难度较大，次年在优化财政结构和质量的条件下，获得高速增长的困难比较大；财政增收困难影响财政对民生和社会事业各领域的支出，虽然财政用于民生支出逐年增长，比重不断提高，但仍然满足不了民生和社会事业发展的需要，教育、卫生、社会保障、水利等民生项目投资资金缺口仍然比较大。

(三)教育发展均等化水平不高，教育服务社会经济发展能力不强

教育发展的总体水平与现代化建设、人民群众的需求仍然存在较大差距，教育发展存在的一些困难和问题，主要表现在：教育发展不均衡，城乡、区域、校际之间办学水平差距明显，优质教育资源不能满足人民群众日益增长的需求；一些教育热点、难点问题还没有得到完全解决，如城市中小学、幼儿园建设跟不上快速发展的城市需要，公办幼儿园、普惠性幼儿园资源少，“入园难”“入园贵”的现象仍存在；教师队伍综合素质还有待提升，教师的教育教学水平未能完全适应教育现代化的要求，教师队伍仍存在结构性矛盾，教育发展理念、管理水平还需进一步提升；职业教育服务经济社会发展能力有待增强，职业学校培养技能型人才的数量、质量、结构与经济社会发展需要还不相适应。

(四)基层医疗卫生基础仍较薄弱，健康服务业发展滞后

医疗卫生事业总体投入不足，健康服务业发展滞后，主要以政府提供医疗服务为主，未能发挥市场在医疗资源配置中的作用；农村基层卫生人才匮乏、人员流失严重，村医队伍人员老化、技术水平低，后继乏人；县级医院患者住院难问题仍然十分突出，县级公立医院部分基本药物存在配送不及时和生产企业供应不及时的情况，部分县(区)绩效工资的核定和发放到位滞后，对医疗卫生机构的资金审批周期较长，财政补偿机制不完善，人事制度改革未有实质性进展。

(五)公共文化服务供给不足，文化产业未形成规模

部分重大文化项目建设进展较慢，基本公共文化服务供给不足；文艺精品偏少，缺乏思想艺术水平高、地方特色突出、人民群众喜闻乐见的精品力作；城乡公共文化设施的分布不均衡比较突出，乡镇综合文化站、村级公共服务中心等基层公共文化设施受人员、经费紧缺等原因的限制无法满足群众需要；新兴文化产业发展缓慢，缺乏推进文化产业发展的强有力抓手和整体合力；文物数量多、范围广与文博从业人员少等问题，极大制约文物保护工作的开展。

三、2014年南宁市社会发展工作思路

(一)实施创新驱动发展战略，大力加强科技创新

促进企业成为创新主体。加大政策扶持，推进“国家创新型试点城市”建设，抓好创新型企业试点工作；积极构建产学研相结合的平台建设，促进新技术、新产品开发，鼓励推动有研发设计能力的企业优化产业链和价值链。加强知识产权保护。增强知识产权保护意识，建立和完善管理体系，加大和提高知识产权的保护力度；推进国家知识产权试点城市建设。深化科技体制改革。着力推进科技项目和科技经费管理改革，建立健全绩效优先、创新增值的评价机制和资源分配机制。实施八大创新工程。推进高新技术产业和战略性新兴产业培育扶持工程、企业创新能力提升工程、农业科技创新能力提升工程、民生发展和美丽南宁建设科技支撑工程、科技创新体系建设完善工程、发明专利倍增工程、科技成果转化与示范推广工程、科技创新环境优化工程等八大工程，加大产业技术与产品创新，加快推进经济结构调整和发展方式转变，提升创新要素驱动城市发展的水平与成效。

(二)大力改善生态环境，加快生态宜居城市建设

着力推进“中国绿城”建设。全面、深入开展城市园林绿化建设，力争建成区新增绿地面积400公顷，改造提升绿地200公顷，绿化覆盖率42.90%，绿地率37.30%，新建各类公园、游园30个，新增绿道50千米，改造提升市政主干道、景观节点30条(处)；实施重点公园、民族大道、白沙大道和五象新区、经开区主干道等城市主要道路“三化”试点。继续实施“绿满南宁”“增花添彩”“岸绿景美”“新区精品”工程，进一步提升道路绿地管理养护水平。

推进“中国水城”建设。计划实施水城和邕江综合整治项目45项，总投资约48亿元推进邕江综合整治和开发利用工作，实施邕江南岸(江南区亭子公园东侧—滨江丽景花园西侧)景观绿化、美化工程，建成柳沙、津头、平西等3个滨江公园；加快南湖、五象湖、相思湖环湖水系建设和提升。

推进旧城改造。策划引进社会资金，采取土地一二级联动的方式，重点推进南宁糖业亭洪片区、三街二巷二期、北湖小区等一批大片区改造项目。

(三)加快实施教育体制改革，办人民满意的教育

巩固学前教育三年行动计划成果，实现发展成果更多更公平惠及人民。多渠道落实建设经费，对新建、改扩建的农村公办幼儿园给予适当奖补；扶持发展规范的普惠性民办幼儿园；积极发挥各级示范园的辐射作用，加强幼儿教师队伍建设，提升办园质量，注重内涵发展，力争达到自治区示范园标准的幼儿园30所以上。

统筹城乡义务教育资源均衡配置，促进首府义务教育均衡发展。形成定期开展义务教育学校教育教学交流活动的长效

8月5日，市长周红波(前右二)到高新区检查“中国水城”服务“两会一节”项目建设进展情况　　南宁市北部湾经济区和东盟开放合作办公室提供

机制，继续开展城乡初中共同体建设活动 100 次以上；提高义务教育学校规范化管理水平，严格执行义务教育免试就近入学，探索试行学区制和九年一贯对口招生机制，严格执行义务教育学校减负相关规定，均衡区域间学校办学条件，破解择校难题。

深化推进普通高中课程改革，不断扩大普通高中资源。将自治区示范性普通高中指令性计划定向招生比例从 35% 上调到 40%，遏制择校、倡导公平；加快推进一批新建、续建、重建教学项目，改善普通高中办学条件，扩大办学规模；推进名师培养工程，持续开展高中教师全员培训；加强学校内涵建设，加快推进特色高中学校建设，打造特色文化品牌；鼓励普通学校申报自治区示范性普通高中。

加快实施南宁市新时期深化职业教育攻坚五年计划，探索构建具有首府南宁特色的现代职业教育体系。大力推进全市中等职业教育适应区域经济发展方式转变和现代产业体系建设，全日制教育与非全日制教育并重；深化职业教育改革，加强校企一体化合作办学，加强中高职教育衔接，加快推进县级职业教育改革。

（四）推进医药卫生体制改革，提高基本公共卫生服务水平

继续深化医药卫生体制改革。重点推进医疗保障、医疗服务、公共卫生、药品供应、监管体制综合改革，深入推进以县级医院为重点的公立医院改革，在实施“一取消两同步”的基础上，推进公立医院建立多渠道补偿机制，促进财政补偿到位，为下一步城市公立医院综合改革打下坚实基础。

抓好医疗卫生服务体系建设。进一步巩固和完善国家基本药物制度和基层运行新机制，确保基层医疗卫生机构临床需要，保障群众的基本用药；健全农村三级医疗卫生服务网络和城市社区卫生服务体系，加强基层卫生队伍建设，加强乡村卫生服务一体化管理，提高村卫生室服务水平。

全面推进基本公共卫生服务。提高基本公共卫生服务均等化水平，继续做好 10 类国家基本公共卫生服务项目，提高服务质量、居民知晓率和满意度。继续实施重大公共卫生项目；做好农村妇女宫颈癌、乳腺癌免费检查试点工作。

突出特色发展卫生事业。持续深入开展艾滋病防治工作，深入实施壮瑶医药振兴计划和中医药发展八大重点工程，合理制定区域卫生规划和医疗机构设置规则，放宽和规范民办医疗机构的准入，引导非公立医疗机构向高水平、规范化方向发展。

（五）加快文化体育事业产业发展，提升文化软实力

深化文化体制改革。推动已转制的国有文化企业完善现代企业管理制度和法人治理结构，扶持提升市场竞争力，探索建立健全管人管事管资产管导向相结合的国有文化资产管理体制，建立健全文化企业国有资产监督管理机构，促进改革文艺院团夯实基础。

加快公共文化服务体系建设。完善公共文化基础设施建设，加快重大文化体育项目建设，完善城乡一体化联合图书馆建设，建立健全农家书屋长效机制；继续开展村级公共服务中心建设等为民办实事文化惠民工程，继续深入实施《南宁市全民健身计划（2011~2015 年）》。提升公共文化设施免费开放水平，加强对基层文化人才的培训，开展公益性艺术培训。

加强文化产品创作生产。修改提高大型壮族歌舞剧《百鸟衣》，创作排演现代大型轻喜邕剧《南宁故事》及反映民族文化特色的风情歌舞晚会；遴选一批具有较大影响、基础较好、尚有潜力的舞台艺术作品进行提升；拓宽艺术生产领域，发展影视作品创作；依托各类赛事载体，组织歌舞、声乐、小戏小品类小型节目创作。

加大历史文化遗产保护力度。加强文物保护，抓好顶蛳山遗址公园保护规划工作，对部分文物进行抢救性维修保护；继续做好南宁博物馆陈列布展和文物征集工作；推进第一次南宁市可移动文物普查，推进“老南宁·三街两巷”历史文化街区改造。加强非物质文化遗产保护，加大粤剧、邕剧等地方剧种的传承保护力度，拓展传统戏曲的传播空间；加大文化生态保护区的建设，建立市级生产性保护示范基地；申报自治区级第五批非物质文化遗产代表性项目及自治区级第四批非物质文化遗产代表性传承人；推进南宁市非物质文化遗产展示中心建设。

加快培育文体产业。进一步细化文化产业发展扶持政策；建设南宁市文化产业公共服务平台，实施动漫精品培育工程，加强文化产业品牌建设，促进文化企业做大做强，推动文化产业集群化发展；完善体育产业发展规划，加强体育彩票宣传和销售，鼓励引导市民扩大体育消费。

办好 2014 年世界体操锦标赛。按照国家体育总局体管中心、自治区体育局和市委、市政府的要求，全力以赴抓好 2014 年世界体操锦标赛各项筹备和举办工作，努力把赛事办成成功、圆满，社会各界满意的体育盛会。

（六）加强促进劳动就业，完善覆盖城乡的社会保障体系

推动充分就业。实施更加积极的就业政策，以高校毕业生、返乡农民工为重点促进就业，进一步鼓励自主创业，大力开发和推介创业项目，促进高校毕业生自主创业和农民工返乡创业；深化“校企合作”，加强就业技能培训、岗位技能提升培训和创业培训；完善基层就业服务平台，推进就业困难人员、被征地农民及失业人员就业再就业。预计 2014 年全市城镇新增就业人数 7.50 万人，城镇登记失业率低于 4.50%。

健全社会保障系统。启动城镇居民大病保险工作，完善职工生育保险办法；整合城乡居民基本养老和基本医疗保险制度，适时推进机关事业单位养老保险制度改革；进一步调整提高企业退休人员基本养老金等社会保障待遇；加强基层平台建设和信息化建设，探索建立南宁“掌上社保”信息服务平台。

推进人才建设。加强“北部湾人才金港”等人才服务平台建设，继续深入实施人才小高地提升工程、新世纪学术和技术带头人培养工程、专业化人才培养工程以及海内外高层次人才引进工程，组织开展南宁市特聘专家第二批选聘活动。

（七）强化民政领域建设，进一步完善社会救助和福利体系

抓好民政项目建设，夯实为民服务基础。继续抓好社区居委会用房、乡镇干部周转房等基层民政项目建设；认真抓好 2014 年自治区、市政府为民办实事项目；努力推进市第二福利院、南宁市备灾中心、南宁残疾儿童康复中心康复综合大楼、市军供保障综合楼、南宁军供站军供分站、殡仪服务区改造建设工程等重大民政项目建设。

推进社会救助体系建设。开展城乡居民大病保险试点，完善城乡低保制度，按时足额发放低保金并适当提高城乡居民最低生活保障月人均补助水平；继续完善城乡医疗救助“一站式”即时结算平台，推进乡镇敬老院社会化管理改革试点工作及农村五保村改革。

加快社会福利和养老服务体系建设。加快南宁市民办养老机构建设步伐，推进全市居家养老服务社会化运营；抓好市、县(区)福利院和民办福利机构的规范化管理，开展南宁市养老机构评估考评，提高管理服务质量；贯彻落实南宁市《关于加强孤儿保障工作的实施意见》，完善全国儿童福利信息系统，解决孤儿在供养、教育、医疗、康复以及成年后就业、住房等方面困难。

(八)提升旅游资源优势，促进旅游业与相关产业融合

进一步促进旅游业加快发展。力争到2014年底，接待国内旅游人数超过6900万人次，同比增长17%；国内旅游收入553亿元，增长18%；入境过夜游客人数超41万人次，增长17%；入境旅游收入1.55亿美元，增长18%；旅游总收入超557亿元，增长16%。创建国家4A级以上旅游景区、四星级以上旅游酒店各3家。

加快推进重点旅游项目建设，打造优质景区景点。加强旅游规划与城市建设总体规划的衔接，整合旅游资源，统筹谋划景区景点的建设发展；加快龙象谷国际旅游度假区、青秀山风景名胜旅游区、大明山风景旅游区等25项南宁市重大旅游项目的建设；推进大明山风景旅游区按照国家5A级旅游景区的标准建设和昆仑关旅游风景区、相思湖湿地公园、南湖公园、南宁城市规划馆、凤岭儿童公园、西乡塘龙门水都等旅游景区等级创建，提升改造市区和县域其他景区景点建设。

打造特色旅游精品，推进特色旅游名县、名镇(乡)、名村建设。打造南宁一日游、两日游和多日游精品旅游线路，推出系列品牌旅游线路，鼓励旅行社组织经营精品旅游线路；突出城市旅游特色，加快壮锦、绣球、 民族服饰、红陶、竹编等旅游商品开发；加快推进上林县创建成为广西特色旅游名县和一批特色旅游名镇(乡)。

加快建设高星级酒店及旅游配套服务设施，促进旅游与其他产业融合。引进国内外高端酒店集团和著名酒店管理品牌，进一步完善旅游资源周边公共服务设施。开展2014"智慧旅游年"活动，加强旅游信息化建设，打造智慧旅游城市；充分挖掘弘扬优秀民族传统文化，大力推进旅游与商业文化、会展文化、餐饮文化等的融合。 (作者单位：南宁市发展和改革委员会)

全面深化改革 奋力提升南宁首位度 加快建设中国面向东盟开放合作的区域性国际城市、宜居的壮乡首府和具有亚热带风情的生态园林城市

——学习彭清华书记关于南宁城市发展定位的思考

余远辉

科学合理的城市定位关系到一个城市发展的战略导向及城市特色的塑造，必须从国家、区域及城市本身综合考虑，从客观条件、历史沿革和发展趋势全面分析，才能准确确立城市发展方向，科学制定战略举措。

2013年2月23日，自治区党委书记、自治区人大常委会主任彭清华同志在深入南宁考察调研后，明确了南宁的城市发展定位：加快提升南宁首位度，大幅提升首府对自治区经济社会发展的影响力、贡献力和辐射力，建设中国面向东盟开放合作的区域性国际城市、宜居的壮乡首府和具有亚热带风情的生态园林城市。这一城市发展定位符合南宁的区位条件、资源禀赋、产业基础、发展环境等特点，全面综合考虑了南宁的城市功能、历史沿革和区域角色，符合经济全球化和多区域协作发展大势，切合实际，为南宁的发展指明了方向，必将对南宁未来发展产生深远的影响。

一、自古以来，南宁就是重要的交通枢纽、区域经济重镇和面向东南亚交流合作的桥头堡

南宁始建于东晋大兴元年，寓意为"南疆安宁"，迄今已有1690多年建城史。凭借独特的区位优势及得天独厚的生态自然资源，历代南宁人重商贸、重对外交流往来、重城市形象塑造，为南宁成为西南交通枢纽、区域经济重镇和面向东南亚交流合作的桥头堡打下了坚实基础。

1.南宁具有独特的区位优势，一直以来都是重要的交通枢纽。南宁东邻粤港澳，西接东南亚，南临北部湾，西靠云贵川，北上湘鄂通京。穿城而过的邕江融入西江"黄金水道"可直达粤港澳，是中西部最便捷的出海通道和中西部、粤港澳地区面向东盟最便捷的出边通道。自唐代初期始就是多朝州、郡、府和省会驻地，特别是唐代凿通相思棣运河后，西南、中原各省至交趾(今越南)的古水道发生变化，从灵渠相思棣越柳江，水陆并进交趾，都经过南宁，南宁的政治、经济、军事地位明显提高。自宋代始，南宁西南经济文化交流大通道枢纽的地位正式确立。清代大学士鄂尔泰向朝廷上疏时称："南宁府，南控交趾，东瞰浔梧，西接思田，北卫桂柳，为粤省要枢。"广西解放前夕，叶剑英同志提出："首先要对今天的广西有全面的认识，如果只孤立地看广西、死板地看广西，就是说，不从今后东南亚形势的发展上看广西，不从今后建设改变交通条件的观点看广西，不从小道理服从大道理这一原则上考虑广西省会的问题，将不会得出正确的结论。"也正是考虑到南宁独特的区位优势和重要的战略地位，党中央、毛泽东主席最终决定将广西首府定在南宁。

2.南宁具有良好的发展基础，历来是西南经济重镇。南宁自古就是桂西南与滇、黔、川等地间的商品集散地和流通中心，"南腔北调语不休，照水夜来灯万点"是这座城市商业繁荣的历史写照。明代，凭借优越的水路交通优势，南宁大力推进商贸发展，成为左、右江商品集散中心，有"小南京"之称。明末至鸦片战争前，南宁建码头49处，仅邕州古城门南门至西门之间就有7处码头，呈现出"船只稠密，凡商船后到者，皆湾泊江中，未易直接出岸"的码头港口贸易繁忙景象。1907年，南宁开埠后，商贸空前繁荣，进出口总值当年即达到154万两白银，到1911年增至470万两；20世纪30年代，开办公私营工厂30多家、手工业作坊700多家、商店近千家，商业氛围十分浓厚。1957年，市区建立全民所有制工业企业49家，集体所有制企业137家，综合实力居于西南地区前列。党的十一届三中全会以来，南宁市历届党委、政府励精图治、真抓实干，地区经济总量不断扩大，综合实力不断增强。2013年，全市地区生产总值达到2803.54亿元，总量列五个自治区首府城市之首。南宁作为一个新兴的、充满活力的开放城市正广受关注、阔步向前。

3.南宁具有悠久的开放历史，自古就是中国面向东南亚交流合作的桥头堡。得益于特殊的地理位置，南宁很早就与东南

亚国家建立了密切的经济文化往来，历经多个朝代的“海上丝绸之路”，加深了南宁与东南亚国家的密切往来，促进了双方在贸易、文化、民俗等诸多方面的交流和融汇。南宋时曾在广西任职的周去非著写的《岭外代答》，详细地记录了当时每日贸易的繁忙景象：“交人日以名香、犀象、金银、盐、钱，与吾商易绫、锦、罗、布而去。”新中国成立以后，特别是2004年南宁成为中国—东盟博览会永久举办地以来，南宁一跃成为中国与东盟开放合作的前沿和窗口。10年间，南宁充分利用中国—东盟博览会和中国—东盟商务与投资峰会平台，广泛开展了与东盟各国之间的友好往来与合作。柬埔寨、越南、泰国、老挝、缅甸等国领事馆先后进驻，中国—东盟多个交流中心、办事机构也纷纷落户，南宁的国际影响力和知名度进一步扩大。每年“两会一节”举办期间，东盟各国政要、五洲客商云集，南宁“国际化”色彩愈加浓重。

4.南宁具有得天独厚的生态环境，是宜居宜业的壮乡首府。南宁位于北回归线以南，属湿润的亚热带季风区，阳光充沛，霜少无雪，雨量充足。得益于舒适怡人的气候和肥沃的土地，“草经冬不枯，花非春乃开”，这里也被人喻为一片“插根扁担都能发芽”的热土。近年来，南宁充分利用山、水、林等自然要素与城市融合，创造独特的城市特色，努力打造“中国绿城”城市品牌，环境质量不断改善，享有联合国人居奖、全国文明城市、国家森林城市、全国十大宜居城市等荣誉称号，“中国绿城”形象逐步展现，南宁“半城绿树半城楼”的城市风貌闻名遐迩，绿色成为这座城市的主色调，生态宜居之城魅力彰显。良好生态环境已成为支撑南宁加快发展的宝贵资源和最大优势之一。

从南宁经济社会发展历程可以看出：自古以来，凭借独特的区位优势、便利的交通条件、坚实的经济基础和良好的生态环境，南宁经济社会发展繁荣昌盛，是南疆壮乡的一颗璀璨明珠。

二、由于主客观方面的多种原因，一直以来南宁的优势发挥不够，对自治区经济社会发展的影响力、辐射力不大，面临的困难和挑战亟待深入研究、加快破解

受战争、战备期间国家发展战略布局、立体交通网络缺位以及思想观念陈旧等因素影响，南宁后发展欠发达的市情一直没有改变，首府的优势还没有完全体现，经济社会发展中存在的一些困难和瓶颈问题亟待研究解决。

（一）由于缺乏高效便捷的交通网络支撑，南宁独特的区位优势未能很好地转化为发展优势

改革开放前，地处边疆的广西一直被视为中国交通的“神经末梢”。改革开放后，广西交通建设虽有所进展，但整体交通网络仍不完善，出海出省出边通道不够畅通，南宁未能充分发挥良好的区位优势。

1.公路路网结构不优，出省高等级公路紧缺。高速公路是中心城市辐射周边城市的重要载体，但南宁至自治区内其他城市的高速公路开通较晚，如南宁至柳州、桂林的高速公路分别于2000年前后才建成通车，此后，南宁至崇左、百色、梧州、贺州等周边城市的高速公路在2005年后才陆续开通，南宁至河池的高速公路至今没有全线贯通，这是南宁作为首府城市在自治区内的辐射力、影响力不强的一个重要原因。更突出的是，以南宁为中心的广西高速公路网与全国、周边省份更大更密的高速公路网络没有实现较好的互联互通，很多出省高速公路都是“断头路”，与相邻的广东、湖南、贵州、云南等省尚未充分对接，尤其是通往珠三角地区的公路数量不足、等级不高。

2.铁路线路等级较低，运力难以满足需求。长期以来，线路等级低、路网结构不合理是南宁铁路交通的两大“硬伤”。由于基础设施落后，全国铁路6次大提速均与广西境内铁路无缘，连接南宁与外省的湘桂线、黔桂线、南昆线、南广线等线路长期存在运力低、运速慢等问题。近年来，虽然南宁连接自治区内主要城市的高速铁路建设进展较快，但与珠三角地区重要经济城市，以及重庆、成都、昆明、贵阳等西南主要经济城市的高铁路网建设仍满足不了发展需求。

3.航空基础设施滞后，运输承载能力不强。南宁吴圩国际机场设施较为陈旧落后，国际航线数量、候机楼和停机坪面积还远不能满足实际需求。2013年南宁吴圩国际机场旅客吞吐量和货邮吞吐量在全国各大机场中的排名分列第26、25位，与西南地区同类城市机场相比，运载能力存在着较大差距。

4.内河水运重视不够，运能没有充分发挥。南宁虽为广西内河运输第二大城市，穿城而过的邕江融入西江“黄金水道”可直达粤港澳，但由于航道内水利航运枢纽、内河港口等基础设施建设滞后，水路运输服务企业、水运航线数量少，船型杂乱、吨位小，船舶更新慢、老龄化严重等原因，南宁内河“黄金水道”运输潜能没有充分挖掘。

（二）综合实力不强、发展后劲不足，是南宁经济社会发展一直以来面临的最大困境

新中国成立后，国家从战略防备考虑，主要在内陆地区布局工业发展，南宁在经济地位上没有被足够重视。十一届三中全会后，全国大多数省区很快把工作重心转移到经济建设上来，但当时广西处在对越自卫反击战的前沿，为了顾全国家大局，广西在地方经济发展方面做出了很大牺牲，南宁自然不能独善其身，工业布局迟迟没有展开。近些年来，南宁经济持续保持了两位数以上增长，但由于产业发展基础差、底子薄，且各地发展竞争激烈，发展水平与周边同等城市间的差距逐渐扩大，而自治区内其他兄弟城市与南宁的差距却有缩小的趋势，面临着“标兵越来越多、追兵越来越少”的严峻局面。

1.经济总量小。与大多数省会城市相比，南宁经济总量偏小，首位度明显偏低。2013年南宁的GDP为2803.54亿元，在全区占比19.50%，在全国27个省会城市中排第18位；人均GDP排末位；公共财政预算收入排第20位；固定资产投资排第19位。从全国看，省会（首府）城市经济总量仅占全省（自治区）总量1/5的只有极少数，大多都占到了1/4，有的甚至达1/3。从自治区内看，各市奋起直追、加快发展的势头愈加迅猛。去年梧州、北海、防城港等市的GDP增速超过了南宁。同时，柳州工业转型升级成效明显；桂林国际旅游胜地建设加速；玉林民营经济活力迸发；河池、百色资源产业焕发新生机；崇左对外贸易突飞猛进；钦州跨国合作产业园蓄势待发，等等。不进则退，慢进也是退。如果南宁稍微有所松懈，连经济总量占自治区1/5的地位都会保不住，提升首位度更无从谈起。

2.发展后劲弱。一是工业主导不强，工业龙头企业少，缺乏大项目支撑。2013年，南宁市规模以上工业增加值仅为长沙、成都的32%、26.50%，在自治区占比较柳州低2.40个百分点。目前，全市亿元以上产值的工业企业548家，但产值10亿元以上的只有36家，产值超100亿元的仅有1家，年纳税2000万以上的生产性企业才30多家。二是产业结构性矛盾突出。2013年，南宁三次产业占比分别为12.48%、39.62%、47.90%，产业结构不合理，主要是一产偏重、二产较弱、三产水平和质量不高，特别是二产的发展不足造成了三产比重虚高。三是城乡经济差异

大、县域经济不强。南宁六县生产总值相当于六城区的3/4,但财政收入、规模以上工业总产值、全社会固定资产投资和社会消费品零售总额仅为城区的1/4、1/2、1/2和1/5。

3.辐射力不强。主城区与周边县城和中小城镇间的经济落差大,与周边县域特别是农村地区缺乏密切的经济联系,以致主城区对邻近的横县、宾阳等近郊县的拉动力作用有限,对马山县、上林县、隆安县等远郊县的辐射带动更弱,形成了明显的"城沟"和"断裂点",中心城市的聚集效应不能有效扩散。同时,南宁作为北部湾经济区的核心城市,2013年经济外向度约为11%,在西部11个省会城市中排名靠后,对周边城市所产生的经济辐射效应较低,经济龙头地位没有很好地显现出来。

(三)城市建设管理水平不高,国际化、现代化特色不鲜明

近些年来,南宁城市功能有所完善、城市形象有所提升,但与城市发展定位要求还有很大差距,还存在不少问题和困难。

1.城市规划建设整体水平相对滞后。城乡规划水平较低,城市规划意识、规划理念没有跟上发展步伐,城市发展建设、土地综合利用、产业功能布局、交通体系建设、生态环境保护等方面的统筹规划不够科学合理。城市建设缺乏特色,城市风貌、景观形象未凸显出民族特色、亚热带风情、东盟元素等特点。城镇化建设滞后,城市建成区规模不大,市区人口较少,2013年南宁城市人口仅有280万,与作为一个拥有5200万人口大省的首府城市极不相称。此外,横县、宾阳等副中心城市规模有限,城镇基础设施建设还不完善,城镇集聚辐射功能整体较弱。

2.城市管理没有跟上城市发展步伐。城市管理理念没有跟上城市发展的需要,重建设、轻管理的固有思维没有得到根本改变;城乡环境卫生、交通秩序以及市民文明素养还亟待提升,城市管理长效机制不够完善,市民自我管理的主人翁精神没有充分发挥。

3.城市国际化形象亟待进一步提升。外向型经济不活跃,国际金融机构和跨国公司数量非常有限,主导产业在国际产业分工中未能占有一席之地,生产的产品和提供的服务没有打开广阔的国际市场。此外,南宁城市人口虽然已初步达到超大城市规模,但对外籍人员吸引力有限,真正常驻南宁的外籍人士极少,外籍人口在城市常住人口中的占比远没有达到5%这一国际城市的一般要求。

(四)思想观念守旧,安于现状,错失了不少发展良机

十一届三中全会后,在抢抓机遇、竞相发展的时代背景下,南宁市干部群众的思想观念、开放胸怀、能力水平与东部地区存在较大差距,没能跳出南宁看世界、跳出广西寻发展,痛失不少发展良机,导致经济发展落后于发达地区。一是思想不够解放。发展意识和开放意识不强,敢闯敢试、敢为天下先的勇气不足,没有"杀出一条血路"谋发展的气魄和决心。"不进是退、慢进也是退"的紧迫感淡薄,不同程度地存在小富即安、"等靠要"思想。二是"老大哥"思想严重,不思进取。认为首府躺着、坐着发展都是"老大",对形势大局认识不足,对事关全局、长远的问题研究得不深、不透,战略思路不够明晰,工作重点不够突出,工作措施不够有力,工作效果不够明显。三是缺乏创新思想。墨守成规的观念较为普遍,怕出事的思想较为突出。活学活用政策不足,没能真正领会邓小平同志"不管白猫黑猫,抓到老鼠就是好猫"的理论真谛;没有完全形成"发展才是硬道理""干成事情才是硬道理"的基本理念,缺乏敢于担当的精神。四是人才及干部队伍素质亟待提高。作为后发展地区,南宁的教育水平相对落后,缺乏行政管理、市场经营、科研技术等领域的高端人才。同时,领导干部视野不够开阔,抓改革、促发展的能力不强,一些干部办事拖拉、推诿扯皮现象比较严重,对一些重点难点工作推进不力。

(五)市场意识不强,导致民营经济的滞后、不发达

近年来,南宁民营经济发展有所加快,但与发达地区相比,由于受思想理念落后、市场意识不强、发展基础薄弱等因素影响,民营经济发展相对滞后、活力不足;民营企业分布散、数量少、规模小、市场份额偏低,市场竞争力偏弱。

一是市场意识淡薄,眼界不够宽广。部分企业在有了一定发展基础后,守摊思想严重,安心于自己的"一亩三分地",缺乏全球眼光、战略思维、开放精神和市场意识,不敢大胆开拓市场,不敢放眼全球、走向世界。二是支持、引导和服务力度不够。全市重商、爱商、护商的氛围不够浓厚。从发展环境看,部分地方政策不落实、承诺不兑现、服务不到位的问题还不同程度地存在;从工作落实看,一些部门和单位对招商引资的重要性认识不够,被动应付多、主动出击少,签约项目多、落地项目少,盯项目、跟项目、推动项目落地的主动性和积极性不够;从平台建设看,作为民营企业"孵化"载体的工业园区、开发区规划建设相对滞后。三是发展制约因素较多。民营企业融资难、融资贵的问题比较突出,受技术、环保、人才和土地集约等方面的制约较多。近些年,南宁民营企业数量和总注册资金不及苏州市的1/3和1/10,不及成都市的1/3和1/5,且南宁民营经济的主体主要集中在第三产业,大多从事地产、批发、零售和住宿、餐饮等行业,进入工业领域的企业相对较少,辐射力和市场竞争力较弱。

辩证来看,上述问题大多经过长期累积,具有一定的复杂性和普遍性,解决起来不仅需要强烈的责任感和紧迫感,而且也需要系统、长远的考量。这是对全市各级党委、政府抓经济发展和社会治理能力的重要挑战。

三、南宁正面临着一系列千载难逢的重大机遇,蕴含着巨大的发展潜力

机遇是优势的"催化剂",也是一个区域非常规发展的重要条件。近年来,随着中国经济发展态势长期向好、中国与东盟开放合作不断深化以及国内外多区域合作方兴未艾,南宁的桥头堡和交通枢纽作用得到进一步凸显,面临着千载难逢的重大发展机遇。

从国际国内发展大环境看,南宁面临着中国与东盟全面深化合作的大好机遇。中国与东盟各国友好关系源远流长。20世纪90年代初,中国与东盟正式建立对话关系,开启了双方合作的新篇章。20多年来,中国和东盟各国政治互信不断加强,贸易总量不断加大,经济融合不断加深,互联互通不断加速,合作之路越走越坚实。特别是近10年来,中国—东盟自贸区全面建成,双方贸易额从780多亿美元增长到4000亿美元,互相投资从300多亿美元增加到1000亿美元。当前,中国与东盟战略伙伴关系正从"黄金十年"迈向"钻石十年",中国—东盟自由贸易区"升级版"正加快打造,国家加快实施扩大内陆沿边开放、建设21世纪"海上丝绸之路"、加快泛北部湾合作和南宁—新加坡经济走廊建设等一系列重大战略,为南宁更好地分享中国与东盟贸易投资便利化成果,不断地把区位和政策优势转化为发展优势提供了有利时机。展望未来,中国和东盟将携手构建更加紧密的战略伙伴关系,到2020年双方贸易额将达到1万亿美元。"南宁渠道"作为中国面向东盟开放合作的重要通道和重

要方式，将在中国与东盟深化互利合作的大背景下顺势而为，越走越宽阔。

从多区域合作大势看，南宁面临着连接华南、西南、中南地区的出海出边大通道及枢纽地位逐步变成现实的大好机遇。在区域经济一体化浪潮中，南宁处在多区域合作的交汇处，地缘优势突出，拥有得天独厚的区位条件，正逐步成为广西乃至全国开展多区域经济合作中贯通南北、连接东西、通江达海的重要门户和前沿。

一是国务院明确支持广西建设成为中国西南、中南地区开放发展新的战略支点，进一步明确了南宁作为出海出边大通道以及连接华南、西南、中南地区的枢纽地位。2013年李克强总理两次在广西考察时都明确提出要将广西打造成为中国西南、中南地区开放发展新的战略支点，这正是党中央、国务院基于发展中国与东盟的周边关系及广西在全国整体发展战略中的重要地位做出的战略决策，是对广西经济社会发展提出的新定位、新要求。在当前国际、国内经济发展新形势下，广西要担负起中国西南、中南地区开放发展战略支点的作用，任务艰巨，既是挑战又是重大机遇。作为广西首府，南宁必须勇挑重担，充分利用西部大开发深入推进和东部产业转移等机遇，在广西对外开放发展新格局中，为国内其他省份的产品进入东盟国家提供更便捷的通道，成为对东盟进出口产品的“中转站”和“生产基地”，成为东盟各国产品进入中国的重要集散地，成为华南、西南、中南三大经济圈及东盟经济圈之间相互衔接、相互配套的重要节点。

二是珠江—西江经济带即将上升为国家战略、北部湾经济区发展规划进入中期评估以及两广经济一体化加快推进，进一步巩固了南宁的区域枢纽地位。近年来，自治区党委、政府提出北部湾经济区与西江经济带“双核驱动”战略，明确坚持实施沿海优先发展战略。随着两广经济一体化进程的加快，珠江—西江经济带即将上升为国家战略，粤桂合作特别试验区加快建设，以及北部湾经济区发展规划进入中期评估，让广西“双核驱动”战略有了实体支撑。作为广西的首府和中国西南、中南乃至粤港澳地区出海出边通道上的枢纽和核心城市，南宁将在区域合作大局中借力发展。

三是南宁的交通基础设施正逐渐实现重大突破，进一步夯实了南宁的区域枢纽地位。当前，在国家和自治区的大力支持下，南宁的交通基础设施正逐渐实现重大突破，初步构筑了涵盖公路、铁路、航空和水运的立体综合交通网络。2013年底，南宁至柳州、桂林、钦州、北海、防城港的高铁已经开通；2014年又将开通南宁到北京、上海、广州的高铁，2016年云桂高铁也将建成通车，广西正在形成以南宁为中心的“12310”高铁经济圈，即1小时通达南宁周边城市，2小时通达自治区其他地级市，3小时通达周边省会城市，10小时左右通达国内主要中心城市，建设贯通东部、西南、东南，连接国家沿海铁路的客运、货运大通道。同时，南宁机场新航站区2014年将投入使用，旅客吞吐量将达1000万人次/年；西江“黄金水道”将于2020年建成，届时内河2000吨级船舶可直达粤港澳。此外，近年来广西北部湾港口建设如火如荼，以深水泊位为代表的港口基础设施建设加快推进，货物吞吐量增速达到了全国沿海港口平均水平的1.5倍，正在朝着2亿吨临海港口目标奋力迈进，这为北部湾经济区的繁荣发展以及南宁发挥西南和中南地区最便捷的出海通道作用夯实了基础。总之，这些重大交通基础设施的逐步建成，将打通南宁与周边地区的大动脉，使南宁成为真正意义上连接西南、中南、华南地区的重要枢纽和中国通往东盟的重要通道。

从自身发展格局看，全面深化改革为南宁进一步释放自身的发展潜力带来了难能可贵的大好发展机遇。党的十一届三中全会拉开了改革开放的序幕，形成了巨大的经济发展动力。与全国各地一样，南宁经济社会发展也取得了长足进步，呈现出良好的发展态势，经济已连续12年保持两位数增长。但由于种种原因，南宁也遗憾地错失了一些改革发展良机，经济社会发展与东部沿海地区差距较大，同时也意味着南宁在经济总量、产业规模、城市建设等方面还有很大的发展空间。从经济总量看，南宁经济总量仅占广西的1/5，与一般省会城市经济总量占全省的1/4甚至1/3相比，差距甚远，提升的空间很大。从城市人口和规模看，广西拥有5200多万人口，作为省会城市的南宁市区人口仅有280万，建成区面积只有283平方千米，城市人口和城市规模相对较小。此外，2013年南宁市人均GDP已超过6000美元，投资、消费呈现强劲势头，按照国际经验，南宁已进入城市化加速发展的黄金期。

在市场经济中，资本的嗅觉是最敏锐的。去年以来，市委、市政府坚决贯彻党的十八届三中全会做出的关于全面深化改革的重大决策和部署，把新一轮全面深化改革作为最大的发展机遇，坚定了借力发展、借势腾飞的信心，进一步完善和提升了城市基础设施、发展环境和服务水平，加大了招大商引强企的工作力度。正是由于南宁面临千载难逢的机遇和蕴藏的巨大潜力，绿地、万科、万达、恒大、天誉、研祥、中恒、海王、神冠、科创、宝能、合景泰富、斐讯、世茂等一批行业翘楚纷纷抢滩南宁，为南宁加快发展提供了巨大的生机和活力。未来几年，随着这些大企业、大项目相继落户和建成，南宁将迎来一个崭新的发展阶段。

2013年，南宁机场新航站楼建设加快，预计2014年8月投入使用

南宁市北部湾经济区和东盟开放合作办公室提供

在加快南宁发展的前所未有的重大机遇面前，南宁人只有充分发挥优势，顺势而为、借势而为，牢牢抓住和用好南宁发展的重要战略机遇期，才能赢得主动、赢得优势，实现科学发展、赶超跨越的发展目标。

四、提升南宁首位度，建设中国面向东盟开放合作的区域性国际城市、宜居的壮乡首府和具有亚热带风情的生态园林城市，是南宁历史、现实和机遇多重因素交织下的必然选择

为贯彻落实自治区党委和彭清华书记关于南宁城市发展定位的要求，市委十一届十一次全会通过了《关于全面深化改革、奋力提升南宁首位度的决定》。《决定》进一步明确了南宁首位度是衡量南宁在广西乃至更大区域发展中发挥主导性作用程度的指标，综合反映南宁在区域发展中的优势度、贡献度和牵引度， 包括人口首位度、经济首位度、科教文卫首位度、城市功能首位度、生态建设首位度等方面。南宁首位度越高，集聚功能就越强，带动区域发展的能力就越强。形象地说，就是要有“南宁打个喷嚏， 广西就会感冒生病” 的影响力，“南宁强劲体魄，广西就会容光焕发”的辐射力，“南宁腰包鼓起，广西就会财力丰盈”的贡献力。

全面深化改革、奋力提升南宁首位度，是自治区党委对南宁城市发展定位要求中的核心内容，是南宁加快建设中国面向东盟开放合作的区域性国际城市、宜居的壮乡首府和具有亚热带风情的生态园林城市的关键之举， 综合考虑了南宁历史、现实和未来的条件与可能，符合南宁的市情实际，是全市 700 多万人民的热切期盼，是南宁加快发展的必然选择。

提升南宁首位度，是历史的必然要求。回顾过去，南宁良好的发展成绩，是在得天独厚的区位、资源条件下取得的，是在开放包容的城市人文环境下铸就的，是在一代又一代南宁人接力奋斗的事业延续中积累的。但过去的已经成为历史，今天在南宁这样一座首府城市谋划发展、推动发展，决不能沉湎于过去的辉煌、躺在历史的功劳簿上睡大觉，而是要在现有基础上，进一步审时度势，认清南宁所处的历史阶段、所担当的历史使命，通过不懈努力，续写南宁这座城市的新篇章。

提升南宁首位度，是现实的迫切需要。作为后发展、欠发达地区，南宁要实现与全国同步全面建成小康社会的目标，以及为自治区“两个建成”目标的实现做出更大的贡献，任务重、压力大。如果不保持一个比全国、自治区平均水平更高的发展速度，不奋力提升在自治区经济社会发展中的首位度，南宁就不可能实现上述目标。同时，奋力提升南宁首位度，加快经济社会科学发展、跨越发展，是满足人民群众对美好生活新期待的迫切需要，也是南宁进一步发挥中国面向东盟开放合作重要桥头堡作用的现实需求。

提升南宁首位度，是机遇的强烈牵引。南宁当前面临着多重叠加的发展机遇，让南宁的区位和资源优势正逐渐向发展优势转变，为未来发展带来了有利条件和无限可能。机不可失，时不再来。在千帆竞发的竞争形势下，在千载难逢的机遇面前，慢走一步，就会丧失良机；延误一时，就会落后多年，就会成为错失机遇、阻碍发展的罪人。而抓住了机遇、用足了机遇，就能使南宁区域性中心城市的地位和作用得到进一步巩固和提升，就能使南宁继续成为中国对外开放合作的战略前沿，就能保持对国内外知名企业的强大吸引力，有效地借助外力，实现南宁的腾飞发展。

提升南宁首位度，是首府的责任担当。作为首府城市，南宁的发展不仅是自己的事情，而且关系到广西发展的大局，关系到自治区人民的福祉，直接影响到自治区“两个建成”目标的实现。从这个意义来说，只有奋力提升南宁首位度，从产业发展、城市建设管理、民生改善等方方面面实现跨越发展、走在自治区前列，南宁才能不断缩小与先进发达地区的差距，才能不断改善民生福祉，才能为自治区经济社会发展做出更大的贡献。

五、准确把握提升南宁首位度，建设中国面向东盟开放合作的区域性国际城市、宜居的壮乡首府和具有亚热带风情的生态园林城市的内涵要求

结合自治区党委、政府的部署要求，市委、市政府确定了奋力提升南宁首位度，加快建设中国面向东盟开放合作的区域性国际城市、宜居的壮乡首府和具有亚热带风情的生态园林城市的总体战略和推进路径，着眼于当前千载难逢的战略机遇期乃至更长远发展的要求，明确提出以五年的时间跨度，构建“实力提升、产业集聚、环境宜居、生活幸福、开放包容、文明有序”的目标体系。

2013 年，开发建设中的南宁经济技术开发区北部湾科技园总部基地

南宁市北部湾经济区和东盟开放合作办公室提供

“实力提升”：就是全市综合经济实力跃上新台阶，引领全区经济增长的龙头作用增强。到 2018 年，全市主要经济指标在自治区的比重大幅提升，地区生产总值占自治区比重接近 25%，财政收入、全社会固定资产投资占自治区比重超过 25%，全部工业增加值占自治区比重接近 20%，社会消费品零售总额占自治区比重接近 30%。

“产业集聚”：就是构建规模大、竞争力强、成长性好、关联度高的产业集群，加快打造现代产业发展体系，形成区域经济的增长极。到 2018 年，全市现代工业形成集群，工业赶超取得突破；现代服务业高端集聚，在自治区的龙头优势进一步扩大；现代农业规模化高效化示范化，特色农业基地更具影响，形成千亿产业集群、千亿园区板块、百亿企业群体、十亿企业方阵和特色品牌聚集地。

“环境宜居”：就是建设一个具有现代

化水平、国际性功能，集人文特质与绿色发展、壮民族内涵与生态型品质于一体的城市。到2018年，自治区最具带动力的南宁都市圈初具形态，引领广西北部湾城市群建设。五象新区成为自治区现代城市建设的标杆，超大城市和中小城市建设取得决定性进展，中心城市建成区达350平方千米以上、常住人口350万以上。壮乡、东盟、亚热带特色绽放异彩，绿城、水城、花城令人神往，整洁畅通有序成为城市标识，南宁天更蓝、地更净、水更清。

“生活幸福”：就是着眼于人民群众生活质量和幸福指数的提高，大力推进民生现代化和公共服务均等化，更快、更好地让人民群众安居乐业。到2018年，南宁作为自治区综合功能最完备城市的优势更加凸显，交通、通讯等基础设施更加完善，教育、医疗、文化等公共设施更加完备。城乡一体化发展成为示范，县域发展实现突破，城乡公共服务均等化水平进一步提高，社会事业蓬勃发展。

“开放包容”：就是以兼收并蓄、融会贯通的姿态迎接大开放、大发展热潮，使南宁形成多元文化共存、充满生机活力的城市氛围。到2018年，全市开放合作不断开拓新境界，中国—东盟博览会的品牌效应进一步放大，区域性国际城市形象日益深入人心，前沿中心城市、核心城市功能更加完善，成为资金洼地、人才特区、创新高地，要素资源汇聚，多元文化共生，在服务广西、服务全国、服务东盟中发挥更大作用。

“文明有序”：就是要引导广大市民遵守城市文明规则，做到人人遵章守法、个个文明礼让、处处秩序良好。到2018年，文明城市创建不断深化，形成具有全国影响力的文明示范，“能帮就帮，敢做善成”的南宁精神进一步弘扬，民族团结深入人心，先锋示范城创建成为品牌，充分展现奋发有为、团结拼搏的精神风貌和扶正祛邪、惩恶扬善的社会风尚，依法守规、诚实守信、文明礼让蔚然成风，社会更加公平正义，城市更加和谐安宁。

总而言之，南宁首位度的提升，包括经济、政治、文化、社会、生态文明等全方位的提升，就是到2018年，全市地区生产总值、财政收入、全社会固定资产投资、全部工业增加值、社会消费品零售总额等主要经济指标占自治区比重达到或接近1/4，南宁成为区域经济发展的引擎、生态宜居的典范，壮乡、东盟、亚热带特色绽放异彩，绿城、水城、花城令人神往，整洁、畅通、有序成为城市标识。

六、着眼历史和现实，采取强有力的措施，奋力提升南宁首位度，加快建设中国面向东盟开放合作的区域性国际城市、宜居的壮乡首府和具有亚热带风情的生态园林城市

奋力提升南宁首位度，加快建设中国面向东盟开放合作的区域性国际城市、宜居的壮乡首府和具有亚热带风情的生态园林城市，是时代和人民赋予南宁的重大历史使命，必须着眼历史、立足现实、把握机遇，锁定产业发展和城市建设两大重点，紧抓改革开放和招商引资两大关键，夯实社会稳定和队伍建设两大保障，一个一个重点突破，一步一步扎实推进，不断推动全市经济社会又好又快发展。

（一）进一步解放思想、锐意革新，充分释放经济社会发展的内生动力和活力

思想是行动的先导，解放思想始终是推动党和人民事业发展的强大思想武器。只有坚持解放思想，才能找到解决南宁发展中遇到的问题、矛盾的新思路和新办法，攻坚克难，不断开创新局面。

1.大胆解放思想。实现提升南宁首位度的目标要求，关键在加快发展，根本出路在解放思想。今天，南宁正面临着难得机遇与严峻挑战交织的复杂局面，如果思想停滞僵化、因循守旧、墨守成规、不思进取，只会贻误发展良机，耽误南宁发展。必须顺应新形势、新要求，跳出南宁寻发展，迈开步子干事业，把思想统一到加快发展上，把心思集中到加快发展上，把力量凝聚到加快发展上。要转变思维方式，善于运用负面清单管理，做到非禁即可，除法律法规明令禁止外，只要有利于南宁科学发展、有利于提高人民生活水平、有利于建设美丽南宁的，都要大胆试、大胆干，以“杀出一条血路”的气魄和担当，以“三步并作两步走”的干劲和韧劲，以“提头来见”的勇气和锐气，以“拼力跳起来摘桃子”的精神，奋力开创南宁科学发展、跨越发展的新局面。

2.锐意改革创新。十八届三中全会吹响了全面深化改革的号角，再次让南宁与全国各地同时站到了新一轮改革的起跑线上。面对新一轮改革浪潮，南宁要稳健起步、领跑先行，必须紧密结合市情实际，吃透“顶层设计”精神，不折不扣地贯彻落实中央、自治区党委关于全面深化改革的各项决策部署，准确把握改革进程和节奏，抓紧推出一批群众看得见、摸得着、得实惠的改革举措，力求谋一件、干一件、成一件，让老百姓得到实实在在的好处。要在学习借鉴上改革创新，敢于为我所用，别人能做的我们也能做，别人没有做的也可以大胆探索。在制度建设上改革创新，敢于冲破利益固化的藩篱，形成高效的制度体系，努力在开发区、新区、功能区建设等形成局部优化环境。在工作推进上更加大胆创新，敢于履行职责，主动承担责任，形成更加

2013年，南宁市开展“美丽南宁·整洁畅通有序大行动”，文明礼让、文明出行、诚实守信蔚然成风　周家志　摄

高效的工作格局。在破解难题上大胆创新，敢于先行先试，着力解决重大项目建设、征地拆迁等突出问题。

3.扩大开放合作。实践证明，一个地方的开放程度影响着一个地方的经济发展水平。与先进发达城市相比，南宁的差距在开放、潜力在开放、希望在开放。开放越积极、越自觉、越主动，南宁发展的活力就越充沛，经济就越繁荣。要提升南宁首位度，必须主动融入多区域合作，深化以东盟和粤港澳地区为重点的开放合作，加强与西南中南地区的开放合作，建设内陆开放型经济战略高地，使南宁在广西构建西南、中南地区开放发展新的战略支点中发挥核心引擎作用。重点要积极参与共建21世纪“海上丝绸之路”和打造中国—东盟自贸区“升级版”，全力服务好中国—东盟博览会、商务与投资峰会，进一步扩大“南宁渠道”的影响力，吸引国内外更多的目光聚焦南宁。

(二)加快现代产业发展，全面提升经济的带动力

一座城市能否成为区域中心和龙头城市，首先要考虑她的经济实力和生产力发展状况。因此，在提升南宁首位度的实践中，必须把发展现代产业摆在首位，在经济发展的基础上增强对周边城市和地区的聚集力和带动力。当前要重点推进转方式、调结构，加快发展现代工业、现代服务业、现代农业，为提升南宁首位度提供坚强的产业支撑和项目保障。

1.壮大发展现代工业，着力打造区域性高新技术产业和先进制造业基地。工业是财政的核心支撑，是提升南宁首位度的核心动力。工业上不去，增强综合实力、提升核心竞争力、加快城镇化、改善民生、发展各项社会事业等都将受到制约。可以说，抓住工业，就是抓住了加快南宁发展的“牛鼻子”。因此，南宁要牢固树立工业主导意识，始终坚持以提高现代工业发展质量和效益为核心，突出抓好重点园区、重点企业、重点项目，不断增强工业在全市经济增长中的主导作用，打造区域性高新技术产业和先进制造业基地，力争到2018年，全部工业增加值接近2000亿元。全面实施大产业、大企业、大项目战略，重点发展生物医药、电子信息、铝深加工、机械装备制造、食品工业、清洁能源六大产业，到2018年，六大产业占全市工业的比例达70%以上。加快推进百亿、千亿园区建设，全力推进标准厂房建设，不断拓展园区发展空间，强化园区基础设施建设，深化园区体制机制改革，构建精简高效、责权利相协调的园区管理体制和运营机制，到2018年，全部工业园区规模以上工业增加值比2013年翻一番以上，园区工业总产值在全市占比达到80%以上。

2.提质发展现代服务业，着力打造区域性国际金融中心、商贸物流中心和旅游目的地集散地。服务业是扩内需、促增长的重要支撑。要始终以大商贸、大市场、大流通为方向，加快建立现代化商贸物流体系，力争到2018年，把南宁打造成为区域性国际金融中心、商贸物流中心和旅游目的地集散地。大力发展总部经济，引进各类企业总部，打造产业能级高、资源配置能力强的总部基地；建设现代金融服务体系，吸引境内外金融机构在南宁设立地区总部和专业机构，打造区域性国际金融中心；加快大型城市综合体建设，加速推动传统商贸业向现代商贸业转型提升；加快建设吴圩空港经济区和六景港、牛湾港等一批大型物流园区和配送中心，促进现代物流业发展；推动旅游业转型升级，加快打造一批著名景区景点和旅游名县、名镇，构建复合型旅游产业体系，打造国际旅游目的地和广西旅游集散中心。

3.加快发展现代农业，着力打造区域性特色农业基地。农业是安天下、稳民心的战略产业，对全社会国民经济发展有至关重要的作用。南宁是农业大市，要坚持用工业化理念发展农业，通过建设特色农业基地，加快转变农业发展方式，提升农业综合生产能力、农产品核心竞争力和农业可持续发展能力，培育壮大一批特色产业，打造一批在自治区甚至全国有较高知名度的农业品牌。加强农田水利基础设施建设，落实强农惠农富农政策，加快建设一批规模大、特色鲜明的现代农业示范园、种养基地，扶持发展家庭农场、专业大户、农民合作社、产业化龙头企业等新型农业经营主体，提高农民种地集约化、规模化水平，加快推进农村改革，推动土地流转和规模经营，力争到2018年，全市农民人均纯收入接近1.80万元，排在自治区前列。

(三)加快交通基础设施建设，全面提升交通枢纽的辐射力

交通是经济社会发展的先决条件。便捷的现代化交通体系，既是提升南宁首位度的重要基础，也是建设区域性国际城市的重要内容。因此，必须把加快重大交通基础设施建设作为提升南宁首位度的战略重点来抓。

1.加强对外大通道建设。加快建设连接东盟各国、通往周边省市、市域内互通的交通基础设施，加快构建以公路、铁路、航空、航运为主干的综合交通运输体系。加快构建“一环六射二横一纵一连接线”的高速公路网络，实现以南宁为中心，通达北部湾经济区城市、港口的2小时经济圈，连接全区其他地级市的4小时交通圈，南宁至邻省省会10小时省际交通圈。积极配合全区“一轴四纵四横”铁路网建设，加快推动南贵线、南凭线、南钦线、柳南客专、南广高速、云桂线等铁路线的建设和改造，做好南宁铁路枢纽扩容改造，全面建成南宁火车东站。加快推进南宁吴圩国际机场新航站区建设，着力打造国际门户枢纽机场，进一步凸显南宁的空中运输优势。

2.完善城市交通路网。加快公共交通网络建设，逐步形成“四横四纵”城市快速路系统，提升中心城区交通通行速度和能力。完善城市交通运输体系，优先发展公共交通，加快推进城市轨道交通1号线、2号线项目，争取2016年底前建成运营轨道交通1号线、2号线，今后几年每年新开工建设1条轨道交通线。完善市域交通网络，提高市域公路密度和质量，建设市县(区)“1小时经济圈”，畅通市中心区出入通道，加强城市道路建设，完善跨江交通设施，完善中心城区路网，重点建设东西向和南北向快速路，建设主要路口立交桥梁，优化主要道路交叉节点交通环境，建设新区主干道路。

3.完善水运设施建设。加快流域内水源工程建设和加强水资源管理，建设一批重要引提水工程和跨流域调水工程，形成干支相通、层次分明、功能完善、安全高效、文明环保、协调发展的现代化水运体系，为西江“黄金水道”提供充足的水资源保障。

加快内河航道和船闸的改造建设，重点加快港口建设，加快推进老口航运枢纽工程、邕宁水利枢纽工程和南宁港新港区等重大项目，力争南宁港吞吐能力突破1500万吨，全面提升西江“黄金水道”的通航能力。

(四)加快现代生态宜居城市建设，全面提升南宁的国际形象和影响力

营造功能完善、设施齐全、整洁有序的城市环境，让南宁这个我们的共同家园变得更大、更绿、更美、更宜居，是广大市民的愿望，也是南宁成为区域性国际城市应当展现的容貌形象。南宁要以新型城镇化建设、承办世界体操锦标赛和一年一度的“两会一节”等为契机，全面加强城市规划、建设和管理，力争到

2018 年,基本建成城市建成区面积达 350 平方千米、常住人口达 350 万的宜居壮乡首府和具有亚热带风情的生态园林城市。

1.高品位规划。始终坚持规划引领的理念,扎实做好规划的顶层设计,高标准完善城市规划体系,引领城乡融合、产城融合、人文融合,使建筑风格与城市发展定位相适应、相协调;围绕主体功能区规划和多中心、组团化的中心城市建设要求,统筹规划城市建设、产业发展、生态保护等空间,形成层次分明、布局合理、规模适当的城乡一体化布局体系;明确城乡风貌定位,规范建筑风格、色调,体现地方特色,使城乡建筑与青山绿水、历史人文、民风民俗相得益彰,使城市重点区域更加蕴含壮乡元素和亚热带风情。

2.高标准建设。继续坚持高档次高品质推进五象新区建设,到 2018 年使新区核心区形成规模、展示形象,把新区建设成为财智聚集、功能多元、生态宜居、辐射强劲的品质魅力新城;着力提升城市绿化美化彩化水平,以优生态、增绿量、重彩化、提档次为主线,全面实施绿化提升工程,大力推进"生态绿城""多彩花城"和"秀美水城"建设, 使南宁的"绿、水、花"交相辉映,实现"城在林中、水在城中、花在眼中、家在园中"的目标;统筹推进县域新型城镇化,坚持扩容提质,强化产业功能、服务功能和聚集功能,促进武鸣县、横县、宾阳县三个产业支撑力较强、基础设施较完善的县城发展成为中等城市, 着力将上林县、马山县、隆安县 3 个县城培育发展成为小城市。

3.高水平管理。不断强化现代城市管理理念,坚持管理重心下移,完善社区治理模式,全面推进建设网格化服务管理体系;着力提升城市服务管理精细化、智能化和社会化水平,持续开展城乡环境综合整治,综合施策有效缓解城市交通拥堵,巩固提升安全有序、整洁美观的城市环境;巩固城市文明创建成果,深化推进诚信体系建设,建立健全市、城区(县)、街道、社区四级志愿者组织体系,引导广大市民自觉遵守公民基本道德规范和城市管理各项规章制度,形成政府引导、社会参与、市民主体的城市管理格局。

(五)着力保障和改善民生,切实提高社会凝聚力和向心力

民生福祉的改善是提升南宁首位度的重要内容, 是凝聚全市各界力量狠抓发展的强大动力,是全市各级党委、政府一切工作的出发点和落脚点。

1.抓好各项社会事业发展。不断深化科技体制改革,建立以企业为主体、市场为导向、产学研结合的技术创新体系,以科技创新推动社会进步和现代产业发展。推进教育发展关键环节的改革,实施"双百"战略,提高教育普及程度和教育信息化水平。健全公共文化服务体系, 加快发展演艺娱乐等八个重点文化产业。完善公共卫生和医疗服务体系, 扩大基本公共卫生服务覆盖面,推进全民医保体系建设。统筹做好城乡各类群体就业, 完善公共就业服务体系建设,深入推进创业带动就业,积极开展岗位技能提升培训。改革完善社会保险制度,推进新型农村社会养老保险和城镇居民社会养老保险制度合并, 做好机关事业单位养老保险制度改革工作。

2.加大扶贫攻坚力度。以上林县、马山县、隆安县、邕宁区等县(区)连片特困地区和贫困村为主战场, 树立科学精准有效扶贫的新理念,深入实施新一轮扶贫开发攻坚战,创新扶贫体制机制,对扶贫资源实行精确化配置,使扶贫资源集中向扶贫难度大的区域和群众倾斜。根据贫困地区群众迫切需要解决的问题,加大力度实施贫困村通屯道路建设、特色扶贫产业增收,开展社会扶贫、扶贫培训、教育扶贫、乡村旅游扶贫等工作。到 2018 年,贫困地区农民人均纯收入增长幅度持续高于全市平均水平,基础设施进一步完善,义务教育、基本医疗、住房得到有效保障,基本公共服务主要领域指标达到全市平均水平,贫困地区与全市同步进入小康社会。

3.切实维护社会和谐稳定。社会和谐是提升首位度的基础。必须不断提高社会治理水平,着力解决影响社会和谐稳定的源头性、根本性问题,最大限度增加和谐因素。推进社会稳定风险评估制度的落实,完善社会矛盾纠纷排查、化解、预警机制建设。注重和加强运用法治思维和法治方式开展维稳工作,推进改革涉法涉诉信访工作机制。依法严厉打击各类违法犯罪特别是涉黑涉恶势力犯罪,坚持露头就打,不断提升人民群众的安全感。

(六)进一步加大招商引资力度,不断增强民营经济对全市经济社会发展的拉动力和辐射力

当前叠加的发展机遇,让南宁的区位和资源优势正逐渐向发展优势转变,为加快发展带来了无限可能。但单靠南宁自身的力量,是难以抓住机遇的,必须借助外力,借势就力,以更为开放的胸怀,广邀八方宾朋,共同分享机遇、共同实现发展。如果南宁做不到大开放、大招商,就无法在抢抓机遇中实现大发展。因此,我们必须以更低的姿态、更宽的胸怀、更优的环境,抓项目、引资金、聚人才,让四海客商、八方英才共享南宁机遇、促进共赢发展。

1.以"钉钉子精神"和"蚂蟥精神"抓好招商引资。招商引资是促进一个地区经济社会发展的重要手段。对欠发达后发展地区而言,在拉动经济增长的"三驾马车"中,投资是首选。发展靠投资,投资靠项目,而项目靠招商。可以说,招商引资就是南宁实现经济跨越式发展、全面提升首位度的最直接、最迅速、最有效的途径。在招商引资工作中,全市上下要进一步解放思想,充分发扬"钉钉子精神"和"蚂蟥精神",瞄准项目,真抓实干,不达目的不罢休,不见成效不收兵。当前和今后一个时期,全市上下要坚持把招商引资的主攻方向瞄准以粤港澳为中心的珠三角

2013 年,南宁市民办高校——邕江大学一角　　周家志　摄

地区，拓展以江浙沪为重点的长三角地区，并积极开拓至湘鄂川渝等中西部地区，找准承接产业切入点，集中引进一批科技含量高、辐射带动强、发展潜力大、社会效益好的项目。同时，要坚持围绕六大重点产业，积极引进世界500强和国内500强企业、中国民营企业500强、央企、前景较好的上市公司、有实力的民营企业等，持续掀起招商引资和项目建设的新热潮，进而促进全市工业大发展和城市建设大提速。

2.以非禁即可的政策打造民间投资洼地。民营经济发展不充分，必然导致经济发展内生动力不足，直接影响南宁经济持续健康快速发展。全市上下必须毫不动摇鼓励、支持、引导民营经济发展，激发民营经济活力和创造力。要坚持扩量与提质并重，推动民营经济规模化、特色化、专业化、高新化发展，今后五年力争全市非公资本投资规模年均增长30%以上。完善支持民营经济健康发展的政策措施，除国家明令禁止的以外，所有领域都要对非公资本开放，进一步消除各种附加条件和隐性壁垒，营造公平的发展环境。大力引进知名优势民营企业参与竞争性国有企业改制重组，推动国有资本、集体资本、非公资本等交叉持股、相互融合的混合所有制经济加快发展。鼓励民营企业向产业园区集聚，支持民营企业改制上市、债券融资等，不断做大做强。

3.以更优质更便捷的服务进一步优化投资环境。招商的竞争就是环境的竞争，哪里环境好，资金就往哪里投，项目就往哪里去。什么叫抢抓机遇，通俗地讲就是“抢客商、抢资金、抢人才”。只有创造良好的发展环境，客商才愿意来投资，才会形成人流、物流、资金流、信息流。全市上下要始终坚持把优化投资环境作为加快发展的一条主线来抓，积极推行“一站式”服务，从项目引进、洽谈、签约、土地征用、立项等有关手续的报批，以及项目的建设运行等各个环节，为企业提供全程跟踪服务。进一步落实国家关于推进公司注册资本登记制度等改革措施，放宽工商登记条件，逐步取消非公有制企业登记的前置审批条件和其他限制，多设路标、多帮忙、多服务，不设路障、不添乱，为项目落地和企业发展实行“零干预”。要舍得让利，深刻理解“利他人”才是真正的“利自己”的道理，真正做到舍小利、赢大利，实现企业获利润、南宁大发展。进一步加强对招商引资工作的监督，对阻碍南宁招商引资的“绊脚石”要坚决清理和搬走，切实做到“四个决不允许”，即：决不允许出现设置障碍、拒商门外的行为，决不允许出现失信违诺、欺商坑商的行为，决不允许出现拖拉推诿、消极作为的行为，决不允许出现吃拿卡要、关门宰客的行为。

（七）打造一支清廉、干事的干部队伍，着力增强党员干部的执行力和战斗力

当前，提升南宁首位度的战略部署已定，城市建设发展的奋斗目标已明，迫切需要一支素质过硬的干部队伍，以对南宁历史、现在和将来高度负责的责任感、使命感，按照“行必责实、章必严循、事必明责”的要求，在其位、谋其事、尽其责，真正做到“知责任、敢担当、干为先、廉打底”，以优良的作风、高昂的斗志，团结带领全市700多万人民干事创业、再铸辉煌。

1.知责任。“肩扛千斤谓之责，背负万石谓之任。” 一代人有一代人的使命。知责任就是要有明确的责任意识，担负起我们应该担负起的使命。市委十一届十一次全会绘就了全面深化改革、奋力提升南宁首位度的美好蓝图。蓝图能否实现，关键在人，关键在干部队伍。全市广大干部不论职务高低、权力大小，每个人肩上都担负着责任，这个责任就是要率先垂范带领全市人民为加快南宁发展努力奋斗。当前，南宁的发展正处在一个关键时期，各级干部必须以强烈的事业心和责任感，牢固树立“功成不必在我”的思想理念，常怀“衣食父母”之心，恪守“民穷我愧”之念，竭尽“干事创业”之能，保持昂扬向上的进取心，保持干事创业的精气神，攻坚克难化解社会问题，激流勇进突破发展瓶颈，不畏艰险推动改革大业，不贪一时之功，不图一时之名，扎扎实实干出一番经得起实践、人民、历史检验的政绩。

2.敢担当。“顺境逆境看襟度，大事难事看担当。”习近平总书记强调“坚持原则、敢于担当是党的干部必须具备的基本素质”。担当大小，体现着干部的胸怀、勇气和格调。好干部敢于担当，就是要敢挑担子，在风险面前敢作敢为、敢担责任，敢于触及矛盾，善于解决问题；要敢探路子，遇河搭桥、逢山开路，用改革创新的办法突破瓶颈、解决难题；要敢钉钉子，有一股锐气、一股干劲、一种能力、一种韧性，碰到困难、遇到挫折要以坚韧的作风矢志不移，一往无前，一抓到底，赢得成功。今后，全市要把敢于担当作为选人用人的重要导向，旗帜鲜明地选拔重用那些敢于担当、敢于负责的干部，特别是重用那些擅于改革攻坚、在中心工作和重点项目推进中表现突出、敢抓敢管的“狮子型”干部。各级干部也要勤于担当、善于担当、精于担当，坚决克服“碰到问题就躲、见到困难就推、遇到矛盾就绕”的不良倾向。

3.干为先。“空谈误国，实干兴邦。”一切难题，只有在实干中才能破解；一切机遇，只有在实干中才能把握。当前，全面深化改革、奋力提升南宁首位度，任务十分繁重，实干抓落实显得尤为重要、尤为紧迫。对南宁来说，只有实干，才有实力的增强，才会有经济的发展、社会的进步，才不至于在“标兵渐远、追兵渐近”的比拼中惨遭淘汰，也才能加快实现首位度的大幅提升。全市上下要始终坚持以实绩论英雄、从实绩看德才、凭实绩用干部的用人标准，建立健全鼓励领导干部改革创新的容错机制，区分对待改革探索和执行政策中出现的失误、偏差，宽容和保护好那些想干事、真干事、敢干事的干部，充分激发干部队伍干事创业活力，引导干部想干事、会干事，打破“干与不干一个样、干好干坏一个样”的怪圈。各级干部要把“实干”放在第一位，以实干统领各项工作，在干中比精神，在干中见高低，在干中看水平，在全市上下形成想干事、干实事、干成事的浓厚氛围。

4.廉打底。“从官重恭慎，立身贵廉明。”唯有清廉做人，才能清醒干事。一个干部不仅要能干事、干成事，更要不出事。随着经济社会的高速发展，物质财富的日益增多，各种诱惑无孔不入、无处不在，给各级干部带来巨大考验。全市上下必须充分认识反腐倡廉的极端重要性，时刻绷紧反腐倡廉这根弦，决不能发展上去了，干部倒下了。全市各级党委、政府要以开展党的群众路线教育实践活动为契机，狠抓干部作风建设，强化对权力的监督和制约，保持严厉惩治腐败行为的高压态势，对违规违纪的干部，要严格问责，发现一个查处一个，决不姑息，决不手软；要加强警示教育，通过处理一个、教育一片，使广大干部深刻认识到“手莫伸，伸手必被捉”的道理，营造风清气正的良好氛围。各级干部特别是领导干部，要通过加强学习，进一步坚定理想信念，筑牢拒腐防变的思想防线、法纪防线、家庭防线，耐得住寂寞，抗得住诱惑，管得住小节，守得住清贫，永葆清廉的政治本色，切实为人民掌好权用好权。

（摘自《南宁日报》，作者系自治区党委常委、市委书记）

责任编辑 陈洪毅

城市竞争力

南宁市在全国部分城市可持续竞争力排位

2013年度全国37个大中城市可持续竞争力

城市	可持续竞争力	排名	宜居城市竞争力指数	排名	宜商城市竞争力指数	排名	知识城市竞争力指数	排名	和谐城市竞争力指数	排名	生态城市竞争力指数	排名	文化城市竞争力指数	排名	全域城市竞争力指数	排名	信息城市竞争力指数	排名
南宁	0.449	27	0.415	36	0.480	31	0.487	34	0.251	35	0.844	1	0.300	33	0.292	31	0.625	27
上海	0.809	1	0.758	6	0.921	1	0.816	2	0.597	10	0.706	8	0.945	1	0.668	3	0.970	2
深圳	0.795	2	0.812	3	0.891	3	0.741	6	0.675	2	0.723	5	0.492	21	0.998	1	1.000	1
北京	0.793	3	0.636	20	0.918	2	1.000	1	0.631	6	0.549	18	0.862	2	0.690	2	0.884	4
广州	0.738	4	0.730	9	0.861	4	0.741	5	0.563	12	0.718	6	0.713	3	0.626	4	0.964	3
杭州	0.679	5	0.761	5	0.671	10	0.742	4	0.528	18	0.750	4	0.629	4	0.527	9	0.838	7
厦门	0.617	6	0.842	2	0.565	23	0.658	12	0.709	1	0.661	10	0.352	31	0.535	7	0.772	10
青岛	0.612	7	0.734	7	0.662	13	0.594	23	0.647	5	0.647	13	0.561	9	0.433	15	0.779	9
南京	0.612	8	0.675	13	0.699	8	0.765	3	0.444	22	0.498	20	0.595	8	0.515	10	0.843	5
宁波	0.599	9	0.667	14	0.581	22	0.610	18	0.649	4	0.452	25	0.543	12	0.498	11	0.841	6
无锡	0.596	10	0.768	4	0.588	21	0.616	17	0.554	15	0.611	16	0.509	17	0.528	8	0.761	12
大连	0.594	11	0.619	22	0.555	24	0.668	9	0.672	3	0.799	2	0.297	34	0.442	13	0.690	21
苏州	0.594	12	0.732	8	0.624	16	0.632	16	0.552	16	0.451	26	0.625	6	0.555	6	0.752	13
沈阳	0.593	13	0.609	23	0.630	15	0.655	13	0.613	8	0.612	15	0.550	10	0.430	16	0.702	19
武汉	0.592	14	0.684	10	0.726	5	0.714	7	0.611	9	0.472	22	0.625	5	0.401	19	0.733	14
成都	0.557	15	0.651	16	0.705	6	0.661	11	0.563	13	0.651	12	0.514	15	0.382	20	0.708	17
济南	0.568	16	0.582	25	0.663	12	0.666	10	0.591	11	0.497	21	0.540	13	0.407	18	0.728	15
天津	0.555	17	0.654	15	0.702	7	0.713	8	0.404	28	0.436	27	0.550	11	0.440	14	0.819	8
长沙	0.553	18	0.648	18	0.668	11	0.646	15	0.613	7	0.619	14	0.451	26	0.410	17	0.612	28
福州	0.542	19	0.682	11	0.592	20	0.565	27	0.466	19	0.656	11	0.501	19	0.337	24	0.766	11
西安	0.530	20	0.648	17	0.611	18	0.653	14	0.560	14	0.385	30	0.611	7	0.303	29	0.719	16
南昌	0.522	21	0.595	24	0.531	26	0.574	25	0.406	27	0.788	3	0.466	25	0.293	30	0.661	24
合肥	0.501	22	0.679	12	0.645	14	0.610	19	0.548	17	0.597	17	0.367	28	0.288	32	0.666	23
长春	0.479	23	0.637	19	0.495	29	0.601	22	0.407	26	0.715	7	0.362	30	0.275	35	0.600	29
哈尔滨	0.476	24	0.418	34	0.480	32	0.603	21	0.452	21	0.465	23	0.521	14	0.279	34	0.597	30
重庆	0.471	25	0.463	32	0.675	9	0.552	29	0.252	34	0.668	9	0.507	18	0.269	36	0.670	22
海口	0.467	26	0.871	1	0.489	30	0.453	36	0.404	29	0.525	19	0.497	20	0.316	27	0.702	18

续表

城市	可持续竞争力	排名	宜居城市竞争力指数	排名	宜商城市竞争力指数	排名	知识城市竞争力指数	排名	和谐城市竞争力指数	排名	生态城市竞争力指数	排名	文化城市竞争力指数	排名	全域城市竞争力指数	排名	信息城市竞争力指数	排名
太原	0.442	28	0.535	28	0.540	25	0.609	20	0.362	30	0.132	37	0.509	16	0.454	12	0.701	20
呼和浩特	0.442	29	0.486	30	0.454	33	0.552	30	0.418	25	0.399	28	0.485	23	0.325	26	0.585	31
郑州	0.440	30	0.517	29	0.621	17	0.577	24	0.460	20	0.236	35	0.490	22	0.345	22	0.647	25
乌鲁木齐	0.419	31	0.472	31	0.412	35	0.538	32	0.213	37	0.454	24	0.281	35	0.594	5	0.561	33
昆明	0.392	32	0.434	33	0.511	27	0.564	28	0.268	33	0.312	32	0.448	27	0.283	33	0.628	26
石家庄	0.389	33	0.568	26	0.597	19	0.541	31	0.436	23	0.254	34	0.366	29	0.330	25	0.559	34
贵阳	0.384	34	0.628	21	0.509	28	0.509	33	0.418	24	0.376	31	0.268	36	0.312	28	0.575	32
银川	0.382	35	0.390	37	0.356	36	0.481	35	0.240	36	0.398	29	0.484	24	0.360	21	0.484	35
兰州	0.338	36	0.417	35	0.442	34	0.570	26	0.306	31	0.236	36	0.343	32	0.344	23	0.418	37
西宁	0.305	37	0.549	27	0.334	37	0.395	37	0.294	32	0.284	33	0.241	37	0.399	37	0.428	36

2013 年全国部分西部省会城市可持续竞争力

城市	可持续竞争力	排名	宜居城市竞争力指数	排名	宜商城市竞争力指数	排名	知识城市竞争力指数	排名	和谐城市竞争力指数	排名	生态城市竞争力指数	排名	文化城市竞争力指数	排名	全域城市竞争力指数	排名	信息城市竞争力指数	排名
南宁	0.449	3	0.415	9	0.480	5	0.487	8	0.251	8	0.844	1	0.300	7	0.292	9	0.625	4
成都	0.557	1	0.651	1	0.705	1	0.661	1	0.563	1	0.651	2	0.514	2	0.382	3	0.708	2
西安	0.530	2	0.648	2	0.611	2	0.653	2	0.560	2	0.385	5	0.611	1	0.303	8	0.719	1
呼和浩特	0.442	4	0.486	5	0.454	6	0.552	5	0.418	3	0.399	4	0.485	3	0.325	6	0.585	5
乌鲁木齐	0.419	5	0.472	6	0.412	8	0.538	6	0.213	10	0.454	3	0.281	8	0.594	1	0.561	7
昆明	0.392	6	0.434	7	0.511	3	0.564	4	0.268	7	0.312	8	0.448	5	0.283	10	0.628	3
贵阳	0.384	7	0.628	3	0.509	4	0.509	7	0.418	3	0.376	7	0.268	9	0.312	7	0.575	6
银川	0.382	8	0.390	10	0.356	9	0.481	9	0.240	9	0.398	6	0.484	4	0.360	4	0.484	8
兰州	0.338	9	0.417	8	0.442	7	0.570	3	0.306	5	0.236	10	0.343	6	0.344	5	0.418	10
西宁	0.305	10	0.549	4	0.334	10	0.395	10	0.294	6	0.284	9	0.241	10	0.399	2	0.428	9

2013 年广西部分城市竞争力指数

城市	可持续竞争力指数	排名	宜居城市竞争力指数	排名	宜商城市竞争力指数	排名	知识城市竞争力指数	排名	和谐城市竞争力指数	排名	生态城市竞争力指数	排名	文化城市竞争力指数	排名	全域城市竞争力指数	排名	信息城市竞争力指数	排名
南宁	0.449	1	0.415	5	0.480	1	0.487	1	0.251	4	0.844	1	0.300	3	0.292	1	0.625	1
桂林	0.389	2	0.488	3	0.349	3	0.472	2	0.212	11	0.704	2	0.467	1	0.250	3	0.383	6
北海	0.321	3	0.591	1	0.222	4	0.258	4	0.321	3	0.692	3	0.270	4	0.170	5	0.413	4
柳州	0.306	4	0.361	8	0.426	2	0.389	3	0.341	2	0.343	8	0.321	2	0.261	2	0.391	5
防城港	0.254	5	0.530	2	0.162	7	0.104	10	0.348	1	0.572	4	0.163	6	0.226	4	0.362	7
梧州	0.228	6	0.334	10	0.199	5	0.202	6	0.246	5	0.472	6	0.131	7	0.142	6	0.442	3
玉林	0.155	7	0.390	7	0.187	6	0.221	5	0.233	6	0.339	9	0.077	11	0.046	14	0.333	8
崇左	0.151	8	0.335	9	0.044	14	0.110	9	0.095	12	0.513	5	0.117	8	0.069	8	0.327	9
百色	0.146	9	0.159	14	0.148	8	0.142	7	0.211	8	0.418	7	0.060	13	0.078	7	0.292	12
钦州	0.141	10	0.413	6	0.121	9	0.075	12	0.229	7	0.310	10	0.035	14	0.054	10	0.473	2
贺州	0.098	11	0.304	13	0.057	13	0.102	11	0.076	13	0.245	12	0.167	5	0.053	11	0.308	10
河池	0.082	12	0.488	1	0.071	11	0.129	8	0.071	14	0.266	11	0.087	10	0.069	9	0.244	13
贵港	0.077	13	0.307	11	0.064	12	0.026	14	0.184	10	0.199	13	0.075	12	0.052	12	0.303	11
来宾	0.062	14	0.305	12	0.083	10	0.056	13	0.190	9	0.135	14	0.097	9	0.050	13	0.233	14

资料来源:《中国城市竞争力报告(2014 版)》,主编倪鹏飞。社会科学院文献出版社,2014 年 5 月

南宁市在全国部分城市地区生产总值排位

2013年全国27个省会城市地区生产总值排位

城　市	总量(亿元)	位次	增速(%)	位次
南宁	2803.54	18	10.30	14
广州	15420.14	1	8.10	26
*成都	9108.90	2	11.50	9
武汉	9000.00	3	11.50	9
杭州	8343.52	4	10.70	13
南京	8011.78	5	10.00	16
沈阳	7158.57	6	12.00	7
长沙	7153.13	7	9.50	22
郑州	6201.90	8	9.90	20
济南	5230.19	9	14.10	4
哈尔滨	5010.80	10	10.00	16
长春	5003.20	11	15.00	3
*西安	4884.13	12	13.40	5
石家庄	4863.60	13	16.00	2
福州	4678.50	14	13.00	6
合肥	4672.90	15	10.00	16
*昆明	3450.00	16	8.80	24
南昌	3336.03	17	8.30	25
*呼和浩特	2710.39	19	8.90	23
太原	2412.87	20	11.00	12
*乌鲁木齐	2400.00	21	8.00	27
*贵阳	2085.42	22	9.60	21
*兰州	1776.83	23	10.00	16
*银川	1273.49	24	11.60	8
*西宁	978.53	25	10.20	15
海口	904.64	26	11.10	11
*拉萨	312.00	27	20.00	1
南宁在11个西部省会城市排位*		4		8
南宁在5个自治区首府城市排位		4		3

2013年西部省会城市地区生产总值排位

城市	总量(亿元)	位次	增速(%)	位次
南宁	2803.54	4	10.30	8
成都	9108.90	1	10.20	9
西安	4884.13	2	11.10	7
昆明	3450.00	3	13.00	6
呼和浩特	2710.39	5	10.00	10
乌鲁木齐	2400.00	6	15.00	3
贵阳	2085.42	7	16.00	2
兰州	1776.83	8	13.40	5
银川	1273.49	9	10.00	10
西宁	978.53	10	14.40	4
拉萨	312.00	11	20.00	1

2013年广西部分城市主要指标排位

土地面积与人口

城　市	土地面积(平方千米)	位次	常住人口(万人)	位次
南宁市	22099*	4	685.37	1
柳州市	18617	5	385.60	5
桂林市	27809	3	488.05	3
梧州市	12588	9	295.44	9
北海市	3337	14	159.02	13
防城港市	6181	13	89.90	14
钦州市	10843	11	315.92	8
贵港市	10606	12	422.05	4
玉林市	12838	8	562.25	2
百色市	36201	1	354.52	6
贺州市	11855	10	199.98	12
河池市	33508	2	343.19	7
来宾市	13411	7	214.90	10
崇左市	17351	6	202.81	11

备注:南宁市2014年3月26日第二次上报国土资源部数据。

地区生产总值

城　市	总量(亿元)	位次	增速(%)	位次
南宁市	2803.54	1	10.30	5
柳州市	2010.05	2	9.98	7
桂林市	1657.90	3	11.05	4
梧州市	991.71	5	13.20	2
北海市	735.00	9	13.30	1
防城港市	525.15	12	12.40	3
钦州市	753.74	7	7.90	12
贵港市	742.01	8	8.20	11
玉林市	1198.46	4	9.95	8
百色市	803.87	6	8.60	10
贺州市	423.85	14	8.70	9
河池市	528.62	11	6.03	13
来宾市	515.57	13	2.96	14
崇左市	584.63	10	10.15	6

财政收入

城　市	总量(亿元)	位次	增速(%)	位次
南宁市	473.66	1	12.24	7
柳州市	285.06	2	9.56	12
桂林市	180.37	3	10.28	10
梧州市	118.23	5	17.00	1
北海市	113.60	7	13.50	3
防城港市	59.26	10	13.12	5
钦州市	136.12	4	–2.22	14
贵港市	57.42	11	14.80	2
玉林市	113.81	6	13.40	4
百色市	107.69	8	9.76	11
贺州市	35.76	14	11.60	8
河池市	50.23	13	12.73	6
来宾市	56.13	12	6.81	13
崇左市	73.02	9	10.63	9

社会经济主要指标

2013年南宁市社会经济主要指标

指标名称	单位	2013年	2012年	比上年增长%
人口、土地面积				
土地面积	平方千米	22099.00	22112.00	
#城市建成区面积	平方千米	283.00	242.00	16.94
户籍总人口	人	7244309.00	7134979.00	1.53
#市区人口	人	2797307.00	2745458.00	1.89
市辖县人口	人	4447002.00	4389521.00	1.31
#男性	人	3792969.00	3731114.00	1.66
女性	人	3451340.00	3403865.00	1.39
#18岁以下人口	人	1510714.00	1434165.00	5.34
18−60岁人口	人	4649765.00	4670834.00	−0.45
60岁以上人口	人	1083830.00	1029980.00	5.23
人口密度	人/平方千米	328.00	323.00	1.55
年出生人数	人	161716.00	112273.00	44.04
年死亡人数	人	26040.00	65828.00	−60.44
总户数	户	2198494.00	2180344.00	0.83
年平均人口	人	7189644.00	7124929.00	0.91
市区人口比重	%	38.61	38.48	0.13★
市辖县人口比重	%	61.39	61.52	−0.13★
男性人口比重	%	52.36	52.29	0.07★
女性人口比重	%	47.64	47.71	−0.07★
地区生产总值				
地区生产总值(当年价)	万元	28035444.00	25035509.00	10.30
第一产业	万元	3499263.00	3240900.00	4.80
第二产业	万元	11108853.00	9589621.00	14.60
工业	万元	8205984.00	7043219.00	14.80
建筑业	万元	2902869.00	2546402.00	14.10
第三产业	万元	13427329.00	12204988.00	8.10
交通运输仓储邮政业	万元	1168603.00	1213857.00	4.50
批发和零售业	万元	2608702.00	2281934.00	10.10
住宿和餐饮业	万元	951779.00	900405.00	5.50
金融保险业	万元	2411100.00	2147235.00	12.40
房地产业	万元	1340056.00	1175639.00	6.50
营利性服务业	万元	2308930.00	2046953.00	8.60
非营利性服务业	万元	2638159.00	2438966.00	5.40
人均地区生产总值(当年价)	元	38994.00	35138.00	9.30
地区生产总值构成	%	100.00	100.00	
第一产业	%	12.48	12.95	−0.46★
第二产业	%	39.62	38.30	1.32★
工业	%	29.27	28.13	1.14★
建筑业	%	10.35	10.17	0.18★
第三产业	%	47.89	48.75	−0.86★

注:1.人口数据由市公安局提供,分年龄人口数因口径不可比,故不计算增速,年出生人数、年死亡人数含历年出生、历年死亡而在本年登记的人数。2."★"为增减百分点(后同)。3.地区生产总产值增长速度按可比价计算。

续表一

指标名称	单位	2013年	2012年	比上年增长%
农业				
农林牧渔业总产值(当年价)	万元	5781504.00	5364064.00	4.91
农业	万元	3128265.00	2863693.00	6.36
林业	万元	296913.00	286320.00	2.36
牧业	万元	1847706.00	1778213.00	2.23
渔业	万元	225879.00	203797.00	7.31
服务业	万元	282740.00	232040.00	8.41
农林牧渔业总产值(构成)	%	100.00	100.00	
农业	%	54.11	53.39	0.72★
林业	%	5.14	5.34	-0.20★
牧业	%	31.96	33.15	-1.19★
渔业	%	3.91	3.80	0.11★
服务业	%	4.89	4.33	0.56★
播种面积				
粮食	公顷	442856.00	442039.00	0.18
甘蔗	公顷	168891.00	168594.00	0.18
油料	公顷	47655.00	45568.00	4.58
蔬菜	公顷	181315.00	174696.00	3.79
粮食总产量	吨	2234391.00	2151398.00	3.86
油料产量	吨	139426.00	124878.00	11.65
甘蔗产量	吨	12369908.00	11252193.00	9.45
蔬菜产量	吨	3959195.00	3759018.00	5.33
肉类总产量	吨	655561.00	645296.00	1.62
#猪肉	吨	385229.00	374396.00	2.89
牛羊肉	吨	20578.00	24042.00	4.31
禽肉	吨	238571.00	240486.00	-0.80
猪年末存栏数	万头	429.40	397.91	7.91
出栏肉猪	万头	523.31	509.90	2.63
大牲畜年末存栏数	万头	72.53	69.73	4.02
#牛	万头	71.05	68.20	4.18
羊年末存栏数	万只	23.43	23.48	8.30
水产品产量	吨	232972.00	217627.00	7.14
禽蛋产量	吨	31185.00	29457.00	5.87
牛奶产量	吨	49417.00	54688.00	4.90
水果产量	吨	1705101.00	1579305.00	7.97
粮食总产量	吨	2234391.00	2151398.00	3.86
油料产量	吨	139426.00	124878.00	11.65
甘蔗产量	吨	12369908.00	11252193.00	9.45
工业				
全部工业总产值(当年价)	万元	26619725.00	22878966.31	19.92
#规模以上工业总产值	万元	25547515.00	21003678.00	20.63
规模以下工业总产值	万元	1072210.00	1875288.00	5.08
规模以上工业按登记注册类型分:				
国有企业	万元	3268159.00	2570167.00	27.07
集体企业	万元	141876.00	116305.00	21.99

注:规模以上工业是指年主营业务收入达到2000万元及以上的工业企业。

续表二

指标名称	单位	2013 年	2012 年	比上年增长%
股份合作企业	万元	2430.00	45632.00	-69.52
股份制企业	万元	15915804.00	13306791.00	18.68
外商及港澳台	万元	4834044.00	3646172.00	31.05
其他经济类型企业	万元	1385201.00	1318611.00	0.22
按轻重工业分：				
轻工业	万元	11554940.00	10116684.00	14.66
重工业	万元	13992575.00	10886994.00	26.06
按企业规模分：				
大中型企业	万元	10752224.00	8268665.00	20.60
小微型企业	万元	14795291.00	12735013.00	20.66
规模以上工业企业主要经济指标				
企业单位数	个	968.00	941.00	2.98
#产值超亿元企业	个	548.00	493.00	11.16
亏损企业	个	97.00	87.00	19.75
工业总产值(现价)	万元	25547515.00	21003678.00	20.63
工业增加值(现价)	万元	7775170.00	6336676.00	16.60
资产总计	万元	16864126.00	14901445.00	12.18
负债总计	万元	9666037.00	8633214.00	11.04
主营业务收入	万元	23862488.00	19695241.00	20.13
#主营业务税金及附加	万元	587432.00	518404.00	13.15
实现利税总额	万元	2812604.00	2503216.00	11.81
#利润总额	万元	1462127.00	1343548.00	8.12
亏损企业亏损额	万元	103177.00	99938.00	3.64
经济效益综合指数	%	326.40	295.91	5.92
资本增值保值率	%	113.76	91.64	22.12
总资产贡献率	%	19.49	20.29	-0.49
资产负债率	%	57.32	57.94	-0.59
流动资产周转率	次	3.21	3.02	0.22
成本费用利润率	%	6.93	7.86	-0.90
全员劳动生产率	元	315408.00	265377.00	2.65
主要工业产品产量				
成品糖	万吨	145.52	121.80	19.47
罐头	吨	76756.00	75132.00	2.20
乳制品	吨	162273.00	98195.00	65.30
啤酒	千升	230888.00	236562.00	-2.40
软饮料	吨	1578063.00	1000404.00	57.74
卷烟	万支	3842475.00	3764634.00	2.07
配混合饲料	万吨	477.83	401.29	18.87
纱	吨	27238.00	29292.00	-7.00
布	万米	458.00	700.00	-34.60
家用电风扇	万台	41.92	43.05	-2.60
塑料制品	吨	632965.00	617967.00	4.30
机制纸及纸板	吨	1273296.00	1041985.00	15.70
纸浆	吨	1094282.00	865083.00	26.50
烧碱(折 100%)	吨	69577.00	118112.00	-41.10

注：工业增加值增长速度按价格指数缩减法计算。

续表三

指标名称	单位	2013 年	2012 年	比上年增长%
电力电缆	千米	1797594.00	1448140.00	25.00
小型拖拉机	台	154457.00	169921.00	-9.10
发电设备	万千瓦	0.76	8.98	-91.50
水泥	万吨	1569.51	1340.36	17.80
平板玻璃	万重量箱	638.14	607.62	5.00
铝材	吨	119821.00	80323.00	49.20
发电量	万千瓦时	980143.00	697205.00	33.70
固定资产投资				
全社会固定资产投资	万元	24750080.00	25851818.00	23.40
#固定资产投资	万元	24326855.00	25176100.00	23.66
#基本建设投资	万元	11097410.00	10284552.00	29.16
更新改造投资	万元	7283304.00	6890312.00	23.08
其他投资	万元	1119156.00	3116711.00	1.06
房地产开发投资	万元	4163709.00	3627301.00	14.79
城镇工矿区私人建房(50 万以上)	万元		257658.00	
新增固定资产	万元	15048368.00	17714243.00	7.48
房屋施工面积	万平方米	11922.30	7366.50	64.67
#住宅	万平方米	3013.54	2972.26	-0.19
房屋竣工面积	万平方米	997.13	1191.25	-15.16
#住宅	万平方米	321.24	529.72	-42.55
商品房施工面积	万平方米	3812.35	3747.04	1.74
#住宅	万平方米	2767.50	2734.92	1.19
商品房竣工面积	万平方米	325.58	664.53	-51.01
#住宅	万平方米	234.47	521.10	-55.01
商品房销售面积	万平方米	702.60	629.01	11.70
#住宅	万平方米	633.14	575.52	10.01
商品房销售额	万元	4889652.00	3775902.00	29.50
#住宅	万元	3896706.00	3233650.00	20.50
国内商业				
商品销售总额	万元	37344861.00	29974127.00	19.58
批发业商品销售总额	万元	22923934.00	17863128.00	20.60
#限额以上	万元	16010844.00	11589807.00	16.72
零售业商品销售总额	万元	14420927.00	12110999.00	18.00
#限额以上	万元	5169931.00	4444507.00	16.91
住宿业营业额	万元	398071.00	375819.00	5.92
#限额以上	万元	202932.00	211487.00	-7.81
餐饮业营业额	万元	1390743.00	1198939.00	16.00
#限额以上	万元	158531.00	172671.00	-6.31
社会消费品零售总额	万元	14508367.00	12555902.00	14.01
按销售地域分				
城镇零售额	万元	13654519.00	11757733.00	13.92
乡村零售额	万元	853848.00	798169.00	15.39
物价				
居民消费价格指数	%	102.10	102.90	2.10
食品类	%	103.90	105.00	3.90
#粮食	%	101.40	101.90	1.40
肉禽及其制品	%	103.20	104.60	3.20
水产品	%	107.40	104.90	7.40
鲜菜	%	106.90	120.00	6.90
烟酒及用品	%	98.90	106.30	(1.10)
衣着	%	104.70	102.50	4.70
家庭设备用品及服务	%	101.30	101.50	1.30
医疗保健和个人用品	%	99.70	101.20	(0.30)
交通和通讯	%	98.70	99.90	(1.30)
娱乐教育文化用品及服务	%	100.50	101.20	0.50
居住	%	102.30	102.80	2.30

2013年南宁市区主要经济指标

指标名称	单位	2013年	2012年	比上年增长%
土地面积	平方千米	6479.00	6479.00	
#城市建成区面积	平方千米	283.00	242.00	16.94
户籍总人口	人	2797307.00	2745458.00	1.89
#男性	人	1442216.00	1415263.00	1.90
女性	人	1355091.00	1330195.00	1.87
#18岁以下人口	人	552406.00	523471.00	5.53
18-60岁人口	人	1814617.00	1817492.00	-0.16
60岁以上人口	人	430284.00	404495.00	6.38
人口密度	人/平方千米	434.00	424.00	2.36
出生人数	人	57376.00	40095.00	43.10
死亡人数	人	9119.00	20168.00	-54.78
末总户数	户	861518.00	856441.00	0.59
年平均人口	人	2771383.00	2736820.00	1.26
人口结构				
男性人口比重	%	51.56	51.55	0.01*
女性人口比重	%	48.44	48.45	-0.01*
地区生产总值	万元	20173877.00	17760176.00	10.50
第一产业	万元	1283381.00	1174663.00	4.50
第二产业	万元	7644491.00	6365961.00	15.20
工业	万元	5427334.00	4445121.00	15.90
建筑业	万元	2217157.00	1920840.00	13.30
第三产业	万元	11246005.00	10219552.00	8.10
交通运输仓储邮政业	万元	951477.00	1002555.00	4.30
批发和零售业	万元	2257628.00	1969266.00	11.10
住宿和餐饮业	万元	820776.00	769538.00	5.60
金融业	万元	2190861.00	1991015.00	11.40
房地产业	万元	1096363.00	934296.00	6.60
其他服务业	万元	3928900.00	3552882.00	7.20
人均地区生产总值(当年价)	元	72794.00	64893.00	9.20

注:1.人口数据由市公安局提供,分年龄人口数因口径不可比,故不计算增速,年出生人数、年死亡人数含历年出生、历年死亡而在本年登记的人数。2.“*”为增减百分点(后同)。3.注:地区生产总值增长速度按可比价计算。4.注:农林牧渔业总产值增长速度按可比价计算。

南宁年鉴

续表

指标名称	单位	2013 年	2012 年	比上年增长%
地区生产总值构成	%	100.00	100.00	
第一产业	%	6.36	6.61	-0.25★
第二产业	%	37.89	35.84	2.05★
工业	%	26.90	25.03	1.87★
建筑业	%	10.99	10.82	0.17★
第三产业	%	55.75	57.54	-1.80★
农林牧渔业总产值(当年价)	万元	2137470.00	1958793.00	4.61
农业	万元	1129899.00	1039853.00	5.03
林业	万元	127482.00	111304.00	3.09
牧业	万元	1847706.00	572273.00	2.37
渔业	万元	66523.00	60093.00	6.43
服务业	万元	215755.00	175270.00	9.48
全部工业总产值(当年价)	万元	17567801.00	13081249.00	20.90
#规模以上工业总产值	万元	17123324.00	12257725.00	21.38
规模以下工业总产值	万元	444477.00	823524.00	5.14
全社会固定资产投资	万元	17406636.00	17922601.00	23.55
#固定资产投资	万元	17287783.00	17730271.00	23.62
#基本建设投资	万元	8394004.00	7547105.00	30.01
更新改造投资	万元	4211040.00	3888257.00	25.03
其他投资	万元	939930.00	2958094.00	-6.16
房地产开发投资	万元	3642124.00	3097296.00	17.59
城镇工矿区私人建房(50 万以上)	万元		179933.00	
社会消费品零售总额	万元	12103366.00	10443026.00	14.04
商品销售总额	万元	20847009.00	16285104.00	20.01
#限额以上	万元	15255296.00	10980010.00	17.17
零售业商品销售总额	万元	12023213.00	10138519.00	17.32
#限额以上	万元	5055011.00	4361384.00	16.79
住宿业营业额	万元	386512.00	364269.00	6.11
#限额以上	万元	200901.00	208532.00	-7.61
餐饮业营业额	万元	1069511.00	917108.00	16.62
#限额以上	万元	144783.00	157850.00	-6.23

2013年南宁市与全国、广西主要社会经济指标对比情况

指标名称	单位	绝对数			南宁占广西的比重(%)
		全国	广西	南宁	
总人口	万人	136072.00	5282.00	724.00	
国内生产总值	亿元	568845.00	14378.00	2804.00	19.50
第一产业	亿元	56957.00	2343.57	350.00	14.93
第二产业	亿元	249684.00	6863.04	1111.00	16.19
工业	亿元	210689.00	5749.65	821.00	14.27
第三产业	亿元	262204.00	5171.39	1343.00	25.96
#固定资产投资	亿元	436528.00	11383.93	2433.00	21.37
#基本建设	亿元		4501.24	1110.00	24.65
更新改造	亿元		4319.06	728.00	16.86
房地产	亿元	86013.00	1427.08	416.00	29.18
城镇居民人均可支配收入	元	29655.00	23305.00	24817.00	
农民人均纯收入	元	8896.00	6791.00	7685.00	
粮食总产量	万吨	60194.00	152.80	223.44	14.68
社会消费品零售总额	万人	234380.00	5083.08	1450.84	28.54
进出口总额	亿美元	41603.00	328.37	44.21	13.46
#出口	亿美元	22100.00	186.95	23.53	12.58
财政收入	亿美元		2000.51	473.66	23.68
#公共财政预算收入	万人次	129143.00	1316.84	256.25	19.46
公共财政预算支出	亿美元	139744.00	3192.26	418.40	13.11
金融机构存款余额	亿元	1043846.00	18267.00	6484.00	35.49
#个人储蓄存款	亿元	447601.00	9499.00	2157.00	22.70
金融机构贷款余额	亿元	718961.00	13653.00	6116.00	44.79
居民消费价格指数(上年=100)	亿元	102.60	102.20	102.10	

资料来源:《南宁市情统计手册·2014》,市统计局,2014年3月

责任编辑　陈天皓

《南宁政报》2013总目录

类别	文　件	发文字号	期数	页码
政府工作报告	周红波市长在南宁市第十三届人民代表大会第四次会议上作的政府工作报告		4	1
南发	中共南宁市委　南宁市人民政府关于开展向杜丽群同志学习的决定	南发〔2013〕5号	8	1
	中共南宁市委　南宁市人民政府南宁警备区关于表彰2008—2011年南宁市支持部队建设“十佳企业”、双拥工作“十佳对子”、拥军优属工作“十佳领导”、拥政爱民工作“十佳领导”和双拥工作模范单位、模范个人的决定	南发〔2013〕6号	8	3
	中共南宁市委　南宁市人民政府关于给予2012年度全市信访维稳工作先进集体和个人记功嘉奖的决定	南发〔2013〕11号	12	1
	中共南宁市委　南宁市人民政府关于印发《关于进一步推进国有企业改革发展的实施意见》的通知	南发〔2013〕12号	12	3
	中共南宁市委　南宁市人民政府关于印发《关于进一步激发干部干事创业活力的若干意见》的通知	南发〔2013〕13号	12	8
	中共南宁市委　南宁市人民政府关于授予广西壮族自治区公安边防总队南宁边防检查站“模范边防检查站”荣誉称号的决定	南发〔2013〕16号	14	2
	中共南宁市委　南宁市人民政府关于开展向南宁边防检查站学习的决定	南发〔2013〕17号	14	3
	中共南宁市委　南宁市人民政府关于对在“美丽南宁·清洁乡村”活动和“美丽南宁·整洁畅通有序大行动”中涌现出来的先进人物进行表扬的通报	南发〔2013〕18号	14	5
	中共南宁市委　南宁市人民政府关于表彰2012年度南宁市科学发展十佳乡镇和科学发展进步乡镇的决定	南发〔2013〕19号	15	2
	中共南宁市委　南宁市人民政府关于印发《关于加快现代农业发展进一步增强农村发展活力的实施方案》的通知	南发〔2013〕21号	16	1
	中共南宁市委　南宁市人民政府关于给予在南宁市2009—2011年创建国家卫生城市工作中表现突出的集体和个人记功嘉奖的决定	南发〔2013〕23号	20	1
	中共南宁市委　南宁市人民政府关于开展向陈美杏同志学习的决定	南发〔2013〕24号	20	5
	中共南宁市委　南宁市人民政府关于贯彻自治区旅游业发展文件精神推动我市旅游业跨越发展的若干意见	南发〔2013〕25号	20	6
	中共南宁市委　南宁市人民政府关于进一步加强新形势下村民委员会建设的意见	南发〔2013〕26号	21	10
	中共南宁市委　南宁市人民政府关于表彰南宁市第八批专业技术拔尖人才的通报	南发〔2013〕27号	23	1
	中共南宁市委　南宁市人民政府关于表彰南宁市第七批优秀青年专业技术人才的通报	南发〔2013〕28号	23	3
南办发	中共南宁市委办公厅　南宁市人民政府办公厅关于印发《南宁市领导干部阅批群众来信制度》的通知	南办发〔2013〕9号	8	12
	中共南宁市委办公厅　南宁市人民政府办公厅关于印发《2013年南宁市新闻发布计划》的通知	南办发〔2013〕12号	8	14

续表一

类别	文 件	发文字号	期数	页码
南办发	中共南宁市委办公厅　南宁市人民政府办公厅印发《关于建立健全学用政策工作责任制的意见》的通知	南办发〔2013〕20号	8	20
	中共南宁市委办公厅　南宁市人民政府办公厅关于印发《中共南宁龙象谷国际旅游度假区工作委员会、南宁龙象谷国际旅游度假区管理委员会主要职责、内设机构和人员编制规定》的通知	南办发〔2013〕29号	8	23
	中共南宁市委办公厅　南宁市人民政府办公厅关于印发《2013年南宁市举办大型活动计划》的通知	南办发〔2013〕32号	8	25
	中共南宁市委办公厅　南宁市人民政府办公厅关于印发《首批南宁市特聘专家人选名单》的通知	南办发〔2013〕35号	12	20
	中共南宁市委办公厅　南宁市人民政府办公厅印发《关于加强对重点工作重大项目监督检查问责问效的意见》的通知	南办发〔2013〕58号	15	3
	中共南宁市委办公厅　南宁市人民政府办公厅关于印发《"美丽南宁·清洁乡村""美丽南宁·整洁畅通有序大行动"工作问责办法》的通知	南办发〔2013〕59号	15	5
	中共南宁市委办公厅　南宁市人民政府办公厅关于印发《中共南宁高新技术产业开发区工作委员会南宁高新技术产业开发区管理委员会主要职责、内设机构和人员编制规定》的通知	南办发〔2013〕66号	16	5
	中共南宁市委办公厅　南宁市人民政府办公厅印发《关于深入开展平安南宁建设活动的意见》的通知	南办发〔2013〕68号	16	7
	中共南宁市委办公厅　南宁市人民政府办公厅关于成立南宁市公共资源交易监督管理委员会的通知	南办发〔2013〕92号	21	27
	中共南宁市委办公厅　南宁市人民政府办公厅关于印发《南宁市国资国企整合重组工作方案》的通知	南办发〔2013〕100号	23	6
	中共南宁市委办公厅　南宁市人民政府办公厅关于印发《南宁市领导干部外出请示请假报告制度》的通知	南办发〔2013〕108号	24	6
政府令	南宁市壮文社会使用管理办法	第14号	10	1
	南宁市建设工程材料使用管理办法	第15号	13	1
	南宁市人民政府关于废止部分南宁市政府规章的决定	第16号	14	1
	南宁市"门前三包"责任制管理办法	第17号	17	1
	南宁市人民政府关于废止南宁市军人抚恤优待条例实施办法的决定	第18号	17	3
	南宁市实施城市管理委托执法暂行规定	第19号	20	1
南府字	南宁市人民政府关于南宁市北大客运中心整体搬迁至南宁市西乡塘客运站的通告	南府字〔2013〕1号	1	1
	南宁市人民政府关于高考中考期间严格控制环境噪声污染的通告	南府字〔2013〕2号	10	2
	南宁市人民政府关于南宁市政务服务中心总部搬迁的通告	南府字〔2013〕3号	12	21
	南宁市人民政府关于整治市容环境卫生的通告	南府字〔2013〕4号	12	22
	南宁市人民政府关于开展农贸市场及其周边市容环境卫生专项整治的通告	南府字〔2013〕5号	12	24
	南宁市人民政府关于开展建筑垃圾专项整治的通告	南府字〔2013〕6号	12	25
	南宁市人民政府关于城市容貌管理重点地区的通告	南府字〔2013〕7号	14	1
	南宁市人民政府关于在2013"两会一节"期间禁止进行放飞民间飞行器活动的通告	南府字〔2013〕8号	15	1
	南宁市人民政府关于在2013"两会一节"期间停止购买、运输、使用危险物品的通告	南府字〔2013〕9号	15	1
	南宁市人民政府南宁警备区关于在全市试鸣防空警报的通告	南府字〔2013〕10号	17	3
	南宁市人民政府关于2013年度城镇申请住房保障家庭收入标准及住房困难标准的通告	南府字〔2013〕12号	21	1
南府发	南宁市人民政府关于加快中医药民族医药发展的决定	南府发〔2012〕111号	1	1
	南宁市人民政府关于印发贯彻落实广西壮族自治区关于加快建设南宁内陆开放型经济战略高地的若干意见工作方案的通知	南府发〔2013〕1号	1	7
	南宁市人民政府关于印发南宁市农村五保供养工作实施办法的通知	南府发〔2013〕2号	2	1
	南宁市人民政府关于加快推进城中村改造的实施意见	南府发〔2013〕3号	2	5
	南宁市人民政府关于表彰2012年度科学技术奖获奖单位和个人的通报	南府发〔2013〕5号	3	1
	南宁市人民政府关于公布新一轮征地统一年产值标准的通知	南府发〔2013〕6号	5	1
	南宁市人民政府关于进一步加强和改进消防工作的意见	南府发〔2013〕7号	5	5

续表二

类别	文件	发文字号	期数	页码
南府发	南宁市人民政府关于落实2013年政府工作主要目标任务的通知	南府发〔2013〕9号	5	12
	南宁市人民政府关于印发南宁市集体土地征收与补偿安置办法的通知	南府发〔2013〕10号	5	28
	南宁市人民政府关于加强拆迁安置房建设管理工作的实施意见	南府发〔2013〕11号	5	42
	南宁市人民政府关于2013年政府立法工作计划的通知	南府发〔2013〕12号	5	47
	南宁市人民政府关于下达南宁市2013年国民经济和社会发展计划的通知	南府发〔2013〕13号	6	1
	南宁市人民政府关于表彰全市就业创业工作先进集体和先进个人的通报	南府发〔2013〕15号	6	9
	南宁市人民政府关于认真做好我市第三次全国经济普查工作的通知	南府发〔2013〕17号	7	2
	南宁市人民政府印发南宁市关于进一步明确园区产业定位建设特色工业园区的指导意见的通知	南府发〔2013〕18号	7	5
	南宁市人民政府关于印发南宁市本级2013年审计项目计划的通知	南府发〔2013〕21号	8	30
	南宁市人民政府关于表彰全市新型农村和城镇居民社会养老保险工作先进单位和先进个人的通报	南府发〔2013〕22号	8	31
	南宁市人民政府关于给予“1·18”特大传销案件破案有功人员记功的决定	南府发〔2013〕23号	9	1
	南宁市人民政府关于表彰南宁市2012年度依法行政先进单位、先进集体、先进个人以及推进依法行政先进单位的通报	南府发〔2013〕24号	9	2
	南宁市人民政府关于印发南宁市城镇居民人均可支配收入倍增计划的通知	南府发〔2013〕26号	10	3
	南宁市人民政府关于印发南宁市加快现代服务业发展的若干政策的通知	南府发〔2013〕27号	11	1
	南宁市人民政府关于调整增加副市长工作分工的通知	南府发〔2013〕29号	11	5
	南宁市人民政府关于印发南宁市军人抚恤优待实施办法的通知	南府发〔2013〕30号	11	5
	南宁市人民政府关于开展第一次全市可移动文物普查的通知	南府发〔2013〕31号	12	26
	南宁市人民政府关于印发南宁市工业用地公开出让管理办法的通知	南府发〔2013〕32号	12	28
	南宁市人民政府关于印发南宁市举报道路交通安全和市容环境卫生违法行为奖励暂行办法的通知	南府发〔2013〕33号	12	26
	南宁市人民政府关于公布2013年企业工资指导线的通知	南府发〔2013〕35号	14	6
	南宁市人民政府关于2012年度南宁市工业发展考核评价结果的通报	南府发〔2013〕36号	15	7
	南宁市人民政府关于表彰2012年度南宁市强优工业企业(集团)的通报	南府发〔2013〕37号	15	7
	南宁市人民政府关于表彰2012年度南宁市工业企业纳税贡献奖获奖企业的通报	南府发〔2013〕38号	15	8
	南宁市人民政府关于表彰2012年度南宁市优秀企业家的通报	南府发〔2013〕39号	15	9
	南宁市人民政府关于完善南宁市城镇职工基本医疗保险制度有关问题的通知	南府发〔2013〕40号	15	10
	南宁市人民政府关于印发《南宁市人民政府工作规则》的通知	南府发〔2013〕41号	16	11
	南宁市人民政府关于表彰2012年度南宁市招商引资工作先进单位先进集体和先进个人的通报	南府发〔2013〕42号	16	18
	南宁市人民政府关于2013年南宁市教坛明星学科带头人教学骨干评选结果的通报	南府发〔2013〕43号	17	4
	南宁市人民政府关于印发开发区行政审批项目目录的通知	南府发〔2013〕45号	17	15
	南宁市人民政府关于印发限价普通商品住房管理办法的通知	南府发〔2013〕46号	18	1
	南宁市人民政府关于对2012年度财政收入增长予以表彰奖励的决定	南府发〔2013〕47号	19	1
	南宁市人民政府关于公布南宁市第九批农业产业化重点龙头企业名单的通知	南府发〔2013〕48号	19	1
	南宁市人民政府关于田文东、郭敏副市长工作分工的通知	南府发〔2013〕49号	20	14
	南宁市人民政府关于调整增加魏凤君副市长工作分工的通知	南府发〔2013〕50号	20	14
	南宁市人民政府关于集体土地征收与补偿安置人员认定有关问题的补充通知	南府发〔2013〕51号	20	14
	南宁市人民政府关于公布实施市区城镇土地定级与基准地价更新成果的通知	南府发〔2013〕53号	21	1
	南宁市人民政府关于印发南宁市市长质量奖管理办法的通知	南府发〔2013〕55号	22	1
	南宁市人民政府关于胡明朗副市长工作分工的通知	南府发〔2013〕56号	22	4
	南宁市人民政府关于组建南宁威宁投资集团有限责任公司的通知	南府发〔2013〕57号	24	1
	南宁市人民政府关于对2013年度南宁市科学技术奖获奖项目单位及个人予以表彰奖励的决定	南府发〔2013〕58号	24	2

续表三

类别	文件	发文字号	期数	页码
南府办	南宁市人民政府办公厅关于印发南宁市邕江饮用水水源地安全保障达标建设实施方案的通知	南府办〔2012〕271号	1	18
	南宁市人民政府办公厅关于2011年度南宁市开发区(工业园区)发展考核结果的通报	南府办〔2012〕274号	1	26
	南宁市人民政府办公厅关于印发《南宁年鉴》2013年卷编纂方案的通知	南府办〔2012〕276号	1	26
	南宁市人民政府办公厅关于印发南宁市老龄事业发展十二五规划的通知	南府办〔2012〕278号	1	28
	南宁市人民政府办公厅关于印发南宁市贯彻落实自治区政府办公厅2012年政府信息公开重点工作的通知	南府办〔2012〕279号	1	33
	南宁市人民政府办公厅关于建立南宁市住户调查工作联席会议制度的通知	南府办〔2012〕280号	1	36
	南宁市人民政府办公厅关于印发南宁市工程质量提升三年行动计划总体方案的通知	南府办〔2012〕282号	1	38
	关于印发南宁市五象新区建设项目用地管理办法的通知	南府办〔2012〕284号	1	54
	南宁市人民政府办公厅关于市长助理高述超同志工作分工的通知	南府办〔2012〕285号	1	62
	南宁市人民政府办公厅关于进一步做好预算信息公开工作的通知	南府办〔2012〕287号	1	62
	南宁市人民政府办公厅关于印发南宁市农副产品平价商店建设工作实施方案的通知	南府办〔2012〕288号	1	66
	南宁市人民政府办公厅关于扶持鼓励类商贸服务产业项目用地出让的通知	南府办〔2012〕289号	1	70
	南宁市人民政府办公厅关于印发城市景观亮化提升工作三年行动计划的通知	南府办〔2012〕290号	2	11
	南宁市人民政府办公厅关于印发南宁市青少年事业发展十二五规划的通知	南府办〔2012〕294号	2	24
	南宁市人民政府办公厅关于印发南宁市2012—2013年社区居委会办公用房维修和扩建项目实施方案的通知	南府办〔2012〕295号	2	33
	南宁市人民政府办公厅转发广西壮族自治区人民政府办公厅关于印发2011—2013年全区消防重点建设目标通知的通知	南府办〔2012〕296号	2	35
	南宁市人民政府办公厅关于印发南宁市加快推进百亿元工业企业工程实施方案的通知	南府办〔2012〕297号	2	38
	南宁市人民政府办公厅关于印发南宁市加快推进十亿元工业企业工程实施方案的通知	南府办〔2012〕298号	2	42
	南宁市人民政府办公厅关于印发南宁市加快推进亿元工业企业工程实施方案的通知	南府办〔2012〕299号	2	46
	南宁市人民政府办公厅关于印发南宁市加快推进小型企业上规模工程实施方案的通知	南府办〔2012〕300号	2	64
	南宁市人民政府办公厅关于印发南宁市乡村旅游发展规划的通知	南府办〔2012〕301号	3	6
	南宁市人民政府办公厅关于进一步做好促进全市库区和移民安置区经济社会发展工作的通知	南府办〔2012〕302号	3	20
	南宁市人民政府办公厅关于市人民政府许强初副秘书长工作分工的通知	南府办〔2012〕303号	3	24
	南宁市人民政府办公厅关于印发南宁市工业发展考核评价办法的通知	南府办〔2012〕304号	2	24
	南宁市人民政府办公厅关于表彰2011年度南宁市工业发展获奖单位的通报	南府办〔2012〕305号	3	29
	南宁市人民政府办公厅关于印发南宁市加快文化产业发展的若干政策的通知	南府办〔2012〕306号	3	29
	南宁市人民政府办公厅关于成立南宁市打击侵犯知识产权和制售假冒伪劣商品工作领导小组的通知	南府办〔2012〕307号	3	33
	南宁市人民政府办公厅关于印发南宁市全民健身实施计划(2011—2015年)的通知	南府办〔2012〕309号	3	34
	南宁市人民政府办公厅转发广西壮族自治区人民政府办公厅关于做好元旦春节期间食品安全工作的通知	南府办〔2012〕310号	3	38
	南宁市人民政府办公厅关于印发南宁市中医药民族医药发展八大重点工程实施方案	南府办〔2012〕311号	3	40
	南宁市人民政府办公厅关于转发自治区人民政府梁胜利副主席在全区道路交通安全工作紧急电视电话会议上讲话的通知	南府办〔2012〕312号	3	49
	南宁市人民政府办公厅关于印发南宁市壮瑶医药振兴计划(2011—2020年)的通知	南府办〔2012〕313号	3	53
	南宁市人民政府办公厅关于印发南宁市国际都市休闲旅游区发展规划的通知	南府办〔2012〕314号	4	22
	南宁市人民政府办公厅关于印发南宁市旅游业发展总体规划(2011—2020年)的通知	南府办〔2012〕315号	4	35
	南宁市人民政府办公厅关于调整南宁市城乡居民社会养老保险工作领导小组的通知	南府办〔2013〕1号	4	54
	南宁市人民政府办公厅关于印发2013南宁月月旅游节活动总体方案的通知	南府办〔2013〕2号	4	55
	南宁市人民政府办公厅转发市国土资源局关于在工程建设活动中加强地质灾害防治管理意见的通知	南府办〔2013〕5号	5	48
	南宁市人民政府办公厅关于加强孤儿保障工作的实施意见	南府办〔2013〕6号	5	49

续表四

类别	文件	发文字号	期数	页码
南府办	南宁市人民政府办公厅关于印发南宁市教坛明星学科带头人教学骨干管理办法的通知	南府办〔2013〕9号	5	53
	南宁市人民政府办公厅关于印发南宁市2012年第二批农村危房改造工程试点实施方案的通知	南府办〔2013〕10号	5	56
	南宁市人民政府办公厅关于调整南宁市人民政府应急管理专家咨询委员会成员的通知	南府办〔2013〕11号	5	61
	南宁市人民政府办公厅关于调整南宁青秀山风景名胜旅游区部分管理职能的通知	南府办〔2013〕14号	6	14
	南宁市人民政府办公厅关于印发南宁市新建住宅项目供配电设施建设维护管理办法的通知	南府办〔2013〕15号	6	14
	南宁市人民政府办公厅关于印发"十二五"期间环卫基础设施及环卫职工公共租赁住房项目建设总体方案的通知	南府办〔2013〕16号	6	18
	南宁市人民政府办公厅关于印发南宁市金融工作办公室主要职责内设机构和人员编制规定的通知	南府办〔2013〕23号	6	24
	南宁市人民政府办公厅关于印发南宁市"十二五"养殖业减排工作实施方案的通知	南府办〔2013〕24号	6	25
	南宁市人民政府办公厅关于印发南宁市贯彻落实广西食品安全行动计划（2012—2015年）实施意见的通知	南府办〔2013〕25号	6	30
	南宁市人民政府办公厅关于印发南宁市十二五消防事业发展规划的通知	南府办〔2013〕26号	7	8
	南宁市人民政府办公厅关于印发南宁市突发事件应急演练管理办法的通知	南府办〔2013〕27号	7	33
	南宁市人民政府办公厅关于废止《南宁市农民工参加基本养老保险试行办法》的通知	南府办〔2013〕28号	7	37
	南宁市人民政府办公厅关于成立南宁市专家咨询委员会及办公室的通知	南府办〔2013〕29号	7	38
	南宁市人民政府办公厅关于2012年度南宁市环境保护目标责任制考评结果的通报	南府办〔2013〕31号	7	41
	南宁市人民政府办公厅印发2013年南宁市农资综合补贴工作实施方案的通知	南府办〔2013〕32号	7	41
	南宁市人民政府办公厅关于分解落实2013年南宁市及南宁市承办的自治区为民办实事工程目标任务的通知	南府办〔2013〕33号	7	43
	南宁市人民政府办公厅关于成立南宁市健康惠民工程领导小组的通知	南府办〔2013〕35号	7	61
	南宁市人民政府办公厅关于印发进一步加强行政复议工作规范化建设实施方案的通知	南府办〔2013〕36号	7	62
	南宁市人民政府办公厅关于做好2013年依法行政工作的通知	南府办〔2013〕39号	8	36
	南宁市人民政府办公厅印发关于促进五象新区金融街建设发展暂行规定的通知	南府办〔2013〕40号	8	39
	南宁市人民政府办公厅关于进一步抓好当前春耕生产的紧急通知	南府办〔2013〕43号	6	43
	南宁市人民政府办公厅关于成立南宁市医疗纠纷人民调解工作指导委员会的通知	南府办〔2013〕45号	8	42
	南宁市人民政府办公厅关于眭国华副市长工作分工调整的通知	南府办〔2013〕48号	8	42
	南宁市人民政府办公厅关于市人民政府秘书长副秘书长工作分工调整的通知	南府办〔2013〕51号	8	43
	南宁市人民政府办公厅关于加强我市县级粮食产量抽样调查工作的通知	南府办〔2013〕52号	8	44
	南宁市人民政府办公厅关于调整南宁市企业上市工作联席会议制度的通知	南府办〔2013〕53号	8	46
	南宁市人民政府办公厅关于印发南宁市2013年政务服务政务公开政府信息公开工作要点的通知	南府办〔2013〕57号	9	4
	南宁市人民政府办公厅关于继续做好房地产市场调控工作的通知	南府办〔2013〕58号	9	7
	南宁市人民政府办公厅关于印发市区内涝应急抢险工作预案的通知	南府办〔2013〕59号	9	10
	南宁市人民政府办公厅关于印发城市桥梁重大事故应急预案的通知	南府办〔2013〕60号	9	35
	南宁市人民政府办公厅关于印发利用住房公积金贷款支持保障性住房建设试点工作实施方案的通知	南府办〔2013〕61号	9	47
	南宁市人民政府办公厅关于印发南宁市防汛抗旱应急预案的通知	南府办〔2013〕62号	10	9
	南宁市人民政府办公厅关于印发南宁市与全国同步全面建成小康社会指标分工方案的通知	南府办〔2013〕63号	9	50
	南宁市人民政府办公厅关于印发2013年南宁市地质灾害防治方案的通知	南府办〔2013〕64号	9	53
	南宁市人民政府办公厅关于调整市招生考试委员会和市高等教育自学考试工作委员会成员的通知	南府办〔2013〕69号	9	58
	南宁市人民政府办公厅关于印发2013年二、三、四季度南宁市全社会固定资产投资工作目标任务的通知	南府办〔2013〕70号	9	59
	南宁市人民政府办公厅关于印发南宁市通信保障应急预案的通知	南府办〔2013〕71号	9	64

续表五

类别	文 件	发文字号	期数	页码
南府办	南宁市人民政府办公厅关于废止《南宁市计算机及电子信息技术推广应用成果奖评审暂行办法》等2件规范性文件的通知	南府办〔2013〕75号	9	70
	南宁市人民政府办公厅关于印发南宁市推进国有企业改革发展的若干政策的通知	南府办〔2013〕77号	11	10
	南宁市人民政府办公厅关于印发进一步加强农贸市场建设管理工作若干意见的通知	南府办〔2013〕78号	11	12
	南宁市人民政府办公厅转发市商务局关于南宁市农贸市场设置及建设技术规范(试行)的通知	南府办〔2013〕79号	11	15
	南宁市人民政府办公厅关于印发南宁市城区农贸市场三年建设升级改造计划的通知	南府办〔2013〕80号	11	20
	南宁市人民政府办公厅关于印发《南宁市农贸市场建设管理办法(试行)》的通知	南府办〔2013〕81号	11	26
	南宁市人民政府办公厅关于印发2013年南宁市工业行业淘汰落后产能工作方案的通知	南府办〔2013〕83号	11	30
	南宁市人民政府办公厅关于印发南宁市加强预算绩效管理工作实施方案的通知	南府办〔2013〕86号	11	38
	南宁市人民政府办公厅关于进一步做好市级治安保卫重点单位内部治安保卫工作的通知	南府办〔2013〕87号	11	41
	南宁市人民政府办公厅关于2012年度南宁市开发区(工业园区)发展考核结果的通报	南府办〔2013〕89号	11	45
	南宁市人民政府办公厅关于印发南宁市电动自行车集中登记上牌实施方案的通知	南府办〔2013〕91号	12	32
	南宁市人民政府办公厅关于印发市政道路沥青混凝土罩面整治工程实施方案的通知	南府办〔2013〕92号	13	4
	南宁市人民政府办公厅关于印发南宁市创业投资引导基金设立方案的通知	南府办〔2013〕93号	13	43
	南宁市人民政府办公厅关于印发南宁市创业投资引导基金管理暂行办法的通知	南府办〔2013〕94号	13	46
	南宁市人民政府办公厅关于进一步做好防范中小学生溺水事故工作的通知	南府办〔2013〕95号	13	49
	南宁市人民政府办公厅关于印发大王滩水库综合整治保护利用规划的通知	南府办〔2013〕98号	13	51
	南宁市人民政府办公厅关于实施南宁市健康惠民工程的通知	南府办〔2013〕99号	14	7
	南宁市人民政府办公厅关于设立南宁市城乡清洁基金的通知	南府办〔2013〕100号	14	13
	南宁市人民政府办公厅关于市人民政府黄海副秘书长等同志工作分工的通知	南府办〔2013〕101号	14	15
	南宁市人民政府办公厅关于印发南宁市关于加强基层农业技术推广体系建设的实施方案的通知	南府办〔2013〕103号	14	15
	南宁市人民政府办公厅关于确定市级第二批依法行政示范点创建单位的通知	南府办〔2013〕104号	14	17
	南宁市人民政府办公厅关于开展医疗纠纷人民调解工作的意见	南府办〔2013〕106号	14	18
	南宁市人民政府办公厅关于2012年度南宁市工业节能目标责任考核评价结果的通报	南府办〔2013〕108号	14	21
	南宁市人民政府办公厅关于印发南宁市无偿献血者及其受益人临床用血费用报销管理办法的通知	南府办〔2013〕109号	14	22
	南宁市人民政府办公厅关于印发加快发展金融业的若干扶持激励规定的通知	南府办〔2013〕111号	14	24
	南宁市人民政府办公厅关于调整南宁市打击走私贩私治理领导小组成员的通知	南府办〔2013〕115号	15	12
	南宁市人民政府办公厅关于印发南宁市战略性新兴产业发展规划的通知	南府办〔2013〕116号	15	13
	南宁市人民政府办公厅关于公布2014—2015年南宁市政府集中采购目录及限额标准的通知	南府办〔2013〕117号	15	42
	南宁市人民政府办公厅关于做好防御第11号强台风“尤特”的紧急通知	南府办〔2013〕119号	15	53
	南宁市人民政府办公厅关于印发南宁市全面深入开展环境安全隐患大清查大整治行动方案的通知	南府办〔2013〕120号	16	20
	南宁市人民政府办公厅关于进一步做好普通高等学校毕业生就业工作的通知	南府办〔2013〕121号	16	26
	南宁市人民政府办公厅关于印发南宁市遏制与防治艾滋病“十二五”行动计划的通知	南府办〔2013〕123号	16	31
	南宁市人民政府办公厅关于做好第12号台风“潭美”防御工作的紧急通知	南府办〔2013〕124号	16	38
	南宁市人民政府办公厅关于印发南宁市开展服务农民工活动的实施方案的通知	南府办〔2013〕126号	17	42
	南宁市人民政府办公厅转发市财政局等7部门关于2013年对我市种粮农民实行直接补贴与储备粮订单粮食收购挂钩实施方案的通知	南府办〔2013〕128号	17	47
	南宁市人民政府办公厅关于印发南宁市2013年至2018年农民人均纯收入倍增计划的通知	南府办〔2013〕129号	17	51
	南宁市人民政府办公厅关于印发南宁市农村土地承包经营权流转管理暂行办法的通知	南府办〔2013〕130号	18	7
	南宁市人民政府办公厅关于印发《南宁年鉴》2014年卷编纂方案的通知	南府办〔2013〕133号	18	10
	南宁市人民政府办公厅关于印发南宁市申报节能减排财政政策综合示范城市工作方案的通知	南府办〔2013〕134号	18	12
	南宁市人民政府办公厅关于印发南宁市举报违法用地违法建设奖励办法的通知	南府办〔2013〕136号	18	14
	南宁市人民政府办公厅关于印发南宁市家庭农场申报认定暂行规定的通知	南府办〔2013〕138号	18	16

续表六

类别	文件	发文字号	期数	页码
南府办	南宁市人民政府办公厅关于进一步明确由城区和开发区负责房屋征收和征地拆迁协调工作的通知	南府办〔2013〕139号	19	2
	南宁市人民政府办公厅关于县(区)人民政府2012年节能目标责任评价考核结果的通报	南府办〔2013〕140号	19	3
	南宁市人民政府办公厅关于调整南宁市政务服务政务公开政府信息公开工作领导小组成员的通知	南府办〔2013〕141号	19	4
	南宁市人民政府办公厅关于印发南宁市本级2013年度审计项目计划调整方案的通知	南府办〔2013〕142号	19	5
	南宁市人民政府办公厅关于公布第五批南宁市级非物质文化遗产代表性项目名录和第四批南宁市级非物质文化遗产项目代表性传承人的通知	南府办〔2013〕143号	19	6
	南宁市人民政府办公厅关于印发居住区综合整治工作方案的通知	南府办〔2013〕144号	19	9
	南宁市人民政府办公厅关于印发南宁市公共资源交易中心及专门监管机构组建工作方案的通知	南府办〔2013〕145号	19	12
	南宁市人民政府办公厅关于印发筹建南宁市公共资源交易中心工作实施方案的通知	南府办〔2013〕146号	19	14
	南宁市人民政府办公厅关于印发南宁市开展农民工综合服务平台建设试点工作方案的通知	南府办〔2013〕147号	19	18
	南宁市人民政府办公厅关于印发深化医药卫生体制改革2013年主要工作安排的通知	南府办〔2013〕148号	20	16
	南宁市人民政府办公厅关于印发2014年南宁蓝皮书编纂工作方案的通知	南府办〔2013〕149号	20	22
	南宁市人民政府办公厅关于市长助理莫前锋同志工作分工的通知	南府办〔2013〕151号	20	25
	南宁市人民政府办公厅关于印发南宁市县、城区工业发展考核评价办法的通知	南府办〔2013〕152号	20	25
	南宁市人民政府办公厅关于印发南宁市县区工业园区发展目标考核评价暂行办法的通知	南府办〔2013〕153号	20	27
	南宁市人民政府办公厅关于印发进一步深化投资项目审批制度改革工作实施方案的通知	南府办〔2013〕154号	21	28
	南宁市人民政府办公厅关于调整增加朱沫副秘书长工作分工的通知	南府办〔2013〕155号	21	32
	南宁市人民政府办公厅关于印发南宁市重大旅游项目推进工作方案的通知	南府办〔2013〕157号	21	32
	南宁市人民政府办公厅关于成立南宁市食品药品监管机构改革工作领导小组的通知	南府办〔2013〕158号	21	46
	南宁市人民政府办公厅关于印发"美丽南宁·整洁畅通有序大行动"农贸市场综合整治工作方案的通知	南府办〔2013〕159号	24	47
	南宁市人民政府办公厅关于印发深入开展严厉打击"地沟油"违法犯罪专项整治工作方案的通知	南府办〔2013〕160号	21	51
	南宁市人民政府办公厅关于建立南宁市金融工作联席会议制度的通知	南府办〔2013〕161号	21	53
	南宁市人民政府办公厅关于印发进一步加强乡镇规划管理工作意见的通知	南府办〔2013〕162号	22	4
	南宁市人民政府办公厅关于调整市妇女儿童工作委员会成员的通知	南府办〔2013〕163号	21	54
	南宁市人民政府办公厅关于转发市安全生产监管局等部门南宁市2013—2015年金属非金属矿山整顿关闭工作方案的通知	南府办〔2013〕164号	22	7
	南宁市人民政府办公厅关于印发南宁市改革完善食品药品监督管理体制实施方案的通知	南府办〔2013〕165号	22	11
	南宁市人民政府办公厅关于印发截污治污三年攻坚计划的通知	南府办〔2013〕166号	22	15
	南宁市人民政府办公厅关于成立南宁市农村土地承包经营权确权登记颁证试点工作领导小组的通知	南府办〔2013〕167号	22	21
	南宁市人民政府办公厅关于印发2013年农村危旧房改造工程工作实施方案的通知	南府办〔2013〕168号	22	22
	南宁市人民政府办公厅关于修订市区扬尘污染联防联控工作方案的通知	南府办〔2013〕169号	22	32
	南宁市人民政府办公厅关于成立南宁市全国水生态文明建设城市试点工作领导小组的通知	南府办〔2013〕170号	22	41
	南宁市人民政府办公厅关于印发南宁市自然科学优秀论文评选奖励办法的通知	南府办〔2013〕171号	22	42
	南宁市人民政府办公厅关于印发农村住宅建设管理及推荐户型奖励办法的通知	南府办〔2013〕172号	22	45
	南宁市人民政府办公厅关于成立南宁市政策性农业保险工作领导小组的通知	南府办〔2013〕173号	23	40
	南宁市人民政府办公厅关于印发南宁市"十二五"后三年重大项目建设规划的通知	南府办〔2013〕174号	24	8
	南宁市人民政府办公厅关于调整农村环境连片整治示范工作领导小组成员的通知	南府办〔2013〕175号	24	22
	南宁市人民政府办公厅关于调整市墙体材料革新和推广节能建筑工作领导小组成员的通知	南府办〔2013〕176号	24	22
	南宁市人民政府办公厅关于成立南宁市推进农村住宅建设管理及推荐户型奖励工作领导小组的通知	南府办〔2013〕177号	24	23
	南宁市人民政府办公厅关于成立南宁综合保税区筹建工作领导小组及办公室的通知	南府办〔2013〕179号	24	25
	南宁市人民政府办公厅关于成立南宁市整县(区)推进高标准基本农田土地整治重大工程项目实施领导小组的通知	南府办〔2013〕180号	24	27
	南宁市人民政府办公厅关于印发南宁市铝深加工产业发展三年行动计划(2013—2015年)的通知	南府办〔2013〕181号	24	28
	南宁市人民政府办公厅关于印发南宁市机械装备制造产业发展三年行动计划(2013—2015年)的通知	南府办〔2013〕182号	24	38

资料来源:《南宁政报(2013)》,南宁市人民政府办公厅,总目录

南宁文物考古发掘研究项目名录

挖掘时间	项目名称	重要发现
1963年7月至8月	邕宁长塘、武鸣芭勋、都安老虎岩、扶绥江西岸新石器时代遗址	发掘面积数百平方米，出土大量石器、蚌器等文物。
1965年至1966年	横县西津新石器时代贝丘遗址	发掘面积144平方米，发现屈肢葬墓100余座，出土大量石器、蚌器等文物。
1973年9月	南宁豹子头、扶绥江西岸、扶绥敢造新石器时代贝丘遗址	发现大量屈肢墓葬、出土石器等。
1979年3月至5月	隆安大龙潭新石器时代遗址	发掘面积820平方米，发现大量大石铲和石铲遗迹。
1985年11月至1986年3月	武鸣马头元龙坡先秦墓葬	发掘350座，出土一批西周至春秋时期的文物，其中有多组砂石铸范。
1985年10月	武鸣马头安等秧山战国墓群	发掘86座，出土文物200余件。
1986年3月	武鸣芭马山岩洞葬	发现陶器17件、石器9件、玉器1件，时代在商至春秋时期。
1992年3月至6月	南昆铁路隆安大石铲新石器时代遗址	包括内军坡、定出岭、秃斗岭、麻疯坡、雷美岭、大山岭等遗址，发掘面积2700平方米，出土文物1万余件。
1995年10月至11月	横县江口新石器时代遗址	发掘面积375平方米，出土石器等文物。
1997年至1999年	邕宁顶蛳山新石器时代遗址	三次发掘，发现大量墓葬和文物，1997年度全国十大考古新发现。
1997年11月至12月	南宁豹子头新石器时代贝丘遗址	发掘面积200平方米，出土一批文物。
2001年、2004年	武鸣芭旺、弄山岩洞葬	年代为新石器时代晚期，出土一批陶器等文物。
2002年、2004年	横县秋江新石器时代遗址	发掘面积110平方米，出土一批石器等文物，文化分为新石器时代两期。
2004年4月至6月	马山六卓岭新石器时代遗址	发掘面积2000平方米，出土一批石器等文物。
2004年4月至6月	马山尚朗岭新石器时代遗址	发掘面积2000平方米，出土一批石器等文物。
2005年7月至9月	隆安那门和北庙遗址	发掘面积2000平方米，发现一批石铲等文物。
2006年4月至7月	南宁灰窑田新石器时代贝丘遗址	发掘面积300平方米，墓葬50余座，窑1座，年代自汉至明清时期。
2006年8月	武鸣敢猪岩洞葬	发掘面积约10平方米，出土文物1000余件，年代为新石器晚期至先秦时期。

南宁壮族民歌名录

名　称	内容格式与演唱方式	流行地区
坛洛高腔	欢类山歌的一种。歌词为五言一句，四句为一首，或七言四句为一首。音乐采用上下乐句构成乐段。在高山或田野里演唱时一般采用假声，在村巷或屋内演唱采用平声。高亢嘹亮、热情奔放、节奏自由。	南宁市西乡塘区坛洛镇。
了啰山歌	欢类山歌的一种。因歌中使用固定衬词“了啰”而得名。歌词为七言为一句，二句或四句为一首。同声二重唱，有时也用单声部唱。	南宁市良庆区那马镇、新江镇等乡镇。
三顿欢	欢类山歌的一种。又称欢悦、喜欢、三步欢、玻列欢等。三声部民歌。歌词常采用五三五嵌句歌格式，押腰脚韵。有二声部和三声部唱法。	马山县、上林县等地。
嵌句欢	欢类山歌的一种。因在五字句之间嵌入一个三字句而得名。	马山县、上林县等地。
敬酒歌	民间小调的一种。歌词多为庆贺丰收及婚嫁幸福、友谊长存等内容，即兴编唱。曲调各地不同，有独唱、齐唱等形式。有时由一个人领唱，众人合唱，气氛热烈。	广西各地壮族聚居区。
壮族哭嫁歌	民间小调的一种。也称出嫁歌或哭嫁调。内容丰富，一般以叙述父母养育之恩、兄弟姐妹手足之情为主，旋律以三音列、四音列为多见。通常由出嫁者一人自唱，也有陪嫁姐妹轮流帮唱。	广西各地壮族聚居区
壮族哭丧歌	民间小调的一种。也称哀歌、白事歌、哭丧调、啼魂胎等。词曲均无固定句体，不强求押韵，多为自由发挥，节奏自由。音乐由上下句构成，采用sol la do re音列，徵调式。	武鸣县等地。
摇篮曲	民间小调的一种。又称呜巴巴、呃侬暖、催眠调、撊孩睡。歌头歌尾基本固定，中间段落歌词除部分长期流传中相对固定外，通常均由演唱者即兴编词演唱。字数可长可短，押韵自由；旋律抒情，节奏徐缓，轻声哼唱，有时全歌只哼衬此。	南宁市、隆安县等地。

南宁民间舞蹈名录

名称	内涵特点	流行地区
扁担舞	壮族民间节庆舞蹈。壮语称打虏烈，由春堂发展演变而来。1948年《隆安县志》有关于打扁担(扁担舞)的记载。形式多样，常见的有都安式，马山的丹良式、古寨式、加芳式等。春节期间，人们或于自家门口，或于村口晒场，摆上长凳，拿起扁担，成群结队的欢舞。以妇女为主，人数不限，以双数为佳。舞者持扁担面对面站于板凳两旁，或转身与旁边一人对击，或以4人一组的斜向交叉击打。击打点子有插秧、车水、收割、打谷、点春水、碰碰欢、虏列表、虏列谷、虏列分阜等，复杂多变，节奏明快紧凑，动作刚劲有力。表演者依扁担敲击板凳和扁担互击发出的音响节奏而舞，节拍有2/4、3/4、4/4、5/4，可配以竹筒、鼓、锣、小镲组合的打击乐伴奏，节奏鲜明，气氛热烈。服饰为壮族妇女平时所着服装，包花头巾，穿斜襟上衣、长裤，系胸兜。板凳为木制，扁担为竹制，长约1.50米。源于农业劳动生活，已发展成节庆舞蹈。20世纪80年代百色民族歌舞团创作演出反映古代壮族劳动人民生活情景的《扁担舞》，已成为具有代表性的民族舞蹈，常在节日和旅游景点演出。	马山县白山乡、古寨乡、加芳乡一带。
师公舞 跳岭头	壮族民间祭祀舞蹈。有古筛、调筛、古调、跳岭头、调大排、跳神、调神等称谓。明嘉靖《钦州志》有关于师公舞、跳岭头的记载。师公舞穿插于由师公主持的各种酬神、驱邪的祭祀仪式中，由师公戴面具于台前扮神作舞，表示该神降坛收祭。表演形式可分为两类，一是独舞，几个基本动作反复贯穿始终，组成较完整的舞段，节奏鲜明，舞蹈性强。二是群舞，由30人~50人手持各种乐器和道具，走龙摆尾，龙吐珠，绞麻花队形，或按"∞"字行穿插，作变异性跳神舞蹈。师公舞已从娱神发展为娱人，并融入龙舞、采茶等动作，舞蹈动作日渐丰富，形式多样，场面热烈，具有观赏性。	南宁市、上林县、马山县、武鸣县等壮族地区。
春牛舞	壮族民间节庆舞蹈。清乾隆《南宁府志》有关于土牛迎春习俗的记载。按当地习俗，春牛贺年队于农历正月初二至二月初二分别前往各村各户贺年表演，内容包括贺祖、春牛舞、春牛戏。春牛舞有贺年、使牛、插秧、斗牛、丰收等舞段。动作有3类：一是模拟牛的各种神态、习性；二是作犁田、耙田、拔秧、插秧、挑谷等农业劳动动作；三是通常程式化动作，如与十字步相同的扣春花(原地扭"十字步"，右手胸前绕扇)等，强调膝部的屈伸和头部与上身的摆动。音乐有吹打乐和演唱两种形式。春牛舞从最初的土牛迎春演变成为一种群众性、娱乐性的歌舞形式，有稻作文化的底蕴和广泛的群众基础，除贺新年外，男婚女嫁或新屋落成等喜庆日子，也表演春牛舞以助兴。	南宁市等地。
狩猎舞	瑶族民间节庆舞蹈。反映布努瑶先祖原始的狩猎生活。由三人表演，表现布努瑶先祖公山界和他的儿子蓝二、蓝六在深山老林追逐虎、豹、山猪。从搜寻猎物开始，到发现猎物，与猛兽殊死搏斗。当虎、豹、山猪被一一打死，3人齐声欢呼，围观群众一齐狂欢，全舞结束。打击乐伴奏，乐器有堂鼓、堂锣、大钹、小钹。打击乐敲击随舞蹈情节的表演而变化，气氛热烈、紧张。	马山县、上林县等地。
蚩尤舞	瑶族民间祭祀舞蹈。为纪念布努瑶祖蚩尤功德和上苍恩赐，模拟劳作而舞蹈。每年农历五月二十九达努节、七月十四中元节和春节，在瑶寨的寨场演出。表演时，一年纪较大男子扮蚩尤，高喊"开荒啰！"众人应声"呜一喂！"打击乐起，蚩尤领众男女相间上场，人数不限，成一行逆时针方向绕圆圈，先跳踏踩步，然后按开荒、播种、开渠、收割、打谷、扬谷、闹场、背谷顺序动作起舞，每个动作绕一圈。有蚩尤指挥，呼喊一个动作名称，众男女随即变化动作。跳到最后一个动作时边舞边退，舞毕曲终。伴奏乐器只用一面扁鼓，伴奏时按弱强弱强击打，与一踏一踩动作相一致。	马山县白山镇。
猴鼓舞	瑶族民间节庆舞蹈。瑶族布努瑶支系兴郎铁玖舞蹈的一种。源有多说，均与猴有关，故名。全舞分12段，依次为：公总领下凡、兵马下凡、卫士舞、瑶民想念公总领、公总领打猎、公总领摔崖、抢救公总领、歌唱公总领恩德、战败北番鬼、虎豹同欢呼、敬酒乐、弄猴鼓。由领舞者按以上段落，逐段报幕，逐段击鼓表演。表演者少的3人，多则12人为一堂。由饰演猴王者击鼓，其余表演者均画猴子的脸谱踏鼓点而舞，唢呐、手铃、笛子在一旁伴奏，所有跳、打、转、蹲、扭摆、喝等动作，均模仿猴子动作和神情。屈膝弹动是主要动作特点。	上林县、马山县等地红水河西岸大石山区的布努瑶村寨。
多耶	侗族民间舞蹈。多耶，侗语意即歌舞。分两类：一类为耶堂，多属祭祀性歌舞；一类为耶铺，属于自娱性歌舞。耶堂是祭祀侗族祖先萨岁和传授民族历史知识的歌舞。表演时，男女分队相互按逆时针方向站成圆圈，面向圆心，分别将右手搭于前一人的右肩上或互相手拉着手，人数不限。有一人领唱众人合和齐唱两种方式，送胯猫腰，左右舞动，边歌边舞，随歌唱曲调不断行进或后退，气氛热烈。耶铺属礼俗性和赞颂性歌舞，在欢庆风雨桥、鼓楼等工程竣工举行庆典以及其他喜庆节日里表演。男女相互拉手成圆圈，边歌边舞按逆时针方向行进。歌曲由一人领唱，众人合唱句尾几字及固定的衬词"呀罗耶"，很有气势。曲调固定，歌词由领唱者临场即兴编唱。步伐较简单，有行进步、后退步、悠摆步、跪蹲步等。是侗族最常见的文化娱乐活动。	隆安县等地侗族聚居区。

南宁民间故事名录

名称	内容简介	流传区域	文章或作品
妈勒访天边	妈勒系壮语,妈勒访天边意为背着孩子去寻找太阳。传说古时候,人们看见天像锅盖一样罩着大地,认定天有边。一位孕妇认为天边很远,一个人的生命是有限的,怀着身孕还可以继续往前走去寻找。她跋山涉水,历尽艰难险阻,途中生下一个儿子。儿子继续往前走,决心找到天边。	广西中部地区。	农冠品整理,刊于广西人民出版社1986年出版的《壮族文学史》和广西人民出版社1982年出版的《壮族民间故事选》第一集。
叶限	叙讲吴洞洞主吴氏前妻之女叶限,受后母虐待,其喂养池中的一条赤鳞金眼鱼给她许多慰藉。不幸鱼被后母吃掉,鱼骨藏于粪堆。叶限得神人指点,让她向鱼骨祈祷。洞节到了,后母带亲生女儿去玩,叫叶限看守果树。叶限向鱼骨祈祷得绿绸衣、金鞋,穿上赶洞节。后母及其女儿被飞石砸死。叶限穿绿绸衣、金鞋,美如天仙。汉陀国王封叶限为上妇。国王向鱼骨祈祷,得不少宝玉。第二年再祈祷,不得。把鱼骨葬在海边,跟百斛珍珠藏在一起,插上金标。后来征讨叛乱,欲发掘珠宝慰劳军队,珠宝为海潮吞掉。	南宁等地。	唐代邕州洞中人(今扶绥、南宁一带)李士元传讲,段成式公元7世纪录于《酉阳杂俎》。
娅怀	壮语,意为猩猩,又称猩猩外婆、人熊外婆。传说古时候,山里一户人家有母女3人。一天,妈妈外出,嘱咐姐妹俩叫外婆来陪伴。天黑了,人熊假冒外婆骗取姐妹的信任,待姐妹俩睡着后,悄悄爬上床,半夜把妹妹吃掉。姐姐发现后逃脱。第二天,悲愤的母女俩决意设计杀掉人熊,为死去的妹妹报仇。她们在门口设下陷阱,人熊上当跌进陷阱,被烧死。	壮族各聚居地。	蓝鸿恩整理,收入欧阳若修等编著的《壮族文学史》第一册。
蛇郎	传说古时候有姐妹俩,妹妹心地善良,诚实守信;姐姐心胸狭窄,贪图私利。妹妹为兑现父亲的承诺,嫁给了一条蛇。后来蛇变成一位英俊的青年,两人过着幸福的生活。姐姐嫉妒,设计将妹妹害死,冒名顶替妹妹。败露后,终于自食其果,害人害己。	壮族各地。	
百鸟衣	叙讲张亚原赶圩归来,公鸡拦桥,跳进空箩筐,带回家后变成美丽的姑娘,二人结成夫妻。到圩上开亚原货店,贴对联:“大官家百货无,小亚原逢货有”。状元故意刁难,亚原在妻子的帮助下一次次迎刃而解。亚原妻子美丽能干,画什么变什么。状元起歹意,抢亚原妻献皇上。妻子交代亚原,打100只鸟,制百鸟衣,买一锣一鼓,一路击鼓打锣,舞百鸟衣奔京城报仇。亚原听从吩咐,依计进京城。皇帝被打死,夫妻双双回乡。	横县一带。	韦世族讲述,曹廷伟、洪志琪搜集整理,入选《中国民间故事集成·广西卷》。
老穷的故事	老穷又称佬巧、老登、老堆。故事中的主人翁老穷是一个家境贫穷但富有智慧、机智幽默、乐于助人、敢于戏弄权贵的人。每一则故事都较简短,其中寓含着老穷随机应变的机智与智慧。如《还债》,老穷因无力向财主还债正坐在池塘边发愁时,突然有一群野鸭飞落池塘里。这时,财主来逼债,见到池塘里的鸭子,向老穷提出可用鸭子抵债,另外再给点跑腿钱。老穷提醒财主别后悔,交代等他翻过山冈,才把鸭子赶回家。财主不知是计,等老穷翻过山冈,奔向池塘赶鸭,鸭群飞走,气得财主捶胸顿足,后悔上了老穷的当。	壮族各聚居地。	凌庆、曲辰人、韦家礼等搜集整理,刊于广西人民出版社1982年出版的《壮族民间故事选》和广西人民出版社1986年出版的《壮族文学史》第二册。
公颇与土司	叙说一个名叫公颇的人,家境贫苦,却机智幽默,好为贫苦兄弟打抱不平。为生计,被迫到土司衙门做杂役。因其头脑机灵,做事勤快,受土司信任。公颇以机智和幽默,不时戏弄土司爷,帮助穷苦人,土司常吃哑巴亏。这一系列故事有《公颇装善》《老爷怕风》《“鬼”吃鸭子》等。	马山县一带。	蓝鸿恩收集整理,刊于《广西文艺》1962年2月和广西人民出版社1982年出版的《壮族民间故事选》第一辑。
侬智高力射猴王箭	叙讲侬智高起兵反抗宋朝皇帝,久攻不下邕州城,独自骑马到高峰岭。丛林中跑出梅花鹿,侬智高追鹿过武鸣双桥天井岭,进大明山。见大树上一条大蛇吞吃老猴,便救了老猴王。老猴王率众猴拜谢,拉他到山洞,洞里有一张猴王弓,又拉他到箭竹丛,砍下3支猴王箭,一起赠送给他。侬智高张弓一箭射出,箭飞皇宫金銮殿,正中龙椅后正壁。皇帝派狄青征侬智高。侬智高二次张弓射箭,一箭射开邕州城。狄青率大军来到,被义军利箭杀败。狄青派探子,查明大明山群猴送箭,率兵攻猴,烧了箭竹丛,夜破昆仑关,攻占邕州城,侬智高退往云南。	武鸣县。	吴琴讲述,尹肇基搜集翻译,入选《中国民间故事集成·广西卷》。

资料来源:《广西民族传统文化概况》,余益中主编,广西人民出版社,2010年12月第一版

责任编辑 覃庆梅

索　引

说　明

一、本索引是《南宁年鉴(2014)》的内容分析索引。正文(包括条目、文献、资料、图片和表格)中凡具有独立检索意义的完整资料,都可以通过本索引进行检索。

二、本索引按汉语拼音字母(同音字按声调)顺序排列。类目、分目、次分目作索引款目用黑体字排印,其余款目均用宋体字排印。表格、图片、示意图在其款目后分别注明"表""图"或"示意图"。

三、索引款目后的数字表示内容所在的页码,数字后的拉丁字母(a、b、c)表示栏别(即版面的1、2、3栏)。空2字起排的款目为上一主题的"附见"。同一主题的"参见",只标页码。内容有交叉的款目,为便于读者检索,在本索引中重复出现。

四、"专题调研与经济分析""图片专辑""附录"在栏目的内容不作索引。阿拉伯数字开头的款目排在索引的末尾。

A

艾滋病防控　460b
艾滋病防治管理人员培训班(图)　461
"爱城市"公众门户网站运行(图)　306
爱国卫生月活动　468c
爱国卫生运动　468a
爱国主义与国防教育　128a
安吉万达广场项目　221b
安居工程　209b
安全生产
　　供电　266b
　　铁路运输　295a
安全生产标准化建设　406b
安全生产大检查与专项整治　406c
安全生产工作会议　145c
安全生产基础建设　406a
安全生产监督管理　405c
安全生产行政执法　407a
安全生产应急救援　407a
安置工作　151c
案件选介　194a
案件执行　192c
案例选介　191b

B

白内障患者复明工程　459c
白沙—星光立交桥　216b
白沙—友谊立交桥　217b
白沙—壮锦立交桥　216c,图 216
白蚁防治　229c
百会科普健康讲堂(图)　167
百名专家进百村(社区)　180c
《百鸟衣》(图)　436
百岁老人　527a
百项工业项目建设　254a
班维中　529a
包　裹　301a
宝能城市广场项目　221b
保　险　389a
保健食品与化妆品监管　405c
保险监管　389b
保险市场管理　389c
保障房分配　231a
保障房建设　231a
报　刊　301a
报　纸　452a
北斗卫星导航产业国际合作与投资论坛　114a
北湖铁路立交桥　220c
备战"两会"　469c
本体产业开发　472c
扁担舞展演队(图)　153,512
标准化监督　403a
标准化生态示范场　278a
宾阳炮龙节　507c
宾阳县　505a
宾阳县大儒毛笔厂(图)　267
宾阳县工业集中区标准厂房(图)　505
滨江公园　244c
殡葬管理　151c
《兵变 1929》开机(图)　454
病虫害防控　273c
病媒生物防制　468c
博物馆建设　443c
部队管理
　　南宁警备区　201b
　　武警支队　202b

C

财　政　342a
财政·税务　342
财政拨款
　经济发展　345a
　新农村建设　345b
　城市建设　345c
　社会事业　345c
财政改革　344c
财政监督　345a
财政收入　342a，表 554
财政性资金投资项目管理　392a
财政支出　343b
财政资金聘用外聘人员管理　150c
彩钢板组合粮仓使用　321c
“菜篮子”惠民工程　278c
“菜篮子”工程直通车(图)　268
参加 2013 中国—东盟国际汽车拉力赛　469c
参加北京科博会　426a
参加第十二届全国运动会　469b
参加广交会　326c
参加广西发明创造成果展览交易会　426a
参加广西科技活动周　425c
参加广西青少年锦标赛　469b
参加国际体育比赛　469a
参加全国科技活动周　426a
参加全国体育比赛　469b
参加深圳高交会　426b
参政议政
　民主党派与无党派人士　99c
　民革南宁市委员会　164a
　民盟南宁市委员会　165b
　民建南宁市委员会　166a
　民进南宁市委员会　166c
　农工党南宁市委员会　168a
　致公党南宁市委员会　168c
　九三学社南宁市委员会　169b
　市工商业联合会　170a
　市侨联　180a
残疾人教育　184a
残疾人就业　183c
残疾人康复　183b
残疾人体育　184a
残疾人综合服务设施　184b
查办案件　163b
茶　业　316b
茶叶生产　276b
拆迁安置小区　223c
产科质量安全考核(图)　463
产品质量监督管理　285a
产前筛查与新生儿疾病筛查补助　463c
产业发展
　经开区　208a
　东盟经开区　211a
　良庆经开区　212b
　六景工业园　212c
　江南工业园区　213c
产业化扶贫项目　281b
产业化生产　277b
产业联结机制　272b
产业重大科技专项实施　424c
长堽路改扩建　217b，图 217
长湖加压站建设　234a
厂务公开　100a
陈　尧　521a
陈　英　529c
陈带金　527b
陈建英　530c
陈列展览　443c
陈美杏　519c
陈贤贵　527c
成品油市场供应　319c
成品油市场经营管理　310a
成人教育　416a
承办体育赛事　471b
诚信计生　474b
城管监督评价机构调整　132b
城建档案管理　225b
城市雕塑　477a
城市防洪　231c
城市公共安全管理系统　473a
城市信息化建设　302a
城市公共交通　297c
城市公共交通安全生产与应急管理　298a
城市公共交通基础设施建设　298a
城市公共交通行业节能减排　298c
城市共同配送试点　325c
城市管理综合执法机构调整　132b
城市规划　223c
城市规划南宁火车站综合交通枢纽规划　224a
城市建设与管理　216
城市警备纠察　201c
城市竞争力　551
城市居民生活　476a
城市区域化党建　122a
城市生活垃圾与污水处理厂污泥处置情况(表)　239
城市声环境质量　237c
城市卫生对口支援农村卫生　462a
城市信息化建设　302a
城市应急联动服务　473a
城市综合体项目　221b
城乡低保　151c
城乡风貌改造　223b
城乡体育设施建设　471a
城镇基本医疗保险　402a
城中村改造　230b
池彩莲　531c
“赤脚哥”　519a
赤眼蜂施放(图)　273
《冲冠一怒为红颜》剧照(图)　120
出版博览会　116b
出口贸易　326a
出入境　407b
出入境管理　190c
出入境检验检疫　407b
出租汽车营运与管理　298a
传染病防治卫生监督　465a
传染病疫情报告　459c
传统食品　313c

传统体育活动　470a
传统文化传承与传播论坛　116a
传统医药非物质文化保护　467c
传统医药高峰论坛　114b
船舶防污染及危险品管理　409c
船舶监督　409b
船员管理　409c
创新计划实施　419c
创业中华·海内外侨商南宁行　180a
春运旅客运输　297a
慈善事业　481b
“慈善助老”慰问活动(图)　482
崔智友接待来访(图)　195
村民委员会建设　123a
村民自治　100a
村镇建设　223b

D

“打黑除恶”斗争　190a
打击违法犯罪　186b
打击走私　408c
打假治劣　404a
大案要案查办　442c
大地飞歌　112b
大明山杜鹃花旅游节(图)　334
大明山风景旅游区　333b
大气环境质量　236a
大气污染防治工作会议　145a
大牲畜养殖　278b
大事记　78
大塘中学(图)　102
大王滩水库环境综合整治　292a,图 292
大型会议　339b
大型活动与直播报道　454a
大型体育场馆运营管理　251a
大众体育合作发展论坛　117a
逮捕审查　195b
党史资料征集　435b
党史资料征集出版与研究　435a
党校教育　135a
党员教育　127c
党政机关　121
档　案　451a
档案安全管理　451b
档案接收与利用　451a
档案信息化管理　451c
道德模范宣传　101c
道路桥梁工程　220a
道路运输　296c
道路运输安全生产与应急管理　297b
道路运输市场监管　297a
稻谷生产　275a
邓爱群　529b
地方立法　187a
地方税务　351a
地方性法规立法　137b
地方政府性债务审计　393c
地方志工作　434a
地籍管理　228a
地理位置　88a
地理信息数据生产　227b
地名管理　151a
地贫防控督查(图)　463
地区生产总值(表)　554
地税收入　351b
地震监测台站建设　432b
地震监测预报　432b
地质环境保护　228c
地质灾害防治　228c
地中海贫血防控　463c
第八届“万科杯”南宁国际半程马拉松比赛　472a
第八届南宁桥牌国际邀请赛　471c
第二届南宁—东盟国际业余足球邀请赛　472a
第二届中越青年大联欢演出　439c,图 251
第二十五届全国城市机关党建工作经验交流会　130c,图 130
第九届“南宁十大杰出青年”　526a
第九届“中国水城”南宁国际龙舟邀请赛　471b
第九届两岸经贸文化论坛　339c
第九届南宁国际围棋邀请赛　471c
第九届中国(北京)国际园林博览会　245c
第六届“夕阳秀”展演　438b
第六届中国—东盟(南宁)国际汽车展　339b
第三次全国经济普查　392b
第三届“南宁礼物”征集大赛　336b
第三届广西园林园艺博览会　149a,245c,339c
第十届全国十大见义勇为英雄司机　523a
第十届中国—东盟博览会　109a
第十届中国—东盟商务与投资峰会　111a
第四届南宁—东盟山地自行车越野公开赛　472b
第四届全国见义勇为模范提名奖　520a
第四届乡村社区和谐文艺大展演　438b
第四十五届世界体操锦标赛组委会成立会议　148c
第五届南宁象棋国际邀请赛　472a
第一次可移动文物普查试点　444a
第一次全国水利普查　291b
第一人民医院新门诊综合楼启用(图)　456
典当业　313a
碘缺乏病防治　461a
电费电价管理　266a
电话通信资费同城化　306a
电力合作与发展论坛　115b
电视问政(图)　163
电网规划　265a
电网建设　265b
电务维修　294b
电影放映　439c
电子商务　301a
电子信息产业　259b
电子政务工程　302b
丁英明　530b

东盟经开区“十五年免费教育”　211b
东盟经开区农业生产　211b
冬泳邕江(图)　477
动产抵押登记　400a
动物防疫条件审查　279a
动物检疫　279a
动物疫病监测　278c
动物园　244a
动物资源　89b
豆类生产　275b
毒鸡爪案　198a
渎职案件查办　196a
杜丽群　519b,520b
段文斌　527c
队伍建设
　　党外代表人士　129a
　　妇女干部　176c
　　农业科技　274b
　　高技能人才　401c
　　教师　410c
　　人口计生　475c
　　卫生人才　466c
　　宗教　483c
对台工作　164c
对台宣传与涉台教育　172c
对外交流与合作　182b
对外经济合作　328a
对外经济贸易　326
对外贸易　326a
对外体育交流　472b
对外文化交流　437c
对外宣传　126c
盾构机制造　219c
“多彩金秋”文化活动周启动仪式(图)　134
“多发性侵财犯罪”斗争　190a

E

儿童保健　462c
二轻集体工业　267a

F

发展和改革工作会议　144c
法　院　191
法规颁布　187b
法规废止　187c
法律援助　199c
法制宣传教育　198c
泛北部湾经济区区域经济合作　98b
泛珠三角区域经济合作　98b
方梅花　531c
方秋珍　531c
防洪工程建设　232a
防洪排涝　232b
防洪设施保养　232b
防洪设施维修　232b
防护工程　203a
防汛工作会议　145b
防汛信息化建设　232b
防震减灾　432b
防震救灾宣传教育　432c
防坠安全网安装(图)　235
房产管理　229a
房产执法监察　229b
房地产开发投资　230a
房地产市场　229c
房地产市场调控　229c
房地产市场监管　229c
房改资金监管　229c
房屋安全鉴定　229b
房屋登记　229a
纺织工业　262b
纺织品与服装出口　326b
“放心粮油”工程实施　321b
非公有制经济　93c
非国有经济投资　95a
非油品业务发展　319c
分销业务　301a
风岭北路工程　220b
风岭调度中心投入使用(图)　265
风岭儿童公园　244c
风岭南路(青环路—开泰路)　217b
佛子岭路改扩建工程　220b
扶残惠民工程　183b
扶贫建设项目　281a
扶贫开发　281a
扶贫培训　282a
扶贫贴息贷款项目　282a
服务保障　117b
服务会员　170c
服务企业实践基地”揭牌(图)　169
辐射环境质量　238a
妇女创业就业服务　177b
妇女儿童活动中心　178b
妇女儿童权益维护　176b
妇女技能培训　177a
妇女小额信贷　177b
妇幼保健　462b
妇幼保健机构建设　462b

G

干部干事创业活力激发　122b
干部教育培训　124b
甘进英　529c
港澳台及海外统战　128c
港口城市合作网络论坛　111c
高等教育　416a
高官会议　110c
高技能人才技能大赛(图)　401
高铁动车组开行　293b
高新技术产业　420b
高新区产业孵化　206a
高新区特色产业　206c
高新区与相思湖新区机构合并　132a
歌王争霸赛暨壮族歌圩音乐节　439c
个体工商户结构　340a
个体经济　340a
个体贸易　340a
个体社会服务　340b
个体私营经济　340
更新改造投资　95b

耕地保护　228a
工　业　252
工厂化育秧技术现场培训会(图)　283
工程地质勘查　227b
工程款清欠　223a
工程造价管理　223a
工程招投标　222b
工伤保险　402a
工商行政管理　397b
工商执法检查(图)　398
工务维修　294b
工业发展会议　121a
工业节能降耗　253b
工业危险废物产生与处置情况(表)　239
工业主要经济指标　253a
工艺美术行业管理　267b
公　安　189c
公共场所卫生监督　464b
公共机构节能　160b
公共汽车营运与管理　297c
公共事业　232c
公共图书与图书经营　440c
公共资源交易管理体制改革　132c
公共自行车租赁　235c
公交专项治理　298b
公路安全生产与应急管理　296c
公路管理　296a
公平交易执法　400b
公司改革
　振宁公司　248b
　沛宁公司　250a
　威宁公司　250b
公诉案件选介　198a
公务员管理　149c
公益慈善活动　483c
公益活动　175b
公益展览　339c
公益中文域名注册　133c
公园建设　244a
公正文明执法　189a
公证事务　199b
公众气象服务　430a
公众通信基站联席会议制度　308c
供电保障与服务　265c
供电业　264c
供水管理　232c
供水设施建设　233a
供销合作社　322a
共青团干部培养　175c
共青团南宁市委员会　174c
古榕移植(图)　245
古树名木保护　245a
固定资产投资　94a
光彩事业　171a
广播电视　453a
广告监管　400b
广西(柬埔寨)商品博览会　119a
广西(泰国)商品博览会　119a
广西榜样传媒集团(图)　437
广西北部湾经济区金融服务同城化新闻发布会(图)　98
广西北部湾银行　388a
广西—东盟经济技术开发区　208c
广西妇女小额担保财政贴息贷款工作先进个人　523c
广西巾帼建功标兵　523b
广西劳动模范　523b
广西良庆经济开发区　212a
广西旅游饭店服务技能大赛(图)　337
广西南宁五象新区　214b
广西农村妇女“两癌”免费检查工作先进个人　523c
广西农村科技致富女能手　523c
广西书法名城　179a
广西维护妇女儿童权益先进个人　523c
广西中烟工业有限责任公司南宁卷烟厂　264c
规模以下服务业企业　476b
轨道交通建设　219a
《癸巳年》特种邮票首发式(图)　301
桂菜“三名工程”评选　313b
桂菜经营　313b
郭汝金　529b
“国际档案日”宣传　451c
国际交往　157b
国家创新型试点城市建设　419a
国家购机补贴　284a
国家基本药物制度　457c
国家科技成果转化服务(南宁)示范基地建设　419b,图 419
国家科技进步二等奖获得者　519b
国家农业科技成果转化资金项目实施　425a
国家赔偿　192b
国家税务　346a
国家司法考试　200a
国家卫生城市巩固　468a
国家与自治区级现代林业企业名录(表)　287
国民经济和社会发展计划执行　391b
国民经济和社会信息化发展规划　391b
国民经济主要指标　(表)
　马山县　513
　兴宁区　484
　江南区　487
　青秀区　489
　西乡塘区　492
　邕宁区　495
　良庆区　497
　武鸣县　500
　横县　503
　宾阳县　506
　上林县　509
　隆安县　515
国内招商引资　95c
国税收入　346b
国土资源管理　227b
国土资源信息化管理　229a
国土资源依法行政　229a
国外友好城市交往　120a,155b
国外友好城市情况(表)　156
国有林场　287c
国有企业改革　247a
国有资产监督管理　246a
国有资产监管与运营　246

NANNING YEARBOOK

国资法规建设 247a
国资国企改革与发展 246a
国资监管 247b

H

海 关 407b
海吉星农产品市场(图) 312
海内外联谊 179c
海事管理 409a
“海燕”防御部署(图) 430
函 件 301a
合理用药培训班(图) 462
合同管理 399c
合同见证 160c
合众助学 185c
何如良 531b
何少英 530a
何秀芬 529b
何玉桂 530b
和谐寺观教堂创建活动 482c
河道管理 232a
“河内生活垃圾焚烧发电 BOT 项目”签约(图) 328
核与辐射安全监督管理 240c
横 县 502a
横县社区康复培训班(图) 502
横县西南茶城 316c
红十字青少年工作 184b
红十字志愿服务 184b
宏观经济管理 391a
胡日芳 527b
互联互通交通部长特别会议 113b
户外广告管理 235c
护理培训 459c
花花大世界 245a
花卉公园 244b
《花开富贵》水果雕刻(图) 120
华 侨 92a
华电能源项目(图) 213
“华联杯”艺术活动 438a
华侨农林场改革与发展 171a
华侨事务 171a
华侨与台湾事务 171a
华润万象城工地(图) 220
化工与相关工业产品出口 326b
化学工业 257b
环保规划 238a
环保投资 238a
环湖水系 218a
“环境安全年”1 号行动(图) 241
环境保护·园林绿化 236
环境保护 236a
环境法制建设 242a
环境合作论坛(2013) 114b
环境监测 243a
环境监察 241a
环境污染事件 241c
环境信访 241b
环境信息建设 243a
环境宣传教育 103a
环境应急管理 241c
环境影响评价 242a
环卫保洁 235c
“皇龙居地产杯” 472a
黄春桃 527a
黄凤阳 528c
黄桂金 531b
黄惠明 528a
黄金香 528b
黄锦方 529a
黄锦贵 530b
黄巨娥 528b
黄均先 529c
黄兰方 530b
黄连冬 519b
黄美玉 528a
黄明新 531c
黄埔军校同学后代亲属联谊会(图) 128
黄兴民 531a
黄秀香 529b
黄艳英 531a
黄有辉 531a
黄玉清 528a
黄月芬 531a
黄振英 528b
黄植连 530b
黄志桂 529b
会展业 338
婚前医学检查 463b
婚姻·家庭 473b
婚姻登记 473b
火车东站片区配套项目 219b,图 219
货车检修 294b

J

机场安全管理 300a
机场服务 300b
机场基本建设 300a
机车运用与检修 293c
机电产品进出口 326b
机构编制 131c
机构编制动态管理 133b
机构编制实名制 133c
机关档案 451b
机关事务管理 160a
机械插秧(图) 284
机械工业 256b
基本公共卫生服务项目实施 457c
基本建设投资 95a
基本养老保险 402a
基层法律服务 199c
基层供销社土地出让 322b
基层基础统计 393a
基层卫生创建 468c
基层医疗卫生机构标准化建设 461c
基层医疗卫生机构综合改革 457c
基层医疗卫生人员培训 462a
基层组织建设 124c
基础测绘 227b
基础教育 414b
疾病预防控制 459c

集体林权制度主体改革查缺补漏整改　288c
集资建房管理　231a
计量服务进社区(图)　403
计量监督　402c
纪律检查与行政监察　162b
技工教育　401c
技能比赛　415c
技术创新
　建材工业　258b
　电子信息产业　259c
　制糖工业　262a
技术创新与产品开发　253c
　食品工业　255c
　机械工业　257a
　化学工业　257c
　铝加工业　259a
　生物医药工业　260b
技术改造
　食品工业　255b
　机械工业　256c
　化学工业　257b
　建材工业　258a
　铝加工业　258c
　电子信息产业　259b
　造纸工业　259b
　生物医药工业　260b
　制糖工业　261c
　纺织工业　262c
　印刷工业　262c
　卷烟工业　263b
技术改造投资　253c
技术转移与创新合作大会　113c
加油站网点建设　319c
家禽养殖　278b
家庭教育　185b
家庭经济困难学生资助　413b
家庭文明建设　473b
价格调控　393c
价格服务　397b
价格管理　395a
价格监督检查　397a
驾驶员培训　297a
监督检查　162c
监督制约　163b
监理单位招标　280b
监所检察　196b
检　察　194b
检察技术　197b
建材工业　258a
建设项目用地　227c
建制沿革　88a
建筑管理　221c
建筑管理监察　223a
建筑可再生能源应用　222c
建筑垃圾密闭化运输　235c
建筑市场整顿与规范　221c
健　身　477a
健康教育与健康促进　468b
健康舞大赛　438b
江南区　486a
“江南水街杯”才艺大赛　185c
“讲文明树新风”公益广告刊播　455b
降消农村住院分娩补助项目　462c
交通安全管理　191a
交通行业节能减排　297c
交通运输与邮政业　293
交友征婚　476c
教　育　410
教育督导　411a
教育国际交流合作　412b
教育教学机构编制　133b
教育收费监督　413c
教育信息化建设　413a
教育展览会　339a
接警指挥　190a
街道绿化建设与养护　243c
街道情况(表)
　兴宁区　486
　江南区　488
　青秀区　491
　西乡塘区　493
　良庆区　498
节能减排　103b
节能减排工作专题会议　145c
节庆活动　336a
结核病防治　460a
“巾帼建功”活动　177a
巾帼志愿服务　178a
金　融　385
金光农场情况(表)　493
金湖路—民族大道地下交通工程　217a
金花茶公园　244b
金桥农产品批发市场(图)　324
金融服务同城化(图)　98
金融合作与发展领袖论坛　113b
“金融知识进万家”宣传(图)　386
进城务工子女就学　415a
进口贸易　326a
禁毒斗争　190c
经济调节与监测预测　391a
经济发展
　兴宁区　484b
　江南区　486b
　青秀区　489a
　西乡塘区　491b
　邕宁区　494a
　良庆区　496b
　武鸣县　499a
　横县　502a
　宾阳县　505b
　上林县　508b
　马山县　511c
　隆安县　515a
经济发展概况　92a
经济犯罪侦查　190b
经济管理与监督　391
经济交流　119a
经济社会发展的困难与问题　94a
经济统战　128a
经济文化保卫　190b
经济与社会发展　92b
经济责任审计　393c
经济作物　275c
经开区大型企业　208a
经开区征地拆迁　208

经贸合作对话会 111b
经贸活动 182b
经营管理 248c 振宁公司
精品文化工程 436c
景观提升工程 234a
景汉朝到青秀区人民法院检查(图) 193
警备区第二次党代表大会 202a
竞技体育 469a
境外招商引资 96c
纠风治乱 163b
九三学社南宁市委员会 169a
酒类市场经营管理 309c
旧城改造 230b
旧片区改造 230b
救灾救济 151a
就业服务 173c
就业再就业 400c
居民服务、修理和其他服务业 312c
居住状况 476b
卷烟工业 263a
卷烟工业多元化经营 264a
卷烟生产经营 263a
卷烟专卖与市场管理 319a
决策气象服务 429c
决策咨询 433b
军 事 201
军转安置 150c

K

开发合作 392a
开发区·新区 204
开发区·新区招商引资 204c
勘 测 227a
抗洪救灾 289c
抗震设防 432c
考古发掘 443b
科技表彰奖励 426c
科技成果登记 426b
科技成果获奖 427a
科技成果及应用 426b
科技成果鉴定 426c
科技成果转化与示范推广 427c
科技创新
  广西中烟工业有限责任公司 263c
  南宁供电局 266c
  工业 420a
  民生 420a
  农业 420a
  高新区 206b
  壮宁公司 249b
科技交流与合作 421a
科技节能与减排 420b
科技培训与技术推广 180b
科技培训 425c
科技示范试点建设 421a
科技项目实施
  工业 424b
  农业 424b
  社会发展 424c
科技型中小企业技术创新资金项目实施 425a
科技中介服务体系建设 420c
科技周活动 180c
科普活动 180c
科普示范基地 425c
科普阵地建设 181b
科学 419
科学技术 419a
科学技术奖励大会 146a
科学技术普及 425a
科学技术支出 425a
科学研究与技术开发计划项目实施 423a
科研
  建筑 222b
  环保 242c
  园林 245c
  农业 272c
  教育 411c
  医学 466b
  中医 467c
客车运用与检修 294a
客户服务
  邮政 301b
  中国电信 306a
  中国移动 307a
  中国联通 307c
客货运输 293b
课程改革 411c
课题研究 433a
控告申诉检察 196c
口岸管理 407b
狂犬病防治 461a
矿产资源 88c
矿产资源管理 228c
昆仑关旅游风景区 334c

L

垃圾短信治理 306b
来(进)料加工贸易 326a
来访与业务交流 472b
赖洪叨 528a
蓝 彬 522b
蓝洪昌 530b
蓝景荣 531a
蓝美珍 531a
蓝乃文 531b
蓝日英 530c
蓝素英 531a
蓝秀光 530c
蓝秀英 530b
劳动保障监察 401b
劳动关系管理 4 01b
劳动竞赛 174b
劳动人事争议仲裁 401c
劳动与社会保障 400c
老干部事务 134a
老口水库(图) 220
老龄事业 481c
"老南宁·三街两巷"改造 230c
老年人权益保障宣传(图) 481

老年人体育 470c
雷春花 531c
雷桂芬 529c
雷秋桂 529c
雷时兴 529c
黎文广 529c
李 宁 520c
李德全 527c
李帝天 530a
李凤仙 530b
李克强到那马镇考察(图) 498
李丽芳 528b
李美连 531a
李青日 527a
李群芬 527b
李少春 527a
李秀清 527b
李英杰 530b
李玉红 521a
李月彩 528a
李祖灿 529b
理论宣传 126a
利用外资 328c
利用外资主要特点 328c
廉政教育 163a
良庆区 496a
梁碧荣 527a
梁春秀 527c
梁汉箱 528b
梁学青 530c
粮食安全保障 320c
粮食安全工程 274c
粮食产业化经营 321b
粮食库存检查 321a
粮食流通 320c
粮食流通监督检查 322a
粮食政策法规宣传 322a
粮食直接补贴政策实施 321a
粮油食品饲料加工 321c
粮油作物 274c
“两会一节”服务保障 117b
“两会一节”外事接待 157b
林 业 286a
林下经济 286c
林祥焕 529a
林秀英 530a
林业产业 286c
林业招商引资 286c
林志新 527c
临床供血 465c
凌铁大桥 217a
零爱侦 529b
领导干部任职前法律知识考试及学法用法制度 200b
领导干部选拔任用 124a
领域信息化建设 303b
刘巨兴 526c
刘军辉 522b
刘龙兴 530c
刘鹏视察(图) 470
刘小坚 520a
刘曾娇 527c
流动人口服务管理 474c
流动人口宣传服务月(图) 485
留守儿童关爱工程 178a
龙象谷管理机构组建 132a
龙象谷国际旅游度假区党工委和管委会挂牌 149a
隆安“那”文化旅游节 517b
隆安县 515ab
隆安县获“中国那文化之乡”称号(图) 517
隆安县那桐镇“四月八”农具节 517c
隆美清 531b
卢玉连 531c
鲁 源 527b
陆锦秀 531c
陆锦绣 529a
陆乃秀 531a
陆桥荣 528c
陆秀梅 530b
路政管理 296b
吕华均 529c
吕迁喜 527c
旅 游 480a
旅行社管理 336c
旅游安全管理 336c
旅游促销 335c
旅游发展会议 121a
旅游饭店管理 336b
旅游教育培训 337b
旅游景区开发建设 332b
旅游美食节 313c
旅游市场开发 335b
旅游市场专项治理 337a
旅游文明素质教育 337c
旅游行业管理 336b
旅游业 331
旅游业跨越发展 122c
旅游资源 331a
铝加工业 258b
律师事务 199a
“绿城地税”手机客户端软件(图) 351
绿城歌台 112c,438b
罗 萍 522c
罗 氏 528c
罗 氏 529a
罗凤归 529c
罗月芬 531b
罗月明 531a

M

马彩莲 527b
马来西亚怡保市水果雕刻比赛(图) 120
马山第七届文化旅游美食节 514c
马山县 511a
马山县弄拉石漠化治理展厅(图) 103
马秀兴 531c
马增华 531c
马振荣 528b
盲人按摩 184a
《猫》(图) 440
“美丽南宁·清洁乡村”活动 123a

"美丽南宁·清洁乡村"活动电视动员会　146a
"美丽南宁·清洁校园"主题活动日(图)　123
"美丽南宁·整洁畅通有序大行动"　123b
"美丽南宁·整治畅通有序大行动"工作专题会　146b
"美丽青秀"大扫除(图)　490
美容美发　480b
美食节　113a
免疫规划　460a
民　族　90a
民办教育　415a
民兵预备役　201c
民歌湖(图)　218
民革南宁市委会成立六十周年纪念大会　164c
民革南宁市委员会支教活动(图)　164
民建南宁市委员会发放"美丽南宁"宣传资料(图)　166
民贸民品优惠政策落实　152c
民盟青秀基层委扶贫(图)　165
民商事审判　192b
民事行政检察　197a
民用航空　299b
民政工业　267c
民政工作　151a
民政事业　480c
民主党派与工商联　164a
民主法制建设　99a
民主管理　174a
民主铁路立交桥　216a
民族调研　152b
民族法规与民族团结宣传教育　152a
民族关系监测评价处置机制建设　154a
民族教育　153a
民族节庆活动　153b
民族事务　152a
民族特色村寨建设　152b
明式婚礼(图)　443
"命案侦破"斗争　190a
模范人物　519b
茉莉花生产　276b
莫恒威　522a
莫清贵　521a
"母亲健康快车"项目　473c
"母亲邮包"项目　473c
姆　兴　528c
木薯生产　276a

N

内部资料性出版物监管　455c
那平江大桥扩建　221a
纳税服务
　国税　348c
　地税　352c
南车轨道交通装备基地　219b
南湖公园　244a
南南铝 20 万吨铝加工项目热轧中厚板制造中心投产(图)　487
南南铝业安全生产检查(图)　406
南宁"十大阳光女孩"评选　177c
南宁保税物流中心　324b
南宁产品出口东盟　119a，328a
《南宁大事记》发行(图)　435
《南宁地情手册(2013)》出版　434c
南宁地情网站建设　435a
南宁电视台　453b
南宁—东盟经济开发区更名升级　132a
南宁东站周边地区控制性详细规划　224c
南宁概貌　88
南宁高新技术产业开发区　205
南宁广播电视报　454a
南宁广播电视技术中心　454a
南宁广告产业园建成　400b
南宁国际会议展览有限责任公司经营　338a
南宁国际会展中心景观提升工程简介(表)　233
南宁国际教育展览会　339a
南宁国际民歌艺术节　112b
南宁国际商会换届　183a
南宁国际学生用品交易会　339a
南宁国际友好城市交流与合作研讨会(图)　157
南宁国家高技术生物产业基地生物制造核心区规划　211a
南宁国资监管企业进入东盟　119a
南宁后花园　511a
南宁华润中心(图)　329
南宁江南工业园区　213a
南宁经济技术开发区　207a
南宁警备区领导人(表)　202
南宁孔庙　444b
南宁礼物　336b
南宁六景工业园区　212b
南宁旅游推介进东盟　119c
南宁民进成立 55 周年座谈会(图)　167
《南宁年鉴(2013)》出版　434b
南宁沛宁资产经营有限责任公司　249c
南宁普法网　200b
南宁人民广播电台　453c
南宁日报社重要宣传与专题报道　452a
南宁日报社主题社会活动　453a
南宁软件园　206b
南宁市 2013 年精神文明建设表彰暨创建全国文明城市动员大会(图)　100
南宁市残疾人联合会　183b
南宁市城市功能区噪声监测结果(表)　238
南宁市城乡妇女岗位建功农村科技致富女能手　526b
南宁市道路客运联网售票系统(一期)项目建设　297b
南宁市地方志资料年报　435a
南宁市第八批新世纪学术和技术带头人培养人选评审会(图)　150
南宁市第八批专业技术拔尖人才　524a
南宁市第七批优秀青年专业技术人才　524c
南宁市第三届学术年会　180b
南宁市第十五届中小学艺术节(图)　412

南宁市妇女联合会 176b
南宁市工商业联合会 170a
南宁市工业固体废物产生与利用处置情况(表) 239
南宁市关心下一代工作委员会 185a
南宁市归国华侨联合会 179b
南宁市红十字会 184b
南宁市巾帼建功标兵 526a
南宁市科学技术奖励大会(图) 426
南宁市科学技术协会 180a
南宁市民卡 298b,图 298,图 304
南宁市人民代表大会 136a
南宁市人民政府 143a
南宁市少年儿童图书馆 441c
南宁市社会科学界联合会 181c
南宁市手表厂生产经营 267a
南宁市书法家协会 2013 年动员大会(图) 127
南宁市图书馆 441a
南宁市文学艺术界联合会 178b
南宁市新华书店有限责任公司 442a
南宁市与东盟国家合作 329c
南宁市在全国部分城市地区生产总值排位(表) 553
南宁市在全国部分城市可持续竞争力排位(表) 551
《南宁市志(1991—2005)》编修 434a
南宁市种植业无公害农产品产地名录(表) 271
南宁市主要湖泊、水库水质综合营养状态指数(表) 237
南宁市总工会 173a
《南宁通史》《南宁简史》编纂 434b
南宁威宁资产经营有限责任公司 250a
南宁卫生专网启用(图) 458
南宁无偿献血形象大使许钟豪(图) 465
南宁吴圩国际机场旅客吞吐量突破 800 万人次(图) 299
南宁仙葫经济开发区 214a
南宁相思湖新区与南宁高新区合并 207a
《南宁新百年图录(2006—2010)》出版 434c
南宁学院 416a
南宁学院与泰王国 9 所高校签约(图) 416
南宁邮事 301b
南宁与东盟 119
南宁振宁资产经营有限责任公司 248b
南宁职业技术学院 417b
南宁至缅甸仰光增加航班 119c
南宁壮宁资产经营有限责任公司 249a
年度计划编制 391a
年中工作会议 121a
牛湾蒲津路工程二期 220c
农 业 268
农产品开发 268c
农产品流通 270a
农产品质量安全 270c
农场综合改革房屋搬迁试点 211c
农村妇女“两癌”救助 177c
农村妇女“两癌”普查试点 463a
农村妇女增补叶酸项目 462c
农村改厕项目 468c
农村工作暨春耕生产工作会议 144c
农村公路建设 296a
农村公路养护 296b
农村环境保护 240c
农村集体“三资”清产核资 272b
农村能源建设 288c
农村青年培训 175a
农村商品电子商务网(图) 310
农村体育 470c
农村土地承包经营权确权登记颁证 272b
农村危房改造 223b
农村卫生 461c
农村信息化 304c
农村义务教育学生营养改善计划 414c
农副产品购销 322c
农工商企业 285b
农桂香 529a
农机安全管理 284a
农机服务 284c
农机技术培训 284c
农机技术推广应用 282c
农机专业合作社 285a
农技推广体系建设 273a
农家书屋建设与管理 454c
农贸市场建设 309b
农民工权益保障 401b
农民林业专业合作社 288c
农民专业合作社 272b
农业产业化 272a
农业产业化经营 322c
农业产业化项目建设 272a
农业对外合作 270a
农业机械化 282b
农业抗灾 269a
农业科技 272c
农业科技信息网络建设 274b
农业科普宣传 273a
农业龙头企业 272a
农业农村与社区档案 451b
农业优势产业工程建设 268b
农业与资源环保审计 393b
农业职业教育与技能培训 274b
农业综合开发 279c
农业综合开发项目
　　中央 279c
　　南宁市 280a
　　自治区 280a
农业综合执法 269c
农玉英 529a
农月林 528b
农资商品供应 322b
弄拉(图) 103

O

欧盟森林研究院国际合作签约(图) 421

P

拍卖活动监管　400a
拍卖业　313a
排污设施建设　233a
排污申报登记收费　241c
潘　氏　528c
潘翠英　531b
潘乃莲　531b
潘敢兰　529a
潘芹香　528b
潘少锋　518c
潘世光　530c
潘振伟　531b
庞柏瑞　528a
旁路法带电更换变压器演练（图）　266
沛宁公司资产接收　250a
沛宁公司资产经营　250a
彭翠连　531c
彭秀珍　530a
拼车出行　480b
贫困危重孕产妇救助　462c
平安仙葫　214b
平战结合　203c
普通高中　414c

Q

七市区域经济一体化发展启动仪式　148c，图 148
期货经营　389a
企事业档案　451b
企业登记管理 397a
企业改革　249a 壮宁公司
企业管理　319a
企业年检　398b
“启智书苑”少儿阅览室（图）　441
起诉审查　195c
气　候　89c
气象工作　429a
气象科普宣传　430b
气象科普园开园（图）　430
气象设施建设　430a
千村万户文艺惠民工程　178c
墙体材料改革　222c
侨界民生　171b
青年服务“美丽南宁建设”　176a
青年就业创业服务　175a
青年志愿者　175b
青少年服务台　175c
青少年科技活动　181a
青秀区　488a
青秀山风景名胜旅游区　332b
青秀山风景名胜区总体规划专家座谈会（图）　224
青秀山管理职能调整　133a
青秀山玫瑰花展（图）　332
轻工业品与工艺品出口　326b
“清洁田园”专项活动　269b
清洁乡村　235b
清洁养殖　278a
清真食品专供　152a
区　县　484
区国民经济主要指标（表）　492 西乡塘
区域经济合作　98a
区域性科技创新体系建设　420c
区域性信息交流中心　305a
全国城市机关党建工作经验交流会（图）　130
全国法院办案标兵　522c
全国工商行政管理系统优秀工商行政管理人员　523b
全国公安系统学雷锋先进个人　522c
全国记者采风活动（图）　335
全国巾帼建功标兵　520c
“全国科技进步先进市”七连冠　419b
全国粮食生产特殊贡献农业科技人员　521c
全国模范人民调解员　523b
全国农村科技致富女能手　521a
全国农机安全监理“为民服务创先争优”示范岗位标兵　522a
全国农业先进个人　521a
全国人民调解能手　523a
全国三八红旗手　520b
全国十佳公诉人　522a
全国水生态文明建设试点申报　291a
全国维护妇女儿童权益先进个人　521a
全国五一劳动奖章　520b
全国先进基层检察院　198a
全国优秀法官　522b
全国援外医疗工作先进个人　518a
全员聘用制　207b
群众体育　470a
群众文化　437c
群众性精神文明建设　100b
群众性民族文化活动联系点　153a

R

燃气管理　233a
燃气设施建设　233b
人　物　518
人　口　90a
人　事　149c
人才工程　150a
人才工作　124c
人大代表视察　138b
人大代表议案与建议办理　139c
人大监督　137c
人大专题调研　138a，图 138
人大专题询问　138b
人道救助　184c
人工增雨作业　430a
人口管理　191a
人口和计划生育工作会议　145b
人口计划生育层级动态管理　475a
人口计划生育目标管理　474a
人口计划生育宣传教育　474b
人口计生定点帮扶　475b
人口计生行政执法　475b
人口计生优质服务　475a

人口与计划生育　474a
人力资源市场管理　401a
人民调解　198c
人民防空　202c
人民公园　244a
人民监督员制度　197c
人民团体　173
人民政协理论与实践研讨会(图)　161
“人身保护令”案　194b
人事考试　150a
人事任免　139c
人行道车辆管理(图)　235
人畜共患病监测　278c
认证认可监督　403c
融资平台建设　251b
肉类蔬菜流通追溯体系建设培训会(图)　317
肉食品商业　317a
软科学研究项目实施　424c

S

“洒扫应对”主题教育活动(图)　102
“三八节妇女维权周”普法宣传(图)　177
“三下乡”活动　425b
三支一扶　401b
散装水泥生产与应用　258b
桑蚕生产　276c
森林病虫害防治　288b
森林防火　288b
森林旅游　288b
森林资源保护　287b
森林资源与林地管理　287a
沙井—富乐立交桥　221b
沙井—南站立交桥　221b
砂石船专项整治　409c
山林纠纷调处　288a
山水田园小镇项目签约(图)　210
山羊养殖　278b
商标管理　400a
商会领域论坛　112a
商贸服务业　309a
商贸配对会(图)　338
商业贸易　309
商业展览　338b
上林籍采金人员撤离加纳　157c
上林生态旅游养生节　511a
上林县　508a
上林县三里洋渡风光(图)　331
上市公司　389a
少数民族传统体育　153b
少数民族干部培养　154c
少数民族经费使用　152b
少数民族流动人口服务管理体系建设试点城市建设　154a
少数民族体育　470c
社保基金监管　402b
社会保险经办服务　402b
社会保障机构建设　133b
社会保障资金审计　393c
社会发展概况　93c
社会发展与减贫论坛　114c
社会扶贫　282a
社会服务
　民革南宁市委员会　164b
　民盟南宁市委员会　165c
　民建南宁市委员会　166a
　民进南宁市委员会　167a
　农工党南宁市委员会　168a
　致公党南宁市委员会　169a
　九三学社南宁市委员会　169c
社会服务业　312b
社会福利　480c
社会管理创新　186c
社会经济主要指标　555
社会科学　433a
社会科学普及活动　182a
社会募捐　184c
社会生活　473
社会事业发展
　兴宁区　485b
　江南区　487c
　青秀区　490a
　西乡塘区　492b
　邕宁区　495a
　良庆区　497c
　武鸣县　500b
　横　县　503b
　宾阳县　506c
　上林县　509c
　马山县　513a
　隆安县　516b
社会体育产业　472c
社会消费品零售　309a
社会宣传　126c
社科评奖　182b
社区建设　481b
社区矫正　199a
社区矫正信息指挥中心　200c
社区教育　416a
社区体育　471a
社区卫生服务　456c
社区信息化　305a
社团体育　470c
审　计　393a
审计工作电视电话会议　144b
审计整改　393c
审计质量建设　393c
审判管理与司法改革　193a
审判监督　192c
生活饮用水卫生监督　464c
生态文明建设　103a
生态文明示范区　103b
生物医药工业　260a
生鲜乳管理　278b
生育保险　402a
生育援助“圆梦”幸福家庭　476a
生猪定点屠宰资格审核清理　318a
生猪屠宰管理　317a
生猪屠宰加工　317c
生猪养殖　278a
失业保险　402a
失业动态监测　402b
施启贞　530a

施秀云　527b
狮山公园　244b
“十二五”后三年重大项目建设计划　147c
“十二五”消防事业发展规划　146a
十月科普大行动　180c
石必昌　531a
石梅英　527b
石门森林公园　244b
石漠化治理　103c
石油商业　319b
时尚习俗　476c
实际支出与消费结构　476b
实训基地建设　415c
食品安全工作会议　144b
食品安全监管　405a
食品安全检验监测　464a
食品工业　255a
食品药品监督管理　404c
食品药品监督管理体制调整与改革　132c
食品药品监管体制改革　405a
食品与土畜产品出口　326c
食品质量安全监管　402c
食盐商业　318a
食用菌展(图)　275
世界红十字日活动　184c
市长例会　144b
市长热线　159a
市场监管　398c
市场交流合作　335b
市场经营　299c
市场沙龙座谈会　183a
市场体系建设　310b
市场运行监控　310a
市场整顿　405c
市第十三届人民代表大会常务委员会会议　136b
市第十三届人民代表大会第四次会议　136a
市轨道交通商标　219a
市检察院到乔贤镇慰问(图)　197
市民赠送感谢锦旗(图)　159
市十三届人民政府第三次全体(扩大)会议　143a
市校与校企合作　421c
市政公用基础设施维护　235b
市政基础设施建设　219c
市政市容管理　234c
市政协调研与视察　162a
市政协理论研究会　162b
市政协理论研究会成立(图)　161
市政协民主监督　162a
市直机关党的建设　129b
事业单位登记管理　133c
事业单位分类改革　133b
事业单位岗位设置管理　150a
事业单位绩效工资　150b
逝世人物　526c
收费管理　396a
收入构成　476a
收养登记　473b
手足口病防控　460b
“守合同重信用”企业公示　400a
首届南宁—东盟气排球邀请赛　472a
首届中国—东盟艺术双年展　339c
兽药安全监管　279a
书法篆刻精品展　179a
舒志强　520b
输血医学科研　466b
蔬菜基地建设　275c
蔬菜生产　276a
蔬菜新产品研发与试验　273b
薯类生产　275b
数字城管　235c
“双合格”宣传活动　473c
双汇食品生产线(图)　252
双培双促　399c
“双学双比”竞赛　176c
水　利　289a
水　文　89c
水产品安全监测与管理　277b
水产畜牧产品安全监测　279a
水产畜牧产品质量安全监管示范市创建　279c
水电供应　294c
水环境质量　236c
水库移民　292c
水利工作会议　145a
水路运输　298c
水路运输安全生产与应急管理　299a
水路运输行业监管　299a
水路运输行业节能减排　299b
水培蔬菜(图)　209
水上应急搜救　409c
水土保持管理　290b
水文测验　431a
水文工作　431a
水文基础建设　432a
水文情报预报服务　431c
水文资料整编　431c
水行政执法　291a
水月庵(图)　483
水运基础设施建设　299a
水质监测调查　432a
水资源　89b
水资源管理　290c
税款征收　408c
税收管理　352a
税收宣传
　国税　351a
　地税　352b
税收征管　346b
税收征管改革　347c
税务稽查
　国税　348a
　地税　352b
司法改革　193a
司法监督　194a
司法鉴定　200a
司法行政　198b
私营部门投资合作研讨会　115c
私营经济　341a
私营企业结构　341b
思想道德建设　101b
思想政治工作　127c

饲料安全监管 267c
饲料工业 267b
宋 萍 522a
宋承铮 526c
苏 氏 528b
苏桂花 528c
苏洁静 519a
苏梅荣 529a
苏青秀 531c
苏玉清 529a
诉讼机制建设 192c

T

台南盐水蜂炮(图) 172
台商合法权益维护 172b
台湾事务 171c
台站规范化管理 308b
泰菜培训班 120a
泰王国驻南宁总领事馆 120a
贪污贿赂案件查办 195c
覃桂清 530a
覃可艺 529b
覃妹齐 531a
覃其才 529b
覃巧云 528a
覃日英 528c
覃如秀 530c
覃雪英 529c
谭秀吉 531b
唐美莲 531b
唐平芬 530a
糖料蔗生产 276a
糖料蔗生产收购 261a
糖料蔗种植保险试点 262b
特 辑 75
特 载 57
特色园区 204c
特殊教育 415a
特种设备安全监查 403c
腾秀莲 527b
体 育 469
体操世锦赛会旗交接(图) 472
体育、卫生、艺术教育 412a
体育彩票业 472c
体育产业 472c
体育休闲公园 244c
天鹰茶城 316c
铁路建设 295a
铁路运输 293a
通关监管 407c
通航监督 409a
通信业 305b
同达盛混凝土搬迁(图) 249
“同心”品牌建设 129a
“同心育才”工程 162a
“同心助力工程”(图) 168
统 计 392a
统筹城乡发展机构成立 132b
统计法制化建设 392a
统计服务 392c
统计信息化建设 393
统一战线 128a
投资服务 96b
投资合作法律问题研讨会 115b
投资环境建设
　　高新区 205b
　　经开区 207b
投资结构 94c
投资来源 94a
土地储备 228b
土地储备管理体制改革 133a
土地开垦整理 228b
土地面积与人口(表) 554
土地市场交易 227c
土地资源 88c
土壤肥力改造 274a
屯里高铁大桥(图) 295

W

外 事 155a
外币真伪识别宣传(图) 388
“外来务工者之歌”歌手大赛 438b
外企管理与服务 330c
外商投资企业生产经营概况 329c
外事“110”——潘少锋 518c
外资审批与管理 330a
万名青年志愿者上岗仪式(图) 175
王 坚 522c
王爱兰 530b
王福娇 527a
王怀珍 530a
王家睦 527a
王家兴 530c
王绍兰 530a
王 武 194a
网络建设
　　中国电信 305c
　　中国联通 307b
网络宣传 127a
网络运营 307a
网上购物 480c
望园路铁路立交桥 221a
危旧房改造 231a
危旧直管公房与保障房安全管理 231a
威宁公司经营项目 250c
威宁公司重大工程建设 250c
为侨服务 179c
韦 彩 530b
韦 氏 531b
韦炳兰 530c
韦朝晖检查肉类蔬菜流通追溯体系建设(图) 317
韦翠兰 521b
韦登胜 530b
韦东志 522a
韦芳兰 530a
韦芳先 530a
韦凤英 527b
韦汉英 528b
韦家国 529a
韦兰花 530c
韦乃扬巡视考场(图) 200

韦乃元 528c
韦清秀 528b
韦庆棉 530c
韦三妹 531b
韦少梅 529a
韦秀珍 528a
韦月娥 531c
韦月英 531c
韦运筹 528b
违法案件处理 225c
维护社会稳定 186a
维也纳金色大厅(图) 153
委托会计师事务所验收核查项目 280c
委员活动日活动 162b
卫 生 456
卫生和社会工作 312c
卫生基础项目建设 456b
卫生监督 464a
卫生监督协管 465b
卫生监督应急保障 465a
卫生信息化建设 458b
卫生行政处罚 464a
卫生行政立法 458a
卫生行政许可 464a
卫生应急工作 457b
卫生专网建设 458b
未成年人案件检察 197b
未成年人思想道德建设 101c,185b
文 化 436
文化产业 437b
文化惠民 179b
文化惠民工程 436a
文化交流 120a
文化论坛 116a
文化南宁建设 127a
文化市场管理 442b
文化市场监管 437b
文化市场专项整治 442b
文化体育和娱乐业 313a
文化统战 128c
文化遗产保护 436c
文明城市创建 100c
文明道德风尚 101a
文明工地 222a
文明和谐创建 102b
文明建设 99a
文明县(区)村镇(社区)单位 102c
文物·博物 443a
文物调查 443a
文物维修与保护 443a
文物征集与捐赠 443c
文艺群体品牌 179b
“我的中国梦”主题活动 175a
“我们的节日”主题活动 102b
污染防治 240a
污染物排放处置 238b
无偿献血宣传 466a
无偿献血与造血干细胞捐献 185a
“无线城市”应用门户 305b
无线电安全保障 308c
无线电监测 308a
无线电监管 307c
无线电频谱资源管理 308a
无纸化普法考试 200b
吴 贞 527c
吴春方 529c
吴冠英设计票样(图) 301
吴家珍 528a
吴兰桂 527b
吴玉华 527b
吴月池 528b
五金矿产品与建材出口 326c
五象大桥(图) 215
五象湖公园 244c,图 243
五象湖公园中的银象湖(图) 218
五象新区管理机构组建 131c
五象新区规划建设党工委和管委会挂牌 149a,图 215
五象新区蟠龙组团西片区城市规划 225a
五一劳动节文艺晚会(图) 173
武警南宁市支队领导人(表) 202
武鸣“三月三”歌圩暨骆越文化旅游节 501c
武鸣县 499a
《武缘县图经》(影印本)出版 434c
物价管理 393c
物流业 323a
物流园区 323b
物业企业资质管理 230a
物业招投标与信用管理 230a
物业专项维修资金管理 229c
物资保障 294c
雾霾治理 240b

X

西(甜)瓜生产 276b
西南、南贵昆及其他经济区域合作 98c
西乡塘区 491a
西乡塘区罗非鱼养殖基地(图) 493
奚月秀 528a
戏剧周 112c,439c,图 120,图 439
仙葫开发区情况(表) 491
先进典型选树 127c
县(区)党史编纂出版 435c
县(区)开发区(园区)管理整合优化 132b
县(区)审计 393b
县(区)信息化 304c
县(区)与开发区投资 95b
县级公立医院综合改革 458b
县域经济 93b
现代物流企业 324c
献血服务 466a
乡村卫生服务一体化管理 462a
乡镇规划 225c
乡镇规划
大塘镇总体规划 226a
伶俐镇总体规划 226c
南晓镇总体规划 226b
坛良村坛板坡“美丽乡村”建设规划 226a
乡镇情况(表)
兴宁区 486

江南区 488
青秀区 491
西乡塘区 493
邕宁区 496
良庆区 498
武鸣县 502
横 县 504
宾阳县 508
上林县 511
马山县 514
隆安县 517
相思湖(图) 218
香港时尚购物展·南宁 338b,图 338
项目采购 160c
项目建设
高新区 205c
经开区 207c
东盟经开区 209b
良庆经开区 212a
六景工业园 212c
江南工业园区 213a
仙葫经开区 214a
五象新区 214c
水 利 289b
项目审批 225b
项目验收 280b
项目制教学(图) 135
消毒产品卫生监督 465a
消防管理 191b
消费购物活动选介 310c
消费维权 399b
消费维权知识宣传(图) 399
肖炳燕 529b
校企合作 415c
校外教育活动 412b
谢 桂 529a
谢华娟 520b
谢娇春 521b
谢锦芳 529b
新航站区转场工作 300c
新技术新品种引进与推广 273a,279a
新农村建设 269b
新任教师岗前培训(图) 410
"新网工程"项目建设 322c
新闻出版 452
新闻出版管理 454c
新闻人物 518a
新型农村合作医疗制度建设 461c
新秀公园 244c
信访、申诉复查与再审 192c
信访处理 159a
信访工作 159a
信访积案化解 159b
信访接待 159b
信访信息网络系统建设 159b
信息安全 305a
信息传输、软件和信息技术服务业 312c
信息调研 126b
信息管税 352b
信息化建设
城市规划 225c
税收 348c
人口计生 475c
信息化示范建设 303c
信息技术应用与开发 295a
信息业 302
兴宁区 484a
兴宁区人民检察院 198a
星火计划 424a
刑事案件侦查 190a
刑事检察 195a
刑事审判 192a
刑释解教人员安置帮教 199a
行政区划 90a
行政审判与国家赔偿 192b
行政审批制度改革 188c
行政事业审计 393b
行政事业性国有资产管理 250b
性别比综合治理 474c
休闲娱乐 479b
休闲渔业 277c
徐美荣 531a
许世发 531b
许钟豪出任南宁无偿献血形象大使(图) 465
畜牧业 277c
畜禽强制免疫 278c
宣 传 125c
宣传教育与文化建设 407a
学科竞赛 412a
学前教育 414b
学生用品交易会 339a
学术研讨 179b
学习贯彻党的十八大精神 在自治区率先全面建成小康社会 121b
学校安全稳定 413c
学校基础设施建设 410a
学校体育 470b
学校卫生监督 464c
血吸虫病防治 461a
血液采供 465b
血液采集 465b
血液检验 465c
血液制备 465c
血液质量管理 466a
巡逻防范 190c

Y

雅安地震捐款(图) 170
烟草商业 318c
烟花爆竹经营管理 323a
研究与技术开发 423a
研祥集团(图) 97,图 207
盐品销售 318a
盐政执法 318b
颜丽兴 529b
演出活动 439a
羊建明 520a
杨 氏 528c
杨少琴 529c
杨寿坤 527b
杨月光 530c
养殖加工企业 279b

养殖业产业结构调整　277c
药品安全高峰论坛　116c
药品安全管理　320a
药品安全监管　405b
药品集中采购　459c
药品进口备案　320b
药品经营监管　320a
药品商业　320a
药品远程监控　320c
药用辅料糖生产　262a
业务经营
　中国移动　306c
　中国联通　307b
业余无线电爱好者管理　308b
叶素青　527c
12329 服务热线开通　231c
一渠两湖工程　234b
医疗安全管理　459a
医疗服务　457a
医疗服务质量　457a
医疗机构监督　464b
医疗机构药事管理　459b
医疗纠纷处置及医疗事故鉴定　459a
医疗纠纷人民调解委员会　199a
医疗救助　481b
医疗器械监管　405c
医疗卫生服务体系建设　133b
医学继续教育　466b
医学科研与教育　466b
医院感染管理　459b
医政管理　458b
依法管理宗教事务　483b
依法护侨　179c
依法化解行政争议　189b
依法科学民主决策　188c
依法行政能力建设　189c
依法治税
　国税　348a
　地税　352b
遗体与人体器官捐献　185a
义务教育　414b
亿元工业企业建设　254b
艺术成果　438c
易桂兰　527a
银　行　385a
尹玉明　528c
引进国外智力　151a
饮食习惯　478c
印刷发行　454c
印刷工业　262c
应急管理　473a
应急管理体制调整　133a
应急救护培训　184c
应急救援　432c
应急知识普及　473b
营销稽查　266a
营销网络建设　318c
拥政爱民　201c
邕江滨水公园　244c
邕江抗洪抢险演练(图)　232,图 290
邕江示范段喷泉广场(图)　234
邕江综合整治开发　218a
邕宁区　494a
邕宁区乡镇情况(表)　496
邕宁壮族八音文化旅游节(图)　494
邕台交流交往　172b
邕台经贸合作　172a
泳池水余氯检测(图)　464
用电管理　265c
优抚工作　151b
优果工程　276c
优质护理服务示范工程　459b
邮政金融　301a
邮政实物传递网　301b
邮政速递　301b
邮政业　300c
油料生产　275b
余利才　530b
余远辉到深圳研祥集团考察(图)　97
余远辉为文明单位授牌(图)　100
渔　业　277b
渔业技术培训与新品种推广　277b
渔业用油油价财政补贴资金　277c
舆论宣传　126b
语言文字　90c
语言文字工作　411b
玉柴公司垃圾压缩转运设备(图)　253
玉洞大道(银海大道—外东环)城市规划　224c
玉米生产　275b
预算执行审计　393b
园林法制建设　245b
园林绿化　243a
原料保障　263b
圆桌对话会　111b
袁隆平揭牌(图)　205
院士报告会　180b
院士工作站”(图)　205
院士专家工作站　180b
越南海防大学访问南宁职业技术学院(图)　418
孕产妇保健　462b
运政投诉处理　297a

Z

再生资源回收　322c
造纸工业　259a
曾美光　531b
曾美莲　528c
曾宪华　529c
曾秀芳　527c
曾永跃　521c
战备训练
　警备区　201b
　人　防　203a
战略性新兴产业　420a
战略性新兴产业发展规划(2013—2020年)　147a
站场基础设施建设　297b
张德海　530c
张桂芬　529a
张丽兴　529c
张修安　528c
张秀英　531a

章雅勤 527c
招商引资 95b
招商引资
工商联 170b
高新区 206a
经开区 208a
东盟经开区 210b
良庆经开区 212b
六景工业园 212c
江南工业园区 213c
仙葫经开区 214b
五象新区 214c
工 业 254a
农 业 270a
旅 游 331a
招生考试 414a
招生送生 416a
征地拆迁 227c
征信系统 231c
整洁畅通有序大行动 235a
证 券 388c
证券经营 388c
郑万芳 526c
政 法 186
政策性森林保险试点 289a
政策研究 130c
政法文化联合会第一次代表大会(图) 187
政府常务会议 143a
政府法制 187c
政府工作会议 143c
政府集中采购 160b
政府投资工程审计 393b
政府性基金 344c
政府职能转变 99c
政企联谊会 182c
政务服务 159c
政务公开 159c
政协第十届南宁市委员会常务委员会会议 161a
政协第十届南宁市委员会第三次会议 161a
政协提案办理 162a
政治文明建设 99a
政治协商 99b
知识产权战略实施 420b
执法监察 228c
执法监督 404a
执勤与训练 202b
职称工作 150b
职工帮扶 173c
职工权益保护 174a
职工书屋 174b
职工体育 471a
职工文化活动 174c
职务犯罪预防 196b
职业技能大赛 174b
职业技能培训 401c
职业教育联展暨论坛 116c
职业教育专业集团 415c
职业卫生监督 465a
植树造林 176a,286b
植物资源 89a
志愿者服务 102c
制糖工业 260c
质监进千村(企) 404c
质量技术监督 402b
质量监督 402b
质量专项整治 404a
智慧城市建设签约仪式(图) 305
智库战略对话论坛 115a
中等职业教育与成人教育 415b
中等职业学校内涵建设 415b
中共南宁市第十一届纪律检查委员会第三次全体会议 163c
中共南宁市律师协会委员会 200c
中共南宁市委员会 121a
中国电信股份有限公司南宁分公司 305c
中国—东盟博览会·峰会·民歌节 109
中国工商银行股份有限公司广西区分行营业部 387b
中国共产党南宁市第十一届委员会第十次全体会议 121a
中国国际贸易促进委员会南宁市支会 182b
中国国民党革命委员会南宁市委员会 164a
"中国好人榜"敬业奉献好人 519b
中国建设银行广西区分行 387c
中国联合网络通信集团有限公司南宁市分公司 307b
"中国嘹啰山歌之乡"授牌(图) 178
"中国旅游日"南宁主会场活动 511a
"中国绿城"建设 243b
中国民主促进会南宁市委员会 166c
中国民主建国会南宁市委员会 165c
中国民主同盟南宁市委员会 165a
中国农工民主党南宁市委员会 167c
中国农业银行股份有限公司广西区分行营业部 386c
中国人民解放军广西南宁警备区 201a
中国人民武装警察部队南宁市支队 202a
中国人民银行南宁中心支行 385c
中国人民政治协商会议南宁市委员会 161a
中国石油化工股份有限公司广西南宁石油分公司 319b
"中国水城"建设 217c
中国水城工程 218b
"中国小音乐家"评选 179a
中国移动通信集团广西有限公司南宁分公司 306c
中国银行南宁市邕州支行 386b
中国语言资源有声数据库广西库建设(图) 411
中国致公党南宁市委员会 168b
《中华人民共和国公证法》颁布八周年宣传(图) 199
中华铁路立交桥 221a
中考阅卷(图) 413
中考招生 415a
中石化加油IC卡发行 319c
中小企业扶持 254c
中亚天然气工程 233c
中央预算内投资项目建设管理 392a

中尧桥工程　220c
中医·民族医　467a
中医人才培养　467c
中医药服务能力建设　467b
中医药基本情况　467a
中医药文化科普　468a
中医药壮医药产业产值　468a
中医医院等级复审　467b
中医重点专科建设　467c
钟日胜　518a
钟树清　530a
种植树木工程　245a
种植业　274
仲裁事务　189c
重大活动
　市委　123a
　市人大　137b
　市政府　148c
　市政协　161c
重大决定　146c
重大文化项目建设　436b
重大项目档案　451c
重点产业研究规划　253b
重点工程建设　216a
重点工程与项目频率协调　308a
重点疾病监测　461b
重点领域改革　93b
重点领域项目投资　94b
重点项目采购　160c
重点项目管理　391c
重点项目推进　391c
重点隐患排查治理　406c
重要会议
　市　委　121a
　市人大　136a
　市政府　143a
　市政协　161a
重要决策　121b
重要科技活动　425c
周　清　529b
周　氏　528c
周八妹　528a
周红波到深圳研祥集团考察(图)　97
周文金　530c
周文轩　527b
周武昌　530a
周熹宏　528a
周显阶　527c
朱琏针灸国际研究基地二级基地建设项目签约(图)　467
朱琏针灸学术传承　467c
朱琼莲　528a
珠江水系禁渔期　277c
猪肉项目建设　318a
主体功能区规划　147a
主要耐用消费品购买量与年末拥有量　476b
主要商贸项目　311c
主要商业街区　311a
主要污染物减排　239b
住房保障　231a
住房公积金贷款　231b
住房公积金管理　231b
住房公积金归集　231b
住房公积金缴存额度设定　231c
住房公积金提取　231b
住房信息系统建设　229b
住宿与餐饮业　313a
驻市广播电视机构　454b
专题调研与经济分析　532
专项规划编制　391b
专项统计调查　392b
专业艺术　438c
壮汉双语教学实验　153a
壮宁公司项目建设　249b
壮语文水平考试　152c
壮语言文字使用　152c
“追逃”斗争　190b
资产管理　323a
资金筹措　392a
资金管理　280b
自然保护区　287a
自然科学优秀论文　180b
自然生态保护　103a
自然灾害　92b
自治区属报刊驻邕记者站日常监管　455b
自主创新环境建设　421c
宗　教　92a,482b
宗教调研活动　483a
宗教合法权益维护　483b
宗教活动场所　482c
宗教政策法规学习月活动　483a
宗教重点项目建设　483c
总部基地　205c
总部经济服务　96c
租赁和商务服务业　312c
组　织　124a
组团出访交流　472b
最严格水资源管理制度实施方案　148a
作风建设　163a

10+1 茶叶批发市场　316b
2006 至 2013 年南宁市财政收入趋势(示意图)　342
2012/2013 年榨季南宁市主要制糖企业情况(表)　261
2013 北部湾(南宁)第十届汽车展　338c
2013 南宁·东盟人才交流活动月(图)　124
2013 南宁欢乐消费季　311a
2013 南宁名品推广周　339a
2013 年第四十期国有建设用地使用权公开出让签约(图)　228
2013 年东盟各国企业在南宁投资主要情况(表)　119
2013 年度全国 37 个大中城市可持续竞争力(表)　551
2013 年广西(南宁)房地产博览会　338c
2013 年广西部分城市竞争力指数(表)　552
2013 年广西部分城市主要指标排位(表)　554
2013 年南宁—东盟业余羽毛球邀请赛　472a

2013 年南宁海关主要业务数据统计(表) 408

2013 年南宁金融机构本外币信贷收支情况(表)385

2013 年南宁市本级非税收入结构(示意图)344

2013 年南宁市本级税收收入结构(示意图)343

2013 年南宁市城市区域环境噪声源构成(示意图)237

2013 年南宁市第十三届人民代表大会常务委员会任免人员情况(表)140

2013 年南宁市非税收入结构(示意图) 343

2013 年南宁市个体经济行业分布情况(表) 340

2013 年南宁市广播电视系统业务获奖情况(表) 455

2013 年南宁市规模以上工业增加值累计增速(示意图) 254

2013 年南宁市规模以上工业总产值累计增速(示意图) 254

2013 年南宁市国税收入分项目情况(表) 349

2013 年南宁市获自治区技术发明奖项目(表) 427

2013 年南宁市获自治区科学技术进步奖项目(表) 427

2013 年南宁市及市辖六县地类面积结构(表) 89

2013 年南宁市技术发明奖获奖项目(表) 429

2013 年南宁市进出口商品国家(地区)总值(表) 327

2013 年南宁市境内国家铁路火车站运输任务完成情况(表) 293

2013 年南宁市居民消费价格指数(表) 395

2013 年南宁市居民消费价格指数变化情况(表) 394

2013 年南宁市科学技术进步奖获奖项目(表) 428

2013 年南宁市林业有害生物发生比例(示意图) 288

2013 年南宁市青少年科技创新大赛(图) 181

2013 年南宁市区主要经济指标(表) 559

2013 年南宁市人身保险公司保险业务情况(表) 390

2013 年南宁市社会经济主要指标(表) 555

2013 年南宁市税收收入结构(示意图) 342

2013 年南宁市私营企业行业分布情况(表) 341

2013 年南宁市文物保护单位名录(表) 444

2013 年南宁市县(区)、乡镇(街道)情况(表) 91

2013 年南宁市消费品市场主要特点(表) 311

2013 年南宁市新增高新技术企业名录(表) 423

2013 年南宁市新增获自治区认定的农业标准化生产技术示范基地(表) 424

2013 年南宁市新增获自治区认定的农业良种培育中心名录(表) 423

2013 年南宁市汛期各江河主要控制站月最高水位(表) 90

2013 年南宁市汛期江河主要控制站月最高水位(表) 431

2013 年南宁市与全国、广西主要社会经济指标对比情况(表) 561

2013 年南宁市政民互动平台来信办理情况(表) 303

2013 年南宁市主要出口企业情况(表) 327

2013 年南宁市主要来访团组情况(表) 158

2013 年南宁市主要旅游景区(点)(表) 337

2013 年南宁市壮汉双语学校基本情况(表) 154

2013 年南宁投资贸易洽谈会暨重大项目签约仪式(图) 96

2013 年全国 27 个省会城市地区生产总值排位(表) 553

2013 年全国部分西部省会城市可持续竞争力(表) 552

2013 年全市公共财政预算支出结构(示意图) 344

2013 年市本级公共财政预算支出结构(示意图) 345

2013 年市校合作项目情况(表) 421

2013 年无车日和公交出行宣传周活动 298b

2013 年西部省会城市地区生产总值排位(表) 553

2013 年政治机构党派团体市直属事业单位及领导人(表) 104

2013 年中小学教辅教材发行监管 455a

2013 年驻南宁市保险公司名录(表) 390

2013 中国—东盟矿业合作论坛 339b

20 件为民办实事项目实施 149a

2 号线工程(玉洞—西津) 219a,图 247

4G 公交体检专线开通 307a

4G 基站建成开通 306b

CEPA 港澳企业服务中心揭牌(图) 330

H7N9 禽流感应急演练(图) 457